Rolf Wiggershaus:
Die Frankfurter Schule
Geschichte · Theoretische Entwicklung · Politische Bedeutung

Deutscher
Taschenbuch
Verlag

1. Auflage Oktober 1988
4. Auflage Oktober 1993: 17. bis 20. Tausend
Deutscher Taschenbuch Verlag GmbH & Co. KG, München
© 1986 Carl Hanser Verlag, München Wien
ISBN 3-446-13132-9
Umschlaggestaltung: Celestino Piatti
Gesamtherstellung: C.H. Beck'sche Buchdruckerei, Nördlingen
Printed in Germany · ISBN 3-423-04484-5

Inhalt

Alfred Grosser
im dtv

Foto: Isolde Ohlbaum

Geschichte Deutschlands
seit 1945

»Nach wie vor der einzige, bemer-
kenswerte und im Rahmen der
Möglichkeiten gelungene Versuch,
die deutsche Nachkriegsgeschichte
im Zusammenhang, und zwar für
die beiden Nachbarvölker
Deutschland und Frankreich zugleich, darzustellen.«
(Frankfurter Allgemeine Zeitung)
dtv 1007

Mit Deutschen streiten
Aufforderungen zur Wachsamkeit

Alfred Grosser erweist sich in diesen Reden und Aufsätzen aus den
Jahren 1946 bis 1987 erneut als
der kritische Beobachter, dessen
Unbestechlichkeit und ermuntern-
de Anteilnahme am Schicksal der
deutschen Demokratie seinen
öffentlichen Einfluß begründet
haben.
dtv 11525

Verbrechen und Erinnerung
der Genozid
im Gedächtnis der Völker

Alfred Grossers leidenschaftliches
Plädoyer für das beständige Erinnern an die Ermordung ganzer
Völker oder Menschengruppen,
für ein Gedächtnis in Verantwortlichkeit und bewußter Haftung,
das nicht nur ethische Pflicht ist,
sondern zu einer kreativen Kraft
werden könnte, damit sich Klage
und Trauer in politisches Handeln
und Engagement verwandeln.
dtv 30366 (Juli '93)

Geschichte der Philosophie

Willy Hochkeppel:
War Epikur ein
Epikureer?
Aktuelle Weisheits-
lehren der Antike
dtv 10360

Klassiker des philo-
sophischen Denkens
Herausgegeben von
Norbert Hoerster
2 Bände
dtv 4386/4387

Klassische Texte der
Staatsphilosophie
Herausgegeben von
Norbert Hoerster
dtv 4455

Panajotis Kondylis:
Die Aufklärung im
Rahmen des neuzeit-
lichen Rationalismus
dtv/Klett-Cotta 4450

Ernst R. Sandvoss:
Geschichte der
Philosophie
Band 1: Indien, China,
Griechenland, Rom
dtv 4440
Band 2: Mittelalter,
Neuzeit, Gegenwart
dtv 4441

Texte zur Ethik
Herausgegeben von
Dieter Birnbacher und
Norbert Hoerster
dtv 4456

Der Traum vom
besten Staat
Texte aus Utopien
von Platon bis Morris
Herausgegeben von
Helmut Swoboda
dtv 2955

Rolf Wiggershaus:
Die Frankfurter Schule
Geschichte. Theore-
tische Entwicklung.
Politische Bedeutung
dtv 4484

Wolfgang Bauer:
China und die
Hoffnung auf Glück
Paradiese, Utopien,
Idealvorstellungen in
der Geistesgeschichte
Chinas
dtv 4547

Christopher Robert
Hallpike:
Die Grundlagen
primitiven Denkens
dtv 4534

Das Buch

»Frankfurter Schule« – das ist das üblich gewordene Etikett für eine der bedeutendsten philosophischen und gesellschaftstheoretischen Richtungen dieses Jahrhunderts und den erstaunlichen, vielleicht einzigartigen Arbeits- und Wirkungszusammenhang so herausragender linker Intellektueller wie Horkheimer, Adorno, Benjamin, Marcuse, Fromm, Habermas, Neumann, Kirchheimer u. a. Ihre Namen stehen für ein Jahrzehnte währendes und auch heute fortwirkendes Reflektieren über die Pathologien der Moderne, für den kämpferischen Anspruch auf eine mündige und aufgeklärte, eine bessere Welt.

Diese erste Gesamtdarstellung der Frankfurter Schule, gerühmt als ein Standardwerk zum Thema und ein Meisterstück der Wissenschaftsgeschichtsschreibung, folgt der »unwahrscheinlichen« Geschichte dieser Intellektuellen-Gruppierung: von der Gründung des Frankfurter »Instituts für Sozialforschung« durch den Millionärssohn Felix Weil in der frühen Weimarer Republik über die Neuorientierung und das konfliktreiche US-amerikanische Exil des Institutes unter Horkheimers Leitung und die bundesrepublikanische Phase des nach Frankfurt am Main zurückgekehrten Instituts bis hin zu Adornos Tod und dem Hervortreten einer jüngeren Generation »kritischer Theoretiker« in der Zeit der Protestbewegung Ende der sechziger, Anfang der siebziger Jahre. Das Buch – ohne Jargon und streckenweise geradezu spannend geschrieben – verschränkt kritisch rekonstruierend Biographisches, Institutsgeschichte, Theorieentwicklung und Wiedergabe des wissenschaftlichen Umfeldes sowie des gesellschaftlichen und politischen Hintergrunds. Es stützt sich außer auf publizierte Texte auf umfangreiches unveröffentlichtes Archivmaterial und Gespräche.

Der Autor

Rolf Wiggershaus, geboren 1944, lebt in Frankfurt am Main. Buchveröffentlichungen: (Hrsg.) ›Sprachanalyse und Soziologie‹ (1975); ›Theodor W. Adorno‹ (1987).

Einleitung

»Frankfurter Schule« und »Kritische Theorie« – das löst, wenn es
mehr wachruft als den Gedanken an ein sozialwissenschaftliches Paradigma, die Vorstellung einer Reihe von Namen aus, allen voran
Adorno, Horkheimer, Marcuse, Habermas – und Assoziationen auf
der Linie: Studentenbewegung, Positivismusstreit, Kulturkritik – und
vielleicht auch: Emigration, Drittes Reich, Juden, Weimar, Marxismus, Psychoanalyse. Es geht, wird sogleich deutlich, um mehr als bloß
eine theoretische Richtung, um mehr als ein Stück Wissenschaftsge-
schichte.

Inzwischen ist es üblich geworden, von einer ersten und einer
zweiten Generation kritischer Theoretiker zu sprechen (siehe z. B.
Habermas, *Drei Thesen zur Wirkungsgeschichte der Frankfurter Schule*;
van Reijen, *Philosophie als Kritik*) und die ältere Frankfurter Schule
von dem zu unterscheiden, was danach kam, also seit den 70er Jahren.
Das enthebt vorläufig der Frage nach dem Weiterleben der Frankfurter Schule und nach Kontinuität und Diskontinuität und erleichtert es,
der Darstellung der Geschichte der Frankfurter Schule eine zeitliche
Grenze zu setzen, die nicht allzu willkürlich ist: der Tod Adornos und
damit des letzten in Frankfurt und am Institut für Sozialforschung
wirkenden Vertreters der älteren kritischen Theorie.

Der Ausdruck »Frankfurter Schule« ist ein in den 60er Jahren von
außen angeheftetes Etikett, das Adorno zuletzt selber mit unverkenn-
barem Stolz gebrauchte. Gemeint war damit zunächst eine kritische
Soziologie, die in der Gesellschaft eine antagonistische Totalität sah
und Hegel und Marx nicht aus ihrem Denken verbannt hatte, sondern
sich als deren Erben begriff. Längst ist dieses Etikett zu einem umfassenderen und vagen Begriff geworden. Der Ruhm Herbert Marcuses
als – wie damals die Medien meinten – Idol der rebellierenden Studenten neben Marx, Mao Zedong und Ho Chi Minh ließ die Frankfurter
Schule zum Mythos werden. Der US-amerikanische Historiker Martin
Jay hat in den frühen 70er Jahren diesen Mythos auf den Boden
geschichtlicher Tatsachen heruntergeholt und deutlich gemacht, was
für eine vielgestaltige Realität sich hinter dem Etikett Frankfurter
Schule verbirgt, das längst zu einem Bestandteil der Wirkungsgeschichte des damit Bezeichneten geworden ist und unverzichtbar
geworden ist, unabhängig davon, wie weit man im strengen Sinn von
einem Schulzusammenhang sprechen kann.

Allerdings waren wesentliche Merkmale einer Schule teils zeitweise, teils ständig oder wiederkehrend vorhanden: ein institutioneller Rahmen (das Institut für Sozialforschung, das, wenn auch zeitweise bloß rudimentär, durchgängig existierte); eine intellektuelle charismatische Persönlichkeit, die von dem Glauben an ein neues theoretisches Programm erfüllt und zur Zusammenarbeit mit qualifizierten Wissenschaftlern bereit und fähig war (Max Horkheimer als »managerial scholar«, der seinen Mitarbeitern immer wieder vor Augen hielt, sie gehörten zu den wenigen, in deren Händen die Weiterentwicklung »der Theorie« liege); ein Manifest (Horkheimers Antrittsrede von 1931 über *Die gegenwärtige Lage der Sozialphilosophie und die Aufgaben eines Instituts für Sozialforschung,* auf die in den späteren Selbstdarstellungen des Instituts immer wieder zurückgegriffen wurde und auf die Horkheimer sich auch bei der Feier zur Wiedereröffnung des Instituts in Frankfurt im Jahre 1951 wieder berief); ein neues Paradigma (die »materialistische« bzw. »kritische« Theorie des gesamtgesellschaftlichen Lebensprozesses, die im Zeichen der Kombination von Philosophie und Sozialwissenschaften systematisch die Psychoanalyse und gewisse Denkmotive vernunft- und metaphysikkritischer Denker wie Schopenhauer, Nietzsche und Klages in den historischen Materialismus integrierte; und das Etikett »kritische Theorie« wurde dann einigermaßen durchgängig beibehalten, obwohl die sich seiner Bedienenden Unterschiedliches darunter verstanden und auch Horkheimer seine ursprünglich damit verbundenen Vorstellungen änderte); eine Zeitschrift und andere Medien für die Veröffentlichung der Forschungsarbeiten der Schule (die als Organ des Instituts fungierende *Zeitschrift für Sozialforschung* und die *Schriften des Instituts für Sozialforschung,* erschienen in renommierten wissenschaftlichen Verlagen: zunächst Hirschfeld in Leipzig, später Felix Alcan in Paris).

Aber die meisten dieser Merkmale trafen nur für das erste Jahrzehnt der Horkheimer-Ära des Instituts zu, also für die 30er Jahre und besonders für die New Yorker Zeit. In dieser Zeit arbeitete jedoch das Institut andererseits in einer Art splendid isolation gegenüber seiner US-amerikanischen Umgebung. Nach Deutschland kehrten 1949/50 nur Horkheimer, Pollock und Adorno zurück. Von diesen dreien war lediglich Adorno weiterhin theoretisch produktiv, und bloß von ihm erschienen Bücher mit neuen wie alten Arbeiten. Eine Zeitschrift gab es nicht mehr, nur eine Reihe *Frankfurter Beiträge zur Soziologie,* der aber das unverkennbare Profil der einstigen Zeitschrift fehlte und in der von Adorno und Horkheimer selber nur einmal, Anfang der 60er Jahre, eine Sammlung von Vorträgen und Reden erschien. »Für mich gab es keine zusammenhängende Lehre. Adorno schrieb kulturkritische Essays und machte im übrigen Hegel-Seminare. Er vergegenwär-

tigte einen bestimmten marxistischen Hintergrund – das war es.«
(*»Dialektik der Rationalisierung«*, Jürgen Habermas im Gespräch mit
Axel Honneth, Eberhardt Knödler-Bunte und Arno Widmann, in:
Ästhetik und Kommunikation 45/46, Oktober 1981, 128) So im Rück-
blick Jürgen Habermas, der in der zweiten Hälfte der 50er Jahre
Mitarbeiter Adornos und des Instituts für Sozialforschung war. Als in
den 60er Jahren tatsächlich das Image einer Schule aufkam, ver-
mischte sich darin die Vorstellung einer in Frankfurt vertretenen
Konzeption kritischer Soziologie, deren Exponenten Adorno und
Habermas waren, mit der Vorstellung einer radikal gesellschaftskritischen, freudomarxistischen frühen Phase des Instituts unter Horkheimers Leitung.

Bereits diese schon von den äußeren Umständen her höchst un-
gleichartige Geschichte läßt es ratsam erscheinen, den Ausdruck
Frankfurter Schule nicht allzu streng zu nehmen. Dafür sprechen noch
zwei weitere Dinge. Zum einen die Tatsache, daß gerade die »charismatische Figur«, Horkheimer, eine zunehmend weniger entschiedene
und weniger zur Schulbildung geeignete Position vertrat. Zum anderen der damit eng zusammenhängende folgende Umstand. Betrachtet
man die vier Jahrzehnte der älteren Frankfurter Schule in ihrer Gesamtheit, dann zeigt sich: es gab kein einheitliches Paradigma, auch
keinen Paradigmawandel, dem sich alles zuordnen ließ, was dazuge-
hört, wenn man von Frankfurter Schule spricht. Die beiden Haupt-
figuren, Horkheimer und Adorno, arbeiteten von zwei deutlich un-
terschiedenen Positionen aus an gemeinsamen Themen. Der eine,
angetreten als Inspirator einer fortschrittsfreudigen interdisziplinären
Gesellschaftstheorie, resignierte zum Ankläger einer verwalteten
Welt, in der die aus der Geschichte einer mißlungenen Zivilisation
herausragende Insel des liberalistischen Kapitalismus außer Sicht zu
geraten drohte. Für den anderen, angetreten als Kritiker des Imma-
nenzdenkens und Fürsprecher einer befreiten Musik, wurde die Geschichtsphilosophie mißlungener Zivilisation zur Basis einer vielge-
staltigen Theorie des Nichtidentischen bzw. der Formen, in denen auf
paradoxe Art das Nichtidentische Berücksichtigung fand. Adorno
vertrat ein mikrologisch-messianisches Denken, das ihn eng mit Walter Benjamin, der durch seine Vermittlung ebenfalls Mitarbeiter der
Zeitschrift für Sozialforschung und schließlich des Instituts für Sozialforschung geworden war, und mit Siegfried Kracauer und auch noch
Ernst Bloch verband. Die Vernunftkritik der gemeinsam mit Horkheimer in den letzten Jahren des Zweiten Weltkriegs verfaßten *Dialektik
der Aufklärung* ließ jenes Denken unbehelligt. Horkheimer aber, der
sich in den Jahren vor der gemeinsamen Arbeit an diesem Werk von
dem Sozialpsychologen Erich Fromm und von den Rechts- und

Staatstheoretikern Franz Neumann und Otto Kirchheimer getrennt hatte und damit sein Programm einer interdisziplinären Theorie der Gesamtgesellschaft praktisch aufgegeben hatte, stand nach der *Dialektik der Aufklärung* mit leeren Händen da. Wie er als Soziologe den Blick zurück auf die selbständigen Unternehmer des liberalistischen Zeitalters richtete, so richtete er als Philosoph den Blick zurück auf die großen Philosophen einer objektiven Vernunft. Während Horkheimer in den 60er Jahren, in der Zeit der Studentenbewegung, zu seiner Bestürzung wegen der aggressiv marxistischen Töne seiner frühen Aufsätze zu Bedeutung gelangte und sich auf einmal in die Nähe von Marcuses offensiv gewordener Position der Großen Weigerung gerückt sah, verfaßte Adorno die beiden großen Zeugnisse seines mikrologisch-messianischen Denkens: die *Negative Dialektik* und die *Ästhetische Theorie*. Sie waren damals wenig zeitgemäß. Dagegen wurde der »marxistische« Benjamin entdeckt und zur Schlüsselfigur einer materialistischen Kunst- und Medientheorie. Anderthalb Jahrzehnte nach dem Tod Adornos meinte einer der Bedeutendsten unter den Poststrukturalisten, Michel Foucault: »Wenn ich die Frankfurter Schule rechtzeitig gekannt hätte, wäre mir viel Arbeit erspart geblieben. Manchen Unsinn hätte ich nicht gesagt und viele Umwege nicht gemacht, als ich versuchte, mich nicht beirren zu lassen, während doch die Frankfurter Schule die Wege geöffnet hatte.« (Foucault/Raulet, *Um welchen Preis sagt die Vernunft die Wahrheit? Ein Gespräch*. In: *Spuren* 1/1983, 24) Als »rationale Kritik der Rationalität« kennzeichnete er sein Programm. Mit fast den gleichen Worten hatte Adorno 1962 in einer Vorlesung über Philosophische Terminologie charakterisiert, worin er die Aufgabe der Philosophie sah: sie hatte »eine Art von rationalem Revisionsprozeß gegen die Rationalität« (*Philosophische Terminologie*, Bd. 1, 87) zu führen. So vielfältig also ist offensichtlich, was alles Frankfurter Schule heißt, daß stets irgend etwas davon aktuell ist, stets irgend etwas davon sich als unvollendetes, der Weiterführung harrendes Unternehmen erweist.

Was aber einte, wenn auch in den meisten Fällen nur zeitweise, diejenigen, die zur Frankfurter Schule gehörten? Gab es etwas alle Verbindendes? Die zur ersten Generation der Frankfurter Schule gehörten, waren alle Juden bzw. wurden durch den Nationalsozialismus in ihre Zugehörigkeit zum Judentum zurückgezwungen. Ob sie aus großbürgerlichen Familien kamen oder, wie Fromm und Löwenthal, aus nicht besonders begüterten – selbst im günstigsten Fall blieb ihnen auch nach 1918 und bereits vor 1933 nicht die Erfahrung erspart, mitten in der Gesellschaft Außenseiter zu bleiben. Die gemeinsame Grunderfahrung war: keine Anpassung reichte aus, um sich je der Zugehörigkeit zur Gesellschaft sicher sein zu können. »Er [der

Jude, R. W.] tanzt«, heißt es in Sartres 1946 erschienenen *Reflexions sur la question juive*, »wie die anderen den Tanz der Ehrenhaftigkeit und Achtbarkeit, und überdies ist er ja niemandes Sklave, er ist freier Bürger eines Staates, der ihm freien Wettbewerb gewährt, keine gesellschaftliche Würde, kein Staatsamt ist ihm verwehrt, er bekommt die Ehrenlegion, wird großer Anwalt und Minister. Aber im gleichen Augenblick, da er den Gipfel der legalen Gesellschaft erklommen hat, enthüllt sich ihm blitzartig eine andere, amorphe, diffuse und allgegenwärtige Gesellschaft, die ihn zurückstößt. Er fühlt am eigenen Leib die Nichtigkeit der äußeren Würden und Glücksfälle, weil auch der größte Erfolg ihm nie den Zutritt zu jener Gesellschaft ermöglichen wird, die sich die wahre nennt. Als Minister wird er jüdischer Minister sein, Exzellenz und Paria zugleich.« (Sartre, *Drei Essays*, 149)

Auf ihre Art mußten Juden ein nicht weniger ausgeprägtes Gefühl für die Entfremdetheit und Inauthentizität des Lebens in der bürgerlich-kapitalistischen Gesellschaft haben wie die Proletarier. Waren auch Juden gegenüber Proletariern zu einem großen Teil privilegierter, so galt doch auch: selbst privilegierte Juden entrannen nicht ihrem Judesein. Privilegierte Arbeiter aber hörten spätestens in der zweiten Generation auf, Arbeiter zu sein. Jedoch war es für sie wiederum schwerer, zu Privilegiertheit zu gelangen. Die Erfahrung der Zähigkeit gesellschaftlicher Entfremdung, die Juden machten, schuf also eine gewisse Nähe zu der Erfahrung der Zähigkeit gesellschaftlicher Entfremdung, die Arbeiter in der Regel machten. Das brauchte nicht zur Solidarität mit den Arbeitern zu führen. Aber es führte jedenfalls häufig zu einer radikalen Kritik an der Gesellschaft, die den objektiven Interessen der Arbeiter entsprach.

Seit Horkheimers Aufsatz über *Traditionelle und kritische Theorie* (1937) wurde »kritische Theorie« zur hauptsächlichen Selbstetikettierung der Theoretiker des Horkheimerkreises. Das war zwar auch ein Tarnbegriff für marxistische Theorie, aber mehr noch ein Ausdruck dafür, daß Horkheimer und seine Mitarbeiter sich nicht mit der marxistischen Theorie in ihrer orthodoxen Form identifizierten, die auf die Kritik des Kapitalismus als eines ökonomischen Systems mit davon abhängigem Überbau und ideologischem Denken fixiert war – sondern mit dem Prinzipiellen der marxistischen Theorie. Dies Prinzipielle bestand in der konkreten Kritik entfremdeter und entfremdender gesellschaftlicher Verhältnisse. Die kritischen Theoretiker kamen weder vom Marxismus noch von der Arbeiterbewegung her. Sie wiederholten vielmehr in gewisser Weise Erfahrungen des jungen Marx. Für Erich Fromm und Herbert Marcuse wurde die Entdeckung des jungen Marx zur entscheidenden Bestätigung der Richtigkeit ihrer eigenen Bestrebungen. Für Marcuse war *Sein und Zeit* zum Anstoß geworden, zu Heidegger nach Freiburg zu gehen, weil dort, so meinte er, die Frage nach der eigentlichen menschlichen Existenz konkret angegangen wurde. Als er die Pariser Manuskripte des jungen Marx kennenlernte, wurde Marx für ihn erst richtig wichtig und nun auch wichtiger als Heidegger und Dilthey. Denn dieser Marx praktizierte in seinen Augen konkrete Philosophie und zeigte: Kapitalismus bedeutete nicht nur eine ökonomische oder politische Krise, sondern eine Katastrophe des menschlichen Wesens. Was not tat, war dementsprechend nicht bloß eine ökonomische oder politische Reform, sondern eine totale Revolution. Auch für Fromm, der in der frühen Phase dessen, was später Frankfurter Schule hieß, neben Horkheimer der wichtigste theoretische Kopf war, wurde der junge Marx zur Bestätigung dafür, daß es bei der Kritik der kapitalistischen Gesellschaft um die Besinnung auf das wahre Wesen des Menschen ging. Für Adorno z. B. war dagegen der junge Marx kein Schlüsselerlebnis. Aber auch er wollte mit seinem ersten großen Musik-Aufsatz, der 1932 unter dem Titel *Über die gesellschaftliche Lage der Musik* in der *Zeitschrift für Sozialforschung* erschien, die Erfahrung demonstrieren, daß im Kapitalismus alle Wege versperrt seien, daß man überall gleichsam auf eine gläserne Mauer stoße, daß also die Menschen nicht zum eigentlichen Leben gelangten (s. Adorno-Kracauer, 12. 1. 33). Das Leben lebt nicht – diese Feststellung des jungen Lukács war das treibende Element auch der jungen kritischen Theoretiker. Der Marxismus wurde für sie in erster Linie, soweit er um diese Erfahrung zentriert war, inspirierend. Nur für Horkheimer (erst später für Benjamin und noch später für Marcuse) bildete die Empörung über das Unrecht, das den Ausgebeuteten und Erniedrigten angetan wurde, einen wesentlichen Stachel des Denkens. Letztlich entscheidend war aber auch für ihn die Empörung darüber, daß in der bürgerlich-kapitalistischen Gesellschaft ein rationales, der Allgemeinheit verantwortliches und in seinen Folgen für die Allgemeinheit kalkulierbares Handeln nicht möglich war und selbst ein privilegiertes Individuum und die Gesellschaft einander entfremdet waren. Lange Zeit bildete er so etwas wie das gesellschaftstheoretische Gewissen des Kreises, die Instanz, die immer wieder mahnte, die gemeinsame Aufgabe sei, eine Theorie der Gesamtgesellschaft, eine Theorie des gegenwärtigen Zeitalters zu liefern, die die Menschen als die Produzenten ihrer historischen Lebensformen, aber eben ihnen entfremdeter Lebensformen zum Gegenstand hatte.

»Die Theorie« war von Horkheimer in den frühen 30er Jahren mit Schwung anvisiert worden. Seit den 40er Jahren hatte er Zweifel an ihrer Möglichkeit, ohne das Ziel aufzugeben. Die Zusammenarbeit mit Adorno, die endlich in eine Theorie des gegenwärtigen Zeitalters einmünden sollte, gelangte über die *Philosophischen Fragmente*, das später unter dem Titel *Dialektik der Aufklärung* als Buch erschienene erste Zwischenergebnis nicht hinaus. Aber »die Theorie« blieb das Schibboleth der »Frankfurter Schule«. Bei aller Uneinheitlichkeit war dem, worum es Horkheimer, Adorno und Marcuse nach dem Zweiten Weltkrieg ging, die Überzeugung gemeinsam: Die Theorie mußte – in der Tradition der Marxschen Kritik des Fetischcharakters einer kapitalistischen Reproduktion der Gesellschaft – rational sein und zugleich das rechte Wort darstellen, das den Bann löste, der auf allem, den Menschen und Dingen und den Beziehungen zwischen ihnen lag. Die Verschränkung dieser beiden Momente bewirkte, daß noch dann, als die Arbeit an der Theorie stagnierte und die Zweifel an der Möglichkeit von Theorie in der irrationaler gewordenen Gesellschaft wuchsen, der Geist, aus dem die Theorie erwachsen konnte, lebendig blieb. »Als ich dann«, so Habermas in dem bereits erwähnten Gespräch in *Ästhetik und Kommunikation*, »Adorno kennenlernte und sah, wie atemberaubend er plötzlich über den Warenfetisch sprach, diesen Begriff auf kulturelle und auf alltägliche Phänomene anwandte, war das zunächst ein Schock. Aber dann dachte ich: Versuch mal so zu tun, als *seien* Marx und Freud – über den Adorno genauso orthodox sprach – *Zeitgenossen.*« Und genauso erging es ihm, als er zum erstenmal Herbert Marcuse erlebte (s. S. 604 f.). Die Theorie, die nach dem Krieg Adorno und Marcuse nach wie vor mit Sendungsbewußtsein erfüllte, war in der Tat von besonderer Art: noch im Zweifel überschwenglich, noch im Pessimismus zur Rettung durch Erkenntnis anspornend. Eine Verheißung wurde weder erfüllt noch verraten – sie wurde lebendig gehalten. Wer aber hätte eine Verheißung derart lebendig zu halten vermocht wie die wegen ihrer Zugehörigkeit zu einer »die Juden« genannten Menschengruppe zu »Outsidern des Bürgertums« (Horkheimer) Verurteilten?

Das Buch handelt von einem halben Jahrhundert Vorgeschichte und Geschichte der »Frankfurter Schule«. Die Orte dieser Geschichte: Frankfurt am Main, Genf, New York und Los Angeles, Frankfurt am Main. Die Zeitgeist-Kontexte dieser Geschichte: die Weimarer Republik mit ihrem »zwielichtigem Charakter« (Bracher) und ihrem Einmünden in den Nationalsozialismus; New Deal, Kriegszeit und McCarthy-Ära in den USA; Restauration im Zeichen des Antikommunismus und das Interim der Protest- und Reformperiode in der Bundesrepublik. Die unterschiedlichen Formen der Institutionalisierung im Verlauf dieser Geschichte: ein unabhängiges Stiftungsinstitut als Kern marxistischen gesellschaftskritischen Forschens; ein Rumpfinstitut als Unterpfand Schutz gewährender überindividueller Präsenz von Privatgelehrten; ein von staatlichen Forschungsgeldern bzw. Aufträgen abhängiges Institut als Hintergrund einer kritischen Soziologie und Philosophie. Die Varianten und Wandlungen »der Theorie« im Verlauf dieser Geschichte: ihr Spielraum ist so groß und sie sind so ungleichzeitig, daß eine Einteilung in Phasen für die »Frankfurter Schule« so gut wie unmöglich ist. Am angemessensten ist es, von Tendenzen des Auseinanderdriftens zu sprechen: des Auseinanderdriftens von Theorie und Praxis, von Philosophie und Wissenschaft, von Kritik der Vernunft und Rettung der Vernunft, von theoretischer Arbeit und Arbeit des Instituts, von Unversöhntheit und Unentmutigtheit. Die verschiedenen Kapitel des Buches zeigen Phasen dieses Auseinanderdriftens. Sie zeigen zugleich die im Kontext gesehen ungeschwächte kritische Potenz der einen oder anderen Spielart kritischer Theorie. Am Ende steht der eindrucksvolle Fortbestand der beiden Pole kritischer Theorie – des Adornoschen und des Horkheimerschen – in der jüngeren Generation kritischer Theoretiker.

Martin Jays Buch ist bisher die einzige breit angelegte historische Darstellung der Geschichte der Frankfurter Schule geblieben. Sie schließt allerdings ab mit der Rückkehr des Instituts nach Frankfurt im Jahre 1950. Seine Darstellung war eine Pionierarbeit, die sich außer auf publizierte Arbeiten vor allem auf Gespräche mit ehemaligen Mitarbeitern des Instituts, auf Leo Löwenthals ausgiebige Informationen und auf in der Löwenthal-Sammlung enthaltene Briefe, Memoranden, Selbstdarstellungen des Instituts usw. stützte. Das vorliegende Buch kann außer auf Jays Arbeit auf einer Reihe weiterer inzwischen erschienener historischer oder historisch informativer Arbeiten zur Frankfurter Schule und ihrer Vorgeschichte aufbauen – so von Dubiel, Erd, Löwenthal, Migdal, Söllner – sowie auf einer Reihe neuerer Publikationen von Texten der Frankfurter Schule – z. B. die von Wolfgang Bonß herausgegebene und eingeleitete Untersuchung Fromms über *Arbeiter und Angestellte am Vorabend des Dritten Reiches*, die von Rolf Tiedemann herausgegebenen und reichhaltig kommentierten *Gesammelten Schriften* Walter Benjamins oder die Veröffentlichung von nachgelassenen Schriften Horkheimers im Rahmen der *Gesammelten Schriften*, die, von Alfred Schmidt und Gunzelin Schmid Noerr herausgegeben, seit 1985 erscheinen. Das vorliegende Buch baut ferner auf Gesprächen mit einstigen und jetzigen Mitarbeitern des Instituts für Sozialforschung und Zeitgenossen auf, deren Augenmerk auch der Frankfurter Schule galt. Vor allem aber stützt es sich auf Archivmaterial. Dazu gehören insbesondere im Horkheimer-Archiv vorhandene Briefwechsel Horkheimers mit Adorno, Fromm, Grossmann, Kirchheimer, Lazarsfeld, Löwenthal, Marcuse, Neumann und Pollock, Forschungsberichte, Memoranden usw. Wichtig waren ferner: der vor allem aus Adorno-Briefen bestehende Briefwechsel zwischen Adorno und Kracauer, der zu dem im Deutschen Literaturarchiv in Marbach a. Neckar aufbewahrten Kracauer-Nachlaß gehört; der in der Bodleian Library in Oxford aufbewahrte Briefwechsel Adornos mit dem Academic Assistance Council; die Adorno- und die Horkheimer-Akte des philosophischen Dekanats der Frankfurter Johann Wolfgang Goethe-Universität; die im Frankfurter Stadtarchiv vorhandenen Akten und Sammlungen über das Institut für Sozialforschung und einzelne Personen; die in der Bibliothek des Instituts für Sozialforschung vorhandenen Forschungsberichte über die Arbeiten des Instituts in den 50er und 60er Jahren.

Und am Rande: wäre der Tod nicht dazwischengekommen, hätte ich, das Thema war verabredet, bei Adorno promoviert.

1. Kapitel
In der Dämmerung

Der Millionärssohn Felix Weil gründet ein Institut für
Marxismus in der Hoffnung, es eines Tages einem siegreichen
deutschen Rätestaat übergeben zu können

Kaum hatte die Novemberrevolution in Deutschland begonnen, fuhr
Robert Wilbrandt – 43 Jahre alt, seit 1908 Professor für Nationalökonomie in Tübingen, einer der wenigen deutschen Kathedersozialisten
und deswegen bei den Universitätskollegen als extremer Linker verpönt – nach Berlin. Dort verbrachte er den Revolutionswinter. Vormittags arbeitete er im Demobilmachungsamt, das für die Eingliederung der zurückströmenden Soldaten in den Wirtschaftsprozeß zu
sorgen hatte, nachmittags in der Sozialisierungskommission. »Da galt
es, Brauchbares so schnell und so angepaßt zu extemporieren, daß die
Massen beruhigt, die Industriellen zum Produzieren befähigt und die
organisatorischen Schwierigkeiten gelöst wurden.« (Wilbrandt, *Ihr
glücklichen Augen*, 337) Die sozialistischen Parteien, die sich den Sozialismus als Konsequenz eines überreifen Kapitalismus vorstellten, die
nicht durch »Rezepte aus der Garküche der Zukunft auszuspintisie-
ren« (Kautsky) sei, standen 1918, plötzlich an die Macht gelangt, ohne
konkrete Vorstellungen von einer sozialistischen Wirtschaftsordnung
da. Das Wort »Sozialisierung« war nach der Novemberrevolution in
aller Munde, aber als vieldeutiges Schlagwort, das sich selbst ein
Rechter wie Alfred Hugenberg zu eigen machte, als er im August
1919 in der *Süddeutschen Zeitung* die von ihm propagierte Gewinn-
und Geschäftsbeteiligung der Arbeiter als antisozialistisch bezeichnete, aber bereit war, dergleichen »Sozialisierung« zu nennen, »um
den Beteiligten ein liebgewordenes Wort zu lassen« (Weil, *Sozialisierung*, 85). In dieser Situation gehörte Wilbrandt zu den wenigen, die
mit marxistischer Theorie in situationsgerechter Praxis Ernst zu machen suchten. Vom marxistischsten der Kathedersozialisten, für dessen Sozialismuskolleg man in Tübingen vor dem Krieg wegen des
großen Andrangs den Festsaal der Universität hatte nehmen müssen,
war er zum Senior der Jungmarxisten oder »praktischen Sozialisten«
geworden, der sich in seiner im Frühjahr 1919 erschienenen Bro-

schüre *Sind die Sozialisten sozialistisch genug?* folgendermaßen beklagte:

»Ich sehe ab von dem Bürgertum, dem ich ein Bürgerschreck zu werden drohe, und von den ›Vaterlandsfreunden‹, die in der Not des Vaterlands nur die Verzweiflung, nicht aber aufbauende Arbeit lieben. Ich wende mich nur an die Sozialisten. Ja, ihr seid treu! Ihr seid der Prophezeiung treu, drum wartet ihr auf das Reifen. Drum sprecht ihr von den ›zur Sozialisierung reifen Betrieben‹. Statt euch selbst zu vertrauen, daß ihr reif genug seid, um sie reif zu *machen*! Statt gerade die unreifen Früchte einzukochen im Topf der Gemeinwirtschaft, wie der *praktische* Sozialismus, der Genossenschafts- und Kommunalsozialismus, es mit dem größten Erfolg (bei Bäckereien und Schlächtereien!) getan hat. Und statt die Form selbst zu finden, trotz Marx und Hegel, die uns das Erfinden verboten haben. [...]

Nur *Sozialisierung*, planvoll und rechtzeitig begonnene Überführung in den sozialistischen Zustand, vermag davor zu bewahren, daß das eine (der kapitalistische Betrieb) aus und das andere (ein sozialistischer) nicht da ist. *Erhaltung* der Betriebe, Überführung in eine die Mitarbeit fordernde und zur Mitherrschaft Raum gebende sozialistische Form der Leitung, Klarlegen der Lage; der Ertrag der Gesamtheit und den Arbeitenden im Betrieb zufließend, also sie *interessierend*, sie für sich selbst und die Gesamtheit zur *Arbeit* und zur Bescheidung auf *Mögliches* von innen heraus verpflichtend: das ist die Forderung des Tages.

Tut man das nicht, so macht der ›Bolschewismus‹ die Sache mit anderen Methoden. Er wühlt die Leidenschaften auf, schafft künstlich eine Armee von *Arbeitslosen* ... er verlangt ausdrücklich Streiks und immer wieder Streiks, er denkt Neues zu erzwingen, indem er das Alte unmöglich macht.« (11, 25 f.)

Wie wenig ernst es der Regierung mit der Erfüllung der populären Forderung nach »Sozialisierung« war, wie wenig sie selbst zu Wirtschaftsreformen bereit war, die lediglich radikalen Forderungen durch symbolische Zugeständnisse den Wind aus den Segeln nehmen sollten, zeigte das Schicksal der »Sozialisierungskommission«. Der Rat der Volksbeauftragten, aus SPD- und USPD-Vertretern bestehend, hatte ihr bloß eine beratende Funktion eingeräumt und sie mit Vertretern unterschiedlicher Richtungen besetzt. Zwei USPD-Mitglieder gehörten ihr an, nämlich Rudolf Hilferding und Karl Kautsky, der den Vorsitz hatte; zwei SPD-Mitglieder; ein Gewerkschaftler; bürgerliche Sozialreformer; und einige sozialistische Akademiker: neben Wilbrandt der Berliner Professor für Nationalökonomie Karl Ballod, der Heidelberger Privatdozent Emil Lederer und der Grazer Professor Joseph Schumpeter. Das Programm der Kommission war bescheiden. Die Vergesellschaftung der Produktionsmittel könne nur »in einem längerwährenden organischen Aufbau erfolgen«. Zu beginnen sei mit jenen Gebieten der Volkswirtschaft, »in denen sich kapitalistisch-monopolistische Herrschaftsverhältnisse herausgebildet haben« (*Programm der Sozialisierungskommission vom 11. Dezember 1918*, in: Schraepler (Hg.), *Ursachen und Folgen III*, 33 f.). Aber selbst die in diesem Rahmen bleibende Tätigkeit der Kommission wurde von der Bürokratie sabotiert. Die Gutachten und Gesetzesentwürfe zur Sozialisierung des Kohlenbergbaus, zur Kommunalisierung, zur Verstaatlichung der Fischerei und des Versicherungswesens blieben nicht nur unveröffentlicht, sondern das Reichswirtschaftsministerium versuchte sie außerdem umzugestalten. Daraufhin legten die Mitglieder dieser Sozialisierungskommission Anfang April 1919 unter schriftlichem Protest gegen die Haltung der Regierung ihre Ämter nieder. Wilbrandt kehrte resigniert auf seinen Tübinger Lehrstuhl zurück.

Hier war im Sommersemester 1919 unter seinen Zuhörern Felix Weil. Der 21jährige Wirtschafts- und Sozialwissenschaftsstudent aus reichem Hause, der sich in den Tagen der Novemberrevolution in vollem Wichs mit seinem Leibfuchs dem Frankfurter Arbeiter- und Soldatenrat zur Verfügung gestellt hatte, war eigens, um den sozialistischen Professor zu hören, nach Tübingen gekommen. Er schrieb ein Referat über *Wesen und Wege der Sozialisierung*, das im Berliner *Arbeiterrat* veröffentlicht wurde. Auf Anregung Wilbrandts entstand daraus eine Dissertation, mit der Weil – wegen sozialistischer Aktivitäten im Oktober 1919 vorübergehend inhaftiert und anschließend von der Tübinger Universität relegiert und aus Württemberg ausgewiesen – 1920 in Frankfurt promovierte. Diese Arbeit – *Sozialisierung. Versuch einer begrifflichen Grundlegung nebst einer Kritik der Sozialisierungspläne* – erschien 1921 als siebter und letzter Band der von dem Jenaer Privatdozenten Karl Korsch herausgegebenen Buchreihe *Praktischer Sozialismus*. Eröffnet hatte sie Korsch, der Wilbrandts Assistent in der Sozialisierungskommission gewesen war, mit seinem eigenen unter dem Titel *Was ist Sozialisierung?* erschienenen *Programm des praktischen Sozialismus*. Mit der Schriftenreihe wollte er nach dem Vorbild der Aufklärungsbroschüren der englischen Fabian Society, deren Jugendorganisation er vor dem Krieg während eines zweijährigen England-Aufenthalts angehört hatte, den »geistig Begabten« ein richtiges Verständnis vom Wesen des Sozialismus und die Lust zur Mitarbeit an der Verwirklichung konkreter sozialistischer Entwürfe vermitteln.

Entschlossene und rasche Durchführung einer entschiedenen Sozialisierung oder klarer Verzicht auf alle Bestrebungen in eine solche Richtung – das war der Tenor von Felix Weils Dissertation. »Eines ist wohl sicher«, meinte er, »so wie heute geht es nicht weiter, wo der freie Unternehmer durch Streiks, hohe Löhne, Steuern, Betriebsräte, gegenseitiges Mißtrauen und die Furcht vor der Sozialisierung abgeschreckt wird, mit Wagemut an seine Aufgabe heran zu gehen, wo das deutsche Wirtschaftsleben dahinsiecht.

Zurück zur freien Wirtschaft oder vorwärts zum Sozialismus? Das ist die Frage.

Sie zu entscheiden ist nicht Aufgabe dieser Abhandlung.« (83)

Das war nicht bloß ein strategisches Zugeständnis – schließlich wollte Weil mit der Arbeit bei keineswegs sozialistischen Professoren promovieren –, es hatte auch einen existentiellen Sinn. Es zeugte vom Konflikt zwischen der Unternehmerposition des Vaters und den sozialistischen Sympathien des Sohnes, von einem Konflikt, wie es ihn eher in jüdischen als in nicht-jüdischen großbürgerlichen Familien gab, von einem Konflikt, der aber nicht so scharf war, daß der Sohn mit der Welt des Vaters um jeden Preis gebrochen hätte. Einem Juden mußte Reichtum als Quelle des antisemitischen Ressentiments wie als Schutz erscheinen, als Anstoß zur Identifikation mit antikapitalistischen Positionen ebenso wie als etwas, was man erst aufgeben sollte, wenn man sich einer Zukunft gewiß war, die Schutz nicht länger nötig machte. Immer wieder war z. B. der im Februar 1919 ermordete bayrische Ministerpräsident Kurt Eisner von der Presse als »Galizier« und »Ostjude«, als »Fremdling«, als »Salomon Kosmanowsky aus Lemberg« diffamiert worden.

Zurück zur freien Wirtschaft oder vorwärts zum Sozialismus – das hatte für Weil einen ganz besonderen Sinn. Einerseits war er der Sohn eines geschäftlich überaus erfolgreichen Unternehmers. Sein Vater, Hermann Weil, einer jüdischen Kaufmannsfamilie aus der badischen Provinz entstammend, war 1890 mit 22 Jahren als Angestellter einer Amsterdamer Getreidehandlung nach Argentinien gegangen. 1898 hatte er sich selbständig gemacht. In kurzer Zeit war es ihm gelungen, seine Firma zu einer der größten Getreidehandelsfirmen Argentiniens aufzubauen, zu einer Weltfirma mit Millionenumsätzen, die er zusammen mit zwei Brüdern leitete. 1908 war der Multimillionär einer progressiven Paralyse wegen nach Deutschland zurückgekehrt und hatte sich mit Frau, Tochter und Sohn (eben dem 1898 in Buenos Aires geborenen Felix) in Frankfurt niedergelassen, wo Paul Ehrlich und Sahatschiro Hata 1909 das Syphilisheilmittel Salvarsan erfanden. Das Feld seiner kapitalistischen Tätigkeit noch um Grundstücksspekulationen und Fleischhandel erweiternd, lebte Hermann Weil in Frankfurt bis zu seinem Tod im Jahre 1927 (zu Weil siehe vor allem: Migdal, *Die Frühgeschichte des Frankfurter Instituts für Sozialforschung*; Eisenbach, *Millionär, Agitator und Doktorand*).

Während des Weltkrieges hatte Hermann Weil sich um die nationale Sache verdient zu machen gesucht. Er nutzte seine langjährigen Erfahrungen und seine Beziehungen für die Beobachtung der Welt-

und Getreidemärkte und der Ernährungslage der kämpfenden Großmächte und schickte Berichte darüber an Berliner Regierungsstellen. Der siegesgewisse Optimismus dieser Darlegungen gefiel Wilhelm II. Weils zu optimistische Gutachten über die Auswirkungen der Versenkung von Getreidefrachtschiffen der Entente trugen dazu bei, einen sinnlosen Krieg noch weiter zu verlängern. Am Ende stand der »Vater des U-Boot-Krieges« als jemand da, der eine verhängnisvolle Rolle gespielt hatte. Aber da die Wirtschaftsbeziehungen mit dem deutschlandfreundlich gebliebenen Argentinien nach Kriegsende sofort wieder in Gang kamen und Hermann Weils Importgeschäft einen neuen Höhepunkt erlebte, konnte er sich nun als großzügiger Förderer der Frankfurter Universität und diverser Wohlfahrtseinrichtungen erweisen und schließlich für die Stiftung des Instituts für Sozialforschung den Ehrendoktor der Wirtschafts- und Sozialwissenschaftlichen Fakultät entgegennehmen.

Als Sohn eines solchen Vaters hatte Felix Weil ein schlagendes Beispiel für die Erfolge freien Unternehmertums vor Augen. Andererseits mußte ihm ein solches Leben als wenig verlockend erscheinen. Er und seine Schwester waren in Buenos Aires aufgewachsen, ohne daß Vater und Mutter sich für sie Zeit genommen hätten. Statt dessen waren sie von einer Gouvernante und anderen Bediensteten erzogen worden. In Frankfurt hatte Felix Weil zunächst bei seiner Großmutter gelebt, dann mit der Familie bis zur Fertigstellung der Villa des Vaters in einem Hotel. Vielleicht aufgrund eines gewissen Schuldgefühls wegen der lieblosen Kindheit und Jugend des Sohnes drängte der Vater nicht darauf, daß er die Unternehmerlaufbahn einschlug oder einen anderen Geldberuf ergriff. Felix Weil wurde weder ein richtiger Unternehmer noch ein richtiger Wissenschaftler noch ein Künstler, sondern ein linker Mäzen – bereits nach dem Tod der Mutter 1913 hatte er eine Million Goldpesos geerbt (so Weil in seinen unvollendet gebliebenen »Erinnerungen«, vielfach zitiert bei Eisenbach) – und wissenschaftlicher Gelegenheitsarbeiter. Er gehörte zu jenen jungen Menschen, die – durch den Ausgang des Krieges und die Novemberrevolution politisiert – von der Realisierbarkeit und Überlegenheit des Sozialismus als einer höheren Wirtschaftsform überzeugt waren und sich dem Studium der sozialistischen Theorien widmeten, um so gerüstet möglichst bald eine führende Stellung in der Arbeiterbewegung bzw. einer sozialistischen Gesellschaftsordnung einnehmen zu können. Aber er widmete sich diesem Ziel unter Wahrung einer gewissen Distanz. Als »Salonbolschewist« arbeitete er in den 20er Jahren an der Peripherie des rechten Flügels der KPD mit. Er trat ihr niemals bei, obwohl er eng mit Clara Zetkin und Paul Frölich befreundet war und die Tochter eines alten Sozialisten und einer guten

Freundin Zetkins geheiratet hatte. Er finanzierte zu wesentlichen Teilen den Malik-Verlag in Berlin, in dem u. a. Georg Lukács' *Geschichte und Klassenbewußtsein* erschien. Er half einem linken Künstler wie George Grosz. Die erste Unterstützungsgeste bestand darin, daß er dem ihm bis dahin gar nicht persönlich bekannten Grosz und dessen Frau Anfang der 20er Jahre, als in Deutschland noch große Not herrschte, eine Italienreise finanzierte und die beiden im gemieteten Castello Brown in Portofino großzügig beherbergte. Oder er half dem in Ungnade gefallenen kranken einstigen KPD-Führer Ernst Meyer und dessen ebenfalls kranker Frau durch die Finanzierung eines längeren Erholungsaufenthalts.

Vor allem aber suchte er etwas für die marxistische Theorie zu tun. Auch das bedeutete peripheren Kontakt zur KPD. Diese war in ihrem frühen Stadium noch nicht auf die Interessen der Sowjetunion und den bolschewistischen Weg zum Sozialismus fixiert. Die KPD hatte sich aus einer linken Strömung der deutschen Sozialdemokratie entwickelt und konnte im Unterschied zu anderen kommunistischen Parteien auf Ursprünge zurückblicken, die unabhängig von der russischen Revolution waren. Als kurz vor dem Zusammenschluß des Spartakusbundes und der Internationalen Kommunisten Deutschlands (Bremer Linksradikale) zur KPD an der Jahreswende 1918/19 in Berlin eine Reichskonferenz des Spartakusbundes stattfand, plädierten Rosa Luxemburg und Leo Jogiches für den Namen »Sozialistische Partei«. Das empfehle sich angesichts der Aufgabe der neuen Partei, »die Verbindung zwischen den Revolutionären des Ostens und den Sozialisten Westeuropas« herzustellen, und angesichts der Notwendigkeit, erst einmal die Massen Westeuropas für die eigenen Ziele zu gewinnen. Bereits auf dem Gründungsparteitag dominierten allerdings die Ultralinken und ein radikaler Utopismus. Von Anfang an bestand für die KPD das Problem, daß sie Zulauf vor allem von Randgruppen der Arbeiter außerhalb der etablierten Arbeiterorganisationen erhielt, die zwar voller Tatendrang waren, aber ohne politische Erfahrung.

Daß die KPD im März 1921 Widerstandsaktionen einzelner Betriebsbelegschaften gegen die Entwaffnung durch preußische Sicherheitspolizei zum Anlaß nahm, zum Generalstreik und zur Bewaffnung aufzurufen, wobei sie durch Sprengstoffanschläge auf eigene Parteilokale, auf die Siegessäule in Berlin usw. die Arbeiter zum Losschlagen anzustacheln suchte und mit all dem eine deutliche Niederlage erlebte, konnte – wie vorher die Berliner Kämpfe im Januar 1919 oder später der kläglich fehlgeschlagene »deutsche Oktober« im Jahre 1923 – als Putschismus verurteilt, aber auch gerade von ungeduldigen jungen Linken als Beweis der Bereitschaft zu revolutionärem Handeln angesehen werden. Phasen der Einheitsfrontpolitik wiederum, also des Bemühens um Zusammenarbeit mit SPD und Gewerkschaften, vermochten den Eindruck vernünftiger Bündnisfähigkeit zu erwecken. In den frühen 20er Jahren, als mit der Einführung der Neuen Ökonomischen Politik (NEP) in der Sowjetunion und der Einleitung eines modus vivendi mit den kapitalistischen Staaten die Konsequenzen aus dem Ausbleiben westlicher Revolutionen gezogen wurden, die Krisenperiode in Deutschland und die Hoffnung auf eine Internationalisierung der Revolution aber noch anhielten, als die »Bolschewisierung« der Partei noch nicht stattgefunden hatte und noch Raum für innerparteiliche Auseinandersetzungen und theoretische Diskussionen zu bestehen schien – in dieser Phase gab es eine Reihe von Versuchen sozialistischer Intellektueller zur Besinnung auf Charakter und Funktion marxistischer Theorie und Praxis.

Dazu gehörte eine »Marxistische Arbeitswoche«, die in der Pfingstwoche 1923 in einem Hotel in Geraberg bei Ilmenau, südwestlich von Weimar am Fuß des Thüringer Waldes, stattfand. Ihre Initiatoren waren der das Unternehmen finanzierende Felix Weil und Karl Korsch, der schon in früheren Jahren in Thüringen »Sommerakademien« organisiert hatte (s. Buckmiller, Die »Marxistische Arbeitswoche« ...). Unter den knapp zwei Dutzend Teilnehmern waren außer den Initiatoren und ihren Frauen u. a. Georg Lukács, Karl August und Rose Wittfogel, Friedrich Pollock, Julian und Hede Gumperz, Richard und Christiane Sorge, Eduard Alexander und Kuzuo Fukumoto. Es waren lauter Intellektuelle, zumeist Doktoren. Sie waren fast sämtlich KP-Mitarbeiter. Bis auf Korsch, Lukács und Alexander waren sie alle jünger als 30 Jahre. Ausgangspunkte der Diskussion waren – die dürftigen und uneinheitlichen Angaben der Beteiligten zwingen zu Mutmaßungen – vermutlich vor allem Referate von Korsch und Lukács über die Themen, ihrer im Jahr des Treffens erschienenen Bücher. Korsch, von radikaldemokratischen Sozialisierungskonzeptionen ausgehend, und Lukács, von der Vorstellung einer von allen Gesellschaftsmitgliedern zutiefst angeeigneten Kultur ausgehend, trafen sich in der Hoffnung auf ein selbstbewußt handelndes Proletariat, das die Welt nicht mit den Augen eines evolutionsgläubigen Kautskyanismus oder eines von der unabsehbaren Fortdauer des Kapitalismus ausgehenden Reformismus sah, sondern aus der Perspektive einer vom dialektischen Geist der Hegelschen Philosophie erfüllten materialistischen Geschichtsauffassung. Das Marx-Zitat am Ende von Korschs *Marxismus und Philosophie* – »Ihr könnt die Philosophie nicht aufheben, ohne sie zu verwirklichen« – hatte in der damaligen Situation einen handfesten Sinn. Es konnte nicht darum gehen, den Intellektuellen ihre Intellektualität abzugewöhnen, sondern es galt, sie den Arbeitern zu vermitteln. »Erziehung und Aufstieg der Begabten und Arbeitsverteilung« wurde als Thema für eine zweite Marxistische Arbeitswoche ins Auge gefaßt.

Das Geraberger Intellektuellentreffen, das nicht im KPD-Rahmen, sondern gewissermaßen in der Randzone der kommunistischen Bewegung stattfand, ließ die Schwierigkeiten ahnen, die sich für das Verhältnis zwischen sozialistischen Intellektuellen und organisierten Kommunisten ergeben würden, falls das Bereithalten für die Revolution zum Dauerzustand wurde und eine Partei von Berufsrevolutionären mit Mißtrauen auf die von ihr vertretenen Massen und erst recht auf selbstkritische Angehörige des gegnerischen Lagers blicken würde. Zum Zeitpunkt des Treffens in Geraberg schien noch alles möglich. Korsch – seit Mai 1920 Privatdozent in Jena und seit Dezember des gleichen Jahres KP-Mitglied – war ein Beispiel für den seltenen Versuch, als akademischer Intellektueller eine offen revolutionäre Haltung zu zeigen. Lukács – bei diversen Habilitationsversuchen erfolglos geblieben, seit Dezember 1918 Mitglied der ungarischen KP (s. S. 95) – bot umgekehrt das Bild eines KP-Funktionärs, der auf dem Gebrauch und der Anerkennung seiner intellektuellen Fähigkeiten bestand. Richard Sorge – im Untergrund tätiges KPD-Mitglied und Assistent des Wirtschaftswissenschafts-Professors Kurt Albert Gerlach – war bereits ein Parteikommunist, dessen intellektuelle Betätigung nur der Tarnung der Parteiarbeit diente.

Nahezu die Hälfte der an der Marxistischen Arbeitswoche Teilnehmenden hatte später in der einen oder anderen Form mit dem Institut für Sozialforschung zu tun. Tatsächlich handelte es sich bei dem Treffen offenbar um so etwas wie »das erste Theorie-Seminar« (Buckmiller) dieses Instituts – der erstaunlichsten und folgenreichsten Unternehmung des linken Mäzens Felix Weil.

Weils Bedürfnis nach einer Institutionalisierung marxistischer Diskussion jenseits der Zwänge des bürgerlichen Wissenschaftsbetriebs wie der ideologischen Engstirnigkeit einer kommunistischen Partei traf sich mit Reformentwürfen von Richard Sorges Freund Kurt Albert Gerlach, der zu jenen akademischen Intellektuellen zählte, für die Freiheit der Wissenschaft und das praktische Interesse an der radikalen Beseitigung von Elend und Unterdrückung zusammengehörten. Gerlach, 1886 in Hannover geboren, Sohn eines Fabrikdirektors, hatte sich 1913 nach einem längeren Aufenthalt in England, wo die Fabian Society ihn nachhaltig beeindruckte, mit einer Arbeit über *Die Bedeutung des Arbeiterinnenschutzes* in Leipzig habilitiert. Danach war er mehrere Jahre Mitarbeiter des Kieler Instituts für Weltwirtschaft und Seeverkehr gewesen, das sich während des Krieges in den Dienst der Bewältigung kriegswirtschaftlicher Probleme gestellt hatte. Es war dabei u. a. von Felix Weils Vater unterstützt worden – mit Geldspenden und mit Berichten und Artikeln. Seit 1918 hatte Gerlach, zum linken Sozialdemokraten geworden, in seinem Haus Studenten zu Diskussionen über sozialistische Theorien versammelt. 1920 war er, inzwischen Ordinarius für Wirtschaftswissenschaften in Aachen, jüngster und radikalster Gutachter bei einer im Auftrag des Vereins für Sozialpolitik erfolgten Expertenbefragung zur Reform der staatswissenschaftlichen Studien. 1922 erhielt er einen Ruf der Universität Frankfurt und zugleich die Chance, zusammen mit Felix Weil ein dem wissenschaftlichen Sozialismus gewidmetes Institut aufzubauen.

Die Ausgangskonstellation für Gerlachs und Weils Projekt war denkbar günstig:

ein reicher Vater, der als Wohltäter in die Geschichte der Stadt eingehen wollte und auf den Ehrendoktor spekulierte; der bereits 1920 einen mißlungenen Anlauf zu einer Stiftung zur Förderung von – so die Satzung – »Forschung und Lehre auf dem Gebiete der Sozialwissenschaften, insbesondere des Arbeitsrechts und der Arbeitsverfassung«, zur Förderung sozialwissenschaftlicher Institute und befähigter Studenten und junger Gelehrter, die »die sozialen Probleme im Sinne des sozialen Friedens wissenschaftlich zu klären streben«, unternommen hatte; und der, sei es mehr aus schlechtem Gewissen und Interesse an der akademischen Karriere seines nun einmal mit dem Marxismus sympathisierenden Sohnes oder mehr in der Hoffnung auf Förderung der Handelsbeziehungen seiner Firma zur sowjetrussischen Ukraine (so eine Überlegung Peter von Haselbergs), selbst zur Finanzierung eines linkslastigen sozialwissenschaftlichen Instituts nach dem Vorbild des Moskauer Marx-Engels-Instituts bereit war;

eine Stadt mit dem prozentual höchsten jüdischen Bevölkerungsanteil unter den deutschen Städten und der berühmtesten und nach der Berliner zweitgrößten jüdischen Gemeinde; eine Stadt, in der großbürgerliches Mäzenatentum besonders ausgeprägt war und in besonderem Maße sozialen und sozial- oder wirtschaftspolitisch orientierten pädagogischen Einrichtungen galt und in der die unmittelbar vor Ausbruch des Ersten Weltkriegs eröffnete Stiftungsuniversität statt der üblichen theologischen eine wirtschafts- und sozialwissenschaftliche Fakultät hatte; eine Stadt, in der der Anteil bürgerlicher Sympathisanten des Sozialismus und Kommunismus ungewöhnlich hoch war und in der die Welt der Salons und Cafés eine Grauzone bürgerlichliberalen Lebens bildete, in der zwischen verbindlicher und unverbindlicher Distanzierung von der eigenen Klasse schwer zu unterscheiden war;

ein sozialdemokratisch dominiertes Kultusministerium, das, an einer Reform der widerspenstigen Universitäten interessiert, gerne unterstützte, was die gesellschaftliche Orientierung der Hochschulen zu fördern versprach;

ein linkssozialistischer Professor, der Erfahrungen am 1911 gegründeten Kieler Institut für Weltwirtschaft und Seeverkehr, dem ersten Institut in Deutschland auf dem Gebiet der Wirtschafts- und Sozialwissenschaften, gesammelt hatte, der an die Möglichkeit des Ausbaus sozialistischer Forschung und Lehre in einer reformierten Hochschule glaubte und bereits erste Entwürfe für den Bereich seines eigenen Fachs gemacht hatte.

Bei der Realisierung ihres Projekts verfuhren Weil und Gerlach zweigleisig. Bevor sie Kontakte mit der Universität aufnahmen, verständigten sie sich mit dem preußischen Ministerium für Wissenschaft, Kunst und Volksbildung in Berlin. Dort legte Weil – folgt man seinem eigenen Zeugnis – seine Pläne, anders als in den Verhandlungen mit der Universität, offen dar. »Herr Geheimrat Wende ... wird bestätigen können«, so Weil in einem Brief an das Ministerium Ende der 20er Jahre, als es zu Auseinandersetzungen um die Regelung der Nachfolge für den erkrankten Institutsdirektor Carl Grünberg kam, »daß ich schon in meinen ersten Unterredungen mit ihm ausgeführt habe, daß wir (mein verstorbener Freund, Professor Kurt Albert Gerlach, und ich) ein Institut zu gründen beabsichtigten, das in erster Linie dem Studium und der Vertiefung des wissenschaftlichen Marxismus zu dienen habe. ... Wenn wir sahen, welch günstige Arbeitsbedingungen den meisten Wissenschaften, ja sogar solchen Wissenszweigen eingeräumt wurden, die bisher nicht als ›universitätsfähig‹ gegolten hatten (Betriebswirtschaftslehre, Soziologie usw.), dann drängte sich uns der Gedanke auf, daß in entsprechender Weise das Studium des Marxismus gefördert werden müsse und könne. ... Unsere Bestrebungen, welche durch Fürsprache meines verstorbenen Freundes, des Ministers a. D. Konrad Haenisch [er war der erste, radikale Reformen propagierende und nur kurze Zeit amtierende sozialdemokratische Kultusminister in Preußen, R. W.] ..., unterstützt wurden, fanden volles Verständnis beim Ministerium. Es beschleunigte sogar die Verhandlungen ...« (Weil - Minister für Wissenschaft, Kunst und Volksbildung, 1. 11. 29)

In dem Memorandum Gerlachs, das die Grundlage für die Verhandlungen mit der Universität bildete, war dagegen von Marxismus nur am Rande die Rede. »Es dürfte«, hieß es darin, »sich heute kaum noch jemand finden, der die Augen davor verschließen könnte, von welcher sowohl wissenschaftlichen wie praktischen Bedeutung die Kenntnis und Erkenntnis des sozialen Lebens in seinem ganzen Umfang ist, jenes ungeheuren Geflechtes von Wechselwirkungen zwischen der wirtschaftlichen Grundlage, den politisch-juristischen Faktoren bis zu den letzten Verästelungen des geistigen Lebens in Gemeinschaft und Gesellschaft. Es sei nur an Fragen erinnert wie internationales Gewerkschaftsleben, Streik, Sabotage, Revolution als Lohnbewegung, Antisemitismus als soziologisches Problem, Bolschewismus und Marxismus, Partei und Masse, Lebenshaltung der Bevölkerungsschichten, Verelendung Deutschlands. Wie der Theoretiker auf dem Gebiet der Erfahrungswissenschaften weniger denn je bestehen kann ohne fortwährende Fühlungnahme mit dem pulsenden Leben der Wirklichkeit, ebenso unmöglich ist es für den reinen Praktiker geworden, ohne Pflege des Gedankens und Benützung wissenschaftlicher Ergebnisse und Methoden Überblick zu erhalten über das verwickelte Netz der gesamten Wirtschafts- und Sozialzusammenhänge. . . . Die Wirtschafts- und Sozialwissenschaften dürften nach jahrzehntelangem Methodenstreit einen Entwicklungsgrad erreicht haben, wo – wie immer das Problem letzter, restloser Werturteilslosigkeit liegen mag – jedenfalls Vorbedingungen und Möglichkeiten solcher wissenschaftlichen Zucht erzielt worden sind, daß mit weitreichender Objektivität an die Erforschung des sozialen Lebens herangegangen werden kann; dies um so mehr, wenn nicht irgendwelche Stellungnahme in wirtschafts- und sozialpolitischer Hinsicht, sondern grundsätzlich nur der Forschungsstandpunkt richtunggebend ist. Im übrigen ist heute schon die Materialien- und Tatsachensammlung eine solche Aufgabe, daß sie für den einzelnen nicht mehr lösbar, sondern nur durch Organisationen in größerem Maßstabe möglich ist; auch verlangen die verwickelten sozialen Zusammenhänge die kooperative geistige Zusammenarbeit. Ein sich diesen Aufgaben speziell widmendes Institut für Sozialforschung stellt also eine dringende Notwendigkeit dar und würde in der Reihe der schon vorhandenen Institute eine noch bestehende Lücke ausfüllen helfen.« (*Denkschrift über die Begründung eines Instituts für Sozialforschung*, Anlage zu: Weil-Kuratorium der Universität Frankfurt a. M., 22. 9. 22)

Für die Mitarbeiter des preußischen Kultusministeriums war das Changieren zwischen wissenschaftlichem Marxismus und umfassender Sozialforschung vermutlich nichts Aufregendes. Ein im Sinne moderner Gesellschaftswissenschaft aktualisierter Marxismus gehörte zu dem, was Sozialdemokraten, die in Preußen, zu dem Frankfurt damals gehörte, in den 20er Jahren fast durchgängig die Politik bestimmten, sich für die Hochschulen wünschten. In der Sache damit mehr oder weniger einig war auch Carl Heinrich Becker, der in den 20er Jahren kontinuierlich als Staatssekretär bzw. Minister in der preußischen und deutschen Kulturpolitik tätig war. Becker, der selber kein Sozialdemokrat war und nach eigenem Bekunden vor der Weimarer Zeit ein guter Monarchist gewesen war, der aber als auf Reformen bedachter Experte von sozialdemokratischen Politikern überaus geschätzt wurde, hatte seit 1919 die Überwindung der Spezialisierung und die Einführung neuer synthetisierender Lehrfächer an den Universitäten gefordert. Er hatte dabei besonders die Soziologie hervorgehoben, weil sie »überhaupt nur aus Synthese« bestehe und deshalb ein wichtiges Erziehungsmittel sei. »Soziologische Lehrstühle sind eine dringende Notwendigkeit für alle Hochschulen. Dabei ist die Soziologie im weitesten Sinne des Wortes gedacht, einschließlich der wissenschaftlichen Politik und der Zeitgeschichte.« (Becker, *Gedanken zur Hochschulreform*, 9) Der Widerstand der etablierten Fach-Professoren, unter denen einige die Soziologie gar als Sozialismus zu diffamieren suchten, führte dazu, daß die umstrittene und erst vage konturierte Wissenschaft zunächst vor allem im außeruniversitären Bildungswesen, an Volkshochschulen und Fachschulen, bedeutsam wurde.

Ausschlaggebend dafür, daß Weil und Gerlach mit ihrem Projekt eines der Universität angeschlossenen, aber von ihr unabhängigen und dem Ministerium direkt unterstellten Instituts Erfolg hatten, war außer der wohlwollenden Unterstützung des Ministeriums die Großzügigkeit der Stiftung in einer Zeit der Not und finanzieller Restriktionen. Die Weils waren bereit: zur Finanzierung von Bau und Einrichtung des Instituts, zur Zahlung eines jährlichen Betrages von 120 000 Mark, zur Überlassung der unteren Etage an die Wirtschafts- und Sozialwissenschaftliche Fakultät und später sogar noch zur Finanzierung des Lehrstuhls, den der Institutsleiter an jener Fakultät innehatte. Die WiSo-Fakultät, der das Ausmaß der Unabhängigkeit des Instituts gar nicht behagte, litt aufgrund der rapide gestiegenen Studentenzahlen unter so großer Raumnot, daß sie bald sogar auf Beschleunigung der Instituterrichtung drängte. Gegner des Institutsprojekts, wie z. B. der Kurator der Universität, die einen Mißbrauch von Institutsräumen für parteipolitische Zwecke befürchteten, vermochten lediglich durchzusetzen, daß in den Vertrag zwischen Stadt und Gesellschaft für Sozialforschung die Klausel aufgenommen wurde, daß die Verwendung zu anderen Zwecken als denen der sozialwissenschaftlichen Forschung nur mit schriftlicher Genehmigung des Magistrats zulässig sei (cf. Migdal, 99).

Zu Beginn des Jahres 1923 erfolgte die ministerielle Genehmigung für die »Errichtung eines Instituts für Sozialforschung an der Universität Frankfurt als einer wissenschaftlichen Anstalt, die zugleich Lehrzwecken der Universität dient«. Im März wurde mit dem Bau begonnen. Das Frankfurter Institut war das zweite sozialwissenschaftliche nach dem Forschungsinstitut für Sozialwissenschaften in Köln, das 1919 mit zwei der geplanten Abteilungen, der soziologischen und der sozialpolitischen, die Arbeit aufgenommen hatte. Mit dem Aufbau des Instituts, einer Einrichtung der Stadt Köln, war Christian Eckert betraut worden, der zugleich erster Rektor der 1919 neugegründeten Kölner Universität wurde, die, ähnlich wie die Frankfurter, u. a. aus einer Handelshochschule hervorging und sich durch die Betonung der wirtschafts- und sozialwissenschaftlichen Fächer von den traditionellen Hochschulen unterschied. Neben dem bereits vor dem Krieg von Bernhard Harms gegründeten Kieler Institut für Weltwirtschaft und Seeverkehr und dem Kölner Institut war das Institut für Sozialforschung das bedeutendste auf dem Gebiet der Wirtschafts- und Sozialwissenschaften. Diese drei bis heute existierenden Institute hatten entscheidende Züge gemeinsam (die allerdings für das Kölner Institut teilweise nur mit Einschränkungen galten): den Status von Universitätseinrichtungen, die aber nicht der Universitätsverwaltung, sondern unmittelbar dem Kultusministerium bzw. der Stadt unterstanden; den Vorrang der Forschungstätigkeit; die Tendenz zur Nutzung der Vorzüge eines Großbetriebs; eine Verbindung zwischen Institut und Universität in der Form, daß vor allem die Institutsleiter gleichzeitig ordentliche Professoren der Universität waren und umgekehrt fortgeschrittene Studenten an Forschungsarbeiten beteiligt wurden.

Ein entscheidender Unterschied zwischen den Instituten ergab sich bei der Finanzierung und der Festlegung der Weltanschauung. Die Mittel für das Kieler Institut wurden zunächst ganz durch eine 1913 gegründete Förderungsgesellschaft bereitgestellt. Diese Förderungsgesellschaft, der zu Beginn des Ersten Weltkriegs bereits 200, Ende der 20er Jahre 2500 Mitglieder angehörten, nahm keinerlei Einfluß auf die Verwendung ihrer an die Universitätskasse überwiesenen und dann dem Institutsleiter zur Verfügung stehenden Mittel. Durch die Gründung als »Königliches Institut für Seeverkehr und Weltwirtschaft an der Christian-Albrechts-Universität zu Kiel« und Großmäzene wie Krupp von Bohlen und Halbach, der dem Institut am Ende des »verhängnisvollen Jahres 1918« (Harms) einen Komplex von Gebäuden an der Kieler Förde zu erwerben ermöglichte, war aber eine Tradition gegeben, die in Kombination mit der engen Zusammenarbeit mit führenden Männern aus Wirtschaft, Verwaltung und Politik dafür sorgte, daß die Spannweite der akzeptierten Weltanschauungen keinesfalls den für deutsche Universitäten üblichen Rahmen überschritt.

Das Kölner Institut wurde von der Stadt finanziert (Etat im Anfangsjahr: 120 000 Reichsmark). Das »Kollegialsystem« und das fruchtbringende »Zusammenwirken ... ernster Persönlichkeiten vom Boden gegensätzlicher Weltanschauungen aus«, von dem Eckert in seinen Darstellungen des Instituts sprach (*Kölner Vierteljahreshefte für Soziologie*, H.1, 1921, 16 f.; Brauer u. a., Hg., *Forschungsinstitute, II*, 290 f.), gewann reale Gestalt im Sinne des Parteienproporzes. Als Soziologe sozialdemokratischer Prägung wurde der frühere württembergische Staatsminister Hugo Lindemann zum Direktor der sozialpolitischen Abteilung. Direktoren der soziologischen Abteilung wurden Leopold von Wiese als Soziologe liberaler Prägung und – auf Wunsch des Kölner Oberbürgermeisters Konrad Adenauer – als Exponent katholischen Geistes Max Scheler.

Spezifisch für das Frankfurter Institut war eine Konstruktion, die dafür sorgte, daß dieses Spektrum nach links hin eine Ergänzung erfuhr. Analog zur »Gesellschaft zur Förderung des Instituts für Weltwirtschaft und Seeverkehr an der Universität Kiel« war als Träger der Weilschen Stiftung eine »Gesellschaft für Sozialforschung e. V.« ins Leben gerufen worden. Dieser Gesellschaft gehörten aber außer den beiden Weils, die den Vorsitz hatten, nur noch einige wenige Personen an, die mit ihnen befreundet oder bekannt waren, so Gerlach, Sorge, Horkheimer, Käte Weil. Da der Leiter des Instituts vom Kultusminister im Einvernehmen mit der Gesellschaft für Sozialforschung bestellt wurde, konnte Felix Weil entscheiden, wer Leiter würde, womit wiederum, da der Leiter weitgehend diktatorisch das Institut lenken konnte, die dort herrschende weltanschauliche Linie von Weil nach menschlichem Ermessen festgelegt werden konnte.

Gerlach wäre für Weil der ideale Mann gewesen: jung, mit solider Universitätskarriere und »Edelkommunist«. Aber Gerlach starb, 36jährig, im Oktober 1922 an Diabetes, einer Krankheit, der man damals noch machtlos gegenüberstand. Zwei Frankfurter Bekannte, die Weil in seinem Engagement für das Instituts-Projekt bestärkten, Friedrich Pollock und Max Horkheimer, waren zwar »schon etwas älter . . ., als man als Student normalerweise ist, denn sie sollten ursprünglich Kaufleute werden und die Fabriken ihrer Väter übernehmen«, und sie waren »die einzigen, die in jenem Jahr 1923 an der Frankfurter Universität in den Geistes- und Sozialwissenschaften den Doktor summa cum laude gemacht haben« (Herhaus, Institut für Sozialforschung, Nachschrift der Tonbandaufzeichnung eines Berichts von Pollock aus dem Jahre 1965, in: *Notizen während der Abschaffung des Denkens*, 41, 48) – aber für die Leitung des Instituts kamen sie noch keineswegs in Frage. Nach Gerlachs Tod verhandelte Weil zunächst mit dem 51jährigen Gustav Mayer – ein in Berlin lebender Sozialdemokrat, ehemals Journalist, bekannt geworden durch den 1919 erschienenen ersten Band seiner monumentalen Engels-Biographie, Jude und in den 20er Jahren planmäßiger außerordentlicher Professor für Geschichte an der Berliner Friedrich-Wilhelm-Universität. Es wurde schnell deutlich, daß Mayer eine andere weltanschauliche und politische Position vertrat als Weil. »Verständnisvolle Zusammenarbeit« zwischen Stifter und Institutsleiter »für eine gemeinsame Sache« war aber in Weils Augen die Voraussetzung dafür, daß die Stiftung ihren Sinn erfüllte.

Mehr Glück hatte er mit Carl Grünberg.

Grünberg wurde 1861 in Focşani in Rumänien (am östlichen Fuß der Ostkarpaten) geboren als Sohn österreichischer jüdischer Eltern. Mit 20 ging er nach Wien, um Jura zu studieren. Seine wichtigsten Lehrer waren Lorenz von Stein und Anton Menger – ersterer ein konservativer Staatsrechtler, der in der kapitalistischen Gesellschaft den günstigsten Boden für die Verwirklichung persönlicher Freiheit sah, sofern die besitzende Klasse mit Hilfe des Staates unermüdlich durch soziale Reformen Mißstände in Grenzen hielt; der zweite ein radikaler Juristen-Sozialist, der von einem aufklärerisch-rationalistischen Standpunkt aus in rechtssoziologischen Arbeiten die Organisation des Privateigentums kritisierte. 1892 trat Grünberg zum Katholizismus über – offenbar im Hinblick auf seine 1893 erfolgte Etablierung als Advokat und seine 1894 als Privatdozent für politische Ökonomie an der Universität Wien begonnene Universitätskarriere. »Grünberg war«, so heißt es in der ersten ausführlichen Biographie über ihn von Günther Nenning, »aus seiner rumänischen Heimat völlig mittellos zum Studium nach Wien gekommen; er hatte sich dieses Studium selbst verdient, wobei er noch den mit ihm gekommenen, gleichfalls Jus studierenden jüngeren Bruder unterstützte. Die Anwaltspraxis scheint keine Besserung seiner materiellen Lage gebracht zu haben, denn er gibt sie schon nach vier Jahren wieder auf, zugunsten der schmal dotierten, aber regelmäßiges Einkommen liefernden Stellung als Gerichtsbeamter.« (Indexband zum Nachdruck von Grünbergs *Archiv für die Geschichte des Sozialismus und der Arbeiterbewegung*, 43.)

In diesen Jahren schrieb Grünberg seine fast 1000 Seiten starke Habilitationsschrift über *Die Bauernbefreiung und die Auflösung des gutsherrlich-bäuerlichen Verhältnisses in Böhmen, Mähren und Schlesien*, die inspiriert war von Georg Friedrich Knapp, einem Vertreter der jüngeren Historischen Schule, bei dem er von 1890-1893 als advanced student gelernt hatte. Unter den weiteren wissenschaftlichen Arbeiten, die in dieser Zeit entstanden, war eine 50seitige Studie über *Socialismus, Kommunismus, Anarchismus* für Ludwig Elsters 1897 erschienenes *Wörterbuch der Volkswirtschaft*.

Sobald die von dem Kathedersozialisten Eugen von Philippovich geförderte Ernennung zum außerordentlichen Professor für politische Ökonomie an der Universität Wien Ende 1899 Grünberg den Lebensunterhalt gewährleistete, gab er jede praktisch-juristische Tätigkeit auf, um sich ganz der Wissenschaft zu widmen. 1910 gründete er das *Archiv für die Geschichte des Sozialismus und der Arbeiterbewegung*. Zu den Schülern des – so Nenning – »Kathedermarxisten« Grünberg gehörten die späteren Austromarxisten Max Adler, Karl Renner, Rudolf Hilferding, Gustav Eckstein, Friedrich Adler, Otto Bauer. In seiner wissenschaftlich-theoretischen Tätigkeit ging Grünberg aber über den akademischen Bereich hinaus. Er gehörte zu den Initiatoren der Wiener

Volkshochschulen und des Sozialistischen Bildungsvereins. Gewarnt durch das Beispiel eines Kollegen, des Historikers Ludo Moritz Hartmann, der wegen seines Beitritts zur Sozialdemokratischen Partei über den Status des Privatdozenten nicht hinauskam, band Grünberg sich allerdings vor 1919 nicht parteipolitisch. Erst 1912, im 51. Lebensjahr, erhielt er nach vielen Widerständen einen Lehrstuhl, jedoch nicht für die gesamte politische Ökonomie, sondern für neuere Wirtschaftsgeschichte. Erst unter dem sozialdemokratischen Leiter des Unterrichtsressorts, Otto Glöckel, bekam Grünberg auch das Fach Volkswirtschaftspolitik zugewiesen und die Leitung des Staatswissenschaftlichen Instituts übertragen.

Grünberg hatte 1919 Otto Glöckel vorgeschlagen, in Wien ein »Studien- und Forschungsinstitut nach dem Muster des Pariser ›musée social‹« zu errichten und Karl Kautsky zum Leiter zu berufen. Die österreichischen Sozialdemokraten hatten sich jedoch politisch zu schwach gefühlt, ein solches Unternehmen durchzusetzen. In dem Angebot Weils sah Grünberg nun die Chance, eigene Pläne unter eigener Leitung doch noch zu verwirklichen und zugleich einem Übermaß an amtlichen und außeramtlichen Pflichten in Wien zu entkommen. Felix Weil seinerseits hatte mit Grünberg einen Institutsleiter gefunden, der sowohl ein überzeugter Marxist als auch ein anerkannter Wissenschaftler war. Die Wirtschafts- und Sozialwissenschaftliche Fakultät war sogleich mit Grünberg einverstanden und beschloß Anfang Januar 1923 einstimmig, dem Minister die Berufung Grünbergs auf den von der Gesellschaft für Sozialforschung zu stiftenden Lehrstuhl für wirtschaftliche Staatswissenschaften vorzuschlagen.

Einen für seine Zwecke Geeigneteren hätte Weil schwerlich finden können. Korsch und Lukács, falls sie bereit gewesen wären, die Leitung des Frankfurter Instituts zu übernehmen, wären nicht in Frage gekommen, da sie als politisch aktive Kommunisten den offenen Protest der gesamten Universität provoziert hätten. Ein Kathedersozialist wie Wilbrandt, der Marx und den Marxismus schon früh sehr klug interpretiert hatte, aber beides ablehnte und angesichts der Entwicklung der Weimarer Republik nach dem Revolutionswinter zur Resignation neigte, hätte bei weitem nicht den weltanschaulichen und politischen Vorstellungen Weils entsprochen. Noch weniger hätten das die beiden anderen damals profilierten »Sozialisten« auf deutschen Lehrstühlen: Franz Oppenheimer und Johannes Plenge. Oppenheimer – ursprünglich praktischer Arzt, dann Wirtschaftswissenschaftler und seit 1919 Ordinarius für Soziologie und Wirtschaftstheorie in Frankfurt am Main auf dem ersten deutschen Lehrstuhl für Soziologie, den der Frankfurter Konsul Dr. h. c. Karl Kotzenburg eigens für seinen Freund Oppenheimer gestiftet hatte – pries als Universalmittel zur Befreiung der Gesellschaft von der Ausbeutung die Überwindung der »Bodensperre«, d. h. die Beseitigung des privaten Großgrundbesitzes, der die Ursache der Landflucht und damit des Überangebots an Arbeitern in der Stadt sei. Plenge – seit 1913 Ordinarius für Staatswissenschaften in Münster, wo er 1920 das »Staatswissenschaftliche Unterrichtsinstitut« gegründet hatte – vertrat, durch das Erlebnis der nationalen Solidarität im Krieg und die Kriegswirtschaft angeregt, einen organisatorischen nationalen Sozialismus, bei dem es um die nationale Gemeinschaft von Kapital und Arbeit ging.

Als Grünberg seine Arbeit in Frankfurt aufnahm, schienen die revolutionären Zeiten vorerst vorbei zu sein, waren aber Revolution und Kommunismus nach wie vor aktuelle Themen. 1923 war das große Krisenjahr gewesen – mit Streiks und Umsturzversuchen von rechts und links. Bei den Landtags- und Kommunalwahlen war der Einfluß der KPD gestiegen – eine Entwicklung, die noch nach der Stabilisierung der Mark im November 1923 und dem vorübergehenden Verbot der KPD im Winter 1923/24 anhielt. Bei den Reichstagswahlen im Mai 1924 kam die KPD mit 3,7 Millionen Stimmen auf 12,6% (nach der SPD mit 20,5%, der Deutschnationalen Volkspartei mit 19,5% und Zentrum/Bayrische Volkspartei mit 16,6%). Daß die KPD nach ihrem kläglich gescheiterten Aufstandsversuch im Oktober 1923 verboten worden war, hatte ihrem Image kaum geschadet. Vom 7. bis 10. April 1924 führte sie in Frankfurt ihren IX. Parteitag durch, der, da auch nach der Aufhebung des Verbots der Partei am 1. März gegen viele Parteifunktionäre noch Haftbefehle liefen, in der Illegalität stattfand. In Frankfurt war gerade Messe, und die Ansammlung von 163 Delegierten fiel nicht auf. Erst im April fand die (von großzügigen Sozialdemokraten geführte) Polizei heraus, daß der kommunistische Parteitag im Frankfurter christlichen Hospiz stattgefunden hatte. Dergleichen konnte das Image einer radikalen und aktiven Partei, das unabhängig von der Mitgliederzahl für Einfluß und Gewicht der KPD sorgte, nur festigen.

Weiterhin war, wie in ihren Erinnerungen Rosa Meyer-Leviné berichtet – die Frau Eugen Levinés, der wegen Beteiligung an der zweiten, kommunistischen Räterepublik am 5. Juli 1919 standrechtlich erschossen wurde, später Ernst Meyers, der 1921/22 und 1926/27 Führer der KPD war –, »Weils Herzenswunsch, eine Einrichtung in der Art des Moskauer Marx-Engels-Instituts zu schaffen – ausgerüstet mit einem Stab von Professoren und Studenten, mit Bibliotheken und Archiven –, die er eines Tages einem siegreichen deutschen Rätestaat zu stiften hoffte« (Meyer-Leviné, *Im inneren Kreis*, 101).

Der Kathedermarxist Carl Grünberg etabliert ein Institut
für Forschungen über die Geschichte des Sozialismus und
der Arbeiterbewegung

Am Sonntag, dem 22. Juni 1924, vormittags 11 Uhr, fand in der Aula
der Frankfurter Universität die akademische Feier der Einweihung
des Instituts für Sozialforschung statt, eines kubischen Baus, der
außen und innen auf sachliche Zweckmäßigkeit angelegt war. Bei
dieser Gelegenheit hielt Grünberg eine programmatische Festrede, die
nach Ansicht der *Volksstimme*, der Zeitung der SPD, »schön und
tiefempfunden, klar und tapfer«, nach Ansicht der bürgerlich-liberalen *Frankfurter Zeitung* von »eindringlicher, selbstkritischer Art« war.
Diese Charakterisierungen bezogen sich nicht so sehr darauf, daß
Grünberg die Universitäten als Lehranstalten, als Mandarinen-Ausbildungsanstalten, als Großbetriebe zur Massenausbildung sozialer
Funktionäre bezeichnet und ihnen gegenüber die Bedeutung von
Forschungsinstituten hervorgehoben hatte, unter denen das Institut
für Sozialforschung durch den besonders weitgehenden Forschungscharakter herausrage (womit er aus der Not, daß auf Verlangen der
Fakultät aus dem Satzungsentwurf die Bezeichnung als Lehrinstitut
gestrichen worden war, eine Tugend machte). Jene Charakterisierungen bezogen sich auch nicht so sehr darauf, daß Grünberg den Instituten mit einer Kollegialverfassung das Institut für Sozialforschung
als eines gegenüberstellte, wo »sozusagen die Diktatur des Direktors«
festgelegt sei. In erster Linie hatten die Berichterstatter der Zeitungen
vielmehr jenen Teil der Rede im Sinn, in dem Grünberg darüber
Auskunft gab, wozu er die von ihm geschilderten Vorzüge des Instituts zu nutzen gedachte:

»Wie dem nun aber immer sei: gerade an unserem Institut erschiene
mir eine Teilung der Leitung überhaupt oder erst recht mit weltanschauungsmäßig und methodisch anders Gerichteten ganz ausgeschlossen. Denn in ihm wird von vornherein Einheitlichkeit in der
Problemstellung und Problembewältigung beabsichtigt; und sie soll,
soweit das von mir abhängt, auch durchgeführt werden.

Um jedoch klarzumachen, welche wissenschaftliche Aufgaben das
Institut sich eigentlich stellt, sollen einige allgemeine Bemerkungen
vorausgeschickt werden.

Sie alle, meine Damen und Herren, wissen es und jeder von uns
verspürt es jeglichen Tag am eigenen Leibe, daß wir in einer Übergangszeit leben . . .

Es gibt Pessimisten, die angesichts des Verblassens und Verschwindens von so vielem, woran sie gewöhnt sind, was ihnen bequem ist und Vorteil gebracht hat, woran ihr Herz hängt, entsetzt staunend inmitten der Trümmer stehen, welche der Umgestaltungsprozeß zeitigt. Sie sehen in ihnen nicht allein die Trümmer *ihrer Welt*, sondern *der Welt überhaupt*. Was sie erblicken, scheint ihnen das Absterben nicht von etwas, das mit historischer Bedingtheit entstanden war, sich entfaltet hat, ausgereift ist und nun eben deshalb vergehen muß, sondern Tod und Verderben an sich ... In der Tat, ihnen mangelt das Verständnis für das Wesen des Lebens – aber wenn man auf den Grund sieht, auch der Wille zu ihm. Sie können daher keine Lehrer und Wegweiser sein, wie sie doch so gerne möchten ...

Im Gegensatz zu den Pessimisten gibt es denn auch Optimisten. Sie glauben weder an den Untergang der abendländischen Kultur oder der Kulturwelt überhaupt, noch ängstigen sie sich und Andere vor ihm ... Gestützt auf die geschichtliche Erfahrung sehen sie anstelle einer zerfallenden Kulturform eine andere höhergeartete heraufziehen. Sie sind der Zuversicht: Magnus ab integro saeculorum nascitur ordo, Neue Ordnung entringt sich aus der Fülle der Zeiten. Und sie fördern ihrerseits bewußt die Selbstüberwindung des Überlebten um des Werdenden willen und um es zu schnellerem Reifen zu bringen.

Viele, deren Zahl und Gewicht ständig zunimmt, glauben, wünschen und hoffen nicht nur, sondern sind wissenschaftlich fest überzeugt, daß die entstehende neue Ordnung die sozialistische sein wird, daß wir uns mitten im Übergang vom Kapitalismus zum Sozialismus befinden und diesem mit wachsender Schnelligkeit zutreiben. Wie ich wohl als bekannt voraussetzen darf, huldige auch ich dieser Anschauung. Auch ich gehöre zu den Gegnern der geschichtlich überkommenen Wirtschafts-, Gesellschafts- und Rechtsordnung und zu den Anhängern des Marxismus. Vor einem Menschenalter habe ich gegen den Haupttragpfeiler des wissenschaftlichen Sozialismus, die materialistische Geschichtsauffassung, noch Vorbehalte machen zu sollen geglaubt. Belehrt durch die seitherige Entwicklung habe ich sie jedoch aufgegeben.« (Grünberg, *Festrede*, 8 f.)

Damit bekannte Grünberg sich zur sozialdarwinistisch gefärbten materialistischen Geschichtsauffassung, wie sie seit den 80er Jahren des 19. Jahrhunderts in zahllosen sozialdemokratischen Broschüren und Reden verkündet worden war. War dies offene Bekenntnis zum Marxismus im Sinne der optimistischen Variante einer deterministischen Geschichtsauffassung nicht eine ebenso offene Absage an den akademischen Anspruch auf wissenschaftliche Objektivität?

»Ich brauche wohl nicht erst zu betonen, daß wenn ich hier von Marxismus spreche, ich ihn nicht parteipolitisch, sondern in rein wissenschaftlichem Sinne aufgefaßt wissen will: zur Bezeichnung eines in sich geschlossenen ökonomischen Systems, einer bestimmten Weltanschauung und einer fest umrissenen Forschungsmethode ... Lange schon ... ist aufgezeigt worden, daß die materialistische Geschichtsauffassung weder darauf ausgeht, ewige Kategorien zu ergrübeln oder das Ding an sich zu erfassen, noch das Verhältnis zwischen Geistes- und Außenwelt zu ergründen beabsichtigt ... Das wirkliche soziale Geschehen, das gesellschaftliche Leben in seiner unaufhörlichen, stets erneuten Umwälzung ist Gegenstand ihrer Betrachtung und die letzten erfaßbaren Ursachen dieses Umwälzungsprozesses, die Gesetze, nach denen er abläuft, sind Gegenstand ihres Forschens. Sie findet hierbei, daß unter dem treibenden Druck der materiellen Interessen, die sich systematisch im Wirtschaftsleben betätigen, und ihres Aufeinanderprallens ... ein regelmäßiges Fortschreiten von minder Vollkommenem zu Vollkommenerem sich vollzieht. Und wie unter dem Gesichtspunkt der materialistischen Geschichtsauffassung sämtliche Lebensäußerungen der Gesellschaft sich als Reflexe des Wirtschaftslebens in dessen jeweiliger Gestaltung darstellen, ... so erscheint auch alle – nicht mehr urzuständige – Geschichte als eine Folge von Klassenkämpfen ... (Die materialistische Geschichtsauffassung glaubt) sich zwar fähig, den Sozialismus als das Ziel der menschheitlichen Entwicklung unter den konkreten historischen Verhältnissen zu erkennen und aufzuzeigen – aber auch nicht mehr. Wie sich die sozialistische Zukunftsgesellschaft im Einzelnen gestalten und wie sie funktionieren wird ... das fällt methodisch aus dem Bereich marxistischer Forschung und Darstellung, da diese sonst vom Boden der Realität weg in Prophezeiungen und utopische Fantastereien sich verlieren müßte.« (10 f.)

Bereits dadurch, daß er den historischen Materialismus vom metaphysischen Materialismus absetzte und ihn wie eine teleologische Variante der Geschichtsbetrachtung der jüngeren Historischen Schule präsentierte, sah Grünberg den wissenschaftlichen Charakter des von ihm vertretenen Marxismus gesichert. Hinzu kam noch eine pluralistische Argumentation. »War der Marxismus als ökonomisches und soziologisches System bisher – in starkem Gegensatz zu anderen Ländern – an den deutschen Hochschulen stiefmütterlichst behandelt, ja praktisch höchstens widerwillig geduldet, so wird er im neuen Forschungsinstitut fortan ebenso eine Heimat haben wie sonst an den Universitäten die theoretischen und volkswirtschaftspolitischen Lehrmeinungen des Liberalismus, der historischen Schule, des Staatssozialismus.« (11)

So schlicht wie diese Argumentation war auch der Hinweis, mit dem Grünberg den Verdacht dogmatischer Gebundenheit zu zerstreuen suchte. Von einer Weltanschauung geleitet sei jeder. Sie sei gerade der Antrieb wissenschaftlicher Arbeit. Nötig sei allerdings »unablässige Selbstkontrolle, ... ob nicht etwa bei der Wahl von Ausgangspunkt und Ziel, sowie des Weges zwischen beiden, und der Art wie dieser beschritten wird, d. h. der Arbeitsmethode, Fehler unterlaufen seien« (12). Ähnlich unkompliziert hatte es auch Christian Eckert vom Kölner Forschungsinstitut für Soziologie gesehen, als er schrieb: »Gewiß steht jeder Forscher auf dem Boden einer bestimmten Anschauung, ist bewußt oder unbewußt erdgebunden, bleibt abhängig von dem Weltbild, das sein eigener Lebensgang ihm vorgezeichnet hat. Aber in starker Selbstzucht hat er sich gewöhnt, vorsichtig, kritisch in allen seinen Untersuchungen zu bleiben.« (Eckert, *Das Forschungsinstitut für Sozialwissenschaften in Köln*. In: Brauer u. a. (Hg.), *Forschungsinstitute, II*, 291.)

Das Problem der Objektivität sozialwissenschaftlicher Erkenntnis – u. a. von Max Weber anläßlich seiner Übernahme der Herausgeberschaft des *Archivs für Sozialwissenschaften und Sozialpolitik* 1904 programmatisch diskutiert – blieb ausgeklammert. Weder Grünberg noch Eckert stellten sich der Frage, ob denn ein Selbstkontrolle übender Sozialdemokrat und ein Selbstzucht betreibender bürgerlicher Liberaler in ihren Forschungsresultaten übereinstimmen bzw. zur Verständigung gelangen müßten, damit von wissenschaftlichen Erkenntnissen gesprochen werden könnte. Was hieß Selbstkontrolle bei einem, der – wie Grünberg – die Beschleunigung des Untergangs des Alten und des Werdens des Neuen als Ziel historisch-materialistischen Forschens, d. h. der Betrachtung der Gesetze der Umwälzung des gesellschaftlichen Lebens, bezeichnete? Was hieß Selbstzucht bei jemandem, der – wie Eckert – den »großen sozialen Umbau ... statt des rücksichtslosen Umsturzes überlieferter Zustände«, die »Verbesserung des Überkommenen« als den Zweck soziologischer Forschung, d. h. der »wirklichen Einsicht in die Gesetze wie Formen des gesellschaftlichen Zusammenlebens und deren Voraussetzungen«, bezeichnete?

Beide – um bei Grünberg und Eckert als den Repräsentanten der beiden wichtigsten damaligen gesellschaftswissenschaftlichen Institute zu bleiben – waren sich offenbar stillschweigend darin einig, daß auch im Kreis renommierter Wissenschaftler die jeweiligen »höchsten ›Werte‹ des praktischen Interesses für die Richtung, welche die ordnende Tätigkeit des Denkens auf dem Gebiete der Kulturwissenschaften jeweils einschlägt« (Weber), so prägend seien, daß eine fruchtbare gemeinsame Forschungsarbeit nicht möglich sei. Am Kölner Forschungsinstitut für Sozialwissenschaften machte der Pluralismus der Weltanschauungen stillschweigend Halt vor Vertretern des Marxismus, obgleich es unter diesen Personen wie Kurt Albert Gerlach oder Carl Grünberg gab, die in ihrer wissenschaftlichen Praxis getreu den

Prinzipien verfuhren, die sie als Schüler angesehener Professoren erlernt hatten. Grünberg seinerseits begrüßte gegenseitige Anregungen zwischen Wissenschaftlern mit unterschiedlichen Weltanschauungen und Methoden, aber unter der Voraussetzung der Existenz von Forschungsstätten, an denen von marxistischen Interessen geleitete Sozialwissenschaftler mit der gleichen Ungestörtheit Forschungsarbeit leisten konnten, wie sie für den größten Teil nicht-marxistischer Universitätsprofessoren selbstverständlich war.

Bürgerliche, d. h. rechts von der Sozialdemokratie stehende Professoren konnten offen auf den Unterschied zwischen Weltanschauung und Wissenschaft hinweisen und damit rechnen, daß der Rahmen, innerhalb dessen ihre Äußerungen unter Kollegen als wissenschaftlich galten, sehr weit gesteckt war. Bei Wissenschaftlern, die sich zum Sozialismus bekannten, war dieser Rahmen dagegen in den Augen des größten Teils der Professoren sehr eng. Was Grünberg in dieser Situation unternahm, war weder der Versuch, den Marxismus an der Universität insgeheim hoffähig zu machen, wie es Felix Weil vorschwebte, noch der Versuch, die Probleme offen zu diskutieren, wie es Max Webers Ziel war. Was Grünberg tat, war vielmehr: mit Selbstbewußtsein für einen marxistischen Wissenschaftler das zu verlangen, was anderen mit Selbstverständlichkeit zugestanden wurde, nämlich die Weltanschauung nicht von vornherein zum Maßstab wissenschaftlicher Seriosität zu machen.

Grünbergs Selbstbewußtsein entsprang den Erfahrungen mit der österreichischen Sozialdemokratie, in der anders als in der deutschen Platz für kommunistische Positionen war, und der Zugehörigkeit zu einem akademischen Fachbereich, in dem seit Jahrzehnten relativ viel Raum für die Diskussion sozialreformerischer und sozialistischer Ansichten war. Kathedersozialisten gab es, auch wenn sie um ihre Anerkennung kämpfen mußten, seit der Mitte des 19. Jahrhunderts in wachsender Zahl. Allerdings: eine entscheidende Schwelle war dann überschritten, wenn jemand sozialistische Systeme und Forderungen nicht mehr als wissenschaftliche Theorien präsentierte, mit denen Gebildete sich an ihresgleichen wandten, sondern als Lehren und Programme, die sich an die »unteren Volksklassen« selbst richteten. Nach dem Ersten Weltkrieg führte die Zugehörigkeit zur sozialdemokratischen Partei nicht mehr zum Berufsverbot. Aber eine Außenseiterrolle und Anfeindungen seitens der Kollegen waren nach wie vor die Konsequenz.

Grünbergs Bekenntnis zum Marxismus war also ein Bekenntnis zur Sozialdemokratie. Was der Sozialdemokratie als Ideologie diente, der eine den bürgerlich-sozialreformerischen Rahmen nicht sprengende Praxis gegenüberstand, diente Grünberg als eine Art regulative Idee, der eine den Rahmen der historischen Methode nicht sprengende Forschungspraxis gegenüberstand. Im Vorwort zur ersten Nummer des *Archivs für die Geschichte des Sozialismus und der Arbeiterbewegung* hatte er 1910 den Sozialismus und die Arbeiterbewegung als wichtige, aber von der weithin anerkannten historischen Methode vernachlässigte Gegenstände bezeichnet. Ihnen sollte mit dem *Archiv* eine sozialwissenschaftliche Spezialzeitschrift gewidmet werden. In einem Brief an Kautsky, den sozialdemokratischen Verwalter der marxistischen Theorie, den er für die Mitarbeit an seiner Zeitschrift zu gewinnen suchte, hatte Grünberg, um gar nicht erst den Eindruck eines Konkurrenzunternehmens aufkommen zu lassen, betont, daß es ihm nicht um die aktuelle theoretische Diskussion an der Spitze der Arbeiterbewegung gehe, sondern um die Geschichte der Arbeiterbewegung und die Geschichte ihrer Theorien. In der Tat war dann der Charakter der Zeitschrift – in der allerdings durchaus Platz für Mitarbeiter wie Lukács und Korsch war und in der 1923 Korschs *Marxismus und Philosophie* erschien – weitgehend geprägt durch die Einstellung des Historikers, der zu erkunden suchte, was wann wie entstand. Das ergab ein Verhalten gegenüber dem Gegenstand, das von philologischer Gewissenhaftigkeit geprägt war. Das Bekenntnis zur sozialdemokratisch-marxistischen Ideologie wirkte bei Grünberg wie ein bürgerliche Vorurteile korrigierendes Gegen-Vorurteil, das proletarisch-sozialistischen Themen die gleiche verständnisvolle Aufmerksamkeit des Fachmanns zuteil werden ließ, wie sie bei anderen Themen als selbstverständlich galt.

Das Institut wurde zu einem Spiegelbild des *Archivs*, zu einem Institut für Forschungen über die Geschichte des Sozialismus und der Arbeiterbewegung, über Wirtschaftsgeschichte und Geschichte und Kritik der politischen Ökonomie. Es schuf die Vorbedingungen für solche Arbeiten, förderte sie und führte sie auch selber durch.

Zunächst einmal stellte es imponierende Bedingungen für Forschungsarbeiten bereit. Es gab eine Spezialbibliothek, die 1928 ca. 37 000 Bände umfaßte und 340 Zeitschriften und 37 Zeitungen des In- und Auslandes bereithielt. Es gab einen Lesesaal, der im gleichen Jahr von mehr als 5000 Personen benutzt worden war. Es gab ein Archiv, das – wie Pollock in seiner 1930 erschienenen Darstellung des Instituts meinte – »heute schon über eine in ihrer Art wohl einzig dastehende Sammlung von Dokumenten zur Geschichte der deutschen Revolution von 1918 und der für die Arbeiterbewegung wichtigsten Ereignisse der folgenden Jahre« verfügte und in dem »zahllose Flugblätter, Plakate, Aufrufe, Rundschreiben, Rechenschaftsberichte, Briefe, Photographien usw.« zusammengetragen waren (*Forschungsinstitute, II*, 352). Es gab 18 kleine Arbeitszimmer für Wissenschaftler und Doktoranden, die teilweise vom Institut durch Stipendien unterstützt wurden.

Der am Institut wirkende Personenkreis entsprach den thematischen Interessen und der Weltanschauung des Leiters. Es gab die beiden Assistenten Grünbergs: Friedrich Pollock und Henryk Grossmann. Pollock, der 1923 in Frankfurt in Nationalökonomie promoviert und bis zu Grünbergs Ankunft das Institut kommissarisch geleitet hatte, war auf Grünbergs Aufforderung hin sogleich Assistent des Instituts geworden. 1926 kam auf Einladung Grünbergs als weiterer Assistent Grossmann ans Institut. Grossmann, 1881 in Krakau als Sohn eines jüdischen Minenbesitzers zur Welt gekommen, war nach dem Studium der Rechts- und Staatswissenschaften in Wien Grünbergs Schüler geworden, hatte nach dem Ende des Weltkrieges, als er durch die Wiedererstehung des polnischen Staates zwangsweise polnischer Bürger wurde, seine Wiener Habilitations- und Berufspläne aufgeben und einer Berufung ans Statistische Zentralamt in Warschau folgen müssen und war schließlich Professor für Wirtschaftsgeschichte, Wirtschaftspolitik und Statistik geworden (cf. Migdal, *Die Frühgeschichte des Instituts für Sozialforschung*, 94 f.). Diese Professur hatte er 1925 wegen seiner sozialistischen Einstellung verloren. Es gab ferner als Mitarbeiterin der ersten Stunde Rose Wittfogel, die Bibliothekarin. Ihr hatten anfangs Richard Sorge, der ehemalige Assistent Gerlachs und spätere Meisterspion der Sowjetunion, und dessen Frau Christiane Sorge zur Seite gestanden, bis sie im Oktober 1924 plötzlich verschwunden waren, um in Moskau als Mitarbeiter des Marx-Engels-Instituts wieder aufzutauchen. 1925 wurde Rose Wittfogels Mann Karl August ständiger Mitarbeiter des Instituts. Er war schon einmal in der Gründungsphase des Instituts von Weil und Gerlach zur Mitarbeit aufgefordert worden. Der 30jährige – einst aktives Mitglied des Wandervogel, dann der USPD, ab 1921 der KPD, seit der gemeinsamen Tätigkeit als Lehrer an der proletarischen Volkshochschule in Schloß Tinz 1920/21 mit Korsch bekannt, in der »Marxistischen Arbeiterschulung« tätig – empfahl sich Grünberg durch die Kombination von sinologischen und sozialwissenschaftlichen Interessen und sozialistischem pädagogischem Engagement. Aus dem Kreis der bisher genannten Mitarbeiter rekrutierten sich die Autoren der vor 1933 erschienenen Bände der *Schriften des Instituts für Sozialforschung*: Grossmann, *Das Akkumulations- und Zusammenbruchsgesetz des kapitalistischen Systems*, 1929; Pollock, *Die planwirtschaftlichen Versuche in der Sowjetunion 1917-1927*, 1929; und Wittfogel, *Wirtschaft und Gesellschaft Chinas*, 1931.

Der übrige mit dem Institut zusammenhängende Personenkreis war schwer abgrenzbar und reichte von Doktoranden und Stipendiaten, von denen einige langjährige Mitarbeiter des Instituts wurden, bis zu Sympathisanten, die gelegentlich eine Rezension für das *Archiv* verfaßten. Zu den ersten, die am Institut ihre Doktorarbeiten schrieben und bei Grünberg promovierten, gehörten Kurt Mandelbaum und Hilde Weiss, die beide bis in die 30er Jahre hinein am Institut bzw. der Zeitschrift mitwirkten. Sie promovierten mit Arbeiten über *Die Erörterungen innerhalb der deutschen Sozialdemokratie über das Problem des Imperialismus 1895-1914* und über *Abbé und Ford. Kapitalistische Utopien.* 1926 bzw. 1927 kamen Paul Massing, Julian Gumperz und Heinz Langerhans ans Institut, um dort ihre Dissertationen zu schreiben – auch sie über lauter Themen aus dem Bereich der Geschichte des Sozialismus, der Arbeiterbewegung und der Wirtschaftsverhältnisse – auch sie dem Institut Verbundene, die noch später zu Horkheimers Zeiten in der einen oder anderen Form mit dem Institut zu tun hatten. Und alle waren bis in die 30er Jahre hinein Mitglieder oder Freunde der KPD. Paul Massing z. B., der in Frankfurt mit einer Arbeit über *Die Agrarverhältnisse Frankreichs im 19. Jahrhundert und das Agrarprogramm der französischen sozialistischen Parteien* promovierte, wurde 1928 Berliner Korrespondent für das Internationale Agrarinstitut in Moskau, 1929 wissenschaftlicher Mitarbeiter dieses Instituts in Moskau selbst, kehrte 1931 nach Berlin zurück, bekämpfte den Faschismus und konnte nach der Haft im Konzentrationslager Oranienburg, Flucht nach Frankreich und Aufenthalt in den USA und Europa nicht anders, als 1937/38 eine Reise nach Moskau zu unternehmen, um sich dort unter Gefährdung seines Lebens von der Kommunistischen Partei loszusagen. In den 40er Jahren arbeitete er in den USA noch einmal an Projekten des Instituts für Sozialforschung mit. Julian Gumperz, Sohn eines mit 13 Jahren ausgewanderten, in den USA zum Millionär gewordenen und nach dem Weltkrieg nach Deutschland zurückgekehrten jüdischen Fabrikanten, hatte seit 1919 die Zeitschrift *Der Gegner* herausgegeben, war Delegierter der KPD im Beirat des »Proletarischen Theaters« geworden, hatte im Frühjahr 1923 eine Reise in die Sowjetunion gemacht und war einer der Herausgeber der *Roten Fahne*, als er 1927 ans Institut kam. Nach der Promotion mit einer Arbeit *Zur Theorie der kapitalistischen Agrarkrise. Ein Beitrag zur Erklärung der Strukturwandlungen in der amerikanischen Landwirtschaft* blieb er Mitarbeiter des Instituts bis weit in die Emigrationszeit hinein, in der er sich schließlich vom Kommunismus abwandte und Börsenmakler wurde.

Zur Zeit von Grünbergs Leitung gab es nur eine Ausnahme im ansonsten homogenen Themenspektrum: Leo Löwenthal, seit 1926 Stipendiat des Instituts, arbeitete an einer *Soziologie der deutschen Novelle im 19. Jahrhundert.* Es handelte sich dabei, wie die erst nach dem

Zweiten Weltkrieg erfolgte Veröffentlichung zeigte, um ein Stück marxistische Literatursoziologie, wie sie in jener Zeit kaum jemand sonst praktizierte. Im übrigen empfahl sich Löwenthal dem Institutsleiter durch die vielfältigen sozialen und pädagogischen Tätigkeiten, die er neben seinem Beruf als Lehrer ausübte (siehe S. 82).

Wie ein Symbol für die Rolle des Instituts als einer zur Universität wie zu den sozialistischen Parteien weitgehend exterritorialen wissenschaftlichen Einrichtung nahm sich die Rolle aus, die es beim Zustandekommen der ersten historisch-kritischen Gesamtausgabe der Werke von Marx und Engels spielte. Engels hatte seinen und Marxens Nachlaß Bernstein und Bebel bzw. der deutschen Sozialdemokratie vermacht. Die von ihr mit der Herausgabe des Nachlasses betreuten Parteimitglieder Bernstein, Mehring und Kautsky hatten sich weder die Mühe gemacht, den Nachlaß gründlich zu sichten, noch die Mühe, ihn gewissenhaft zu edieren, wohl aber die Mühe, z. B. bei der unvollständigen Ausgabe der Briefe zahllose Streichungen und Veränderungen vorzunehmen. David Rjasanoff, ein russischer Sozialdemokrat der ersten Stunde, hatte im Zusammenhang mit Arbeiten über aktuelle politische Probleme schon in der Vorkriegszeit den Marx-Engels-Nachlaß benutzt, hatte dank der Unterstützung Bebels ausgewählte Schriften von Marx und Engels herausgeben können und im Dezember 1920 schließlich in Moskau das Marx-Engels-Institut gegründet, dessen Aufgabe er darin sah, »die Genesis, Entwicklung und Verbreitung der Theorie und Praxis des wissenschaftlichen Sozialismus, des revolutionären Kommunismus, wie er von Marx und Engels geschaffen und formuliert wurde« (*Grünbergs Archiv*, XV, 417), zu erforschen. Aufgrund eines Vertrages mit Bernstein erwarb er das Recht, die Manuskripte von Marx und Engels in russischer Sprache zu veröffentlichen.

Das funktionierte nur dank der praktischen und zugleich die Beziehung zwischen SPD und Moskauer Institut gewissermaßen entpolitisierenden Vermittlungsrolle des Frankfurter Instituts. »Da der Nachlaß von Marx und Engels, ohne dessen Ausschöpfung eine Marx-Engels-Gesamtausgabe unmöglich ist, sich im Archiv der Sozialdemokratischen Partei Deutschlands in Berlin befindet, wird hier die erste Phase der Arbeit geleistet . . . Die photographischen Aufnahmen erfolgen zum größten Teil im Institut für Sozialforschung in Frankfurt am Main unter der ständigen Kontrolle der Mitarbeiter des Instituts mit größter Sorgfalt und unter Verzeichnung aller durch die Photographie nicht ganz zu erfassenden Eigentümlichkeiten und Kennzeichen des Originals.« (*Marx-Engels-Archiv*, I. Band, 462 f.) Aber die durch die Vermittlungsfunktion des Instituts für Sozialforschung ermöglichte Zusammenarbeit von SPD und Moskauer Institut ging noch weiter. 1924 fanden »zwischen dem Marx-Engels-Institut in Moskau und der Gesellschaft für Sozialforschung e. V. in Frankfurt a. M. einerseits und dem Parteivorstand der Sozialdemokratischen Partei Deutschlands andererseits Verhandlungen mit dem Ergebnis statt . . ., daß ein gemeinnütziger wissenschaftlicher Verlag in Frankfurt a. M. gegründet wurde, der – unter Ausnützung der im Archiv der S.P.D. in Berlin vorhandenen Manuskripte – eine Gesamtausgabe der Schriften von Marx und Engels in etwa 40 Bänden herausbringen wird« (Anmerkung Grünbergs zu Rjasanoff, *Neueste Mitteilungen über den literarischen Nachlaß von Karl Marx und Friedrich Engels*, in: *Grünbergs Archiv*, XI, 400).

Als die Gesellschaft für Sozialforschung die Stadt um die Genehmigung dafür bat, dem Institut einen »Marx-Engels-Archiv-Verlag« anzugliedern, dessen Geschäftsführer Felix Weil und Fritz Pollock waren, protestierten Kurator, Rektor und Prorektor. Schon der parteipolitische Name des Verlages widerspreche der Satzung der Universität, gemäß der sie die Wissenschaften frei von Einseitigkeiten und unabhängig von Parteien zu lehren habe. Die politische Polizei kümmerte sich um den Fall, überprüfte die Vergangenheit einer Reihe von Institutsangehörigen und verhörte einige Personen, darunter auch Grünberg. Aber selbst die »Erkenntnisse«, die über Pollock zusammenkamen, dessen Name in den Polizeiakten am häufigsten auftauchte, zeugten lediglich von der charakteristischen wichtigtuerischen Nichtigkeit der Resultate solcher Gesinnungsschnüffelei. Danach hatte Pollock zusammen mit Felix Weil in seiner Funktion als Vorstandsmitglied der Gesellschaft für Sozialforschung »Beziehungen zu der Zentrale der K.P.D.« unterhalten, hatte er ein der KPD gehörendes Archiv gekauft, war er, wie Weil, zweifelsfrei Kommunist und hatte er schon in der Münchner Rätezeit »eine nicht geringe Rolle gespielt« (cf. Migdal, 100 f.). Grünberg versicherte im Verhör, weder wisse er von Beziehungen seiner Mitarbeiter »zu dem Geheim-Archiv der K.P.D. in Berlin« noch von »kommunistischen Umtrieben« an seinem Institut.

Die Folgen der Verdächtigungen bekam vorläufig nur der Ausländer Grossmann zu spüren. Dessen Erlangung einer Dozentur verzögerte sich. Der Frankfurter Polizeipräsident, teilte 1926 der Dekan der WiSo-Fakultät, die sich zu Grossmanns Person entschieden positiv äußerte, dem Kuratorium mit, habe, »ohne gegen die Persönlichkeit Dr. Grossmanns irgendwelche Einwendungen zu erheben, sich gegen seine Zulassung als Privatdozent allein aus dem Grunde ausgesprochen . . ., weil anzunehmen sei, daß Dr. Grossmann, obwohl er in politischer Beziehung bisher sich noch nicht bemerkbar gemacht habe, linksradikalen Bestrebungen huldige« (Dekan Gerloff-Kuratorium, 4. 6. 26, zitiert bei Migdal, 104 f.). Die Verlagsangelegenheiten dagegen nahmen dank der wohlwollenden Zurückhaltung des Kultusministeriums praktisch unbehelligt ihren Gang. Die Gesellschaft für Sozialforschung zog ihren Antrag zurück und kündigte an, den Verlag außerhalb des Instituts unterzubringen. Als sich später herausstellte, daß der Marx-Engels-Archiv-Verlag doch im Institut eingerichtet worden war, blieben die Proteste schwach, da inzwischen der tatsächlich wissenschaftliche Charakter der Arbeit des Verlags deutlich geworden war. »Den Marxismus als Theorie können wir getrost dem Prozeß der Verwesung überlassen, – wir kämpfen ja auch nicht gegen den Thomismus«, hatte es 1934 in einem Leitartikel unter der Überschrift *Gegen den Klassenkampf* in den rechtsliberalen *Frankfurter Nachrichten* geheißen. Nur die Praxis des Klassenkampfs sei verwerflich. Diese aber verlor in den Jahren der Stabilität an Bedeutung. Und selbst die Veröffentlichungen des Marx-Engels-Archiv-Verlages beschränkten sich in den 20er Jahren auf zwei Bände *Marx-Engels-Archiv*, in denen außer Aufsätzen russischer Marxforscher u. a. ein Teil der *Deutschen Ideologie* und der Briefwechsel zwischen Karl Marx und Vera Sassulitsch erschienen, und auf weniger als ein halbes Dutzend Bände der *MEGA*.

Als Grünberg im Januar 1928 durch einen Schlaganfall arbeitsunfähig wurde, hatte er erst 3½ Jahre in Frankfurt gewirkt. Bereits mit angeschlagener Gesundheit nach Frankfurt gekommen, hatte er in den Aufbau und die Etablierung des Instituts seine letzte Kraft gesteckt. Nach dem Schlaganfall lebte er noch 12 Jahre als geistig und körperlich gelähmter Mensch, bis er 1940 starb.

In Frankfurt hatte er eine Situation geschaffen, die für deutsche akademische Verhältnisse – und nicht nur für deutsche – einmalig war. Marxismus und Geschichte der Arbeiterbewegung konnten nun an der Universität gelehrt und studiert werden, und wer wollte, konnte nun mit Themen aus diesem Bereich promovieren. Es gab nun in Frankfurt einen sich zum Marxismus bekennenden Ordinarius für wirtschaftliche Staatswissenschaften. Es gab ein der Universität angeschlossenes Institut, dessen Arbeit speziell der Erforschung der Arbeiterbewegung und des Sozialismus vom marxistischen Standpunkt aus gewidmet war und an dem Marxisten wie Karl Korsch oder die Austromarxisten Max Adler, Fritz Adler, Otto Bauer Vorträge halten konnten. Die beiden Assistenten des Instituts, Fritz Pollock und Henryk Grossmann, führten als Privatdozenten Lehrveranstaltungen in der Wirtschafts- und Sozialwissenschaftlichen Fakultät der Universität durch, wo sich Grossmann 1927 und Pollock 1928 habilitierte und wo Grossmann 1930 eine Professur bekam. Die Herausgabe der Werke von Marx und Engels wurde faktisch als eine in den Aufgabenbereich der Universität fallende wissenschaftliche Arbeit anerkannt.

Einmalig war auch, daß ein der Universität angeschlossenes Institut vorwiegend kommunistische Mitarbeiter und Doktoranden hatte. Allerdings gehörten sie unterschiedlichen Gruppierungen an, wie sie in der Kommunistischen Partei selbst nicht mehr alle vertreten waren. Da gab es die Korschisten bzw. Trotzkisten, die für den Kommunismus waren, jedoch der sowjetrussischen Entwicklung den kommunistischen Charakter absprachen – dazu gehörten Heinz Langerhans, Kurt Mandelbaum und Walter Biehahn; die Brandlerianer, die für ein Zusammengehen mit der Sozialdemokratie und Übergangslosungen waren – dazu gehörten Ernst Frölich und Klimpt; die KP-Mitglieder, die den Kurs bzw. die Kursschwankungen der inzwischen stalinisierten Partei (noch) mitmachten – dazu gehörten Fritz Sauer, Paul Massing, Willy Strzelewicz, Karl August Wittfogel.

Die Auseinandersetzungen 1929/30 um den Grünberg-Nachfolger fielen in eine Zeit, in der die besonderen Vorzüge der Frankfurter Situation hell hervortraten. Die Frankfurter Universität erlebte in den Jahren 1928 bis 1932 eine Blütezeit. »Viele Lehrstühle waren mit hervorragenden Gelehrten besetzt. Die Universität besaß zahlreiche modern ausgerüstete Institute, darunter verschiedene, welche entsprechend dem fortschrittlichen Geist der Universität erstmals oder überhaupt nur hier errichtet worden waren.« (Vorlesungsverzeichnis WS 1972/73, S. 5) Als Paul Tillich 1928 den Ruf auf einen Philosophie-Lehrstuhl an der Universität Frankfurt annahm – eine theologische Fakultät wie an anderen Universitäten gab es nicht –, sah er in ihr »die modernste und liberalste Universität« (*Autobiographische Betrachtungen*, in: *Ges. Werke*, XII, 69). Das war dem sozialdemokratischen und bürgerlich-demokratischen Geist Frankfurts zu verdanken, aber auch der Kulturpolitik des bürgerlich-liberal denkenden Carl Heinrich Becker, der seit 1925 Kultusminister in der von dem sozialdemokratischen Ministerpräsidenten Otto Braun geleiteten preußischen Regierung aus Vertretern der sogenannten Weimarer Koalition (SPD, Zentrum und Demokraten) war, die nirgendwo so lange währte wie in Preußen und die bewirkte, daß die Verhältnisse in diesem Land stabiler waren als im übrigen Reich.

Ende der 20er Jahre waren in Frankfurt Marxismus und Kommunismus nicht weniger salonfähig als in den Jahren nach der Novemberrevolution und gerade unter den Jugendlichen aus begüterten Kreisen sehr geschätzt, waren führende Mitarbeiter der *Frankfurter Zeitung* noch immer linksliberal bis sozialistisch, klagten stadtbekannte Persönlichkeiten wie Richard Merton über die »sozialistische« und »rote Überfremdung«. Als es 1929 zu Auseinandersetzungen wegen der Bestimmung eines Nachfolgers für Grünberg kam, mit dessen Emeritierung im Jahre 1929 sein Lehrstuhl vakant geworden war, während er die Institutsleitung vertragsgemäß bis 1932 innehatte, vertrat Felix Weil seine Position eher noch entschiedener als zur Zeit der Gründung des Instituts. In einem ausführlichen Brief an das Ministerium für Wissenschaft, Kunst und Volksbildung betonte er, er betrachte die Institutsarbeiten und seine Teilnahme an ihnen als seine Lebensaufgabe, und wenn er sich entgegen seiner ursprünglichen Absicht nicht habilitiert und nur in einem Semester selbst ein Seminar geleitet habe, so liege das allein daran, daß Krankheit und Tod seines Vaters ihn gezwungen hätten, sich stärker als gewollt um die ihm eigentlich fernliegenden Belange der Weilschen Firma zu kümmern. Die Aufgabe des Instituts aber sei in erster Linie: dem Studium und der Vertiefung des wissenschaftlichen Marxismus zu dienen. »Wenn es auch in dem Namen und den Satzungen des Instituts nicht besonders ausgedrückt ist, so beweisen doch die Gründungsverhandlungen, die veröffentlichte Programmrede Professor Grünbergs, unsere sonstigen Publikationen und der bisherige Forschungs- und Lehrbetrieb des Instituts, daß es sich hier nicht etwa um eine der Nationalökonomie oder Soziologie im allgemeinen gewidmete Anstalt handelt.« Bei den ersten Verhandlungen mit dem Ministerium sei die Aufgabe des Instituts klar ausgesprochen worden. »Bei der feierlichen Eröffnung des Instituts, die am 22. Juni 1924 als akademischer Festakt der Universität in der Aula in Anwesenheit der Vertreter des Herrn Ministers für Wissenschaft, Kunst und Volksbildung und des Herrn Oberpräsidenten und in persönlicher Anwesenheit des Herrn Oberbürgermeisters und anderer Spitzen der Staats- und Kommunalbehörden stattfand, haben dann ich selbst und besonders Herr Professor Grünberg in seiner Festrede den marxistischen Charakter des Instituts auch öffentlich und programmatisch festgelegt.« Unbekümmert um alle Mißverständnisse und Anfeindungen werde das Institut – »das einzige seiner Art in der Welt« – auch in Zukunft in unbedingter politischer Neutralität seine Bemühungen um die Anwendung und Weiterbildung der Marxschen Theorie folgerichtig fortführen. Die Wiederbesetzung des Ordinariats sei für ihn keine eilbedürftige Angelegenheit. In erster Linie gehe es darum, einen geeigneten Nachfolger für die Institutsleitung zu finden. Der aber könne »höchstwahrscheinlich nur aus dem Kreis des Instituts hervorgehen«. Er wundere sich, daß das Ministerium trotz seiner Bitte die Frage der Neubesetzung des Ordinariats nicht so lange vertagt habe, bis er in der Lage sei, »aus unserem Kreis eine solche Persönlichkeit zu präsentieren, gegen die man nach Leistungen und Dienstalter Einwendungen nicht erheben« könne. (Weil-Minister für Wissenschaft, Kunst und Volksbildung, 1. 11. 29) Er erreichte, daß das Ministerium den Erlaß über die Institutserrichtung von 1923 so abänderte, daß die Bestellung des Leiters nicht bloß »nach

Benehmen«, sondern unmißverständlich »im Einverständnis« mit der Gesellschaft für Sozialforschung erfolgen müsse.

Deutlicher wurden aber andererseits auch wieder die akademischen Gegner. Als im Juli 1930 ein Frankfurter Ordinarius für Wirtschaftslehre – Fritz Schmidt – in einem Brief an das preußische Kultusministerium klagte, am Institut für Sozialforschung würden die Mitarbeiter einseitig ausgewählt, sammelte sich in letzter Zeit »eine erhebliche Anzahl kommunistisch und revolutionär eingestellter Studenten, die vielfach Ausländer sind« und eine rege Agitation entfalteten, fügte er drohend hinzu: »Es wird das dem Ministerium nicht gleichgültig bleiben können, wenn gleichzeitig im Staate Preußen die revolutionäre kommunistische Bewegung als staatsfeindlich verfolgt wird.« (Schmidt-Ministerialdirektor Richter, 25. 7. 30, zit. bei Kluke, *Die Stiftungsuniversität Frankfurt a. M.*, 504) Dabei dachte er vielleicht an den Erlaß der preußischen Regierung vom Juni 1930, der Beamten die Zugehörigkeit zur NSDAP und zur KPD verbot, und nahm ihn zum Anlaß für die allgemeine Androhung der Fortsetzung akademischer Auseinandersetzungen mit politischen Mitteln.

Der Philosoph Max Horkheimer übernimmt die Leitung des Instituts. Das neue Programm: Überwindung der Krise des Marxismus vermittels der Durchdringung von Sozialphilosophie und empirischen Sozialwissenschaften

Im Oktober 1930 unterschrieben Friedrich Pollock, seit 1925 Generalbevollmächtigter von Felix Weil, für den Vorstand der Gesellschaft für Sozialforschung und Max Horkheimer, seit zwei Monaten Inhaber eines Lehrstuhls für Sozialphilosophie, einen Vertrag, dessen Paragraph 3 lautete: »Herr Professor Horkheimer übernimmt mit dem heutigen Tage die Leitung des Instituts. Sollte wider Erwarten Herr Professor Grünberg sich von seinem schweren Leiden so weit wieder erholen, daß er fähig ist, sein Amt als Direktor wieder zu versehen, so wird Herr Professor Horkheimer versuchen, sich mit ihm über eine Teilung der Geschäfte der Leitung zu verständigen. Spätestens am 10. Februar 1932 [bis zu diesem Zeitpunkt, der Vollendung des 71. Lebensjahres, war Grünberg bei seiner Berufung die Leitung des Instituts vertraglich zugesichert worden, R. W.] wird auch in diesem Falle Herr Professor Horkheimer die alleinige Leitung des Instituts wieder übernehmen.«

Nachdem die Gesellschaft für Sozialforschung und die Wirtschafts- und Sozialwissenschaftliche Fakultät sich nicht auf einen für beide Seiten akzeptablen Nachfolger Grünbergs auf dem mit dem Zeitpunkt der Emeritierung freigewordenen Lehrstuhl hatten einigen können, den die Gesellschaft für Sozialforschung dann auch als Nachfolger Grünbergs in der Leitung des Instituts akzeptiert hätte, war man zu folgendem Kompromiß gelangt: die Gesellschaft für Sozialforschung finanzierte der WiSo-Fakultät den mit einem ihr genehmen Kandidaten besetzten Grünberg-Lehrstuhl weiter, bis eines der übrigen Ordinariate der Fakultät frei wurde. (Nachfolger auf Grünbergs Lehrstuhl wurde Adolph Löwe, von 1926-1931 als Nachfolger von Tönnies Professor für Wirtschaftstheorie und Soziologie in Kiel und Leiter der Forschungsabteilung des Instituts für Weltwirtschaft, aktiver Sozialdemokrat und religiöser Sozialist, mit Horkheimer von Stuttgarter Kindertagen her befreundet.) Der Philosophischen Fakultät wurde ein neuer, mit der Institutsleitung verbundener Lehrstuhl gestiftet, auf den Ende Juli 1930 Horkheimer berufen wurde. Es war wesentlich Tillich – religiöser Sozialist wie Löwe – und dem Drängen des Kultusministeriums zu verdanken, daß Horkheimer, ungewöhnlich genug, einen Ruf an eben die Universität erhielt, an der er sich habilitiert hatte. Allerdings hatte die Philosophische Fakultät darauf bestanden, daß der Lehrstuhl nicht als einer für Philosophie und Soziologie, sondern bescheidener als einer für Sozialphilosophie eingerichtet wurde.

Daß Horkheimer Nachfolger Grünbergs in der Leitung des Instituts für Sozialforschung wurde, hatte etwas Überraschendes. Denn zu den »engeren Mitarbeitern« – von solchen hatte Felix Weil in seinem Brief vom November 1929 an das Kultusministerium gesprochen – gehörte er keineswegs. Engere Mitarbeiter waren vielmehr Pollock und Grossmann, mit deren Buchpublikationen 1929 die Schriftenreihe des Instituts eröffnet worden war. Horkheimer dagegen hatte vor 1930 außer einer unauffälligen Habilitationsarbeit und drei, vier Gedenk-Artikeln nichts veröffentlicht. Auch seine Mitwirkung am Institut war kaum erwähnenswert. Der Privatdozent für Philosophie veranstaltete seine sozialphilosophischen Seminare im Institut, und in Weils Memorandum für das Kultusministerium war unter den geplanten Bänden der Schriftenreihe des Instituts als Band VI ein Buch von Horkheimer über *Die Krise des Marxismus* aufgezählt worden. »Seit dem Tage, an dem wir aus rein technischen Gründen beschlossen, daß ich der Direktor des Instituts werden sollte, einfach weil das leichter durchzuführen war als bei Fritz oder Dir . . .«, hieß es später einmal in einem Brief Horkheimers an Felix Weil (Horkheimer-Weil, 10. 3. 42). In der Tat: Pollock und Grossmann waren politisch belastet, Horkheimer nicht. Wohl vor allem, weil Pollock bereit war, zugunsten des Freundes zu verzichten, und weil Horkheimer – ohne Hoffnung, in absehbarer Zeit auf normalem Wege zu einer Professur zu kommen – nach dem Posten des Institutsleiters drängte, mit dem die Aussicht auf eine beschleunigte akademische Karriere verbunden war, wurde der am Institut bis dahin kaum eine Rolle Spielende zum Kandidaten. »Eines der Dinge, die uns damals sehr beschäftigt haben«, heißt es in Löwenthals Erinnerungen, »war die Fertigstellung von Horkheimers ›Anfängen der bürgerlichen Geschichtsphilosophie‹ . . . Ein großer Teil der Arbeit im Institut war 1929 – wie soll man sagen – strategischer Planung gewidmet. Wir waren erfolgreich, Horkheimer wurde Professor und Direktor des Instituts.« (Löwenthal, *Mitmachen wollte ich nie*, 66) Die Philosophische Fakultät akzeptierte seine Ernennung zum Ordinarius für Sozialphilosophie unter Hinweis auf »seine große Begabung, sein umfassendes Wissen, seine erkenntnistheoretische Durchbildung, seine ungewöhnlichen pädagogischen Fähigkeiten« und seinen »großen Lehrerfolg« (Philosophische Fakultät-Minister für Wissenschaft, Kunst und Volksbildung, 26. 6. 30/ Personalakte Horkheimer der Philosophischen Fakultät der J. W. Goethe-Universität Frankfurt a. M.).

Am 24. Januar 1931 hielt Horkheimer seine Öffentliche Rede bei Übernahme des Lehrstuhls für Sozialphilosophie und der Leitung des Instituts für Sozialforschung. Sie war ein Meisterwerk bedächtiger Stilisierung. Ihr Gedankengang läßt sich kurz so resümieren:

Die Geschichte des klassischen deutschen Idealismus gipfelt in der Hegelschen Sozialphilosophie. Nach ihr liegt der Sinn des Seins der Individuen im Leben des Ganzen, dem sie angehören. Hinter dessen Rücksichtslosigkeit gegenüber Glück und Tugend der einzelnen Menschen erlaubt die idealistische Spekulation Sinn und Vernunft zu sehen. Im Laufe des 19. Jahrhunderts begann man, im Fortschritt von Wissenschaft, Technik und Industrie Mittel zu erblicken, die das gesellschaftliche Ganze für die Individuen immer weniger willkürlich und ungerecht und entsprechend weniger verklärungsbedürftig machen würden. Diese Hoffnung wurde enttäuscht. Das Bedürfnis nach Verklärung erwachte von neuem. Die Entwürfe der gegenwärtigen Sozialphilosophie suchen es zu befriedigen. Dem liegt aber ein nicht mehr haltbarer Begriff von Philosophie zugrunde. Der heutige Stand der Erkenntnis verlangt die fortwährende Durchdringung von Philosophie und Einzelwissenschaften. Bei der soziologischen wie der philosophischen Diskussion über die Gesellschaft hat sich eine Frage als die zentrale herauskristallisiert, nämlich die nach dem Zusammenhang zwischen dem wirtschaftlichen Leben der Gesellschaft, der psychischen Entwicklung der Individuen und den Veränderungen im kulturellen Bereich. Das aber ist die den heute zur Verfügung stehenden Methoden entsprechende und auf die heutige Problemkonstellation bezogene Formulierung der alten philosophischen Frage nach dem Zusammenhang von besonderer und allgemeiner Vernunft, von Leben und Geist. Um zu kontrollierbaren Aussagen zu gelangen, muß man die Fragestellung weiter eingrenzen auf bestimmte gesellschaftliche Gruppen und bestimmte Zeitspannen.

Eine besonders wichtige Gruppe ist die der Arbeiter und Angestellten. Mit ihr ist zu beginnen. Es geschieht also nur, was an der Zeit ist, wenn ein Sozialphilosoph, vertraut mit der deutschen idealistischen Philosophie, an die Spitze eines großen empirischen Forschungsapparats tritt und diesen benutzt, »um wenigstens im engsten Rahmen gemeinsam mit meinen Mitarbeitern eine Diktatur der planvollen Arbeit über das Nebeneinander von philosophischer Konstruktion und Empirie in der Gesellschaftslehre zu errichten« und Ernst zu machen mit dem Unternehmen, »aufgrund aktueller philosophischer Fragestellungen Untersuchungen zu organisieren, zu denen Philosophen, Soziologen, Nationalökonomen, Historiker, Psychologen in dauernder Arbeitsgemeinschaft sich vereinigen« (Horkheimer, *Die gegenwärtige Lage der Sozialphilosophie und die Aufgaben eines Instituts für Sozialforschung,* Frankfurter Universitätsreden 1931, wieder abgedruckt in: *Sozialphilosophische Studien,* 41 f.). Damit wurde – so der unausgesprochene Schluß – das Projekt des 19. Jahrhunderts, mit Hilfe von Wissenschaft, Technik und Industrie das gesellschaftliche Ganze für die Individuen immer weniger willkürlich und ungerecht und entsprechend weniger verklärungsbedürftig zu machen, wieder aufgenommen und mit den weiterentwickelten Mitteln der Gegenwart und um so größeren Erfolgsaussichten fortgeführt.

Das war ein neuer Ton, der sich deutlich unterschied von Grünbergs einstiger Bekundung des Gefühls, »in einer Zeit sich überstürzender Entwicklung« zu leben. Er teilte aber auch nicht die Schwermut, die Horkheimer in seiner Rede als Charakteristikum von Heideggers »Philosophie der einzelmenschlichen Existenz« anführte, wie sie in *Sein und Zeit* dargelegt sei, dem »einzigen modernen philosophischen Werk« nicht-verklärender Art. Horkheimers eigener Ton war vielmehr geprägt von der verhaltenen Hoffnung darauf, daß wirkliche Erkenntnisse im Unterschied zu verklärender Ideologie den Menschen als Mittel dienen könnten, Sinn und Vernunft in die Welt zu bringen. Es war ein Ton zwischen dem des auf die Verwirklichung der Philosophie durch die befreiende Tat des Proletariats setzenden jungen Marx und dem des auf die bescheidenen Fortschritte der in der Geschichte der Menschheit noch jungen Wissenschaft setzenden alten Freud, der 1927 in *Die Zukunft einer Illusion* geschrieben hatte: »Es macht schon etwas aus, wenn man weiß, daß man auf seine eigene Kraft angewiesen ist. Man lernt dann, sie richtig zu gebrauchen ... Dadurch, daß [der Mensch] seine Erwartungen vom Jenseits abzieht und alle freigewordenen Kräfte auf das irdische Leben konzentriert, wird er wahrscheinlich erreichen können, daß das Leben für alle erträglich wird und die Kultur keinen mehr erdrückt.« (*Ges. Werke*, XIV, 373 f.)

Zwar sparte der neue Institutsleiter, der in seinen später pseudonym in der *Dämmerung* publizierten Aphorismen die Philosophen anklagte, sie ignorierten die Leiden der Menschen, dieses Thema in seiner Rede radikaler aus als mancher der von ihm verachteten bürgerlichen Denker. Zwar schien er in einer Zeit, da von Grünberg und Weil die marxistische Orientierung des Instituts offen ausgesprochen worden war, da die Not groß war und brisante Botschaften noch auf Gehör rechnen konnten, von Anfang an in der Überzeugung zu handeln, Träger einer revolutionären Botschaft zu sein, die heil durch alle Gefahrensituationen zu bringen wichtigste Aufgabe war. Aber das hatte immerhin den Vorteil, daß das Institut nun einen Leiter hatte, der auf die Universitätskollegen noch vertrauenswürdiger wirkte als Grünberg. Und für die Entwicklung der marxistischen Theorie ergab sich eine interessante Konstellation: Horkheimer versuchte, die Krise des Marxismus durch die Anknüpfung an moderne Entwicklungen im Bereich der »bürgerlichen« Wissenschaft und Philosophie zu überwinden, und verband vor dem Hintergrund von Max Webers wie Heideggers Absage an alle Spekulationen über einen vorgegebenen Weltsinn und ein übergeschichtliches Wesen des Menschen Lukács' und Korschs Rettung der philosophischen Elemente im Marxismus mit Schelers Einbeziehung der Fülle empirischen Wissens in die Philosophie.

An der Politik der Förderung junger kommunistischer und sozialistischer Studenten und Wissenschaftler durch das Institut änderte sich unter Horkheimers Leitung nichts. Auf Empfehlung Wittfogels in Berlin hin erhielt z. B. Joseph Dünner, Mitglied der kommunistischen »Roten Studentengruppe«, ein Stipendium des Instituts – 130 Reichsmark monatlich –, um in Frankfurt seine Dissertation über das internationale Gewerkschaftswesen schreiben zu können.

Die entscheidenden Veränderungen bedeuteten keinen Bruch mit dem von Grünberg Geleisteten und den im Geiste Grünbergs tätigen Mitarbeitern. Tatsächlich ging, wie Horkheimer in seiner Rede angekündigt hatte, neben der kollektiven Forschungsarbeit die »selbständige Forschungstätigkeit einzelner Mitarbeiter auf den Gebieten der theoretischen Ökonomie, der Wirtschaftsgeschichte und der Geschichte der Arbeiterbewegung« weiter. Auch die *Zeitschrift für Sozial-*

forschung, die 1932 an die Stelle von Grünbergs 1930 zum letzten Mal erschienenem *Archiv für die Geschichte des Sozialismus und der Arbeiterbewegung* trat, bewies hinsichtlich Verlag und Aufmachung Kontinuität und gab in einem neu gewichteten Aufsatzteil und einem neu systematisierten Rezensionsteil auch denen Raum, deren Arbeit sich im Themenspektrum der Grünberg-Zeit bewegte und die am Grünbergschen *Archiv* mitgewirkt hatten. Aber daß aufgrund der Verlagerung des Schwerpunkts der Institutsarbeit von der Geschichte der Arbeiterbewegung auf die Theorie der Gesellschaft die Themen, die vorher ein Monopol hatten, zu einem Interessenbereich unter anderen wurden und bei der zum Zentrum erklärten kollektiven Arbeit nur am Rande eine Rolle spielten, mußte denen, die den Einbau der bisherigen Arbeit in einen weiteren Rahmen nicht mitvollzogen, als Degradierung und Verrat erscheinen.

Was in mancher Hinsicht wie ein Verrat an der Grünberg-Zeit erschien, bedeutete allerdings in anderer Hinsicht ein Wiederanknüpfen an die Gründungszeit des Instituts und an Gerlach, der bereits vor seiner Instituts-Denkschrift in seinem Gutachten zur Reform der staatswissenschaftlichen Studien auf die Notwendigkeit der Neugestaltung aller Gebiete der Sozialwissenschaften und das auf Kooperation der Fachspezialisten zielende »Streben nach höherer filosofisch-soziologischer Zusammenfassung« hingewiesen und die Unentbehrlichkeit der »großen Gesichtspunkte« betont hatte, die allein dem Wissenschaftler Bedeutung »vom Standpunkt des Lebens aus« geben könnten (in: Jastrow, Hg., *Die Reform der staatswissenschaftlichen Studien*, 92 f.).

Eine Verlagerung des Schwerpunkts durch Erweiterung zeigte sich auch bei den Veränderungen in der Zusammensetzung der tonangebenden Mitarbeiter des Instituts. Am 16. Februar 1929 war das im Gebäude des Instituts für Sozialforschung untergekommene Frankfurter Psychoanalytische Institut der Südwestdeutschen Psychoanalytischen Arbeitsgemeinschaft eröffnet worden, zu dessen Mitarbeitern Erich Fromm gehörte, ein alter Freund Leo Löwenthals. Seit dem Winterhalbjahr 1930/31 zählte er neben »Prof. Dr. Horkheimer«, »Prof. Dr. Grossmann« und »Privatdozent Dr. Pollock« als »Dr. Fromm (Berlin)« zu den Lehrkräften des Instituts (*IfS* 1931).

Wichtiger Mitarbeiter der *Zeitschrift für Sozialforschung* (ZfS) war von Anfang an Theodor Wiesengrund, der sich als Musikkritiker auch – mit seinem standesamtlich registrierten Doppelnamen – Wiesengrund-Adorno nannte. Er war mit Horkheimer, Pollock und Löwenthal seit langem befreundet. Sein Wunsch, offizielles Mitglied des Instituts zu werden, wurde von Horkheimer und Pollock nicht erfüllt – teils vielleicht wegen Horkheimers Ablehnung der von Adorno vertretenen »deutenden« Philosophie, teils vielleicht, um finanzielle

Verpflichtungen gegenüber dem durch sein Elternhaus gut versorgten Adorno zu vermeiden.

1932 führte Leo Löwenthal in Frankfurt ein erstes Gespräch mit Herbert Marcuse, das zu dessen Aufnahme ins Institut führte – nachdem Horkheimer 1931 zunächst wenig Lust gezeigt hatte, »einen von Riezler empfohlenen Schüler Heideggers« (Horkheimer-Marcuse, 8. 12. 63) ans Institut zu holen. (Riezler – 1919 als Referent für deutsche Angelegenheiten in der Politischen Abteilung des Auswärtigen Amtes entschiedener Befürworter einer militärischen Intervention des Reiches gegen die Münchner Räterepublik, seit 1919 Mitherausgeber der Monatszeitschrift *Die Deutsche Nation*, seit 1928 geschäftsführender Vorsitzender des Kuratoriums der Universität Frankfurt a. M. und zugleich Honorarprofessor für Philosophie, 1930 einer der heftigsten Gegner gegen die Verleihung des Frankfurter Goethe-Preises an Freud – hatte vergebens seinen Freund Heidegger nach Frankfurt zu holen versucht.)

Das waren lauter Personen, die, wie Horkheimer selbst, andere Seiten der Weimarer Kultur repräsentierten als die meisten der in den 20er Jahren mit dem Institut liierten Personen.

Horkheimer und seine Mitarbeiter – ein Biographien-Panorama

Max Horkheimer

»Am 14. Februar 1895 in Stuttgart als einziger Sohn des Fabrikanten Moritz Horkheimer geboren, war ich seit meinem ersten Lebensjahre dazu bestimmt, in der Leitung der industriellen Werke meines Vaters dessen Nachfolger zu werden«, begann der Lebenslauf, den Max Horkheimer 1924 seinem Antrag auf Zulassung zum Habilitationsverfahren beilegte. Der Vater, Moses – genannt Moritz – Horkheimer, wie schon der Großvater Kaufmann, hatte es zum Eigentümer mehrerer Textilfabriken in Zuffenhausen bei Stuttgart, der damaligen Residenz des Königreichs Württemberg, gebracht. Beide Eltern bekannten sich zur jüdischen Religion und lebten, jedenfalls noch während der Kindheit des Sohnes, »in einem gewissen strengen, ich würde nicht sagen orthodoxen, aber konservativen jüdischen Sinne« (*Das Schlimme erwarten und doch das Gute versuchen. Ein Gespräch mit Professor*

Dr. Max Horkheimer, in: Rein, Hg., *Dienstagsgespräche mit Zeitgenossen*, 151). Außer durch unternehmerischen Erfolg gelangte der Vater durch Mäzenatentum, karitative Schenkungen und vaterländisches Engagement vor allem während des Krieges zu gesellschaftlicher Anerkennung. 1917 bekam er vom König von Bayern als Anerkennung für »wohltätiges Wirken auf den verschiedensten Gebieten der Wohlfahrtspflege« den Kommerzienrats-Titel verliehen, und 1918 wurde er Ehrenbürger von Zuffenhausen. So sehr sah sich Horkheimers Vater als Deutscher, daß er sich – obwohl 1933 zum Verkauf seines »jüdischen Unternehmens« und später zur Aufgabe seiner Villa gezwungen – bis zum Sommer 1939 weigerte, Deutschland zu verlassen. Seine Familie lebe länger hier als die des Herrn Hitler, schrieb er seinem Sohn in die USA.

Dem Plan Moritz Horkheimers gemäß, dessen Autorität durch die Struktur der bürgerlichen Familie, die erfolgreiche Unternehmerrolle und die in der jüdischen Tradition verankerte starke Stellung des Vaters dreifach abgesichert war, wurde der Sohn nach der Untersekunda aus der Schule genommen und 1910 als Lehrling im väterlichen Betrieb angestellt. Im darauffolgenden Jahr lernte er bei einer Tanzveranstaltung Friedrich Pollock kennen, den ein Jahr älteren Sohn eines Lederfabrikanten, der sich vom Judentum abgewendet und auch seinen Sohn entsprechend erzogen hatte. Dadurch konnte Pollock für den jungen Horkheimer zum ersten Anreger für eine allmähliche Emanzipation vom insgesamt konservativen Elternhaus werden. Es war der Beginn einer lebenslangen engen Beziehung, die durch einen Freundschaftsvertrag besiegelt wurde. Er enthielt genaue Regeln darüber, wie, wie lange und zu welcher Tageszeit über Differenzen und Beschlüsse debattiert werden müsse, und definierte Freundschaft als »Ausdruck eines kritischen humanen Elans, die Schaffung der Solidarität aller Menschen« (zitiert bei: Gumnior/Ringguth, *Max Horkheimer*, 16). Darin zeigte sich das Bestreben, angesichts des Kontrastes von Ideal und Wirklichkeit ein privates Bollwerk zu schaffen, von dem aus man den Kampf mit der Wirklichkeit führen konnte. Das Bewußtsein für jenen Kontrast wurde gesteigert durch die gemeinsame Lektüre von Ibsen, Strindberg, Zola – naturalistischen Kritikern der bürgerlichen Gesellschaft –, von Tolstoi und Kropotkin – sozialrevolutionären Verfechtern einer von Askese und allumfassender Liebe geprägten Lebensform –, von Schopenhauers *Aphorismen zur Lebensweisheit* und Spinozas *Ethik*, von Karl Kraus' *Fackel* und Franz Pfemferts *Aktion* – dem von der radikalen politischen Gesinnung seines Herausgebers geprägten Forum der literarischen Opposition gegen die bürgerliche Welt Vorkriegseuropas und gegen den Krieg.

Angesichts des von Konflikten geplagten kränkelnden Sohnes griff der Vater zur klassischen Therapie der Wohlhabenden: er schickte seinen künftigen Nachfolger auf Auslandsreisen. Gemeinsam mit Pollock verbrachte Horkheimer die letzten eineinhalb Jahre vor dem Krieg zunächst als Volontär in Brüssel – mit gelegentlichen Abstechern nach Paris –, dann frei von allen Verpflichtungen in Manchester und London. Als der Erste Weltkrieg ausbrach, war Max Horkheimer gerade Juniorchef im väterlichen Betrieb geworden. Dadurch blieb es ihm vorläufig erspart, am Krieg teilzunehmen, den er von Anfang an ablehnte. Aber auch das Dasein eines Juniorchefs machte ihm ein schlechtes Gewissen angesichts des elenden Lebens der Arbeiter und Arbeiterinnen und der Soldaten draußen im Krieg. In Tagebuchaufzeichnungen und Novellen (am Ende seines Lebens von ihm unter dem Titel *Aus der Pubertät* veröffentlicht) suchte er sich klarzuwerden über das, was von Unruhe geplagte Kinder reicher Eltern, was erfolgreiche kaltherzige Väter, was unter menschenunwürdigen Bedingungen vegetierende Arbeiter und Arbeiterinnen trieb. Wie seine Antwort aussah, zeigt eine Schlüsselszene aus einer Anfang 1916 entstandenen Novelle *Leonhard Steirer*. Der Arbeiter Leonhard Steirer überrascht seine untreu gewordene Geliebte in den Armen des Fabrikantensohnes, bringt diesen um, zwingt das Mädchen, mit ihm zu fliehen und meint bitter und verzweifelt zu der Widerstrebenden:

»»Wenn Menschen wie er gut sein können, Menschen, deren Vergnügungen und Bildung, deren Tage mit soviel Unglück anderer erkauft sind, dann kann auch meine Tat nicht schlecht sein. Der Unterschied zwischen ihm und mir ist nur der, daß ich handeln mußte und Mut und Kraft besaß, während er bequem sein und genießen durfte und nicht erfuhr, was der Genuß kostet und wie blutig er ist. Er war nicht edler als ich, besaß den Tag und alle Freuden und hatte noch das Bewußtsein seiner Unschuld; er nahm das Leben als gutes Recht und durfte froh sein ohne Schatten, ohne Selbstvorwurf, ohne Gedanken an die Sünde. Ich habe dies alles auf mir, ich war beladen und niedrig und werde es sein, für mich ist nicht dasselbe gut, was für ihn gut war. Johanna, wenn Du nicht unmenschlich grausam bist, mußt Du mir gehören, wie Du ihm gehört hast! . . .‹

Johanna Estland mußte an die Worte des Toten über das Leben denken, an seine Leiden und an sein unbestimmtes, geheimnisvolles Schuldbewußtsein, das sie nie verstanden und stets als eine Wirkung seiner Krankheit genommen hatte . . . Sie begriff, daß Leonhard Steirer im Grunde recht hatte, daß er ihrer Liebe nicht mehr und nicht weniger wert war als der Sohn des Fabrikanten, und sie schauderte bei dieser Erkenntnis . . . Einen Augenblick lang sah sie in die Welt hinein – mit großen, entsetzten Augen –, sah die unersättliche, grausame Gier alles Lebendigen, das unentrinnbare, harte Schicksal der

Geschöpfe, die Sucht nach Lust, die ewig brennt und quält, die alle Übel schafft und nie gelöscht wird.« (*Aus der Pubertät*, 196 f.)

Diese Passage, in der sich radikale Sozialkritik und Schopenhauerscher Pessimismus miteinander verbanden, zeigte zugleich die für das eigene Handeln gezogenen Konsequenzen: der Macht der Liebe folgen und das schlechte Gewissen der Privilegierten wecken.

Als er sich 1916 gegen den Willen der Eltern mit der Privatsekretärin seines Vaters liierte, der acht Jahre älteren Rose Riekher, Tochter eines verarmten Hoteliers und Christin, war es eine Entscheidung für die Zärtlichkeit einer einfachen Frau und gleichzeitig eine Art symbolischer Vermählung mit der Welt der Deklassierten und Arbeitenden, von denen er annahm, daß sie furchtbar aufgebracht sein müßten gegen die herrschsüchtigen Geschäftsmänner vom Schlage seines Vaters und von denen er den »Aufstand des Volkes für Daseinsbedingungen, die ihm den Zugang zu wahrer Kultur ermöglichen« (so Horkheimer in der 1916 geschriebenen und Maidon, d. i. Rose Riekher, gewidmeten Novelle *Arbeit*) erwartete. Die Freundin verlor ihre Stellung, und zwischen Vater und Sohn begann eine fast zehnjährige Auseinandersetzung.

1917 wurde Horkheimer Soldat. Bei einer medizinischen Untersuchung »dauernd untauglich« geschrieben, kam er jedoch gar nicht erst an die Front. Den Zusammenbruch des Reichs und die Novemberrevolution erlebte er von einem Münchner Sanatorium aus.

In München holte Horkheimer, vom Vater immer noch zum Nachfolger bestimmt, gemeinsam mit Pollock das Abitur nach, und im Frühjahr 1919 begann er mit dem Studium der Psychologie, Philosophie und Nationalökonomie. »Traue den Lügen über München nicht . . . hier herrscht *nicht* Wahnsinn und Ungerechtigkeit«, schrieb er der Geliebten zur Zeit der Münchner Räterepublik, die er im übrigen eher in vornehmer Distanz erlebte. Nach einem Semester ging er mit Pollock nach Frankfurt am Main, weil – so erklärte er es selber im Gespräch mit Gerhard Rein – er in Bayern nach der Niederschlagung der Räterepublik mit Ernst Toller verwechselt und verhaftet worden war und ihm das Leben in München zu gefährlich wurde. ». . . wir sehen uns in Zerfall, Niederreißen, Entscheidungskämpfe gestellt – lange vor dem Aufgang einer neuen Gemeinschaft, aber hinter uns schon alle Brücken abgebrochen . . . Zeitgenössische Philosophie, in Verbindung mit dem Einblick in ihre unmittelbare Vorgeschichte, soll mir als Landkarte dienen«, schrieb er im Sommer 1920 an Maidon, von der er in den ersten Jahren des Studiums getrennt lebte, bis sie schließlich auch nach Kronberg kam, einem Villenort nicht weit von Frankfurt am Fuße des Taunus, wo er und Pollock sich ein stattliches Haus kauften.

Horkheimers wichtigste Lehrer in Frankfurt waren der Psychologe Schumann und der Philosoph Hans Cornelius. Schumann gehörte zusammen mit Adhémar Gelb, Wolfgang Köhler (bis 1921 an der Frankfurter Universität) und Max Wertheimer (bis 1918 und wieder ab 1929 an der Frankfurter Universität) zu den Gestaltpsychologen, die damals als die fortschrittlichsten unter den Psychologen galten und in Frankfurt ihr erstes Zentrum hatten. Sie betrieben eine vielseitige experimentelle Erforschung der Gestaltwahrnehmung, bei der es um Nachweis und Begründung der Eigenständigkeit der Gestalt, des Ganzen, gegenüber den einzelnen Empfindungselementen und ihrer Summierung ging. Auch Cornelius, der 1863 in München geborene, 1910 nach Frankfurt gekommene erste und für anderthalb Jahrzehnte einzige Philosophie-Ordinarius der 1914 eröffneten Frankfurter Universität, hatte dadurch einen gewissen Ruhm erlangt, daß er zu den Anregern der Gestaltpsychologie gehörte. Sein wichtigster Gesprächspartner bei den erkenntnistheoretischen Diskussionen in der »Villa Cornelius« in Oberursel, wie Kronberg am Fuß des Taunus gelegen, war Max Wertheimer gewesen. In der Philosophie vertrat Cornelius, der sich als Künstler und Kunstpädagoge, als Naturwissenschaftler und Philosoph betätigte, eine der vielen Varianten eines erkenntnispsychologischen Neukantianismus. Was er zu vertreten beanspruchte, war eine von allen bei Kant noch vorhandenen dogmatischen Schlacken befreite »Lehre von den Bedingungen der Möglichkeit der Erfahrung, die in der Einheit unseres Bewußtseins wurzeln« (Cornelius). Durch die Betonung der Rolle der Erfahrungserkenntnis und des Anteils des Subjekts an deren Allgemeingültigkeit glaubte er, das mystische Element in Husserls Lehre vom »Erschauen« allgemeiner Sachverhalte beseitigt zu haben. Einen Eindruck von seinen gesellschaftlich-politischen Vorstellungen gab, was er in seiner Festrede zur Kantfeier der Frankfurter Universität im Jahre 1924 sagte. Danach erwartete er Rettung aus dem Elend allein von der Klarheit der Erkenntnis, von der Philosophie, von der Orientierung an den »Mitgliedern der großen Genialenrepublik«, die »über die Jahrhunderte hinweg ihr Geistergespräch halten, unbekümmert um das Gezwerge, das am Boden zwischen und unter ihnen hinwegkriecht« (*Frankfurter Universitätsreden*, 1924, 4, 11).

Schumanns und Gelbs Gestaltpsychologie und Cornelius' Variante des Neukantianismus hatten zwar mit der Verklärung des menschlichen Daseins nichts im Sinn, aber nur, weil sie darin nichts Problematisches sahen, weil die in der Nachkriegszeit besonders drängend erscheinenden Probleme des Lebens bei ihnen keinen prägenden Widerhall fanden. Es machte deshalb auf Horkheimer einen tiefen Eindruck, als er, von Cornelius im Herbst 1920 mit einem Empfehlungsschreiben an Husserl für zwei Semester nach Freiburg geschickt, dort Husserls Assistenten Martin Heidegger erlebte. »Je mehr Philosophie mich gefangennimmt«, schrieb er nach dem Freiburger Jahr, das Studium in Frankfurt fortsetzend, an Maidon, »um so weiter entferne ich mich von dem, was man auf der hiesigen Universität darunter versteht. Nicht formale Erkenntnisgesetze, die im Grunde genommen höchst unwichtig sind, sondern materielle Aussagen über unser Leben und seinen Sinn haben wir zu suchen. Ich weiß heute, daß Heidegger eine der bedeutendsten Persönlichkeiten war, die zu mir gesprochen haben. Ob ich ihm recht gebe? – Wie sollte ich, da ich doch nur das eine sicher von ihm weiß, daß für ihn das Motiv zum Philosophieren nicht aus intellektuellem Ehrgeiz und einer vorgefaßten Theorie, sondern jeden Tag aus dem eigenen Erlebnis entspringt.« (Horkheimer-Maidon bzw. Rose Riekher, 30. 11. 21)

Vom Vater immer noch zur Unternehmerlaufbahn und zur Trennung von Rose Riekher gedrängt, begann Horkheimer in Frankfurt mit einer Dissertation über *Gestaltveränderungen in der farbenblinden Zone des blinden Flecks im Auge*, um damit in seinem Hauptfach Psychologie zu promovieren. Erst nachdem dieses Vorhaben durch die Veröffentlichung einer fast gleichen Untersuchung in Kopenhagen zunichte gemacht war, nachdem Cornelius seinen Lieblingsstudenten zur Promotion mit einer philosophischen Arbeit *Zur Antinomie der teleologischen Urteilskraft* angeregt und ihm nach gelungener Promotion sogleich vorgeschlagen hatte, sein Assistent zu werden, war die Entscheidung für eine akademische Laufbahn als Philosoph und damit für die endgültige Abwendung vom väterlichen Geldberuf gefallen.

So bedächtig wie diese Entscheidung war auch Horkheimers Engagement für die marxistische Theorie. Es blieb mehr oder weniger Privatsache, um so mehr, als er nicht, wie Pollock, als Mitarbeiter des Instituts für Sozialforschung hervortrat. Ein anderer Schüler von Cornelius, Theodor Wiesengrund-Adorno, seit den frühen 20er Jahren mit Horkheimer bekannt, besuchte im Sommer 1924 Horkheimer und Pollock, um sich von ihnen auf das kurzfristig gewählte mündliche Prüfungsfach Psychologie vorbereiten zu lassen. »Um mir den Stoff anzueignen«, schrieb er an seinen Freund Leo Löwenthal, »setzte ich mich hier für 10 Tage nach Kronberg, wo Max Horkheimer und sein Freund Pollock, beides sehr ungewöhnliche Menschen, mich aufs liebevollste aufnahmen und aufs strengste schumannpsychologisch drillten. Beide sind übrigens Kommunisten und wir hatten langwierige und leidenschaftliche Gespräche über materialistische Geschichtsauffassung, in denen wir uns gegenseitig viel zugestanden.« (Wiesengrund-Löwenthal, 16. 7. 24, abgedruckt in: Löwenthal, *Mitmachen wollte ich nie*, 248 f.)

1925 habilitierte Horkheimer sich mit einer Arbeit über *Kants Kritik der Urteilskraft als Bindeglied zwischen theoretischer und praktischer Philosophie*. Darin beschränkte er sich darauf, gestützt auf Annahmen der Gestaltpsychologie und der Corneliusschen Transzendentalphilosophie plausibel zu machen, daß die formale Zweckmäßigkeit in der Natur, die Zweckmäßigkeit der ästhetischen und die der organischen Gegenstände nicht, wie Kant meinte, von einer zufälligen und wunderbaren Übereinstimmung zwischen theoretischer und praktischer Vernunft zeugten, sondern »notwendig aus dem Zusammenhang unseres Bewußtseins sich herleitende (Tatbestände)« seien, die sich rein erkenntnistheoretisch begreifen ließen und lediglich zeigten, daß das Reich der Ideen und das Reich der Natur nicht prinzipiell getrennt seien (Horkheimer, *Kants Kritik der Urteilskraft*, 62 ff.).

Erst mit seiner am 2. Mai 1925 gehaltenen Antrittsvorlesung als Privatdozent – *Kant und Hegel* – und seiner ersten im Wintersemester 1925/26 gehaltenen Vorlesung *Deutsche idealistische Philosophie (von Kant bis Hegel)* begann er den durch Gestaltpsychologie und Corneliussche Transzendentalphilosophie gesteckten Rahmen thematisch zu überschreiten. Im Januar 1928 erhielt Horkheimer, der bald nach der Erlangung der Privatdozentur seine Beziehung zu Rose Riekher durch die Heirat legalisiert hatte, einen besoldeten Lehrauftrag für Geschichte der neueren Philosophie. Seine Hemmung, ohne vorbereiteten Text Vorlesungen zu halten, ließ er sich von dem Nervenarzt, Psychoanalytiker und Mitbegründer des Frankfurter Psychoanalytischen Instituts Karl Landauer wegtherapieren. Cornelius' Wunsch allerdings, Horkheimer möge sein Lehrstuhl-Nachfolger werden, blieb unerfüllt. Statt dessen wurde Max Scheler nach Frankfurt berufen und nach dessen Tod Paul Tillich. Die Titel von Horkheimers Veranstaltungen jener Jahre zeigen, daß er mit allmählicher Ausweitung seiner Verfügung über die Geschichte der neueren Philosophie – z. B. SS 28 *Einführung in die Geschichtsphilosophie*, WS 28/29 *Materialismus und Idealismus in der Geschichte der neueren Philosophie*, WS 29/30 *Hegel und Marx*, WS 30/31 *Englische und französische Aufklärung* – bedachtsam zur philosophischen Artikulation der ihn von früh an bewegenden Themen überging.

Wie die grundlegenden Ansichten und das Selbstverständnis dessen aussahen, der bei aller Unentschiedenheit eine so zielstrebige und glatte akademische Karriere durchlief wie kein anderer der später zum inneren Kreis der Frankfurter Schule gehörenden Theoretiker, zeigen zwischen 1926 und 1931 entstandene Notizen, die Horkheimer unter dem Pseudonym Heinrich Regius und dem Titel *Dämmerung* 1934 im Schweizer Exil erscheinen ließ. Sie vereinigten Beobachtungen und Überlegungen, wie sie bereits die Novellen *Aus der Pubertät* enthielten, und Gedanken, die auch in Horkheimers erste wichtige öffentliche Äußerungen – *Anfänge der bürgerlichen Geschichtsphilosophie* (1930), *Ein neuer Ideologiebegriff?* (1930), *Die gegenwärtige Lage der Sozialphilosophie und die Aufgaben eines Instituts für Sozialforschung* (1931) – eingingen, mit Überlegungen zur Rolle der Marxistischen Theorie und zu den Identitätsproblemen eines individualistischen linken Bürgers, wie sie so offen bei Horkheimer sonst nicht vorkamen.

Primär war nach wie vor die Empörung über das gesellschaftliche Unrecht, über den Kontrast von Reichtum und Armut. Horkheimer konnte sich dabei auf seine eigenen Erfahrungen als Millionärssohn stützen. Das feite ihn vor dem Verdacht des Ressentiments. Wie der Blick des Barockmalers im schönen Leib des Lebenden schon die Maden der Verwesung wimmeln sah, so sah Horkheimer, »daß alle diese vornehmen Herrschaften jeden Augenblick nicht nur das Elend der anderen ausnützen, sondern es neu produzieren, um aufs neue davon leben zu können, und diesen Zustand mit jeder beliebigen Menge Blut anderer zu verteidigen bereit sind«, »daß gerade, wenn sich diese Frau zum Diner ankleidet, die Menschen, von denen sie lebt, zur Nachtschicht rücken, und wenn wir ihre zarte Hand küssen, weil sie über Kopfweh klagt, . . . im Krankenhaus dritter Klasse auch für Sterbende nach sechs Uhr Besuche verboten sind« (*Dämmerung*, 329). Gleichzeitig fand er drastische, expressionistische Worte für das Elend der Arbeitenden und Armen. Der »Keller« des Gesellschaftsbaus ist »ein Schlachthof«. (288) »Die Geburt der meisten Menschen geschieht in ein Zuchthaus hinein.« (265) »Ohne Geld, ohne wirtschaftliche Sicherung sind wir ausgeliefert. Damit ist gewiß eine furchtbare Züchtigung gemeint: herabziehende Plackerei, Versklavung unter kleine Geschäfte, Tag und Nacht gemeine Sorgen, Abhängigkeit von den niederträchtigsten Leuten. Nicht bloß wir allein, sondern auch alle, die wir lieben und für die wir die Verantwortung tragen, geraten mit uns unter das Rad des Alltags. Wir werden zum Gegenstand der Dummheit und des Sadismus . . .« (260 f.)

Andererseits konstatierte Horkheimer die vorzüglichen Eigenschaften der Privilegierten und die hoffnungslos kümmerlichen der Armen und Arbeitenden. »Ein Millionär oder gar seine Frau können sich selbst einen sehr geraden und noblen Charakter leisten, sie können alle möglichen bewundernswerten Eigenschaften ausbilden . . . Der kleine Fabrikant ist auch hier im Nachteil. Bei ihm sind schon persönlich ausbeuterische Züge vonnöten, um bestehen zu können. Diese ›moralische‹ Benachteiligung wächst mit der Abnahme der Charge im Produktionsprozeß.« (231) »Je gehobener die Lebenssituation, um so leichter entfalten sich Intelligenz und jede andere Art von Tüchtigkeit . . . Dies gilt nicht bloß für die gesellschaftliche Leistung, sondern auch für die übrigen Eigenschaften der Person. Die Lust an billigen Vergnügungen, der borniere Hang an kleinlichem Besitz, das hohle Gespräch über eigene Angelegenheiten, die komische Eitelkeit und Empfindsamkeit, kurz die ganze Armseligkeit der gedrückten Existenz brauchen sich dort nicht vorzufinden, wo die Macht dem Menschen einen Inhalt gibt und ihn entwickelt.« (265) In Übereinstimmung mit Marx und Freud meinte Horkheimer aber auch, daß die Ungleichheit, in der Vergangenheit durch ihre fortschrittliche Funktion gerechtfertigt, sich in der Gegenwart nicht länger legitimieren lasse. Konnte es in früheren Zeiten so scheinen, daß gewisse den Fortschritt der materiellen Kultur beschleunigende Leistungen nur möglich waren aufgrund von einschneidenden Privilegien einer Minderheit und Verzichten der Mehrheit, so sah es jetzt so aus, daß Privilegien für keineswegs mehr großartige Leistungen die objektiv mögliche Abschaffung der Armut verhinderten. »Um den egoistischen Menschen so weit anzustacheln, daß er sich herbeiläßt, über ein Heer von Arbeitern und Angestellten zu gebieten, muß man ihm Automobile, feine Frauen, Ehren schenken und Sicherung bis ins zehnte Glied, dafür aber, daß er sich tagtäglich im Bergwerk unter fortwährender Lebensgefahr körperlich und geistig zugrunde richtet, ist regelmäßige Wassersuppe und einmal Fleisch in der Woche verlockend genug. Eine merkwürdige Psychologie!« (330)

Wer aber sollte das Urteil über diese Ordnung sprechen und vollziehen, wenn die oben alle möglichen Fähigkeiten entwickeln konnten und das sie tragende Elend nicht wahrnahmen oder verdrängten, die unten verkümmert und gebrochen gehalten wurden und ihrerseits das ganze Ausmaß der unnötigen Not, die objektiven Möglichkeiten und ihre kollektiven Interessen nicht wahrnahmen oder verdrängten, und die dazwischen sich mit allen Mitteln hochzuboxen oder zumindest vor dem Abstieg zu bewahren suchten? Von einer ökonomischen Zusammenbruchstendenz war bei Horkheimer keine Rede, ebensowenig von kollektiven Lernprozessen des Proletariats. »Die sozialistische Gesellschaftsordnung ... ist historisch möglich; verwirklicht wird sie aber nicht von einer der Geschichte immanenten Logik, sondern von den an der Theorie geschulten, zum Besseren entschlossenen Menschen, oder überhaupt nicht.« (255) Erhellung durch Theorie und Entschlossenheit zum Besseren fielen aber nach Horkheimers Diagnose auseinander. In der durch den zunehmenden Einsatz von Technologie gekennzeichneten Entwicklung des kapitalistischen Produktionsprozesses sah er die Ursache für die dauernde Spaltung der Arbeiterklasse in einen beschäftigten Teil, dessen Alltag grau war, der aber mehr zu verlieren hatte als bloß seine Ketten, und einen arbeitslosen Teil, dessen Leben die Hölle war, dem aber Bildungsfähigkeit und Organisierbarkeit fehlten (cf. 281 ff.: *Die Ohnmacht der deutschen Arbeiterklasse*). Es unterstrich nur den von ihm konstatierten Auseinanderfall von »Erkenntnis der wirklichen Welt« einerseits, der »Erfahrung der ganzen Unmenschlichkeit dieses (kapitalistischen Arbeitsprozesses)« und »der dringenden Notwendigkeit der Änderung« andererseits (285 f.), wenn er meinte: »Die Welt, in der die proletarische Elite heranwächst, sind keine Akademien, sondern Kämpfe in Fabriken und Gewerkschaften, Maßregelungen, schmutzige Auseinandersetzungen innerhalb oder außerhalb der Parteien, Zuchthausurteile und Illegalität ... Die revolutionäre Karriere führt nicht über Bankette und Ehrentitel, über interessante Forschungen und Professorengehälter, sondern über Elend, Schande, Undankbarkeit, Zuchthaus ins Ungewisse, das nur ein fast übermenschlicher Glaube erhellt ... Es ist möglich, daß der revolutionäre Glaube in Augenblicken wie den gegenwärtigen sich schwer mit großer Hellsichtigkeit für Realitäten verträgt, ja, es könnte sein, daß die für eine Führung der proletarischen Partei unerläßlichen Eigenschaften sich jetzt gerade bei Menschen finden, die ihrem Charakter nach gerade nicht die feinsten sind.« (258)

Wo aber Theorie und Leiden zusammenkamen, waren revolutionäres Handeln und unerschrockenes Engagement in Horkheimers Augen nicht zu erwarten. Daß »es vielen schlecht geht, obgleich es allen gut gehen könnte ... zwingt zur Vergiftung des allgemeinen Bewußtseins durch die Lüge und treibt diese Ordnung zum Untergang«. (321) Aber als Personen, die unter dieser Vergiftung litten, kamen bei Horkheimer nur die feiner organisierten Individuen unter den Privilegierten in Frage, die es auch als ein Übel empfanden, daß kein organisches Verhältnis zwischen Individuum und Gesellschaft bestand, das Verdienst nicht gebührend geehrt wurde und das Gute meist den Schlechten zufiel. Zu den feiner Organisierten unter den Privilegierten gehörte auch Horkheimer selbst. Welche Aufgabe sah er für sich? Mit den gegenwärtig Kämpfenden offen zu sympathisieren, galt ihm als tollkühn. »Unsere bürgerliche Moral ist strenger (als die katholische Geistlichkeit): hegt einer revolutionäre Gedanken, soll er sie wenigstens aussprechen, auch dann oder gerade dann, wenn es zwecklos ist – damit man ihn deshalb verfolgen kann.« (290) Andererseits warf er gewissen Kollegen vor: »Die Übersetzung des Marxismus in den akademischen Stil wirkte im Nachkriegsdeutschland als ein Schritt, den Willen der Arbeiter zum Kampf gegen den Kapitalismus zu brechen.« (299) Die Behandlung dieses Themas durch Professoren, die »berufenen intellektuellen Vertreter der Menschheit«, mache die Ursachen der Klassengegnerschaft zu einem allgemeinen Problem und ziehe mildernde Gesichtspunkte in Betracht. »Sie stützen das System, indem sie in ›wissenschaftlicher‹ Sprache neben vielen anderen Problemen in kultivierten Büchern und Zeitschriften auch die Lehre von der sozialistischen Gesellschaft behandeln und mit einer skeptischen Wendung zur Tagesordnung übergehen.« (238) Welches Verhalten blieb dann aber noch übrig?

Aus Horkheimers Überlegungen ergab sich als wesentliches Ziel: durch Kritik jeglicher Form von Metaphysik das einst religiös verkleidete »Ungenügen an der irdischen Ordnung« von neuerlichen Verkleidungen freizuhalten, seine Energien in die »wissenschaftliche Theorie von der Gesellschaft« (279) zu leiten und so wenigstens in der Theorie zusammenzubringen, was in der Wirklichkeit durch die Spaltung der Arbeiterklasse auseinandergefallen war: »Tatsachenerkenntnis« und »Klarheit über das Grundsätzliche«, nämlich »die Erfahrung der ganzen Unmenschlichkeit dieses (kapitalistischen Arbeitsprozesses)« und der »drängenden Notwendigkeit der Änderung« (285, 286).

Diese Aufgabenstellung leitete Horkheimer bei seiner Kritik am Frankfurter Kollegen Karl Mannheim, dessen *Ideologie und Utopie* seine erste, 1930 im letzten Jahrgang von *Grünbergs Archiv* erschienene Aufsatzpublikation galt. Er warf Mannheim vor, daß er an einer verdünnten Variante des klassischen deutschen Idealismus – dem »Menschwerden« als der metaphysischen Wirklichkeit, auf die durch die Wissenssoziologie ein Ausblick eröffnet werden solle – festhalte und alle historisch und sozial bedingten Wahrheiten als gleichermaßen relative und in diesem Sinn ideologische hinstelle. Gerade die Bedingtheit und Beschränktheit des Wissens – so Horkheimers auch in den *Anfängen der bürgerlichen Geschichtsphilosophie* emphatisch vertretene Version einer (ohne daß er es so genannt hätte) konkreten, einer existentialistischen Position – macht es bedeutsam für die Verbesserung des Bedingenden und Beschränkenden. Eine Wissenschaft ohne Rücksicht auf die Not und das Elend und die Beschränktheiten ihrer Zeit wäre ohne praktisches Interesse. Wer die geschichtliche Bedingtheit geistiger Gehalte statt als Indiz ihrer Bezogenheit auf aktuelle menschliche Interessen vielmehr als disqualifizierendes Indiz ihrer bloßen Relativität und Unverbindlichkeit ansieht, bezeugt damit sein Desinteresse an den realen Problemen der endlichen, mit äußerer Lebensnot kämpfenden Menschen.

Die kühnen Konstruktionen von Marx und Lukács, deren Ansicht, daß die proletarische Klasse von der historischen Entwicklung dazu gedrängt werde, zur Klasse für sich zu werden und mit Selbstbewußtsein und in eigener Regie zu tun, was sie in entfremdeter Form sowieso schon tat: die Reproduktion der Gesellschaft zu betreiben, fehlten bei Horkheimer. Bei ihm lag die Emphase auf der Versicherung, daß die im Elend Lebenden ein Recht auf materiellen Egoismus hätten und es nichts Niedriges sei, »die Verbesserung der materiellen Existenz durch eine zweckmäßigere Gestaltung der menschlichen Verhältnisse« als »das Wichtigste auf der Welt« zu betrachten – eine Verbesserung, von der »nicht bloß das nächste und unmittelbar erstrebte Ziel einer besseren Versorgung der Menschheit mit dem Notwendigsten ab-(hängt), sondern auch die Verwirklichung aller sogenannten kulturellen oder ideellen Werte« (322 f.). Darin hallte, anders als in der Antrittsrede von 1931, weniger das aktivistische Pathos des deutschen Idealismus nach als vielmehr die Schopenhauersche Besinnung auf die Endlichkeit, Leiblichkeit und Solidarität der Kreatur. Die Besinnung auf die Endlichkeit und Vergänglichkeit der Menschen bekam gewissermaßen ein historisch-materialistisches Rückgrat eingezogen. Die existenziale Transformation der Transzendentalphilosophie wurde noch einmal gesellschaftlich-historisch modifiziert. Hieß es bei Heidegger in *Sein und Zeit*, daß die Wesensbestimmung des Daseins »nicht durch Angabe eines sachhaltigen Was vollzogen werden kann, sein Wesen vielmehr darin liegt, daß es je sein Sein als seiniges zu sein hat« (*Sein und Zeit*, 12), später bei Sartre, daß es keine menschliche Natur gebe, sondern »der Mensch ist, wozu er sich macht« (*Ist der Existentialismus ein Humanismus?*, in: *Drei Essays*, 11), so bei Horkheimer: »Redet der Soziologe Mannheim vom ›Wesen‹ Mensch, dessen Werden sich hinter oder in den Kulturgebilden vollziehe, so ist das schwer verständlich . . . Soweit die Geschichte nicht dem bewußten Sinn der sie planmäßig bestimmenden Menschen entstammt, hat sie daher auch keinen . . .« (*Ein neuer Ideologiebegriff?*, in: *Grünbergs Archiv*, 1930, 40, 45) Horkheimer begriff sich als Verfechter der marxistischen Theorie – in dem Sinne, daß die von ihm vertretene Position in der Verlängerung einer von Kant und der französischen Aufklärung über Hegel und Marx führenden Linie lag. Aber im Direktorzimmer des Instituts, in dem er seit 1930 residierte, hing ein Bild Schopenhauers. Wer ihn vor diesem Bild sitzen sah und ihn im Gespräch auf Schopenhauer als eine seiner wichtigsten Quellen hinweisen hörte, dem mochte vielleicht jene Stelle aus Karl Korschs *Marxismus und Philosophie* einfallen, wo es heißt, man müsse schon – wie die marxistischen Theoretiker der Zweiten Internationale – annehmen, daß zum Marxismus keine bestimmte Einstellung in philosophischen Fragen gehöre, um es z. B. nicht als eine Unmöglichkeit anzusehen, »wenn etwa ein führender marxistischer Theoretiker in seinem philosophischen Privatleben ein Anhänger der Philosophie Arthur Schopenhauers« sei (*Grünbergs Archiv*, XI, 55). Einem der damaligen Stipendiaten des Instituts für Sozialforschung, Willy Strzelewicz, der im Sommer 1928 nach Frankfurt kam und 1931 mit einer Arbeit über *Die Grenzen der Wissenschaft bei Max Weber* promovierte und der zu jenen jungen linken Intellektuellen gehörte, deren Bruch mit der Kommunistischen Partei durch die Begeisterung für Lukács' *Geschichte und Klassenbewußtsein* und *Lenin* hinausgezögert wurde, erschien Horkheimer als ein dem Marxismus und Kommunismus nahestehender bürgerlicher Philosoph, als halb Neukantianer, halb Positivist, als ein Dozent, der offenes Diskutieren schätzte, der selber den Namen Marx selten in den Mund nahm und weder vom Lukácsschen Marxismus noch von der »deutenden« Philosophie Adornos und Benjamins viel hielt.

Erich Fromm

Er habe den ganzen Tag in seinem kleinen Laden gesessen, von dem er lebte, und den Talmud studiert, und wenn ein Kunde gekommen sei, habe er unwillig aufgeblickt und zu ihm gesagt, »Gibt es denn keinen anderen Laden?« – erzählte Erich Fromm von seinem Urgroßvater Seligmann Fromm, dem von der Familie hochgehaltenen und für ihn selber prägend gewordenen Ideal. Erich Fromm, am 23. März 1900 in Frankfurt a. M. geboren, war das einzige Kind orthodoxer jüdischer Eltern, die beide aus Rabbiner-Familien stammten. Der Vater war Obstweinhändler, schämte sich dessen aber und wäre auch lieber Rabbiner geworden. Schulbesuch und Universitätsstudium des Sohnes – nach zwei Semestern in Frankfurt setzte er 1919 das Studium der Soziologie, Psychologie und Philosophie in Heidelberg fort, wo er 1922 bei Alfred Weber mit einer Arbeit über *Das jüdische Gesetz. Ein Beitrag zur Soziologie des Diasporajudentums* promovierte – waren begleitet von intensivem Talmud-Unterricht. Nehemia Nobel, Rabbiner an der größten Frankfurter Synagoge, und Salman Baruch Rabinkow, ein aus einer chassidischen Familie stammender, einem jüdischen revolutionären Russen in die Emigration nach Heidelberg gefolgter Rabbiner, wurden für Fromm lebende Vorbilder für die Vereinigung von konservativem Judentum und Humanismus, von Lehre und Leben.

In den frühen 20er Jahren war Fromm auch Dozent am Frankfurter Freien Jüdischen Lehrhaus, dessen Vorgängerin, die Gesellschaft für jüdische Volksbildung, von ihm mitbegründet worden war. Der erste Leiter des Freien Jüdischen Lehrhauses – »frei«, weil es, abgesehen von den Unterrichtsgebühren, keinerlei Zulassungsbeschränkungen gab und niemand außer den Lehrenden und Lernenden Einfluß auf das Programm haben sollte – war Franz Rosenzweig. Er gehörte zu jener Randschicht assimilierter Juden, aus der angesichts der bis zur Novemberrevolution bloß formalen Gleichberechtigung der breiten Massen des jüdischen Volkes und der auch nach der Novemberrevolution aufgrund des zunehmenden Antisemitismus überaus prekären gesellschaftlichen Stellung der jüdischen Intellektuellen zahlreiche Wortführer einer Rückwendung zu den Ursprüngen der eigenen Tradition hervorgingen. Diese Rückwendung äußerte sich in unterschiedlichen Formen. Zu ihnen gehörten der Zionismus, jüdische Siedlungsprojekte in Palästina oder in der UdSSR, die Praktizierung eines jüdischen Lebensstils mit koscherem Essen und Einhalten der Sabbate und Feste oder die Modifizierung philosophischer und anderer geistiger Positionen aus dem Geist z. B. der jüdischen Mystik. Was Rosenzweig vom Freien Jüdischen Lehrhaus erhoffte, war die Erneuerung einer jüdischen Intelligentsia, die als Kern einer Gemeinde für die lebendige Beziehung aller zu den jüdischen Texten und damit für ein inspiriertes jüdisches Leben sorgte.

Es wurde ein beeindruckendes Unternehmen. Von 1920 bis 1926 gab es 90 Vorlesungen und 180 Arbeitsgruppen, Seminare und Diskussionsveranstaltungen. Daran wirkten 64 Dozenten mit. Auf den Höhepunkten nahmen – in einer Stadt, deren jüdischer Gemeinde etwa 30 000 Menschen angehörten – über 600 angemeldete Personen teil. Rabbi Nobel, der im Januar 1922 starb, und Martin Buber, der seit 1922 mitwirkte, zogen jeweils ungefähr 200 Zuhörer an. In den Arbeitsgruppen dagegen kam eine kleine Zahl von Teilnehmern zu intensivem Studium zusammen. Als z. B. Gershom Scholem vor seiner Auswanderung nach Jerusalem 1923 einige Monate in Frankfurt verbrachte, las und interpretierte er mit weniger als einem Dutzend Hörern, darunter auch Fromm, hebräische Originaltexte mystischer, apokalyptischer und erzählerischer Art. Aber Rosenzweigs Hoffnung erfüllte sich nicht. Als in der zweiten Hälfte der 20er Jahre die Anziehungskraft der Vorlesungen nachließ, die das Geld für die Durchführung der kleinen intensiven Arbeitsgruppen hereinbringen und die Durchgangsstation für ernstlich am jüdischen Leben Interessierte bilden sollten, zerfiel das – inzwischen in einer Reihe anderer Städte aufgegriffene – Unternehmen und erwachte nur 1933 im Protest gegen den zur Macht gelangten Nationalsozialismus noch einmal zum Leben.

Über eine andere orthodox jüdische Einrichtung lernte Fromm Mitte der 20er Jahre die Psychoanalyse kennen. 1924 hatte die jüdische Psychoanalytikerin Frieda Reichmann in Heidelberg ein privates psychoanalytisches Sanatorium eröffnet. Nach den Erinnerungen von Ernst Simon – wie Fromm und Löwenthal Student in Heidelberg, Dozent am Freien Jüdischen Lehrhaus in Frankfurt und ambulanter »Patient« Frieda Reichmanns – war der »jüdische Lebensrhythmus . . . ein integrales Element der geistigen Atmosphäre dieser rein jüdischen Gemeinschaft; bei den Mahlzeiten wurde gebetet und ›gelernt‹, und zwar aus dem jüdisch-traditionellen Schrifttum; die Sabbate und Feste wurden feierlich begangen. All das verschaffte dem Institut den scherzhaften Beinamen eines ›Thorapeutikum‹. Das war damals noch ganz nach dem Sinne Erich Fromms.« (Ernst Simon, *Erinnerungen an Erich Fromm*, Stadtarchiv Ffm.) Fromm ließ sich zum Psychoanalytiker ausbilden, heiratete Frieda Reichmann und machte 1927 eine Praxis auf. Im gleichen Jahr veröffentlichte er seine erste längere tiefenpsychologische Untersuchung *Der Sabbat*. Darin kam er – »ein guter Freudianer, durch meine ganze Studienzeit hindurch« (Interview in DIE ZEIT, 21. 3. 80, 52) – zu dem Ergebnis: »Der Sabbat galt ursprünglich der Erinnerung an die Tötung des Vaters und die Gewinnung der Mutter, das Arbeitsverbot gleichzeitig der Buße für das Urverbrechen und seine Wiederholung durch Regression auf die prägenitale Stufe.« (Fromm, *Gesamtausgabe*, Bd. VI, 9) Religionssoziologie und Psychoanalyse sorgten zusammen mit der Bekanntschaft mit dem Buddhismus, mit Bachofen und mit Marx dafür, daß Fromm noch einen Schritt weiter ging als seine rabbinisch-humanistischen Vorbilder Nobel und Rabinkow und zu einem sich vom orthodoxen Judentum lösenden sozialistischen Humanisten wurde. Der Fromm der späten 20er und frühen 30er Jahre gehörte neben Wilhelm Reich und Siegfried Bernfeld zu den Linksfreudianern, die den faszinierenden Versuch unternahmen, Freudsche Trieblehre und Marxsche Klassentheorie zu kombinieren. Er war dabei gleichzeitig praktizierender Psychoanalytiker in Berlin, Dozent am Frankfurter Psychoanalytischen Institut und sozialpsychologischer Mitarbeiter des Instituts für Sozialforschung.

Mit der Eröffnung des Frankfurter Psychoanalytischen Instituts – mit Karl Landauer und Heinrich Meng als Leitern und Frieda Fromm-Reichmann und Erich Fromm als weiteren Dozenten – wurde ein vom Heidelberger Kreis um Frieda Reichmann bereits 1926 ins Auge gefaßter Plan Wirklichkeit. Daß das Frankfurter Psychoanalytische Institut – das zweite nach dem 1920 in Berlin entstandenen – aufgrund einer Kette persönlicher Bekanntschaften zwischen Erich Fromm, Frieda Reichmann, Leo Löwenthal, Max Horkheimer, Karl Landauer in Räumen des Instituts für Sozialforschung unterkam, führte zum ersten, wenn auch indirekten Anschluß der Psychoanalyse an eine Universität, dem 1930 mit der – heftig umstrittenen – Verleihung des Goethe-Preises an Freud gewissermaßen die öffentliche Ehrung des Begründers der Psychoanalyse durch die Stadt Frankfurt folgte. Es führte aber auch zu einer institutionellen Vermählung zwischen Psychoanalyse und historisch-materialistischer Sozialforschung.

Zur Eröffnung des Psychoanalytischen Instituts am 16. Februar

1929 sprach u. a. Erich Fromm über *Die Anwendung der Psychoanalyse auf Soziologie und Religionswissenschaft.* In seinem kurzen programmatischen Vortrag meinte er, daß für die Untersuchung gerade der wichtigsten Probleme Psychologie wie Soziologie notwendig seien und daß »zu den wichtigsten psychologisch-soziologischen Fragen« die danach gehöre, »welche Zusammenhänge zwischen der gesellschaftlichen Entwicklung der Menschheit, speziell ihrer ökonomisch-technischen, und der Entwicklung des seelischen Apparats, speziell der Ich-Organisation des Menschen bestehen« (*Zeitschrift für psychoanalytische Pädagogik,* III. Jg., Oktober 1928-Dezember 1929, 269). Er entwarf das Konzept einer anti-metaphysischen und historischen Anthropologie, das der von Wilhelm Reich und Siegfried Bernfeld vorgenommenen Historisierung bestimmter psychoanalytischer Kategorien eine allgemeine, historisch-materialistische Form gab und vorwegnahm, was Horkheimer in den *Anfängen der bürgerlichen Geschichtsphilosophie* entwickelte. Um den Anteil der Psychoanalyse an der Untersuchung soziologischer Probleme prinzipiell zu legitimieren, zitierte Fromm am Schluß seines Vortrages die Worte »eines der genialsten Soziologen«: »Die Geschichte tut nichts, sie besitzt keinen ungeheuren Reichtum, sie kämpft keine Kämpfe. Es ist vielmehr der Mensch, der wirkliche lebendige Mensch, der alles tut, besitzt und kämpft.« (a.a.O., 270) Das war eine Stelle aus der *Heiligen Familie,* in der Engels und Marx den »realen Humanismus« Feuerbachs gegen die von Bruno Bauer u. a. reproduzierten Illusionen des spekulativen Idealismus verteidigten. Fromms Bezugnahme auf den frühen Marx entsprach der von Lukács und Korsch vertretenen Ansicht, das Entscheidende der Marxschen Methode bestehe darin, daß sämtliche Phänomene der Ökonomie und Soziologie auf gesellschaftliche Beziehungen der Menschen zueinander zurückgeführt, damit ihrer fetischhaften Objektivität entkleidet und als der menschlichen Kontrolle entwachsene eigene Tat der Menschen begriffen würden. Aber darin klang auch ein Standpunkt an, wie ihn religiöse Sozialisten wie Paul Tillich vertraten, die die Notwendigkeit einer sozialistischen Umwälzung um der Erfüllung der menschlichen Existenz willen betonten und sich dabei auf einen frühen Marx beriefen, dem es bei der Kritik der kapitalistischen Gesellschaft um die Besinnung auf das wahre Wesen des Menschen gegangen sei, das durch den Vorrang ökonomischen Denkens verdeckt werde. »Es bestand«, heißt es in der Autobiographie Heinrich Mengs, eines der beiden Leiter des Frankfurter Psychoanalytischen Instituts, »ein persönlicher, wissenschaftlich fruchtbarer Kontakt der Dozenten mit dem Theologen Paul Tillich. Diskussionsthema mit ihm war beispielsweise: ›Der junge Marx‹. Er begründete in Publikation und Diskussion, wie intensiv der junge

Marx den Humanismus als den Kern des Sozialismus hervorhob.«
(Meng, *Leben als Begegnung*, 78)

In den Arbeiten der folgenden Jahre, die, wie u. a. Herbert Marcuse und Wilhelm Reich bezeugten, als »radikale marxistische Sozialpsychologie« (Habermas u. a., *Gespräche mit Herbert Marcuse*, 15) aufgenommen wurden, verband Fromm orthodoxe Psychoanalyse und orthodoxen Marxismus zur Rekonstruktion eines bei näherem Hinsehn düsteren Szenarios. Fromms erste größere Abhandlung *Die Entwicklung des Christusdogmas. Eine psychoanalytische Studie zur sozialpsychologischen Funktion der Religion* (1930) war gedacht als Gegenmodell zur ideengeschichtlich orientierten psychoanalytischen Deutung des Christusdogmas, wie sie Theodor Reik, einer von Fromms Lehrern am Berliner Psychoanalytischen Institut, in seinem Aufsatz *Dogma und Zwangsidee* 1927 in der Zeitschrift *Imago* präsentiert hatte. In Analogie zur Marx' und Engels' Kritik an ihren »spiritualistischen« junghegelianischen Kollegen warf Fromm seinem Kollegen Reik vor: »Er versucht nicht, die Massen, deren Einheitlichkeit er voraussetzt, in ihrer realen Lebenssituation zu untersuchen . . ., sondern er bleibt bei den Ideen und Ideologien stehen, die von den Massen produziert werden, ohne sich wesentlich um deren reale Träger, die lebendigen Menschen und ihre psychische Situation im Konkreten, zu kümmern. Er läßt nicht die Ideologien verstehen als Produkte von Menschen, sondern er rekonstruiert die Menschen aus den Ideologien.« (*Das Christusdogma*, 83)

Getreu dem gleichen Vorbild richtete Horkheimer ungefähr zur gleichen Zeit die gleiche Kritik gegen die Wissenssoziologie, der er vorwarf, »an die Stelle der Untersuchung von Bedingungszusammenhängen zwischen den wirklichen Kämpfen der Menschen und ihren Gedanken geistesgeschichtliche Betrachtungen zu setzen« (*Grünbergs Archiv*, 1930, 54) und die »bestehenden Widersprüche in die Gegensätze von Ideen, ›Denkstilen‹ und ›Weltanschauungssystemen‹« umzudeuten (56). Die Pointe der Kritik lag bei Fromm wie bei Horkheimer darin, den Blick auf die das Elend und die Unterdrückung der unteren Schichten einschließenden Zustände zu lenken, die zur Produktion der verschiedenen Ideen, Weltanschauungen, Religionen führten, und deutlich zu machen, daß jede Betrachtung der geistigen Produkte, die nicht von der fundamentalen Rolle der Produktionsweise und der Spaltung der Gesellschaft in Klassen ausging, auch noch in ihrer wissenssoziologisch oder psychoanalytisch modifizierten Form die Verdrängung des jenen Produkten zugrunde liegenden Elends und Unrechts fortschrieb.

Fromms marxistische Verwendung Freudscher Gedanken hatte allerdings zum Ergebnis eine Erklärung der Stabilität von Klassengesellschaften, die Elend und Unrecht ewige Dauer zu verheißen schien. Im Machtgefälle der Klassengesellschaften – so Fromms zentrale, Freud klassentheoretisch zuspitzende Gedanken – wiederholt sich für die Beherrschten die infantile Situation. Sie erleben die Herrschenden als die Mächtigen, Starken, Anerkannten, gegen die sich aufzulehnen vergeblich, deren Schutz und Wohlwollen durch Unterwerfung und Liebe zu erlangen vernünftig scheint. Die Gottesidee fördert die Bereitschaft, sich noch als Erwachsener Vaterfiguren zu unterwerfen und die Herrschenden in einem verklärenden Licht zu sehen.

In der auf dem Nizänischen Konzil 325 n. Chr. etablierten homousianischen Vorstellung, wonach der Sohn eines Wesens mit dem Vater war, hatte Reik einen Sieg der vaterfeindlichen Tendenz gesehen, der in Analogie zu individuellen neurotischen Symptomen vom Typus der Zwangsidee zu begreifen war. Dagegen sah Fromm darin den Verzicht auf die vaterfeindliche Einstellung und das Ergebnis einer sich über Jahrhunderte erstreckenden und »nicht die Totalität der seelischen Struktur des Einzelnen, sondern nur einen allen gemeinsamen Sektor« (*Das Christusdogma,* 91) betreffenden »Anpassung an die gegebene reale gesellschaftliche Situation«, in der jede Hoffnung auf den Sturz der herrschenden und den Sieg der eigenen Klasse so aussichtslos war, »daß es – vom psychischen Standpunkt aus gesehen – unzweckmäßig und unökonomisch gewesen wäre, in der Haltung des Hasses zu verharren« (65), der für das frühe christliche Proletariat kennzeichnend gewesen war. Fromms sozial-psychologisches Verfahren des Begreifens der Ideen aus dem Lebensschicksal der Menschen und sein Beharren darauf, daß die religiösen Vorstellungen nicht in Analogie zur psychoanalytischen Personalpsychologie auf pathologische Erscheinungen reduziert werden dürften, sondern als kollektive Phantasien von »Normalen« zu betrachten seien, d. h. von Menschen, »auf deren seelische Situation die Realität einen ungleich höheren Einfluß hat als auf den Neurotiker« (15), hatten einen überraschenden Effekt. Während seine Untersuchung an der Oberfläche von einem durch die Empörung über die wachsende Selbstverleugnung und die psychische Enteignung der Massen geschärften Blick bestimmt zu sein schien, machte sie der Sache nach auf rigide Weise Ernst mit der marxistischen Auffassung, daß das Sein das Bewußtsein bestimme. Durch die allgemeine, an keinem Beispiel näher belegte Behauptung, daß je nach realer Lebenssituation in einer Gruppe bald mehr der Vaterhaß, bald mehr die Vaterliebe dominiere, wurden die religiösen Vorstellungen fugendicht auf die realen Lebenssituationen bezogen, so daß sie – völlig funktional – nur zu deren Selbstreproduktion taugten. Gewaltsame Aufstände, ohnmächtiger Haß auf die Herrschenden und masochistische Selbstverleugnung erschienen als gleichwertige Formen eines für Arme und Unterdrückte je nach Situation psychisch vernünftigen Verhaltens. Fromm ließ sich offenbar von der Logik leiten: Die reale infantile Situation der Kindheit, auf die neurotische Individuen in der einen oder anderen Form fixiert waren, hörte irgendwann auf, und deshalb war eine gründliche Beseitigung der Krankheit möglich und dabei zu helfen sinnvoll. Die einen Großteil der Gesellschaftsmitglieder zur Infantilität verurteilende Klassengesellschaft aber war eine andauernde Realität, gegen die zu rebellieren verständlich war, aber keinesfalls vernünftiger, als sich psychisch darin einzurichten – so wie die Rebellion eines kleinen Kindes gegen den Vater verständlich war, aber keinesfalls realitätsgerechter als die Respektierung und Wertschätzung der Eltern – und deswegen auch nicht unterstützungswürdig.

Ungefähr parallel zur Anwendung der psychoanalytischen Sozialpsychologie auf das historische Phänomen der Wandlung des Christusdogmas hatte Fromm mit ihrer Anwendung auf eine Gruppe seiner Zeit begonnen: die deutschen Arbeiter und Angestellten. Das geschah bereits in Zusammenarbeit mit dem Institut für Sozialforschung, das Fromm dann 1930 als Leiter der sozialpsychologischen Abteilung auf Lebenszeit anstellte. Untersuchungen über die *Lage der arbeitenden Klassen in Vergangenheit und Gegenwart* hatte Felix Weil in seinem Schreiben vom 1. 11. 29 an das Ministerium für Wissenschaft, Kunst und Volksbildung unter den sechs Abteilungen aufgezählt, die sich im Laufe der Zeit am Institut herausgebildet hätten. Die größere der beiden in Gang befindlichen Untersuchungen, deren erste Etappe auf mindestens fünf Jahre berechnet sei, »will Auskunft über die materielle und geistige Lage wichtiger Schichten der Arbeiter und Angestellten geben. Sie benutzt dabei nicht nur alles erreichbare Material, ob es nun gedruckt oder in Aktenform vorliegt (Sozialversicherung), sondern ist im Begriff, auch umfangreiche eigene Erhebungen vorzunehmen. Bei der Durchführung dieser Enquête ist uns die Mitarbeit führender Arbeiterorganisationen und Sachverständiger bereits zugesichert.« Noch 1929 wurden die ersten der insgesamt 3300 Fragebögen mit ihren 271 Positionen verteilt. Berichte über die Arbeiter- und Angestelltenuntersuchung gibt es erst aus der Zeit nach der Flucht vor dem siegreichen Nationalsozialismus und damit nach dem endgültigen Beweis für die Ohnmacht der deutschen Arbeiterklasse. Aber vor dem Hintergrund der anderen damaligen Arbeiten Fromms und aufgrund des Fragebogens lassen sich triftige Vermutungen über die Erwartungen anstellen, mit denen die Untersuchung von ihm entworfen und begonnen wurde.

Seine Studie über die Entwicklung des Christusdogmas hatte Fromm mit dem Satz beschlossen, der Protestantismus stehe am

Beginn einer gesellschaftlichen Epoche, die eine aktive Haltung der Massen zulasse »im Gegensatz zur passiv-infantilen des Mittelalters«, in dem der Katholizismus mit der »verhüllten Rückkehr zur Religion der großen Mutter« den vollends infantilisierten Massen die Phantasiebefriedigung des von der Mutter geliebten Säuglings geboten habe (*Das Christusdogma*, 91). Man konnte daraus schließen, daß Fromm, wenn er sich nun auf eine Untersuchung des Verhältnisses zwischen realer Situation, psychischer Struktur und politischer Überzeugung von Arbeitern und Angestellten seiner Zeit einließ, in den marxistischen und sozialistischen Anschauungen eine moderne Entsprechung zu den revolutionären religiösen Vorstellungen der ersten Christen sah, über die Kautsky in seinem *Ursprung des Christentums* geäußert hatte: »Kaum je hat der Klassenhaß des modernen Proletariats solche Form erlangt wie der des christlichen« (zitiert bei Fromm, *Das Christusdogma*, 44). Aber bedeutete eine solche Analogie nicht auch, daß die revolutionären Anschauungen ein Ersatz für unterbleibende revolutionäre Kämpfe waren? Und mußte die Tatsache, daß keine revolutionären Kämpfe stattfanden, in Fromms Augen nicht bedeuten, daß eben das bloße Haben revolutionärer Anschauungen die adäquate Form der Anpassung der Arbeiter des monopolkapitalistischen Zeitalters an die reale gesellschaftliche Situation war? Denn auch wenn man einmal von der Frage absah, ob die Arbeitsplätze beseitigenden Rationalisierungsmaßnahmen der zweiten Hälfte der 20er Jahre und der Ausbruch der Weltwirtschaftskrise 1929 nicht eher die Ohnmachtsgefühle der Lohnabhängigen als ihre Hoffnungen auf einen befreienden Fortschritt der Produktivkräfte steigern mußten – die reale gesellschaftliche Situation war doch nach wie vor durch die Strukturiertheit in Klassen gekennzeichnet, die in Fromms Augen entscheidend zur Reproduktion der infantilen Situation bei den Massen beitrug.

Falls aber Fromm entgegen dem, was die von ihm vertretene psychoanalytische Sozialpsychologie nahelegte, darauf hoffte, mit seiner Untersuchung die Bestätigung für die Annahme einer mehrheitlich zur Revolution drängenden Arbeiterklasse liefern zu können, war dann die Aufdeckung der unbewußten Gefühlsregungen, der psychischen Struktur der geeignete Weg dazu? Konnte er annehmen, daß sich z. B. bei einer sozialpsychologischen Analyse der an der russischen Revolution oder der Münchner oder ungarischen Räterepublik Beteiligten ergeben hätte, daß die meisten für eine Erziehung der Kinder ohne jegliche Prügel, für die Berufstätigkeit der verheirateten Frau oder entsprechende Ansichten eingetreten wären und dadurch eine zutiefst autoritätsfreie Haltung bewiesen hätten? Solche sich aufdrängenden Fragen zeigen, wie absurd die Vorstellung war, durch eine empirische Untersuchung, sei es auch noch so raffinierter Art, revolutionäre Chancen aufdecken zu wollen.

In dem 1931 erschienenen Aufsatz *Politik und Psychoanalyse* pries Fromm in Anknüpfung an Engels' Brief vom 14. Juli 1893 an Mehring, in dem die Vernachlässigung der konkreten Ableitung der politischen, rechtlichen und sonstigen ideologischen Vorstellungen aus den ökonomischen Grundtatsachen beklagt wurde, die Psychoanalyse als das endlich gefundene Mittel an, »den Weg von der ökonomischen Bedingung durch Kopf und Herz des Menschen hindurch bis zum ideologischen Resultat« (Fromm, *Gesamtausgabe*, Bd. I, 34) zu verfolgen. »Die Psychoanalyse wird dabei der Soziologie einige wichtige Dienste deshalb leisten können, weil der Zusammenhang und die Stabilität einer Gesellschaft durchaus nicht nur von mechanischen und rationalen Faktoren (Zwang durch Staatsgewalt, gemeinsame egoistische Interessen usw.) gebildet und garantiert wird, sondern durch eine Reihe libidinöser Beziehungen innerhalb der Gesellschaft und speziell zwischen den Angehörigen der verschiedenen Klassen (vgl. etwa die infantile Gebundenheit des Kleinbürgertums an die herrschende Klasse und die damit verbundene intellektuelle Einschüchterung).« (ebd.) Fromm hielt mit einer vor krassen Paradoxien nicht zurückschreckenden Konsequenz daran fest, daß die Ökonomie das Schicksal des Menschen sei. »Das quasi-neurotische Verhalten der Massen, das ein adäquates Reagieren auf aktuelle, reale, wenn auch schädliche und unzweckmäßige Lebensbedingungen ist, wird sich also nicht durch ›Analysieren‹, sondern nur durch die *Veränderung und Beseitigung eben jener Lebensbedingungen* ›heilen‹ lassen.« (36) Die materialistische Geschichtsauffassung wurde auf diese Weise uneingestanden ad absurdum geführt. Es wurde demonstriert, daß das fugendichte Funktionieren der Gesellschaft eine Umwälzung der Lebensbedingungen nicht zulasse, und dann gesagt, daß nur die Umwälzung der Lebensbedingungen das Verhalten der Massen ändern könne. Aber auch eine solche Veränderung der Lebensbedingungen würde bloß zu einem neuen ideologischen Überbau führen, den »der ökonomisch-soziale Unterbau notwendig machte« (36). Bei solchen Ansichten war die entschiedene Hinwendung zu einem messianischen Humanismus, der einen jederzeitigen Ausweg aus der endlosen Verkettung von Sein und Bewußtsein bot, nur eine Frage der Zeit für jemanden, der wie Fromm von der Erreichbarkeit eines erfüllten Lebens für jeden überzeugt war.

Friedrich Pollock

Etwas Rührendes hatte die ungelenke, aber offene und uneingeschränkte Begeisterung des 32jährigen Friedrich Pollock für Karl
Marx, der »mit 30 Jahren … seine philosophischen, soziologischen
und politischen Anschauungen so klar herausgearbeitet (hatte), daß er
in allen wesentlichen Punkten bis zum Ende seines Lebens nichts zu
widerrufen brauchte«, und der »unbeirrt von allen Widerwärtigkei-
ten … unermüdlich für das Proletariat gekämpft (hat), bis der Tod
kam« (Pollock, *Sombarts ›Widerlegung‹ des Marxismus*, 1926, 53 f.).
Diese Huldigung an Marx erfolgte im Rahmen einer Auseinandersetzung mit dem Pamphlet *Der proletarische Sozialismus*, dessen Verfasser,
Werner Sombart, einst Anhänger des Marxismus und Briefpartner von
Engels gewesen, in den 20er Jahren aber zum Vertreter eines »deutschen Sozialismus« und zu einem antisemitischen Geistesverwandten
von Oswald Spengler, Johannes Plenge und Othmar Spann geworden
war. Sombarts Berufung auf phänomenologische Wesensschau hielt
Pollock die Forderung nach empirischer Untersuchung, der Behauptung, Marx und Engels hingen dem »Grundwert« des »Proletismus«
an, hielt er den naturwissenschaftlichen Charakter des wissenschaftlichen Sozialismus, dem Vorwurf, die materialistische Dialektik sei ein
Bestandteil der proletarischen Geschichtsmetaphysik, hielt er unter
Berufung vor allem auf Engels' *Antidühring* Belege für Marx' und
Engels' Überzeugung von der universalen Gültigkeit der Dialektik
entgegen.

In all dem zeigte sich Charakteristisches für Pollock, der 1894 in
Freiburg geboren wurde, wie Horkheimer zur Übernahme des väterlichen Unternehmens bestimmt war, durch seine vom Elternhaus
nahegelegte und durch seine bieder-phlegmatische Art unterstrichene
Gleichgültigkeit gegenüber dem Judentum und gewissen Konventionen den 16jährigen Horkheimer nachhaltig beeindruckt hatte und mit
ihm eine eigenartige lebenslange Freundschaft eingegangen war. Er
bekundete weniger Empörung über gesellschaftliches Unrecht als
Horkheimer, war aber andererseits weniger ängstlich im offenen Engagement für Marxismus und Kommunismus. Nach der Niederschlagung der Münchener Räterepublik im Mai 1919 überließ er einem
Russen, der ins Ausland fliehen wollte, seinen Paß und bekam, weil
der Flüchtende gefaßt wurde, Scherereien mit der Polizei. Pollock
studierte zwar auch Philosophie – allerdings nur als Nebenfach neben
dem Hauptfach Nationalökonomie, in dem er 1923 mit einer Arbeit
über die Geldtheorie von Marx promovierte – und beklagte in einem
1928 in *Grünbergs Archiv* erschienenem Aufsatz *Zur Marxschen Geldtheorie* die »unglückselige Scheidung wirtschaftstheoretischer und phi-

losophischer Elemente in Marxens System« (*Archiv* XIII, 203), aber er hatte zeit seines Lebens eine biedermännische Verachtung für die philosophische Theorie und hing einem vorleninistischen orthodoxen Marxismus an.

1927 machte Pollock, von David Rjasanoff zur Feier des 10. Jahrestages der Oktoberrevolution eingeladen, eine Reise in die Sowjetunion. Deren Frucht war die 1929 als zweiter Band der Schriften des Instituts für Sozialforschung erschienene Untersuchung über *Die planwirtschaftlichen Versuche in der Sowjetunion 1917-1927*, mit der er sich 1928 habilitierte. Es war eine Arbeit im Stil des »Meisters der realgeschichtlichen Betrachtung des Gesellschaftslebens«, wie Max Adler 1932 Carl Grünberg in der Festschrift zu dessen 70. Geburtstag nannte. Im Vorwort dankte Pollock denn auch seinem »Lehrer und väterlichen Freund Professor Carl Grünberg«. Gleich im ersten Satz seines Vorworts beschied er den Leser: »eine spätere Arbeit soll das Material theoretisch auswerten« – wozu es nie kam. Er schilderte die besonders ungünstigen Ausgangsbedingungen, mit denen es die russischen Revolutionäre zu tun hatten; die fortlaufenden großen Schwierigkeiten; die oft groben Fehler, die gemacht wurden; die ständigen Richtungsänderungen und Umorganisationen; um schließlich im vorletzten und längsten Kapitel seines Buches – *Die Staatsplankommission (GOSPLAN) und ihre Arbeiten* – über die Erarbeitung von Plänen zu berichten, die in absurder Unzulänglichkeit begann und erst allmählich Boden unter die Füße bekam. Die Darstellung blieb nach wir vor nüchtern informierend, zeigte aber doch deutlich Pollocks wohlwollende Geduld, Faszination, ja Bewunderung angesichts der »Helden und Märtyrer der Planwirtschaft« (*Die planwirtschaftlichen Versuche*, 382) und ihrer unentwegten Bemühungen, aus verschiedenen Plänen »ein geschlossenes Ganzes« zu gestalten, »das – in seiner vollen Entwicklung – die restlose bewußte Erfassung des gesamten Wirtschaftsprozesses einschließt« (288) und »allmählich die bewußte Gestaltung des gesamten Wirtschaftsprozesses sowie aller seiner Teile« garantiert (291).

Mit seiner Schilderung des russischen Experiments glaubte Pollock die Behauptung der Unmöglichkeit einer sozialistischen Planwirtschaft widerlegt zu haben. Dazu hatte er sich allerdings eines merkwürdigen Verfahrens bedient. In seiner Einleitung hatte Pollock, der die schwache Stelle des Kapitalismus im Unterschied zu Grossmann nicht im tendenziellen Fall der Profitrate, sondern in den Disproportionalitäten der diversen Wirtschaftssektoren sah, festgestellt: »Alle sozialistischen Theorien sind sich darin einig, daß die sozialistische Wirtschaft im Gegensatz zur ›anarchischen‹ kapitalistischen unter einer planmäßigen Leitung stehen muß, wenn dies auch nicht als ihr einziges Merkmal gelten darf. Denn im letzteren Fall müßten so verschiedenartige Wirtschaftsformen wie die Pharaonenwirtschaft, der Merkantilismus, die deutsche Kriegswirtschaft und der zu Ende gedachte faschistische Staat ebenso wie ein völlig vertrusteter Kapitalismus als sozialistisch angesehen werden.« (2) Pollock hatte deshalb definiert: »Wenn wir im folgenden von einer ›sozialistischen‹ Planwirtschaft reden, so soll damit neben dem wirtschaftlichen auch der politische Tatbestand des Sozialismus (klassenlose Gesellschaft und damit gesellschaftliches Eigentum an den Produktionsmitteln) gemeint sein.« (ebd., Anm. 4) In seiner Arbeit wollte er jedoch die politische Seite »völlig unbeachtet« (2) lassen – und in der Tat orientierte er sich bei seiner Darstellung grundsätzlich an dem Gegensatz Markt–Plan. Das hieß aber: er wählte als Thema die sozialistische Planwirtschaft; demonstrierte am Fall der sowjetrussischen Wirtschaft die Möglichkeit einer planmäßigen Leitung der Wirtschaft; und glaubte am Ende, damit etwas über die Möglichkeit einer sozialistischen Planwirtschaft gesagt zu haben. Wie konnte er aber ausschließen, daß er mit seiner Darstellung, die das für eine sozialistische Planwirtschaft Spezifische »völlig unbeachtet« ließ, nicht eher oder ebensogut die Möglichkeit einer faschistischen oder kapitalistischen Planwirtschaft demonstriert hatte? Schließlich stützte er sich ja bei seiner Einschätzung der Sowjetunion als sozialistisch wesentlich auf die Absichtserklärungen der Bolschewisten. Dabei hatte er Äußerungen wie die Trotzkis aus der Zeit des ersten Versuchs der Organisierung einer marktlosen Volkswirtschaft 1920/21 zitiert: »Wenn wir ernsthaft von einer planmäßigen Wirtschaft sprechen wollen, wenn die Arbeitskraft in Übereinstimmung mit dem Wirtschaftsplan im gegebenen Entwicklungsstadium verteilt werden soll, darf die Arbeiterklasse kein Nomadenleben führen. Sie muß ebenso wie die Soldaten verschoben, verteilt, abkommandiert werden.« (*Rede Trotzkis auf dem 9. Kongreß der KPR,* April 1920, zitiert bei Pollock, 57 f.) Schließlich hatte er konstatiert: »Nie wäre es möglich gewesen, derartig rücksichtslose wirtschaftliche Experimente zu machen, wenn nicht die Produktion der Nahrungsmittel im wesentlichen unabhängig vom Ausfall dieser Experimente vor sich gegangen und die Bevölkerung mit einer sehr geringen Versorgung mit Industriewaren zufrieden gewesen wäre, Voraussetzungen, die in einem dichtbevölkerten Industrieland fehlen.« (365) Und schließlich hatte er ausdrücklich festgestellt: »Seit Marx stimmen alle sozialistischen Theoretiker darin überein, daß zu den notwendigen Voraussetzungen für die Einrichtung einer sozialistischen Wirtschaftsordnung eine hochentwickelte kapitalistische Wirtschaft gehört.« (366) All das deutete darauf hin, daß, was in der Sowjetunion geschah, über die Möglichkeit einer sozialistischen

Wirtschaftsform, einer Planwirtschaft ohne Klassenherrschaft noch gar nichts aussagte.

Bei aller Skepsis schien Pollock doch Rußland dem Sozialismus bereits näher zu sehen als die hochentwickelten kapitalistischen Länder. Diese Ansicht vertrat – allerdings nicht öffentlich – auch Horkheimer, der darauf hoffte, daß die Menschen »an die Stelle des Kampfes kapitalistischer Konzerne eine klassenlose und planmäßig geleitete Wirtschaft setzten« (*Dämmerung,* 269), und in einer Notiz aus dem Jahre 1930 meinte: »Wer Augen für die sinnlose, keineswegs durch technische Ohnmacht zu erklärende Ungerechtigkeit der imperialistischen Welt besitzt, wird die Ereignisse in Rußland als den fortgesetzten schmerzlichen Versuch betrachten, diese furchtbare gesellschaftliche Ungerechtigkeit zu überwinden, oder er wird wenigstens klopfenden Herzens fragen, ob dieser Versuch noch andauere. Wenn der Schein dagegen spräche, klammerte er sich an die Hoffnung wie ein Krebskranker an die fragwürdige Nachricht, daß das Mittel gegen seine Krankheit wahrscheinlich gefunden sei.« (a.a.O., 296)

Welches Mittel hatte aber die Sowjetunion wahrscheinlich gefunden? War ein von einer Partei von Berufsrevolutionären monopolisierter Staat dem Sozialismus näher als ein von Arbeiterparteien mitbestimmter Staat? Pollock hatte in seinem Buch unter anderem über den ersten Entwurf eines Fünfjahresplans aus dem Jahre 1927 berichtet und daraus auch eine Stelle zitiert, in der von der »zur Umgestaltung aller Grundlagen der Gesellschaft berufenen sozialen Ingenieurskunst« die Rede war (*Die planwirtschaftlichen Versuche,* 316), und er hatte ferner darauf hingewiesen, daß von den 24 leitenden Mitarbeitern des zentralen Apparates des GOSPLAN der UdSSR 13 Ingenieure seien (278, Anm. 116). Seine einzige Reaktion auf diese Beobachtung war, daß sie der Legitimierung durch die »ein wenig über die Achsel angesehene ›Arbeit der Fachleute und Theoretiker in den Studierzimmern‹« (323) bedürften. Stellte aber eine von Fachleuten und Theoretikern legitimierte soziale Ingenieurskunst nicht einen ebenso problematischen Weg zum Sozialismus dar wie die Organisierung des Kapitalismus?

Auf dem Umweg über die für Kommunisten selbstverständliche und für Sozialdemokraten verpönte Anerkennung der mit bolschewistischen Praktiken – also der Ausnutzung des Gewaltmonopols des Staates durch eine aktive Minderheit – in Gang gesetzten Organisierung und Lenkung der Wirtschaft gelangten Pollock und Horkheimer letztlich zu den gleichen Vorstellungen von der Verwirklichung des Sozialismus wie die Sozialdemokraten. »Organisierter Kapitalismus«, so Rudolf Hilferding 1927 auf dem sozialdemokratischen Parteitag in Kiel in seinem Referat über *Die Aufgaben der Sozialdemokratie in der*

Republik, »bedeutet also in Wirklichkeit den prinzipiellen Ersatz des kapitalistischen Prinzips der freien Konkurrenz durch das sozialistische Prinzip planmäßiger Produktion. Diese planmäßige, mit Bewußtsein geleitete Wirtschaft unterliegt in viel höherem Maße der Möglichkeit der bewußten Einwirkung der Gesellschaft, das heißt nichts anderes, als der Einwirkung durch die einzige bewußte und mit Zwangsgewalt ausgestattete Organisation der Gesellschaft, der Einwirkung durch den Staat.« (*Protokoll der Verhandlungen des sozialdemokratischen Parteitages 1927 in Kiel*, Berlin 1927, 168)

In einer Sammelrezension von Büchern zur Einschätzung der Aussichten des Kapitalismus und des russischen Experiments, die 1930 in der letzten Nummer des *Grünbergschen Archivs* erschien, beklagte Pollock, daß es an gründlichen Analysen der Strukturwandlungen des kapitalistischen Systems fehle – auch von marxistischer Seite (ein Seitenhieb auf Henryk Grossmann und dessen sich auf eine Exegese der drei Bände des Marxschen *Kapital* stützende Zusammenbruchstheorie des Kapitalismus). Das mochte bei ihm und Horkheimer die Neigung verstärken, weiterhin auf das russische Experiment zu setzen. Hatte das Wohlwollen für die Ereignisse in der Sowjetunion aber erst einmal den Blick für die wirtschaftspolitischen Möglichkeiten in der Grauzone zwischen Marktwirtschaft und sozialistischer Wirtschaft geschärft, mußte bei der Hinwendung zur Analyse des Kapitalismus – wie sehr sie auch angeregt sein mochte durch dessen neuerliche Krise – offenbar werden, welche Spielräume es für ihn noch diesseits des Sozialismus gab.

Horkheimers Überlegenheit und Ehrgeiz und Pollocks Ergebenheit und Zufriedenheit mit der Rolle des Verwalters und Ökonomen führten dazu, daß nicht Pollock, der Stellvertreter Grünbergs, Mitarbeiter des Instituts von Anfang an und Vertraute Weils, sondern Horkheimer Direktor des Instituts wurde. Die alles andere als inspirierenden Arbeiten und Verwaltungsfähigkeiten Pollocks sorgten dafür, daß es gegen eine solche Entwicklung der Dinge keinen Protest gab, zumindest keinen spürbaren. So erfolgte Anfang der 30er Jahre für Pollock die endgültige Festschreibung der Rolle des administrativen Leiters und Finanzverwalters des Instituts und des Vorsitzenden der Gesellschaft für Sozialforschung.

Leo Löwenthal

Stolz darauf, dem Institut Erich Fromm zugeführt zu haben, war Leo Löwenthal, der in den 20er Jahren von den späteren Mitgliedern des Horkheimer-Kreises nach Fromm die engsten Beziehungen zum Judentum hatte. Er war wie Fromm 1900 in Frankfurt a. M. geboren worden. Sein Vater, ein zur Mittelschicht gehörender Arzt, war einst in Reaktion auf den eigenen streng orthodox jüdischen Vater zum Anhänger eines mechanischen Materialismus und eines wissenschafts-gläubigen Denkens geworden. Er regte seinen Sohn zur Lektüre Darwins, Haeckels, Goethes und Schopenhauers an. Mit Schulkame-raden aus wohlhabenden jüdischen Familien traf Leo Löwenthal sich nachmittags zur gemeinsamen Lektüre und Diskussion von Dosto-jewski, Zola, Balzac, Freud. Als Schüler machte er auch die Bekannt-schaft Adornos, aus der sich zunächst im Hinblick auf den gemeinsa-men Freund und Mentor Siegfried Kracauer, später im Hinblick auf den Cornelius-Assistenten und schließlichen IfS-Direktor Horkhei-mer eine lebenslange Freund-Feindschaft entwickelte.

Nach dem Krieg, in dessen letzten Monaten er nach dem Notabitur in der Nähe Frankfurts Militärdienst leisten mußte, studierte Löwen-thal in Frankfurt, Gießen und Heidelberg »ohne festes Ziel . . . eigent-lich alles . . . außer Medizin« (Löwenthal, *Mitmachen wollte ich nie*, 50). Sozialistische Tendenzen und Rückwendung zum Judentum gingen bei ihm Hand in Hand. 1918 gründete er in Frankfurt zusammen mit Franz Neumann, Ernst Fränkel u. a. die sozialistische Studenten-gruppe. In Heidelberg schloß er sich Anfang der 20er Jahre sozialisti-schen und zionistischen Studenten an. Gleichzeitig begann er am Frankfurter Freien Jüdischen Lehrhaus mitzuarbeiten. Seine erste Veröffentlichung war ein Beitrag zu der 1921 erschienenen *Gabe Herrn Rabbiner Dr. Nobel zum 50. Geburtstag*: *Das Dämonische. Entwurf einer negativen Religionsphilosophie*. Diese Arbeit trug ihm die Kritik seines »damals engsten persönlichen und intellektuellen Freundes und Men-tors« (a.a.O., 59) Kracauer ein, den manches darin an Bloch erinnerte und an das, was Max Scheler angeblich einmal von Blochs Philosophie gesagt hatte, daß sie nämlich ein Amoklauf zu Gott sei. Ein begeister-tes Lob erhielt er dagegen von Bloch selbst, dessen Bekanntschaft er in Heidelberg machte. 1923 promovierte Löwenthal mit einer Arbeit über *Die Sozialphilosophie Franz von Baaders. Beispiel und Problem einer religiösen Philosophie*. Baader faszinierte ihn als Vertreter eines Bündnis-ses zwischen Kirche und unteren Volksklassen gegen die säkularisier-ten Bürger. Auch das war ganz im Geiste Blochs, der in seinem 1918 erschienenen *Geist der Utopie* das Utopia eines hierarchischen Stände-staats skizziert hatte, der »alles erbärmlich Störende hinweg[nimmt], um es unter Aufhebung der wirtschaftlichen Privatsphäre einer genos-senschaftlichen Gütererzeugung, einer Gesamtwirtschaft der mensch-lichen Sozietät zu übergeben; aber . . . dafür das Leid, die Sorge und die ganze sozial unaufhebbare Problematik der Seele stärker als jemals hervortreten [läßt], um sie den großen, übermenschlichen, überirdisch eingesetzten Gnadenmitteln der Kirche, der notwendig und a priori nach dem Sozialismus gesetzten Kirche zu verbinden« (Bloch, *Geist der Utopie*, 410).

Seit 1924 gehörten Löwenthal und seine zionistisch gesonnene erste Frau zum Kreis um Frieda Reichmanns »Thorapeutikum« in Heidelberg. Außerdem arbeitete Löwenthal an einer Frankfurter Beratungsstelle für ostjüdische Flüchtlinge mit, die wegen ihrer unübersehbaren Zugehörigkeit zum Judentum von den westlichen assimilierten Juden in der Regel im Stich gelassen und gemieden wurden. Zusammen mit Ernst Simon gab er Mitte der 20er Jahre ein *Jüdisches Wochenblatt* heraus. Wie bei Erich Fromm mischten sich bei ihm das Interesse an Judentum, Sozialismus und Psychoanalyse, bevor Ende der 20er daraus ein theoretisches Programm bzw. das Engagement für ein solches wurde.

Seit 1926 bemühten sich Löwenthal – inzwischen Gymnasiallehrer, Mitarbeiter an der sozialdemokratisch geprägten Volksbühne und Stipendiat des Instituts für Sozialforschung – und Adorno um die Wette, sich bei Cornelius zu habilitieren. Weder Kracauer noch Horkheimer griffen zugunsten des einen oder anderen ein. Am Ende wurde keiner von beiden durch Cornelius habilitiert. Übrig blieben zwei Manuskripte, eines von Adorno über den *Begriff des Unbewußten in der transzendentalen Seelenlehre* und eines von Löwenthal über *Die Philosophie des Helvétius*.

1930 wurde Löwenthal voller Mitarbeiter des Instituts für Sozialforschung. Am Tage nach den Reichstagswahlen vom 14. September 1930, bei denen die NSDAP nach der SPD die meisten Stimmen erhielt und auf 107 Abgeordnete kam, trafen sich Felix Weil, Max Horkheimer, Fritz Pollock und Leo Löwenthal zu einer Besprechung, bei der letzterer Felix Weil beschwor: »Du mußt das Geld beisteuern, damit wir jetzt diese Zweigstelle in Genf gründen können. Es ist hier kein Bleiben mehr, die Emigration muß vorbereitet werden.« (*Mitmachen wollte ich nie*, 67) Die Hauptaufgabe Löwenthals, der bereits in so vielerlei Bereichen Erfahrungen gesammelt hatte, wurde die Vorbereitung und Herausgabe der *Zeitschrift für Sozialforschung* – des neuen, an die Stelle von Grünbergs *Archiv* tretenden Organs des Instituts.

Theodor Wiesengrund-Adorno

»Vorerst besteht er zum guten Teil aus Lukács und mir«, urteilte im Dezember 1921 Siegfried Kracauer in einem Brief an Löwenthal über seinen anderen Schützling, Theodor Wiesengrund, der, nach bloß einjährigem Besuch der Prima zum Abitur zugelassen und dabei von der mündlichen Prüfung befreit, im Sommersemester 1921 bereits als

17jähriger in Frankfurt mit dem Studium der Philosophie, Musikwissenschaft, Psychologie und Soziologie begonnen hatte. »Ihm fehlt vielleicht der philosophische Eros, den Sie besitzen. Allzuviel stammt bei ihm aus dem Intellekt und dem Willen statt aus den Tiefen der Natur. Etwas Unvergleichliches hat er uns beiden voraus, ein herrliches äußeres Dasein und eine wundervolle Selbstverständlichkeit des Wesens. Er ist schon ein schönes Exemplar Mensch; wenn ich auch nicht ohne Skepsis gegen seine Zukunft bin, so beglückt mich doch seine Gegenwart.« (Kracauer-Löwenthal, 4. 12. 21)

Theodor Wiesengrund (bzw. Wiesengrund-Adorno, wie sein auf Veranlassung der Mutter bei der Geburt registrierter Name hieß und wie er sich in der Weimarer Zeit als Musikkritiker nannte, bzw. Adorno, wie sein 1943 im kalifornischen Exil amtlich bestätigter endgültiger Nachname lautete, während das Wiesengrund zum W. schrumpfte) war am 11. September 1903 in Frankfurt a. M. zur Welt gekommen. Sein Vater Oscar Wiesengrund, ein deutscher Jude, der ungefähr zur Zeit der Geburt des evangelisch getauften einzigen Kindes zum Protestantismus übertrat, war Eigentümer einer seit 1822 in Frankfurt existierenden Weingroßhandlung. Die Mutter, eine geborene Maria Calvelli-Adorno della Piana, war katholisch und stammte von einem französischen Offizier aus korsischem Adel ab. Bis zu ihrer Verheiratung war sie eine erfolgreiche Sängerin gewesen. Zur Familie gehörte außerdem die Schwester der Mutter, eine bekannte Pianistin.

Adorno hatte eine überaus behütete Kindheit und frühe Jugend, geprägt vor allem von den beiden »Müttern« und der Musik. Mit 16 Jahren wurde der hochbegabte Gymnasiast zugleich Schüler des Hochschen Konservatoriums. Sein Kompositionslehrer war Bernhard Sekles, bei dem vor dem Ersten Weltkrieg auch Paul Hindemith studiert hatte. Für die theoretische Bildung sorgte der vierzehn Jahre ältere Freund und Mentor Siegfried Kracauer, den er gegen Ende des Ersten Weltkrieges kennenlernte. Mit ihm arbeitete er an den Samstagnachmittagen über Jahre hinweg auf unkonventionelle Art Kants *Kritik der reinen Vernunft* durch. Unter Kracauers Anleitung erlebte er sie statt als bloße Erkenntnistheorie vielmehr als eine Art chiffrierte Schrift, aus der der geschichtliche Stand des Geistes herauszulesen war und in der Objektivismus und Subjektivismus, Ontologie und Idealismus miteinander im Streit lagen. Im Frühjahr 1921, als Abiturient, lernte er Lukács' *Theorie des Romans* kennen. Diesem »geschichtsphilosophischen Versuch über die Formen der großen Epik« mit seiner Unterscheidung zwischen dem Epos als der Epopöe der »geschlossenen Kultur« einer gott- und sinnerfüllten Welt und dem Roman als der Epopöe der problematischen Kultur einer gott- und sinnverlassenen

Welt, einer Epoche der vollendeten Sündhaftigkeit widmete Kracauer um die gleiche Zeit in den Frankfurter *Blättern für Kunst und Literatur* eine emphatische Besprechung. Lukács hatte in seinen Augen erkannt, worauf es ankam: »die Flamme der Sehnsucht wachzuhalten«, der Sehnsucht »nach dem entschwundenen Sinn« (Kracauer). Noch im gleichen Jahr las Adorno, als er hörte, Bloch stehe Lukács nahe, auch den *Geist der Utopie*. »Der dunkelbraune, auf dickem Papier gedruckte, über vierhundert Seiten lange Band«, schrieb er später im Rückblick, »versprach etwas von dem, was man von mittelalterlichen Büchern sich erhofft und was ich als Kind zuhause noch an dem schweinsledernen ›Heldenschatz‹ verspürte, einem verspäteten Zauberbuch des 18. Jahrhunderts ... Es war eine Philosophie, die vor der avancierten Literatur nicht sich zu schämen hatte; nicht abgerichtet zur abscheulichen Resignation der Methode. Begriffe wie ›Abfahrt nach innen‹, auf der schmalen Grenzscheide von magischer Formel und Theorem, zeugten dafür.« (Adorno, *Henkel, Krug und frühe Erfahrung*, in: *Schriften 11*, 556 f.) So kam alles zusammen, um Adorno zu einem von Krieg, Politik und Berufsleben verschonten Frühreifen zu machen, zu einer »Treibhauspflanze«, wie ein selbstanalytischer Aphorismus in den *Minima Moralia* hieß.

Dank Kracauer wurde Adorno in gleichsam praktischem Umgang mit den wichtigsten geschichtsphilosophischen und zeitdiagnostischen Gedanken seiner Zeit vertraut. Siegfried Kracauer – 1889 als Sohn eines jüdischen Kaufmanns in Frankfurt geboren, seit seiner Kindheit durch einen auffälligen Sprachfehler stigmatisiert, nach dem frühen Tod des Vaters bei einem Onkel aufgewachsen, der Professor am Frankfurter Philanthropin und Historiograph der Frankfurter Juden war – hatte zur Vorbereitung auf einen Brotberuf Architektur und nur in den Nebenfächern Philosophie und Soziologie studiert. Den Ratschlag Georg Simmels, sich ganz der Philosophie zu widmen, hatte er nicht befolgen können. Als er 1921 die Tätigkeit als Architekt aufgab und der Feuilleton-Redaktion der *Frankfurter Zeitung* beitrat, war das für ihn eine gerne wahrgenommene Kompromißlösung, die ihm die berufliche Beschäftigung mit philosophischen und soziologischen Themen erlaubte.

Simmels Relativismus und der metaphysischen Tiefe ermangelnde Lebensphilosophie und Max Webers schroffe Scheidung zwischen Wertrelativismus und wissenschaftlichem Objektivitätsideal auf der einen Seite, Max Schelers Anpreisung des Katholizismus bzw. einer religiös gewendeten Phänomenologie und Georg Lukács' Anpreisung des Dostojewskischen Werks und der russischen Seele als Erfüllung der Sehnsucht nach einer sinnerfüllten Welt auf der anderen Seite – das waren die Positionen, an denen Kracauer sich in den Nachkriegsjahren und der ersten Hälfte der 20er Jahre kritisch orientierte. Er teilte mit ihnen allen die Diagnose der Zeit: Entzauberung der Welt und der Beziehungen zwischen den Menschen; Unfähigkeit der Wissenschaften, einen Ausweg aus der Krise zu zeigen. In seinem ersten, 1922 erschienenen Buch

Soziologie als Wissenschaft. Eine erkenntniskritische Untersuchung knüpfte er ausdrücklich an Lukács' *Theorie des Romans* an mit dem Anspruch, deren erkenntniskritischen Gehalt deutlicher zur Geltung zu bringen.

»In einer sinnerfüllten Epoche«, begann das erste Kapitel, »sind alle Dinge auf den göttlichen Sinn bezogen. Es gibt in ihr weder einen leeren Raum noch eine leere Zeit, wie sie beide von der Wissenschaft vorausgesetzt werden; Raum und Zeit bilden vielmehr die unentbehrliche Hülle von Gehalten, die in irgendeiner bestimmten Beziehung zum Sinn stehen ... das Ich, das Du, sämtliche Gegenstände und Ereignisse empfangen von ihm ihre Bedeutung und ordnen sich zu einem Kosmos von Gestalten ... selbst der Stein noch zeugt vom göttlichen Wesen.

Wenn der Sinn verlorengeht (im Abendland seit dem Erlöschen des Katholizismus), wenn der bestimmt geformte Glaube mehr und mehr als beengendes Dogma, als lästige Fessel der Vernunft empfunden wird, bricht der durch den Sinn zusammengehaltene Kosmos auseinander und die Welt spaltet sich in die Mannigfaltigkeit des Seienden und das der Mannigfaltigkeit gegenübertretende Subjekt. Dieses Subjekt, das vorher einbezogen war in den Reigen der die Welt erfüllenden Gestalten, entsteigt nun vereinsamt dem Chaos als alleiniger Träger des Geistes, und vor seinem Blick öffnen sich die unermeßlichen Reiche der Realität. Hinausgeschleudert in die kalte Unendlichkeit des leeren Raumes und der leeren Zeit, befindet es sich angesichts eines jeglicher Bedeutung entblößten Stoffes, den es gemäß der ihm, dem Subjekt innewohnenden (und aus der Epoche des Sinnes herübergeretteten) Ideen verarbeiten und formen muß.« (Kracauer, *Soziologie als Wissenschaft*, in: *Schriften 1*, 13 f.)

Für Kracauer – und ebenso für eine ganze Reihe verwandter Denker wie z. B. Walter Benjamin – gewann Kants Erkenntniskritik allergrößte Bedeutung, sobald sie – statt als skeptische Abwehr der Metaphysik, wie bei den meisten Spielarten des Neukantianismus – als Propädeutik der Metaphysik angesehen wurde. Die Einschränkung der spekulativen Vernunft auf den Erfahrungsbereich hatte in Kants Augen den positiven Nutzen, zu verhindern, daß die Kategorien der Erfahrungswelt auf alle denkbaren Bereiche ausgedehnt würden und kein Platz mehr bliebe für den praktischen Gebrauch der reinen Vernunft. Analog dazu ging es Kracauer darum, die Grenzen einer Objektivität und Notwendigkeit beanspruchenden wertfreien Soziologie zu bestimmen, damit nicht durch die Verabsolutierung der lediglich für die Bereiche der Immanenz gültigen Kategorien jene Kategorien verdrängt würden, die der zur Welt der vergesellschafteten Menschen gehörenden Sphäre der Transzendenz allein angemessen waren. »Insofern es [das vorliegende Buch, R. W.] auf der Grundannahme einer unter einer höchsten transzendenten Bedingung stehenden, Welt und Ich gleichermaßen umfangenden gestalthaften Wirklichkeit beruht, soll es einen Beitrag zur Kritik jeglicher Immanenzphilosophie, vor allem aber des idealistischen Denkens liefern und derart innerhalb enger Grenzen die Wandlung vorbereiten helfen, die, hier und da schon schwach spürbar, eine vertriebene Menschheit wieder in die neu-alten Bereiche der gotterfüllten Wirklichkeit führt.« (11)

Anders als Scheler und Lukács, deren »religiösen Drang und metaphysische Leidenschaft« er bewunderte, aber nicht teilen konnte (Kracauer-Löwenthal,

4. 12. 21, in: Löwenthal, *Mitmachen wollte ich nie*, 245), und anders erst recht als Bloch, den er Löwenthal als warnendes Beispiel der »Unzucht mit Gott« vor Augen hielt, gehörte Kracauer zu den Wartenden. In einem Artikel gleichen Titels, der 1922 in der *Frankfurter Zeitung* erschien und im Sprachduktus von Nietzsche inspiriert war, skizzierte er einige der Wege, auf denen damals in Reaktion – wie er meinte – nicht so sehr auf das »Chaos der Gegenwart« als vielmehr auf das »metaphysische Leiden an dem Mangel eines hohen Sinnes in der Welt« viele eine neue Seelenheimat zu finden glaubten: die anthroposophische Lehre Rudolf Steiners, den messianischen Kommunismus z. B. eines Ernst Bloch, die Formgläubigkeit des George-Kreises, das im Rahmen der protestantischen wie der katholischen Kirche und des Judentums neu erwachte Gemeinschaftsdenken. Am meisten imponierte Kracauer die Haltung des prinzipiellen Skeptikers, des intellektuellen Desperado, für den Max Weber als beeindruckendstes Beispiel stand. Er selbst aber plädierte für eine Skepsis, die nicht in prinzipielle Skepsis ausartete, sondern sich mit einem zögernd geöffneten Warten verband: »Ebenso wenig wie sie« – die Wartenden – »(gleich dem Desperado) ihre Not in eine Tugend verwandeln und zu Verleumdern ihrer Sehnsucht werden, vertrauen sie sich leichtfertig dem Sehnsuchtsstrom an, der sie, wer weiß, zu welcher Scheinerfüllung trägt.« (Kracauer, *Die Wartenden*, in: *Das Ornament der Masse*, 117) Was man sich unter dem Versuch vorstellen sollte, »den Schwerpunkt von dem theoretischen Ich auf das gesamtmenschliche Ich zu verlegen und aus der atomisierten unwirklichen Welt der gestaltlosen Kräfte und der des Sinnes baren Größen einzukehren in die Welt der *Wirklichkeit* und der von ihr umschlossenen Sphären«, blieb unklar. Klar war nur, daß Kracauer im Nichtüberspringen, im Ernstnehmen des Hier und Jetzt, des Profanen und Äußerlichen die Voraussetzung für den »Einbruch des Absoluten«, für die Erfahrung der vollen Wirklichkeit sah.

Bis in die 20er Jahre hinein machte er der sozialistischen Bewegung den Vorwurf, sie vermöchte der erstrebten ökonomischen Bindung nicht die religiöse hinzuzufügen. Erst Mitte der 20er Jahre begann er, in der marxistischen Theorie den aktuellen Ort der Wahrheit zu sehen, insofern sie für die Überzeugung stand, daß das Materielle und Profane nur dann kein Letztes war, wenn es zunächst einmal als das Letzte ernstgenommen wurde.

Mit Lukács, Kracauer und Bloch – lauter Nicht-Akademikern – konnte Adorno an der Frankfurter Universität wenig anfangen. Um so größer war die Verachtung des Frühreifen für den akademischen Betrieb. 1924 promovierte Adorno bei Cornelius mit einer Dissertation über *Die Transzendenz des Dinglichen und Noematischen in Husserls Phänomenologie*. »Mitte Mai«, schrieb er im Juli 1924 an Leo Löwenthal, »disponierte ich meine Dissertation und trug am 26. den Gedankengang Cornelius vor, der die Arbeit annahm. Am 6. Juni war die Arbeit fertig, am 11. diktiert, am 14. abgegeben.« (Adorno-Löwenthal, 16. 7. 24, in: Löwenthal, *Mitmachen wollte ich nie*, 247) Die Aufgabe, die er sich gestellt hatte, war: den Widerspruch zwischen den transzendental-idealistischen und den transzendent-realistischen Komponenten in

Husserls Dingtheorie aufzulösen. Er tat es, indem er ihn zu einem Scheinproblem erklärte vom Corneliusschen »Standpunkt einer reinen Immanenzphilosophie« (Adorno, *Schriften 1*, 11) aus, die das Ding als ideal und empirisch zugleich betrachtete, indem sie darunter den durch die Einheit des persönlichen Bewußtseins konstituierten gesetzmäßigen Zusammenhang der Erscheinungen verstand, der der Korrektur durch die Erfahrung unterlag. In seinem Brief an Löwenthal meinte Adorno selber von seiner Arbeit, daß »sie uneigentlicher ist, als es sich selbst für mich gehört, nämlich cornelianisch«.

Zu Adornos eigentlichem Bereich, in dem er sich als Schüler von Lukács, Kracauer und Bloch betätigen konnte, wurde ungefähr gleichzeitig mit der Aufnahme des Studiums die Musikkritik und -ästhetik. In den Jahren 1921 bis 1932 erschienen von ihm ca. 100 Artikel musikkritischen oder musikästhetischen Inhalts. Die erste philosophische Veröffentlichung erfolgte dagegen erst 1933 mit der Publikation seiner Habilitationsarbeit über Kierkegaard.

Was bei Kracauer Artikulation einer existentiellen Haltung war, wurde bei Adorno, der es in Frankfurt mit einer Musikszene zu tun hatte, die für moderne Musik in ungewöhnlichem Maße aufgeschlossen war und die in dem eine Zeitlang die Museumskonzerte leitenden Dirigenten Hermann Scherchen sogar einen Vorkämpfer der Schönberg-Schule hatte, zur Rechtfertigung einer bestimmten Art von Musik. Schon in Adornos erster Besprechung, die 1921 in den Frankfurter *Neuen Blättern für Kunst und Literatur* erschien und einer Oper seines Kompositionslehrers Bernhard Sekles galt, tauchte als höchster Orientierungspunkt der Name Arnold Schönbergs auf, der in jenen Jahren gerade Weltruhm zu erlangen begann – allerdings in erster Linie seiner frühen impressionistischen Werke wegen. Als Adorno Anfang 1922 eine Frankfurter Aufführung des *Pierrot lunaire* besprach, stellte er Schönberg als einen Komponisten vor, der, »hineingeboren in eine heillose Zeit . . . im Pierrot geradezu von der Heimatlosigkeit unserer Seele« sang; dem, »was einst formale Voraussetzung des Schaffens war, . . . materialer Inhalt geworden« war; dessen einzigartigem Können Gebilde gelangen, die »strenge, von außen gesetzte Formen ganz durchseelt« zeigten (*Neue Blätter für Kunst und Literatur* 1921/22, Nr. 6, 88 f.). Einen anderen Komponisten, Philip Jarnach, dessen »Formbejahung als Gesinnung in der anarchistisch zersplitterten Zeit und Kunst« er begrüßte, ermahnte er: »Man kann nicht zur Objektivität kommen, indem man seine Subjektivität in fremde, an andere metaphysische, ästhetische, soziologische Voraussetzungen geheftete Formen bannt . . . Nur vom Ich aus und seiner weiterwirkenden Entscheidung läßt sich über das Ich hinauswachsen, kein objektives Gehäuse faßt uns, wir müssen uns unser Haus selbst bauen.« (*Neue*

Blätter 1922/23, Nr. 1, 18. Sept. 1922, 11) Während er Strawinsky anläßlich einer Besprechung von dessen *Histoire du soldat,* in der die »formlose Seele« sich an den »Ruinen« der zerbrochenen alten Formen labe, Dadaismus vorwarf, lobte er an einem anderen Komponisten, Rudi Stephan, die »unerbittliche Leidenschaft des Formens« (*Zeitschrift für Musik,* 11. Aug. 1923, 315 f.).

Von Anfang an richtete Adorno also eine bestimmte Forderung an Kunstwerke: sie sollten beseelte Formen bieten. Daß die Realität der Seele keine Heimat bot, war für ihn ausgemacht. Daß in einer solchen Welt im Bereich der Kunst durchseelte Formen möglich waren, stand für ihn ebenso fest: Schönbergs Musik bewies es. Im Anschluß an die Besprechung der Aufführung des Werks eines anderen Komponisten fuhr Adorno – 1923 in der *Zeitschrift für Musik* (316) – fort: »Es vergeht vor Schönbergs George-Liedern, die gehämmert und schreckhaft groß in alle andere gebotene Musik hineinragten, auch die Gedichte weit unter sich im Schatten lassend, um die sie entstanden. Von ihrer Art und ihrem Sinn im Zusammenhang eines gedrängten Berichts zu reden, geziemt sich nicht; ich sehe mich außerstande, heute schon distanziert dazu Stellung zu nehmen.« Und noch entschiedener im Mai 1928 in einer Besprechung von Schönbergs *Suite für kleine Klarinette* in der Zeitschrift *Die Musik*: »Den Werken des heutigen Schönberg gegenüber geziemt sich keine Kritik; mit ihnen ist Wahrheit gesetzt. Die Betrachtung hat sich darauf zu beschränken, in materialer Analyse auf ihren Erkenntnisstand hinzuweisen.« Schönberg kam damit zugute, was Adorno zuerst in den Nachkriegsjahren durch den für ihn wichtigsten Schullehrer, Reinhold Zickel, einen eigensinnig nationalistischen, später auch eigensinnig nationalsozialistischen Kriegsveteranen, Lehrer und Dichter gelernt hatte, nämlich den Kulturliberalismus, mit dem er aufgewachsen war, aufzugeben zugunsten der Idee einer objektiven Wahrheit jenseits des laisser faire (Adorno, *Gedichte von Reinhold Zickel,* in: *Akzente* 3/1958, 275 f.).

Im Juni des Jahres 1924 – dem Jahr seiner großen Krise, als er meinte, »durch den katholischen ordo sei es möglich, die aus den Fugen geratene Welt zu rekonstituieren«, und »unmittelbar vor der Konversion« zum Katholizismus stand, »die mir als dem Sohn einer sehr katholischen Mutter nahe genug lag« (Adorno-Krenek, 7. 10. 34) – erlebte Adorno beim Musikfest des Allgemeinen Deutschen Musikvereins in Frankfurt auch die Uraufführung von drei Fragmenten aus Alban Bergs Oper *Wozzeck,* die zu *dem* Werk des musikalischen Expressionismus und zum erfolgreichsten Werk der Schönberg-Schule wurde. Die *Wozzeck*-Fragmente erschienen Adorno, »als wäre das Schönberg zugleich und Mahler, und das schwebte mir damals als die wahre neue Musik vor« (Adorno, *Berg,* 24). Schönberg und Mahler zugleich – das bedeutete für ihn: geformte Sehnsucht, bedeutete eine Musik der Sehnsucht nach dem entschwundenen Sinn, der Sehnsucht nach dem Ausbruch aus einer heillosen und dabei selbstherrlichen Welt. Begeistert ließ er sich von Hermann Scherchen dem Komponisten vorstellen. Er verabredete mit Berg, sobald wie möglich als sein Schüler nach Wien zu kommen. Als Dr. phil. kam er Anfang 1925 dort an mit dem Ziel, Komponist und Konzertpianist zu werden.

»Als ich nach Wien kam, stellte ich mir den Schönbergkreis einigermaßen festgefügt vor, nach Analogie zum Georgeschen. Das galt schon damals nicht mehr. Schönberg, wieder verheiratet, lebte in Mödling; er wurde, so dünkte es zumindest der alten Garde, von seiner jungen und eleganten Frau ein wenig von den Freunden aus der heroischen Zeit isoliert. Webern wohnte wohl bereits draußen in Maria Enzersdorf. Man sah sich nicht häufig.« (a.a.O., 44 f.) Es war schon ein Glück, daß Adorno noch eine ganze Reihe wichtiger Personen des Schönbergkreises kennenlernte, bevor dieser durch den Weggang Hanns Eislers 1925 nach Berlin und Schönbergs Übersiedlung im Januar 1926 ebenfalls nach Berlin, wo er Nachfolger des verstorbenen Ferruccio Busoni an der Akademie der Künste wurde, endgültig zerfiel.

Bei Alban Berg erhielt Adorno Kompositionsunterricht, bei Eduard Steuermann – neben dem Geiger Rudolf Kolisch, Schönbergs Schwager, der maßgebende Interpret des Schönbergkreises – Klavierunterricht. Was Berg, der Liebenswürdigste und Liberalste des Schönbergkreises, Adorno an Anweisungen vermittelte, »hatte unzweideutig den Charakter von Lehre, der Autorität ›unserer Schule‹« (49). »Alles Schönbergische ist heilig«, schrieb Adorno im März 1925 an Kracauer, »sonst gilt vom Heutigen nur Mahler, wer dagegen ist, wird zerschmettert . . .« (Adorno-Kracauer, 8. 3. 25) Und über Schönberg, dem er bereits mehrfach begegnet war, bevor er zum erstenmal mit ihm sprach, berichtete er dem Freund in Frankfurt: »Sein Gesicht ist das Gesicht eines dunklen, vielleicht eines bösen Menschen . . ., nichts ›Abgeklärtes‹ (er hat auch kein Alter), sondern besessen von oben und unten. Darüber sind zwei gewaltige, fast schon starre Augen und eine mächtige Stirn. Der ganze Kerl hat etwas Unheimliches und Beklemmendes, und zwar um so mehr, je konzilianter er sich gibt. Nimmt man noch die Schrift dazu, die mir Berg gab und die ich, ohne zu wissen, wessen sie ist, zu analysieren ablehnte, weil sie meiner eigenen unerhört ähnelt; an der ich dann aber doch auch das Gejagte und zugleich Gesammelte fand, so wird es mit ihm wohl seine Richtigkeit haben.« (Adorno-Kracauer, 10. 4. 25) Vor dem zurückschreckend, mit dem er bei sich eine gewisse Identität wahrzunehmen glaubte, schien Adorno gleich zu Anfang seines Wiener Aufenthaltes vor der Mischung aus

Anerkennungsbedürfnis und rücksichtsloser Kühnheit, Banalität und Besessenheit, Ruhm und Elend zurückzuschrecken, woraus große Kunst, die ihm allein etwas galt, erwuchs.

Als Arnold Schönberg, der die Realschule vor der Reifeprüfung verlassen hatte, seine Stelle als kleiner Bankangestellter wegen Konkurs des Instituts verlor, war er erleichtert und konzentrierte sich ganz auf die Musik. Als Sohn eines jüdischen kleinen Schuhgeschäftbesitzers 1874 in Wien zur Welt gekommen, hatte er mit acht Jahren begonnen, Violine zu spielen, mit neun Jahren, kleine Stücke zu komponieren. Ein Freund hatte ihm die Elemente der Harmonielehre beigebracht. Aus Meyers Konversationslexikon, das die beiden auf Raten bezogen, hatte er unter dem Schlagwort »Sonate« entnommen, wie der erste Satz eines Streichquartetts gebaut sein sollte. Die einzigen Konzerte, die er erlebt hatte, waren die von Militärkapellen in öffentlichen Gärten gewesen. Der zwei Jahre ältere Alexander von Zemlinsky, den er im Dilettantenorchester »Polyhymnia« kennengelernt hatte, wurde zum Freund und Lehrer des stellenlos Gewordenen. Er brachte dem »Brahmsianer« Schönberg Wagner nahe. 1898 setzte er die erste Aufführung eines Stückes von Schönberg durch. Es hatte großen Erfolg. Als in demselben Jahr in einem Konzert einige Lieder Schönbergs vorgetragen wurden, kam es zum ersten Skandal. »Und von da an«, so Schönberg später zu einem seiner Schüler, »hat der Skandal nicht aufgehört!« (Zitiert bei Reich, *Arnold Schönberg*, 17)

Materielle Not hinderte Schönberg immer wieder an der eigenen musikalischen Arbeit. Über Jahre hinweg instrumentierte er die Operettenentwürfe anderer Komponisten. Die 1899 durch ein Preisausschreiben angeregten *Gurrelieder*, mit denen er später seine ersten ganz großen Erfolge errang, konnte er wegen der vielen Unterbrechungen und Ablenkungen erst 1911 beenden. Dreimal flüchtete er von Wien nach Berlin, in der Hoffnung auf Verbesserung seiner materiellen Situation bzw. auf mehr Offenheit und Anerkennung für seine musikalische Arbeit: 1901 bis 1903, 1911 bis zum Ersten Weltkrieg, 1926 bis zum Beginn des Dritten Reichs. Einer seiner engsten Freunde in Wien war der Architekt Adolf Loos, der 1903 eine Zeitschrift herausgab mit dem Titel *Das Andere. Ein Blatt zur Einführung abendländischer Kultur in Österreich: Geschrieben von Adolf Loos*. Schönberg selber tat in Wien wiederholt das, was – nach dem Vorbild der Wiener Sezessionisten in der Malerei – viele mit der kulturellen Situation Unzufriedene taten, nämlich einen Verein gründen: 1904 zusammen mit Zemlinsky den »Verein schaffender Tonkünstler«, bei dem Gustav Mahler Ehrenpräsident war und als Dirigent mitwirkte; 1918 den »Verein für musikalische Privataufführungen«. Der Zusammenschluß der Komponisten sollte – so Schönberg in einem Zirkular – Künstler und Publikum von den Konzertagenturen und -unternehmen emanzipieren, die alles von den Programmen auszuschließen trachteten, was keinen sicheren Kassenerfolg versprach, und die »durch ihre einander ewig gleichbleibenden Programme sogar schon ein allgemeines Erlahmen des musikalischen Interesses überhaupt herbeigeführt« hatten. Zahlreiche wiederholte erstklassige Aufführungen sollten Vertrautheit mit der neuen Musik ermöglichen, die die Voraussetzung jeglichen Verständnisses und – so meinte er – bei der neuen Musik aufgrund vermehrter Kompliziertheit nötiger denn je war.

Da zu den Kursen, die er in Wien seit 1904 durchführte, zu wenig kompositorisch Begabte kamen, gab Schönberg diese Form öffentlichen Unterrichts auf und übernahm die wirklich Begabten als Privatschüler, darunter Anton Webern und Alban Berg. Den Autodidakten Berg unterrichtete er zunächst kostenlos, bis sich die materielle Lage von dessen Familie gebessert hatte. Auch dem mittellosen Autodidakten Hanns Eisler, dem Begabtesten seiner zweiten Schüler-Generation, gab er von 1919 bis 1923 unentgeltlichen Unterricht. Diese Praxis entsprach seiner Hochachtung vor dem wahren Künstler, der zum Schaffen getrieben wurde. »Er hat das Gefühl, als wäre ihm diktiert, was er tut. Als täte er es nur nach dem Willen irgendeiner Macht in ihm, deren Gesetze er nicht kennt.« (Schönberg, *Harmonielehre*, 497)

Diese traditionsreiche und den Künstlern der damaligen Zeit vor allem durch Schopenhauer vertraute Vorstellung vom Künstler als Genie, das einen ihm verborgenen Willen ausführte, war bei Schönberg aber kombiniert mit der Annahme eines musikalischen Fortschritts und der Überzeugung, daß sich rechtfertigen lassen müsse, was dabei herauskam, wenn der Künstler »immer wieder von neuem ins dunkle Reich des Unbewußten (hinabstieg), um Inhalt und Form als Einheit heraufzubringen« (Schönberg, *Franz Liszts Werk und Wesen*, 1911, in: *Stil und Gedanke*, 171). Als 1913 mit triumphalem Erfolg Schönbergs *Gurrelieder* in Wien uraufgeführt wurden, hatte er längst Abschied von der Klangwelt der Spätromantik genommen, befand er sich in einer langwierigen, aber keineswegs unproduktiven Krise. Die krisenhafte Periode freier Atonalität dauerte von ca. 1905 bis zu Beginn der 20er Jahre, als er den neuen, bewußte Einheit der Werke verbürgenden Gedanken fand: die Methode der Komposition mit zwölf nur aufeinander bezogenen Tönen. Sein »Ausdrucksbedürfnis« hatte ihn dort weiterarbeiten lassen, wo andere bedeutende Künstler vor ihm bereits die tonale Kompositionsweise zu durchbrechen gesucht hatten. Mit der Zwölftontechnik hatte er »die Formen, die er ›wie im Traum‹ empfangen« hatte, »bewußt« und beherrschbar gemacht (*Komposition mit 12 Tönen*, in: a.a.O., 75).

So sehr es Berg war, der ihn anzog, so war für Adorno doch Schönberg in seiner ganzen Autorität der entscheidende Komponist, der genau das zu praktizieren schien, was er, Adorno, in einer seiner ersten Musikkritiken als Forderung aufgestellt hatte: »Nur vom Ich aus ... läßt sich über das Ich hinauswachsen, kein objektives Gehäuse faßt uns, wir müssen uns unser Haus selbst bauen.« Um so ernüchternder war es für den begeisterungswilligen 22jährigen, gerade bei Schönberg keine Anerkennung zu finden. Alles andere als ein zum Schaffen getriebener produktiver Künstler und noch unbeholfen in der von der Schönbergschule hochgeschätzten technischen Analyse, imponierte Adorno – beladen mit »philosophischem Ballast« und »tierisch ernst« (Adorno, *Berg*, 45) – Schönberg weder als Komponist noch als Musikästhetiker.

Zwiespältig war auch Adornos Bericht über die Begegnung mit einem anderen großen Vorbild seiner Jugend: Georg Lukács. Vermittelt durch einen anderen Schüler Bergs, Soma Morgenstern, stattete er dem damals in der Nähe Wiens lebenden Emigranten im Juni 1925 einen Besuch ab. »Mein erster Eindruck war groß und tief«, schrieb er an Kracauer, »ein kleiner, zarter, ungeschickt blonder Ostjude mit einer talmudischen Nase und wunderbaren, unergründlichen Augen; in einem leinenen Sportanzug recht gelehrtenhaft, aber mit einer ganz konventionslosen, totenhaft klaren und milden Atmosphäre um sich; durch die von der Person nur Schüchternheit leise durchdringt. Das Ideal der Unscheinbarkeit verwirklicht er und freilich auch die Idee der Intangibilität. Ich fühlte sofort ihn jenseits auch nur möglicher menschlicher Beziehung und habe mich auch in dem mehr als dreistündigen Gespräch entsprechend verhalten und zurückgehalten.« Den Inhalt des Gesprächs aber empfand er als ernüchternd. Lukács »desavouierte zunächst gründlich die Romantheorie, sie sei ›idealistisch und mythologisch‹. Kontrastierte ihr die ›Verinhaltlichung‹ der Geschichte durch die Marxische Dialektik.« Blochs Interpretation seines »Agnostizismus« – in seiner Rezension von *Geschichte und Klassenbewußtsein* im *Neuen Merkur*, Oktober 1923 - März 1924, hatte Bloch Lukács' Absage an Innerlichkeit und Metaphysik als einen »heroischen«, »vorläufigen und dialektischen Agnostizismus« charakterisiert, der Ausdruck einer »erzverantwortlichen Erschwerung der Transzendenz«, der »Abneigung gegen jede voreilig benennende, sich zurecht konstruierende Metaphysik« sei – habe er energisch abgelehnt. »Was für Bloch ›Schale‹ sei, sei für ihn die ganze Welt.« Schließlich habe Lukács saftig gegen Kierkegaard polemisiert. »Zwar treffe dessen Hegel-Kritik den ›Hegel, der sich selbst panlogisch mißverstand‹, nicht aber den marxistisch gereinigten. Er kenne das Objektive nicht und die Geschichte ... er sei (hier wurde er in der üblichen Weise hämisch) ein ideologischer Repräsentant des versinkenden Bürgertums.« Einmal habe Lukács ihn erschüttert: »als er mir erklärte, in seinem Konflikt mit der 3. Internationale seien seine Gegner im Recht, konkret und dialektisch nur sei sein absoluter Ansatz der Dialektik gefordert. In diesem Irrsinn steckt seine menschliche Größe und die Tragik des Umschlags.« (Adorno-Kracauer, 17. 6. 25)

So Adornos Eindruck von der Begegnung mit Lukács, der 1924 auf dem V. Weltkongreß der Kommunistischen Internationale der Linksabweichung beschuldigt und dessen *Geschichte und Klassenbewußtsein* wenig später von kommunistischer Seite wegen »idealistischer« und »mystischer« Tendenzen kritisiert worden war und der bereit schien, sich um jeden Preis in die bolschewisierte Kommunistische Partei zu integrieren. Kracauer übte vor wie nach seinem Bekenntnis zur »marxistischen Theorie«, die bei ihm wie bei Bloch und Benjamin auf eine beim Äußerlichen und Profanen ansetzende Aufhebung der Theologie hinauslief, scharfe Kritik an *Geschichte und Klassenbewußtsein*. Darin werde der ausgelaugte Idealismus nicht transzendiert, sondern fortgesetzt, der Marxismus nicht mit Realien durchdrungen, sondern durch die Zuführung einer leer- und abgelaufenen Philosophie entmächtigt und um alle revolutionären Energien gebracht (Kracauer-Bloch, 27. 5. 26, in: Bloch, *Briefe I*, 274 ff.).

»Was ich Dir und dadurch mir selber wünsche«, schrieb der Bankdirektor Joseph von Lukács an seinen einzigen Sohn, nicht lange, nachdem dieser 1908 als 23jähriger für seine *Entwicklungsgeschichte des modernen Dramas* den angesehenen Preis der Budapester Kisfaludy-Gesellschaft erhalten hatte, »ist, daß Du Dir auch gegenüber Deinen Freunden die ruhige und manchmal in ihrer Unbarmherzigkeit beinahe grausame Objektivität bewahrst, die Du Deiner Umgebung gegenüber in so hohem Maße zu bezeigen imstande bist. Du sagst selbst, daß ich Dir in Deiner Entwicklung und der Wahl ihrer Wege freie Hand gebe. Das tue ich bewußt, weil ich Dir unbegrenzt vertraue und Dich unendlich liebe – ich opfere alles auf, um Dich groß, anerkannt, berühmt werden zu sehen, ich werde es als mein höchstes Glück empfinden, wenn man von mir sagt, ich sei der Vater von Georg Lukács.« (abgedruckt in: Karádi/Fekete, *Georg Lukács*, 33)

Der Vater, ein jüdischer Handwerkerssohn aus der Provinz, hatte es in einer Zeit beschleunigter Industrialisierung in Budapest aus eigener Kraft zur großbürgerlichen Existenz gebracht. Um die Jahrhundertwende hatte er den Adelstitel erworben. Diese Erfolge gingen einher mit politischem Konservatismus und freigebigem Mäzenatentum. Der Sohn, der in die Fußstapfen des Vaters treten sollte, promovierte nach dem Studium von Jura und Nationalökonomie zum Doktor der Staatswissenschaften und trat eine Stelle im Königlichen Ungarischen Handelsministerium an. Nach kurzer Zeit gab er diese Tätigkeit auf und setzte das Studium fort, das nun ganz den Fächern Literatur, Kunstgeschichte und Philosophie galt. Der Vater wurde zum Mäzen des eigenen Sohnes, der wie viele Söhne rasch avancierter assimilierter jüdischer großbürgerlicher Familien der väterlichen Welt der Geldberufe den Rücken kehrte und zum antikapitalistischen Theoretiker wurde.

Unter dem Eindruck von Dilthey und Simmel schrieb Lukács während eines Studienaufenthalts in Berlin im Winter 1906/07 die erste Fassung der *Entwicklungsgeschichte des modernen Dramas*. Deren Ausgangspunkt war die Gegenüberstellung von griechischer Polis als der geschichtlichen Gesellschaftsformation, in der die Kultur zu tagtäglicher Wirklichkeit gelangt war, und bürgerlicher Gesellschaft, in der anarchische Produktion und Konkurrenz die Arbeit entfremdet, die Bindungen abstrakter und komplizierter und die Individuen einsamer gemacht hatten und Kultur im wahren Sinne des Wortes nicht mehr möglich war. Vor diesem Hintergrund, der inspiriert war von Simmels *Philosophie des Geldes* und durch diese Diagnose der Moderne hindurch von der paradigmatischen Tönniesschen Unterscheidung zwischen

Gemeinschaft und Gesellschaft, schilderte Lukács die Epoche des modernen Dramas als heroische Epoche des Verfalls der bürgerlichen Klasse. In Budapest suchte Lukács als Theaterkritiker, Mitarbeiter verschiedener Zeitschriften und Förderer einer Freien Bühne der von ihm als provinziell empfundenen Heimatstadt westliche moderne Kultur zu vermitteln. Sein letzter Maßstab dabei war die Vision einer Kunst, die eine »Kunst der großen Ordnung, der Monumentalität« war (*Entwicklungsgeschichte des modernen Dramas*, 359).

Der Sohn wurde groß – wie der Vater es gewünscht hatte. Und er wurde es unter Bewahrung der in ihrer Unbarmherzigkeit beinahe grausamen Objektivität. Der Frau, die ihm das Leben zu verkörpern schien, glaubte er entsagen zu müssen aus Unfähigkeit zum Leben und Verpflichtung zum großen Werk. Nach dem Selbstmord dieser Jugendliebe, der Malerin Irma Seidler, ließ er in dem Dialog *Von der Armut am Geiste* den einen Gesprächspartner sagen: »Sie mußte sterben, damit mein Werk vollendet werde, damit für mich nichts in der Welt bleibt als mein Werk.« Dem Andenken Irma Seidlers widmete er den Band *Die Seele und die Formen*, in dessen Essays Klage darüber geführt wurde, daß im unwesentlichen Leben kein wesentliches Leben und keine Verständigung der sich nach dem wesentlichen Leben Sehnenden möglich waren und lediglich die dem Leben entwachsenen Werke der Künstler und Philosophen und das »geformte Leben« der dem entfremdeten Leben illusionslos gegenüberstehenden Heroen der Innerlichkeit »unverständlich und mißverstanden« aus dem gewöhnlichen, dem »unlebendigen Leben« herausragten.

Nach längeren Aufenthalten in Berlin und Florenz ließ Lukács sich 1913 auf Drängen Blochs, den er bei Simmel kennengelernt hatte, in Heidelberg nieder. Mit Bloch verbanden ihn in jenen Jahren die radikale Verneinung der entfremdeten, kulturlosen bürgerlich-kapitalistischen Welt und der Entwurf chiliastischer konservativ-religiöser Utopien. Im Unterschied zu Bloch bemühte er sich gleichzeitig um die fachphilosophische Klärung ästhetischer Fragen und die methodologische Klärung des Verhältnisses von Soziologie und Ästhetik bei der Betrachtung von Kunstwerken. Diese Kombination trug ihm das Interesse und die Sympathie Max Webers ein, in dessen Kreis er verkehrte.

Auf den Krieg, den er von Anfang an ablehnte, reagierte Lukács mit der Unterbrechung der Arbeit an seiner Ästhetik und dem Beginn einer großen Arbeit über Dostojewski, die zugleich seine metaphysische Ethik und Geschichtsphilosophie enthalten sollte und mit der er sich als ein großer, über den deutschen Idealismus hinausführender Denker zu bewähren hoffte, der die Dichtungen Dostojewskis in ähnlicher Weise philosophisch ergänzte, wie der deutsche Idealismus die Dichtungen der deutschen Klassiker und Romantiker ergänzt hatte. »›Rußland‹«, so Ferenc Fehér angesichts des Aufrisses des Dostojewski-Buches und der Notizen und Aufzeichnungen Lukács' für diese Arbeit, »›Rußland‹, Land der nahenden Revolution, Verheißung und Träger der ›Gemeinde‹: das war Lukács' mystische und radikale Antwort auf ›Westeuropa‹, das im objektiven Geist und problematischen Individuum stagnierte, das im Weltkrieg seine Ausweglosigkeit so offen an den Tag gelegt hatte. Dieses ›Rußland‹ sollte für ›Westeuropa‹ das ›kommende Licht‹ darstellen.« (Fehér, *Am Scheideweg des romantischen Antikapitalismus*, in: Agnes Heller u. a., *Die Seele und das Leben*, 301) Fertig wurde nur der einleitende Teil, der unter dem Titel *Theorie des Romans* erschien. Lukács widmete das Buch seiner ersten Frau, Jelena Grabenko, die er 1914 geheiratet hatte – eine ehemalige russische Terroristin, die jahrelang eingekerkert gewesen war, nach dem Urteil von Lukács' Freund Béla Balázs »ein wundervolles Beispiel der Dostojewski-Gestalten« und für Lukács »eine Versuchsstation, eine menschliche Realisierung seiner Probleme und ethischen Imperative« (zitiert in: Karádi/Fekete, *Georg Lukács*, 62).

Kurz nach der Gründung der Kommunistischen Partei Ungarns erschien im Dezember 1918 in der Zeitschrift *Szabadgondolat* des linksbürgerlich-intellektuellen Galilei-Kreises in einem Sonderheft zum Thema Bolschewismus ein Artikel von Lukács: *Der Bolschewismus als moralisches Problem.* Darin entschied er sich gegen den Bolschewismus, weil – so sein Argument, das überraschend war bei jemandem, der die Größe des Ausspruchs der Hebbelschen Judith bewunderte: »Und wenn Gott zwischen mich und die mir auferlegte Tat die Sünde gesetzt hätte – wer bin ich, daß ich mich dieser entziehen könnte?« – er nicht den Glauben teilen könne, daß aus Diktatur, Terror und einer letzten und also besonders erbarmungslosen Klassenherrschaft das Ende aller Klassenherrschaft hervorgehen werde; weil er sich nicht »die metaphysische Begründung des Bolschewismus« zu eigen machen könne, »daß aus dem Bösen das Gute entstehen könne, oder wie Razumichin in Dostojewskis ›Schuld und Sühne‹ sagt: man kann sich zu der Wahrheit durchlügen« (Lukács, *Der Bolschewismus als moralisches Problem*, in: *Brecht-Jahrbuch 1979*, 18). Mitte Dezember – die Heidelberger Universität hatte ihm gerade mitgeteilt, sein Habilitationsgesuch sei abgelehnt worden, da er Ausländer sei – schloß er sich der KPU an. Nachdem im Februar 1919 das erste Zentralkomitee, an dessen Spitze Béla Kun stand, verhaftet worden war, wurde Lukács Mitglied des ZK und Redaktionsmitglied des zentralen Parteiorgans. Und als im März die bürgerliche Regierung die Macht freiwillig an die miteinander verbündeten Sozialdemokraten und Kommunisten abgab, wurde er in der von März bis August bestehenden ungarischen Räterepublik stellvertretender Volkskommissar für Unterrichtswesen und später politischer Kommissar der 5. Division der ungarischen Roten Armee.

Die ersten Artikel Lukács' nach seinem Beitritt zur KPU zeigten, daß die Wandlung vom Kulturkritiker der bürgerlich-kapitalistischen Gesellschaft zum Marxisten und Kommunisten Kontinuität in den zentralen Dingen bedeutete und Lukács mindestens ebensosehr, wie er sich dem Kommunismus anschloß, den Kommunismus zu seiner Sache zu machen suchte. Aus der Kulturkritik der bürgerlich-kapitalistischen Gesellschaft wurde die kulturrevolutionäre Interpretation der kommunistischen Umwälzung. Bei früheren Erwähnungen von Proletariat und Sozialismus, zuletzt noch in *Der Bolschewismus als moralisches Problem*, hatte Lukács entweder das Fehlen einer »die ganze Seele erfüllenden religiösen Kraft« oder den bloß ideologischen Charakter der geschichtsphilosophisch-ethischen Zielsetzung der sozialistischen Weltordnung kritisiert. Nun erklärte er eine kulturelle, eine geistige Revolution zum Kern des proletarischen Klassenkampfs. Durch das Erwachen des Proletariats zum Selbstbewußtsein, zum Klassenbewußtsein gelangte nach seiner Auffassung der Prozeß der gesamten gesellschaftlichen Entwicklung zum Bewußtsein, wurde das gewöhnliche Leben erfüllt vom wesentlichen Leben, wurden die Menschen zu Handelnden in der wahren Wirklichkeit. Vor der Rätediktatur, sagte Lukács im Juni 1919 in einer Rede auf dem Kongreß der Jungarbeiter, sei der Kampf um Bildung und Kultur nur ein Ziel unter vielen gewesen. Nun sei das Endziel, »daß die sündhafte und unheilvolle Selbständigkeit des wirtschaftlichen Lebens beseitigt, daß das Wirtschaftsleben, die Produktion in die Dienste der Menschheit, der humanitären Ideen, der Kultur gestellt wird. Wenn Ihr also aus dem Wirtschaftskampf heraustretet und Euch der Kultur widmet, so widmet Ihr Euch jenem Teil der Lenkung der Gesellschaft, der die beherrschende Idee einer künftigen Gesellschaft bilden wird.« (Lukács, *Werke II*, 81) Als stellvertretender Volkskommissar für Kultur und Unterricht versuchte Lukács, die Künstler vom Verkauf oder Nichtverkauf ihrer Werke unabhängig zu machen, den Warencharakter der Kunstwerke zu beseitigen. Die Lenkung der Kunst wurde in die Hände von Künstlern gelegt und z. B. ein Musikdirektorum gebildet, bestehend aus Béla Bartók, Zoltán Kodály und Ernst von Dohnányi. War erst einmal die Kunst vom Warencharakter befreit, wurde die Wirtschaft in den Dienst der Kultur gestellt, gelang die militärische Verteidigung der Räterepublik, dann – so mochte die Hoffnung des 34jährigen Revolutionärs aussehen – würde endlich wieder ein wesentliches Leben möglich werden.

Nach dem Zusammenbruch der Räterepublik infolge der von der Entente unterstützten militärischen Angriffe der Rumänen floh Lukács nach Wien. In der Wiener Emigration war er zunächst führendes Mitglied der KPU und Leitender Redakteur der Zeitschrift *Kommunismus*, des offiziellen theoretischen Organs der III. Internationale für Südosteuropa. Dessen Erscheinen wurde im Oktober 1921 auf Anweisung des Exekutivkomitees der Komintern wegen mangelnder Loyalität eingestellt. Einige seiner in dieser Zeitschrift erschienenen Aufsätze, ergänzt vor allem durch den Aufsatz *Die Verdinglichung und das Bewußtsein des Proletariats*, veröffentlichte Lukács 1923 in Buchform unter dem Titel *Geschichte und Klassenbewußtsein. Studien über Marxistische Dialektik.*

Für Lukács stellte das Buch so etwas wie die vorläufige Summe seines Versuchs dar, den Kommunismus bzw. Marxismus als Unternehmen der Ablösung einer seelenlos gewordenen Gesellschaftsordnung durch eine beseelte zu begreifen. Der Titel des Buches deutete den roten Faden der verschiedenen Aufsätze an. »Geschichte« stand für den Prozeß, in dem das scheinbar Starre, Naturhafte, Verdinglichte der gesellschaftlichen Gebilde aufgelöst wurde. »Die Geschichte besteht eben darin, daß jede Fixierung zu einem Schein herabsinkt: die Geschichte ist gerade die Geschichte der ununterbrochenen Umwälzung der Gegenständlichkeitsformen, die das Dasein des Menschen gestalten.« (Lukács, *Werke II*, 372) »Klassenbewußtsein« stand für die Entdeckung des Subjekts der gesellschaftlichen Totalität, das in der Lage sein sollte, die »Wiedererlangung von nicht verdinglichten Beziehungen zwischen Mensch und Mensch, zwischen Mensch und Natur« (414) zu verwirklichen. »Nur die Klasse (nicht die ›Gattung‹, die nur ein kontemplativ-stilisiertes, mythologisiertes Individuum ist) vermag sich praktisch umwälzend auf die Totalität der Wirklichkeit zu beziehen. Und die Klasse auch bloß, wenn sie in der dinghaften Gegenständlichkeit der gegebenen, der vorgefundenen Welt einen Prozeß, der zugleich ihr eigenes Schicksal ist, zu erblicken imstande ist.« (380) Zur Erfüllung dieser hegelianischen Denkfigur taugte in Lukács' Augen nur eine Klasse: das Proletariat. »Die rein abstrakte Negativität im Dasein des Arbeiters ist also nicht nur die objektiv typischste Erscheinungsform der Verdinglichung, das struktive Vorbild für die kapitalistische Vergesellschaftung, sondern – eben deshalb – subjektiv der Punkt, wo diese Struktur ins Bewußtsein gehoben und auf diese Weise praktisch durchbrochen werden kann.« (357) Lukács sah das Entscheidende nicht in einem von Erkenntnis geleiteten und von Empörung motivierten Umwälzungsprozeß, sondern in einer Erkenntnis, die als Erkenntnis praktisch war, in einem Akt des Bewußtwerdens, der als solcher Tat war. Die Verknüpfung von Webers Theorie der Rationalisierung und Marx' Theorie des Warenfetischismus mit einer idealistischen Geschichtsphilosophie des Klassenkampfes machte den großen Aufsatz über *Die Verdinglichung und das Bewußtsein des Proletariats* zum wirkungsvollsten des ganzen Bandes.

Eine Reihe von Kommunisten – darunter natürlich Karl Korsch, aber vor der offiziellen Verurteilung Lukács' auf dem V. Kongreß der Komintern z. B. auch Wittfogel – begrüßten *Geschichte und Klassenbewußtsein* als Manifestation eines revolutionären und aktivistischen Marxismus. In den folgenden Jahren wurde das Buch für viele junge Intellektuelle ein Grund, noch länger bei der inzwischen bolschewisierten Kommunistischen Partei auszuharren oder sich ihr überhaupt erst anzuschließen oder wenigstens mit der Sache des Kommunismus zu sympathisieren. Zwei Philosophen waren nach der Erinnerung von Willy Strzelewicz, einem der kommunistischen Doktoranden des Instituts für Sozialforschung aus der Zeit vor 1933, für ihn und seine Freunde die wichtigsten: Lukács und Heidegger. Denn beide rückten die Entfremdung in den Mittelpunkt der philosophischen Diskussion; und beide nahmen die Philosophie ernst als etwas, was in seiner alten Gestalt zu Ende ging, um in neuer Gestalt eine entscheidende Rolle bei der Erringung eines authentischen, eigentlichen Lebens zu spielen.

Kracauer war die neue Gestalt nicht neu genug, der Idealismus nicht verwandelt genug. »Der Weg heute geht nur durch den planen Materialismus hindurch«, meinte er in seiner brieflichen Auseinandersetzung mit Bloch über *Geschichte und Klassenbewußtsein* (Kracauer-Bloch, 29. 6. 26, in: Bloch, *Briefe II*, 283). Seine eigene gewissermaßen abwartende Position führte ihn auf eine in der theoretischen Konstruktion zurückhaltende, fast montagehafte Empirie. Adorno jedoch lernte durch Lukács ein geschichtsphilosophisches Denken kennen, das ihn in den späten 20er Jahren bei seinen Gedanken zur Philosophie der Musik und des musikalischen Fortschritts inspirierte, ohne daß ihm die Quelle, die er durch das harte Urteil seines Mentors Kracauer zu verachten gelernt hatte, noch klar war. Der Autor von *Geschichte und Klassenbewußtsein* aber, den er 1925 besuchte, war nicht einmal mehr bereit, seinen hegelianischen Versuch einer Aktualisierung des philosophischen Gehalts der marxistischen Theorie zu verteidigen.

Zum Schreiben über Musik offenbar berufener als zum Komponieren und sich vom Schönbergkreis nicht genügend anerkannt fühlend, unzufrieden mit Wien, dem er wirtschaftliche Rückständigkeit und Kulturduselei vorwarf, und erfüllt von Heimweh nach Frankfurt und Sehnsucht nach dem Freund Kracauer, kehrte Adorno im Sommer 1925 in seine Heimatstadt zurück und war danach nur noch sporadisch in Wien. Den Plan, Musiker zu werden, gab er zwar noch nicht ganz auf, aber er trat immer mehr zurück zugunsten der Hoffnung auf eine akademische Laufbahn als Philosoph, möglicherweise mit dem Schwerpunkt Ästhetik. Dessenungeachtet hatte der Wiener Aufenthalt die Schlüsselrolle der Wiener Neuen Musik für Adornos ästhetisches und philosophisches Denken endgültig befestigt, war er als Mitarbeiter wichtiger musikalischer Zeitschriften wie *Zeitschrift für Musik, Die Musik, Pult und Taktstock* und *Musikblätter des Anbruch* weiterhin ein Vorkämpfer der Schönbergschule. Es blieb eine seiner grundlegenden Erfahrungen, daß ein nur an der Kunst interessierter und sich zu Monarchie und Adel bekennender Mann wie Schönberg eine Revolution in der Musik bewirkt hatte.

Im Sommer 1927 schloß Adorno eine umfangreiche Arbeit über den *Begriff des Unbewußten in der transzendentalen Seelenlehre* ab, mit der er sich bei Cornelius habilitieren wollte. Wieder stellte er sich vorbehaltlos auf den Boden der Corneliusschen Transzendentalphilosophie. Das entsprang vorwiegend strategischen Überlegungen. Zu ihnen hatte er allen Anlaß. Denn Walter Benjamin, den er 1923 durch die Vermittlung Kracauers kennengelernt und daraufhin bei dessen Aufenthalten in Frankfurt häufig getroffen hatte, war 1925 bei dem Versuch gescheitert, sich mit dem *Ursprung des deutschen Trauerspiels* in Frankfurt zu habilitieren. Cornelius, in seiner Funktion als Kunstwissenschaftler zu einem Gutachten aufgefordert, hatte sich in einem Brief hilfesuchend an den Autor gewandt mit der Bitte, ihm den kunstwissenschaftlichen Gehalt seiner Arbeit zu erläutern. Am Ende war sie selbst von dem wohlwollenden Cornelius und seinem Assistenten Horkheimer als unverständlich bezeichnet worden. Ebensosehr wie strategischen Überlegungen entsprang Adornos Anknüpfung an die Corneliussche Transzendentalphilosophie aber auch der Tatsache, daß er – wie er im Februar 1928 an Kracauer schrieb, der ihm vorgeschlagen hatte, sich bei Max Scheler mit einer musikphilosophischen Arbeit zu habilitieren – eine »eigentliche Arbeit als Habilitationsschrift zu verwerten« sich noch nicht zutraute.

Adornos Arbeit, obwohl ohne große Lust geschrieben und alles in das Prokrustesbett der Corneliusschen Erkenntnistheorie zwängend, ließ doch deutlich erkennen, was ihn bewegte, die Begeisterung nämlich für den »Primat des Bewußtseins« (Adorno, *Schriften 1*, 91), für einen umfassenden Rationalitätsbegriff. Den Begriff des Unbewußten interpretierte er zum einen als Grenzbestimmung der Erkenntnis (222), zum anderen als Bezeichnung für die auf Bewußtes zurückführbaren unbewußten Tatbestände. Als die empirische Wissenschaft vom Unbewußten, die den von der Transzendentalphilosophie abgesteckten Rahmen erfüllte, betrachtete er die Freudsche Psychoanalyse. »Darum schlagen wir die Bedeutung der Psychoanalyse so hoch an, weil sie jener Erkenntnis des Unbewußten dient, ohne das Unbewußte mit einem metaphysischen Pathos zu belasten, das ihm nicht gebührt, und weil ihre Erkenntnis auf die Auflösung der unbewußten Tatbestände selber gerichtet ist und damit eine scharfe Waffe darstellt gegen jegliche Triebmetaphysik und Vergottung bloßen dumpfen, organischen Lebens.« (320)

In dieser Begeisterung für einen erweiterten Rationalitätsbegriff zeigte sich wiederum vor allem der Einfluß Kracauers. Adornos Mentor sah seit Mitte der 20er Jahre – am prägnantesten formuliert in dem 1927 in der *Frankfurter Zeitung* erschienenen Essay *Das Ornament der Masse* – das entscheidende Gebrechen des Kapitalismus darin, daß er zuwenig rationalisiere, daß er bei einem zur Ausbeutung der Natur befähigten Denken innehalte und »die eigentlichen Gehalte des Lebens« aus dem Rationalitätsbegriff ausschließe.

Am Schluß gab Adorno seiner Arbeit gar eine überraschende marxistische Wendung. Er stellte fest, daß die von ihm kritisierten Lehren vom Unbewußten als Ideologien dienten, die teils die herrschende Wirtschaftsordnung verklärten, teils von ihr ablenkten, und daß diese von »ökonomischem Konkurrenzkampf« und »imperialistischen Tendenzen« gekennzeichneten gesellschaftlichen Verhältnisse die Grenze jeglicher Aufklärung bildeten. Kurz: er bekannte sich, ohne sie beim Namen zu nennen, zur marxistischen Lehre, daß das Bewußtsein vom gesellschaftlichen Sein bestimmt sei.

Die Arbeit wurde von Cornelius nicht akzeptiert. Nach der Lektüre der ersten beiden Drittel stand für ihn fest, daß sie kaum hinausgehe über »einfache, wenn auch mit vielen Worten ausgeschmückte Wiedergaben dessen, was er aus meinen Vorlesungen und Büchern kennt« (Cornelius-College von der philosophischen Fakultät, 8. 1. 28 / Akte Theodor Adorno der Philosophischen Fakultät). Adorno zog seine Habilitations»anfrage« zurück – ärgerlich vor allem über Horkheimer, den er im Verdacht hatte, er habe sich nicht genügend für die Arbeit eingesetzt, weil sie ihm nicht marxistisch genug sei. »1927 entstand eine größere unpublizierte erkenntnistheoretische Arbeit« umschrieb er den Vorgang im Lebenslauf, den er wenige Jahre später einem erneuten Habilitationsgesuch beifügte.

Inzwischen setzte er, von einem großzügigen und toleranten Vater finanziert, aufs neue seine privaten Studien fort und hoffte auf eine Karriere als Musikkritiker. Seit 1927 war er häufig in Berlin. Dort lebte seine Freundin Gretel Karplus, die ebenfalls mit Benjamin befreundet war. Dort verkehrte er mit Benjamin, Bloch, Brecht, Kurt Weill, Lotte Lenya u. a. Dort bemühte er sich erfolglos um eine Stelle als Musikkritiker bei der Ullsteinschen *B. Z.* Wichtiger wohl noch als Kracauer wurde nun für ihn Walter Benjamin, mit dem er sowohl bei dessen Aufenthalten in Frankfurt wie bei seinen eigenen in Berlin zusammentraf.

»Das bewußte Asyl einer wirklichen, seienden Kultur ist Wickersdorf«, hieß es in einem Brief des 17jährigen Walter Benjamin an den gleichaltrigen Zionisten und Übersetzer ostjüdischer Literatur Ludwig Strauss. Die Freie Schulgemeinde Wickersdorf war 1906 von Gustav Wyneken mitbegründet worden, einem der profiliertesten Führer der Jugendbewegung, hinter dem allerdings nur ein verschwindender Bruchteil dieser Bewegung stand. Seine Ideen ließen sich schlagwortartig zusammenfassen als: die Idee der Jugend, die Idee der Jugendkultur und die Idee des Jugendführers. Der 1895 in Berlin geborene Benjamin hatte ihn kennengelernt, als er zwei Jahre (1905-1907) in dem Landerziehungsheim Haubinda in Thüringen verbrachte, wo Wyneken eine Zeitlang als Lehrer tätig war. Benjamin war nach Haubinda gekommen, weil das Gymnasium dem behüteten Jungen, der zuvor in einem kleinen Zirkel von Kindern aus gehobenen Kreisen Privatunterricht erhalten hatte, Schwierigkeiten bereitete. Der Privatunterricht, eine Steigerung der eigens aufs Gymnasium vorbereitenden Vorschule, war dem Vater standesgemäß erschienen, der, einer nach dem deutsch-französischen Krieg in die aufstrebende Hauptstadt des Wilhelminischen Reiches gezogenen jüdischen Kaufmannsfamilie entstammend, es als Auktionator und Teilhaber eines Kunstauktionshauses zur großbürgerlichen Existenz gebracht hatte. »In der Jugend«, so der »Wynekenianer« Benjamin, seit 1910 Mitarbeiter der die Ideen Wynekens verbreitenden Schülerzeitschrift *Der Anfang*, »die allmählich lernen soll zu arbeiten, sich selbst ernst zu nehmen, sich selbst zu erziehen, im Vertrauen zu dieser Jugend vertraut die Menschheit ihrer Zukunft, dem Irrationalen, das sie nur verehren kann, der Jugend, die nicht nur soviel mehr erfüllt ist vom Geiste der Zukunft – nein! – die überhaupt viel mehr erfüllt ist vom Geiste, die die Freude und den Mut neuer Kulturträger in sich fühlt.« (Benjamin, *Die Schulreform, eine Kulturbewegung*, 1912, in: *Ges. Schr. II*, 891)

Seit 1912 studierte Benjamin zunächst abwechselnd in Freiburg i. B. und in Berlin Philosophie, deutsche Literatur und Psychologie. Als Mitarbeiter des *Anfang*, des Berliner »Sprechsaals der Jugend« – einer Einrichtung für Jugendliche zur Information und Diskussion über Schule und Elternhaus, Kunst und Erotik – und der »Freien Studentenschaft« – der studentischen Vertretung der Nicht-Korporierten – bewegte er sich in Kreisen, in denen Juden deutlich überrepräsentiert waren. Das lag vor allem daran, daß sie von anderen Organisationen ausgeschlossen waren oder nur widerwillig aufgenommen wurden, zum Teil aber auch daran, daß jene anderen Organisationen ihnen nicht genügten. Benjamin war sich dessen bewußt, »daß da, wo ich mich mit Ideen nach außen wandte, im Geistigen und Praktischen zuallermeist Juden mir entgegenkamen«. Er zog daraus den Schluß, daß das Judentum, »in keiner Hinsicht Selbstzweck«, »ein vornehmster Träger und Repräsentant des Geistigen« sei (Benjamin-Strauss, 21. 11. 12/zitiert in: *Ges. Schr. II*, 839).

Von den »Literaten«, in denen er einen weiteren Träger des Geistigen sah, meinte er im gleichen Jahr in einem unveröffentlicht gebliebenen *Dialog über die Religiösität der Gegenwart*, in dem in unverkennbarer Parallele zu anderen Kritikern der Moderne, wie z. B. dem jungen Lukács, als Zentrum seiner Gedanken die Sehnsucht nach einer Erneuerung der vereinigenden Macht der Kultur, des Geistigen, der Religion zutage trat: »Sie wollen die Ehrlichen sein, ihre Kunstbegeisterung, ihr ›Fernsten-Liebe‹, um mit Nietzsche zu reden, wollen sie darstellen, aber die Gesellschaft verstößt sie – sie selber müssen alles Allzumenschliche, dessen der Lebende bedarf, in pathologischer Selbstzerstörung ausrotten. So sind die, welche die Werte ins Leben, in die Konvention umsetzen wollen: und unsere Unwahrhaftigkeit verurteilt sie zum Outsidertum und zur Überschwenglichkeit, die sie unfruchtbar macht. Niemals werden wir die Konventionen durchgeistigen, wenn wir nicht diese Formen sozialen Lebens mit unserem persönlichen Geiste erfüllen wollen. Und dazu verhelfen uns die Literaten und die neue Religion. Religion gibt einen neuen Grund und einen neuen Adel dem täglichen Leben, der Konvention. Sie wird zum Kult. Dürsten wir nicht nach geistiger, kultischer Konvention?« (Benjamin, *Ges. Schr. II*, 28 f.)

1915 nahm Benjamin Wynekens Kriegsbegeisterung zum Anlaß, sich von ihm loszusagen. Der entscheidende Grund war der gleiche, der schon 1914 zu seiner Distanzierung vom *Anfang* geführt hatte: daß er nämlich die Orientierung am reinen Geist durch Politisierung gefährdet sah. Der Krieg und der vorläufige Zerfall der Jugendbewegung machten seinem Engagement für die Jugend ein Ende. Seine Hingabe an das Geistige und seine Verachtung der Philisterwelt aber steigerten sich eher noch. Die Haltung, die sich aus der Kombination dieser beiden Komponenten bei ihm ergab, schildert sein Freund Gershom Scholem, der von 1918-1919 in Bern, wohin Benjamin sich mit seiner Frau vor dem Krieg zurückgezogen hatte und wo er promovieren wollte, eng mit den beiden zusammenlebte. »Es war um ihn etwas von Reinheit und Unbedingtheit, eine Hingabe an das Geistige wie bei einem Schriftgelehrten, der in eine andere Welt verschlagen und auf der Suche nach seiner ›Schrift‹ ist. Es war eine Krise für mich, als ich im nahen Umgang ihre Grenzen erkennen mußte ... Benjamins Haltung zur bürgerlichen Welt war von einer Bedenkenlosigkeit, die mich aufbrachte, und trug nihilistische Züge. Moralische Kategorien erkannte er nur in der Lebenssphäre, die er um sich aufgebaut hatte, und in der geistigen Welt an ... Benjamin erklärte, Menschen wie wir seien nur ihresgleichen verpflichtet, nicht aber den Regeln einer Gesellschaft, die wir verwürfen.« (Scholem, *Walter Benjamin*, 70 f.)

Seine Zukunft sah Benjamin laut Scholem in einer Dozentur für Philosophie. Schon in dem 1915 veröffentlichten Text *Das Leben der Studenten* hatte er allerdings betont, daß wirkliche Philosophie es »nicht mit den Fragestellungen der begrenzten wissenschaftlichen Fachphilosophie, sondern mit den metaphysischen Fragen des Platon und des Spinoza, der Romantiker und Nietzsches« (Benjamin, *Ges. Schr. II*, 82) zu tun habe. Eine Präzisierung erfuhren solche Vorstellungen in einem 1917 verfaßten Manuskript *Über das Programm der kommenden Philosophie*. Was Benjamin, der die neue Jugend einst als »die Nüchterne und Romantische« charakterisiert hatte, vorschwebte, war: die Nüchternheit Kants, der die Forderung der Tiefe aus der Philosophie nicht verbannte und Prolegomena zur Metaphysik schrieb, zu verbinden mit der auf Versöhnung des Bedingten mit dem Unbedingten beharrenden Romantik, die sich wegen des Höchsten nicht allein aufs Gemüt verlassen wollte. Kant hatte nach Benjamins Ansicht eine minderwertige Erfahrung begründet. Es kam nun darauf an, »unter der Typik des Kantischen Denkens die erkenntnistheoretische Fundierung eines höheren Erfahrungsbegriffs vorzunehmen«, der »nicht allein mechanische sondern auch religiöse Erfahrung logisch ermöglicht« (Benjamin, a.a.O., 160, 164). »Eine Philosophie«, so eine von Scholem überlieferte extreme Formulierung Benjamins aus jener Zeit, »die nicht die Möglichkeit der Weissagung aus dem Kaffeesatz einbeziehen und explizieren kann, kann keine wahre sein.« (Scholem, a.a.O., S. 77) Das zeugte von einem ähnlich verwegenen Umgang mit Okkultem und Obskurem, wie ihn Bloch an den Tag legte, dessen Bekanntschaft Benjamin 1918 in Bern machte.

Einen Baustein zur Ausführung seines Programms bildete Benjamins Dissertation *Der Begriff der Kunstkritik in der deutschen Romantik*, mit der er 1919 in Bern promovierte. Er stellte darin den Gegenstand seiner Arbeit so dar, daß er als Modell einer nüchtern reflektierenden höheren Erfahrung erschien. »Sobald«, heißt es auf den ersten Seiten, »die Geschichte der Philosophie in Kant, wenn auch nicht zum ersten Male, so doch explizit und nachdrücklich, zugleich mit der Denkmöglichkeit einer intellektuellen Anschauung ihre Unmöglichkeit im Bereich der Erfahrung behauptet hatte, tritt ein vielfältiges und beinahe fieberhaftes Bestreben hervor, diesen Begriff für die Philosophie als Garantie ihrer höchsten Ansprüche wieder zurückzugewinnen. Es ging von Fichte, Schlegel, Novalis und Schelling in erster Reihe aus.« (Benjamin, *Der Begriff der Kunstkritik*, 15) Die Frühromantiker sahen in den Kunstwerken – nicht, wie Fichte, im Ich – das absolute Medium der Reflexion. Die »Entfaltung der Reflexion ... in einem Gebilde«, diese »Erhöhung des Bewußtseins« bestimmten die Romantiker als Aufgabe der Kunstkritik. Sie sollte nicht mehr und nicht weniger tun »als die geheimen Anlagen des Werkes selbst aufdecken, seine verhohlenen Absichten vollstrecken ... es absolut machen. Es ist klar: für die Romantiker ist Kritik viel weniger die Beurteilung eines Werkes als die Methode seiner Vollendung.« (63) »Die Absolutierung des geschaffenen Werkes, das kritische Verfahren«, so beschloß Benjamin seine Dissertation, ». . . läßt sich in einem Bild versinnlichen als die Erzeugung der Blendung im Werk. Diese Blendung – das nüchterne Licht – macht die Vielheit der Werke verlöschen. Es ist die Idee.« (113)

Vieles im Ton dieser Arbeit war so gehalten, als sei bereits erfüllt, was Benjamin in seinem *Programm der kommenden Philosophie* als letzte Variante seiner Forderung so formuliert hatte: »Auf Grund des Kantischen Systems einen Erkenntnisbegriff zu schaffen, dem der Begriff einer Erfahrung korrespondiert von der die Erkenntnis Lehre ist. Eine solche Philosophie wäre entweder in ihrem allgemeinen Teile selbst als Theologie zu bezeichnen oder wäre dieser sofern sie etwa historisch philosophische Elemente einschließt übergeordnet.« (*Ges. Schr. II,* 168) Der Ton theologischer Lehre wurde charakteristisch für Benjamin. Er erlaubte ihm, auf fruchtbare und anregende Weise mit einem Instrumentarium zu arbeiten, an dessen Funktionsweise und Solidität er selbst zweifelte. »Blendwerk des Himmels« nannte ihn deshalb Adorno einmal in einem Brief an Kracauer (14. 9. 29).

Die beiden größten Arbeiten, die Benjamin in den 20er Jahren veröffentlichte – *Goethes Wahlverwandtschaften* und *Ursprung des deutschen Trauerspiels* – waren philosophische Texte im Geiste seines Kunstkritik-Buches. Diese Arbeiten und die beabsichtigte Habilitation waren zugleich gedacht als Argumente, die den Vater, der den Sohn drängte, einen bürgerlichen Beruf zu ergreifen, dazu bringen sollten, ihm statt dessen auf Dauer das Dasein eines Privatgelehrten zu ermöglichen.

Goethes Wahlverwandtschaften war Benjamins Versuch, »ein Werk durchaus aus sich selbst heraus zu erleuchten« (Benjamin, *Drei Lebensläufe,* in: *Ges. Schr. VI,* 218), also das zu tun, was für die Romantiker »Vollendung« oder »Absolutierung« bedeutet hatte und was eng verwandt war mit dem, was in der Hegelschen Tradition immanente Kritik hieß. Dazu konfrontierte Benjamin die vier Partner des Romans mit den beiden Liebenden der im Rahmen des Romans erzählten Novelle *Die wunderlichen Nachbarskinder.* Die vier Partner des Romans – so legte er es dar – leben in einer Welt, die von den mythischen Gewalten des Rechts und der Natur regiert ist. Die Lauheit angesichts einer zerfallenden Ehe; das fahle Licht, das die ganze Landschaft durchwaltet; die Kargheit der Namengebung; die Fülle vorverkündender und paralleler Züge; die Wiederkehr des Gleichen; die Bedeutung des Dinghaften – all das deutete Benjamin als Kennzeichen einer mythisch geladenen Natur, der die Menschen nirgends entwachsen sind, einer »schicksalhaften Art des Daseins, die in einem einzigen Zusammenhang von Schuld und Sühne lebende Naturen umschließt« (Benjamin, *Ges. Schr. I,* 138). In der Novelle von den wunderlichen Nachbarskindern waltet dagegen »das helle Licht« (169), »das nüchterne Licht« der mit rechter Wildheit wahrhaft Liebenden (186). Mit der hüllenlosen Nacktheit der Geliebten, die vom Jüngling vor dem Ertrinken gerettet wurde, weist die Novelle – so Benjamin in kühner allegorisierender Deutung und die eigenen um die Stichworte Mythos, Natur, Sprache, Erlösung, Gott zentrierten theologisch-philosophischen Vorstellungen wie eine fraglos gültige Lehre voraussetzend – über den Bereich der Schönheit, die auch im Kunstwerk nicht die Idee, sondern bloß deren Geheimnis sichtbar macht, hinaus auf die Vorstellung von Gott, vor dem es kein Geheimnis gibt. Mit der die Konventionen sprengenden und das Leben aufs Spiel setzenden Liebe der Nachbarskinder verweist die Novelle auf eine Versöhnung, »die ganz überweltlich und kaum fürs Kunstwerk gegenständlich ist« (184). Für Goethe stand im Mittelpunkt die »sanfte, verschleierte Schönheit« Ottiliens (186). Aber in dieser nicht vom Sprachgeist erhellten Figur, deren Freitod deshalb laut Benjamin kein sittlicher Entschluß, sondern nur ein Trieb zugrunde liegen konnte, spiegelte sich bloß »die dunkle, in sich selbst versunkene, mythische Natur, die in sprachloser Starre dem Goetheschen Künstlertum innewohnt« (147). Dank Benjamins »Absolutierung« des Werks übernahm statt des Mythos die Philosophie die Führung der Betrachtung. Die »falsche, irrende Totalität« des Werks zum Stückwerk herabsetzend, rettete sie es in seiner Unvergleichlichkeit und Einmaligkeit als »Fragment der wahren Welt« (181).

Im *Ursprung des deutschen Trauerspiels* wandte Benjamin das Verfahren rettender Kritik auf das deutsche Trauerspiel und die dafür charakteristische Allegorie an – auf das deutsche Trauerspiel, das in der Regel als Zerrbild der antiken Tragödie, auf die Allegorie, die in der Regel als gegenüber dem Symbol minderwertiges Kunstmittel abgetan wurde. In der »erkenntniskritischen Vorrede« versuchte er, Kantische Erkenntnistheorie und eigene Sprachtheologie zu einer allgemeinen Bestimmung philosophischer Betrachtung zu verbinden. Diese setze umständlich immer wieder von neuem an, versenke sich in das Einzelne und Verschrobene, zerlege es in begrifflicher Analyse. »Die Einsammlung der Phänomene ist die Sache der Begriffe, und die Zerteilung, die sich kraft des unterscheidenden Verstandes in ihnen vollzieht, ist um so bedeutungsvoller, als in einem und demselben Vollzuge sie ein Doppeltes vollendet: die Rettung der Phänomene und die Darstellung der Ideen.« (Benjamin, *Ursprung des deutschen Trauerspiels*, 16 f.) Es ging also nicht darum, sich in Allgemeinbegriffen der Welt zu versichern, z. B. eine Anzahl gegebener Dichtungen aufgrund irgendwelcher Gemeinsamkeiten unter einen Begriff zu subsumieren, sondern darum, Exemplarisches, sei es auch noch so vereinzelt oder bruchstückhaft, in seiner Wesentlichkeit, d. h. als Darstellung einer Idee zu begreifen. Die Begriffe sollten ihrer üblichen Funktion als Allgemeinbegriffe entkleidet werden und der Anordnung der Phänomen-Elemente zu Konstellationen dienen, »in denen nicht das Gleichartige zur Deckung, wohl aber das Extreme zur Synthese gelangt« (15, 24) und »das Einzelne . . . wird was es nicht war – Totalität« (31).

Der Absage an induktive Begriffsbildung und deduktive Begriffszusammenhänge verlieh Benjamin in zugespitzter Form Ausdruck, indem er feststellte, es gebe eine Vielheit disparater Ideen. Die Frage nach der Herkunft dieser Ideen beantwortete er mit einer sprachmystischen Variante der Platonischen Anamnesislehre. In der philosophischen Kontemplation sollte »aus dem Innersten der Wirklichkeit die Idee als das Wort sich los(lösen), das von neuem seine benennenden Rechte beansprucht« (19). Der Philosoph las bzw. interpretierte die Schrift der Wirklichkeit. Und die Wirklichkeit war für ihn geschrieben in der adamitischen Ursprache. Diese Sprache wurde von Benjamin, wie er selber an nicht-öffentlicher Stelle, in seiner Arbeit »Über Sprache überhaupt und über die Sprache des Menschen«, bekannte, »als eine letzte, nur in ihrer Entfaltung zu betrachtende, unerklärliche und mystische Wirklichkeit vorausgesetzt« (*Ges. Schr. II*, 147).

Wo sich unterm Blick philosophischer Betrachtung aus dem Innersten der Wirklichkeit die Idee loslöste, lag der Ursprung einer Idee vor. »Ursprung, wiewohl durchaus historische Kategorie, hat mit Entstehung dennoch nichts gemein. Im Ursprung wird kein Werden des Entsprungenen, vielmehr dem Werden und Vergehen Entspringendes gemeint.« (29) Die Analyse des Trauer-

spiels im Haupttext zeige: es war die Verwandtschaft der geschichtsphilosophischen Situation, die die philosophische Betrachtung zurück über die Romantiker, bei denen »die Allegorie ... zum Anfang einer Selbstbesinnung«
kam (205), hinleitete zum Trauerspiel der Barockzeit, das auf die Erfahrung
eines gottfremd gewordenen Lebens, einer Verfallszeit reagierte. Benjamin
schilderte die ausweglose Immanenz jener Situation, das schal gewordene
Leben (149), die »entleerte Welt« (150), in der, wie im Umkreis der Dürerschen
Melencolia, »die Gerätschaften des tätigen Lebens am Boden ungenutzt, als
Gegenstand des Grübelns liegen« (152), in einer Weise, die an Lukács'
Schilderung der geschichtsphilosophischen Situation des Romans, an die
Kategorien der »zweiten Natur«, der »Entfremdung«, der »Verdinglichung«
erinnerte. Das Trauerspiel zeigte die Geschichte als Natur-Geschichte der
Vergängnis des Kreatürlichen. Kern der allegorischen Betrachtungsweise war
die Wahrnehmung der Geschichte »als Leidensgeschichte der Welt«, »bedeu-
tend nur in den Stationen ihres Verfalls« (183). »Während im Symbol mit der
Verklärung des Untergangs das transfigurierte Antlitz der Natur im Lichte der
Erlösung sich offenbart, liegt in der Allegorie die facies hippocratica der
Geschichte als erstarrte Urlandschaft dem Betrachter vor Augen.« (182 f.)
»Unfreiheit, Unvollendung und Gebrochenheit der sinnlichen, der schönen
Physis zu gewahren, war wesensmäßig dem Klassizismus versagt. Gerade
diese aber trägt die Allegorie des Barock, verborgen unter ihrem tollen Prunk,
mit vordem ungeahnter Betonung vor.« (195)

Das Barock – und deshalb entsprang die Idee des Trauerspiels gerade der
Hinwendung der philosophischen Betrachtung auf die deutsche Barocktragö-
die des 17. Jahrhunderts – korrigierte den versöhnlichen Charakter nicht nur
der Klassik, sondern der Kunst selbst, deutlicher als die Romantik und
deutlicher als der Expressionismus. »Wo die Romantik in dem Namen der
Unendlichkeit, der Form und der Idee das vollendete Gebilde kritisch poten-
ziert, da verwandelt mit einem Schlage der allegorische Tiefblick Dinge und
Werke in erregende Schrift.« (195) Die Produkte romantischer Ironie – z. B.
Tiecks ironische Dramen, Jean Pauls zerfetzte Romane –, die den paradoxen
Versuch darstellten, »am Gebilde noch durch Abbruch zu bauen: im Werke
selbst seine Beziehung auf die Idee zu demonstrieren« (Benjamin, *Der Begriff
der Kunstkritik*, 81), wurden noch übertroffen von den barocken Trauerspie-
len, deren allegorischer Aufbau von Anfang an die »durchdachten Trümmer-
bauten« bereitstellte, in denen das Wissen um die philosophischen Wahrheits-
gehalte sich nur noch anzusiedeln brauchte (*Ursprung des deutschen Trauerspiels,*
202 f.). Die philosophische Betrachtung, die – das erhoffte Benjamin sich von
seiner Arbeit – »das Echte gegen die expressionistischen Verfälschungen ...
restaurieren« sollte (Benjamin-Scholem, 22. 12. 24 / *Briefe*, 366), würde am
Ende durch die Rettung der Allegorie das aktuelle Bewußtsein von der
Problematik der Kunst verschärfen und so die Möglichkeit der Erfahrung der
wahren Welt aktualisieren helfen.

Auf dem Weg über die Vorstellung von der Jugend, den Juden, den
Literaten als Trägern des Geistigen und über die Vorstellung vom Aufbrechen
symbolischer und Zuspitzen allegorischer Kunstwerke gelangte Benjamin an
die Schwelle einer Version von materialistischer Geschichtsauffassung, die der

verwandt war, über die sich in den gleichen Jahren seine Gesprächspartner Kracauer und Bloch verständigten. Die theoretischen Probleme, die ihn während der Arbeit am Trauerspiel-Buch beschäftigten – das Verhältnis von Kunstwerken zur Geschichte, die Eigenart der philosophischen Betrachtung der Geschichte im Unterschied zur philosophischen Betrachtung von Kunstwerken und Natur (Benjamin-Rang, 9. 12. 23 / *Briefe*, 322) –, hatten Lukács' *Geschichte und Klassenbewußtsein* für ihn zu einem Buch gemacht, von dem er meinte, es sei »sehr, besonders mir sehr wichtig« (Benjamin-Scholem, 13. 6. 24 / *Briefe*, 350). Gesteigert wurde sein Interesse für die marxistische Theorie durch die Liebe zu der kommunistischen Regisseurin, Schauspielerin und Pädagogin Asja Lacis, die er 1924 während er Arbeit am Trauerspiel-Buch auf Capri kennenlernte. Die Liebe zu ihr war auch das Hauptmotiv für seine Moskaureise im Winter 1926/27. Ihr auch war sein 1928 erschienener Aphorismen-Band *Einbahnstraße* gewidmet, in dem kaleidoskopartig die gesellschaftlichen Erfahrungen dessen zusammengestellt waren, dessen Habilitationsplan gescheitert war, der zwar noch in der elterlichen Villa eine Wohnung hatte, aber vom Vater nicht die erstrebte Privatgelehrtenexistenz finanziert bekommen hatte und zu einem mit dem Kommunismus sympathisierenden freien Literaturkritiker, Schriftsteller und Funkautor geworden war.

Benjamins Hoffnung war nun, zum ersten Literaturkritiker Deutschlands zu werden. Vor allem die surrealistischen Schriftsteller bestärkten ihn, der sich seit 1926 häufig in Paris aufhielt, in seiner Vorstellung von dem, was moderne Literatur in einer Verfallszeit wie der seinigen zu sein hätte. Dabei blieb sein Ehrgeiz auf philosophischem Gebiet lebendig. Aus dem Plan eines Essays über die Pariser Passagen des 19. Jahrhunderts wurde das Projekt des *Passagen-Werks*, das ihn während seines ganzen weiteren Lebens beschäftigte, zu dem er, von dem Zwang zu geldbringenden Arbeiten fortwährend unterbrochen, immer wieder zurückkehrte und das doch über den fragmentarischen Zustand nie hinausgedieh. Er wollte dabei »mit allen Machtvollkommenheiten eines philosophischen Fortinbras *die Erbschaft des Surrealismus* antreten« (Benjamin-Scholem, 30. 10. 28 / *Briefe*, 483) und sehen, »wie weit man in geschichtsphilosophischen Zusammenhängen ›konkret‹ sein kann« (Benjamin-Scholem, 23. 4. 28 / *Briefe*, 470), wie weit sich »für ein Zeitalter« »äußerste Konkretheit« gewinnen ließ (Benjamin-Scholem, 15. 3. 29 / *Briefe*, 491).

Das *Passagen-Werk* teilte die Fragestellung, nämlich das Interesse an der Erkenntnis des Kapitalismus, mit dem historischen Materialismus. Die Begriffe aber, derer sich Benjamin zur Bestimmung des Kapitalismus bediente: Natur, Traum, Mythos, entstammten seinem metaphysisch-theologisch inspirierten Denken (cf. Tiedemann, *Einleitung zum Passagen-Werk*, 21). Das *Passagen-Werk* bildete auch den Anknüpfungspunkt für die Gespräche, die Benjamin 1928 und 1929 in Frankfurt und Königstein mit Adorno führte und bei denen zeitweise auch Horkheimer, Gretel Karplus und Asja Lacis anwesend waren. Bei Benjamin führten diese Gespräche das Ende der Epoche »eines unbekümmert archaischen, naturbefangenen Philosophierens« herbei. »Um die rhapsodische Naivität war es geschehen. Diese romantische Form war in einem raccourci der Entwicklung überholt worden, von einer andern aber hatte ich damals und noch auf Jahre hinaus keinen Begriff.« (Benjamin-

Adorno, 31. 5. 35 / *Briefe*, 663) Sowohl auf Horkheimer oder Adorno wie auf den seit 1928 mit Korsch befreundeten Brecht, den Benjamin im Frühjahr 1929 kennengelernt hatte, konnte es zurückgehen, wenn er Anfang 1930 gegenüber Scholem meinte, zur Absicherung seiner Arbeit müsse er noch gewisse Aspekte der Hegelschen Philosophie sowie bestimmte Partien des Marxschen *Kapitals* studieren (Benjamin-Scholem, 20. 1. 30 / *Briefe*, 506). Adorno wurde dank der »unvergeßlichen Gespräche in Königstein« (Adorno-Benjamin, 10. 11. 38 / *Briefe*, 783) schon früh mit den bei Benjamin neu hinzugekommenen Motiven und Kategorien wie Plüsch, Interieur, Mode, Reklame, Prostitution, Sammler, Flaneur, Spieler, Langeweile, Phantasmagorie vertraut. Die Gespräche zeigten ihm, welche neuartigen Arbeitsperspektiven Benjamins eigenwilliger Ansatz einer das Materialistische in der ganzen Breite des Alltags einer Gesellschaft aufsuchenden und sich deutend in Details versenkenden Kunst- und Geschichtsphilosophie eröffnete.

Ende der 20er Jahre kam es zu ersten imponierenden Anwendungen dessen, was Adorno von Kracauer, Lukács, Schönberg, Bloch und Benjamin gelernt hatte. Zu den herausragenden Arbeiten gehörten die 1929 und 1930 in der von Adorno mitredigierten Wiener Musikzeitschrift *Anbruch* erschienenen Artikel *Zur Zwölftontechnik* und *Reaktion und Fortschritt*. Lukács' hegelianisierende geschichtsphilosophische Theorie des Klassenbewußtseins, Kracauers Kritik der halbherzigen kapitalistischen Rationalisierung und Benjamins Konfrontation von mythischer Natur und nüchternem Licht der Erlösung verbanden sich in Adornos Händen zur Rechtfertigung der Schönbergschen Revolution in der Musik. Er stellte sie hin als »rationalen Vollzug eines geschichtlichen Zwanges, den fortgeschrittenstes Bewußtsein unternimmt, seinen Stoff zu reinigen von der Verwesung des zerfallenen Organischen« (Adorno, *Zur Zwölftontechnik*, abgedruckt in: Adorno/ Krenek, *Briefwechsel*, 168). Der geschichtliche Stand des musikalischen Materials manifestierte sich am ausgeprägtesten in der atonalen Musik, die ihrerseits die Konsequenz der historischen Tendenzen zu vollständiger motivisch-variativer Durchkonstruktion und chromatischem Stufenreichtum war. In der Zwölftontechnik gelangte der geschichtliche Stand des musikalischen Materials zum Bewußtsein – oder, wie Adorno es einige Jahre später in einem Aufsatz über den »dialektischen Komponisten« Schönberg formulierte: in Schönberg gewann die »Dialektik von Künstler und Material . . . ihr Hegelsches Selbstbewußtsein«. Mit der Zwölftontechnik hatte Schönberg die Vorformung des Materials in ähnlicher Weise auf den Begriff gebracht wie einst ein anderer Entwicklungsstand des Materials durch die Tonalität in ein System gebracht worden war. Ihr gegenüber bedeutete die Zwölftontechnik für Adorno einen Fortschritt im »Rationalisierungsprozeß der europäischen Musik«, im Prozeß der »Entmythologisierung der Musik« (Adorno, *Reaktion und Fortschritt*, in: Adorno/ Krenek, a.a.O., 180). »Mag im gegenwärtigen gesellschaftlichen Zustand ein Werk von der Dignität Beethovens oder gar Bachs radikal ausgeschlossen sein . . .: das Material ist heller und freier geworden und den mythischen Bindungen der Zahl, wie sie Obertonreihe und tonale Harmonik beherrschen, für alle Zeit entrissen. Das Bild einer befreiten Menschheit, einmal so scharf gesichtet wie es uns geschah, läßt sich wohl in der gegenwärtigen Gesellschaft verdrängen, deren mythischem Grunde es widerstreitet. Aber es läßt sich nicht vergessen und vernichten . . . Was unveränderlich ist an der Natur, mag für sich selber sorgen. An uns ist es, sie zu verändern. Einer Natur aber, die trübe und schwer in sich beharrt und das Licht des erhellenden und erwärmenden Bewußtseins zu scheuen hat, ist füglich zu mißtrauen. In der Kunst des realen Humanismus wird für sie kein Raum mehr sein.« (ebd.)

Die Anwendung des Konzepts vollendeter Naturbeherrschung – zweideutig schwankend zwischen der orthodox marxistischen Vorstellung von einer Entfesselung der Produktivkräfte und der von Benjamin im letzten Aphorismus der *Einbahnstraße* entworfenen Vorstellung von einer beherrschten Naturbeherrschung – auf die neue Musik erlaubte es Adorno, die kompositorische Praxis je nachdem als Vorreiter oder Ankläger, Agenten oder Stellvertreter der gesellschaftlichen Praxis fungieren zu lassen und, die Untersuchung konkreter soziologischer Vermittlungen zwischen Musik und Gesellschaft überspringend, eine marxistisch auftretende Musiktheorie zu betreiben.

Im Sommer 1929 übernahm Paul Tillich als Nachfolger des verstorbenen Max Scheler den Corneliusschen Lehrstuhl für Philosophie. Tillich, ein Jahr jünger als Bloch und Lukács, gehörte – wie die »dialektischen Theologen« Karl Barth, Rudolf Bultmann und Friedrich Gogarten – zu jenen evangelischen Theologen, die in den 20er Jahren zu einer Neubesinnung des christlichen Glaubens beitrugen. Was ihn dabei auszeichnete, waren seine über den theologischen Bereich hinausgehenden Interessen für den deutschen Idealismus und den Marxismus, für Sozialphilosophie, Psychologie und Politik. 1919 hatte er sich dem religiös-sozialistischen »Berliner Kreis« um Carl Mennicke angeschlossen, als dessen Organ von 1920-27 die *Blätter für religiösen Sozialismus* erschienen, die 1930-33 ihre Fortsetzung in den *Neuen Blättern für religiösen Sozialismus* fanden. Im Sozialismus sah Tillich eine wichtige Kraft gegen die bürgerliche Gesellschaft, in der der Geist im Dienst rationaler Dingbeherrschung stand und die Beziehung zum Ewigen verloren hatte. Es kam in seinen Augen darauf an, die sozialistische Bewegung vor der Gefahr der Verbürgerlichung, nämlich der Beschränkung auf die Besserung der materiellen Situation des Proletariats, zu bewahren und das transzendierende Element zu stärken. In diesem Sinne begrüßte er anarchistische und syndikalistische Bewegungen, Gestalten wie Gustav Landauer und Georg Lukács und die Einflüsse der Jugendbewegung, der er selbst angehört hatte.

Mit Tillich war für Adorno die Gelegenheit gekommen, den theologisch inspirierten Materialismus seiner Freunde nicht länger nur in der Musiktheorie, sondern auch in der Philosophie zur Geltung zu bringen und ihm Zugang zur Universität zu verschaffen. Anfang 1931 habilitierte er sich bei Tillich, dessen Assistent er bis dahin de facto war, mit einer Arbeit über *Die Konstruktion des Ästhetischen bei Kierkegaard*, die nach intensiver Überarbeitung 1933 unter dem Titel *Kierkegaard. Konstruktion des Ästhetischen* als Buch erschien, gewidmet »meinem Freund Siegfried Kracauer«. Was Mitte der 20er Jahre Benjamin mit seinem Trauerspiel-Buch bei dem Germanisten Franz Schultz und den Philosophen Cornelius und Horkheimer nicht gelungen war, gelang nun Adorno bei dem Theologen und Philosophen Tillich und dem Sozialphilosophen Horkheimer mit großem Erfolg mit einer Arbeit, die Benjamin mindestens so verpflichtet war wie Kracauer und von der Adorno selber meinte, sie stehe in gewisser Weise zwischen Lukács und Benjamin und suche sie durch einander zu korrigieren. »Horkheimer«, meinte er während der Arbeit am Text gegenüber Kracauer, »hat das ganze vierte Kapitel gelesen und ist entzückt, findet es allerdings unerhört schwierig; schwieriger als das Barockbuch. Ich kann da nicht helfen, es liegt an den Sachen, ich habe den mythisch-dämonischen Charakter von Kierkegaards Existenzbegriff aufgedeckt, wenn sich das nicht ins Suebo-Marxistische übersetzen läßt, so vermag ich nichts dagegen zu tun.« (Adorno-Kracauer, 25. 7. 30)

In seiner Habilitationsschrift ging Adorno an Kierkegaards Werk heran wie Benjamin an Goethes *Wahlverwandtschaften*: in der Haltung einer vernichtend-rettenden Kritik. Er suchte Kierkegaards Philosophie, die er als eine Spätform idealistischen Denkens einstufte, zu den Konturen einer materialistisch-theologischen Theorie zu »vollenden«. In den von Kierkegaard absichtslos verwendeten Bildern des Interieurs bürgerlicher Wohnungen sah er objektlose Innerlichkeit als das entscheidende Charakteristikum der Kierkegaardschen Philosophie aufgedeckt. Diese objektlose Innerlichkeit interpretierte er als die historische Figur, in der bei Kierkegaard die Selbstherrlichkeit des Geistes zutage trat, der alle Transzendenz in die Immanenz hereinzog und so der mythischen Natur nicht zu entragen vermochte. Das von Benjamin in der Wahlverwandtschaftenarbeit und dem Trauerspielbuch angewendete Verfahren vor Augen, ging es ihm darum, bei Kierkegaard selber einen Ansatzpunkt für das Heraustreten aus dem Bann mythischer Natur auszumachen. Er sah ihn im Ästhetischen, der bei Kierkegaard niedrigsten, dem sinnlichen Genuß verfallenen Stufe menschlicher Existenzweise. »Konstruktion des Ästhetischen«, das bedeutete für Adorno: Anordnung diverser, von Kierkegaard selbst gering geachteter Elemente in seinen Arbeiten zu einer Figur, in der das Ästhetische als Schein der Versöhnung hervortrat. »›Hast du nichts anderes zu sagen, als daß das nicht auszuhalten ist, so mußt du dich eben nach einer besseren Welt umsehen.‹ Was so höhnisch der ›Ethiker‹ dem Ästhetiker als Hybris der Größe vorwirft, ist doch im Kleinen dessen bestes Teil als Zelle eines Materialismus, der ›nach einer besseren Welt‹ sich umsieht, nicht um träumend die gegenwärtige zu vergessen, sondern zu verändern aus der Kraft eines Bildes, das wohl als ganzes ›nach dem abstrakten Maßstab überhaupt gezeichnet‹ sein mag, dessen Konturen jedoch in jedem einzelnen dialektischen Moment leibhaft und eindeutig sich erfüllen. Der Inbegriff solcher Bilder ist Kierkegaards ›ästhetische Sphäre‹.« (Adorno, *Kierkegaard*, 234)

»Ich bin«, meinte Adorno nach Beendigung der Arbeit in einem Brief an Kracauer, »tiefer in theologische Kategorien gekommen, als ich es gewünscht hatte und habe Angst, daß ich bei der Rettung und vor allem natürlich Versöhnung zu viel gewiehert habe.« (Adorno-Kracauer, 6. 8. 30) Die Überarbeitung des Textes brachte keine grundsätzliche Änderung. Als Versuch einer historisch-materialistischen Konkretisierung theologischer Motive zeichnete sich hier zum erstenmal jene Konzeption ab, die für Adorno zentral wurde: die Vorstellung, daß die Gesellschaft den blinden Naturzwang so weitgehend in sich selbst verlegt habe, daß es nur noch ihrer Selbstbesinnung bedürfe, um des Naturzwangs ledig zu werden.

Tillich lobte in seinem Gutachten die schwierige, »gewebehafte« Arbeit, in der Wiesengrund Kierkegaard der Existentialphilosophie wie der dialektischen Theologie zu »entreißen« suche und mit seiner »Rettung des Ästhetischen« bei Kierkegaard die Bahn seiner künftigen Philosophie angezeigt habe – einer Philosophie, »deren Wahrheit die Interpretation der kleinsten Gegebenheiten eines geschichtlichen Augenblicks ist« (Tillich, *Gutachten über die Arbeit von Dr. Wiesengrund: Die Konstruktion des Aesthetischen bei Kierkegaard*, in: *Akte Theodor Adorno*). Horkheimer schloß sich als zweiter Gutachter Tillichs Gutachten an »in dem Bewußtsein, daß sowohl die philosophische Interessenrichtung wie auch die Denkmethoden und die sprachliche Formung der vorgelegten Habilitationsschrift meinen eigenen philosophischen Bestrebungen nicht verwandt sind. Wenn Wiesengrund am Kierkegaardschen Denken gerade die Hoffnung und Versöhnung gerettet zu haben glaubt, so hat er dadurch einer theologischen Grundüberzeugung Ausdruck gegeben, die auf eine von der meinigen radikal verschiedene philosophische Intention hinweist, und diese ist in jedem Satz spürbar. Aber ich weiß, daß hinter dieser Arbeit nicht bloß ein starker philosophischer Wahrheitswille steht, sondern auch die Kraft, die Philosophie an wichtigen Stellen zu fördern.« (Horkheimer, *Bemerkungen in Sachen der Habilitation Dr. Wiesengrund*, Februar 1931, in: *Akte Theodor Adorno*.)

Am Freitag, dem 8. Mai 1931, gut ein Vierteljahr nach Horkheimers Rede anläßlich der Übernahme des Lehrstuhls für Sozialphilosophie und der Leitung des Instituts für Sozialforschung über *Die Lage der Sozialphilosophie in der Gegenwart und die Aufgabe eines Instituts für Sozialforschung*, hielt Adorno seine Antrittsrede als Privatdozent für Philosophie über *Die Aktualität der Philosophie*. Er werde, so kündete er an, auf verschiedene Einwände hin die Theorie formulieren, »nach der ich bislang lediglich in der Praxis der philosophischen Interpretation verfuhr« (Adorno, *Schriften 1*, 342). Was er bot, war eine Variante zu Benjamins erkenntniskritischer Vorrede zum Trauerspielbuch. War jedoch jene »als Ideenlehre frisiert« (Benjamin-Scholem, 19. 2. 25 / *Briefe*, 372), so nun Adornos Theorie als materialistisch und wissenschaftsbezogen. »Materiale Fülle und Konkretion der Probleme wird die Philosophie allein dem jeweiligen Stand der Einzelwissenschaften entnehmen können. Sie wird sich auch nicht dadurch über die Einzelwissenschaft erheben dürfen, daß sie deren ›Resultate‹ als fertig hinnimmt und in sicherer Distanz über sie meditiert. Sondern es liegen die philosophischen Probleme stets, und in gewissem Sinne unablöslich, in den bestimmtesten einzelwissenschaftlichen Fragen beschlossen.« (Adorno, *Schriften 1*, 334) Als für die Philosophie wichtigste Einzelwissenschaft nannte Adorno die Soziologie. Er betonte, mehr noch als das bloß szientifische Denken widerspreche seiner Überzeugung von den aktuellen Aufgaben der Philosophie die Fundamentalontologie. Die nähere Bestimmung des Verhältnisses zwischen Philosophie und Wissenschaft sah allerdings so aus, daß die Philosophie mit »exakter Phantasie« an die Resultate der Einzelwissenschaften heranging, mit einer Phantasie, »die streng in dem Material verbleibt, das die Wissenschaften ihr darbieten, und allein in den kleinsten Zügen ihrer Anordnung über sie hinausgreift: Zügen freilich, die sie ursprünglich und von sich aus geben muß. Wenn die Idee philosophischer Deutung zu Recht besteht, die ich Ihnen zu entwickeln unternahm, dann läßt sie sich aussprechen als Forderung, je und je den Fragen einer vorgefundenen Wirklichkeit Bescheid zu tun durch eine Phantasie, die die Elemente der Frage umgruppiert, ohne über den Umfang der Elemente hinauszugehen, und deren Exaktheit kontrollierbar wird am Verschwinden der Frage.« (342) Eben dies – die deutende Gruppierung kleiner mehr oder weniger sinnlos scheinender Elemente – war in seinen Augen materialistisch. Und dialektisch war die eigene Theorie für Adorno deshalb, weil die philosophische Deutung nicht in geschlossenen Denkbestimmungen ablief, sondern – im Sinne einer »intermittierenden Dialektik« – von der nicht sich einfügenden Realität, vom Einspruch transsubjektiver Wahrheit unterbrochen wurde und immer wieder neu ansetzte.

Adornos Antrittsvorlesung erschien wie ein Schritt in die Horkheimersche Richtung, blieb aber doch wesentlich ein theologisch-materialistisches Programm im Geiste Benjamins und Kracauers. Niemandem gefiel die Rede – Horkheimer nicht, Mannheim nicht, Wertheimer nicht, und selbst Kracauer schrieb ihm aus Berlin, es sei taktisch unklug gewesen, sich in einer programmatischen Rede als materialistischer Dialektiker zu präsentieren, statt irgendeine kleine, wirklich dialektische Untersuchung anzustellen, sie dort abzubrechen, wo sich die dialektisch-materialistischen Konsequenzen aufdrängten, und so den Professoren ins Hirn zu dringen, statt sie vor den Kopf zu stoßen. Adorno hatte die Rede publizieren und Benjamin widmen wollen. Aber die Publikation kam nicht zustande – und damit auch die öffentliche Huldigung an Benjamin nicht.

Adorno blieb seinem Programm treu. In der Praxis hieß das zunächst: Präsentation vor allem Benjaminscher Gedanken im Bereich des akademischen Wissenschaftsbetriebs. Im Wintersemester 1932/33 las er, wie Benjamin Scholem mitteilte, »schon im zweiten Semester, in Fortsetzung des vorhergehenden, Seminar über das Trauerspielbuch . . ., ohne dies aber im Vorlesungsverzeichnis kenntlich zu machen« (Benjamin-Scholem, 15. 1. 33, in: Benjamin/Scholem, *Briefwechsel*, 36). Im Juli 1932 hielt Adorno vor der Frankfurter Ortsgruppe der Kant-Gesellschaft einen Vortrag über die *Idee der Naturgeschichte*. Als die Quellen für diesen Begriff gab er Lukács' *Theorie des Romans* und Benjamins *Ursprung des deutschen Trauerspiels* an. Der Vortrag stellte eine Art Antwort auf den Vortrag dar, den Heidegger im Januar 1929 in Frankfurt über *Philosophische Anthropologie und Metaphysik des Daseins* gehalten hatte (s. Mörchen, *Adorno und Heidegger*, 13), und zugleich eine Fortsetzung der »Frankfurter Diskussion« (Adorno), bei der als Anwalt Heideggers Kurt Riezler fungierte, der wie Adorno dem sogenannten »Kränzchen« angehörte – jenem Frankfurter Debattierkreis, zu dessen Teilnehmern u. a. Tillich, Horkheimer, Pollock, Mannheim, Adolph Löwe und Carl Mennicke zählten. In seinem Vortrag verfocht Adorno eine Position, die er, um Mißverständnisse zu vermeiden, nicht »historische Ontologie« nennen, sondern mittels der Begriffe Geschichte und Natur bestimmen wollte. Während eine historische Ontologie im Heideggerschen Sinne durch die Kategorie der Geschichtlichkeit Geschichte als Ort des Neuen abwertete, sollte die Konzeption der Naturgeschichte die bisherige Geschichte als naturverhaftete, als Schauplatz ständig wechselnder »geschichtlicher Gefängnisse des urgeschichtlichen Menschenwesens« (Adorno, *Kierkegaard*, 111) entlarven und zugleich auf die Idee einer Versöhnung von Natur und Geschichte hinweisen, bei der Geschichte als Naturgeschichte zum Ort des qualitativ Neuen wurde. »Naturgeschichte«, so Adorno in seinem Vortrag, »ist ... eine Perspektivenänderung« (*Schriften 1*, 356). Es war eine Perspektivenänderung, die mit dem scharfen Blick für das Alte des Neuen den für das Neue des Alten verband. Das wirklich Neue wäre das Hinausgehen über den Naturzusammenhang dadurch, daß der Geist sich als Natur erkannte. Mit dieser Spielart von umwälzender Selbsterkenntnis vertrat Adorno eben die hegelmarxistische Position, die Lukács in *Geschichte und Klassenbewußtsein* entwickelt hatte – aber er vertrat sie als eine klassenunabhängige und unverhohlen spekulative. Gleichzeitig ließ Adorno aber in einigen seiner musikkritischen Arbeiten jener Jahre keinen Zweifel daran, daß er zu den Anhängern der Theorie des Klassenkampfes und der klassenspezifischen Zurechenbarkeit von Werken der Philosophie und der Kunst gehörte.

Herbert Marcuse

Die beiden großen, in den 20er Jahren zu Ruhm gelangten Philosophen der Entfremdung, Verdinglichung, Uneigentlichkeit waren Herbert Marcuses große Anreger: Georg Lukács und Martin Heidegger. Marcuse wurde am 19. Juli 1898 in Berlin geboren. Sein Vater, ein Jude aus der pommerschen Provinz, war einst mit seinen Brüdern nach Berlin gekommen, hatte sich zum Teilhaber einer Textilfabrik hochgearbeitet und schließlich zusammen mit einem Architekten die Baugesellschaft »Friedenthal und Marcuse« gegründet. Seiner Frau und den drei Kindern vermochte er die Annehmlichkeiten und Privilegien einer großbürgerlichen Existenz zu bieten. Im November 1918 wurde Marcuse, der seit Anfang des Jahres Kriegsdienst in einer Berliner Luftschiff-Ersatz-Abteilung geleistet hatte, passives Mitglied der von den Eltern als Arbeiterpartei verachteten SPD war und eben zu studieren begonnen hatte, in den Soldatenrat von Berlin-Reinickendorf gewählt. Seine Bewunderung galt der von Kurt Eisner, dem Minsterpräsidenten der provisorischen Regierung des Freistaats Bayern, eindrucksvoll vertretenen Form sozialistischer Politik. Verärgert darüber, daß schon bald wieder die früheren Offiziere in den Soldatenrat gewählt wurden, verließ er den Soldatenrat; empört über die SPD-Führung, der er Mitschuld an der Ermordung von Rosa

Luxemburg und Karl Liebknecht vorwarf, verließ er die SPD und widmete sich seinen Studien. Zunächst in Berlin, dann in Freiburg i. B. studierte er neuere deutsche Literaturgeschichte und daneben Philosophie und Nationalökonomie. 1922 promovierte er in Freiburg mit einer Dissertation *Der deutsche Künstlerroman.* Sie war Lukács' *Die Seele und die Formen* und *Theorie des Romans* und Hegels *Ästhetik* verpflichtet. Vor der Folie der Antike – und des Wikingertums, wo der Künstler in der Lebensform der Gesamtheit aufging, in der Leben und Geist, Leben und Kunst eins waren, charakterisierte Marcuse den Künstlerroman als Ausdruck einer Zeit, in der die Einheit von Kunst und Leben zerrissen war, der Künstler mit seiner »metaphysischen Sehnsucht nach der Idee und ihrer Realisierung« sich einsam der »ganzen Kleinheit und Leere« der Lebensformen der Wirklichkeit gegenübersah (Marcuse, *Schriften 1*, 16). »Nur eine der großen europäischen Literaturen«, so beschloß Marcuse seine Arbeit, »kennt den Künstlerroman im Sinne jener weltanschaulichen Auseinandersetzung nicht: die russische. Dort ist die Einheit der Lebensformen: die tiefe Einheit von Künstler und Volk, dort ist der Künstler der Bruder im Leid, Tröster, Künder und Erwecker seines Volkes. – Für den deutschen Künstlerroman ist die Gemeinsamkeit nicht Gegebenes, sondern ein Aufgegebenes. Über den literaturhistorischen Problemen wird ein Stück Menschheitsgeschichte sichtbar: das Ringen des deutschen Menschen um die neue Gemeinschaft.« (333)

Nach der Promotion lebte Marcuse – seit 1924 verheiratet – wieder in Berlin, vom Vater mit einer Wohnung und der Beteiligung an einem Verlags- und Buchantiquariats-Unternehmen ausgestattet und eine Art linken literarischen Salon unterhaltend, in dem über marxistische Theorie, Gestaltpsychologie, abstrakte Malerei, aktuelle Strömungen der bürgerlichen Philosophie diskutiert wurde (cf. Katz, *Herbert Marcuse and the Art of Liberation*, 55). Als er und sein engster Freund Heideggers eben erschienenen Band *Sein und Zeit* studierten, waren sie sich einig: hier ging es um genau das, was ihnen an der marxistischen Theorie – trotz Lukács' *Geschichte und Klassenbewußtsein* – gefehlt hatte: das Existenzielle, den Ansatz bei den alltäglichen Formen der Entfremdung und die Klärung der Frage nach der eigentlichen menschlichen Existenz. Marcuse beschloß, nach Freiburg zurückzukehren, wo er einst ohne besonderes Interesse Husserl gehört hatte, und eine akademische Karriere als Philosoph einzuschlagen. Er übersiedelte 1928 mit Frau und Kind nach Freiburg und wurde Assistent Heideggers, der dort eben Husserls Lehrstuhl übernommen hatte.

Der Lebensweg des Philosophie-Professors, zu dem Marcuse pilgerte, erschien wie das genaue Gegenstück zu den Lebenswegen Lukács', Blochs,

Benjamins, Kracauers: theologisch geprägt, aber von einer jeglicher Perspektive auf Rettung, Versöhnung, Erlösung entbehrenden Theologie, im übrigen allem Politischen und Marxistischen abgeneigt und eingebunden in eine heile akademische Welt.

Martin Heidegger war 1889 in Meßkirch (Baden) als Sohn eines katholischen Küfermeisters und Mesners zur Welt gekommen. Die erste Hälfte der Oberschul-Ausbildung absolvierte er im Jesuitenkolleg in Konstanz. Von 1909 bis 1913 studierte er an der Universität Freiburg – zunächst Theologie und Philosophie, später vor allem Philosophie, daneben Mathematik und Naturwissenschaften. 1913 promovierte er bei dem katholischen Philosophen A. Schneider mit einer Dissertation über *Die Lehre vom Urteil im Psychologismus*. Es handelte sich dabei um eine Kritik des Psychologismus, wie sie sowohl sein aristotelisch-neuscholastischer Doktorvater vertrat als auch sein zweiter Gutachter, der Neukantianer und Wertphilosoph Heinrich Rickert. Was Heidegger in den letzten Jahren vor dem Ersten Weltkrieg sonst noch beeindruckte, waren – wie er in den 50er Jahren im Rückblick berichtete – vor allem die »zweite um das Doppelte vermehrte Ausgabe von Nietzsches ›Willen zur Macht‹, die Übersetzung der Werke Kierkegaards und Dostojewskis, das erwachende Interesse für Hegel und Schelling, Rilkes Dichtungen und Trakls Gedichte, Diltheys ›Gesammelte Schriften‹« (*Jahreshefte der Heidelberger Akademie der Wissenschaften 1957/58,* Heidelberg 1959, S. 20 / zitiert bei: Franzen, *Martin Heidegger,* 25).

Vom Kriegsdienst als untauglich zurückgestellt, habilitierte er sich 1916 bei Rickert mit einer Arbeit über *Die Kategorien- und Bedeutungslehre des Duns Scotus.* Er setzte sich für die mittelalterliche Idee einer »grammatica speculativa« ein und bekannte sich abschließend zur Metaphysik als der eigentlichen Aufgabe der Philosophie. 1919 wurde er Privatdozent und zugleich Assistent von Rickerts Nachfolger Edmund Husserl, an dessen im Jahre 1913 erschienener Abhandlung *Ideen zu einer reinen Phänomenologie und phänomenologischen Philosophie* ihn beeindruckte, wie der neuzeitliche Gedanke der »›transzendentalen Subjektivität‹ durch die Phänomenologie in eine ursprünglichere und universalere Bestimmtheit gelangte« (Heidegger, *Mein Weg in die Phänomenologie,* in: *Zur Sache des Denkens,* 84). Husserls ganz unrebellisch gemeinter Ausspruch »Zu den Sachen selbst«, der auf die Etablierung der Philosophie als strenger Wissenschaft zielte, wurde bei Scheler und nun bei Heidegger zur Ermunterung, wieder an die Möglichkeit eines eigentlichen, gewichtigen Philosophierens zu glauben, an »phänomenologisches Sehen« als Offenheit des Subjekts für Metaphysisches.

Heideggers Lehrveranstaltungen verschafften ihm schon früh den Ruf eines herausragenden Philosophen. Diesem Ruf tat es keinen Abbruch, daß er nach seiner Habilitation über ein Jahrzehnt lang nichts veröffentlichte. Er wirkte auf viele seiner Zuhörer – u. a. auf Horkheimer –, wie Bloch und Benjamin auf Adorno wirkten: als lebender Beweis dafür, daß Philosophie etwas für das Leben und den einzelnen Wichtiges sein konnte. »Die spürbare Intensität und der undurchsichtige Tiefgang von Heideggers geistigem Antrieb«, so im Rückblick der Husserl-Schüler Karl Löwith, »ließ alles andere verblassen und machte uns Husserls naivem Glauben an eine endgültige philosophische Methode abspenstig.« (Löwith, *Curriculum vitae*, 1959, in: *Sämtliche Schriften 1*, 451) Und wie Bloch und Schönberg sah Heidegger sich in expressionistischen Tönen als Organ einer übermächtigen Notwendigkeit. Es gehe ihm, schrieb er 1920 an Karl Löwith, um das, »was ich in der heutigen Umsturzsituation lebend ›notwendig‹ erfahre, ohne Seitenblick darauf, ob daraus eine ›Kultur‹ wird oder eine Beschleunigung des Untergangs«. Und 1921: »Ich mache, was ich muß und was ich für nötig halte und mache es so, wie ich es kann – ich frisiere meine philosophische Arbeit nicht auf Kulturaufgaben für ein allgemeines Heute . . . Ich arbeite aus meinem ›ich bin‹ und meiner . . . faktischen Herkunft. Mit dieser Faktizität wütet das Existieren.« (zitiert in: Hühnerfeld, *In Sachen Heidegger*, 51; s. a. Franzen, a.a.O., 26)

1923 außerordentlicher Professor in Marburg geworden, einer im Untergang begriffenen Hochburg des Neukantianismus, freundete Heidegger sich mit Rudolf Bultmann an, dem Ordinarius für Neues Testament, der neben Karl Barth und Friedrich Gogarten einer der Hauptvertreter der »dialektischen Theologie« war. Die Verfechter dieser Position stellten dem »Menschgott« der liberalen Theologie des Neuprotestantismus eine Theologie des Wortes Gottes gegenüber und betonten, sich insbesondere auf Kierkegaard berufend, der christliche Glaube sei ein Wagnis, Mensch und Gott stünden sich unvereinbar gegenüber, die Trennung von Religion und Wissenschaft, Glaube und Theologie könne keinen Bestand haben vor dem Anspruch auf theologische Authentizität.

Im Frühjahr 1927 erschien in dem von Husserl herausgegebenen *Jahrbuch für Phänomenologie und phänomenologische Forschung* und zugleich als Separatdruck *Sein und Zeit. Erste Hälfte*. Dieser Text machte Heidegger auf einen Schlag berühmt. Er bestätigte seinen Ruf als Philosoph, der für das Leben Wesentliches zu sagen hatte. Es ging darin um mehr als um eine Anwendung von Husserls Phänomenologie auf Geschichte und Gegenwart. Es war ein Buch, das die Seinsverlassenheit des Menschen schilderte, der doch ganz auf das Sein hin angelegt war; das Sein und Zeit, Sein und Dasein gleichermaßen ernst nahm. Heidegger ging aus vom »Vorrang der Seinsfrage« (*Sein und Zeit*, 2), sah aber den Ansatz für die Verfolgung der Frage nach dem Sinn von Sein beim Menschen, beim Dasein als jenem Seienden, das »dadurch ontisch ausgezeichnet (ist), daß es diesem Seienden in seinem Sein *um* dieses Sein selbst geht« (12). Wegen der grundlegenden Rolle des Daseins bezeichnete er die Analyse von dessen Seinsverfassung auch als »Fundamentalontologie« (13). Die Frage, ob der Ansatz beim Dasein nicht bedeute – und, sollte er nicht willkürlich gewählt sein, bedeuten müsse –, daß das Sein vom Dasein nicht nur verstanden werde, sondern von ihm konstituiert, von ihm abhängig sei, blieb unerörtert. Nicht nur die 2. Hälfte von *Sein und Zeit*, sondern auch der 3. Abschnitt der 1. Hälfte – *Zeit und Sein* – sind nie erschienen. Das unterstrich die Schwierigkeiten Heideggers bei dem Versuch, den Existenzialismus, der die Ausführungen in den erschienenen Teilen von *Sein und Zeit* prägte – »Existenzialismus« hier im später üblich gewordenen Sinn einer die Seinsfrage eliminierenden Analyse menschlicher Existenz –, zu vereinbaren mit der Vorstellung eines Seins, von dem her sich alles ereignet.

Der Ansatz beim Dasein erlaubte Heidegger jene für den Bereich akademischer Philosophie ungewöhnliche Konkretheit der Phänomenbeschreibungen und jene auf den Nachweis ihrer Abgeleitetheit oder gar Sinnlosigkeit hinauslaufende Behandlung philosophischer Standardprobleme, denen *Sein und Zeit* damals seine Wirkung verdankte. An die Stelle des reinen Bewußtseins, um das es bei Kant oder Husserl ging, war die konkrete, in die Welt geworfene menschliche Existenz getreten, bei der es, wie beim reinen Bewußtsein, um das Höchste ging, nun aber mit lebenswichtiger Bedeutung geladen. Es ging um eigentliches oder uneigentliches Leben. »Das Dasein versteht sich selbst immer aus seiner Existenz, einer Möglichkeit seiner selbst, es selbst oder nicht es selbst zu sein.« (12) »Und weil Dasein wesenhaft je seine Möglichkeit ist, *kann* dieses Seiende in seinem Sein sich selbst ›wählen‹, gewinnen, es kann sich verlieren, bzw. nie und nur ›scheinbar‹ gewinnen. Verloren haben kann es sich nur und noch nicht sich gewonnen haben kann es nur, sofern es seinem Wesen nach mögliches *eigentliches*, das heißt sich zueigen ist.« (42)

Vieles, was Heidegger im 1. Abschnitt seines Buches beschrieb, deckte sich mit den geschichtsphilosophisch-metaphysischen Zeitdiagnosen Lukács', Blochs, Kracauers und Benjamins. Es ging dabei um eine Analyse der Lebenswelt – um einen Begriff zu gebrauchen, der durch den späten, seinerseits von Heidegger angeregten Husserl gebräuchlich wurde. Sie wurde gegenüber dem theoretischen Verhalten und der Verabsolutierung des wissenschaftlichen Weltbildes ins Recht gesetzt, zugleich aber in ihrer Uneigentlichkeit entlarvt. »Gerede und Zweideutigkeit, das Alles-gesehen- und Alles-verstanden-haben bilden die Vermeintlichkeit aus, die so verfügbare und herrschende Erschlossenheit des Daseins vermöchte ihm [dem Dasein, R. W.] die Sicherheit, Echtheit und Fülle aller Möglichkeiten seines Seins zu verbürgen. Die Selbstgewißheit und Entschiedenheit des Man verbreitet eine wachsende Unbedürftigkeit hinsichtlich des eigentlichen befindlichen Verstehens. Die Vermeintlichkeit des Man, das volle und echte ›Leben‹ zu nähren und zu führen, bringt eine *Beruhigung* in das Dasein, für die alles ›in bester Ordnung‹ ist, und der alle Türen offenstehen. Das verfallende In-der-Welt-sein ist sich selbst versuchend zugleich *beruhigend*. Diese Beruhigung im uneigentlichen Sein verführt jedoch nicht zu Stillstand und Tatenlosigkeit, sondern treibt in die Hemmungslosigkeit des ›Betriebs‹ . . . Vielgewandte Neugier und ruheloses Alles-kennen täuschen ein universales Daseinsverständnis vor. Im Grunde bleibt aber unbestimmt und ungefragt, *was* denn eigentlich zu verstehen sei; es bleibt unverstanden, daß Verstehen selbst ein Seinkönnen ist, das einzig im *eigensten* Dasein frei werden muß. In diesem beruhigten, alles ›verstehenden‹ Sichvergleichen mit allem treibt das Dasein einer Entfremdung zu, in der sich ihm das eigenste Seinkönnen verbirgt.« (177 f.)

Aus dieser Verfallenheit – so Heidegger – wird das Dasein durch die Angst zurückgeholt. Die Angst, die, meist bloß latent, das In-der-Welt-sein immer schon bestimmt, ist ein elementarer Beweis für die Existenzialität – die Seinsbezogenheit – des Menschen. Sie läßt die vertraute alltägliche Welt als »Un-zuhause« (189) erscheinen und bringt das Dasein »vor sein Freisein für . . . die Eigentlichkeit seines Seins als Möglichkeit, die es immer schon ist« (188). Permanentes Charakteristikum des Daseins, das den Aufruf zur Eigentlichkeit spürt, ist die »Sorge«. Die »eigenste Möglichkeit« (263) des Daseins sah Heidegger im Tod. Den Tod kann einem niemand abnehmen. Insofern ist er das Eigenste. Er bedeutet »die Möglichkeit der maßlosen Unmöglichkeit der Existenz« (262). Insofern stellt er die äußerste Möglichkeit dar. Im Vorlauf zum Tod übernimmt das Dasein seine Endlichkeit. An der Struktur jenes Vorlaufs demonstrierte Heidegger die ontologische Verfassung der eigentlichen Existenz: ihre Zukünftigkeit. Der gewesenen Zukunft entspringt die Gegenwart. D. h.: ich bin, was ich aus meinen Möglichkeiten gemacht habe. Ausgespannt zwischen Zukunft, Vergangenheit und Gegenwart, die es selbst zeitigt, ist das Dasein ein endliches Geschehen. Die Endlichkeit seiner Zeitlichkeit – so Heideggers Übergang zur »Geschichtlichkeit« – macht das Dasein geschichtlich.

Auch bei der Unterscheidung zwischen eigentlicher und uneigentlicher geschichtlicher Existenz kam bei Heidegger dem Tod wieder eine Schlüsselrolle zu. »Nur das Freisein *für* den Tod gibt dem Dasein das Ziel schlechthin und stößt die Existenz in ihre Endlichkeit. Die ergriffene Endlichkeit der Existenz reißt aus der endlosen Mannigfaltigkeit der sich anbietenden nächsten Möglichkeiten des Behagens, Leichtnehmens, Sichdrückens zurück und bringt das Dasein in die Einfachheit seines *Schicksals*. Damit bezeichnen wir das in der eigentlichen Entschlossenheit liegende ursprüngliche Geschehen des Daseins, in dem es sich frei für den Tod ihm selbst in einer ererbten, aber gleichwohl gewählten Möglichkeit *überliefert*.« (384) Heideggers Unterscheidung zwischen eigentlicher und uneigentlicher geschichtlicher Existenz war schillernd. Von der Geworfenheit des In-der-Welt-seins und von Vergangenem bestimmt waren beide Existenzweisen. Aber im einen Fall sollte das Vergangene Möglichkeit eigentlichen Existierens, im anderen Fall dagegen Überbleibsel sein. Im einen Fall sollte es sich um entschlossene Übernahme handeln, im anderen Fall dagegen um bloßes Erhalten. Die Botschaft an den Leser war diffus. Wollte er zu den eigentlich Existierenden rechnen, mußte ihm die Gegenwart als uneigentlich, als entfremdet, als beherrscht vom Man erscheinen, das umzustürzen war zugunsten einer in der Vergangenheit nicht wahrgenommenen, aber deutlich zutage getretenen Möglichkeit der Daseinsverfassung. Aber wie war, da das Man als Existenzial galt, eine eigentlichere Daseinsverfassung als die bestehende möglich? Und wie konnte, wenn das Eigentlichste die illusionsfreie Hinnahme der Geworfenheit des eigenen Da war, ein Umsturz ein größeres Maß an Eigentlichkeit bringen? Was blieb, war ein dumpfer Protest gegen die bestehenden Zustände, der die Ursachen des Übels nicht bezeichnete und vom Gefühl heroischer Schicksalsbestimmtheit geprägt war.

1928 kam Heidegger als Nachfolger Husserls nach Freiburg zurück. Hier hielt er im Juli 1929 seine noch im selben Jahr veröffentlichte Antrittsvorlesung *Was ist Metaphysik?*. In diesem Text, den er selbst als einen Versuch einstufte, auf dem Weg über das Nichts an das Sein zu denken (*Was ist Metaphysik, Einl.*, 22), erreichte der Existenzialismus des frühen Heidegger seinen Höhepunkt. Der Wissenschaft, der Logik, dem Verstand stellte er die Philosophie gegenüber, die nur in Gang kommt »durch einen eigentümlichen Einsprung der eigenen Existenz in die Grundmöglichkeiten des Daseins im Ganzen« (42).

Wurde bei Lukács das Proletariat zum wahren (Geschichts-)Philosophen, so bei Heidegger der existierende Mensch. »Sofern der Mensch existiert, geschieht in gewisser Weise das Philosophieren.« (42) Das Erfassen des Ganzen des Seienden durch den Verstand ist unmöglich. Was dagegen immer wieder geschieht, ist, daß uns das Ganze des Seienden in Stimmungen überkommt – z. B. in der Langeweile. »Die tiefe Langeweile, in den Abgründen des Daseins wie ein schweigender Nebel hin- und herziehend, rückt alle Dinge, Menschen und einen selbst mit ihnen in eine merkwürdige Gleichgültigkeit zusammen. Diese Langeweile offenbart das Seiende im Ganzen.« (31) Als eine ganz besondere Stimmung hob er die aus *Sein und Zeit* bereits bekannte Angst hervor. Sie »läßt uns schweben, weil sie das Seiende im Ganzen zum Entgleiten bringt« (32). In der Angst erlebt sich das Dasein als hineingehalten in das Nichts, in dem ihm das Seiende in seiner vollen, bislang verborgenen Befremdlichkeit als das schlechthin Andere erscheint (34). Als »Platzhalter des Nichts« (30) ist der Mensch wesentlich transzendierend, über das Seiende hinaus (35), von Natur aus metaphysisch (41). Die Verneinung im Bereich der Wissenschaft, der Logik, des Verstandes ist bloß eine abgeschwächte Erscheinungsform des Nichtens. Das »führende nichtende Verhalten« zeigt sich in der »Härte des Entgegenhandelns und der Schärfe des Verabscheuens«, im »Schmerz des Versagens und der Schonungslosigkeit des Verbietens«, in der »Herbe des Entbehrens« (37). Vom Atem der Angst am nachhaltigsten durchzittert ist das »verwegene Dasein«, das »nur aus dem (geschieht), wofür es sich verschwendet, um so die letzte Größe des Daseins zu bewahren« (ebd.).

Heideggers Antrittsvorlesung, die auf einem teils gesucht, teils verspielt wirkenden Weg zur Frage nach dem Nichts gelangt war und mit Wortspielen arbeitete, die Rudolf Carnap, den bekanntesten unter den zum Wiener Kreis gehörenden Neopositivisten, veranlaßten, für seinen Nachweis der Sinnlosigkeit metaphysischer Fragestellungen Beispiele aus diesem Text von Heidegger heranzuziehen, stellte den Menschen gewissermaßen als sturmreif hin. Befreit von allem, was der Vernunft heilig sein konnte, sollte er bereit werden, sich zu verschwenden für etwas, von dem nichts bekannt war außer – und woher das bekannt war, blieb unerörtert – daß es Härte und Entbehrung verlangte.

Mit dieser Philosophie bestritt Heidegger in den Jahren nach der Veröffentlichung von *Sein und Zeit* zahlreiche Vortragsabende und Veranstaltungen. Deren Höhepunkt bildete die Auseinandersetzung zwischen ihm und Ernst Cassirer, einem Vertreter der Marburger Schule des Neukantianismus, bei den 2. Davoser Hochschulkursen im März 1929. Die Philosophie, so Heidegger im Verlauf der Disputation, habe dem Menschen »bei all seiner Freiheit die Nichtigkeit seines Daseins offenbar zu machen« und »aus dem faulen Aspekt eines Menschen, der bloß die Werke des Geistes benutzt, gewissermaßen den Menschen zurückzuwerfen in die Härte seines Schicksals« (*Davoser Disputation,* in: Heidegger, *Kant und das Problem der Metaphysik*, 263).

Als Marcuse 1928 zu Heidegger nach Freiburg ging, hatte er ein philosophisches Programm und eine bestimmte Vorstellung von der Bedeutung Heideggers. Sein Programm hieß: »konkrete Philosophie«. Seine Vorstellung von Heidegger war: sein Werk verkörperte den Punkt, an dem die »bürgerliche Philosophie« von innen her transzendiert wurde in Richtung auf die neue, die »konkrete Philosophie« (*Schriften 1*, 358, 385). »Die Bestimmung der menschlichen Existenz als wesentlich geschichtlicher soll der Philosophie die seit langem verlorene Schärfe der Konkretion wiedergeben, den letzten Ernst eines menschlichen Geschehens, bei dem es wirklich ›*um alles geht*‹, sofern es grade um das geht, was hier und jetzt not tut«, schrieb er noch 1933 im Schweizer Exil in dem letzten Artikel, der von ihm in Deutschland erschien – einer kritischen Studie über Karl Jaspers: *Philosophie des Scheiterns*. Was Marcuse an Heidegger kritisierte und von Anfang an, schon in seiner ersten philosophischen Veröffentlichung – den 1928 in den *Philosophischen Heften* des Freundes und Husserlianers Maximilian Beck erschienenen *Beiträgen zu einer Phänomenologie des Historischen Materialismus* – kritisiert hatte, war, daß er nicht unter »Hineinnahme des Heute und seiner Situation« die wirklich entscheidenden Fragen behandelte: »Was ist konkret eigentliche Existenz? Wie ist und ist überhaupt konkret eigentliche Existenz möglich?« (a.a.O., 364); daß er nicht auf die »konkreten geschichtlichen Bedingungen, unter denen ein konkretes Dasein existiert« (365), einging; daß er auf das einsame Dasein zurückverwies, statt zur Entschlossenheit der Tat voranzutreiben (364).

Die Unbestimmtheit, die diese Tat und die Hereinnahme des Heute und seiner Situation bei Marcuse selber behielten, und die Tatsache, daß er selber in keiner Weise politisch aktiv wurde, die Theorie für die höchste Form der Praxis hielt und in den frühen 30er Jahren an einer Untersuchung über *Hegels Ontologie und die Grundlegung einer Theorie der Geschichtlichkeit* arbeitete, mit der er sich bei Heidegger habilitieren wollte, machten einigermaßen verständlich, daß er an Heidegger bis auf den erwähnten Mangel an Konkretheit nichts auszusetzen fand und von Heideggers offenem Bekenntnis zum Nationalsozialismus 1933 völlig überrascht wurde. Soweit Marcuse Heidegger untreu wurde, geschah es nur, weil er andere Philosophen entdeckte, deren »ungeheure Konkretion« die Heideggers übertraf: Dilthey und Hegel. Aber alle wurden in den Schatten gestellt von Marx, als Marcuse dessen *Ökonomisch-philosophische Manuskripte* kennenlernte, die 1932 im Rahmen der Marx-Engels-Gesamtausgabe zum erstenmal veröffentlicht wurden. In seinem 1932 in der von Rudolf Hilferding herausgegebenen Zeitschrift *Die Gesellschaft* erschienenen Aufsatz *Neue Quellen zur Grundlegung des Historischen Materialismus* gab Marcuse eine der ersten Interpretationen der Pariser Manuskripte. Was er darin zu finden meinte, war eine »philosophische ... Grundlegung der Nationalökonomie im Sinne einer Theorie der Revolution« (*Schriften 1*, 509) oder – wie man in Analogie zum Titel seines Hegel-Buches sagen könnte – Marx' Ontologie, die, anders als die Hegels, ihrer »Orientierung am Seinsbegriff des Lebens und seiner Geschichtlichkeit« (Marcuse, *Hegels Ontologie*, 3) stets treu blieb, stets eine Ontologie des geschichtlichen Menschen war. Zugleich suchte Marcuse in diesem Aufsatz die Frage zu beantworten, wie sich historische Notwendigkeit und Höherwertigkeit von Existenzformen zueinander verhielten, wieso das »Freisein für die geschichtliche Notwendigkeit« der Bewegung zur »Wahrheit des Existierens« hin diente.

»Für Marx sind eben Wesen und Faktizität, Situation der Wesensgeschichte und Situation der faktischen Geschichte keine getrennten, voneinander unabhängigen Regionen oder Ebenen mehr: die Geschichtlichkeit des Menschen ist *in seine Wesensbestimmung aufgenommen* . . . Mit der Erkenntnis der Geschichtlichkeit des menschlichen Wesens wird jedoch die Wesensgeschichte des Menschen durchaus nicht mit seiner faktischen Geschichte identifiziert. Wir hörten schon, daß der Mensch nie unmittelbar ›eins mit seiner Lebenstätigkeit‹ ist, sondern sich von ihr ›unterscheidet‹, sich zu ihr ›verhält‹. Wesen und Existenz treten bei ihm *auseinander*: seine Existenz ist ein ›Mittel‹ zur Verwirklichung seines Wesens oder – in der Entfremdung – sein Wesen ein Mittel zu seiner bloßen physischen Existenz. Wenn so Wesen und Existenz auseinandertreten und beider Einigung als faktischer Verwirklichung die eigentliche freie *Aufgabe* der menschlichen Praxis ist, dann ist, wo die Faktizität bis zur völligen *Verkehrung* des menschlichen Wesens fortgeschritten ist, die *radikale Aufhebung* dieser Faktizität die Aufgabe schlechthin. Gerade der unbeirrbare Blick auf das Wesen des Menschen wird zum unerbittlichen Antrieb der Begründung der radikalen Revolution: daß es sich in der faktischen Situation des Kapitalismus eben nicht nur um eine ökonomische oder politische Krise handelt, sondern um eine Katastrophe des menschlichen Wesens – diese Einsicht verurteilt jede bloße ökonomische oder politische *Reform* von vornherein zum Scheitern und fordert unbedingt die katastrophische Aufhebung des faktischen Zustandes durch die *totale Revolution*.« (*Schriften 1*, 536)

Das Reden von der Geschichtlichkeit des menschlichen Wesens und dessen völliger Verkehrung wurde dementiert durch die Berufung auf den unbeirrbaren Blick auf das Wesen des Menschen, das sich also in aller faktischen Verkehrung durchhielt und dem marxistischen Existenzialontologen als unverrückbarer Maßstab vor Augen stand. Die existenzialistische Anthropologie, die Lehre vom Menschen als einem nicht-festgestellten, in die Welt geworfenen endlichen Wesen wurde bei Marcuse abgemildert zur Vorstellung von einem auf Umwegen zur Übereinstimmung mit seinem Wesen gelangenden Menschen. Statt zu der von ihm geforderten Philosophie, die »die ständig wachgehaltene und vorgetriebene ›Selbstbesinnung‹ des Menschen über seine jeweilige geschichtliche Situation in der Welt« war – »diese Besinnung verstanden als Besinnung auf die in dieser Situation gründenden Möglichkeiten und Notwendigkeiten des Seins, Handelns und Werdens« (486) –, war Marcuse zu einer Philosophie gelangt, die der Gegenwart pauschal eine unmenschliche kapitalistische Existenzweise bescheinigte, die nur durch eine totale Revolution zur Übereinstimmung mit dem dank des jungen Marx bekannten Wesen des Menschen gebracht werden könne.

Nachdem Marcuse, wie er rückblickend in einem Gespräch mit Habermas meinte, einen neuen Marx entdeckt hatte, »der wirklich konkret war und gleichzeitig über den erstarrten praktischen und theoretischen Marxismus der Parteien hinausging«, nachdem er in diesem Sinne zum marxistischen Philosophen geworden war, der sich zur philosophischen Fundierung des Marxismus nicht mehr auf Heidegger verwiesen glaubte, sondern sie bei Marx selbst am besten geleistet sah, erschien ihm der Plan einer Habilitation als unrealistisch, veröffentlichte er seine Hegel-Studie unabhängig von Habilitationsabsichten. Gemäß Marcuses eigener Erklärung kam es so, weil er für einen Juden und Marxisten 1932 keinen Sinn mehr in einer Habilitation sah (cf. Katz, a.a.O., 84). In Wirklichkeit aber, oder: außerdem aber – das ging aus einem Schreiben Husserls an Riezler hervor, aufgrund dessen Marcuse später im Rahmen der bundesrepublikanischen Wiedergutmachung als jemand anerkannt wurde, der sich normalerweise habilitiert hätte und Professor geworden wäre – blockierte Heidegger die Habilitation Marcuses. Husserl setzte sich bei Riezler, Riezler bei Horkheimer für ihn ein. Zunächst vergeblich. Erst 1933, nach einem Gespräch mit Leo Löwenthal, der sich bei Horkheimer für Marcuse aussprach, stieß er in Genf zum emigrierten Institut für Sozialforschung.

Das Biographien-Panorama zeigt: keiner der zum Horkheimerkreis Gehörenden war politisch aktiv; keiner kam von der Arbeiterbewegung bzw. vom Marxismus her; alle kamen aus jüdischen Familien, deren Verhältnis zum Judentum indes höchst unterschiedlich war und von völliger Assimilation bis zu orthodoxem Judentum reichte; bei ihnen allen schien sich die Sensibilität für das Problem des Antisemitismus erübrigt zu haben angesichts einer antikapitalistisch gerichteten intellektuellen Aktivität; nur bei Horkheimer bildete die Empörung über das Schicksal der Ausgebeuteten und Erniedrigten einen wesentlichen Stachel des Denkens, auf alle anderen wirkte die marxistische Theorie allein deshalb anziehend, weil sie Lösungen für festgefahrene theoretische Problemstellungen zu versprechen bzw. die einzige theoretisch anspruchsvolle und die Wirklichkeit nicht überspringende radikale Kritik der entfremdeten bürgerlich-kapitalistischen Gesellschaft darzustellen schien. Im Hinblick auf Horkheimers interdisziplinäres Programm war die Zusammensetzung wenig vielversprechend. Alle hatten mehr oder weniger Ahnung von der Philosophie, aber bis auf Fromm und Pollock war keiner Experte in einer der Einzelwissenschaften, deren Zusammenwirken am Institut für Sozialforschung die Theorie der Gesellschaft voranbringen sollte. In das Alter gekommen, in dem sie als selbständige Denker wichtige gesellschaftliche Rollen zu übernehmen vermochten, gedachten sie des Aufbruchs, dessen Zeugen sie in jüngeren Jahren gewesen waren. »Warum also, wenn schon der Name revidiert wird, wieder ›Anbruch‹?«, hatte es im Januar 1928 in dem redaktionellen Einleitungsartikel zum ersten unter neuem Namen erschienenen Heft der einstigen *Musikblätter des Anbruch* geheißen, deren faktischer Chefredakteur Adorno seit 1928 war. »Wir bleiben dem Namen treu, weil wir der Sache treu sind, die er meint. Wir glauben, daß die neue Musik, die wir hier verfechten, in ihren besten Repräsentanten einem veränderten, radikal veränderten Bewußtseinszustand zugehört, und für die neue Musik eintreten heißt für uns zugleich für jenes veränderte Bewußtsein eintreten. Wir vermögen dieses Bewußtsein nicht in dem stabilisierten objektiven Geist der Nachkriegsepoche zu sehen; wir erwägen skeptisch, ob nicht die geschmähte Zeit, da man von Anbruch und Abbruch redete, schließlich mit verändertem Bewußtsein mehr zu tun habe als eine Situation, in der man Veränderung des Bewußtseins nicht einmal mehr fordert, geschweige denn aus verändertem Bewußtsein existiert . . . Als ›Anbruch‹ hoffen wir den Impuls des Beginns weiterzutragen in eine musikalische – und nicht bloß musikalische – Situation, die eines solchen Impulses aufs äußerste bedarf, um nicht der ärgsten Reaktion zu verfallen: der versiert zeitgemäßen des guten Gewissens.« (zitiert nach dem Abdruck des redaktionellen Einleitungsartikels in der *Frankfurter Zeitung* vom 25. 1. 29) Das galt erst recht in den frühen 30er Jahren, als im Frankfurter Institut für Sozialforschung ein neuer Kurs begann. Der Horkheimerkreis trat zum Anbruch an angesichts einer ständig weiter verfallenden bürgerlich-kapitalistischen Gesellschaft, eines vorwärtsdrängenden Faschismus und eines stagnierenden Sozialismus.

»Betrachtet die Handlungsweise der Menschen. Ihr werdet sehen, daß alle, die zu großem Reichtum und zu großer Macht gelangen, durch Gewalt oder Betrug dazu gelangten. Was sie aber durch Hinterlist oder Gewalttat an sich gerissen, beschönigen sie, um die Verworfenheit des Erwerbs zu verbergen, durch die falschen Titel Eroberung und Gewinn. Wer aus Unklugheit oder Dummheit diese Mittel meidet, schleppt sich in ewiger Armut und Knechtschaft dahin. Treue Knechte bleiben immer Knechte und ehrliche Leute bleiben immer arm.« Das läßt Machiavelli in seiner *Florentinischen Geschichte* einen leidenschaftlichen und erfahrenen Revolutionär sagen. Horkheimer zitierte diese Stelle in seinen *Anfängen der bürgerlichen Geschichtsphilosophie*. Sie entsprach seiner eigenen Ansicht, an der er zeit seines Lebens festhielt. »Vor dem, der die Macht gewinnt, verwandelt sich die Mehrheit der Menschen in hilfsbereite, freundliche Geschöpfe. Vor der absoluten Ohnmacht, wie sie bei den Tieren ist, sind sie Viehhändler und Metzger.« So schloß der Aphorismus *Zur Relativität des Charakters* in der *Dämmerung*. Wer für sich selbst ein gutes Leben will, braucht Macht. Wer anderen helfen will, braucht erst recht Macht. Wer Macht erlangen bzw. behalten will, muß die Realität illusionslos sehen und beim Spiel um die Macht mithalten können. Adorno bescheinigte Horkheimer 1965 in seinem *Offenen Brief* zu dessen 70. Geburtstag: »Du kanntest nicht nur die Schwere des Lebens, sondern auch dessen Verstricktheit. Der das Triebwerk bis ins Innerste durchschaute und es anders wollte, war entschlossen und fähig, trotzdem, und ohne Kapitulation, sich zu behaupten. Dem selbsterhaltenden Prinzip kritisch auf den Grund zu sehen, und der Einsicht noch die eigene Selbsterhaltung abzuzwingen – dies Paradoxe stellte in Dir leibhaft sich dar.«

Was Horkheimer wollte und was er realisierte, war: eine Existenzweise, die auf die Erkenntnis der Gesellschaft gerichtet war, unter allen Umständen aber einen großzügigen Lebensstil einschloß. Die Zweier-Gemeinschaft mit Pollock war sowohl durch die Festschreibung von dessen untergeordneter, stark masochistisch gefärbter Rolle als auch durch das emphatische Ziel einer Verwirklichung des besseren Lebens zu zweit charakterisiert. »Das Interieur geht immer dem Exterieur vor«, schrieb Horkheimer 1935 in den *Materialien für Neuformulierung von Grundsätzen*, einem der Texte, in denen er zu verschiedenen Zeiten die Prinzipien seiner Gemeinschaft mit Pollock neu formulierte. Das »Interieur« war die Gemeinschaft Horkheimer-Pollock, deren Ziel das Streben nach Erkenntnis. »Unsere Haltung zur Welt: Gaîté, Courage, Fierté.« Ein wichtiger Punkt im Leben dieser

Zweier-Gemeinschaft war das Institut, über das Horkheimer in seinen *Materialien* unter dem Stichwort *Gemeinsames Leben* schrieb: »Gemeinsames Leben soll sich auch in den Gemeinsamkeiten der täglichen Freuden und Sorgen, nicht bloß in der Bekümmerung um die großen Probleme äußern. Z. B. die Einstellung zum Institut, seinen Arbeiten und seinen Mitarbeitern. Institut kein ›Geschäft‹, keine ›Institution‹, sondern eine Gruppe mit gemeinsamen Anschauungen und Zielen. Notwendigkeit, gemeinsam darüber zu wachen, daß Institutskern möglichst homogen ist, größte Sorgfalt in der Wahl der engeren Mitarbeiter.« Im Zweifelsfall aber galt es, sich vor einer »Überwertung des Instituts« zu hüten. Es war soweit wie möglich nach der Wertordnung des Interieurs zu gestalten, sollte aber doch immer bloß dessen Instrument bleiben.

Das Interieur stand im Kampf gegen die bürgerliche Welt, von der es von Anfang an selbst infiziert war. Expressionistisches antibürgerliches Pathos – das bestätigen Horkheimers Selbstverständigungs-Texte aus den 30er Jahren – blieb für ihn der Nährboden seiner Gesellschaftskritik. »Mangelnder Stolz, mangelnde Freude an sich selbst und am anderen, mangelndes Selbstbewußtsein, Gedrücktsein, Schuldgefühle (trotz einmal gefaßtem Entschluß, ein bestimmtes Leben aus bestimmten Gründen zu führen) haben als gemeinsame Wurzel eine durch die Erziehung (Verhinderung das zu tun, was einem Spaß macht) geschaffene bürgerliche Triebstruktur. Nur bewußter Stolz, der das Recht und den Wert unserer Gemeinschaft einer feindseligen Welt entgegensetzt, kann diese Triebstruktur überwinden helfen, von der auch die Maximen gaîté et courage fortwährend in Frage gestellt werden.«

In seinen *Materialien* zog Horkheimer die sich mit marxistischen Resultaten nur teilweise deckenden Konsequenzen aus der Wahrnehmung der Welt als einem Machtkampf – einer Wahrnehmung, die durch kollektive jüdische Erfahrungen und einen nüchternen Blick für die Umstände der väterlichen und der eigenen Karriere nahegelegt wurde. »Die richtige Einstellung zur Gesellschaft ergibt sich, wenn man sich immer folgendes vor Augen hält: In der heutigen Gesellschaft sind alle menschlichen Beziehungen verfälscht, alle Freundlichkeit, aller Beifall, alles Wohlwollen sind im Grunde nicht ernst gemeint. Ernst ist es nur mit dem Konkurrenzkampf innerhalb der Klasse und dem Kampf zwischen den Klassen ... Alle freundlichen Akte gelten nicht der Person, sondern ihrer Stellung in der Gesellschaft – das zeigt sich in aller Brutalität, wenn diese Person durch irgend eine kleinere oder größere Veränderung in diesem Kampf (Börse, Judenhetze) ihre Stellung eingebüßt hat. Aber nicht auf diese abstrakte Einsicht kommt es an, vielmehr mußt Du Dir immer vor

Augen halten, daß Du selbst es bist, der ausgeliefert ist, wenn alle die freundlichen und wohlwollenden Leute, mit denen Du täglich umgehst, wissen, daß Du ohnmächtig geworden bist. Konsequenz: niemals auf einer Ebene mit den Kerkermeistern, Solidarität mit den Opfern. (N. B. es gibt in dieser Gesellschaft außer ihren Funktionären auch Menschen, besonders unter den Frauen. Aber sie sind noch viel seltener, als man gemeinhin annimmt.)«

Nur eins stand an Bedeutung nicht zurück hinter der Zweier-Gemeinschaft Horkheimer-Pollock: die Liebes- und Interessen-Gemeinschaft Max-Maidon – eine sympathische Selbstverständlichkeit, die allerdings dadurch eigentümliche Züge erhielt, daß Horkheimer in exzessiver Form durch vertragliche Sicherungen für eine privilegierte materielle Basis dieser ehelichen Gemeinschaft sorgte. Zusätzlich zu dem in seinem Anstellungs-Vertrag vom Oktober 1930 Festgelegten (wonach die Leitung ehrenamtlich war, aber alle Ausgaben, die »durch Repräsentation, Studienreisen oder andere mit seiner Stellung als wissenschaftlicher Leiter verbundenen Verpflichtungen erwachsen«, in unbegrenzter Höhe und ohne Anforderung von Belegen von der Gesellschaft für Sozialforschung bezahlt wurden) ließ er sich von Pollock (teilweise als Generalbevollmächtigtem Felix Weils für diesen und dessen Erben) zusichern:

z. B. im Januar 1932: »Sollten Sie aus irgend einem Grunde den [!] Gehalt als Professor der Universität Frankfurt a. M. verlieren, dann verpflichten wir uns, Ihnen die Bezüge in derselben Höhe und mit denselben Pensionsansprüchen zu bezahlen, die Ihnen als ordentlichem Professor einer preußischen Universität mit den teuersten Lebenshaltungskosten zustehen würden«;

z. B. im Februar 1932: »Zur dauernden Sicherstellung Ihrer wissenschaftlichen Arbeiten verpflichte ich mich hierdurch für mich und meine Erben, Ihnen für die Dauer Ihres Lebens monatlich einen Betrag von RM 1500.– (fünfzehnhundert Reichsmark) oder frs. ss. 1875.– (achtzehnhundertfünfundsiebzig Schweizer Franken) oder Hfl. 900.– (neunhundert holländische Gulden) oder frs. fcs. 9000.– (neuntausend französische francs) oder $ 375 (dreihundertfünfundsiebzig U.S.A. Dollars) auszuzahlen, wobei die Wahl der Währung und des Ortes der Auszahlung Ihnen überlassen bleibt. Auf diesen Betrag sind die Einkünfte anzurechnen, die Sie vom preußischen Staat oder in Ihrer Eigenschaft als Direktor des Instituts für Sozialforschung erhalten.«

Für die »merkwürdige Psychologie«, die Horkheimer in einem Aphorismus der *Dämmerung* mit bitteren Worten charakterisierte (s. S. 63), lieferte er selbst ein drastisches Beispiel. Dafür erhielt das Institut mit ihm einen jungen Wissenschaftsmanager als Leiter, der in schwierigen Zeiten die äußeren und inneren Voraussetzungen für profiliertes wissenschaftliches Arbeiten zu schaffen verstand. Während Horkheimer Pollock immer wieder mangelndes Interesse an den geistigen Aufgaben und Neigung zur Monopolisierung der geschäftlichen Angelegenheiten vorwarf, war er selbst an beidem interessiert.

Die politische und die wissenschaftspolitische Absicherung der Institutsarbeit gingen Hand in Hand. Die Jahre 1930 bis 1932 brachten das Ende der letzten Reste des Klassenkompromisses, wie er in der parlamentarischen Kooperation von Sozialdemokraten, Zentrum und Demokraten verkörpert gewesen war; ein prekäres, nämlich auf Arbeitslose und Intellektuelle gestütztes Anschwellen des Kommunismus; und ein drastisches Erstarken des Nationalsozialismus. Eine italienische Entwicklung zeichnete sich ab: die von den bürgerlichen Parteien widerstandslos hingenommene, von den konservativen Parteien und den staatlichen Organen mehr oder weniger wohlwollend geduldete faschistische »Revolution«. Bereits im Jahre 1928 hatte der Führer des sozialdemokratischen Schutzbundes in Österreich, Julius Deutsch, im Auftrag des Internationalen antifaschistischen Komitees eine Übersicht über den *Faschismus in Europa* herausgegeben, war der sozialdemokratische Staatstheoretiker Hermann Heller für ein halbes Jahr nach Italien gereist, um im Jahr darauf das Buch *Europa und der Faschismus* zu veröffentlichen, eine der ersten umfassenden Analysen der Ideologie und Praxis dieser »Erneuerungsbewegung« im gesamteuropäischen Zusammenhang. An der Macht war der Faschismus bis dahin bloß in Italien, wo er die »liberalistische« Wirtschaft vor den proletarischen Ansprüchen schützte um den Preis der Vernichtung der bürgerlichen Kultur. Als Bewegung aber existierte er in den meisten Ländern Europas, in vielen im Zaum gehalten von mehr autoritären als demokratischen Regierungen.

Als die Nationalsozialisten bei der Reichstagswahl im September 1930 mit 107 Abgeordneten zur zweitstärksten Partei wurden (in den 10 Tagen vor dieser Wahl waren allein in Preußen 24 Personen getötet und 285 verletzt, außerdem Dutzende von Sprengstoffanschlägen verübt worden), beschlossen die an der Institutsverwaltung Beteiligten – Horkheimer, Pollock, Felix Weil und Leo Löwenthal –, Vorbereitungen für den eventuell notwendig werdenden Rückzug des Instituts zu treffen. Der erste Schritt dazu war die von Horkheimer vorgeschlagene Errichtung einer Zweigstelle des Instituts in Genf, die offiziell allein der wissenschaftlichen Arbeit diente, nämlich der Nutzung der reichen Archive des dort ansässigen Internationalen Arbeitsamtes. Bereits im Dezember 1930 richtete Horkheimer an den Oberpräsidenten der Provinz Hessen-Nassau und Staatskommissar der Universität Frankfurt a. M. das Gesuch, ihn für das laufende und das folgende Semester »etwa 3-4 Mal jeweils für 4-5 Tage« von seinen dienstlichen Verpflichtungen zu entbinden. »Das Institut, mit dessen Leitung ich seit dem 1. August dieses Jahres betraut bin, beabsichtigt, über die soziale und kulturelle Lage der gehobenen Arbeiter- und Angestelltenschichten umfangreiche Untersuchungen anzustellen. Zu diesem Zweck bedarf es eingehender Zusammenarbeit mit dem Internationalen Arbeitsamt in Genf; denn der Stab seiner wissenschaftlichen Mitarbeiter und die dort angesammelten Materialien sind notwendige Hilfsmittel für das Gelingen unseres wissenschaftlichen Vorhabens. Die Materialien insbesondere bedürfen einer spezialisierten und ständig überwachten Auswertung durch unsere soziologischen Mitarbeiter. Das Institut für Sozialforschung hat deshalb beschlossen, eine dauernde Forschungsstelle in Genf zu unterhalten. Zu diesem Zweck ist es erforderlich, daß ich als Leiter des Instituts die notwendigen Beziehungen zum Arbeitsamt herstelle und von Zeit zu Zeit an Ort und Stelle mich über den Gang der Studien unserer Mitarbeiter informiere.« (Horkheimer-Oberpräsident der Provinz Hessen-Nassau und Staatskommissar der Universität Frankfurt in Kassel, 4. 12. 30) Der Institutsdirektor legte sich sogleich eine Wohnung in Genf zu. Seit 1931 zogen die Verwalter des Instituts dann das Stiftungsvermögen aus Deutschland ab und legten es in den Niederlanden an. »In Frankfurt haben wir bei der Deutschen Bank nur einen Kreditbrief unterhalten, der ungefähr die Bedürfnisse des Instituts pro Monat abdeckte.« (Löwenthal, *Mitmachen wollte ich nie*, 68) Die Eigentumsrechte an der Bibliothek des Instituts wurden zunächst der Genossenschaft für sozialwissenschaftliche Studien in Zürich übertragen – einem Ableger des Instituts –, Ende 1932 oder Anfang 1933 dann der London School of Economics.

Über diesem Untergrund begann die Entfaltung der neuen wissenschaftlichen Orientierung der Institutsarbeit. Sie fiel in die Blütezeit der Frankfurter Universität. Anfang der 30er Jahre lehrten an ihr der Philosoph und Theologe Paul Tillich, der Wirtschaftswissenschaftler Adolph Löwe, der Pädagoge Carl Mennicke (alle drei zu den religiösen Sozialisten gehörend), der Soziologe Karl Mannheim, der Rechtssoziologe Hugo Sinzheimer, der Staatsrechtler und Soziologe Hermann Heller (seit 1932), der Finanzwissenschaftler Wilhelm Gerloff, der jüdische Religionsphilosoph Martin Buber, der Literaturhistoriker Max Kommerell, der Historiker Ernst Kantorowicz (die beiden letzteren aus dem Georgekreis kommend), die klassischen Philologen Walter Friedrich Otto und Karl Reinhardt, der Gestaltpsychologe Max Wertheimer, der Sozialpsychologe Hendrik de Man. Über die akademische intellektuelle Atmosphäre im Frankfurt jener Jahre heißt es in den Erinnerungen eines der damaligen Studenten, Karl Korn: »Mit solchen Namen und Gestalten waren wir, wie wir uns einbildeten,

Heidelberg und ähnlichen hochrenommierten Universitäten gleich-rangig und hatten den traditionellen Instituten nicht nur den Ruf, sondern auch ultramoderne geistespolitische Spannungen voraus.

Frankfurt hatte damals zwei Fächer, . . . die Germanistik und die Soziologie, zum Brennpunkt geistespolitischer Auseinandersetzun-gen werden sehen . . . Philosophen und Soziologen auf der einen und Germanisten, die klassischen Philologen eingeschlossen, auf der an-dern Seite kannten sich, trafen sich, diskutierten miteinander. Das Ganze hatte auf beiden Seiten den Anstrich von Exklusivität. Man mußte, wenn man als Student dabei sein wollte, ›in‹ sein, um die Trefforte und -zeiten zu wissen. Entscheidend aber war, daß es zwi-schen den zunächst fast freundschaftlich miteinander verbundenen Exponenten, Georgianern und Soziologen, eine breite Mitte gab, die den alten überlieferten Wissenschaftsbetrieb fest in der Hand hielt und weiterführte. Das hatte unter anderem auf die gelegentlich zum Sno-bismus neigenden brillanten Außenseiter die heilsame Wirkung, daß diese sich wissenschaftliche Laxheit versagten. Es wäre auch irrig anzunehmen, die vielfältigen linken Schattierungen, die es damals rund um das philosophische Seminar gab und die auf die Geisteswis-senschaftler, insbesondere die Literaturprofessoren und -studenten, eine gewisse, keineswegs allemal positive Faszination ausübten, seien einfach auf den Nenner ›Marxismus‹ zu bringen gewesen . . . Das schillerte vielfältig . . .

Wenn man schon einen gemeinsamen Nenner für die geistige Linke, die sich ums Jahr 30 in der philosophischen Fakultät formierte, finden will, dann müßte man sagen, daß dort zum ersten Male systematisch Ideologie und Ideologiekritik zum Thema wurden, das heißt, daß die Zusammenhänge der Ideen im weitesten Sinne mit der sozialen Basis untersucht wurden.« (Korn, *Lange Lehrzeit*, 115 f.)

Die geistige Linke – das waren das von Karl Mannheim geleitete Seminar für Soziologie, das von Horkheimer geleitete Institut für Sozialforschung und die Gruppe um Paul Tillich. Zwischen dem Seminar für Soziologie, das im unteren Stockwerk des Gebäudes des Instituts für Sozialforschung untergebracht war, und dem Institut für Sozialforschung gab es allerdings – Norbert Elias, seinerzeit als Assi-stent Mannheims aus Heidelberg mit nach Frankfurt gekommen, betonte es in seiner Rede anläßlich der Entgegennahme des Adorno-Preises der Stadt Frankfurt – so gut wie keine Kontakte. Sowohl Mannheim wie Horkheimer und Adorno gehörten aber zum »Kränz-chen« und kooperierten jeweils mit der Gruppe um Tillich. Ein Blick in die damaligen Vorlesungsverzeichnisse vermittelt den Eindruck, daß die geistige Linke einen gewichtigen und relativ geschlossenen Flügel bildete und Horkheimer mit seinem Programm interdisziplinärer Gesellschaftstheorie nicht allein stand. Es gab gemeinsame Veranstaltungen von Tillich und Horkheimer (Sommerhalbjahr 1930 Proseminar: Lektüre philosophischer Schriften; WH 1930/31 Proseminar: Lektüre von Locke; SH 1931 Proseminar: Lektüre eines philosophischen Schriftstellers), von Tillich und Wiesengrund (WH 1931/32 Proseminar: Lektüre ausgewählter Abschnitte aus Hegels Geschichtsphilosophie; SH 1932 Proseminar: Lessing, Die Erziehung des Menschengeschlechts; WH 1932/33 Proseminar: Simmel, Hauptprobleme der Philosophie), von Tillich, Riezler, Gelb und Wertheimer (SH 1930 Seminar; SH 1931 Philosophisches Kolloquium), von Mannheim, Löwe, Bergstraesser und Noack (seit WH 1931/32 bis zum Abbruch 1933 Arbeitsgemeinschaft Sozialgeschichte und Ideengeschichte). Zur ersten, für das SH 1933 angekündigten gemeinsamen Veranstaltung von Horkheimer und Wiesengrund – *Übungen über die Staatsphilosophie von Thomas Hobbes* – kam es nicht mehr.

Da in Köln unter Leopold von Wiese Soziologie als sterile Beziehungslehre betrieben wurde und die Empirie sich auf gelegentliche Exkursionen beschränkte und da Heidelberg, einst Zentrum der deutschen Soziologie, durch den Weggang Mannheims nach Frankfurt seinen damals erfolgreichsten Soziologen verloren hatte, wurde Frankfurt in den frühen 30er Jahren zu dem Ort, an dem sich das für eine Gesellschaftstheorie interessante Denken in einer für Deutschland einzigartigen Weise konzentrierte.

Horkheimers wissenschaftspolitische Leistung bestand darin, der Arbeit des Instituts für Sozialforschung ein eigenes Profil zu verleihen und sie zugleich vor Abwehrmaßnahmen jener, die durch die Neuorientierung des Instituts ihren Besitzstand bedroht sehen konnten, zu schützen. Gegenüber der Frankfurter Szene spielte Horkheimer die stärkere Realitätsbezogenheit seines Projekts und die Verfügung über »einen großen empirischen Forschungsapparat« aus. Damit distanzierte er sich zugleich von den geisteswissenschaftlichen bzw. metaphysischen Richtungen in der deutschen Soziologie. Der Fachsoziologie und ihren Verfechtern gegenüber betonte er, daß er nicht ein bestimmtes Fach zu vertreten beanspruche, sondern »bloß« das Projekt einer Erkenntnis des gesellschaftlichen Gesamtprozesses. Die auf die Etablierung einer Einzeldisziplin »Soziologie« Bedachten mochten Horkheimers Projekt für größenwahnsinnig, für einen Rückfall in die Vorstellung von einer soziologischen Universalwissenschaft halten – sie brauchten von einem solchen, sich ausdrücklich nicht als »Soziologie« begreifenden und die Fachsoziologie ausdrücklich voraussetzenden Unternehmen aber keine Erschwerung ihrer eigenen Bestrebungen zu befürchten. Horkheimer schickte (cf. Jay, *Dialektische Phantasie*, 46) eigens Leo Löwenthal zu Leopold von Wiese – der

als Direktor der soziologischen Abteilung des ersten sozialwissenschaftlichen Forschungsinstituts in Deutschland, als Herausgeber derjenigen wissenschaftlichen Zeitschrift, die ausschließlich der Soziologie gewidmet war und in der seit 1923 die Mitteilungen der Deutschen
Gesellschaft für Soziologie erschienen, und als Geschäftsführer eben
dieser Gesellschaft die Schlüsselstellung für die damalige Entwicklung der deutschen Soziologie innehatte –, um ihm deutlich zu machen, daß die *Zeitschrift für Sozialforschung* nicht mit seinen *Kölner
Vierteljahresheften für Soziologie* konkurrieren wolle. Auf diese Weise
hielt Horkheimer das Institut aus den Auseinandersetzungen in der
Soziologie und um die Soziologie weitgehend heraus.

Es aus den politisch gefärbten Auseinandersetzungen herauszuhal-
ten war allerdings unmöglich, obwohl Horkheimer weder – wie Paul
Tillich – für den Sozialismus eintrat noch – wie Hugo Sinzheimer oder
Hermann Heller – zu den engagierten Demokraten und erklärten
Gegnern des Nationalsozialismus gehörte. Seit den Wahlerfolgen der
NSDAP im Jahre 1930 hatten die Auseinandersetzungen auch im
bürgerlich-sozialdemokratischen Frankfurt – von den Nationalsozia-
listen als »Neu-Jerusalem am fränkischen Jordan« tituliert – handfeste
Formen angenommen. Nach den Septemberwahlen waren eines Tages
Hunderte von uniformierten SA-Männern vor dem Haupteingang der
Universität erschienen, die das Horst-Wessel-Lied sangen, mit dem die
Nationalsozialisten überall in Deutschland herumzogen. Das war für
einen der Stipendiaten des Instituts, Joseph Dünner, der Anlaß, aus
Mitgliedern der Roten Studentengruppe, jüdischer und katholischer
Studentenverbände, der Akademie der Arbeit und der Gewerkschaften eine Selbstwehrformation aufzustellen. »Bis in die ersten Wochen
des Jahres 1933 hinein«, so Dünner in seinen Lebenserinnerungen,
»war die Frankfurter Universität eine der wenigen Universitäten
Deutschlands, in denen die Nazis sich blutige Köpfe holten, wenn sie
den Versuch wagten, die Universitätstore zu besetzen oder innerhalb
des Universitätsgebäudes Zusammenstöße mit linksgerichteten oder
jüdischen Studenten hervorzurufen.« (Dünner, *Zu Protokoll gegeben*,
65 f.) »Die Nazis – brave Jungen übrigens – haben neulich einen
gewaltsamen Besuch bei uns abgestattet«, kommentierte der »Georg-
gianer« Max Kommerell im Sommer 1932 einen Sturm uniformierter
Nationalsozialisten auf das Hauptgebäude der Universität. »Vielleicht
hat sie geärgert, daß die Goethe-Universität wenigstens in ihrem
philosophischen und soziologischen Bestand eine Brutstätte marxistischer Ideenmikroben ist . . . Schade, daß der geistige Haushalt der
Nazis noch immer so sehr nach Notbehelf riecht!« (Kommerell-
Heusler, 10. 7. 32, in: Kommerell, *Briefe und Aufzeichnungen 1919-1944*,
26 f.) Die liberalen Diskussionen zwischen Rechts und Links hörten in

diesen Jahren auch an der Frankfurter Universität auf. Es fiel – so Karl Korn in seinen Erinnerungen (*Lange Lehrzeit,* 134) – das Wort von der Soziologie als einer jüdischen Wissenschaft.

Vor diesem Hintergrund führte das Institut die von Fromm entworfene, von Horkheimer zum ersten Schritt eines groß angelegten empirischen Projekts des Instituts erklärte Untersuchung über qualifizierte Arbeiter und Angestellte in Deutschland durch. Und in dieser auch in Frankfurt sich spürbar verschärfenden Situation erschien im Sommer 1932 – sieht man ab von Wittfogels 1931 als Band III der *Schriften des Instituts für Sozialforschung* veröffentlichtem Buch *Wirtschaft und Gesellschaft Chinas* – mit der ersten Nummer der *Zeitschrift für Sozialforschung* die erste Veröffentlichung des ·Instituts seit Horkheimers Übernahme der Leitung.

Die ursprüngliche Zielsetzung der Arbeiter- und Angestellten-Erhebung war es herauszufinden, wie denn tatsächlich die psychische Verfassung von Arbeitern und Angestellten aussah. Diese Neugier hatte durch die damals erschienenen Arbeiten über diese Schichten nur weiter angestachelt werden können. Der Tatbestand, von dem solche Arbeiten ausgingen, war die rapide Zunahme des Anteils der Angestellten an der Gesamtzahl der erwerbstätigen Personen und die Abnahme des Anteils der Arbeiter, der 1925 bereits weniger als 50 Prozent betrug und selbst in Bereichen wie Industrie und Bergbau, wo die Arbeiter die große Mehrheit der Erwerbstätigen ausmachten, rückläufig war. Zu den wichtigsten Arbeiten über dieses Thema gehörten Emil Lederers Aufsatz über *Die Umschichtung des Proletariats und die kapitalistischen Zwischenschichten vor der Krise,* der 1929 in der *Neuen Rundschau* erschienen war, und Siegfried Kracauers Studie *Die Angestellten. Aus dem neuesten Deutschland,* die 1929 in Fortsetzungen im Feuilleton der *Frankfurter Zeitung* und 1930 als Buch publiziert wurde. Lederer schwankte zwischen zwei Annahmen. Die eine war: der Wegfall auch des Scheins der Selbstbestimmung und die Erfahrung einer immer besseren Bewältigung laufend durchsichtiger werdender Arbeitsprozesse werden eines Tages die Angestellten mit den Arbeitern in dem Versuch vereinen, die bestehende Wirtschaftsordnung, die sie zur Unselbständigkeit verurteilte, grundlegend umzugestalten. Die andere war: in dem Maße, in dem auf seiten der »Unselbständigen« der Anteil der Angestellten und Beamten gegenüber dem der Arbeiter zunahm, wuchs die Tendenz, auf die Scheidung in immer weniger Herrschende und immer mehr Abhängige mit der Bejahung eines hierarchischen Gesellschaftsaufbaus zu reagieren, in der leidenschaftlich verteidigte gesellschaftliche Statusunterschiede in wie immer rudimentärer Form eingefroren wurden.

Kracauers anspruchsvolle Reportage, ein großartiges Beispiel für

seine Auffassung von materialistischer, nämlich in die Empirie einge-
senkter Theorie, war ein erdrückendes Argument gegen die erste
Annahme. Seine sämtlichen Schilderungen belegten, mit welch über-
wältigendem Aufwand und Schein an Zustimmung den Angestellten
ein Leben schmackhaft gemacht wurde, das aus einer Kombination
von stereotyper Arbeit und stereotypem bürgerlichem Flitter bestand.
»In demselben Augenblick, in dem die Betriebe rationalisiert werden,
rationalisieren jene Lokale [Haus Vaterland, Resi – d. h. Residenz-
Kino – und Moka-Efti in Berlin, R. W.] das Vergnügen der Angestell-
tenheere. Auf meine Frage, warum sie die Masse als Masse versorgen,
gibt mir ein Angestellter die bittere Antwort: ›Weil das Leben der
Leute viel zu ausgepowert ist, als daß sie noch etwas mit sich anzufangen vermöchten.‹ Gleichviel, ob es sich so oder anders verhält: in den
gemeinten Lokalen ist die Masse bei sich selber zu Gast; und zwar
nicht nur aus Rücksicht auf den geschäftlichen Nutzen des Unternehmers, sondern auch um ihrer uneingestandenen Ohnmacht willen.
Man wärmt sich aneinander, man tröstet sich gemeinsam darüber, daß
man der Quantität nicht entrinnen kann. Ihr anzugehören, wird durch
die hochherrschaftliche Umgebung erleichtert.« (Kracauer, *Schriften 1*,
285 f.) Schien der Kapitalismus, über dessen Ende im Zeichen der
Weltwirtschaftskrise und autoritärer Regierungen selbst seine Anhänger zumindest diskutierten, auf die alte Art nicht mehr zu können, so
schienen andererseits die gehobenen abhängig Beschäftigten noch
weniger eine andere Wirtschaftsform zu wollen. Eher schien die
Bereitschaft der Angestellten, »das normale Dasein in seiner unmerk-
lichen Schrecklichkeit« (298) durch Glanz und Zerstreuung, den Ge-
schäftsbetrieb durch den Amüsierbetrieb zu ergänzen, zum Vorbild
für Arbeiter zu werden, als daß z. B. die Rationalisierungsperiode von
1925 bis 1928, die mit Maschinen und Fließbandmethoden auch die
Angestelltensäle der Großbetriebe heimgesucht hatte, die Angestellten der Haltung klassenbewußter Proletarier angenähert hätte.

Auch bei Horkheimer lagen zwei Erwartungen im Widerstreit
miteinander. Zum einen konstatierte er: die beherrschten Klassen,
deren Abhängigkeit nicht allein darin bestand, »daß man ihnen zuwenig zu essen gibt, sondern daß man sie in einem erbärmlichen geistigen
und seelischen Zustand hält«, »sind die Affen ihrer Gefängniswärter,
beten die Symbole ihres Gefängnisses an und sind bereit, nicht etwa
diese ihre Wärter zu überfallen, sondern den in Stücke zu reißen, der
sie von ihnen befreien will« (*Dämmerung*, 316). Zum anderen meinte
er: »Die gesellschaftliche Entwicklung zerstört . . . mit der gesunden
Familie innerhalb weiter Schichten, vor allem des Kleinbürgertums
und der Angestellten, den einzigen Ort unmittelbarer Beziehungen
zwischen den Menschen. Sie setzt dagegen innerhalb bestimmter

Gruppen des Proletariats anstelle der naturwüchsigen und ihrer selbst weitgehend unbewußten Gruppen, als deren spätestes Zersetzungsprodukt die Kleinfamilie jetzt zugrundegeht, neue, bewußte, auf erkannte gemeinsame Interessen begründete Gemeinschaften ... Das Entstehen dieser proletarischen Solidarität hängt von dem gleichen Prozeß ab, der die Familie zerstört.« (342)

Schon Marx hatte versucht, die Ernüchterung und Empörung, die der Entmenschlichung der Arbeit und der Verelendung entspringen sollten, zu koppeln mit dem Zuwachs an zukunftsträchtigen Fähigkeiten, den die allseitige Beweglichkeit des Arbeiters im kapitalistischen Produktionsprozeß mit sich bringen sollte. Das konnte jedoch nur dann plausibel sein, wenn genau die Tätigkeiten, die innerhalb der alten Wirtschaftsform gering geachtet wurden, Vorwegnahmen einer neuen und überlegenen Wirtschaftsform waren. Das ließ sich aber weder von den Verrichtungen der Arbeiter noch von denen der Angestellten sagen. Genauso wenig ließ sich Analoges für Bereiche wie Familienleben, Kulturleben usw. plausibel machen. Zumindest wurden weder von Lederer noch von Kracauer und auch nicht von Horkheimer oder Fromm konkrete Umstände angeführt, die für irgendeinen Bereich die Abhängigen als die Antizipatoren einer höheren Wirtschafts- und Lebensform erwiesen hätten. Dann aber blieb nur die Zuflucht zur Unterscheidung zwischen der sich mit den herrschenden Verhältnissen identifizierenden Masse der Arbeiter und Angestellten und einigen fortgeschrittenen Gruppen. Bei ihnen konnten dann aber konsequenterweise revolutionäre Vorzüge gegenüber fortschrittlichen bürgerlichen Gruppen nicht mehr angenommen werden. Der Glaube an die Dialektik von Produktivkräften und Produktionsverhältnissen, daran, daß die Produktivkräfte an den Fesseln der kapitalistischen Produktionsverhältnisse rüttelten, war für Horkheimers Glauben an die Chance einer Umwälzung entscheidender als die Feststellung klassenspezifischer revolutionärer Tendenzen. Wenn die Massen aber schon nicht revolutionär waren, würden sie sich wenigstens von den fortschrittlichen Gruppen mitreißen lassen? Nicht einmal eine vorläufige Antwort schien Horkheimer riskieren zu wollen. Denn: »die Verhältnisse sind sehr verschlungen. Eine veraltete, schlecht gewordene Gesellschaftsordnung erfüllt, wenn auch unter Entfaltung unnötiger Leiden, die Funktionen, das Leben der Menschheit auf einem bestimmten Niveau zu erhalten und zu erneuern.« (243)

Nicht nur langwierige Krankheiten Horkheimers und Fromms, nicht nur Mangel an Erfahrung in empirischer Sozialforschung, sondern wohl auch die sich früh abzeichnenden Ergebnisse führten dazu, daß die Auswertung der Erhebung – Ende 1931 waren die letzten der 1100 Fragebogen-Rücksendungen eingetroffen – nicht intensiv betrieben wurde. Die Arbeiter- und Angestellten-Erhebung unterschied sich von anderen Formen damaliger sozialpsychologischer Untersuchungen über die Arbeiterklasse, wie sie z. B. Theodor Geiger 1931 in seinem Artikel *Zur Kritik der arbeiter-psychologischen Forschung* in der sozialdemokratischen Monatszeitschrift *Die Gesellschaft* kritisch vorstellte, vor allem in einem: den Nachteil, daß sie sich der Repräsentativität wegen nicht auf einen kleinen Kreis von dem Fragesteller persönlich bekannten Menschen beschränken wollte, aus finanziellen Gründen aber auch nicht in großem Stil Interviews nach psychoanalytischem Vorbild durchführen konnte – diesen Nachteil versuchte sie teilweise dadurch wettzumachen, daß in den mit 271 Positionen ungewöhnlich umfassenden Fragenkatalog unter anderem solche unverfänglich wirkenden Fragen eingebaut waren, die Rückschlüsse auf nicht offen zutage liegende Persönlichkeitszüge und Einstellungen zuließen. Solche Rückschlüsse konnten dadurch einer gewissen Kontrolle unterworfen werden, daß man sie am Gesamteindruck der Antworten einer Person maß.

Es zeigte sich z. B., was für den Leser von Fromms *Entwicklung des Christusdogmas* nicht überraschend war: Eine linke politische Anschauung konnte sich als Ersatzbefriedigung eines psychisch an die Klassengesellschaft angepaßten Arbeiters bzw. Angestellten erweisen. Die mit wissenschaftlichem Anspruch auftretende öffentliche Feststellung der Gleichartigkeit des Charakters selbst der Mehrheit der politisch linken Arbeiter mit den übrigen Mitgliedern der bürgerlich-kapitalistischen Gesellschaft hätte weniger die Linken wachsamer und einiger, als vielmehr die Rechten siegessicherer gemacht. Um so schwerer mußten Bedenken hinsichtlich methodischer Mängel bzw. Unsicherheiten wiegen. Angesichts dieser Situation bestand offenbar bei Horkheimer schon früh die Neigung, den Sinn dieser ersten Erhebung des Instituts vorwiegend in der Entwicklung des methodischen Instrumentariums zu sehen und Ergebnisse erst nach weiteren Forschungen und einer Ausweitung der empirischen Basis zu präsentieren.

Zur ersten publizistischen Demonstration der Richtung und der Leistungsfähigkeit des Instituts unter seinem neuen Leiter wurde so die *Zeitschrift für Sozialforschung* (ZfS). Sie war, wie das interdisziplinäre Forschungsprogramm, Horkheimers Idee. Verantwortlicher Schriftleiter des dreimal jährlich erscheinenden Periodikums war Leo Löwenthal. Er, der seit seiner vollen Anstellung am Institut sein gymnasiales Lehramt aufgegeben hatte und ohne universitäre Verpflichtungen war, widmete seine ganze Arbeitskraft dem Institut und insbesondere der *Zeitschrift für Sozialforschung*, die für ein Jahrzehnt fast regelmäßig erschien. Im gleichen Verlag (Hirschfeld in Leipzig) und in ähnlicher Aufmachung erscheinend wie einst Grünbergs *Ar-*

chiv, unterschied sie sich im übrigen deutlich von ihrer Vorgängerin. Im Aufsatzteil erschienen ausschließlich, seit der Emigration fast ausschließlich, Arbeiten von Instituts-Mitarbeitern, womit sich die Zeitschrift als »Zentralorgan« des Instituts (wie es später, 1938, in einer Selbstdarstellung des Instituts ausdrücklich hieß) präsentierte. Sozial- und wirtschaftshistorische Arbeiten und erst recht urkundliche Mitteilungen (für die es im *Archiv* eine ständige eigene Abteilung gegeben hatte) traten in den Hintergrund und es dominierten Aufsätze, in denen es um das Begreifen der gegenwärtigen Lage der fortgeschrittenen kapitalistischen Länder ging. Der Besprechungsteil schließlich mit seinen Kurzrezensionen und der Aufteilung in die Bereiche Philosophie, Allgemeine Soziologie, Psychologie, Geschichte, Soziale Bewegung und Sozialpolitik, Spezielle Soziologie und Ökonomie (Belletristik fiel nach zweimaligem Auftauchen wieder fort) machte von Anfang an Ernst mit der »fortwährenden Beobachtung der einzelwissenschaftlichen Arbeit« (von der Horkheimer 1937 im Vorwort zum 6. Jahrgang sprach).

Der Aufsatzteil der ersten Nummer – eines Doppelheftes – war in mehrerlei Hinsicht aufschlußreich komponiert. Außer einem allgemeinen Text von Horkheimer enthielt er zwei Texte zur Ökonomie, zwei zur Psychologie und zwei zum kulturellen Überbau – allerdings nicht in dieser sachlich naheliegenden Reihenfolge, sondern so, daß auf den Direktor, Horkheimer, und seinen ersten Mitarbeiter und faktischen Stellvertreter, Pollock, Fromm folgte, der mit seinen Arbeiten zur analytischen Sozialpsychologie das interdisziplinäre Programm mit Substanz füllte; dann Grossmann, der als langjähriger planmäßiger Assistent des Instituts, als ältester der Mitarbeiter und als marxistischer Fachökonom eine Tradition des Instituts verkörperte, die nicht ignoriert werden konnte und sollte, und von dessen Arbeit Horkheimer meinte, daß sie »einigermaßen unseren Ansichten entspricht« (Horkheimer-Pollock, 12. 8. 34); darauf Löwenthal, der für Horkheimer als vielseitiger und aufopferungsbereiter Mitarbeiter und Chefredakteur der Zeitschrift unersetzlich war; schließlich Wiesengrund-Adorno, der nicht zum Institut gehörte, dessen Spezialgebiet Musik sich in einer Zeitschrift für Sozialforschung eher exotisch ausnahm, dessen Genialität Horkheimer aber schon damals so sehr beeindruckte, daß er von ihm einen für die Zeitschrift ungewöhnlich langen Aufsatz akzeptierte, dessen zweite Hälfte im folgenden Heft erschien.

Nur einer fehlte in diesem Arrangement, das die die Grünberg-Tradition zu einem Moment herabsetzende Neuorientierung des Instituts getreulich widerspiegelte: Wittfogel. Die Institutsleiter hatten ihm ein monatliches Stipendium angeboten, das ihm eine Chinareise als Grundlage für die Fortsetzung seines in Rezensionen hochgelobten Bandes über *Wirtschaft und Gesellschaft Chinas* ermöglichen sollte. Er wollte sich aber angesichts der kritischen Situation in Deutschland lieber voll in die politische Auseinandersetzung stürzen. Die Institutsleiter akzeptierten das und unterstützten ihn weiterhin »mit einem kleinen, aber regelmäßigen Einkommen« (Wittfogel in: Greffrath, *Die Zerstörung einer Zukunft*, 316). So ergab sich die für Horkheimers Strategie bezeichnende Konstellation, daß der vom Institut unterstützte Wittfogel außerhalb des Institutsrahmens über Antisemitismus und die gesellschaftlichen und wirtschaftlichen Ursachen des Nationalsozialismus und seiner Massenerfolge sprach und schrieb, während in der *Zeitschrift für Sozialforschung* von all dem keine Rede war und nur in blassen Begriffsschemen wie »Krise« oder »Monopolkapitalismus« die katastrophalen ökonomischen und politischen Ereignisse der Zeit durch manche der Aufsätze geisterten.

Die Aufsätze des ersten Heftes stellten weniger Beiträge zur Analyse der gegenwärtigen Situation dar als vielmehr Plädoyers für die materialistische oder ökonomische Geschichtsauffassung (damals verbreitete und nicht etwa für vorsichtige Institutsmitarbeiter typische Begriffe) und ihre Anwendung in den verschiedensten Bereichen. Außer den beiden ehemaligen Grünberg-Mitarbeitern Pollock und Grossmann gab jeder der Autoren im Rahmen seiner Arbeit einen kleinen Abriß des historischen Materialismus. So sehr fühlten sich – im Unterschied zu den beiden Ökonomen Pollock und Grossmann, für deren Fach eine zumindest dogmengeschichtliche Kenntnis der Marxschen Position selbstverständlich war – Horkheimer, Fromm, Löwenthal und Adorno als materialistische Pioniere in ihren Fachgebieten.

Materialistische Geschichtsauffassung hieß in ihren Augen: die Klassen- und Herrschaftsstruktur der bestehenden Gesellschaft und die Bestimmung des Bewußtseins durch das gesellschaftliche Sein sehen und für die Entfesselung der im Interesse der herrschenden Klasse unterdrückten Produktivkräfte eintreten – die Entfesselung der Produktivkraft Wissenschaft – so Horkheimer in seinen *Bemerkungen über Wissenschaft und Krise* (*ZfS* 1932: 1) –, der ökonomischen Produktivkräfte durch eine planwirtschaftliche Neuordnung – so Pollock in seinem Aufsatz über *Die gegenwärtige Lage des Kapitalismus und die Aussichten einer planwirtschaftlichen Neuordnung* (19) –, des Wachstums von Ich-Organisation und Sublimierungsfähigkeit bzw. der genitalen Charakterzüge – so Fromm in seinem Beitrag *Über Methode und Aufgabe einer analytischen Sozialpsychologie* (47, s. a. 276) –, der musikalischen Produktivkraft – so Adorno in seiner Abhandlung *Zur gesellschaftlichen Lage der Musik* (123). Die Autoren schienen sich also vom großen Zug der Geschichte getragen zu fühlen – ganz wie einst Grünberg in seiner Antrittsrede zur Eröffnung des Instituts im Jahre 1924. Und wie bei Grünberg schien auch bei ihnen der von Horkheimer und genauso von Löwenthal betonte undogmatische, hypothetische, empirischer Kontrolle unterworfene Charakter der Theorie an ihren lediglich auf Verzögerungen des Fortschritts eingestellten Grundüberzeugungen nichts zu ändern.

In Wirklichkeit war es komplizierter. Pollock sah zwar in »hohem Maße die ökonomischen Voraussetzungen für eine planwirtschaftliche Ordnung der Gesamtwirtschaft bereits im Schoße des heutigen Wirtschaftssystems entwickelt« (21): das Schwergewicht der industriellen Produktion lag bei der großbetrieblichen Massenfabrikation und der Zentralisationsprozeß hatte eine hohe Stufe erreicht, die technischen und organisatorischen Mittel zur Bewältigung der Aufgaben einer zentralen Wirtschaftsleitung waren bekannt und es gab erhebliche Produktivitätsreserven (20). Aber er zweifelte nicht daran, daß rein wirtschaftlich gesehen »diese Krise« – die Weltwirtschaftskrise – »mit kapitalistischen Mitteln überwunden werden kann und daß der ›monopolistische‹ Kapitalismus auf zunächst unabsehbare Zeit weiter zu existieren vermag« (16). In seinen Augen war ebensosehr eine kapitalistische wie eine sozialistische Planwirtschaft möglich. Allein politische Erwägungen sprachen seiner Ansicht nach gegen die erste Variante. Die Eigentümer der Produktionsmittel würden sich nicht zu bloßen Rentenbeziehern degradieren lassen (27). Die Aussichten für die zweite Variante schienen ihm aber auf absehbare Zeit keineswegs größer. Das subjektive Interesse der objektiv daran interessierten Schichten war zu gering (27, 17). Ein Jahr später gestand er der kapitalistischen Planwirtschaft auch große politische Chancen zu. »Die früher von uns geäußerte Ansicht, daß die Degradation des Kapitalbesitzes zu einem bloßen Rententitel eine kapitalistische Planwirtschaft unannehmbar mache, können wir angesichts der inzwischen sichtbar gewordenen Möglichkeiten der Massenbeherrschung nicht mehr zu den schwerwiegenden Einwänden zählen« (*Bemerkungen zur Wirtschaftskrise, ZfS* 1933: 349). Daß dann eines Tages doch noch »die erneut zur Fessel gewordenen und nicht weiter modifizierbaren Produktionsverhältnisse dem Druck der Produktivkräfte nicht mehr standhalten« würden (ebd.) – diese Prophezeiung erschien wie eine Pflichtübung. Denn Pollock teilte nicht, wie Grossmann, die Auffassung, in der Tendenz zur Erhöhung der »organischen Zusammensetzung« des Kapitals und zum Fall der Profitrate liege ein tödlicher Konstruktionsfehler des kapitalistischen Systems. Er sah das Hauptproblem in der Anarchie der Produktion, die in der Epoche unflexibler und staatlich protegierter Großbetriebe nicht länger durch die

Selbststeuerungsmechanismen des Marktes reguliert werden konnte. Den Versuch, nachzuweisen, daß das planwirtschaftliche Repertoire des kapitalistischen Systems nicht ausreichen würde, der Anarchie der Produktion und der daraus sich ergebenden Disproportionen zwischen den einzelnen Wirtschaftszweigen Herr zu werden, unternahm er aber nicht einmal ansatzweise.

Fromms Beiträge zum ersten Jahrgang der *Zeitschrift für Sozialforschung* enthielten schüchterne Hinweise auf das Konzept einer Entfaltung der »Produktivkraft« Charakter (275). In seinem ersten Beitrag sprach er davon, daß der »Stoffwechsel« zwischen Triebwelt und Umwelt dazu führe, daß sich der Mensch als solcher in einer Richtung verändere, die vor allem in dem Wachstum der Ich-Organisation und dem damit verbundenen Wachstum der Sublimierungsfähigkeit liege. In seinem Beitrag zum dritten Heft – *Die psychoanalytische Charakterologie und ihre Bedeutung für die Sozialpsychologie* – deutete er auf das schwierige Problem hin, wieweit man beim Proletariat wie bei den objektiv fortgeschrittensten Teilen der Bourgeoisie von einem Anwachsen der genitalen Charakterzüge – im Unterschied zu den früheren Entwicklungsstufen entsprechenden analen und oralen Charakterzügen – sprechen könne (276). Der kühne Gedanke, daß der Charakter der Proletarier und der fortgeschrittensten Bürger sich in Anlehnung an ein ontogenetisch vorgegebenes Entwicklungsmuster den nach Entfesselung drängenden Produktivkräften bzw. den bereits im Schoß der alten Gesellschaftsform vorhandenen Elementen einer höheren Gesellschaftsform anpasse, wagte sich aber kaum hervor, um einen marxistischen Fortschrittsoptimismus zu stärken gegen die bei Fromm dominierende funktionalistische Vorstellung, daß es die nach wie vor herrschenden Produktionsverhältnisse, die tatsächlichen Lebensschicksale waren, denen sich die libidinöse Struktur aller sozialen Schichten anpaßte. Daß mit dem Anwachsen der objektiven Widersprüche innerhalb der Gesellschaft die libidinösen Kräfte nicht mehr als Kitt, sondern als Sprengstoff wirkten und zum Aufbau neuer Gesellschaftsformationen führten (53), blieb eine unbegründete, dogmatische Versicherung.

Horkheimer forderte in seinen *Bemerkungen über Wissenschaft und Krise*, »die der Wissenschaft durch ihre klassenmäßige Verengerung gezogenen Grenzen« aufzuweisen und schließlich zu durchbrechen (4 f.), den »der Wissenschaft immanenten rationalen Elementen« (4) freie Bahn zu verschaffen. Dazu war es nötig, mittels der Erhellung des gesamtgesellschaftlichen Lebensprozesses, mittels der »richtigen Theorie der gegenwärtigen gesellschaftlichen Situation« (7) die Krise der Wissenschaft zu begreifen. Überwunden werden konnte die gesellschaftlich bedingte Fesselung der Wissenschaft aber »einzig durch die

Veränderung ihrer realen Bedingungen in der geschichtlichen Praxis« (6). Daß die Wissenschaftler auf diese Veränderung ihrer realen Bedingungen in einer Zeit, da die Menschheit an Produktionsmitteln und hochqualifizierten Arbeitskräften so reich war wie noch nie, umsonst warteten, verwies sie an eine Psychologie, die – so Horkheimer in seinem zweiten Beitrag zum ersten Heft der Zeitschrift: *Geschichte und Psychologie* – erforschte, »wie die psychischen Mechanismen zustandekommen, durch die es möglich ist, daß Spannungen zwischen den gesellschaftlichen Klassen, die auf Grund der ökonomischen Lage zu Konflikten drängen, latent bleiben können« (136). Horkheimer betonte zwar, die Auffassung, daß die »Dialektik zwischen den verschiedenartigen in der Auseinandersetzung mit der Natur wachsenden menschlichen Kräften und veralteten Gesellschaftsformen« den »Motor der Geschichte« bilde (131 f.), dürfe nicht als universales Konstruktionsschema an die Stelle konkreter Untersuchungen treten, sondern bilde bloß »eine der gegenwärtigen Erkenntnis entsprechende Formulierung der historischen Erfahrung« (133). Der Erforschung der »wirklichen Ursachen, warum differenziertere Staats- und Gesellschaftsformen an die Stelle von unentwickelteren getreten sind« (131), wandte er sich aber nicht zu. Vielmehr konzentrierte sich sein Interesse an Fortschritt und Rationalität auf den Bereich der Theorie. »Zur Verschleierung der gegenwärtigen Krise gehört es«, so verlieh er seiner Überzeugung von der Schrittmacherfunktion der Theorie Ausdruck, »gerade diejenigen Kräfte für sie verantwortlich zu machen, die auf eine bessere Gestaltung der menschlichen Verhältnisse hintreiben, vor allem das rationale, wissenschaftliche Denken selbst.« (2) Der Hinweis auf die einzig durch reale Umwälzungen mögliche Entfesselung der Produktivkraft Wissenschaft bildete bloß die stereotype Begleitmusik dazu.

Mit einer Verlagerung des Glaubens an Fortschritt und Rationalität auf Dimensionen des Überbaus ging bei Adorno die Aneignung der materialistischen Geschichtsauffassung von vornherein einher. »Wenn die fortgeschrittenste kompositorische Produktion der Gegenwart«, so hieß es in seinem Beitrag in der Zeitschrift über Schönbergs Musik, »lediglich unterm Zwang der immanenten Entfaltung ihrer Probleme, bürgerliche Grundkategorien wie die schöpferische Persönlichkeit und ihren Seelenausdruck, die Welt der privaten Gefühle und die verklärte Innerlichkeit außer Aktion setzte und an ihre Stelle höchst rationale und durchsichtige Konstruktionsprinzipien rückte, so ist diese Musik, gebunden an den bürgerlichen Produktionsvorgang, zwar gewiß nicht als ›klassenlose‹ und eigentliche Zukunftsmusik anzuschauen, wohl aber als die, welche ihre dialektische Erkenntnisfunktion am genauesten erfüllt.« (106) Schönberg hat »die Ausdrucksmusik des privaten bürgerlichen Individuums, lediglich ihre eigenen Konsequenzen verfolgend, zur Aufhebung gebracht und eine andere Musik an ihre Stelle gesetzt, der zwar unmittelbare gesellschaftliche Funktionen nicht zukommen, ja die die letzte Kommunikation mit der Hörerschaft durchschnitten hat, die aber einmal an immanent-musikalischer Qualität, dann an dialektischer Aufklärung des Materials alle andere Musik der Zeit hinter sich zurückläßt und eine so vollkommene rationale Durchkonstruktion darbietet, daß sie mit der gegenwärtigen gesellschaftlichen Verfassung schlechterdings unvereinbar ist, die denn auch in all ihren kritischen Repräsentanten unbewußt sich zur Wehr setzt und die Natur wider den Angriff des Bewußtseins zu Hilfe ruft, den sie bei Schönberg erfuhr. Mit ihm hat, zum ersten Male vielleicht in der Geschichte der Musik, Bewußtsein das musikalische Naturmaterial ergriffen und beherrscht es.« (109 f.) Auch bei Adorno fehlte nicht die Versicherung, es gelte »hart einzusehen, daß die Gesellschafts-Fremdheit der Musik, all das, wofür ein eilfertiger und rational unerhellter musikalischer Reformismus Schimpfwörter wie Individualismus, Artistentum, technische Esoterik verwendet, selber gesellschaftliches Faktum, selber gesellschaftlich produziert ist. Und darum auch korrigierbar nicht innermusikalisch, sondern bloß gesellschaftlich: durch Veränderung der Gesellschaft.« (104) Wie unbekümmert um reale Tendenzen dieser Art er in Wirklichkeit die weitere »Rationalisierung« (104) im Bereich der Musik wie der Theorie sah, zeigte seine trockene Konstatierung des Fehlens jeder Aussicht auf Veränderung der Gesellschaft. »Das empirische Bewußtsein der gegenwärtigen Gesellschaft, das in Enge und Unerhelltheit, ja bis zur neurotischen Dummheit von der Klassenherrschaft zu deren Erhaltung gefördert wird«, kann nicht »als positives Maß einer nicht mehr entfremdeten, sondern dem freien Menschen zugehörigen Musik gelten. So wenig die Politik von diesem Bewußtseinsstand abstrahieren darf, mit dem die gesellschaftliche Dialektik zentral rechnen muß, so wenig darf sich dafür die Erkenntnis von einem Bewußtsein Grenzen setzen lassen, das von der Klassenherrschaft produziert ist und auch als Klassenbewußtsein des Proletariats die Male der Verstümmelung durch den Klassenmechanismus weiter trägt.« (106) Aber war damit nicht ein wesentlicher Bestandteil der materialistischen Geschichtsauffassung endgültig aufgegeben und nur noch die Vorstellung einer Entwicklungsmechanik von Produktivkräften und Produktionsverhältnissen übriggeblieben? In keinem Aufsatz kam der Ausdruck »Monopolkapitalismus« so oft vor wie bei Adorno. Auch den »Faszismus«, von dem bei ihm als einzigem überhaupt die Rede war, sah er, getreu dem damaligen kommunistischen Dogma, von Monopolkapitalisten gesteuert (116). Das machte den Eindruck, als wolle er sich mit dem Bekenntnis zu Schlüsselbegriffen und -gedankengängen eines dogmatischen Marxismus einen günstigen Boden für seine Interpretationen der modernen Musik schaffen – vor sich selber und in den Augen Linker, bei denen er am ehesten Sympathien für die neue Musik erwartete.

Erst recht als eine fertige Sache übernahm Löwenthal in seinem Beitrag *Zur gesellschaftlichen Lage der Literatur* die materialistische Geschichtsauffassung. Sie diente ihm dazu, der mehr oder weniger metaphysisch orientierten Literaturwissenschaft seiner Zeit die Forderung nach einer an die positivistischen und historischen Methoden des 19. Jahrhunderts anknüpfenden materialistischen Literaturwissenschaft entgegenzuhalten. »Eine echte erklärende Literaturgeschichte aber muß materialistisch sein. Das heißt, sie muß die ökonomischen Grundstrukturen, wie sie sich in der Dichtung darstellen, und die Wirkungen untersuchen, die innerhalb der durch die Ökonomie bedingten Gesellschaft das materialistisch interpretierte Kunstwerk ausübt.« (93) Er gab einige Beispiele dafür, zu welchen Resultaten die neue Arbeitsweise ihn geführt hatte. »Spiegelt sich in der tastenden Dialogisierung Gutzkows das wirtschaftliche Tasten eines in den ersten Anfängen befindlichen liberalen Bürgertums in Deutschland, so wird in der Spielhagenschen Technik sein ökonomischer Sieg verklärt und in der des Impressionismus seine Krise ideologisch vertuscht oder in einer gewissen Ratlosigkeit eingestanden.« (97) »Wo die Kleinbürgerseele Storms in sich hineinweint, treibt Meyer wuchtig in die Welt seiner Gestalten hinaus, die feudalen Wunschträumen des herrschenden Bürgertums um 1870 zu genügen vermögen.« (98) »Wenn Stendhal der Romancier der Bürgeraristokratie Napoleons ist, so singt Gustav Freytag dem liberalen Bürgertum Deutschlands um die Mitte des Jahrhunderts sein Hohelied.« (99) Löwenthal sah die Literatur als bloßes Anhängsel der ökonomisch-sozialen Entwicklung. Er diskutierte weder einen Fortschritt im Bereich der Literatur, der, wie Adorno es für die Musik zu zeigen versuchte, in Spannung zur gesellschaftlichen Entwicklung stehen konnte, noch einen Fortschritt im Bereich der Gesellschaft, der, wie Fromm es vorsichtig angedeutet hatte, auf das Proletariat bzw. die fortgeschrittensten Teile des Bürgertums setzen konnte. Allein der wissenschaftliche Fortschritt hin zur Anwendung der materialistischen Geschichtsauffassung in der Literaturwissenschaft schien ihn zu interessieren.

Die Aufsätze der zum Horkheimerkreis gehörenden Autoren im ersten Jahrgang der Zeitschrift, in ihrer Gesamtheit genommen, zeigten einige auffallende gemeinsame Züge. Alle Autoren bekannten sich begeistert zur materialistischen Geschichtsauffassung im Sinne der allgemeinen Resultate, wie sie in Marx' berühmtem Vorwort von *Zur Kritik der politischen Ökonomie* und im Feuerbach-Teil der *Deutschen*

Ideologie zusammengefaßt waren. Keiner von ihnen setzte Hoffnungen auf die Arbeiterklasse. Pollock konstatierte knapp ein Fehlen des subjektiven Interesses an einer sozialistischen Umwälzung. Horkheimer erwähnte, wo er von den »unteren gesellschaftlichen Schichten« sprach, bloß deren Angewiesenheit auf Ersatzbefriedigungen. Adorno sprach der Arbeiterklasse ausdrücklich jede progressive Rolle ab. Einzig Fromm hob im ersten seiner Aufsätze den »seine Klasse zwar führenden, aber sich mit ihr identifizierenden und ihren Wünschen dienenden proletarischen« von dem »der Masse als starker Mann, als mächtiger, vergrößerter pater familias gegenüberstehenden, kommandierenden Führer« (*ZfS* 1932: 52) ab und meinte im zweiten: »Das Proletariat weist ebenfalls [wie die Großunternehmer, R. W.] nicht annähernd in demselben Maße die analen Charakterzüge auf wie das Kleinbürgertum« (276), ohne daß er sich aber auf Überlegungen zur Dynamik solcher Erscheinungen eingelassen hätte. Keiner kümmerte sich um Themen wie sozialer Rechtsstaat, Weimarer Demokratie, italienischer Faschismus. Doch zweifelte auch keiner daran, daß die Zukunft dem Sozialismus gehörte.

Diesem Optimismus zogen allerdings die Analysen der gegenwartsbezogenen Ökonomen des Instituts (Pollock, Kurt Mandelbaum alias Kurt Baumann und Gerhard Meyer) zu den Auswirkungen der Weltwirtschaftskrise und zum Thema kapitalistische Krisenpolitik und Planwirtschaft zunehmend den Boden unter den Füßen weg. Eine Erkenntnis der gegenwärtigen Gesellschaft sei unmöglich »ohne das Studium der in ihr auf planmäßige Regelung der Wirtschaft hintreibenden Tendenzen«, hatte Horkheimer in seinem Vorwort zur ersten Nummer der Zeitschrift erklärt, »und es werden die damit zusammenhängenden Probleme, die in der ökonomischen, soziologischen und kulturgeschichtlichen Literatur heute eine wichtige Rolle spielen, besonders gepflegt werden müssen.« Selbst ein Thomas Mann hoffte damals auf die Planwirtschaft. »Die neue, die soziale Welt, die organisierte Einheits- und Planwelt, in der die Menschheit von untermenschlichen, unnotwendigen, das Ehrgefühl der Vernunft verletzenden Leiden befreit sein wird«, meinte er im März 1932 in seiner zum 100. Todestag Goethes in der Preußischen Akademie der Künste in Berlin gehaltenen Rede über *Goethe als Repräsentant des bürgerlichen Zeitalters*, »diese Welt wird kommen, und sie wird das Werk jener großen Nüchternheit sein, zu der heute schon alle in Betracht kommenden, alle einem verrotteten und kleinbürgerlich-dumpfen Seelentum abholden Geister sich bekennen. Sie wird kommen, denn eine äußere und rationale Ordnung, die der erreichten Stufe des Menschengeistes gemäß ist, muß geschaffen sein oder sich schlimmen Falles durch gewaltsame Umwälzung hergestellt haben, damit das Seelenhafte erst wieder Lebensrecht und ein menschlich gutes Gewissen gewinnen könne.« (*Neue Rundschau*, April 1932 / Thomas Mann, *Schriften und Reden zur Literatur, Kunst und Philosophie*, Bd. 2, 88 f.) Was aber Pollock, Meyer und Mandelbaum in ihren Beiträgen bis 1935 darlegten, ließ für Hoffnungen auf sozialistische planwirtschaftliche Tendenzen der gegenwärtigen Gesellschaft zunehmend weniger Raum. Pollock meinte immer deutlicher die Realisierung einer kapitalistisch pervertierten Planwirtschaft zu sehen. Meyer und Mandelbaum, die den Begriff Planwirtschaft für eine sozialistische Wirtschaftsordnung reservierten, deren grundsätzliche ökonomische Möglichkeit sie demonstrierten, vermochten in den kapitalistischen Ländern nur krisenpolitische Maßnahmen zu sehen, aber keinerlei auf planmäßige Regelung der Wirtschaft hintreibende Tendenzen. Was die Hoffnung auf den Sozialismus bei den Autoren des Horkheimerkreises vorläufig noch aktuell bleiben ließ, war außer einer verzweifelten Reaktion auf den Vormarsch des Faschismus die Verbindung der Vorstellung des Anwachsens der objektiven Möglichkeiten mit der Vorstellung der Vorreiterfunktion einiger im Bündnis mit den gewachsenen Produktivkräften stehender, sich aber ihrer Nicht-Autonomie bewußter Überbaubereiche. Diese Verbindung umging wie in einer Zangenbewegung die prekären Themen Proletariat, sowjetrussischer Sozialismus und Entwicklungstendenz der westlichen Wirtschaftssysteme.

Der wichtigste unter den übrigen Aufsätzen des ersten Jahrgangs der Zeitschrift war Borkenaus Beitrag *Zur Soziologie des mechanistischen Weltbildes*. Er war ein Extrakt der Arbeit *Der Übergang vom feudalen zum bürgerlichen Weltbild. Studien zur Geschichte der Philosophie in der Manufakturperiode*, die Borkenau – einer Wiener »halbjüdischen«, großbürgerlichen Familie entstammend, seit 1921 KPD-Mitglied, Mitte der 20er Jahre Reichsleiter des Roten Studentenbundes, 1929 nach Zerwürfnissen mit der Partei u. a. wegen der die SPD zum Hauptfeind erklärenden »Sozialfaschismus«-Strategie aus der Partei ausgeschlossen – als Stipendiat des Instituts verfaßt hatte. Angeregt vor allem von Lukács' »tiefdringender Studie über die Verdinglichung« (Borkenau, *Der Übergang vom feudalen zum bürgerlichen Weltbild*, S. III), versuchte er, die Entstehung einer neuen Denkform, nämlich des modernen Weltbildes im 17. Jahrhundert, bei der die Umwälzung der Erkenntnistheorie Hand in Hand ging mit der Herausbildung einer neuen Auffassung von der Natur und von der menschlichen Gesellschaft, durch die Wandlungen des gesellschaftlichen Seins zu erklären. Er sprach der Manufaktur die Rolle eines Vorbildes für die umfassende Abstraktion von allem Qualitativen zu (*ZfS* 1932: 312). Im übrigen stützte er sich bei seinen Erklärungen auf die »Klassenkämpfe«, »die sich an das Emporkommen der neuen Produktionsweise knüpfen« (313). »Ein

Denker«, so lautete seine Forschungsmaxime, »kann als eigentlich verstanden erst gelten, wenn er im Zusammenhang der Kämpfe verstanden ist, in denen er Partei nahm.« (*Der Übergang . . .*, 21) Z. B. Descartes mit seinem rationalistischen Fatalismus wurde von ihm als Ideologe der französischen Gentry begriffen, Hobbes als »der Ideologe des fortgeschrittensten Teiles der landed gentry« (*ZfS* 1932: 323). Borkenaus Verfahren bestand also – wie das Löwenthals im Umgang mit der Literatur – in der Zuordnung geistiger Produkte zu Klassen bzw. Klassenteilen, die auf- oder abstiegen, optimistisch oder pessimistisch, vorwärts- oder rückwärtsblickend oder schwankend waren. Das Irritierende solcher Erklärungen bestand – wie bei Löwenthal und Fromm – in der Fugenlosigkeit ihres Funktionalismus. Allerdings sah Borkenau, von seiner Forschungsmaxime abweichend, in manchen der von ihm angeführten Texte das Wesen der untersuchten Epoche zutreffend erfaßt, so insbesondere bei Pascal, der »das abstrakte Erlösungsbedürfnis inmitten einer völlig erlösungsfremden Welt« (355) artikulierte, nur eben – als »bürgerlicher« Philosoph – nicht als Wesen seiner Epoche, sondern als Wesen des Menschen schlechthin.

Daß er gerade auch die »Erkenntnisse« der Naturwissenschaftler historisch-gesellschaftlich interpretierte, machte Borkenaus Untersuchung zu einem wichtigen Bestandteil des westlichen Marxismus, der die Vergötzung der Naturwissenschaften durch den orthodoxen Marxismus sozialdemokratischer wie sowjetischer Prägung nicht mitvollzog, und zu einem frühen Beispiel kritischer Wissenschaftsgeschichtsschreibung. Aber als diese Pionierarbeit in der Schriftenreihe des Instituts erschien, versah Horkheimer, verunsichert durch Einwände Grossmanns gegen Borkenaus Einschätzung der Rolle der Manufaktur und vielleicht auch durch Borkenaus zunehmend kritische Haltung gegenüber dem Kommunismus, sie nur mit einer überaus vorsichtigen Herausgeber-Vorrede, die weder die sachlichen Probleme, zu deren Lösung die Arbeit beitrug, pointiert formulierte noch zu ihnen Stellung nahm.

Große Sammelrezensionen in der Zeitschrift zu den Themen Situation der Arbeiter bzw. Arbeiterinnen und der Angestellten, Familie, Arbeitslosigkeit, Freizeit zeugten von der ausgiebigen Berücksichtigung des jüngsten Standes einzelwissenschaftlicher Forschungen für die eigenen empirischen Untersuchungen des Instituts. Einen ergänzenden Bestandteil des Arbeiter- und Angestellten-Projektes bildete auch die zweite Erhebung des Instituts: eine Sachverständigenenquete über Sexualmoral. 1932 wurden an 360 deutsche Spezialärzte für Haut- und Geschlechtskrankheiten, Frauenleiden und nervöse Störungen Fragebögen verschickt mit 5 Tatsachenfragen (z. B.: »Leben die Mehr-

zahl der jungen Menschen vor der Ehe abstinent oder nicht? a) Haben
Sie in dieser Beziehung eine Wandlung in der Nachkriegszeit gegenüber der Vorkriegszeit beobachtet? b) Haben Sie in dieser Beziehung
eine Wandlung in der neuesten Zeit (seit 1930) beobachtet?«) und 3
Meinungsfragen (z. B. »Bis zu welchem Alter soll der junge Mensch
abstinent leben?«), die vor allem hinzugefügt waren, um das subjektive Moment bei den Angaben der Experten einschätzen und als
Fehlerquelle berücksichtigen zu können. Die Ärzte wurden gebeten,
anzugeben, auf welche soziale Schicht sich ihre Angaben bezögen.
Diese Untersuchung sollte Aufschluß über eventuelle Veränderungen
in der Sexualmoral geben, der Fromm eine ganz besondere Rolle bei
der Anpassung der libidinösen Struktur an die jeweilige gesellschaftliche Struktur zusprach (*ZfS* 1932: 267). Erhofft wurde offensichtlich
eine Ergänzung der durch die Arbeiter- und Angestelltenerhebung
gewonnenen Angaben der Betroffenen selbst durch Beobachtungen
von dritter Seite, die sich auf einen für die Beurteilung der psychischen
Struktur besonders wichtigen Bereich bezogen.

Noch bevor die Arbeiter- und Angestellten-Untersuchung pro-
grammgemäß auf andere »hochentwickelte europäische Länder«
(Horkheimer, *Die gegenwärtige Lage der Sozialphilosophie*, 44) ausgewei-
tet werden konnte, mußte das Institut die Flucht ergreifen vor einem
Gegner, den es in der Verwaltungspraxis schon früh ernstgenommen,
der aber in seinem Forschungsprogramm noch keinen gebührenden
Platz gefunden hatte.

2. Kapitel
Auf der Flucht

Am Montag, dem 30. Januar 1933, ernannte Reichspräsident Hinden-
burg Hitler zum Reichskanzler, was er bis dahin unter ausdrücklichem
Hinweis auf die Gefahr einer nationalsozialistischen Parteidiktatur
abgelehnt hatte. Offenbar noch am selben Tag wurde Horkheimers
und Pollocks Haus in Kronberg von der SA besetzt und zum Wach-
lokal umfunktioniert (Rechtsanwalt W. Gerloff-Landgericht Ffm,
Wiedergutmachungskammer, 21. 6. 49). Horkheimer und seine Frau
waren gewarnt worden und wohnten um diese Zeit bereits in einem
Hotel in der Nähe des Frankfurter Hauptbahnhofs. Für den Rest des
Semesters ließ Horkheimer sich von seiner Genfer Wohnung aus zu
seinen Universitätsveranstaltungen nach Frankfurt fahren. In seiner
Vorlesung zur Einführung in die Philosophie sprach er in diesen
letzten zwei, drei Wochen nur noch vom Begriff der Freiheit. Auf die
letzten Februar-Tage in Deutschland ist seine Vorbemerkung zur
Dämmerung datiert, die 1934 in der Schweiz erschien. »Dieses Buch ist
veraltet. Die in ihm enthaltenen Gedanken sind gelegentliche Notizen
aus den Jahren 1926 bis 1931 in Deutschland . . . Sie beziehen sich
immer wieder kritisch auf die Begriffe Metaphysik, Charakter, Moral,
Persönlichkeit und Wert des Menschen, wie sie in dieser Periode des
Kapitalismus Geltung besaßen.

Da sie der Zeit vor dem endgültigen Sieg des Nationalsozialismus
angehören, betreffen sie eine heute schon überholte Welt. Probleme
wie das der sozialdemokratischen Kulturpolitik, der mit der Revolution sympathisierenden bürgerlichen Literatur, der akademischen Zurichtung des Marxismus bildeten eine geistige Atmosphäre, die sich
jetzt verzogen hat. Doch mögen die Einfälle des seiner Lebensart nach
individualistischen Verfassers auch späterhin nicht ganz ohne Bedeutung sein.«

Zur Zeit von Hitlers Ernennung zum Reichskanzler war Wittfogel
gerade auf einer Vortragsreise in der Schweiz. Trotz der Warnungen
Pollocks, der sich bereits dorthin zurückgezogen hatte, fuhr er im
Laufe des Februar wieder nach Berlin zurück. Am 2. März verließ
Löwenthal als letzter der festen Mitarbeiter das Institut und Frankfurt.
Adorno, der weder zur verrufenen »Marxburg« gehörte noch sich
politisch betätigt hatte und »bloß« »Halbjude« war, blieb − wie er

später in einem Brief an Horkheimer beklagte, ohne von der endgültigen Übersiedlung des Instituts nach Genf informiert worden zu sein und »ohne jede Instruktion vom Institut, was zu tun, wohin zu gehen« (Adorno-Horkheimer, Oxford, 2. 11. 34).

Bei den Wahlen zum 8. Reichstag am 5. März kam die Regierungskoalition aus Nationalsozialisten und Deutschnationaler Volkspartei trotz Terror und staatlich sanktionierter Willkür gerade auf 51,8% der Stimmen. Sie reichten Hitler aber als plebiszitäres Sprungbrett für den weiteren Ausbau der nationalsozialistischen Herrschaft – dank der Willfährigkeit der bürgerlichen Mittelparteien, die mit dem Ermächtigungsgesetz vom 24. März die Selbstausschaltung des Reichstags legalisierten.

Am 13. März wurde das Institut von der Polizei durchsucht und geschlossen. Im Mai wurden die Räume des Erdgeschosses entsiegelt und dem nationalsozialistischen Studentenbund zur Verfügung gestellt. Mit Datum vom 14. Juli 1933 schickte das Geheime Staatspolizeiamt (Gestapo) in der Berliner Prinz-Albrecht-Straße ein Schreiben ab:

An das Institut für Sozialforschung
in *Frankfurt a. M.*

Auf Grund der §§ 1 und 3 des Gesetzes über die Einziehung kommunistischen Vermögens vom 26. Mai 1933 – RGBl.I S. 293 – wird das in Frankfurt a. M. befindliche Institut für Sozialforschung beschlagnahmt und zugunsten des Freistaats Preussen eingezogen, da das genannte Institut staatsfeindliche Bestrebungen gefördert hat.

Im Auftrage
gez. *Dr. Richter-Brohm.*

Von den engeren Mitarbeitern des Instituts geriet nur einer in die Fänge der Nationalsozialisten: Wittfogel. Er wurde gefaßt, als er Mitte März bei Singen die deutsche Grenze überschreiten wollte. Er kam in mehrere Konzentrationslager, wurde im November 1933 freigelassen und konnte über England in die USA emigrieren.

Am 14. April berichtete die *Deutsche Allgemeine Zeitung* von einer ersten vorläufigen Maßregel in Preußen zur Durchführung des am 7. April verabschiedeten Gesetzes »zur Wiederherstellung des Berufsbeamtentums«, das vor allem die Dienstentlassung jüdischer, kommunistischer und sozialdemokratischer Beamter regeln sollte. Opfer des »ersten Beurlaubungsschubes« – die Entlassung aus dem Staatsdienst und die Einstellung der Bezüge folgten im Laufe des Jahres – waren u. a. die Frankfurter Professoren Heller, Horkheimer, Löwe, Mannheim, Sinzheimer, Tillich. »Kultusminister Dr. Rust beabsichtigt«, so hieß es in der Zeitung, »auf diesem Wege die *Judenfrage* (§ 3 des Beamtengesetzes) sofort anzupacken. Es soll sichergestellt werden, daß der größte Teil des Revirements *noch vor dem 1. Mai* erfolgt ist, so daß Unruhen zum Semesterbeginn vermieden werden.« Wie überall, so stellte sich auch in Frankfurt die Universität keinen Augenblick lang vor die verfemten und verfolgten Kollegen. Im Gegenteil. Bereits am 3. April hatte der Senat der Universität beschlossen, beim preußischen Kultusminister den Antrag zu stellen, »daß die bisherige Verbindung des ›Instituts für Sozialforschung‹ mit unserer Universität, so lose diese Verbindung auch war, aufgehoben werde«. Zur Begründung führte der seit Oktober 1932 amtierende Rektor Wilhelm Gerloff, der bei seiner Rektoratsübernahme noch vor dem »chauvinistischen Nationalsozialismus« gewarnt hatte und der im Mai 1933 bei seiner vorzeitigen Ablösung durch den überzeugten Nationalsozialisten Ernst Krieck auf den üblichen Bericht über seine Amtszeit verzichtete (cf. Stuchlik, *Goethe im Braunhemd*, 88 f.), an: »Die tatsächliche Entwicklung des Instituts in seinem Besucherkreis hat sich in Bahnen bewegt, die nicht im Sinne der Universität waren, ohne daß diese irgend einen Einfluß hätte ausüben können.« (zitiert bei Schivelbusch, *Intellektuellendämmerung*, 94)

In der »revolutionären« Anfangsphase des Regimes wurden im Reichsdurchschnitt 14% des akademischen Lehrkörpers und 11% der Ordinarien entfernt. Im Reichskultusministerium schätzte man, daß in den ersten 5 Jahren seit der Machtübernahme 45% aller beamteten wissenschaftlichen Stellen neu besetzt wurden (Erdmann, *Deutschland unter der Herrschaft des Nationalsozialismus 1933-1939*, 171). Nach der Berliner hatte die Frankfurter Hochschule die zweithöchste Entlassungsquote. Mehr als ein Drittel aller Frankfurter Hochschullehrer verloren ihren Lehrstuhl. Daß ausgerechnet eine so national-konservative Institution wie die deutsche Universität besonders weitreichenden Säuberungsaktionen unterworfen wurde, war nur durch den Haß Hitlers und der Nationalsozialisten auf alles Intellektuelle und jegliche nicht unmittelbar der nationalsozialistischen Ideologie und Strategie dienende wissenschaftliche Tätigkeit zu erklären. Selbst ein Mann wie Kurt Riezler wurde unter Hinweis auf seine Berufungspolitik – er hatte nicht nur »Georgianer« wie Kommerell und Kantorowicz, sondern auch den Soziologen Mannheim und den Sozialdemokraten Löwe nach Frankfurt geholt – bereits 1933 wegen nationaler Unzuverlässigkeit seines Amtes enthoben. Dabei hatte Riezler immerhin eine entschieden nationalistische Vergangenheit. Er hatte sich 1930 vehement gegen die Verleihung des Frankfurter Goethe-Preises an Freud ausgesprochen mit dem Argument: »Das prägnant Un-Goethische, ja

Wider-Goethische liegt in dem prinzipiell kausal-mechanistischen der Freud-Welt, dem extrem rationalistischen des Aufbaus, der Konstruktion anstelle der lebendig gefühlten Ganzkonzeption, der Zentrierung des Menschen von peinlich Krankhaftem her, vom Prüden her ... Ganz gleichgültig, ob die Psychoanalyse recht hat!: die Confundierung der Namen im Goethepreis muß der Öffentlichkeit, in der ein sehr reales Bild jener beiden Geisteshaltungen da ist, als geschmacklose Vermanschung erscheinen.« (zitiert bei: Schivelbusch, a.a.O., 88) Und er konnte beim Kampf um seine Beamtenrechte darauf verweisen, daß er sich als Kurator für die Berufung von Heidegger, Schmitt, Neumann und Bäumler eingesetzt habe, die »hervorragendsten Wortführer des Nationalsozialismus« (s. Riezler, *Tagebücher, Aufsätze, Dokumente*, 144).

Einen Kurs »strikter Normalisierung« (Löwenthal) verfolgend, hatte Horkheimer sich am 18. März unter Bezugnahme auf die Zeitungsnachrichten über die Durchsuchung und Schließung des Instituts von Genf aus zunächst an den Rektor der Universität, Gerloff, und an den Dekan der Philosophischen Fakultät, Lommatzsch, gewandt. »Über die Gründe der Durchsuchung«, hieß es in seinen gleichlautenden Briefen, »schien mir kein Zweifel zu bestehen. Mein Vorgänger in der Leitung des Instituts hatte die in der ganzen Welt bekannte Spezialbibliothek über Geschichte der Arbeiterbewegung gesammelt ... Da der Gegenstand es mit sich brachte, daß die Bibliothek eine große Anzahl sozialistischer Literatur enthielt, mochte bei manchem Fernstehenden der Eindruck einer politischen Tendenz erweckt worden sein. Auch haben sich, besonders in früheren Jahren, wohl mehr den verschiedenen Richtungen des Sozialismus nahestehende als politisch rechts gerichtete Studenten mit den Problemen der Arbeiterbewegung befaßt, doch dürfte sich dieser Umstand in letzter Zeit geändert haben. Als ich die Leitung des Instituts übernahm, war mir bewußt, daß diese Vorgeschichte des Instituts es seiner Leitung zur Pflicht machte, darüber zu wachen, daß an ihrer politischen Neutralität nicht gezweifelt werden könne.« Die Reaktion auf seine Bitte, ihm einen Rat zu geben, wie der falsche Verdacht unwissenschaftlicher Parteilichkeit zu zerstreuen sei, aufgrund dessen »untergeordnete Organe die Aufklärung durch die Regierung verzögern oder gar verhindern könnten«, bestand in der Auskunft der ebenfalls auf »Normalisierung« bedachten Kollegen, im Augenblick sehe man sich leider nicht in der Lage, irgendeinen Ratschlag zu geben.

Nach den Zeitungsnachrichten über die »vorläufige Beurlaubung« schickte Horkheimer am 21. April einen drei dichtbeschriebene Seiten langen Brief an den Minister für Wissenschaft, Kunst und Volksbildung in Berlin. In diesem Brief – dem Ton nach der eines stolzen liberalen Bürgers – begründete er knapp und pointiert die Bedeutung von Cornelius, Kant und Hegel für seine Lehrtätigkeit. Er bekannte sich ausdrücklich dazu, von den neueren Gesellschaftslehren auch die ökonomische Geschichtsauffassung berücksichtigt zu haben. »Selbstverständlich habe ich diese Theorie, soweit sie mir wissenschaftlich fruchtbar erschien, positiv dargestellt und auf ihren Erkenntniswert hingewiesen. Ich halte es für eine Aufgabe der Universität, daß die Studenten im Gegensatz zu den grossen Massen die Lehren, zu welchen sie in ihrem Leben positiv oder negativ leidenschaftlich Stellung nehmen, auch im einzelnen kennenlernen müssen.« Sein Brief schloß:

»Nach Beendigung meiner Vorlesungen in diesem Wintersemester bin ich, wie in den letzten Jahren, nach Genf gereist. Hier führen einige Mitarbeiter des Instituts im Zusammenhang mit anderen am Ort befindlichen Instituten Untersuchungen über den Einfluß der Arbeitslosigkeit auf das Familienleben und über weitere die Familie betreffende Fragen durch. Der Herr Staatskommissar hatte mich bereits während der vorhergehenden Semester zu Reisen hierher einige Male beurlaubt. Keineswegs habe ich mich etwa im Zusammenhang mit den politischen Ereignissen aus Deutschland entfernt. Inzwischen hat man das mir unterstellte Institut geschlossen, meine Post beschlagnahmt und schliesslich die erwähnte Maßnahme der Beurlaubung über mich verhängt, ohne dass ich auch nur davon in Kenntnis gesetzt worden wäre, dass eine ernst zu nehmende Beschuldigung gegen mich vorliegt. Ich empfinde dieses Vorgehen als unverträglich mit dem hohen Amt eines Hochschullehrers. In dem unbestimmten Gefühl, heute jeder Verdächtigung ausgesetzt zu sein, glaubte ich, Ihnen, Herr Minister, diesen Bericht erstatten zu sollen.

Weder vor noch nach meiner Berufung habe ich einer Partei angehört. Mein Amt suchte ich in einer für Philosophie und Wissenschaft fruchtbaren Weise zu verwalten. Die Aussicht, es verlassen zu müssen, schmerzt mich, denn ich habe den Umgang mit meinen Hörern, der niemals durch einen politischen Zwischenfall getrübt wurde, stets als ein großes Glück empfunden. Die deutschen Studenten gehören ihrer Geschichte nach zu den erwecktesten und an Begabung reichsten der Welt. Ob die gegen mich gerichteten Massnahmen mehr im Hinblick auf meine Gesinnung oder auf mein Judentum getroffen werden, weiss ich nicht. Beide Beweggründe widersprächen jedenfalls den besten Traditionen der deutschen Philosophie. Diese hat stets den Anspruch erhoben, dass die Entscheidung über ihre Lehren und die ihnen entsprechende Gesinnung nicht ausserhalb ihrer selbst, auch nicht im Ermessen der Behörden, liegt. Zwischen der Wahrheit und dem Programm einer Regierung, wie stark auch ihr Wille sei, wie tief ihre Wurzeln im Volk immer reichen mögen, besteht keine notwendige Harmonie. Caesar non est supra grammaticos. Und Hegel verlieh nur einem allgemeinen philosophischen Gedanken Ausdruck, wenn er sagte, dass auch die Juden ›zu allererst Menschen sind und dass dies nicht nur eine flache, abstrakte Qualität ist‹. Sowohl die Selbständigkeit des wissenschaftlichen Erkenntnisanspruchs als auch die Lehre von der Würde des Menschen sind von der klassischen deutschen Philosophie auf den Höhepunkten ihrer Entwicklung als Kulturgüter betrachtet worden, die preiszugeben schlechthin eine Schädigung des geistigen Lebens bedeutet. Ihre Verletzung – auch insoweit sie vom geltenden Recht auf Grund des heute massgebenden Wertsystems nicht als solche beurteilt wird – muss schliesslich für die Entfaltung des wissenschaftlichen Denkens zur Fessel werden.

> Ergebenst
> gez. *Dr. Max Horkheimer*.
> o. ö. Professor«

Solche Briefe schienen so absurd wie die damalige Situation, in der Willkür und Legalität sich unberechenbar vermischten. Noch grotesker waren die Auseinandersetzungen, die sich zwischen dem emigrierten Institut und der Frankfurter Universität abspielten, weil die Gesellschaft für Sozialforschung der Universität das Ruhegehalt für Grünberg weiterzahlen wollte, nicht aber die Gehälter für die beiden von ihr gestifteten Lehrstühle, von denen Horkheimer und Löwe vertrieben worden waren (cf. Schivelbusch, a.a.O., 95 ff.). War Horkheimers Strategie auch nicht heroisch, ja nicht einmal besonders listig, so war sie doch erfolgreich und fügte dem Gegner auf ihre Weise auch Schaden zu, indem sie ihn bei seinen zivilisierten Stellen packte und ihm nichts schenkte. Als Geflohener hätte Horkheimer nichts von seinem in Deutschland zurückgelassenen Vermögen herausbekommen. Für das Institut galt das gleiche. Außer daß er die erwähnten Briefe schrieb, nahm er deshalb »sogleich einen ganz ausgezeichneten und äußerst beziehungsreichen Mann als Anwalt . . ., der nicht nur die ausdrückliche Erklärung der Behörden erlangte, daß der Institutsleitung kein Verschulden vorgeworfen wird, sondern auch die Freigabe meines gesamten Eigentums und die Bewilligung zur Ausfuhr größerer Vermögensteile erwirkte« (Horkheimer-Adorno, 16. 11. 34).

Bereits im Februar 1933 war die »Gesellschaft für Sozialforschung« ersetzt worden durch die »Société Internationale de Recherches Sociales« mit Hauptsitz in Genf. Die Genfer Zweigstelle war damit offizieller Hauptsitz der Verwaltung. Für die wissenschaftliche Arbeit konnte sie aber nur provisorisch als Zentrale dienen – nicht nur wegen der bedrohlichen Nähe eines nationalsozialistischen Deutschen Reiches und eines faschistischen Italien, sondern auch wegen des Verhaltens der Schweiz gegenüber Emigranten. »Nur Horkheimer«, so Löwenthal im Gespräch mit Dubiel, »hatte eine unbegrenzte Aufenthaltsgenehmigung, mit der er sich auch eine Wohnung halten und seine Möbel transferieren konnte. Weder Pollock noch Marcuse, noch ich durften dies, wir hatten unsere Bibliothek und unsere Möbel im Freilager in Genf. Wir blieben sozusagen immer Besucher, wir hatten nur eine Art Touristenvisum und mußten alle paar Wochen über die Grenze nach Bellegarde fahren, um dann mit einem neuen Visum wieder hereinzukommen. Da waren auch noch andere Dinge. Wir haben es oft erlebt, daß gerade jüdische Emigranten ganz besonders schikaniert worden sind, und zwar in der Form, daß die Ausländergesetzgebung ihnen gegenüber ganz besonders restriktiv gehandhabt wurde. Für uns waren das Indikatoren dafür, daß der Faschismus schließlich ganz Europa ergreifen würde.« (Löwenthal, *Mitmachen wollte ich nie*, 71)

Hilfsangebote aus Paris und London wurden deshalb von den Institutsleitern gerne angenommen, auch wenn mit ihnen kaum Aussichten auf den Ausbau zum Hauptsitz des Instituts verbunden waren. In Paris wurde eine Zweigstelle im Centre de Documentation an der Ecole Normale Supérieure eingerichtet, dessen Direktor der Durkheim-Schüler Célestin Bouglé war. Geleitet wurde das Pariser Büro bis 1936 von Paul Honigsheim, der von deutsch-französischen Eltern abstammte, Leopold von Wieses erster Assistent und bis zu seiner Emigration Direktor der Kölner Volkshochschule gewesen war. In London erhielt das Institut ein kleines Büro im Le Play House des Londoner Institute of Sociology.

Die Pariser Zweigstelle wurde wichtig als Standbein des Instituts in der Stadt, in der der neue Verlag der Zeitschrift für Sozialforschung seinen Sitz hatte, als Stützpunkt für international angelegte empirische Projekte und schließlich als europäischer Vorposten des Instituts. Die erste Nummer des 2. Jahrgangs der Zeitschrift war mit Verspätung im Mai schließlich doch noch vom alten Verlag ausgeliefert worden. Dann aber teilte Hirschfeld Horkheimer mit, er könne das Risiko nicht länger eingehen. Fortan übernahm Druck und Vertrieb der Zeitschrift die gerade auf sozialwissenschaftlichem Gebiet renommierte Librairie Felix Alcan in Paris. Das Institut garantierte dem Verlag 300 Abonnements, der Verlag verpflichtete sich zu einer Auflage von 800 Exemplaren plus 50 Werbeexemplaren (Alcan-Horkheimer, 20. 6. 33). Die Librairie Felix Alcan habe es der Zeitschrift ermöglicht, als wissenschaftliches Organ in deutscher Sprache weiter zu erscheinen, schrieb Horkheimer im September im Vorwort zur zweiten Nummer des 2. Jahrgangs. »Das Institut wird sich auch weiterhin bemühen, die Theorie der Gesamtgesellschaft und ihre Hilfswissenschaften zu fördern. Sein Mitarbeiterkreis, der sich aus jungen Gelehrten verschiedener Fächer zusammensetzt, erblickt in der Theorie einen Faktor zur Verbesserung der Wirklichkeit. Das begreifende Denken hat für die gesellschaftlichen Mächte keineswegs die gleiche Bedeutung: manchen unter ihnen gilt es mit Recht als schädlicher Ballast; die vorwärts strebenden Kräfte der Menschheit aber werden seiner nicht entraten können.«

Auch nach einem mehr als halbjährigen Exil sparte Horkheimer jeden direkten Hinweis auf aktuelle Nöte und politische Ereignisse nicht weniger radikal aus als in seiner Antrittsrede. Seine Haltung wirkte wie die sozialwissenschaftliche Praktizierung dessen, was Adorno in seinem Beitrag zur ersten Nummer der Zeitschrift im Hinblick auf die Musik so formuliert hatte: »Ihr frommt es nicht, in ratlosem Entsetzen auf die Gesellschaft hinzustarren: sie erfüllt ihre gesellschaftliche Funktion genauer, wenn sie in ihrem eigenen Material und nach ihren eigenen Formgesetzen die gesellschaftlichen Probleme zur Darstellung bringt, welche sie bis in die innersten Zellen ihrer Technik in sich enthält.« Enthaltsamkeit nicht nur von jeder auch nur halbwegs politischen Aktivität, sondern sogar von jeder kollektiven oder organisierten Maßnahme zur Aufklärung über die Situation in Deutschland oder zur Unterstützung von Emigranten blieb die durchgängige Politik des Instituts unter Horkheimers Leitung. »Hat sich das Institut jemals«, fragte Jürgen Habermas in den 70er Jahren Herbert Marcuse, »sagen wir, lokalisiert im Verhältnis zu stärker politisch organisierten Gruppen der Emigration? Marcuse: Das war streng untersagt. Horkheimer hat von Anfang an darauf bestanden, daß wir Gäste der Columbia University sind, Philosophen und Wissenschaftler.« (Habermas u. a., *Gespräche mit Marcuse*, 19)

Auch für die, die so viel Glück im Unglück hatten wie die zum Horkheimerkreis Gehörenden, aktualisierte die Flucht vor der nationalsozialistischen Herrschaft das Trauma von der Unsicherheit jüdischer Existenz. Aber gerade für den Horkheimerkreis war auch in besonderem Maße Kontinuität möglich, nämlich eine Steigerung des schon zu »normalen« Zeiten praktizierten Verhaltens auf gesellschaftliche und wissenschaftliche Anerkennung bedachter Abweichler mit nicht gesellschaftsfähigen Zielen gegenüber dem wissenschaftlichen und gesellschaftlichen »Betrieb«. Die Institutsleiter setzten alles daran, die wissenschaftliche Arbeit möglichst ungestört fortsetzen zu können. Das gelang trotz einer Reihe erschwerender Umstände in erstaunlichem Maße.

Immerhin waren vom Kernteam des Instituts Horkheimer, Pollock und Löwenthal in Genf vereint. Fromm mußte zum Auskurieren einer Lungentuberkulose für längere Zeit nach Davos, beteiligte sich aber von dort aus an der Institutsarbeit. Marcuse, dem Adorno in einer Besprechung des Hegel-Buches bescheinigt hatte, »er tendiert vom ›Sinn von Sein‹ zur Erschließung des Seienden; von Fundamentalontologie zur Geschichtsphilosophie; von Geschichtlichkeit zur Geschichte« (*ZfS* 1932: 410), arbeitete seit der ersten Auslandsnummer der Zeitschrift als philosophischer Hauptrezensent an ihr mit. Damit löste er Adorno ab, der den philosophischen Rezensionsteil zuletzt zusammen mit seinem Schüler Dolf Sternberger praktisch allein bestritten hatte. (Durch die nationalsozialistische Machtübernahme und die Emigration des Instituts war Adornos noch im Januar 1933 Kracauer gegenüber geäußerte Hoffnung, die Zeitschrift, deren philosophischen Besprechungsteil er nun offiziell mit Horkheimer leite, »zu einem Organ für uns um(zu)gestalten«, zerstört worden. »Die Umgebung wird anständig sein«, hatte Adorno, Kracauer zur Mitarbeit auffordernd, geschrieben, »Benjamin und Lukács tun auch mit, die philosophischen Besprechungen übernehme ich zum größten Teil selbst, die unfähigen Leute habe ich herausgeworfen, dagegen will ich begabte wie Sternberger und Herbert Marcuse zuziehen.«) An Wittfogels und Grossmanns Form der Mitarbeit als selbständig Forschende änderte sich nichts Wesentliches. Daß Wittfogel erst Anfang 1934, als er in London ankam, seine Arbeit fortsetzen konnte, hatte für die laufende Arbeit des Instituts keine Folgen. Das gleiche galt für den Umstand, daß Grossmann sich in Paris mit der Neubearbeitung seines Buches über *Das Akkumulations- und Zusammenbruchsgesetz des kapitalistischen Systems* für eine französische Ausgabe beschäftigte, die aber nie zustande kam. Die Mitarbeit Walter Benjamins, durch Adorno 1932 angebahnt, begann erst während der Zeit der Schweizer Emigration des Instituts mit vereinzelten Rezensionen und dem 1934 erschienenen Aufsatz *Zum gegenwärtigen Standort des französischen Schriftstellers*. Für Benjamin, der als freier Schriftsteller auf die Freiheit der Presse angewiesen war, wurde ein Organ wie die *ZfS* nach seiner Flucht immer mehr zur wichtigsten Publikationsmöglichkeit. Anläßlich seines ersten, auf Ibiza unter ungünstigen Bedingungen geschriebenen Beitrags für die Zeitschrift meinte er allerdings im Juni 1933 in einem Brief an Scholem: »Der Faschismus macht reißende Fortschritte auch außerhalb Deutschlands. Wie es in der Schweiz steht erkenne ich leider . . . auch an gewissen redaktionellen Emendationen, die mir die ›Zeitschrift für Sozialforschung‹ zu meinem Aufsatz über ›die gegenwärtige gesellschaftliche Lage des französischen Schriftstellers‹ vorschlägt.« (Benjamin-Scholem, 29. 6. 33, in: Benjamin/Scholem, *Briefwechsel*, 83)

Horkheimer publizierte in der ersten Auslandsnummer der Zeitschrift mit *Materialismus und Moral* nach dem im vorangegangenen Heft erschienenen Beitrag *Materialismus und Metaphysik* seinen zweiten großen Aufsatz, in dem er seine diversen Gedanken zu bündeln und in eine neubestimmte philosophische Tradition zu rücken suchte. Sinnfälliger Ausdruck dafür war die für einige Jahre verbindliche Etikettierung der eigenen Position als »Materialismus« bzw. »materialistische Theorie« und die Herstellung einer Verbindungslinie zwischen einer bestimmten Tradition materialistischen Denkens und einer bestimmten Form gegenwärtiger gesellschaftstheoretischer Erkenntnis. »Wenn aus dem Anspruch auf Glück, den das wirkliche Leben bis zum Tode nicht gehalten hat, zuletzt bloß die Hoffnung, aber nicht die Erfüllung hervorgeht, so konnte die Veränderung der das Unglück bedingenden Verhältnisse zum Ziel des materialistischen Denkens werden. Je nach der geschichtlichen Lage gewann dieses Ziel eine andere Gestalt. Angesichts der Entwicklung der Produktivkräfte im Altertum waren auch die materialistischen Philosophen dem Leiden gegenüber auf die Ausbildung innerer Praktiken angewiesen; Seelenruhe ist die Auskunft in einer Not, vor der die äußeren Mittel versagen. Der Materialismus des frühen Bürgertums zielte dagegen auf die Vermehrung der Naturerkenntnis und die Gewinnung neuer Kräfte zur Beherrschung von Natur und Menschen. Das Elend der Gegenwart aber ist an die gesellschaftliche Struktur geknüpft. Darum bildet die Theorie der Gesellschaft den Inhalt des heutigen Materialismus.« (*Materialismus und Metaphysik*, ZfS 1933: 14)

Die verschiedenen für Horkheimer charakteristischen Ansichten – die Annahme eines keiner Begründung bedürftigen Glücksanspruchs der in ihrer Vergänglichkeit und angesichts einer jenseitslosen Welt auf Solidarität angewiesenen Menschen; Betonung des gesellschaftlich-historischen Index von Triebstruktur und Erkenntnis der Menschen; die Überzeugung, daß der Glücksanspruch der Menschen angesichts einer hochentwickelten Naturbeherrschung auf die reale Vereinigung von besonderem und allgemeinem Interesse auf der Grundlage einer planmäßigen Wirtschaft ziele – alle diese Ansichten gingen nun ein in die Konzeption einer sich ihrer philosophischen Grundlagen bewußten Theorie der Gesellschaft, in der – so Horkheimer – die Menschheit Stimme und Bewußtsein erlangte. Der philosophiegeschichtlichen Selbstvergewisserung sollte auch das Vorhaben eines materialistischen Lesebuchs mit Texten aus der abendländischen Philosophie von der Antike bis zum Ende des 19. Jahrhunderts dienen. Maßstab des Materialistischen sollte dabei die Behandlung von Problemkreisen wie »Leid und Elend in der Geschichte, Sinnlosigkeit der Welt, Unrecht und Unterdrückung, Kritik der Religion und Moral, Verbindung der Theorie mit der geschichtlichen Praxis, Forderung einer besseren Organisation der Gesellschaft, usw.« sein (cf. Marcuse/Horkheimer-Bloch, 6. 5. 36, in: Bloch, *Briefe II*, 674 f.)

Der Wille der Menschheit zielte – das stand für Horkheimer fest – auf vollendete Naturbeherrschung, auf die »Beherrschung der Natur in und außer uns durch vernünftigen Entschluß« (*Zum Problem der Voraussage in den Sozialwissenschaften*, ZfS 1933: 412). Das Konzept vollendeter Naturbeherrschung durch eine ungeschmälerte Vernunft, eine Vernunft, die Horkheimer in Anknüpfung an Hegel und Marx als dialektisch charakterisierte, verteidigte er in zwei Richtungen – zum erstenmal ausführlich in seinem noch in der Schweizer Emigration entstandenen Aufsatz *Zum Rationalismusstreit in der gegenwärtigen Philosophie*. Der Rationalismus, den Horkheimer vor allem im Positivismus verkörpert sah, betrachtete die Fachwissenschaften in ihrer bestehenden Gestalt als die einzig berechtigte Form der Erkenntnis und betrachtete das Denken als unzuständig für die Probleme der Gesamtgesellschaft. Damit vertrat er in Horkheimers Augen eine unvollendete, verstockte, verarmte Rationalität. Der Irrationalismus, den Horkheimer u. a. in der Lebensphilosophie und in der Existenzphilosophie verkörpert sah, denunzierte das Denken als zerstörerische Kraft und erklärte die Seele oder die Intuition zu der für die entscheidenden Probleme des Lebens allein maßgeblichen Instanz. Diese Richtung verlangte damit weniger statt mehr Rationalität. Den Rationalismus begriff Horkheimer als angemessenen Ausdruck der Selbstüberschätzung des das Ganze niemals überschauenden Individuums, das seine Blütezeit in der liberalistischen Periode der bürgerlich-kapitalistischen Gesellschaft erlebt hatte. Im Irrationalismus sah er den Ausdruck der gestiegenen Ohnmacht selbst der meisten Angehörigen der bürgerlichen Schichten in der Phase des Monopolkapitalismus und die Verklärung der Unterwerfung des einzelnen unter das ihm mehr denn je undurchsichtige Ganze. »Der Irrationalismus«, so Horkheimer, »stellt den Bankrott des Rationalismus richtig fest und zieht daraus die falsche Konsequenz. Das einseitige Denken und das egoistische Interesse kritisiert er nicht etwa zugunsten einer Einrichtung der Welt, wie sie den tatsächlich zur Verfügung stehenden Kräften der Menschheit entspräche. Vielmehr läßt er die ökonomischen Gesetze, welche die gegenwärtigen Verhältnisse herbeigeführt haben, in ihren wesentlichen Zügen unberührt und besorgt die Zwecke der wirtschaftlich Mächtigsten, die bloß die Vollstrecker jener ökonomischen Gewalten sind, indem er ihre blinde Anerkennung durch das Gebot der Unterordnung unter das vorgebliche Ganze und Allgemeine betreibt.« (*ZfS* 1934: 50 f.)

Horkheimer ließ allerdings, was er in seinen Aufsätzen ausführte, an keiner Stelle in Hypothesen einmünden, die zum Gegenstand oder zumindest Leitfaden empirischer Untersuchungen hätten gemacht werden können. Die Akzentverschiebung, zu der es während des Schweizer Exils in der empirischen Arbeit des Instituts kam, ging nicht auf Impulse der Philosophie zurück, wie es der von Horkheimer in seiner Antrittsrede geforderten Form der Kombination von Philosophie, Einzelwissenschaften und empirischen Untersuchungen entsprochen hätte, sondern ergab sich offenbar recht naturwüchsig und ohne Verständigung zwischen den am Kollektivprojekt Beteiligten. An die Stelle der Untersuchung der sozialpsychologischen Vermittlung zwischen materieller und geistiger Kultur bei einer bestimmten sozialen Gruppe, nämlich der der qualifizierten Arbeiter und der Angestellten, trat die Untersuchung der Veränderungen in der Familienstruktur zu Zeiten einer besonders schweren Wirtschaftskrise, in der viele den Anfang vom Ende des Kapitalismus sahen. In der Fußnote zu einem Bericht über *Neue Literatur über Arbeitslosigkeit und Familie* im 3. *ZfS*-Heft des Jahres 1933, der von Andries Sternheim stammte – einem aus Holland stammenden Sozialisten und »braven und fleißigen« Mann (Horkheimer), der Horkheimer von einem Mitarbeiter des Genfer Internationalen Arbeitsamtes empfohlen worden war und der 1934 nach Pollocks Übersiedlung in die USA Leiter der Genfer Zweigstelle wurde –, hieß es: »Das Problem, inwiefern langdauernde Arbeitslosigkeit fundamentale Änderungen in den Beziehungen der einzelnen Familienmitglieder, insbesondere geistiger und psychischer Art nach sich zieht, wird z. Z. vom Institut für Sozialforschung untersucht, indem es in verschiedenen Ländern eine Erhebung über diesen Fragenkreis veranstaltet.« (*ZfS* 1933: 413)

Das bedeutete einerseits eine Einengung des Untersuchungsgegenstandes (von der Klasse zur Familie), andererseits eine Ausweitung (vom Klassenspezifischen zum Klassenunspezifischen). Gleichzeitig gewann für Fromm und Horkheimer eine neuakzentuierte Hoffnung an Bedeutung. Für den Fall einer einschneidenden Krise der bestehenden »autoritären« Gesellschaft hatte Fromm bereits in seinem ersten *ZfS*-Beitrag am Rande vorausgesagt: »Je stärker . . . eine Gesellschaft ökonomisch, sozial und psychologisch zerfällt, je mehr die bindende und prägende Kraft der Gesamtgesellschaft bzw. der in ihr herrschenden Klasse schwindet, desto größer werden auch die Differenzen der psychischen Struktur der verschiedenen Klassen.« (*ZfS* 1932: 36, Anm. 1) Er hatte auch schon einen Hinweis darauf gegeben, mit welcher gesamtgesellschaftlichen Entwicklungsrichtung seiner Ansicht nach eine Zunahme klassenspezifischer Differenzen in der Familienstruktur verbunden sein würde. »Die Gefühlsbeziehungen etwa zwischen Vater und Sohn sind völlig andere in einer Familie der bürgerlichen, vaterrechtlichen Gesellschaft als in der ›Familie‹ einer mutterrechtlichen Gesellschaft.« (35) Und als er in seinem zweiten *ZfS*-Beitrag vorsichtig die Perspektive eines »Anwachsens der genitalen Charakterzüge« beim Proletariat und bei den objektiv fortgeschrittensten Teilen der Bourgeoisie erwähnte, erwähnte er zugleich die eines »Zurücktretens der väterlichen Autorität im Psychischen« und eines »Hervortretens der der Mutter zugewandten Züge«. Noch bevor er diesen Gedanken in seinem 1934 erschienenen Aufsatz *Zur sozialpsychologischen Bedeutung der Mutterrechtstheorie* ins Zentrum rückte, machte ein von ihm präsentierter *ZfS*-Beitrag von Robert Briffault über *Family Sentiments* deutlich, was Fromm und Horkheimer an hoffnungsvoll Stimmendem von den Familienuntersuchungen erwarten mochten.

Briffault – ein in England geborener, mit 18 Jahren nach Neuseeland gegangener, später in den USA, dann in Paris lebender Philosoph, Psychologe und Anthropologe – hatte 1927 das dreibändige Werk *The Mothers. A Study of the Origins of Sentiments und Institutions* publiziert. Darin hatte er nachzuweisen versucht, daß die Verbindung der Mütter mit der Nachkommenschaft zur Bildung von um die Mütter zentrierten primitiven Gesellschaften führte und die vom Vater beherrschte Familie erst das Produkt später auftretender ökonomischer Veränderungen war, die das Interesse an der Vererbung individuellen Eigentums weckten. Damit hoffte er den Verteidigern der patriarchalischen Familie das Argument aus der Hand zu schlagen, sie verteidigten nichts anderes als die von jeher bestehende Grundlage der menschlichen Gesellschaft. In seinem Aufsatz *Family Sentiments* wiederholte Briffault diese Überlegungen, die er zu der Anklage zuspitzte, daß die »authoritarian paternal family«, die die Familienbande als heilig hinstelle, den Söhnen und Töchtern das Opfer ihrer selbständigen Entwicklung abverlange. Er schloß mit der Erwartung, daß der Zerfall der patriarchalischen Familie dank der schweren Krise der individualistischen Konkurrenzwirtschaft fortschreiten und eine nicht mehr von Konkurrenz gekennzeichnete Gesellschaft endlich die Freisetzung sozialer Gefühle über den engen und deformierenden Kreis der Familie hinaus ermöglichen werde.

Diese Perspektive – ob es nämlich Veränderungen in der Familie gab, die sie als Stätte der Reproduktion patriarchalischer Charaktere brüchig werden ließen, ohne daß daran sogleich die Erwartung der Freisetzung proletarischer Solidarität geknüpft wurde, wie Horkheimer es noch an einigen Stellen der *Dämmerung* getan hatte (s. S. 133 f.) – scheint den an den empirischen Erhebungen unmittelbar Beteiligten, vor allem Andries Sternheim als Koordinator, aber auch Pollock und Löwenthal nicht klargemacht worden zu sein. Noch Mitte 1934 jedenfalls, als in Genf die ersten Entwürfe für eine Veröffentlichung der Ergebnisse der Kollektivarbeit verfaßt worden waren, stellten Horkheimer und Fromm, die bereits in Amerika waren, irritiert fest, daß man in Genf davon ausging, es gehe um die Familie im allgemeinen, anstatt um die Autorität in der Familie (Horkheimer-Löwenthal, 6. 7. 34; Fromm-Horkheimer, 15. 7. 34). Das ließ auf eine schlecht funktionierende Arbeitsteilung schließen, aber auch darauf, daß den theoretischen Köpfen erst allmählich der Stellenwert des Autoritätsthemas für die gesellschaftliche Dynamik wie für die Vermittlung zwischen Theorie und Empirie richtig klar wurde. »The first two years of my activity at the Institute«, hieß es in einem Anfang 1937 anläßlich eines Instituts-Lunchs für die sozialwissenschaftliche Fakultät der Columbia University verteilten Text Horkheimers, »were given to experiments in this type of collaboration [von unterschiedlichen Wissenschaftszweigen sowie theoretischen und empirischen Wissenschaften, R. W.]. The theme finally adopted as most fruitful to our type of cooperative research was the relation of the cultural phenomenon of authority to the alternation of normal economic life and depression periods. The range of the problem of authority, however, is too extended to be investigated in toto. We selected therefore one of the social institutions where the oscillations in authority-relations as well as their connections with events in economic life were most readily accessible to observation. This institution is the family . . . We thus began to study the family from this viewpoint through various methods and in different European countries.«

Zur Zeit des Schweizer Exils wurde mit dreierlei Erhebungen begonnen:

1. 1933 begann in Frankreich eine Erhebung bei städtischen Familien, in denen der Mann zur Kategorie der Angestellten oder gelernten Arbeiter gehörte und seit mindestens 6 Monaten arbeitslos war. Gefragt wurde außer nach der beruflichen, der Einkommens- und der Wohnsituation nach der Verwendung der Freizeit, Veränderungen in den Beziehungen zwischen den Familienmitgliedern angesichts der Arbeitslosigkeit, den günstigen oder ungünstigen Folgen der Arbeitslosigkeit für die einzelnen Familienmitglieder und schließlich nach deren Vorstellungen zu einer Reihe von Einzelfragen (z. B. »Quelles sont les causes de la crise?« oder »Quels sont les plus grands hommes du présent?«). Der Fragebogen war so angelegt, daß er nicht von den Befragten selbst, sondern von erfahrenen Interviewern auszufüllen war. Wegen der Schwierigkeit, genügend geeignete Kräfte für dieses Unternehmen zu finden, blieb es in den Anfängen stecken und ging später als »Probeerhebung« bei Arbeits-

losen über Autorität und Familie in die *Studien über Autorität und Familie* ein.

2. Ende 1933 wurde von der Genfer Zweigstelle aus mit einer Sachverständigenerhebung in der Schweiz, in Österreich, Frankreich, Belgien und Holland begonnen, die als »Sachverständigenerhebung über Autorität und Familie« in die *Studien* einging. Es wurden 589 Fragebögen an Hochschullehrer der Psychologie und der Pädagogik, an Jugendrichter, Sozialbeamte, Pfarrer, Jugendführer, Schullehrer und Heimleiter verschickt. Die 16 Positionen des Fragebogens betrafen die Autorität von Vater, Mutter oder älteren Geschwistern, Veränderungen in den Autoritätsverhältnissen, den Zusammenhang zwischen Familienunterhalt und Autorität (hier lautete eine der Fragen: »Hat das Ansehen des Vaters in der Familie etwas damit zu tun, daß er der Hauptverdiener ist?«) und den Einfluß der Erziehungsweise auf den Charakter der Kinder. Aufgrund der Angaben der Sachverständigen darüber, auf welche soziale Schicht und welche Ortsgröße sich ihre Feststellungen bezogen, wurden bei der Auswertung 99 Fragebögen der Arbeiterschaft, 27 dem Mittelstand und 24 der bäuerlichen Schicht zugeordnet.

Um die Resultate des in den *Studien* veröffentlichten Berichts von Andries Sternheim und Ernst Schachtel – einem Studienfreund Fromms aus Heidelberger Tagen, der für einige Jahre zu den Mitarbeitern des Instituts gehörte – vorwegzunehmen: Im Hinblick auf schichtenspezifische Unterschiede ergab sich aus den 251 beantwortet zurückgekommenen Fragebögen lediglich, »daß die bäuerliche Familie einen extremeren Typ der patriarchalischen Familie darstellt als die der Arbeiter« (*Studien über Autorität und Familie*, 317). Im übrigen sahen die Sachverständigen eine allgemeine Abnahme der elterlichen Autorität bzw. Zunahme der Selbständigkeit der Kinder. Die Ursachen dafür erblickten sie zumeist in der Arbeitslosigkeit, im Krieg, in der Freizeitverwendung, in zurückgegangener Moral und in der Religionslosigkeit.

Eine Aktion mit Ergänzungsfragebögen, in denen z. B. nach den Folgen der Arbeitslosigkeit für die Familienzusammengehörigkeit oder die Auffassungen der Jugendlichen über Sexualmoral gefragt wurde, versandete offenbar.

3. 1933/34 wurden von den Zweigstellen des Instituts in Genf, Paris und London aus Erhebungen bei Jugendlichen über Autorität und Familie begonnen. Die Schweizer Jugendlichen-Erhebung war die am besten durchgeführte und die später für die *Studien über Autorität und Familie* am weitestgehenden ausgewertete. Der Entwurf der Fragebögen und die Durchführung der Erhebung waren Käthe Leichter

übertragen worden, einer österreichischen Sozialdemokratin, die einer jüdischen, bürgerlich-liberalen Wiener Familie entstammte, bei Carl Grünberg studiert, sich mit ihm angefreundet und mit ihm in der österreichischen Sozialisierungskommission gearbeitet hatte, seiner Aufforderung, als Assistentin ans Frankfurter Institut für Sozialforschung zu kommen, aber wegen anderweitiger Verpflichtungen nicht hatte folgen können. Nach der Niederschlagung des vom Dollfuß-Regime provozierten Aufstandes vom Februar 1934 war sie in den Untergrund gegangen und in die Schweiz emigriert, wo sie 1934 und 1936 für das Institut für Sozialforschung arbeitete. (1938 fiel sie in Wien der Gestapo in die Hände. Im Februar 1942 wurde sie auf dem Transport vom Konzentrationslager Ravensbrück in der Nähe von Magdeburg bei einer »Versuchsvergasung« von 1500 Jüdinnen in einem Viehwaggon von der SS-Begleitmannschaft ermordet.)

Die Fragebögen, die von 1000 Schweizer Jugendlichen beantwortet wurden, enthielten außer einigen einschlägigen Fragen über die Jugendlichen selbst, über Mutter, Vater, Geschwister und sonstige Personen 13 Fragen über das Familienleben. (Dazu gehörten z. B.: »Wenden Sie sich mit Ihren Sorgen vorwiegend an den Vater oder an die Mutter und warum?«, »Wurden Sie in Ihrer Kindheit körperlich bestraft?«, und die aus dem Arbeiter- und Angestelltenerhebungsfragebogen übernommenen Fragen »Wenn Sie später selbst Kinder haben, werden Sie dann körperlich strafen und streng oder mild erziehen?«, »Welche großen Männer der Gegenwart verehren Sie am meisten?«) Die Fragebögen wurden von ungefähr gleichviel mittelständischen und proletarischen Jugendlichen beantwortet. Zum Problem der Differenzierung der Familienstruktur nach sozialen Schichten hieß es allerdings in der Auswertung für die *Studien über Autorität und Familie*: »Während in ökonomischer Hinsicht eine klare Linie zwischen Mittelstand und Arbeiterschaft zu ziehen ist, ist dies in sozialpsychologischer Hinsicht nicht der Fall. Schon die Arbeiter- und Angestelltenerhebung zeigte, wie weitgehend sich typisch kleinbürgerliche Charakterstrukturen auch bei Arbeitern vorfinden. In der Schweiz ist dies aber in noch viel höherem Maß der Fall, und die Arbeiterschaft ist zu einem recht großen Teil in psychologischer Hinsicht zum Mittelstand zu rechnen. Der Unterschied ist weitgehend der eines höheren Lebensstandards. Das bedeutet aber, daß wir unter diesem Gesichtspunkt eher die Unterscheidung zwischen besser und weniger gut situiertem Mittelstand machen sollten. Wir sehen davon ab, um nicht die klaren ökonomischen Kategorien zu vermischen, weisen aber darauf hin, daß dieser Gesichtspunkt bei der Differenzierung der Autoritätsstrukturen nach sozialen Schichten zu berücksichtigen ist.« (*Studien*, 364)

Da die Arbeitslosigkeit für die Schweiz erst seit 1933 zu einem drängenden Problem zu werden begann, mußte die Erhebung für die Frage nach Veränderungen in der Familienstruktur in Krisenzeiten wenig ergiebig ausfallen. Auch die von Paul Lazarsfeld später in den USA vorgenommene Analyse der Hälfte der beantworteten Fragebögen förderte nichts Nennenswertes über schichtenspezifische Unterschiede oder Veränderungen in der Familienstruktur zutage.

Noch unergiebiger blieb die in Frankreich durchgeführte Jugendlichen-Erhebung, bei der 1651 Fragebögen zurückgekommen waren. Selbst der für die *Studien über Autorität und Familie* verfaßte Vorbericht vermittelte lediglich einen allgemeinen Eindruck von dem anscheinend unerschütterten patriarchalischen Aufbau der Familie in Frankreich und einer Rollenverteilung, wonach der Vater Respektsperson, die Mutter Vertraute war (*Studien*, 449). Offenbar nie ausgewertet wurden die Fragebögen, die seit September 1934 von London aus an Organisationen verschickt wurden, die die Fragebögen von ihren Mitgliedern ausfüllen ließen (455).

Während die Erhebungen ihren Gang nahmen, denen die breit angelegte Systematik der deutschen Arbeiter- und Angestellten-Enquete fehlte, die nicht auf die Möglichkeit einer psychoanalytischen Interpretation hin angelegt waren und an Neuem nur Fragen nach den Beziehungen zwischen Jugendlichen und Vater und Mutter und nach eventuellen Veränderungen in diesen Beziehungen enthielten, brachten die Aufsätze für das Sommerheft der *ZfS* im Jahre 1934 so etwas wie die erste interdisziplinäre Reaktion des Horkheimer-Kreises auf den Sieg des Nationalsozialismus zum Ausdruck. Marcuses *Der Kampf gegen den Liberalismus in der totalitären Staatsauffassung*, Fromms *Die sozialpsychologische Bedeutung der Mutterrechtstheorie* und Mandelbaums und Meyers *Zur Theorie der Planwirtschaft* mit einer Vorbemerkung von Horkheimer ergänzten sich zu einer Grenzziehung zwischen dem bürgerlichen System, dessen negative Seiten im totalitären Staat nackt zutage traten, und der Sache des Sozialismus. »Die Wendung vom liberalistischen zum total-autoritären Staate vollzieht sich auf dem Boden derselben Gesellschaftsordnung«, hieß es bei Marcuse. »Der total-autoritäre Staat bringt die dem monopolistischen Stadium des Kapitalismus entsprechende Organisation und Theorie der Gesellschaft.« (*ZfS* 1934: 174 f.) »Die zur Drosselung der Produktivkräfte führenden gesellschaftlichen Widersprüche«, meinte Fromm, »wirken im Sinne einer rückläufigen psychischen Entwicklung, im Sinn der Verstärkung des patrizentrischen Komplexes, wie er bei den im Kampf gegen den Marxismus entstandenen Bewegungen sich vorfindet. An Stelle der Forderung nach einem allen Menschen zustehenden Lebensglück stellen ihre ideologischen Repräsentanten wieder die Pflicht in den Mittelpunkt des Wertsystems, wobei allerdings, durch die ökonomische Situation bedingt, diese Pflicht in erster Linie keinen wirtschaftlichen Inhalt mehr hat, sondern den des heroischen Handelns und des Leidens für die Gesamtheit.« (226) »Zu wählen haben die Menschen gegenwärtig«, schrieb Horkheimer, »keineswegs zwischen einer liberalistischen Wirtschaft und der totalitären Staatsordnung, denn die eine geht notwendig in die andere über, eben deshalb, weil diese die liberalistische Forderung des Weiterbestehens der privaten Verfügung über die wichtigsten gesellschaftlichen Hilfskräfte heute am besten erfüllt.« (230) »Wer daher mit den Mittelschichten Sozialismus zu verwirklichen unternimmt«, hieß es schließlich bei Mandelbaum und Meyer, »und ihnen dafür machtmäßige und programmatische Konzessionen nicht bloß vorübergehender Natur zugesteht, erreicht bei noch so gutem Glauben bestenfalls einige Sozialisierungen ohne Sozialismus – Formalsozialismus. Dieser aber ist in der heutigen Epoche in Wirklichkeit politisch und ökonomisch korporativ aufgezogener Monopolkapitalismus mit staatskapitalistischen Einbauten.« (261)

Der Ideologiekritiker Marcuse, der Sozialpsychologe Fromm, die Ökonomen Mandelbaum und Meyer und der Sozialphilosoph Horkheimer waren sich also einig in ihrer Übereinstimmung mit der damals vorherrschenden kommunistischen Interpretation, wonach der Faschismus die Konsequenz des Liberalismus und die politische Herrschaftsform des Monopolkapitalismus war. Die Homogenität in der grundsätzlichen Diagnose trat überdeutlich hervor. Was man von einem interdisziplinären Vorgehen erwartet hätte – aus materialer Vielfalt und unterschiedlichen Perspektiven hervorgehende Anstöße zur Weiterentwicklung oder Differenzierung der Theorie und zur genaueren oder Neuorientierung der empirischen Arbeit – fehlte dagegen weitgehend. Als der in dieser Hinsicht ergiebigste und als der wichtigste Mitarbeiter erschien nach wie vor Fromm.

Das Schweizer Exil blieb ein Provisorium. Beim Ausbau einer der Zweigstellen in Paris oder London zum Hauptsitz des Instituts hätte man außer bei einem kleinen Kreis von Sympathisanten mit Widerstand rechnen müssen. Vor allem jedoch: beim Horkheimerkreis herrschte der Eindruck vor, in ganz Europa befinde sich der Faschismus auf dem Vormarsch. Über die Vereinigten Staaten aber hatten sowohl Pollocks Mitarbeiter Julian Gumperz, ein gebürtiger US-Amerikaner, der 1933 vom Institut zu einer Sondierungsreise in die USA geschickt worden war, als auch Fromm, der schon einmal dort gewesen war und Ende 1933, als die Zukunft des Instituts noch ungewiß war, eine Einladung des Chicagoer Psychoanalytic Institute angenommen hatte, hoffnungsvoll Stimmendes berichtet. So faßten die Institutsleiter trotz aller Vorbehalte gegenüber der Neuen Welt ernstlich die Möglichkeit einer Emigration in die USA ins Auge. Horkheimer wollte sich selber an Ort und Stelle umsehen und dann endgültig entscheiden. Bevor er sich mit seiner Frau auf die große Reise begab, besuchte er noch einmal die Zweigstellen in Paris und London. »Morgen fahren wir nach Old England«, schrieb er am 10. Februar 1934 aus Paris an Löwenthal in Genf. »Die Welt ist kalt. Au revoir . . .« Am 26. April ging er mit Maidon in Le Havre an Bord der S. S. George Washington. 39jährig machte er sich auf die Reise nach Nordamerika, um dann zu entscheiden, ob sich das Institut dort irgendwo niederlassen sollte.

Eine Woche später, am 3. Mai, kamen die beiden in New York an, wo Julian Gumperz sie am Hafen abholte. »Physisch bin ich sehr down«, schrieb Horkheimer kurz nach der Ankunft an Pollock, »aber wenn ich das hier überhaupt aushalte, ist es bestimmt richtiger als Europa, denn dort scheint es ja immer dunkler zu werden.« Und seine Frau berichtete Pollock begeistert: »New York ist eine Riesenstadt, man macht sich ungesehen *überhaupt keinen* Begriff davon, es ist einfach unglaublich, phantastisch, Paris, London, ganz Europa ist ein Negerdorf.«

Einige Wochen später – Horkheimer war noch immer krank und seine Frau inzwischen auch, sie wohnten in einem teuren Hotel am Central Parc, weil es dort kühler und ruhiger und für sie erträglicher war als an anderen Stellen New Yorks – zeichnete sich die künftige Entwicklung bereits ab, ohne daß Horkheimer viel zu entscheiden gehabt hätte. »Im ganzen habe ich den Eindruck«, schrieb er am 27. Mai an Pollock, »daß für ruhige, wissenschaftliche Arbeit in den nächsten Jahren dieser Erdteil hier geeigneter ist als Europa. Die Zeitungsnachrichten von drüben erschrecken mich jeden Tag. Die ökonomische und politische Lage in den Vereinigten Staaten ist freilich auch keineswegs rosig. Ja, die Dinge liegen hier sogar weit schlechter, als ich mir es gedacht hatte. Man muß mit rapiden Entwicklungen in der Verschärfung der wirtschaftlichen Lage rechnen. Gerade deshalb möchte ich auch Canada kennen lernen. Andrerseits muß man, glaube ich, die Möglichkeit zurückgezogener wissenschaftlicher Arbeit hier doch noch zulassen, während in Europa davon bald kaum mehr die Rede sein kann.

Ob wir freilich einfach als isolierte Privatgelehrte hier arbeiten werden oder doch irgend eine Society of Social Research gründen müssen, ist fraglich. G. [Julian Gumperz, R. W.] versichert, daß ihm alle Leute das Letztere raten, und es scheint wirklich so, daß irgend eine Firmierung hier unumgänglich ist.«

Daß das Kernteam nach Nordamerika kommen sollte, war nun sicher. So gut wie sicher war für Horkheimer auch, daß in den USA New York am günstigsten war. (Allerdings träumte er davon, vielleicht später in Canada eine kleinere und ruhigere Stadt zu entdecken, wo der Kreis sich dann auf Dauer niederlassen könnte.) Sehr unsicher war er aber hinsichtlich der Columbia University.

Die Columbia University gehörte zur Ivy League, der Gruppe der angesehensten Universitäten der Vereinigten Staaten. An der Columbia University war von Franklin Henry Giddings (1855-1931), einem der Begründer der US-amerikanischen Soziologie, der 1894 an der Columbia University das erste Ordinariat für Soziologie an einer amerikanischen Universität übernommen hatte, das zweite bedeutende Department für Soziologie in den USA (nach dem in Chicago) gegründet worden. Dessen wichtigste Vertreter waren Mitte der 30er Jahre Robert S. Lynd und Robert MacIver. Entscheidend für den weiteren Erfolg der von Gumperz angebahnten Kontakte war das Wohlwollen Lynds gewesen. Lynd, seit 1931 Professor für Soziologie an der Columbia University, war – gemessen am Linksliberalismus der New Dealer – linksradikal und ein Pionier der Gemeindesoziologie. 1929 hatte er zusammen mit seiner Frau den rasch zu einem soziologischen Klassiker gewordenen Band *Middletown* veröffentlicht – eine empirische Studie der Industriestadt Muncie in Indiana. Bei aller liebevollen Kleinmalerei zeigte die Studie, daß die Bevölkerung der Stadt in Working Class und Business Class zerfiel und die Stadt die Stadt »derer da oben« war (cf. Dahrendorf, *Die angewandte Aufklärung*, 52). (Noch deutlichere Belege für Lynds Nähe zu einer kritischen Soziologie wurden die 1937 erschienene Studie *Middletown in Transition*, die nach der Verschärfung der Klassengegensätze und dem Potential eines kommenden Faschismus fragte, und der 1938 erschienene Band *Knowledge for what?*, der für eine aktivistische Konzeption der Sozialwissenschaft plädierte.) Lynd sah in den Wissenschaftlern aus Frankfurt offenbar keine Konkurrenz, sondern eher eine Verstärkung für die von ihm vertretene Form der Sozialforschung. Er setzte sich bei seinem Kollegen Robert MacIver, dem Vorsitzenden des Department of Sociology, für die Frankfurter Gruppe ein. Robert MacIver – Professor für Politische Wissenschaft, seit 1927 an der Columbia University – griff die Anregung auf und empfahl dem mit ihm befreundeten Nicholas Murray Butler – einem Liberalkonservativen, der seit 1902 Präsident der Columbia University war und 1912 Kandidat der Republikanischen Partei für den Posten des US-Vizepräsidenten gewesen war –, den Frankfurter Wissenschaftlern zu helfen.

»Dear Mr. President«, schrieb er am 4. Juni 1934 an Butler, »It has come to my notice that a body of scholars, established previously at

Frankfurt am Main is in process of locating themselves in this country. Their journal, *Zeitschrift für Sozialforschung*, is a recognized and valuable medium of studies in the social sciences. They are in the fortunate position of having their funds outside Germany – fortunate, in view of the fact that they can no longer continue their studies at Frankfurt. They are anxious to receive some recognition from an American University. They have had offers, I understand, from the University of Chicago and also from Princeton, but they would welcome, more than anything else, a connection with Columbia.

At this late season, it is probably not possible to work out a scheme of affiliation and there are, no doubt, various questions which should be looked into before definite steps are taken in that direction. But I would suggest that in the meantime a very good purpose could be served and the beginnings of a closer relationship established if this body of scholars were offered housing facilities by Columbia.« (Zitiert nach: Feuer, *The Frankfurt Marxists and the Columbia Liberals*, in: *Survey*, Summer 1980, 157).

Butler entschied in diesem Sinn. Die Schnelligkeit, Großzügigkeit und Formlosigkeit des Angebots irritierten Horkheimer. Bei einer von Gumperz arrangierten Zusammenkunft mit Lynd fragte er nach, ob die entscheidenden Persönlichkeiten und vor allem der Präsident die Publikationen des Instituts kennten. Lynd bejahte das (Horkheimer-Pollock, 21. 6. 34). Gumperz versicherte Horkheimer nach dem Gespräch, Lynd habe vor der entscheidenden Beschlußfassung die Publikationen des Instituts zirkulieren lassen. Die Kenntnisnahme bestand also höchstens in einem flüchtigen Durchblättern deutschsprachiger Artikel und einiger summaries, und dabei mußte sich Horkheimers Strategie der Vermeidung marxistischer Namen und Reizworte voll bewähren.

Allerdings: als der Universitäts-Sekretär dann Lynd nach schriftlichen Garantien dafür fragte, daß die Aktivitäten des Instituts, wenn es Lehraufgaben und Fakultätsstatus übertragen bekäme, sich auch innerhalb erwünschter Bahnen bewegen würden, meinte Lynd: »The only possible entanglement in this whole affair lies in the fact that the Institute is on the liberal-radical side. I have called this to MacIver's attention and think he is pretty well aware of it. From what little I have seen of their work and from my conversation with Gumperz I think it is fair to conclude that they are a research agency with high standards and not interested in propaganda.« Briefe von seiten Gumperz' gebe es nicht. »I was told through another person that Gumperz was very anxious not to appear in the light of making a request of Columbia which might be turned down, and that he wanted the move to come from Columbia. I think this is readily understandable in view of the fact that the whole tenor of the conversations has been in terms of a very loose affiliation with the University with the possible appointment of one or two members of our Faculty of Political Science to their governing board and complete autonomy for them.« (Lynd-Fackenthal, 25. 6. 34/zitiert nach: Feuer, a.a.O., 163)

Die aktuelle Seite der Angelegenheit – die Überlassung von Räumlichkeiten an die »Gumperz group« für 3-4 Jahre – war damit für die Universitätsseite klar. Horkheimer zögerte noch und ließ die Angelegenheit von einem Anwalt auf ihre Konsequenzen hin überprüfen. Erst Mitte Juli akzeptierte er endgültig das Angebot der Columbia University, das Haus 429 West 117th Street für zunächst 3-4 Jahre zu übernehmen und, soweit nötig, mit eigenen Mitteln instand zu setzen.

Zögern lassen hatte Horkheimer nicht nur seine große Vorsicht und sein Mangel an Entscheidungsfreude, sondern auch sein Schwanken zwischen Interieur und Exterieur, zwischen dem Bedürfnis nach Erkenntnis und dem Bedürfnis nach wissenschaftsorganisatorischer Tätigkeit und Machtausübung, zwischen der Sehnsucht nach Unabhängigkeit und der Sehnsucht nach institutioneller Sicherheit und offizieller Anerkennung. Dieses Schwanken mündete in der Praxis auch diesmal ein in den Aufbau einer patriarchalisch strukturierten gesellschaftskritischen Enklave im Schoß der bürgerlichen Gesellschaft. Unter den Bedingungen des Exils war die Herrschaftsposition Horkheimers stärker denn je, die Abhängigkeit der Mitarbeiter größer denn je, die Anziehungskraft des Instituts als unabhängige Linksintellektuellen-Gemeinschaft konkurrenzloser denn je.

Fromm war Ende Mai für einen Monat nach New York gekommen. »Ich denke oft an diese 4 Wochen und der Gedanke, daß wir Aussicht haben, sie fortzusetzen, stimmt mich sehr froh«, schrieb er Horkheimer am 4. 7. 1934 auf der Weiterfahrt nach New Mexico, wo er in einem Sanatorium in der Nähe von Santa Fé weiterhin etwas für seine Gesundheit tun wollte. Nach seiner Rückkehr eröffnete er eine Praxis in New York und übernahm eine Gastprofessur an der Columbia University, so daß er auch räumlich wieder dem Institut nahe war. Obwohl er nach eigenem Bekunden ein Einzelgänger war und seine psychoanalytische Praxis ihm in den analysefreudigen Vereinigten Staaten jederzeit eine vom Institut unabhängige Existenz erlaubt hätte, legte er großen Wert auf die Zusammenarbeit mit Horkheimer, der seinerseits Fromm von sich unabhängig wußte und ihn wegen seiner Bedeutung für die theoretische wie empirische Arbeit des Instituts als intellektuell gleichwertige und gleichberechtigte Person behandelte.

Als ersten ließ Horkheimer Anfang Juli Marcuse aus Genf nachkommen. Der wurde dort nicht gebraucht und sollte Horkheimer als

Partner für philosophische Gespräche dienen, von denen er sich Anregungen für ein seit Anfang der 30er Jahre geplantes Buch über materialistische Logik erhoffte – ein Projekt, bei dem ihm im Laufe der Jahre mal Adorno, mal Marcuse, mal Korsch zuarbeiten sollten. Marcuse galt in den Augen der Institutsleiter als Fachmann für philosophische Literatur mit begrenzten Kompetenzen. Pollock sprach gar von einer »subalternen Assistenten- und Hilfsarbeiterstelle«, wenn auch vorwiegend, um Adornos Anspruch abzuwehren, man solle Marcuse hinauswerfen und statt dessen ihn einstellen (Adorno-Horkheimer, 13. 5. 35). Vor allem aber galt Marcuse wegen seiner Heideggerschen Vergangenheit als jemand, der sich noch auf lange Sicht erst zu bewähren hatte bei der Aneignung der richtigen Theorie. Er selbst sah das auch so. »Ich möchte Ihnen«, schrieb er Ende 1935, während er seinen ersten philosophischen Beitrag für die *ZfS* – *Zum Begriff des Wesens* – wieder einmal umschrieb, »am Ende meines ersten vollen amerikanischen Jahres sagen, wie sehr ich mich hier in einer menschlichen und wissenschaftlichen Gemeinsamkeit fühle. Ich glaube, einiges gelernt zu haben, und möchte Ihnen dafür danken.« (Marcuse-Horkheimer, 13. 12. 35)

Als nächsten ließ Horkheimer einen Monat später, Anfang August, Löwenthal kommen. Er brauchte ihn vor allem für die Vorbereitung eines Instituts-Prospekts, der vor der Wiederaufnahme des akademischen Betriebs vorliegen sollte. In Löwenthal hatte Horkheimer einen Mitarbeiter, der ihm mit Haut und Haaren verfallen war. Mit Wehmut, so hatte Horkheimer z. B. im Juli 1934 in einem Brief Löwenthals an ihn lesen können, habe er dem Pariser Zug nachgesehen, der Marcuse entführte. Gerne wäre er mitgefahren, um endlich die Trennungszeit zu verkürzen. Es sei imponierend, daß Horkheimer trotz wochenlanger Mißlichkeiten den Elan aufgebracht habe, nicht nur USA grundsätzlich zu bejahen, sondern darüber hinaus offenbar eine sehr ausgedehnte und komplizierte Stiftung von Beziehungen zu ermöglichen. Was das Institut betreffe, dessen Projekt Pollock ihm vor einiger Zeit gezeigt habe, so sei er der gleichen Meinung wie bei der Société Internationale de Recherches Sociales, nämlich strikteste Besetzung aller Posten durch den engsten Kreis. Als Löwenthal endlich Horkheimer nachreisen konnte, mußte er seine Schriften aus der deutschen Revolution zurücklassen. Horkheimer hatte Angst, wenn Löwenthals Bücherkisten vom US-amerikanischen Zoll geöffnet würden, würden alle gleich wieder ausgewiesen (Löwenthal, *Mitmachen wollte ich nie*, 57).

Ende August traf schließlich auch Pollock wieder mit Horkheimer zusammen – in Quebec, wo Horkheimers auf einer kleinen Kanada-Reise Zwischenstation machten. Pollock hatte noch mehr als Horkheimer selbst gezögert, dem Columbia-Projekt zuzustimmen – aus Sorge um den Sinn ihrer verschworenen Gemeinschaft. »Für das Exterieur«, hatte er an Horkheimer geschrieben, »bedeutet es einen großen Erfolg. Aber derartigen Erfolgen stehen wir doch kraft unserer Einsicht skeptisch gegenüber. Lix [Felix Weil, R. W.] wird in ein Triumphgeschrei ausbrechen, wenn Du ihm darüber schreibst . . . Mir kommt es aber vor allem darauf an, daß Deine Arbeiten zustandekommen, sie sind wichtiger als die Arbeiten aller anderen zusammengenommen.« (Pollock-Horkheimer, 21. 7. 34)

Als im September 1934 auch noch Wittfogel nach New York kam, waren bis auf Grossmann, der erst 1938 folgte, alle festen Mitarbeiter des Instituts wieder versammelt. Die Übersiedlungsaktion konnte als beendet betrachtet werden. Während Genf Hauptsitz der Société Internationale de Recherches Sociales blieb, wurde die New Yorker Zweigstelle zum wissenschaftlichen Zentrum des Instituts, das sich nun »International Institute of Social Research« nannte, bis es während des Zweiten Weltkrieges das »International« eines Tages wegließ.

3. Kapitel
In der Neuen Welt I:
Fast ein empirisch forschendes Institut einzelwissenschaftlich qualifizierter marxistischer Gesellschaftstheoretiker

Studien über Autorität und Familie –
Fragment eines kollektiven work in progress

Horkheimer und seine Mitarbeiter waren in einem Augenblick in die USA gekommen, als nach einem Jahr Roosevelt-Regierung die schlimmste Krise überwunden zu sein schien. Anfang 1933 hatte es über 14 Millionen Arbeitslose gegeben. 1932/33 hatte die Auswanderung aus den USA die Einwanderung um 57 000 übertroffen – ein in der Geschichte des Landes noch nie dagewesenes Phänomen. Der Horkheimerkreis kam zur Zeit einer intellektuellenfreundlichen und Intellektuelle mit wichtigen Aufgaben betrauenden Regierung, die für US-amerikanische Verhältnisse linkslastig und zugleich erfolgreich und populär war. Er kam mit viel Geld. Und er kam in einer Phase, da auf der Flucht vor dem Nationalsozialismus noch nicht viele in die USA emigriert waren. Dem Parteiensystem der Vereinigten Staaten hatte Gumperz 1932 in seinem *ZfS*-Beitrag *Zur Soziologie des amerikanischen Parteiensystems* bescheinigt, es sei das fortgeschrittenste im Betreiben von Politik als der Kunst, »Zustimmung zu den politischen Maßnahmen eines Systems zu erzeugen« (*ZfS* 1932: 300). Und Pollock hatte 1933 die Roosevelt-Regierung, die die Krise unter dem wirkungsvollen Etikett New Deal mit unkonventionellen Mitteln gleich im ersten Jahr eindrucksvoll zu mildern vermochte, in einem Atemzug mit Italien und Deutschland als ein Beispiel für staatskapitalistische Eingriffe und plebiszitäre Diktaturen angeführt. An solche Themen nicht weiter rührend, konzentrierte sich der Horkheimerkreis auf die Fortsetzung der laufenden Arbeiten.

Im ersten Jahr des US-amerikanischen Exils kam – neben der Fortführung der Zeitschrift – der erste und für zwei Jahrzehnte letzte veröffentlichte Bericht des Instituts über gemeinsame Forschungen zustande. An den *Studien über Autorität und Familie* zeigte sich exemplarisch, was es in der Praxis bedeutete, wenn Horkheimer immer wieder – so auch im Vorwort zu den *Studien* – von »durchgängiger Zusammenarbeit verschiedener Fachvertreter sowie der Durchdringung konstruktiver und empirischer Verfahrensweisen« sprach.

»Die Entwürfe, welche Marcuse mitgebracht hat, scheinen mir ziemlich unbrauchbar«, schrieb er Anfang Juli 1934 nach Marcuses Ankunft an Löwenthal in Genf. Löwenthal hatte nach der Beendigung eines Aufsatzes über *Die Auffassung Dostojewskis im Vorkriegsdeutschland* einen Aufsatz über materialistische Ästhetik beginnen wollen, war aber von Pollock damit beauftragt worden, einen Vorschlag für die Koordinierung des vorliegenden Erhebungs- und Berichtsmaterials und für die Disposition des geplanten Sammelbandes zu machen. Pollock, der ohne Rücksprache mit Horkheimer und Fromm Forschungsaufträge für spezielle Themen vergeben hatte, schwebte dabei eine international angelegte Untersuchung über Veränderungen in der Struktur der Familie vor. »Im letzten Augenblick glaube ich noch entdeckt zu haben«, so Horkheimer, »daß der Plan für die Veröffentlichung dort [in Genf, R. W.] irrtümlich für die Familie überhaupt, anstatt für die Autorität in der Familie gemacht worden ist. Eine solche Veröffentlichung, aufgrund unseres Materials jeder Art, wäre mehr als unwissenschaftlich. Soweit ich bis jetzt sehe, kommt zunächst nur ein Band von etwa 250 Seiten in Frage, in dem etwa Marcuse den Stand des Problems in der Literatur (aufgrund des Sternheimschen Berichts und der hiesigen Bibliotheken) liefert, Pollock oder ein von ihm zu bestimmender Ökonom den ökonomischen Teil, Fromm den psychologischen und Sie in ständigem Zusammenhang mit mir den allgemein theoretischen (›soziologischen‹) Teil. Jeder dieser Aufsätze, deren Richtlinien in gemeinsamen Besprechungen festzulegen sind, hätte auf diesen verschiedenen Gebieten die materialistische Theorie der Familie in Form von Hypothesen zu entwickeln.« (Horkheimer-Löwenthal, 6. 7. 34) Diese Hypothesen betrafen die Familienautorität als Faktor des gesellschaftlichen Kitts. Alle übrigen Materialien, u. a. die Enqueten, sollten als Anhänge hinzugefügt werden, die zeigten – so Horkheimer in einem späteren Brief –, »daß unsere Ansichten nicht bloß Intuitionen, sondern im Zusammenhang mit einer weitverzweigten Forschungstätigkeit in diesem Wissenszweig entstanden sind« (Horkheimer-Pollock, 3. 8. 34).

Horkheimer selbst hatte nicht vor, als Autor in dem Sammelband aufzutreten. Für sich selbst sah er eine wichtigere Arbeit, nämlich die an der dialektischen Logik. Aber dann verfaßte er den allgemeinen theoretischen Beitrag doch selber – wohl weil ihm die Bedeutung des ersten Forschungsberichts des Instituts für dessen Image in der Neuen Welt klargeworden war. Er schrieb ihn mit dem Selbstverständnis, darin »einige Kategorien, die eigentlich in die Logik gehörten«, abzuhandeln (Horkheimer-Adorno, 15. 3. 35)

Als Resultat lag schließlich ein nahezu 1000seitiger Band vor. An seiner Spitze standen drei Aufsätze (der vorgesehene ökonomische Aufsatz war nicht zustande gekommen). An die Stelle der zunächst geplanten Anhänge waren zwei weitere Abteilungen getreten, von denen die eine die Enqueten, die andere die Forschungs- und Literaturberichte enthielt und jede für sich umfangreicher war als der theoretische Teil. Daß die theoretischen Entwürfe sich an keiner Stelle auf die Erhebungs-, Forschungs- und Literaturberichte bezogen, demonstrierte drastisch, wie wenig noch von einer »Durchdringung konstruktiver und empirischer Verfahrensweisen« die Rede sein konnte. Zugleich zeigten die Briefe Horkheimers und Fromms: empirische Forschung und einzelwissenschaftliche Informiertheit dienten den beiden Cheftheoretikern des Instituts als eine Art Schutzschirm, hinter dem eine Theorie betrieben wurde, die sich von reiner Philosophie unterscheiden wollte, die aber auch den Einzelwissenschaften und der empirischen Forschung skeptisch gegenüberstand und sich ihres eigenen Status nicht sicher war.

Die »Theoretischen Entwürfe« – der Intention und der Wirkungsgeschichte nach das Zentrum des Bandes – gerieten zu einem aufeinander abgestimmten Aufsatz-Trio, das genausogut in einer Nummer der *ZfS* hätte erscheinen können. Horkheimers Aufsatz enthielt gegenüber den bisherigen Arbeiten kaum Neues. Wo immer es ging, wandte er nun die Ausdrücke »autoritär« und »Autorität« an. So sprach er z. B. im Hinblick auf das anonyme Wirken des ungeplanten ökonomischen Prozesses von der »verdinglichten Autorität der Ökonomie« oder der »Autorität der wirtschaftlichen Tatsachen« (35, 39). Der von Marcuse verfaßte ideengeschichtliche Aufsatz zeichnete sich vor den im 3. Teil des Bandes präsentierten Literaturberichten dadurch aus, daß er auf ideologiekritischer Ebene das in den beiden anderen theoretischen Aufsätzen zentrale Konzept der bürgerlichen Autoritätsstruktur abstützte. Fromms Aufsatz aber war das Beste, was er je schrieb, auch wenn die Bedeutung der Arbeit weniger in der Entwicklung neuer Gedanken als in der Prägnanz der Formulierungen lag.

Die folgenreichste Leistung seines Beitrags war die Prägung des Begriffs des sado-masochistischen bzw. autoritären Charakters – Endstation einer Reihe von Begriffsbildungen, die er in früheren Aufsätzen verwendet hatte. In *Die psychoanalytische Charakterologie und ihre Bedeutung für die Sozialpsychologie* hatte er den von Soziologen wie Werner Sombart und Max Weber konzipierten »bürgerlich-kapitalistischen Geist« und den in Anlehnung an Freud und Karl Abraham verstandenen »analen Charakter« einander zugeordnet (*ZfS* 1932: 274), in *Die sozialpsychologische Bedeutung der Mutterrechtstheorie* die patrizentrische, bürgerlich-protestantische Gesellschaft und den »patrizentrischen Typ« (*ZfS* 1934: 222), und nun in seinem Beitrag zu den *Studien über Autorität und Familie* die »autoritären Gesellschaftsformen« und den »autoritären Charakter« (*Studien*, 117). Als positives Gegenstück folgte auf den genitalen Charakter und den matrizentrischen Typ im *Studien*-Aufsatz der »›revolutionäre‹ Typ« (131), der aber nur an einer einzigen Stelle erwähnt wurde – ohne Erläuterung und ohne daß Fromm auch nur die Andeutung einer soziologischen Zuordnung gemacht hätte. Von den Aussichten, die er am Ende seiner Untersuchung über die Wandlungen des Christusdogmas durch den Protestantismus eröffnet gesehen hatte, war nun keine Rede mehr.

»Das Maß an Angst und Einschüchterung, welches das kleine Kind erfährt«, so Fromm, ist »weitgehend abhängig von dem Maß an Angst, das es als Erwachsener später der Gesellschaft gegenüber haben wird. Es ist also nicht in erster Linie die biologische Hilflosigkeit des kleinen Kindes, die ein starkes Bedürfnis nach Über-Ich und strenger Autorität erzeugt; die aus der biologischen Hilflosigkeit sich ergebenden Bedürfnisse können von einer dem Kind freundlich zugewandten und nicht einschüchternden Instanz erfüllt werden. Es ist vielmehr die soziale Hilflosigkeit des Erwachsenen, die der biologischen Hilflosigkeit des Kindes ihren Stempel aufdrückt und in der kindlichen Entwicklung Über-Ich und Autorität zu solcher Bedeutung kommen läßt.« (100) Die soziale Hilflosigkeit, die Notwendigkeit der Triebunterdrückung und die Angst aber sind »bei den unteren Schichten naturgemäß größer als bei denen, welche über die gesellschaftlichen Machtmittel verfügen« (103, 101). Bei ihnen ist deshalb die Wahrscheinlichkeit, durch die familiale Sozialisation Selbstvertrauen und Ich-Stärke zu erlangen, am geringsten, um so größer dagegen die Wahrscheinlichkeit, daß sie in Situationen geraten, die der ohnmächtigen Kindheit ähneln, bzw. daß sie, wenn jemand den Eindruck solcher Situationen herzustellen versteht, wie ohnmächtige Kinder reagieren. »Erweist sich ein anderer als so mächtig und gefährlich, daß der Kampf gegen ihn aussichtslos und Unterwerfung noch der beste Schutz ist, oder als so liebevoll und beschützend, daß die eigene Aktivität unnötig erscheint, mit anderen Worten, entsteht eine Situation, in der die Ausübung der Funktionen des Ichs unmöglich oder überflüssig wird, dann verschwindet gleichsam das Ich so lange, wie die Funktionen, an deren Ausübung seine Entstehung gebunden ist, von ihm nicht mehr ausgeübt werden können oder müssen.« (107) Eine Gesellschaftsform wie die monopolkapitalistische, »in der eine kleine wirtschaftlich herrschende Schicht mehr und mehr der ungeheuren Mehrheit der von ihr abhängigen und wirtschaftlich unselbständigen Masse gegenübersteht« (133) – und, so hätte man zu ergänzen, ihre Macht mehr oder weniger anonym ausübt –, bewirkt massenhaft Ohnmachtsgefühle, die anfällig machen für Personen und Bewegungen, die den Eindruck »überlegener Macht mit ihren zwei Aspekten, dem der Gefährlichkeit und dem der Fürsorge«, hervorzurufen verstehen.

Zu der neuen Benennung der unter solchen sozioökonomischen Bedingungen zustande kommenden Triebstruktur gelangte Fromm, indem er sie gleichzeitig mit dem von einigen Psychoanalytikern (Freud, Reich, Horney) untersuchten masochistischen Charakter und mit den in autoritären Gesellschaften vorgegebenen Beziehungsformen in Zusammenhang brachte. Den Ausgangspunkt bildete die Feststellung: »der masochistische Charakter – in jenen nicht pathologischen Erscheinungsformen – ist so weitgehend derjenige der Mehrzahl der Menschen unserer Gesellschaft, daß er für Forscher, die den Charakter der bürgerlichen Menschen für den ›normalen‹ und natürlichen halten, infolge der mangelnden Distanz gar nicht zum wissenschaftlichen Problem wird. Ferner hat die masochistische Perversion als den Psychologen faszinierende Anomalie so sehr die Aufmerksamkeit auf sich konzentriert, daß darüber das wichtigere Phänomen des masochistischen Charakters in den Hintergrund trat.« (113) Charakter nannte Fromm nun – in Anlehnung an Freud und vor allem Wilhelm Reichs *Charakteranalyse* –, was er früher als libidinöse Struktur bezeichnet hatte: das Produkt der durch Sublimierung und Reaktionsbildung zustande gekommenen Anpassung der Triebstruktur an bestimmte gesellschaftliche Bedingungen. Die Charakterzüge waren transformierte Triebimpulse, charaktermäßige Verhaltensweisen stellten häufig unbewußte und durch Rationalisierung verdeckte Triebbefriedigungen dar. Zu einer Charakterstruktur, die den Masochismus enthielt, gehörte – so Fromm unter Berufung auf psychoanalytische Befunde – notwendigerweise auch der Sadismus. Das Konzept des sado-masochistischen Charakters, der auf den Stärkeren mit Unterwürfigkeit, auf den Schwächeren mit Verachtung reagierte, war im Unterschied zum Konzept des analen Charakters, bei dem die lustbetonte Rolle des Sparens, Sammelns und Besitzens als Selbstzweck genauso wichtig war wie die mitleidlose Beziehungslosigkeit gegenüber den Mitmenschen, auch dort anwendbar, wo Eigentumsbezüge keine oder keine entscheidende Rolle spielten, Machtverhältnisse dafür eine um so größere.

Die von Fromm in Anlehnung an die seit den späten 20er Jahren verbreitete Diskussion über den autoritären und den totalen Staat so genannten autoritären Gesellschaftsformen waren dadurch gekennzeichnet, daß jeder in ein System von Abhängigkeiten nach oben und unten eingegliedert war (117). Damit war für Fromm die Voraussetzung für das funktionalistische Zusammenspiel von sado-masochistischem Charakter und autoritärer Gesellschaftsform gegeben. »Wir haben zu zeigen versucht«, so meinte er resümierend, »daß die autoritäre Gesellschaftsstruktur jene Bedürfnisse schafft und befriedigt, die auf der Basis des Sado-Masochismus erwachsen.« (122) Die Ausdrücke sado-masochistisch und autoritär wurden damit für ihn zu Synonymen. Im Ausdruck »autoritär« war aber die Beziehung zur Triebstruktur und zur psychosexuellen Entwicklung und damit zu einer Dimension, deren gesellschaftskonforme Entwicklung jeweils erklärungsbedürftig war, nicht mehr ausdrücklich angesprochen, statt dessen der Bezug zu einem bestimmten Gesellschafts- und Staatstyp.

Fromms eindrucksvolle Aufzählung der Befriedigungen, die das Autoritätsverhältnis mit sich brachte (123 ff.), ergab im Zusammenspiel mit seiner und Horkheimers Überzeugung, daß in der gegenwärtigen Periode eine für die gesamte bisherige Geschichte entscheidende Realität kraß hervortrat, eine düstere Perspektive: daß durch die Krise der patriarchalischen Kleinfamilie die Klassengesellschaft nicht einer notwendigen psychologischen Agentur beraubt, sondern der Zugriff einer autoritärer gewordenen Gesellschaft nach ihren nachwachsenden Mitgliedern unvermittelter wurde. Die Enqueten des Instituts, die laut Horkheimers Vorwort dazu bestimmt waren, »die charakterologischen Einstellungen zur Autorität in Staat und Gesellschaft, die Formen der Zerrüttung der familialen Autorität durch die Krise, die Bedingungen und Folgen straffer oder milder Autorität im Hause, die in der Öffentlichkeit herrschenden Ansichten über den Sinn der Erziehung und anderes mehr« typologisch zu kennzeichnen, hätten im günstigsten Fall den Niedergang der patriarchalischen väterlichen Autorität und das Erstarken einer matrizentrischen mütterlichen Autorität zeigen können. Sie zeigten aber, wie andere in der *ZfS* besprochene Untersuchungen über die Familie auch, daß zwar vielfach einer Abnahme des Prestiges des Vaters ein Anwachsen des Ansehens der Mutter entsprach, daß dies aber wegen des Fehlens der ökonomischen Fundamente einer matrizentrischen Struktur und der Zunahme staatlicher Autorität ohne positive Folgen blieb.

Horkheimer hatte, getreu seiner dialektischen Betrachtungsweise, zwar auch jene Elemente an der Familie hervorgehoben, die in einem antagonistischen Verhältnis zur bürgerlichen Gesellschaft standen – daß sie nämlich »auf Grund der durch die Frau bestimmten menschlichen Beziehungen ein Reservoir von Widerstandskräften gegen die völlige Entseelung der Welt ausmacht und ein antiautoritäres Moment in sich enthält« (67). Aber diese Momente erwiesen sich unter den

176

gegebenen Verhältnissen eher als stabilisierende Faktoren, die mit solchen Zügen der Frau verschmolzen waren, die das Sicheinfügen in die bestehenden Autoritätsverhältnisse verstärkten (68 f.). Auch an die einst auf die proletarische Familie gesetzten Hoffnungen erinnerte er nur, um dann fortzufahren, angesichts der Krise werde freilich »dieser Typus einer auf die Zukunft weisenden Familie seltener; die völlige Demoralisierung, die aus absoluter Hoffnungslosigkeit stammende Unterwerfung unter jeden Herrn wirkt sich auch in den Familien aus« (72 f.). Zum erstenmal zeichnete sich bei Horkheimer die Tendenz zur Vergoldung einstigen liberalen Bürgertums ab – eine Tendenz, die vielleicht die Erfahrungsbasis für die von ihm nach wie vor geäußerte Überzeugung darstellte, daß das autoritäre System zugrunde gehen werde. »Während in der bürgerlichen Blüteperiode zwischen Familie und Gesellschaft die fruchtbare Wechselwirkung stattfand, daß die Autorität des Vaters durch seine Rolle in der Gesellschaft begründet und die Gesellschaft mit Hilfe der patriarchalischen Erziehung zur Autorität erneuert wurde, wird nunmehr die freilich unentbehrliche Familie ein Problem bloßer Regierungstechnik.« (75) »Wenn auch die Form der Familie selbst durch die neuen Maßnahmen schließlich gefestigt wird, so verliert sie doch mit der abnehmenden Bedeutung des gesamten mittleren Bürgerstands ihre selbsttätige, auf der freien beruflichen Arbeit des Mannes beruhende Kraft.« (ebd.) Noch deutlicher rückwärtsgewandt und von einer bürgerlich-antibürgerlichen Romantik geprägt waren die Beispiele, die Horkheimer für den von ihm nicht beim Namen genannten revolutionären Charakter erwähnte: Romeo und Julia sowie Don Juan, Symbolfiguren für eine Konfliktzone, die in seinen Augen auch in autoritären Gesellschaften stets relevant bleiben würde: die des Zusammenstoßes zwischen den Ansprüchen einzelner Individuen auf Glück und Liebe und den Ansprüchen der Gesellschaft.

Ohne die Reproduktion von »lebendigen« (75), von Sachautoritäten – das ließ sich als letzte Überzeugung aus den oft widersprüchlichen Auffassungen Horkheimers herausschälen – konnte sich auf die Dauer eine autoritäre Gesellschaft nicht halten. Woher aber die von autoritären Gesellschaften nicht reproduzierbaren »lebendigen« Autoritäten oder gar die von Fromm erwähnten auf Interessensolidarität aufbauenden rationalen Autoritätsverhältnisse kommen sollten – das war eine Frage, die die Autoren der »Theoretischen Entwürfe« ratlos machte.

Mitte 1935 war die »Kollektivarbeit« über Autorität und Familie, genauer: der erste Sammelband zu diesem Thema, abgeschlossen. Gegen Ende seines auf April 1935 datierten Vorworts hatte Horkheimer geschrieben: »Der Band ist als eine erste Mitteilung gedacht, der in einer späteren Phase der Untersuchung weitere folgen sollen; daher wurde auch davon abgesehen, das vom Institut gesammelte bibliographische Material schon jetzt als Anhang beizugeben. Während es hier mehr darauf ankam, das Problem in seiner Ausdehnung sichtbar zu machen, wird sich das Institut in Zukunft hauptsächlich mit der Sammlung und Auswertung eines möglichst reichhaltigen empirischen Materials zu beschäftigen haben. Doch scheint uns auch fernerhin der einmal eingeschlagene Weg durchgängiger Zusammenarbeit verschiedener Fachvertreter sowie der Durchdringung konstruktiver und empirischer Verfahrensweisen in der gegenwärtigen wissenschaftlichen Lage begründet zu sein.« (*Studien*, XII) Wie die weitere Entwicklung zeigte, war in Wirklichkeit mit den *Studien* der Höhepunkt interdisziplinären und Theorie und Empirie kombinierenden Arbeitens bereits überschritten. Die empirische Arbeit wurde fortgesetzt, aber ohne daß sich daraus noch einmal auch nur ein so lockeres Kollektivprodukt wie die *Studien über Autorität und Familie* ergeben hätte. Die empirische Arbeit lief gleichsam naturwüchsig und ohne weitere Versuche zur »Durchdringung konstruktiver und empirischer Verfahrensweisen« weiter.

Wiederaufnahme der Zusammenarbeit von Horkheimer und Adorno

Um die Zeit, als in New York die Arbeit am Sammelband über *Autorität und Familie* gerade abgeschlossen worden war, schickte Fromm aus seinem Urlaubsort am Lake Louise in Kanada einen seiner im Stile plaudernden Räsonnierens gehaltenen Briefe an Horkheimer. Er habe über vieles nachgedacht: über Masochismus, Materialismus, Religion. Wie der Materialismus mit dem Wunsch nach Realisierung des Glücks, so hänge die Religion mit dem Masochismus zusammen. »Die Analyse des unbewußt religiösen Menschen scheint mir dann eines der psychologischen Kernprobleme und die Konsequenz und Fortsetzung der Kritik der Religion des 18. und 19. Jahrhunderts . . . Ich meine, daß es sehr fruchtbar wäre, wenn wir im Winter diese Dinge gemeinsam bearbeiten könnten. Es zeigt sich immer deutlicher, daß, von welchen verschiedenen Problemen wir auch ausgehen, wir – und dies immer mehr – zu denselben zentralen Einsichten kommen . . . gerade jetzt in der Ruhe fühle ich ganz stark, wie fruchtbar und fördernd für mich dieses gemeinsame Jahr gewesen ist.« (Fromm-Horkheimer, 17. 7. 35)

Um diese Zeit hatte Fromm, für Horkheimer der einzige ihn theoretisch anregende Mitarbeiter des emigrierten Kreises, bereits ernsthafte Konkurrenz bekommen. Im Oktober 1934 hatte Horkheimer die Initiative zur Wiederaufnahme des abgebrochenen Kontakts zwischen ihm und Adorno ergriffen. Er warf Adorno vor, daß er sich seit dem März 1933 nicht an ihn gewandt habe. »Wenn es gegenwärtig überhaupt Beziehungen zwischen theoretisch arbeitenden Menschen gibt, die fruchtbar werden können, dann zählt die regelmäßige Zusammenarbeit zwischen Ihnen und dem Institut dazu. Sie hatten einfach die Verpflichtung, mit uns in Verbindung zu bleiben. Wir selbst konnten Ihnen ja unmöglich vorschlagen, Deutschland zu verlassen und zu uns zu kommen, denn dies mußten Sie auf eigene Gefahr hin tun. Es hätte sich dann schon ein modus vivendi herausgestellt.« (Horkheimer-Adorno, 25. 10. 34) Adorno erhob im Gegenzug den Vorwurf, das Institut habe ihn uneingeweiht und ohne Instruktionen zurückgelassen. »Gerade solange ich nicht äußerlich-organisatorisch eingegliedert war (und Sie wissen, daß ich seit Jahren immer wieder auf diese Eingliederung drängte, etwa so wie eine Freundin auf Heirat zu drängen pflegt), wäre es nicht an mir, sondern am Institut gewesen, den entscheidenden Schritt zu tun ... ich war ja kein Outsider, den man hätte unterstützen müssen, sondern ich war, das darf ich wohl sagen und wohl auch aus Ihrem Brief entnehmen, ein Stück des Instituts selber, wie Sie, Pollock und Löwenthal. So wenig Sie es aber als einen Verrat an den Freunden« – Horkheimer hatte von den »hungernden Freunden« gesprochen, die vor Adorno ein Anrecht auf die Hilfe des Instituts gehabt hätten – »ansehen werden, wenn das Institut materiell für diese drei, als seine innersten Produktivkräfte, zuerst einsteht, so... in meinem Fall.« (Adorno-Horkheimer, 2. 11. 34) Tillich, den er seinerzeit als Boten zwischen sich und Genf benutzt habe, habe von einer Bereitschaft des Instituts, ihn, Adorno, aufzunehmen, nichts berichtet.

Adorno schrieb dies aus Oxford. Im April 1933 hatte er seine für das Sommer-Semester angekündigten Universitätsveranstaltungen abgesagt, »da ich eine größere wissenschaftliche Arbeit zum Abschluß bringen möchte« (Wiesengrund-Dekan der Philosophischen Fakultät, Lommatzsch, 5. 4. 33). Im Juli war ihm vom Dekan mitgeteilt worden, aufgrund eines ministeriellen Erlasses würden »auch im Wintersemester diejenigen, welche im Sommersemester beurlaubt waren, bzw. von ihrem Rechte, nicht zu lesen, Gebrauch gemacht haben, nicht in das Vorlesungsverzeichnis aufgenommen« (Dekan Lommatzsch-Wiesengrund, 19. 7. 33). Im September hatte das Ministerium ihm die Lehrbefugnis entzogen. Überzeugt, der Spuk werde bald vorüber sein, hoffte Adorno auf eine Anstellung als Musikkritiker bei der liberalen *Vossischen Zeitung* in Berlin. Diese wurde aber im April 1934 eingestellt. In einer seiner seltener erscheinenden Musikkritiken lieferte Adorno, noch immer an die Möglichkeit des Überwinterns glaubend, ein Beispiel für politischen Opportunismus. Bei der Besprechung von Herbert Müntzels *Die Fahne der Verfolgten. Ein Zyklus für Männerchor nach dem gleichnamigen Gedichtband von Baldur von Schirach* in der renommierten, damals noch nicht völlig gleichgeschalteten Zeitschrift *Die Musik* hob er lobend hervor, daß dieser Zyklus »durch die Wahl der Gedichte Schirachs als bewußt nationalsozialistisch markiert« sei und dem »Bild einer neuen Romantik« nachfrage, »vielleicht von der Art, die Goebbels als ›romantischen Realismus‹ bestimmt hat«. Dieses Lob verband er mit dem Hinweis, daß es wohl geschehen könnte, »daß bei fortschreitender kompositorischer Konsequenz eben doch die romantische Harmonik gesprengt wird: freilich dann nicht um einer archaistischen, sondern einer neuen zu weichen, die die kontrapunktischen Energien in sich aufnimmt« (*Die Musik*, Juni 1934, 712). Wohl im Gedanken an diese getarnte Fürsprache meinte er im November 1934 in einem Brief an Horkheimer stolz: er habe »teilweise sogar, ohne Konzessionen zu machen, in Deutschland publiziert«. Im Sommer 1934 hatte er gleichzeitig begonnen, seine Hoffnungen auf eine Fortsetzung der akademischen Karriere in England zu richten. Das war schwieriger als er dachte, und er mußte froh sein, als er sich schließlich durch Vermittlung des Academic Assistance Council, den der mit seinem anglophilen Vater bekannte John Maynard Keynes auf Adornos Fall aufmerksam gemacht hatte, im Juni 1934 als advanced student am Merton College in Oxford einschreiben konnte. Man hatte ihm geraten, in Oxford den Ph. D. (Doctor of Philosophy) zu erwerben. Dafür mußte man zwei Jahre dort studiert haben. Ob seine Chancen, eine akademische Lehrstelle zu bekommen, dadurch stiegen, war ungewiß. Als Dissertation wollte er einen Teil eines großen erkenntnistheoretischen Buches verwenden, an dem er zu arbeiten begonnen hatte und dessen Arbeitstitel hieß: *Die phänomenologischen Antinomien. Prolegomena zur dialektischen Logik* (cf. Adorno-Kracauer, 5. 7. 35). Sein »supervisor« war der ordinary language-Philosoph Gilbert Ryle. Als Sohn reicher Eltern fühlte Adorno sich vom Academic Assistance Council, das für dringende Notfälle gedacht war, zuweilen vernachlässigt, und es plagte ihn die Befürchtung, daß arme deutsche Akademiker bei der Besetzung akademischer Positionen ihm vorgezogen würden. Er verbrachte den größeren Teil des Jahres in Deutschland und war nur während der terms in Oxford. Seine Situation dort war, so meinte er – und damit schloß sein erster

Brief an Horkheimer –, »die eines mittelalterlichen Studenten und teilweise der verwirklichte Angsttraum, daß man wieder in die Schule muß, kurz das verlängerte Dritte Reich«.

Mit großem Geschick fuhr Horkheimer in seinem nächsten Brief in dem Bemühen fort, Adornos Genie für die eigene Arbeit und die des Instituts zurückzugewinnen, ohne dafür viel zahlen zu müssen. Noch einmal schob er Adorno die Schuld am Abbruch der Zusammenarbeit zu. Daß Adorno die Kooperation mit dem Institut und seiner Zeitschrift scheuen könnte, weil er Schwierigkeiten befürchtete, habe er nicht ahnen können, seien doch alle Vorwürfe gegen das Institut zurückgenommen worden und habe doch einer der Mitarbeiter sogar während seiner Haft in Deutschland unbehelligt für die Zeitschrift geschrieben. Dann appellierte er ans Bedürfnis, einem sendungsbewußten kleinen Kreis anzugehören. »Wenn Sie sich nicht sehr verändert haben, dann sind Sie einer der ganz wenigen Menschen, von denen das Institut und die besondere theoretische Aufgabe, die es zu erfüllen sucht, geistig etwas zu erwarten haben. Aus denselben Gründen und im gleichen Maße, wie die Zahl dieser Menschen und das Verständnis, auf das sie im Augenblick rechnen dürfen, zusammenschrumpft, werden die Verpflichtungen größer, bei der Stange zu bleiben und die eigene Position weiter zu entwickeln. Wir sind die einzige Gruppe, deren Existenz nicht von einer fortschreitenden Assimilierung abhängt, sondern welche den in Deutschland erreichten relativ hohen Stand der Theorie halten und weiter erhöhen kann.« (Horkheimer-Adorno, 16. 11. 34) Er hob die eigene Opferbereitschaft und Umsichtigkeit hervor, schilderte die Situation des Instituts als die einer splendid isolation (»Hier in Amerika sind wir einer unerwartet großen Hilfsbereitschaft begegnet. Auf Grund einer erstaunlich verbreiteten Kenntnis unserer Schriftreihe, der Zeitschrift, wie auch der mit unseren Enquêten zusammenhängenden Forschungen hat man uns ein kleines Haus zur Verfügung gestellt, in dem es sich gut arbeiten läßt«). Und nach all dem dann schließlich: »wir haben im Augenblick buchstäblich nicht die Mittel, welche es uns erlaubten, die Bezahlung eines nennenswerten Gehalts über die laufenden Ausgaben hinaus zu versprechen . . . könnte der Vermögensverwaltung, d. h. Pollock, die allerschwersten Vorwürfe zuziehen . . . Vielleicht ist es im nächsten Jahr besser . . .«. Adorno solle doch einmal einen trip nach Amerika machen. Dann werde er seine Chancen – »auch unabhängig von der rein materiellen Hilfe des Instituts« – vielleicht günstiger einschätzen als von England aus.

In seiner Antwort vollzog Adorno den vorbehaltlosen Anschluß an Horkheimer und die gemeinsame Sache. An den Mißverständnissen nach dem März 1933 sei zweifellos Tillich schuld. Und die Ursachen für seinen Eindruck einer Geheimhaltungspolitik des Instituts ihm gegenüber vor dem März 1933 lägen offensichtlich nicht bei Horkheimer, sondern bei dessen Freund Pollock, der psychologisch zum Geheimhalten neige, und bei Löwenthal, der diese Neigung sozusagen machtpolitisch gegen ihn, Adorno, einsetze. Und schon machte er sich an die Mitarbeit bei der *ZfS* – schlug vor, aus den beiden Arbeiten, an denen er sitze (einem kritischen Kommentar zu einem unveröffentlichten Manuskript Mannheims über *Kulturkrise und Massendemokratie* und der Untersuchung über Husserl) Zeitschriften-Beiträge zu machen; meinte, die Besprechung Paretos könne vielleicht »Korsch ganz ordentlich machen«; warnte vor Borkenau; schlug als eigenen Beitrag weiterhin »einiges Prinzipielle« zum Psychoanalysekomplex vor (»ich hätte hier Bedenken gegen eine falsche und äußerliche Arbeitsteilung«), wobei er von Reich ausgehen wolle, weil der im Unterschied zu Fromm die bruchlose Übertragung der individuellen Psychologie auf die Sozialtheorie ablehne.

Das war ganz im Sinne Horkheimers, der Ende 1935 aus Paris, wo er mit Adorno zusammentraf, an Pollock schrieb: »Trotz einer Reihe störender Momente, die in seiner Persönlichkeit begründet sind, scheint es mir notwendig zu sein, daß ich mit ihm zusammenarbeite; er ist der einzige Mensch, der außer der Assistenz Marcuses an dem Zustandekommen der Logik mitarbeiten kann. Da er zunächst in Oxford zu einem Abschluß kommen muß, was wohl 1-1 ½ Jahre in Anspruch nehmen wird, so ist die Organisation dieser Zusammenarbeit noch nicht dringend. New York kommt meiner Ansicht nach aus verschiedenen Gründen nicht in Frage. Man könnte sich denken, daß ich zur gegebenen Zeit nach Europa gehe, nachdem ich inzwischen mit Marcuse die Vorarbeiten weiter getrieben habe. In der Zwischenzeit soll jedoch T. [Teddy, d. i. Adorno, R. W.] seine Verbundenheit mit dem Institut dadurch dokumentieren, daß er einen Plan ausarbeitet, wie der Besprechungsteil auf ein höheres Niveau gehoben werden kann. Auch für den Aufsatzteil soll T. einiges tun.«

Die langen Briefe Adornos und die kurzen Horkheimers bis zur Übersiedlung Adornos nach New York im Februar 1938 zeugten von der eigentümlichen Mischung aus bleibender gegenseitiger Fremdheit in zentralen Punkten und psychologischer und theoretischer Symbiose, vom dauerhaften Zusammenspiel von Adornos Feuerwerk an Einfällen und Vorschlägen und Horkheimers bedächtiger selektiver Nutzung dieses Feuerwerks. Auf Adornos Begeisterung für das der Wahlverwandtschaften-Arbeit Benjamins entnommene Motiv der »Rettung des Hoffnungslosen« (Adorno-Horkheimer, 25. 2. 35) reagierte Horkheimer gar nicht, ebensowenig auf Adornos große Begeisterung über die ihm bei der Husserl-Arbeit vorschwebende Aufgabe,

»aus der Philosophie gerade dort, wo sie sich am abstraktesten gibt, den Funken der historischen Konkretion zu schlagen« (Adorno-Horkheimer, 24. 11. 34), »die undialektischste aller Philosophien (und dennoch heute die vorgeschrittenste bürgerliche Erkenntnistheorie) durchzudialektisieren« (25. 2. 35), die »immanente Liquidation des Idealismus« durchzuführen (25. 6. 36). Adornos Arbeiten über Husserl und Mannheim schienen Horkheimer »bei der ersten Überlegung nicht gerade ein Schlüsselproblem der gegenwärtigen Lage zu betreffen« (Horkheimer-Adorno, 2. 1. 35). Die Arbeiten über Mannheim und Husserl, obwohl von Adorno über Jahre hinweg mehrfach umgearbeitet, erschienen niemals in der *ZfS*. Erst im Sommer 1936 erschien zum erstenmal nach 1933 ein Beitrag Adornos in der *ZfS* – die unter dem Pseudonym Hektor Rottweiler veröffentlichte Studie *Über Jazz*. Sie blieb seine einzige Aufsatz-Publikation in der Zeitschrift bis zum Herbst 1938.

Daß Horkheimer gleichwohl ein überaus großes Interesse an Adorno hatte, lag nicht nur an seiner Überzeugung, daß Adorno von einzigartigem Nutzen für das Zustandekommen des Logik-Buches sein werde. Adorno paßte auch ausgezeichnet in die psychologische Struktur des Horkheimerkreises. Er war auf Horkheimer fixiert und auf alle anderen eifersüchtig. Er schwärmte immer wieder von – wie es z. B. im Brief vom 25. 2. 35 an Horkheimer hieß – »unserer eigentlichen und gemeinsamen theoretischen Aufgabe, nämlich der dialektischen Logik«, und träumte davon, sie ganz allein mit Horkheimer irgendwo in Südfrankreich zu schreiben. Er versicherte Horkheimer, »daß, wenn ich an Ihrer Stelle wäre und Sie an meiner, ich nicht gezögert hätte, wen immer herauszuwerfen, um Ihrer mich zu versichern ... Es versteht sich, daß es sich dabei konkret um die Position Marcuses handelt ...« (Adorno-Horkheimer, 13. 5. 35) Aber in Marcuse sah er nur die schwächste Stelle. Seine Abneigung galt ebenfalls Löwenthal, Fromm, Pollock.

Außerdem war Adorno bereit, sich voll mit der großen Sache des Instituts zu identifizieren und alles daran zu messen. Die Unterstützung von Benjamins Passagenarbeit, die er bei früherer Gelegenheit wegen allzu großer Belastung mit Metaphysik als dem Arbeitsplan des Instituts fremd bewertet hatte, empfahl er nach der Lektüre von Benjamins Exposé im Juni 1935 mit der Begründung: »Ich bin ... zu der Überzeugung gekommen, daß diese Arbeit *nichts* enthalten wird, was sich nicht vom Standpunkt des dialektischen Materialismus aus wird verantworten lassen. Den Charakter der metaphorischen Improvisation, der ihr ehedem zukam, hat sie ganz verloren. Ich will nicht einmal sagen, daß das endlich ein Positivum sei (das führte auf die ausstehende Diskussion zwischen Ihnen und mir): auf jeden Fall ist es ein Positivum für die Verwertbarkeit der Arbeit im Arbeitsplan des Instituts, dem sie sich *einfügt*.« (Adorno-Horkheimer, 8. 6. 35) In Fromms Aufsatz über *Die gesellschaftliche Bedingtheit der psychoanalytischen Therapie* sah er – wegen der einseitigen Verurteilung der Autorität (ohne die »ja schließlich weder Lenins Avantgarde noch die Diktatur zu denken ist«) und wegen der »bürgerlich individualistischen« Forderung nach mehr Güte – »eine wirkliche Bedrohung der Linie der Zeitschrift« (21. 3. 36). An den Anfang seines Gutachtens über Kracauers Arbeit *Die totalitäre Propaganda Deutschlands und Italiens* stellte er im März 1938 den Satz: »Zur Einschätzung des Kracauerschen Textes ... scheint es mir nicht zureichend, ihn einfach mit unseren Kategorien zu konfrontieren und zu prüfen, wie weit er mit diesen übereinstimmt, sondern man hat von vornherein davon auszugehen, daß Kracauer weder seiner theoretischen Haltung nach verbindlich zu uns gehört, noch seiner Arbeitsmethode nach als wissenschaftlicher Schriftsteller überhaupt rangiert, und hat zu fragen, ob seine Arbeit, unter diesen uns vorweg bekannten Voraussetzungen, uns etwas zu bieten hat, was wir, seis publizistisch, seis für die eigene Theoriebildung, verwerten können«, und er kam zu dem Ergebnis, daß Kracauers Aufsatz in einer von ihm, Adorno, bearbeiteten Form veröffentlicht werden könne, »ohne uns politisch allzu sehr zu belasten« (ein Plan, der nicht realisiert wurde, weil Kracauer die Veröffentlichung der Adornoschen Umarbeitung unter seinem Namen ablehnte). Als er im Januar 1938 erfuhr, daß seine Mannheim-Arbeit auch in einer von Horkheimer für gut befundenen Form nun doch nicht erscheinen werde, meinte er in einem Brief an Horkheimer: »Doch haben Sie wahrscheinlich gerade dafür taktische Gründe, die ich von hier aus nicht übersehen kann. Bitte fassen Sie dieses leise Winseln des verwundeten Rehs, das diesmal ich selber bin, nicht als Ausdruck der privaten Eitelkeit auf. Aber ich glaube, es ist doch einfach ... verständlich, wenn selbst bei einem wirklich aufgehellten und kontrollierten Menschen Symptome einer Lähmung auftreten.« (Adorno-Horkheimer, 28. 1. 38) Das war die masochistische Seite der Berufung auf die von Horkheimer immer wieder beschworene besondere theoretische Aufgabe des Instituts.

Wenn Adorno meinte, Hitler sei eine Schachfigur in der Anti-Ost-Orientierung der monopolkapitalistischen Westmächte, und 1936 fürchtete, »in längstens zwei Jahren wird Deutschland über Rußland herfallen, Frankreich und England werden aufgrund der bis dahin abgeschlossenen Verträge draußen bleiben« (Adorno-Horkheimer, 21. 3. 36), andererseits aber die Prozesse und die Kulturpolitik in der UdSSR enttäuschend fand und meinte, daß man Rußland »wohl im Augenblick die loyalste Haltung bezeugt, wenn man eben schweigt«

(26. 10. 36), dies pathetisch unterstreichend, indem er betonte, daß ihm trotz allem scheine, »daß man in der gegenwärtigen, wahrhaft verzweifelten Situation wirklich, sei es auch um den schwersten Preis (und niemand kennt ihn besser als ich!) Disziplin halten soll und nichts publizieren, was Rußland zum Schaden ausschlagen kann« (28. 11. 36) – dann entsprach das ganz der Linie Horkheimers.

Wichtig waren für Horkheimer schließlich Adornos »von Haß geschärfter Blick auf das Bestehende« (Horkheimer-Adorno, 8. 12. 36) und seine Aggressivität. Das vermißte er an Fromm, von dem er zur Zeit des ersten Wiedersehens in New York im Juni 1934 gegenüber Pollock gemeint hatte: »Er gefällt mir nicht sehr. Zwar hat er produktive Ideen, aber er will mir mit all zu vielen Leuten auf gutem Fuß stehen und sich nichts entgehen lassen. Es ist zwar ganz angenehm, sich mit ihm zu unterhalten, aber ich habe den Eindruck, daß das für sehr viele Leute angenehm ist.« (Horkheimer-Pollock, 4. 6. 34) Als Adorno ihm Ende 1936 nach einem Besuch Alfred Sohn-Rethels in Oxford heiß die Unterstützung dieses isoliert arbeitenden Mannes empfahl, der mit anderen Mitteln das gleiche Ziel verfolge wie er, Adorno, nämlich den Idealismus von innen zu sprengen, stellte Horkheimer, nachdem er zusammen mit Marcuse Sohn-Rethels *Entwurf zu einer soziologischen Theorie der Erkenntnis* teilweise gelesen hatte, kühl fest, es stecke zwar eine große Denkkraft »hinter diesem trostlosen Ablauf von Sätzen mit inhaltsschweren Worten«, doch stehe sie »zur Geschichte selbst, wie sie ist, auch nicht viel anders . . . als irgendein Jaspers oder sonst ein Professor«; es sei nirgends »die eigentümliche Ironie der Marxschen Kategorien wirksam«; es sei Sohn-Rethel gelungen, »den Begriff der Ausbeutung allen aggressiven Inhalts völlig zu entkleiden«, wie es nicht einmal Mannheim fertiggebracht habe; was der Autor mit ihnen längst vertrauten Erkenntnissen getan habe, sei »ihre idealistische Verbrämung und nicht etwa ihre Schärfung« (Horkheimer-Adorno, 8. 12. 36). Gerade Adornos Begeisterung über Sohn-Rethel gab Horkheimer Anlaß, »den ungeheuren Unterschied Ihrer Denkart und seiner« hervorzuheben. »Mag Ihre Kierkegaard-Arbeit auch noch die Spuren der idealistischen Denkweise an sich tragen, von der Sie sich mit jenem Buch lossagten, so macht sich doch an vielen Stellen Ihr von Haß geschärfter Blick auf das Bestehende geltend, ja, ich habe die Unvereinbarkeit Ihrer Gedanken mit dem vorhandenen objektiven Geist auch dort erfahren, wo mir die Richtigkeit der Gedanken als zweifelhaft erschien.«

Was Löwenthal einmal Horkheimer gegenüber an Adorno kritisierte, daß er nämlich im Unterschied zu Horkheimer ein dem Ressentiment verwandtes Eifern zeige, gerade das gefiel Horkheimer, und es kam für ihn nur darauf an, diese eifrige Aggressivität, die überall in

185

den Arbeiten Löwenthals, Marcuses, Fromms und erst recht anderer Zugeständnisse an den bürgerlichen Wissenschaftsbetrieb entdeckte, in die richtigen, nämlich auf gesellschaftstheoretische Konsequenzen zielende Bahnen zu lenken.

Für Adorno aber ging es darum, Horkheimers »Suebo-Marxismus« (s. S. 109) für eine anspruchsvollere Form materialistischer Theorie zu öffnen. Seine wie auch immer merkwürdigen, aber nicht nur durch seine Schuld großenteils scheiternden Bemühungen, Benjamin, Kracauer, Sohn-Rethel, Bloch zu Mitarbeitern des Instituts bzw. der Zeitschrift zu machen, zeigten, daß ein alter Traum in ihm weiterlebte, nämlich der, in der Zeitschrift und am Institut die von ihm und seinen theologisch-materialistischen Freunden vertretene Theorie zur Geltung zu bringen. Der Sieg des Nationalsozialismus und die Emigration hatten allerdings die soziale und publizistische Position dieser Freunde so sehr geschwächt, Horkheimers Position so sehr gestärkt, daß Adorno geneigt war, störende Momente an Horkheimer als nicht immer durchschaubare Strategien zum Besten des Instituts einzustufen, störende Momente an Kracauer und den anderen Denkgefährten aber als Narrheiten. »Es ist ungeheuer schwer«, meinte er im Januar 1937 in einem Brief an Horkheimer, »Menschen zu finden, mit denen wir wirklich zusammenarbeiten können und die Versuche, die ich im letzten halben Jahr nach dieser Richtung gemacht habe, bringen mich mehr und mehr dazu, Ihre Ansicht zu akzeptieren, daß wir unsere Arbeiten sozusagen nur auf uns selbst gestellt durchzuführen haben.« Und ein paar Tage später: »Mein Bestreben, fortgeschrittene Intellektuelle heranzuziehen, soll ja schließlich das Institut nicht in ein Narrenhaus verwandeln.« (Adorno-Horkheimer, 21. 1. 37; 25. 1. 37) Eine Ausnahme bildete, darin waren Adorno und Horkheimer sich einig, Benjamin. »Ich halte Benjamin«, schrieb Adorno nach dem Erscheinen von dessen *Eduard Fuchs, der Sammler und der Historiker* in der *ZfS*, »für eine der wichtigsten Kräfte, die wir haben – nach den sehr deprimierenden Erfahrungen beim Versuch, neue zu gewinnen, für eine der ganz wenigen; und bei richtigem Einsatz wird man ungeheuer viel von ihm zu erwarten haben. Ich halte es daher auch im sachlichen Interesse für sehr vertretbar, wenn sich das auch in der äußeren Position ausdrücken wird.« (Adorno-Horkheimer, 23. 4. 37) Und Horkheimer, der auf einer seiner Europa-Reisen im September 1937 in Paris wieder einmal mit Benjamin zusammengetroffen war, meinte danach in einem Brief an Adorno: »Zum Schönsten gehören einige Stunden mit Benjamin. Von allen steht er uns weitaus am nächsten.« (Horkheimer-Adorno, 13. 10. 37) Im Spätherbst 1937 wurde Benjamin fester Mitarbeiter des Instituts, nachdem sein *Passagenwerk* bereits 1935 unter die vom Institut geförderten Forschungsvorhaben aufgenommen und bei Horkheimers Parisbesuch im Februar 1936 die regelmäßige Zahlung eines erhöhten Gehalts an Benjamin vereinbart worden war. »Da auch Sie«, schrieb Benjamin nach diesem Februar-Treffen an Adorno, »nun näher in die Arbeit des Instituts hineinrücken, so kann ich mir davon sowohl was unsere theoretischen Perspektiven wie was unsere praktische Position betrifft, wie ich hoffe ohne fahrlässigen Optimismus, Gutes versprechen.« (Benjamin-Adorno, 7. 2. 36/zitiert in: *Passagenwerk*, 1152)

Insgesamt setzte sich so seit 1934/35 jener erstaunliche Prozeß fort, der Anfang der 30er Jahre in Frankfurt begonnen hatte: die Zusammenarbeit zwischen dem gesellschaftstheoretischen Materialisten Horkheimer, der durch die philosophisch angeleitete interdisziplinäre gesamtgesellschaftliche Analyse dem Glücksanspruch der vergänglichen und auf das Diesseits verwiesenen Menschen dienen wollte, und dem deutenden Materialisten Adorno, der durch »konstruktive Interpretation« (Adorno) und Aufschließen des Kleinen, Fragmentarischen, Zufälligen, idealistisch Verrannten dialektisch die Elemente von deren Rettung und einer guten Rationalität freisetzen wollte. Beider Bestrebungen trafen sich in der Kritik idealistischer Positionen und im Interesse an einer »unabgeschlossenen« (Horkheimer) bzw. »intermittierenden« (Adorno) Dialektik, einer von keinem System, keinem autonomen Geist vorgegebenen Logik der lebendigen Sache. Eine enge Zusammenarbeit ohne weitere Angleichung der Positionen erschien aber als schwer vorstellbar. In welcher Richtung diese Angleichung geschehen würde, ließ schon vor Horkheimers Einstimmung in Adornos Lob auf Benjamin die Reaktion des gesellschafts-theoretischen Materialisten auf den Jazz-Aufsatz des deutenden Materialisten ahnen. »Die Jazzarbeit«, schrieb Horkheimer Adorno, »erscheint mir als eine besonders ausgezeichnete Studie. Sie machen in der strengen Analyse dieses scheinbar belanglosen Phänomens die ganze Gesellschaft mit ihren Widersprüchen sichtbar. Die Arbeit hätte überall, wo sie auch erschienen wäre, ein Glanzstück gebildet. In diesem Heft erfüllt sie auch noch die Funktion, dem Irrtum vorzubeugen, daß unsere Methode nur auf sogenannte große Probleme und umspannende Geschichtsperioden anzuwenden sei, und zeigt durch die Ausführung selbst, daß die richtige Problemstellung eben gar nichts mit dem zu tun hat, was man in der Wissenschaft so oben hin wichtig und dringend heißt.« (Horkheimer-Adorno, 23. 10. 36) In der Begeisterung für die Adornosche Verfahrensweise, die in der nächsten Selbstdarstellung des Instituts als ein zentraler Ansatz desselben hervorgehoben wurde, zeigte sich Horkheimers Bereitschaft, sein ursprüngliches Projekt einer Kombination von Philosophie und Einzelwissenschaften, Theorie und Empirie, abstract und concrete sciences (Horkheimer) in einem weiten, sehr unterschiedlichen Varianten Raum gebenden Sinne zu verstehen.

Die weiteren empirischen Forschungen des Instituts in den 30er Jahren

Vier field work-Projekte standen in den Jahren 1935-1938 auf dem Programm des Instituts:

eine Untersuchung über die Autoritätseinstellung von Studentinnen (anhand einer Gruppe von Studentinnen des New Yorker Sarah Lawrence College);

eine Untersuchung über den Einfluß der Arbeitslosigkeit auf die Autoritätsstruktur in der Familie (anhand einer Gruppe von Familien in Newark, New Jersey, wozu Paralleluntersuchungen in Wien und Paris durchgeführt werden sollten);

die vollständige Auswertung der für die *Studien über Autorität und Familie* erst ansatzweise analysierten Erhebungen über Wandlungen in den Autoritätsbeziehungen zwischen Jugendlichen und ihren Eltern in verschiedenen europäischen Ländern;

die vollständige Auswertung der ersten Erhebung des Instituts bei deutschen qualifizierten Arbeitern und Angestellten.

Die Untersuchung über die Autoritätseinstellung von Studentinnen des Sarah Lawrence College in New York hatte das Ziel, festzustellen, welche Einstellung die Studentinnen gegenüber der Autorität der Professoren bzw. des Colleges als ganzem hatten, typische Haltungen herauszuarbeiten und deren Zusammenhang einerseits mit der sozialen, kulturellen sowie familialen Situation der Studentinnen, andererseits mit bestimmten Charakterstrukturen zu untersuchen. Es war also das alte Programm, angewendet auf Jugendliche in einer Institution. Die im Spätherbst 1935 begonnene und von Fromm geleitete Untersuchung zog sich hin, ohne je über das Anfangsstadium hinauszugelangen.

Die Untersuchung über den Einfluß der Arbeitslosigkeit auf die Autoritätsstruktur in US-amerikanischen Familien war Lazarsfeld übertragen worden, mit dem Horkheimer und das Institut in der US-amerikanischen Zeit engen Kontakt hielten.

Paul F. Lazarsfeld verkörperte im Vergleich zu Horkheimer eine stärker pragmatische und methodenorientierte Variante des sozialwissenschaftlichen managerial scholar, ohne daß aber der gesellschaftskritische Aspekt ganz fehlte. Bildete nicht eine der Etablierung marxistischer Theorie im akademischen Raum dienende Stiftung die Basis, konnte der Aufbau einer empirisch vorgehenden sozialwissenschaftlichen Forschungsstelle nur gelingen, wenn große Unternehmungslust und Improvisationsfreude Hand in Hand gingen mit weitgehender Anpassungsbereitschaft.

Lazarsfeld, 1901 in Wien geboren, kam aus einem jüdischen Elternhaus, in dem u. a. Victor Adler, Rudolf Hilferding, Otto Bauer verkehrten. Seine Mutter Sophie Lazarsfeld war eine Schülerin von Alfred Adler, praktizierende Analytikerin und Verfasserin einer Reihe kämpferischer Bücher über die Frauenemanzipation. (Cf. Knoll u. a., *Der österreichische Beitrag zur Soziologie von der Jahrhundertwende bis 1938*, in: *Kölner Zeitschrift für Soziologie und Sozialpsychologie*, Sonderheft 23, S. 90 ff.) So wurde er schon früh mit dem Austromarxismus und der von den österreichischen Sozialdemokraten hochgeschätzten Adlerschen Variante der Psychoanalyse vertraut. Bei seiner Tätigkeit in der sozialdemokratischen Jugendbewegung lernte er in den 20er Jahren Siegfried Bernfeld kennen – Freud-Schüler und Leiter eines 1919 gegründeten Wiener Kinderheims für Kriegswaisen –, dessen Modell der Kinderselbstverwaltung ihn bei der Organisation von Ferienkolonien für Kinder und Jugendliche der sozialdemokratischen Arbeiterbewegung inspirierte. Auf Anregung Bernfelds besuchte Lazarsfeld, inzwischen Mathematiklehrer, die Lehrveranstaltungen Charlotte und Karl Bühlers, die 1922/23 das Psychologische Institut an der Wiener Universität gegründet hatten. Das Institut war ein Anziehungspunkt für sozialistische Studenten, die von der richtigen Erziehung viel für die Heraufkunft des »neuen Menschen« erhofften. Karl Bühler war beteiligt an der Schulreform des sozialdemokratischen Unterrichtsministers Glöckel; Charlotte Bühlers Hauptinteresse galt der Entwicklungspsychologie der Kindheit und Jugend. Von Anfang an waren hier theoretische Arbeit und empirische Forschung miteinander verbunden. Charlotte Bühler, die sich z. B. für ihr Buch über *Das Seelenleben des Jugendlichen* der statistischen Verarbeitung von Tagebüchern bedient hatte, machte den jungen Mathematiklehrer zu ihrem Assistenten.

1927 gründete Lazarsfeld die dem Psychologischen Institut angeschlossene Wirtschaftspsychologische Forschungsstelle. Zur Sicherung ihrer materiellen Basis führte sie Auftragsforschungen durch – darunter erste österreichische Marktanalysen und eine großangelegte Erhebung über Hörerwünsche für den Österreichischen Rundfunk.

Dem methodologisch interessierten Lazarsfeld erschienen alle diese Projekte als lehrreich. Bei der statistischen Analyse von Konsumentenentscheidungen z. B. hoffte er etwas für die statistische Analyse von Berufsentscheidungen zu lernen (Lazarsfeld, *Eine Episode*, 155). Die Forschungsstelle arbeitete also sowohl für die kapitalistische Wirtschaft wie für sozialdemokratisch orientierte Institutionen wie für eigenständige Forschungsziele.

In einem der ersten Bücher Lazarsfeld – *Jugend und Beruf*, Jena 1931 – stand ein Satz, der kennzeichnend war für sein Verständnis von empirischer sozialpsychologischer Forschung, wie es sich in der Atmosphäre des »Roten Wien« gebildet hatte, eines Wien, das rot war bis hin zu Mitgliedern des Wiener

Kreises wie Otto Neurath, Rudolf Carnap, Hans Hahn und Edgar Zilsel. Dieser Satz stand im Abschnitt über den »jungen Arbeiter«, durch dessen starke Berücksichtigung die Studie ihren marxistischen Akzent erhielt. »Überhaupt nur der Forscher, der die lebendige Nähe zum Problem hat, so daß er seinen Begriffs- und Methodenapparat geradezu durch Introspektion zu gewinnen vermag und der trotz dieser persönlichen Verbundenheit die wissenschaftliche Brutalität besitzt, sein Erlebnis in Daten und überprüfbare Formeln umzusetzen, oder doch wenigstens in Aussagen über vermutete Zusammenhänge, die einer solchen Darstellung einmal prinzipiell zugänglich sein können – nur der wird dazu verhelfen, daß die Probleme der verschiedenen Pubertätsformen deutlicher erhellt werden, als sie es bisher sind.« (*Jugend und Beruf*, 63) Keine Untersuchung der damaligen Zeit wurde dieser Einsicht so gerecht wie die 1930 begonnene über *Die Arbeitslosen von Marienthal*, bei der laut Lazarsfelds damaliger Einleitung durchgängig eingehaltener Standpunkt war, »daß kein einziger unserer Mitarbeiter in der Rolle des Reporters und Beobachters in Marienthal sein durfte, sondern daß sich jeder durch irgendeine, auch für die Bevölkerung nützliche Funktion in das Gesamtleben natürlich einzufügen hatte« (*Die Arbeitslosen von Marienthal*, 28). Die bescheidenen finanziellen Mittel für die Untersuchung waren von der Wiener Arbeiterkammer und einem von Karl und Charlotte Bühler verwalteten Rockefeller-Fonds zur Verfügung gestellt worden.

Aufgrund der Marienthaler Untersuchung finanzierte die Rockefeller-Stiftung Lazarsfeld eine USA-Reise, die er im September 1933 antrat. Nachdem im Februar 1934 in Österreich die Verfassung außer Kraft gesetzt, die Sozialistische Partei verboten und ein Faschismus nach italienischem Muster eingeführt worden war und die meisten Mitglieder von Lazarsfelds jüdischer Familie ins Gefängnis geworfen worden waren, bewarb er sich erfolgreich um eine Verlängerung seines Stipendiums. Nach dessen Ablauf im Herbst 1935 erhielt er durch die Vermittlung Robert Lynds einen Job beim Staatlichen Verwaltungsamt für Jugendliche, dessen Zentrale an der Universität von Newark untergebracht war. Er hatte 10 000 Fragebögen von Jugendlichen zwischen 14 und 25 Jahren zu analysieren und an der Universität einige Lehrveranstaltungen abzuhalten. Im Herbst 1936 wurde auf seine Anregung hin an der Newarker Universität eine Forschungsstelle eingerichtet, deren Leitung er übernahm.

Die Universität war klein und arm. Der Institutsleiter mußte für sein Gehalt zur Hälfte selber sorgen. Es kam für Lazarsfeld darauf an, wie einst in Wien die Forschungsstelle durch Auftragsbeschaffung am Leben zu halten. In dieser Situation kam ihm Horkheimers Institut dadurch zu Hilfe, daß es einen Teil seiner Arbeit am Newarker Forschungszentrum abwickelte und Lazarsfelds kleinen Stab für deren Beaufsichtigung bezahlte. Diese Kooperation war eine Episode einer langfristigen Zusammenarbeit. Sie hatte begonnen, als das Institut für Sozialforschung die Wiener Wirtschaftspsychologische Forschungsstelle mit der Befragung junger Arbeiter in Österreich beauftragte, und hatte sich fortgesetzt, als Lazarsfeld 1935 bei der Auswertung der von Käthe Leichter durchgeführten Erhebung bei Schweizer Jugendlichen für die *Studien über Autorität und Familie* half. »Sie haben«, schrieb Horkheimer zur

Zeit des Abschlusses der Arbeit an den *Studien* an Lazarsfeld, »dem Institut nicht bloß durch die sorgfältige und interessante Bearbeitung [der Jugendlichen-Enquete, R. W.], sondern auch noch durch das wahrhaft siegreiche Tempo, in dem Sie die Sache durchgeführt haben, eine große Hilfe erwiesen.

Bei der besonderen Bedeutung, welche Ihre einzigartige Erfahrung für das Arbeitsgebiet des Instituts besitzt, war die Freude über die Aufmerksamkeit, die man Ihnen in der Universität Pittsburgh entgegenbringt, durch den Gedanken Ihrer Abwesenheit von New York im nächsten Jahr getrübt ... von unserem gemeinsamen verehrten Freund Professor Lynd ist dann die Anregung ausgegangen, daß unser Institut Ihnen vorschlage, von Pittsburgh jeden Monat wenigstens einige Tage nach New York zu kommen. Damit soll die Möglichkeit geschaffen werden, daß Sie auch in Zukunft an unseren Arbeiten teilnehmen.« (Horkheimer-Lazarsfeld, 16. 5. 35) Worauf Lazarsfeld antwortete: »You certainly did not doubt that I would be very delighted about your offer. It suits my own plans in many ways. First, I myself want very much to stay in contact with you and your Institute; then, it gives me a chance to commute to New York ... the adornment of the budget will be highly welcome.« (Lazarsfeld-Horkheimer, 27. 5. 35)

Die Kooperation wurde besonders eng in Lazarsfelds Newarker Phase. Er und seine Mitarbeiter bzw. Mitarbeiterinnen – beispielsweise Herta Herzog, die schon in Wien mit ihm zusammengearbeitet hatte und seine zweite Frau wurde – berieten das Institut, das in Prospekten Lazarsfeld als einen seiner Research Associates aufführte, in Methodenfragen und leisteten datentechnische Hilfe. 1938 bekundete Lazarsfeld, der im Jahr zuvor von der Rockefeller Foundation mit einem großangelegten Radio Research Project beauftragt worden war, Horkheimer gegenüber sein Interesse daran, Adorno die Leitung des musikalischen Teils des Projekts anzubieten. Damit gab er Horkheimer die Möglichkeit, Adorno nach New York kommen zu lassen. Die gegenseitige Hilfe setzte sich bis in die 40er Jahre fort, als Horkheimer und Lazarsfeld, der 1940 Professor an der Columbia University wurde und auch seine Forschungsstelle dorthin verlagerte, strategische Absprachen für ihr Verhalten gegenüber Geldgebern trafen. Lazarsfeld diente dem Institut in der Zeit des US-amerikanischen Exils als ein Vermittler zum dortigen Wissenschaftsbetrieb; die Zusammenarbeit mit dem Institut der Frankfurter kritischen Theoretiker vermittelte Lazarsfeld das Gefühl, seine austromarxistische Vergangenheit auch als ein in den US-amerikanischen Wissenschaftsbetrieb Integrierter nicht ganz verraten zu haben.

Die Untersuchung über den Einfluß der Arbeitslosigkeit auf die Autoritätsstruktur in US-amerikanischen Familien war vom Horkheimer-Institut vor allem als ein Beweis der Nicht-Ignoranz gegenüber dem Gastgeber-Land gedacht. Die prinzipielle Schwierigkeit sei, so Fromm Anfang 1936 in einem Brief an Horkheimer, »daß wir die Untersuchung im wesentlichen aus taktischen Gründen machen mit der Absicht, Lazarsfeld die Hauptsache tun zu lassen; daß wir aber andererseits ja wollen, daß die Untersuchung inhaltlich einigermaßen von uns vertreten werden kann. Da Lazarsfeld allein unsere theoretischen Gesichtspunkte nicht ausreichend beherrscht, ist es nicht zu vermeiden, daß wir uns auch um die Untersuchung kümmern, andererseits aber würde es sehr verfehlt sein, zu viel Kraft an diese Untersuchung zu verwenden.« (Fromm-Horkheimer, 10. 1. 36) Sie wurde seit 1935 unter Lazarsfelds Aufsicht von einer ihm bekannten Soziologin, Mirra Komarovsky, durchgeführt. Die Erhebung betraf 59 unter gleichartigen Bedingungen lebende Newarker Familien, deren Namen von der Emergency Relief Administration, einer Art Wohlfahrtsamt, zur Verfügung gestellt worden waren. Zu den Untersuchungsmethoden gehörte eine Serie von Interviews mit einzelnen Familienmitgliedern. Bei der Ausarbeitung der Fragestellung und bei der Auswertung wurden typologische Klassifikationen verwendet, wie Lazarsfeld sie in seinem 1937 in der *ZfS* erschienenen Aufsatz *Some Remarks on the Typological Procedures in Social Research* diskutierte. Die Resultate bestätigten noch einmal, was Sternheim 1933 in seiner Sammelrezension über *Neue Literatur über Arbeitslosigkeit und Familie* festgestellt hatte und was die *Studien über Autorität und Familie* gezeigt hatten, daß nämlich die Autorität des Vaters häufig durch die Arbeitslosigkeit gemindert wurde – um so mehr, je älter die Kinder waren, und in Abhängigkeit von der familialen Autoritätsstruktur, wie sie vor der Zeit der Arbeitslosigkeit bestand. Der Bericht über die Newarker Untersuchung erschien 1940 auf englisch und mit einer Einleitung von Lazarsfeld als eine Publikation des International Institute of Social Research.

Bei Paralleluntersuchungen in Wien und Paris sollten die europäischen Zweigstellen des Instituts mit den Instituten Marie Jahodas und Otto Neuraths zusammenarbeiten. Jahoda – Wiener Mitarbeiterin Lazarsfelds und seine erste Frau, Hauptautorin von *Die Arbeitslosen von Marienthal* und aktive Sozialdemokratin – hatte nach Lazarsfelds Weggang die Leitung der Wiener Wirtschaftspsychologischen Forschungsstelle übernommen. Durch die geplante Kooperation wollte Horkheimer ohne allzu große Kosten den internationalen Charakter der Institutsarbeit aufrechterhalten. Zu den europäischen Paralleluntersuchungen kam es jedoch nicht. 1936 wurde Marie Jahoda wegen illegaler Arbeit für die Sozialisten verhaftet, 1937 aus Österreich ausgewiesen.

Unter wesentlicher Beteiligung von Lazarsfeld erfolgte auch die weitere Auswertung der Erhebungen über die Einstellung von Jugendlichen zu Autorität und Familie. Die vorläufige Bearbeitung des österreichischen Materials wurde von Käthe Leichter durchgeführt, die sich bei der Schweizer Erhebung so gut bewährt hatte. Sie wurde von Lazarsfeld auch für die Bearbeitung des französischen Materials vorgeschlagen. Herauskommen sollte am Ende eine vergleichende Darstellung der schweizerischen, österreichischen und französischen Untersuchungsergebnisse. Lazarsfeld hoffte dafür auch die zweite Hälfte der Schweizer Fragebögen statistisch auswerten zu können, die ihm für den Beitrag in den *Studien über Autorität und Familie* noch nicht zur Verfügung gestanden hatte. Das Projekt wurde nicht zu Ende geführt.

Am engsten war die Zusammenarbeit mit Lazarsfelds Newarker Forschungsstelle bei der weiteren Auswertung der Arbeiter- und Angestelltenerhebung. Bei ihr wirkten fast alle mit, die das Institut in einer Selbstdarstellung vom März 1938 als Mitarbeiter des Departments »Social Psychology and Field Studies« aufzählte: Erich Fromm, Paul Lazarsfeld und Ernst Schachtel sowie zwei der drei Assistentinnen, nämlich Herta Herzog und Anna Hartoch. Lazarsfeld und die beiden Frauen gehörten aber in erster Linie zur Newarker Forschungsstelle. Von Anna Hartoch, die »ausgezeichnete psychologische Kenntnisse und ausgedehnte kulturpolitische Erfahrungen mit Arbeitern hat«, erwartete Fromm sich eine spürbare Hilfe bei der Arbeit. Ihr monatliches Gehalt von 50 Dollar sollte dadurch bestritten werden, daß Fromm »ein Mehrverdienst, was ich gegenwärtig und wohl für die nächste Zeit durch den Austausch von schlechter mit besser bezahlten Analysestunden habe«, zur Bezahlung Anna Hartochs verwendete, »anstatt diesen Betrag der Institutskasse zuzuführen« (Fromm-Horkheimer, 10. 1. 36). Bei Paul Lazarsfeld und Herta Herzog sah er »kein sehr großes Verständnis« für »die feinen psychologischen Probleme, die gerade bei der Fruchtbarmachung dieser Arbeit wichtig sind«. Es sei aber an Gröberem und Deskriptivem so viel zu tun, daß die Mitarbeit der beiden gleichwohl sehr nützlich sein werde.

Dreierlei erwartete Fromm Anfang 1936 von der Auswertung der Arbeiter- und Angestelltenerhebung:

»1. Mit Sicherheit ein Bild von den politischen, sozialen und kulturellen Anschauungen, die deutsche Arbeiter und Angestellte im Jahre 1929/30 gehabt haben. Die Antworten sind dabei teilweise so übereinstimmend, daß gewisse Verallgemeinerungen auch aus dem Material von 700 Fragebogen erlaubt sein werden.

2. Ein angestrebtes Ziel, von dem ich noch nicht sagen kann, wieviel davon zu erreichen ist, ist die Ausarbeitung von sozial-psychologischen Typen, also z. B. die Unterscheidung zwischen dem kleinbürgerlich ›rebellischen‹ Charaktertyp und dem revolutionären Typ. Es ist zu untersuchen, in wie weit sich bei den einzelnen Parteigruppen jeweils verschiedene Typen finden, z. B. also in wie weit man bei den Kommunisten den ›rebellischen‹ und den revolutionären Typ findet,

bei den Nazis den kleinbürgerlich individualistischen und einen mehr sozial und kollektivistisch eingestellten Typ und so fort. Man muß sicherlich die Charakterstrukturen mehr differenzieren, als es in meiner im Buch [den *Studien über Autorität und Familie*, R. W.] vorgeschlagenen Dreiteilung geschehen ist.

3. Ein drittes und sicher zu erreichendes Ergebnis ist, daß man an Hand dieses ganz ausgezeichneten Fragebogens methodologisch wirklich zeigen kann, was mit der Fragebogenmethode zu erreichen ist und was nicht. Es werden bei der Bearbeitung der Fragebogen eine Reihe von methodologischen Finessen angewandt werden, die neu sind und die eine Veröffentlichung auch sicher von diesem Gesichtspunkt aus als nützlich erscheinen lassen.« (Fromm-Horkheimer, 10. 1. 36)

In seiner Einleitung zu dem von ihm verantworteten Enqueten-Teil der *Studien über Autorität und Familie* hatte Fromm die wichtigsten Merkmale seiner methodologischen Vorstellungen prägnant gekennzeichnet, ohne daß sie dann in den einzelnen Erhebungsberichten einen erkennbaren Niederschlag gefunden hätten. Diese Merkmale waren: zu versuchen, »aus der Gesamtheit der Antworten je eines ganzen Fragebogens die Charakterstruktur des Antwortenden zu erschließen« (*Studien*, 235); systematisch solche Fragen in den Fragebogen einzubeziehen, »die Antworten erwarten lassen, aus denen man auf unbewußte Strebungen im Befragten und damit auf seine Triebstruktur Schlüsse ziehen kann« (237); die »Deutung des Sinns und häufig des dem Befragten unbewußten Sinns einer Antwort« im Zusammenhang mit anderen Antworten, das heißt mit der Gesamtstruktur des Befragten vorzunehmen (236). Die Aufstellung typischer Charakterstrukturen stellte Fromm sich so vor, daß sie durch »eine ausgebildete psychologische Theorie« fundiert sowie »durch das empirische Material der Untersuchung selbst beeinflußt und dauernd differenziert« (235) wurde. All dies waren Versuche zur Entwicklung einer Methodik, die der vor allem in Fromms erstem *ZfS*-Beitrag formulierten Aufgabe einer analytischen Sozialpsychologie dienen sollte: libidinöse Strukturen aufzudecken und sie einerseits als Produkt der Einwirkung der sozial-ökonomischen Bedingungen auf die Triebtendenzen, andererseits als bestimmendes Moment für die Gefühlsbildung innerhalb der verschiedenen Schichten der Gesellschaft wie auch für die Beschaffenheit des ideologischen Überbaus zu begreifen (cf. *ZfS* 1932: 53, 40).

Im Mittelpunkt der 1937/38 entstandenen Auswertungstexte – die Verarbeitung der Erhebungsergebnisse gedieh bis 1938 immerhin so weit, daß vier Jahrzehnte später der Sozialwissenschaftler Wolfgang Bonß mit Fromms Einverständnis aus den beiden noch vorhandenen, offenbar überwiegend von Fromm verfaßten, in keinem Fall vollständigen englischsprachigen Fassungen einen veröffentlichungsfähigen

Text rekonstruieren konnte, der 1980 auf deutsch publiziert wurde – stand der letzte Teil der von Fromm formulierten Aufgabe einer analytischen Sozialpsychologie. »Die Analyse der Antworten«, hieß es im ersten Kapitel über Ziele und Methoden der Untersuchung, »konzentrierte sich darauf, die Beziehung zwischen den emotionalen Antrieben eines Individuums und seinen politischen Meinungen herauszuarbeiten.« (Fromm, *Arbeiter und Angestellte am Vorabend des Dritten Reiches*, 52) Angesichts der programmatischen und methodologischen Darlegungen Fromms hätte man erwartet, daß zunächst, gestützt auf jene Komplexe von Antworten, die dem in psychologischer Interpretation Geschulten Rückschlüsse auf tiefsitzende Persönlichkeitszüge erlaubten, die libidinösen Strukturen der einzelnen Probanden herausgearbeitet worden wären, um sie dann psychologisch fundiert und empirisch orientiert nach Typen zu klassifizieren, sodann die Bedeutung der politischen und anderer bewußter Anschauungen für die diversen Charaktertypen zu klären und eventuell die Rolle der unterschiedlichen sozial-ökonomischen Bedingungen für die Entstehung jener Charaktertypen zu untersuchen.

Überraschenderweise wurde in den Auswertungstexten ganz anders verfahren. Zunächst wurde eine Übersicht über die personale, soziale, ökonomische und politische Zusammensetzung der Stichprobe (zur Verfügung standen noch 584 Fragebögen) gegeben. Im Hinblick auf den beruflichen Status wurde zwischen gelernten Arbeitern, ungelernten Arbeitern, Angestellten und Sonstigen unterschieden, auf weitere Differenzierungen in der Regel verzichtet, weil die Gruppen sonst zu klein geworden wären. Im Hinblick auf die politische Orientierung wurde zwischen Kommunisten, Linkssozialisten (innerhalb der Sozialdemokratie), Sozialdemokraten, Bürgerlichen, Nationalsozialisten (sie bildeten die kleinste, 17 Personen umfassende Gruppe) und Nichtwählern unterschieden, bei den beiden größten Gruppen, den Kommunisten (150) und den Sozialdemokraten (262), noch einmal zwischen Funktionären, Wählern und Unentschiedenen.

Dann wurden, unter Absehung vom Zusammenhang der einzelnen Fragebögen, die Antworten auf Fragen zu den Problemfeldern politische Meinung, allgemeine Weltanschauung, kulturelle und ästhetische Einstellung, Einstellung gegenüber Frau und Kindern sowie Einstellung zum Mitmenschen und zu sich selbst deskriptiv und teilweise auch bereits interpretativ klassifiziert (d. h. zunächst auf ihre nicht direkt abfragbare Aussage über tieferliegende Persönlichkeitszüge hin interpretiert und dann klassifiziert) und die Verteilung der verschiedenen Antwortklassen auf die politischen und meistenteils auch auf die ökonomischen Gruppierungen der Stichprobe untersucht.

Zuletzt wurde schließlich jeder Fragebogen als eine Gesamtheit genommen, woraus sich zwar kein Gesamtbild der jeweiligen Persönlichkeit, aber doch ein Gesamtbild gewichtiger Persönlichkeitszüge ergab. Vier Fragen wurden als für die politischen Anschauungen, sechs die Haltung zur Autorität und zum Mitmenschen betreffende als für die tieferliegende Persönlichkeitsstruktur relevant herausgegriffen und untersucht, wieweit und in welcher Richtung politische Anschauungen und Persönlichkeitsstruktur übereinstimmten, dann die meisten der Befragten einem von drei Haupt-Charaktertypen zugeordnet und schließich die Verteilung dieser Typen auf die politischen und beruflichen Gruppierungen der Stichprobe untersucht.

Nicht weniger überraschend als dieser Aufbau der Analyse war die Art, in der die drei Haupt-Charaktertypen gewonnen wurden. Sie wurden nämlich keineswegs psychologisch fundiert, keineswegs in irgendeiner Form psychoanalytisch abgeleitet – z. B. aus Phasen der psychosexuellen Entwicklung –, sondern aus idealtypisch formulierten Unterschieden in den sozialen und politischen Anschauungen, wie sie von den deutschen »Weltanschauungs«-Parteien vertreten wurden. Als das idealtypische Bild einer bestimmten seelischen Haltung, an die die politische Doktrin appelliert, wurde aus der »sozialistisch-kommunistischen Philosophie« die »radikale Haltung«, aus der »liberal-reformistischen Philosophie« die »kompromißorientiert-reformistische Haltung«, aus der »antisozialistisch-autoritären Philosophie« die »autoritäre Haltung« abgeleitet (228 f., 230 f.). Es wurde ausdrücklich betont, daß diese idealtypischen Haltungen unmittelbar aus der politischen Gesamtanschauung konstruiert und nicht aus der seelischen Struktur der Menschen abgeleitet seien, die an die betreffende Lehre glaubten (229). Die Beziehung zu den seelischen Strukturen der Probanden wurde dadurch hergestellt, daß die großzügigeren Kategorien »R(Radikal)-zentriert« und »A(Autorität)-zentriert« gebildet wurden.

Als Pointe der Studie erschien dann die Feststellung, daß nur eine Minderheit unter den Anhängern der linken Parteien die idealtypische radikale Haltung aufwies, bei den meisten dagegen zwischen politischen Ansichten und Persönlichkeitsstruktur eine mehr oder weniger große Diskrepanz bestand. »Als zweifellos wichtigstes Ergebnis ist zunächst der geringe Prozentsatz von Linken [aus der Gesamtheit der drei Gruppen Sozialdemokraten, Linkssozialisten, Kommunisten, R. W.] festzuhalten, die mit der sozialistischen Linie sowohl im Denken als auch im Fühlen übereinstimmten. Nur von dieser mit insgesamt 15% recht kleinen Gruppe konnte in kritischen Zeiten erwartet werden, daß sie den Mut, die Opferbereitschaft und die Spontaneität aufbringen würde, die zur Führung der weniger aktiven Elemente und zur Besiegung des Gegners notwendig sind. Zwar besaßen die linken

Parteien die politische Treue und die Stimmen der großen Mehrheit der Arbeiter, aber es war ihnen im großen und ganzen nicht gelungen, die Persönlichkeitsstruktur ihrer Mitglieder so zu verändern, daß diese in kritischen Situationen verläßlich gewesen wären. Auf der anderen Seite zeigten jedoch weitere 25% der Sozialdemokraten und Kommunisten eine weitgehende, wenngleich geringere Übereinstimmung mit ihren politischen Parteien und ließen keine Persönlichkeitszüge erkennen, die ihren linken Ansätzen widersprochen hätten. Sie konnten deshalb als verläßliche, nicht aber als glühende Anhänger gelten.

Vor diesem Hintergrund ergibt sich ein durchaus ambivalentes Bild: Auf der einen Seite scheint die tatsächliche Stärke der linken Parteien weit geringer gewesen zu sein, als es sich zahlenmäßig auf den ersten Blick vermuten ließ. Auf der anderen Seite gab es jedoch einen festen Kern höchst zuverlässiger Kämpfer, der groß genug war, um die weniger Militanten unter bestimmten Bedingungen mitzureißen, nämlich dann, wenn eine fähige Führung und eine richtige Einschätzung der politischen Lage vorhanden waren.

Es darf jedoch auch nicht vergessen werden, daß 20% der Anhänger der Arbeiterparteien in ihren Meinungen und Gefühlen eine eindeutig autoritäre Tendenz zum Ausdruck brachten. Nur 5% ließen sich hierbei als konsistent autoritär qualifizieren, und bei 15% trat diese Haltung eher gebrochen zutage. 19% der Sozialdemokraten und Kommunisten tendierten darüber hinaus zum rebellisch-autoritären Typus mit klaren Widersprüchen zwischen R- und A-Antworten. Eine eindeutig kompromißorientierte Haltung war demgegenüber für 5% der Linken typisch, und 16% wiesen ein insgesamt indifferentes Syndrom auf.« (250, 252)

Beim Vergleich zwischen den wichtigsten Gruppierungen der Linken – Kommunisten und Sozialdemokraten (ohne Linkssozialisten) – schnitten die Kommunisten deutlich besser ab: z. B. waren 40% der kommunistischen Funktionäre, aber nur 12% der sozialdemokratischen eindeutig radikal. Eindeutig autoritär waren bei den kommunistischen Funktionären 0%, bei den sozialdemokratischen 5% (251). Betrachtet man das zuletzt angeführte Detailergebnis genauer, wird der wunde Punkt des gesamten Aufbaus der Analyse deutlich. Wer auf die vier Fragen nach der politischen Anschauung getreu der marxistischen Lehre geantwortet hatte – z. B. auf die Frage »Wodurch kann nach Ihrer Meinung die Welt verbessert werden?« mit »Sozialismus«, auf die Frage »Wer war nach Ihrer Meinung an der Inflation schuld?« mit »Kapitalisten/Kapitalismus« (so die Klassifikationen von Antworten auf die nicht vorstrukturierten Fragen) –, konnte schon nicht mehr als eindeutig autoritär eingestuft werden. Falls er sich aber in seiner

Haltung zur Autorität als »autoritär« oder in seiner Haltung zum Mitmenschen als »individualistisch« erwies oder beides zusammenkam, wurde er als »widersprüchliche Kombination«, als »rebellisch-autoritärer Typus« eingestuft. Über diesen Typus hieß es: »Diese Menschen waren von Haß und Ärger gegen alle erfüllt, die Geld besaßen und das Leben zu genießen schienen. Diejenigen Teile der sozialistischen Plattform, die auf den Umsturz der besitzenden Klassen zielten, sprachen sie sehr stark an. Auf der anderen Seite übten Programmpunkte wie Freiheit und Gleichheit nicht die geringste Anziehungskraft auf sie aus, denn sie gehorchten bereitwillig jeder mächtigen Autorität, die sie bewunderten, und sie liebten es, andere zu beherrschen, sofern sie selbst die Macht dazu hatten. Ihre Unzuverlässigkeit trat schließlich in dem Moment offen zutage, als ihnen ein Programm wie das der Nationalsozialisten angeboten wurde. Dieses Programm sprach nämlich bei ihnen nicht nur die Gefühle an, die das sozialistische Programm attraktiv erscheinen ließen, sondern auch jene Seite ihrer Natur, die der Sozialismus unbefriedigt gelassen oder der er unbewußt widersprochen hatte. In diesen Fällen wandelten sie sich von unzuverlässigen Linken in überzeugte Nationalsozialisten.« (53 f.) Daß jemand der kommunistischen Partei bzw. ihrem Programm treu blieb und doch autoritär war, wurde also ausgeschlossen. Ebenso wurde ausgeschlossen, daß jemand, der sich nicht zur kommunistischen Partei bzw. ihrem Programm bekannte, eindeutig radikal sein konnte.

Das Programm, durch die Analyse des Verhältnisses von Parteizugehörigkeit und Charakterstruktur »ein Bild von der Gewichtigkeit und Konsistenz der politischen Meinung bei den Individuen zu gewinnen« (73), führte zu dem Ergebnis, daß den Anhängern der Arbeiterparteien der Vorwurf zu machen war, sie hätten sich nicht entschieden genug hinter ihre vor allem in den Reihen der Funktionäre vertretenen fortschrittlichsten Kräfte gestellt – ein wenig plausibles Ergebnis angesichts der Tatsache, daß viele Arbeiter bereit gewesen waren, sich aktiv und gewaltsam zu wehren, die Funktionäre aber bei der Organisation dieses Abwehrwillens versagt und gerade kommunistische und sozialdemokratische Funktionäre sich gegenseitig als die größten Gegner angesehen und behandelt hatten.

Als historisches Dokument der Lage und Mentalität der Arbeiter und Angestellten am Vorabend des Dritten Reichs und als empirische Pionieruntersuchung einer analytischen Sozialpsychologie war die Studie allemal von großem Interesse, und bis in die 40er Jahre hinein wurde vom Institut auch wiederholt das Erscheinen von Erich Fromm (ed.), *The German Worker under the Weimar Republic* angekündigt. Angesichts der Tatsache, daß die Auswertung sehr weit gediehen war, keine der späteren Erhebungen in dem Maße wie die erste den von Fromm in der *ZfS* dargelegten Aufgaben einer analytischen Sozialpsychologie zu entsprechen versuchte, qualifizierte Wissenschaftler wie Fromm und Lazarsfeld intensiv daran gearbeitet hatten und greifbare Resultate der empirischen Forschungsarbeit für das Image des Instituts wichtig waren, blieb der Verzicht auf die abschließende Ausarbeitung und Veröffentlichung gerade dieser Studie verwunderlich. Wahrscheinlich war die Studie, die auf englisch erscheinen sollte, Horkheimer wirklich, wie Fromm später Wolfgang Bonß erklärte, zu marxistisch. Und für eine marxistische Studie war sie wiederum nicht »geschliffen« genug. Außerdem wuchs wohl mit der Verlagerung der Anregerfunktion von Fromm auf Adorno Horkheimers Unlust, jene Arbeit zu veröffentlichen, in der die methodische Leistung Fromms auf dem Gebiet der empirischen Sozialforschung am beeindruckendsten zur Geltung kam.

In gewisser Weise zum field work gehörte schließlich noch die Forschungsreise von Karl August Wittfogel und seiner damaligen Frau Olga nach China. Sie dauerte vom Frühjahr 1935 (als die Rote Armee unter Mao Zedong und Chu Teh sich bereits seit einigen Monaten auf dem Langen Marsch befand, durch den sie sich der Vernichtung durch die Truppen der von Tschiang Kai-schek geführten Kuomintang entzog) bis zum Sommer 1937 (als die japanische Armee mit der Invasion Nordchinas begann und die Rote Armee und die Kuomintang-Regierung offiziell eine Antijapanische Nationale Einheitsfront proklamierten). Die Kosten der Forschungsreise teilte sich das Institut mit dem New Yorker Institute of Pacific Relations. Als Resultat erwartete das Institut einen Fortsetzungsband zu der in der Reihe der Schriften des Instituts für Sozialforschung erschienenen Studie Wittfogels über *Wirtschaft und Gesellschaft Chinas* und Erhebungsmaterial zur Autoritätsstruktur in der chinesischen Familie, das mit den europäischen und US-amerikanischen Untersuchungen des Instituts verglichen werden konnte. Wittfogels kamen zurück u. a. mit Aufzeichnungen von Interviews mit »modernen Industriearbeitern« und traditionellen Clan-Familien und mit 1725 von Schülern und Studenten beantworteten Fragebögen (in denen z. B. auch nach den als »groß« angesehenen Persönlichkeiten und nach Lieblingsbüchern, -filmen und -zeitschriften gefragt worden war) sowie mit umfangreichem Quellenmaterial zur chinesischen Wirtschafts- und Sozialgeschichte.

Im November 1937 veranstaltete das Institut für Mitglieder der sozialwissenschaftlichen Fakultät der Columbia University einen Lunch, bei dem Wittfogel über die durchgeführten Untersuchungen und die Pläne zu ihrer Verwertung berichtete. Im Prospekt des Instituts von 1938 wurden ein Band über *Family and Society in China*, ein dreibändiges Werk *China: The Development of its Society* und – für den Fall, daß sich die Finanzierung sichern ließ – 8 bis 10 Bände mit Quellenmaterial über die Geschichte Chinas auf chinesisch und in englischer Übersetzung angekündigt. Veröffentlicht wurden im Rahmen der Publikationen des Instituts dann nur in der *ZfS* 1938 Wittfogels Lunch-Bericht und ein Artikel *Die Theorie der orientalischen Gesellschaft*, ferner 1939 der Beitrag *The Society of Prehistoric China* als Vorabdruck des ersten Kapitels eines nie erschienenen Buches über *The Social and Economic History of Ancient China*. In dem Aufsatz über *Die Theorie der orientalischen Gesellschaft* vertrat Wittfogel aufs neue die Auffassung, daß nur eine von der Struktur der Produktivkräfte ausgehende Analyse die spezifischen Bewegungsgesetze des Orients und in universalgeschichtlicher Perspektive sowohl die Stagnation der orientalischen Welt wie den Aufstieg des Westens zur modernen industriellen Ordnung begreiflich machen könne (*ZfS* 1938: 91, 120). Er sah die Erklärung für die überragende Rolle der bürokratischen Zentralgewalt in ihrer Eignung für die spezifisch »orientalische« Aufgabe im landwirtschaftlichen Produktionsprozeß, die nicht nur im Orient auftrat, aber dort wegen der Notwendigkeit großer Bewässerungssysteme am stärksten zutage trat. In Anknüpfung an Marx sprach er im Hinblick auf die von China exemplarisch repräsentierte Gesellschaftsformation von der »asiatischen Produktionsweise«, der auf der Ebene der Produktionsverhältnisse die »orientalische Gesellschaft«, auf der politischen Ebene die »orientalische Despotie« entsprach (102). Das war ein ebenso skeptisch wie erwartungsvoll stimmender programmatischer Aufsatz, auf den dann aber keine der angekündigten Veröffentlichungen mehr folgte.

Die *Studien über Autorität und Familie* blieben damit nicht nur das einzige »Kollektiv«-Produkt der empirische Forschung im engeren Sinne einschließenden Arbeit des Instituts, sondern die einzige Veröffentlichung empirischer Forschungsresultate des Instituts überhaupt in den 30er Jahren. Mit dem Hinweis auf finanzielle Probleme läßt sich das nicht erklären. Denn die Institutsleiter hätten, wenn ihnen die Veröffentlichung jener Studien wirklich wichtig gewesen wäre, dafür allemal Geld genug gehabt. Auch der Hinweis auf die Rückständigkeit des Instituts in methodischer Hinsicht gegenüber dem US-amerikanischen Forschungsniveau überzeugt nicht. Denn zum einen sah der Horkheimer-Kreis deutlich – und einer der angesehensten Historiker der USA, Charles A. Beard, hatte es 1935 in einem Beitrag für die *ZfS* noch einmal bestätigt –, daß die amerikanischen Sozialwissenschaften ständig davon bedroht waren, sich mit einer bloßen Anhäufung umfangreichen empirischen Materials zu begnügen, und daß alles darauf ankam, ob es gelang, die ausgedehnten materialreichen Einzeluntersuchungen zu einer wirklichen gesellschaftlichen Theorie zu organisieren (cf. *ZfS* 1935: 65). Zum anderen verfügte das Institut mit Fromm und Lazarsfeld über ein Gespann, das forschungsmethodologisch durchaus auf der Höhe der Zeit und zu Überdurchschnittlichem fähig war. Zu den Programmpunkten des Instituts gehörte ausdrücklich »the development of a methodology for social research« (*IISR* 1938, 5). Als würdiger Gegenstand methodologischer Reflexionen galten dabei insbesondere die vom Institut selbst durchgeführten empirischen Forschungen.

Entscheidend für die Lustlosigkeit hinsichtlich der Veröffentlichung empirischer Forschungsresultate war etwas anderes. Horkheimer hatte in seiner Antrittsrede die Anwendung der »feinsten wissenschaftlichen Methoden« sowie einer Vielfalt von Methoden gefordert, und Fromm und Lazarsfeld – beide von der Psychoanalyse inspiriert – hatten z. B. durch die Unterscheidung zwischen deskriptiven und interpretativen Klassifikationen, manifesten und latenten Strukturen eine wichtige Verfeinerung der Methode vorgenommen. Der Unterschied zum bürgerlichen Wissenschaftsbetrieb setzte aber in Horkheimers Augen erst auf der Ebene der Theorie ein, wenn es darum ging, die Resultate empirischer Erhebungen und einzelwissenschaftlicher Forschungen in eine Theorie des gesamtgesellschaftlichen Verlaufs zu integrieren (cf. Bonß, *Die Einübung des Tatsachenblicks,* bes. 182; Bonß/Schindler, *Kritische Theorie als interdisziplinärer Materialismus*, in: Bonß/Honneth, Hg., *Sozialforschung als Kritik,* 57). Außerdem konnten Erhebungen nur in der Gegenwart gemacht werden, blieben also für die gesamtgesellschaftliche Theorie einer ganzen Epoche etwas höchst Punktuelles. Der Zusammenhang zwischen Theorie und empirischer Forschung mußte deshalb sehr locker gehalten werden, damit die Theorie nicht eingeschränkt wurde oder dort, wo sie ohne Erhebungen auskommen mußte, verstärkt in den Geruch willkürlicher Spekulation geriet. Wenn das aber so war, dann blieb die eigentliche Leistung des Instituts auf die Ebene der Theorie konzentriert. Im empirischen und einzelwissenschaftlichen Bereich konnte es höchstens darum gehen, Forschungsarbeiten durchzuführen, die genauso gut andere hätten leisten können, aber wegen anderer thematischer Interessen nicht leisteten.

Das Dialektik-Projekt

Unter das Stichwort »dialektische Logik« stellte Horkheimer selbst alle seine Arbeiten aus den 30er Jahren. »Meine ganzen Pläne«, schrieb er im Februar 1939 an Frau Favez, die Sekretärin des Genfer Büros des Instituts, »sind gegenwärtig darauf gerichtet, in den nächsten Jahren an dem Buch zu arbeiten, zu dem alle meine früheren veröffentlichten und unveröffentlichten Studien nur Vorarbeiten waren.« Dabei meinte er eben das Buch über Dialektik bzw. dialektische Logik, das er schon in Europa schreiben wollte; für das er 1934 als ersten Marcuse aus Genf in die USA kommen ließ; zu dem Fromm im Juli 1934 in seiner Antwort auf einen langen Brief Horkheimers, in dem dieser ausführlich seine Überlegungen zum Unterschied zwischen idealistischer und materialistischer Dialektik dargelegt hatte, schrieb: »Ich hoffe sehr, daß alle diese Dinge in der ›Logik‹ vorkommen; der Gedanke daran, daß Sie diese schreiben werden, ist eine der wenigen schönen Vorstellungen, auf deren praktische Erfüllung man noch zu hoffen wagt«; das er dann nur mit Adornos Hilfe schreiben zu können glaubte; für das er 1938 Karl Korsch diverse Arbeiten durchführen lassen wollte; und zu dem Korsch im Oktober 1938 an seinen Freund Paul Mattick schrieb: »Von dem *Plan* spricht schon (in den in Frage kommenden engen Kreisen) fast jeder.« (*Jahrbuch Arbeiterbewegung 2*, 188)

Als erste Abteilung einer größeren Schrift *Historisch-logische Untersuchungen zur Frage der materialistischen Dialektik* hatte schon Karl Korsch 1923 seine Abhandlung über *Marxismus und Philosophie* bezeichnet. Und Lukács hatte seiner in demselben Jahr erschienenen Aufsatzsammlung *Geschichte und Klassenbewußtsein* den Untertitel *Studien über Marxistische Dialektik* gegeben. Im Vorwort hatte er auf jenen Brief Marxens aus dem Jahre 1868 an Joseph Dietzgen hingewiesen, in dem es hieß: »Wenn ich die ökonomische Last abgeschüttelt, werde ich eine ›Dialektik‹ schreiben. Die rechten Gesetze der Dialektik sind schon im Hegel enthalten; allerdings in mystischer Form. Es gilt diese Form abzustreifen.« (*MEW* 32, 547)

Während Marx über der Arbeit an der Kritik der politischen Ökonomie bzw. der Theorie der Gesellschaft nur provisorisch zur Darstellung der dialektischen Methode kam, lief es bei Horkheimer, wie die Folge seiner Arbeiten in den 30er Jahren zeigt, umgekehrt. Das »Dialektik«-Projekt stand für seine ständige Weiterarbeit an der philosophischen Grundlegung der Theorie der Gesellschaft und war seine Antwort auf die von ihm in den *Bemerkungen über Wissenschaft und Krise* im ersten Heft der *ZfS* diagnostizierte Verengung der Rationalität der

Wissenschaften und die Hypostasierung dieser verengten Rationalität durch den »Scientivismus«. Zugleich sollte die Dialektik gegenüber der irrationalistischen Verwerfung der Wissenschaft durch die verschiedenen Spielarten der Metaphysik die Alternative einer weitertreibenden Kritik der Wissenschaft darstellen, die die korrektiven Leistungen der Metaphysik zu integrieren vermochte. Dagegen trat die Arbeit an der Theorie der Gesellschaft in den Hintergrund, von der in den Aufsätzen Horkheimers und seiner engsten Mitarbeiter laufend die Rede war und über die der Horkheimer-Kreis zu verfügen schien, wenn immer wieder schlicht von der »richtigen Theorie« die Rede war, die aber andererseits als etwas Zukünftiges hingestellt wurde, wenn es z. B. im Vorwort zu den *Studien über Autorität und Familie* hieß, der Fragenkreis, auf den sich die Untersuchungen bezögen, vermöchte »erst in der umfassenden Theorie des gesellschaftlichen Lebens, in die er verflochten ist, seine wirkliche Bedeutung zu erschließen«.

In seiner Antrittsrede hatte Horkheimer als allgemeine Forderung und als Programm des Instituts formuliert, daß Philosophen, Soziologen, Nationalökonomen, Historiker und Psychologen sich in dauernder Arbeitsgemeinschaft vereinigten und auf dem Gebiet der Gesellschaftslehre für die fortwährende dialektische Durchdringung von philosophischer Theorie und einzelwissenschaftlicher Praxis sorgten, die einem allein nicht mehr möglich war. Gefordert wurde damit nicht die Zusammenarbeit von Nur-Philosophen und Nur-Fachwissenschaftlern, sondern die von Theoretikern, die jeweils mit bestimmten Fachwissenschaften besonders vertraut waren, zu denen auch die Philosophie als akademisches Fach gehörte, dessen erkenntnis- und wissenschaftstheoretische Tradition bzw. aktuelle Gestalt in besonderem Maße zur Klärung des spezifischen Charakters der eigenen Forschungsrichtung befähigte. Eine solche bei allen zentral Beteiligten vorhandene Personalunion von Theorie und Fachwissenschaft enthob vorläufig der genaueren Reflexion darauf, was denn fortwährende dialektische Durchdringung von philosophischer Theorie und einzelwissenschaftlicher Praxis genau heißen sollte. Angesichts der Frage aber, was es bedeutete, Methoden und Ergebnisse der Fachwissenschaften – so ein *ZfS*-Prospekt – nicht mechanisch, sondern gemäß der spezifischen Struktur einer umfassenden Theorie der Gesellschaft und in Orientierung an deren Stand anzuwenden und ganz darauf bedacht zu sein, jene Theorie unter Berücksichtigung der Fortschritte in den jeweiligen Fachdisziplinen zu differenzieren und weiterzutreiben, begnügte Horkheimer sich damit, Hegels Gedanken zum Verhältnis von Verstand und Vernunft auf das Verhältnis von Fachwissenschaften und Theorie der Gesellschaft anzuwenden. In dem 1935 in der *ZfS* erschienenen Aufsatz *Zum Problem der Wahrheit* beschloß er damit die Aufzählung eines ganzen Katalogs von »Eigentümlichkeiten des dialektischen Denkens«. Diese Eigentümlichkeiten waren:

»jedes noch so vielseitige, aber ausschließende Bestimmungsurteil im Bewußtsein der Veränderung des Subjekts und Objekts sowie ihres Verhältnisses zu relativieren (was im Idealismus von einem vorausgesetzten Absoluten aus, im Materialismus auf Grund fortschreitender Erfahrung geschieht); das Bestreben, nicht Merkmale nebeneinander zu stellen, sondern durch Analyse jeder allgemeinen Eigenschaft im Hinblick auf das bestimmte Objekt darzutun, daß diese Allgemeinheit ausschließlich genommen dem Objekt zugleich widerspricht, das vielmehr, um richtig erfaßt zu werden, auch zur gegensätzlichen Eigenschaft, ja in letzter Linie zum Gesamtsystem der Erkenntnis in Beziehung gebracht werden muß; das hieraus folgende Prinzip, jede Einsicht erst im Zusammenhang mit der gesamten theoretischen Erkenntnis als wahr zu nehmen und sie daher begrifflich so zu fassen, daß in der Formulierung die Verbindung mit den die Theorie beherrschenden Strukturprinzipien und praktischen Tendenzen gewahrt bleibt; die damit zusammenhängende Regel, bei aller Unbeirrbarkeit in den maßgebenden Ideen und Zielen, bei dem Festhalten an den historischen Aufgaben der Epoche, den Stil der Darstellung mehr durch das Sowohl-als-auch, als das Entweder-Oder auszuzeichnen; der Grundsatz, die Untrennbarkeit der retardierenden und vorwärtstreibenden Momente, der erhaltenden und auflösenden, guten und schlechten Seiten der bestimmten Zustände in Natur und Menschengeschichte aufzuweisen; das Bestreben, es nicht bei den berechtigten Scheidungen und Abstraktionen der Fachwissenschaft bewenden zu lassen, um dann bei der Erfassung der konkreten Wirklichkeit nach Metaphysik und Religion zu greifen, sondern die analytisch gewonnenen Begriffe zueinander in Beziehung zu setzen und die Wirklichkeit durch sie zu rekonstruieren – diese und alle sonstigen Kennzeichen der dialektischen Vernunft entsprechen der Form der verschlungenen, in allen Einzelheiten sich fortwährend ändernden Wirklichkeit.« (*ZfS* 1935: 350 f.)

Damit entwarf Horkheimer das Bild eines Denkens in unabgeschlossenen komplexen Totalitäten, das sich von Adornos Programm einer deutenden Philosophie weniger durch größeres Ernstnehmen der Einzelwissenschaften unterschied als durch den ganz untheologischen und gesellschaftlich-historischen Charakter der Wirklichkeit, um deren Erfassung es ging. Anders als die metaphysische Schau ignorierte die Gesellschaftstheorie nicht die Resultate fachwissenschaftlicher Forschung. Entscheidender als Besitz oder Nichtbesitz ausgedehnter Spezialkenntnisse waren aber bestimmte Grundeinsichten in das Wesen der Gesellschaft. »Die Grenze, die man hinsichtlich des Gewichts ihrer Erkenntnis heute zwischen den Menschen ziehen könnte, hätte sich darum weniger nach dem Ausmaß ihrer wissenschaftlichen Bildung als nach bestimmten Zeichen in ihrem Verhalten zu richten, in denen ihre Stellung zu den gesellschaftlichen Kämpfen zum Ausdruck kommt. Demjenigen, der die entscheidenden Einsichten hat, fallen, wenn es not tut, die Kenntnisse auf andern Gebieten zu . . .« (Horkheimer, *Zum Rationalismusstreit*, *ZfS* 1934: 49)

1936 erschien der wohl großartigste Aufsatz Horkheimers: *Egoismus und Freiheitsbewegung. Zur Anthropologie des bürgerlichen Zeitalters*. Er gehörte zu den wenigen unter seinen Arbeiten, in denen es nicht um die Kritik anderer Richtungen oder um Theorie und Programm materialistischer Erkenntnis ging, sondern um einen Beitrag zu einer materialen Theorie der Gesellschaft. Was ließ sich diesem Beispiel über das Verfahren einer dialektischen Gesellschaftstheorie entnehmen? Als wie plausibel und fruchtbar erwies es sich?

Dialektisch war es, wenn vor Horkheimers kritischem Blick die pessimistischen und die optimistischen Strömungen der bürgerlichen Anthropologie nicht als etwas einander Entgegengesetztes stehen blieben, sondern sich als ineinander umschlagend, als im Entscheidenden identisch erwiesen. »Sowohl bei der zynischen Verkündung der Bosheit und Gefährlichkeit der menschlichen Natur, die durch einen starken Herrschaftsapparat im Zaume gehalten werden müsse, und bei der ihr entsprechenden puritanischen Lehre von der Sündhaftigkeit des Einzelnen, der mit eiserner Disziplin, in absoluter Unterwerfung unter das Gesetz der Pflicht seine eigenen Triebe niederhalten sollte, wie auch bei der entgegengesetzten Beteuerung der ursprünglich reinen und harmonischen Verfassung des Menschen, die bloß durch beengende und korrupte Verhältnisse der Gegenwart gestört sei, bildet die absolute Verwerfung jeder egoistischen Triebregung die selbstverständliche Voraussetzung.« (*ZfS* 1936: 164 f.)

Diese Feststellung wurde dadurch erhärtet, daß Horkheimer die gesellschaftliche Funktion aufzeigte, die die beiden so unterschiedlichen anthropologischen Strömungen durch die ihnen gemeinsame Verurteilung des Egoismus gleichermaßen erfüllten. Je mehr das Konkurrenzprinzip der bürgerlichen Gesellschaft sich durchsetzt, desto mehr sehen sich alle, die in diese Welt hineingezogen werden, dazu getrieben, die egoistischen und feindseligen Seiten ihres Wesens auszubilden, um sich in dieser harten Wirklichkeit zu erhalten. Die Verpönung des Egoismus ist geeignet, beizutragen zum Schutz der Erfolgreichen vor der Infragestellung ihres Erfolgs, die einträte, wenn die weniger Erfolgreichen ihnen hemmungslos nachstrebten. »Die Anklage des Egoismus, dem die Anthropologie die Behauptung einer

edleren Menschennatur oder die einfache Brandmarkung als Bestiali-
tät entgegenstellt, trifft im Grunde nicht das Streben der Mächtigen
nach Macht, das Wohlsein im Angesicht des Elends, die Aufrechterhaltung überlebter und ungerechter Formen der Gesellschaft. Die
philosophische Moral hat, nach dem Siege des Bürgertums, immer
mehr Scharfsinn dazu aufgewandt, um in diesem Punkte unparteiisch
zu sein. Der größere Teil der Menschheit sollte sich vielmehr daran
gewöhnen, den eigenen Anspruch auf Glück zu meistern, den Wunsch
zurückzudrängen, ebenso gut zu leben wie jener kleinere Teil, der es
sich eben darum gern gefallen ließ, daß, genau genommen, seine
Existenz von diesem brauchbaren moralischen Verdikt verurteilt
wurde... Auf ein rechtes Exemplar der bürgerlichen Oberschicht
wirkt die moralische Propaganda seiner eigenen Klasse gegenüber der
Gesamtgesellschaft so zurück, daß ihm die Ausbeutung und freie
Verfügung über Menschen und Dinge, seiner eigenen Ideologie nach,
keine Freude macht, sondern als Dienst am Ganzen, als soziale Leistung, Erfüllung eines vorgezeichneten Lebensweges erscheinen
muß, damit er sich zu ihr bekennt und sie bejaht.« (168, 170 f.)

Der Aufweis der entscheidenden Gemeinsamkeit von pessimistischen und optimistischen Strömungen der bürgerlichen Anthropologie, die die Menschen am lustfeindlichen Gegenbild dessen maß, wozu
die Realität sie drängte (167), führte auf den Gegensatz zu dem
beiderlei anthropologischen Strömungen Gemeinsamen: auf »die un-
rationalisierte, das heißt ohne Rechtfertigungsgründe erstrebte freie
Lust« (171), das »unbedingte Glücksverlangen« (170), den gewissermaßen guten Egoismus. Die Verpönung des realen Egoismus diente
nicht nur der ungleichen Verteilung von Entbehrungen und Entschädigungen. Sie betraf auch, was dem Egoismus an Besserem innewohnte. »Es ist beim bürgerlichen Typus nicht so, daß von den
lustvollen Augenblicken auf das ganze Leben Glück ausstrahlte und
auch jene Abschnitte noch hell färbte, die an sich selbst nicht erfreulich
sind. Die Fähigkeit zu unmittelbarer Lust ist vielmehr durch die
idealistische Predigt der Veredelung und Selbstverleugnung geschwächt, vergröbert, in vielen Fällen ganz verloren. Ausbleiben von
Schicksalsschlägen und von Gewissenskonflikten, d. h. die relative
Freiheit von äußeren und inneren Schmerzen und Ängsten, ein neutraler, oft recht trüber Zustand, in dem die Seele zwischen äußerster
Betriebsamkeit und Stumpfsinn hin- und herzuschwanken pflegt,
wird mit Glück verwechselt. So gut ist die Verpönung der ›gemeinen‹
Lust gelungen, daß der durchschnittliche Bürger, wenn er sie sich
gönnt, gemein wird anstatt frei, grob anstatt dankbar, blöd anstatt
gescheit.« (172)

Darüber, wie sich in Abhängigkeit von der Dialektik zwischen wachsenden menschlichen Kräften und gesellschaftlichen Strukturen die den Egoismus verpönenden anthropologischen Lehren entwickelten, woher das dem Egoismus innewohnende Bessere kam, wie sich der Umschlag darein anbahnte und auf welche ökonomischen und gesellschaftlichen Tendenzen es sich stützte, erfuhr man bei Horkheimer so gut wie nichts. Er sprach lediglich von einem Bruch der Exponenten ähnlicher geschichtlicher Interessen mit der »katholischen Toleranz gegen bestimmte, die Einführung der neuen Wirtschaftsordnung störende menschliche Reaktionsweisen« (165), der ursprünglichen Fortschrittlichkeit des Prinzips des freien Wettbewerbs (165), der Zwiespältigkeit eines weit vor das bürgerliche Zeitalter zurückreichenden zivilisatorischen Vorganges, der den Menschen zugleich emanzipierte und innerlich versklavte (172).

Über die Änderung der bürgerlichen Anthropologie hieß es im Schlußteil des Aufsatzes: »In der gegenwärtigen Epoche ist der Egoismus tatsächlich destruktiv geworden, sowohl der gefesselte und abgelenkte Egoismus der Massen, wie das veraltete egoistische Prinzip der Ökonomie, das nur noch seine brutalste Seite zeigt. Indem dieses überwunden wird, vermag jener in einem neuen Sinn produktiv zu werden . . . Die den Einblick behindernde idealistische Moral ist nicht etwa zu verwerfen, sondern historisch zu verwirklichen und deshalb heute auch nicht auszuschalten. Die Frage, wie das Schicksal des allgemein verfemten Egoismus, des ›Zerstörungs- und Todestriebs‹ in einer vernünftigeren Wirklichkeit sich gestalten werde, findet keine bestimmte Antwort. Doch gibt es in der neueren Zeit Anzeichen, die in eine und dieselbe Richtung einer Lösung weisen. Einige Denker haben, im Gegensatz zum herrschenden Geist, den Egoismus weder verhüllt noch verkleinert noch angeklagt, sondern sich selbst zu ihm bekannt. Nicht zu jener abstrakten und jämmerlichen Fiktion, in welcher er bei manchen Nationalökonomen und bei Jeremias Bentham eine Rolle spielt, sondern zum Genuß, zum Höchstmaß an Glück, in das auch die Befriedigung grausamer Regungen mit eingeschlossen ist. Sie haben keinen der Triebe, die ihnen historisch als ursprünglich gegeben waren, idealisiert, sondern die von der offiziellen Ideologie hervorgerufene Verbiegung der Triebe gebrandmarkt . . . Durch ihr eigenes Dasein scheinen diese Psychologen [die hedonistischen Psychologen Aristipp, Epikur, Mandeville, Helvétius, de Sade, Nietzsche; R. W.] darauf hinzuweisen, daß die Befreiung von der asketischen Moral mit ihren nihilistischen Konsequenzen eine menschliche Veränderung im ungekehrten Sinne zu bewirken vermag wie die Verinnerlichung. Dieser sie aufhebende Prozeß wirft den Menschen nicht auf die vorhergehende seelische Stufe zurück, gleichsam als ob jener erste Prozeß nicht geschehen wäre, sondern bringt ihn zu einer höheren Form der Existenz. Sie zur allgemeinen Wirklichkeit zu machen, haben jene Denker wenig beigetragen; dies ist vornehmlich die Aufgabe der historischen Personen, bei denen Theorie und geschichtliche Praxis zur Einheit wurden. Bei ihnen treten die Mechanismen der bürgerlichen Psychologie als bestimmende Mächte ihres Lebens wie als theoretischer Gegenstand hinter ihre welthistorische Mission zurück . . . weil das düstere glückverneinende Ethos einer vergehenden Epoche nichts mehr über sie vermag.« (229 ff.)

Das war ein Plädoyer dafür, aus der idealistischen Moral und den von ihr verpönten egoistischen Bestrebungen, aus dem Widerspruch von Ideologie und Wirklichkeit in der bürgerlichen Gesellschaft dialektisch die Elemente eines unverbogenen Egoismus, der mit einer die Realität nicht verklärenden, sondern ergreifenden idealistischen Moral zusammenfiel, zu entwickeln – verbunden mit dem obligaten materialistischen Hinweis, daß das nur durch den Fortschritt der Gesellschaft selbst zu leisten sei, und dem weiteren Hinweis, daß fortschrittliche Theoretiker und fortschrittliche Vertreter des Proletariats bereits auf dem Weg dahin seien. Ein Beleg für die Ergiebigkeit materialistischer Dialektik war das nicht, wohl aber einer für den heuristischen Wert des dialektischen Verfahrens überhaupt, das bei Horkheimer dadurch einen materialistischen Anklang bekam, daß er den Wandel im Sinn der Begriffe in Zusammenhang brachte mit einem Wandel in der gesellschaftlichen Funktion dieser Begriffe. Die von Horkheimer angenommene dialektische Entwicklung lebte von der Unterstellung eines in allen möglichen Bereichen wirksamen Prozesses der Hemmung und Entfesselung von Kräften, die der Erreichung des für die Menschen bestmöglichen Zustandes zustrebten. Von der Vorentschiedenheit der Hegelschen idealistischen Dialektik war das kaum zu unterscheiden.

Was Horkheimer zu sagen hatte, sagte er aufgrund seiner Kenntnis der von ihm so geschätzten dunklen Schriftsteller der bürgerlichen Epoche und nahezu unabhängig von einzelwissenschaftlichen Untersuchungen. Wie schon sein allgemeiner Beitrag zu den *Studien über Autorität und Familie* und wie seine 1938 erschienene Studie über den Funktionswandel der Skepsis – *Montaigne und die Funktion der Skepsis* – zeigte auch dieses Beispiel, wie sehr er seinem dialektischen Blick hinter die Tatsachen vertraute, ohne sich lange bei der Tatsachenforschung aufzuhalten.

In zwei großen Aufsätzen des Jahres 1937 – *Der neueste Angriff auf die Metaphysik* und *Traditionelle und kritische Theorie* – verbanden sich Horkheimers allemal auch sozialpsychologisch orientierte ideologiekritische Studien zum Funktionswandel von Ideen und Haltungen mit den wissenschaftstheoretischen Studien zu einer abschließenden sozialanthropologischen Verortung der eigenen dialektischen Theorie. *Der neueste Angriff auf die Metaphysik* war so etwas wie der Großangriff des Instituts auf den Positivismus. »Im Institut selbst haben wir«, schrieb Horkheimer im November 1936 an Grossmann, »wie im letzten Sommer, einige Diskussionsnachmittage oder -abende. Sie beziehen sich zum Teil auf ökonomische, zum Teil auf philosophische Probleme. Unter den letzteren spielt vor allem der sogenannte logische Empirismus eine Rolle. Dies ist bekanntlich die in akademischen Kreisen gegenwärtig beliebteste philosophische Modeströmung ... Über den Siegeszug dieser Richtung in den gesamten wissenschaftlich interessierten Kreisen vor allem der anglo-amerikanischen Welt kann man sich kaum übertriebene Vorstellungen machen.« (Horkheimer-Grossmann, 27. 11. 36)

Horkheimers Kritik fiel nicht zimperlich aus. Er zeichnete die Positivisten als moderne Vertreter der nominalistischen Strömung, deren Funktion sich von einer fortschrittlichen zu einer reaktionären gewandelt habe. Die Verklärung der Fachwissenschaften mit ihren Idealen der Objektivität und Exaktheit habe durch das Verwerfen der Beziehung auf ein erkennendes Subjekt und der auf vollständige Beherrschung der Natur und der Gesellschaft zielenden konstruktiven Gewalt der Vernunft die fortschrittlichen Elemente des Liberalismus verraten und bedeute Stillschweigen zu dem Grauen, das die totalitären Erben der reaktionären Elemente des Liberalismus über die Welt brächten. Ganz im Geiste der drastischen Kritik in der *Dämmerung* machte Horkheimer deutlich, welchen Sinn zentrale Sätze der positivistischen Erkenntnistheorie bekamen, wenn man sie auf ihre Bedeutung für die Lebenspraxis hin betrachtete. »›Die Auffassung, wir hätten im Denken ein Mittel zur Hand, mehr über die Welt zu wissen, als beobachtet wurde ... scheint uns durchaus mysteriös‹, heißt es in einer Veröffentlichung des Wiener Kreises (H. Hahn, Logik, Mathematik und Naturerkennen. Wien 1933, S. 9). Die Beherzigung dieses Prinzips ist besonders in einer Welt angezeigt, deren geschmückte Fassade in allen Teilen Einigkeit und Ordnung spiegelt, während in ihrem Innern der Schrecken wohnt. Alleinherrscher, schlechte Gouverneure kolonialer Provinzen und sadistische Gefängniskommandanten haben sich immer schon Besucher dieser Geistesart gewünscht. Nimmt aber die Wissenschaft als ganze einen solchen Charakter an, verliert das Denken überhaupt den Eigensinn und die Unbeirrbarkeit, einen Wald von Beobachtungen zu durchdringen und ›mehr über die Welt zu wissen‹ als selbst die wohlmeinende Tagespresse, so nehmen sie passiv am allgemeinen Unrecht teil.« (*ZfS* 1937: 21) So wenig von Positivisten der Protest z. B. gegen autoritäre Staaten ausgeschlossen wurde, so entschieden wurde er doch als eine »Wertung« jenseits von

Vernunft und Unvernunft eingestuft. Den Prestigewert wie den erhellenden Effekt des Denkens und der Vernunft reservierten sie damit für Verfahrensweisen, die der Beherrschung naturgesetzlich ablaufender Prozesse dienten. Für die Klärung und Durchsetzung des gesellschaftlich Vernünftigen schieden sie aus.

Eines weiteren wichtigen Arguments bediente Horkheimer sich nicht: daß nämlich das von den Positivisten verabsolutierte kalkulatorische Denken keineswegs wertfrei war, sondern ebenso dem Interesse an Beherrschung der Natur entsprang wie das von Horkheimer verfochtene gesellschaftstheoretische Denken dem Interesse an einer vernünftigen Gesellschaft, ihr wesentliches Argument für die Beschränkung des Denkens also auch das von ihnen vertretene träfe. Dafür war Horkheimer das Konzept der Naturbeherrschung zu selbstverständlich, das er, was immer er darunter verstehen mochte, ja gerade auch auf die innere Natur ausgedehnt sehen wollte. Statt dessen verlängerte er die Zuordnung im Stil des Topos von den aufsteigenden und absteigenden Klassen – »Neuromantische Metaphysik und radikaler Positivismus gründen beide in der traurigen Verfassung eines großen Teils des Bürgertums, das die Zuversicht, durch eigene Tüchtigkeit eine Besserung der Verhältnisse herbeizuführen, restlos aufgegeben hat und aus Angst vor einer entscheidenden Änderung des Gesellschaftssystems sich willenlos der Herrschaft seiner kapitalkräftigsten Gruppen unterwirft« (11) – zu einer Art sozialanthropologischem Pendant zu jener berühmten Stelle in Fichtes *Erster Einleitung in die Wissenschaftslehre*, wo zwischen zwei Hauptgattungen von Menschen bzw. zwei Stufen der Menschheit unterschieden wird. »Das kalkulatorische, das ›Verstandes‹-Denken ist einem Menschentypus zugeordnet, der noch relativ ohnmächtig ist. Er ist trotz aller Betriebsamkeit in entscheidenden Dingen passiv. Auch die Funktionen des Disponierens und Regulierens, die ohnehin immer ausschließlicher zum Privileg der Stärksten werden, haben in dieser gespaltenen Welt noch den Charakter der Anpassung und Schlauheit weit mehr als der Vernunft. Da die Entfaltung einer höheren Spontaneität von der Konstitution eines gemeinschaftlichen Subjekts abhängt, kann sie der einzelne nicht dekretieren. Zu den Wegen, die dahin führen, gehört . . ., daß der einzelne nicht im Registrieren und Prognostizieren von Fakten, im bloßen Kalkulieren verharrt, sondern daß er lernt, hinter die Fakten zu blicken, die Oberfläche vom Wesen zu unterscheiden, ohne sie freilich für nichts zu achten, Begriffe zu konzipieren, die nicht bloß Klassifikationen des Gegebenen sind, und seine gesamte Erfahrung fortwährend auf bestimmte Zielsetzungen hin zu strukturieren, ohne sie doch zu verfälschen, kurz daß er lernt, dialektisch zu denken.« (46 f.) »Der unabhängig Handelnde sieht Einheit und Abhängigkeit, wo für das ergebene Bewußtsein alles disparat erscheint, und umgekehrt.« (31)

Im zweiten Heft des Jahres 1937 erschien der Aufsatz, der später wohl wegen seines dichotomischen Titels und Aufbaus und seines allgemeinen Charakters am berühmtesten wurde: *Traditionelle und kritische Theorie* (im dritten Heft desselben Jahrgangs ergänzt durch zwei weitere Beiträge von Horkheimer und Marcuse über *Philosophie und kritische Theorie*). »Ich beendigte einen Aufsatz über den Begriff der Theorie, in Wahrheit ebenfalls ein Jubiläumsaufsatz«, schrieb Horkheimer im Juli 1937 nach der Fertigstellung von *Traditionelle und kritische Theorie* an Henryk Grossmann, der im Jahre zuvor den Vorschlag gemacht hatte, zum 70jährigen Jubiläum des Erscheinens des ersten Bandes von Marx' *Kapital* ein Marx-Heft oder ein ökonomisches Heft herauszubringen. Einen Jubiläumsaufsatz zum *Kapital* konnte Horkheimer in seinem Beitrag sehen, weil er darin, ohne den Jubiläumsanlaß zu erwähnen, die dialektische Logik ausdrücklich als die der Kritik der politischen Ökonomie zugrunde liegende logische Struktur präsentierte – wobei die neue Etikettierung des gesellschaftstheoretischen Materialismus als »kritische Theorie« bzw. »kritische Theorie der Gesellschaft« allerdings in geringerem Maße Marxismus-Nähe signalisierte als das alte Etikett »materialistische Theorie«. In diesem Aufsatz, in dem sich junghegelianische »Entsublimierung der Vernunft« (Habermas) und spezifisch Marxsche Schärfung der Vernunft zum eingreifenden Denken noch einmal eindrucksvoll verbanden, kam aber auch der unvermittelte, geradezu existenzialistische Charakter der kritischen Gegenposition kraß zum Ausdruck, wenn nach der Darlegung der »traditionellen Theorie« die Darstellung der »kritischen Theorie« mit den Worten begann: »Es gibt nun ein menschliches Verhalten, das die Gesellschaft selbst zu seinem Gegenstand hat.« »Dieses Verhalten«, so hieß es in der Anmerkung zu diesem Satz, »wird im folgenden als das ›kritische‹ bezeichnet . . .« »Es richtet sich«, fuhr Horkheimer dann im Haupttext fort, »nicht bloß auf die Abstellung irgendwelcher Mißstände, diese erscheinen ihm vielmehr als notwendig mit der ganzen Einrichtung des Gesellschaftsbaus verknüpft.« (*ZfS* 1937: 261)

Dem Positivismus und dem bürgerlichen Wissenschaftsbetrieb die Einzelwissenschaften zu »entreißen« wurde vom Horkheimerkreis nie versucht. Statt dessen traf mit der positivistischen Wissenschaftstheorie auch die Fachwissenschaften wachsende Verachtung. Das wurde dadurch erleichtert, daß die Freudsche Psychoanalyse, wie sie sich in ihrer heroischen Periode präsentiert hatte, nicht als Fachwissenschaft einzustufen war. Die Psychoanalyse Freuds, der außer Fromm auch Horkheimer und Adorno viele ihrer fruchtbarsten Gedanken zu verdanken hatten, bildete eher die Fortsetzung der psychologisch bzw. anthropologisch orientierten dunklen Schriftsteller der bürgerlichen Epoche. Sie trug wesentlich dazu bei, Horkheimer und seinen wichtigsten theoretischen Mitarbeitern das Gefühl zu vermitteln, auch oder gerade unter Überspringung der Fachwissenschaften zu wesentlichen Erkenntnissen gelangen zu können. So konnte Fromm, der sich keineswegs als fachlich gebildeter Philosoph begriff, im März 1938 ohne Selbstherabsetzung an Horkheimer schreiben: »Eben las ich einen so schönen Satz, daß ich ihn Ihnen abschreiben will, obwohl Sie ihn wahrscheinlich kennen: ›Wer sich mit den Einzelwissenschaften abgibt, aber keine Philosophie treibt, der gleicht den Freiern der Penelope, die sich mit den Sklavinnen einließen, da sie die Herrin nicht gewinnen konnten.‹« Das Verhältnis zu den Einzelwissenschaften und zur empirischen Forschung wurde im Laufe der 30er Jahre gewissermaßen unaufrichtiger, ohne daß sich am Gesamtkomplex der Institutsaktivitäten viel geändert hätte.

Für Adorno war die Situation von vornherein eine andere als für Horkheimer. Sein zentrales Interesse galt nicht der Theorie der Gesellschaft, sondern der Rechenschaft über die Kunst und ihre Möglichkeit in der gegenwärtigen Gesellschaft (cf. Adorno, *Offener Brief an Max Horkheimer*, in: *Die Zeit*, 12. 2. 65). Dieses Interesse ließ ein Verfahren als fruchtbar erscheinen, das die technische Analyse von Kunstwerken kurzschloß mit bestimmten geschichtsphilosophischen Vorstellungen. In deren Zentrum stand seit Adornos Kierkegaard-Buch in zunehmendem Maße der Gedanke der Erhellung der Natur durch die Versöhnung des Geistes mit ihr. Dieser Gedanke stand für die Überzeugung, daß die in sich befangene mythische Natur und der in sich befangene mythische Geist nicht der Rettung von außen bedurften, daß der Immanenz die Transzendenz immanent war. Wie das gesellschaftlich-historisch zu denken war, blieb unerörtert. Adorno begnügte sich damit, daß es in der Musik Prozesse gab, die seiner Erlösungskonzeption entsprachen. »Seine Kritik der musikalischen Verdinglichung«, hieß es in den 1936 in der Wiener Musikzeitschrift *23* erschienenen *Marginalien zu Mahler*, »ist nicht eine, die deren Wirklichkeit vergäße und wider sie, ein musikantisch kostümierter Don Quixote, zu Felde zöge. Mit der verdinglichten Musik hat er in Strenge es zu tun; in solcher Strenge nun, daß sie darüber zerspringt. Ihre Trümmer und die Trümmer der ihr gesellten Gefühle sind sein Material; über sie disponiert planvoll mächtig die symphonische ratio.« Wie es zuging, daß die ratio, die als autonome, subjektive den Immanenzzusammenhang stets reproduzierte, sich in eine gute verwandelte und diese gute so zu herrschen vermochte, daß Geist und Natur in gegenseitiger Ergänzung sich frei entfalteten, wurde nicht einmal in Bildern darzustellen versucht. Einziges Scharnier war die Zweideutigkeit der Phänomene, hinter denen Untergang und Aufgang, Ende und Anfang, Zerfall und Neugeburt stehen konnten. »Mahler läßt (das Bestehende) an seinem Ort, aber brennt es aus von innen; nun stehen die alten Formmauern als Allegorie nicht sowohl des Gewesenen, denn dessen was kommen soll . . . In Mahlers Musik . . . ist vielleicht beides gelegen: daß als brüchige, über sich hinausgespannte Allegorie die Geste des letzten, des luziferischen Trotzes die Versöhnung bedeute; daß dem Hoffnungslosen der nahe Brand des Untergangs als fernes Licht der Erlösung strahle. So zweideutig ist auch das feine Flocken vom Ende des ›Liedes von der Erde‹. Wie der Einsame darin erfrieren kann, panisch aufgelöst ins bloß Seiende, so kann es die selige Weiße der Entrückung sein, Schnee der letzte gute Rest von Sein, der den Geretteten dem Seienden verbindet, den Verbliebenen aber als sternige Hoffnung ans Fenster rührt.« (*23*, 8. 6. 36) Angesichts einer solchen allegorischen Philologie war es nur konsequent, wenn Adorno sich selbst als einen theologisch inspirierten Denker sah (cf. oben S. 110, ferner z. B. Adorno-Kracauer, 14. 3. 33; Adorno-Horkheimer, 4. 9. 41).

Diese Konzeption gab Adorno den nötigen Schwung, um sich »sprengend« und »rettend« an alles mögliche heranzuwagen. In den Briefen, die er in den Jahren bis zu seiner Übersiedlung nach New York an Horkheimer schrieb, erwiesen sich immanente Übergänge geradezu als sein Steckenpferd. Mit seiner Husserlarbeit, so betonte er wiederholt, verfolge er das Programm einer Sprengung des Idealismus von innen. Im Mai 1936 schlug er Horkheimer eine größere Betrachtung »über die Philosophie des Nationalsozialismus« vor, und zwar »eine höchst dialektischer Art, die die immanente Auflösung dieser Art von Philosophie herauszuarbeiten hätte«, dieses Schwindels, der »ungeheuer fortschrittlich ist in dem Sinne, daß er nicht mehr hinreicht, die Wahrheit zu verdecken«. Für den Positivismus-Aufsatz, der dann unter dem Titel *Der neueste Angriff auf die Metaphysik* 1937 in der *ZfS* erschien, machte er Horkheimer einige Vorschläge, die mit der Bemerkung schlossen: »Größten Nachdruck würde ich auf die immanente Widerlegung an den beiden bezeichneten Stellen: Spielmarkenlogik und subjekt- d. h. menschenlose Erfahrung legen. Denn das sind, zusammen mit dem Bruch der Gesamtkonzeption, die eigentlich tötlichen [!] Stellen«. Im Dezember 1936 teilte er Horkheimer mit, er habe Sohn-Rethel die Anregung gegeben, »Klages so zu dialektisieren, daß er nicht bloß, was auf der Hand liegt, als der romantische Reaktionär erscheint, sondern auch als ein radikaler Kritiker der bürgerlichen Arbeitsideologie«. Im März 1937 hatte er nur zu einer Stelle des Manuskripts von Horkheimers Positivismus-Aufsatz einen wirklichen Einwand, zu der nämlich, wo von der »Unmöglichkeit einer immanenten Überwindung des logischen Positivismus« die Rede war, was taktisch sehr abschwächend wirke und den im Aufsatz enthaltenen Elementen einer immanenten Kritik widerspreche – ein Einwand, der Horkheimer immerhin zur Streichung dieses Satzes veranlaßte. Im April 1937 riet er »für den ungeheuer schwierigen Fall Hamsun«, über den Löwenthal einen Aufsatz schreiben wollte, »größte Vorsicht« an, denn es sei »kinderleicht, nachzuweisen, daß Hamsun ein Fascist ist, aber ebenso diffizil, diese Einsicht fruchtbar zu machen, und am schwierigsten, Hamsun vor sich selber zu retten«, was doch wohl die Hauptaufgabe sei (eine Mahnung, die ihn nicht daran hinderte, zu Löwenthals ganz und gar nicht »dialektischem« Hamsun-Aufsatz eine ebensowenig »dialektische« Fußnote über Jean Sibelius zu schreiben). Im Oktober 1937 verteidigte er verzweifelt, aber vergeblich sein Manuskript eines für die *ZfS* gedachten Aufsatzes über Husserl gegen Horkheimers Einwand, eine immanente Widerlegung des Idealismus in seiner konsequentesten Gestalt sei damit nicht geleistet – die Widerlegung sei nicht immanent, die Husserlsche Philosophie nicht die konsequenteste Gestalt des Idealismus, außerdem die Beziehung zwischen der Husserlschen Philosophie und der gegenwärtigen historischen Situation für den Uneingeweihten nicht deutlich.

Dialektik – das hieß also für Adorno wesentlich: so, wie Hegel es in der *Logik* dargelegt hatte, in die Kraft des Gegners eingehen und dessen Standpunkt durch Zuspitzung des abgestumpften Unterschieds des Verschiedenen zum Gegensatz in Selbstbewegung zu versetzen. Zu den für Adorno inspirierendsten Sätzen gehörte die Formulierung des Linkshegelianers Marx in der Einleitung von *Zur Kritik der Hegelschen Rechtsphilosophie*, man müsse »diese versteinerten Verhältnisse dadurch zum Tanzen zwingen, daß man ihnen ihre eigene Melodie vorsingt«.

Die Nähe zur Hegelschen Dialektik verband Adorno mit Horkheimer, auch wenn für beide unterschiedliche Aspekte und Nutzanwendungen dieser Dialektik im Vordergrund standen. Bei Horkheimer bedeutete Dialektik in erster Linie ein Denken in relativen Totalitäten, diente sie einer kritischen Wissenschaftstheorie als Beleg für die Existenz einer Alternative zu den Borniertheiten von Fachwissenschaften und Metaphysik. Für Adorno bedeutete Dialektik die Möglichkeit zur Entmythologisierung und Entzauberung eines breiten Spektrums von Erscheinungen der Gegenwart. Das verband ihn mit Bloch und Benjamin. Wie bei ihnen war auch bei ihm die Kategorie der Aufhebung theologisch gefärbt im Sinne einer Sprengung des Immanenzzusammenhangs und einer Rettung darin eingeschlossener Elemente des

Ausbruchs. Und ebenso verband ihn mit den beiden die Überzeugung, daß die Philosophie von der Kunst, und zwar der modernen, mehr zu erwarten habe als von den Fachwissenschaften. Alle vier trafen sich in dem Interesse an unverkürzter Erfahrung und unverkürzter Rationalität, in der Überzeugung ferner, daß diesen Anspruch allein eine von einer Reihe von Ausgrenzungen befreite historisch-materialistische Theorie erfüllen könne, und auch in der Überzeugung, daß es um einen Kampf auf breitester Front und in der ganzen Tiefe gehe.

Bloch hatte in seinem 1935 in Zürich erschienenen Buch *Erbschaft dieser Zeit* ein umfassendes Panorama des Schlachtfeldes entworfen (und darin auch einmal den »Marxisten Horkheimer«, mehrmals Wiesengrund und ausführlich Benjamin, den Philosophen surrealistischer Denkart, erwähnt). Der zentrale Gedanke war: gegen die faschistische Ausnutzung des Rausches und das aufgeklärte Verwerfen des Rausches gehe es um dessen Aufhebung. ». . . nicht nur im revolutionären Aufstieg oder in der tüchtigen Blüte einer Klasse, auch in ihrem Niedergang und den mannigfachen Inhalten, die gerade die Zersetzung freimacht, kann ein dialektisch brauchbares ›Erbe‹ enthalten sein. An sich gesehen, unmittelbar, dient der Flimmer- oder Rauschbetrug des Fascismus nur dem Großkapital, das mit ihm den Block verelendender Schichten zerstreut oder verdunkelt. Mittelbar aber zeigt sich . . . im irrationalen Rausch Dampf aus nicht nur kapitalistisch nützlichen Abgründen. Außer Gemeinheit und sprachloser Rohheit, außer Dummheit und panischer Betrügbarkeit, wie sie jede Stunde, jedes Wort des Schrecken-Deutschland zeigt, ist ein Stück älteren und romantischen Widerspruchs zum Kapitalismus, mit Vermissungen am gegenwärtigen Leben, mit Sehnsucht nach einem unklar anderen. Die anfällige Lage der Bauern und Angestellten hat hier ihren verschiedenen Reflex, und zwar nicht bloß einen der Zurückgebliebenheit, sondern zuweilen einen echter ›Ungleichzeitigkeit‹ dazu, nämlich eines wirtschaftlich-ideologischen Restseins aus früheren Zeiten. Heute dienen die Widersprüche dieser Ungleichzeitigkeit ausschließlich der Reaktion; in dieser fast ungestörten Verwendbarkeit aber liegt zugleich ein besonderes marxistisches Problem. Man hat das Verhältnis der ›Irratio‹ innerhalb der unzulänglichen kapitalistischen ›Ratio‹ allzu abstrakt ausgekreist, statt daß es von Fall zu Fall untersucht worden wäre und der eigene Widerspruch dieses Verhältnisses gegebenenfalls konkret besetzt.« (*Erbschaft dieser Zeit*, 12)

Die Gemeinsamkeiten zwischen Bloch und Benjamin waren groß, Kategorien wie Traum und Mythos, Späte und Frühe, archaische und dialektische Bilder bei beiden zentral. Auch Benjamin sah die Verfallszeiten positiv (*Passagenwerk*, 1023). Auch in seinen Augen bedurfte es bei dem revolutionären Kampf gegen den Faschismus einer Gewalt,

»die in nicht minder tiefen Tiefen der Geschichte entspringt als die faschistische« (*Versuche über Brecht*, 170). Im Surrealismus sah er einen wichtigen Schritt auf dem Weg dahin, »die Kräfte des Rauschs für die Revolution zu gewinnen« (*Der Sürrealismus*, in: *Ges. Schr. II*, 307). Dabei betonte er die Notwendigkeit, über die »undialektische Anschauung des Surrealismus vom Wesen des Rauschs« hinauszugehen. »Während Aragon«, hieß es in frühen Notizen zur Passagenarbeit, »im Traumbereiche beharrt, soll hier die Konstellation des Erwachens gefunden werden. Während bei Aragon ein impressionistisches Element bleibt – die ›Mythologie‹ – . . . geht es hier um Auflösung der ›Mythologie‹ in den Geschichtsraum.« (*Passagenwerk*, 1014) Aber Ton und Gesamtperspektive waren bei Bloch und Benjamin höchst unterschiedlich: frohgemut bei Bloch, bitter bei Benjamin. Bloch vertraute auf den unzerstörbar rebellischen Charakter »›des Lebens‹, dem noch in keiner Zeit Erfüllung wurde« (*Erbschaft dieser Zeit*, 121), Benjamin sah verzweifelt auf das »Vabanque-Spiel« des Geschichtsprozesses (Kracauer), in dem es immer mehr mit immer weniger Kraft zu retten galt.

1937 ließ Adorno sich nach Rücksprache mit Horkheimer von Bloch unverbindlich eine Probe von dessen Buchmanuskript über das Materialismusproblem schicken. Was ihm und Horkheimer dabei vorschwebte, war ein Tausch: Vorabdruck eines Bloch-Textes in der Zeitschrift gegen Erwähnung der materialistischen Theorie des Horkheimerkreises in Blochs Buch. Bei der Lektüre des Manuskripts sah Adorno seine Befürchtungen bestätigt, die nicht so sehr der »Utopik« und der »Linientreue« Blochs galten, als vielmehr einer »gewissen Unverantwortlichkeit der philosophischen Improvisation« (Adorno-Horkheimer, 22. 9. 37). Das Institut publizierte nie etwas von Bloch, ließ auch keins seiner Bücher in der Zeitschrift besprechen, half ihm aber in den frühen 40er Jahren eine Zeitlang durch ein monatliches Stipendium von 50 Dollar. (Zur Klärung der Tellerwäscher-Story cf. Bloch, *Briefe*, 443 ff.)

Was Adorno Bloch und Kracauer – dessen im französischen Exil entstandenes Buch über *Jacques Offenbach und das Paris seiner Zeit* er in einem Brief an den ehemaligen Mentor vernichtend als ein auf den Verkaufserfolg schielendes Machwerk kritisierte – nicht zutraute, erwartete er von Benjamin: eine Philosophie, die den Ausbruch aus der Traumbefangenheit der bürgerlichen Immanenz verkörperte, indem sie konkret und transzendent zugleich war, indem sie die Dichte der Erfahrung mit der Strenge des Gedankens verband. Adorno wirkte in den 30er Jahren als eine Kontrollinstanz, die versuchte, Benjamin auf die Engführung von Theologie und historischem Materialismus zu verpflichten, für die, wie er meinte, Horkheimer zunehmend Verständnis entwickelte.

Horkheimer bewies, wie einst bei der Integration Fromms, Umsicht und Offenheit, indem er Benjamins Projekt als eine Bereicherung materialistischer Theorie anerkannte und vom Institut finanziell fördern ließ, wenn auch in der für die Institutsleiter charakteristischen unentschlossenen und unberechenbar wirkenden Weise. (Daß sie in Benjamins Briefen an Scholem geradezu als Sadismus erschien, lag zu einem guten Teil am schwierigen Charakter Benjamins, der nach wie vor der Überzeugung war, die Welt müsse für ihn sorgen, damit er sich ganz seiner intellektuellen Arbeit widmen könne.) In Benjamin förderte Horkheimer jemanden, der sich, als das Dialektik-Projekt Wirklichkeit wurde, als fast so etwas wie dessen Leitstern erwies.

Walter Benjamin, das Passagenwerk, das Institut und Adorno

Nachdem Benjamin einmal lockerer Mitarbeiter der *ZfS* geworden war, der monatlich 500 Franc und damit einen unterhalb des Existenzminimums liegenden Betrag erhielt, der ihn nicht unabhängig machte von Unterstützungen diverser Art durch seine ehemalige Frau, durch Adorno, dessen Tante und eine Freundin der Familie Wiesengrund, durch Gretel Karplus, eine gemeinsame Freundin von ihm und Adorno, die damals noch Teilhaberin einer Lederfabrik in Berlin war, und durch Brecht (cf. Tiedemann in: *Passagenwerk*, 1097; Scholem in: Benjamin-Scholem, *Briefwechsel*, 301, Anm. 1), hatte sich seine Hoffnung darauf gerichtet, vom Institut so bezahlt zu werden, daß er anständig davon leben konnte, und zwar bezahlt zu werden für die Durchführung seines Passagen-Projekts. Die Arbeit daran hatte er 1934 wieder aufgenommen, teils angeregt durch einen Auftrag zu einem Artikel über den Pariser Präfekten Haussmann, der sich dann zerschlug, teils weil er – ohne kurzfristig zu erledigende Aufträge, die Aussicht auf baldige Bezahlung boten – bei der Passagenarbeit Zuflucht suchte.

Aus dieser Zeit stammt das erste briefliche Zeugnis von Adornos Betätigung als »Kontrollinstanz« Benjamins. Dessen *ZfS*-Beitrag über den gesellschaftlichen Standort des französischen Schriftstellers hatte – zusammen mit einer Besprechung von Max Kommerells Buch über Jean Paul – Adorno so sehr mißfallen, daß er längere Zeit nicht mehr an Benjamin geschrieben hatte. Der Grund für sein Mißfallen lag auf der Hand: Benjamins Charakterisierung der Rolle des an der Revolution interessierten Intellektuellen. Adorno hatte in seinem Beitrag *Zur gesellschaftlichen Lage der Musik* im ersten Heft der Zeitschrift betont, Musik erfülle ihre gesellschaftliche Funktion dann am besten, wenn sie, ohne auf die Gesellschaft zu starren, in der immanenten Entfaltung ihrer Probleme voranschreite und sich nicht von dem von der Klassenherrschaft verstümmelten Bewußtsein des Proletariats hemmen lasse. Damit hatte er an dem festgehalten, was er einst von Benjamin selbst gelernt hatte, der noch in der 1928 erschienenen, der Kommunistin und zeitweiligen Regisseurin eines gewerkschaftlichen Agitprop-Theaters Asja Lacis gewidmeten *Einbahnstraße* von der Aktualität dessen gesprochen hatte, »was monadisch, in seiner verschlossensten Kammer, Mallarmé in prästabilierter Harmonie mit allem dem entscheidenden Geschehen dieser Tage in Wirtschaft, Technik, öffentlichem Leben auffand« (*Einbahnstraße*, 41). Und nun hatte Benjamin am Ende seines Aufsatzes das Gegenteil behauptet. Die vorgeschobensten, gewagtesten Produkte der Avantgarde hätten in allen Künsten nur die große Bourgeoisie zum Publikum gehabt. Es komme aber darauf an – und damit hätten die Surrealisten Ernst gemacht –, den Intellektuellen als Techniker an seinen Platz zu stellen, indem man die Verfügung über seine Technik dem Proletariat zuerkenne, weil nur dieses auf ihren fortgeschrittensten Stand angewiesen sei. Für Adorno zeigte sich in solchen Ansichten der Einfluß Brechts, dieses »Wilden« (wie er ihn nach der Lektüre von Benjamins Manuskript *Das Kunstwerk im Zeitalter seiner technischen Reproduzierbarkeit* in einem Brief an Horkheimer nannte). Bei Brecht – im dänischen Exil in Svendborg – hatte Benjamin die Sommermonate des Jahres 1934 verbracht, und auch in den folgenden Jahren lebte er wiederholt jeweils für längere Zeit mit ihm zusammen.

Als Adorno in Oxford von Benjamins Wiederaufnahme der Passagenarbeit gehört hatte, hatte er frohlockt. »Was Sie vom Abschluß der Essay-Periode sagen und vor allem von der endlichen Inangriffnahme der Passagen, ist in der Tat die froheste Botschaft, die ich von Ihnen seit vielen Jahren vernommen habe. Sie wissen, daß ich in dieser Arbeit wahrhaft das uns aufgegebene Stück prima philosophia sehe und nichts wünsche ich mehr als daß Sie der Ausführung nun, nach der langen und schmerzlichen Stauung, so mächtig sind wie der ungeheure Gegenstand es notwendig macht. Und wenn ich dieser Arbeit einiges an Hoffnungen mit auf den Weg geben darf, ohne daß Sie es als Unbescheidenheit nehmen: so wäre es dies, daß einmal die Arbeit ohne Rücksicht alles an theologischem Gehalt und an *Wörtlichkeit* in den extremsten Thesen realisiere, was in ihr angelegt war (ohne Rücksicht nämlich auf die Einwände jenes Brechtischen Atheismus, den als inverse Theologie uns vielleicht einmal zu retten ansteht aber keinesfalls zu rezipieren!); dann, daß sie der äußerlichen Kommunikation mit der gesellschaftlichen Theorie zugunsten ihres Versatzes sich sehr enthalte. Denn es will mir scheinen, daß hier, wo es nun wirklich ums Allerentscheidendste und Ernsteste geht, einmal ganz und voll ausgesprochen werden muß und die volle kategoriale Tiefe erreicht, *ohne* daß die Theologie ausgespart wäre; dann aber glaube ich auch, daß wir in dieser entscheidenden Schicht der Marxistischen Theorie um so mehr helfen, je weniger wir sie äußerlich uns unterwerfend aneignen; daß hier das ›Ästhetische‹ unvergleichlich viel tiefer in die Wirklichkeit revolutionär wird eingreifen als die Klassentheorie als deus ex machina.« (Adorno-Benjamin, 6. 11. 34, zitiert in *Passagenwerk*, 1106)

Ein Gespräch, das Pollock im Frühjahr 1935 auf einer Europa-Reise in Paris mit Benjamin führte, setzte einiges in Gang. Benjamin machte sich an die Abfassung eines Exposés zur Passagen-Arbeit. Das Institut verdoppelte seine Zahlungen auf 1000 Francs – zunächst vorläufig, später auf Dauer. Adorno aber warnte, als Pollock auf seiner Reise auch mit ihm zusammentraf, Benjamins Buch werde, ähnlich wie sein, Adornos, Kierkegaard-Buch, zu sehr mit Metaphysik belastet sein, um sich dem Arbeitsplan des Instituts einzufügen. Und Gretel Karplus schrieb an den gemeinsamen Freund: »Mich erstaunt es, daß Fritz [Pollock, R. W.] sich für die Notizen einsetzt, denkst Du denn an eine Arbeit für die Zeitschrift? Ich sähe darin eigentlich eine ungeheure Gefahr, der Rahmen ist doch verhältnismäßig nur schmal, und Du könntest nie das schreiben, worauf Deine wahren Freunde seit Jahren warten, die große philosophische Arbeit, die nur um ihrer selbst willen da ist, keine Zugeständnisse gemacht hat und Dich durch ihre Bedeutung für sehr vieles der letzten Jahre entschädigen soll.« (Karplus-Benjamin, Berlin, 28. 5. 35/*Passagenwerk*, 1115) Zwar hoffte Adorno nach wie vor, in der Zeitschrift die von ihm und seinen theologisch-materialistischen Freunden vertretene Position zur Geltung bringen zu können. Er zweifelte jedoch offenbar daran, daß die entscheidende Ausarbeitung dieser Position im Rahmen der Institutsarbeit möglich sein werde, und er wollte andererseits für nichts verantwortlich sein, was Zweifel an seiner völligen Loyalität gegenüber Horkheimer und dem Institut hätte wecken können.

Benjamin suchte die Besorgnisse der beiden in einem Begleitbrief zum Exposé *Paris, die Hauptstadt des XIX. Jahrhunderts*, das er Ende Mai an Adorno schickte, zu zerstreuen. »Sehr viel deutlicher als in jedem vorhergehenden Stadium des Plans (ja, in mir überraschender Weise) treten die Analogien des Buchs zu dem Barockbuch zu tage. Sie müssen mir erlauben, in diesem Umstand eine besonders bedeutsame

Bestätigung des Umschmelzungsprozesses zu sehen, der die ganze, ursprünglich metaphysisch bewegte Gedankenmasse einem Aggregatzustand entgegengeführt hat, in dem die Welt der dialektischen Bilder gegen alle Einreden gesichert ist, welche die Metaphysik provoziert.

In diesem Stadium der Sache (und freilich in diesem zum ersten Mal) kann ich mit Gelassenheit dem entgegensehen, was etwa von seiten des orthodoxen Marxismus gegen die Methode der Arbeit mobil gemacht werden mag. Ich glaube, im Gegenteil, in der marxistischen Diskussion mit ihr à la longue einen soliden Stand zu haben, sei es auch nur weil die entscheidende Frage des geschichtlichen Bildes hier zum ersten Male in aller Breite behandelt wird. Da nun die Philosophie einer Arbeit nicht sowohl an die Terminologie als an ihren Standort gebunden ist, so glaube ich schon, daß dieses Exposé das der ›großen philosophischen Arbeit‹ ist, von der Felizitas [Gretel Karplus, R. W.] spricht, wenn mir diese Bezeichnung auch nicht die angelegentlichste ist. Mir geht es, wie Sie wissen, vor allem um die ›Urgeschichte des 19ten Jahrhunderts‹.« (Benjamin-Adorno, 31. 5. 35/*Passagenwerk*, 1117 f./*Briefe*, 664)

Benjamins Exposé und Begleitbrief überzeugten Adorno offenbar davon, daß die Sache kein Verrat des ursprünglichen Benjaminschen Projekts sei und dennoch in den Rahmen der Institutsarbeit passe, also grundsätzlich so etwas wie die materialistische Transformation der theologischen Motive zu leisten versprach. Eine Woche nach Erhalt des Exposés schrieb er kurzentschlossen an Horkheimer und setzte sich entschieden für Benjamin ein. Er sei zu der Überzeugung gekommen, »daß diese Arbeit *nichts* enthalten wird, was sich nicht vom Standpunkt des dialektischen Materialismus aus wird verantworten lassen. Den Charakter der metaphysischen Improvisation, der ihr ehedem zukam, hat sie ganz verloren. Ich will nicht einmal sagen, daß das endlich ein Positivum sei (das führte auf die ausstehende Diskussion zwischen Ihnen und mir –): auf jeden Fall ist es ein Positivum für die Verwertbarkeit der Arbeit im Arbeitsplan des Instituts, dem sie sich *einfügt*. Und die Neuheit der Fragestellung und ihre scharfe Unterschiedenheit von dem im Wissenschaftsbetrieb üblichen bedeutet . . . einen Vorzug. Es handelt sich um einen Versuch der Erschließung des 19. Jahrhunderts als ›Stil‹ durch die Kategorie der Ware als dialektisches Bild.« Horkheimer selbst habe bei »jenem denkwürdigen Gespräch im Hotel Carlton« Ende der 20er Jahre den Charakter eines historischen Bildes zentral für die Ware in Anspruch genommen und damit eine Umorientierung von Benjamins und Adornos Gedanken in Gang gesetzt. »Sie erinnern sich vielleicht, daß ich Ihnen vor ein paar Monaten in einem Brief schrieb, ich halte für die entscheidende Vermittlungskategorie zwischen Gesellschaft und Psychologie nicht die Familie, sondern den Warencharakter . . . Ohne zu wissen, daß Benjamin sich in der gleichen Richtung bewegt, ist der Entwurf mir eine große Bestätigung. Der Fetischcharakter der Ware wird als Schlüssel für das Bewußtsein und vor allem das Unbewußte des Bürgertums des 19. Jahrhunderts genommen. Sowohl ein Kapitel über die Weltausstellungen wie insbesondere ein großartiges über Baudelaire enthalten darüber Entscheidendes.« Er empfahl, die Arbeiten über den sozialdemokratischen Kulturhistoriker Eduard Fuchs und über die Kulturauffassung der von 1883 bis 1922 erschienenen sozialdemokratischen Wochenschrift *Die Neue Zeit*, die seit längerem zwischen Benjamin und Horkheimer verabredet waren und die Benjamin beide nicht besonders reizten, zurückzustellen, »wenn einmal uns wirklich eine Produktivkraft von dieser Gewalt begegnet – die schließlich auch wir, durch unsere Produktionsverhältnisse, nicht fesseln sollten« (Adorno-Horkheimer, Oxford, 8. 6. 35).

Adornos Zustimmung entsprang also der Faszination durch eine neue Variante der Anknüpfung an jene Passage des Marxschen *Kapitals*, die den Linksintellektuellen der Weimarer Zeit stets die wichtigste war: der Abschnitt über den Fetischcharakter der Ware. Mit dem Blick des Allegorien entschlüsselnden Philologen an die Warenwelt heranzugehen, der sich mit Baudelaire als dem ersten exemplarischen Vertreter der ästhetischen Moderne verbündete – das versprach in Adornos Augen eine Deutung des Kapitalismus, bei der die theologische Kategorie der dinghaft entstellten Welt übersetzt war in die marxistische Kategorie des Warenfetischs, eine Deutung, die dem dialektischen Materialismus nicht widersprach, sondern ihn radikalisierte durch die Entschlüsselung der Warenwelt als mythische Urlandschaft und höllisches Gegenbild der wahren Welt.

Das Exposé stieß bei Horkheimer auf Wohlwollen. »Ihre Arbeit verspricht, ganz ausgezeichnet zu werden«, schrieb er im September 1935 an Benjamin. »Die Methode, die Epoche von kleinen Symptomen der Oberfläche her zu fassen, scheint diesmal ihre ganze Kraft zu erweisen. Sie machen einen weiten Schritt über die bisherigen materialistischen Erklärungen ästhetischer Phänomene hinaus.« Die Arbeit verdeutliche, »daß es keine abstrakte Theorie der Ästhetik gibt, sondern diese Theorie jeweils mit der Geschichte einer bestimmten Epoche zusammenfällt«. Wenn er im Winter nach Europa komme, werde man vor allem über die besondere Verantwortlichkeit zu reden haben, die sich aus der Eigenart und dem Vorzug von Benjamins Methode ergebe. »Sie ziehen das ökonomische Moment nicht so sehr in der Gestalt des gesamten Produktionsprozesses und seiner Tendenzen als in bestimmten Einzelheiten heran. Dann müssen diese aber besonders erschließende Bedeutung haben.« (Horkheimer-Benjamin, New York, 18. 9. 35)

Das Passagen-Projekt wurde unter die vom Institut geförderten Arbeiten aufgenommen. Im Tätigkeitsbericht der Société Internationale de Recherches Sociales für 1936 erwähnte Pollock unter dem Punkt »research fellowships« unter anderem »Etudes sur l'histoire de la culture française«. Im zweiten, 1938 erschienenen Prospekt des Instituts wurde Benjamin unter den Research Associates aufgeführt, als sein Fachgebiet »Aesthetics« angegeben. Unter dem Titel »Aid to German European Scholars« wurde unter gut zwei Dutzend vom Institut geförderten Manuskripten in der Gruppe »Special Fields of Sociology« als erstes genannt »The Social History of the City of Paris in the 19th Century«.

Die eingehende Auseinandersetzung mit Benjamins Exposé überließ Horkheimer Adorno. Diese Auseinandersetzung war nur eine Station in der bis zu Benjamins Tod während der Diskussion der beiden. Sie spielte sich mündlich (bei vom Institut finanziell unterstützten Treffen, deren erstes Anfang 1936 in Paris, deren letztes um die Jahreswende 1937/38 in San Remo stattfand), brieflich und in Aufsätzen ab. Alle größeren Arbeiten Benjamins aus der zweiten Hälfte der 30er Jahre erschienen in der *ZfS* und gehörten mehr oder weniger zum Komplex der Passagenarbeit. *L'œuvre d'art à l'époque de sa reproduction mécanisée* (1936) gab den genauen Ort in der Gegenwart an, der den Fluchtpunkt von Benjamins historischer Konstruktion des 19. Jahrhunderts bildete (Benjamin-Horkheimer, Paris, 16. 10. 35/*Briefe*, 690). In *Eduard Fuchs, der Sammler und der Historiker* (1937) nahm Benjamin die endliche Ausführung der lange hinausgeschobenen Fuchs-Arbeit zum Anlaß, der von Fuchs eindrucksvoll vertretenen, von Benjamin aber kritisch gesehenen Konzeption der Kulturgeschichte seine eigene Konzeption einer historisch-materialistischen Geschichtsschreibung gegenüberzustellen. *Über einige Motive bei Baudelaire* (1939) war Benjamins zweite Variante eines um Baudelaire zentrierten Teilkomplexes der Passagen-Arbeit (nachdem die erste – *Das Paris des Second Empire bei Baudelaire* – von Adorno für zu leicht befunden worden war). Nicht mehr in der Zeitschrift, sondern in einem vom Institut herausgegebenen mimeographierten Band *Walter Benjamin zum Gedächtnis* erschienen 1942 die Thesen *Über den Begriff der Geschichte* – Reflexionen grundlegender Art für die Fortsetzung der Baudelaire-Arbeit, die er dem Institut zu Diskussionszwecken schicken wollte und die durch seinen Tod zum Vermächtnis wurden. Mit seinen *ZfS*-Beiträgen wurde Benjamin zum Kristallisationspunkt einer Konstellation, bei der er und Adorno, untereinander in spannungsvoller Solidarität, den Ideologiekritikern Marcuse und Löwenthal gegenüberstanden. Es ging dabei um die Konfrontation einer von Erfahrungen der ästhetischen Moderne bestimmten Geschichtsphilosophie mit einer historisch-materialistischen Verwertung klassisch-idealistischer Kunstauffassungen.

Mustert man das umfangreiche Notizen-Material Benjamins für die Passagenarbeit, das ihm zugleich als Steinbruch und Depot für seine laufenden kleineren Arbeiten diente, daraufhin durch, was er mit seiner Untersuchung über das 19. Jahrhundert wollte, so stößt man auf eine Fülle schwer vereinbar scheinender Angaben, so z. B.:

der Kinderwelt (der seiner Generation wie der seiner Epoche überhaupt) habhaft werden (*Passagenwerk*, 490);

den Kitsch des 19. Jahrhunderts zur Explosion bringen (500);

die Konstellation des Erwachens aus dem 19. Jahrhundert finden (571, 580);

den Ausdruckscharakter der frühesten Industrieerzeugnisse, der frühesten Industriebauten, der frühesten Maschinen, aber auch der frühesten Warenhäuser, Reklamen etc. untersuchen (574);

einen wirtschaftlichen Prozeß als anschauliches Urphänomen erfassen, aus welchem alle Lebenserscheinungen der Passagen (und insoweit des 19. Jahrhunderts) hervorgehen (574);

das urgeschichtlich lockende und drohende Antlitz in den Anfängen der Technik, im Wohnstil des 19. Jahrhunderts deutlich machen (496);

das 19. Jahrhundert als originäre Form der Urgeschichte darstellen (579);

Baudelaire zeigen, wie er ins 19. Jahrhundert eingebettet liegt (405);

das historische Bild des Schicksals der Kunst im 19. Jahrhundert einer Gegenwart vor Augen führen, in der die Schicksalsstunde der Kunst geschlagen hat (Benjamin-Horkheimer, 16. 10. 35/*Briefe*, 690);

gesteigerte Anschaulichkeit mit der Durchführung der marxistischen Methode verbinden (*Passagenwerk*, 578).

Alle diese sowie weitere programmatische Angaben lassen sich indessen konzentrieren auf einen gemeinsamen Fluchtpunkt: das historische Bild des 19. Jahrhunderts zeigen, wie es im Augenblick der Krise dem Subjekt der Geschichte in unwillkürlichem Eingedenken aufblitzt; dies Vergangene so vor seiner verdinglichten Überlieferung retten; und der Gegenwart so die Kräfte zuführen, die sie darin fördern, die Technik zum Brautlager der Kommunikation von Menschheit und Kosmos zu machen.

Dem lagen zwei zentrale Vorstellungen Benjamins zugrunde. Die eine betraf die Methode. Benjamin suchte den exemplarischen Erfahrungen von Traum und Ekstase Prinzipien einer Wahrnehmungsweise zu entnehmen, die die Bahnen des im Wissenschaftsbetrieb Üblichen sprengte – Prinzipien einer nüchternen Bewußtseinserweiterung. Wichtige Einsichten dazu fand er vor allem bei Klages, Proust und den Surrealisten.

1920 hatte Benjamin Ludwig Klages nach der Fortsetzung von dessen 1914 erschienenem Aufsatz *Vom Traumbewußtsein* gefragt und sie auch zugeschickt bekommen. Klages ging es in dieser unvollendet gebliebenen Aufsatzreihe nicht um die Deutung von Trauminhalten, sondern um die Traumform, um den charakteristischen Unterschied zwischen Traumraum und Wachraum, Traumzeit und Wachzeit. Diese Formanalyse sollte nicht nur für Träume im engeren Sinne gelten, sondern allgemein für Traumstimmungen, wie sie bei den verschiedensten Anlässen auftreten – »so wenn wir z. B. in der Stille der Nacht einen Wagen vorüberrollen und den Klang allmählich verhallen hören; beim Anblick eines Feuerwerks in der Ferne oder eines lautlosen Wetterleuchtens; bei der Rückkehr in die Heimat nach vieljahrelanger Zwischenzeit eines vielleicht stürmischen Lebens; andererseits an Orten von ungewohnter Fremdartigkeit . . .; . . . gar nicht so selten beim Fahren auf der Eisenbahn, vorausgesetzt, daß man ein Abteil für sich hat; ausnahmsweise in Momenten gänzlicher Erschöpfung, verzweifelter Niedergeschlagenheit, größten Schmerzes sowie gemeinhin nach dem Genuß irgendwelcher Narkotika« (Klages, *Vom Traumbewußtsein*, in: *Sämtliche Werke 3*, 162). Drei Züge der Traumstimmung hob Klages hervor: die pathische Passivität – das erst dank des Abstreifens oder Sprengens der üblichen Wahrnehmungsformen mögliche Hingegebensein an die Eindrücke –; das Gefühl des Fernseins – das auch noch den nächsten Dingen anhaftet, insofern das Entscheidende nicht die Entferntheit, sondern die Erscheinung der Ferne ist –; das Gefühl der Flüchtigkeit – der Flüchtigkeit z. B. der am Bahnfenster vorbeihuschenden Bilder der Landschaft oder des kaum sich nahenden, so schon vorübergefahrenen nächtlichen Wagens, oder der eigenen Flüchtigkeit bzw. Vergänglichkeit im verwehenden Blatt, im treibenden Rauch, im zergehenden Schaum, im fallenden Stern oder angesichts von Bildern wandellosen Fortbestehens wie mehrhundertjährigen Bäumen, vieltausendjährigen Pyramiden, uralten Hochgebirgen.

In seinem zuerst 1922 erschienenen Buch *Vom kosmogonischen Eros* hatte Klages anläßlich der Untersuchung des Wesens der Ekstase die Bestimmung der Merkmale dessen fortgesetzt, was er – nahezu synonym mit dem Begriff der »Traumstimmung« – »schauenden Bewußtseinszustand« nannte. »Der unterscheidungsgewillte Beobachter behandelt sogar das Ferne, als ob es ein Nahes wäre, und opfert das Anschauungsbild einer Folge von Stellen, die er nacheinander und somit gesondert durchmißt, wohingegen der Blick des in Betrachtung, und sei es selbst eines nahen Objektes, Versunkenen zweckentlassen gefesselt wird vom *Bilde* des Gegenstandes und das bedeutet zum mindesten einer Form, die nicht durch Grenzensetzung geschlossen wurde, sondern vom Insgesamt umrahmender Nachbarbilder. Durchaus nicht so sehr der Abstand des Gegenstandes als die Art der Betrachtung entscheidet darüber, ob er vom Nahen oder vom Fernen die Charakteristik habe; und niemand verkennt die Dinghaftigkeit des Nahcharakters, die Bildhaftigkeit des Charakters der Ferne.« (*Vom kosmogonischen Eros*, 2. erw. Auflage, 1926, 128 f.) Dies Ferne an den urbildlich geschauten Dingen nannte Klages ihre »Aura« oder ihren »Nimbus«. Die Ferne, die Klages dabei meinte, war die der Seele der Welt, die vor allem in der zeitlichen Ferne der Vorwelt erschien. Der Zustand des Schauens »›entrückt‹ ins ›nicht zu Betretende‹, in die Mutterwelt des Gewesenen oder . . . *bringt* die ›Geister‹ längst schon Verschiedener (*wieder*)« (142 f.). »Das Weltgeschick steht im erhellten Augenblick als gegenwärtig da; bis in die Fernen des Raumes und bis in die Fernen der Zeit hat alles, was je geschah und geschieht, sein Licht und seinen Sinn vom, ob auch noch so schnell, verwehenden Bilde.« (126)

Die Bilder ignorieren hieß die Seele der Welt ignorieren und den Untergang der Menschheit betreiben. »Die Bilderfeindschaft des Mittelalters«, hieß es in Klages vielleicht verbreitetstem Text, dem 1913 für die Festschrift der Freideutschen Jugend zur Jahrhundertfeier auf dem Hohen Meißner geschriebenen Aufsatz *Mensch und Erde*, »die das Mittelalter selbstgeißlerisch im Inneren nährte, mußte nach außen treten, sobald sie ihr Ziel erreicht: den Zusammenhang aufzuheben zwischen dem Menschen und der Seele der Erde. In seinen blutigen Streichen gegen sämtliche Mitgeschöpfe vollendet er nur, was er zuvor sich selbst getan: das Verwobensein in die bildernde Vielgestalt und unerschöpfliche Fülle des Lebens hinzuopfern für das heimatlose Darüberstehen einer weltabscheidenden Geistigkeit . . . Wir sagten, die alten Völker hätten kein Interesse gehabt, die Natur durch Versuche auszuspähen, sie in Maschinen hineinzuknechten und listig durch sich selbst zu besiegen; jetzt fügen wir hinzu, sie hätten es als ἀσέβεια, Verruchtheit, verabscheut. Wald und Quell, Fels und Grotte waren für sie ja heiligen Lebens voll; von den Gipfeln hoher Berge wehten die Schauer der Götter (darum, nicht aus Mangel an ›Naturgefühl‹, bestieg man sie nicht!), Gewitter und Hagelschlag griffen drohend oder verheißend in das Spiel der Schlachten ein. Wenn die Griechen einen Strom überbrückten, so baten sie den Flußgott für die Eigenmächtigkeit des Menschen um Verzeihung und spendeten Trankopfer; Baumfrevel wurde im alten Germanien blutig gesühnt. Fremd geworden den planetarischen Strömen, sieht der heutige Mensch in alledem nur kindlichen Aberglauben. Er vergißt, daß die deutenden Phantasmen verwehende Blüten waren am Baum eines Innenlebens, welches tieferes Wissen barg als all seine Wissenschaft: das Wissen von der weltschaffenden Webekraft allverbindender Liebe. Nur wenn sie in der Menschheit wiederwüchse, möchten vielleicht die Wunden vernarben, die ihr muttermörderisch der Geist geschlagen.« (Klages, *Mensch und Erde*, 22 f.)

Benjamin hatte 1926 in seiner Besprechung eines Buches über Bachofen seinen Respekt vor der gewaltigen Untergangsprophetie des Verfassers des *Kosmogonischen Eros*, »dieses großen Philosophen und Anthropologen« bezeugt, dessen »ausweglose Verwerfung des gegebenen ›technischen‹, ›mechanisierten‹ Weltzustands« (Benjamin, *Ges. Schr. III*, 44) allerdings kritisiert und Scholem gegenüber die Notwendigkeit einer stringenten Auseinandersetzung mit dem theologischen Zentrum betont, dem jene Verwerfung seiner Meinung nach entsprang. Eine große Auseinandersetzung mit Klages und dessen Bild-Konzeption erschien sowohl ihm wie Adorno noch in den 30er Jahren als ein dringliches Unternehmen zur Klärung des eigenen Standpunkts und der Konzeption des dialektischen Bildes.

Wie das positive, moderne Gegenstück zu Klages' Untergangsprophetie mußte auf Benjamin Louis Aragon wirken, der in seinem 1926 erschienenen Buch *Le Paysan de Paris* ausdrücklich eine moderne Mythologie verlangte. Von diesem Buch schrieb Benjamin im Mai 1935 an Adorno, daß es am Anfang der Passagen-Arbeit gestanden habe, daß er davon »des abends im Bett nie mehr als zwei bis drei Seiten lesen konnte, weil mein Herzklopfen dann so stark wurde, daß ich das Buch aus der Hand legen mußte« (Benjamin-Adorno, Paris, 31. 5. 35/*Briefe* 663). In den beiden Haupttexten seines Buches – *Passage de l'Opera* und *Das Naturgefühl auf den Buttes-Chaumont* – hatte Aragon demonstriert, wie ein absichtslos umherschweifender, von keinem Ziel und keinem Interesse abgelenkter Städter in den mehr oder weniger schäbigen Geschäften, Kneipen, Etablissements, Anliegern der vom Abbruch bedrohten Passage de l'Opera bzw. wie drei sich zerschlagen fühlende surrealistische Schriftsteller an einem trüben und nebeligen Frühlingsabend in dem fern der bekannten touristischen Viertel gelegenen Parc des Buttes-Chaumont mit seinen Selbstmörderbrücken, die über einen künstlich angelegten See zu einem natürlichen Felsen führen, »Ufer des Unbekannten und des Schauders«, »Türen zum Unendlichen, die schlecht schließen«, »das Gesicht des Unendlichen« (Aragon, *Pariser Landleben*, 17, 18, 138) entdeckten. »Das Unbekannte«, »das Unendliche«, »Schauder«, »Mythologie« – das waren erstaunliche Worte für Schilderungen, die sich dadurch auszeichneten, daß sie das Alltägliche, gemeinhin als schäbig und trist Geltende rührend liebevoll beschrieben, wiederholt in eine Verherrlichung des Elends und eine Denunzierung des Geistes umkippend. Es war eine Rettung der Phänomene in Bilder, die Aragon im Bewußtsein ihres Scheiterns an der Realität und ihres blendwerkhaften Charakters wie ein Ausrufer vor einer Kirmesbude als allgemeines Rezept empfahl: »Soeben ist uns ein neues Laster entstanden, ein Taumel mehr ist dem Menschen gegeben: der *Surrealismus*, Sohn des Wahnsinns und der Finsternis. Hereinspaziert, hier werden augenblicklich neue Reiche erschlossen.

Die aus tausendundeiner Nacht erwachten Schläfer, die Erleuchteten und die Verzückten, wie werden sie euch, die modernen Haschischraucher, beneiden, wenn ihr ohne Hilfsmittel die bislang unvollständige Skala ihrer erstaunlichen Wonnen erlebt und euch einer so großen visionären Macht über die Welt erfreut . . ., daß weder die Vernunft noch der Erhaltungstrieb trotz ihrer schönen sauberen Hände mehr wissen werden, wie euch von seinem maßlosen Gebrauch zurückhalten . . . Dieses Laster, genannt *Surrealismus*, besteht in dem unmäßigen und leidenschaftlichen Gebrauch des Rauschgiftes *Bild* oder vielmehr in der unkontrollierten Beschwörung des Bildes um seiner selbst willen . . . Welch herrliche Verheerungen: Das Nützlichkeitsprinzip wird allen, die diesem höheren Laster frönen, fremd werden. Der Geist wird bei ihnen langsam außer Gebrauch kommen. Sie werden sehen wie ihre Grenzen sich erweitern, sie werden alle Schwärmer und alle Unzufriedenen dieser Erde an ihrem Rausch teilhaben lassen. Die jungen Leute werden diesem ernsten und nutzlosen Spiel völlig verfallen. Es wird ihr Leben ändern.« (78 ff.)

Solche bei Klages wie bei Aragon geistfeindlichen und an der historisch-gesellschaftlichen Realität nicht interessierten methodischen Hinweise auf ein erweitertes Bewußtsein, Prousts Literatur der mémoire involontaire und seine eigenen Erfahrungen mit Drogen suchte Benjamin in den Dienst der Bearbeitung drängender Gegenwartsprobleme zu stellen. Deren Kern sah er – und das war seine andere zentrale Vorstellung, die er zuerst am Ende der *Einbahnstraße* ausführlich formuliert hatte – in folgendem: Entweder wurde die Technik in den Händen der Massen zum nüchternen Organ rauschhafter kosmischer Erfahrung – oder es kamen noch fürchterlichere Katastrophen als der Erste Weltkrieg. Es war gerade das Bemühen, an das schlechte Neue in der Technik anzuknüpfen, was nach Benjamins Überzeugung den Blick schärfte sowohl für die bis zur Gegenwart reichenden prähistorischen Schauer wie für jene konstruktiven Tendenzen der jüngsten Vergangenheit, die Mittel für die Liquidierung der magischen Gewalten boten. Entweder wurde die Technik zum Mittel der Rettung, oder es gab keine Rettung. Entweder konnte sie in den Dienst der Liquidierung der magischen Gewalten gestellt werden, oder es gab keine Befreiung von diesen Gewalten.

Die Krise der Gegenwart bestand für Benjamin in den zerstörerischen Folgen der für das 19. Jahrhundert kennzeichnenden »verunglückten Rezeption der Technik«, bei der der Umstand ignoriert wurde, »daß dieser Gesellschaft die Technik nur zur Erzeugung von Waren dient«. Der Positivismus konnte »in der Entwicklung der Technik nur die Fortschritte der Naturwissenschaft, nicht die Rückschritte der Gesellschaft erkennen ... Und ebenso entging den Positivisten unter den sozialdemokratischen Theoretikern, daß diese Entwicklung den immer dringlicher sich erweisenden Akt, mit dem das Proletariat sich in den Besitz dieser Technik bringen sollte, zu einem immer prekäreren werden ließ.« (Benjamin, *Eduard Fuchs*, ZfS 1937: 353) Der Blick, mit dem die Bürger und die sich in der Mehrheit befindenden Positivisten unter den Sozialdemokraten auf die Technik blickten, fiel aus der »Gartenlaube«. »Und man mag sich aus solchem Anlass fragen, ob die ›Gemütlichkeit‹, deren sich das Bürgertum des Jahrhunderts freute, nicht aus dem dumpfen Behagen stammt, niemals erfahren zu müssen, wie sich die Produktivkräfte unter seinen Händen entwickeln mußten. Diese Erfahrung blieb denn auch wirklich dem Jahrhundert, das folgte, vorbehalten. Es erlebt, wie die Schnelligkeit der Verkehrswerkzeuge, wie die Kapazität der Apparaturen, mit denen man Wort und Schrift vervielfältigt, die Bedürfnisse überflügelt. Die Energien, die die Technik jenseits dieser Schwelle entwickelt, sind zerstörende. Sie fördern in erster Linie die Technik des Kriegs und die seiner publizistischen Vorbereitung.« (354)

Unter diesen Bedingungen erschienen dem in Traumstimmung Betrachtenden, dem urbildlich Schauenden die Produkte der Technik bis zur Gegenwart als ein mythisches Geschehen: »Man zeigte im alten Griechenland Stellen, an denen es in die Unterwelt hinabging. Auch unser waches Dasein ist ein Land, in dem es an verborgenen Stellen in die Unterwelt hinabgeht, voll unscheinbarer Örter, wo die Träume münden. Alle Tage gehen wir nichtsahnend an ihnen vorüber, kaum aber kommt der Schlaf, so tasten wir mit geschwinden Griffen zu ihnen zurück und verlieren uns in den dunklen Gängen. Das Häuserlabyrinth der Städte gleicht am hellen Tage dem Bewußtsein; die Passagen (das sind die Galerien, die in ihr vergangenes Dasein führen) münden tagsüber unbemerkt in die Straßen. Nachts unter den dunklen Häusermassen aber tritt ihr kompakteres Dunkel erschreckend heraus und der späte Passant hastet an ihnen vorüber, es sei denn, daß wir ihn zur Reise durch die schmale Gasse ermuntert haben.

Aber ein anderes System von Galerien, die unterirdisch durch Paris sich hinziehen: die Métro, wo am Abend rot die Lichter aufglühen, die den Weg in den Hades der Namen zeigen. Combat – Elysée – Georges V – Etienne Marcel – Solférino – Invalides – Vaugirard haben die schmachvollen Ketten der rue, der place von sich abgeworfen, sind hier im blitzdurchzuckten, pfiffdurchgellten Dunkel zu ungestalten Kloakengöttern, Katakombenfeen geworden. Dies Labyrinth beherbergt in seinem Innern nicht einen sondern Dutzende blinder, rasender Stiere, in deren Rachen nicht jährlich eine thebanische Jungfrau, sondern allmorgentlich tausende bleichsüchtiger Midinetten, unausgeschlafener Kommis sich werfen müssen.« (*Passagenwerk*, 136)

Das war Kapitalismus-Kritik mit allegorischem Blick. Er machte sichtbar: der unter kapitalistischen Bedingungen vor sich gegangene Entzauberungsprozeß minderte das dunkle Grauen um alles Menschliche nicht, sondern verdrängte und verschob es bloß. Die Mythen verloren ihre offen bindende Kraft, prägten aber, in zersetzter Form in den Unterbau des Alltags eingewandert, unerbittlich das Verhalten der Menschen und ihre Umwelt. In dem kritischen Augenblick, in dem ein verunglücktes, einen mythischen Alltag erzeugendes Verhältnis zur Technik den Untergang von Mensch und Erde vor Augen rückte, wurden an der Vergangenheit, genauer: am 19. Jahrhundert jene Momente erkennbar, in denen die Technik zur Sprengung der Gemütlichkeit und des dumpfen Behagens der Privatiers geeignet schien und in denen Formen der Kunst auftraten, die nicht über die im Rücken des 19. Jahrhunderts sich vollziehende (zerstörerische) Entwicklung der Technik hinwegsahen, sondern darauf ausgingen, die ungeheure technische Apparatur ihrer Zeit zum Gegenstand der menschlichen Innervation zu machen.

Wichtige Inspirationen für die Urgeschichte des 19. Jahrhunderts hatte Benjamin dem 1928 erschienenen Buch *Bauen in Frankreich, Bauen in Eisen, Bauen in Eisenbeton* von Sigfried Giedion entnehmen können. Giedion, der ein Ingenieurstudium begonnen, dann bei Heinrich Wölfflin Kunstgeschichte studiert und auch bei ihm promoviert hatte, war lange Zeit Generalsekretär der 1928 von ihm mitbegründeten CIAM (Congrès internationaux d'architecture moderne), zu deren führenden Mitgliedern Gropius, Le Corbusier und Alvar Aalto gehörten. Giedion war ein begeisterter Verfechter des Neuen Bauens. Dessen Vertreter verkörperten wie keine andere Gruppierung der Weimarer Republik das von Benjamin geteilte Pathos der Einfachheit, Transparenz und konstruktiven Rationalität. »Die Aufgabe des Historikers«, hieß es auf den ersten Seiten von Giedions Buch, »scheint uns heute . . . zu sein: Aus dem ungeheuren Komplex einer vergangenen Zeit jene Elemente herauszuschälen, die zum Ausgangspunkt der Zukunft werden.

Das 19. Jahrhundert hat alle Neuschöpfungen mit *historisierenden Masken* umkleidet, ganz gleichgültig auf welchem Gebiet. Auf dem

Gebiet der Architektur ebenso wie auf dem Gebiet der Industrie oder Gesellschaft. Man schuf neue Konstruktionsmöglichkeiten, aber man hatte gleichsam Angst vor ihnen, man erdrückte sie haltlos in Steinkulissen ... Aber andererseits darf man darüber nicht die *Schwungkraft nach vorn*, von der das 19. Jahrhundert erfüllt ist, vergessen. Schält man den Staub von den Zeitschriften, der Jahrzehnte auf ihnen lag, so bemerkt man, daß die Fragen, die uns heute bewegen, über ein Jahrhundert in unerledigter Diskussion stehen.

Man erkennt gleichzeitig ..., daß das Bauen, das man heute als ›neu‹ bezeichnet, ein legitimer Teil jener Entwicklung ist, die sich durch das‹ ganze Jahrhundert zieht ... *Das ›neue‹ Bauen hat seinen Ursprung im Augenblick der Industriebildung um 1830*, im Augenblick der Umwandlung des handwerklichen in den industriellen Produktionsprozeß. Wir haben, was Kühnheit des Vorstoßes und der Werke anbelangt, kaum Berechtigung, uns mit dem 19. Jahrhundert zu vergleichen. Die Aufgabe dieser Generationen ist: in die Wohnform umzusetzen, was das 19. Jahrhundert nur in abstrakten und uns innerlich homogenen Konstruktionen zu sagen vermochte.«

Solche Blicke aufs 19. Jahrhundert dachte Benjamin mit den von Surrealisten und Autoren wie Julien Green aufgedeckten magischen Schauern an den Zeugnissen des 19. Jahrhunderts zusammen und gewann daraus ein Bild, das die Urgeschichte des 19. Jahrhunderts so zeigte: Die neuen, vor allem durch die Warenproduktion bedingten Schöpfungen und Lebensformen wurden nicht durch eine neue gesellschaftliche Ordnung gekrönt und zu freier Entfaltung gebracht, sondern gelangten bloß zu einer von einer verdinglichten Kulturvorstellung eingeengten und fehlgeleiteten und von Phantasmagorien begleiteten Entwicklung (Zweites Exposé von 1939, in: *Passagenwerk*, 1256).

Daß die kühnen Neuschöpfungen des 19. Jahrhunderts sich als Phantasmagorien präsentierten, machte diese Epoche mythisch. Von Urgeschichte des 19. Jahrhunderts zu reden bedeutete damit nicht nur, den Goetheschen Begriff des Urphänomens »aus dem heidnischen Naturzusammenhang in die jüdischen Zusammenhänge der Geschichte« einzubringen (*Passagenwerk*, 577). Es verwies auch auf das Finstere dieser Epoche, seinen dämonischen, undurchsichtigen, unerlösten Charakter. Urgeschichte des 19. Jahrhunderts – das verwies aber auch auf die seinen mythischen Elementen abzugewinnenden und ihnen allein abzugewinnenden Gehalte einer profanen Erleuchtung, z. B. einer lichtdurchflutete Architekturen erst wirklich zu lichtdurchfluteten machenden hellen alltäglichen Wunderbarkeit. »Im dialektischen Bild«, hieß es in einer Notiz zum *Passagenwerk*, »ist dem ›Traum von einer Sache‹ ihr Platz zu schaffen – unbeschadet der

Liquidierung des Mythos im dialektischen Bild.« (*Passagenwerk*, 1174)

Im dialektischen Bild der Urgeschichte einer bestimmten Epoche trat die gegenwärtige Unterbrechung des Kontinuums der Geschichte in Beziehung zu einer vergangenen, trat ein gegenwärtiger Augenblick der Ankündigung eines wirklich Neuen in Beziehung zu einem vergangenen. Die dank solcher Stillstellung zustande kommende Beziehung zwischen Gegenwärtigem und Vergangenem meinte Benjamin, wenn er von »Dialektik im Stillstand« sprach. Der Ausdruck bezeichnete nicht eine Stillstellung der Dialektik, sondern eine erst im Stillstand in Funktion tretende Dialektik. Dialektisch war für Benjamin das Hervortreten des »Jetzt« in den Dingen (*Passagenwerk*, 1034) – also nicht ein Übergang oder Umschlag wie bei Adorno oder Hegel, sondern das Heraustreten aus der homogenen Zeit in die erfüllte Zeit, die Sprengung des geschichtlichen Kontinuums, des mit mythischer Unerbittlichkeit abrollenden, um entscheidende Dimensionen verkürzten Fortschritts. »Dialektisch« nannte Benjamin die Bilder, die ihm als Vergegenwärtigung von Vergangenem galten, weil sie weder zeitlos noch Momente eines kontinuierlichen und homogenen Flusses von Ereignissen waren, sondern augenblickliche Konstellationen von Gegenwärtigem und Vergangenem (cf. *Passagenwerk*, 576, 578). Ein Stück vergessene oder mißachtete Vergangenheit kam in einer zu seiner Aufnahme sich erweiternden Gegenwart zur Geltung. Vergangenes wurde gerettet von einer sich entschränkenden Gegenwart.

Die Ermöglichung dialektischer Bilder und eines geglückten Verhältnisses zur Technik erwartete Benjamin von einem Bündnis zwischen einer entauratisierten Kunst und einem Kunstwerke durch die Rezeptionsweise entauratisierenden Publikum. Über das Schlüsselerlebnis für seine Kunsttheorie hatte er 1930 in seinem in der *Literarischen Welt* erschienenen *Pariser Tagebuch* berichtet. Die in engem Kontakt mit bedeutenden französischen avantgardistischen Literaten stehende Buchhändlerin Adrienne Monnier hatte Benjamins alter und heftiger Idiosynkrasie gegen Photos von Bildwerken widersprochen. ». . . als ich weiter ging und solche Art und Weise mit Kunst sich zu befassen kümmerlich und entnervend nenne, wurde sie eigensinnig. ›Die großen Schöpfungen‹, sagt sie, ›kann man nicht als Werke Einzelner ansehen. Es sind kollektive Gebilde, so mächtig, daß sie zu genießen geradezu an die Bedingung, sie zu verkleinern geknüpft ist. Im Grunde sind die mechanischen Reproduktionsmethoden eine Verkleinerungstechnik. Sie verhelfen den Menschen zu jenem Grade von Herrschaft über die Werke, ohne die sie nicht zum Genuß kommen.‹ Und somit tauschte ich ein Photo der vierge sage von Straßburg, welches sie am Anfang der Begegnung mir versprochen hatte, gegen eine Theorie der Reproduktion ein, die mir vielleicht noch wertvoller ist.« (*Ges. Schr. IV*, 582)

In der 1931 in der *Literarischen Welt* erschienenen *Kleinen Geschichte der Photographie* verallgemeinerte Benjamin diesen Gedanken der Verkleinerung großer Schöpfungen, der Entauratisierung von Bildwerken und Architekturen zum Gedanken der Befreiung des Objekts von der Aura. Erhellender als später im Kunstwerk-Aufsatz konfrontierte er in dessen Vorläufer, der *Kleinen Geschichte der Photographie*, die sehnsuchtsvoll klingende Definition der Aura mit der hoffnungsvollen Konstatierung der unaufhaltsamen Tendenz zu ihrer Zertrümmerung. »Was ist eigentlich Aura? Ein sonderbares Gespinst von Raum und Zeit: einmalige Erscheinung einer Ferne, so nah sie sein mag. An einem Sommermittag ruhend einem Gebirgszug am Horizont oder einem Zweig folgen, der seinen Schatten auf den Betrachter wirft, bis der Augenblick oder die Stunde Teil an ihrer Erscheinung hat – das heißt die Aura dieser Berge, dieses Zweiges atmen.« (*Ges. Schr. II*, 378) Wenn er dann von der leidenschaftlichen Neigung der Heutigen sprach, des Gegenstandes aus nächster Nähe in der massenhaften Reproduktion habhaft zu werden, so sah er darin durchaus ein Herabziehen des Großen ins Niedrige, aber eins, das half, die stickige Atmosphäre einer nur noch künstlich aufrechterhaltenen Aura zu desinfizieren. Darin steckte eine kühne Annahme bzw. Utopie: die eines engen Zusammenhangs zwischen dem Verkleinerungseffekt der Reproduktionstechniken und einer heilsamen Entfremdung und Nüchternheit, zwischen dem Blick avantgardistischer Künstler und dem Blick der Menge.

»Es ist das gleiche«, hieß es in Benjamins Aufsatz *Erfahrung und Armut*, der Ende 1933 in der von Willy Haas im Prager Exil herausgegebenen Zeitschrift *Die Welt im Wort* erschien, »ob der Dichter Bert Brecht feststellt, Kommunismus sei nicht die gerechte Verteilung des Reichtums, sondern der Armut oder ob der Vorläufer der modernen Architektur Adolf Loos erklärt: ›Ich schreibe nur für Menschen, die modernes Empfinden besitzen . . . Für Menschen, die sich in Sehnsucht nach der Renaissance oder dem Rokoko verzehren, schreibe ich nicht.‹ Ein so verschachtelter Künstler wie der Maler Paul Klee und ein so programmatischer wie Loos – beide stoßen vom hergebrachten, feierlichen, edlen, mit allen Opfergaben der Vergangenheit geschmückten Menschenbilde ab, um sich dem nackten Zeitgenossen zuzuwenden, der schreiend wie ein Neugeborenes in den schmutzigen Windeln dieser Epoche liegt.« (*Ges. Schr. II*, 216) Wie Benjamin sich diesen nackten Zeitgenossen vorstellte, zeigten sein Aufsatz über *Das Kunstwerk im Zeitalter seiner technischen Reproduzierbarkeit* und diverse Notizen zur Passagenarbeit. Er schilderte das Verhältnis der Masse zur

Realität und zu den auf Reproduzierbarkeit angelegten Kunstwerken so, daß dabei Elemente der Traumform der Wahrnehmung zutage traten. Den gesteigerten Sinn für das Gleichartige, den er im Kunstwerk-Aufsatz an der Masse hervorhob, hatte er an anderen Stellen dem vom Haschisch Berauschten zugeschrieben. Die Stadt gleichsam abwesend, an die eigenen Gedanken und Sorgen verloren zu durchqueren sah er im ersten Baudelaire-Aufsatz als Voraussetzung für die aufschlußreichen Darstellungen der Großstadt (z. B. bei Dickens) an. Wenn die Masse solche Darstellungen der Großstadt nicht gab, ja nicht einmal geben zu können schien, so widerlegte das noch nicht die Annahme, daß die »in der Dunkelkammer des gelebten Augenblicks entwickelten Bilder« ungesehen in ihr ruhten, bis sie sich ihrer erinnerte (cf. Notizen über Proust und Baudelaire, zu *Zum Bilde Prousts*, *Ges. Schr. II*, 63). Wenn Benjamin vom Traumbewußtsein des Kollektivs (*Passagenwerk*, 467) sprach, so lag darin eine Würdigung der Masse, in der sich in unbemerkter Form abspielte, wovon ein Bruchteil bei Künstlern, Philosophen und Theoretikern mehr oder weniger bewußt wurde. Wenn er von den Straßen als Wohnung des Kollektivs sprach (533), dann gestand er der Masse eine unreflektierte Praktizierung dessen zu, was er bei den neuen Architekten als Durchdringung von Straße und Wohnung begrüßte (534). Wenn er meinte, das Verhalten der Masse schlage aus dem rückständigsten, z. B. gegenüber einem Picasso, in das fortschrittlichste, z. B. gegenüber Chaplin-Filmen, um (*Ges. Schr. I*, 459), dann anerkannte er damit bei ihr die Hochschätzung des Jämmerlichen und Clownshaften gegenüber dem Stilvollen, Klassischen, Ernsten, Hohen. Einer so charakterisierten Masse konnte man ein noch nicht bewußtes Wissen vom Gewesenen unterstellen (*Passagenwerk*, 572), und zwar ein nicht auf Kontinuität bedachtes, sondern eines, das die Bilder unwillkürlicher Erinnerung umfaßte, in denen die entscheidenden Augenblicke der Vergangenheit festgehalten waren.

Was Benjamin von der Menge erhoffte, war die Ablösung einer auratischen, d. h. fernen und unantastbaren, gewissermaßen in individueller Traumstimmung rezipierten Kunst durch eine entauratisierte, d. h. nahe und antastbare Kunst, die in der Zerstreuung rezipiert wurde, und die Ablösung eines »Gartenlauben«-Verhältnisses zur Technik durch eine Art Traumbewußtsein, das die Technik in Besitz nahm, und zwar die Technik jener Avantgardisten, in deren Bauten, Bildern und Geschichten die Menschheit sich darauf vorbereitete, »die Kultur, wenn es sein muß, zu überleben« zugunsten der Menschlichkeit (*Erfahrung und Armut, Ges. Schr. II*, 219).

Aber beugte Benjamin sich nicht unnötig einer schlechten Alternative, nämlich der von Plüsch oder Stahl, von spurenübersätem Interieur oder spurenloser Transparenz, von »Gepäck eines Sammlers oder Antiquitätenhändlers« oder »neuem, positivem Begriff des Barbarentums« (*Ges. Schr. II*, 961, 215)? Vereinigten sich Arbeiten wie *Erfahrung und Armut* und *Das Kunstwerk im Zeitalter seiner technischen Reproduzierbarkeit* mit Arbeiten wie *Zum Bilde Prousts, Franz Kafka* oder *Der Erzähler* zu einem Text, der zeigte, wie die Menschheit die Schätze, die zu einer Last geworden waren, von ihrem Rücken schüttelte und in die Hand bekam? Verband sich das Mit-wenigem-neu-Anfangen wirklich mit einer verjüngenden Aneignung des Vergangenen, die Herauslösung des Reproduzierten aus dem Bereich der Tradition (*Ges. Schr. I*, 438) wirklich mit der Treue zu den Dingen, die unser Leben gekreuzt haben (IV, 579), mit dem Ritt gegen den Sturm, der aus dem Vergessen her weht (II, 436)? Statt von »Volk«, wie Klages, sprach Benjamin von »Masse« oder »Menge«, statt von »Bild« von »dialektischem Bild«, statt von »Urgeschichte« von »Urgeschichte« z. B. »des 19. Jahrhunderts«. Und war das Höchste für Klages, von der Vorzeit, so für Benjamin, von einer kommenden Frühe angeweht zu werden. »In jedem wahren Kunstwerk«, hieß es in einer Notiz zum *Passagenwerk*, »gibt es die Stelle, an der es den, der sich darein versetzt, kühl wie der Wind einer kommenden Frühe anweht. Daraus ergibt sich, daß die Kunst, die man oft als refraktär gegen jede Beziehung zum Fortschritt ansah, dessen *echter* Bestimmung dienen kann. Fortschritt ist nicht in der Kontinuität des Zeitverlaufs, sondern in seinen Interferenzen zu Hause und dort wo ein wahrhaft Neues zum ersten Mal mit der Nüchternheit der Frühe sich fühlbar macht.« (*Passagenwerk*, 593) Aber war in gesellschaftlichen Verhältnissen, wie Benjamin sie sich für ein geglücktes Verhältnis zur Technik vorstellte, noch Platz für wahre Kunstwerke, durch die der Wind einer kommenden Frühe in das Kontinuum der Geschichte hereingeweht kam? Ließ sich ein plausibler Zusammenhang von Armut, auraloser Kunst und Aneignung der Technik vorstellen? Benjamin selber sah das Problem, den theologisch-metaphysischen und den historisch-materialistischen, den mystischen und den politischen Pol seines Denkens in ein überzeugendes Verhältnis zu bringen. Auf einer mehr materialen Ebene war es das Problem der Richtigkeit und des Zusammenhangs von drei Stilisierungen: der Stilisierung der Tatsache, daß auch die technisch nahegebrachten wahren Kunstwerke den Massen unzugänglich blieben, zur Platz schaffenden Armut; der Stilisierung des Programms einer »politisch funktionalen Ästhetik« (Bernd Witte) zur Versöhnung von Arbeiterschriftstellertum, ästhetischem Avantgardismus und Aufbrechen des Kontinuums der Geschichte für den Wind einer kommenden Frühe; und der Stilisierung der Faszination der Massen durch die neuen Medien zum Indikator für die menschliche Indienstnahme der technischen Apparatur.

Der Gang der Ereignisse in Europa ließ die Vorstellung von einem »Engpaß«, den die Menschheit mit wenig Gepäck zu bewältigen habe, immer mehr als eine unpassende Verharmlosung und schließlich die ganze Problemstellung, die sich aus einem Zusammendenken der verschiedenen zentralen Motive Benjamins ergab, als obsolet erscheinen.

Benjamins Exposé für das *Passagenwerk* sah sechs Kapitel vor: *Fourier oder die Passagen, Daguerre oder die Panoramen, Grandville oder die Weltausstellungen, Louis Philippe oder das Interieur, Baudelaire oder die Straßen von Paris, Haussmann oder die Barrikaden*. Den Passagen, Panoramen, Weltausstellungen und Interieurs als architektonisch geronnenen Rückständen einer Traumwelt des Kollektivs standen die Straßen und Barrikaden als Orte des Erwachens in den offenen Raum der Geschichte und zu einem zu dialektischen Bildern befähigten Traumbewußtsein gegenüber. Nur den Baudelaire-Teil brachte Benjamin – auf das Drängen des Instituts zu etwas in absehbarer Zeit in der *ZfS* Publizierbarem hin – zur weiteren Ausführung. Den ersten Baudelaire-Aufsatz schrieb er im Sommer und Herbst 1938 bei Brecht in Svendborg, den zweiten im Frühjahr 1939 in Paris. Der erste Aufsatz – *Das Paris des Second Empire bei Baudelaire*, bestehend aus den drei Teilen *Die Bohème, Der Flaneur, Die Moderne* – war als Mittelteil eines Buches über Baudelaire konzipiert, das seinerseits wiederum als Miniaturmodell des *Passagenwerks* gedacht war. Den zweiten Aufsatz *Über einige Motive bei Baudelaire* betrachtete Benjamin als Neufassung des zweiten Teils seines ersten Aufsatzes. In Wirklichkeit allerdings ergab es sich, »daß diese ursprünglich als Umarbeitung des Flâneur-kapitels gedachte Darstellung gerade die flânerie aus dem Kreise ihrer Gegenstände ausschließen mußte« und von den im Flaneur-Abschnitt des ersten Aufsatzes behandelten Motiven allein das der Menge beibehalten wurde, vereint mit entscheidenden Motiven des Kunstwerk-Aufsatzes und des Essays *Der Erzähler*. Von dem, was den Kunstwerk-Aufsatz geprägt hatte, nämlich das Pathos des Neuen Bauens, war im ersten Aufsatz kaum noch etwas, im zweiten nichts mehr zu spüren. Was Benjamin zwei Jahre zuvor am Kinopublikum prognostisch herausgearbeitet hatte, tauchte in *Das Paris des Second Empire bei Baudelaire* nur noch als rückblickende Karikatur auf. Die Dandys, so hieß es dort, »verbanden die blitzschnelle Reaktion mit entspanntem, ja schlaffem Gebaren und Mienenspiel« (Benjamin, *Charles Baudelaire*, 96). Als Grimasse sah Benjamin dies Verhalten physiognomisch bei Baudelaire gespiegelt. Als Dichter jedoch war Baudelaire ein Heros der Moderne – allerdings in Absonderung von der Menge, von der er sich berauschen ließ, deren tausend Stöße aber zugleich seinem Bewußtsein äußerste Wachheit abforderten.

Baudelaire, der Dichter der Modernität, der diesen Ausdruck 1859 selber prägte, hatte so scharf wie keiner vor ihm das Problem des modernen Dichters artikuliert: wie ist in der technisierten und kapitalistischen Gesellschaft Poesie möglich? Seine Dichtungen und seine dichtungstheoretischen Äußerungen gaben darauf die Antwort: moderne Dichtungen müßten »geschmeidig und spröde genug sein, um sich den lyrischen Regungen der Seele, den Wellenbewegungen der Träumerei, den Chocks des Bewußtseins anzupassen« (so Baudelaire in der Widmung von *Le Spleen de Paris*, zitiert bei Benjamin, a.a.O., 67). Wenn Baudelaire die besondere Note genoß, die die von ihm verfluchte Industrialisierung, der von ihm verfluchte Fortschritt in das moderne Leben brachte; wenn er in der verkommenen Wildnis der Großstadt nicht nur den Verfall der Menschen, sondern auch eine bisher unentdeckte geheimnisvolle Schönheit wahrnahm, so zeugte das von dem Bestreben, in einer Zeit ohne Würde der wirklichen Würde auf die Spur zu kommen.

In *Über einige Motive bei Baudelaire* war vom Frohgemuten des Neuen Bauens und des Abgebens von Menschlichkeit an die Masse gar nichts mehr übrig. Diese Arbeit, weitaus straffer und profilierter als die erste, handelte vorwiegend vom Preis der Moderne. Als die entscheidende Frage formulierte Benjamin: »wie lyrische Dichtung in einer Erfahrung fundiert sein könnte, der das Chockerlebnis zur Norm geworden ist« (Benjamin, *Charles Baudelaire*, 110). Die Figur des Chocks wurde nun erst recht in innigem Zusammenhang mit Baudelaires Berührung mit den großstädtischen Massen gesehen (114), die nun nur noch als reflektorisch gekennzeichnet wurden, als das amorphe Material der kommenden faschistischen Massendisziplinierung. Die Photographie wurde nun nicht mehr, wie im Kunstwerk-Aufsatz, als eine Not, aus der sich eine Tugend machen ließ, als Chance gesehen, sondern einzig als Verarmung: »dem Blick, der sich an einem Gemälde nicht sattsehen kann, bedeutet eine Photographie viel mehr das, was die Speise dem Hunger ist oder Trank dem Durst« (141). Einzig einen Verlust betonte Benjamin nun auch dort, wo er einst Geistesgegenwart begrüßt hatte: »Der sichernde Blick enträt der träumerischen Verlorenheit an die Ferne. Er kann dahin kommen, etwas wie Lust an ihrer Entwürdigung zu empfinden.« (146) Der »Tigersprung ins Vergangene« endete düster: »Ihm [Baudelaire, R. W.] ist der Schein einer in sich bewegten, in sich beseelten Menge, in den der Flaneur vergafft war, ausgegangen . . . Verraten von . . . seinen letzten Verbündeten, geht Baudelaire gegen die Menge an; er tut es mit dem ohnmächtigen Zorn dessen, der gegen den Regen oder den Wind angeht. So ist das Erlebnis beschaffen, dem Baudelaire das Gewicht einer Erfahrung gegeben hat. Er hat den Preis bezeichnet, um welchen die Sensation der Moderne zu haben ist: die Zertrümmerung der Aura im Chockerlebnis. Das Einverständnis mit dieser Zertrümmerung ist ihn teuer zu stehen gekommen. Es ist aber das Gesetz seiner Poesie.« (149)

Noch in dieser düsteren Bitterkeit aber, mit der Benjamin auf Adornos Position eingeschwenkt zu sein schien, spiegelte sich seine Überzeugung: entweder gab es eine exoterische Erleuchtung oder gar keine, entweder gab es eine Massenkultur oder überhaupt keine.

Horkheimer war es, der die Weglassung des einleitenden Abschnitts des Kunstwerk-Essays, in dem Benjamin unter ausdrücklicher Berufung auf Marx' analysierend-prognostisches Verfahren als Ziel seiner Untersuchung die Aufstellung von Thesen über die Entwicklungstendenzen der Kunst unter den gegenwärtigen Produktionsbedingungen genannt hatte, und die Kürzung des einleitenden Teils des Fuchs-Aufsatzes mit seinen allgemeinen Überlegungen zur Konzeption des historischen Materialismus veranlaßte bzw. guthieß. Der Grund für solche Weglassungen und für die Ersetzung von Ausdrücken wie »Faschismus« oder »Kommunismus« durch »totalitäre Doktrinen« und »konstruktive Kräfte der Menschheit« war der gleiche wie z. B. für Horkheimers Ermahnung an Adorno, bei einem Vortrag am Londoner Institute of Sociology Anfang 1938 »äußerst szientivisch zu reden«, »ja kein Wort zu sagen, das politisch ausgelegt werden könnte«, »auch Ausdrücke wie materialistisch . . . unbedingt zu vermeiden« (Horkheimer-Adorno, 24. 12. 37). Zeitschrift und Institut sollten »als wissenschaftliches Organ« bzw. als wissenschaftliche Einrichtung davor bewahrt werden, »in politische Pressediskussionen hineingezogen zu werden« (Horkheimer-Benjamin, 18. 3. 36, zitiert in *Ges. Schr. I*, 997). Grundsätzliche Äußerungen über die theoretische und die politische Position des Instituts behielt Horkheimer sich selber vor, um ihnen die ihm als geeignet erscheinende Form geben zu können.

Was aber hatte Benjamins Verbündeter Adorno an seinen Arbeiten auszusetzen? Und was hatte er ihnen entgegenzustellen? Antwort darauf geben Adornos »große Briefe« (Benjamin) zu Benjamins Arbeiten seit dessen Kafka-Aufsatz und Adornos in der zweiten Hälfte der 30er Jahre in der *ZfS* erschienene Aufsätze. Sie standen in einem dialogischen Verhältnis zu denen Benjamins. Adornos *Über Jazz* und *Über den Fetischcharakter in der Musik und die Regression des Hörens* bildeten das kritische Gegenstück zu Benjamins Kunstwerk-Essay; Adornos *Fragmente über Wagner* ließen sich als Gegenmodell zu Benjamins erstem Baudelaire-Aufsatz lesen, dem dann als neue Alternative der zweite, in der Zeitschrift veröffentlichte Baudelaire-Aufsatz zur Seite trat.

Die »großen Briefe« Adornos (vom 17. 12. 34 zu Benjamins Kafka-

Aufsatz; vom 2. 8. 35 zum ersten Passagen-Exposé; vom 18. 3. 36 zum Kunstwerk-Aufsatz; vom 10. 11. 38 und 1. 2. 39 zum ersten Baudelaire-Aufsatz; vom 29. 2. 40 zum zweiten Baudelaire-Aufsatz, versammelt in: Adorno, *Über Walter Benjamin*) zeigen übersichtlich das Wichtigste. Adorno sah eine Übereinstimmung zwischen sich und Benjamin »in den philosophischen Zentren«. Diese bestanden in seinen Augen darin, daß beide im Licht einer »inversen« Theologie, die das irdische Leben aus der Perspektive des erlösten sah und die Elemente des dinghaft verkehrten Lebens als die Chiffren der Hoffnung entzifferte, durch die dialektische Konstruktion des Verhältnisses von Mythos und Geschichte die dialektische Selbstauflösung des Mythos betrieben.

Adornos Kritik an Benjamin betraf im wesentlichen drei Komplexe. 1. Benjamin war ihm in wichtigen Dingen zu sehr archaisch oder mythisch befangen bzw. zu wenig dialektisch transzendierend oder durchdialektisierend. 2. Hinsichtlich der »Entzauberung der Kunst« als Spezialfall der dialektischen Selbstauflösung des Mythos warf er ihm vor: bei der autonomen Kunst unterschätze er deren technologische Rationalität und damit Selbst-Entauratisierung, bei der Gebrauchskunst deren immanente Irrationalität sowie den »reflektorischen Charakter« von dessen Publikum, der Masse einschließlich des Proletariats. 3. Ferner sah er einen verhängnisvollen Fehler darin, daß Benjamin eine Reihe von Sachverhalten nicht als solche »objektiv geschichtsphilosophischer« Art betrachtete, sondern als wie immer kollektive subjektive Phänomene. Dadurch wurde Benjamin in Adornos Augen insbesondere der objektiven Gewalt des Warenfetischs nicht gerecht, betrieb er eine unmarxistische, in gefährliche Nähe zu C. G. Jung geratende Form der Psychologisierung, die sowohl die richtige Durchdialektisierung des Warenfetischs wie die angemessene Erfassung der gesellschaftlichen Vermitteltheit der Kunstwerke verhinderte.

Wenn Benjamin für Adornos lebendigen Anteil dankte und betonte, Adorno habe seine Intentionen aufs genaueste erfaßt, so war das mehr als Höflichkeit dem gegenüber, von dessen Fürsprache er abhängig war. Wenn Adorno auch nicht alle Seiten Benjamins begriff, so doch mehr als Scholem oder gar Brecht oder andere, und er ging am anregendsten auf Benjamin ein – und hatte sich ja auch so viel wie niemand sonst von Benjamin angeeignet. Es klang beschwörend, wenn Benjamin – in seiner als solche empfundenen Isolation – die tiefgehenden Übereinstimmungen ihrer Anschauungsweisen hervorhob, bevor er auf Differenzen zu sprechen kam. Die Stellen, an denen er, der inhaltliche Diskussionen möglichst auf Gespräche zu verschieben suchte, auf Differenzen beharrte, waren dann höchst aufschlußreich. Sie zeigten in der Regel, daß er es sich mit der Bearbeitung zentraler Probleme schwerer machte als Adorno. Das galt für das Problem der Massenkunst und ihres Verhältnisses zur autonomen Kunst und das Verhältnis von Kunst und Gesellschaft; für das Verhältnis von Theologie und historischem Materialismus; für die Frage nach den Grenzen der Erklärungskraft bzw. Zuständigkeit der marxistischen Theorie.

In seiner Arbeit habe er versucht, meinte Benjamin zum Verhältnis von Adornos Aufsätzen *Über Jazz* (1936) und *Über den Fetischcharakter in der Musik und die Regression des Hörens* (1938) zu seinem Kunstwerk-Aufsatz, die positiven Seiten so deutlich zu artikulieren wie Adorno die negativen. Vielleicht handle es sich gar nicht um theoretische Divergenzen, sondern nur um Unterschiede des Gegenstandes. »Es ist ja nicht gesagt, daß akustische und optische Apperzeption einer revolutionären Umwälzung gleich zugänglich sind. Damit mag zusammenhängen, daß die Ihren Essai [*Über den Fetischcharakter . . .*, R. W.] abschließende Perspektive eines umspringenden Hörens mindestens für den nicht ganz deutlich wird, dem Mahler nicht eine bis ins letzte erhellte Erfahrung ist.« (Benjamin-Adorno, 9. 12. 38/Benjamin, *Briefe*, 797 f.) Damit gab Benjamin auf höfliche Art mehrerlei zu verstehen. Wenn Adorno, dem es auf Durchdialektisierung und Rettung gerade des extrem Verdinglichten ankam, gerade den Jazz und die Massenkunst überhaupt für unrettbar erklärte, so erschien das als willkürlich und entsprang offenbar einer Sicht, die im Negativen nicht weniger einseitig war als Benjamins positive Sicht des Films. Wenn Adorno andererseits am Ende seines Fetischcharakter-Aufsatzes meinte, das regressive Hören vermöchte doch »jäh . . . umzuspringen, wenn jemals Kunst in eins mit der Gesellschaft die Bahn des immer Gleichen verließe« und fortfuhr: »Für diese Möglichkeit hat nicht die populäre, wohl aber die Kunstmusik ein Modell hervorgebracht« und dann Gustav Mahler nannte – so erschien das ebenfalls als sehr willkürlich und entsprang offenbar einer Sicht, die – so sehr Adorno Dialektik des Untersten wie des Obersten forderte (*Über Walter Benjamin*, 129) – doch nur etwas von der autonomen und nichts von der Massenkunst erwartete.

Am eindringlichsten drückte Benjamin seine Sicht des Problems in Notizen zum *Passagenwerk* aus. »Zu keinem, wenn auch noch so utopischen Zeitpunkt wird man die Massen für eine höhere Kunst sondern immer nur für eine gewinnen, die ihnen näher ist. Und die Schwierigkeit, die besteht gerade darin, die so zu gestalten, daß man mit dem besten Gewissen behaupten könne, die sei eine höhere. Dies wird nun für fast nichts von dem gelingen, was die Avantgarde des Bürgertums propagiert . . . Für werdende, lebendige Formen dagegen gilt, daß sie in sich etwas erwärmendes, brauchbares, schließlich beglückendes haben, daß sie dialektisch den ›Kitsch‹ in sich aufnehmen, sich selbst damit der Masse nahe bringen und ihn dennoch überwinden können. Dieser Aufgabe ist heute vielleicht allein der Film gewachsen, jedenfalls steht sie ihm am nächsten.« (*Passagenwerk*, 499 f.) Diese Einsicht veranlaßte ihn, die Lösung jedenfalls nicht dort zu suchen, wo sie keinesfalls liegen konnte, nämlich bei der autonomen Kunst. Adorno dagegen sah gerade in der Kluft zwischen reflektorischer Masse und autonomer Kunst eine Aufforderung für die letztere, die Kluft aufrechtzuerhalten, solange die Masse reflektorisch war, und schon heute in der Kunst das zu tun, was eine richtige Gesellschaft im Alltag täte. Das Problem war für ihn nicht, wie man Kunst und Massen einander nahe bringen könnte, sondern: Wie läßt sich plausibel machen, daß die autonome Kunst ein Schauplatz ist, auf dem die entscheidenden Probleme der Gesellschaft zur Geltung kommen und Erlösung modellhaft möglich ist?

Von Adornos Interesse an einer eingehenden Erörterung des Problems zeugte sein Plan eines Essaybandes über die *Kunst des Massenkonsums*. In ihm sollten Benjamins Kunstwerk-Aufsatz und sein eigener Jazz-Aufsatz mit einem gesellschaftstheoretischen Aufsatz Kracauers über den Detektivroman und Arbeiten von Bloch und weiteren Personen z. B. über Architektur und Illustrierte Zeitungen und einem einleitenden prinzipiellen Aufsatz von Horkheimer vereinigt werden und »die erste konkrete (nicht im Sinne der russischen Theoretiker schematische) Anwendung der Theorie auf die *gegenwärtige* Gestalt der sogenannten ›Kultur‹« (Adorno-Horkheimer, 23. 11. 36) präsentiert werden. Wie so viele Pläne blieb auch dieser unverwirklicht. Wie in so vielen Fällen waren auch in diesem Problembewußtsein und Diskussionsbedürfnis größer als die Publikationen vermuten ließen.

Adornos Kritik an Benjamins erstem Baudelaire-Aufsatz galt u. a. dem Verfahren, »die pragmatischen Inhalte Baudelaires unmittelbar auf benachbarte Züge der Sozialgeschichte seiner Zeit und zwar möglichst solche ökonomischer Art zu beziehen« (*Über Walter Benjamin*, 138). Seine eigenen Aufsätze forderten deshalb dazu heraus, sie als Modelle dafür zu sehen, wie er sich die »materialistische Determination kultureller Charaktere« »durch die gesellschaftliche und ökonomische Gesamttendenz des Zeitalters« (139) vorstellte.

Im Jazz-Aufsatz verfuhr er folgendermaßen. In einer als technologisch deklarierten Analyse hob er verschiedene Charakteristika des Jazz hervor, darunter insbesondere die Synkopierung – eine Synkopierung, bei der die zugrunde liegende Zählzeit aufs strengste eingehalten werde. Darin liege ein scheinhaftes Ausbrechen, ein In-sich-Erzittern des Starren, ein Zu-früh-Kommen. Damit sah Adorno die gesellschaftliche Bedeutung des Jazz dechiffriert. Er verlängerte jene Züge auf ein Zu-früh-Kommen im psychoanalytischen Sinne des aus Angst verfrühten Orgasmus; auf die Bestätigung des Primats des Kollektivs durch den ohnmächtig stolpernden Scheinausbruch des verstümmelten Individuums; auf den mit einem scheinhaft individuellen Anstrich versehenen genormten Warencharakter; auf eine Gesellschaft, die gleichzeitig die Produktivkräfte entwickeln und fesseln mußte. Der Jazz – so das Resümee – war das starre Ritual der Enthüllung der Ausgeliefertheit des Ichs ans Kollektiv (*ZfS* 1936: 256). Damit – so Adornos Schluß aus einem anderen Charakteristikum der Jazzmusik – »setzt zugleich der Jazz den urgeschichtlichen Sinn des festgehaltenen Refrain-Coupletverhältnisses aufs neue zu seiner eigenen Stunde durch: denn der Vorsänger oder Vortänzer ist kaum etwas anderes als ein – vielleicht abgelöstes – Menschenopfer« (254).

In seiner Arbeit über Wagner (von der damals nur einige Kapitel unter dem Titel *Fragmente über Wagner* in der *ZfS* veröffentlicht wurden) war es u. a. die als Resultat ästhetisch technologischer Analyse präsentierte Geste des Zurückweichens, der Verschränkung von Revolution und Regression, in der Adorno einen Schlüssel für die gesellschaftliche Dechiffrierung der Wagnerschen Musik als Verrat der Revolution ans Rebellentum im Frommschen Sinne der autoritätshörigen Auflehnung sah (*Versuch über Wagner*, 34 f; s. a. Adorno-Horkheimer, 19. 10. 37). Anders als bei der Jazzmusik sah Adorno bei der Wagnerschen gerade in den Momenten der Rückbildung auch etwas Gutes, nämlich eine mehr als nur masochistische Preisgabe des Ichs: Züge einer Selbstpreisgabe, die über das verdinglichte Leben hinauswies (*ZfS* 1939: 46). Indem er das Formgesetz der Wagnerschen Musik in der Verdeckung der Produktion durch die Erscheinung des Produkts sah (17), sah er diese Musik aber auch wiederum vom Warencharakter ergriffen, zu dem mehr noch als eine trügende Wunscherfüllung der Käufer die Verdeckung der Arbeit gehörte, durch die die Ware produziert worden war (21, 22).

Ein Modell der Vermittlung kultureller Charaktere durch den gesellschaftlich-ökonomischen Gesamtprozeß ließ sich in Adornos Verfahren nicht erkennen. Vielmehr siedelte er in den verschiedenen Aspekten eines Kunstwerks sogleich alles an, was sich global über die Gesellschaft, wie er sie sah, sagen ließ. Die technischen Analysen fielen äußerst knapp aus, da inhaltsanalytisch, wirkungsgeschichtlich, biographisch, sozialpsychologisch ansetzende Deutungen gesellschaftstheoretischen Gehalts sich Adorno in Fülle aufdrängten, bis die ganze Palette seiner Kategorien und Motive eingebracht war. Und so rasch die Analysen auf der negativen Spur bei Verdinglichung, Entfremdung, Warencharakter und reflektorischem Individuum endeten, so rasch mündeten sie auf der positiven Spur in die Vorstellung eines der Herrschaft entsagenden Geistes. Auch bei der Analyse von Kunstwerken war Adorno bereit, allen Fetischcharakter und Warencharakter zuzusprechen in der Gewißheit, einigen von ihnen, und zwar allemal autonomen, Durchdialektisierung der Verdinglichung attestieren zu können und sie so ungeachtet eines als total diagnostizierten gesellschaftlichen Banns doch als dem Bann entronnen präsentieren zu können.

Ähnlich strittig und ungeklärt wie die gesellschaftlichen Funktionen und Möglichkeiten von autonomer und Massenkunst blieben Funktion und Möglichkeiten von Theologie und historischem Materialismus. »Ihre Solidarität mit dem Institut, über die keiner froher sein kann, als ich es bin, hat Sie dazu bewogen, dem Marxismus Tribute zu zollen, die weder diesem noch Ihnen recht anschlagen«, schrieb Adorno Benjamin anläßlich des ersten Baudelaire-Aufsatzes. »Es gibt in Gottes Namen nur die eine Wahrheit, und wenn Ihre Denkkraft sich dieser einen Wahrheit in Kategorien bemächtigt, die Ihnen nach Ihrer Vorstellung vom Materialismus apokryph dünken mögen, so werden Sie von dieser einen Wahrheit mehr heimbringen, als wenn Sie sich einer Denkarmatur bedienen, gegen deren Griffe Ihre Hand ohne Unterlaß sich sträubt. Schließlich steht auch in Nietzsches Genealogie der Moral mehr von der einen Wahrheit als in Bucharins ABC [Bucharin/Preobrashenskij, *Das ABC des Kommunismus*, R. W.]. Ich glaube, daß diese These, von mir ausgesprochen, über dem Verdacht der Laxheit und des Eklektizismus ist. Wahlverwandtschaften und Barockbuch sind besserer Marxismus als die Weinsteuer und die Deduktion der Phantasmagorie aus den behaviours der Feuilletonisten. Sie können zu uns hier das Vertrauen haben, daß wir bereit sind, die extremsten Versuche Ihrer Theorie zu den unseren zu machen.« (Adorno-Benjamin, 10. 11. 38/*Über Walter Benjamin*, 141 f.) Das war eine Aufforderung, die von einer erstaunlichen Veränderung in den Erwartungen des Instituts gegenüber Benjamin zeugte.

Adorno hatte zunächst wegen des vermeintlich metaphysischen Charakters des Passagenprojekts von dessen Unterstützung abgeraten. Dann hatte er das Projekt als ein von Metaphysik freies und in Fragestellung und im Verfahren neuartiges wärmstens zur Unterstützung empfohlen. Schließlich hatte er Horkheimer gegenüber betont, eines der bestimmtesten Resultate der Pariser Gespräche mit Benjamin sei gewesen, »daß sich uns beiden die Notwendigkeit ergab, auf jeden expliziten Gebrauch der theologischen Kategorien zu verzichten« (Adorno-Horkheimer, 21. 1. 37). Einen impliziten Gebrauch theologischer Kategorien aber hatte Adorno, der in seiner Korrespondenz mit Horkheimer immer wieder einmal auf der Berechtigung theologischer Motive bestand, dem Institutsleiter selbst aufgrund von dessen Beitrag *Zu Theodor Haecker: Der Christ und die Geschichte* (1936) nachzuweisen gesucht, ohne auf energischen Protest zu stoßen (cf. Adorno-Horkheimer, 25. 1. 37). Wollte Adorno 1938 – inzwischen fester Mitarbeiter des Instituts in den USA und zu einem sicheren Urteil über die Toleranzgrenzen des Materialisten und Schopenhauerianers Horkheimer in der Lage – die Aufforderung an Benjamin, diesmal einen vom Institut unterstützten Benjamin, erneuern, ohne Rücksicht auf »äußerliche Kommunikation« mit der marxistischen Theorie »alles an theologischem Gehalt und an Wörtlichkeit in den extremsten Thesen« zu realisieren (cf. S. 218)? Offenbar sah er in Benjamin jemanden, der, wie ein Schönberg in der Musik, durch die der Gesellschaft den Rücken kehrende Arbeit am eigenen Material – einem implizit theologischen, esoterischen – eine Revolution zu bewirken vermöchte, und zwar gerade eine der gesellschaftlichen Theorie.

Sich selbst traute Adorno offenbar mehr und weniger als Benjamin zu. Mehr an bewußter Vermittlung von marxistischer Theorie und theologischen Motiven, und weniger an Radikalität des esoterisch-theologischen Denkens. Gegen die Rolle, die Adorno ihm zudachte, wehrte Benjamin sich aber. »Wenn ich mich dort [in San Remo, beim letzten Treffen mit Adorno und Gretel Karplus, bevor die beiden in die USA übersiedelten; R. W.] weigerte, im Namen eigener produktiver Interessen mir eine esoterische Gedankenentwicklung zu eigen zu machen und insoweit über die Interessen des dialektischen Materialismus und des Instituts hinweg zur Tagesordnung überzugehen, so war da zuletzt nicht allein Solidarität mit dem Institut noch bloße Treue zum dialektischen Materialismus im Spiel, sondern Solidarität mit den Erfahrungen, die wir alle in den letzten fünfzehn Jahren gemacht haben. Es handelt sich also um eigenste produktive Interessen von mir auch hier; ich will nicht leugnen, daß sie den ursprünglichen gelegentlich Gewalt anzutun versuchen können. Es liegt ein Antagonismus vor, dem enthoben zu sein ich nicht einmal im Traum wünschen könnte. Seine Bewältigung macht das Problem der Arbeit aus, und dieses ist eins ihrer Konstruktion.« (Benjamin-Adorno, 9. 12. 38/Benjamin, *Ges. Schr. I*, 1103)

Aufgrund seiner Erfahrungen und seiner engagierten Arbeit als linksintellektueller Schriftsteller hätte Benjamin in der Tat eine engere Beziehung zur marxistischen Theorie haben müssen als Adorno. Aber bewies er wirklich eine größere Zuständigkeit für die Praktizierung dessen, was er in seinen Thesen *Über den Begriff der Geschichte* schrieb, daß nämlich der historische Materialismus es ohne weiteres mit jedem aufnehmen könne, wenn er die Theologie in seinen Dienst nehme, die heute bekanntlich klein und häßlich sei und sich ohnehin nicht blicken lassen dürfe? In seiner Kritik am ersten Baudelaire-Aufsatz verlangte Adorno – angesichts von Benjamins eigenem Anspruch – zu Recht von ihm, der Stelle über die Ware und den Flaneur nochmals seine »genaueste Aufmerksamkeit zu widmen und sie insbesondere mit dem Marxschen Fetischkapitel im ersten Band [des *Kapital*, R. W.] zu konfrontieren«, da hier von der Zeitschrift »mit Recht die absolute marxistische Zuständigkeit postuliert« werde und er selber auch schon seine Stelle über die Substitution des Tauschwerts im Fetischcharakter-Aufsatz »gegenüber ihrer keckeren Fassung im ersten Entwurf zusammen mit Max mit unendlicher Mühe« habe umformulieren müssen (Adorno-Benjamin, 1. 2. 39/*Über Walter Benjamin*, 154).

Benjamin verzichtete bei der weiteren Arbeit auf den Anspruch absoluter marxistischer Zuständigkeit. Mochte sein Rückgriff beim zweiten Baudelaire-Aufsatz u. a. auf seinen Essay *Der Erzähler* auch ein Rückzug auf von Adorno anerkannte Gedankengänge und spezifisch Benjaminsche Kategorien sein, so zeigte sich doch insgesamt, daß die Vermittlung von Theologie und marxistischer Theorie nicht Benjamins Sache war, daß sie die eigenwillige Entwicklung zentraler Motive seines Denkens eher behinderte als förderte. »Ich hatte die Stelle im fünften Kapitel des Wagner [-Manuskripts von Adorno, R. W.], auf die Sie anspielen, deutlich im Gedächtnis«, schrieb Benjamin in seiner Antwort auf Adornos Brief vom 29. 2. 40, in dem dieser den zweiten Baudelaire-Aufsatz sehr gelobt und dann einiges Kritische angemerkt hatte. »Aber wenn es sich in der Aura in der Tat um ein ›vergessenes Menschliches‹ handeln dürfte, so doch nicht notwendig um das, was in der Arbeit vorliegt. Baum und Strauch, die belehnt werden, sind nicht vom Menschen gemacht. Es muß also ein Menschliches an den Dingen geben, das *nicht* durch die Arbeit gestiftet wird. Dabei möchte ich aber innehalten.« (Benjamin-Adorno, 7. 5. 40/*Briefe*, 849) Wo Adorno ein Benjaminsches Problem gelöst sah durch die Anwendung eines marxistischen Gedankengangs, sah Benjamin die Verkürzung eines Problems, das in seiner unverkürzten Form weiterhin ein Rätsel blieb.

Adorno machte es sich in vielem leichter als Benjamin. Wenn er Benjamin archaische Befangenheit vorwarf, so galt für ihn selbst, daß er allzu leichtfertig mit dem dialektischen Transzendieren bei der Hand war. Er verteilte das Etikett des Mythischen, Fetischhaften, Verdinglichten, Entfremdeten überaus großzügig – um es dann, das Modell der Musik des Schönbergkreises vor Augen, im einen oder anderen Fall »durchzudialektisieren« im Vertrauen auf die Macht des erhellenden und wärmenden Bewußtseins. Für Benjamin dagegen blieb prägend, was er 1912 in einem *Dialog über die Religiösität der Gegenwart* geschrieben hatte: Der Romantik »verdanken wir die kräftige Einsicht in die Nachtseite des Natürlichen: es ist nicht gut im Grunde, es ist sonderbar, grauenhaft, furchtbar, scheußlich – gemein . . . Die Entdeckung der Romantik ist das Verständnis für alles Furchtbare, Unbegreifliche und Niedrige, das in unserem Leben verwoben ist.« (*Ges. Schr. II*, 22, 24) Skeptischer im Hinblick auf die Macht des Bewußtseins und deren Fortschritt als Adorno war Benjamin gleichzeitig vorsichtiger in der Einschätzung des Mythos und seiner Überwindbarkeit durch mehr Rationalität.

Benjamins Vorstellungen mochten abenteuerlich klingen – Vorstellungen von einer Technik, mittels derer die Menschheit sich mit dem Kosmos vermählte; von Massenmedien, die die Menschheit in der Bewältigung der ihnen über den Kopf gewachsenen Technik schulten; von einem historischen Bewußtsein, das aus der Vergangenheit die Zukunft heraussprengte. Aber genau in diesen Dimensionen lagen die entscheidenden Probleme und weniger in der dünnen Luft des Fortschritts in der »guten Rationalität« »verantwortlicher« autonomer Kunstwerke, in der Versöhnung von Natur und Geist in der guten Naturbeherrschung avancierter Musik. Wenn Adorno sich darüber freute, daß Benjamin in seinem zweiten Baudelaire-Aufsatz gewissermaßen die »Urgeschichte des reflektorischen Charakters« geschrieben habe, um den sich alle seine eigenen Erwägungen zur materialistischen Anthropologie zentrierten, seit er in Amerika sei (Adorno-Benjamin, 29. 2. 40/*Über Walter Benjamin*, 158), übersah er, daß das für Benjamin mit solcher Leichtfüßigkeit nicht zu akzeptieren war, glaubte er doch nicht wie Adorno an die gute Rationalität autonomer Kunstwerke. Umgekehrt hatte Benjamin bei Adorno am Ende des Fetischcharakter-Aufsatzes eine ihn besonders ansprechende Reserve gegen den Begriff des Fortschritts anklingen sehen, von der er meinte: »Sie begründen diese Reserve vorerst beiläufig und mit dem Hinblick auf die Geschichte des Terminus. Ich möchte ihm gern an der Wurzel und in seinen Ursprüngen beikommen.« (Benjamin-Adorno, 9. 2. 38/ *Briefe*, 798)

Ungeachtet mancher Differenzen waren Benjamin und Adorno sich einig: Entzauberung war unvermeidlich und sie war auch gut, und es war wichtig, daß sie nicht durch einen neuen faulen Zauber wieder zugedeckt wurde; Chancen für die Gegenwart lagen allein im fortschreitenden Zerfall der überkommenen Kunst, und was sich dem Zerfall und der Entzauberung nicht abgewinnen ließ, ließ sich dem als nicht-entzaubert, als zeitlos harmonisch, als klassisch verbindlich Geltenden der Vergangenheit oder gar der Gegenwart erst recht nicht mehr abgewinnen. »In der Tat sehe ich (im Komischwerden der Musik) und im ›Zerfall der sakralen Versöhnlichkeit‹ etwas überaus Positives, und sicherlich kommuniziert meine Arbeit an keiner Stelle eindringlicher mit Ihrer Reproduktionsarbeit als hier. Wenn das im Text [im Fetischcharakter-Aufsatz, R. W.] zweideutig geblieben ist, so würde ich das als einen schweren Mangel empfinden.« (Adorno-Benjamin, 1. 2. 39)

Die Ideologiekritiker Herbert Marcuse und Leo Löwenthal über Kunst

Während Benjamin und Adorno in Europa über die richtige Einschätzung der Formen und Funktionen moderner Kunst und Kultur diskutierten, war auch der Horkheimer-Kreis in New York nicht müßig auf dem Gebiet der materialistischen Ästhetik. 1937 erschienen in der Zeitschrift Marcuses Aufsatz *Über den affirmativen Charakter der Kultur* und Löwenthals Beitrag *Knut Hamsun. Zur Vorgeschichte der autoritären Ideologie* (nach seinen Beiträgen über Conrad Ferdinand Meyer, Dostojewski und Ibsen nicht nur sein letzter in der Reihe seiner Artikel über Klassiker der bürgerlichen Literatur, sondern sein letzter Aufsatz überhaupt in der *ZfS*). Beide Texte schienen von Benjamins und Adornos Gedanken, von *ZfS*-Beiträgen wie *Zur gesellschaftlichen Lage der Musik* und *Das Kunstwerk im Zeitalter seiner technischen Reproduzierbarkeit* gänzlich unberührt – unberührt von der Forderung, auf die Kunstwerke selbst und ihre Verfahrensweisen und Bedeutungsschichten einzugehen; unberührt auch von der Tatsache, daß es seit der Mitte des 19. Jahrhunderts eine künstlerische Moderne gab, zu deren Merkmalen der Abbau der verklärenden Funktion der Kunst gehörte.

Löwenthal verfuhr in seinem letzten *ZfS*-Beitrag, der veranlaßt war durch einen Streit zwischen ihm und Marcuse, der Hamsun schätzte, wiederum handfest ideologiekritisch und klassensoziologisch. Er kontrastierte ein altes und ein neues bürgerliches Naturgefühl. Das alte war aktiv, geprägt vom Vertrauen auf den Fortschritt in der Beherrschung der Natur, und entsprang der optimistischen Haltung breiter auf materiellen Aufstieg eingestellter liberaler bürgerlicher Schichten; das neue war passiv, geprägt von der stummen Hingabe an eine als unbeherrscht und unbeherrschbar erscheinende Natur, und entsprang der masochistischen Haltung von Kleinbürgern, die angesichts des Monopolkapitalismus nicht mehr durchblickten, resignierten und die Macht anbeteten. »Hamsuns Werk enthüllt ihre« – nämlich der Kleinbürger – »Ideologie«, begann nach jener einleitenden Gegenüberstellung Löwenthals Analyse der Hamsunschen Romane. Diese Analyse klang komisch, wenn Löwenthal Hamsun Mangel an gesellschaftstheoretischer Klarheit und deswegen Förderung der gesellschaftlichen Irrationalität vorwarf. Sie war methodisch fragwürdig, wenn Hamsuns Romanen ohne Begründung der Charakter von Dichtungen abgesprochen wurde, sie auf die – zuweilen metaphorisch verkleideten – Statements eines vor-autoritären Ideologen reduziert wurden und ihre gesellschaftliche Funktion aus den Ergebnissen einer inhaltsanalytisch verfahrenden Interpretation abgeleitet wurde.

Die Rezeption konnte dann nur noch in den Kategorien der Ablehnung oder Anerkennung der nachliberalistischen Ideologie vorgestellt werden – und nicht als ein Prozeß, bei dem unterschiedliche Bedeutungsschichten eines grundsätzlich vieldeutigen Kunstwerks zutage traten oder auch Kritiker ihrer bornierten Kunstauffassung Ausdruck verliehen. Wenn Eduard Bernstein zu Hamsuns *Mysterien* meinte, ». . . wenn die Abgerissenheit der Gespräche, die Abgerissenheit der Szenen, die Abgerissenheit der ganzen Handlung des Romans – soweit überhaupt von Handlung die Rede sein kann – nicht in der Blasiertheit oder Nervosität des Verfassers wurzeln, so sind sie jedenfalls sehr geeignet, den Leser nervös und blasiert zu machen«, dann bedeutete das für Löwenthal, der von der »klaren Stellungnahme« des »damals noch entschiedenen Eduard Bernstein« (*ZfS* 1937: 340) sprach: Hier wurde die kleinbürgerliche, vor-autoritäre Ideologie Hamsuns noch abgelehnt, während seit dem Ersten Weltkrieg in der *Neuen Zeit* Hamsun hymnisch gefeiert wurde. Aber was besagte Bernsteins Urteil anderes, als daß er einen klassisch erzählenden Roman mit sozialer Tendenz allem anderen vorzog und Hamsun zu modern fand? Und was besagte es, daß später in der *Neuen Zeit* nicht mehr »leere Stimmung« und »bloßer Nervenreiz« kritisiert, sondern »packende Lebens- und Seelenbilder« bewundert wurden, wenn man nicht erfuhr, ob die späteren Urteile denselben Büchern galten wie die früheren? Und woraus ging hervor, daß dabei unterschiedlich auf dieselbe Hamsunsche nachliberalistische Ideologie reagiert wurde und nicht vielmehr verschiedene Bedeutungsschichten eines Kunstwerks wahrgenommen wurden?

»Wieweit«, hatte Benjamin Löwenthal nach der Lektüre von dessen Dostojewski-Aufsatz gefragt, »ist diese deutsche Rezeption dem Werke Dostojewskis adäquat gewesen? Läßt sich, von ihm aus, keine andere denken? . . . Für mich, der sehr lange Dostojewski nicht aufschlug, sind diese Fragen zur Zeit offener als sie es mir Ihnen zu sein scheinen. Ich könnte mir denken, daß gerade in den Falten des Werkes, in welche Ihre psychoanalytische Betrachtung führt, Fermente sich finden, welche der kleinbürgerlichen Denkart nicht assimilierbar waren. Kurz: daß die Rezeption des Dichters nicht unbedingt mit dieser Klasse, die verendet, abgeschlossen ist.« (Benjamin-Löwenthal, 1. 7. 34/ *Ges. Schr. II*, 978 f.) Die gleichen Einwände galten auch für Löwenthals Umgang mit Hamsuns Werken.

Nicht weniger unbekümmert um die Kunst selbst und ihre Geschichte verfuhr Marcuse in seinem Aufsatz, den Horkheimer »besonders gelungen« fand (Horkheimer-Adorno, 22. 2. 37) und den er in seinem Vorwort zum sechsten Jahrgang der Zeitschrift als exemplarische Arbeit des Instituts hervorhob. Die »Analyse des ›affirmativen Kulturbegriffs‹«, die »zusammen mit der Arbeit über den Positivismus«, nämlich Horkheimers *Der neueste Angriff auf die Metaphysik,* »auf Grund gemeinsamer Diskussionen« entstanden sei, zeige positiv, wie den metaphysischen Träumen auf theoretischem Gebiet wirklich zu begegnen sei: durch die Kritik metaphysischer Kategorien im Zusammenhang einer auf die Praxis bezogenen Geschichtstheorie. »Dieser Aufsatz zeigt ein solches Denken bei der Arbeit, von dem der Positivismus vollends abzulenken droht.« (*ZfS* 1937: 1 f.)

Marcuse übernahm die klassische bildungsbürgerliche Bestimmung der Kultur als das Gute, Schöne und Wahre (*ZfS* 1937: 56) und definierte die affirmative Kultur als jene der bürgerlichen Epoche des Abendlandes angehörige Kultur, der das Gute, Schöne und Wahre eine allen gemeinsame höhere Welt geistig-seelischer bzw. innerlicher Art war. Das Gute, Schöne, Wahre erhielt so – hier wiederholte Marcuse den Topos der Religionskritik, der am pointiertesten von Marx in der Einleitung von *Zur Kritik der Hegelschen Rechtsphilosophie* formuliert worden war – die Funktion, durch die feierliche Ergänzung der schlechten Welt dazu beizutragen, daß diese Welt geduldig ertragen wurde. Aber das Gute, Schöne, Wahre konnte unter Umständen – das entsprach dem ebenfalls bei Marx am pointiertesten formulierten Topos von der Aufhebung der Philosophie durch ihre Verwirklichung – statt der Beruhigung bei dem, was war, auch der Unzufriedenheit mit dem Bestehenden dienen und das Bedürfnis nach dessen Angleichung an das Gute, Schöne, Wahre wecken. So waren diese Ideale zweideutig, konnten beruhigend, aber auch beunruhigend wirken, dem Abfinden mit der Realität dienen, aber auch der Erinnerung an das, was sein könnte.

Im letzten Teil seines Aufsatzes stellte Marcuse der faschistischen Schein-Aufhebung der affirmativen Kultur, die in Wirklichkeit deren rechtfertigende Komponente ins Heroische und Menschenverachtende steigerte, die wirkliche Aufhebung in einer nicht-affirmativen Kultur gegenüber, in der das Schöne Freude an der Realität bedeutete (90). Es gab also für ihn nur die Alternative: affirmative Kultur in ihrer bürgerlich-idealistischen oder faschistisch-heroischen Form –

oder wirkliche Aufhebung der Kultur in eine Realität, die »ein Tanz auf dem Vulkan, ein Lachen unter Trauer, ein Spiel mit dem Tod« (91) war. Ein Zustand, in dem der Kultur eine bewußt kritische Funktion zukam, fand dazwischen keinen Platz. Und da affirmative Kultur – in Form des Wahren, Guten, Schönen und der Ideen der Seele, der Schönheit, der Persönlichkeit ein allzu dünnes, fast ungreifbares Gebilde – immer wieder gleichgesetzt wurde mit der »großen bürgerlichen Kunst« und diese charakterisiert wurde als eine Steigerung von Schmerz und Trauer, Not und Einsamkeit zu metaphysischen Mächten, ein Ausmalen eines überirdischen Glücks in den leuchtenden Farben dieser Welt (63), fand auch alles, was es an moderner Kunst, an dissonantem Einspruch gegen eine antagonistische Gesellschaft gab, keinen Platz. So ergab sich als Alternative zur faschistischen Kunst und Kultur: mit der klassischen großen bürgerlichen Kunst vor Augen die Verwirklichung der darin ausgedrückten Ideale betreiben.

Marcuses Arbeit rief denn auch den Protest Adornos hervor. »Was den Aufsatz von Marcuse anlangt«, schrieb er nach der Lektüre des Heftes an Horkheimer, »so haben Sie – wie stets – meine Reaktion richtig erraten. Denn so sehr ich mich freue, daß gerade Marcuse, der schwerer als wir am Erbe der akademischen ›Geistesgeschichte‹ zu tragen hat, mit dieser Arbeit einen so energischen Ruck macht, so groß sind meine Bedenken . . . Es ist charakteristisch, daß Sie vom affirmativen Kulturbegriff reden, Marcuse aber vom affirmativen Charakter der Kultur, d. h. den Inhalt der Kultur, und vor allem die Kunst in toto, in die Betrachtung hereinzieht. Ich glaube, er wäre viel weiter gekommen und es wäre ihm auch angemessener gewesen, wenn er sich eben an den Kulturbegriff, dessen Entstehung und Funktion und dann eine Anlayse des Funktionswandels in der sogenannten ›Kulturkritik‹ gehalten, mit anderen Worten also einen genau umgrenzten geistesgeschichtlichen Begriff materialistisch untersucht hätte. So aber gerät er in Bereiche, die nur mit der äußersten Vorsicht und dann freilich auch der äußersten Schärfe in Angriff genommen werden dürfen. Das Bild der Kunst scheint dabei wesentlich das des Weimarer Klassizismus; ich wüßte wohl gern, wie er sich mit den Liaisons dangereuses, oder mit Baudelaire, oder gar mit Schönberg oder Kafka abzufinden gedächte. Mir scheint, daß die Kunst eine ganze Schicht – die entscheidende – hat, die er völlig übersieht: nämlich die der Erkenntnis im Sinne eben dessen, was von der bürgerlichen Wissenschaft nicht geleistet werden kann. Die ins Leben gestreuten Rosen – das reicht wirklich bloß für die Oberprima; und das dialektische Gegen-Motiv, daß die Kunst der schlechten Realität das Ideal kontrastiere, ist viel zu dünn, um an die entscheidenden Resultate der Kunst nur heranzukommen. Dem entspricht denn auch die große Naivität, mit der gewisse sensualistische

Momente der gegenwärtigen Massenkunst positiv akzeptiert werden.« Sobald es um konkrete Dinge gehe wie die Stellung der Nationalsozialisten zur Kulturideologie, sei die Arbeit ausgezeichnet, und die Zusammengehörigkeit von Abbau und Fetischisierung der Kultur sei gut gesehen. »Sonst aber ist es wirklich, wie Sie schon schrieben, ›zu groß‹ und eben darin idealistisch. Was z. B. auch daraus hervorgeht, daß die klassizistische *Ästhetik* ohne weiteres vorausgesetzt wird – ohne daß auch nur die Frage erhoben würde, ob die Praxis ihrer größten Repräsentanten – ich denke an Goethe, oder an Beethoven . . . – den Herderschen Ideen, der Kritik der Urteilskraft und Schillers ästhetischer Erziehung angemessen ist und ob nicht gerade in der Kunst der bürgerliche Bruch von Theorie und Praxis von größter Bedeutung ist, d. h. ob nicht die klassizistische Ästhetik verleugnet, was in den Wahlverwandtschaften und im zweiten Teil des Faust geschieht. Indem Marcuse hier Identität annimmt, ist er völlig dem idealistischen Trugbild erlegen und hat es dann freilich leicht, es zu entzaubern.« (Adorno-Horkheimer, 12. 5. 37)

Obwohl die ideologiekritische Position von Marcuse und Löwenthal Horkheimer sehr lag – die Arbeiten waren schließlich in engem Kontakt mit ihm zustande gekommen –, gab es später in der *ZfS* keine Artikel der beiden mehr zum Thema Kunst bzw. materialistische Ästhetik. Dieses Thema wurde zum Monopol Benjamins und Adornos. »The other branch of sociological studies«, hieß es 1938 in einer Selbstdarstellung des Instituts, »has been devoted to various cultural spheres. The Institute works from the hypothesis that an analysis of an individual work of science or art, grounded upon a proper social theory, can frequently provide as deep an insight into the actual structure of society as many field studies conducted with an elaborate staff and resources. Our work in the sociology of art and literature has centered about those writings and artistic productions which are particularly characteristic for the spread of an authoritarian Weltanschauung in Europe.« Als diese Sätze, die sowohl auf Löwenthals wie auf Adornos Arbeiten paßten, geschrieben wurden, war am Institut Platz für beide Varianten gesellschaftstheoretischer Kunstinterpretation – die an der ästhetischen Moderne und die am bürgerlichen Kunstbegriff orientierte. Damit aber hatte Benjamins und Adornos die ästhetische Moderne zur Erfahrungsbasis gesellschaftskritischen Denkens machende Position endgültig Fuß am Institut für Sozialforschung gefaßt.

Franz Neumann und Otto Kirchheimer – ungenutzte Chancen zu intensiverer interdisziplinärer Forschungsarbeit

Noch vor Adorno kamen Otto Kirchheimer und Franz Neumann nach New York. Beide hatten bereits als Emigranten in Europa für das Institut zu arbeiten begonnen. Am Verhalten der Institutsleiter diesen beiden gegenüber zeigte sich exemplarisch die unter dem Gesichtspunkt des Programms einer interdisziplinären Gesellschaftstheorie seltsame Personalpolitik. Sowenig sich die Institutsleiter um die Mitarbeit eines Historikers bemühten (als Fachhistoriker veröffentlichte nur einmal auf Empfehlung Adornos der Nicht-Marxist Cecil Maurice Bowra 1937 einen Aufsatz *Sociological Remarks on Greek Poetry* in der *ZfS*), sowenig stellten sie Neumann oder Kirchheimer als gesellschaftskritisch orientierte Fachwissenschaftler für Recht, Staat und Politik an.

Franz Neumann, der als Emigrant an der London School of Economics and Political Science unter Harold Laski und dem gleichzeitig mit Horkheimer »beurlaubten« Karl Mannheim ein zweites, politikwissenschaftliches Studium absolvierte, wurde auf Vermittlung vielleicht Laskis, vielleicht Mannheims vom Institut mit der Wahrnehmung der Interessen an der Instituts-Bibliothek beauftragt, die der London School vermacht worden war in der Hoffnung, sie auf diesem Umweg aus Deutschland herauszubekommen.

Horkheimers Vorstellung von einem homogenen Mitarbeiterkreis konnte der vom Institut mit einer anwaltlichen Aufgabe betraute Neumann schwerlich entsprechen, war er doch bis 1933 ein engagierter Anwalt der Gewerkschaften und der SPD gewesen, der erst im Exil zum hauptberuflichen Wissenschaftler geworden war, und zwar zu einem dem Cheftheoretiker der reformistischen Labour Party, Laski, sehr nahestehenden.

»Ich, Franz Leopold Neumann, wurde am 23. Mai 1900 in Kattowitz geboren. Ich bin Jude.« (zitiert von Söllner in: Erd, Hg., *Reform und Resignation, Gespräche über Franz L. Neumann*, 30; cf. zum Folgenden außer Erd besonders die Einleitung Söllners zu: Neumann, *Wirtschaft, Staat, Demokratie*) So hatte Neumann 1923 seinen der juristischen Dissertation angehängten Lebenslauf begonnen. Er war im seinerzeit zu Deutschland gehörenden Kattowitz in Schlesien als Sohn eines jüdischen Handwerkers und Kleinhändlers zur Welt gekommen. In Berlin, Leipzig – wo er sich 1918 am Barrikadenkampf der Soldaten und Arbeiter beteiligte –, Rostock und Frankfurt – wo er neben Leo Löwenthal zu den Gründern der Sozialistischen Studentengruppe gehörte – studierte er Rechtswissenschaft, Philosophie und Ökonomie. Während seiner Referendarausbildung in Frankfurt war er Assistent von Hugo Sinzheimer, der Sozialdemokrat, Begründer des deutschen Arbeitsrechts und einer der Väter der Weimarer Verfassung war. Neumann, der, beeinflußt vor allem von Sinzheimer und den Austromarxisten Karl Renner und Otto Bauer, einen sozialdemokratischen Reformismus vertrat, veröffentlichte Aufsätze über arbeitsrechtliche Themen, unterrichtete an der Frankfurter Akademie der Arbeit und hielt Vorträge in Gewerkschaftskursen. Bei alldem war er – geradezu arbeitswütig, unbestechlich, ein logisch scharfer Denker ohne Pathos und Esprit, auf gesellschaftliche Anerkennung bedacht, soweit sie durch Leistung und nicht durch Selbstverleugnung erreicht werden konnte – überaus erfolgreich.

1928 ging Neumann nach Berlin. Dort machte er zusammen mit Ernst Fraenkel – wie er Schüler Sinzheimers, Jude, SPD-Mitglied, später Verfasser einer bedeutenden Arbeit über den Nationalsozialismus: *Der Doppelstaat* – ein Anwaltsbüro auf. Neumann wurde Syndikus zunächst der Baugewerkschaft, später auch noch anderer Gewerkschaften. Er trat in ca. 500 Fällen vor dem Reichsarbeitsgericht in Leipzig, der Revisionsinstanz für Arbeitsrechtsprozesse, auf; veröffentlichte Arbeiten über Arbeits-, Wirtschafts- und Presserecht und Kartell- und Monopolgesetzgebung, die zum größten Teil in gewerkschaftlichen Zeitschriften, dem wissenschaftlichen Organ der SPD *Die Gesellschaft* und anderen mehr oder weniger linksorientierten Blättern erschienen; lehrte als Dozent für Arbeitsrecht an der Hochschule für Politik; und nahm als Hörer an Seminaren Hermann Hellers und Carl Schmitts teil.

Neumann war einer der aktivsten unter jenen jüngeren Gewerkschafts- und SPD-Juristen, die, getragen vom Vertrauen auf eine starke politisch-soziale Bewegung und angestachelt von der immer spürbarer werdenden Krise der Weimarer Republik, ihre ganze fachliche Kompetenz dafür einsetzten, den in der Weimarer Verfassung enthaltenen Kompromiß zwischen bürgerlicher und sozialistischer Position gegen die Kappung der sozialistischen Elemente zur Geltung zu bringen. Neumanns Position war die eines Reformisten und Legalisten. »Es ist die zentrale Aufgabe der sozialistischen Staatstheorie«, hieß es am Ende seines im September 1930 in der Gewerkschaftszeitschrift *Die Arbeit* erschienenen Aufsatzes *Die soziale Bedeutung der Grundrechte in der Weimarer Verfassung*, »den positiven sozialen Gehalt des zweiten Teils der Weimarer Verfassung zu entwickeln und konkret darzustellen... Es ist die zentrale Aufgabe der sozialistischen Jurisprudenz, ... (der) Renaissance des bürgerlichen Rechtsstaatsgedankens ... die sozialistische Auslegung der Grundrechte entgegenzustellen. Es ist die Aufgabe der sozialistischen Politik, diese Grundsätze zu verwirklichen. Wenn Kirchheimer in seiner Überschrift, die sehr stark kommunistischen Ideengängen nahekommt, ›Weimar ... und was dann?‹ fragt, so kann die Antwort nur lauten: Erst einmal Weimar!« (Neumann, *Wirtschaft, Staat, Demokratie*, 74)

Im Sommer 1932 bestellte der Vorstand der SPD Neumann zum Syndikus der Gesamtpartei. »In dieser Eigenschaft«, so Ernst Fraenkel 1955 in seiner Gedenkrede auf Franz Neumann, »hat der Verfassungsanwalt mit verzweifeltem Mut gegen Presseverbote, Versammlungsauflösungen, Verhaftungen, Beamtenentlassungen und ähnliche Willkürakte der Regierungen Papen, Schleicher und Hitler gekämpft. Obgleich politisch gefährdet und als Jude bedroht, blieb Neumann auf seinem Posten, bis am 2. Mai 1933« – dem Tag, an dem die SA die Gewerkschaftshäuser stürmte, nachdem die Gewerkschaften am von der Regierung Hitler zum Nationalfeiertag erklärten 1. Mai in entwürdigender Form ihre Ergebenheit gegenüber den Nationalsozialisten demonstriert hatten – »die SA das im Metallarbeiterhaus in der Alten Jakobstraße gelegene Anwaltsbüro besetzte. Weitere Tätigkeit in Deutschland war sinnlos geworden. Mit den Worten ›Mein Bedarf an Weltgeschichte ist gedeckt‹ verabschiedete er sich von dem Anwaltspartner und Weggenossen vierzehnjährigen gemeinsamen Strebens und Bemühens. Eine glänzende Karriere war zerstört, der Kampf um ein soziales Arbeitsrecht verloren, der Rechtsstaat zerbrochen, die Demokratie vernichtet ... Mittellos ist Franz Neumann damals nach England emigriert ...« (Fraenkel, *Reformismus und Pluralismus*, 175)

Vermutlich dank der Vermittlung Laskis, des damals marxistisch denkenden führenden Theoretikers der Labor Party, erhielt Neumann ein Stipendium der London School of Economics und Hilfeleistungen jüdischer Organisationen. Er kam nach England als gescheiterter Reformist und Legalist. In seiner ersten Veröffentlichung in der Emigration, dem Ende 1933 in *The Political Quarterly* erschienenen Artikel *The Decay of German Democracy*, diagnostizierte er: »Dieses System, das zwischen Sozialismus und Kapitalismus angesiedelt war, konnte so lange bestehen, wie keine Wirtschaftskrise dazwischenkam.« Als die Krise kam, »konzentrierten sich die Anstrengungen aller reaktionären Parteien auf ein einziges Ziel: die Zerstörung der parlamentarischen Demokratie als der verfassungsmäßigen Plattform für die Emanzipation der Arbeiterschaft. Und sie war erfolgreich, weil der Rahmen und die Praxis der Verfassung es ihnen leichtmachten und weil die Sozialdemokratische Partei und die Gewerkschaften, die einzigen Verteidiger des Weimarer Systems, geschwächt waren.« (Neumann, a.a.O., 109 f.) Die Niederlage des Reformismus sei sowohl selbstverschuldet wie unvermeidlich gewesen.

In England versuchte Neumann zunächst, durch pseudonyme Veröffentlichungen in sozialdemokratischen Publikationen den inneren Widerstand in Deutschland zu fördern. Aber er verzichtete bald auf politische Aktivitäten, weil er sie im luftleeren Raum für unsinnig hielt. Aus dem Anwalt der Arbeiterbewegung und Rechtswissenschaftler wurde ein um das Begreifen des Geschehenen bemühter Politik- und Sozialwissenschaftler, der die Rolle von Recht und Verfassung nicht geringschätzte, aber sie nun im marxistischen Rahmen der politisch-ökonomischen Entwicklung der bürgerlichen Gesellschaft sah.

1936 schloß Neumann sein politikwissenschaftliches Studium in England mit dem Ph. D. für seine Arbeit *The Governance of the Rule of Law. An Investigation into the Relationship between the Political Theories, the Legal System and the Social Background in the Competitive Society* ab. Das Buch – methodisch vor allem Karl Mannheim, Max Weber und Marx und inhaltlich vor allem Harold Laski verpflichtet – bestand im wesentlichen aus zwei großen Teilen. Im ersten, ideengeschichtlichen Teil untersuchte Neumann politische Theorien von Thomas von Aquin bis Hegel unter dem Gesichtspunkt, wie sie das Verhältnis zwischen Souveränität des Staates und Freiheit des Individuums sahen. Im zweiten rekonstruierte er am Beispiel Englands und Deutschlands, wie im 19. und 20. Jahrhundert das Verhältnis zwischen Wirtschaftssystem, politischem System und Rechtssystem aussah – geleitet von den Fragen, was sich daraus für die Einschätzung der Rolle des Rechts und für die Chancen einer annähernden Versöhnung von Staatssouveränität und individueller Freiheit lernen ließ. Das Ergebnis war zum einen ein funktionalistisches Rechtsdenken: sowohl in der Rechtstheorie wie in der Rechtspraxis war der entscheidende Gesichtspunkt, ob eine Theorie oder eine Auslegung angesichts der ökonomischen und politischen Gegebenheiten fortschrittliche soziale Funktionen erfüllten (cf. *Die Herrschaft des Gesetzes*, 339). Zum anderen sah Neumann durch den liberalen Rechtsstaat gewisse progressive Elemente entwickelt, die unverzichtbare Bestandteile eines jeden die Freiheit des Individuums ernst nehmenden Staates bilden mußten: »Generalität des Gesetzes, Unabhängigkeit des Richters, Teilung der Gewalten – dies sind Prinzipien, die die Bedürfnisse des Konkurrenzkapitalismus übersteigen, weil sie die persönliche Freiheit sichern. Sie verhüllen zwar die wirkliche Macht einer bestimmten Gesellschaftsschicht und sie machen die Austauschprozesse berechenbar, aber sie schaffen eben persönliche Freiheit und Sicherheit auch für den Armen. Wichtig sind alle drei Funktionen und nicht nur, wie von Kritikern des Liberalismus behauptet wird, die eine, nämlich die Kalkulierbarkeit des Wirtschaftsprozesses. Wir wiederholen noch einmal, daß alle drei Funktionen in der Epoche des Konkurrenzkapitalismus realisiert worden sind. Wichtig ist auch, sie voneinander zu unterscheiden. Hält man sie nämlich nicht auseinander und erblickt in der Gesetzesgeneralität nichts als ein Erfordernis der kapitalistischen Ökonomie, dann natürlich muß man mit Carl Schmitt folgern, daß alle diese Prinzipien, die Generalität des Gesetzes, die richterliche Unabhängigkeit, die Teilung der Gewalten, vernichtet werden müssen, wenn der Kapitalismus zugrunde geht.« (303)

Das war ein bescheidenes Ergebnis. Denn wenn man, wie Neumann es tat, die Entwicklung vom Liberalismus über den Monopolkapitalismus zum Faschismus als einen konsequenten und effektiven Formwandel im Dienste der Aufrechterhaltung der Herrschaft des Privateigentums an den Produktionsmitteln ansah – wie war dann eine Wiederherstellung der guten alten Elemente des dem Konkurrenzkapitalismus adäquaten liberalen Rechtsstaats denkbar und wie waren dann Rechtstheorien und Rechtsauslegungen vorstellbar, die man als sozial fortschrittliche gegen andere hätte verteidigen können? Neumanns Buch schien so zu besagen: Hoffnung gab es nur, wenn noch einmal so etwas wie ein liberaler Rechtsstaat zustande kam mit einer herrschenden Schicht, die vor der faschistischen Lösung zurückschreckte. Ähnlich wie sein Lehrer Laski blieb Neumann, obwohl nun auf der Ebene gesellschaftstheoretischer Analyse marxistisch denkend, politisch ein Reformist, der alles von einer besseren Politik der Organisationen der Arbeiterbewegung unter wiederhergestellten rechtsstaatlichen Bedingungen erhoffte.

Noch vor dem Abschluß seines politikwissenschaftlichen Studiums traf Neumann Anfang 1936 mit Horkheimer zusammen, der auf einer Europareise auch dem Londoner Büro des Instituts und dem mit der Wahrnehmung der Institutsinteressen hinsichtlich der Bibliothek betrauten Juristen einen Besuch abstattete. Neumann konnte sich an

Horkheimer noch von Frankfurter Zeiten her erinnern, Horkheimer hatte Neumann noch nie zuvor wahrgenommen. Der Anwalt der Bibliotheksinteressen wurde nach diesem Treffen zugleich zu einem Propagandisten des Instituts in England, der sich um die Verbreitung der Zeitschrift für Sozialforschung bemühte und z. B. für einen Vortragsabend über die *Studien über Autorität und Familie* sorgte. »Mit Laski«, schrieb Neumann schon kurz nach dem Treffen an Horkheimer, »bin ich für morgen zum Tee verabredet. Ich rechne damit, daß ich auch bei ihm volle Unterstützung für das I. f. S. und die Z. f. S. finden werde. Bericht folgt. Ich habe mich außerordentlich gefreut, Sie nach so langen Jahren wieder (oder besser: überhaupt erst) kennengelernt zu haben und darf nur nochmals meinen Wunsch zum Ausdruck bringen, daß Sie Ihre Aufsätze bald gesammelt in Englisch erscheinen lassen, um der ideologischen Verwirrung des Marxismus etwas zu steuern.« (Neumann-Horkheimer, 15. 1. 36) Und einige Tage später: »Laski erklärte sich auch bereit, an der Zeitschrift mitzuarbeiten, sei es in Form von Besprechungen, sei es durch Aufsätze. Er versprach dem Institut jede wie auch immer geartete Unterstützung, vorausgesetzt, daß es ›marxistisch bleibe‹«. (Neumann-Horkheimer, 19. 1. 36)

Noch im gleichen Jahr half das Institut Neumann durch einen Anstellungsvertrag, außerhalb der Quotenregelung in die USA zu kommen, wo Laski ihn auf einer Reise Freunden an verschiedenen renommierten Universitäten vorstellen wollte, u. a. Felix Frankfurter, Professor an der Harvard Law School, der zu Roosevelts brain trust gehörte und 1939 Richter am Obersten Bundesgericht wurde. Der erste der Eindrücke, die Neumann 1952 im Rückblick als die für ihn entscheidenden nannte, zeugte von einer Perspektive, die weit entfernt war von der des Horkheimerkreises. »Drei Eindrücke werden, glaube ich, bleiben: das Roosevelt-Experiment, der Charakter der Menschen und die Rolle der Universitäten . . . Dem skeptischen Deutschen zeigte das Roosevelt-Experiment, daß der Wilsonianismus, der seit 1917 gepredigt worden war, nicht bloß ein Propagandaprodukt, sondern Realität war; es demonstrierte, daß eine militante Demokratie eben jene Probleme zu lösen vermochte, an denen die deutsche Republik zerbrochen war.« (Neumann, *Wirtschaft, Staat, Demokratie*, 415)

Chancen an einer US-amerikanischen Universität eröffneten sich für Neumann nicht. Statt dessen hatte er für das Institut vorwiegend juristisch-administrative Aufgaben zu erledigen. Kaum war er in den USA angekommen, schickten die Institutsleiter ihn für ein halbes Jahr nach Buenos Aires, damit er dort für Felix Weil einen Prozeß führte. »Drei Jahre habe ich darauf gehofft, ›normal‹ arbeiten zu können«, schrieb er im Oktober 1936 aus Buenos Aires an Horkheimer, »kaum bietet sich die Gelegenheit, muß ich diese für alle Beteiligten schauerliche Geschichte bearbeiten. Ich freue mich sehr auf die Vorlesung. Allerdings habe ich noch nie in meinem Leben vor Studenten gelesen, sondern immer nur vor Arbeitern. Ich bezweifle sehr, ob mir der Undergraduate als Objekt meiner Vorlesungen ebenso zusagen wird wie der deutsche Arbeiter.« (Neumann-Horkheimer, 5. 10. 36) Gemeint waren die Vorlesungen über den totalitären Staat, die er im Rahmen der Instituts-Vorlesungen in der Extension Division der Columbia University im Winter 1936/37 halten sollte und, nachdem er in Buenos Aires einen für Weil denkbar günstigen Prozeßausgang erreicht hatte, wirklich hielt.

An den Vorlesungen des Instituts war er fortan regelmäßig beteiligt – mit großem Erfolg bei den Studenten. Daneben war er weiterhin als Rechtsberater des Instituts tätig, letztlich erfolglos in der Bibliotheksangelegenheit, ferner z. B. in einem Verleumdungsfall oder in der Auseinandersetzung mit dem einstigen Instituts-Stipendiaten Georg Rusche (s. S. 262). Zur Veröffentlichung wissenschaftlicher Arbeiten kam es kaum. Außer einer Reihe von Rezensionen erschienen in der *ZfS* nur zwei Aufsätze von Neumann (und an anderer Stelle zwischen 1936 und 1942 so gut wie nichts). Der erste 1937 erschienene Beitrag – *Der Funktionswandel des Gesetzes im Recht der bürgerlichen Gesellschaft* – war eine Art Konzentrat des zweiten Hauptteils von Neumanns englischer Dissertation; der zweite, der 1940 in den *Studies in Philosophy and Social Sciences*, der kurzlebigen Fortsetzung der *ZfS* erschien – *Types of Natural Law* –, war ein Konzentrat des ersten Hauptteils. (Die Veröffentlichung der englischen Dissertation, die zu den im IISR-Prospekt von 1938 aufgezählten Projekten gehörte, kam nicht zustande. Erst 1980 wurde Neumanns Arbeit, ins Deutsche zurückübersetzt, von Alfons Söllner zum erstenmal veröffentlicht.) Im übrigen schrieb Neumann für die Arbeiter- und Angestelltenuntersuchung eine als Einleitung gedachte Sozialgeschichte des deutschen Arbeiters von 1918–1933 und befaßte er sich mit vorbereitenden Arbeiten für verschiedene Projekte. Am *Behemoth*, der zur großen Nationalsozialismus-Analyse wurde (s. u. S. 321 ff.), arbeitete Neumann erst seit dem Sommer 1939.

Zwar hatte das Institut 1936 für Neuman »a grant of 2000« vom Emergency Committee erhalten aufgrund des Versprechens, ihn später als festen Mitarbeiter anzustellen. Als solcher wurde er im Prospekt von 1938 auch aufgeführt. Aber wie mit den meisten schloß das Institut auch mit ihm keinen formellen Anstellungsvertrag ab. Die Institutsleiter legten mehr Wert auf den Nutzen, den Neumann als Wissenschaftsdiplomat, Jurist und praktischer Berater für das Institut hatte, als auf seine langfristige Mitarbeit als juristisch und politikwissenschaftlich qualifizierter Gesellschaftstheoretiker. Im Sommer 1939 bekam Neumann zu spüren, daß Horkheimer und Pollock ernstlich auf eine Reduzierung des »Exteriors« bedacht waren. Anfang September erhielt er die Mitteilung, daß er das Institut am 1. Oktober 1940 verlassen müsse.

»Die Nachricht hat mich«, schrieb er nach einiger Zeit an Horkheimer, »in tiefste Bestürzung versetzt, denn ich habe mich mit der Arbeit des Instituts und dessen theoretischer Grundlage so identifiziert, daß mir eine Lösung vom Institut überaus schwer fallen würde. Eine dauernde Arbeit bei einer amerikanischen Institution erscheint mir bei meiner theoretisch-politischen Haltung wenig aussichtsreich, um so mehr als die zunehmende Faschisierung, die Sie selbst immer mit Recht betonen, die Aussichten von Leuten wie uns heute mehr denn je stark vermindert.

Ich habe mich früher nie um eine andere Stellung bemüht, weil Pollock und Sie mir und dritten häufig mitgeteilt haben, daß ich dauerndes Mitglied des Instituts sei. Ich erinnere mich noch an eine Unterredung mit Pollock in Woodland im Sommer vorigen Jahres, als er mir die Gehaltssenkung ankündigte. Damals, in dieser für das Institut so kritischen Situation, sagte er mir, daß im Institut die Solidarität das wichtigste sei, und daß ein dauerndes Mitglied niemals fallen gelassen würde.

Meine Aussichten bei einer amerikanischen Institution eine Stellung zu finden, sind aber auch deshalb so schwer, weil ich in den dreieinhalb Jahren meiner Institutszugehörigkeit überwiegend mit Verwaltung beschäftigt worden bin. Dieser Zustand entsprach weder Ihren Intentionen noch meinen Neigungen. Auch hatten Sie mir bei meiner Einstellung meine Verwendung als wissenschaftlicher Mitarbeiter in Aussicht gestellt. Ich mache niemand einen Vorwurf daraus, daß es anders gekommen ist. Meine wissenschaftliche Produktion ist aber infolgedessen sehr gering gewesen. Ich habe amerikanischen Institutionen kaum etwas aus den letzten dreieinhalb Jahren vorzuweisen. Wie ich Ihnen schon sagte, will ich versuchen, von dritter Seite einen Betrag, der zur Finanzierung meiner Stellung beim Institut ausreicht, aufzutreiben. Ich habe bereits beim Spelman Fund um Finanzierung meines Projektes über die theoretischen Grundlagen des Arbeitsrechts nachgesucht, und werde mich auch bei Guggenheim erneut um ein Stipendium für eine Arbeit über die Renaissance des Naturrechts bewerben. Beide Themen sind mit Rücksicht auf die Interessen der betreffenden Organisationen ausgewählt. – Meine Vorarbeiten zu einer Arbeit über die theoretischen und historischen Grundlagen des Faschismus sind in den letzten Monaten weit vorwärts gekommen, und ich hoffe, daß es mir gelingt, einen Verleger zu finden.

Darüber hinaus habe ich bereits Schritte eingeleitet, um eine Stellung bei einer amerikanischen Universität zu erhalten. So schwer es mir fällt, so sehr werde ich alle meine Beziehungen ausnützen, um einen Ruf zu erhalten, und so das Institut finanziell entlasten. Sollten die Umstände es notwendig machen, so würde ich mich nach Pollocks Vorschlag einen Teil des Jahres sei es in Washington, sei es an einer anderen Universität aufhalten.

Wenn aber alle meine Versuche scheitern sollten, so wäre ich Ihnen dankbar, wenn Sie mit Rücksicht auf die dargestellte Situation und meine persönliche Lage Ihre Entscheidung revidieren würden.« (Neumann-Horkheimer, 24. 9. 39)

Es kam in der Tat zu einem Aufschub, der aber 1942 endete. In der Zwischenzeit vollendete Neumann seinen *Behemoth*, der sein Entreebillet zu einer eindrucksvollen Karriere außerhalb des Instituts wurde.

Eine ähnlich eigentümliche Politik wie gegenüber Neumann betrieben die Institutsleiter auch gegenüber Otto Kirchheimer, der ein ganz anderer Typ als Neumann war. Der nach Paris geflohene Emigrant wurde Mitte der 30er Jahre in den wechselnden Kreis jener jungen Gelehrten aufgenommen, die die Société Internationale de Recherches Sociales satzungsgemäß durch Forschungsaufträge unterschiedlicher Dauer unterstützte, die teils der Weiterbildung, teils der Durchführung selbständiger wissenschaftlicher Arbeiten dienten.

»Das war ein ganz brillanter, aber letztlich an praktischer Politik desinteressierter junger Intellektueller«, das genaue Gegenteil von Franz Neumann – so die Frau Otto Suhrs im Rückblick auf jene späten Jahre der Weimarer Republik, als Franz Neumann, Otto Kirchheimer, Ernst Fraenkel und andere linke Juristen in ihrer und ihres Mannes Wohnung ein- und ausgingen (zitiert von Söllner in: Erd, a.a.O., 42).

Otto Kirchheimer war am 11. November 1905 in Heilbronn als Sohn einer jüdischen Familie zur Welt gekommen. Von 1924 bis 1928 hatte er zunächst in Münster Philosophie und Geschichte, dann in Köln, Berlin und Bonn Recht und Sozialwissenschaft studiert – u. a. bei Max Scheler, Carl Schmitt, Hermann Heller und Rudolf Smend. 1928 hatte er in Bonn bei Schmitt mit einer Arbeit *Zur Staatstheorie des Sozialismus und Bolschewismus* promoviert. Sie stellte eine Art linksradikales Gegenstück zu Schmitts Kritik der Weimarer parlamentarischen Demokratie dar. Kirchheimer sah in ihr ein Exemplar der modernen formalen Demokratie, in der aufgrund eines annähernden Kräftegleichgewichts die sich bekämpfenden Klassen zu der stillschweigenden Abmachung gelangt waren, »solange dieses Gleichgewicht andauere, durch die Wahlen und ihr zufälliges Mehrheitsergebnis entscheiden zu lassen, wer die Regierung übernehmen solle« – eine Regierung, deren Gewalt enge Grenzen gesetzt waren, so daß »jeder, der die Führung der Staatsgeschäfte zu erlangen glaubt, ... statt dessen eine Rechtsmaschinerie in die Hand (bekommt)« (Kirchheimer, *Zur Staatslehre des Sozialismus und Bolschewismus* – ein Auszug aus

Zur Staatstheorie des Sozialismus und Bolschewismus –, in: *Von der Weimarer Republik zum Faschismus*, 35, 37). Deutlich brachte die Arbeit zum Ausdruck, daß Kirchheimer – wie Neumann Mitglied der SPD, aber zum jungsozialistischen Flügel gehörend, während Neumann der rechten Mitte zuzurechnen war – die sozialdemokratische Verehrung der parlamentarischen Demokratie und der Verfassung verachtete und die von ihm mit den Schmittschen Kategorien der Souveränität und des klaren Feindbildes charakterisierte Position der Bolschewisten bewunderte. Die Sozialdemokraten, so Kirchheimer, glaubten an den »Doppelten Fortschritt«, daran, daß dem Fortschritt der kapitalistischen Wirtschaftsentwicklung ein Fortschritt in der Erziehung der Menschheit zur Humanität entspreche. Lenin dagegen ersetzte diese Lehre durch die vom rückhaltlosen allumfassenden Kampf. Die Sozialdemokraten fetischisierten einen Staat, der weniger als ein souveräner Staat mit klarem Feind war, nämlich bloß ein Rechtsstaat. Das bolschewistische Rußland aber war mehr als ein Staat: es proklamierte die Klasse als Souverän, hing dem unmittelbar wirksamen Mythos der Weltrevolution statt einer rationalen Utopie an, hatte einen souveränen Diktaturbegriff und ein entschiedenes Feindbild.

Nach seinem Studium war Kirchheimer in Erfurt und Berlin Referendar im preußischen Justizdienst. Daneben unterrichtete er seit 1930 an Gewerkschaftsschulen und äußerte sich in pointierten Artikeln und Büchern zum Verfassungsrecht und zur Verfassungswirklichkeit der Weimarer Republik. Während es in den Augen Neumanns und seiner Berliner sozialdemokratischen Kollegen Ernst Fraenkel, Otto Kahn-Freund und Martin Draht galt, die Möglichkeiten der Weimarer Verfassung auszuschöpfen, kam es in Kirchheimers Augen darauf an, einzusehen, daß diese Verfassung keine Chance, sondern eine Falle war, wenn sie das Bewußtsein für den Vorsprung des verfassungsrechtlich garantierten bürgerlichen *Besitzstandes* vor den verfassungsrechtlich garantierten *Forderungen* der Arbeiterklasse verdunkelte, den Willen zur Verwirklichung des Geforderten lähmte und das passive Mitansehen bei der Wiedererlangung der Überlegenheit durch die herrschenden Klassen förderte.

Weimar – und was dann? (1930) war eine eindringliche Warnung an die Sozialdemokratie: während sie sich noch an die Verfassung und den Parlamentarismus klammere und alle Kräfte darauf konzentriere, ließen sich die herrschenden Klassen davon längst nicht mehr einschränken und profitierten insbesondere von der durch die Ambivalenz der Verfassung und das vorübergehende annähernde Gleichgewicht der Klassenkräfte begünstigten Verselbständigung der Bürokratie. Die Hoffnung, durch eine Verfassungsreform, d. h. durch die Normierung und Legalisierung der verschlechterten Realität, eine weitergehende Verschlechterung aufhalten zu können, hielt Kirchheimer für völlig verfehlt. Warum eigentlich, hatte er schon 1929 gefragt, verwerfen große Teile des deutschen Bürgertums den heutigen Verfassungszustand und schreien nach der bürgerlichen Diktatur, wo doch jedes Wahlergebnis ihnen aufs neue zeigt, daß eine Änderung der für sie günstigen Zustände von der großen Mehrheit der Bevölkerung nicht einmal ernstlich gewollt wird? Und er hatte die Antwort gegeben: »Sie aber wollen den Umsturz; denn ihnen fehlt das Gefühl der letzten Sicherheit und der Verläßlichkeit für den letzten, den entscheidenden Augenblick.« Sie wollen »eine absolut zuverlässige Zusammenfassung und Beherrschung aller Kräfte im Lande im Sinne der bürgerlichen Politik« (*Verfassungswirklichkeit und politische Zukunft der Arbeiterklasse*, in: *Von der Weimarer Republik zum Faschismus*, 75).

In den *Grenzen der Enteignung* (1930) zeigte Kirchheimer beispielhaft, wie die sozialen Grundrechte der Weimarer Verfassung stückweise durch die Rechtsprechung und die Rechtslehre ausgehöhlt wurden und die alten bürgerlichen Inhalte alles übrige verdrängten. Aus dem Gleichheitsgrundsatz und dem Enteignungsartikel der Weimarer Verfassung, mit dem viele Sozialisten den bürgerlichen Staat legal aus den Angeln heben wollten, hatte das Reichsgericht ein Bollwerk des Privatkapitalismus gemacht. Vor dem Hintergrund einer historisch-gesellschaftlichen Skizze des Funktionswandels rechtlicher Institutionen analysierte Kirchheimer die antisoziale Renaissance des bürgerlichen Rechtsstaates mit einer gesellschaftskritischen Schärfe, die der Horkheimers in den Aphorismen der *Dämmerung* in nichts nachstand. »Es liegt nicht im Sinn der Weimarer Verfassung, wenn nunmehr im Namen der Gerechtigkeit Gesetze, die scheinbar eine Belastung einer wirtschaftlich stärkeren Klasse sind, als Willkür verworfen werden. Gerade diese scheinbare Ungerechtigkeit erfüllt die Gerechtigkeitsforderung, die dem sozialen System der Weimarer Verfassung innewohnt. Gerade dann, wenn Gleichheit als materialer Wertbegriff zu fassen ist, muß erkannt werden, daß der Satz der Gleichheit vor dem Gesetz so lange ein papiernes Recht sein wird, als nicht die soziale Gleichheit erst die Voraussetzungen dafür schafft, daß die gleiche Anwendung eines Gesetzes auf alle auch wirklich alle gleich betrifft . . . Der Rechtsstaat kann gewisse äußere Formen schaffen und sie Einzelnen oder einzelnen Bevölkerungsklassen zum Guten wie zum Bösen zur Verfügung stellen; darüber hinaus vermag er nichts. Er kann zum Beispiel errreichen, daß dem Sohn des reichen Mannes, wenn er dreimal mit seinem Kraftfahrzeug mit der Polizei und der öffentlichen Verkehrsordnung in Konflikt geraten ist, das Führerzeugnis genauso entzogen wird wie dem Chauffeur, der vier Kinder hat. Daß der eine sein Vergnügen, der andere seinen Lebensunterhalt verliert, das ist dem Recht gegenüber irrelevant. Der Rechtsstaat endet dort und läßt voraussetzungsgemäß ewig unvollkommen dort, wo die soziale Gleichheit beginnen muß. Indem man den Satz der Gleichheit zurücknimmt in die verflossene Welt der bürgerlich-rechtsstaatlichen Ordnung, verbietet man im Namen der Gleichheit sie selbst.« (*Die Grenzen der Enteignung*, in: *Funktionen des Staats und der Verfassung*, 257 f.)

Allerdings: auch Kirchheimer entging dabei nicht der verzweifelten Paradoxie, auf den »Sinn«, den »Willen« einer Verfassung zu pochen, von der er selber auf der anderen Seite sagte, daß sie nur das wert sei, was an Klassenmacht hinter ihr stehe. Er konstatierte aber eine seit 10 Jahren andauernde Schwächung der Arbeiterklasse bei gleichzeitigem Wiedererstarken der teilweise neu zusammengesetzten herrschenden Klassen.

Nach seinem Assessor-Examen ließ Kirchheimer sich 1932 in Berlin als Rechtsanwalt nieder. Wie andere der jüngeren sozialdemokratischen Juristen tauchte er gelegentlich in den Seminaren Hermann Hellers und Carl Schmitts

auf. Noch vor der nationalsozialistischen Machtentgegennahme erschien eine ausführliche Kritik von Kirchheimer und seinem Kollegen Nathan Leites an Carl Schmitts *Legalität und Legitimität*. In dieser Kritik stellte Kirchheimer klar, daß er Schmitts Überzeugung, eine Demokratie könne in einer heterogenen Gesellschaft niemals funktionieren und sei deshalb zu verwerfen, nicht teilte. Hatte er damit die einst gemeinsame Verachtung für den nicht-souveränen Rechtsstaat aufgegeben? War ihm klargeworden, daß Schmitt das Rousseausche Ideal der radikalen Demokratie und die rationale Utopie parlamentarischer Diskussionen nur beschwor, um sie durch die Konfrontation mit einer ihnen Hohn sprechenden Realität ad absurdum führen zu können – und damit jede Form von Demokratie und rationaler Klärung politischer Differenzen? Kirchheimers Position war unscharf geworden. Die Kritik schloß mit dem ausweichenden Hinweis, es komme darauf an, »die Fülle der verfassungsrechtlichen Entwicklungsmöglichkeiten, die nicht der Verfassungssphäre selbst, sondern anderen Bereichen entspringen«, einzukalkulieren. »Es scheint, daß die Verfassungstheorie solche Probleme nur in einer engen Kooperation mit fast allen anderen Disziplinen, die sich um die Erforschung der sozialen Sphäre bemühen, einer wohl auf lange Zeit nur bei generellen Aussagen bleibenden Lösung wird zuführen können.« (Kirchheimer/Leites, *Bemerkungen zu Carl Schmitts ›Legalität und Legitimität‹*, in: *Von der Weimarer Republik zum Faschismus*, 151)

Im Sommer 1933 emigrierte Kirchheimer nach Paris. Hier betrieb er, unterstützt zunächst von der London School of Economics and Political Science, vor allem strafrechtliche Studien. 1935 verfaßte er eine Broschüre über *Staatsgefüge und Recht des Dritten Reiches*, die unter dem Pseudonym Dr. Hermann Seitz und getarnt als Heft 12 der Schriftenreihe *Der deutsche Staat der Gegenwart* nach Deutschland geschmuggelt wurde. Herausgeber jener Schriftenreihe war Carl Schmitt, der im Gefolge des siegreichen Nationalsozialismus zum »Preußischen Staatsrat«, zum »Mitglied der Akademie für Deutsches Recht« und zum »Reichsgruppenwalter der Reichsgruppe Hochschullehrer des Nationalsozialistischen Rechtswahrerbundes« avancierte. Die Broschüre rief eine empörte Reaktion in der ebenfalls von Schmitt herausgegebenen *Deutschen Juristen-Zeitung* hervor. Diese das deutsche Bemühen um Völkerverständigung hintertreibende »Hetzschrift« drehe sich hilflos in der Zwickmühle, »sowohl kommunistisch-marxistische als auch liberal-bürgerlichrechtsstaatliche Argumente gegen den nationalsozialistischen Rechtsaufbau vorzubringen« (*Deutsche Juristen-Zeitung*, 15. 9. 1935, 1004).

Im Mittelpunkt von Kirchheimers vom Institut finanziell unterstützter Forschungsarbeit standen Strafrecht und französisches Verfassungsrecht. Für die *ZfS* besprach er eine Reihe von französischen Büchern. 1937 bemühte auch er sich um die Übersiedlung in die USA. »Our Dr. Neumann who has returned from Europe«, hieß es in einem Brief Horkheimers, der, ähnlich wie im Jahr zuvor der Anstellungsvertrag mit Neumann, helfen sollte, außerhalb der Quotenregelung in die USA zu kommen, »has reported us that you are prepared to

join our staff in New York in the near future. We are glad, to hear of your decision, and we hope we shall soon be able to welcome you here.

Dr. Neumann has already told you that for the moment we are not in a position to employ you on a full-time basis, but that we shall consider your appointment to full-time work after the university summer vacation. We confirm, therefore, that we shall employ you as Research Assistant for at least one year on a part-time basis with a monthly salary of $ 100.–, starting from the moment of your arrival.« (Horkheimer-Kirchheimer, 16. 2. 37)

Vom Winter 1937 bis zum Sommer 1938 war Kirchheimer mit der Überarbeitung von Georg Rusches 477 Seiten starkem Buchmanuskript zum Thema *Arbeitsmarkt und Strafvollzug* beschäftigt. Dieses Manuskript war das Ergebnis einer vom Institut seit Anfang der 30er Jahre finanzierten Forschungsarbeit Rusches, auf den Horkheimer und Pollock offenbar durch einen Artikel in der *Frankfurter Zeitung* über *Zuchthausrevolten oder Sozialpolitik* (1930) aufmerksam geworden waren. Als Zwischenergebnis war 1933 in der *ZfS* der Aufsatz *Arbeitsmarkt und Strafvollzug* erschienen. Die Änderungen, zu denen zwei vom Institut als Gutachter herangezogene US-amerikanische Kriminologen vor allem bei den kritischen Passagen über das US-amerikanische Strafvollzugssystem geraten hatten, hatte der inzwischen nach Palästina emigrierte Rusche rasch vorzunehmen versprochen, dann aber bis zum Sommer 1937 nichts mehr von sich hören lassen. Die langwierige Umarbeitung, die Kirchheimer für nötig hielt, führte zu einer Auseinandersetzung um die Urheberrechte, bei der Neumann die Interessen des Instituts vertrat.

1939 erschien *Punishment and Social Structure* von Rusche/Kirchheimer als erste Buchveröffentlichung des Instituts seit den *Studien über Autorität und Familie* und als erste englischsprachige Veröffentlichung des Instituts überhaupt. In seiner Vorbemerkung stellte Horkheimer sie als den »Beginn der neuen amerikanischen Reihe« des Instituts vor. Daß in den Kapiteln über das 20. Jahrhundert, die laut Vorbemerkung zusammen mit der Einleitung allein von Kirchheimer stammten, das Gastland USA überhaupt nicht mehr vorkam, war offensichtlich eine drastische Vorsichtsmaßnahme. Im übrigen, so war anzunehmen, hatte Kirchheimer dem Text durch juristische und politische Erweiterungen insgesamt einen Charakter gegeben, der den gegenüber dem ursprünglichen Titel umfassenderen *Punishment and Social Structure* rechtfertigte. So wie sie am Ende vorlag, zeigte die Arbeit, vor allem in den letzten Kapiteln, in denen Kirchheimer sich relativ ausgiebig auf statistisches Material stützte, daß die Strafpolitik keinen Einfluß auf die Verbrechensrate hatte, daß weder eine auf Abschreckung zielende scharfe, noch eine auf Überredung zielende milde Strafpolitik zur Anpassung an unerträgliche Zustände zu führen vermochte. Vielmehr hingen, und das belegte das materialreiche, historisch aufgebaute Werk als ganzes, Art und Umfang der Kriminalität und der Spielraum der Strafpolitik von der durchgängig antagonistischen und nur in ihren Wirtschafts- und politischen Formen sich ändernden Gesellschaftsordnung ab.

»Solange«, schloß das Buch, »das gesellschaftliche Bewußtsein nicht in der Lage ist, die notwendige Verbindung zwischen einem fortschrittlichen Strafvollzugswesen und dem allgemeinen Fortschritt zu begreifen und auch dementsprechend zu handeln, ist jedem Versuch, die Reform des Strafvollzugswesens in Angriff zu nehmen, ein zweifelhafter Erfolg beschieden; und jeder fehlgeschlagene Versuch wird der angeborenen Schlechtigkeit der menschlichen Natur und nicht dem Gesellschaftssystem zugeschrieben werden. Die unvermeidliche Konsequenz daraus ist eine Rückkehr zu der pessimistischen Doktrin, daß die böse Natur des Menschen nur dadurch gezähmt werden kann, daß man die Bedingungen in den Gefängnissen noch unter den Lebensstandard der freien unteren Klassen drückt. Die Sinnlosigkeit schwerer Bestrafung und grausamer Behandlung kann tausendmal bewiesen sein, aber solange die Gesellschaft nicht in der Lage ist, ihre sozialen Probleme zu lösen, wird die Unterdrückung als Ausweg immer akzeptiert werden.« (Rusche/Kirchheimer, *Sozialstruktur und Strafvollzug*, 288)

In seinem theoretischen Anspruch eher bescheiden und z. B. auf psychoanalytische Überlegungen ganz verzichtend, konnte das Buch Horkheimer kaum beeindrucken. Seine trockene Vorbemerkung dazu bezeugte das. Die undankbare Aufgabe hatte Kirchheimer keine Chance zur Entfaltung geboten. Er blieb ein Teilzeit-Mitarbeiter des Instituts, der u. a. von Pollock mit wirtschaftsstatistischen Arbeiten oder der Anlage einer Kartothek beauftragt wurde oder Felix Weil bei Arbeiten half, der einige Male bei den Vorlesungen des Instituts in der Extension Division der Columbia Universität mitwirkte und an den internen »Seminaren« des Instituts teilnahm. Er möge Kirchheimer, dessen Adresse er nicht habe – es war Ferienzeit –, mitteilen, »daß ich gerne jeden Schritt unterstützen würde, der dazu führen kann, ihn uns zu erhalten«, schrieb Horkheimer im August 1939 an Neumann. »Ich habe während der Zeit seines Hierseins eine ausgezeichnete Meinung von seiner wissenschaftlichen Qualifikation erhalten.« (Horkheimer-Neumann, 10. 8. 39) Die Resultate solch widersprüchlicher Haltung sahen ähnlich aus wie bei Neumann: Kirchheimer stand dem Institut für wenig Geld und ohne verbindlichen Anstellungsvertrag zur Verfügung, bekam von Horkheimer dessen Wertschätzung versichert und gleichzeitig fortlaufend Empfehlungen für Bewerbungen um Stipendien und Posten, die über Jahre hinweg erfolglos blieben.

Als 1940 und 1941 drei Aufsätze Kirchheimers in den *Studies in Philosophy and Social Sciences* publiziert wurden, geschah es in einer Zeitschrift, die – nach fast einjähriger Unterbrechung infolge des Kriegsausbruchs – auf englisch in den USA erschien und in der Horkheimer fast nur noch ein sobald wie möglich aufzugebendes Zugeständnis an den Wissenschaftsbetrieb sah. Aufsätze wie die von Kirchheimer, dessen Brillanz in der Weimarer Zeit von ihm nicht wahrgenommen worden war und in den USA nicht zur Geltung kam, bestärkten ihn in dieser Ansicht, vor allem, weil er in ihnen nicht die Theorie vorangebracht sah, um die es ihm nun so dringlich ging.

Criminal Law in National-Socialist Germany, erschienen im Sommer 1940, hob als die wichtigste Veränderung der Strafjustiz in Deutschland seit 1933 ihre Verwandlung aus einem unabhängigen Staatsorgan in eine »administrative bureaucracy«, eine »Verwaltungsbürokratie« hervor (*SPSS* 1940: 462), deren Zuständigkeitsbereich zudem durch die ständig wachsende Zahl von Verwaltungsinstanzen mit eigener Strafgewalt stark beschnitten wurde.

Im zweiten Heft des Jahres 1941 erschien *Changes in the Structure of Political Compromise* – ein Aufsatz, den zunächst Adorno in New York in eine veröffentlichungsreife Form zu bringen suchte, dann Horkheimer in Los Angeles, bei dem Kirchheimer sich im Oktober 1941 mit den Worten bedankte: »Darf ich die Gelegenheit benutzen Ihnen für die große Mühewaltung, der Sie sich bei der Durchsicht meines Artikels unterzogen haben, herzlich zu danken. Die wesentlichen Punkte kommen durch Ihre Überarbeitung sehr viel klarer heraus; ich hoffe, daß Ihre Fürsorge auch meinen künftigen Erzeugnissen zu gute kommen wird« (Kirchheimer-Horkheimer, 15. 10. 41). Nach dem Liberalismus – gekennzeichnet durch das universale Medium des Geldes und den Kompromiß unter den einzelnen Parlamentariern und zwischen Parlamentariern und Regierung – und der »Massendemokratie« – gekennzeichnet durch die mit den Regierungen konkurrierenden Zentralbanken und durch freiwillige Verträge zwischen den führenden Gruppen Kapital und Arbeit und ihren Unterorganisationen – hatte sich in Kirchheimers Augen mit dem Faschismus ein System durchgesetzt, das dadurch gekennzeichnet war, daß die Absorption individueller Rechte durch Gruppenrechte und deren staatliche Sanktionierung ihre extreme Form erreichten (*SPSS* 1941: 280). Dabei wurde das Monopol der Arbeit von der Regierung angeeignet, während die privaten Monopole der Industrie mit staatlicher Macht ausgestattet wurden. »Der Prozeß der Kartellbildung findet somit in der endgültigen Fusion von privater Macht und staatlicher Organisation seinen logischen Abschluß.« (276, zitiert nach der dt. Übersetzung in: Kirchheimer, *Von der Weimarer Republik zum Faschismus*, 229) Die Interessen der verschiedenen Kompromißpartner – Monopole, Armee, Industrie und Landwirtschaft sowie die verschiedenen Schichten der Parteibürokratie – ließen sich allerdings nur auf einen Nenner bringen dank des faschistischen Expansionsprogramms (*SPSS* 1941: 288). Kirchheimers Kompromiß-Aufsatz erschien im gleichen Heft wie Pollocks *State Capitalism* – allerdings nur, weil er das Heft »durch Material bereicherte« (Horkheimer) und ins nächste Heft nicht mehr gepaßt hätte, und nicht, weil Horkheimer ihn im »Staatskapitalismus«-Heft für »tragend«, für eine die Position des Instituts repräsentierende Arbeit gehalten hätte.

Kirchheimers dritter Aufsatz schließlich – *The Legal Order of National Socialism* – erschien 1942 im letzten Heft der *SPSS*. Dabei handelte es sich um den Abdruck einer Vorlesung, die er um Weihnachten 1941 im Rahmen der Instituts-Vorlesungen in der Extension Division der Columbia University gehalten hatte. Die im Mittelpunkt stehenden Gedanken – die Individuen werden von gesellschaftlichen Gruppen und der Regierung in Schach gehalten; die Autorität der Gruppenbürokratie wächst mit der Zahl der ihr von der Staatsbürokratie übertragenen exekutiven Aufgaben – gipfelten in der Feststellung, daß überall eine technische Rationalität herrsche, die rational nur für die Mächtigen sei.

Ohne materialreiche und zugleich um gemeinsame Gedanken und Begriffe zentrierte Untersuchungen wie die Kirchheimers war die Weiterentwicklung der Gesellschaftstheorie nicht möglich, konnte auch Horkheimer sie sich nicht vorstellen. Zugleich waren aber seine Lust und seine Fähigkeit zur Kooperation mit anderen fachwissenschaftlich qualifizierten Gesellschaftstheoretikern und zu einer breit angelegten Integration empirischer und fachwissenschaftlicher Forschungen nicht groß genug, um der Versuchung zu widerstehen, sich dieser Zumutung durch die letztlich Oberhand behaltende Verachtung für die systematische statt bloß exemplarische Verarbeitung konkreten Materials zu entziehen. Die Beziehung zu Kirchheimer blieb ein höflich distanziertes Provisorium.

Adorno, Lazarsfeld und das
Princeton Radio Research Project

Im Oktober 1937 war Adorno von Stefan Zweig aufgefordert worden, ein Schönberg-Buch für den Verlag zu schreiben, der kurz zuvor mit unerwartetem Erfolg das Berg-Buch publiziert hatte, an dem Adorno wesentlich beteiligt war. »Was meinen Sie?«, fragte Adorno am 19. Oktober brieflich beim wissenschaftlichen Institutsleiter an. Ein Buch über Schönberg schwebe ihm seit Jahren vor. Seinen Beitrag zum Berg-Buch habe er von Februar bis April 1936 in seiner Freizeit geschrieben – neben seiner Hauptarbeit: dem Jazz-Aufsatz und großen Teilen des Husserl-Buches. Das Schönberg-Buch lasse sich vermutlich in zwei Jahren Freizeitarbeit bewältigen dank genauester Vorstudien. »Es ist mir endlich gewiß, daß ein Buch über Schönberg, wenn ich es schriebe, auch sachlich [und nicht nur wegen der auch dem Institut zugute kommenden Publizität, R. W.] von erheblicher Wichtigkeit wäre: Sie wissen, daß ich geneigt bin, die Leistung Schönbergs in der gleichen Sphäre zu lokalisieren wie die von Freud und von Karl Kraus, und seine Sache im gleichen Sinn und mit der gleichen Einschränkung für die unsere zu halten. Das zu explizieren wäre die Hauptaufgabe des Buches.« (Adorno-Horkheimer, 19. 10. 37) Er schrieb dies, beschäftigt mit der Arbeit am Wagner-Buch, der Arbeit am Husserl-Buch und der Vorbereitung aufs englische Examen.

Am nächsten Tag, dem 20. Oktober, kam ein Telegramm Horkheimers: »Möglichkeit Ihrer baldigen Übersiedlung Amerika nähergerückt Stop Falls Ihrerseits Einverständnis teilweise Arbeitszeit bei neuem Radioproject Princeton University Bereitzustellen wäre zweijähriges Einkommen Insgesamt 400 Dollars monatlich gesichert Stop Kabelt prinzipielle Stellungnahme zusätzlich Möglichkeit frühesten Reisetermins Stop . . . Herzlichst Horkheimer«. Das Antwort-Telegramm Adornos (der einige Monate vorher, im Juni, auf Einladung Horkheimers zum ersten Mal für einige Wochen in den Vereinigten Staaten gewesen war) zwei Tage später: »Froh und prinzipiell einverstanden Auch Mitarbeit Princeton Kommen gern sofort Stop Schwierigkeiten eineinhalbjähriger Mietvertrag . . . und schwebender Möbeltransport aus Deutschland Wären für raschesten detaillierten Drahtbescheid dankbar Herzlichst Teddie«. Seine Aussichten, endlich rasch den Ph. D. zu machen, schätzte Adorno offenbar gering ein, und den Sinn eines solchen Abschlusses auch. Und mit der Annahme des von Horkheimer weitergegebenen Angebots wurde er seinem Vorsatz, nur aufgrund eines full time-Stellenangebots des Instituts oder eines akademischen Stellenangebots von England in die Vereinigten Staaten überzuwechseln, nicht ganz untreu. Es drängten aber auch die Ungewißheit, ob er nicht eines Tages vom Geld der Eltern ganz abgeschnitten sein werde, und die Ungewißheit, ob es nicht doch zum Krieg kommen werde, so sehr er und Horkheimer sich auch darin einig waren, daß die westlichen Demokratien und das nationalsozialistische Deutschland – allesamt Büttel des Kapitalismus – niemals so weit gehen würden, Krieg gegeneinander zu führen.

»Die Kombination mit dem Lazarsfeldschen research project«, ermunterte Horkheimer Adorno, »bietet nicht nur gewisse finanzielle Garantien, sondern ist ein Mittel, Sie mit akademischen und anderen für Sie wichtigen Kreisen in Verbindung zu bringen. Ich brauche nicht zu sagen, daß wir Sie am liebsten für uns allein haben wollten, andererseits wird jedoch die materielle Grundlage Ihrer Existenz, die Sie sich mit Recht wünschen, schließlich nur zu erreichen sein, wenn Sie nicht auf das Institut allein angewiesen sind. Wie ich bestimmt glaube, gibt es in Amerika Möglichkeiten, daß Sie und Gretel wirklich großbürgerlich leben können.« (Horkheimer-Adorno, 24. 12. 37)

Mit seinem Stellenangebot wollte Lazarsfeld sich nicht nur bei Horkheimers Institut revanchieren, von dem er wußte, daß es Adorno in die USA holen wollte. Er wollte auch den von ihm geschätzten Autor des *ZfS*-Beitrags *Zur gesellschaftlichen Lage der Musik* als ideenreichen Mitarbeiter gewinnen. Nachdem Adorno einmal zugesagt hatte, konnte Lazarsfeld es kaum abwarten, mit der Zusammenarbeit zu beginnen. »Dear Dr. Wiesengrund: During these last few days I have discussed with my associates what we are expecting from your future work with us. Let me give you a brief idea so that we might start some correspondence about it even before you come to this country. ... I intend to make the musical section, so to speak, the hunting ground for the ›European approach‹. By that I mean two things: A more theoretical attitude toward the research problem, and a more pessimistic attitude toward an instrument of technical progress.

It is especially the first point to which I should like to draw your attention. Our project definitely deals with empirical research. But I am convinced, the same as you are, that fact-finding can be extremely improved by extensive preliminary theoretical thinking. Taking, for instance, the papers you wrote in the Institute's magazine, I might put the situation in the following terms: It is exactly this kind of thing which we shall expect from you, but it has to be driven two steps further:

1) Toward an empirical research problem.
2) Toward an actual execution of the field work.«

Adorno möge schon mal eine Liste der Probleme schicken, die ihm besonders wichtig schienen. »I purposely refrain from giving you any of the concrete problems and ideas which I, myself, have in the field of radio and music because I think it will be more advantageous for us to get your thinking quite fresh and uninfluenced by us.« (Lazarsfeld-Adorno, 29. 11. 37)

Adorno seinerseits betonte, »daß meine theoretische Haltung nicht etwa Abneigung gegen empirische Forschung einschließt. Im Gegenteil: der Begriff der ›Erfahrung‹, in einem sehr bestimmt gearteten Sinne, rückt immer mehr ins Zentrum meines Denkens . . . Zwischen Theorie und empirischer Forschung besteht eine Wechselbeziehung, die wir dialektische Methode nennen . . . Ich bin der Ansicht, daß Musik im Radio gewisse qualitative Veränderungen erfährt, die ihre Apperzeption auf eine vollkommen neue Basis stellen. (Adorno-Lazarsfeld, 24. 1. 38) An erster Stelle müsse die Analyse der Produktion stehen, müsse man »klarstellen und verifizieren, *daß die technische Beschaffenheit der musikalischen Phänomene des Rundfunks für ihre gesellschaftliche Bedeutung den Schlüssel bildet.*« Seien der »Bildcharakter der durch Radio gesendeten Musik« und andere von ihm vermutete Züge in der technischen Analyse der Produktion erfaßt, »kann man vielleicht Methoden entwickeln, ihre ›Korrelate‹ bei Hörern zu analysieren«, schrieb er Lazarsfeld in einem 6 Seiten langen ideenreichen Brief, dem eine 16 Seiten lange ideenreiche Zusammenstellung von »Fragen und Thesen« beigefügt war. In den 15 Punkten dieser »Fragen und Thesen« entwarf er Ansatzpunkte für eine »dialektische Theorie des Rundfunks«, für eine »Sozialtheorie des Rundfunks«, kritisierte er die vorliegende Gestalt des Rundfunks als eine Hemmung der darin angelegten progressiven Tendenzen.

Ein wenig stutzig geworden, betonte Lazarsfeld in seiner Antwort: »I agree with you also that such an approach needs a theoretical analysis first, and might have to start definitely by an analysis of music production. It is exactly as a stronghold of theoretical analysis preceding any research that I am looking forward to your coming. On the other hand, we shall have to understand that you have to end up finally with actual research among listeners, although in many cases we might have to stop with the formulation of the theoretical problem and discussions of techniques to answer them, simply for reasons of time.« (Lazarsfeld-Adorno, 3. 2. 38)

Nachdem die beiden inzwischen verheirateten Adornos noch einmal Urlaub in San Remo gemacht hatten, wo sie mit Benjamin zusammentrafen, der hier einige Wochen lang kostenlos in der Pension seiner ehemaligen Frau leben konnte, fuhren sie am 16. Februar 1938 mit der »Champlain« nach New York. Am 26. Februar hatten Adorno und Lazarsfeld bereits ihr erstes Arbeitsgespräch. Adorno war nun

Leiter des musikalischen Teils des Princeton Radio Research Projects, dessen genauer Titel hieß: »The Essential Value of Radio to All Types of Listeners«.

Die beiden dem Projekt vorstehenden Direktoren waren der Psychologe Hadley Cantril, der einige Jahre zuvor zusammen mit seinem bekannten Kollegen Gordon Allport ein Buch über die Psychologie des Rundfunks veröffentlicht hatte, und Frank Stanton, damals Research Director des Columbia Broadcasting System. Von diesen beiden stammte der ursprüngliche Entwurf des Projekts, für das der Universität Princeton 1937 von der Rockefeller Foundation die für damalige Verhältnisse stattliche Summe von 67 000 Dollar für einen Zeitraum von zwei Jahren zur Verfügung gestellt worden war. »Wir wollen schließlich dazu kommen«, hatte es in dem Schreiben Cantrils geheißen, in dem im Sommer 1937 auf entschiedene Fürsprache Lynds hin Lazarsfeld der (mit dem für ihn märchenhaften Jahresgehalt von 6000 Dollar dotierte) Posten des Forschungsleiters angeboten worden war, »die Rolle des Rundfunks im Leben verschiedener Typen von Hörern zu bestimmen, den psychologischen Stellenwert des Rundfunks und die verschiedenen Gründe, warum die Leute gern Radio hören« (zitiert in: Lazarsfeld, *Eine Episode*, 181). Zwei Jahre lang sollten nach den Vorstellungen Cantrils und Stantons Methoden entwickelt werden, um dann in weiteren zwei Jahren, für die sie – wie sich herausstellte, zu Recht – mit einer Verlängerung der Zahlung rechneten, zu definitiven Antworten zu gelangen.

Lazarsfeld war es gelungen durchzusetzen, daß die faktische Projektleitung bei seinem Forschungsinstitut in Newark lag, womit diesem kleinen Institut, dessen Gesamtetat weniger als ein Drittel des Radio Research Project-Etats betrug, eine riesige Aufgabe zugefallen war. »We consider ourselves«, hieß es in Lazarsfelds eigenem Memorandum für Cantril und Stanton, »essentially a service organization which does not have to set goals, but which wishes to help in selecting and achieving them. Therefore, our research program has to be such that our results are adaptable to a variety of actual policies.« Irgendwelche – sei es auch noch so versteckten – kritischen Töne enthielt das Memorandum nicht. Kam Lazarsfeld auf den Unterschied zwischen commercial und non-commercial broadcasters zu sprechen, hob er hervor, daß »the educator« – über das »sales effect«-Problem hinaus, ob die Leute lesen, was er im Radio empfiehlt, ob sie das Museum besuchen, für das er wirbt – »hopes to affect the cultural and social life of his audience for a much longer period and in a much more general way than the commercial sponsor thinks of doing.« Dem Memorandum nach ging es darum, mit einer Vielfalt von Untersuchungstechniken eine Vielfalt von Fragen anzugehen, die in den gängigen Diskussionen über das noch relativ neue und deswegen umstrittene Medium Radio immer wieder auftauchten bzw. sich daraus ableiten ließen: Wie beeinflussen Nachrichten-Hören und Zeitung-Lesen einander? Trägt das Radio zur Urbanisierung der ländlichen Gegenden bei? Werden die durch das Radio möglichen neuen akustischen Effekte die weitere Entwicklung der Musik beeinflussen? usw. Auf vier Hauptbereiche der Radioprogramme sollte sich das Projekt konzentrieren: music, book-reading, news und politics. Dem Musik-Bereich aber dachte Lazarsfeld bald eine besondere Rolle zu. Das Radio sollte auch im Gesamtzusammenhang der US-amerikanischen Kultur und der Gesellschaft gesehen werden. Und die dabei zu erwartenden kontroversen Resultate hielt Lazarsfeld am ehesten für zumutbar, wenn sie am Beispiel der Musik entwickelt würden (cf. Morrison, *Kultur and Culture:: The Case of T. W. Adorno and P. F. Lazarsfeld,* in: *Social Research,* 1978, No. 2, 339f., 342).

»Ich ging«, erinnerte sich Adorno später an seine ersten Eindrücke im Newarker Forschungszentrum, das in einer unbenutzten Brauerei untergebracht war, »auf Anregung Lazarsfelds von Zimmer zu Zimmer und unterhielt mich mit den Mitarbeitern, hörte Worte wie ›Likes and Dislikes Study‹, ›Success or Failure of a Programme‹ und ähnliches, worunter ich mir zunächst wenig vorstellen konnte. Doch begriff ich soviel, daß es sich um das Ansammeln von Daten handelte, die planenden Stellen im Bereich der Massenmedien, sei's unmittelbar der Industrie, sei's kulturellen Beiräten und ähnlichen Gremien zugute kommen sollten. Zum ersten Mal sah ich administrative research vor mir: ich weiß heute nicht mehr, ob Lazarsfeld diesen Begriff prägte oder ich in meinem Staunen über einen mir so gänzlich ungewohnten, unmittelbar praktisch orientierten Typus von Wissenschaft.« (Adorno, *Wissenschaftliche Erfahrungen in Amerika,* in: *Stichworte,* 117 f.) Dieser Eindruck traf die Wahrheit nur fast, denn charakteristisch für Lazarsfeld war in Wirklichkeit, daß Funktionslust – die Lust an kollektiv angelegten sozialpsychologischen Forschungsarbeiten, bei denen mit vielfältigen Methoden Antworten auf Fragen gesucht wurden, die in ihre überprüfbaren Elemente zerlegt wurden – es ihm leicht machte, seine eigenen wissenschaftlichen Interessen bei aller Unkonventionalität mit den Erwartungen seiner Auftraggeber und des Wissenschaftsbetriebs in Übereinstimmung zu bringen.

Lazarsfeld seinerseits berichtete nach einer Woche Erfahrung mit Adorno in einem Memorandum an die Mitdirektoren Cantril und Stanton: »Er sieht genauso aus, wie man sich einen geistesabwesenden deutschen Professor vorstellt, und er benimmt sich so fremdartig, daß ich mir selbst wie ein Mitglied der Mayflower-Gesellschaft vorkomme. Wenn man allerdings erst einmal sich mit ihm unterhält, äußert er enorm viele interessante Ideen.« (Lazarsfeld, a.a.O., 176) Das war gut gemeint und taktisch geschickt. Als es einige Jahre später um die Berufung Lazarsfeld an die Columbia University ging, schrieb sein Freund Samuel Stouffer an die Berufungskommission: »Trotz der Tatsache, daß er seit mehr als sieben Jahren in diesem Lande lebt, sieht er noch unverkennbar wie ein Ausländer aus und spricht mit starkem Akzent. Das fordert die Vorurteile einiger Leute gegen ihn heraus, und ich glaube, daß ihre Vorbehalte gegen ihn noch größer werden, weil sie der Meinung sind, daß er gelegentlich arrogant auftrete. In Wirklichkeit ist kaum jemand bescheidener als Paul, aber es ist richtig, daß er eine ziemlich umständliche deutsche Art hat, wenn er sich zu einem Thema äußert; daraufhin wird vielfach angenommen, daß in Wirklichkeit nicht viel an einem Thema ist, wie die Schwierigkeiten beim Zuhören zunächst vermuten lassen würden. Ich kann mir vorstellen, daß solche Kritiker gelegentlich Recht behalten, aber ich kann auch aus Erfahrung versichern, daß dieser Bursche jede Menge Goldadern aufzuweisen hat.« (zitiert in: Lazarsfeld, a.a.O., 176) Lazarsfeld tat also, was er konnte, um den europäischen Theoretiker Adorno in den US-amerikanischen Forschungsbetrieb zu integrieren, den er selbst, nur leise geplagt von der mahnenden Erinnerung an seine sozialrevolutionär eingebetteten Wiener Anfänge, so zu nehmen verstand, wie er nun einmal war.

Als Mitarbeiter des International Institute of Social Research führte Adorno seine in England begonnene Studie über Wagner zu Ende und verfaßte er den Aufsatz *Über den Fetischcharakter in der Musik und die Regression des Hörens*. Als Mitarbeiter des Princeton Radio Research Project studierte er Hörer-Post an Rundfunkanstalten, machte Interviews (»ich weiß noch, wieviel Freude ich hatte und wieviel ich lernte, als ich selbst, zu meiner Orientierung, eine Reihe von freilich recht wildwüchsigen, der Systematik entbehrenden Interviews durchführte« [*Wissenschaftliche Erfahrungen*, a.a.O., 118]), sprach mit Rundfunkleuten (»seine Interviews mit Leuten in der Rundfunkindustrie hatten zu Beschwerden geführt, in denen ihm einseitige Fragen und Verzerrung der Antworten vorgeworfen wurden« [Lazarsfeld, *Episode*, 200]) und Musikern (die high school-Schülern Kultur zu vermitteln glaubten und denen Adorno laut Lazarsfeld zu verstehen gab, daß sie Idioten seien [Morrison, 348]) und schrieb Memoranden (z. B. ein Memorandum über einen Vorführungsabend elektrischer Musikinstrumente in der League of Composers im Mai 1938, worin er die Perspektive einer Vereinigung von elektrischen Musikinstrumenten und Radio entwickelte, die dazu führen würde, daß man nicht mehr ›durchs Radio überträgt‹, sondern ›Radio spielt‹, womit »die Differenz von natürlichem und Übertragungsklang in Fortfall käme im Sinn

meiner Forderung der Liquidation eines abzubildenden Klanges«).
Vor allem aber schrieb er im Frühjahr und Sommer 1938 auf die
Aufforderung Lazarsfelds hin ein großes 160seitiges Memorandum
über *Musik im Rundfunk*. Lazarsfeld wollte es in Reaktion auf die von
vielen Seiten laut gewordene Kritik an Adorno unter verschiedenen
Sachverständigen zirkulieren lassen, um ihm eine breite Unterstützung für seine Arbeit zu sichern. Adornos Text veranlaßte Lazarsfeld
indessen im September 1938 zu einem langen kritischen Brief. »Just
because you express new and aggressive ideas you have to be especially
careful not to be open yourself to justified attacks, and I am sorry to
say that in many parts your memorandum is definitely below the
standards of intellectual cleanliness, discipline and responsibility
which have to be requested from any one active in academic work. I
hope you will take my frankness as an earnest effort to make your
work as successful as it really could be.

My objections can be grouped around three statements:

I.) You don't exhaust the logical alternatives of your own statements and as a result much of what you say is either wrong or
unfounded or biased.

II.) You are uninformed about empirical research work but you
write about it in authoritative language, so that the reader is forced to
doubt your authority in your own musical field.

III.) You attack other people as fetishist, neurotic and sloppy but
you show yourself the same traits very clearly.«

»It is«, meinte er, nachdem er seine Einwände anhand zahlreicher
Beispiele aus Adornos Memorandum erläutert hatte, »as if you would
give us with your right hand the gift of your ideas and would take
them away with your left hand by the lack of discipline in your
presentation.«

Mit seiner Kritik traf Lazarsfeld entscheidende Schwächen Adornos, ohne verletzend zu werden. Adorno, damals 35 Jahre alt und nur
zwei Jahre jünger als Lazarsfeld, wies die Kritik zurück – sich in
manchem zu Recht wehrend, im Ton keineswegs rechthaberisch und
doch nicht bereit bzw. nicht in der Lage, die ihm von kaum jemanden
sonst gebotene Chance, einiges Wichtige dazuzulernen, wahrzunehmen. »Ich glaube, Sie müßten sich nur ein von mir publiziertes
Prosastück wie die Jazzarbeit ein wenig ansehen, um zu finden, daß
die von Ihnen inkriminierten Tatsachen nicht auf meine innere, sondern auf die praktische Desorganisation zurückzuführen sind.«
(Adorno-Lazarsfeld, 6. 9. 38) Der Jazz-Aufsatz, der aus einem Manuskript hervorgegangen war, zu dem auch von Adorno so genannte
»Verifikationsthesen« gehörten, war in seinen Augen eine recht empirische Arbeit. So ergab sich die eigentümliche Situation, daß

Adorno Lazarsfelds Forderungen akzeptierte, sie aber grundsätzlich von sich selbst erfüllt sah. Nachdem er sich mit Lazarsfeld darauf geeinigt hatte, eine Typologie von Hörern aufzustellen, die es erlauben sollte, aufgrund von Fragebogen die zahlenmäßige Verteilung dieser Typen festzustellen, legte er eine Beschreibung z. B. des emotionalen Hörertyps vor, in der es hieß, daß das Weinen eines der wichtigsten Objekte für die Analyse der emotionalen Aspekte der Musik sei. Für Lazarsfeld lief das letztlich auf die Weigerung hinaus, zu den von ihm schon in seinen ersten Briefen an Adorno hervorgehobenen konkreten Höreruntersuchungen zu kommen.

Die Frage des Stellenwerts empirischer Forschungen vermischte sich diffus mit der Frage von Reform oder Revolution. Die Problemstellung ›Wie kann man gute Musik soviel Leuten wie möglich nahebringen?‹ erschien Adorno unter den gegebenen gesellschaftlichen und rundfunkorganisatorischen Bedingungen als sinnlos. Seine für die music study geschriebenen Texte brachten das deutlich zum Ausdruck. Und in einem interoffice memorandum vom Januar 1940 meinte John Marshall, der bei der Rockefeller Foundation für das Princeton Radio Research Project Verantwortliche, Adorno »seems psychologically engaged at the moment by his ability to recognize deficiencies in the broadcasting of music to an extent that makes questionable his own drive to find ways of remedying them« (Morrison, 347). Nützliches sei von Adorno nur zu erwarten, »if he had the collaboration of someone representative of the present system, but tolerant enough of Adorno's position to see what was useful in it and interpret that for people certain to be intolerant« (zitiert a.a.O., 348). Aber die Versicherung Lazarsfelds, genau das solle geschehen, und auch ein persönlicher Besuch Lazarsfelds und Adornos bei Marshall im Juni 1940 konnten dann doch an dessen Entscheidung nichts mehr ändern, die music study nicht länger zu finanzieren, weil ein Nutzen für die Beseitigung gegenwärtiger Mängel der Radio-Musik nicht abzusehen sei. Im Sommer 1940 endete so endgültig Adornos Mitarbeit beim Princeton Radio Research Project.

Lazarsfeld hielt bloß eine der von Adorno im Rahmen der music study verfaßten vier größeren Abhandlungen für geeignet, in die Projekt-Veröffentlichungen aufgenommen zu werden: *The Radio Symphony*. Diese Arbeit erschien 1941 in dem von Lazarsfeld und Stanton herausgegebenen Band *Radio Research 1941*. In seinem Text – einer Fortsetzung der Auseinandersetzung mit Benjamins Kunstwerk-Aufsatz – vertrat Adorno die These, die im Radio übertragene Symphonie stelle bloß ein Bild der lebendigen Aufführung dar, wie die Verfilmung eines Theaterstücks bloß ein Bild der lebendigen Aufführung bot, und deshalb sei der Anspruch der Radio-Industrie, den

Massen ernste Musik nahezubringen, im Kern fragwürdig. »Von der Symphonie bleibt eine Kammersymphonie zurück ... Je weniger aber die Hörer – zumal die, welche hochtrabend vom Radio zur musikalischen Kultur eingeladen werden – vom unverstümmelten Werk etwas wissen, je ausschließlicher sie der Radiostimme ausgeliefert sind, desto bewußtloser und ohnmächtiger erliegen sie dem Neutralisierungseffekt ... Die einzigen, die etwas Vernünftiges damit anfangen könnten, wären die Fachleute, denen eine solche Symphonie, gereinigt von der betulichen Weihe des Konzertsaals, nahe rückt wie ein Text durchs Vergrößerungsglas. Mit Partitur und Metronom bewehrt, könnten sie die Aufführung verfolgen, um unweigerlich ihrer Falschheit innezuwerden, aber das war schließlich nicht der Zweck des Ganzen.« (Adorno, *Schriften 15*, 378 ff.)

Die übrigen drei Abhandlungen – *A Social Critique of Radio Music*, ein 1939 vor den Mitarbeitern des Radio Project gehaltener Vortrag, der Adornos grundsätzliche Überlegungen enthielt und 1945 in der *Kenyon Review* erschien; *On Popular Music*, 1941 in den *SPSS* publiziert; ferner eine Studie über die NBC Music Appreciation Hour, die unveröffentlicht blieb, aber später teilweise in den deutschen Aufsatz *Die gewürdigte Musik* einging – übten unmittelbar vernichtende Kritik am US-amerikanischen Rundfunk- und Gesellschaftssystem. *On Popular Music* war eine der schlichtesten und klarsten Arbeiten Adornos und wurde sogar in der *New York Herald Tribune* lobend vorgestellt. Sie war, wie die anderen Abhandlungen, in Zusammenarbeit mit Adornos ›editorial assistant‹ George Simpson entstanden, von dem er im Rückblick meinte, er habe für die ersten Ansätze zu einer Integration seiner spezifischen Bestrebungen mit amerikanischen Methoden gesorgt (*Wissenschaftliche Erfahrungen*, a.a.O., 126). Mit Hilfe der zu den Topoi der Benjamin-Adorno-Diskussion gehörenden Kategorien des Immergleichen und des Neuen gelangte Adorno zu pointierten Analysen der popular music (ein von ihm stillschweigend als gleichbedeutend mit Unterhaltungsmusik benutzter Begriff) und der grundsätzlichen strategischen Aspekte ihres Erfolgs. »The publisher wants a piece of music that is fundamentally the same as all the other current hits and simultaneously fundamentally different from them, Only if it is the same does it have a chance of being sold automatically, without requiring any effort on the part of the customer, and of presenting itself as a musical institution. And only if it is different can it be distinguished from other songs, – a requirement for being remembered and hence for being successful.« (*SPSS* 1941: 27 f.) »Standardization of song hits keeps the customers in line by doing their listening for them, as it were. Pseudo-individualization, for its part, keeps them in line by making them forget that what they listen to is already listened to for them, or ›pre-digested‹.« (25)

Auf der Grundlage der Analyse der objektiven Seite, der Produktion und des Marketing und der Struktur der popular music, entwickelte Adorno in der zweiten Hälfte seiner Arbeit eine »Theory about the Listener«. Sie enthielt eine Reihe zentraler »Thesen«. Z. B. die, daß bei der popular music das Wiedererkennen eines Stücks schon der Höhepunkt des Verstehens sei, während bei »good serious music« das Verstehen über das Wiedererkennen hinausgehe zum Erfassen von etwas fundamental Neuem (33). Oder die, daß »the strain and boredom associated with actual work leads to avoidance of effort in that leisure-time which offers the only chance for really new experience. As a substitute, they crave a stimulant. Popular music comes to offer it. Its stimulations are met with the inability to vest effort in the ever-identical . . . The moment of recognition is that of effortless sensation. The sudden attention attached to this moment burns itself out instanter and relegates the listener to a realm of inattention and distraction. On the one hand, the domain of production and plugging presupposes distraction and, on the other, produces it.« (38 f.) Er gelangte schließlich zur Unterscheidung zwischen zwei sozialpsychologischen Typen des Massenverhaltens gegenüber der Musik im allgemeinen und der popular music im besonderen. Der »rhythmically obedient type«, nach Adornos Überzeugung vor allem unter Jugendlichen verbreitet, hielt, unbeirrt von Synkopierungen, an den durchgängigen Schlageinheiten fest und brachte dadurch seine Lust zum Gehorchen zum Ausdruck. Das entsprach der im Jazz-Aufsatz behaupteten masochistischen Unterwerfung des Jazz-Fans unters autoritäre Kollektiv. Der »emotional type« nutzte sentimentale Musik zur Abfuhr von Gefühlen, vor allem des Gefühls der eigenen Glücklosigkeit. Beide Typen – so Adorno – fanden sich mit ihrer gesellschaftlichen Misere ab: der eine marschierend, der andere weinend.

Insgesamt präsentierte Adorno mit seinen Arbeiten eine Position, die bei aller gesellschaftskritischen Pointiertheit eben auch vernichtende Urteile über die Opfer der kritisierten Gesellschaftsstruktur fällte und die solche Urteile verkündete, ohne gleichzeitig oder so bald wie möglich mit den Opfern zu sprechen. Die negative Deutung sämtlicher Äußerungen dieser Opfer ließ keine Lücken – und setzte sich dabei dem Vorwurf Lazarsfelds gegenüber Adorno aus: indem er sich die Explikation der logischen Möglichkeiten einer Problemstellung erspare, ermögliche er sich die Aufrechterhaltung von Vorurteilen. Daß z. B. viele Leute eine ihnen vertraute Melodie in entstellter Form pfeifen, war für Adorno das gleiche, wie wenn Kinder einen Hund am Schwanz ziehen. Die mindestens ebenso naheliegende Möglichkeit, daß es sich dabei um ein Variieren des Bekannten, eine respektlose Nutzung des Vertrauten für eigene Abwandlungen handeln könnte, hielt er gar nicht für der Erwähnung wert. So konnte auch der Gedanke an eine empirische Überprüfung der eigenen Annahme gar nicht erst aufkommen. Solche Beispiele gab es in Adornos Texten in Fülle.

Verführt zu so viel selbstherrlicher Ignorierung sich aufdrängender hellerer Züge der menschlichen Objekte der Untersuchung wurde Adorno von der regelmäßig an den Enden seiner Gedankengänge auftauchenden Figur der Sprengung von innen, des Umschlags, der kleinen Verrückung. Auch die Theorie des Hörers in *On Popular Music* schloß mit dem Satz: »To become transformed into an insect, man needs that energy which might possibly achieve his transformation into a man.« (48) Eine von den betroffenen Subjekten der Untersuchung dermaßen distanzierte Position war genauso wenig frei von Fragwürdigkeiten wie eine, die keinerlei Scheu zeigte, die Subjekte bloß durch das Filter vorgegebener und ohne gesellschaftskritischen Hintergrund entworfener Befragungen oder experimenteller Situationen zu Wort kommen zu lassen.

Balanceakte und Unentschiedenheit

Während im Rahmen des Princeton Radio Research Project von Lazarsfeld der Versuch unternommen wurde, die Ideen des europäischen Adorno mit (von Lazarsfeld anspruchsvoll vertretener) US-amerikanischer empirischer Forschung (die zugleich Auftragsforschung war) zu verbinden, hatte am International Institute of Social Research die empirische Arbeit ganz aufgehört. Die diversen in Verlängerung der *Studien über Autorität und Familie* entworfenen Untersuchungen über Familie, Autorität und Arbeitslosigkeit waren eingeschlafen und damit die von Horkheimer 1935 im Vorwort zu den *Studien über Autorität und Familie* angekündigte Sammlung und Auswertung eines möglichst reichhaltigen empirischen Materials. Nichts weist darauf hin, daß es auch nur zur Ausarbeitung eines Plans für die von Horkheimer im Vorwort zu den *Studien* angekündigte Fortsetzung der kollektiven Forschungsarbeit gekommen wäre. Die »Durchdringung konstruktiver und empirischer Verfahrensweisen« schien in der Praxis ganz aufgegeben, die »durchgängige Zusammenarbeit ver-

schiedener Fachvertreter« (Horkheimer im Vorwort zu den *Studien*)
der Improvisation überlassen und auf eine durch häufige Kontakte
und durch informelle Redaktionssitzungen gewährleistete Verwandtschaft der Themen und Gesichtspunkte zurückgeschraubt zu sein.
»Das Haus 429 West 117th Street in New York, in dem wir arbeiteten«,
so Alice Maier, die langjährige New Yorker Sekretärin Horkheimers
und des Instituts, »war früher ein Privathaus, das auf jedem Stockwerk
zwei Zimmer hatte. Im Parterre gab es überhaupt kein Zimmer,
sondern nur die Küche und einen Raum, in dem unsere Mrs. Murdoch
wohnte, die Frau, die das Haus sauber gemacht und auf alles aufgepaßt
hat. Im ersten Stock hatte Marcuse das Zimmer nach vorne und
Neumann das Zimmer nach hinten gehabt. Im zweiten Stock saß
Pollock im vorderen und Löwenthal mit der Redaktion der Zeitschrift
im hinteren Zimmer. Herr Horkheimer arbeitete im vierten Stock im
vorderen Zimmer und wir Sekretärinnen saßen auch im vierten Stock
in dem anderen Zimmer. Dann gab es noch oben im Dachgeschoß drei
oder vier kleinere Zimmer, von denen eins mein Mann [Joseph Maier,
R. W.] und eines Otto Kirchheimer gehabt haben.« (A. Maier in: Erd,
a.a.O., 99) Fromm hatte stets schon zu Hause gearbeitet, wenn er nicht
in seiner Praxis war. Er hielt sich zudem aus Gesundheitsgründen
1938 und 1939 für längere Zeit in der Schweiz auf. Kein Arbeitszimmer im Institut hatten auch die beiden »Kommunisten« Wittfogel und
Grossmann. Wittfogel hatte einen Raum in der Butler Library der
Columbia University, war außerdem mit einem Bein im Institute of
Pacific Relations etabliert. Grossmann lebte zu Hause als ein vom
Institut finanzierter Privatgelehrter, der mit seinen schwerfällig und
lang geratenden Manuskripten den Erwartungen der Institutsleiter in
keiner Weise zu entsprechen vermochte und dessen Charakter durch
ein wenig glückliches Leben schwierig geworden war. Adorno hatte
seinen Arbeitsplatz teils in Newark, teils zu Hause. So ungefähr sah die
räumliche Szenerie aus. Wie kam es, daß in der zweiten Hälfte der 30er
Jahre von durchgängiger Zusammenarbeit verschiedener Fachvertreter wie zuvor nur mit großen Vorbehalten und von Durchdringung
konstruktiver und empirischer Verfahrensweisen weniger als zuvor
die Rede sein konnte? Was steckte dahinter? Zweifel am weiteren Sinn
großangelegter kollektiver Arbeiten? Desorientiertheit von Emigranten im Exilland? War es eine Pause, die der Neuorientierung diente?

Offenbar begann bald nach der Fertigstellung der nur als Zwischenbericht gedachten *Studien über Autorität und Familie* eine lang sich
hinziehende Phase des Zweifels, der Unentschiedenheit, der Neuorientierung – des wissenschaftlichen Institutsleiters und damit des
von ihm abhängigen Instituts. Die Perspektive, in der die Kollektivuntersuchung begonnen worden war, war die Überzeugung vom

zumindest langfristigen Abbau der Autorität gewesen. In der zweiten Hälfte der 30er Jahre, als an der Lebensfähigkeit des Nationalsozialismus kein Zweifel mehr sein konnte und die Aushöhlung der Familie und die zunehmende Beseitigung der Arbeitslosigkeit sich gut mit dem Erfordernis der Anpassung des Charakters an autoritäre gesellschaftliche Verhältnisse zu vertragen schienen, konnte jene ursprüngliche Perspektive nicht beibehalten werden. Gleichzeitig demonstrierte in den USA die Roosevelt-Ära, daß auch in den nicht-faschistischen Staaten kein wie auch immer verzögerter Abbau, sondern eine Zunahme autoritären und autoritätshörigen Denkens und Verhaltens stattfand. Roosevelt selbst sprach von einem »autoritären Experiment«. Und Thomas Mann meinte z. B. im November 1940 in einer seiner vom BBC gesendeten Ansprachen für deutsche Hörer: »Mit Recht sehen die Zerstörer Europas und Schänder aller Volksrechte in Roosevelt ihren mächtigsten Gegenspieler ... In unserem Zeitalter der Massen, dem als solchem der Führergedanke zugehört, war es Amerika vorbehalten, das glückliche Phänomen eines modernen Massenführers hervorzubringen, der das Gute und Geistige, das wirklich Zukünftige, Frieden und Freiheit will ...« (Th. Mann, *Politische Schriften und Reden*, Bd. 3, 189) Das war eine gerade unter deutschen Emigranten seit langem verbreitete Sicht Roosevelts, die zumeist von Zustimmung oder gar Begeisterung begleitet war (wofür Joachim Radkau in seiner in jeder Hinsicht reichhaltigen Untersuchung über *Die deutsche Emigration in den USA* überzeugende Belege anführt).

Roosevelts New Deal, der die Gewerkschaften gestärkt, big business mal gefördert, mal gedämpft hatte, der zum erstmaligen Aufstieg von Juden und Linken in wichtige politische und administrative Positionen geführt hatte, der die sogenannte Red Decade, die Rebel Thirties ermöglicht hatte, hatte eine Änderung der ökonomischen Strukturen weder im Sinn noch zur Folge gehabt. Und als in der Rezession von 1938 die Zahl der Arbeitslosen erneut auf 10 Millionen anwuchs und Roosevelt in einer öffentlichen Erklärung bekannte, den einzigen Ausweg aus der Depression biete die Forcierung der Rüstungsindustrie, wurde unübersehbar deutlich, daß die Entwicklung in den USA das kleinere Übel gegenüber den europäischen Verhältnissen darstellte, keineswegs aber eine die sozialistische Demokratie verheißende Alternative. Die gestärkten Gewerkschaften waren riesige hierarchische Lobby-Organisationen. Zu den charakteristischen New Deal-Maßnahmen gehörten ebenfalls aus dem Boden gestampfte Institutionen, die in großem Maßstab Verwaltungsarbeit leisteten. Es bot sich das Bild eines unbeständigen Vielerlei sorgender und intervenierender Apparate – improvisierte Vorboten eines autoritären Wohlfahrtsstaates, zu denen Roosevelts vom Rundfunk ausgestrahlte fireside chats (Kaminplaudereien) die sanfte Begleitmusik bildeten.

All das richtig einzuschätzen vor dem düsteren Horizont eines in Europa von Erfolg zu Erfolg schreitenden Faschismus – das war nicht einfach. Empirische Untersuchungen konnten im letzten Drittel der 30er Jahre nicht länger zugleich in Europa und den USA durchgeführt werden, sondern mußten sich auf Amerika beschränken. Eine auf die USA zugeschnittene gesellschaftskritische Problemstellung zu finden, die zugleich in eine der vorsichtigen Institutspolitik entsprechende Form zu bringen war, brauchte Zeit. Das vermochte, Hand in Hand mit Horkheimers immer unduldsamer gewordenen Kritik an den Einzelwissenschaften und seiner immer schärferen Etikettierung aller nicht-gesellschaftskritischen und in den USA erfolgreichen theoretischen oder philosophischen Strömungen als Anerkennung des Bestehenden, immerhin teilweise zu erklären, warum die empirische und die Kollektivforschung ganz aufhörten, warum die Darstellung der vom Institut in seinen bisherigen Arbeiten benutzten Forschungsmethoden Mitte der 30er Jahre Lazarsfeld überlassen wurde, der für Horkheimer und Adorno zu den Positivisten zählte, und warum nur die Zeitschrift weitergeführt wurde, und zwar deutschsprachig. Auf dieser Ebene ließ sich mit Orientierung auf Europa zunächst weiterarbeiten.

Aber hinzu kam noch etwas anderes. »Am 1. November ziehen wir um«, schrieb Horkheimer im Oktober 1938 an Frau Favez, die das Genfer Büro des Instituts in Gang hielt. »Der Vorort, in den wir gehen, heißt Scarsdale. Es ist ein kleines Häuschen . . . Es liegt im Grünen, und ich denke, daß ich dort gut arbeiten kann. Endlich wird also das Buch über die dialektische Philosophie in Angriff genommen. Ins Institut werde ich nur etwa einmal in der Woche kommen, und zwar an dem Tag, wo wir Vorlesung haben. Am gleichen Tag will ich ein kleines Seminar im Institut über Spinoza halten.« (Horkheimer-Favez, 13. 10. 38) Im Hinterkopf hatte Horkheimer dabei schon weitergehende Vorstellungen für die Realisierung des Buches. Sollte nämlich der schon lang gehegte Plan, irgendwo in Südfrankreich zusammen mit Adorno das Dialektik-Buch zu schreiben, 1939 wegen der Verhältnisse in Europa nicht mehr realisierbar sein, dann wollte er das Buch in Kalifornien zu Ende bringen. Dorthin war er im Sommer 1938 mit seiner Frau gereist, und begeistert hatte er aus dem nahe Hollywood gelegenen Santa Monica an Löwenthal geschrieben: »Wahr ist, daß die Landschaft, zuweilen sogar die Architekturen, sehr schön ist – und das Klima einfach Medizin. Wenn wir im Herbst 1939 noch einen cent haben und La France nicht möglich ist, müssen wir hierher ziehen. Daß es billig ist, wissen Sie . . . Man ist sehr dumm, wenn man ohne die zwingendsten Gründe im Osten lebt.« (Horkheimer-Löwenthal, 21. 6. 38)

Die Entschlossenheit, endlich mit dem, worin er seine große Aufgabe und Möglichkeit sah, mit der Weiterentwicklung der Theorie, mit dem Dialektik-Buch Ernst zu machen, wurde angestachelt durch finanzielle Überlegungen. Das Institut stellte einen beeindruckenden Apparat dar. Permanent Members waren 1938 außer Horkheimer und Pollock: Fromm, Grossmann, Gumperz, Löwenthal, Marcuse, Neumann, Adorno und Wittfogel. Die Zusammensetzung der Research Associates änderte sich von Jahr zu Jahr. Langfristig gehörten Otto Kirchheimer und Fritz Karsen dazu, kurzfristig jeweils noch 6 bis 8 weitere. Hinzu kamen 4 bis 6 Sekretärinnen. Als Übersetzer und editorial assistants arbeiteten für einige Zeit zwei junge Historiker für das Institut: Moses Finkelstein (später Finley) und Benjamin Nelson. Für die empirischen Untersuchungen waren zusätzliche Kräfte auf der Basis kurzfristiger Teilzeitarbeit beschäftigt worden. Und um das Bild der Institutsausgaben abzurunden: Für die Unterstützung emigrierter Wissenschaftler gab das Institut gemäß einer Zusammenstellung Pollocks in dem Jahrzehnt von 1933–1942 ca. 200 000 Dollar aus, die ca. 130 Personen zugute kamen (Pollock, *Memorandum for P. T.*, 1943). Dieser Apparat, als »Exterieur« von den beiden Leitern stets mit schwankenden Gefühlen betrachtet, erschien auf einmal als eine Gefährdung des Dialektik-Projekts. Wieso?

Zwar verminderte sich das Vermögen der Société Internationale de Recherches Sociales z. B. im Jahre 1937 von 3,9 auf 3,5 Millionen Schweizer Franken, und es mußte zum erstenmal das Kapital angegriffen werden (Pollock, *Rapport Annual* vom 9. 4. 38), was, so unerfreulich es war, keineswegs gegen den Sinn der Weilschen Stiftung verstieß, die vorsah, daß das Geld nicht als Kapital betrachtet werden sollte, sondern über einen längeren Zeitraum hinweg auszugeben sei. Auch das Rezessionsjahr 1938 brachte keine Besserung, sondern drastische Verschlechterungen, an denen nach eigenem Eingeständnis vor allem Pollock selbst schuld war, der zwar in seinem Zimmer eine ganze Wand für die Notierung der Börsenkurse reserviert hatte, aber eine unglückliche Hand in der Anlage von Geldern besaß. Doch das beginnende, vielleicht nur vorübergehende Schrumpfen des stattlichen Institutsvermögens wäre allein noch kein Grund gewesen, die empirischen Untersuchungen ganz einschlafen zu lassen und eine neue Kollektivuntersuchung, die ja mit bescheideneren empirischen Forschungen als für die Studien über Autorität und Familie hätte auskommen können, gar nicht erst zu beginnen.

Was den Institutsapparat als eine Gefährdung des Dialektik-Projekts erscheinen ließ und der Tendenz zur Verselbständigung des Dialektik-Projekts gegenüber dem Programm der Nutzung des Instituts für die Durchführung des Kollektivprojekts einer einzelwissenschaftliche und empirische Forschung integrierenden Theorie der Gesellschaft zum Sieg verhalf, war die Angst Horkheimers und seiner Frau, nicht über reichliches Geld verfügen zu können – eine Angst, die ihn zu einigen der schärfsten seiner Kritik am Bürgertum übenden Aphorismen in der *Dämmerung* befähigt und zu den früher erwähnten abenteuerlich klingenden Verträgen mit der »Gesellschaft für Sozialforschung« getrieben hatte. »Auf der ganzen Reise«, schrieb er z. B. im Sommer 1940, als er auf dem Weg nach Los Angeles war, um sich dort niederzulassen, an Löwenthal, »wird mir immer wieder vor Augen geführt: Geld ist der beste Schutz, Geld ist der beste Schutz, Geld ist . . .« (Horkheimer-Löwenthal, 25. 7. 40) Diese Angst, die der zumeist schwarz sehende Pollock steigerte, verwies ihn darauf, daß angesichts der unsicherer werdenden finanziellen Situation es dringend darauf ankam, dem Dialektik-Buch Vorrang zu geben.

Angst war aber auch ein gewichtiges Motiv für die Aufrechterhaltung eines möglichst eindrucksvollen Institutsbetriebs. Denn auch das unterm Schirm der Columbia University stehende Institut bildete einen bedeutenden Schutz, ohne den Horkheimer sich vollends als ein versprengter exilierter Einzelner in einer Gesellschaft hätte fühlen müssen, in der seiner Einsicht nach nur mächtige Organisationen Schutz boten und der Einzelne und sein Eigentum allen von oben gelenkten Zufällen des monopolkapitalistischen Zeitalters ausgesetzt waren. Außerdem war nicht weniger ausgeprägt als sein Bedürfnis nach theoretischer Leistung sein Bedürfnis nach der Selbstbestätigung, die die Rolle des managerial scholar, des Chefs eines wissenschaftlichen Unternehmens bot. So kam es vorläufig zu dem Kompromiß, daß der Institutsbetrieb weiterlief, aber recht ziellos; daß das Institut seit dem Winter 1938/39 in der Hoffnung auf Stiftungsgelder bei Foundations und Privatpersonen Interesse für das Institut allgemein und einzelne Projekte (wie sie z. B. in dem eindrucksvoll aufgemachten Institutsprospekt von 1938 kurz skizziert wurden) zu wecken suchte, aber sehr halbherzig (»Daß diese Tätigkeit«, schrieb Horkheimer im Dezember 1938 an Benjamin, »angesichts der Eigenart unserer Arbeit, die hier noch stärker als anderswo zumindest als Luxus empfunden wird, sowie auch im Medium dieser Sprache mir nicht leicht fällt, können Sie sich denken«); daß alle möglichen Mitarbeiter irritiert und verunsichert wurden durch mehr oder weniger geheimnisvolle Hinweise auf den finanziellen Niedergang des Instituts und durch undurchsichtige Gehaltskürzungen; daß Horkheimer sich zur endlichen Realisierung seines Dialektik-Buches anschickte, ohne wirklich dazu zu kommen; daß die Columbia-Verpflichtungen des Instituts von Horkheimer mit scheelen Augen und herablassend gesehen wurden und er doch zugleich überlegte, wie man der Columbia klarmachen könne, daß sie das Institut nicht gebührend würdige.

Die Orientierungslosigkeit des Instituts in den späten 30er Jahren erschwerte die von ihm seit jeher zu leistenden Balanceakte, z. B. die im Verhältnis zur akademischen Umwelt. Die Seminare waren praktisch Gesprächsrunden der Institutsmitarbeiter, an denen nur vereinzelt US-amerikanische Studenten teilnahmen. Blieben die Instituts-Mitarbeiter bei ihren Sitzungen, die im Instituts-Prospekt z. B. als Horkheimer-Seminar über »Select Problems in the History of Logic, with Reference to the Basic Concepts of the Social History« (1936/38), als Gumperz/Pollock-Seminar über »Theories of the Business Cycle« (1936/37), als Weil-Seminar über »Standards of Living in National Socialist Germany«, als Adorno-Seminar über »The Social Setting of Richard Wagner's Music« (1938) auftauchten, unter sich, so fühlten sie sich um so sicherer. Weitgehend unter sich blieben sie aber auch, wenn »Dr. Max Horkheimer and members of the staff of the International Institute of Social Research« in der Extension Division der Columbia University seit 1936 ihre Vorlesungen abhielten, die unter leicht variierten Titeln von autoritärem Denken und autoritären Institutionen in Europa handelten. 1937/38 z. B. gab Horkheimer die philosophische Einleitung, dann sprach Marcuse über die Geschichte der Ideen von Herrschaft und Unterordnung, später Löwenthal über das Problem der Autorität in der Literatur, Neumann über die autoritären Staaten, Fromm über die Charakterstruktur des modernen Menschen. Für Horkheimer selbst zumindest war es eine lästige Ablenkung von der eigentlichen Arbeit, in die er nicht viel Zeit und Energie investieren mochte und bei der er sich für die Interessen der Studenten wenig interessierte. Andererseits war es ihm auf die Dauer auch wieder nicht ehrenvoll genug, bloß in der Extension Division schlecht besuchte Vorlesungen über nicht zum Prüfungsstoff gehörende Themen zu halten. Und er und Löwenthal und Adorno empfanden es als Kränkung des Instituts, als 1939/40 nicht Horkheimer, sondern der als Universitätslehrer weitaus erfolgreichere Neumann eine Columbia-Professur übertragen bekommen sollte (wozu es dann erst nach dem Krieg kam). Das war ein symptomatischer Vorgang für das Dilemma, mit dem sich Horkheimer und die ihm Ergebenen konfrontiert sahen: sie wollten sich vom Wissenschaftsbetrieb fernhalten, aber zugleich behandelt werden, als ob sie in führender Position daran beteiligt wären.

Ein weiterer Balanceakt ergab sich bei dem Bemühen, die linke Sache nicht zu verraten, aber gleichzeitig entsprechende Verdächtigungen abzuwehren – bei dem Bemühen, zu vermeiden, was Adorno und Horkheimer anderen Intellektuellen vorwarfen. Als es darum ging, bei dem Verlag Gallimard in Paris die Veröffentlichung einer französischsprachigen Sammlung von Aufsätzen Horkheimers durchzusetzen, hatte Bernhard Groethuysen, ein seit langem in Paris lebender Bekannter Benjamins, in Adornos und Horkheimers Augen zweierlei Ängste gezeigt: »Einmal Furcht vor seinen marxistischen Freunden, daß Ihr Buch zu gelehrt sein könnte. Dann aber auch Angst vor den offiziellen Leuten, denen es wieder zu marxistisch wäre.« (Adorno-Horkheimer, Oxford, 12. 10. 36) »Die Abneigung von der offiziellen Seite«, hatte Horkheimer den Gedanken weitergesponnen, »ist immer noch auf die Vorstellung zurückzuführen, daß hinter der marxistischen Theorie irgendwie eine Macht stehe, während diese Macht doch gerade darum so erbarmungswürdig dahinschwindet, weil sie sich jener Theorie begeben hat. Die Abneigung gegen alles ›Gelehrte‹ . . . entspringt bloß jenem panischen Schrecken vor der Kritik, dem schon das Denken an sich verdächtig scheint . . . Man mußte schon seit Jahren damit rechnen, daß die Mächte, die sich einander angleichen, auch einmal finden werden. Der gemeinsame Feind wird in steigendem Maße das Denken überhaupt . . . Wir haben beide wahrhaftig den Anfang dieses Prozesses in Frankfurt verfolgen können. Jetzt ist er allgemein geworden und vereint die entgegengesetzten Gruppen.« (Horkheimer-Adorno, New York, 22. 10. 36) Horkheimers Strategie lief darauf hinaus, die eigene Position gegenüber »marxistischen Freunden« als radikales Denken, gegenüber den »offiziellen Leuten« als Treue zur europäischen geisteswissenschaftlich-philosophischen Tradition hinzustellen.

Eben diese Berufung auf europäische Geistestradition war allerdings nicht geeignet, ein Institut für social research über Verdächtigungen erhaben zu machen in einem Land, in dem social research nahezu identisch war mit empirical research, die enge Zusammenarbeit mit Auftraggebern üblich war und die fortlaufende Publikation von research-Ergebnissen erwartet wurde. »A further mistake«, meinte Horkheimer 1943 in einem – möglicherweise so nie verwendeten – Statement, in dem er – nicht zum erstenmal – das Institut gegen gewisse Verdächtigungen verteidigte, »for which I feel partly responsible, but which may be explained by my background, is our having called ourselves an Institute instead of a Foundation or an Endowment. When we came to this country it had been our idea to devote the funds which we brought here to enable European scholars who had lost their position by the rise of dictatorship to continue their own work. When we became aware that a few of our American friends expected of an Institute of Social Sciences that it engage in studies on pertinent social problems, fieldwork and other empirical investigations, we tried to satisfy these demands as well as we could, but our heart was set on individual studies in the sense of Geisteswissenschaften and the philosophical analysis of culture.

Since we had not to rely on outside funds, we considered it as our duty and our privilege to cultivate the kinds of studies typical for older European humanities as they had lost their home over there without being able to establish themselves in other countries. This goes for the contents, methods as well as for the organization of the work. This is also the reason why we continued for a long time publications in German and French language and even did not care to bring out a great deal of publications at all.« (*Statement of Prof. Dr. Max Horkheimer* . . . June 9, 1943)

Daß die *ZfS*, die über Jahre hinweg der einzige öffentliche Ausweis der Leistungen des Instituts war und in der noch 1939 ganzseitig Reklame für die *Studien über Autorität und Familie* gemacht wurde, weiterhin im Prinzip deutschsprachig erschien, hatte Horkheimer in einem Paper, das bei einem vom Institut im Januar 1937 für die sozialwissenschaftliche Fakultät der Columbia veranstalteten Lunch verteilt wurde, damit begründet, daß die Erörterung fundamentaler theoretischer Probleme, daß die Fortsetzung der Tradition deutscher Philosophie und Soziologie nach dem Urteil von »our friends abroad« besser in der deutschen Muttersprache als in einem unzulänglichen Englisch oder Französisch erfolge. »We believe that slight modifications of shadings of meanings are inevitable in every translation from one language into another, from German into English, and vice-versa. Especially in philosophy, sociology, and history, the process of translating always bears in itself the danger of simplification and popularization. So far, we have avoided this pitfall. Today the *Zeitschrift* is the only completely independent organ in our field of science, published in the German language.«

Aus dem Munde Horkheimers, der für eine klare und einfache Ausdrucksweise eintrat, und angesichts der sprachlich schlichten Arbeiten so gut wie aller Mitarbeiter der *ZfS* außer Benjamin und Adorno klang soviel sprachlicher Feinsinn wenig überzeugend. Ausschlaggebend waren denn auch strategische Überlegungen. Erschien die Zeitschrift im wesentlichen auf deutsch, dann gab man – darin waren Horkheimer, Löwenthal und Fromm sich einig – am wenigsten Gelegenheit dazu, daß andere »hereinreden oder kontrollieren« (Fromm-Horkheimer, 19. 12. 35). Ein willkommener Begleiteffekt des deutschsprachigen Erscheinens war, daß das Institut damit ein wenig zum geistigen Widerstand unter Deutschen beitrug. Als 1938 die Sekretärin des Genfer Büros, Frau Favez, bei Horkheimer anfragte, ob sie einer Gruppe deutscher Studenten, die sich nach Basel abgesetzt hatten und sich mit den von ihnen seit langem geschätzten

Arbeiten des Instituts für Sozialforschung beschäftigen wollten, einige Jahrgänge der *ZfS* billiger überlassen könne, zeigte Horkheimer sich hocherfreut, »daß unsere Arbeit auch heute schon nicht ganz vergeblich ist« (Horkheimer-Favez, 13. 10. 38) und zitierte aus dem Brief eines nach Norwegen emigrierten deutschen Professors, dem, ebenso wie seinen Freunden in Deutschland, die Zeitschrift als »eine Oase in der geistigen Erniedrigung und Öde, die jetzt im philosophischen und geistigen Leben Deutschlands herrscht«, erschien.

So übertrieben und komisch die Ängste und Vorsichtsmaßnahmen Horkheimers und seiner engsten Mitarbeiter oft wirkten – sie hatten bzw. bekamen sehr reale Anlässe. Ende der 30er Jahre erlebten sie in ihrem Exil eine Situation, die in manchem an die letzten Jahre der Weimarer Republik erinnerte. In den späten 30er Jahren, als der New Deal zum Erliegen gekommen war, war auch das Ende der Red Decade gekommen, trat in Reaktion auf das jahrelange Hervortreten linker oder zumindest als links verschriener Personen in Politik, Verwaltung und Medien ein deutlicher Antikommunismus zutage, der infolge des Stalin-Hitler-Paktes noch zunahm. Aber auch in den 30er Jahren hatte die Toleranz für linke Positionen vor allem für Eingesessene, kaum aber für Emigranten gegolten. Im Schatten der Columbia University konnten sich linke Emigranten noch am sichersten fühlen. Denn die Columbia gehörte zu den Universitäten, an denen Professoren, die linksliberal, New Deal-freundlich und Roosevelt-freundlich oder wenigstens eins davon waren, relativ stark vertreten waren. Der konservative republikanische Präsident der Columbia, Nicholas Murray Butler, war stolz darauf, daß viele seiner Leute in der Roosevelt-Administration mitwirkten.

In dem seit den späten 30er Jahren sich verschärfenden Klima hatte auch das Institut wieder mehr zu leiden unter einem offenbar von anders gesonnenen Emigranten wachgerufenen schwer greifbaren Mißtrauen. Gespannte Beziehungen bestanden vor allem zwischen dem Institut und der New School for Social Research. Sie war (cf. zum Folgenden vor allem den Abschnitt über die »University in Exile« an der New School for Social Research in: Radkau, *Die deutsche Emigration in den USA*) nach dem Ersten Weltkrieg von Liberalen gegründet worden und für einige Jahre Zentrum der akademischen progressiven Intellektuellen in den USA gewesen, wo bis 1927 z. B. Thorstein Veblen gelehrt hatte. In den 20er Jahren unter Alvin Johnson konservativ und zu einer von Geldgebern abhängigen regulären Anstalt für Erwachsenenbildung geworden, wurde sie in den 30er Jahren durch die ihr als wirkliche Universität angegliederte »University in Exile« zum zahlenmäßig bedeutendsten Sammelpunkt emigrierter Wissenschaftler in den USA. Die Rockefeller-Stiftung hatte Johnson sogleich die Finanzierung von 100 Professoren zugesagt – eine Zahl, die nie auch nur annähernd erreicht wurde. Als Publikationsorgan für seine Emigranten gründete Johnson 1934 die Zeitschrift *Social Research*. In der New School standem dem Horkheimerschen Institut zum Teil altvertraute Bekannte aus Frankfurter Zeiten gegenüber, so der Antimarxist Adolph Löwe und der Antifreudianer Max Wertheimer. Antifreudianer war aber z. B. auch Hans Speier, der 1936 in *Social Research* die *Studien über Autorität und Familie* sehr herablassend und oberlehrerhaft besprochen hatte. Antimarxistisch, ja sogar ein Gegner des New Deal war z. B. auch Emil Lederer, der Johnsons besondere Zuneigung genoß und bis zu seinem Tod 1939 eine führende Rolle unter den Emigranten an der New School spielte. Er hatte dem als Marxist geltenden Wolfgang Hallgarten das eingesandte »Imperialismus«-Manuskript ungeöffnet nach Frankreich zurückgeschickt. Die persönliche Bekanntschaft zwischen Löwe und Horkheimer, die Verbundenheit Tillichs mit beiden Einrichtungen, die Tatsache, daß an der New School auch ein Kommunist wie Hanns Eisler lehren konnte, sorgten für ein undurchsichtiges strategisches Gegeneinander.

Die Institutsleiter mußten aber damit rechnen, daß Verdächtigungen, das Institut habe kommunistische Mitarbeiter, sei marxistisch, sei bloß eine Tarneinrichtung, nicht nur von seiten der New School-Konkurrenz, sondern auch von allen möglichen anderen Emigranten ausgestreut wurden, die das Institut für US-amerikanische Geldgeber disqualifizieren oder irgendeinem Ärger über es Luft machen wollten. Am 30. Juli 1940, während der Universitätsferien, statteten zwei Polizeibeamte dem mit einer Sekretärin und Löwenthal besetzten Institut einen Besuch ab. »Während der langen Unterhaltung«, berichtete Löwenthal Horkheimer, »haben sie sich genau über die einzelnen Mitglieder informiert, wie lange sie schon da sind, wer Amerikaner ist, auch die Heim- und Ferienadressen notiert. Briefpapier, unser pamphlet [Instituts-Broschüre von 1938, R. W.], das Buch von Rusche und Kirchheimer, die Titel und Inhaltsseite der neuen Zeitschrift [der englischsprachigen Fortsetzung der *ZfS*, der *Studies in Philosophy and Social Science*, R. W.] und die Zusammensetzung von Social Studies haben tiefen Eindruck gemacht.« (Löwenthal-Horkheimer, 4. 8. 40) Angeblich diente der Besuch bloß einer allgemein durchgeführten Übersicht über ausländische Institutionen. Wie Löwenthal aber feststellte, wurde niemand sonst in akademischen Kreisen belästigt.

Selten konnte einmal der Marxismus-Verdacht als Ursache von Schwierigkeiten des Instituts dingfest gemacht werden. Als das Institut sich Anfang der 40er Jahre um Stiftungsgelder zur Unterstützung zweier Projekte bemühte, hatte Neumann auch eine Unterredung mit Carl Joachim Friedrich, einem renommierten, vielbeschäftigten, schon 1921 in die USA übergesiedelten und an der Harvard University in Cambridge lehrenden Politologen. »Ich fragte Friedrich um seine Meinung über unser Projekt Cultural Aspects of National Socialism«, berichtete Neumann im August 1941 Horkheimer. »Er antwortete, das Projekt sei ausgezeichnet, vorausgesetzt, daß es von competent, unbiased and undogmatic scholars ausgeführt werde. Nach dieser Erklärung war mir sofort klar, daß Friedrich das Institut für eine rein marxistische Angelegenheit hält und infolgedessen nicht das Vertrauen zu uns hat, daß wir ein solches Projekt unparteiisch durchführen können. Die Frage war nur, die ich im Augenblick entscheiden mußte, welche Taktik ich einschlage. Ich hätte mich entrüstet gegen den verschleierten Vorwurf wehren können, oder ich hätte mit wenigstens halb offenen Karten spielen können. Ich entschloß mich zu letzterem Verfahren. Ich fragte ihn also ganz offen, ob er damit meine, daß das Institut rein marxistisch sei und wegen dogmatischer Gebundenheit keine Garantie liefern könne, daß es das Projekt objektiv durchführe. Seine Antwort war: ja. Ich erklärte ihm daraufhin, daß es zunächst einmal einen Unterschied zwischen Marxisten und Marxisten gäbe und daß es zweitens unrichtig sei, daß das Institut aus Marxisten zusammengesetzt sei. Einige seien Marxisten, andere seien es nicht. Keiner sei jedenfalls irgendwie mit der K. P. direkt oder indirekt affiliert. Es entspann sich daran eine etwa halbstündige Unterhaltung, in der ich ihm die theoretischen Grundlagen des Instituts und die Aufgaben, die wir erfüllen zu müssen glauben, auseinandersetzte. Nach Verlauf dieser Unterhaltung stellte ich ihm dann nochmals die Frage, ob er seine ursprüngliche Annahme noch aufrecht erhalte. Die Antwort war: nein.« (Neumann-Horkheimer, NY, 13. 8. 41)

Solchen kleinen Aufklärungserfolgen, deren Nachhaltigkeit zweifelhaft war, stand die Tatsache gegenüber, daß das Horkheimersche Institut ohne eigenes Zutun relativ gesehen linker wurde, da es weitaus langsamer von alten Auffassungen abrückte als die meisten anderen Emigranten, soweit sie nicht sowieso schon konservativ waren. Horkheimers Satz auf der ersten Seite seines Aufsatzes *Die Juden und Europa* (*ZfS* 1939) war im Kontext der damals von Emigranten vertretenen Auffassungen ein kühnes Bekenntnis, das er in dieser Unzweideutigkeit auf englisch schwerlich riskiert hätte: »Daß die Emigranten der Welt, die den Faschismus aus sich erzeugt, gerade dort den Spiegel vorhalten, wo sie ihnen noch Asyl gewährt, kann niemand verlangen. Wer aber vom Kapitalismus nicht reden will, sollte auch vom Faschismus schweigen.«

Indem er dies aussprach, sah Horkheimer sich als jemanden, der die Unabhängigkeit des Instituts nutzte, um die Wahrheit zu sagen, die andere Emigranten, soweit sie nicht sowieso blind dafür waren, nicht auszusprechen wagten. In der Tat (siehe zum Folgenden Radkau, a.a.O., 232, 234, 241 f.): Die ehemaligen religiösen Sozialisten Paul Tillich und Eduard Heimann vertraten inzwischen die Auffassung, von einem Klassencharakter des Faschismus und von einem entscheidenden Zusammenhang zwischen Faschismus und Kapitalismus könne keine Rede sein. Der ehemals linke Herausgeber des *Neuen Tagebuchs*, Leopold Schwarzschild, meinte, die Anhänger Hitlers rekrutierten sich mehr aus der Arbeiterschaft als aus dem Bürgertum. Arthur Feiler von der New School for Social Research, der zusammen mit seinem aus Italien emigrierten Kollegen Max Ascoli 1938 den Band *Fascism for Whom?* veröffentlicht hatte, sah im Nationalsozialismus die deutsche Version des russischen Bolschewismus. Ebenso Franz Borkenau, der einstige Kommunist und einstige Stipendiat des Instituts für Sozialforschung, in seinem 1939 erschienenen Buch *The Totalitarian Enemy*: »Nazitum ist Brauner Bolschewismus, wie der Bolschewismus als ›Roter Faschismus‹ beschrieben werden könnte.« Emil Lederers 1940 postum erschienenes Buch *State of the Masses* begann mit dem Satz: »Die moderne Diktatur ist nicht der letzte Verteidigungsgraben (des Kapitalismus) ... noch die Revolte der Mittelklasse gegen ihren Niedergang.« Er sah in den totalitären Diktaturen den »Abbruch der Geschichte«. Das war eine romantisch-apokalyptische Sicht, wie sie am wirkungsvollsten Hermann Rauschning vertrat. Rauschning, bis 1936, als er sich mit Hitler überwarf, ein »konservativer« führender Nationalsozialist und Präsident von Danzig, sah im Nationalsozialismus die »Revolution des Nihilismus«. Sein gleichnamiges Buch, das 1938 in Zürich auf deutsch, ein Jahr später in New York auf englisch erschien, wurde zusammen mit seinen 1940 erschienenen *Gesprächen mit Hitler* (englisch: *The Voice of Destruction*) zur erfolgreichsten und einflußreichsten Emigranten-Interpretation des Nationalsozialismus in den USA.

Schon von vornherein kamen (siehe auch hierzu Radkau, a.a.O., 287 et pass.) in die USA eher konservative Emigranten, während die kommunistische Emigration sich in Mexiko konzentrierte. Unter den Juden, die über 90 Prozent der deutschsprachigen Emigration in die USA ausmachten, waren die meisten politische Flüchtlinge nur in dem Sinne, daß sie Opfer der nationalsozialistischen Politik waren, ohne selber oppositionelle Positionen zu vertreten. Viele, die in Deutschland von einer mehr oder weniger antisemitischen Rechten nach links gedrängt worden waren, konnten in den USA eine ihnen gemäßere rechtere Position einnehmen. Größtenteils in die USA kamen auch die späten Emigranten, unter denen viele waren, die als Angehörige der jüdischen Oberschicht so lange wie möglich ihre Tätigkeit unter der nationalsozialistischen Herrschaft fortgesetzt hatten und unter denen der Anteil der Antifaschisten nur noch ganz gering war.

Vor diesem Hintergrund ist die Brisanz von Horkheimers *Die Juden und Europa* zu sehen. Das war sein erster dem Faschismus-Thema gewidmeter Aufsatz und der erste diesem Thema gewidmete Aufsatz des Horkheimerkreises überhaupt seit den Arbeiten von Pollock und Marcuse in den Jahren 1933 und 1934 – und außerdem ein für die Horkheimer-Ära des Instituts einzigartig dastehendes umfassendes politisches Statement des Instituts. Mit der Veröffentlichung seines Essays hatte Horkheimer länger denn je gezögert. Der Text war Ende 1938 weitgehend fertig, wurde aber erst in den ersten Septembertagen 1939 zum Druck gegeben, also kurz nach dem Abschluß des Hitler-Stalin-Paktes und dem eine Woche später erfolgten deutschen Überfall auf Polen, und erschien in jenem *ZfS*-Heft, das die letzte deutschsprachige Nummer der Instituts-Zeitschrift blieb. Zum erstenmal ließ Horkheimer einen großen Beitrag von sich nicht an den Heft-Anfang plazieren. Der Text war wiederholt einer besonders sorgfältigen Kontrolle durch die engsten Mitarbeiter unterzogen worden. Die Rußland betreffenden Sätze z. B. waren mehrfach abgemildert, ein Satz über die Erbschleicher zuletzt ganz weggelassen worden. Dennoch mußte Horkheimer damit rechnen, sich zwischen alle Stühle zu setzen.

Die Pointe der Arbeit war: Indem sie den Faschismus als die politische Form der monopolkapitalistischen Phase begriff, schien sie der kommunistischen Theorie vom Faschismus als Agenten des Groß-kapitals treu zu bleiben. In Wirklichkeit ging sie immer wieder dar-über hinaus in Richtung auf eine Interpretation des Faschismus als einen autoritären Staat, der nicht einzig als Konsequenz des Kapitalis-mus erschien, sondern überall da zu diagnostizieren war, wo »die Herrschaft einer Minderheit auf Grund des faktischen Besitzes der materiellen Produktionswerkzeuge« bestand (*ZfS* 1939: 121); wo die Konzentration in die Praxis planmäßiger Gewalt eingegangen war, die die sozialen Gegensätze unmittelbar zu meistern suchte (122); wo die Bürokratie über Leben und Tod entschied (128). (Schon 1938, als Wittfogels *Theorie der orientalischen Gesellschaft* in der *ZfS* erschien, hatte es in einem Vortragstext Horkheimers über das Institut und seine Arbeit geheißen: Es habe sich bei der Untersuchung nicht-bürger-licher Gesellschaftsgebilde besonders um die Erforschung Chinas bemüht. China »weist seit vielen Jahrhunderten eine bürokratische soziale Schichtung auf, die angesichts der gesamten Entwicklung Europas, vor allem Deutschlands und Rußlands, eine immer höhere theoretische Bedeutung gewinnt. Es stellt sich heraus, daß die einfache historische Einteilung von antiker Sklavenwirtschaft, Feudalismus und Kapitalismus, wie sie in der Geschichtsphilosophie [hier ein

Pseudonym für marxistische Theorie, R. W.] bisher geübt wurde, auf Grund der theoretisch ausgerichteten sinologischen Forschungen wesentlich differenziert werden muß.«) Mit optimistisch klingenden Sätzen wie dem, der Gedanke von Nation und Rasse überschlage sich und im Grunde glaubten die Deutschen nicht mehr daran, schien Horkheimer der kommunistischen Theorie vom Faschismus als einem letzten Sichaufbäumen des zum Untergang verurteilten Kapitalismus recht zu geben. In Wirklichkeit dementierte er solche Hoffnungen durch die in der Konsequenz des Frommschen sozialpsychologischen Funktionalismus liegende These eines fundamentalen anthropologischen Wandels, der die Menschen gerade auch ohne Kulturlügen, auch ohne den Glauben an irgendwelche Ideologien willfährig und beflissen gegenüber den Herrschenden machte. »Den Individuen wird [bei der Herausbildung der totalitären Herrschaft des Partikularinteresses über das ganze Volk, R. W.] eine neue Zucht auferlegt, die an den Grund der Sozialcharaktere rührt. Die Transformation des gedrückten Arbeitsuchenden aus dem 19. Jahrhundert in das beflissene Mitglied faschistischer Organisation gemahnt in ihrer historischen Tragweite an die Umwandlung des mittelalterlichen Handwerksmeisters in den protestantischen Bürger durch die Reformation oder des englischen Dorfarmen in den modernen Industriearbeiter.« (*ZfS* 1939: 118) Damit wurden dem Faschismus, über die ausdrückliche Feststellung »ökonomischer Chancen auf lange Frist« hinaus, unausdrücklich auch sozialpsychologische und politische Chancen auf lange Frist eingeräumt.

Solche Gedanken mußten die am Kapitalismus hängenden Demokraten, die an der Sowjetunion und an Zentralismus und Planwirtschaft hängenden Marxisten und schließlich alle diejenigen Antifaschisten und Emigranten vor den Kopf stoßen, die von günstigen Prognosen für den Faschismus eine Stärkung der isolationistischen Strömungen in den USA befürchteten. »Ich hoffe«, schrieb ihm im April 1940 Olga Lang, Wittfogels zweite Frau und zeitweise Mitarbeiterin des Instituts, deren Buch *Chinese Family and Society* 1946 unter Mitwirkung des Instituts erschien, »daß viele Leute ihn [Horkheimers Artikel, R. W.] verstehen werden, besonders weil die Polemik nicht nur gegen die Juden, sondern gegen den ganzen Flügel der Emigration geht, der auf dem Boden des Kapitalismus steht und auf die Rückkehr des Liberalismus hofft . . . Ich hoffe allerdings, daß der Artikel nicht von allen verstanden wird und daß die Columbia Leute sich mit dem Exposé begnügen werden.« (Lang-Horkheimer, 15. 4. 40)

Horkheimer ging aber auch scharf ins Gericht mit allerlei Personengruppen. Er kritisierte die »vertriebenen Intellektuellen«, die außer ihren Bürgerrechten auch ihren Verstand verloren zu haben schienen, indem sie in dem Augenblick, »da Harmonie und Progressionsmöglichkeit der kapitalistischen Gesellschaft sich als die Illusion entlarven, die die Kritik der freien Marktwirtschaft seit je denunzierte, da trotz und wegen des technischen Fortschritts die Krise, wie vorausgesagt, permanent geworden ist und die Nachfahren der freien Unternehmer ihre Stellung nur durch Abschaffung der bürgerlichen Freiheit behaupten können«, den »›jüdisch-hegelianischen Jargon‹, der einst aus London bis zur deutschen Linken drang« (eine einfallsreiche Umschreibung für die Marxistische Theorie), aufatmend von sich warfen und zurückkehrten »zum Neuhumanismus, zu Goethes Persönlichkeit, zum wahren Deutschland und anderem Kulturgut« (*ZfS* 1939: 115). Er kritisierte die jüdischen Emigranten, die eine »Vernünftigkeit, die den spezifischen Verwertungsbedingungen auf der je erreichten Stufe zuwiderläuft, ... für verstiegen und subversiv« gehalten hatten oder gar noch hielten (130), und die eingesessenen Juden, die nicht begriffen, daß »der Begriff des Zuhause in einer grauenvollen Wirklichkeit ... jedem einzelnen der Judenheit, die es seit Jahrtausenden erfahren hat, ein Zeichen der Lüge und des Hohns sein sollte« (131). »Fortgeschrittener« als die von ihm Kritisierten waren laut Horkheimer die Faschisten, die »stets ein offenes Auge für die Hinfälligkeit« der Zustände hatten, nach denen sich die Juden zurücksehnten, und »das deutsche Volk, das den Führerglauben krampfhaft zur Schau stellt« und »ihn heute schon besser durchschaut als jene, die Hitler einen Irren nennen und Bismarck einen Genius«. (135)

Horkheimer riet den Juden: Rückbesinnung »auf den abstrakten Monotheismus, die Ablehnung des Bilderglaubens, die Weigerung, ein Endliches zum Unendlichen zu machen« (136). Respektlosigkeit vor einem Seienden, das sich zum Gott aufspreize, sei »die Religion derer, die im Europa der Eisernen Ferse nicht davon lassen, ihr Leben an die Vorbereitung des besseren zu wenden«. (*The Iron Heel* hieß ein zuerst 1908 erschienener Roman von Jack London, in dem ein Mitglied einer nach Jahrhunderten siegreichen sozialistischen Gesellschaft Dokumente der Erinnerung an die Anfänge der davor liegenden, Jahrhunderte währenden Herrschaft der Eisernen Ferse, des sich der nackten, totalen Gewalt bedienenden Kapitals, präsentierte – eine Fiktion, die London seitens seiner sozialistischen Freunde den Vorwurf des Defätismus und der Entmutigung eingetragen hatte.) Zu einer theologisch-materialistischen Haltung riet Horkheimer also den Juden. Was dann winkte, war: »der Sprung in die Freiheit« (135). Das Konzept der Planmäßigkeit war angesichts faschistischer planwirtschaftlicher und staatsdirigistischer Elemente zweideutig geworden, Horkheimer damit der einzige Begriff aus der Hand geschlagen, den er immer wieder zur positiven Charakterisierung einer besseren Gesellschaft angeführt hatte. So bediente er sich des Begriffs der Freiheit, der doch seinerseits »liberalistisch« belastet war.

Horkheimer mokierte sich gegen Ende seines Aufsatzes: »Daß die fortschrittlichen Kräfte erlegen sind und der Faschismus endlos dauern kann, verschlägt den Intellektuellen den Gedanken. Sie meinen, daß alles, was funktioniert, auch gut sein müsse, und beweisen deshalb, daß der Faschismus nicht funktionieren könne. Aber es gibt Perioden, in denen das Bestehende in seiner Kraft und Tüchtigkeit das Schlechte geworden ist.« Aber was waren das für Gedanken, die *er* sich *nicht* verschlagen ließ? »Der einzige Trost«, hatte er im Dezember 1938 an Frau Favez geschrieben, »den man für die Menschheit noch hegen kann, ist der, daß in dieser furchtbaren Zeit der Verwirrung, die wohl noch manches Jahrzehnt dauern wird, ähnlich wie im Untergang der Antike die Keime einer neuen und reineren Kultur gelegt werden. Es sind recht wenige, und viele gehen jeden Tag unter. Aber am Ende kann diese Erfahrung nicht spurlos an der Menschheit vorübergehen. Aus antiker Tyrannei und Sklaventum sind die Begriffe vom unendlichen Wert der Einzelseele, der Gnade und der brüderlichen Gemeinde hervorgegangen. Auch der totalitäre Massenwahn wird einer konkreteren Auffassung der Freiheit Platz machen, als sie vorher allgemein war ... Daß Nacht nicht ewig dauert, tröstet noch die, die in ihr umkommen.« (Horkheimer-Favez, 6. 12. 38)

Mit Affidavits, mit Fürsprachen, mit Geld half das Institut vielen, aus der Alten Welt in die Neue zu entkommen. Karl Korsch z. B., der 1936 seiner Frau nach New York gefolgt war, erhielt in der ersten Zeit vom Institut 100 Dollar pro Monat. Ludwig Marcuse, der einmal von den Institutsleitern zu einem Exposé für eine Arbeit über Turnvater Jahn aufgefordert worden war, das dann jedoch abgelehnt wurde, erhielt im Frühjahr 1938 ein Affidavit-Angebot des Instituts, ohne darum gebeten zu haben. Als er am Oster-Sonntag 1939 in New York ankam, stand am Pier auch »ein Freund, vom ›Institut für Sozialforschung‹, das ein Zimmer für mich reserviert hatte« (L. Marcuse, *Mein zwanzigstes Jahrhundert*, 253). Auch Walter Benjamin war von Gretel und Theodor Adorno seit 1938 immer wieder gedrängt worden, in die USA zu kommen. Er zögerte länger, schreckte noch stärker vor der Neuen Welt zurück als Ludwig Marcuse, der überallhin lieber emigriert wäre als in die Neue Welt, die ihm weniger neu als unheimlich schien. So wurde Benjamins Flucht schwieriger. Daß er umkam, hatte nichts mit mangelnder Hilfsbereitschaft des Instituts zu tun. Horkheimers Eltern waren 1938 in die Schweiz umgesiedelt – unter Verlust des größten Teils ihres Eigentums, aber gut versorgt. Adornos und Löwenthals Eltern – schon alte Leute – flohen über Cuba in die USA.

4. Kapitel
In der Neuen Welt II:
Produktiver Zerfall

»Nach den Satzungen der Stiftung ist ein Institutsbetrieb
durchaus nicht notwendig«

Die Krise des Instituts dauerte. Sie wurde mitverursacht und verschärft durch die patriarchalisch-private Verfügung der Institutsleiter
über die Produktionsmittel, die dem Anspruch, eine solidarische Gemeinschaft kritischer Gesellschaftstheoretiker darzustellen, Hohn
sprach.

Als das Stiftungskapital seit den späten 30er Jahren schrumpfte,
galt es für Horkheimer, früh genug einen genügend großen Teil des
Vermögens für die langfristige Sicherstellung seiner wissenschaftlichen Arbeit zu reservieren. So sollte Löwenthal – in seiner Rolle als
einer der Trustees der Foundations, auf die die Stiftungsgelder verteilt
waren – die Überweisung von 50 000 Dollar an einen Fonds quittie-
ren, dessen Alleinbegünstigter Horkheimer war – ein Vorgang, gegen
den er aus formalen Gründen Bedenken hatte und für den er als Ersatz
die Wiederholung einer früheren Übertragungsprozedur vorschlug.
Der Stiftungssatzung konnte man nach Horkheimers Ansicht auch
ohne Institut Genüge tun. Als äußerste Maßnahme stellte er sich vor,
daß man das Institut umwandelte »in eine Stiftung, die 4 bis 5 private
Forschungsaufträge erteilt . . . Nach den Satzungen der Stiftung ist
ein Institutsbetrieb durchaus nicht notwendig. Vielmehr kommt es
einzig darauf an, daß die Theorie der Gesellschaft gefördert wird.«
(Horkheimer-Adorno, 14. 9. 41)

Da Horkheimer die Weilsche Stiftung letztlich als materielle Basis
für die Förderung der wesentlich in ihm inkarnierten Theorie der
Gesellschaft betrachtete, war eine solidarische Nutzung der Stiftung
ausgeschlossen. Die finanzielle Situation wurde dem Kreis der festen
Mitarbeiter nie auch nur halbwegs offen und in überprüfbarer Form
dargelegt. Wirklich eingeweiht war nur das »Interieur«: Horkheimer
und Pollock. Teilweise eingeweiht war als eine Art Generalsekretär
Löwenthal. Die Taktik Horkheimers – und, wo es sich ergab, Löwenthals – war, Regelungen und Angaben, die das Finanzielle betrafen, als

293

Domäne des »wie ein bürgerlicher Kaufmann« handelnden Pollock hinzustellen, der seinerseits durch die ganze Art seines Benehmens, durch eine teils vorgeschobene, teils echte Tumbheit und Irrationalität Frager von vornherein resignieren oder mit ihren Fragen auflaufen ließ. Er bestimmte offiziell die Gehälter bzw. Gehaltskürzungen. Seine Maßnahmen betrafen die Mitglieder als Vereinzelte, die die gegenseitige Isolierung in diesen Dingen hinnahmen und nur gelegentlich über vermutete Ungerechtigkeiten murrten. Das Gehalt, so Löwenthal im Rückblick, »wurde in Gesprächen zwischen Horkheimer und Pollock festgelegt und uns mitgeteilt. Wir hatten manchmal Schwierigkeiten, aber es gab keine Verhandlung. Sie müssen sich einmal die Situation vorstellen, diese Leute waren doch Glückspilze . . . Wenn Marcuse oder ich 1938 gesagt hätten: ›Mir paßt das nicht, ich will nicht 350,- Dollar im Monat, ich will 500,-, sonst geh ich.‹ ›Bitte, geh nur.‹ Wohin eigentlich?« (Löwenthal in: Erd, a.a.O., 98) Wenn gemurrt wurde, dann in der Regel Löwenthal gegenüber, der Horkheimer wie über alles sonst auch darüber auf dem laufenden hielt, so daß gegebenenfalls Befriedungsmaßnahmen eingeleitet werden konnten. Zusammen mit der Fixierung der einzelnen Mitarbeiter auf Horkheimer, der seinerseits diese Fixierungen durch den Anschein jeweils besonderer Beziehungen zu den einzelnen Mitarbeitern und die uneinheitliche, manchmal sogar gezielt widersprüchliche Unterrichtung der verschiedenen Mitarbeiter förderte, ergab sich ein klassisches Muster für die Anwendung der Regel »Divide et impera«. Unter solchen Bedingungen ließ sich eine Krise nicht vernünftig und solidarisch bewältigen, sondern nur unter unnötig hohen psychologischen Kosten und schließlich nach dem Prinzip, daß einige aufgeben mußten, damit die anderen sich – bzw. ihre Befähigung zur Erfüllung der theoretischen Aufgabe – retten konnten. Im Institut – in vieler Hinsicht eine Oase des Exils – tickten seit 1939 Zeitbomben.

Exilantenprobleme, finanzielle Schwierigkeiten – echte wie vermeintliche – sowie patriarchalisches Gebaren und Unentschiedenheit der Institutsleiter und Horkheimers Sekuritätsbedürfnis verursachten in undurchschaubarer Mischung Verunsicherungen, von denen keiner der Mitarbeiter verschont blieb. Im Februar 1939 teilte Horkheimer Benjamin mit, daß »trotz unserer Anstrengungen in nicht allzu ferner Zeit der Tag kommen könnte, an dem wir Ihnen mitteilen müssen, daß wir beim besten Willen nicht imstande sind, Ihren Forschungsauftrag zu verlängern« (Horkheimer-Benjamin, 23. 2. 39). Im Frühjahr 1939 erklärte Pollock Fromm, daß das Institut ihm ab Oktober kein Gehalt mehr zahlen könne. (Es betrug 330 Dollar monatlich.) Das gleiche erklärte Pollock – gemäß einem Brief Fromms an Horkheimer – auch Julian Gumperz. Anfang September 1939 erklärte Pollock Neumann, daß er am 1. Oktober 1940 das Institut verlassen müsse. Im August 1940 riet Löwenthal Horkheimer, der auf einer mehrwöchigen Reise an die Westküste einen geeigneten Standort für seine Arbeit erkundete, den Institutsbetrieb in New York noch ein Jahr aufrechtzuerhalten. Horkheimer wisse dann, »wo wir hingehen«, sei Neumann los, solange dieses Loskommen noch überwacht werden könne, und könne Marcuse so unter finanziellen und moralischen Druck setzen, daß er an ein College gehe, wenn man ihm ab Herbst 1941 noch 1200 Dollar zubuttere. Marcuse konnte auf die Dauer kaum die Einstellung Löwenthals verborgen bleiben, der Horkheimer regelmäßig von den respektlosen Bemerkungen der beiden Freunde Neumann und Marcuse berichtete und angesichts von Marcuses im Frühjahr 1941 erschienenem Buch über Hegel und die Entstehung der Gesellschaftstheorie – *Reason and Revolution* – hoffte, daß es dem Institut und Marcuse helfen werde – nämlich helfen, daß Marcuse sich vom Institut trennen konnte. Von Neumann erfuhr Marcuse, Horkheimer habe, bevor er – im April 1941 – endgültig an die Westküste ging, ihm einerseits gesagt, Marcuse solle ihm bei der Arbeit am Dialektik-Buch helfen, andererseits aber auch, Marcuse solle sich um Vorlesungen bemühen und sich nach einer Stelle umsehen. Horkheimer selber hatte Marcuse gesagt, er wolle das Buch mit ihm schreiben. Aber Adorno erzählte, Horkheimer wolle das Buch mit ihm, Adorno, schreiben. »Je mehr ich nachdenke«, hieß es schließlich in einem Brief Horkheimers an Marcuse, der ihm als erster an die Westküste gefolgt war, dort sogleich eine sofortige Gehaltssenkung verkündet bekommen hatte und, bevor die Arbeit am Buch überhaupt begonnen hatte, zur Förderung der Verhandlungen mit der Columbia University wegen bezahlter, regulärer Vorlesungen der Institutsmitarbeiter vorübergehend wieder nach New York gereist war (s. S. 332), »um so mehr gelange ich zu der Überzeugung, daß ich es schließlich zuwege bringe, aus uns dreien [Horkheimer, Adorno und Marcuse, R. W.] ein gutes Gespann zu machen« (Horkheimer-Marcuse, 14. 10. 41). Zur gleichen Zeit schlug Adorno Horkheimer vor, Marcuse und Löwenthal für 1 bis 2 Jahre der Columbia als eine Art Volontärassistenten zur Verfügung zu stellen, um dadurch das Institut zu entlasten und ihm doch gleichzeitig das Wohlwollen der Columbia zu sichern.

Aber als es darum ging, wer wann zu welchen Konditionen Horkheimer an die Westküste folgen sollte, blieb es auch Löwenthal und Adorno nicht immer erspart, sich trotz aller Ergebenheit gegenüber Horkheimer in manchen Augenblicken verraten und verkauft zu fühlen. Nach einem Gespräch mit Pollock im September 1941 mußte Löwenthal weinen, so lieblos hatte ihm Pollock seine lieblos geplante

Zukunft angekündigt, und Adorno war ganz verstört, weil alles seit Monaten in der Schwebe war.

»Es ist interessant zu beobachten«, meinte Pollock gegenüber Horkheimer, »wie sich unsere Mitarbeiter verhalten. Marcuse hat die entsetzliche Angst, nach fünf Jahren als zweiter Günther Stern [d. i. Günther Anders, R. W.] herumzulaufen und will deshalb unbedingt die Verbindung mit Columbia aufrecht erhalten. Teddie hat nur ein Interesse: möglichst rasch Kleinrentier in California zu werden und was aus den anderen wird, ist ihm völlig gleichgültig. Neumann fühlt sich einigermaßen sicher, wie immer die Entscheidung ausfallen wird, unterstreicht aber natürlich die Wichtigkeit der Columbia Verbindung. Völlig loyal verhält sich – I am sorry to say – allein Löwenthal. Begreiflicherweise. Denn er ist überzeugt, daß, komme was mag, wir ihn nicht fallen lassen werden.« (Pollock-Horkheimer, 1. 10. 41)

Die Anhänglichkeit für das Institut und für Horkheimer wurde unter den Blicken solcher Leiter angesichts der in jenen Jahren besonders ungünstigen Aussichten auf akademische Karrieren für die Institutsmitarbeiter immer verzweifelter. Auch für gedemütigte Mitarbeiter blieb das Institut attraktiv. Es erschien nicht nur immer noch als eine wie immer willkürlich und auf Widerruf Schutz und Hilfe gewährende Instanz – es konnte Geld, Veröffentlichungsmöglichkeiten, Empfehlungen, Bestätigungen und anderes mehr vergeben –, sondern auch als der einzige Hort sinnvoller theoretischer Arbeit. Und diese theoretische Arbeit ging, wenn auch unter großen Reibungsverlusten und in einer merkwürdigen Atmosphäre, weiter.

Unter den Motiven für sie gewann – nicht nur für Neumann – das Bestreben an Bedeutung, sich durch Veröffentlichungen auf dem wissenschaftlich-akademischen Markt zu profilieren, um notfalls auch ohne das Institut weitermachen zu können. Von den wichtigen Mitarbeitern, die das Institut unter mehr oder weniger deutlichem Drängen verließen, erschienen 1941 und 1942 bedeutende Werke, und zwar auf englisch: 1941 Fromms *Escape from Freedom* und Marcuses *Reason and Revolution*, im Frühjahr 1942 Neumanns *Behemoth*. Von Horkheimer dagegen, dem dem Überlebenskampf Enthobenen, erschienen erst 1944 die zusammen mit Adorno geschriebenen *Philosophischen Fragmente* – ein schwieriger theoretischer Text, in deutscher Sprache und in mimeographierter Form im Selbstverlag herausgebracht, also für einen sehr kleinen Leserkreis bestimmt. Adorno schloß 1941 ein umfangreiches Aufsatz-Manuskript *Zur Philosophie der neuen Musik* ab, das er ohne den Gedanken an eine Veröffentlichung für Zwecke der Selbstverständigung im Institutskreis verfaßt hatte; das er aber auch Außenstehenden wie Thomas Mann oder Dagobert D. Runes zu lesen gab, dem Herausgeber des *Journal of Aesthetics*, der die Arbeit fast auf englisch veröffentlicht hätte; das jedoch vor allem zu einer wichtigen Vorarbeit für die *Philosophischen Fragmente* wurde und im übrigen in den großen Fonds einging, dem Adorno später die Fülle seiner in der Bundesrepublik publizierten Texte entnahm. Kirchheimer, der als Teilzeit-Mitarbeiter des Instituts 125 Dollar monatlich bekam – »ein Minimumeinkommen, das Dank der Arbeit meiner Frau und gelegentlichen Nebeneinnahmen das Durchkommen in einem sehr bescheidenen Rahmen ermöglicht« (Kirchheimer-Horkheimer, 16. 7. 42) –, schaffte es nicht, den Plan einer »Verfassungslehre des monopolistischen Zeitalters« zu verwirklichen.

Bei allem Schwanken war doch die Grundorientierung der Institutsleiter klar. Die »doppelte Funktion als Gelehrter und als Direktor des Institute of Social Research« (Horkheimer, *Report to the Trustees of the Kurt Gerlach Memorial Foundation*) war für Horkheimer zuviel, der, wie er in den *Notizen aus Beach Bluff* geklagt hatte, alles »undifferenziert mit derselben Libido« tat und den »das Diktieren eines Briefes . . . dieselbe Anstrengung wie eine wissenschaftliche Arbeit« kostete. »Herr Horkheimer«, so Alice Maier, seine einstige New Yorker Sekretärin, im Rückblick, »dachte sehr genau über jedes einzelne Wort nach, er hat manchmal innerhalb von zwei Stunden kein Wort diktiert . . . Herr Horkheimer hat ins Stenogramm diktiert und das noch zehnmal geändert.« (Erd, 100) Fortan sollte nun Horkheimers wissenschaftliche Arbeit Vorrang haben. Dabei brauchte er nur den einen oder anderen hauptberuflichen Zu- bzw. Mitarbeiter. Es galt, das Institut so zu reduzieren, daß es nach außen hin weiterexistierte, nach innen hin aber kaum noch Geld und Energie kostete.

In der Praxis lief das – wie immer schwankend und widersprüchlich – auf die folgende Strategie hinaus. Seit 1939 versuchten die Institutsleiter Ballast abzuwerfen und gleichzeitig Gelder für Projekte hereinzubekommen. Sie schickten sich an, günstige Bedingungen für Horkheimers theoretische Arbeit zu schaffen durch dessen Übersiedlung an die Westküste, wo er in glänzender Distanz zum Wissenschaftsbetrieb leben konnte, und gleichzeitig suchten sie noch eine Zeitlang den Anschein eines normalen Weiterexistierens des Institutsbetriebs aufrechtzuerhalten – dies um so mehr, als sich 1941 die Chance abzeichnete, Vorlesungen nicht länger bloß unbezahlt und in der Extension-Abteilung der Columbia, sondern bezahlt und vollwertig im Rahmen der Fakultät abzuhalten und vielleicht sogar eine Professur zugeteilt zu bekommen. Eventuell gelang es, einerseits durch Stiftungsgelder für Projekte ein mehr oder weniger reduziertes, sich selbst tragendes Rumpf-Institut in Gang zu halten und andererseits Horkheimer und seinen Mitarbeitern früher oder später einen glanzvollen Zugang zur universitären Welt zu verschaffen, so daß sie als Akademiker notfalls eines Tages auch ohne Verfügung über eigene Gelder an der Theorie weiterarbeiten konnten.

Daß, bedingt durch den Ausbruch des Krieges und die Verlegung des Erscheinungsortes der Zeitschrift von Paris nach New York, praktisch ein ganzer Jahrgang der Zeitschrift fortfiel, bevor die *Zeitschrift für Sozialforschung* in den *Studies in Philosophy and Social Science* ihre Fortsetzung fand, gab Luft für die Arbeit an Büchern und Projekt-Entwürfen.

Trennung von Erich Fromm

Zuerst und am drastischsten erfolgte die Trennung von Fromm. Sie hatte eine lange Vorgeschichte. Schon im Juni 1934, als Fromm auf dem Weg von Chicago nach seinem Kurort Santa Fé für einen Monat Zwischenstation in New York bei Horkheimer machte, hatte dieser an Pollock geschrieben, Fromm habe zwar produktive Ideen, aber er gefalle ihm nicht sehr, da er mit zu vielen Leuten auf gutem Fuß stehen wolle. Darin kündigte sich bereits ein Vorwurf an, den Horkheimer später im Briefwechsel mit Adorno ausdrücklich Sohn-Rethel machte: es fehle der von Haß geschärfte Blick auf das Bestehende. In die gleiche Richtung zielte die Kritik, die Adorno, der schon in Frankfurter Zeiten die Zusammenarbeit zwischen dem von ihm als »Berufsjuden« bezeichneten Fromm und Horkheimer mit scheelen Blicken betrachtet hatte (cf. Haselberg, *Wiesengund-Adorno*, in: Arnold, Hg., Text+Kritik, Sonderband Adorno, 12), an Fromms *ZfS*-Beitrag über *Die gesellschaftliche Bedingtheit der psychoanalytischen Therapie* übte. Fromm hatte darin Freud vorgeworfen, hinter der von ihm geforderten »Toleranz« des »indifferenten« und »gefühlskalten« Analytikers verberge sich die Respektierung der gesellschaftlichen Tabus des Bürgertums, die den Patienten zu seinen Verdrängungen veranlaßt hätten; verberge sich mehr oder weniger unbewußt eine autoritäre patrizentrische Haltung. Damit die analytische Situation ihren Zweck erfülle, sei mehr nötig als »Neutralität«, nämlich eine unbedingte Bejahung der Glücksansprüche des Patienten. Unabdingbar seien für den Psychoanalytiker die von Sandor Ferenczi als »Takt« und »Güte« bezeichneten positiven Eigenschaften. Er hob Ferenczis Feststellung hervor, eine Analyse könne erst dann erfolgreich beendet werden, wenn der Patient seine Angst vor dem Analytiker verloren und ihm gegenüber »Gefühle der Gleichberechtigung« erlangt habe. Fromm habe ihn, schrieb Adorno nach der Lektüre des Aufsatzes im März 1936 an Horkheimer, »in die paradoxe Situation gebracht, Freud zu verteidigen. Sentimental und falsch unmittelbar, eine Mischung von Sozialdemokratie und Anarchismus, vor allem ein empfindlicher Mangel an dialektischem Begriff. Er macht es sich mit dem Begriff der Autorität zu leicht, ohne den ja schließlich weder Lenins Avantgarde noch die Diktatur zu denken ist. Ich würde ihm dringend raten, Lenin zu lesen. Und welcher Art sind die Gegenpäpste gegen Freud. [Fromm hatte Georg Groddeck und Sandor Ferenczi als »oppositionelle« Fortentwickler der Freudschen Psychoanalyse angeführt, R. W.] Nein, gerade wenn man wie wir Freud von links kritisiert, dürfen nicht solche Dinge wie das läppische Argument vom ›Mangel an Güte‹ passieren. Genau das ist der Dreh, den die bürgerlichen Individualisten gegen Marx haben. Ich kann Ihnen nicht verschweigen, daß ich in dieser Arbeit eine wirkliche Bedrohung der Linie der Zeitschrift sehe und wäre Ihnen dankbar, wenn Sie meine Einwände, die ich ja nur anzutippen brauche, in einer Ihnen geeignet erscheinenden Form auch Fromm mitteilen wollten.« (Adorno-Horkheimer, 21. 3. 36)

Das blieb der entscheidende Punkt der Adornoschen Kritik an Fromm, den er Mitte der 40er Jahre in einem der Aphorismen der *Minima Moralia* wiederholte. Er warf Freud – darin einig mit Fromm – vor, daß er sich der allgemeinen Auffassung füge, nach der soziale Ziele höher rangierten als sexuelle, als die Glücksansprüche des Individuums. Aber er wandte sich dagegen, in Freuds Haltung einen Mangel an Güte zu sehen, der durch Güte zu beheben sei. Es handle sich vielmehr um eine repressive Haltung, die immerhin nicht die Illusion aufkommen lasse, mit Güte sei hier etwas zu bessern, mit Güte sei dem Trieb zur Befriedigung zu verhelfen. Auf die Idee könne nur kommen, wer die Ansprüche des Triebs abmildere und bereit sei, über die Schwere der Versagungen, die die Gesellschaft den Individuen auferlege, hinwegzutäuschen. »Wenn es Freud an solcher Güte gebrach, so wäre er hier wenigstens in der Gesellschaft der Kritiker der politischen Ökonomie, die besser ist als die von Tagore und Werfel.« Eine linke Kritik an Freud stellte Adorno – getreu seiner Denkfigur der Sprengung von innen – sich so vor: »eine katharktische Methode, die nicht an der gelungenen Anpassung und dem ökonomischen Erfolg ihr Maß findet, (müßte) darauf ausgehen, die Menschen zum Bewußtsein des Unglücks, des allgemeinen und des davon unablösbaren eigenen, zu bringen und ihnen die Scheinbefriedigungen zu nehmen, kraft derer in ihnen die abscheuliche Ordnung nochmals am Leben sich erhält . . . Erst in dem Überdruß am falschen Genuß, dem Widerwillen gegens Angebot, der Ahnung von der Unzulänglichkeit des Glücks, selbst wo es noch eines ist, geschweige denn dort, wo man es durch die Aufgabe des vermeintlich krankhaften Widerstands gegen sein positives Surrogat erkauft, würde der Gedanke von dem aufgehen, was man erfahren könnte.« (*Minima Moralia*, Aphorismen 37, 38)

Nicht den Patienten schon etwas von dem spüren lassen, was sein sollte – wie Fromm meinte –; ihm auch nicht als toleranter Vertreter des Realitätsprinzips begegnen – wie Freud vorschrieb –; sondern ihm als ein das Realitätsprinzip auf die Spitze Treibender entgegentreten, der dem Kranken zu der Dunkelheit verhalf, in der der Stern der Hoffnung zu leuchten begann – so stellte sich Adorno, der zusammen mit Pollock und Marcuse zu den drei Unanalysierten des Horkheimer-kreises gehörte, denen drei Analysierte gegenüberstanden, nämlich Fromm, Löwenthal und Horkheimer, die richtige psychoanalytische Therapie vor, ohne sich zu fragen, ob, was auf der Ebene der ästhetischen Theorie und einer Theorie des Klassenkampfes stimmen mochte, umstandslos auf die Therapie einzelner übertragen werden konnte. So groß die Gefahr war, daß Güte zu blauäugiger Angepaßtheit führte, so groß war auch die Gefahr, daß harte Desillusionierung zu einer Verfestigung der Krankheit oder zu Zynismus führte.

Man kann nur vermuten, was Horkheimer damals dachte, der schließlich Fromms Aufsatz, wohlgeprüft wie alle anderen, als einen »tragenden« veröffentlicht hatte und auf Adornos Kritik – zumindest brieflich – mit keinem Wort einging. Konnte, wer einmal geschrieben hatte: »Sei mißtrauisch gegen den, der behauptet, daß man entweder nur dem großen Ganzen oder überhaupt nicht helfen könne. Es ist die Lebenslüge derer, die in der Wirklichkeit nicht helfen wollen und die sich vor der Verpflichtung im einzelnen bestimmten Fall auf die große Theorie hinausreden. Sie rationalisieren ihre Unmenschlichkeit« (*Dämmerung*, 251); konnte, wer einmal als angemessene gegenwärtige Gestalt der Moral neben der Politik das Mitleid angeführt hatte (*Materialismus und Moral*, ZfS 1933: 183); konnte, wer ein Anhänger Schopenhauers war, für den vom Blendwerk der Maja geheilt sein und Werke der Liebe üben eins war (cf. Schopenhauer, *Die Welt als Wille und Vorstellung*, I, 441) – konnte so jemand etwas gegen die Befürwortung von Güte haben, wenn gleichzeitig der Glücksanspruch und das Triebhafte der Menschen unbedingt bejaht und die bürgerlich-kapitalistische Gesellschaft scharf kritisiert wurden? Mußten ihm nicht Fromms Vorstellungen nahestehen als Modell für eine schopenhauerianisch-buddhistisch inspirierte Modifikation Marxschen und Freudschen Denkens?

Schon in einem Aphorismus der *Dämmerung* und ebenso 1938 in seinem Aufsatz über *Montaigne und die Funktion der Skepsis* kritisierte

Horkheimer die Psychoanalyse als ein Instrument der Anpassung, das die aggressiven Tendenzen von Neurotikern, von Unangepaßten, von Oppositionellen vorwurfsvoll entlarvte und aus ihnen Menschen zu machen suchte, die sich in einer schrecklichen Welt voller Ungerechtigkeit natürlich und ungehemmt zu geben wußten, als ob alles in Ordnung sei (*Dämmerung*, 310; *ZfS* 1938: 19). Und in einem Brief an Benjamin hatte er 1935 davon gesprochen, in den Schriften Freuds, dem die richtige historische Orientierung fehle, komme »die Verzweiflung in der bestehenden Wirklichkeit als das Unbehagen eines Professors zum Ausdruck« (Horkheimer-Benjamin, 28. 1. 35). Freuds Kritik an der bestehenden Wirklichkeit war ihm also nicht heftig, nicht aggressiv genug. Adornos Kritik an Fromm, unbekümmert um das Problem des Verhältnisses von psychoanalytischer Theorie und psychoanalytischer Therapie, war ein Appell an Horkheimer, mit Kategorien wie Güte und Mitleid ähnlich zu verfahren, wie Adorno es mit theologischen Motiven halten wollte: sie aufzuheben und implizit zur Geltung kommen zu lassen.

Sah Horkheimer sich in Gemeinschaft mit Pollock (und Maidon) einer feindseligen Welt gegenüber, in der alle menschlichen Beziehungen verfälscht und alle Freundlichkeiten nicht ernst gemeint waren, so sah sich Adorno in Gemeinschaft mit Horkheimer (und Gretel) in der gleichen Situation. Er übertraf aber Horkheimer, den Mächtigeren der beiden, an Mißtrauen. Seine Sicht der Welt und seine theoretischen Überlegungen vermischten sich zu einer vertrackten Misanthropie: »Wenn es einem um das zu tun ist, was mit den Menschen möglich wäre, so kann man den wirklichen Menschen nur schwerlich gut bleiben. Es ist schon so weit gekommen, daß Menschenfreundlichkeit beinahe ein Index von Gemeinheit ist . . . Die Gemeinheit der Menschenfreundlichkeit dürfte darin stecken, daß die Güte einen Vorwand bietet, an den Menschen genau das zu bejahen, wodurch sie sich selber nicht bloß als Opfer sondern als virtuelle Henker bewähren.« (Adorno-Horkheimer, 2. 6. 41) Die von Adorno mit Leidenschaft vertretene Denkfigur der Sprengung von innen, des kalten Auf-die-Spitze-Treibens der Kälte zeigte Horkheimer den Weg, wie sich die schopenhauerianisch-buddhistischen Elemente seines Denkens »aufheben« ließen, die bei Fromm immer stärker in den Vordergrund traten.

Seit Mitte der 30er Jahre bildete Fromm mit der ebenfalls aus Deutschland emigrierten Psychoanalytikerin Karen Horney und dem behavioristisch orientierten US-amerikanischen Psychiater Harry Stack Sullivan eine Außenseitergruppe unter den New Yorker Psychoanalytikern, der es um das Zusammenwirken von Psychiatrie, Psychoanalyse, Soziologie und Ethnologie ging und der sich Ethnologen wie Edward Sapir und Ruth Benedict angeschlossen hatten. (Dank dieses Umgangs hatte Fromm der *ZfS* einen Beitrag Margaret Meads vermitteln können, der für den Horkheimerkreis zu den willkommenen Belegen für die Zusammenarbeit des Instituts mit renommierten US-Wissenschaftlern bzw. -Wissenschaftlerinnen gehörte.) Horneys 1937 und 1939 erschienene Bücher *The Neurotic Personality of Our Time* und *New Ways in Psychoanalysis*, die sich an ein breites Publikum richteten und überaus erfolgreich waren (und von denen das zweite im Vorwort einen Dank an Horkheimer enthielt), unterstrichen in Adornos Augen die Berechtigung seiner Kritik an Fromm (s. a. Adorno, *Die revidierte Psychoanalyse*, Schriften 8). In der *ZfS* aber wurden Horneys die Rolle der Kultur und der zwischenmenschlichen Beziehungen in den Vordergrund rückende Bücher von Ernst Schachtel, der selber zu den Neoanalytikern gehörte, sehr gelobt. »Die prinzipiell bedeutsamsten Abschnitte des Buches«, meinte er zu *New Ways*, »nehmen Stellung gegen die biologistische und instinktivistische Orientierung Freuds (Libido-Theorie, Ödipus-Komplex, Todestrieb und Rückführung der Psychologie der Frau auf anatomische Differenzen) und gegen seinen mechanistischen Evolutionismus (Wiederholungszwang und unvermittelte Rückführung von psychischen Tendenzen auf Erlebnisse der frühen Kindheit) . . . Indem Charakter und menschliches Verhalten grundsätzlich aus den konkreten menschlichen Beziehungen erklärt werden, unter denen der Mensch aufgewachsen ist und lebt, und indem auf die Annahme ein für allemal gegebener, libidinöser Stufen der menschlichen Entwicklung verzichtet wird, gibt das mit großer Klarheit geschriebene Buch auch der Sozialpsychologie viele und fruchtbare Ansatzpunkte zu einem besseren und genaueren Verständnis der psychischen Wirkungsweise gesellschaftlicher Tatbestände.« (*ZfS* 1939: 246) Den in Horneys Büchern nachhallenden kritischen Motiven widerfuhr damit Gerechtigkeit. Die Entschärfung der psychoanalytischen Theorie insgesamt wurde übersehen.

Die 1885 geborene Karen Horney – am Berliner Psychoanalytischen Institut ausgebildet und beeinflußt vor allem von Karl Abraham und Hanns Sachs, die zu Freuds Freundeskreis zählten – hatte vor 1933 eine Reihe von Aufsätzen zur Psychologie der Frau veröffentlicht, in denen sie bei aller Treue zu Freud kritisch von ihm abwich. Freud hatte die weibliche Entwicklung und die weiblichen Eigenarten als psychologische Folge der anatomischen Geschlechtsunterschiede zu begreifen gesucht. Horney hob dagegen die entscheidende Rolle des patriarchalischen Charakters der Institutionen, der kulturellen Normen, der Erziehung, der Gesellschaft insgesamt hervor, in der jene Frauen lebten, über die Freud biologisch-anthropologische Urteile fällen zu können glaubte. Der Bedeutung des Biologischen und der frühen Kindheitserlebnisse die Bedeutung des Gesellschaftlichen und der Nach-Kindheits-Erlebnisse zur Seite zu stellen bedeutete, Frauen überhaupt die Chance zu geben, ihr Selbstverständnis den Fesseln patriarchalischer Definitionsmacht zu entwinden (cf. M. Mitscherlich, *Freuds erste Rebellin*, in: *Emma 12*, 1978, S. 34 f.).

Bei Fromm hatte die Annahme der Prägung der Triebstruktur durch die Lebensbedingungen zur Demonstration der unabsehbaren Fortdauer gegebener Lebensbedingungen durch ihre Verankerung in der Triebstruktur geführt. Bei Horney wurde die Einsicht in den prägenden Charakter gesellschaftlicher Realitäten und Normen zum Sprungbrett für eine Theorie, die die Verankerung von Verhaltens-, Wahrnehmungs- und Denkweisen in der Triebstruktur löste und zusammen mit dem Vorrang der gesellschaftlichen Bedingtheit auch den Spielraum für die Neudefinition und Neugestaltung des Verhaltens z. B. von Frauen gegeben sah. Aber aus der Entlarvung der Annahme biologischer Bedingtheiten als Ideologie wurde eine Konzeption, die die deformierenden Wirkungen der gesellschaftlichen Verhältnisse im Bereich der Triebstruktur ignorierte und von einer besseren Erziehung und einer besseren analytischen Therapie ein relativ unkompliziertes Fertigwerden mit den Schwierigkeiten der jeweiligen Kultur erwartete. Die Widersprüche zwischen Wettbewerb und brüderlicher Liebe, zwischen Anstachelung der Bedürfnisse und Vereitelung ihrer Befriedigung, zwischen vermeintlicher Freiheit des einzelnen und den tatsächlichen Grenzen – diese nur an die Oberfläche der gesellschaftlichen Konflikte und der Konflikte zwischen Individuum und Gesellschaft rührenden Probleme waren gemäß den verkaufsträchtigen Büchern Horneys die entscheidenden Widersprüche der westlichen Kultur, die der Neurotiker intensiver erlebte als der Normale und bei deren Bewältigung es ihn zu unterstützen galt.

Fromms Position war – das ignorierte Adorno – deutlich kritischer als die Horneys und anderer »Revisionisten«. Er hielt an der alten Anklage gegen die bürgerlich-kapitalistische Gesellschaft und an der Überzeugung von ihrer Umwälzungsbedürftigkeit fest und vertrat die Ansicht, daß der gut angepaßte normale Mensch, der niemals zu traurig oder zu zornig war, oft weniger gesund sei als der neurotische. Was ihn von Adorno und auch Horkheimer trennte, war die traditionell-idealistische Formulierung und Lokalisierung des Maßstabs der Kritik. Es gibt, meinte Fromm in *Escape from Freedom*, menschliche Möglichkeiten, die sich im Verlauf der Evolution entwickelt haben und zum Ausdruck kommen wollen, nämlich schöpferisches und kritisches Denken, das Erleben differenzierter emotionaler und sinnlicher Erfahrungen, das Streben nach Gerechtigkeit und Wahrheit.

Während Adorno und Horkheimer alle Spontaneität immer mehr zerstört sahen und Horkheimer immer mehr wie Adorno den Untergang des Individuums diagnostizierte, sah Fromm in der seltenen, aber doch vorhandenen Spontaneität in der westlichen Kultur den spirituellen Ansatzpunkt für die Lösung der zentralen Probleme.

Adornos und Horkheimers Position allerdings war nicht weniger angreifbar als die Fromms. Denn indem sie in den 40er Jahren den Revisionisten den »biologischen Materialismus« Freuds als das theoretische Kernstück der Psychoanalyse entgegenhielten (Horkheimer/Adorno, *Ernst Simmel und die Freudsche Philosophie*, in: Görlich, *Der Stachel Freud*), machten sie sich eine biologisch-anthropologische Fundierung der Gesellschaftskritik, die Annahme eines utopischen Potentials in der Triebstruktur zu eigen, die nicht weniger problematisch war als Fromms Glaube an die Spontaneität. War Adornos und Horkheimers Position auch unkonventioneller als die Fromms, so war sie doch zugleich auch weniger exponiert, indem sie sich über die Äußerungsformen des utopischen Potentials ausschwiegen. Im Unterschied zu Adorno bereitete dabei die »Schwäche der positiven Formulierungen« Horkheimer Unbehagen (cf. Horkheimer-Adorno, 21. 6. 41).

Zum Abarbeiten der Positionen aneinander kam es aber nicht und damit auch nicht zu einer Entwicklung, die möglicherweise die gesellschaftskritischen Aspekte bei Fromm gegen konformistische Ansichten der Neoanalytiker gestärkt hätte. Als Ende 1939 eine Reihe ernster Gespräche zwischen Fromm und Horkheimer stattfand, war der Bruch bereits vollzogen, ging es nur noch um die Modalitäten der Trennung. Die Form, in der Pollock ihm im Frühjahr 1939 erklärt hatte, das Institut könne ihm ab Oktober kein Gehalt mehr zahlen, hatte Fromm gekränkt. Nach seiner Darstellung hatte Pollock ihn nicht gebeten, auf sein Gehalt zu verzichten, vielmehr hatte er ihm klipp und klar erklärt, das Institut sei nicht in der Lage, ihm nach dem 1. Oktober weiter Gehalt zu zahlen und werde auch kein Gehalt bezahlen. »Auf meine ausdrückliche Feststellung, dies bedeute also Entlassung, erwiderte er: ›Wenn Sie es so nennen wollen, ja!‹« (Fromm-Horkheimer, 16. 11. 39) Gegen eine Abfindung von 20 000 Dollar verzichtete Fromm auf seinen lebenslänglichen Anstellungsvertrag.

Damit hatte sich das Institut von einem Mitarbeiter getrennt, der lange Zeit der theoretisch wichtigste war; von dem allerdings nach 1935 nur noch ein Artikel in der *ZfS* erschienen war (ein im Sommer 1937 entstandener »prinzipieller Aufsatz«, den Fromm aufgrund der ihm einleuchtenden Kritik Horkheimers daran umarbeiten wollte, kam nicht zustande, erschien jedenfalls nicht in der *ZfS*); dessen Arbeiter- und Angestellten-Studie nicht zu einer in Horkheimers

Augen publikationsfähigen Form gedieh; der häufig krank war oder kurte; der enger als mit dem Horkheimerkreis mit einem Psychoanalytiker- und einem Sozialwissenschaftler-Kreis liiert schien (cf. Funk, *Erich Fromm*, 99 ff.), die mit unversöhnlicher Gesellschaftstheorie nichts im Sinn hatten; der vom ersten Augenblick des Erscheinens von Adorno in New York an heftige Kritik an eben dem geübt hatte, von dem er in der zweiten Hälfte der 30er Jahre jedenfalls in Horkheimers Augen an theoretischer Ergiebigkeit immer deutlicher übertroffen wurde. Was Horkheimer vielleicht gehofft hatte – daß Fromm auf Anstellungsvertrag bzw. Gehalt verzichten, dem Institut aber weiterhin verbunden bleiben und zur Verfügung stehen würde – trat nicht ein. Von Fromms Seite kamen noch einmal Anfragen wegen der Arbeiter- und Angestellten-Enquete, von der er ein Exemplar erhielt. Von Horkheimers Seite im Oktober 1946 anläßlich der Vollstreckung der im Nürnberger Prozeß gefällten Todesurteile noch einmal ein kurzer Brief: in Erinnerung daran, daß Fromm und er einst in New York bei der Nachricht über die Ereignisse des 30. Juni 1934 auf den damaligen Untergang symbolischer Gestalten des Nazi-Reiches angestoßen hätten, habe er Fromm Dienstag nacht ein Prosit auf den Tod von Streicher und Genossen gesandt (Horkheimer-Fromm, 18. 10. 46).

1941 erschien *Escape from Freedom*. Dabei handelte es sich um die im Institutsprospekt von 1938 als Teil des Forschungsprogramms aufgeführte psychologische Studie zum *Man in the Authoritarian State*. Das Buch, an dem Fromm zwischen 1936 und 1940 gearbeitet hatte, stellte eine der wenigen Realisierungen des umfangreichen Publikationsprogramms des Instituts dar, erschien aber außerhalb des Institutsrahmens und enthielt – abgesehen von einer Fußnote, in der ein Aufsatz Horkheimers erwähnt wurde – nicht einen einzigen Hinweis auf die ehemalige Zusammenarbeit mit dem Institut für Sozialforschung. Statt dessen waren dem Buch drei Mottos vorangestellt, die sämtlich Fromms humanistisches Credo geradezu zur Schau stellten.

Vor dem Hintergrund einer historischen Skizze des zwiespältigen Prozesses der Loslösung des Individuums von seinen mittelalterlichen Bindungen vereinigte es den sozialpsychologischen Funktionalismus von Fromms Beitrag zu den *Studien über Autorität und Familie* mit seiner Vorstellung von einem Ausweg aus dem vermeintlichen Teufelskreis. Es waren vor allem drei Fluchtmechanismen, die Fromm diagnostizierte: authoritarianism, destructiveness, automaton conformity. »Wir haben«, so Fromms eigenes Resümee, »in diesem Buch die These vertreten, daß die Freiheit für den modernen Menschen eine zweifache Bedeutung besitzt: daß er sich von den traditionellen Autoritäten befreite und zu einem ›Individuum‹ wurde, daß er aber gleichzeitig auch isoliert und machtlos und zu einem Werkzeug für Zwecke außerhalb seiner selbst wurde, sich selbst und anderen entfremdet. Wir sahen ferner, daß dieser Zustand das Selbst unterminiert, es schwächt und mit Angst erfüllt und daß er den Menschen bereitmacht, sich einer neuen Art von Knechtschaft zu unterwerfen ... Nur wenn der Mensch die Gesellschaft in den Griff bekommt, nur wenn er den Wirtschaftsapparat in den Dienst des menschlichen Glücks stellt, und nur wenn jeder einzelne aktiv am gesellschaftlichen Prozeß beteiligt wird, kann er seine Einsamkeit und das Gefühl der Ohnmacht überwinden, das ihn heute zur Verzweiflung treibt ... (Die Demokratie) wird nur dann über die Kräfte des Nihilismus triumphieren, wenn sie die Menschen mit dem stärksten Glauben erfüllen kann, zu dem der menschliche Geist fähig ist: mit dem Glauben an das Leben und an die Wahrheit und an die Freiheit als der aktiven und spontanen Verwirklichung des individuellen Selbst.« (*Die Furcht vor der Freiheit*, 214, 219)

Aber nichts an der Ablehnung der Freudschen Triebtheorie zugunsten der Überzeugung, das Schlüsselproblem der Psychologie sei die spezifische Bezogenheit des Individuums zur Welt, nichts an der Ersetzung des Begriffs der Triebstruktur durch den der Charakterstruktur, nichts an Fromms Stellung zur ›culture and personality‹-Debatte über das Verhältnis zwischen Kultur, Gesellschaft und Persönlichkeit rechtfertigte sein Setzen auf die Spontaneität und den Glauben ans Leben. Wenn z. B. das Bedürfnis, Geld oder andere Dinge anzuhäufen, nicht mehr, wie bei den orthodoxen Psychoanalytikern, dadurch erklärt wurde, daß damit der unbewußte Wunsch sublimiert werde, den Stuhl zurückzuhalten, sondern dadurch, daß es im Zusammenhang mit der Stuhlentleerung zu bestimmten zwischenmenschlichen Erfahrungen gekommen war – dann war nicht zu sehen, wieso in einer Gesellschaft, in der zwischenmenschliche Beziehungen durch und durch deformiert waren, Grund zu Optimismus sein sollte. Die Spontaneität, auf die Fromm setzte, war angesichts der diagnostisch-analytischen Partien des Buches eine ex machina-Konstruktion. Er berief sich einfach darauf, daß den Menschen gewisse Eigenschaften – mit dem Ausdruck des von ihm in einem der Mottos zitierten Jefferson – »inhärent« seien bzw. durch die historische Entwicklung inhärent geworden seien, nämlich das »Streben zu leben, sich zu entfalten und die in ihm angelegten Möglichkeiten zum Ausdruck zu bringen« (230).

Wie Horneys Bücher richtete sich auch Fromms Buch an ein breiteres Publikum, wurde es zu einem vielgelobten und erfolgreichen Band – auch in der wissenschaftlichen Welt. Selbst in der Zeitschrift des Instituts erschien 1941 eine lobende Besprechung von Fromms Freund Schachtel. Das sollte Fromm, in dem Horkheimer nun einen Gegner des Instituts sah, der mit Grossmann, Gumperz, Wittfogel und vielleicht noch anderen sich vom Institut frustriert Fühlenden eine Front zu bilden drohte, freundlich stimmen.

Projekte

Bereits 1938 begann man im Institut daran zu denken, sich nicht nur für die Projekte einzelner Mitarbeiter oder Schützlinge um Gelder von US-amerikanischen Stiftungen zu bemühen, sondern auch für wissenschaftliche Untersuchungen des Instituts selbst. 1939 wurden erste Versuche unternommen, u. a. für ein von Adorno und Horkheimer ausgearbeitetes Projekt über Antisemitismus bei christlichen wie jüdischen Foundations sowie bei Privatpersonen Interesse zu wecken. Sie blieben erfolglos. Im April 1940 stellte Horkheimer bei einer Sitzung des Advisory Boards des Instituts (zu dem u. a. MacIver und Lynd gehörten) zwei Projekte zur Diskussion, um zu hören, welches davon in den USA mehr Aussichten habe und wie am besten zu verfahren sei, um dafür Gelder zu bekommen. Es handelte sich wiederum um das Antisemitismus-Projekt, das die Frage beantworten sollte, wieso der Antisemitismus eine so überragende Bedeutung erlangen konnte, und um ein Projekt über »modern German Culture«, das die wirtschaftliche, soziale, politische, philosophische und literarische Entwicklung in Deutschland in der Zeit von 1900 bis 1933 rekonstruieren und damit die Frage beantworten sollte, wie es zum Nationalsozialismus kommen konnte. Die Berater rieten zum zweiten Projekt. Das Institut arbeitete aber weiterhin an beiden. Am 10. Juli 1940, einen Tag bevor er mit seiner Frau gen Westen reiste, um einen günstigen Ort für die Realisierung des Dialektik-Buches zu erkunden, schrieb Horkheimer an Neumann: angesichts des Umstandes, daß das American Jewish Committee seinerzeit das Antisemitismus-Projekt zurückgestellt habe, weil es nur für unmittelbare Beobachtung und Bekämpfung Geld gebe, habe er Adorno beauftragt, ein Projekt zu skizzieren, das die anti-jüdische Politik des Nationalsozialismus und ihre Wirkung im In- und Ausland zum Gegenstand habe. »Im Gegensatz zu unseren anderen Projekten soll dieses Projekt wirklich sorgfältig vorbereitet werden . . . Ich glaube, man sollte diese Ferienzeit, in der sich offenbar manches vorbereitet, nicht verstreichen lassen, ohne alles nur Erdenkliche zu unternehmen, was im Herbst zu einem finanziellen Erfolg führen könnte.« (Horkheimer-Neumann, 10. 7. 40)

In den folgenden Wochen arbeiteten vor allem Adorno und Neumann an Neufassungen der beiden Projekte. Das Antisemitismus-Projekt, um das sich besonders Adorno und seine Frau kümmerten, erhielt doch wieder den ursprünglich vorgesehenen umfassenden Charakter, betonte aber den praktischen Aspekt der Abwehr. Auch für das neue Deutschland-Projekt solle man, schrieb Horkheimer im August aus dem Westen an Löwenthal, Adorno einspannen. »Er kann dafür sorgen, daß es ›Niveau‹ kriegt.«

Adornos wichtigster Beitrag zur Neufassung des Deutschland-Projekts waren zwei Abschnitte über »Culture« und über »Cultural Crisis«. »We have made an attempt«, hieß es einige Wochen später in dem Entwurf für einen Brief des Institutsdirektors an Robert M. Hutchins, Präsident der Universität von Chicago, bei dem Horkheimer Verständnis für die theoretischen Ambitionen seines Kreises vermutete und von dem er Unterstützung für die Projekte des Instituts erhoffte, »to theoretically understand the growth of Nazism not only in terms of the objective socio-economic forces that engendered it, but also in terms of men – of the human, or rather inhuman climate that made it possible. This is not meant to be ›psychological‹. I am not a social psychologist nor are the members of our Institute with whom I am preparing this project. It appears to me that, in our epoch, men are undergoing much deeper changes than could be expressed psychologically. It is, as if the substance of man itself had changed with the fundaments of our society … The religious emancipation of the middle-classes, with all its appearance of ›progressivness‹ reveals itself today as a force of dehumanization, however much it likes, or liked, to cloak itself as humanism. We witness a change that makes men into mere passive centers of reaction, into subjects of ›conditioned reflexes‹, because they have left no centers of spontaneity, no obligatory measure of behavior, nothing that transcends their most immediate wants, needs and desires. And what is going on at present can be properly understood only against the background of the total development of what has reduced and mutilated man into what he appears to be today. – You will find hints into this direction in the part on ›cultural crisis‹ …« Die Hervorhebung eines engen Zusammenhangs zwischen Neutralisierung von Religion und Kultur und einem anthropologischen Wandel zeugte von der Nähe Horkheimers und Adornos zu Fromm und ihrer Distanz zu Neumann. Nicht in Rechtsstaatlichkeit und Organisationen der Arbeiterbewegung sahen sie die neben der Produktionsweise entscheidenden Elemente, von denen die Verfassung der gegenwärtigen Gesellschaft abhing, sondern in Religion und Kultur und ihrer richtigen Aufhebung und dem davon abhängigen Vernunftpotential in den einzelnen. Das Deutschland-Projekt erhielt schließlich auf Anraten eines der US-amerikanischen Berater, des psychologisch orientierten Politologen Harold D. Lasswell, einen spezifischeren Titel: *Cultural Aspects of National Socialism*. Dieses Projekt wurde Anfang 1941 der Rockefeller Foundation mit der Bitte um finanzielle Unterstützung eingereicht.

Das Antisemitismus-Thema, so beschlossen Horkheimer und Adorno im Herbst 1940, wollten sie auf jeden Fall weiterverfolgen, ob mit oder ohne Unterstützung durch Stiftungen. Den Anstoß dazu hatte Adorno gegeben. Bei seiner Arbeit an den Entwürfen des Antisemitismus-Projekts war er u. a. auf ein Buch des Theologen Hermann Steinhausen gestoßen. »Bei aller Anständigkeit«, schrieb er an Horkheimer, »hat aber auch dieser Mann den Aberglauben an die geheimnisvolle Andersheit der Juden. Mir geht es allmählich so, auch unter dem Eindruck der letzten Nachrichten aus Deutschland, daß ich mich von dem Gedanken an das Schicksal der Juden überhaupt nicht mehr losmachen kann. Oftmals kommt es mir vor, als wäre all das, was wir unterm Aspekt des Proletariats zu sehen gewohnt waren, heute in furchtbarer Konzentration auf die Juden übergegangen. Ich frage mich, ob wir nicht, ganz gleich wie es mit dem Projekt wird, die Dinge, die wir eigentlich sagen wollen, im Zusammenhang mit den Juden sagen sollten, die den Gegenpunkt zur Konzentration der Macht darstellen.« (Adorno-Horkheimer, 5.8.40) Hier hatte Adorno mit einem seiner Einfälle und Vorschläge den Kern dessen ausgesprochen, was ihn und Horkheimer später bei der gemeinsamen Arbeit antrieb: die Vorstellung von den Juden als dem aller Macht beraubten Proletariat des weltgeschichtlichen Aufklärungsprozesses. Im Frühjahr 1941 wurde das »Research Project on Anti-Semitism« in den *Studies in Philosophy and Social Science* veröffentlicht – als ein Beispiel für die Konzeption des »critical social research«, für die Lazarsfeld im ersten Aufsatz des Heftes, in seinen *Remarks on Administrative and Critical Communications Research*, um die Gunst des amerikanischen Publikums geworben hatte. Ziel des Projekts war, »to show that anti-Semitism is one of the dangers inherent in all more recent culture«. U. a. sollten historische Untersuchungen über Massenbewegungen seit den Kreuzzügen ins Heilige Land und über Vertreter des modernen Humanismus wie Voltaire und Kant zeigen, wie tiefverwurzelt der Antisemitismus war – auch da, wo man ihn keinesfalls vermutet hätte. Experimente – z. B. die Vorführung von Filmen – sollten der Aufdeckung auch latenter antisemitischer Tendenzen und der Aufstellung einer Typologie dienen, so daß man schließlich ein Instrument hatte, bis in unbewußte Zonen hinein Stärke und Eigenart antisemitischer Tendenzen zu erfassen – und damit die Möglichkeit, früh genug dagegen anzukämpfen.

Gedanken zur Theorie des Antisemitismus hatte Adorno mit Blick auf das American Jewish Committee und das bei den jüdischen Organisationen überhaupt vermutete Interesse am praktischen Nutzen des Projekts ausgespart. Eine Kostprobe hatte er aber Horkheimer im September 1940 mitgeschickt – waghalsige Gedanken, wie er selber meinte, die auf eine geschichtsphilosophische Erklärung des Antisemitismus zielten. Es waren zweieinhalb typisch Adornosche Seiten, die an die kleine Feststellung, daß in der deutschen Folklore das positiv gesehene »Mädchen aus der Fremde« niemals eine Jüdin sei, daß andererseits das Bild des Juden in eben dieser Folklore Züge trage, die über die des Fremden hinausgingen, nämlich solche der Wanderschaft, des Uralten, des Schnorrers, eine große spekulative Erklärung knüpften: »In einem sehr frühen Stadium der Geschichte der Menschheit haben die Juden den Übergang vom Nomadentum zur Seßhaftigkeit entweder verschmäht und an der nomadischen Form festgehalten oder diesen Übergang nur unzulänglich und scheinhaft, in einer Art von Pseudomorphose vollzogen. Es müßte darauf hin die biblische Geschichte genau analysiert werden. Sie scheint mir reich an Hinweisen darauf. Die wichtigsten sind der Auszug aus Ägypten und dessen Vorgeschichte mit dem Versprechen des Landes, wo Milch und Honig fließt, und die kurze Dauer des jüdischen Königtums und dessen immanente Schwäche . . . Das Überleben des Nomadentums bei den Juden dürfte aber nicht nur die Erklärung für die Beschaffenheit der Juden selber sondern mehr noch die für den Antisemitismus abgeben. Offenbar war das Aufgeben des Nomadentums eines der schwersten Opfer, welches die Geschichte der Menschheit auferlegt hat. Der abendländische Begriff der Arbeit und alles mit ihr verbundenen Triebverzichts dürfte mit dem Seßhaft-Werden genau zusammenfallen. Das Bild der Juden repräsentiert das eines Zustands der Menschheit, der die Arbeit nicht gekannt hat, und alle späteren Angriffe gegen den parasitären, raffenden Charakter der Juden sind bloß Rationalisierungen. Die Juden sind die, welche sich nicht haben ›zivilisieren‹ und dem Primat der Arbeit unterwerfen lassen. Das wird ihnen nicht verziehen und deshalb sind sie der Stein des Anstoßes in der Klassengesellschaft. Sie haben sich, könnte man sagen, nicht oder nur widerwillig aus dem Paradies vertreiben lassen. Noch die Beschreibung, die Moses von dem Land, wo Milch und Honig fließt, gibt, ist die des Paradieses. Dies Festhalten am ältesten Bild des Glücks ist die jüdische Utopie. Es verschlägt dabei nichts, ob der nomadische Zustand in der Tat der des Glücks war. Wahrscheinlich war er es nicht. Aber je mehr die Welt der Seßhaftigkeit, als eine der Arbeit, die Unterdrückung reproduzierte, um so mehr mußte der ältere Zustand als ein Glück erscheinen, das man nicht erlauben, dessen Gedanken man verbieten muß. Dies Verbot ist der Ursprung des Antisemitismus, die Vertreibungen der Juden sind Versuche, die Vertreibung aus dem Paradies seis zu vollenden seis nachzuahmen.«

Mit Rücksicht auf die Projekte und die zahlreichen Personen, die mobilisiert worden waren, um die Erfolgsaussichten der Projekte zu vergrößern, verzichtete Horkheimer darauf, schon 1940 gleich im Westen zu bleiben. Noch im August hatte er in Hollywood mit dem Gedanken gespielt, nach seiner Rückkehr im September könnten nach gemeinsamer Beschlußfassung über das weitere Vorgehen bei den Projekten »Anfang Oktober L.'s, M.'s und H.'s [Löwenthals, Marcuses und Horkheimers, R. W.] gemeinsam in zwei Autos in den Westen fahren« (Horkheimer-Löwenthal, 10. 8. 40). Angesichts der Gerüchte auf dem Campus der Columbia, das Institut wolle weggehen, und um überhaupt erst noch günstigere Bedingungen für eine nicht-spektakuläre Absetzbewegung nach dem Westen abzuwarten, blieb Horkheimer dann doch noch ein halbes Jahr in New York. Und als er dann im April 1941 endgültig nach Westen abreiste, fuhr er, damit alles so unauffällig wie möglich und nicht endgültig aussah, erst einmal allein mit seiner Frau.

Ende April telegraphierte ihm Löwenthal, daß die Rockefeller Foundation das Projekt über »Cultural Aspects of National Socialism« abgelehnt habe. Die monatelange Arbeit an den beiden Projekten, die Mobilisierung aller möglichen Leute, die Aufrechterhaltung des »normalen« Institutsbetriebs, die Verschiebung des endlichen Beginns der Arbeit am Dialektik-Buch – all das schien umsonst gewesen zu sein. »Ich glaube, wir haben in der Angelegenheit getan, was in unseren Kräften stand«, schrieb Horkheimer nach Erhalt des Löwenthalschen Telegramms aus Los Angeles an Neumann. »Ich kann nicht sehen, wo wir einen entscheidenden Fehler begangen haben sollten. Das Memorandum erschien mir besonders eindrucksvoll, hauptsächlich durch die Bibliographie. Mag sein, daß wir mit dieser Maßnahme, die auf dringende Empfehlung Tillichs zurückgeht, doch eine diplomatische Ungeschicklichkeit begingen. Die Schnelligkeit, mit der nach Eingang des Memorandums die Ablehnung erfolgte, legt einen solchen Schluß nahe. Wie dem auch sei, wir haben uns reichlich angestrengt. Ihnen möchte ich besonders danken, denn ohne Sie hätte das Projekt nie seine Gestalt erhalten, die an sich optimal ist. Seit der Zeit, in der Sie Anderson für uns gewonnen haben, bis zum letzten Memorandum und der Anerkennung durch Earle haben Sie die Hauptlast getragen.« (Horkheimer-Neumann, West Los Angeles, 30. 4. 41) Insbesondere Neumann hielt die Absage indes keineswegs für endgültig. Als er und Pollock zwei Mitarbeiter der Rockefeller Foundation aufsuchten, um Näheres zu erfahren, stellte sich heraus: Man wollte das Institut nicht bei einer selbständigen, sondern höchstens bei einer in das Projekt einer anderen Institution eingefügten Arbeit unterstützen.

Neumann, dessen Instituts-Zukunft von dem Erfolg eines der Projekte abhing, war dafür, es bei anderen Stiftungen zu probieren, und sorgte sogleich für einen Versuch bei der New York Foundation. Auch Horkheimer, der den Vorwurf fürchtete, sich nicht genügend für die Ausschöpfung wirklich aller Möglichkeiten eingesetzt zu haben, und vor einem glanzlosen Ende der Verbindung zur Columbia zurückschreckte, war dafür, nun erst recht weiterzumachen und nach außen hin nicht zuzugeben, man wolle auf Dauer weggehen. Die Absicht, auf Normalitätskurs weiterzumachen, wurde noch dadurch gesteigert, daß MacIver, der Leiter des soziologischen Departments, die Beteiligung der Instituts-Mitarbeiter an den Department-Vorlesungen in Aussicht stellte, was zugleich Hoffnungen auf wenigstens eine Professur für den Horkheimer-Kreis weckte. Es kam darauf an, auf keinen Fall in den Verdacht des Ressentiments zu kommen, schrieb Horkheimer an Pollock. Die Foundation-Angestellten sollten keine Hemmungen haben, in Zukunft auf das Institut zurückzugreifen. Kollegen wie Lasswell oder MacIver sollten denken: »Diese Leute bemühen sich ehrlich, sich ins amerikanische Leben einzuschalten und wirkliche contributions zu machen. Es wird sich dafür wohl bald die richtige Gelegenheit bieten.« (Horkheimer-Pollock, 30. 5. 41)

Das war die Strategie, zu der Horkheimer sich zwang und die durchzuhalten nicht leicht war. Mitte Juni 1941 wurde ein Einzelgrant für Adorno abgelehnt, Ende Juni zwei Einzelgrants für Marcuse und Neumann. Kein Wunder, daß Horkheimer auf die Idee kam, in den entscheidenden Sitzungen der Ausschüsse träten Leute auf, die, angespitzt durch Berichte von alten Gegnern des Instituts aus Frankfurter Zeiten, auf den obskuren Charakter des Instituts-Kreises hinwiesen: keine Beweise dafür, daß sie wirklich social research betreiben; keine Anzeichen dafür, daß sie sich in das hiesige Leben eingliedern wollen; keine Anpassung an die hiesige Gepflogenheiten, wonach in jeder wissenschaftlichen Anstalt der Direktor und sämtliche Mitarbeiter von einem board wohlbekannter businessmen nicht bloß nominell, sondern faktisch abhängig sind. Was sich dahinter verbarg und was die Lage des Instituts auch ohne die Gerüchte alter Gegner so aussichtslos machte, war – so Horkheimer nach der Ablehnung in einem Brief an Adorno – das »universale Gesetz der monopolistischen Gesellschaft. In ihr ist auch die Wissenschaft von Vertrauensleuten kontrolliert. Sie bilden eine mit den ökonomischen Instanzen verfilzte Elite . . . Was sich nicht restlos dem Monopol unterwirft – mit Haut und Haaren – ist ein ›wildes‹ Unternehmen und wird – selbst unter Opfern – auf die eine oder andere Weise erledigt. Die Beurteilung des newcomers als unmoralisch ist wohl begründet in den Verhältnissen, denn mit dem Übergang einer Form menschlicher Beziehungen, die als verächtlich betrachtet war, zur kennzeichnenden der Gesellschaft, setzen ihre Merkmale den moralischen Standard. Mit Recht lachen wir über den Ideologen, der dort von gang redet, . . . wenn es sich um den ›Schutz‹ von Ländern, die Kontrolle über Europa oder über Industrien und den Staat handelt. Das Ausmaß ändert eben die Qualität. Und sollte der Wissenschaft gegenüber nicht billig sein, was dem Funkgewerbe und sonstigen Faktoren des objektiven Geistes recht ist? – Wir wollen uns der Kontrolle entziehen, unabhängig bleiben, selbst den Inhalt und den Umfang unserer Produktion bestimmen! Wir sind unsittlich. Wer sich angleicht, darf dagegen, zu Zeiten mindestens, auch Extravaganzen, selbst politische machen . . . Eingliedern aber hieße in diesem wie in anderen Fällen zuerst: abgeben, sehr viel abgeben, materielle Garantien dafür liefern, daß die Unterwerfung aufrichtig, dauernd, unwiderruflich ist. Eingliedern heißt, sich auf Gnade und Ungnade ergeben. – Deshalb sind unsere Bemühungen aussichtslos, auch die bei anderen Foundations – die Varietät ist ja bloß Schein und wir sollten uns hüten, auch noch sonstwo aufzufallen.« (Horkheimer-Adorno, 21. 6. 41)

Die Situation komplizierte sich noch für Horkheimer und seine ergebensten Mitarbeiter, als MacIver ankündigte, er werde sich auch für eine Eingliederung des Instituts in die Columbia-Universität einsetzen. Denn nicht nur galt es nun, die Frage der Eingliederung des Instituts und die Frage der Department-Vorlesungen, ohne Anstoß zu erregen, voneinander zu trennen und die erste Frage dilatorisch, die zweite aber fördernd zu behandeln, sondern es war damit ein weiterer Punkt gegeben, bei dem die Bestrebungen Horkheimers, Pollocks, Adornos und Löwenthals auf der einen Seite, Marcuses und Neumanns auf der anderen Seite auseinandergingen. Denn mit einer engeren Eingliederung stiegen Neumanns und Marcuses akademische Chancen, während Horkheimer und die auf die materielle Versorgung durchs Institut Bauenden die Unabhängigkeit des Instituts keinesfalls einschränken lassen wollten – eine Differenz, die zusammenfiel mit der Abneigung gegen »Flaschenpost« (so ein vor allem von Adorno gerne verwendeter Ausdruck für die in seinen Augen ohne Adressaten dastehende und auf unabsehbare Zeit zum »Überwintern« verurteilte kritische Theorie und neue Musik) bei den ersteren, einer Neigung zu ihr bei den letzteren.

Auseinandersetzungen über die Theorie
des Nationalsozialismus

In einer merkwürdigen Instituts-Atmosphäre kam es zu einer merkwürdigen Konstellation von Ansichten zur richtigen Interpretation des Nationalsozialismus und zu einer merkwürdigen Auseinandersetzung über Pollocks Konzeption des »Staatskapitalismus«.

1933 hatte Pollock in seinen *Bemerkungen zur Wirtschaftskrise* sehr skizzenhaft die Vorgänge in Italien, Deutschland und den USA als eine »neue Stufe ›staatskapitalistischer‹ Eingriffe« (*ZfS* 1933: 347) bezeichnet und einer kapitalistischen Planwirtschaft große Chancen zugestanden. Horkheimer hatte 1938 – offensichtlich unter dem Eindruck von Wittfogels Überlegungen zur orientalischen Gesellschaft – in einem Vortragstext über das Institut gemeint: »Der autoritäre Staat ist auch in der bürgerlichen Epoche nichts Neues, sondern die durch den Liberalismus vermittelte Rückkehr zu autoritären Formen, die im Absolutismus ihre Vorgeschichte haben . . . Die Verfügungsgewalt über die riesigen Produktionsmittel im 20. Jahrhundert bedarf freilich der Masse gegenüber eines anderen autoritären Apparates als im 16. bis 18. Jahrhundert . . .« In seinem im gleichen Jahr geschriebenen Aufsatz über *Die Juden und Europa* hatte er von einer Neuordnung durch die Generäle der Industrie, des Heeres und der Verwaltung, von der autoritären Herrschaft der administrativen, juristischen und politischen Apparatur (*ZfS* 1939: 121, 128) gesprochen. Im ganzen war dieser Aufsatz ein Gemisch aus Elementen zweier Auffassungen gewesen: der Ansicht, daß die Epoche des liberalen Kapitalismus als ein Vorgang zu begreifen sei, der durch die Atomisierung der Menschen und die Entstehung von Großunternehmen und riesigen Organisationen eine dauerhafte Despotie auf erweiterter Stufenleiter ermöglichte, und der Ansicht, daß es sich beim Faschismus um die Herrschaft von Gangstern handele, die durch Gewalt und Verteilung des Raubs herrschten, aber durch die Zerstörung aller Illusionen, aller Kulturlügen dafür sorgten, daß sie hinweggefegt würden, sobald ihre Allianz gegen die Massen nicht mehr funktionierte. 1940 hatte Horkheimer seine Überlegungen in einem weiteren Aufsatz ein Stück weitergeführt, dessen Titel zunächst *Staatskapitalismus* hieß, später *Autoritärer Staat*. Horkheimer sprach nun ausdrücklich vom Staatskapitalismus als einer auf den Monopolkapitalismus folgenden Phase, mit der eine neue Ordnung erreicht sei, in der »die Bürokratie . . . den ökonomischen Mechanismus wieder in die Hand [bekommt], der unter der Herrschaft des reinen Profitprinzips der Bourgeoisie entglitt« (Horkheimer, *Autoritärer Staat*, in: *Gesellschaft im Übergang*, 27).

Als die »konsequenteste Art des autoritären Staats, die aus jeder Abhängigkeit vom privaten Kapital sich befreit hat«, betrachtete Horkheimer jedoch den »integralen Etatismus oder Staatssozialismus« (19) – so seine Umschreibung für die nie beim Namen genannte Sowjetunion. Die faschistischen Länder boten dagegen bloß eine »Mischform«, in der der Mehrwert zwar unter staatlicher Kontrolle gewonnen und verteilt wurde, jedoch unter dem alten Titel des Profits in großen Mengen weiterhin an die Industriemagnaten und Grundbesitzer floß. »Durch ihren Einfluß wird die Organisation gestört und abgelenkt.« (ebd.) War der Faschismus eine Mischform, dann war es auch der Staatskapitalismus überhaupt, den es für Horkheimer – der Reformismus, Bolschewismus und Faschismus als Formen des autoritären Staates betrachtete – eben in einer faschistischen und einer reformistischen Variante gab. Hatten Engels und die deutsche Sozialdemokratie im Staatskapitalismus das Durchgangstor zum Sozialismus gesehen, so betrachtete ihn nun Horkheimer als eine Ordnung, die zum integralen Etatismus tendierte, der lange zu dauern vermochte, ja vielleicht eine statt des Sozialismus auf den Kapitalismus folgende neue Ordnung darstellte, meinte Horkheimer doch von ihm, daß er keinen Rückfall, sondern eine »Steigerung der Kräfte« bedeute und ohne Rassenhaß auskommen könne (19).

In diese düstere Analyse waren – auffälliger als im Aufsatz über *Die Juden und Europa* – überraschende Elemente der Hoffnung eingebaut. Den großen Organisationen der Arbeiterbewegung warf Horkheimer vor, sie hätten eine Idee der Vergesellschaftung gefördert, die von der Sozialisierung im Staatskapitalismus kaum verschieden gewesen sei (15). Dagegen attestierte er dem »Vereinzelten«: er, der von keiner Macht berufen und gedeckt sei, sei dennoch eine Macht, weil alle vereinzelt seien; er habe keine Waffe als das Wort, aber »die ohnmächtige Äußerung im totalitären Staat« sei »bedrohlicher als die eindrucksvollste Parteikundgebung unter Wilhelm II.« (30). Der Denkfigur der Annäherung ans Wahre in verkehrter Gestalt entsprachen Überlegungen wie die, der Staatskapitalismus wirke zuweilen fast wie die Parodie der klassenlosen Gesellschaft (31), oder: »Damit die Menschen einmal solidarisch ihre Angelegenheiten regeln, müssen sie sich weit weniger ändern, als sie vom Faschismus geändert wurden« (33). In Übereinstimmung schließlich mit Benjamins in dem Aufsatz über Eduard Fuchs teilweise vorweggenommenen Thesen *Über den Begriff der Geschichte* hieß es bei Horkheimer: »das Ende der Ausbeutung ... ist keine Beschleunigung des Fortschritts mehr, sondern der Sprung aus dem Fortschritt heraus« (25). Das waren Elemente der Hoffnung, die teils, wie das Setzen auf den Vereinzelten, verwunderlich wirkten, teils im Zusammenhang des Aufsatzes und der Horkheimerschen

Arbeiten als willkürlich erschienen, waren doch theologisch-messianische Motive bis dahin nicht seine Sache gewesen. Er empfand selber ein Unbehagen angesichts der von ihm präsentierten Aspekte der Hoffnung. In einem Brief an Adorno sprach er davon, »daß wir diese positiven Formulierungen, an deren Schwäche auch der Schluß der Arbeit über den autoritären Staat krankt, uns eben erst noch zu erarbeiten haben«. (Horkheimer-Adorno, 21. 6. 41)

Angesichts der politischen Brisanz und der theoretischen Gewagtheit seines Aufsatzes zog Horkheimer es vor, ihn 1942 in einem mimeographierten deutschsprachigen Benjamin-Gedächtnisband, der nur an ausgewählte Personen verteilt und nur an besonders ausgewählte Personen ohne Weglassung des *Autoritären Staats* verteilt wurde, mehr zu verstecken als zu veröffentlichen. Für das Themenheft über Staatskapitalismus, das im Sommer 1941 erscheinen sollte und eigentlich von Horkheimers Aufsatz hatte eröffnet werden sollen, wurde nun Pollocks Beitrag über *Möglichkeiten und Grenzen des Staatskapitalismus* um so wichtiger. (Seit der zweiten englischsprachigen Nummer der Zeitschrift, einem Heft über Massenkommunikation, wollte man Themenhefte machen. Für den Herbst 1941 war ein Heft über Bürokratie geplant, für das Frühjahr 1942 eins über Methoden, für den Sommer eins über Public Opinion.) Außer den Beiträgen von Horkheimer und Pollock waren für das geplante Staatskapitalismus-Heft ursprünglich noch vorgesehen: Neumann, *Arbeiterbewegung im Staatskapitalismus*; Kirchheimer, *The constitutional framework of state capitalism*; Gurland, *Economic structural change*; Otto Leichter, *The Role of Bureaucracy in National Socialism*; Felix Weil, *Capital Formation under State Capitalism*.

Pollocks Arbeit war von Anfang an umstritten. Nicht nur Neumann übte, offen und direkt, wie es seine Art war, Kritik daran, sondern – auf höflichere Art – auch sämtliche neben Pollock zum »inneren Kreis« gehörenden Mitarbeiter, also Horkheimer, Löwenthal und Adorno. Schon angesichts von Pollocks Konspekt zum *State Capitalism*-Aufsatz hatte Horkheimer ihm geschrieben: »Ein schwieriges Problem wird es sein, den Irrtum einer Parteinahme für die ›totalitarian answer‹ zu vermeiden.« (Horkheimer-Pollock, 30. 5. 41) Im Monat darauf teilte Adorno, dem Pollock inzwischen die ersten drei Dutzend Seiten seines Aufsatzes zu lesen gegeben hatte, Horkheimer seine Sorgen mit: »Ich kann meine Ansicht über diesen Aufsatz am besten dahin zusammenfassen, daß er eine Umkehrung von Kafka darstellt. Kafka hat die Hierarchie der Büros als Hölle dargestellt. Hier verwandelt sich die Hölle in eine Hierarchie von Büros. Dazu ist das Ganze so thesenhaft und im Husserlschen Sinne ›von oben her‹ formuliert, daß es der Eindringlichkeit völlig enträt, ganz à part von der undialektischen Annahme, daß in einer antagonistischen Gesellschaft eine nicht antagonistische Ökonomie möglich sei.« (Adorno-Horkheimer, 8. 6. 41) Der Aufsatz könne der Reputation des Instituts und der von Pollock selbst nur schaden. Sein eigener Aufsatz über Spengler könne ein Heft solchen Anspruchs nicht tragen. Was »von dem Neumannschen, von Lynd inspirierten Artikel über die Möglichkeit eines demokratischen Staatskapitalismus« zu erwarten sei, darüber brauche man nicht zu reden. Er schlug deshalb vor, Horkheimer möge Pollocks Aufsatz, dessen Motive ja dem *Autoritären Staat* entnommen, aber in einer Weise simplifiziert und entdialektisiert seien, daß sie ins Gegenteil verkehrt würden, umschreiben und eventuell unter beider Namen im Staatskapitalismus-Heft veröffentlichen.

Das wollte Horkheimer nicht. War er doch froh, daß von seinem engsten Freund nach so vielen Jahren endlich einmal wieder ein publizistischer Beweis seiner Beteiligung an der geistigen Arbeit des Instituts erscheinen sollte. Zwar – beharrte deshalb Adorno auf seiner Kritik – scheine ihm an Pollocks Konzeption richtig ihr Pessimismus, nämlich die Auffassung, daß die Chancen der Perpetuierung der Herrschaft in ihrer unmittelbaren politischen Form größer seien als die herauszukommen. Aber falsch sei »der Optimismus, auch der für die anderen: was sich perpetuiert, scheint mir nicht sowohl ein relativ stabiler und in gewissem Sinn sogar rationaler Zustand als eine unablässige Folge von Katastrophen, Chaos und Grauen für eine unabsehbar lange Periode und damit doch auch freilich wieder die Chance des Ausbruchs, die in der ägyptischen Vision zu kurz kommt« (Adorno-Horkheimer, 2. 7. 41). Zur gleichen Zeit hatte Horkheimer nach der Lektüre von Pollocks Manuskript bereits seine alte, ganz ähnliche Sorge wiederholt. Er lobte die schlagende These, daß die ökonomische Entwicklung überall eine Tendenz zum Staatskapitalismus zeige, der die ökonomisch wirksamere und zeitgemäßere Form gegenüber dem Privatkapitalismus und der auch in nicht-totalitärer Form möglich sei. Dann aber drang er noch einmal auf »Vermeidung des Mißverständnisses allzu großer Sympathie mit dem Staatskapitalismus«. »Wenn ich einen allgemeinen Wunsch formulieren sollte, so wäre es der, daß die Verflochtenheit und Zweideutigkeit der Phänomene mehr ins Auge fiele, . . . daß alles etwas weniger starr administrativ aussähe.« (Horkheimer-Pollock, Pacific Palisades, 1. 7. 41)

Eine Woche nach Pollocks Ankunft im Westen, wo er in Gegenwart Horkheimers seinen Aufsatz überarbeitete, schrieb dieser an Neumann: »Da die Zeit sehr drängt, können ohnehin nur Änderungen von Einzelheiten vorgenommen werden, und es ist mir ein wenig schwer dabei zu Mute, daß ein so wichtiges Thema in einer Arbeit behandelt wird, die von Anfang an unter so erschwerenden Bedingungen – im

Nebenberuf – durchgeführt wurde. Ich bin gerade dabei, eine Art Vorbemerkung zu schreiben und möchte Sie sehr darum bitten, mir Ihr offenes Votum zur Publikation mitzuteilen, wenn Sie beides gesehen haben.« (Horkheimer-Neumann, 20. 7. 41)

Das Pollocksche Manuskript, das Neumann zu lesen bekam, deckte sich offensichtlich bis auf Einzelheiten mit dem später veröffentlichten Aufsatztext. Obwohl der Titel der Arbeit *State Capitalism: Its Possibilities and Limitations* hieß, wurde der Staatskapitalismus als ein System präsentiert, das nicht nur den alten kapitalistischen Gesellschaften überlegen war, sondern überhaupt keine für es spezifischen, ihm innewohnenden Grenzen kannte. Die entscheidende Ursache der kapitalistischen Krisen hatte Pollock stets in der Autonomie des Marktes gesehen, der unter dem Druck der Monopole als Selbststeuerungsinstrument der Wirtschaft immer weniger funktionierte und in immer größerem Ausmaß Anarchie und Disproportionalitäten hervorrief. Indem im Staatskapitalismus die Autonomie des Marktes außer Kraft gesetzt wurde, war in Pollocks Augen auch die entscheidende Krisenursache beseitigt. Trocken konstatierte er die Überlegenheit des Staatskapitalismus gegenüber den alten privatkapitalistischen Gesellschaften, trocken stellte er gegen Ende seines Aufsatzes fest: wir haben zu wählen zwischen totalitärem und demokratischem Staatskapitalismus. Das Lob des letzteren hatte er auf die Anregung Adornos hin dadurch abgemildert, daß er es in die Form von Fragen und Problemstellungen für künftige Forschungen kleidete.

In seiner ebenfalls bis auf Einzelheiten mit der später veröffentlichten Fassung übereinstimmenden Vorbemerkung versuchte Horkheimer, ohne Pollock zu nahe zu treten, die Akzente vorweg richtig zu setzen. Sich auf den als selbstverständlich unterstellten Maßstab einer Gesellschaft stützend, die geformt war »according to human needs and potentialities« (*SPSS* 1941: 197), zeichnete er unter Vermeidung des Begriffs des Staatskapitalismus die »autoritäre Gesellschaft« als ein verwerfliches und paradoxes System, in dem unter einem »totalitarian set-up big industry is in a position not only to impose its plan upon its former competitors, but to order the masses to work instead of having to deal with them as free parties to a contract« (196); in dem »planned waste of intelligence, happiness, and life succeeds the planless waste caused by the frictions and crises of the market system« (196 f.); in dem die »irrational rationality« der vorangegangenen Phase »becomes madness with method« (197); in dem aus der Zwiespältigkeit der Wirkungen des Fortschritts die Ausschließlichkeit seiner destruktiven Funktion wurde. Adornos Vorschlag, wenigstens durchblicken zu lassen, »daß vielleicht doch im Faschismus nicht nur die Entfremdung sondern auch ihr Gegenteil anwächst« (Adorno-Horkheimer,

18. 8. 41), ließ er unberücksichtigt. Er sagte nichts, was als sei es auch noch so bittere und »dialektische« Anerkennung des Faschismus hätte wirken können. Er bezeichnete ihn lediglich abschließend als den »die-hard competitor on an international scale«, mit dem nun die alten Weltmächte fertig werden müßten. Abschließend stellte er Pollocks Arbeit als eine Warnung vor der Wunschvorstellung hin, der Faschismus werde bald an ökonomischen Schwierigkeiten zugrunde gehen, und als eine Anregung, ob sich nicht im demokratischen Rahmen staatskapitalistische Maßnahmen als effektiver erweisen könnten als im faschistischen.

Neumann stimmte Horkheimers Vorbemerkung zu, bemängelte lediglich die Verschleierung der Differenz zwischen den Institutsleitern am Schluß und die – mit Rücksicht auf die politische Lage allerdings zu akzeptierende – positive Wertung der US-amerikanischen Demokratie und blieb hart in seiner bereits Pollock selbst gegenüber geäußerten Kritik an dessen Staatskapitalismus-Konzeption. Diese Kritik betraf vor allem zwei Punkte. Zum einen: Der Staatskapitalismus, wie Pollock ihn konzipiert habe, könne das Millennium werden und verurteile zu vollkommener Hoffnungslosigkeit. Das war ein strategischer Einwand, der erst dann für die Frage nach der Richtigkeit oder Falschheit von Pollocks Analyse bedeutsam wurde, wenn dessen Konzeption Blindheit gegenüber systemgefährdenden Widersprüchen der analysierten Gesellschaftsformation nachgewiesen werden konnte. Neumanns Bestreben im *Behemoth*, den Begriff des Staatskapitalismus als eine contradictio in adjecto zu entlarven, ging in diese Richtung, insofern es darauf zielte, die Undenkbarkeit einer krisenfreien Variante des Kapitalismus nachzuweisen. Auf die Vorstellung einer nicht-kapitalistischen autoritären Gesellschaftsformation, eines »integralen Etatismus«, ließ Neumann sich seltsamerweise nicht ein – vielleicht, weil ihm der Gedanke an etwas Drittes außerhalb der Alternative Kapitalismus-Sozialismus für europäische Verhältnisse zu abwegig und realitätsfern schien.

Neumanns zweiter Haupteinwand gegen Pollock war: er verfüge weder über eine Theorie des Übergangs vom Monopolkapitalismus in den Staatskapitalismus, noch liefere er anhand einer materialhaltigen Analyse z. B. Deutschlands den Nachweis, daß es in wesentlichen Zügen staatskapitalistisch geprägt sei. In der Tat hatten weder Engels noch Bucharin noch Lenin, wo sie von »Staatskapitalismus« sprachen, ein nicht-sozialistisches System im Sinn, das den Kapitalismus ablöste. Nur an einer Stelle seines 1915 erschienenen Buches über Imperialismus und Weltwirtschaft hatte Bucharin an eine solche Möglichkeit gedacht. Dwight MacDonald zitierte die Stelle in seinem Aufsatz über *The End of Capitalism in Germany*, der 1941 in der *Partisan Review* erschien, einem der interessantesten US-amerikanischen Foren der Auseinandersetzung über die Interpretation des Faschismus. »Were the commodity character of production to disappear – for instance through the organization of all world economy into one gigantic State trust, the impossibility of which we tried to prove in our chapter on ultra-imperialism – we should have an entirely new economic form. This would be capitalism no more, for the production of commodities would have disappeared; still less would it be socialism, for the power of one class over the other would have remained (and even grown stronger). Such an economic structure would, most of all, resemble a slave-owning economy where the slave market is absent.« (Bucharin, *Imperialism and World Economy*, zit. bei MacDonald, 210) Die imperialistische Autarkiepolitik des nationalsozialistischen Deutschland ließ die – Bucharin noch fernliegende – Übertragung auf ein einzelnes Land bzw. ein einzelnes Herrschaftssystem als durchaus plausibel erscheinen.

Entscheidend blieb deshalb der letzte Teil von Neumanns Einwand, für den dann sein ganzes Buch einstand: »Ich tue seit einem Jahr nichts anderes als die ökonomischen Prozesse in Deutschland zu studieren und ich habe bisher nicht den geringsten Anhaltspunkt dafür gefunden, daß sich Deutschland auch nur annähernd in einem staatskapitalistischen Zustand befindet.« (Neumann-Horkheimer, 23. 7. 41) Dazu meinte Horkheimer in seinem Antwortbrief: »Da ich zu Ihrem Studium der ökonomischen Prozesse in Deutschland unbegrenztes Zutrauen habe, so glaube ich Ihrer Mitteilung, daß sich Deutschland auch nicht annähernd in einem staatskapitalistischen Zustand befindet. Andererseits kann ich mich von der Engels'schen Meinung, nach der die Gesellschaft auf eben diesen hinstrebt, nicht frei machen. Ich muß daher annehmen, daß uns diese Periode mit großer Wahrscheinlichkeit noch droht, was mir den Wert der Pollockschen Konstruktion, als Diskussionsgrundlage für ein aktuelles Problem, trotz aller Mängel, weitgehend zu begründen scheint.« (Horkheimer-Neumann, 2. 8. 41) An dieser Stelle redeten der geschichtsphilosophisch-marxistische Theoretiker des integralen Etatismus und der reformistisch-marxistische Theoretiker des totalitären Monopolkapitalismus aneinander vorbei. Für Neumann war von existenzieller Bedeutung, was er im *Behemoth* als Abschluß seiner Kritik am Staatskapitalismus-Konzept schrieb: »Diese zutiefst pessimistische Ansicht wird vom Autor nicht geteilt. Er glaubt, daß die Widersprüche des Kapitalismus in Deutschland auf einem höheren und deshalb auch gefährlicheren Niveau wirksam sind, auch wenn diese Widersprüche durch einen bürokratischen Apparat und durch die Ideologie der Volksgemeinschaft verdeckt werden.« (*Behemoth*, 278) Dieses existenzielle Engagement erklärt vielleicht auch die Heftigkeit, mit der Neumann in seinem Brief an Horkheimer meinte, Pollocks Aufsatz widerspreche »von der ersten bis zur letzten Seite der Theorie des Instituts«; er enthalte »den Abschied an den Marxismus eindeutig«; er sei »in Wirklichkeit lediglich eine neue Formulierung der Mannheimschen Soziologie, vor allem von Mannheims letztem Buch ›Mensch und Gesellschaft im Zeitalter des Umbruchs‹« – Vorwürfe, die Horkheimer energisch zurückwies.

Einige Wochen später hatte Neumann sein Buchmanuskript *Behemoth: The Structure and Practice of National Socialism* fertig: 1000 Schreibmaschinenseiten. Die 300-Seiten-Einleitung über den Zusammenbruch der Weimarer Demokratie kürzte er auf 60 Seiten. »Aus dem Rest muß ich einen großen Teil der theoretischen Analysen streichen, um das Buch so konkret als möglich zu machen«, schrieb er an Horkheimer (Neumann-Horkheimer, 28. 8. 41). Horkheimer gratulierte. »Wenngleich ich nur das von seinem Inhalt kenne, was ich in Ihren Vorlesungen, beim Dieterle-Abend und aus gelegentlichen Bemerkungen aufnahm, so glaube ich doch, mir eine Vorstellung von der Bedeutung des Werkes machen zu können. Wenn ich mich nicht falsch erinnere, war ich ja einer der ersten, die darauf gedrängt haben, daß Sie ein solches Buch schreiben. Ich stellte mir freilich noch nicht vor, wieviel Energie Sie dabei investieren würden. Diese Publikation wird ein Dokument dafür bilden, daß unsere Theorie noch immer als bester Leitfaden in der Verschlungenheit der gegenwärtigen gesellschaftlichen Verhältnisse dienen kann. Es wird vielen den Rücken stärken, die auf Grund des intellektuellen Niedergangs mancher unserer Freunde, der wahrhaftig verständlich genug ist, schon an das Ende der Theorie glaubten.« (Horkheimer-Neumann, 30. 8. 41)

Das Buch, an dessen ökonomischem Teil Arkadij Gurland mitgewirkt hatte, aus dessen Staatskapitalismusheft-Beitrag über *Technological Trends and Economic Structure under National Socialism* Neumann emphatisch zitierte (cf. Erd, 113), hatte einen geradezu klassischen marxistischen Aufbau. Es begann gleichsam beim politischen Überbau (*Erster Teil: Die politische Struktur des Nationalsozialismus*), kam dann zur ökonomischen Basis (*Zweiter Teil: Die totalitäre Monopolwirtschaft*) und schloß mit der Darlegung der Klassenstruktur (*Dritter Teil: Die neue Gesellschaft*). Die Perspektive einer marxistischen gesamtgesellschaftlichen Analyse war dabei kombiniert mit der einer formalen rechtsstaatlichen Analyse. *Behemoth* nannte Neumann seine Untersuchung über Struktur und Praxis des Nationalsozialismus in Anlehnung an Hobbes, der in *Behemoth oder das lange Parlament* den englischen Bürgerkrieg des 17. Jahrhunderts als einen Zustand der Gesetzlosigkeit und des Unstaats schilderte, der sich negativ abhob vom *Leviathan* als einem

Machtstaat, in dem noch Reste von Gesetz und Recht gewahrt waren. Der Titel signalisierte so eine zentrale These des Buches: »daß der Nationalsozialismus ein Unstaat ist oder sich dazu entwickelt« (16), »daß wir es hier mit einer Gesellschaftsform zu tun haben, in der die herrschenden Gruppen die übrige Bevölkerung direkt kontrollieren – ohne die Vermittlung durch den wenigstens rationalen, bisher als Staat bekannten Zwangsapparat« (543).

Die größten Nutznießer dieser Entwicklung waren die Großunternehmen, deren Bedürfnissen das nationalsozialistische Regime sofort nach seiner Machtergreifung durch eine kartellfreundliche Politik entgegenkam, die auf Kosten u. a. der kleinen und mittleren Unternehmen ging. Auch das charakteristische Ineinander von Privatwirtschaft und »Befehlswirtschaft« funktionierte stets zugunsten der führenden Konzerne. Die von ihnen beherrschten Selbstverwaltungs- und anderen Organisationen erfuhren durch die zunehmende Verflechtung mit der staatlichen Wirtschaftsverwaltung einen deutlichen Machtzuwachs, so daß ein nationalsozialistischer Ökonom z. B. im Hinblick auf die im Juli 1933 eingeführte Zwangskartellierung sagen konnte: »Die Zwangsmaßnahme gewährt dem Verband [der Deutschen Industrie, R. W.] unter Einsatz staatlicher Mittel eine Machtstellung, die er auf freiwilliger Basis nicht erreichen konnte.« (zitiert bei Neumann, 319) Auch die Kriegswirtschaft führte zu einer weiteren Stärkung der Position der Großunternehmen, die z. B. jene Organisationen leiteten, denen die damals in Deutschland wichtigste politisch-ökonomische Tätigkeit anvertraut war: die Zuteilung der Rohstoffe. Das wohlbegründete Resümee, zu dem Neumann gelangte, lautete: »Wenn totalitäre politische Macht die Vertragsfreiheit nicht abgeschafft hätte, wäre das Kartellsystem zusammengebrochen. Wenn der Arbeitsmarkt nicht durch autoritäre Mittel kontrolliert würde, wäre das monopolistische System gefährdet; wenn Rohstoffe, Lieferung, Preiskontrolle und Rationalisierungsorgane, Kreditwesen und Außenhandelskontrollbehörden sich in den Händen von den Monopolen feindlich gegenüberstehenden Kräften befänden, bräche das Gewinnsystem zusammen. Das System ist so vollständig monopolisiert worden, daß es seiner Natur nach auf zyklische Schwankungen überempfindlich reagieren muß; solche Störungen müssen ausgeschaltet werden. Um das zu erreichen, ist das politische Machtmonopol über Geld, Kredit, Arbeit und Preise notwendig. Die Demokratie würde das vollmonopolisierte System bedrohen. Das Wesen des Totalitarismus besteht darin, dieses zu stützen und zu festigen. Das ist natürlich nicht die einzige Funktion des Systems. Die Nationalsozialistische Partei ist ausschließlich damit beschäftigt, die tausendjährige Herrschaft zu errichten. Doch um dieses Ziel zu erreichen, kann sie nicht anders, als das Monopolsystem zu schützen, das sie mit der wirtschaftlichen Basis zur politischen Expansion versieht.« (414 f.)

Die beiden anderen Partner im Bunde der herrschenden Klasse waren die Armee und die Bürokratie (letztere nach Neumanns Auffassung mit abnehmender Bedeutung). Die vier Gruppen wurden zusammengehalten von der Furcht, daß der Zusammenbruch des Regimes ihrer aller Untergang wäre. Ihnen standen gegenüber die »beherrschten Klassen«. Deren Lage untersuchte Neumann am Beispiel der Arbeiterklasse.

Die Arbeiterklasse, durch ihre bürokratischen Organisationen und eine von Privatmonopolen diktierte standardisierte Massenkultur ihrer Spontaneität weitgehend beraubt, war eine leichte Beute der Nationalsozialisten geworden. Diese verstanden es, die nach dem Durchschreiten einer demokratischen Phase nicht mehr einfach ignorierbaren Massen wirkungsvoll zu manipulieren. Die Arbeiterorganisationen wurden zerschlagen, die Freizügigkeit usw. eingeschränkt oder aufgehoben, Terror und Propaganda angewendet – und gleichzeitig die Hebung deutschen Selbstbewußtseins durch die erfolgreiche Beseitigung der Folgen von Versailles, organisierte Freizeitgestaltung (»Kraft durch Freude« usw.) und Vollbeschäftigung bei wie immer niedrigem Lohnniveau geboten. »Der Nationalsozialismus stützt sich auf Vollbeschäftigung. Das ist das einzige Geschenk, das er den Massen macht, und dessen Bedeutung nicht unterschätzt werden darf. Natürlich ist weder der Konjunkturzyklus überwunden, noch das Wirtschaftssystem von Kontraktionsphasen befreit worden. Aber die staatliche Kontrolle über Geld, Kredit und den Arbeitsmarkt verhindert, daß Rezessionen die Form von Massenarbeitslosigkeit annehmen. Selbst wenn die Produktion nach dem Krieg sinken und die inhärenten Widersprüche des Monopolkapitalismus es verbieten sollten, den Kapitalstrom zurück in die Konsumgüterindustrie zu lenken, wird es wahrscheinlich keine Massenentlassungen geben. Dann wird man die Frauen wieder in die Küche und die Invaliden in ihr Rentnerdasein zurückschicken ... Wenn nötig, wird die Arbeit aufgeteilt und die Arbeitszeit verkürzt, der technische Fortschritt gebremst oder gar rückgängig gemacht, werden Löhne gesenkt und die Preise erhöht. In einem autoritären Herrschaftssystem stehen Dutzende solcher Mittel zur Verfügung ...

Die Vollbeschäftigung ist mit einem ausgebauten Sozialversicherungssystem verbunden. Das von der Weimarer Demokratie entwickelte System wurde vervollkommnet und unter autoritäre Kontrolle gebracht. Arbeitslosenunterstützung, Kranken- und Unfallversicherung, Invaliden- und Altersversorgung – das sind die Mittel, mit denen der Nationalsozialismus derzeit die passive Duldung der Massen gewinnt.

Soziale Sicherheit ist sein einziger Propagandaspruch, der auf Wahrheit beruht und vielleicht die einzig wirksame Waffe in seinem ganzen Propagandaapparat.« (499)

Nichts an dem Material, das Neumann vor dem Leser ausbreitete, erlaubte Zweifel daran, daß der Nationalsozialismus seine Funktion, die Massen in die »neue Ordnung« zu integrieren, auf lange Sicht erfolgreich zu erfüllen vermochte. Und was ihm bei der Arbeiterklasse gelang, mußte bei anderen »beherrschten Klassen« erst recht gelingen.

Neumanns Analyse des Verhältnisses von Partei, Staat, Wehrmacht und Wirtschaft ließ die Differenzen zwischen Pollock und ihm zu einem wesentlichen Teil als einen Streit um Worte erscheinen. Die Entwicklung, die Neumann herausarbeitete, wies deutlich in die Richtung dessen, wofür Pollock den unglücklichen Ausdruck »Staatskapitalismus« gewählt hatte. »Die Praktiker der Gewalt werden mehr und mehr Unternehmer und die Unternehmer Praktiker der Gewalt. Viele führende Industrielle werden hohe SS-Führer . . . Viele Terroristen haben machtvolle industrielle Positionen übernommen . . . Der Aufstieg der Praktiker der Gewalt ist so in der ungeheuersten Monopolisierung, die eine moderne Gesellschaft je erfahren hat, begründet . . . Eine kleine Gruppe mächtiger Industrie-, Finanz- und Agrarmonopolisten verschmilzt mehr und mehr mit einer Gruppe von Parteihierarchen zu einem einzigen Block, der über die Mittel der Produktion wie über die Mittel der Gewalt verfügt.« (660 f.) Das hätte Pollock, lediglich die Reihenfolge der Begriffe »Produktion« und »Gewalt« umkehrend, genauso sagen können.

Wie eine ausdrückliche Zustimmung zu der von Pollock allzu holzschnittartig, von Horkheimer differenzierter vertretenen Position klang es, wenn Neumann dann später – in dem 1950 veröffentlichten Aufsatz *Approaches to the Study of Political Power* – meinte, in der entwickelten Industriegesellschaft gewinne die Politik größere Selbständigkeit gegenüber der wirtschaftlichen Macht. Unter bestimmten Bedingungen könne sich diese Unabhängigkeit bis zur »Suprematie der Politik« steigern. »Die Sowjetunion stellt einen Grenzfall dar, an dem deutlich wird, daß sich die politische Macht nicht nur als überlegene Instanz etabliert hat, sondern auch der Ursprung aller wirtschaftlichen Macht geworden ist. Auf der anderen Seite gibt es den Sonderfall des nationalsozialistischen Deutschland. Zwar kam die NSDAP durch die finanzielle und politische Hilfe führender Industrieller zur Macht; diese hatten fraglos gehofft, die Partei für ihre eigenen Interessen benutzen zu können. Nach der Machtergreifung löste sich die Partei jedoch aus der Kontrolle der Wirtschaft und wurde eine autonome politische Macht . . . Mit Sicherheit kann man . . . annehmen, daß das sowjetische Muster sich durchgesetzt hätte, hätte es keinen

Krieg gegeben oder wären die Nationalsozialisten siegreich geblieben.« (zit. in der Einl. von Helge Pross zu Neumann, *Demokratischer und autoritärer Staat*, 25)

Es war kein Mißverständnis, als Neumann angesichts von Horkheimers Vorbemerkung zum Staatskapitalismus-Heft meinte, die Formulierungen seien ausgezeichnet und glichen häufig denen, die er selber in seinem Buch gefunden habe. Beide brachten in ähnlicher Weise die Verflochtenheit und Zweideutigkeit der Phänomene, den paradoxen Charakter des nationalsozialistischen Systems zum Ausdruck. Beide suchten die irrationale Rationalität, den entstaatlichten Staat, die chaotische Totalität der Ordnung auf den Begriff zu bringen. Beide machten – anders als Pollock – das Ungeheuerliche dieses Systems deutlich. Der Hauptunterschied war, daß Neumann auf dem grundsätzlich kapitalistischen Charakter des nationalsozialistischen Systems beharrte und damit die Vorstellung widerlegt glaubte, vor den Sozialismus schöben sich eine neue, unerwartete Gesellschaftsformation und ein fundamentaler anthropologischer Wandel, angesichts derer sich alle Hoffnungen der letzten Jahrzehnte als überholt erwiesen. Horkheimer dagegen vertrat eine Theorie des integralen Etatismus – später hieß es: der verwalteten Gesellschaft – und »a new, critical anthropology – a theory of the Inhumane« (Horkheimer, Entwurf eines Briefes an Laski, März 1941). »If there exists any real theoretical difference between us«, meinte Horkheimer nach dem Erscheinen des *Behemoth* in einem Brief an Neumann mit kritischen Bemerkungen zum Buch, »it pertains to the optimism which you show not only with regard to the question of better administration but also to some of the deeper lying issues of society itself, such as the inherent and insoluble antagonisms of state capitalism and also to some anthropological issues, e. g. the one mentioned in your ›offense memorandum‹, namely the impossibility of a long-term existence of the ›split personality‹. I suppose the optimistic idea of the break down of the ›split personality‹ as promoted by the mechanisms of National Socialism does not quite reflect what you really think. As a matter of fact the split of the ego which, as you know, is one of the main theses of the article on the End of Reason [Horkheimers Aufsatz im letzten Heft der *SPSS*, R. W.], has a long pre-history. What happens today is only the consummation of a trend which permeates the whole modern era. It has made itself felt not only within the old juxtaposition of theological and scientific truth, but much more drastically within the division of labor and leisure, of private morals and business principles, of private and public life, and in unnumerable other aspects of the existing order. What fascism does with respect to the personality is only to manipulate consciously and skillfully a break which itself is based on the most

fundamental mechanisms of this society.« (Horkheimer-Neumann, 2. 6. 42) In dieser Kritik klang durch, was Horkheimer wirklich von Neumanns Buch hielt: es war materialreich und besser als alles sonst zum Thema Erschienene, aber es versagte auf der theoretischen Ebene, da es die entscheidende, die »kulturanthropologische« Problematik verfehlte.

Neumann hatte den Staatskapitalismus-Theoretikern vorgeworfen, sie vermöchten keine Gründe für den Verfall des von ihnen diagnostizierten Systems zu entdecken, und seinerseits behauptet, die Widersprüche des Kapitalismus seien in Deutschland auf einem höheren und deshalb auch gefährlicheren Niveau wirksam als anderswo. Aber was er anführte, waren die altvertrauten Widersprüche der marxistischen bzw. kritischen Theorie. »Es besteht ein grundlegender Widerspruch zwischen der Produktivität der deutschen Industrie, ihrer Fähigkeit, das Wohl der Menschen zu fördern, und ihren tatsächlichen Leistungen; und dieser Widerspruch verschärft sich ständig. In den vergangenen acht Jahren ist eine kontinuierlich wachsende riesige Industriemaschinerie einzig und allein zu Zerstörungszwecken eingesetzt worden. Die Versprechungen, die das Regime den Massen machte, sind gewiß süß, aber viele davon sind gebrochen und alle wirklich wichtigen Punkte des Parteiprogramms aufgegeben worden. Diesen Widerspruch müssen die Massen empfinden, denn sie sind keine unerfahrenen Kinder, sondern blicken auf eine lange Tradition zurück, eine Tradition, die sie mit kritischem Geist erfüllt und ihnen klar gemacht hat, daß die entscheidende Tatsache der modernen Zivilisation gerade dieser Widerspruch einer Wirtschaft ist, die im Überfluß für das allgemeine Wohl produzieren könnte, von dieser Fähigkeit aber nur zu Zerstörungszwecken Gebrauch macht.« (536 f.) Das war ein Horkheimer und auch Pollock nicht eben fremder Gedanke. Aber gerade die darauf gegründete Hoffnung schien ja inzwischen in Frage gestellt und war durch Neumanns Analyse an keiner Stelle gestärkt worden. Das gleiche galt für andere von Neumann angeführte Antagonismen wie den Widerspruch zwischen dem magischen Charakter der Propaganda und der vollständigen Rationalität und Entpersönlichung der Gesellschaft und seine sich auf Beobachter der Vorgänge im nationalsozialistischen Deutschland berufende Vermutung, es sei dort ein Stadium erreicht, »wo Führer- und Gemeinschaftskult allgemein als das betrachtet werden, was sie in Wirklichkeit sind: Quatsch« (545). Das Funktionieren jenes Nebeneinanders erschien gerade als etwas für das nationalsozialistische Herrschaftssystem Charakteristisches.

Brüche »zwischen dem Möglichen und dem Tatsächlichen« (546) sahen alle, die zum Horkheimerkreis gehörten. Die Frage war eben,

ob die Massen vom Möglichen so erfüllt waren, daß sie das Tatsächliche irgendwann nicht länger hinnahmen. Und dazu vermochte Neumann nur zu sagen: »Wenn wir glauben, daß der Mensch von Grund auf schlecht und der Egoismus seine einzige Triebfeder ist, dann sieht es ziemlich düster aus. Aber der Mensch ist weder böse noch gut, sondern von seiner kulturellen und politischen Erfahrung geprägt.« (547) Die kulturelle und politische Erfahrung aber hatte ja gerade nach Neumanns eigener Ansicht die praktisch widerstandslose nationalsozialistische Machtergreifung ermöglicht. Und seitdem war die prägende »kulturelle und politische Erfahrung« der Faschismus.

Ein orthodox marxistisches Selbstverständnis hatte Neumann zu einer einzigartigen materialen Analyse des Nationalsozialismus befähigt, die für sozialistische Hoffnungen keinen Raum ließ und US-amerikanischen Regierungsangestellten dabei half, das Funktionieren des nationalsozialistischen Systems zu verstehen und das Ausmaß der Bedeutung und Verantwortung der diversen Rollenträger einzuschätzen.

Weiter auf dem Weg zur Privatgelehrten-branch
in Los Angeles und zum Rumpf-Institut in New York –
Trennung von Neumann und Marcuse

Auch nachdem Horkheimer im April 1941 in West Los Angeles angekommen war, dauerte es noch einige Zeit, bis er, inzwischen 46 Jahre alt, mit der Arbeit an seinem ersten theoretisch-philosophischen Buch begann. Im Juni bezogen er und seine Frau den Bungalow, den er sich hatte bauen lassen und in dem auch Platz für Pollock war. Pacific Palisades war ein im Grünen liegender Bungalow- und Villen-Ort zwischen Los Angeles und dem Meer, nicht weit von Hollywood. In Horkheimers nächster Nachbarschaft wohnten zwei der wohlhabendsten Emigranten: Thomas Mann und Lion Feuchtwanger. In und um Hollywood hatte sich eine Kolonie deutscher Emigranten gebildet. Die meisten von ihnen waren Hollywoods wegen gekommen – Schauspieler, Schriftsteller und Musiker, die für die Filmindustrie arbeiteten oder auf solche Arbeit hofften. Filmgesellschaften wie MGM oder Warner Brothers hatten durch Scheinverträge mit einer ganzen Reihe von Schriftstellern – z. B. Heinrich Mann – die Voraussetzung dafür geschaffen, daß sie überhaupt ein Visum bekamen und

wenigstens zunächst ein sicheres Einkommen hatten. Auf viele von ihnen traf das Wort von der »Vertreibung ins Paradies« zu. »Hier saß ich«, so Ludwig Marcuse im Rückblick, »mitten in der Weimarer Republik: mit Reinhardt und Jeßner und Kortner und Deutsch; mit Thomas Mann, Berthold Viertel und Bruno Frank . . . und jedes Jahr kam mehr Literatur an, so daß wir bald wieder so vollzählig waren wie noch vor kurzem in Sanary. Man ist nicht so sehr Fremdling mit befreundeten Fremdlingen rundum. Und selbst wenn man nicht befreundet war, so war man doch wenigstens verfeindet. Ich dachte kaum daran, daß es hier auch Amerikaner gab. Und fand, daß ein Armer in Los Angeles nicht ganz so arm ist wie in New York.« (*Mein Zwanzigstes Jahrhundert*, 267) Im Juli kam – über Moskau, Sibirien und Manila – auch Brecht nach Los Angeles. Feuchtwanger riet ihm zu bleiben, da man hier billiger leben könne als in New York. Brecht blieb und bezog das Haus, das Freunde für ihn gemietet hatten. Die Erfahrungen mit der Hollywooder Filmindustrie waren für ihn – wie für viele Emigranten – deprimierend. Im Frühjahr 1942 kam auch Eisler von New York nach Los Angeles – Hollywoods wegen. Schönberg lebte bereits seit 1934 dort – ein Komponist ohne Publikum und Inhaber eines Lehrstuhls an der University of California, Los Angeles, dessen Schüler Musik meist nur im Nebenfach studierten. Bestandteil dieser Emigrantenkolonie war nun, bei aller Zurückhaltung und splendid isolation, auch Horkheimer. (Zu den Seminaren, die im Sommer 1942 zustande kamen und einige Male Mitglieder des Horkheimer- und des Brecht-Kreises zusammenführten, siehe die Diskussionsprotokolle und die Editorische Vorbemerkung in: Horkheimer, *Ges. Schr. 12*, 559 ff.)

Ankunft und Unterbringung der Familie Marcuse im Mai/Juni und die Ankunft Pollocks im Juli und andere Dinge wie das Herrichten der Beiträge für das Staatskapitalismus-Heft der *SPSS* brachten Unruhe. Die Arbeit am Dialektik-Projekt beschränkte sich nach wie vor auf Vorarbeiten: Plan und Notizen. So ging es vorläufig weiter. »In den letzten Wochen«, schrieb Horkheimer im August an Löwenthal, »habe ich leider viel Ablenkung gehabt; aller Voraussicht nach wird sich das in der ersten Hälfte des September wieder ändern. Im ganzen bin ich überaus glücklich und lebe ausschließlich im Hinblick auf die Arbeit. Ich gehe mit nichts anderem um. Und sogar die äußeren Verhältnisse, unsere eigenen sowohl wie die allgemeinen, treten gegenüber den spezifischen Fragen, die mit den Vorstudien und ersten Notizen zusammenhängen, zurück . . . Ich mag mich über Inhaltliches brieflich noch nicht auslassen, weil mir das dann immer als zu vorläufig und verzerrt erscheint, aber ich glaube auf gutem Weg zu sein. Wenn in den nächsten Jahren für wissenschaftliche Arbeit überhaupt noch Zeit

gelassen ist, so war die West Lösung bestimmt die richtige. In diesem Gedanken bin ich überaus froh. Notabene: Die Natur in Süd-Kalifornien ist schöner, das Klima günstiger, als man es sich nur träumen kann.« (Horkheimer-Löwenthal, 27. 8. 41)

Drei Tage später gratulierte er Neumann zum Abschluß des *Behemoth* – mit Sätzen, die außer von seiner Fähigkeit, zu loben und Sendungsbewußtsein zu vermitteln, von seinem Bemühen zeugten, dem Institut das Wohlwollen derer zu erhalten, von deren finanziellen Ansprüchen man sich befreien wollte. Immer wieder einmal vermeinte der innere Horkheimerkreis eine Verschwörung Fromms, Wittfogels, Grossmanns und anderer vom Institut Enttäuschter wahrzunehmen, der sich, wenn nicht eine Befreiung von finanziellen Ansprüchen ohne Streit gelang, Neumann, Kirchheimer und Gurland anschließen würden. Der Abschluß von Neumanns Buchmanuskript war ein günstiger Zeitpunkt für eine endgültige Regelung dieser Beziehung. Aber Neumann war für die Institutsleiter ein besonders heißes Eisen. Neumann trage gegenwärtig die Hauptlast der wissenschaftlichen Arbeiten in New York und der Bemühungen um neue Chancen bei der Columbia und bei Foundations, konstatierte Horkheimer im Oktober 1941 in einem Brief an Löwenthal. Wenn irgendeine dieser Bemühungen wider alles Erwarten Erfolg habe, werde Neumann zweifellos so etwas wie der Leiter der New Yorker branch des Instituts werden. Aus Angst vor Händeln wurde die Klärung der Beziehung noch einmal verschoben.

Im Januar 1942 aber – der engste Kreis hatte die Hoffnung auf grants endgültig begraben, und es war bekannt geworden, daß das soziologische Department der Columbia University von den Vorschlägen des Instituts für Fakultäts-Vorlesungen höchstens Neumanns Vorlesung in das Programm aufnehmen wolle – forderte Pollock Neumann auf, eine Erklärung zu unterschreiben, daß er nach dem 30. September 1942 keinerlei Rechte mehr gegenüber dem Institut habe. Neumann wandte sich protestierend an Horkheimer – nicht ahnend (so wenig durchschaute er das Funktionieren der Institutsleitung), daß gerade Horkheimer schon im Oktober 1941 auf die energische Durchsetzung jener Abmachung gedrängt hatte. Horkheimer riet ihm zu unterschreiben. »Ich weiß sehr wohl, daß in den letzten Jahren, in denen es dem Institut finanziell schlechter ging und wir auch sonst unter entnervenden Bedingungen standen, manche Meinungsverschiedenheit aufgetreten ist. Stets war ich Ihnen für die loyale Weise dankbar, in der Sie bei solchen Gelegenheiten reagiert haben. Verschärfend wirkte unsere Abreise hierher, mit der Sie im Grunde nie einverstanden waren. Wenn ich mich über die wohl begründeten Bedenken hinwegsetzte, so dürfen Sie mir glauben, daß

ich einige Gesichtspunkte dabei hatte, die der Kritik wohl standhalten können. Wer recht hat, wird sich erst in der Zukunft herausstellen.

Pollock glaubt offenbar, daß er es dem Institut und sich selbst schuldig ist, in einem Moment, wo Sie mehr oder minder offiziell unser Vertreter bei der Fakultät sein sollen, Klarheit darüber zu schaffen, daß finanzielle Leistungen des Instituts im nächsten Jahr auf Freiwilligkeit beruhen sollen ... Von Jahr zu Jahr wurde die Frage Ihrer Finanzierung aus anderer Quelle zwischen uns erörtert, wahrlich nicht weil Sie für das Institut weniger bedeuteten als andere, sondern weil wir für diese eine größere Verantwortung hatten. Immer wieder haben wir dann Anstrengungen gemacht, neue Einkünfte zu erhalten, immer wieder sind wir trotz ihres Ausbleibens zu Ihnen gestanden. Ich glaube, Pollocks Verlangen, daß die Ausdehnung von Terminen keiner Verpflichtung entspringt sondern dem Respekt vor Ihrer Leistung, dem was uns theoretisch verbindet und dem Verständnis für die gegenwärtigen Schwierigkeiten in Amerika, ist wohl zu verstehen.« Würde Neumann Rechte durchzusetzen versuchen, würde das nicht nur dem Institut schaden, sondern auch ihm selber weniger nützen als die Vorlesung und was das Institut ihm sonst noch zu bieten habe. »Ich weiß, daß wir zusammen immer noch mehr erreichen können als gegen einander ... Ich kann mir kaum eine Gemeinschaft vorstellen, in die Sie zukünftig gelangen könnten, die positiver zu Ihnen stünde, als ich es von uns und nicht zuletzt von mir selbst sagen darf.« (Horkheimer-Neumann, 1. 2. 42)

Gut ein Vierteljahr später bewarb sich Neumann, der kurzfristig keine Aussichten auf eine Universitätsstelle hatte, von der er hätte leben können, erfolgreich um eine Stelle beim Board of Economic Warfare. Bereits im Spätsommer 1941 hatte sich das Büro von William J. Donovan (»Wild Bill«), der das Office of the Coordinator of Information aufbaute, aus dem später das Office of Strategic Services hervorging, wegen Mitarbeit Neumanns und Horkheimers als der besten Kenner nationalsozialistischer Zeitschriftenliteratur an das Institut gewandt. Nach dem japanischen Angriff auf Pearl Harbor im Dezember 1941 und den unmittelbar darauf folgenden Kriegserklärungen der USA an Japan und Deutschlands und Italiens an die USA waren die USA zu einem kriegführenden Land geworden, wurde auch von Akademikern und Intellektuellen ein Beitrag zum war effort, zu den Kriegsanstrengungen erwartet, gab es am Sitz der Regierung zahlreiche Stellen für wissenschaftlich qualifizierte Leute. Mit seiner Ernennung zum Chief Consultant des Board of Economic Warfare war Neumann der erste Institutsmitarbeiter, der durch einen Posten in Washington das Institut finanziell entlastete und dessen Tätigkeit zugleich als Beitrag des Instituts zum war effort angeführt werden

konnte. Im Juli 1942 gratulierte Horkheimer Neumann zum Angebot der Position des Chief Economist of the Intelligence Division of the Office of the U.S.Chief of Staff. »I am all the more happy about it as it gives me the feeling that the knowledge, as we understood it, can compete also in the practical field with what the New School has to offer.« (Horkheimer-Neumann, 8. 7. 42)

Neumanns Kooperation mit dem Institut ging vorläufig noch weiter. So war er wesentlich daran beteiligt, daß es im Herbst 1942 doch noch zu einer Entscheidung des American Jewish Committee für die Unterstützung des Antisemitismus-Projekts des Instituts kam. Als Neumann aber den Vorschlag machte, im Rahmen des Projekts weiterhin für das Institut zu arbeiten – entweder für 1200 Dollar im Jahr in Form von Beratungen am Wochenende oder für 2400 Dollar im Jahr als halbwöchentlicher Mitarbeiter – hatte Horkheimer Bedenken. Das Projekt bilde keine sichere Basis für die Zukunft. Ob es zu einer Ausweitung und Verlängerung des Projekts komme, sei ungewiß. Er, Horkheimer, würde sich unverantwortlich gegenüber Neumann und dem Institut verhalten, wenn er ihn ermutigen würde, auf die unter finanziellen Gesichtspunkten beste Lösung, nämlich einen full time job in Washington, zu verzichten. Von da an wurden die Kontakte spärlich, brachen aber nie ganz ab. Am liebsten würde er zum Institut zurück, um wieder einmal für sich arbeiten zu können, schrieb im März 1946, nach einem Treffen mit Pollock, Neumann an Horkheimer.

Und wie erging es Marcuse, der weitaus enger mit Horkheimer zusammenarbeitete als Neumann, ihm auch persönlich viel ergebener war und ihm im Mai 1941 mit seiner Familie als erster an die Westküste folgte? Seine Ankunft in Los Angeles war für Horkheimer Anlaß, Pollock zu schreiben, Marcuses Gehalt müsse möglichst rasch von 330 auf 280 Dollar gesenkt werden. Er habe Marcuse erklärt, daß er nächsten Monat 300 bekommen werde; was weiter geschehe, hinge von der allgemeinen Lage und von seiner, Horkheimers, Aussprache mit Pollock ab.

Marcuse bezog ein Miethaus in Santa Monica, einem Ort in der Nähe von Pacific Palisades. Vor einem Hauskauf, den Horkheimer für sinnvoller hielt, schreckte er wegen der damit verbundenen finanziellen Verpflichtungen zurück – war ihm doch eben erst die Kürzung seines Gehalts angekündigt und die Ungewißheit seiner künftigen Einkommenssituation vor Augen geführt worden. Das Haus in der Professorengegend von Santa Moncia, für das Marcuse sich entschieden hatte, fand Horkheimer ausgezeichnet geeignet für Institutszwecke. Marcuse könne darin, schrieb er an Pollock, »ein richtiges Büro machen, eine Bibliothek aufstellen und Seminare abhalten. Sogar

Grossmann könnte darin wohnen . . . Wir werden ein Schild anbringen Institute of Social Research, Office Los Angeles – obzwar es in Santa Monica liegt.« (Horkheimer-Pollock, 22. 6. 41) Vorgesehen war ebenfalls, daß außer Marcuse, Adorno und Pollock auch Löwenthal nach Los Angeles kommen sollte, möglichst auch Kirchheimer – als vom Institut minimal bezahlter Mitarbeiter ohne feste Ansprüche, wie bisher. Zu Horkheimers Zukunftsvorstellungen gehörte ferner, daß man Kontakt zu den kalifornischen Universitäten aufnahm und dort den Boden für akademische Karrieren vorbereitete. Aber das klang alles sehr luftig, hörte sich in den verschiedenen Korrespondenzen und Gesprächen immer wieder anders an.

Zum Beginn der gemeinsamen Arbeit Horkheimers und Marcuses am Dialektik-Buch kam es vorläufig nicht. Für die dritte *SPSS*-Nummer des Jahres 1941 hatte Horkheimer inzwischen statt eines Public Opinion-Heftes ein für die damaligen Verhältnisse weniger prekäres philosophisches Heft ins Auge gefaßt. Dafür wollten er und Marcuse zwei aufeinander abgestimmte Aufsätze über den Fortschritt schreiben. »Ich werde schon darauf sehen«, versicherte er Adorno, »daß die entscheidenden Fragen, die in den Benjaminschen Thesen [*Über den Begriff der Geschichte*, R. W.] angeschnitten sind, uns für später aufbehalten bleiben. So wie ich es jetzt sehe, soll der Marcusesche Aufsatz sich weitgehend auf die Fortschrittsideologie und ihr Verhältnis zur Entwicklung des Individuums beziehen, während meine Arbeit die Technik und experimentelle Psychologie in den Mittelpunkt stellt.« (Horkheimer-Adorno, 4. 8. 41) Marcuse sollte also, getreu einer inzwischen zur Tradition gewordenen Arbeitsteilung, den ideengeschichtlichen Part übernehmen. Im Verlauf der Gespräche mit Marcuse erwachte aber bei Horkheimer das Interesse an einer prinzipiellen theoretischen Analyse des Verhältnisses von Vernunft und Fortschritt. Er übernahm die Aufgabe, einen »Vernunft«-Aufsatz zu schreiben, Marcuse bekam die Bearbeitung des Technik-Themas zugewiesen.

Beide hatten große Schwierigkeiten mit ihren Aufsätzen. Und die Strategie, Marcuse finanziell unter Druck zu setzen, damit er sich nach einem Job umsah, der es ihm erlaubte, ohne nennenswerte finanzielle Ansprüche für das Institut zu arbeiten, zeigte Wirkung. Nicht nur Horkheimer, auch Marcuse selbst drängte darauf, nach New York zu fahren, um dort bei den Verhandlungen mit MacIver, der ihn persönlich besonders schätzte, zur Verfügung zu stehen und zu einem guten Ausgang der Bemühungen um Department-Vorlesungen der Institutsmitarbeiter beizutragen. Wenn er überhaupt akademische Chancen hatte, dann nicht an den weitgehend reaktionären kalifornischen Universitäten, sondern an der Columbia University, wo er nach Neumann der am meisten geschätzte unter den Institutsmitarbeitern und als

Mitglied des ISR, das sich allerdings nie um ernstliche Kooperation mit Columbia-Professoren bemüht hatte und selbst den Wohlwollendsten unter ihnen ein Buch mit sieben Siegeln geblieben war, kein Einzelner war. In seinen Augen konnte es die Dringlichkeit eines baldigen Erfolgs der Verhandlungen nur unterstreichen, wenn Horkheimer aus Pacific Palisades an ihn, Pollock und Löwenthal in New York schrieb: »Wir müssen auch für diese Leute [von der Columbia, R. W.] scheinen, was wir sind: Einzelne, deren jeder seinen eigenen theoretischen Gedanken nachgeht, Einzelne, die sich freilich auch gegenseitig beeinflussen und auch zusammenarbeiten, wie es z. B. in der Frage des Antisemitismus jetzt geschehen könnte. Der Begriff des Instituts in unserm Sinn entspricht hier viel mehr dem des Endowments oder der Foundation als dem des Institute. Da wir teils aus Höflichkeit, teils aus Interesse diesem Mißverständnis Vorschub geleistet haben, sollten wir es jetzt, wenn die verschiedenen Verhandlungen scheitern, in eindeutiger Weise aufklären, um in Zukunft jeden Konflikt in dieser Richtung zu vermeiden.« (Horkheimer-Marcuse, 17. 10. 41; cf. S. 283 f.)

Die Columbia-Angelegenheit zog sich hin. Zur Arbeit an seinem Aufsatz kam Marcuse – auf einen kurzen New York-Aufenthalt eingestellt, zeitweise auf einem Sofa im Institut übernachtend, von dem hin- und herschwankenden Horkheimer mal zum Zurückkommen, mal zum Bleiben gedrängt – nur sporadisch. Auf die Aufforderung Pollocks hin beteiligte er sich mit einem Vortrag über *State and Individual under National Socialism* an der Vorlesungsreihe des Instituts in der Extension-Abteilung der Columbia University. Auf sein Eröffnungsreferat folgten: Gurland, *Private Property under National Socialism*; Neumann, *The New Rulers in Germany*; Kirchheimer, *Law and Justice under National Socialism*; und Pollock, *Is National Socialism a New Social and Economic System?*

Der Plan, die Vorträge in Buchform als einen Beitrag des Instituts zum war effort zu veröffentlichen, wurde nicht realisiert. Statt dessen wurde das vorgesehene »philosophische« Heft als Nationalsozialismus-Heft angelegt, das neben Horkheimers Vernunft-Aufsatz und einem Aufsatz Adornos über *Veblen's Attack on Culture* Ausarbeitungen der drei Vorträge von Marcuse, Kirchheimer und Pollock enthielt. »Meinen Aufsatz mehr auf Nationalsozialismus abzustellen, ist gar nicht schwer«, schrieb Horkheimer an Marcuse. »Ich behandle diesen ja als den Triumph der skeptisch gereinigten Vernunft.« (Horkheimer-Marcuse, 26. 11. 41) Und kurze Zeit später: »Der Gedankengang bei mir ist höchst einfach: Vernunft scheint im Faschismus diskreditiert zu sein. Dies ist nicht richtig. Er hat nur mit den metaphysischen Kategorien, die mit dem Rationalismus verbunden waren, vollends aufgeräumt. Die Vernunft war stets Organ der Selbsterhaltung. Auf sie ist, im brutalsten Sinn, der Faschismus gegründet. In ihm jedoch fällt die letzte rationalistische Illusion, das auf Lebenszeit hinaus organisierte Ich, die synthetische Einheit der Person. Das Ich schrumpft. Die Tendenz zur Schrumpfung ist identisch mit dem Prozeß der Expropriation des mittleren Bürgertums. Das logische Ende ist der Zerfall der Kultur, wie ihn Sade und Nietzsche vorausgesehen haben. Es folgt eine kurze Betrachtung der Möglichkeiten, den Zerfall durch Terror aufzuhalten, und ein Ausblick auf den Umschlag der individuellen Selbsterhaltung in universale Solidarität.« (Horkheimer-Marcuse, 6. 12. 41)

Als Marcuse im Januar 1942 endlich wieder nach Los Angeles zurückkehrte, schienen die Hoffnungen auf Fakultätsvorlesungen an der Columbia University wie auf grants für Projekte gescheitert. Durch den Kriegseintritt der USA und die Änderungen im Universitätsleben waren die Aussichten auf solide akademische Posten selbst für naturalisierte Ausländer geringer denn je. Der Horkheimer aber, zu dem Marcuse zurückkam, war dabei, in enger Zusammenarbeit mit Adorno, dessen Manuskript *Zur Philosophie der neuen Musik* ihn einige Monate zuvor zu den Sätzen hingerissen hatte: »Wenn ich je in meinem Leben Enthusiasmus empfunden habe, so war es bei dieser Lektüre ... Diese Arbeit wird unseren gemeinsamen Anstrengungen weitgehendst zugrundeliegen« (Horkheimer-Adorno, 28. 8. 41), aus einem 100seitigen »chaotischen und unentzifferbaren Entwurf« (Horkheimer-Löwenthal, 11. 2. 42) für den Vernunft-Aufsatz ein 30-Seiten-Manuskript herzustellen. So eng war die Zusammenarbeit mit Adorno bereits bei diesem Aufsatz, daß Horkheimer vorhatte, ihn unter beider Namen zu veröffentlichen. Er erschien dann doch allein unter Horkheimers Namen – in englischer Fassung (*The End of Reason*) in den *SPSS*, in der kühneren deutschen Fassung (*Vernunft und Selbsterhaltung*) im Versteck des Benjamin-Gedächtnisbandes. Der Aufsatz erwies sich als eine Art Exposé zum Dialektik-Buch der beiden.

Marcuses Aufsatz – *Some Social Implications of Modern Technology* – verblieb in den vertrauten Bahnen der tragenden *ZfS*-Aufsätze der 30er Jahre und schloß mit dem vertrauten idealistischen Anarchismus der Marcuseschen Utopie. Er diagnostizierte eine Ablösung der individualistischen Rationalität des liberalistischen Zeitalters durch die »technological rationality« – ein Ausdruck, den auch Kirchheimer und Neumann verwendeten – eines Zeitalters hochkonzentrierter ökonomischer Macht und hochentwickelter Technologie, d. h. durch die Anpassung des Individuums an die Maschine, die Effizienz, den Apparat. Nicht der technische Fortschritt und die Rationalisierung erschienen ihm als verhängnisvoll, sondern »the special form ..., in which the technological process is organized« (*SPSS* 1941: 430). Die Fusion mit Herrschaftsinteressen verdarb den technischen Fortschritt. Eine demokratisch kontrollierte öffentliche Bürokratie im Unterschied zur privaten würde vor Mißbrauch schützen und Mechanisierung und Standardisierung als Mittel zur Befreiung von der Sorge um die materiellen Notwendigkeiten erweisen. Dann würden neue Formen der Individualität möglich – eine »natürliche« Individualität.

Horkheimers Vernunft-Aufsatz erschien dagegen als weitaus unkonventioneller, pointierter und radikaler mit seiner Konzeption einer Selbstzerstörung der Vernunft, eines unbarmherzigen Fortschritts der sich selbst aufhebenden Vernunft. Horkheimer betrachtete diesen Aufsatz selbst als eine Art Abschluß der früheren Arbeiten und eine Heranführung an neue prinzipielle Fragestellungen (Horkheimer-Marcuse, 6. 12. 41). An deren Ausarbeitung blieb Marcuse zunächst beteiligt. »Adorno is working on mass culture, Marcuse on language, and I on the idea of enlightenment«, hieß es im August 1942 in einem Brief Horkheimers an Kirchheimer. »All three sections are, of course, closely interconnected.« (Horkheimer-Kirchheimer, 16. 8. 42)

Die ersten Resultate dieser Arbeiten sollten – so der Plan – in einem Jahrbuch erscheinen. Die *SPSS* wurden nämlich mit dem verspätet erschienenen Nationalsozialismus-Heft eingestellt. Der Eintritt der USA in den Krieg und finanzielle Erwägungen waren nur zusätzliche Anlässe dafür. Der wesentliche Grund bestand darin, daß Horkheimer zu der Überzeugung gelangt war, die Zeitschrift in ihrer vorliegenden Form sei eine Konzession, entspreche längst nicht mehr den eigenen Intentionen. Für die Dauer des Krieges sollte laut Ankündigung im letzten Heft der *SPSS* ein Jahrbuch erscheinen. Dieser Plan wurde ernsthaft verfolgt, Kirchheimer und Neumann wurden immer wieder gedrängt, endlich ihre Beiträge zu einer von Horkheimer als Thema vorgeschlagenen Rackettheorie der Gesellschaft (s. S. 356 f.) abzugeben – und gleichzeitig wurde die Realisierung dadurch verhindert, daß wichtige Mitarbeiter des Instituts veranlaßt wurden, full time-Posten in Washington zu übernehmen, die ihnen nicht genügend Zeit ließen, ihre vorgesehenen Beiträge früh genug abzuliefern, und ihnen zudem Beschränkungen bei der Publikation von Arbeiten auferlegten. Von Marcuse hätte im Jahrburch ein die Gedanken seines letzten *SPSS*-Beitrages fortführender Aufsatz über *Operational thinking and social domination* erscheinen sollen. Diesen Aufsatz – eine Vorstufe zum *Eindimensionalen Menschen* – konnte er aber nicht mehr beenden. Das Scheitern des Jahrbuch-Plans führte dazu, daß Marcuse niemals als Mitarbeiter beim Dialektik-Projekt genannt wurde.

Im Herbst 1942 war die finanzielle Aushungerungsstrategie der Institutsleiter soweit gediehen, daß Marcuse sich veranlaßt sah, auf irgendeine Weise an zusätzliches Geld zu kommen. Da Neumann für ihn wie auch für andere Mitarbeiter des Instituts sichere Chancen in Washington bei Regierungsstellen sah, Marcuse zudem Angst hatte, als nicht mit kriegswichtigen Dingen Beschäftigter zum Kriegsdienst eingezogen zu werden, fuhr er nach Washington – in der Hoffnung, dort einen job zu finden, der es ihm erlaubte, seine Brotarbeit in Santa Monica zu verrichten und daneben die Zusammenarbeit mit Horkheimer fortzusetzen. Kaum war er im Osten, wurde er sogleich eingespannt für die weitere Ausarbeitung des Antisemitismus-Projekts in New York, für das das American Jewish Committee inzwischen grundsätzlich seine Unterstützung zugesagt hatte.

Am 10. November 1942 traf bei Horkheimer in Los Angeles ein Telegramm Marcuses ein: »Office of War Information is offering me position in Washington Salary 4600 Shall learn particularly by Wednesday My attitude unchanged Cordially ... Marcuse 4600«. Am nächsten Tag schickte er einen Brief hinterher. Der job müsse in Washington ausgeübt werden, da zu seinem Arbeitsmaterial Mikrofilme europäischer Zeitungen, Kurzwellen-Sendungen und Konsulatsberichte gehörten, die nur innerhalb der Regierungsstellen zur Verfügung stünden. Seine Aufgabe werde sein, Vorschläge für die Darstellung des Feindes in Presse, Film, Propaganda usw. zu machen. »The appointment has been approved by all the chiefs, and although it has still to go through the routine of the Personnel Division and through the F. B. I., there seems unfortunately not the slightest doubt that it will go through ... As I told you, I would not accept it. I think I can get away from it without suffering much harm or making a bad impression (unwillingness to contribute to the War Effort) by saying that I have first to complete my studies in L. A. which are just as pertinent to the War Effort. Since they want me to start work as soon as possible (even before the formalities are completed), this will end the negotiations.« Pollock habe ihn aber vor übereilten Entscheidungen gewarnt: das Budget des Instituts reiche höchstens noch zwei bis drei Jahre; seine, Marcuses, Zukunft stünde auf dem Spiel (Marcuse-Horkheimer, 11. 11. 42).

Als er seinen Brief schrieb, war schon Horkheimers Antwort auf das Telegramm unterwegs. »You made this trip because you were convinced that, if you have no comitment, you will soon be unable to do your work with me here. Things being as they are, the position seems to be the only way to escape from what you dreaded.« (Horkheimer-Marcuse, 10. 11. 42) Die unsolide finanzielle Situation des Instituts erlaube es in Zeiten wie diesen nicht, das Angebot eines wirklich akzeptablen Postens auszuschlagen, zumal wenn dieser Gelegenheit biete, Kenntnisse und Fähigkeiten zu erwerben, die dem

Institut eines Tages nützen könnten. Natürlich habe ihn Marcuses Entscheidung enttäuscht, seine Arbeit in Los Angeles zu beenden oder zumindest für unbestimmte Zeit zu unterbrechen. »Philosophy is a very slow process and I don't see anybody apart from ourselves with the right tradition, experience and love which would justify the great practical risks involved in the sticking to such an undertaking during these days. When I returned from my trip, I had a particularly good feeling about the theoretical progress, we could make in the near future and this feeling was confirmed by what you had done in the meantime. In this new draft, I recognized our common spirit and I felt that we would now be able to gather results of our endeavours of the last year.« Aber wenn ihm, Marcuse, nun ein wirklich akzeptabler Posten angeboten worden sei und er sich dessen Ausübung zutraue, würde eine Ablehnung unverantwortlich sein. »A day may arise earlier than we think, when your presence there may be invaluable for myself. For all the objective and personal reasons I cannot say no when you ask me whether you should accept the position. What should I say if in two or three months your work would be interrupted under much more unpleasant circumstances!« (Horkheimer-Marcuse, 10. 11. 42)

Darauf Marcuse, sich mit seinem Bedürfnis nach Sicherheit abfindend, aber auf seinem Enthusiasmus für die Theorie beharrend und dem Horkheimer-Institut als Hort der Weiterarbeit an der Theorie die Ehre erweisend: »I know that, unfortunately, all ›rational‹ argumentation speaks for my accepting the position in Washington. But it seems to me that you somewhat underrate my desire to continue the theoretical work we have been doing . . . Inspite of my opposition to some of your conceptions, I have never and nowhere concealed my conviction that I know of no intellectual efforts today which are closer to the truth, and of no other place where one is still allowed and encouraged to think. It might be good to say this at this moment, and to tell you that I shall not forget what I learned with you . . . Only if you say that, on account of the Institute's financial situation, this relationship will anyway come to an end within a very short time, and that my position in Washington would make it possible to continue our common work after a relatively short interruption, – only then would the rational argumentation harmonize with my rather ›irrational‹ desire to continue our theoretical studies.« (Marcuse-Horkheimer, 15. 11. 42)

Damit war die Sache praktisch entschieden. Das F. B. I. hatte keine Bedenken. Marcuse wurde zunächst senior analyst des Bureau of Intelligence of the Office of War Information. Später ging er zum einflußreicheren Office of Strategic Services, wohin vor ihm bereits Neumann gewechselt war.

Weniger selbstbewußt als Neumann und Horkheimer weitaus ergebener, blieb Marcuse dem Institut enger verbunden als sein Freund. An Marcuse hatten die Institutsleiter das, was Horkheimer von Neumann vergeblich erhofft hatte: jemanden, der dem Institut nicht länger finanziell zur Last fiel, aber fortfuhr »to feel as one of our group« (cf. Horkheimer-Neumann, 2. 6. 42).

1943 waren sechs mehr oder weniger echte Mitarbeiter des Instituts ganz- oder teilzeitlich in Staatsdiensten und trugen auf diese Weise sichtbar zum war effort bei: Neumann als Deputy Chief der Central European Section des Office of Strategic Services und Consultant des Board of Economic Warfare; Marcuse als Senior Analyst des OSS; Kirchheimer und Gurland ebenfalls als Mitarbeiter des OSS; Löwenthal als Consultant des Office of War Information; und Pollock als Consultant des Department of Justice, Anti-Trust Division. Ganz verschont blieben nur Horkheimer und Adorno, die beiden Haupttheoretiker.

Löwenthal, dem Horkheimer immer wieder die Übersiedlung an die Westküste und gemeinsame theoretische Arbeit versprochen hatte, mußte in New York bleiben. Nur einmal durfte er für einige Wochen an die Westküste kommen und dort beim Antisemitismus-Projekt mitwirken. Im übrigen hatte er in New York die Stellung eines Rumpf-Instituts zu halten, das nicht viel kostete, das aber in der Tat ausreichte, die offizielle Fortexistenz des Instituts zu demonstrieren, die Beziehung zur Columbia University aufrechtzuerhalten und sich doch die früheren Verpflichtungen weitgehend zu ersparen.

Arbeit am Dialektik-Projekt

»Wenn ich je in meinem Leben Enthusiasmus empfunden habe, so war es bei dieser Lektüre«, hatte also Horkheimer zwei Monate nach dem Bezug seines Bungalows in Pacific Palisades Adorno geschrieben, nachdem er dessen Manuskript *Zur Philosophie der neuen Musik* gelesen hatte. (In den wesentlichen Partien unverändert, um politische Passagen gekürzt, dafür um musikalische erweitert, erschien Adornos Abhandlung 1949 unter dem Titel *Schönberg und der Fortschritt* als erster Teil der *Philosophie der neuen Musik*.) Ein Gefühl des Glücks habe ihn ergriffen. Es werde darum gehen, die Kraft der Passivität, mit der Adorno die Musik erfahre, »auf die Gesellschaft selbst zu richten«, seine Kategorien »mit der Realität zu konfrontieren«, sich nicht länger damit zu begnügen, die Funktion des Gegenschlags gegen das Bestehende an kulturellen Phänomenen kritisch aufzuweisen, sondern diese Funktion selbst zu übernehmen (Horkheimer-Adorno, 28. 8. 41). Dem stimmte Adorno enthusiastisch zu: »Ihre Kritik sowohl wie meine eigenen Überlegungen scheinen mir nun in einem Punkt zu konvergieren: nämlich ob wir wirklich, wie wir es vorhatten, die gemeinsame Arbeit um die Kunst zentrieren oder nicht doch in Gottes Namen endlich von der Gesellschaft selbst reden sollten . . . Mir selber ist während des Schreibens die Musikarbeit immer stärker als ein Abschied von der Kunsttheorie zumindest für geraume Zeit erschienen . . . und ich möchte Ihnen heute schon sagen, daß ich nicht nur mit einer Verlegung des Schwerpunkts auf die Fragen der leibhaftigen Gesellschaft einverstanden bin, sondern daß gerade die Erkenntnis der Kunst diesen ›Übergang‹ . . . notwendig zu machen scheint.« (Adorno-Horkheimer, New York, 4. 9. 41)

In der Tat: Adornos Text erschien wie die Engführung aller wichtigen Motive seines Denkens, aber es war eine Engführung, bei der der Anschein der Plausibilität erkauft war durch die unvermittelte Ineinssetzung von musikalischen und gesellschaftlichen Vorgängen. »Nicht immer freilich«, hieß es in den kritischen Partien von Horkheimers Bemerkungen zu Adornos Manuskript, »scheint mir die Behandlung der Sphären [von Überbau und Unterbau, R. W.] als identischer berechtigt zu sein. Die Gefahr der Identitäts-Philosophie und damit des Idealismus, die Ihnen natürlich bei der Formulierung ebenso bekannt war wie mir beim Lesen, erscheint mir als noch nicht ganz überwunden.« (Horkheimer-Adorno, 28. 8. 41) Von einer Engführung der Adornoschen Motive hätte man erwartet, daß vor dem Hintergrund einer Kritik der Naturbeherrschung durch die Gesellschaft die Rolle der Musik insbesondere beim Umgang mit der inneren Natur der Subjekte und auf dieser Grundlage die Wechselwirkung zwischen dem Verhältnis der Gesellschaft zur äußeren Natur und dem Verhältnis der Subjekte zur inneren Natur untersucht worden wäre. Adornos Engführung sah aber so aus, daß er alle Motive in einer Deutung der musikalischen Produktion Schönbergs und seiner engsten Schule als der einzigen, die seiner Überzeugung nach den gegenwärtigen objektiven Möglichkeiten des musikalischen Materials gerecht wurde, zusammenzwang – derart die These vom Enthaltensein des Allgemeinen im Besonderen überstrapazierend.

Im Mittelpunkt von Adornos Text stand die Zwölftontechnik. Deren philosophische Interpretation war eingespant in eine Konzeption der Entwicklung des Menschengeschlechts in den Bahnen der westlichen Zivilisation. Diese Konzeption war romantisch-marxistischer Art. Man könnte sie so wiedergeben: Die Menschen sahen sich anfangs einer übermächtigen Natur gegenüber. Im Laufe der Zeit lernten sie, ihrerseits mächtiger als die Natur zu werden, sie zu beherrschen. Das sah so aus, daß sie die Natur immer weniger als etwas von überlegenen, eigenwilligen und unberechenbaren Mächten Beseeltes und immer mehr als etwas Gesetzen Gehorchendes wahrnahmen, über das sie durch listige Ausnutzung dieser Gesetze verfügen konnten. Wie hypnotisiert von der alten Angst vor der übermächtigen Natur machten die Menschen deren Unterwerfung zu ihrem höchsten Zweck. Statt daß sie die Übermacht der Natur gebrochen hätten, blieb in ihnen die Natur übermächtig. Sie gelangten nicht dazu, auf dem Boden einer entmächtigten Natur angstfrei das zu respektieren, dem sie mit Bewußtsein entragten – das zu respektieren, was mit ihnen das Organ seiner Milderung aus sich entlassen hatte.

Diese Konzeption war mit Adornos um Beethoven, Brahms und Schönberg als Umschlagstellen orientierter Auffasung der Musik-Entwicklung nur punktuell verzahnt. Der Zusammenhang war da am engsten, wo Adorno utopisch wurde. »Wie das Ende, so greift der Ursprung der Musik übers Reich der Intentionen, das von Sinn und Subjektivität hinaus. Er ist gestischer Art und nah verwandt dem des Weinens. Es ist die Geste des Lösens. Die Spannung der Gesichtsmuskulatur gibt nach, jene Spannung, welche das Antlitz, indem sie es in Aktion auf die Umwelt richtet, von dieser zugleich absperrt. Musik und Weinen öffnen die Lippen und geben den angehaltenen Menschen los . . . Der Mensch, der sich verströmen läßt im Weinen und einer Musik, die in nichts mehr ihm gleich ist, läßt zugleich den Strom dessen in sich zurückfluten, was nicht er selber ist und was hinter dem Damm der Dingwelt gestaut war. Als Weinender wie als Singender geht er in die entfremdete Wirklichkeit ein . . . Die Geste der Zurückkehrenden, nicht das Gefühl des Wartenden beschreibt den Ausdruck aller Musik und wäre es auch in der todeswürdigen Welt.« (*Zur Philosophie der neuen Musik*, Typoskript, 88/ identisch mit 122 f. in dem Buch *Philosophie der neuen Musik*.) Hier stand Musik für das Ende der Naturbeherrschung, für die Versöhnung von Geist und Natur, die der Vereinigung von innerer und äußerer Natur den Boden bereitete.

In anderen Passagen war der Zusammenhang nur scheinbar hergestellt. So vor allem dort, wo der Begriff des »Materials« gleichgesetzt wurde mit Natur und die Komponisten gewissermaßen als für das Reich der Klänge zuständige Organe des gesellschaftlichen Gesamtarbeiters hingestellt wurden, die ihren Teil zur Herrschaft über die äußere Natur beitrugen.

Im übrigen wurde die unter dem Gesichtspunkt der Naturbeherrschung konzipierte Menschheitsgeschichte wie eine Art langfristiger Konjunkturzyklus behandelt, dem zuletzt der kürzere der abendländischen Musik-Entwicklung der letzten Jahrhunderte überlagert war. Dieser Schlußzyklus wurde dann in den Kategorien von Tradition und Freiheit, Konvention und Spontaneität, objektiver Ordnung und subjektiver Setzung, Entmythologisierung und Rationalität gesehen. Damit griff Adorno die Problemstellung seiner frühen Musik-Arbeiten wieder auf: Wie gelangte der moderne Komponist zu verbindlichen Formen? – wobei diese Frage nur als Sonderfall der allgemeineren galt: Wie kann die Menschheit heute, da alle überlieferten Maßstäbe und Normen brüchig geworden sind, zu verbindlichen Ordnungen kommen? In solchen Zusammenhängen war bei Adorno mit dem Begriff des »Materials« soviel wie »zweite Natur«, also zu Fesseln gewordene Traditionen gemeint.

In einer faszinierenden Skizze des Funktions- und Gestaltwandels der Durchführung in der Musik seit Beethoven suchte Adorno die Rationalisierung der Musik zu rechtfertigen und zu kritisieren. »Bei Beethoven und vollends bei Brahms war die Einheit der motivisch-thematischen Arbeit gewonnen in einer Art von Ausgleich zwischen subjektiver Dynamik und traditioneller – ›tonaler‹ – Sprache. Subjektive Veranstaltung zwingt die konventionelle Sprache zum zweitenmal zu reden, ohne als Sprache eingreifend sie zu verändern. Die Veränderung der Sprache ist auf der romantisch-Wagnerischen Linie geleistet worden auf Kosten der Objektivität und Verbindlichkeit der Musik selber. Sie hat die motivisch-thematische Einheit in Lieder zerfällt und dann durch Leitmotiv und Programm surrogiert. Schönberg erst hat die Prinzipien universaler Einheit und Ökonomie im Wagnerisch neuen, subjektiven, emanzipierten Material selber aufgedeckt. Seine Werke erbringen den Nachweis, daß, je konsequenter der von Wagner inaugurierte Nominalismus der musikalischen Sprache verfolgt wird, um so vollkommener diese Sprache rational sich beherrschen läßt.« (Typoskript, 25/ Buch, 58 f.) Diese rationale Herrschaft bedeutete ebensosehr Destruktion der Konventionen und Emanzipation des Materials und der damit komponierenden Subjektivität – weshalb Adorno sie begrüßte – wie eine ungezügelte Herrschaft der sich autonom dünkenden Subjektivität über ein für sich sinnlos scheinendes Material – weshalb er sie kritisierte. »Die Zwölftontechnik ist ein System der Naturbeherrschung in Musik. Sie entspricht einer Sehnsucht aus der bürgerlichen Urzeit: was immer klingt, ordnend zu ›erfassen‹ und das magische Wesen der Musik in menschliche Vernunft aufzulösen . . . Die bewußte Verfügung übers Naturmaterial ist beides: die Emanzipation des Menschen vom musikalischen Naturzwang und die Unterwerfung der Natur unter menschliche Zwecke . . . Es ist aber das unterdrückende Moment der Naturbeherrschung, das umschlagend gegen die subjektive Autonomie und Freiheit selber sich wendet, in deren Namen die Naturbeherrschung vollzogen ward.« (Typoskript, 32 f./ Buch, 65 f.)

Für einen Augenblick jedoch schien die Utopie einer von Konventionen und Traditionen emanzipierten und für das dem Menschen Ungleiche offenen Musik Wirklichkeit geworden zu sein. Am Ende der Reinigung der Musik von den Konventionen hatte zunächst die »freie Atonalität« gestanden, das »freie Komponieren«, die »Spontaneität des kritischen Ohrs« (Typoskript, 74/ Buch, 110). »Wohl ist unter den Regeln der Zwölftontechnik keine, die nicht aus der kompositorischen Erfahrung, aus der fortschreitenden Erhellung des musikalischen Naturmaterials notwendig hervorginge. Aber jene Erfahrung hatte den Charakter der Abwehr [Ergänzung im Buch: kraft subjektiver Sensibilität, R. W.]: daß kein Ton wiederkehre, ehe die Musik alle andern ergriffen hat; daß keine Note erscheine, die nicht in der Konstruktion des Ganzen ihre motivische Funktion erfüllt; daß keine Harmonie verwendet werde, die nicht eindeutig an dieser Stelle sich ausweist. Die Wahrheit all dieser Desiderate ruht in ihrer unablässigen Konfrontation mit der konkreten Gestalt der Musik, auf die sie angewandt werden. Sie besagen, wovor man sich zu hüten habe, nicht aber wie es zu halten sei.« (35/68) In diesem Zusammenhang legte Adorno dem Begriff des »Materials« einen neuen Sinn bei. Hatte er zuvor entweder bloße Natur, blinde Herrschaft des Stoffs der Töne oder die zweite Natur konventioneller Zwänge oder das entqualifizierte, für sich sinnlose Material bedeutet, so war damit nun »das Unerfaßte« gemeint, die »ungezähmten Klänge« (65/102, 66/103). Mit ihnen hatte es zu tun der Komponist des »musikalischen Ausbruchs« (66/103). Er ließ sich mit ihnen ein, sie ergaben sich ihm (66/102 f.)

Auf das aber, »was freier einmal und notwendiger zugleich aus dem Zerfall der Tonalität sich erhob«, richtete sich »die stählerne Apparatur der Zwölftontechnik« (100). Diese Entwicklung erklärte Adorno damit, daß »die meisten selber so gründlich erfaßt« seien, daß sie sich das Glück des Unerfaßten verbieten müßten; daß sie zu schwach seien, um sich mit dem Unerlaubten einzulassen (65 f./102). »Daher die Bereitschaft so vieler junger Musiker – gerade in Amerika, wo die tragenden Erfahrungen der Zwölftontechnik entfallen – im ›Zwölftonsystem‹ zu schreiben, und der Jubel, daß man einen Ersatz für die Tonalität gefunden habe, so als ob man es in der Freiheit nicht einmal ästhetisch aushalten könnte und diese unter der Hand durch neue Willfährigkeit zu substituieren habe.« (35 f./68 f.) Der verfrühten Versöhnung von Geist und Natur in der atonalen Musik, deren Auftreten gesellschaftstheoretisch zu erklären er gar nicht erst versuchte, entnahm Adorno seine kritischen Maßstäbe. Der faktischen Gestalt des »Fortschritts« zollte er Tribut, indem er die Phase atonaler Musik als eine expressionistischer Protokolle »notwendig« in Sachlichkeit umschlagen ließ und die Zwölftontechnik als »Engpaß der Disziplin, durch den alle Musik hindurch muß, die nicht dem Fluch der Kontingenz verfallen will« (74/111), legitimierte. Nachdem das freie Komponieren erreicht schien, nachdem die Zwölftontechnik als System musikalischer Naturbeherrschung und Symptom einer Flucht vor der Freiheit denunziert war, wurde sie, da nun einmal der objektive Geist zu ihr »fortgeschritten« war, als Voraussetzung eines wirklich freien Komponierens interpretiert. Das war eine Konstruktion der Dialektik des musikalischen Fortschritts, die den Verdacht weckte, hier werde gewaltsam die Entwicklung einer einzelnen Schule mit den Weihen dialektischer Notwendigkeit versehen.

Auf der anderen Seite wurde Adorno durch seine Anerkennung der Zwölftonkompositionen als Fortschritt dazu veranlaßt, genauer anzugeben, was denn Treue zum Ideal des freien Komponierens unter Bedingungen gesellschaftlicher Unfreiheit heißen könnte. Von einem dem entsprechenden Kunstwerk meinte er: »Bald insistiert es, bald vergißt es. Es gibt nach und verhärtet sich. Es hält sich durch oder verzichtet auf sich, um das Verhängnis zu überlisten.« (90/125 f.) In diesem Sinne meinte er von den Werken des späten Schönberg, deren große Momente seien sowohl durch wie gegen die Zwölftontechnik gewonnen. »Durch sie: weil die Musik befähigt wird, so kalt und unerbittlich sich zu verhalten, wie in dieser Realität [Buch-Variante: nach dem Untergang, R. W.] es ihr einzig noch zukommt. Gegen die Zwölftontechnik: weil der Geist, der sie ersann, seiner selbst mächtig genug bleibt, um noch das Gefüge ihrer Stangen, Schrauben und Gewinde je und je zu durchfahren und aufleuchten zu machen, als wäre er bereit, am Ende doch das technische Kunstwerk katastrophisch zu zerstören.« (36/69) Was aber ließ den Geist seiner selbst mächtig bleiben? »Die Spontaneität der musikalischen Anschauung verdrängt alles Vorgegebene, weist fort, was immer man gelernt hat, und läßt allein den Zwang der Imagination gelten. Einzig diese Kraft des Vergessens, ein barbarisches Moment der Kunstfeindschaft, das durch Unmittelbarkeit des Reagierens in jedem Augenblick die Vermittlungen der musikalischen Kultur in Frage stellt, hält der meisterlichen Verfügung über die Technik die Waage und rettet für sie die Tradition.« (83/117) Adorno meinte also, das Barbarische mache den Geist seiner selbst mächtig gegen die ihm entfremdeten Objektivationen seines eigenen Tuns. Demnach konnte er also mit stählernen Apparaturen in der verhärteten Gesellschaft auftreten und gleichzeitig offen sein für die unerfaßte Natur in sich. Ja beides sollte einander bedingen: Denn wie nur das Bündnis mit dem Unerfaßten den Geist vor der Überwältigung durch seine verhärteten Objektivationen bewahrte, so hielt er nur durch Härte in der verhärteten Gesellschaft dem Unerfaßten die Treue (cf. 79/114).

Dieser Gedanke, in dem das Selbstverständnis z. B. Schönbergs vom Künstler als einem seinem Instinkt folgenden Kenner der Tradition, das Selbstverständnis z. B. Thomas Manns von der Kunst als Ergebnis eines Bündnisses zwischen Barbarismus und Intellektualismus, aber auch die Forderung Blochs und Benjamins, die Kräfte des Barbarischen und des Rauschs der »Revolution« dienstbar zu machen, widerklang, war in mindestens zweierlei Hinsicht problematisch. Es war problematisch, vom Unerfaßten zu reden, ohne klarzumachen, was darunter zu verstehen war – zumal wenn man Begriffe wie »barbarisch« oder »Natur«, die als Synonyme auftauchten, sowohl im positiven wie im negativen Sinn verwendete, wobei der negative Sinn relativ klar war, der positive aber ganz unklar blieb. Es war ferner problematisch, in der Manier von Benjamins allegorisierender, auf den Aufbau durch Abbau setzender Philologie auf die heilsame Zuspitzung der Verhärtung zu vertrauen, wenn gleichzeitig das einzige Mittel zur Bewahrung des Geistes vor wahnhafter Selbstherrlichkeit in dessen Rückbindung ans Unerfaßte gesehen wurde.

Schließlich erschienen Adornos herausfordernde Paradoxien als überflüssig angesichts der wiederholten Berufung auf die Existenz einer kultivierten Natur – nämlich auf das erkennende Ohr (6/40), das »nachhorchende Ohr« (35/68), das »experimentierende Ohr« (43/80), das »kritische Ohr« (74/110), das »moderne Ohr« (75/111) usw. War gegenüber solchen Formen kultivierter Natur die Vision des weinend und singend in die entfremdete Welt eingehenden Menschen nicht eine überflüssige Sentimentalität?

Ließ man Adornos Interpretation der Neuen Musik als Naturbeherrschung und als Ausweg aus einer entfremdeten Naturbeherrschung einmal gelten, dann drängte sich sofort die Frage auf: Ergaben sich daraus sinnvolle Perspektiven für Kritik und Korrektur außermusikalischer Naturbeherrschung? Und detaillierter: War auf Naturbeherrschung und kultivierten Umgang mit Natur ganz zu verzichten – im Sinne des weinend und singend sich loslassenden Subjekts? Oder konnten die Apparaturen der Naturbeherrschung durch »barbarische«, »spontane« Elemente der über sie verfügenden Menschen zum »Erglühen« gebracht werden? Oder war eine Art kultivierter Umgang mit einer mehr oder weniger kultivierten Natur denkbar, bei dem – nach dem Muster freier Atonalität – prinzipiell ungezähmt Gelassenes jeweils mit Gespür für die Vereinbarkeit von Eigentendenz und Nutzbarkeit eines Gegenstandes behandelt wurde? In Adornos Manuskript war nur Raum für die Alternative: Einsamkeit der verhärteten Subjekte oder Selbstauflösung der Subjekte in Natur. Für den Bereich der

Musik mochte man darin einen Sinn sehen. Für andere Bereiche stellte sich aber die Frage, welche Möglichkeiten es noch für den Umgang mit äußerer und innerer Natur gab und welche es für den Umgang der Subjekte miteinander gab und ob sie nicht in jedem Fall unterschieden sein mußten vom Umgang mit nicht-menschlichen Elementen der Natur.

Gerade in der exponiertesten Stelle von Adornos Aufsatz – der über den Menschen, der sich verströmen läßt im Weinen und in der Musik – sah Horkheimer den stärksten Beweis, daß seine und Adornos Gedankengänge auch während der Trennung auf geheimnisvolle Weise konvergierten. Er nahm jene Stelle zum Anlaß, seinerseits Überlegungen zum besten zu geben, die die Theorie des Antisemitismus betrafen. »Die lächerliche Treue zum Einen Gott«, so zitierte er aus einem Brief, den er an Adornos Schwager Egon Wissing geschrieben hatte, »macht die Juden – im Bilde der Antisemiten, nicht in Wirklichkeit – unbeholfen und gefährlich zugleich. Die Ermordung der Irren enthält den Schlüssel zum Juden-Pogrom.

Natürlich steckt in der Bewertung des monotheistischen Bewußtseins als einer Torheit zugleich eine tiefe Reverenz. Oder vielmehr eine abergläubische Furcht, daß die eigenen Taten verkehrt und verderblich sind. Daß sie von den Zwecken und Zielen, in deren Dienst das Leben der Heutigen verläuft, nicht ebenso gebannt sind wie die Tüchtigen selbst, macht die Irren zu unheimlichen Zuschauern, die man wegschaffen muß. Die böse Tat wird ungeschehen, wenn man den Zeugen umbringt.

Eine besondere Rolle spielt in diesem Zusammenhang der Schmerz. Der Irre erscheint als abgelöst, als draußenstehend, er lebt in einer anderen Welt, dem Zwang des Gegenwärtigen entrückt. Der Schmerz ruft in die Gegenwart zurück (denken Sie an die verschiedenen Prozeduren des Aufweckens aus dem Schlaf!), reduziert den Menschen auf die Abwehrreaktion, auf das einzige Ziel ihm zu entrinnen, er bannt den Menschen ganz unter den Zweck. Daß die Ketzer widerrufen sollten, war nur die Rationalisierung der Tortur, sie sollten in einem viel tieferen Sinn ihren Peinigern gleich werden, nämlich die Suprematie des praktischen Zweckes an sich erfahren. Wieder und wieder sollte sich erweisen, daß Freiheit nicht möglich ist.

Die Untersuchung des Antisemitismus führt auf die Mythologie und schließlich auf die Physiologie zurück.« (Horkheimer-Adorno, 28. 8. 41; s. a. Horkheimer, *Vernunft und Selbsterhaltung*, in: Institut für Sozialforschung, Hg., *Walter Benjamin zum Gedächtnis*, 54 ff.)

Der Mensch, der sich verströmen ließ im Weinen und in der Musik, und der Irre und der Jude, die als abgelöst, als draußen stehend erschienen, waren Figuren des Ausbruchs. Bei beiden, Horkheimer

und Adorno – zu dessen Spekulation über die Verfolgung der Juden als der Repräsentanten eines einstigen glücklichen Nomadentums Horkheimers Gedanken das Pendant bildeten –, standen die Juden für die Unfähigkeit zur völligen Assimilation an ein von radikaler Selbsterhaltung und totaler Zweckrationalität bestimmtes Gesellschaftssystem; standen sie – wie imaginär auch immer – für das von Lebenskampf, von Arbeit, von Zweckdenken entbundene Glück. Bei beiden erschienen Gesellschaftstheorie, »theologische Diskussion« und Theorie des Antisemitismus als eng miteinander verknüpft. Allerdings: im schönen und zuweilen feierlich ernsten Stil – mahnte der schwermütige Materialist den Verfechter des impliziten Gebrauchs theologischer Kategorien – komme eine nicht durch Negation vermittelte Beziehung zum Positiven, Theologischen zum Ausdruck. Das sei noch nicht die richtige Sprache. Auch die Überwindung des Psychologismus in der Kunst durch die Theorie, daß die Kunstwerke und nicht die Autoren erkennten, sei »mit einem Stück Identitäts-Philosophie und Optimismus« bezahlt. »Das führt unmittelbar auf die theologische Diskussion, die uns bevorsteht. Unsere Arbeit wird in weitem Maß davon abhängen, daß wir hier zu gemeinsamen Formulierungen kommen.« (Horkheimer-Adorno, 28. 8. 41)

Bald darauf wiederholte Adorno – in New York ungeduldig seiner Übersiedlung an die Westküste entgegenfiebernd – den Vorschlag, den er ein Jahr zuvor schon einmal gemacht hatte. »Wie wäre es, wenn wir unser Buch ... um den Antisemitismus sich kristallisieren ließen? Das würde die Konkretisierung und Einschränkung bedeuten, nach der wir gesucht haben. Es würde weiter einen großen Teil der Mitarbeiter des Instituts zu aktivieren vermögen, während, wenn wir etwas wie eine Kritik der Gegenwart gemessen an der Kategorie des Individuums schrieben, die Vorstellung mir einen Alptraum bereitet, daß dann Marcuse nachweisen würde, daß die Kategorie des Individuums schon seit der Frühzeit des Bürgertums progressive und reaktionäre Züge enthalte. Dann bezeichnet der Antisemitismus heute wirklich den Schwerpunkt des Unrechts, und unsere Art Physiognomik muß sich der Welt dort zukehren, wo sie ihr grauenvollstes Gesicht zeigt. Endlich aber ist die Frage des Antisemitismus die, in der, was wir schreiben, noch am ehesten in einen Wirkungszusammenhang eingehen könnte, ohne daß wir darüber etwas verrieten. Und ich könnte mir sogar ohne chimärischen Optimismus vorstellen, daß eine solche Arbeit auch nach außen so durchschlüge, daß sie uns weiterhülfe. Ich jedenfalls würde, ohne zu zögern, Jahre daran geben, es zu realisieren.« (Adorno-Horkheimer, 2. 10. 41) Dieser Vorschlag fand sogleich die Zustimmung Horkheimers, der seinerseits einige Monate zuvor in einem Brief an Laski unter Hinweis auf den in den *SPSS* veröffentlich-

ten Entwurf eines Antisemitismus-Projekts gemeint hatte: »As true as it is that one can understand Antisemitism only from our society, as true it appears to me to become that by now society itself can be properly understood only through Antisemitism. It demonstrates on the example of the minority which is, as a matter of fact, in store for the majority as well: that change into administrative objects.« (Horkheimer-Laski, New York, 10. 3. 41)

In den Tagen, bevor Adorno seinen Brief schrieb, war in Deutschland für alle Juden vom sechsten Lebensjahr an das Tragen des Judensterns angeordnet, dann die Auswanderung jüdischer Bürger verboten worden. Am 22. Juni 1941 hatte die deutsche Wehrmacht die Sowjetunion überfallen. In den besetzten Gebieten hatte sofort der Massenmord begonnen. Nachrichten darüber enthielt z. B. der vom American Jewish Committe herausgegebene *Contemporary Jewish Record* in seinem ausführlichen »Chronicles«-Teil. Aber auch aus großen Zeitungen konnte man sich in den USA über die grauenhaften Vorgänge in Europa informieren. »Complete elimination of Jews from European life now appears to be fixed German policy«, hieß es am 28. Oktober in der *New York Times*. In Güterwaggons würden die Juden ostwärts transportiert. Amtliche Stellen wurden außerdem durch Botschafter und Diplomaten über Deportationen und weitere Anzeichen dafür informiert, daß mit der von Hitler am 30. Januar 1939 prophezeiten Vernichtung der jüdischen Rasse in Europa Ernst gemacht wurde. An der restriktiven Immigrations-Politik der USA änderte sich nichts.

Unter dem Eindruck des sich immer weiter zuspitzenden und zu unglaublichen und in der Tat von den meisten lange nicht geglaubten Maßnahmen steigernden nationalsozialistischen Antisemitismus und des Ausbleibens entschiedener Proteste und großangelegter Hilfsaktionen der westlichen Demokratien – von der bis zu Hitlers Überfall mit ihm verbündeten Sowjetunion ganz zu schweigen – verschob sich Horkheimers Interesse endgültig von der Theorie der ausgebliebenen Revolution auf die Theorie der ausgebliebenen Zivilisation.

Im November 1941 – außer Horkheimer waren alle Mitarbeiter des Instituts noch oder wieder in New York – war es für Adorno endlich soweit. »Dank meiner Krankheit«, schrieb er im letzten Brief vor seiner Abfahrt, »fand übrigens die Abstimmung im Institut wegen meiner Abreise statt, ohne daß ich dabei war ... Wenn jetzt hier irgendetwas [in Sachen Department-Vorlesungen und Projektfinanzierung, R. W.] schief geht, dann werden wir unerschütterlich sagen: ihr habt es so gewollt. Bitte verzeihen Sie den übermütigen Ton. Ich weiß mich aber wirklich vor Freude kaum zu fassen.« An einer späteren Stelle des Briefes tauchte dann – Symbol seines sprühenden

Einfallsreichtums – die Formulierung auf, die später zum Titel des gemeinsamen Buches wurde: »Ich las noch zuletzt das Sadebuch von Gorer, und es sind mir eine Menge Dinge dazu eingefallen, von denen ich glaube, daß wir sie werden brauchen können. Sie betreffen wesentlich die Dialektik der Aufklärung oder die Dialektik von Kultur und Barbarei.« (Adorno-Horkheimer, New York, 10. 11. 41)

Diese Stelle machte außerdem noch einmal deutlich, unter welchem Leitstern der Zusammenschluß Adornos und Horkheimers zur gemeinsamen Arbeit Realität wurde. Dieser Stern war Benjamin, der sich gegen die Flucht aus der Alten Welt mit ihrer von Barbarei durchdrungenen Kultur in die Neue Welt der Kultur- und Traditionslosigkeit lange gesträubt hatte und, als die Flucht über die Pyrenäen mißlungen schien, sich am 26. September 1940 in dem spanischen Grenzort Port-Bou das Leben genommen hatte. Im Juni 1941 war Adorno, den Benjamin zu seinem literarischen Nachlaßverwalter bestimmt hatte, von Hannah Arendt, die einige Monate nach Benjamin bei Port-Bou die französisch-spanische Grenze überschritten hatte, eine Kopie von Benjamins Thesen *Über den Begriff der Geschichte* übergeben worden. Als Adorno Horkheimer eine Abschrift zuschickte, meinte er im Begleitbrief: obwohl Benjamin selbst in einem Brief an Gretel den Gedanken an eine Veröffentlichung weit von sich gewiesen habe (»Sie würde dem enthusiastischen Mißverständnis Tor und Tür öffnen«, hatte Benjamin im April 1940 an Gretel Adorno geschrieben), solle man das Manuskript publizieren. »Es handelt sich um Benjamins letzte Konzeption. Sein Tod macht die Bedenken wegen der Vorläufigkeit hinfällig. An dem großen Zug des Ganzen kann kein Zweifel sein. Dazu kommt: daß keine von Benjamins Arbeiten ihn näher bei unseren eigenen Intensionen zeigt. Das bezieht sich vor allem auf die Vorstellung der Geschichte als permanenter Katastrophe, die Kritik an Fortschritt und Naturbeherrschung und die Stellung zur Kultur.« (Adorno-Horkheimer, New York, 12. 6. 41) Horkheimer stimmte dem vorbehaltlos zu. »Mit Ihnen bin ich glücklich darüber, daß wir Benjamins Geschichtsthesen besitzen. Sie werden uns noch viel beschäftigen und er wird bei uns sein. Die Identität von Barbarei und Kultur . . . hat übrigens das Thema eines meiner letzten Gespräche mit ihm in einem Café beim Bahnhof Montparnasse gebildet . . . Die Vorstellung des Klassenkampfs als der universalen Unterdrückung, die Demaskierung der Historie als Einfühlung in die Herrschenden sind Einsichten, die wir als theoretische Axiome zu betrachten haben.« (Horkheimer-Adorno, Pacific Palisades, 21. 6. 41)

(Als Hommage an Benjamin wollte das Institut ein mimeographiertes Heft herausbringen, das die Thesen *Über den Begriff der Geschichte* und Beiträge von Horkheimer, Adorno und Brecht enthalten sollte.

Auf Brecht wurde dann doch verzichtet. Benjamins Thesen wollte Horkheimer aus taktischen Gründen nicht, wie es Adorno und Löwenthal vorschlugen, an den Anfang des Bandes stellen. »Die Terminologie, die wir doch kaum abändern dürfen, ist zu unverhüllt.« Das, so muß man vermuten, bezog sich sowohl auf die marxistische wie auf die theologische Terminologie. Der Gedächtnisband, der Mitte 1942 vorlag, enthielt schließlich außer Benjamins Thesen, die teilweise bereits in dem Aufsatz über Eduard Fuchs auftauchten, einen 1939/40 entstandenen Aufsatz Adornos über *George und Hofmannsthal* und zwei Aufsätze Horkheimers: *Autoritärer Staat* und *Vernunft und Selbsterhaltung*. Die beiden Sätze, die den Beiträgen vorangestellt und von Horkheimer und Adorno unterzeichnet waren – »Dem Andenken Walter Benjamins widmen wir diese Beiträge. Die geschichtsphilosophischen Thesen, die voranstehen, sind Benjamins letzte Arbeit« –, erwiesen sich als mißverständlich. Alle, denen Horkheimer den Band gab, meinten, die Aufsätze über *Vernunft und Selbsterhaltung* und über *George und Hofmannsthal* seien das Beste, was Benjamin je geschrieben habe – besser als die *Thesen über den Begriff der Geschichte*. Man konnte darin ein Indiz dafür sehen, wie weitgehend sich außer Adorno auch Horkheimer bereits die sich in den Kategorien des Ausbruchs, der Nutzlosigkeit, der Selbstaufgabe verhüllende theologische Fundierung der Kritik des Fortschritts sowohl wie konservativer Positionen zu eigen gemacht hatte.)

Ende November 1941 kam Adorno in West Los Angeles an. Zusammen mit seiner Frau bezog er einige Autominuten von Horkheimer entfernt eine Mietwohnung, in der er seine kleine Bibliothek und als großartigstes Möbelstück einen Flügel unterbrachte. Seinen Aufsatz über *Veblen's Attack on Culture* für die letzte Nummer der Zeitschrift hatte er nahezu fertig mitgebracht. Dieser Aufsatz und der im vorangegangenen Heft erschienene Essay über *Spengler Today* waren Variationen zum Thema Dialektik von Kultur und Barbarei. Spengler, dem als Komplizen der neuen Barbarei Verrufenen, hatte er das Barbarische als gegen die Kultur gerichtetes Denkmotiv zu entreißen versucht. Gegen Veblen, den »technokratischen Marxisten« (Dahrendorf), der der Mußeklasse den Ingenieur entgegenhielt, nahm er umgekehrt jene nicht näher erläuterten Elemente der Kultur in Schutz, in denen er ein Durchbrechen des Naturzwangs, eine Emanzipation vom Reich der Zwecke, von den »pressures of dreamless adjustment and adaptation to reality« (*SPSS* 1941: 404) sah. Ein Beispiel zeigte, daß Adorno der Veblenschen Kulturkritik nichts als die Forderung nach Verzögerung der Emanzipation von Tradiertem entgegenzuhalten vermochte. Veblen habe »die Ungleichzeitigkeit der Ritterburg und des Bahnhofs gewahrt, nicht aber diese Ungleichzeitigkeit als geschichtsphilosophisches Gesetz. Der Bahnhof maskiert sich als Ritterburg, aber die Maske ist seine Wahrheit. Erst wenn die technische Dingwelt unmittelbar der Beherrschung dient, vermag sie es, solche Masken abzuwerfen. Erst in den totalitären Schreckensstaaten gleicht sie sich selber.« (zitiert nach der deutschen Fassung in: *Prismen*, 81) Wie aber war, in Analogie zu Adornos Sicht der Schönbergschen Musik, im Bereich der Gesellschaftstheorie das Dienstbarmachen des Barbarischen für den wahren Fortschritt der Kultur vorzustellen? Das blieb unerörtert.

Indem alle Kritik Adornos auf den Nachweis der »Immanenz« hinauslief, konnte das Ziel der Kritik nur Transzendenz heißen oder auf deutsch: Ausbruch – ins Transzendente, Intentionslose, Neue, Unerfaßte, Offene, Nicht-Identische. Um die Möglichkeit des Neuen sei »the whole of dialectical materialism« zentriert, hieß es im Spengler-Aufsatz. Den Begriff des Nicht-Identischen verwandte Adorno zum erstenmal, als er dem Übersetzer dieses Aufsatzes für die englische Fassung zur Verdeutlichung des Sinns des Satzes, daß Freiheit, absolut gesetzt, selber dem bloßen Dasein verfalle, die Einfügung des Satzes vorschlug: »Freedom postulates the existence of something non-identical«, wozu er im Brief wiederum erläuternd meinte: »The non-identical element must not be nature alone, it also can be man.« (Adorno-David, New York, 3. 7. 41)

Adornos Arbeiten schlossen regelmäßig mit dem Ausblick auf Erlösung. Mal sah er den Immanenzzusammenhang infolge seines Totalwerdens und der damit vollendeten Zerstörung seiner eigenen im Nicht-Identischen wurzelnden Basis zerfallen, mal sah er ihn an der Unmöglichkeit zugrundegehen, seinem eigenen Anspruch auf Totalität Genüge zu tun. Welche Funktion ergab sich aus diesen Erlösungsperspektiven für das Denken? Widersprachen sie sich nicht? Handelte es sich bei ihnen nicht um Denkfiguren, die so sehr ohne jegliche Verbindung zu gesellschaftstheoretischen Analysen blieben, daß sie schlecht spekulativ waren? Eine Erprobung der Adornoschen Denkmotive im Rahmen materialreicher Untersuchungen erschien als fällig sowohl angesichts des musikphilosophischen Aufsatzes wie der Aufsätze zur Dialektik von Kultur und Barbarei.

Bei Horkheimer lagen die Dinge ähnlich. Der Vernunft-Aufsatz bildete ein Potpourri von Gedankensplittern. Zwei Hauptmotive waren erkennbar. Ein soziologisches: die Diagnose der tendenziellen Beseitigung aller Vermittlungen zwischen Individuum und Gesellschaft – und ein geschichtsphilosophisches: die Diagnose der tendenziellen Selbstreinigung der Vernunft vom Denken.

Die Bearbeitung des soziologischen Motivs erfolgte in den nächsten Jahren unter dem Titel einer Theorie der Racketphase der Gesellschaft

(s. u. S. 356 f.). Damit war eine Art totalitärer Monopolkapitalismus gemeint, eine Gesellschaft, in der das bedeutungslose Individuum nur als Teil einer Organisation, eines Verbandes, eines Teams überleben konnte; in der es, wenn es sich erhalten wollte, »überall zupacken können, in jedem team mitmachen, zu allem geschickt sein«, »stets wachsam und bereit«, »immer und überall auf unmittelbar Praktisches gerichtet« sein mußte (*Vernunft und Selbsterhaltung*, in: *Walter Benjamin zum Gedächtnis*, 40).

Die weitere Bearbeitung des geschichtsphilosophischen Motivs erfolgte unter dem Titel einer Theorie der Selbstzerstörung der Vernunft durch Instrumentalisierung. Was Adorno als Selbstherrlichkeit des naturbeherrschenden Geistes denunzierte, hieß bei Horkheimer Selbstreinigung der Vernunft vom Denken und von Moral. Aber was bedeutete das? Nahm Horkheimer an, die denkende und moralische Vernunft selber treibe sich Denken und Moral aus? Wie kam sie dazu? Offensichtlich arbeitete Horkheimer mit zwei Vernunftbegriffen. Das eine Mal wurde Vernunft gleichgesetzt mit Denken – das entsprach Horkheimers späterem Begriff der »objektiven Vernunft« in der *Eclipse of Reason* –, das andere Mal mit einem Instrument im Dienste der Selbsterhaltung – »subjektive Vernunft« hieß das dann in der *Eclipse*. Lag also die instrumentelle Vernunft im Kampf mit der denkenden? War es die instrumentelle Vernunft, die das Humanistische und Rationale an der Vernunft, also die denkende und moralische Vernunft, zu den »animistischen Rückständen« warf? Wie konnte dann aber von einer Selbstzerstörung der Vernunft gesprochen werden? Wie konnte dann noch als Pointe aufrechterhalten werden, daß – wie es in *Vernunft und Selbsterhaltung* hieß – der Selbsterhaltung das Selbst entschwinde, daß an der gesäuberten Vernunft die rationale Zivilisation zugrunde gehe?

Wo Adorno das Unerfaßte, das Nicht-Identische zum Maßstab der Kritik machte, bezog Horkheimer sich auf die über die gegebene Wirklichkeit hinausweisenden Ideen, auf die sich über Eigeninteresse und Nutzen erhebende Kontemplation, auf die Liebe, wie sie von Romeo und Julia symbolisiert wurde, auf die zwischen Imagination und Erinnerung schillernde Vorstellung vom wirtschaftlich selbständigen, verantwortungsbewußten und nachdenklichen Bürger. Kam da bei Horkheimer nicht ebenfalls ein Rest an Idealismus ins Spiel, wie er ihn an Adornos musikphilosophischem Aufsatz kritisiert hatte? Schließlich blieb noch als große Frage: Wie hingen die soziologische und die geschichtsphilosophische Diagnose – ihre Triftigkeit einmal vorausgesetzt – zusammen? Welches Verhältnis bestand zwischen ökonomischer Eigengesetzlichkeit, von der Horkheimer nach wie vor sprach, und dem Prozeß der Selbstzerstörung der Vernunft?

Das blieben lauter offene Fragen. Genauso empfand es auch Horkheimer selber. »Most of the points mentioned in the new article will have to be dealt with in that book«, schrieb er im Februar 1942 an Löwenthal. Drei Monate später waren genauere Konturen in die Vorarbeiten gekommen. »The first chapter (this, of course, is strictly confidential) will deal with the philosophical concept of enlightenment. Enlightenment here is identical with bourgeois thought, nay, thought in general, since there is no other thought properly speaking than in the cities. The main topics are enlightenment and Mythology, enlightenment and domination, enlightenment and practice, the social roots of enlightenment, enlightenment and theology, facts and system, enlightenment and its relation to humanism and barbarism. The second chapter will contain the analysis of positivistic science and different phenomena of mass-culture. This chapter could be closely related to your studies. There will be five chapters altogether, but the last three are still very indefinite.« (Horkheimer-Löwenthal, Pacific Palisades, 23. 5. 42)

Welches allgemeine Programm Horkheimer und Adorno und den zunächst noch beteiligten Marcuse in dieser frühen Phase der Arbeit am Dialektik-Projekt leitete, zeigte ein Mitte des Jahres entstandenes *Memorandum über Teile des Los Angeles Arbeitsprogramms, die von den Philosophen nicht durchgeführt werden können.* »Der Gesamtplan der Arbeit«, hieß es darin, »bezieht sich auf eine umfassende Kritik der gegenwärtigen Ideologie. Unter Ideologie wird dabei nicht nur das Bewußtsein, sondern auch die Verfassung der Menschen in der gegenwärtigen Phase verstanden, also Anthropologie in dem Sinn, in dem der Begriff in ›Egoismus und Freiheitsbewegung‹ gebraucht ist. Besonderer Wert wird auf den Zusammenhang des praktischen, ›realitätsgerechten‹ Geistes – wie er im Pragmatismus seinen philosophischen Niederschlag gefunden hat – mit dem Faschismus gelegt. Es liegt jedoch kein Thema probandum zugrunde. Die befreienden Züge von Aufklärung und Pragmatismus sollen ebenso wie die repressiven herausgearbeitet werden. Der Angriff auf die herrschende Ideologie soll in einer kritischen Analyse sowohl entscheidender geistiger Bezirke wie der Massenkultur bestehen. Das Gelingen solcher Analysen hängt wesentlich von ihrer Orientierung an konkreten Einsichten in die neueste ökonomische Entwicklung ab. Denn das Ganze zielt auf eine Überwindung der politischen Stagnation.«

Was die Philosophen von den Mitarbeitern an der Ostküste erwarteten, war nicht eine umfassende Darstellung der wirtschaftlichen Lage und ihrer Theorie. »Die ökonomischen Teile sollen vielmehr auf bestimmte wichtige Einzelfragen zentriert werden, die sich alle auf die Theorie der Klassen beziehen.« Einzelne Fragen, die den Philosophen besonders am Herzen lagen, waren z. B.: Was ist aus dem Proletariat in der monopolistisch-faschistischen Phase geworden? Was ist aus der Kapitalistenklasse geworden? Bildet die Bürokratie eine Klasse? Welches ist der heutige Stand der akademischen und außerakademischen Diskussion über die Marxsche Theorie? Wie vollzieht sich die Kontrolle der Massenkultur durch das Monopol?

Das Memorandum machte deutlich, daß Horkheimer nach wie vor von der Notwendigkeit interdisziplinärer Zusammenarbeit überzeugt war; daß er nach wie vor der ökonomischen Analyse zentrale Bedeutung beimaß; daß »sein Buch« eine historisch-materialistische Theorie der Gesamttendenz des Zeitalters sein sollte. Es blieb aber unbestimmt, wie die interdisziplinäre Zusammenarbeit gemeint war; welchen Stellenwert die ökonomische Analyse haben sollte; was durch die Selbstetikettierung als Ideologiekritik zum Ausdruck gebracht werden sollte, die ein Bekenntnis zum Marxschen Modell der Kritik der politischen Ökonomie enthielt, die zugleich Kritik des durch die kapitalistische Produktionsweise erzeugten Scheins und Darstellung des widersprüchlichen Wesens dieser Produktionsweise war.

Das eine Mal ging es Horkheimer – entsprechend dem Programm seiner Antrittsrede, der *ZfS*, der *Studien über Autorität und Familie* – um die Zusammenarbeit einer Gruppe einzelwissenschaftlich qualifizierter Gesellschaftstheoretiker mit bloß graduell verschiedener philosophischer Kompetenz. Das war sein Traum. »Eigentlich«, hatte er im März 1942, Wochen vor der Niederschrift der ersten Seiten des Buches, an Felix Weil geschrieben, »müßten Fritz [Pollock, R. W.] und Du schon Ende nächsten Monats hier sein und an die Ausführung der ökonomischen und politischen Teile gehen und wir dürften uns dann die nächsten sechs Monate Tag und Nacht um nichts anderes kümmern. Glaube ja nicht, daß wir die Arbeit an den Fragen nach dem ökonomischen Sinne dessen, was da heraufzieht, oder die nach den Formen der politischen Resistenz zurückstellen dürften, einfach weil Fritz, Grossmann und Gurland sich nicht einigen können oder weil ihre freie Erörterung sonst auf jede Weise behindert ist. Angesichts der Abwesenheit anderer Menschen, die es uns abnehmen könnten, ist noch nicht einmal der Mangel an Begabung, mit dem Ihr Eure Resignation zuweilen rationalisiert, ein respektables Argument ... Mein Gedanke dabei war, daß Fritz und Du in Zukunft mindestens vier oder fünf Monate jedes Jahres hier und den Rest des Jahres in New York arbeiten sollt und zwar so, daß auch dieser größere Rest zur Durchführung des theoretischen Programms verwendet wird. Hier sollt Ihr an der Festlegung und Ausgestaltung der prinzipielleren Partien teilnehmen, dort sollt Ihr die ökonomischen Teile im einzelnen durcharbeiten, damit nach ein paar Jahren unsere Deutung der gegenwärtigen Phase vorliegt. Es ist ja Unsinn, daß ich, wenn auch mit Teddie gemeinschaftlich, der Arbeit die notwendige Präzision und Konkretheit verleihen könnte. Sie muß mit historischem und ökonomischem Material bis zum Platzen gefüllt sein, sonst wirkt sie als Raisonnement.« (Horkheimer-Weil, Pacific Palisades, 10. 3. 42)

Das war eine Vision von wirklicher interdisziplinärer Theoretiker-Zusammenarbeit, von der Einbeziehung ökonomischer und politischer Analysen und von konkreter, materialer Theorie. Was Pollock und Weil betraf, so mußte es eine Vision bleiben. Die beiden hatten sich als ungeeignet erwiesen für solche Aufgaben. Weder der ökonomische Aufsatz für die *Studien über Autorität und Familie* noch ein ökonomisches Heft zum Jubiläum des Erscheinens von Marx' *Kapital* 1937, noch tragende ökonomische Aufsätze für die *ZfS* waren zustande gekommen. Und die Problematik von Pollocks und Weils Charakteren und Existenzen gab keinen Anlaß zur Hoffnung auf Änderung der Situation. Als Pollock im Oktober 1942 nach einem längeren Aufenthalt in Pacific Palisades wieder an die Ostküste fuhr, um sich weiter dem »exterieur« zu widmen, klagte Horkheimer, wie nötig für die theoretische Aufgabe eine 1-2jährige enge Zusammenarbeit wäre, wie ungewiß das Schicksal zweier von Pollock zurückgelassener Manuskripte sei, solange »we cannot discuss them thoroughly and integrate them into the theory of this time which I am trying to develop» (Horkheimer-Pollock, Pacific Palisades, 12. 10. 42). Aber er hatte – ständig hin und her gerissen zwischen dem Bedürfnis nach Anlehnung an die Macht und dem nach Rückzug in splendid isolation – letztlich nicht viel einzuwenden gegen Pollocks Rechtfertigung für den Abbruch seines Los Angeles-Aufenthalts und die Bemühung um eine Nebenbeschäftigung bei einer Washingtoner Regierungsstelle. »I am afraid«, antwortete Pollock, der wie eh und je Horkheimer bewahrt sehen wollte vor Ablenkungen von der großen theoretischen Aufgabe, »that even if we should succeed in creating a material basis in Los Angeles, I could not stay there for the duration. If you are not in New York and or Washington, you loose all contacts with the centers of power (inadequate and feeble as these our contacts may be) and you land in utter isolation. I am not so sure whether it would not influence badly your work if you would not know that you have a comparatively good watchdog on the East coast.« (Pollock-Horkheimer, 5. 11. 42) In der Tat war Horkheimer z. B. überwältigt, als Pollock zusammen mit einer Gruppe anderer Personen von Eleanor Roosevelt zum Essen ins Weiße Haus eingeladen wurde. »I wish to tell you«, schrieb er auf Pollocks Bericht hin, »that the invitation by which you have been honored, was a real satisfaction for Maidon and for myself. You know, I don't overestimate successes particularly when there is only a very slight chance that they may have any tangible consequences. But in this case, I seriously think that we ought to be very grateful. It was a great experience and whatever will come out or not come out of it you have the right to be proud of it. I told you more than once how much I would give if I were offered the opportunity to listen in on conversations of historical importance. By the fact of your invitation a little bit of that wish has come true.« (Horkheimer-Pollock, 10. 2. 43)

Der Ausfall Pollocks und Weils traf Horkheimer um so härter, als interdisziplinäre Theoretiker-Zusammenarbeit für ihn an die Existenz eines kleinen verschworenen Kreises gebunden war. Teils vielleicht aus Verbitterung über die Unrealisierbarkeit dieses Traums, teils aufgrund schwankender Vorstellungen vertrat er bei anderer Gelegenheit das Gegenteil dessen, was er im Brief an Weil entworfen hatte.

In einer nicht zur Veröffentlichung gedachten ausführlichen Auseinandersetzung mit Horkheimers *Vernunft und Selbsterhaltung* hatte Tillich für die zukünftige Arbeit ein »materialreiches argumentierendes Buch« vorgeschlagen. Genau das, so schrieb ihm Horkheimer, sollte aber bei der gemeinsamen Arbeit nicht herauskommen. Gewiß sei das der menschlichste Vorschlag, der denkbar sei, sowohl wegen der Leser, die dabei ›demokratischer‹ behandelt würden, als auch wegen des äußeren Schicksals der Autoren. »Aber auch Sie selbst werden nicht annehmen, daß eine solche Publikation sich von den literarischen Elementen jener Illumination des Grauens anders unterscheiden könnte, als gerade noch durch fremdartige Thesen. Was aber sind Thesen! Die unseren, als Leitsätze einer erfolgreichen Publikation, würden dem Bouquet der Raketen im besten Fall eine neue Farbschattierung hinzufügen. Ich weiß ja, wie unendlich gut Sie es meinen. Soll es aber wirklich kein Denken mehr geben, das von der Intention auf Durchschlag frei ist!« (Horkheimer-Tillich, 12. 8. 42) Was ihm statt dessen vorschwebte, deutete Horkheimer durch ein Selbstzitat aus einer »kleinen Abhandlung über europäische Verhältnisse« an. Darin hieß es: »Der Stil der Theorie wird simpler, doch nur indem er die Einfachheit dadurch denunziert, daß sie an ihm bewußt zur Spiegelung des barbarischen Prozesses wird. Er gleicht den Rackets mit der Kraft des Hasses sich an und wird dadurch zu ihrem Gegensatz. Seine Logik wird so summarisch wie ihre Gerechtigkeit, so plump wie ihre Lügen, so gewissenlos wie ihre Agenten – und in diesem Gegensatz zur Barbarei spezifisch, exakt und skrupelvoll ... Indem [die Philosophie] den Nebensatz wegläßt, der die Verstümmelung der Menschheit relativiert, spricht sie dem Grauen die Absolutheit zu, das [müßte wohl heißen: die, R. W.] daraus hervorgeht. Heilig ist der Philosophie die feinste Schattierung der Lust. Im Mangel jedoch an eingehender Schilderung des Apparats, in der Abwesenheit syntaktischer Verknüpfungen für das Warum und Weil und Wann des Unheils wird in der Philosophie die Nacht der Verzweiflung beredt, in der ein Opfer dem anderen gleicht. Die Wissenschaft greift zur Statistik, der Erkenntis ist *ein* Konzentrationslager genug.« (Horkheimer-Tillich, 12. 8. 42)

Damit war eine Konzeption umrissen, die auf der Linie der von Horkheimer bewunderten dunklen bzw. schwarzen Schriftsteller des bürgerlichen Zeitalters lag. Auch sie entsprach einem Traum Horkheimers. Sie hätte allerdings wirkliche interdisziplinäre Zusammenarbeit und die Verwirklichung einer materialgesättigten Theorie der gesellschaftlichen Gesamttendenz des Zeitalters ausgeschlossen und einen offenen Bruch zwischen eigener philosophischer Arbeit und der Arbeit eines Instituts für Sozialforschung bedeutet. Davor schreckte Horkheimer zurück. In der Praxis kam es deshalb zu einer dritten Arbeitsweise, die teils auf gelegentlicher Zuarbeit von Experten, teils auf gelegentlichem Sich-zum-Experten-Machen der Philosophen beruhte. Die beiden Themen, die mittels dieser dritten Arbeitsweise angegangen wurden, waren die Rackettheorie und das Antisemitismusproblem.

Die Rackettheorie war Horkheimers thesenhafte Antwort auf die im *Memorandum* gestellten Fragen danach, was in der monopolistisch-faschistischen Phase aus der Arbeiter- und aus der Kapitalistenklasse geworden sei. Das Jahrbuch, das als Fortsetzung der Zeitschrift geplant war, sollte Beiträge zur Rackettheorie von Kirchheimer, Neumann, Gurland und Horkheimer/Adorno/Marcuse enthalten. »The more concrete material we can gather«, schrieb Horkheimer an Marcuse, »the more our theoretical aspects will acquire substantial character. We should be able to present a manuscript on this subject at the beginning of the new year. It's very strange, but I have the feeling that the realization of this plan would be the first step toward giving a piece of critical theory which would not be purely philosophical.« (Horkheimer-Marcuse, New York, 17. 8. 42)

Adorno leistete eifrige Vorarbeiten für die Ausarbeitung der Rackettheorie, die als ökonomisch-politischer Bestandteil des Dialektik-Projekts gedacht war. Er sammelte anhand einer Liste von »Racketkategorien« Material aus der griechischen Kulturgeschichte, gestützt vor allem auf Jacob Burckhardts *Kulturgeschichte Griechenlands*, und formulierte während einer New York-Reise Horkheimers *Reflexionen zur Klassentheorie*, die sich zum Teil auf Diskussionen der beiden zu diesem Thema stützten. »Nicht haben die Tauschgesetze zur jüngsten Herrschaft als der historisch adäquaten Form der Reproduktion der Gesamtgesellschaft auf der gegenwärtigen Stufe geführt«, hieß es da in Anknüpfung an die von Horkheimer, Pollock und ihm selbst bei der Auseinandersetzung um den »Staatskapitalismus« vertretene These vom faschistischen Primat der Politik gegenüber der Ökonomie, »sondern die alte Herrschaft war in die ökonomische Apparatur zuzeiten eingegangen, um sie, einmal in voller Verfügung darüber, zu zerschlagen und sich das Leben zu erleichtern. In solcher Abschaffung der Klassen kommt die Klassenherrschaft zu sich selber. Die Geschichte ist, nach dem Bilde der letzten ökonomischen Phase, die Geschichte von Monopolen. Nach dem Bilde der manifesten Usurpation, die von den einträchtigen Führern von Kapital und Arbeit heute verübt wird, ist sie die Geschichte von Bandenkämpfen, Gangs und Rackets.« (postum erschienen in: Adorno, *Ges. Schr. 8*, 381).

Horkheimer selber schrieb später in Zusammenarbeit mit Adorno einen im wesentlichen den *Reflexionen* entsprechenden Entwurf zur *Sociology of Class Relations*. Zu ihm sammelte er Kommentare von Kirchheimer, Marcuse und Neumann. Kirchheimer z. B. stellte in Frage, daß die Arbeiterklasse in eine »pragmatische Totalität« verwandelt sei, daß der Produktionsprozeß zur Legitimationsgrundlage der Gesellschaft geworden sei, daß vorkapitalistische Gesellschaften als Racketsysteme, als Systeme direkter Herrschaft ohne real bedeutsame ideologische Rechtfertigungssysteme betrachtet werden könnten.

Einzig Kirchheimer, der als letzter der mit full time jobs zum war effort des Instituts beitragenden Mitarbeiter nach Washington ging, hatte 1943 einen Aufsatz über *The Question of Sovereignty* fertig, in dem er kurz auf das Racket-Konzept einging, ohne daß dessen tragende Bedeutung aber plausibel geworden wäre. Kirchheimers Artikel erschien 1944 im *Journal of Politics*. Teile von Horkheimers Aufsatz gingen später in die *Eclipse of Reason* ein (cf. Horkheimer, *Ges. Schr. 12*, 75 ff.). Die Rackettheorie blieb so ein von Horkheimer und Adorno erarbeiteter Torso. Dessen wichtigste Gedanken gingen in die *Dialektik der Aufklärung* ein, ohne daß es in enger Zusammenarbeit mit Neumann und Kirchheimer und weiteren Personen zu einer Überprüfung der sehr drastischen und weitreichenden Annahmen am konkreten ökonomisch-politisch-rechtlichen Material, geschweige denn zu einer konkreten, materialreichen Behandlung des Themas gekommen wäre.

Letztlich blieb so nur noch die Zentrierung um den Antisemitismus als aussichtsreicher Kristallisationspunkt für interdisziplinäre Zusammenarbeit im Rahmen des Dialektik-Projekts. Von einer Zentrierung um den Antisemitismus war allerdings in den ersten Monaten der Arbeit am Dialektik-Buch nicht viel zu merken. Auch im *Memorandum* war keine Rede davon. Es schien, als schreckten Horkheimer und Adorno vor diesem Thema noch zurück oder als ließen sie es als verborgenes Zentrum seine Wirkung tun. Erstaunlich war aber, mit welchen Überlegungen das Thema dann wirklich zum nächsten Schwerpunkt des Arbeitsprogramms erklärt wurde. Nachdem die finanzielle Unterstützung des Forschungsprojekts des Instituts über Antisemitismus durch das American Jewish Committee für zumindest ein Jahr gesichert war (s. S. 396), teilte Horkheimer dem erstaunten Marcuse, der in einer Beteiligung Horkheimers an dem Projekt nur eine nicht zu verantwortende Ablenkung von dessen eigentlicher Arbeit am philosophischen Buch zu sehen vermochte, im Frühjahr 1943 mit: »It is true that at least during the first months I will have to cut the work on our main philosophical problems down to one or two hours a day and often to nothing, but you will remember that in the beginning of our stay here you and I tried to find a topic which would fulfill the two requirements of first, encountering a somewhat broader interest than our ideas in their abstract form and second, offering an opportunity to develop some of those ideas in a more concrete material. I wanted to have an occasion for expressing our theoretical thoughts and at the same time presenting ourselves as experts in particular social problems. At that time you suggested democracy as a desirable topic but, for certain reasons, we dismissed that possibility. However, my wish not to stay too distant from pertinent questions was so strong that Teddie and I had already prepared a great deal of material and even written a part of the new memorandum on German Chauvinism which we had thought should have become a book. Instead of the book on Germany we shall now write on Anti-Semitism and instead of devoting half of our time we shall devote most of it to that purpose. I am very doubtful whether the Committee will like the part which we do in Los Angeles. But I know that our endeavours will not prove quite worthless to our common theoretical development.« (Horkheimer-Marcuse, 3. 4. 43)

Das klang, als sei ein äußerer Anstoß für die Konzentrierung auf das Antisemitismus-Thema nötig gewesen – ein Auftrag, aus dem man das Beste machen müßte, allerdings auch konnte. Vor allem aber schien Horkheimer Dialektik-Projekt und Antisemitismus-Projekt als zweierlei Dinge zu betrachten, die sich verhielten wie abstrakte Theorie und Anwendung dieser Theorie auf ein konkretes Thema oder wie die Hegelsche Logik zur Hegelschen Geschichts- oder Rechts- oder Kunstphilosophie. Wurde damit nicht aus einer Unterscheidung innerhalb des theoretisch-empirischen Arbeitsprozesses eine Unterscheidung gemacht, die der Theorie stillschweigend spekulative Würde und Unabhängigkeit von der wissenschaftlich angeeigneten Empirie zusprach, der empirischen Forschung dagegen den Stellenwert einer Dimension reflektierter Erfahrung absprach und sie zum

Medium der Veranschaulichung der Theorie degradierte? Die Bereitschaft Horkheimers und Adornos, sich dem Antisemitismus-Projekt mit ähnlicher Intensität zu widmen wie dem Dialektik-Projekt, und die Tatsache, daß beide mehrfach die zentrale Rolle des Antisemitismus-Problems gerade für die Theorie ihrer Zeit betont hatten, ließ noch offen, wie sich schließlich das Verhältnis zwischen Dialektik- und Antisemitismus-Projekt und das Verhältnis zwischen philosophischer Arbeit und interdisziplinärer Forschung gestalten würde und ob die Begeisterung für die Theorie und verächtliche Reden über einzelwissenschaftliche und empirische Forschung nicht lediglich von persönlichen Wertschätzungen und Stimmungen zeugten, die ohne wesentlichen Einfluß auf Praxis und Resultat der wissenschaftlichen Arbeit blieben – zumal wenn äußere Einflüsse zum Ernstnehmen beider Dimensionen der Arbeit zwangen.

Das *Memorandum* zeigte nicht nur, daß die Arbeit am Dialektik-Buch sich auf interdisziplinäre Zusammenarbeit stützen sollte. Es zeigte auch, daß die Akzente des ersten Kapitels anders gesetzt werden sollten, als es dann wirklich geschah. Die befreienden Züge von Aufklärung und Pragmatismus sollten ebenso herausgearbeitet werden wie die repressiven. Aber als Ende 1942 das erste Kapitel des geplanten Buches fertig war, meinte Horkheimer in einem Brief an Marcuse: »During the last few days I have devoted every minute to those pages on mythology and enlightenment which will probably be concluded this week. I am afraid it is the most difficult text I ever wrote. Apart from that it sounds somewhat negativistic and I am now trying to overcome this. We should not appear as those who just deplore the effects of pragmatism. I am reluctant, however, to simply add a more positive paragraph with the melody: ›But after all rationalism and pragmatism are not so bad.‹ The intransigent analysis as accomplished in this first chapter seems in itself to be a better assertion of the positive function of rational intelligence than anything one could say in order to play down the attack on traditional logics and the philosophies which are connected with it.« (Horkheimer-Marcuse, 19. 12. 42)

Ähnlich erging es dem Gegenstand, der das Gegenstück zur Aufklärung bildete: dem im *Memorandum* nicht erwähnten Mythos. Für die Präzisierung des Konzepts einer denkenden Vernunft, eines positiven Begriffs von Aufklärung spielte in Horkheimers und Adornos Augen die Vorstellung einer Aufhebung der Residuen des mythischen Erbes, der utopischen Momente an den Mythen eine wichtige Rolle. Schon bei den Vorarbeiten zum Vernunft-Aufsatz hatte Horkheimer gegenüber Marcuse festgestellt, »daß unsere geistigen Väter [Marx und Engels, R. W.] nicht so dumm (waren), wenn sie sich konstant für

359

Urgeschichte interessierten. Vielleicht schauen Sie sich nach einigen brauchbaren Büchern über Ethnologie und Mythologie um. Wir haben hier nur Bachofen, Reinach und Frazer, natürlich Rohde und Levy-Bruhl; von up-to-date Literatur Malinowski und die Cultural Anthropology von Lowie. Es fehlt uns Morgan's ›Ancient Humanity‹ . . .« (Horkheimer-Marcuse, Pacific Palisades, 14. 10. 41) Bei den unmittelbaren Vorarbeiten für das Buch beschäftigte Horkheimer sich mit ethnologischer und mythologischer Literatur über den Arbeitsbegriff und damit zusammenhängende Konzepte. Sein Ziel dabei war – so zeigte ein Brief an Neumann vom 18. 6. 42 –, einer »Reinigung« zentraler Begriffe von »animistischen Resten«, wie er sie in *The End of Reason* kritisch konstatiert hatte, eine reflektierte Aufhebung der bis zur Gegenwart in solchen Begriffen enthaltenen archaischen Elemente entgegenzusetzen. Erst in Horkheimers *Eclipse of Reason* erhielten solche Überlegungen einen hervorragenden Stellenwert. In ihrer gemeinsamen Publikation, der *Dialektik der Aufklärung* stellten Horkheimer und Adorno die Konzeption der bestimmten Negation in den Vordergrund – einer bestimmten Negation, die sich auf die Resultate der losgelassenen Aufklärung, nicht auf weiterlebende Mythen bezog.

Ähnliches widerfuhr schließlich auch dem Gegenstand des zweiten Kapitels, der Massenkultur. »Mehr noch als die anderen Abschnitte ist der über Kulturindustrie fragmentarisch«, betonten Horkheimer und Adorno später im Vorwort zur *Dialektik der Aufklärung*. »Große Teile«, hieß es dann in einem in der Buchausgabe weggelassenen Satz in der mimeographierten Ausgabe von 1944, »längst ausgeführt, bedürfen nur noch der letzten Redaktion. In ihnen werden auch die positiven Aspekte der Massenkultur zur Sprache kommen.« (Um positive Aspekte der Massenkultur bzw. um die Entwicklung positiver Formen von Massenkultur ging es auch in der *Komposition für den Film*, die Adorno zwischen 1942 und 1945 zusammen mit Hanns Eisler verfaßte, der Anfang der 40er Jahre als Dozent der New School für Social Research von der Rockefeller Foundation ein Filmmusik-Projekt finanziert bekommen hatte.)

All das zeugte von einer Offenheit, einer Unfertigkeit, die sich vorzustellen dem späteren Leser der *Dialektik der Aufklärung* durch das entschieden schwarze Vorwort erschwert wurde – zumal im Vorwort zur Buchausgabe von 1947 eine längere Passage des Vorworts zur mimeographierten Ausgabe weggelassen war, die den Komplex der Arbeiten umriß, aus denen die veröffentlichten *Philosophischen Fragmente* ausgewählt worden waren, und die als Leitprinzip der Auswahl der Fragmente »die Sinnfälligkeit ihres inneren Zusammenhanges und die Einheit der Sprache« anführte.

Wie in den Monaten intensiver Arbeit am Dialektik-Buch sein

Tagesablauf aussah, schilderte Horkheimer in einem Brief an Tillich, den er zu einer Zeit schrieb, da Marcuse noch in Los Angeles mitarbeitete und Pollock und Felix Weil gerade zu einem ihrer gelegentlichen Aufenthalte dort weilten. »Mein Leben verläuft ganz regelmäßig. Morgens mache ich einen kleinen Spaziergang mit Pollock, dann schreibe ich im Anschluß an ein ziemlich methodisches Studium Notizen und Entwürfe, nachmittags sehe ich zumeist Teddie, um mit ihm den endgültigen Text festzustellen. Zuweilen bespreche ich auch mit Marcuse die ihm zufallenden Teile. Der Abend gehört Pollock, manchmal auch Weil. Dazwischen liegen Seminare und die Beschäftigung mit den praktischen Fragen des Instituts. Erst seit kaum zwei Monaten darf ich davon reden, daß am wirklichen Text gearbeitet wird ... An vorläufigen Aufzeichnungen liegt schon eine ganz stattliche Reihe vor, die endgültige Formulierung wird jedoch noch Jahre beanspruchen. Dies liegt zum Teil an der objektiven Schwierigkeit der Aufgabe, eine Formulierung der dialektischen Philosophie zu liefern, die den Erfahrungen der letzten Jahrzehnte gerecht wird, zum Teil an unserer mangelnden Routine, Schwerfälligkeit des Denkens und der Unklarheit über wichtige Punkte, in der wir immer noch befangen sind.« (Horkheimer-Tillich, 12. 8. 42)

Dem großbürgerlichen, Thomas Mannschen Ambiente, das Horkheimer zeichnete, entsprach der klassische Anspruch, den er mit seiner Arbeit verband. »There is no doubt«, hieß es in einem Brief an Pollock, »that the studies which I am undertaking now and which are really the fullfillment of what we have dreamt to be our raison d'être, when we were young, cannot be achieved in one or two years. I am not struggling to make a book like Neumann did and all the others who, under the pressure of necessity and competition, turn out the more or less instructive literature of today. Husserl needed 10 years to write his Logische Untersuchungen and another 13 years to publish his Introduction in pure Phenomenology, not to speak of more famous works on philosophy and related subjects, and if you take my poor forces, education and routine into consideration, you will appreciate what I am in for.« (Horkheimer-Pollock, 27. 11. 42)

Zu anderen Zeiten wieder litt er darunter, daß trotz härterer Arbeit denn je noch nichts Gedrucktes, nichts Eindrucksvolles vorlag. »Despite of the chapters and pages which are ready nobody who is not closely acquainted with the subject could see from these documents the theoretical progress I have made during this period. Think how Lix [Felix Weil, R. W.] would react if he would be confronted with what we have done, he would be utterly disillusioned.« (Horkheimer-Pollock, 11. 4. 43)

Dabei war Ende 1942 das erste Kapitel fertig geworden. Bereits im

Spätsommer 1942 – während einer New York-Reise Horkheimers – hatte Adorno außer den *Reflexionen zur Klassentheorie* auch einen ersten Entwurf für das Massenkultur-Kapitel geschrieben. Außerdem hatten beide einen Exkurs Horkheimers zum ersten Kapitel durchgearbeitet, der die Konsequenzen von Kants Konzept der Aufklärung für die praktische Philosophie behandelte. Ferner hatte Adorno einen Exkurs über die Interpretation der Homerschen *Odyssee* fertiggestellt. »We had decided«, hatte Horkheimer dazu an Pollock geschrieben, »that this work must be done because the Odyssee is the first document on the anthropology of man in the modern sense, that means, in the sense of a rational enlightened being. What we learn from this study will also be of some value for the project [das Antisemitismus-Projekt, R. W.] since the idea of ritual sacrifice which Odysseus tries to overcome will probably play a dominant role in the psychology of Anti-Semitism.« (Horkheimer-Pollock, 20. 3. 43) Schließlich lagen Teile eines Anthropologie-Kapitels im Entwurf vor und arbeiteten Horkheimer und Adorno laufend an Aphorismen, die sich als Beispiele für Gedankengänge veröffentlichen ließen, die später in weitere Kapitel des Buches integriert werden sollten. Von dem, was später die *Dialektik der Aufklärung* ausmachte, war also nur das Antisemitismus-Kapitel noch nicht wenigstens als Entwurf vorhanden. Aber es war zunächst auch gar nicht als Teil der ersten Publikation mit Resultaten des Dialektik-Projekts gedacht, sondern als theoretische Arbeit für das Antisemitismus-Projekt.

Zwischendurch hatte Horkheimer daran gedacht, das Kapitel über Massenkultur, das als eigenständige Arbeit konzipiert war, gesondert zu veröffentlichen. So sehr drängte es ihn, endlich erste Resultate der gemeinsamen großen Arbeit vorzeigen zu können. Er hatte sogar vor, einen Übersetzer zu engagieren, dessen fortlaufende Berater- und Kontrolltätigkeit es ihnen erlauben sollte, das Kapitel sogleich auf englisch zu verfassen – ein ebenfalls unverwirklicht gebliebenes Vorhaben, das deutlich machte, wie sehr Horkheimer und Adorno davon träumten, sich einem US-amerikanischen Publikum zu präsentieren. Die Überarbeitung des Massenkultur-Kapitels zog sich indes hin und Horkheimers Absichten konzentrierten sich darauf, Ende des Jahres einen mimeographierten Band mit den zum Dialektik-Buch gehörenden vorhandenen Arbeiten herauszubringen. »All these pieces together«, meinte er Mitte 1943 gegenüber Pollock, »constitute a body of documents which in my opinion will make it possible to get quite a notion of the book as it is meant to live. – I think that this fragments contain the principles of a philosophy to which we can stand and which is really original.« (Horkheimer-Pollock, 17. 6. 43)

Neben der Überarbeitung und Ergänzung dieser Fragmente nahm

seit Mitte 1943 einen immer größeren Raum die Arbeit an Thesen über die Psychologie des Antisemitismus ein, die für den theoretischen Teil des Antisemitismus-Projekts gedacht waren. Bei den ersten drei der später in der *Dialektik der Aufklärung* veröffentlichten Thesen wirkte Löwenthal mit, der – gewissermaßen zum Ersatz für die von Horkheimer immer wieder in Aussicht gestellte Übersiedlung – im Sommer 1943 einige Monate an der Westküste verbrachte. Im übrigen erhielten die Antisemitismus-Thesen ihre entscheidende Gestalt auf die gleiche Weise wie ein großer Teil der Fragmente der *Dialektik der Aufklärung*: indem Horkheimer und Adorno gemeinsam Gretel Adorno diktierten.

Die Intensität und Quantität von Adornos mündlicher und schriftlicher Produktion verursache ihm bisweilen Grauen, hatte Löwenthal einmal an Horkheimer geschrieben, und Pollock hatte – bei der Planung des Antisemitismus-Projekts Adorno als full time-Kraft einsetzend, obwohl er weiterhin am Dialektik-Projekt mitarbeiten sollte – gegenüber Horkheimer gemeint, was nach den üblichen Maßstäben full time-Arbeit sei, nehme nur einen Bruchteil von Adornos Arbeitskapazität in Anspruch. Die Produktivität Adornos und die Tatsache, daß dessen Frau nahezu als full time-Sekretärin beim Dialektik- und beim Antisemitismus-Projekt mithalf, bewogen Horkheimer dazu, daß er Adornos monatelangen Bitten um Erhöhung des Gehalts schließlich nachgab und es Anfang 1944 auf 400 Dollar anhob.

Im Februar 1944 hatte Horkheimer – zu seiner Genugtuung – Vorlesungen an der Columbia University in New York zu halten. In ihnen wollte er – unter dem Titel *Society and Reason* – in populärer Form die Ergebnisse der gemeinsamen Arbeit vortragen. Daraus ging die 1947 erschienene *Eclipse of Reason* hervor. Bis zu dem Vorlesungstermin sollte alles fertig sein, was in den mimeographierten Band aufgenommen werden sollte. Da mit einer Publikation der Ergebnisse des ersten Jahres des Antisemitismus-Projekts nicht zu rechnen war, außerdem Aussichten auf eine Weiterführung jenes Projekts in erweitertem Maßstab bestanden, wurden die Thesen über Antisemitismus in den Komplex der Arbeiten für den mimeographierten Dialektik-Band aufgenommen. Stücke über dialektische Logik, also über jene Konzeption, die Horkheimer immer als Zentrum seines geplanten Buches vorgeschwebt hatte, gehörten dagegen zu den Dingen, die zurückgestellt wurden. Im Mai 1944 konnten Horkheimer und Adorno Pollock zu dessen 50. Geburtstag das fertige Manuskript übergeben. Ende des Jahres kam der mimeographierte Band – ein geheftetes hektographiertes Typoskript im Pappeinband – in einer Auflage von 500 Exemplaren als Veröffentlichung des Institute of Social Research heraus. Sein selbstbewußt schlichter Titel war: *Philosophische Fragmente*.

Der von Horkheimer schon zu Beginn der Arbeit ins Auge gefaßte Plan einer englischen Version blieb unrealisiert. 3 Jahre später erschienen die *Philosophischen Fragmente* – nur noch um eine letzte These über Antisemitismus erweitert, an zahlreichen Stellen im antikapitalistischen Vokabular entschärft – im Amsterdamer Exil-Verlag Querido als richtiges Buch unter dem Haupttitel *Dialektik der Aufklärung* (so hatte in der mimeographierten Ausgabe die Überschrift des ersten Kapitels gelautet). Am Ende des Vorwortes von 1944 hatte es noch geheißen: »Wenn das Glück, ohne den bösen Druck unmittelbarer Zwecke an solchen Fragen arbeiten zu können, auch weiterhin fortdauern sollte, hoffen wir, das Ganze in nicht allzuferner Zeit zu vollenden.« Diesen Satz ließen Horkheimer und Adorno 1947 in der Buchausgabe fort. Zwar hofften sie noch bis in die bundesrepublikanische Zeit hinein auf eine Fortsetzung der Arbeit. Aber die Gespräche, in denen sie sich im Oktober 1946 darüber klarzuwerden versuchten, wie Aufklärung zu retten, wie ein Begriff der richtigen Vernunft zu entwickeln sei, zeugten von großer Ratlosigkeit (siehe die Diskussionsprotokolle in: Horkheimer, *Ges. Schr. 12*, 594 ff.). Die Weglassung der zitierten Vorwort-Passage und das tatsächliche Ausbleiben einer Fortsetzung ließen das Buch zu etwas anderem werden, als seine ursprüngliche Erscheinungsform signalisiert hatte: zu einem fertigen Fragment, in dem niedergelegt war, was die Autoren Wesentliches zu sagen hatten. Das war ein Effekt, der den beiden nicht unlieb sein konnte. In einer Selbstanzeige des mimeographierten Bandes hatten Horkheimer und Adorno zwar betont, daß es sich um Fragmente eines philosophischen work in progress handle, dessen Vollendung noch einige Jahre in Anspruch nehmen werde. Sie bestanden aber auch auf der Eigenständigkeit des von ihnen Vorgelegten: bei der Darlegung ihrer Vorstellungen hätten sie sich – in der Tradition Montaignes und Nietzsches – der Form des Essays bedient, da diese ihnen als angemessen erschienen sei angesichts von Untersuchungen »which probe hitherto unexplored regions of thought«.

Dialektik der Aufklärung. Philosophische Fragmente

Für Adorno – so kann man vor dem Hintergrund der theoretischen Entwicklung der beiden Autoren sagen – war mit der Arbeit am Dialektik-Buch der Augenblick gekommen, da er als Gegenstück zu

Benjamins Projekt einer Urgeschichte des 19. Jahrhunderts eine Urgeschichte des Idealismus, der Immanenz, des selbstherrlichen Geistes, der herrschaftlichen Subjektivität schreiben konnte, in der die Konfigurationen von Mythos und Moderne, Natur und Geschichte, Altem und Neuem, Immergleichem und Anderem, Zerfall und Rettung zu beleuchten waren und die Gedanken seiner beiden Monographien zur Dialektik des musikalischen Fortschritts – die *Fragmente über Wagner* (ZfS 1939) und der Schönberg-Aufsatz *Zur Philosophie der neuen Musik* (1940/41) – ihre gesellschaftstheoretische und geschichtsphilosophische Relevanz zu erweisen hatten. Für Horkheimer ging es darum, seine Positivismuskritik und seine Kritik der bürgerlichen Anthropologie in einen größeren Rahmen zu stellen und theoretische Konsequenzen aus seiner Kritik an der Verdrängung religiöser Fragen und seiner Anerkennung der Benjaminschen Kritik am unbarmherzigen Fortschritt zu ziehen. Für ihn, der immer wieder betont hatte, daß Irrationalismus und Metaphysik den Bankrott des Rationalismus richtig festgestellt, aber daraus die falschen Konsequenzen gezogen hätten – für ihn galt es nun, die richtigen Konsequenzen deutlicher und den Erfahrungen der jüngsten Zeit gemäßer zu umreißen als durch das Programm einer die Hegelsche Dialektik materialistisch aufhebenden Fortschreibung der Marxschen Kritik der politischen Ökonomie.

»Die Erkenntnis, warum die Menschheit, anstatt in einen wahrhaft menschlichen Zustand einzutreten, in eine neue Art von Barbarei versinkt« – so formulierten die Autoren in der Vorrede das Ziel der gemeinsamen Arbeit. Einst waren beide begeisterte Anhänger der Aufklärung gewesen – Horkheimer der französischen Aufklärung als Entlarvung gesellschaftlicher Heuchelei und Ungerechtigkeit, Adorno der Aufklärung und Erhellung alles Triebhaften, Dunklen, Dumpfen, Unbewußten, beide der Marxschen Aufdeckung der ökonomisch-gesellschaftlichen Bedingungen menschlicher Emanzipation. Noch 1941 hatte es bei der Vorstellung des »Research Project on Anti-Semitism« in der *SPSS* geheißen: »The levelling that results from abstract thinking is a prerequisite for the development of the world, in a truly human sense, for this type of thinking divests human relationships and things of their taboos and brings them into the realm of reason. Jews have therefore always stood in the front ranks of the struggle for democracy and freedom.« (*SPSS* 1941: 139) Die Formulierung »Dialektik der Aufklärung« deutete darauf hin, daß Horkheimer und Adorno nicht das Kind mit dem Bade ausschütten, daß sie nur die Zwiespältigkeit der Aufklärung aufzeigen wollten. Zum Motto ihrer Untersuchung schien dann allerdings der Satz aus der achten von Benjamins Thesen *Über den Begriff der Geschichte* geworden zu sein: »Das Staunen darüber, daß die Dinge, die wir erleben, im zwanzigsten Jahrhundert ›noch‹ möglich sind, ist *kein* philosophisches. Es steht nicht am Anfang einer Erkenntnis, es sei denn der, daß die Vorstellung von Geschichte, aus der es stammt, nicht zu halten ist.«

Es waren zwei Motive, die – vor dem Hintergrund einer Verallgemeinerung von Hegels Kritik an der losgelassenen Aufklärung in der *Phänomenologie des Geistes* – der *Dialektik der Aufklärung* (*DdA*) in eigenwilliger Verschränkung zugrunde lagen. Deren sinnfälligste Repräsentanten – Max Weber, der Soziologe der modernen Rationalität, im einen Fall, Ludwig Klages, der philosophische Kritiker der modernen Naturbeherrschung, im anderen Fall – blieben ungenannt. Diese Motive waren zum einen die Auffassung des Prozesses der abendländischen Zivilisation als eines Prozesses der Rationalisierung, dessen Ambivalenz Max Weber treffend durch den Begriff der Entzauberung bezeichnet hatte – Entzauberung nämlich als Zerstörung eines guten wie eines schlechten Zaubers –, zum anderen die Zurückführung des jeweiligen Weltzustandes auf die feindlichen oder freundlichen Beziehungen der Menschen zur Natur.

Durch die Verschränkung dieser Motive glaubten Horkheimer und Adorno den Verhängnissen eines in den Faschismus eingemündeten Kapitalismus besser gerecht zu werden als durch die Fortführung der Marxschen Form der Kapitalismuskritik. Wie in einer Geschichte in der Geschichte war der Kern ihrer Konzeption am prägnantesten ausgesprochen in einem Stück der »Aufzeichnungen und Entwürfe« am Ende des Bandes, betitelt *Zur Kritik der Geschichtsphilosophie.* »Eine philosophische Konstruktion der Weltgeschichte hätte zu zeigen, wie sich trotz aller Umwege und Widerstände die konsequente Naturherrschaft immer entschiedener durchsetzt und alles Innermenschliche integriert. Aus diesem Gesichtspunkt wären auch Formen der Wirtschaft, der Herrschaft, Kultur abzuleiten.« (*DdA*, 265)

Die erste, grundlegende Abhandlung – *Begriff der Aufklärung* – gab sogleich mit einem Paukenschlag das eine Hauptmotiv an, wobei das zweite bereits mit anklang. »Seit je hat Aufklärung im umfassendsten Sinn fortschreitenden Denkens das Ziel verfolgt, von den Menschen die Furcht zu nehmen und sie als Herren einzusetzen. Aber die vollends aufgeklärte Erde strahlt im Zeichen triumphalen Unheils.« (13) Aufklärung als solche – so die These – führte ins Unheil. Das Unheil war für die beiden Autoren getreu der Tradition Benjamin-Adornoscher Terminologie gleichbedeutend mit der Herrschaft des Mythischen. »Aufklärung schlägt in Mythologie zurück« (10) formulierten sie deshalb auch ihre These. Es ging ihnen aber ebenfalls darum zu zeigen, daß umgekehrt auch schon der Mythos Aufklärung war. Der Sinn dieser These war, daß dann Aufklärung nicht von außen den

Mythos zerstört hatte, sondern mit dem Mythos als erstem Schritt zur mißlungenen Emanzipation von der Natur die Bahn der selbstzerstörerischen Aufklärung beschritten war.

Vollständig formuliert müßte die These heißen: Alle bisherige Zivilisation war in mythischer Immanenz befangene Aufklärung, die jeden Ansatz zum Ausbruch aus der mythischen Immanenz selber im Keim zerstörte. »Die Mythologie selbst hat den endlosen Prozeß der Aufklärung ins Spiel gesetzt, in dem mit unausweichlicher Notwendigkeit immer wieder jede bestimmte theoretische Ansicht der vernichtenden Kritik verfällt, nur ein Glaube zu sein, bis selbst noch die Begriffe des Geistes, der Wahrheit, ja der Aufklärung zum animistischen Zauber geworfen sind. Das Prinzip der schicksalhaften Notwendigkeit, an der die Helden des Mythos zugrunde gehen, und die sich als logische Konsequenz aus dem Orakelspruch herausspinnt, herrscht nicht bloß, zur Stringenz formaler Logik geläutert, in jedem rationalistischen System der abendländischen Philosophie, sondern waltet selbst über der Folge der Systeme, die mit der Götterhierarchie beginnt und in permanenter Götzendämmerung den Zorn gegen mangelnde Rechtschaffenheit als den identischen Inhalt tradiert. Wie die Mythen schon Aufklärung vollziehen, so verstrickt Aufklärung mit jedem ihrer Schritte tiefer sich in Mythologie. Allen Stoff empfängt sie von den Mythen, um sie zu zerstören und als Richtende gerät sie in den mythischen Bann.« (22, s. a. 16) Das war der weltgeschichtliche Sinn, den Horkheimer und Adorno dem von Hegel an der Aufklärung des 18. Jahrhunderts demonstrierten Konzept der unaufhaltsamen Bewegung des Gedankens gaben. In unverkennbarer Anspielung auf die aktuellen politischen Probleme ihrer Zeit formulierten sie: »Aufklärung ist totalitär.« (16) Was die Kraft dieser unaufhaltsamen Bewegung ausmachte, bestimmten sie so: »Jeder Versuch, den Naturzwang zu brechen, indem Natur gebrochen wird, gerät nur um so tiefer in den Naturzwang hinein. So ist die Bahn der europäischen Zivilisation verlaufen.« (24) Mit dem ersten Kapitel konnten sie allerdings nicht mehr beanspruchen, als eine Exposition von Thesen gegeben zu haben. Die folgenden Texte hatten also die Funktion von Belegen zu erfüllen.

Den Thesen, daß schon die Mythen Aufklärung vollziehen und daß Aufklärung sich mit jedem ihrer Schritte tiefer in Mythologie verstrickt, suchten Horkheimer und Adorno Plausibilität zu verleihen nicht durch die Kritik oder Fortführung fachlicher Lehren (die sie in ihrer Vorrede als Sackgasse einstuften), auch nicht durch die Neuinterpretation von Daten zur Geschichte des Abendlandes oder der Menschheit, sondern durch die Interpretation von wenigen, vor allem literarischen Werken auf den Stand der von ihnen, Horkheimer und

Adorno, für entscheidend gehaltenen Komponenten der zivilisatorischen Entwicklung hin. Das Verfahren der geschichts-philosophischen Deutung von Kunstwerken, wie Lukács es in der *Theorie des Romans* vorgeführt hatte, wurde hier fruchtbar gemacht für die Feststellung des Wandels in Einstellung und Verhalten der Menschen zur äußeren Natur, zur inneren Natur, zum Körper und zueinander. Die Werke, auf die Horkheimer und Adorno sich konzentrierten, waren solche des Zerfalls – des Brüchigwerdens der Mythen in der *Odyssee*, des Obsoletwerdens von Religion, Metaphysik und Moral in de Sades *Histoire de Juliette ou les prospérités du vice* und *Justine ou les malheurs de la vertu*.

Der erste Exkurs – *Odysseus oder Mythos und Aufklärung* – sollte laut Vorrede die These belegen, daß schon der Mythos Aufklärung sei. Das traf den Inhalt nur ungenau. Denn es überwog die Demonstration, daß Aufklärung auf dieser frühen Stufe bereits in Mythologie zurückschlug. Anderes ließ der Text, um dessen Interpretation es ging, kaum zu. Der Verfasser der *Odyssee* ließ zwar seinen Helden die Mythen noch ernst nehmen. Er selbst aber hatte bereits ein ironisches, aufgeklärtes Verhältnis dazu, und sein Held war im Übergang dazu begriffen. Die Genialität, mit der Adorno einem vielfach interpretierten klassischen Text neue Seiten abgewann, bewährte sich so vor allem darin, daß er an diesem laut Horkheimer ersten Dokument der Anthropologie des Menschen im modernen Sinn eines rational aufgeklärten Wesens den Preis der Aufklärung verdeutlichte.

Odysseus behauptete sich gegen die mythischen Mächte nur durch selbstauferlegte Entsagung, durch den Verzicht auf Hingabe, durch Verhärtung. »Der Listige überlebt nur um den Preis seines eigenen Traums, den er abdingt, indem er wie die Gewalten draußen sich selbst entzaubert. Er eben kann nie das Ganze haben, er muß immer warten können, Geduld haben, verzichten, er darf nicht vom Lotos essen und nicht von den Rindern des heiligen Hyperion, und wenn er durch die Meerenge steuert, muß er den Verlust der Gefährten einkalkulieren, welche Szylla aus dem Schiff reißt. Er windet sich durch, das ist sein Überleben, und aller Ruhm, den er selbst und die andern ihm dabei gewähren, bestätigt bloß, daß die Heroenwürde nur gewonnen wird, indem der Drang zum ganzen, allgemeinen, ungeteilten Glück sich demütigt.« (74) Er opfert das Lebendige in sich, um sich als verhärtetes Selbst zu retten. Die mythischen Mächte waren überlistet. Aber die Opfer wurden nun in gewandelter Form, nämlich verinnerlicht als Entsagung, dem identischen Selbst dargebracht.

Es war die Theorie des Opfers, anhand derer Adorno, einer von Karl Kerényi und C. G. Jung eingeschlagenen Bahn der Interpretation folgend, zu zeigen suchte, daß schon der Mythos Aufklärung war.

»Alle menschlichen Opferhandlungen, planmäßig betrieben, betrügen den Gott, dem sie gelten: sie unterstellen ihn dem Primat der menschlichen Zwecke, lösen seine Macht auf, und der Betrug an ihm geht bruchlos über in den, welchen die ungläubigen Priester an der gläubigen Gemeinde vollführen ... Durch Odysseus wird einzig das Moment des Betrugs am Opfer, der innerste Grund vielleicht für den Scheincharakter des Mythos, zum Selbstbewußtsein erhoben. Uralt muß die Erfahrung sein, daß die symbolische Kommunikation mit der Gottheit durchs Opfer nicht real ist. Die im Opfer gelegene Stellvertretung, verherrlicht von neumodischen Irrationalisten, ist nicht zu trennen von der Vergottung des Geopferten, dem Trug, der priesterlichen Rationalisierung des Mordes durch Apotheose des Erwählten. Etwas von solchem Trug, der gerade die hinfällige Person zum Träger der göttlichen Substanz erhöht, ist seit je am Ich zu spüren, das sich selbst dem Opfer des Augenblicks an die Zukunft verdankt.« (66) Dem Opfer und dem Mythos überhaupt sprach Adorno also wirkliche Transzendenz ab. Die mit dem Endlichen vorgenommenen Veranstaltungen bestätigten im Opfer das opferreiche Dasein des Endlichen, statt es anklagend und nach einer Welt ohne Opfer verlangend in Frage zu stellen.

Der zweite Exkurs – *Juliette oder Aufklärung und Moral* – sollte laut Vorrede bei Kant, Sade und Nietzsche als den unerbittlichen Vollendern der Aufklärung am Beispiel von Recht und Moral den Rückfall der Aufklärung in Mythologie demonstrieren. Vom Rückfall der Aufklärung in Mythologie zu reden war insofern irreführend, als Horkheimer und Adorno einen Entmythologisierungsprozeß nachzuweisen suchten, der, seit den Zeiten des Mythos, ja seit vormythischen Zeiten am Werk, nicht auf den alten naturverfallenen Mythos zurück-, sondern auf die mythenlose Naturverfallenheit als ein mythenlos mythisches Verhalten hinführte.

»Während ... alle früheren Veränderungen, vom Präanimismus zur Magie, von der matriarchalen zur patriarchalen Kultur, vom Polytheismus der Sklavenhalter zur katholischen Hierarchie, neue, wenn auch aufgeklärtere Mythologien an die Stelle der älteren setzten, den Gott der Heerscharen an Stelle der großen Mutter, die Verehrung des Lammes an Stelle des Totems, zerging vor dem Licht der aufgeklärten Vernunft jede Hingabe als mythologisch, die sich für objektiv, in der Sache begründet hielt.« (113) Horkheimer lobte an Sade und Nietzsche, sie hätten die Unmöglichkeit, aus der Vernunft ein grundsätzliches Argument gegen den Mord vorzubringen, nicht vertuscht, sondern in alle Welt geschrien. An die Stelle des mythischen Opfers, des Ritualmordes, war damit der platte, der rationalisierte, der gedankenlose Mord getreten – wie an die Stelle des mythischen Genusses, der rituellen Hingabe an Natur der fade, der rationalisierte Genuß, nämlich Freizeit, Ferien, fun. »Die chronique scandaleuse Justines und Juliettes, die, wie am laufenden Band produziert, im Stil des 18. Jahrhunderts die Kolportage des 19. und die Massenliteratur des 20. vorgebildet hat, ist das homerische Epos, nachdem es die letzte mythologische Hülle noch abgeworfen hat: die Geschichte des Denkens als Organs der Herrschaft.« (141)

Das war indes nur die eine Linie der Darstellung. Die Pointe des ersten Kapitels hieß aber: Selbstzerstörung der Aufklärung. Was konnte das jedoch bedeuten, wenn alle Aufklärung naturverfallen blieb von Anfang an, wenn die Formulierung von der »Kreisähnlichkeit der Geschichte in ihrem Fortschritt« (49) ernst gemeint war? Setzte das Reden von einer Selbstzerstörung der Aufklärung nicht voraus, daß es zunächst einen wirklichen Fortschritt, einen Schritt aus der Naturverfallenheit heraus gegeben hatte, der dann wieder zunichte gemacht wurde – z. B. dadurch, daß unter veränderten Bedingungen unverändert an etwas festgehalten wurde, was nicht länger fortschrittlich war? Oder man mußte sich die Geschichte als das fortlaufende Verspielen einer Chance, als den fortwährenden Verrat von Möglichkeiten vorstellen. Dann gab es gewissermaßen neben der manifesten Geschichte eine unterirdische Geschichte, eine Geschichte des Verdrängten, Ausgesperrten. Diese konnte man sich dann sogar als etwas vorstellen, was der Wertsteigerung eines Wechsels glich, wobei der ganze Sinn der Geschichte davon abhing, ob dieser Wechsel eines Tages eingelöst wurde oder nicht.

Beide Vorstellungen kamen bei Horkheimer und Adorno vor. Es gab für sie eine »geheime Utopie im Begriff der Vernunft« (103). Für gewisse Phasen der Geschichte, die in die Vorstellung eines unaufhaltsamen Entmythologisierungsprozesses nicht hineinpaßten, ergab sich damit die Erklärung, daß in solchen Fällen die antiautoritäre Tendenz der sich in der manifesten Geschichte abspielenden Aufklärung »unterirdisch . . . mit jener Utopie im Vernunftbegriff kommuniziert« (113). Manifeste Formen wirklicher, d. h. selbstbesonnener Aufklärung sahen Horkheimer und Adorno in der jüdischen Religion, im Liberalismus, bei sich selbst. Wie aber ließ sich das Entstehen dieser Formen erklären? Wenn, wie für den Fall der bürgerlichen Familie der liberalkapitalistischen Epoche, historisch-materialistische Bedingungen angegeben wurden, unter denen die normalerweise unterdrückte Kommunikation mit der geheimen Utopie im Vernunftbegriff die manifeste Geschichte vorübergehend prägte, blieb immer noch die Frage: wie hatte die geheime Utopie überhaupt entstehen können und was hielt sie am Leben in dem von Horkheimer und Adorno rekonstruierten unaufhaltsamen Prozeß der Entmythologisierung?

Die *DdA* ging auf diese Fragen nicht ein. Wie die schlichte Antwort ausgesehen hätte, zeigt z. B. ein Brief Horkheimers, in dem er – zu einer Zeit, da er mit der Umarbeitung und Ergänzung der für die *DdA* vorgesehenen Fragmente beschäftigt war – anläßlich eines Memorandums Pollocks über eine Diskussion in New York zwischen ihm, Paul Tillich und Adolph Löwe über Julien Bendas *Le trahison des clercs* meinte: »We have to understand this development [den Prozeß der unaufhaltsamen Aufklärung, R. W.] and we can understand it only if there is something in us which does not submit to it. Such an attitude is shown in each of your discussion-remarks, particularly when you are in a somewhat desperate defensive, but in no word of the two other interlocutors.« (Horkheimer-Pollock, Pacific Palisades, 7. 5. 43) Und als Adorno 1945 Löwenthal Instruktionen für die Umarbeitung und Ergänzung von Horkheimers New Yorker *Society and Reason*-Vorlesung gab, aus der die *Eclipse of Reason* hervorging, sah er ein grundlegendes Problem, bei dem man nicht zu früh abbrechen dürfe: »Der Text insbesondere des ersten Kapitels beschreibt den Prozeß der Formalisierung und Instrumentalisierung der Vernunft als notwendig und unaufhaltsam in dem Sinn, in dem Hegel in der Phänomenologie die Aufklärung behandelt hat. Dann aber ist das Buch der Kritik eben dieser Vernunft gewidmet. Das Verhältnis des kritischen zum kritisierten Standpunkt ist nicht theoretisch durchsichtig gemacht. Es scheint oft so, als gäben wir uns gewissermaßen ›dogmatisch‹ die objektive Vernunft vor, nachdem wir vorher die subjektive in ihrer Unausweichlichkeit bestimmt haben. In Wirklichkeit muß zweierlei ganz klar werden: einmal, daß es eine positive ›Lösung‹ im Sinn einer der subjektiven Vernunft einfach gegenüber tretenden Philosophie nicht gibt, dann, daß die Kritik der subjektiven Vernunft nur dialektisch möglich ist, das heißt, dadurch daß die Widersprüche ihres eigenen Entwicklungsgangs aufgezeigt werden und wir durch ihre bestimmte Negation über sie hinausgehen. Ich sage das hier in sehr allgemeinen Worten, es muß aber eben dieser Prozeß, um mehr als ein uneingelöstes Versprechen zu sein, wenigstens an einem Modell konkret herausgearbeitet werden. Grob gesprochen, das letzte Kapitel muß explizit die Fragen des ersten beantworten, und wäre es auch, indem es ihre Unbeantwortbarkeit wirklich klar macht. Sonst stehen zwei Standpunkte der Philosophie, der der unaufhaltsamen und eigenmächtigen subjektiven Vernunft und der der ihr kontrastierten Wahrheit unvermittelt und theoretisch ganz unbefriedigend einander gegenüber.« (Adorno-Löwenthal, 3. 6. 45)

In der *DdA* hatten Adorno und Horkheimer nicht etwa eine Lösung für dieses Problem gefunden und sie dann wieder vergessen. Dort ließ es sich bloß vertagen, indem die ersten veröffentlichten

Fragmente aus dem work in progress als Vorbereitung eines positiven Begriffs von Aufklärung (10) hingestellt wurden und Horkheimer und Adorno im übrigen, statt terminologisch zwischen subjektiver und objektiver Vernunft zu unterscheiden, den Begriff der Aufklärung äquivok verwendet hatten – mal im negativen, mal im positiven Sinne, mal im Sinne der subjektiven, mal im Sinne der objektiven Vernunft.

Nur gewaltsam schienen in der *DdA* zwei Begriffe von Aufklärung – eine, die seit je das Ziel verfolgte, die Menschen als Herren einzusetzen, und die nun ans Ziel gekommen war und die vollends aufgeklärte Erde im Zeichen triumphalen Unheils erstrahlen ließ, und eine, deren Ziel es war, den herrschaftlichen Anspruch zu beschwichtigen, und deren Vollendung bedeutete, der Macht zu entraten – so zusammengezwungen, daß es auf den ersten Blick schien: Aufklärung zerstört sich selbst und kann sich selbst retten. Auf den zweiten Blick aber erkannte man dahinter die uneingestandene Behauptung: Falsche Aufklärung verhindert den Sieg der wahren, der erst vor den verhängnisvollen Folgen der falschen retten könnte. Hieß es in der Selbstanzeige zum mimeographierten Band: »The general aim of this book could be defined as a defense of rationalism by revealing its inherent pernicious implications and by showing that certain critical elements which were formerly directed against the humanistic ideals of the enlightenment can be usefully incorporated into them« und wurde im Buch an Sade gelobt, daß er es nicht den Gegnern überlassen habe, die Aufklärung sich über sich selbst entsetzen zu lassen, was sein Werk zum Hebel ihrer Rettung mache (141) – so ließ das gerade nicht auf Selbstbesinnung der falschen, der mißlungenen Aufklärung hoffen, der ja ihre Blindheit nachgewiesen worden war, sondern zeugte lediglich von dem Blick der wahren Aufklärung für die Fehler der falschen. Horkheimer und Adorno wollten die Pointe retten, daß es die Aufklärung selbst sei, die das Unheil bewirke, und konnten doch nicht auf den Gedanken verzichten, daß etwas anderes, nämlich Herrschaft, die wahre Aufklärung von ihrer richtigen Bahn abbrachte oder abhielt. Sie wollten das Verhängnis der Aufklärung anlasten und lasteten es doch immer wieder einer als bürgerlich, naturbeherrschend oder dgl. qualifizierten Aufklärung an. Sie wollten das Verhängnis dadurch erklären, daß Aufklärung zuinnerst herrschaftlich war und erklärten es doch immer wieder dadurch, daß Aufklärung in Herrschaft verstrickt, mit Herrschaft verbündet und dgl. war. Die Formulierung von der Selbstzerstörung der Aufklärung war, wenn man sie entschlüsselte, eine irreführende Pointe. Sie bedeutete nicht, was sie versprach. Ihr Gehalt war vielmehr: Alle bisherige Aufklärung war keine wirkliche Aufklärung, sondern Verhinderung wirklicher Aufklärung.

Um über diese Probleme mehr sagen zu können, ist es nötig, erst auf das andere Hauptmotiv einzugehen, das dem ersten gewissermaßen seinen Gehalt gab: das Verhältnis der Aufklärung bzw. ihrer Träger zur Natur. »The author's basic aim«, hieß es in der Selbstanzeige, »is a critical analysis of civilization in today's phase of large scale industrial combines, manipulative control, technological advance and standardization. They look for the origins of the manifest crisis of modern culture in history and in the processes through which mankind established its rule over nature. The two foci of their investigations are mythology and rationalism.« Damit war ein kühner Anspruch erhoben, nämlich der, die gegenwärtige Kulturkrise als Krise des Grundprinzips der gesamten bisherigen menschlichen Kultur und als dieses Grundprinzip das der Naturbeherrschung erweisen zu können. Es steckte darin die These, der entscheidende Vorgang in der Geschichte der menschlichen Kultur sei nicht die Entstehung der Moderne und des Kapitalismus, sondern der Übergang der Menschen zur Naturbeherrschung. Dieser Übergang führte zur Ausbildung von Wesenszügen, die die archaische Erbschaft der gegenwärtigen Kultur ausmachten. Das ungebrochene Fortleben dieser Erbschaft trat in der Krise der Gegenwart drohend zutage und machte die Notwendigkeit eines neuerlichen Übergangs deutlich.

Auf Fragen wie die nach dem Allgemeinheitsanspruch ihrer Gedanken zur Kultur, auf Unterscheidungen wie die zwischen westlichen und asiatischen Produktionsweisen oder zwischen okzidentaler Rationalisierung und östlicher meditativer Erfahrung ließen Horkheimer und Adorno sich gar nicht ein. Stillschweigend nahmen sie offenbar an, daß das Heil der Menschheit auf der Bahn der »Geschichte des Denkens als Organ der Herrschaft« (141), auf der Bahn des »herrschenden Geistes von Homer bis zur Moderne« (45) erreicht werde oder überhaupt nicht.

Versucht man, aus den Texten der *DdA* (unter Berücksichtigung auch anderer Arbeiten jener Jahre) das Motiv der Naturbeherrschung zusammenhängend zu rekonstruieren, so ergibt sich folgendes.

Die Vorwelt war bloße Natur. Auch die Menschen, soweit sie damals existierten, waren naturhaft, naturbefangen, beherrscht von unerhellten Trieben. Ein entscheidender Schritt fand erst statt, als Menschen zu denken begannen. Denken bedeutete: den unmittelbaren Zusammenhang der Natur an einer Stelle zu unterbrechen, einen Damm zu errichten, der fortan äußere von innerer Natur schied.

In dem Augenblick, da die Menschen aus der Vorwelt heraustraten, erschien sie als ein Glück, dessen Anziehungskraft größer war als das neue Glück der Individuation. Dem Sog der Vorwelt konnte nur durch ungeheure Gegenkräfte widerstanden werden. Die Quelle dieser Gegenkräfte war das Denken. Es suchte sich gegenüber der Natur zu behaupten, indem es innere wie äußere Natur schwächte: die innere, indem es sie zwang, sich zu bescheiden, auf unmittelbare Wunscherfüllung und auf die Erfüllung vieler Wünsche überhaupt zu verzichten und sich klein zu machen; die äußere, indem es sie entzauberte oder genauer: indem es den mit dem Hervortreten aus der Vorwelt sich einstellenden Eindruck einer Natur, die ein Übermaß an Seligkeit wie an Schrecken bedeutet, sogleich zu zerstören begann.

Damit war ein Prozeß in Gang gesetzt, der – in Reaktion auf das Glücksversprechen wie auf die Übermacht der Natur – Natur denunzierte und verstümmelte. Denunziert und verstümmelt wurden die Hingebungsbereitschaft der inneren und das Lockende der äußeren Natur und ebenso die Angstbereitschaft der inneren wie das Erschreckende der äußeren Natur. Die Reduktion von Lust und Angst sollte es erlauben, in immerwährender Geistesgegenwart der mit Gleichgültigkeit oder als Feind betrachteten Natur die Existenz abzutrotzen. Verpönt war die Furcht: »An den Wendestellen der westlichen Zivilisation, vom Übergang zur olympischen Religion bis zu Renaissance, Reformation und bürgerlichem Atheismus, wann immer neue Völker und Schichten den Mythos entschiedener verdrängten, wurde die Furcht vor der unerfaßten, drohenden Natur, Konsequenz von deren eigener Verstofflichung und Vergegenständlichung, zum animistischen Aberglauben herabgesetzt und die Beherrschung der Natur drinnen und draußen zum absoluten Lebenszweck gemacht.« (45) Verpönt war ebenso die Lust: »Furchtbares hat die Menschheit sich antun müssen, bis das Selbst, der identische, zweckgerichtete, männliche Charakter des Menschen geschaffen war, und etwas davon wird noch in jeder Kindheit wiederholt. Die Anstrengung, das Ich zusammenzuhalten, haftet dem Ich auf allen Stufen an, und stets war die Lockung, es zu verlieren, mit der blinden Entschlossenheit zu seiner Erhaltung gepaart ... Die Angst, das Selbst zu verlieren, und mit dem Selbst die Grenze zwischen sich und anderem Leben aufzuheben, die Scheu vor Tod und Destruktion, ist einem Glücksversprechen verschwistert, von dem in jedem Augenblick die Zivilisation bedroht war.« (47)

Der Prozeß der Entzauberung, Rationalisierung, Aufklärung, Zivilisation stand nicht unter dem Zeichen der Verwirklichung jenes Glücks, als das im Rückblick die Vorwelt erschien. Vielmehr verlief er so, als ob alles Glück verwerflich sei, weil es in den alten Naturzustand zurückführte. Natur überhaupt erschien als Bedrohung, nicht bloß die gefährlichen Seiten der Natur, die sich zudem oft nur zeigten, wenn man sie aufsuchte. So potenzierte das Denken nur die lustfeindlichen, nicht aber die lustgewährenden Seiten der Natur. Das Hervortreten aus der Vorwelt geriet zu einem auf Dauer gestellten Kampf gegen die Natur überhaupt. Horkheimer und Adorno sprachen deshalb vom Fortdauern bloßer Natur, womit sie diesen Begriff zum Sammelbegriff für die Welt vor dem Beginn wirklich rationalen Denkens, für die Welt im Zeichen naturbeherrschenden Denkens machten.

Großartig waren viele Stellen der Klage über die Welt im Zeichen naturbeherrschenden Denkens: Der Weg der Zivilisation »war der von Gehorsam und Arbeit, über dem Erfüllung immerwährend bloß als Schein, als entmachtete Schönheit leuchtet. Der Gedanke des Odysseus, gleich feind dem eigenen Tod und eigenen Glück, weiß darum. Er kennt nur zwei Möglichkeiten des Entrinnens. Die eine schreibt er den Gefährten vor. Er verstopft ihnen die Ohren mit Wachs, und sie müssen nach Leibeskräften rudern. Wer bestehen will, darf nicht auf die Lockung des Unwiederbringlichen hören, und er vermag es nur, indem er sie nicht zu hören vermag. Dafür hat die Gesellschaft stets gesorgt. Frisch und konzentriert müssen die Arbeitenden nach vorwärts blicken, und liegenlassen was zur Seite liegt. Den Trieb, der zur Ablenkung drängt, müssen sie verbissen in zusätzliche Anstrengung sublimieren. So werden sie praktisch. – Die andere Möglichkeit wählt Odysseus selber, der Grundherr, der die anderen für sich arbeiten läßt. Er hört, aber ohnmächtig an den Mast gebunden, und je größer die Lockung wird, um so stärker läßt er sich fesseln, so wie nachmals die Bürger auch sich selber das Glück um so hartnäckiger verweigerten, je näher es ihnen mit dem Anwachsen der eigenen Macht rückte. Das Gehörte bleibt für ihn folgenlos, nur mit dem Haupt vermag er zu winken, ihn loszubinden, aber es ist zu spät, die Gefährten, die selbst nicht hören, wissen nur von der Gefahr des Lieds, nicht von seiner Schönheit, und lassen ihn am Mast, um ihn und sich zu retten. Sie reproduzieren das Leben des Unterdrückers in eins mit dem eigenen, und jener vermag nicht mehr aus seiner gesellschaftlichen Rolle herauszutreten. Die Bande, mit denen er sich unwiderruflich an die Praxis gefesselt hat, halten zugleich die Sirenen aus der Praxis fern: ihre Lockung wird zum bloßen Gegenstand der Kontemplation neutralisiert, zur Kunst. Der Gefesselte wohnt einem Konzert bei, reglos lauschend wie später die Konzertbesucher, und sein begeisterter Ruf nach Befreiung verhallt schon als Applaus. So treten Kunstgenuß und Handarbeit im Abschied von der Vorwelt auseinander . . . Das Kulturgut steht zur kommandierten Arbeit in genauer Korrelation, und beide gründen im unentrinnbaren Zwang zur gesellschaftlichen Herrschaft über die Natur.« (47 f.)

Aber konnte man das ungeschmälerte Glück ohne den ungemilderten Schrecken haben? Adorno hatte die »Rettung des Sadismus« in Horkheimers *Egoismus und Freiheitsbewegung* gelobt. In der *DdA* gab es

Beispiele, die ein verstecktes Plädoyer für die Sublimierung von Trieben enthielten. Auch der an zahlreichen Stellen der *DdA* als Lösung wiederkehrende Gedanke des Eingedenkens der Natur im Menschen wies in diese Richtung. Auch hier gab es aber ein deutliches Schwanken. War in der Klage über den naturbeherrschenden Geist das Bild des ganzen ungeteilten Glücks nicht lebendiger als in der Zufriedenheit mit dem sublimierten Glück? War die Vorstellung eines zugleich entfesselten und sich erhaltenden Ichs mehr als die Forderung des Undenkbaren, die das Denkbare übersehen ließ?

Es blieb der plausible Gedanke des fortschreitenden Kampfes der Aufklärung gegen alles, was an die Vorwelt und die daran sich heftenden Vorstellungen von Glück und Undiszipliniertheit erinnerte. Es war dieser Gedanke, der den ersten Essay und die beiden Exkurse mit den beiden weiterer Abhandlungen und den Aufzeichnungen und Entwürfen verband. Wie bereits in den beiden Exkursen ging es auch in den weiteren Texten vor allem um die Naturbeherrschung am Menschen – dagegen nur sporadisch und sehr abstrakt um die Herrschaft über die äußere Natur und um den Zusammenhang zwischen dem Verhältnis zur äußeren und dem zur inneren Natur.

Die Abhandlung über Kulturindustrie lief auf die Pointe hinaus: »Mit der Flucht aus dem Alltag, welche die gesamte Kulturindustrie in allen ihren Zweigen zu besorgen verspricht, ist es bestellt wie mit der Entführung der Tochter im amerikanischen Witzblatt: der Vater selbst hält im Dunklen die Leiter. Kulturindustrie bietet als Paradies denselben Alltag wieder an. Escape wie elopement sind von vornherein dazu bestimmt, zum Ausgangspunkt zurückzuführen. Das Vergnügen befördert die Resignation, die sich in ihm vergessen will.« Die Kulturindustrie machte noch den Ausbruch aus der vom Prinzip realitätsgerechter Versagung bestimmten Welt zu einem Teil dieser Welt. Sie verstand es, traumlose Kunst als die Erfüllung der Träume, lächelnde oder joviale Entsagung als Entschädigung für Entsagungen anzudrehen. Kulturindustrie bedeutete – vor dem Hintergrund des ersten Essays und der beiden Exkurse – die Reduktion noch des zur Kontemplation neutralisierten Glücksversprechens der Kunst zum »Stahlbad des funs« (167).

In seinem *ZfS*-Aufsatz von 1936 hatte Adorno, inspiriert vom Konzept des sadomasochistischen Charakters, als Kern des Jazz-Phänomens die lächelnde Selbstverhöhnung des Subjekts hingestellt. Diese Interpretation wurde nun verallgemeinert zu einer Interpretation der »niedrige« wie »hohe« Kunst erfassenden Kulturindustrie überhaupt. Diese erwies sich im Zusammenhang der *DdA* als ein Symptom für den vorläufigen Höhepunkt jenes weltgeschichtlichen Prozesses, in dem das auf Naturbeherrschung fixierte Subjekt freundliche Miene zu dem ihm selbst angetanen Hohn machte.

Das Komplement zur Theorie der naturverfallenen Naturbeherrschung war die »anthropologische Theorie des Antisemitismus« (Adorno). Im Antisemitismus sahen Horkheimer und Adorno eine Verhaltensweise manifestiert, die ihre Analyse der mißlungenen Zivilisation bestätigte. »Die Gestalt des Geistes aber, des gesellschaftlichen wie des individuellen, die im Antisemitismus erscheint, die urgeschichtlich-geschichtliche Verstrickung, in die er als verzweifelter Versuch des Ausbruchs gebannt bleibt, ist ganz im Dunkel. Wenn einem der Zivilisation so tief innewohnenden Leiden sein Recht in der Erkenntnis nicht wird, vermag es auch der einzelne in der Erkenntnis nicht zu beschwichtigen, wäre er auch so gutwillig wie nur das Opfer selbst. Die bündig rationalen, ökonomischen und politischen Erklärungen und Gegenargumente – so Richtiges sie immer bezeichnen – vermögen es nicht, denn die mit Herrschaft verknüpfte Rationalität liegt selbst auf dem Grunde des Leidens ... Der Antisemitismus ist ein eingeschliffenes Schema, ja ein Ritual der Zivilisation, und die Pogrome sind die wahren Ritualmorde. In ihnen wird die Ohnmacht dessen demonstriert, was ihnen Einhalt gebieten könnte, der Besinnung, des Bedeutens, schließlich der Wahrheit. Im läppischen Zeitvertreib des Totschlags wird das sture Leben bestätigt, in das man sich schickt.

Erst die Blindheit des Antisemitismus, seine Intentionslosigkeit, verleiht der Erklärung, er sei ein Ventil, ihr Maß an Wahrheit. Die Wut entlädt sich auf den, der auffällt ohne Schutz. Und wie die Opfer untereinander auswechselbar sind, je nach der Konstellation: Vagabunden, Juden, Protestanten, Katholiken, kann jedes von ihnen an Stelle der Mörder treten, in derselben Lust des Totschlags, sobald es als die Norm sich mächtig fühlt.« (202) Antisemitismus stand für den Haß der »Zivilisierten« auf alle die Mitmenschen, die an das Mißlingen der Zivilisation erinnerten. In der ursprünglich letzten, der VI. der Thesen über den Antisemitismus war gar die Rede davon, die Entschlingung von Rationalität und Macht, die Befreiung des Gedankens von der Herrschaft »wäre der Schritt aus der antisemitischen Gesellschaft«, mit dem sich, in anderem Sinne, als die Nationalsozialisten es meinten, »die Judenfrage ... als Wendepunkt der Geschichte« erwiese (235).

Sades und Nietzsches, Freuds und Fromms Gedanken über Sadismus und Masochismus, über psychische Mechanismen wie Identifikation mit der Macht und Reaktionsbildung wurden von Adorno und Horkheimer in großartiger Weise genutzt, um Verhaltensweisen, die sie als »antisemitisch« betrachteten, in einer solchen Weise zu analysieren, daß, wenn sich diese Analysen bestätigten, auch die Theorie der naturverfallenen Naturbeherrschung als Kern der mißlungenen Aufklärung zumindest gestärkt wäre.

Wie sie im Prozeß der Aufklärung die fortschreitende Zerstörung dessen sahen, was als Glück oder Angst an die Vorwelt und das Nicht-Zivilisierte erinnerte, so sahen sie den Antisemitismus dort am Werk, wo Wut und Grausamkeit sich gegen Schwäche und Angst oder Glück und Sehnsucht richteten. »Die Frau aber ist durch Schwäche gebrandmarkt, auf Grund der Schwäche ist sie in der Minorität, auch wo sie an Zahl dem Mann überlegen ist. Wie bei den unterjochten Ureinwohnern in den frühen Staatswesen, wie bei den Eingeborenen der Kolonien, die an Organisation und Waffen hinter den Eroberern zurückstehen, wie bei den Juden unter den Ariern, bildet ihre Wehrlosigkeit den Rechtstitel ihrer Unterdrückung ... Die Zeichen der Ohnmacht, die hastigen unkoordinierten Bewegungen, Angst der Kreatur, Gewimmel, fordern die Mordgier heraus. Die Erklärung des Hasses gegen das Weib als die schwächere an geistiger und körperlicher Macht, die an ihrer Stirn das Siegel der Herrschaft trägt, ist zugleich die des Judenhasses. Weibern und Juden sieht man es an, daß sie seit Tausenden von Jahren nicht geherrscht haben. Sie leben, obgleich man sie beseitigen könnte, und ihre Angst und Schwäche, ihre größere Affinität zur Natur durch perennierenden Druck, ist ihr Lebenselement. Das reizt den Starken, der die Stärke mit der angespannten Distanzierung zur Natur bezahlt und ewig sich die Angst verbieten muß, zu blinder Wut. Er identifiziert sich mit Natur, indem er den Schrei, den er selbst nicht ausstoßen darf, in seinen Opfern tausendfach erzeugt.« (133, 135)

Mit der gleichen kritischen Verwendung von Nietzsches »Was fällt, soll man stoßen« hieß es an anderer Stelle: »In der bürgerlichen Produktionsweise wird das untilgbar mimetische Erbe aller Praxis dem Vergessen überantwortet ... Die von Zivilisation Geblendeten erfahren ihre eigenen tabuierten mimetischen Züge erst an manchen Gesten und Verhaltensweisen, die ihnen bei anderen begegnen und als isolierte Reste, als beschämende Rudimente in der rationalisierten Umwelt auffallen. Was als Fremdes abstößt, ist nur allzu vertraut. Es ist die ansteckende Gestik der von Zivilisation unterdrückten Unmittelbarkeit: Berühren, Anschmiegen, Beschwichtigen, Zureden. Anstößig heute ist das Unzeitgemäße jener Regungen. Sie scheinen die längst verdinglichten menschlichen Beziehungen wieder in persönliche Machtverhältnisse zurückzuübersetzen, indem sie den Käufer durch Schmeicheln, den Schuldner durch Drohen, den Gläubiger durch Flehen zu erweichen suchen ... Die undisziplinierte Mimik aber ist das Brandzeichen der alten Herrschaft, in die lebende Substanz der Beherrschten eingeprägt und kraft eines unbewußten Nachahmungsprozesses durch jede frühe Kindheit hindurch auf Generationen vererbt, vom Trödeljuden auf den Bankier. Solche Mimik fordert die Wut heraus, weil sie angesichts der neuen Produktionsverhältnisse die alte Angst zur Schau trägt, die man, um in ihnen zu überleben, selbst vergessen mußte.« (214 f.)

Untrennbar verbunden mit dem Haß auf das, was an die Qual der Herrschaft erinnerte, war der Haß auf das, was an das unter der Herrschaft Versäumte erinnerte:

»Der Liberalismus hatte den Juden Besitz gewährt, aber ohne Befehlsgewalt. Es war der Sinn der Menschenrechte, Glück auch dort zu versprechen, wo keine Macht ist. Weil die betrogenen Massen ahnen, daß dies Versprechen, als allgemeines, Lüge bleibt, solange es Klassen gibt, erregt es ihre Wut; sie fühlen sich verhöhnt. Noch als Möglichkeit, als Idee müssen sie den Gedanken an jenes Glück immer aufs Neue verdrängen, sie verleugnen ihn um so wilder, je mehr er an der Zeit ist. Wo immer er inmitten der prinzipiellen Versagung als verwirklicht erscheint, müssen sie die Unterdrückung wiederholen, die der eigenen Sehnsucht galt. Was zum Anlaß solcher Wiederholung wird, wie unglücklich selbst es auch sein mag, Ahasver und Mignon, Fremdes, das ans verheißene Geschlecht erinnert, das als widerwärtig verfemte Tier, das an Promiskuität gemahnt, zieht die Zerstörungslust der Zivilisierten auf sich, die den schmerzlichen Prozeß der Zivilisation nie ganz vollziehen konnten. Denen, die Natur krampfhaft beherrschen, spiegelt die gequälte aufreizend den Schein von ohnmächtigem Glück wider. Der Gedanke an Glück ohne Macht ist unerträglich, weil es überhaupt erst Glück wäre. Das Hirngespinst von der Verschwörung lüsterner jüdischer Bankiers, die den Bolschewismus finanzierten, steht als Zeichen eingeborener Ohnmacht, das gute Leben als Zeichen von Glück. Dazu gesellt sich das Bild des Intellektuellen; er scheint zu denken, was die anderen sich nicht gönnen, und vergießt nicht den Schweiß von Mühsal und Körperkraft. Der Bankier wie der Intellektuelle, Geld und Geist, die Exponenten der Zirkulation, sind das verleugnete Wunschbild der durch Herrschaft Verstümmelten, dessen die Herrschaft sich zu ihrer eigenen Verewigung bedient.« (203 f.)

Versuche – auch ihre eigenen an verschiedenen Stellen der *Elemente des Antisemitismus* – zu erklären, wieso gerade die Juden nicht einfach eine Minorität unter anderen darstellten, fanden Horkheimer und Adorno offenbar nicht überzeugend. Die Besonderheit der Juden unter den Minoritäten sahen sie einzig darin, daß der Faschismus sie zur Gegenrasse erklärt hatte. »Die Juden sind heute die Gruppe, die praktisch wie theoretisch den Vernichtungswillen auf sich zieht, den die falsche gesellschaftliche Ordnung aus sich heraus produziert. Sie werden vom absolut Bösen als das absolut Böse gebrandmarkt. So sind sie in der Tat das auserwählte Volk.« (199)

Wirklich war es ja vorwiegend die Feindseligkeit der nicht-jüdischen Umwelt gewesen, die das Judentum lebendig gehalten hatte, und Isaac Deutscher meinte in den 60er Jahren, es sei makaber, aber wahr: den größten Beitrag zur Wiederbelebung der jüdischen Identität habe Hitler geleistet.

Es gab allerdings etwas, was die Juden gerade im Hinblick auf den Prozeß der Zivilisation vor anderen Minoritäten auszeichnete. Anders als die Frauen, Neger, Eingeborenen, Zigeuner usw. entragten sie der Zivilisation nicht nur nach unten, zur unbeherrschten Natur hin, sondern auch nach oben, zum sich über die Natur erhebenden Geist hin. Zwar hatte der Gott des Judentums beim Übergang von der henotheistischen in die universale Gestalt die Züge des Naturdämons noch nicht völlig abgeworfen. »Der Schrecken, der aus präanimistischer Vorzeit stammt, geht aus der Natur in den Begriff des absoluten Selbst über, das als ihr Schöpfer und Beherrscher die Natur vollends unterwirft. In all seiner unbeschreiblichen Macht und Herrlichkeit, die ihm solche Entfremdung verleiht, ist er doch dem Gedanken erreichbar, der eben durch die Beziehung auf ein Höchstes, Transzendentes universal wird. Gott als Geist tritt der Natur als das andere Prinzip entgegen, das nicht bloß für ihren blinden Kreislauf einsteht wie alle mythischen Götter, sondern aus ihm befreien kann. Aber in seiner Abstraktheit und Ferne hat sich zugleich der Schrecken des Inkommensurablen verstärkt, und das eherne Wort Ich bin, das nichts neben sich duldet, überbietet an unausweichlicher Gewalt den blinderen, aber darum auch vieldeutigeren Spruch des anonymen Schicksals.« (208 f.) Jedoch im Unterschied zum Christentum, das mit der Lehre von Christus als fleischgewordenem Geist Endliches verabsolutierte und in der Praxis dem Kaiser wie dem Gott je das Seine gab, blieb der jüdische Gott das ganz Andere gegenüber dem Endlichen. »Das Ärgernis für die christlichen Judenfeinde ist die Wahrheit, die dem Unheil standhält, ohne es zu rationalisieren und die Idee der unverdienten Seligkeit gegen Weltlauf und Heilsordnung festhält, die sie angeblich bewirken sollen.« (211) Hätten Horkheimer und Adorno sich auf den Bereich des Alltags eingelassen, hätten sie noch die Rolle der Rabbiner, der Hochschätzung der scharfsinnigen Beschäftigung mit den heiligen Texten und mit religiösen, sittlichen und moralischen Problemen, die mit dem Talent zur kapitalistischen Betätigung konkurrierende Vernachlässigung des Geschäftlichen und der Lebensnotwendigkeiten zugunsten des Geistig-Religiösen erwähnen können. Insgesamt erschienen so die Juden bei Horkheimer und Adorno als Subjekte, in denen unangepaßte Natur und unangepaßter Geist zusammentrafen. Dadurch standen sie wie keine Minorität sonst für das Gegenbild der mißlungenen Zivilisation: ein Verhältnis von Geist und

Natur, bei dem der Geist wirklich das Andere der Natur, die Natur wirklich das Andere des Geistes war.

Horkheimers und Adornos Selbstverständnis als hedonistische, auf Rettung, auf Aufhebung der Triebe bedachte Denker konnte einmünden in die vorsichtige Identifikation mit einem als historische Gestalt bestimmter Negation gedeuteten Judentum. Die Arbeit am Dialektik-Projekt hatte in der Tat Einigkeit in der Formulierung theologischer Motive gebracht. Was Horkheimer am Ende seines Aufsatzes über *Die Juden und Europa* den Juden geraten hatte – sich zu besinnen auf ihren abstrakten Monotheismus, die Ablehnung des Bilderglaubens, die Weigerung, ein Endliches zum Unendlichen zu machen –; was er in *Egoismus und Freiheitsbewegung* und in *Vernunft und Selbsterhaltung* diagnostiziert hatte – die Verpönung von Trieben und Denken gleichermaßen durch die Herrschenden und die Gesellschaft –; was Adorno über die mythische Immanenz des Kapitalismus und »reaktionärer« Kunst und Philosophie; was er über die Kombination von Konstruktion und Ausdruck, von Bewußtheit und Sinnlichkeit spekuliert hatte – all das war nun, fragmentarisch und umrißhaft, zu einer implizit theologisch fundierten Geschichtsphilosophie und Zeitdiagnose zusammengefügt.

Die ärgste Entstellung zum Spiegel des Entstellten machend, brachten die beiden Autoren die ausführlichste Formulierung ihrer Gegenposition in den *Elementen des Antisemitismus* unter. Dort hieß es in der VI. These – die zentralen Thesen waren die V. über Antisemitismus als Idiosynkrasie und die VI. über Antisemitismus als falsche Projektion –: »Zwischen dem wahrhaften Gegenstand und dem unbezweifelbaren Sinnesdatum, zwischen innen und außen, klafft ein Abgrund, den das Subjekt, auf eigene Gefahr, überbrücken muß. Um das Ding zu spiegeln, wie es ist, muß das Subjekt ihm mehr zurückgeben, als es von ihm erhält. Das Subjekt schafft die Welt außer ihm noch einmal aus den Spuren, die sie in seinen Sinnen zurückläßt: die Einheit des Dinges in seinen mannigfaltigen Eigenschaften und Zuständen; und es konstituiert damit rückwirkend das Ich, indem es nicht bloß den äußeren sondern auch den von diesen allmählich sich sondernden inneren Eindrücken synthetische Einheit zu verleihen lernt. Das identische Ich ist das späteste konstante Projektionsprodukt. In einem Prozeß, der geschichtlich erst mit den entfalteten Kräften der menschlichen physiologischen Konstitution sich vollziehen konnte, hat es als einheitliche und zugleich exzentrische Funktion sich entfaltet. Auch als selbständig objektiviertes freilich ist es nur, was ihm die Objektwelt ist. In nichts anderem als in der Zartheit und dem Reichtum der äußeren Wahrnehmungswelt besteht die innere Tiefe des Subjekts. Wenn die Verschränkung unterbrochen wird, erstarrt das Ich. Geht es, positivistisch, im Registrieren von Gegebenem auf, ohne selbst zu geben, so schrumpft es zum Punkt, und wenn es, idealistisch, die Welt aus dem grundlosen Ursprung seiner selbst entwirft, erschöpft es sich in sturer Wiederholung. Beidemale gibt es den Geist auf. Nur in der Vermittlung, in der das nichtige Sinnesdatum den Gedanken zur ganzen Produktivität bringt, deren er fähig ist, und andererseits der Gedanke vorbehaltlos dem übermächtigen Eindruck sich hingibt, wird die kranke Einsamkeit überwunden, in der die ganze Natur befangen ist. Nicht in der vom Gedanken unangekränkelten Gewißheit, nicht in der vorbegrifflichen Einheit von Wahrnehmung und Gegenstand, sondern in ihrem reflektierten Gegensatz zeigt die Möglichkeit von Versöhnung sich an. Die Unterscheidung geschieht im Subjekt, das die Außenwelt im eigenen Bewußtsein hat und doch als anderes erkennt. Daher vollzieht sich jenes Reflektieren, das Leben der Vernunft, als bewußte Projektion.« (222 f.)

Das war zugleich die ausführlichste Antwort Horkheimers und Adornos auf die Frage, wie denn das immer wieder als einziger Ausweg aus dem Verhängnis genannte Eingedenken der Natur im Menschen vorzustellen sei: Die Natur war so beseelt und lebendig, wie der Blick und das Verhalten der Menschen sie machten. Zu was Blick und Verhalten der Menschen sie machten, das war sie aber real, nicht bloß in der kollektiven Halluzination. An der Natur erfuhren die Menschen, was sie für die Natur waren. Die aus der Distanz durch Bewußtsein hergestellte Nähe zur Natur erst konnte das im Rückblick als verlorenes Glück Imaginierte, nämlich »eigentlich mimetisches Verhalten«, die »organische Anschmiegung ans andere« (213), als Aufgehobenes realisieren. »Ihr begegnet mir, wenn ihr mir begegnet« – diese von Martin Buber pointiert formulierte religionsphilosophische Einsicht war bei Horkheimer und Adorno ins Materialistisch-Anthropologische gewendet.

So sah das über Andeutungen nicht hinausgehende Gegenbild Horkheimers und Adornos zu einer Geschichte aus, die ihrer Konzeption gemäß eine Folge von Kämpfen mehr oder weniger effektiv organisierter Rackets um die Resultate einer rücksichtslosen Ausbeutung der Natur war.

Als der mimeographierte Band 1944 erschien, war noch immer Krieg. Aber der Sieg der Alliierten war so gut wie sicher. Die Gültigkeit dessen, was Horkheimer und Adorno bis dahin von ihrem work in progress realisiert hatten, war indes in ihren Augen nicht im geringsten von der Existenz des Nationalsozialismus abhängig. Die darin liegende Einschätzung der Situation berührte sich eng mit der George Orwells, der erst nach dem Ende des Zweiten Weltkrieges – in den Jahren 1946 bis 1948 – seine Gegenutopie *1984* schrieb, die er in

Ozeanien mit London als Hauptstadt handeln ließ, und der das wirklich Erschreckende am Totalitarismus nicht in dessen Greueltaten, sondern im Angriff auf das Konzept der objektiven Wahrheit sah.

Horkheimer hatte selber die Arbeit am Dialektik-Buch unter einen sehr hohen Anspruch gestellt. »Unsere Aufgabe im Leben ist theoretische Arbeit«, hatte er im November 1941 an Löwenthal geschrieben. »Jetzt ist die Zeit, in der die Erfahrungen und Gespräche des letzten Jahrzehnts Früchte tragen sollen ... Aus dem, was da zustande kommt, soll rückwirkend der Sinn unserer früheren Arbeit, ja unserer Existenz erst deutlich werden. Angesichts des Grauens, das draußen besteht und drinnen [in den USA, R. W.] heraufzieht, und angesichts des Umstandes, daß wir in weitem Umkreis niemand sehen, ist die Verantwortung ungeheuer groß.« (Horkheimer-Löwenthal, 29. 11. 41) Als Pollock ihm Anfang Juni 1943 von neuerlichen Verdächtigungen gegen das Institut berichtete, legte Horkheimer in einem langen Brief an den Freund vor sich selbst ausführlich Rechenschaft darüber ab, ob er alles in seiner Macht Stehende getan habe, das Institut vor solchen Vorwürfen zu bewahren. »When we became aware«, schrieb er u. a., »that a few of our American friends expected of an Institute of Social Sciences that it engage in studies on pertinent social problems, fieldwork and other empirical investigations, we tried to satisfy these demands as well as we could, but our heart was set on individual studies in the sense of Geisteswissenschaften and the philosophical analysis of culture ... There may be many who don't share our philosophical standpoint and who contend that today is not the time for studies which seemed to be so utterly aloof. (My personal opinion is that it is just this kind of intellectual work which, exception made of everything necessary to win the war, this time needs more than anything else. The pragmatism and empiricism and the lack of genuine philosophy are some of the foremost reasons which are responsible for the crisis which civilization would have faced even if the war had not come).« (Horkheimer-Pollock, 9. 6. 43) An diesem Sinn des eigenen Tuns hielt Horkheimer – manchmal verzweifelt darüber, wie wenig imponierend die Resultate der angestrengten Arbeit den meisten erscheinen mußten – doch letztlich fest. »The more the general political situation develops into what we have always expected«, schrieb er im September 1943 an Marcuse, »the more I feel that what matters is our own philosophical work.« (Horkheimer-Marcuse, 11. 9. 43)

Als Marcuse und Kirchheimer im Dezember 1944 die *Philosophischen Fragmente* zugeschickt bekamen, reagierten beide unabhängig voneinander ratlos. Sie konnten nur danken. Auch später wußten sie nicht mehr zu dem Band zu sagen. Das erwies sich als symptomatisch für die Wirkungsgeschichte dieser Texte auf lange Zeit.

Hatte Adorno mit seinem Manuskript *Zur Philosophie der neuen Musik* ein im Bereich der Musik entwickeltes Modell der Dialektik der Aufklärung geliefert (das nach Hinzufügung eines zweiten Teils über *Strawinsky und die Restauration* 1948 vollendete Buch *Philosophie der neuen Musik* stufte er im Vorwort als einen »ausgeführten Exkurs zur ›Dialektik der Aufklärung‹« ein), so gab Horkheimer mit den fünf öffentlichen Vorlesungen über *Society and Reason*, die er auf die Einladung des Department of Philosophy hin im Februar/März 1944 an der Columbia University hielt, einen Horkheimersch gefärbten Abriß der *Dialektik der Aufklärung*. »In January«, hatte er im November 1943 an Pollock geschrieben, »I may prepare the lecture together with Teddie. I intend to make it a more or less popular version of the philosophy of enlightenment as far as it has taken shape in the chapters of the book we have so far completed.« (Horkheimer-Pollock, 19. 11. 43) Für die 1947 erschienene Buchfassung der Vorlesungen, an der sowohl Löwenthal und Gurland als auch vor allem Adorno mitgewirkt hatten, zeichnete zwar nur Horkheimer als Autor. Aber in der Vorrede hieß es: »These lectures were designed to present in epitome some aspects of a comprehensive philosophical theory developed by the writer during the last few years in association with Theodore W. Adorno. It would be difficult to say which of the ideas originated in his mind and which in my own; our philosophy is one. My friend Leo Lowenthal's indefatigable co-operation and his advice as a sociologist have been an invaluable contribution.«

Der Buchtitel *Eclipse of Reason* (erst 1967 erschien der Text mit kleinen Veränderungen unter dem Titel *Zur Kritik der instrumentellen Vernunft* auf deutsch) knüpfte deutlich an Horkheimers letzten Beitrag in den *SPSS* an: *The End of Reason*, aber auch an den Titel seiner frühen Aphorismen-Sammlung *Dämmerung*.

Horkheimersch war an diesem Abriß der Dialektik der Aufklärung die leichtverständliche Darlegung der Gedanken. Horkheimersch war ebenso die Neuauflage der alten Zweifronten-Abgrenzung gegenüber Positivismus und Metaphysik, die nun auch namentlich gegenüber dem US-amerikanischen Pragmatismus und dem Neuthomismus vollzogen wurde – wie immer unter größerer Hochschätzung des metaphysischen Gegners als des positivistischen. Horkheimersch war schließlich, daß das Adornosche Motiv der Sprengung von innen durch Zuspitzung kaum eine Rolle spielte, das Gute am Vergangenen dagegen so stark und mit undialektischer Direktheit herausgestellt wurde, daß als überwältigende Konsequenz des Ganzen einzig die

Forderung nach eben der Wiederbelebung des guten Alten übrigzubleiben schien, die Horkheimer gegenüber dem Neuthomismus nicht nur für aussichtslos, sondern auch für schädlich erklärt hatte, da solche Wiederbelebungsversuche den Verfall etwa noch bestehender Reste des guten Alten nur beschleunigten.

Die *Dialektik der Aufklärung* hatte uneingestanden mit zwei Begriffen von Aufklärung gearbeitet. Diese traten nun bei Horkheimer in Erscheinung als subjektive und objektive Vernunft. »Historisch hat es beide Aspekte der Vernunft, den subjektiven und den objektiven, seit Anbeginn gegeben, und das Vorherrschen jenes über diesen kam im Verlauf eines langen Prozesses zustande.« (*Zur Kritik der instrumentellen Vernunft*, 18) Entsprechend der Auffassung z. B. der Pragmatisten oder Nietzsches oder Max Webers sowie der »Durchschnittsmenschen« war Vernunft nicht dazu da, über Ziele zu befinden, sondern Instrument im Dienst anderweitig festgelegter Zwecke zu sein. Als subjektiv und zugleich instrumentell bezeichnete Horkheimer die in der modernen Gesellschaft dominierende Vernunft, weil sie dazu diente, die richtigen Mittel für Zwecke zu finden, bei denen es letztlich immer um die Selbsterhaltung des Subjekts ging. Die objektive und zugleich autonome Vernunft sah Horkheimer dadurch gekennzeichnet, daß sie umfassendere Zwecke als die Selbsterhaltung kannte und sich als kompetent zur Beurteilung der Vernünftigkeit solcher umfassenden Zwecke betrachtete. »Große philosophische Systeme, wie die von Platon und Aristoteles, die Scholastik und der deutsche Idealismus, waren auf einer objektiven Theorie der Vernunft begründet. Sie zielte darauf ab, ein umfassendes System oder eine Hierarchie alles Seienden einschließlich des Menschen und seiner Zwecke zu entfalten. Der Grad der Vernünftigkeit des Lebens eines Menschen konnte nach seiner Harmonie mit dieser Totalität bestimmt werden. Deren objektive Struktur, und nicht bloß der Mensch und seine Zwecke, sollte der Maßstab für individuelle Gedanken und Handlungen sein. Dieser Begriff von Vernunft schloß subjektive Vernunft niemals aus, sondern betrachtete sie als partiellen, beschränkten Ausdruck einer umfassenden Vernünftigkeit, von der Kriterien für alle Dinge und Lebewesen abgeleitet wurden. Der Nachdruck lag mehr auf den Zwecken als auf den Mitteln. Das höchste Bestreben dieser Art von Denken war es, die objektive Ordnung des ›Vernünftigen‹, wie die Philosophie sie begriff, mit dem menschlichen Dasein einschließlich des Selbstinteresses und der Selbsterhaltung zu versöhnen.« (16)

Eine solche Wertschätzung großer, der Existenz eines objektiven Sinns der Welt und des menschlichen Lebens gewisser philosophischer Systeme hatte es in der *DdA* nicht gegeben. Als positiv waren dort nur einige über der in Immanenz befangenen Geschichte irrlichternde

Manifestationen wahrer Aufklärung erschienen: die jüdische Religion, die Ideale des liberalen Bürgertums, die Treue kritischer Theoretiker zur bestimmten Negation. Wahrheit war in der *DdA* ein unter der Hand eingeführtes Kriterium für die Einschätzung geistiger Objektivationen gewesen, auf das an keiner Stelle näher eingegangen wurde. In der *Kritik der instrumentellen Vernunft* wurde sie nun auf das zurückgeführt, was der *DdA* noch Inbegriff der Naturbefangenheit gewesen war: auf den Mythos. Philosophie, Religion, Mythos – das waren lauter Medien, durch die sich die Ideen, die für die Versöhnung zwischen Mensch und Mensch und zwischen Mensch und Natur einstanden, bis zu ihren vorgeschichtlichen Wurzeln zurückverfolgen ließen. Es waren die unter der Oberfläche der modernen Zivilisation schwelenden alten Tabus und Mythen, die »in vielen Fällen noch die Wärme [lieferten], die einem jeden Entzücken innewohnt, jeder Liebe zu einem Ding, die mehr um seiner selbst als um eines anderen Dinges willen besteht. Das Vergnügen, einen Garten zu pflegen, geht auf alte Zeiten zurück, in denen die Gärten den Göttern gehörten und für sie bebaut wurden. Der Sinn für Schönheit in der Natur wie in der Kunst ist durch tausend zarte Fäden mit diesen abergläubischen Vorstellungen verknüpft. Wenn der moderne Mensch die Fäden zu ihnen durchschneidet, indem er sie entweder verspottet oder mit ihnen prunkt, so mag das Vergnügen noch eine Weile anhalten, aber sein inneres Leben ist ausgelöscht.

Wir können unsere Freude an einer Blume oder an der Atmosphäre eines Zimmers nicht einem autonomen ästhetischen Instinkt zuschreiben. Die ästhetische Empfänglichkeit des Menschen ist in ihrer Vorgeschichte mit verschiedenen Formen der Idolatrie verbunden; sein Glaube an die Güte oder Heiligkeit eines Dinges geht seiner Freude über seine Schönheit voraus. Das gilt nicht weniger von solchen Begriffen wie Freiheit und Humanität ... Solche Ideen müssen das negative Element bewahren als die Negation der alten Stufe der Ungerechtigkeit oder Ungleichheit und zugleich die ursprüngliche, absolute Bedeutung konservieren, die in ihren grauenhaften Ursprüngen wurzelt. Sonst werden sie nicht nur gleichgültig, sondern unwahr.« (43 f.)

Aber was entschied darüber, welche Transformation welcher Elemente der Überlieferung als das wahrhaft Vernünftige anzusehen war? Mußte es nicht eine von Mythos, Aberglauben und Religion unabhängige Quelle der Vernunft geben? Mußte Horkheimer nicht eine solche vor Augen stehen, wenn er von den »unabhängigen Denkern« (66, 83) sprach, die nicht, wie die wohlmeinenden Metaphysiker, durch künstliche Wiederbelebungsversuche den Überlieferungen die letzte Spur von Sinn austrieben? Aber die schwarzen Schriftsteller des Bürgertums – Sade und Nietzsche vor allem – hatten in Horkheimers Augen die Wahrheit über die bürgerliche Kultur ausgesprochen. Nichts schien geblieben, woran Ideologiekritik hätte appellieren können. Was konnte »unabhängiges Denken« anderes anfangen mit der »letzten Spur von Sinn« als z. B. Neuthomisten und andere von Horkheimer als Pragmatiker der Religion denunzierte Pseudo-Retter? Was bedeutete es, von der »letzten Spur von Sinn« zu reden, »den solche Ideen [wie das Wahre, Gute, Schöne, R. W.] für unabhängige Denker haben könnten, die versuchen, sich den bestehenden Mächten zu widersetzen« (66)?

»Redeweisen wie ›die Würde des Menschen‹ implizieren entweder ein dialektisches Fortschreiten, bei dem die Idee des göttlichen Rechts aufbewahrt und transzendiert wird, oder werden zu abgegriffenen Parolen, deren Leere sich offenbart, sobald jemand ihrer spezifischen Bedeutung nachfragt. Ihr Leben hängt sozusagen von unbewußten Erinnerungen ab. Selbst wenn eine Gruppe von aufgeklärten Menschen sich anschickt, das größte vorstellbare Übel zu bekämpfen, würde die subjektive Vernunft es fast unmöglich machen, einfach auf die Natur des Übels und die Natur der Menschheit zu verweisen, die den Kampf gebieterisch fordern. Viele würden sofort fragen, was die wirklichen Motive sind. Es müßte versichert werden, daß die Gründe realistisch sind, das heißt den persönlichen Interessen entsprechen, obgleich diese für die Masse des Volkes schwerer zu erfassen sein mögen als der stumme Appell der Situation selbst.« (40) Das war das bei Horkheimer im Laufe der Jahre an einzelnen Stellen immer wieder auftauchende Motiv einer Art von ethischem Existenzialismus. Das Streben der Menschen nach Glück war für den Materialisten eine keiner Rechtfertigung bedürftige Tatsache (*Materialismus und Metaphysik*, ZfS 1933: 31). Die feinste Schattierung der Lust war der Philosophie heilig (Horkheimer-Tillich, 12. 8. 42; s. S. 355). Und nun: die Natur der Menschen und der stumme Appell der Situation enthielten gebieterische Forderungen, die hörbar sein würden, wenn die subjektive Vernunft schwiege. Horkheimers mehr angedeutete als ausgesprochene Ansicht war demnach: unabhängiges Denken rettete die »letzte Spur von Sinn« dadurch, daß es nicht etwas wiederzubeleben suchte, sondern etwas Destruktivem, Ablenkendem Einhalt gebot. Es wollte nicht abgegriffene Ideale auf geistiger Ebene erneuern, sondern suchte sich mit deren Pendant in der menschlichen Natur zu verbünden.

Das war für Horkheimer der konkrete Sinn der Beschwörung des »Eingedenkens der Natur im Menschen«: das Bündnis von Kontemplation und Trieben. Im letzten Augenblick tastete sich das Denken die Bahn der Überwältigung der objektiven Vernunft durch die subjektive – die Bahn der Subjektivierung, Formalisierung, Instrumenta-lisierung, Entsubstantialisierung der Vernunft – zurück und erhob sich als Organ der Natur vor dem Instrument des selbstherrlichen Geistes. »So verzerrt die großen Ideen der Zivilisation – Gerechtig-keit, Gleichheit, Freiheit – sein mögen, sie sind Proteste der Natur gegen ihre Zwangslage, die einzigen formulierten Zeugnisse, die wir besitzen. Ihnen gegenüber sollte die Philosophie eine doppelte Hal-tung einnehmen. Erstens: Sie sollte ihren Anspruch verneinen, als höchste und unendliche Wahrheit betrachtet zu werden. Immer, wenn ein metaphysisches System jene Zeugnisse als absolute oder ewige Prinzipien darstellt, enthüllt es ihre historische Relativität. Die Philo-sophie weist die Verehrung des Endlichen zurück, nicht nur krude politische oder ökonomische Idole wie Nation, Führer, Erfolg oder Geld, sondern auch ethische oder ästhetische Werte wie Persönlichkeit, Glück, Schönheit, sogar Freiheit, soweit sie unabhängige, höchste Ge-gebenheiten zu sein beanspruchen. Zweitens: Es sollte zugestanden werden, daß die grundlegenden kulturellen Ideen einen Wahrheitsge-halt haben, und Philosophie sollte sie an dem gesellschaftlichen Hin-tergrund messen, dem sie entstammen. Sie bekämpft den Bruch zwi-schen den Ideen und der Wirklichkeit. Philosophie konfrontiert das Bestehende in seinem historischen Zusammenhang mit dem Anspruch seiner begrifflichen Prinzipien, um die Beziehung zwischen beiden zu kritisieren und so über sie hinauszugehen. Philosophie hat ihren positiven Charakter gerade am Wechselspiel dieser beiden negativen Verfahren.« (169 f.)

Hier zeigte sich handgreiflich die paradoxe Pointe der Horkheimer-schen Philosophie, die nie in ihrem Zentrum, nur an der Oberfläche Veränderungen erlebt hatte: Eine Ideologiekritik, die ihre Maßstäbe in den bürgerlichen Idealen vorfand und sie nur beim Wort zu nehmen brauchte, war angesichts der Selbstzerstörung der Vernunft und der Herrschaft des Mythos der Zweckrationalität nicht länger möglich. Und sie war doch möglich, wenn sich die zu Parolen entsubstantiali-sierten bürgerlichen Ideen von unten her mit dem Protest der Natur füllten. Eine von der modernen Philosophie sanktionierte »mächtige Maschinerie organisierter Forschung« (55) machte eine solche Erfül-lung unmöglich. Eine durch philosophische Spekulation geleitete »spontane« (61) Forschung dagegen konnte dem kulturellen Verfall entgegentreten, indem sie dem Protest der Natur eine Stimme verlieh (100 f.).

Die Achse der *Eclipse of Reason* bildete denn auch die mittlere Vorlesung: *Die Revolte der Natur.* »Zwar hat die Natur in diesem Prozeß [der Verdrängung der Meditation durch pragmatische Intelli-genz, R. W.] ihren Schrecken verloren, ihre qualitates occultae, aber völlig der Möglichkeit beraubt, durch das Bewußtsein der Menschen, selbst in der verzerrten Sprache dieser bevorrechteten Gruppen [spekulativer Denker, R. W.], zu sprechen, scheint die Natur Rache zu üben.« (103) Horkheimer sah die Zivilisation von Anfang an begleitet von Widerstand und Aufbegehren gegen die Unterdrückung der Natur in Gestalt gesellschaftlicher Rebellionen, individueller Verbrechen und Geistesstörungen. Zu den gesellschaftlichen Rebellionen rechnete Horkheimer nicht nur die – wie man in Anlehnung an seine Kennzeichnung gewisser bürgerlicher Schriftsteller sagen könnte – »hellen« Rebellionen, die Revolutionen, sondern auch die »dunklen«, die »schwarzen« Rebellionen (die Rebellionen im Sinne der Terminologie der *Studien über Autorität und Familie*). Er nannte die »klug inszenierten Rassentumulte unserer Tage« (95), die »nazistische Rebellion der Natur gegen die Zivilisation«, bei der den tabuierten Trieben im Dienst repressiver Kräfte freier Lauf gelassen wurde (119, 114). (Ähnlich hatten z. B. Freud, Benjamin und noch mehr Ernst Jünger und Georges Bataille den Ersten Weltkrieg interpretiert: als rasende Manifestation der Gegenströmungen zum Rentabilitätsprinzip kapitalistischer Rationalität.)

Alltagsnäher als in der *DdA*, im wesentlichen aber deren Gedanken wiederholend, sah Horkheimer die eigentliche Rache der Natur darin, daß mit der Unfähigkeit zum Verständnis der Natur an und für sich die Unfähigkeit zu Freude, Glück, Selbstgefühl, Genuß des Erreichten einherging. »Der Prozeß der Anpassung ist jetzt vorsätzlich und deshalb total geworden . . . Die Selbsterhaltung des Individuums setzt seine Anpassung an die Erfordernisse der Erhaltung des Systems voraus . . . Je mehr Apparate wir zur Naturbeherrschung erfinden, desto mehr müssen wir ihnen dienen, wenn wir überleben sollen . . . Das Individuum, gereinigt von allen Überbleibseln der Mythologien, einschließlich der Mythologie der objektiven Vernunft, reagiert automatisch, nach den allgemeinen Mustern der Anpassung . . . Es ist, als ob die zahllosen Gesetze, Verordnungen und Vorschriften, denen wir genügen müssen, den Wagen führen, nicht wir . . . An die Stelle unserer Spontaneität ist eine Geistesverfassung getreten, die uns zwingt, uns jeder Empfindung oder jedes Gedankens zu entschlagen, die unsere Flinkheit gegenüber den unpersönlichen Anforderungen beeinträchtigen könnten, die auf uns einstürmen . . . Der Unterschied [zu früheren Zeiten, in denen man sich auch anpassen mußte, R. W.] liegt in der Eilfertigkeit, mit der man sich fügt, im Grad, in dem diese Haltung das gesamte Sein der Menschen durchdrungen und die Natur der erlangten Freiheit verändert hat.« (96 ff.)

»Der Sieg der Zivilisation«, so Horkheimers Hoffnung, »ist zu vollständig, um wahr zu sein. Deshalb schließt Anpassung in unserer

Zeit ein Element des Ressentiments und unterdrückter Wut ein.« (100) Was Marx und Lukács und in früheren Zeiten noch Horkheimer selbst vom Proletariat erwartet hatten – daß sein Elend revolutionär geladen sei, daß es ein zum Sprung geduckter Löwe sei –, das erwartete Horkheimer jetzt von allen der Zivilisation Unterworfenen, vor allem aber von den Irren, den Verbrechern und den »schwarzen« Rebellen. Im »Vertrauen in den Menschen« die »Denunziation dessen, was gegenwärtig Vernunft heißt« (174), zu betreiben – das war die Konzeption, die Horkheimer den faschistischen »Lümmeln« entgegensetzte, »die der Zivilisation ins Gesicht zu schlagen und die Revolte der Natur zu begünstigen scheinen« (116).

Der problematische Charakter dieser Vorstellung einer Neubelebung bürgerlicher Ideen von unten her führte dazu, daß in späteren Texten vom Bündnis mit der schwarzen Rebellion kaum noch die Rede war. Was blieb, war die Klage über den Verlust der objektiven Vernunft und über die Geringschätzung von Spekulation und Kontemplation – bei gleichzeitiger Berufung auf die »objektive Wahrheit«. Diese Berufung auf ein metaphysisches Prinzip war fortan bei Horkheimer ungebrochener als bei Adorno die Berufung auf die theologischen Motive der Hoffnung und der Erlösung, und es bestand die Gefahr, daß damit der Verstörung über die losgelassene Aufklärung, dem Interesse an der Analyse der auf den Begriff der Instrumentalisierung der Vernunft gebrachten Erfahrung der Stachel genommen war. »Wenn Sie nur bald zur vollen Ausarbeitung all der Gedankengänge kämen, die Sie dort nur andeuten konnten«, schrieb Marcuse Horkheimer nach der Lektüre des *Eclipse of Reason*. »Besonders dessen, der mich am meisten beunruhigt: daß die in vollkommene Manipulierung und Herrschaft umschlagende Vernunft eben doch wieder Vernunft bleibt, daß also in der Vernünftigkeit eher als in der Widervernunft der eigentliche Schrecken des Systems liegt. Das ist natürlich *gesagt* – aber die Entwicklung für den eigentlichen Leser müssen Sie doch noch geben – es kann und tut sonst niemand.« (Marcuse-Horkheimer, 18. 7. 47)

Das Antisemitismus-Projekt

Daß 1937 der Schwede Gunnar Myrdal von der Carnegie Corporation aufgefordert worden war, eine Untersuchung über das »Neger-Problem« in den USA durchzuführen, für die ihm alle Freiheit und Mittel in praktisch unbegrenztem Umfang gewährt wurden, war eine eigenwillige und mutige Initiative, wie sie auch für die als unkonventionell geltenden USA ungewöhnlich war. Schließlich war – neben der weitgehenden Vernichtung der Indianer, die aber von der Welt so gut wie vergessen war, und neben der imperialistischen Lateinamerika-Politik der Vereinigten Staaten, die aber in den Augen der selber in imperialistischen Kategorien denkenden europäischen Mächte nichts Verwerfliches hatte – die Diskriminierung der Schwarzen der größte Schandfleck der sich als Bannerträger der Demokratie verstehenden USA. Die Idee und die großzügige Unterstützung des Projekts waren wesentlich dem damaligen Präsidenten des Kuratoriums der New Yorker Carnegie Corporation zu verdanken: Frederick B. Keppel. Er war auch in den 40er Jahren wieder der einzige unter den Mitgliedern des Board of Appeal – der höchsten Instanz für die Entscheidung über die Visa-Anträge von »enemy« aliens –, der gegen die nach dem deutschen Überfall auf die Sowjetunion verschärften Immigrationsbestimmungen opponierte und dadurch für viele Flüchtlinge, die sonst abgewiesen worden wären, eine Bewilligung erwirkte.

Daß ungefähr zu der Zeit, als Myrdal seine Arbeit abschloß, das American Jewish Commitee – das älteste und einflußreichste unter den vier großen jüdischen defense agencies, zu denen noch der American Jewish Congress, die Anti-Defamation League und das Jewish Labor Commitee gehörten – die Entscheidung traf, das Antisemitismus-Projekt des ISR mitzufinanzieren, war ein kaum weniger bemerkenswertes Ereignis als die Aktion der Carnegie Corporation. Sowohl zur Rassenfrage wie zum Antisemitismus-Problem gab es zahlreiche Studien – zum letzteren Thema z. B. den 1942 erschienenen Band *Jews in a Gentile World. The Problem of Antisemitism*, der Beiträge von Soziologen, Anthropologen, Psychologen usw. enthielt, darunter Talcott Parsons und Carl J. Friedrichs. Aber es handelte sich dabei nicht um groß angelegte Projekte, die auf eine US-amerikanischen Dimensionen entsprechende Weise der gesellschaftlichen Relevanz jener Probleme gerecht geworden wären.

Fünf Tage nach der sogenannten »Reichskristallnacht« am 9./10. 11. 1938, als in Deutschland die Synagogen in Brand gesteckt und zerstört und 30 000 Juden verhaftet und in Konzentrationslager verschleppt wurden, war Roosevelt bei einer Pressekonferenz im Weißen Haus gefragt worden: »Would you recommend a relaxation of our immigration restrictions so that the Jewish refugees could be received in this country?« »That is not in contemplation«, antwortete der Präsident. »We have the quota system.« (Morse, *While 6 Millions died*, 149). Das erlaubte jährlich 27 230 Einwanderungen aus Deutschland und Österreich – eine Zahl, die, so gering sie war, wegen administrativer

Restriktionen außer 1939 und 1940 bei weitem nicht erreicht wurde. Wenige Tage nach dem deutschen Überfall auf die Sowjetunion wurde das Verfahren noch verschärft. Fortan waren zwei US-amerikanische Bürgen nötig: einer für die finanzielle Unabhängigkeit des potentiellen Immigranten, ein weiterer für seine moralische Integrität.

Die europäischen Juden mußten den Eindruck haben, es gebe eine Koalition der schweigenden Mehrheiten und der führenden Politiker, die sich darin einig schienen, sie ihrem Schicksal zu überlassen und ihnen sogar noch die Flucht zu erschweren. Die Geheimhaltung der »Endlösung« gelang nicht. Aber die Nachrichten darüber wurden zumeist nicht geglaubt – im Ausland sowenig wie unter den betroffenen Juden selbst. Im Informationsministerium in England bestanden Bedenken gegen die Verbreitung solcher Nachrichten: dergleichen werde nach den Erfahrungen mit der Greuelpropaganda des Ersten Weltkrieges von der Bevölkerung als Greuelmärchen abgetan werden. Eine andere Befürchtung war: die Berichterstattung über die Vernichtung der Juden in den von Deutschen besetzten Ländern werde den Antisemitismus im eigenen Land wiederaufleben lassen.

Die Vorgänge in dem von den Nationalsozialisten beherrschten Teil der Welt und die Reaktionen darauf in den Ländern der Alliierten schärften bei manchen Beobachtern den Blick für die angelsächsische Variante dessen, was auf dem europäischen Kontinent so grauenhafte Folgen hatte. Solche Beobachter konstatierten einen mehr oder weniger verdeckten und mit dem Bekenntnis zur Demokratie einhergehenden Antisemitismus. Das nährte den Verdacht, der Antisemitismus sei viel weiter verbreitet als angenommen. »Widespread awareness of the prevalence of anti-Semitic feeling, and unwillingness to admit sharing it« – resümierte George Orwell seine Erfahrungen in einem Artikel über *Anti-Semitism in Britain*, der im April 1945 in dem vom American Jewish Comittee herausgegebenen *Contemporary Jewish Record* erschien. »This feeling that anti-Semitism is something sinful and disgraceful, something that a civilized person does not suffer from, is unfavorable to a scientific approach, and indeed many people will admit that they are frightened of probing too deeply into the subject. They are frightened, that is to say, of discovering not only that anti-Semitism is spreading, but that they themselves are infected by it.«

Von »unlabeled fascist attitudes« sprach 1941 der US-amerikanische Psychologe Allen L. Edwards in einem Aufsatz gleichen Titels im *Journal of Abnormal and Social Psychology*. Sein Artikel gehörte zu einer wachsenden Zahl von Arbeiten, die sich mit Phänomenen wie dem befaßten, daß Leute, die faschistische Prinzipien und Stereotypen vertraten, sich dagegen verwahrten, als Faschisten bezeichnet zu werden. Beobachtungen wie die, daß Studenten ihre Zustimmung zu

Aussagen rückgängig machten, sobald diese Aussagen als faschistisch etikettiert wurden, lenkten die Aufmerksamkeit der Forscher auf das Problem der verdeckten Messung von Einstellungen, zu deren wahrem Charakter die betreffenden Personen sich nicht bekennen mochten und vor dem sie oft wirklich zurückschreckten, ja, der ihnen unter Umständen selber nicht klar war.

Die Juden in den USA (nirgendwo lebten so viele wie dort, nämlich über 4 Millionen, das waren ca. 3,5% der US-amerikanischen Bevölkerung), denen später vorgeworfen wurde, sie hätten nicht genügend getan, waren bei ihren Bemühungen um Hilfe für die verfolgten europäischen Juden in der Tat in mancher Hinsicht zurückhaltend. Sie kannten den dominierenden Isolationismus in den USA, der erst dadurch überwunden wurde, daß die Japaner am 7. Dezember 1941 Pearl Harbor, den Hauptstützpunkt der US-Flotte im pazifischen Raum, überfielen und am 11. Dezember Deutschland und Italien den USA den Krieg erklärten. Und sie befürchteten, die entschiedene Forderung nach der Lockerung der Einwanderungsbestimmungen und erst recht ein massiver Strom jüdischer Einwanderer würden den sowieso schon deutlich spürbaren Antisemitismus noch steigern und die Kriegsbemühungen der Alliierten ungünstig beeinflussen.

Nach dem Kriegseintritt der USA betonten Jüdische Organisationen wie das American Jewish Committee (AJC) die Beteiligung der Juden am war effort. Im Chronik-Teil des *Contemporary Jewish Record* wurden seitenlange Listen mit den Namen und Rängen der auf höheren Posten am Krieg beteiligten Juden angeführt, später Listen der Gefallenen. Das gehörte zu den Abwehrmaßnahmen gegen das in seinem Verbreitungsgrad schwer einschätzbare, aber unübersehbare Vorurteil, Juden drückten sich vor dem Kriegsdienst und seien gleichzeitig die größten Nutznießer des Krieges.

»I have been extremely busy with the Anti-Semitism Project«, schrieb Neumann wenige Tage nach dem erzwungenen Kriegseintritt der USA aus New York an Horkheimer in Los Angeles. »The prospects are, of course, not very good at present. In the first place anti-Semitism has definitely receded into the background. In the second place many foundations will utilize their funds and abilities exclusively for war effort (Carnegie Corporation has already announced it). This view is, of course, shortsighted since there is not the slightest doubt that either during the war or certainly after it anti-Semitism will become much more powerful than ever before because it will be fused with a definitely Fascist movement. Still, there are a good number of people who see that the breathing spell which the initial war period gives to the Jews, should be utilized ... Anti-Semitism will grow and the Jews will soon wake up and see that the most passionate patriotic declarations will be of no avail. In consequence we must utilize the little money we might possibly get for pushing our anti-Semitism project and its work on it as rapidly as possible so as to be able to demonstrate in a few months our ability to tackle the whole problem.« (Neumann-Horkheimer, 20. 12. 41)

Es war vor allem Neumanns Hartnäckigkeit zu verdanken, daß im Sommer 1942 nach der Neubesetzung des Postens des Leiters der Forschungsabteilung des American Jewish Committee auf einmal große Aussichten auf finanzielle Unterstützung für das Antisemitismus-Projekt des Instituts bestanden. Horkheimer, äußerst skeptisch, schrieb aus Pacific Palisades, wo er zusammen mit Adorno tief in der Arbeit am theoretischen Hauptwerk steckte, an Löwenthal in New York: »I think that I shall make up my mind and go to New York. There is one favor which I most seriously want to ask you, and I beg you not to forget it even for one minute of my stay there, even if I should waver myself: don't let me stay one day longer than absolutely necessary ... Every day, nay, every hour which is left to me for our work must be devoted to it without any conformism. Our common life would be irresponsible if we should wast any of the hours in which I am able to work for other purpose than those of the continuation of our mere existence. I don't consider the negotiations with the American Jewish Committee as such a sufficient reason for the interruption of my work. After our experiences with Graeber [Isacque Graeber, Mitherausgeber von *Jews in a Gentile World*, war 1941 vom Institut als Geldbeschaffer angestellt worden, R. W.] and all the prognoses in this matter, I am pretty certain that we will eventually be let down this time as we were before. Previous to the arrival of Neumann's letter, however, I had already the feeling that I could not avoid a trip during this fall or the coming winter. Since we could not afford to close the Institute altogether, I had to show up and to give vital proof to our different friends that I don't let the things go, that I keep them well posted on my work, that the present lull in the activities of the Institute can be overcome at any moment when we deem it opportune. Since I shall not leave any doubt that my work will keep me in Los Angeles for the next two years (provided no force majeur intervenes) this should give us peace for the near future. Considering this situation, Neumann's letter determined not the trip but the date. If I have to go anyway, why not to go now, particularly so since I am a terribly bad worker when I have such a trip before me.« (Horkheimer-Löwenthal, 27. 8. 42)

Kurz darauf reiste er wirklich nach New York. In Gesprächen mit Vertretern des AJC erhielt er die Bestätigung für Neumanns Bericht, blieb aber skeptisch, da die entscheidende Sitzung des Komitees erst zwei Wochen später stattfinden sollte und bis dahin »the opposition will succeed in blocking the way to an understanding« (Horkheimer-Adorno, 17. 9. 42). Genauso skeptisch stimmten ihn seine Eindrücke von einer Reise zum State Departement in Washington, wo er und Neumann u. a. für ein Projekt über »The Elimination of German Chauvinism« eine Art Empfehlungsschreiben zu erlangen suchten, das dieser Untersuchung die Bedeutung eines halb-offiziell anerkannten Beitrags zum war effort verliehen und, so nahmen sie an, große Chancen für eine finanzielle Unterstützung durch die Rockefeller Foundation oder die Carnegie Corporation eröffnet hätte.

Bis zur wirklich endgültigen Entscheidung des AJC dauerte es noch Monate. Die Verhandlungen führte zunächst – Horkheimer war schon bald wieder nach Pacific Palisades zurückgekehrt – weiterhin vor allem Neumann. Er und David Rosenblum, der neue Leiter der Forschungsabteilung des AJC, sahen als US-amerikanischen codirector Robert Lynd vor, der, wie Thorstein Veblen vor ihm und C. Wright Mills oder David Riesman nach ihm, zu den für den öffentlichen Erfolg der Soziologie entscheidenden Vertretern des von Außenseitern der Profession getragenen sozialkritischen Nebenstroms der US-amerikanischen Soziologie gehörte. Zu Neumanns Bedenken, Lynd werde womöglich wegen seiner politischen Ansichten auf Ablehnung innerhalb des Komitees stoßen, meinte Rosenblum, »as long as a man was not a party Communist he was all right with him the more so since in his view the problem of anti-Semitism could only be attacked by a man with left views who is willing to go to the roots of the problem« (Neumann-Horkheimer, 17. 10. 42). Als Neumann außer sich selbst Adorno, Marcuse, Löwenthal und Pollock als Institutsmitarbeiter nannte, die bei dem Projekt mitwirken sollten, und Adornos Zusammenarbeit mit Lazarsfeld beim Princeton Radio Research Project erwähnte, äußerte Rosenblum zu Lazarsfelds Arbeit: »the whole huge apparatus did achieve no results whatsoever«. Das war ein Beispiel dafür, daß es durchaus Personen in wichtigen Stellungen gab, die das Institut gerade um dessentwillen schätzten, was Horkheimer und seine ergebensten Mitarbeiter eher zu verbergen als selbstbewußt zu vertreten suchten.

Auf einer neuerlichen Sitzung des AJC fand das Projekt wiederum Zustimmung. Aber statt der von den Institutsleitern erwarteten schriftlichen Bestätigung kam die Aufforderung, ein Budget und einen weiteren, detaillierten Entwurf vorzulegen. Bei der Neuformulierung, die in größter Eile im New Yorker Büro des Instituts durchgeführt wurde, packten Neumann und Marcuse noch einmal kräftig mit an, bevor sie, von Pollock und Horkheimer fürsorglich gedrängt, endgültig full time jobs in Washington übernahmen. Als director des

Projekts und als acting director des New Yorker Büros des Instituts wurde auf Horkheimers Wunsch Pollock genannt. »Since you are an economist«, schrieb Horkheimer dem Freund, »you can turn the Institute to a more empirical and practically promising attitude without endangering the expression of our theoretical thought.« (Horkheimer-Pollock, 9. 11. 42) Die beiden waren sich einig darüber, dem Muster der *Studien über Autorität und Familie* zu folgen und das theoretische Zentrum der Studie durch einen eindrucksvollen empirischen Teil zu ergänzen. Das von Neumann vereinbarte Teilprojekt über Antisemitismus unter Arbeitern allerdings wollte Horkheimer möglichst fallenlassen. Er sah darin einen eigenmächtigen Zusatz Neumanns zu dem in den *SPSS* abgedruckten Projektentwurf. »By the way«, meinte er gegenüber Pollock, »this idea of a survey on the whole labor movement, just to find some Anti-Semitic reactions, is, in my opinion, scientifically ridiculous.« (Horkheimer-Pollock, 9. 11. 42)

Im Januar 1943 lag noch immer keine endgültige Entscheidung auf der Grundlage des Budgets und des neuen Projektentwurfs vor, und es stand die Neuwahl des AJC-Präsidenten an. Als Ende des Monats Joseph M. Proskauer gewählt wurde, sah Pollock alle Hoffnung schwinden. Proskauer war ein glühender Republikaner und gehörte zu jenen Juden, die gegen Veröffentlichungen über die Vorgänge in Europa waren, von denen also zu erwarten war, daß sie auch über den Antisemitismus in den USA lieber schwiegen. Die Linie des AJC, das insgesamt gemäßigt war und die Assimilation vertrat, sah aber auch unter Proskauer so aus, daß man den Antisemitismus in den USA dadurch bekämpfen wollte, daß man ihn – wie es in einem Statement des AJC vom Oktober 1943 hieß – »as a miserable anti-democratic and anti-American manifestation« (*Contemporary Jewish Record*, Dez. 43, 657) entlarvte.

In der zweiten Februarhälfte rief Rosenblum an, das Committee habe sich nun wirklich endgültig für das Projekt entschieden. Am 2. März 1943 schickte Pollock ein Telegramm an Horkheimer: »Reached complete agreement project. Rosenblum seems enthusiastic. Believes project will develop into greater cooperation and much larger grant. Strongly advises New Yorker assistants start 15. 3. and full staff 1.4. . . .« (Pollock-Horkheimer, 2. 3. 43)

In Besprechungen zwischen Pollock/Löwenthal und Rosenblum wurde u. a. vereinbart:

an dem zunächst auf ein Jahr – April 1943 bis März 1944 – befristeten Projekt sollten beide Seiten sich mit jeweils 10 000 Dollar beteiligen;

die europäischen Erfahrungen sollten berücksichtigt werden;

die Forschung im engeren Sinn sollte sich auf zwei Hauptbereiche konzentrieren:

»the totalitarian type and its political functions« – dieser Teil sollte in New York durchgeführt werden mit Pollock als Leiter, Robert MacIver (der an die Stelle des wegen Arbeitsüberlastung verzichtenden Lynd trat) als co-director und Leo Löwenthal, Paul Massing, Arkadij Gurland und weiteren Personen als Assistenten;

»psychological research« – diese Untersuchungen sollten an der Westküste erfolgen unter Leitung Horkheimers, dem Adorno und weitere Helfer assistierten;

das Filmexperiment, das in dem in den *SPSS* veröffentlichten Projekt-Entwurf im Mittelpunkt des experimentellen Teils stand und dort als Beispiel für neuartige Methoden zur verdeckten Feststellung von Antisemitismus diente, blieb aus finanziellen Gründen vorläufig ausgeklammert (Pollock, *Memorandum* No. 18, 24. 2. 43, Bestandteil des Briefwechsels Horkheimer-Pollock).

Fortan waren an der Westküste die Arbeit am Dialektik-Projekt und die am Antisemitismus-Projekt miteinander verschränkt. Diese Verschränkung verlief so, daß schließlich nicht mehr zu sagen war, ob die *Philosophischen Fragmente* das theoretische Sprungbrett für das Antisemitismus-Projekt bildeten oder ob das Antisemitismus-Projekt einen riesigen, mehr oder weniger disparat dastehenden empirischen »Exkurs« zu den *Philosophischen Fragmenten* bildete. Die beiden Projekte waren die Höhepunkte der Zusammenarbeit von Horkheimer und Adorno. Aber das zweite war von Anfang an nur teilweise ihr Werk und es entglitt ihren Händen immer mehr. Ob aber ohne Gelder von außen das Projekt überhaupt durchgeführt worden, ja ob ohne Anstoß durch die Abmachung mit dem AJC auch nur die *Elemente des Antisemitismus* zustande gekommen wären, war zweifelhaft. Daß das Thema Horkheimer sowohl anzog als auch zurückschrecken ließ, war verständlich. Das Selbstbild einer in splendid isolation lebenden kleinen Gruppe von Theoretikern, von Fremden über den Kulturen, die ihre Verbindung zum Judentum lediglich in der Verwandtschaft gewisser Denkmotive sahen, würde bei einer eingehenden Beschäftigung mit Antisemitismus und Judentum schwerlich aufrechtzuerhalten sein. Es würde einem nüchterneren weichen müssen: dem Eingeständnis der Zugehörigkeit zur jüdischen Minorität, der ihre jüdische Identität ungeachtet interner Differenzen und ohne Rücksicht auf die unterschiedlichen Grade der Assimilation und der Assimilationsbereitschaft von außen aufgezwungen wurde. So war es vielleicht das schließliche Zustandekommen des Forschungs-Auftrags des AJC, was bewirkte, daß der Antisemitismus wirklich zum ausdrücklichen Forschungsgegenstand wurde. Als es dann einmal soweit war, wurden die theoretischen Überlegungen dazu ein Bestandteil sowohl der *Philosophischen Fragmente* wie des Antisemitismus-Projekts; galt den empirischen Teilen des Antisemitismus-Projekts sowohl die Verachtung der Philosophen wie der Ehrgeiz der Außenseiter.

»Since we have decided that here in Los Angeles the psychological part should be treated«, hieß es in einem Brief Horkheimers aus der Anfangszeit seiner Arbeit für das Antisemitismus-Projekt, »I have studied the literature, under this respect. I don't have to tell you that I don't believe in psychology as in a means to solve a problem of such seriousness. I did not change a bit my scepticism towards that discipline. Also, the term psychology as I use it in the project stands for anthropology and anthropology for the theory of man as he has developed under the conditions of antagonistic society. It is my intention to study the presence of the scheme of domination in the so-called psychological life, the instincts as well as the thoughts of men. The tendencies in people which make them susceptible to propaganda for terror, are themselves the result of terror, physical and spiritual, actual and potential oppression. If we could succeed in describing the patterns, according to which domination operates even in the remotest domains of the mind, we would have done a worth while job. But to achieve this one must study a great deal of the silly psychological literature and if you could see my notes, even those which I have sent to Pollock on the progress of our studies here you would probably think I have gone crazy myself. But I can assure you that I am not losing my mind over all these psychological and anthropological hypotheses which must be examined if one wants to arrive at a theory on the level of presentday knowledge.« (Horkheimer-Marcuse, 17. 7. 43)

Da Horkheimer und Adorno skeptisch waren, was die Wertschätzung des AJC für ausgesprochene Theorie betraf, spielte sich die theoretische Arbeit für das Antisemitismus-Projekt teils in einer Grauzone zwischen Dialektik- und Antisemitismus-Projekt ab, teils wurde sie unter dem Etikett »Psychologie des Antisemitismus« betrieben, um im Schutz einer traditionellen Terminologie möglichst viel Eigenes bringen zu können. Dabei beschäftigten Horkheimer und Adorno sich durchaus mit den in der Vorrede zur *DdA* für unergiebig erklärten fachlichen Lehren, hielten sie sich auf dem laufenden über deren neuesten Stand, der in den Sozialwissenschaften vor allem durch die Kulturanthropologie repräsentiert wurde, deren bekannteste Vertreterin, Margaret Mead, dem Institut durch Fromms Vermittlung seit den 30er Jahren bekannt war und später bei der Fortsetzung des Antisemitismus-Projekts von Horkheimer in den advisory board geholt wurde. Zum Ausgangspunkt ihrer Studie machten sie ausdrücklich die Diskussion der Hypothesen, die die moderne Wissenschaft über die destruktiven Tendenzen aufgestellt hatte, die dem Antisemi-

tismus zugrunde lagen. Allerdings: die Vorstellung, damit ein Zugeständnis an die Adressaten ihrer Arbeit zu machen, verdrängte dabei
fast das Bewußtsein, daß sie an den aktuellen Stand der Forschung
anknüpften und deren kritische Fortführung betrieben.

Den zweiten Komplex der Arbeiten der Los Angeles-Gruppe zur
Psychologie destruktiver Tendenzen in der zivilisierten Gesellschaft
bildete eine Inhaltsanalyse der Reden und Artikel antisemitischer
Agitatoren, die seit den 30er Jahren im Südwesten der USA gehäuft
auftraten. Dabei sollten die entscheidenden stimuli aufgedeckt werden, auf die die destruktiven Tendenzen in den Massen ansprachen.
Diese Untersuchung sollte vor allem Adorno durchführen. Dabei half
ihm Löwenthal, als er im Sommer 1943 für einige Monate in Los
Angeles war. Das vorläufige Ergebnis dieser zweiten Studie waren
drei Analysen: eine von Löwenthal über George Allison Phelps, eine
von Massing über Joseph E. McWilliams und eine von Adorno über
Martin Luther Thomas, von der Horkheimer meinte, sie sei »not done
in the strictly traditional American way«, aber es sei besser, »to attempt
things by such methods by which we can do them best rather than to
put ourselves into a straight jacket« (Horkheimer-Pollock, 26. 10. 43).
Adornos Vorschlag, »field workers in Versammlungen zu schicken
und genau aufnehmen zu lassen, wann es Beifall gibt, wann nicht, und
wie die Grade der Begeisterung sind (wahrscheinlich proportional mit
Gewaltdrohungen)« (Adorno-Horkheimer, 3. 2. 44), blieb unrealisiert. Unrealisiert blieb auch das Vorhaben, als dessen Grundlage
Adornos umfassende Inhaltsanalyse von Martin Luther Thomas'
Rundfunkreden gedacht war: ein populäres, mit Zeichnungen verse-
henes Handbuch, das durch die Aufdeckung der Tricks faschistischer
Agitatoren zu deren Entwaffnung und zur Immunisierung des Publikums beitragen sollte. Besonders jüdischen Lesern sollte durch solches Wissen ein Gefühl der Stärke vermittelt werden. Davon wurde
ein Abbau dessen erhofft, worin Horkheimer und Adorno mit vielen
zionistischen Juden den gefährlichsten antisemitischen Mechanismus
sahen: daß die Juden, indem sie schwach wirkten, die Vorstellung vom
schwachen Juden bestätigten und stets aufs neue Aggression und
Gewalt auf sich zogen.

Eine wissenschaftliche Variante des geplanten populären Hand-
buchs wurde später Wirklichkeit in Gestalt der *Prophets of Deceit* von
Löwenthal und Guterman. Eine theoretische Verarbeitung der drei
Agitator-Analysen stellte Adornos Vortrag über *Anti-Semitism and
Fascist Propaganda* dar, den er auf einem Psychiatric Symposium on
Anti-Semitism hielt, das im Juni 1944 in San Francisco stattfand,
arrangiert von Ernst Simmel, einem aus Deutschland emigrierten und
seit 1934 in Los Angeles tätigen Psychoanalytiker. Zusammen mit den

Vorträgen der anderen Teilnehmer – darunter einer von Horkheimer und ein Horkheimers und Adornos *Elementen des Antisemitismus* ebenbürtiger und in vielem verwandter des 1933 aus Deutschland geflohenen Psychoanalytikers Otto Fenichel über *Elements of a Psychoanalytic Theory of Anti-Semitism* – erschien er 1946 in dem von Simmel herausgegebenen Band *Anti-Semitism. A Social Disease*. Später entstand noch eine umfassendere Abhandlung Adornos zum gleichen Thema: *Freudian theory and the pattern of fascist propaganda*, die 1951 in dem von einem anderen emigrierten Psychoanalytiker, Geza Róheim, herausgegebenen Band *Psychoanalysis and the Social Sciences*, vol. III, erschien.

Den dritten Komplex der Mitwirkung der Los Angeles-Gruppe beim Antisemitismus-Projekt bildeten experimentelle psychologische Untersuchungen. In dem in den *SPSS* veröffentlichten Forschungsprogramm war als Beispiel für das in den Augen der Institutsleiter neuartige Herangehen an das Phänomen des Antisemitismus durch »a series of experimental situations which approximate as closely as possible the concrete conditions of present day life«, um »to visualize the mechanism of anti-Semite reactions realistically« (*SPSS* 1941: 142), ein Filmexperiment angeführt worden. Diese Idee – eine Lieblingsidee Horkheimers – blieb vorläufig Programm.

Eine weniger aufwendige Alternative ergab sich durch die Zusammenarbeit mit R. Nevitt Sanford, Else Frenkel-Brunswik und Daniel J. Levinson. Horkheimer war auf Sanford aufmerksam geworden bei der Lektüre psychologischer Zeitschriften. Sanford, damals Assistant Professor of Psychology an der University of California in Berkeley und Research Associate des Institute of Child Welfare derselben Universität, hatte z. B. Artikel zur Typologie von Kriminellen und zur Ausarbeitung von Skalen zur Messung des Kriegsoptimismus oder der nationalen Verteidigungsmoral, die zugleich Aufschluß über die psychosozialen Wurzeln der untersuchten Einstellungen geben sollten, veröffentlicht. Die Beziehung zu Sanford wurde vermittelt durch Else Frenkel-Brunswik, mit der Horkheimer bekannt war und von der er hörte, daß Sanford offen sei für »europäische Ideen«. Frenkel-Brunswik, damals wie Sanford Research Associate des Institute of Child Welfare, war 1938 aus Österreich geflohen. Sie und ihr späterer Mann E. Brunswik waren die ersten Assistenten am Wiener Psychologischen Institut von Karl und Charlotte Bühler gewesen, an jenem Institut also, an dem auch Paul Lazarsfeld, Marie Jahoda und Herta Herzog mitgearbeitet hatten und an dem junge Linke, die sich meist zugleich für die Freudsche Psychoanalyse begeistert hatten, mit anspruchsvoller empirischer Forschung vertraut gemacht worden waren.

Im Mai 1943 suchte Horkheimer Sanford in Berkeley auf. »Sanfords

work, under my supervision«, schrieb er danach an Pollock, »would be the first scientific approach to the psychology, the types, the reaction of the American Antisemite. It is my conviction, that Jewish ignorance of the psychology of Antisemitism is not the only but certainly one of the very few main causes for the failure of the European defense against it.« (Horkheimer-Pollock, 19 5. 43)

Die psychoanalytische Orientierung von Sanford, Frenkel-Brunswik und Levinson – alle drei waren psychoanalysiert –; ein dementsprechendes Konzept der Persönlichkeit, das Verhaltensweisen und bewußte Überzeugungen ebenso einschloß wie die tiefer liegenden, oft unbewußten Strebungen, die das Verhalten und die Überzeugungen beeinflußten; die Unterscheidung zwischen offenem und verdecktem Antisemitismus; die Kombination von Fragebogen, Interview und projektiven psychologischen Tests – all das erschien als gut vereinbar mit den Vorstellungen des Instituts. Als im Dezember 1943 Horkheimer und Pollock angesichts eines sich abzeichnenden Überschreitens des Budgets sowohl in Los Angeles als auch in New York über die Zahlung eines zusätzlich angeforderten Betrages von 500 Dollar für die Berkeley-Gruppe zu entscheiden hatten, betonte Horkheimer Pollock gegenüber die Bedeutung der Gruppe für die Zukunft des Projekts und die Ambitionen des Instituts. »The team in Berkeley is certainly unique. The leader of the group is a gentile professor of psychology. The two assistants are exceptionally well-trained psychologists with a good knowledge of statistical and sociological methods. If at any time I go to San Francisco in order to organize with these friends an experimental series on a larger basis, we shall be able to publish a book on the analysis and the measurement of antisemitism. Such a book would be a new approach, not only with regard to our specific problem, but to the study of social phenomena in general. It would constitute what we propagated in our first pamphlets after our arrival in this country: the bringing together of certain European concepts with American methods.« (Horkheimer-Pollock, 17. 12. 43) Sanford wurde für Horkheimer zum Lazarsfeld des Berkeley-Projekts.

Im Mittelpunkt des Beitrags der Berkeley-Gruppe, die sich im weiteren Verlauf der Arbeit den Namen Public Opinion Study Group gab, standen die Konstruktion einer Skala zur Messung antisemitischer Meinungen und Einstellungen und die Aufdeckung der Zusammenhänge zwischen Antisemitismus und Persönlichkeitsstruktur. Ausgangspunkt der Gruppe war die Auffassung, daß der Antisemitismus durch das Zusammenspiel äußerer und innerer Faktoren zu erklären sei. Sie betrachteten es als eine rein forschungsstrategische Entscheidung, daß sie sich auf die Rolle der Persönlichkeitsstruktur konzentrierten. Sie war weniger erforscht als die äußern Faktoren und schwieriger zu untersuchen, meinten sie. Und eben zu dieser schwierigen Untersuchung des Antisemitismus »unter dem Mikroskop« fühlten sie sich besonders qualifiziert.

»The mass-production techniques«, hieß es in einem Zwischenbericht der Berkeley-Gruppe im Dezember 1943, »give us information concerning the frequency of certain relationships (between anti-Semitism and group-membership or personality pattern or whatever) in society at large, as well as subjects for additional clinical study; while the clinical, case-study methods serve to extend and deepen our understanding of the forces making for and against anti-Semitism in the individual, as well as to supply us with hypotheses for new questions to be used in questionnaires and other mass-production methods.« (*Approach and Techniques of the Berkeley Group*, Dez. 1943, S. 4)

Die mass-production techniques – das waren Fragebögen, die weitgehend aus antisemitischen Aussagen bestanden – in der ausführlichsten Form des Fragebogens waren es 52, u. a. »Jews seem to prefer the most luxurious, extravagant, and sensual way of living«; »The Jews should make sincere efforts to rid themselves of their conspicuous and irritating faults if they really want to stop being persecuted«; »In order to maintain a nice residential neighborhood it is best to prevent Jews from living in it« – und jeweils dreierlei Grade der Zustimmung oder Ablehnung zuließen. Dadurch sollten die verschiedenen Grade von Antisemitismus oder Anti-Antisemitismus bei den Befragten festgestellt werden. In die Fragebögen waren auch einige projektive Fragen eingebaut, wie sie bereits frühere Fragebögen des Instituts enthalten hatten – offene Fragen wie »What great people, living or dead, do you admire most?«, deren Beantwortung erste Schlüsse auf die Persönlichkeitsstruktur zuließen. Die clinical, case-study methods – das waren 1-3stündige Interviews und die Anwendung des Thematic-Apperception Tests, einer von H. A. Murray entwickelten Variante des Rorschach-Tests, bei der durch die Verwendung von Bildern mit Menschen darauf anstelle von Tintenklecksen die Aufmerksamkeit der Testperson auf Menschen und menschliche Beziehungen gelenkt wurden. Das Sample bestand in dieser ersten Phase des Berkeley-Teilprojekts aus 77 Studentinnen, von denen 10 klinischen Tests unterzogen wurden.

Horkheimer knüpfte an dieses von ihm das eine Mal mit Verachtung, das andere Mal mit Enthusiasmus betrachtete Teilprojekt große Hoffnungen. Was er dem AJC damit zu liefern gedachte, war nicht weniger als »the scientific proof of antisemitism being a symptom of deep hostility against democracy (the Berkeley investigation on a large scale with the results of which we could not only measure antisemitism, but arouse the Administration and all liberal forces of the country, particularly the educators of this nation).« (Horkheimer-Pollock, 25. 3. 44)

In New York, wo der den ökonomischen und sozialen Ursachen des Antisemitismus geltende Hauptteil der Arbeit durchgeführt werden sollte (siehe *Speech Dr. H. of April 16th 43*, abgedruckt in: Horkheimer, *Ges. Schr. 12*, 168), ging es währenddessen zunächst vor allem um die Analyse der europäischen Erfahrungen und um Studien zur US-amerikanischen Szenerie. Um den AJC rasch zu zeigen, daß wertvolles Material gesammelt wurde, wurde eine von Horkheimer vorgeschlagene Umfrage unter deutschen Emigranten vorgenommen, die deren Erfahrungen mit Reaktionen der deutschen Bevölkerung auf antisemitische Maßnahmen und Aktionen der Nationalsozialisten zu erkunden suchte. Durchgeführt wurde die Arbeit des New Yorker Büros hauptsächlich von Massing und Gurland, mehr oder weniger geleitet von Pollock und unterstützt von Löwenthal und eine Zeitlang von Kirchheimer.

Als Horkheimer im Februar 1944 nach New York fuhr, um dort seine fünf Vorlesungen über *Society and Reason* zu halten, stand noch keines der Teil-Projekte auch nur halbwegs vor dem Abschluß. Das war kein Wunder, sahen doch die Entwürfe für den Report über das erste Projekt-Jahr Untersuchungen zum Wesen des gegenwärtigen Antisemitismus, zu den Lehren der jüngsten europäischen Geschichte, zur US-amerikanichen Szenerie und zur Ausarbeitung von Maßnahmen zur Bekämpfung des Antisemitismus vor – ohne daß das in seinem Mitarbeiterstab reduzierte Institut über die Berkeley-Gruppe hinaus mit externen Wissenschaftlern zusammenzuarbeiten begonnen hätte.

Es begann aufs neue eine Phase der Ungewißheit – diesmal darüber, ob die erhoffte Verlängerung des Projekts zustande kommen würde. Die Ungewißheit war um so größer, als der dem Institut wohlgesonnene Wissenschaftsexperte des AJC, David Rosenblum, inzwischen gestorben war. »I am a little worried about the report for the A. J. C.«, schrieb Horkheimer, inzwischen wieder nach Los Angeles zurückgekehrt, im März an Pollock, unter dessen Leitung in New York der Forschungsbericht für das AJC ausgearbeitet wurde – mit Unterstützung und Anregungen aus Los Angeles. »If this piece is not done with some superiority and enthusiasm, the reader will again get the impression that our group is just a bunch of European scholars heavily loaden with academic wisdom, trying to frighten the American public into buying the awkward and highly theoretical stuff as being particularly useful and expedient.« (Horkheimer-Pollock, 25. 3. 44) Um den nicht selten defätistischen und unsensiblen Pollock in die richtige

Stimmung für die Arbeit am Report zu versetzen, hielt er ihm vor Augen, wie wichtig es sei, sich in den Adressaten des Textes zu versetzen, um den rechten Ton zu finden. »The idea that one would have done much better in his place should be discarded as well as the usually erroneous opinion that the other person is utterly unaware of the dangers he has to face, reluctant to do something about them, unwilling and unable to learn from past experiences, in short, extremely unintelligent and malevolent. On the contrary, it is mostly true that he is well aware of the dangers and very eager to do something about them. The reasons for his acting like those who have perished and his repressing his fears are, particularly in the Jewish case, his secret insight into the fatality of the process, the overwhelming forces involved and the knowledge that in such a situation each countermeasure is double-edged. With regard to science, minorities are perfectly right when they are suspicious. Up to now, it has not served them so well, and such great authorities as Freud have repeatedly, implicitly and explicitly, stated its impotence to solve the pertinent problems of society.« (Horkheimer-Pollock, 25. 3. 44)

Das Institut habe aber, fuhr Horkheimer fort, für den ersten grant durchaus einen ernstzunehmenden Beitrag zu dem großen Kampf gegen den Antisemitismus geleistet: die Entwicklung des Instrumentariums für den wissenschaftlichen Nachweis der antidemokratischen Wurzeln des Antisemitismus; die Konzeption einer Broschüre zur Entzauberung der faschistischen Agitation; die Ausarbeitung der Methode der »participant interviews« – der verdeckten, Alltagssituationen nutzenden Befragung sozialer Gruppen durch von Fachleuten instruierte Angehörige dieser Gruppen. Was Horkheimer damit herausstrich, war nicht nur die praktische Relevanz des vom Institut Geleisteten für die Bekämpfung des Antisemitismus – Herausforderung der Solidarität der Demokraten, Stärkung des Selbstbewußtseins der Demokraten und der Juden, Kombination von Forschung und Aufklärung –, sondern auch die wissenschaftliche Konkurrenzfähigkeit des Instituts auf methodisch-technischer Ebene. Bedenken Pollocks, sie seien keine Experten für die vom AJC gewünschte Überprüfung der Wirkung von Abwehrmaßnahmen gegen den Antisemitismus, hielt er entgegen: um sich mit den üblichen Methoden des Testens der Wirkung von Radiowerbung und dergleichen vertraut zu machen, könne man Lazarsfeld konsultieren. Im übrigen aber seien sie selbst »the best experts in this field in America. We developed the measurement scale and we designed the experimental motion picture which, I think, is the only scientific instrument to test the exact amount of antisemitism at any time among a given group ... If the Committee would either have helped my efforts to get the picture from one of the big studios, or spent the $ 10,000 or $ 15,000 for which it could have been produced half a year ago, it would now have in its possession a precise scientific instrument with which to test the increase or decrease of conscious and unconscious antisemitism with the accuracy to which we are used in natural sciences.«

Im Mai 1944 fand in New York eine vom AJC veranstaltete zweitägige Konferenz über Probleme der Antisemitismus-Forschung statt, zu der eine Reihe US-amerikanischer Wissenschaftler eingeladen waren und an der auch Horkheimer teilnahm. Dabei wurde die Einrichtung eines Scientific Department des AJC ins Auge gefaßt. Aber erst im Sommer kamen der Abschlußbericht des Instituts über das erste Forschungsjahr und die Entscheidung des AJC über die Fortsetzung des Projekts auf erweiterter Stufenleiter zustande. Die vier (schreibmaschinengeschriebenen) Bände *Studies in Anti-Semitism: A Report to the American Jewish Committee* bestanden aus einem knapp 150seitigen Bericht und zahlreichen Einzelstudien, darunter – in den Augen der Sponsors und der Fachwelt sicherlich am eindrucksvollsten – Sanfords und Levinsons Studie *A Scale for the Measurement of Anti-Semitism*, die bereits von Gordon W. Allport, einem der renommiertesten Psychologen in den USA und Spezialisten für Persönlichkeitspsychologie, im *Journal of Psychology* veröffentlicht worden war.

Zu den Höhepunkten des Reports gehörte ein Abschnitt *Economic Factors in Jewish Vulnerability*. Darin wurden bereits im *SPSS*-Projektentwurf von 1941 enthaltene und keineswegs neue Überlegungen weitergeführt. Es ging dabei um die Untersuchung des Realitätsgehalts einiger widersprüchlich erscheinender antisemitischer Vorwürfe.

Die Juden, so der Gedankengang, waren durch ihre Funktionen als Geldverleiher, Kaufleute, Händler – Funktionen, die ihnen eher als andere offenstanden und in denen sie, zur Risikofreude gezwungen, in stärkerem Maße und erfolgreicher Risiken eingingen als Nicht-Juden – besonders exponiert und erschienen den ausgebeuteten Massen als die unmittelbare Ursache ihres Elends, als die expansive und unsympathische Seite des Kapitalismus. »At the same time, for all their successful economic conquests, middle class Jews retained certain hall-marks of non-conformity that set them off from other members of that same middle class. From ghetto times on, while willing to use every means to gain individual achievement on the ladder of economic and social success, they continued to respect specific Jewish ethical and religious values – such as learning, intellectual achievement, social betterment and the ›things of the spirit‹; in consequence they never completely accepted stable patterns of economic activities or the standards of social behavior customary to their social setting.« (ISR,

Studies in Anti-Semitism, 29) Was Horkheimer ein halbes Jahrzehnt vorher in *Die Juden und Europa* noch in schadenfrohem und zurechtweisendem Ton konstatiert hatte – das Zurückbleiben der individualistischen jüdischen Kapitalisten hinter einer zunehmend bürokratisierten und monopolisierten Wirtschaft –, wurde nun zum Element einer Sympathie weckenden verzweifelten Lage. »Thus, the Jews became the object of a two-pronged, contradictory attack. By the middle class they were attacked as symbols of all that was ›rotten‹ in declining old-fashioned capitalism – acquisitiveness, anti-social attitude, cut-throat competition ... At the same time, the Jews were attacked by protagonists of the new Fascism as embodying those values of liberalism which the ›movement‹ aimed to destroy ... – non-conformism, self-determination, and minority rights.« (30 f.)

Daß – ganz abgesehen von dem für das AJC sicherlich enttäuschenden Fehlen nennenswerter Umfrageergebnisse – der Report weitgehend programmatisch und wenig integriert war, war angesichts des Mißverhältnisses zwischen Forschungszeitraum und dem weitgesteckten Rahmen des Programms kein Wunder. Auffallend war aber doch das Fehlen zweier besonders naheliegender Themen.

In dem Abschnitt über Antisemitismus in den USA war von den Methoden faschistischer Agitatoren die Rede, wurden Beispiele für die bei »participant interviews« vernommenen antisemitischen Äußerungen von Vertretern der Oberschicht, der Industriearbeiterschaft, von Kindern angeführt. Ausgespart blieb jedoch die Frage nach Eigenart, Ursache und Bedeutung des für die USA charakteristischen »sozialen Antisemitismus«: inoffizielle, aber fraglos geltende und unumstößliche Regelungen wie der Ausschluß von Juden aus bestimmten Clubs, Hotels, studentischen Organisationen; oder Aufnahmequoten für Juden an den meisten der bedeutenden Universitäten oder in einer Reihe von Berufen. An anderer Stelle, in seinem Vortrag auf dem Psychiatric Symposium on Antisemitism in San Francisco, hatte Horkheimer behauptet, der soziale Antisemitismus sei in den USA weitaus schlimmer als in Europa und lege die Annahme nahe, daß – ungeachtet der offensichtlichen Unterschiede zwischen den USA und dem Dritten Reich – der Unterschied in der psychologischen Basis gefährlich klein sei.

Die Konsequenzen dieser Behauptung und der von ihm und Adorno entwickelten theoretischen Überlegungen auszusprechen, getraute sich Horkheimer offenbar nicht. Wenn unter den Deutschen, wie auch im Report betont wurde, nur eine Minderheit antisemitisch war; wenn der latente, der schwelende Antisemitismus ein Bestandteil der westlichen Zivilisation war; wenn die antisemitische Minderheit in Deutschland in wenigen Jahren den manifesten Antisemitismus bis zum industrialisierten Massenmord vorangetrieben hatte – mußte dann nicht in den USA mit ihren weitaus fortgeschritteneren und von keiner sozialistischen Arbeiterbewegung in Frage gestellten kapitalistischen Strukturen, mit ihrer weitaus durchgreifenderen und frustrierenderen Kulturindustrie, mit ihrem ausgeprägteren Ethnozentrismus und mit einer unter dem Zeichen offener Gewalt stehenden Geschichte befürchtet werden, daß ein weitaus verbreiteteres und brisanteres antisemitisches Potential bereits unter weitaus weniger kritischen politisch-ökonomischen Bedingungen als in Deutschland in offenen und gewaltsamen Antisemitismus umschlagen konnte? Und wie war vor dem Hintergrund solcher Überlegungen die Erfolglosigkeit der Westküsten-Agitatoren zu interpretieren? Wie war der Stellenwert des Antisemitismus im Verhältnis zum Anti-Negroismus und zur Ausrottungs- und Reservatspolitik gegenüber den Indianern zu sehen? Welche Besonderheiten wies die von der europäischen Tradition weitgehend »entlastete« US-amerikanische Spielart der westlichen Zivilisation auf? All das waren Fragen, die sich bei einer Darstellung der US-amerikanischen Szenerie aufdrängten und die vielleicht teils aus Rücksicht auf das Gastland und die Interessen der Sponsoren, teils wegen des provisorischen Charakters des Reports übergangen worden waren.

Die andere auffällige Lücke war: die Aussparung des Themas der »jüdischen Psychologie«, d. h. sowohl der Frage nach den jüdischen Zügen, die – wie sehr auch erklärlich und entschuldbar durch die den Juden aufgezwungenen Rollen, durch Verfolgung und Diaspora – in der Realität zu beobachten waren, als auch der speziellen Frage nach den durch die Psychologie der Antisemiten in den Juden ausgelösten psychischen Mechanismen.

Gleich zu Beginn seiner Mitarbeit am Antisemitismus-Projekt hatte Horkheimer Pollock um eine Liste aller psychologischen Untersuchungen gebeten, die es zur Psychologie des Juden und des Antisemiten gab. Und als in einem Paper Massings die Ansicht vertreten wurde, der totalitäre Antisemitismus habe nichts zu tun mit den Juden, während in einem Paper Gurlands eine Reihe von Merkmalen jüdischen Denkens und Verhaltens aufgeführt wurden, die katastrophale Folgen gehabt hätten, sah Horkheimer sich in der Überzeugung bestärkt, es bedürfe einer Untersuchung der »interaction of both Jewish psychology and Antisemitism with Capitalism as a whole« (Horkheimer-Pollock, 19. 5. 43). Bei Adorno tauchte ein Teilaspekt dieses Themas wieder auf, als er anläßlich der Durchsicht von Interviews des Arbeiter-Projekts (s. S. 409 ff.) meinte, nicht alle Vorwürfe gegen die Juden seien wahnhaft, sondern einige hätten auch bestimmte jüdische Züge zur Grundlage, die entweder wirklich zu beanstanden seien oder zumindest geeignet, feindselige Reaktionen zu provozieren. Er schlug vor, als Gegenstück zu dem Handbuch über die Techniken faschistischer Agitatoren ein weiteres Handbuch auszuarbeiten, »which lists these traits, explains them and contains suggestions how to overcome them« (Adorno-Horkheimer, Memorandum re: Manual for distribution among Jews, 30. 10. 44).

Dieses Thema wurde aber nie zu einem Bestandteil des Programms – teils vielleicht aus Rücksicht auf die Empfindlichkeit der meisten Juden bei diesem Thema, teils aus Angst davor, sich dem Vorwurf der Rückverwandlung des Antisemitismus-Problems in ein Juden-Problem auszusetzen. Nicht zum Programmpunkt gemacht wurde auch ein anderer – von Adorno in Bemerkungen zur Abfassung des Reports immerhin angedeuteter – Aspekt der »Psychologie der Juden«: deren stereotypisierte Wahrnehmung ihres bedrohlichen Gegenübers, die angemessene Reaktionen seitens der Juden erschwerte oder verhinderte.

Die institutsübliche Praxis strategisch verstandener Selbstzensur lief wie eh und je weiter. So schlugen Horkheimer und Adorno vor, in dem für das AJC bestimmten Exemplar eines Papers Ausdrücke wie »Marxism«, »socialization« und »means of production« durch »socialism«, »nationalization« und »industrial apparatus« zu ersetzen. Das war bereits eine Abmilderung der vom New Yorker Büro vorgeschlagenen völligen Streichung eines Abschnitts, der klarmachen sollte, daß die faschistische Propaganda gar nicht die wirkliche marxistische Theorie, sondern ein erdachtes Phantom bekämpfte. »Sollten aber die Herren auch nach Durchführung dieser Änderungen immer noch Bedenken haben«, meinte Adorno im Anschluß an die Veränderungsvorschläge in einem Brief an die New Yorker Sekretärin, »so mögen sie den Strich durchführen: wir wollen nicht mit der Verantwortung belastet werden.« (Adorno-Mendelssohn, 18. 12. 43)

Nachdem sich das AJC schließlich für die Finanzierung der Fortsetzung des Projekts auf erweiterter Stufenleiter und die Einrichtung eines Scientific Department mit Horkheimer als Leiter entschieden hatte, fuhr dieser Ende Oktober 1944 zu einem mehrmonatigen Aufenthalt nach New York. Dort etablierte er sich im Gebäude des AJC – mit Blick auf das Empire State Building – und baute das Scientific Department auf, dessen Aufgabe es war, »to investigate the extent and the causes of antisemitism in the United States, to develop testing methods by which the effectiveness of current techniques of combatting antisemitism may be evaluated and to integrate eventually its theoretical research with the practical program of the American Jewish Committee« (AJC, *Progress Report of the Scientific Department*, 22. 6. 45).

Die Überbrückung der Zwischenzeit und die Weiterführung der Arbeit u. a. der Berkeley-Gruppe war erleichtert worden durch einen grant für ein zweites Projekt, das vom Frühjahr 1944 bis zum Mai 1945 dauerte und bei dem das New Yorker Büro doch noch zum Zentrum empirischer Arbeit wurde. Für das auf Veranlassung Horkheimers zu einem Bestandteil der Untersuchung sozialer Gruppen herabgestufte Thema »labor and anti-Semitism« fand sich nämlich ein Extra-Geldgeber: das Jewish Labor Committee. Die Beziehung dazu hatte im Dezember 1943 Gurland angeknüpft, der einen Freund in jener Organisation hatte. Mr. Sherman, Field Director des JLC, sei sehr am Projekt des Instituts interessiert, berichtete Gurland. Sherman sei überzeugt, daß der Antisemitismus unter Arbeitern ständig zunehme, und nur mangels geeignetem Personal sei bisher ein Plan »along the lines of our ›workers interviews‹ program« unverwirklicht geblieben (Gurland report, zitiert in Pollock, Memorandum re: Jewish Labor Committee, 23. 12. 43, Bestandteil des Horkheimer-Pollock-Briefwechsels).

Shermans Interesse wuchs eher noch, als Pollock ihm bei einem Treffen erklärte, »that we would not be interested in a purely statistical survey or a kind of super-poll, but only in a study using the quantitative and qualitative methods developed in our West Coast laboratory under Horkheimer's direction« (Pollock, a.a.O.). »Sherman seemed to have been very much impressed by our insisting that the work of interviewing must be done by people who know the interviewees and whom the interviewees trust and not by field workers unknown to them. The functions of our two or three field workers would be to organize and instruct the interviewers on the strength of contacts made available by the Jewish Labor Committee and other Labor groups.«

Die Erhebungen zum »Project on Anti-Semitism and Labor« dauerten von Juni 1944 bis November 1944, wurden in verschiedenen Industriezentren der USA (New York, Philadelphia, Detroit, Pittsburgh, Los Angeles und San Francisco) durchgeführt und erfolgten gemäß der von Pollock erwähnten »participant interview«-Technik. 270 Arbeiter, die sich einen Katalog von 14 offenen Fragen eingeprägt hatten (z. B. »Do you remember having any particular experiences with Jewish people?«; »How do you distinguish a Jew from another person?«; »What do you think about the Detroit riots?«; »Do you go to church?«), erkundeten in Alltagssituationen die Einstellungen ihrer Kollegen zu Juden und zum Antisemitismus und hielten die Ergebnisse in anschließenden Protokollen fest. Die Kombination von Gleichartigkeit der eingeprägten Fragen und Offenheit der alltäglichen Gesprächssituation sollte die Kombination von quantitativer und qualitativer Auswertung des Materials erlauben. »This is a pioneer experiment in social research«, hieß es auf dem Instruktionsbogen für die Arbeiter-Interviewer. »We want to know what working people honestly are thinking about the whole ›Jewish question‹ and why they feel that way. Polls will not tell us. Interviews won't either. Friendly conversations will.«

Auf diese Weise kamen 566 Protokolle zusammen. Die Auswertung hatte überwiegend qualitativen Charakter. Die diversen Teile des 4bändigen, nahezu 1500 Schreibmaschinen-Seiten starken Abschlußberichts *Antisemitism among American Labor* wurden unter Berücksichtigung zahlreicher Anregungen und eines umfassenden Memorandums Adornos von Gurland, Massing, Löwenthal und Pollock verfaßt. »Ich habe das Gefühl, daß das Labor Projekt einen Sinn nur hat, wenn wir nicht einfach versuchen, es den üblichen Projekten dieser Art anzunähern, sondern wenn wir gerade durch einen gewissen Reichtum an Einsichten unser Eigenes daran zur Geltung bringen und uns auch nicht durch die bei den anderen herrschende Theoriefurcht allzusehr terrorisieren lassen«, hatte Adorno unter Hinweis auf das sehr reiche Material, an das sich theoretische Erwägungen durchwegs anschließen ließen, gegenüber Horkheimer gemeint (Adorno-Horkheimer, 2. 12. 44). Bei der quantitativen Analyse halfen in altbewährtem Stil Lazarsfelds Bureau of Applied Social Research und Herta Herzog.

Entgegen den Erwartungen der Auftraggeber war der Gegenstand der Studie, wie in der Einleitung betont wurde, »the nature, not the extent of antisemitism among the masses of American workers«. War man aber bereit, die Ergebnisse als repräsentativ anzusehen, so ergab sich eine Bestätigung dessen, was für die Auftraggeber der Anstoß zu der Untersuchung war: Der Antisemitismus war unter Arbeitern stark verbreitet, und man mußte mit seiner weiteren Zunahme rechnen.

30,8 Prozent der Interviewten wurden eingestuft als »actively hostile to Jews«, 38,5 Prozent als ablehnend, ohne aber eine konsequente Diskriminierung zu befürworten, und 30,5 Prozent als »friendly to Jews«. »The image of the Jew«, resümierte Pollock in einem Vortrag über *Prejudice and the Social Classes*, den er im März 1945 im Rahmen einer Vorlesungsreihe des Instituts über *The Aftermath of National Socialism* an der Columbia University hielt, »seems to be essentially the same among the great majority of our sample. While they behave differently, their critique, resentment, hostility and hatred are directed at the phantom Jew. Most workers seem to see the Jew as a cheating store-keeper, a merciless land-lord or rental agent, an unscrupulous pawn broker, or an instalment salesman and insurance collector who will take away the collateral or let the insurance lapse at the first delinquency. To this is added the idea that the Jews own all bussiness and that at least most Jews are in business. All this is so because the Jews are money-crazy, selfish, grabby, take advantage of others, cheat, chisel, lie, are ruthless, unscrupulous, and so on. Most workers plainly refuse to acknowledge the existence of a large group of Jewish workers. Either there are no Jewish workers, or they don't work, and merely pretend to be workers. In addition Jewish workers are accused of escaping hard work, passing the buck, catering to the bosses, doing everything for individual advancement, doing nothing for their fellow-workers. Finally they are reproached with displaying superior attitudes, having bad manners, knowing everything better, being ambitious and arrogant. All the war-time accusations . . . have been found in our sample . . . The curious exception is that our interviewers met practically no worker who blamed the Jews for being mainly radicals and communists.«

Zur richtigen Einschätzung solcher Ergebnisse und möglicher Gegenmaßnahmen schien es – wie vor allem Adorno in seinen Vorschlägen für den Bericht über das Arbeiter-Projekt betonte – nötig, zwischen Arbeiter-Antisemitismus und bürgerlichem Antisemitismus zu unterscheiden. War es nicht so, daß bei der ablehnenden Haltung der Arbeiter gegenüber Juden in wesentlich größerem Maße als bei höheren Schichten reale Erfahrungen eine Rolle spielten, und mußte man nicht berücksichtigen, daß Arbeiter sich bei ihren Äußerungen und Verhaltensweisen in geringerem Maße als Angehörige der Mittel- und der Oberschichten pseudo-demokratische Schranken auferlegten? Das ließ die Vermutung zu, daß es bei Arbeitern weniger verdeckten Antisemitismus gab als bei höheren Schichten und daß antisemitische Haltungen bei ihnen weniger irrational und leichter durch Aufklärung über ökonomische und politische Fakten zu bekämpfen seien als bei den anderen Schichten.

Über das Hypothesen-Stadium kamen solche Überlegungen allerdings nicht hinaus. Die Weiterarbeit am Labor Projekt bestand in späteren Jahren nur noch darin, daß die Institutsleiter Lazarsfeld beauftragten, für die Erstellung einer publikationsreifen Fassung des Berichts zu sorgen und daß vor allem Adorno durch ausführliche Memoranden für einen guten Ausgang dieses Unternehmens zu sorgen suchte. Adorno, Marcuse und andere Instituts-Vertreter waren sich aber einig, daß die unter Lazarsfelds Aufsicht zustande gekommenen Fassungen wegen der Hervorhebung der quantitativen bei gleichzeitiger Vernachlässigung der qualitativen Teile und der unzulänglichen Integration von quantitativer und qualitativer Auswertung den Ansprüchen des Instituts nicht gerecht würden. Zu einer Veröffentlichung kam es deshalb genauso wenig wie im Fall der Arbeiter- und Angestellten-Studie.

Mit der Übernahme des Labor Projekts hatte sich das Institut, das ja nur noch ein Rumpf-Institut war, übernommen. Da Gurland, Massing, Pollock und Löwenthal in ihrer neben den Washingtoner Teilzeit-Tätigkeiten verbleibenden Zeit mit der Arbeiter-Studie beschäftigt waren, saß Horkheimer zunächst recht hilflos in seinem Büro im AJC-Gebäude in New York – benommen von dem Betrieb dort, mühsam einen Mitarbeiter-Stab zusammenstellend, verzweifelt ein Arbeitsprogramm ausdenkend, das sowohl die Erwartung sichtbarer Aktivität und kurzfristiger Ergebnisse als auch den eigenen Anspruch auf langfristige, theoretisch orientierte Arbeit befriedigte. Er war Ende Oktober 1944 angekommen und hoffte, das Projekt bis zum Sommer soweit voranbringen zu können, daß Adorno und er sich danach wieder vornehmlich der Weiterarbeit am theoretischen Hauptwerk widmen konnten. »Es geht mir gesundheitlich nicht schlecht«, schrieb er im zweiten Monat seines New Yorker Aufenthalts an Adorno, »ich muß jedoch jetzt schon alle Energie aufbieten, um die emsigen Tage und Nächte auszuhalten, in denen ich keinen einzigen vernünftigen Gedanken fassen kann ... Mein Plan ... ist der folgende. Ich muß ein paar Mitarbeiter haben, die so rasch wie möglich research im hiesigen Stil einleiten: intensives Testen von Radio Programmen, die direkt oder indirekt vom Committee veranlaßt sind, Testen der drastischeren Propagandamittel, die von anderen Organisationen angewandt und vom Committee für unzweckmäßig erachtet werden. Ferner, Interviews in regionalen und sozialen Gruppen vor und nach der Bearbeitung durch kombinierte oder einzelne Propagandamethoden des Committees. Wenn diese Art research einmal im Gang ist, wird sich, so hoffe ich, die Atmosphäre zur Vorbereitung unserer eigenen prinzipiellen und auf längere Sicht angelegten Studien einstellen. Ein weiterer Grund zu diesem Vorhaben bildet der Umstand, daß alle Kräfte des Instituts hier bis mindestens Ende Januar vollauf mit der Arbeiterstudie beschäftigt sind. Es hat also gar keinen Sinn, vorher eine Arbeit anzufangen, bei der das Institut herangezogen wird. Da die Lewin Leute [gemeint war der Psychologe Kurt Lewin, R. W.] schon eine fieberhafte Tätigkeit entwickeln, will ich inzwischen beim Committee nicht mit ganz leeren Händen dastehen. Verwickelt ist die Lage dadurch, daß man einfach keine kompetenten Testexperts auf dem Markt findet. Mein Plan ist also nicht leicht durchzuführen.« (Horkheimer-Adorno, 9. 12. 44)

Unermüdliche und begeisterte Ermunterung erfuhr Horkheimer bei all dem durch Adorno. Der schickte ihm von der Westküste Briefe, Memoranden und Notizen mit einer Fülle von Ideen, Vorschlägen und Bekundungen freundschaftlichen Mitgefühls. Er könne ihn gut verstehen, schrieb er Horkheimer auf dessen Situationsbericht hin,

»zumal meine Erfahrungen du côté de chez Lazarsfeld gewisse Analogien dazu aufweisen. Das schlimmste ist, daß man bei dieser Art von Betrieb im Grunde nie weiß, was man eigentlich soll und was von einem erwartet wird. Das ist gewissermaßen der praktische Ausdruck der theoretischen Eliminierung allen Sinns: der Betrieb, den wir uns selbst im Zusammenhang von ›Projekten‹ schließlich doch nur als Mittel zum Zweck für Erkenntnisse vorstellen können, ist wirklich bei diesen Leuten weitgehend Selbstzweck, und wir können jene im Grunde genau so wenig verstehen wie sie uns.« (Adorno-Horkheimer, 14. 12. 44) Er schlug Horkheimer Leute für das Testen von Radioprogrammen vor; meinte: »Ich habe das Gefühl, daß die Berkeleyuntersuchung gut in Schwung kommt und daß wir wirklich etwas davon haben. Aber sie braucht, wie alle Dinge hier, eine gewisse Anlaufszeit. Lassen Sie sich auch darum nicht deprimieren, wenn in New York während der ersten Monate nicht zuviel Greifbares herauskommt; das liegt im System, und es wird sich schon alles kristallisieren«; fragte an, ob sein großes Memorandum für die Schlußfassung des Labor Projekts angekommen sei; dankte für das »widerwärtige« Buch der Horney, die zentrale Lehrstücke der Psychoanalyse wie die Theorie der Wunscherfüllung als »working hypothesis« bezeichne; schlug die Fortsetzung der Zeitschrift bei Alcan und die Buchpublikation der *Philosophischen Fragmente* dort vor (im August hatten die Alliierten Frankreich erobert und Ende September hatten Engländer und US-Amerikaner die Grenze des deutschen Reiches erreicht); usw.

Und im Februar 1945 machte er Horkheimer gegenüber die gleiche Geste, die beide im Jahr zuvor Pollock gegenüber getan hatten: er übergab Horkheimer zu dessen 50. Geburtstag einen ihm gewidmeten Text, der voll von »Eigenem« war: *Minima Moralia*, mit dem handschriftlichen Eintrag: »Fünfzig Aphorismen zum Fünfzigsten Geburtstag Max Horkheimer, Los Angeles – New York 14. Februar 1945«. Sie bildeten später den ersten Teil der *Minima Moralia. Reflexionen aus dem beschädigten Leben*, deren zweiten Teil Horkheimer Weihnachten 1945 erhielt mit der Widmung »Für Max. Zur Rückkunft« und deren dritter Teil in den Jahren 1946 und 1947 verfaßt wurde.

Bereits Ende Oktober – Horkheimer war kaum in New York angekommen – hatte Adorno ihm eine besonders wichtige Neuigkeit mitzuteilen: »Wie Sie sich vielleicht erinnern werden, sagte ich Ihnen von einer neuen Idee, über der ich brütete. Es handelt sich dabei um die Ermittlung von potentiellen und aktuellen Antisemiten lediglich durch *indirekte* Indices, also ohne daß Fragen über Juden oder über Gegenstände, die in einem unmittelbar einsichtigen Zusammenhang mit Antisemitismus stehen, wie Negerfeindschaft, politischer Faschismus usw. vorkommen. Ein Ansatz nach dieser Richtung waren bereits die ›projective items‹ des alten Berkeley questionnaire; ich möchte aber darüber erheblich hinausgehen und einen ›judenfreien‹ questionnaire zur statistisch zuverlässigen Ermittlung des Antisemitismus herstellen. Die Vorteile brauche ich Ihnen nicht auszuführen. Das Problem ist natürlich, indirekte Indices zu finden, die nicht nur notwendige, sondern zureichende Bedingungen des Antisemitismus sind, d. h. solche, bei denen eine so hohe Korrelation zu aktuellem Antisemitismus besteht, daß man etwaige Differenzen vernachlässigen kann. Den Weg stelle ich mir folgendermaßen vor: man verteilt, in *einer* Sitzung, nacheinander zwei questionnaires, erst den judenfreien, dann einen mit Fragen, die sich auf Juden, Ethnozentrismus usw. beziehen, aber auch mit anderen Fragen, so daß auch hier das eigentliche Interesse der Forschung nicht unmittelbar hervortritt. Die Antworten jedes einzelnen Teilnehmers auf beide Fragebogen werden dann verglichen und diejenigen indirekten Fragen, bei denen sich die höchste Korrelation mit Antisemitismus bzw. Nichtantisemitismus ergibt, werden allmählich ausgesucht, um ein höchst zuverlässiges indirektes Instrument abzugeben.« (Adorno-Horkheimer, 26. 10. 44) Die Berkeley-Gruppe sei sehr angetan gewesen und habe – »stets ein gutes Zeichen« – erklärt, von sich aus bereits nach dieser Richtung gearbeitet zu haben.

Horkheimer war begeistert und begierig darauf, bald die Fragebogenentwürfe zu sehen und bald analog zu der Berkeley-Gruppe Gruppen in New York und Chicago zu bilden, die mit den neuen Fragebogen und den in Berkeley erprobten individuellen Testmethoden arbeiten und parallel zur Berkeley-Gruppe Erhebungen in großem Stil durchführen sollten.

Mitte Dezember bekam er von Adorno das *F-Scale* betitelte Konvolut mit den Unterlagen aus Berkeley zum neuartigen Fragebogen. Es handelte sich dabei erst um Material für den Fragebogen. Die Fragenvorschläge waren zum Teil noch umzuformulieren, damit sie eine für die Befragten verständliche und psychologisch angemessene Form erhielten. Adorno selbst hatte 80 bis 100 Fragen ausgearbeitet, von denen er eine Reihe »durch eine Art von Übersetzungsarbeit aus den ›Elementen des Antisemitismus‹ ausdestilliert« (Adorno-Horkheimer, 9. 11. 44) hatte. Das umfangreiche und unfertige Material zum Fragebogen entmutigte Horkheimer. Er habe Angst, schrieb er an Adorno, »daß nun der Fragebogen, den wir doch kurz und ganz einfach halten wollten, wieder viel zu kompliziert und differenziert wird, um ihn bei jeder Art von Gruppen verwenden zu können. Die Entwicklung der Dinge hier im Committee hängt doch weitgehend davon ab, daß es uns gelingt, in relativ kurzer Zeit denselben Fragebogen in samples von gesellschaftlich wichtigen Gruppen in verschiedenen Städten durchzuführen. Das ist ja vorläufig eines unserer Hauptprojekte, für das wir bestimmt respektable Budgets bewilligt bekommen.« (Horkheimer-Adorno, 19. 12. 44)

Adorno suchte ihn über die große Zahl der Fragen zu beruhigen. In den endgültigen Fragebogen werde ja nur ein Teil der Fragen aufgenommen. Welche Fragen allgemein anwendbar seien und welche nur bei spezifischen Gruppen trennscharf seien, müsse noch getestet werden. Im übrigen aber sei bei »der indirekten Untersuchung selber, die sich ja als eine ganz neue Idee ergeben hat, *nicht* mit einem ganz kurzen Fragebogen, etwa im Stil der Labor Study«, auszukommen. Es ergäbe sich nämlich sonst nicht genügend Material für »den statistisch fundierten Rückschluß«, auf den es ihnen doch ankomme. »Ich bin ganz Ihrer Ansicht, daß gerade diese Untersuchung, sobald sie in größerem Maß an anderen Stellen durchgeführt wird, unser ›Gegenschlager‹ gegen das Zeug von Lewin darstellen muß. Das ist aber nur dann möglich, wenn die Idee des indirect measurement wirklich so überzeugend und substantiiert herauskommt, daß sie sich durchsetzt und nicht, nach der Landessitte, als ›Hypothesenbildung‹ betrachtet wird.« (Adorno-Horkheimer, 30. 12. 44)

Bei der endgültigen Formulierung der Fragen orientierte sich die Berkeley-Gruppe an Sätzen, wie sie im Alltag in Radiosendungen, in Zeitungen oder in Gesprächen auftauchten. »In Berkeley«, schrieb Adorno später im Rückblick auf seine wissenschaftlichen Erfahrungen in Amerika, »entwickelten wir dann die F-Skala in einer Freiheit, die von den Vorstellungen einer pedantischen Wissenschaft, die über jeden ihrer Schritte Rechenschaft abzulegen hat, erheblich abwich. Was man drüben bei uns vier Leitern der Studie den ›psychoanalytic background‹, insbesondere die Vertrautheit mit der Methode der freien Assoziation nennen mochte, war wohl der Grund dafür. Ich hebe das deshalb hervor, weil ein Werk wie die ›Authoritarian Personality‹ [so der Titel des Buches, in dem die Berkeley-Gruppe später die Ergebnisse ihrer Arbeit publizierte, R. W.], dem man vieles vorgeworfen, die Vertrautheit mit amerikanischem Material und amerikanischen Verfahrungsarten jedoch nie abgesprochen hat, auf eine Weise produziert wurde, die mit dem üblichen Bild vom sozialwissenschaftlichen Positivismus keineswegs sich deckt . . . Wir brachten Stunden damit zu, sowohl ganze Dimensionen, ›variables‹ und Syndrome, als auch besondere Fragebogenitems uns einfallen zu lassen, auf die wir um so stolzer waren, je weniger ihnen die Beziehung auf das Hauptthema anzusehen war, während wir aus theoretischen Motiven Korrelationen mit Ethnozentrismus, Antisemitismus und politisch-ökonomisch reaktionären Ansichten erwarteten. Dann haben wir diese items in ständigen Pretests kontrolliert und dabei ebenso die technisch gebotene Beschränkung des Fragebogens auf einen noch zu verantwortenden Umfang erreicht wie diejenigen items ausgeschieden, die sich als nicht genügend trennscharf erwiesen.« (*Wissenschaftliche Erfahrungen in Amerika*, in: *Stichworte*, 136 f.)

Vor Augen den von Horkheimer wiederholt in Erinnerung gebrachten Gedanken daran, daß »der unmittelbare Wert [des Berkeley-Projekts, R. W.] für das Committee im Nachweis der Verbindung zwischen Antisemitismus, Faschismus und destruktivem Charakter«, im »experimentellen Beweis der Bedrohlichkeit des Antisemitismus für die demokratische Zivilisation« (Horkheimer-Adorno, 9. 12. 44) bestehe, legte Adorno bei der Ausarbeitung der F-Skala von Anfang an größten Nachdruck auf die Ambivalenz zwischen Konservatismus und Rebellentum. »Um diese Frage«, schrieb er an Horkheimer, »in ›operative terms‹ zu übersetzen, habe ich den Unterschied zwischen unbewußten und rationalisierten, bzw. vorbewußten Motivationen in den Vordergrund gestellt. Meine einigermaßen barbarische These ist, daß die ›destruktiven‹, rebellischen Regungen wirklich die unbewußten und der Konservativismus und Konventionalismus die Rationalisierung ist. Als Verfahren scheint mir am besten, wenn man je paarweise Fragen sich ausdenkt, die sich auf den gleichen Komplex aber in seiner unbewußten und seiner rationalisierten Form beziehen, z. B. auf der einen Seite etwas, was auf die Anerkennung autoritärer Mächte wie Constitution und Familie geht, auf der anderen Seite etwas über ›Selbsthilfe‹ usw. Meine Vorhersage wäre, daß die Antworten sich je widersprechen, das heißt, daß die Leute, die auf dem ›rationalen‹ Niveau konservative Antworten geben, auf dem indirekten die aggressiven und destruktiven geben werden. Ich habe Frau B. [Else Frenkel-Brunswik, R. W.] gebeten, alle Fragen in ›irrationale‹ und ›rationalisierte‹ aufzuteilen · und möglichst paarweise anzuordnen. Selbstverständlich würden die zueinander gehörigen Paare im Fragebogen nicht hintereinander erscheinen.« (Adorno-Horkheimer, 18. 12. 44)

Gegenüber den Berkeleyleuten, die laut Adorno dazu neigten, den Antisemiten einfach mit dem Konservativen zu identifizieren – »insbesondere Levinson, der die schwarz-weiß Ideen eines Progressiven hat« (a.a.O.) –, bestand er auf der Unterscheidung zwischen »konservativ« und »pseudo-konservativ«. Damit rannte er bei den Berkeleyleuten sicherlich offene Türen ein. Denn die verstanden ja unter Konversativen nicht Personen vom Schlage der von Adorno in Schutz genommenen Mitglieder der herrschenden Klasse Englands, sondern Konservative im US-amerikanischen Sinne: solche, die auch angesichts monopolkapitalistischer Zustände für ungehemmte freie Konkurrenz eintraten und Armut und Mißerfolg allein auf persönliches

Versagen zurückführten, und solche, die sich für einen allein zugunsten der Erfolgreichen eingreifenden Staat aussprachen. Die Bedeutung von Adornos Unterscheidung zwischen Konservatismus und Pseudo-Konservatismus lag darin, daß er damit dem politisch-ökonomischen Begriff des Konservatismus psychologische Tiefenschärfe zu verleihen suchte.

In Adornos Überlegungen zur F-Skala kam aufs neue die zur Tradition der Instituts-Arbeiten gehörende Kategorie des Rebellentums zur Anwendung. Wie Fromm im psychologischen Beitrag des theoretischen Teils der *Studien* zwischen dem Rebellen und dem Revolutionär – also zwischen dem Pseudo-Revolutionär und dem genuinen Revolutionär – unterschieden hatte, so unterschied nun Adorno zwischen dem Pseudo-Konservativen und dem genuinen Konservativen.

Überhaupt zeigte sich, wie alte in den *Studien über Autorität und Familie* und der Arbeiter- und Angestellten-Untersuchung zentrale Ideen des Instituts, deren unmittelbare Übernahme und Weiterentwicklung für das Antisemitismus-Projekt man hätte erwarten können, erst nach und nach aufs neue zur Geltung kamen. Schon bei der Arbeiter- und Angestellten-Erhebung waren ja in den Fragebogen sowohl Fragen aufgenommen, bei denen angesichts eines samples mit ausgeprägten Parteibindungen zu erwarten war, daß die Antworten mehr die Auffassungen der Partei und der aktuellen Kommentare der Parteipresse als die persönliche Meinung der Befragten wiedergeben würden – als auch Fragen, die ohne offen erkennbare Verbindung zum politischen Bereich waren und keine durch Parteibindungen eindeutig festgelegten Verhaltensweisen betrafen und deshalb Antworten erwarten ließen, die Aufschluß über individuelle Persönlichkeitsstrukturen zu geben versprachen. In Fromms Einleitung zum Erhebungsteil der *Studien über Autorität und Familie* war als vorrangiges methodologisches Ziel der Erhebungen genannt worden: die aufgrund einer psychologischen Theorie vorgenommene und durch Experimente voranzutreibende »Aufstellung und Formulierung von Fragen, die Antworten erwarten lassen, aus denen man auf unbewußte Strebungen im Befragten und damit auf seine Triebstruktur Schlüsse ziehen kann« (*Studien*, 237).

Die Arbeiter- und Angestellten-Untersuchung des Instituts hatte sich im nachhinein als ein Versuch erwiesen, die Frage zu beantworten: Wie solide waren die sozialistischen Anschauungen der Arbeiterklasse in der Triebstruktur verankert und wie weit war in Krisensituationen damit zu rechnen, daß die Arbeiter zu ihren linken Anschauungen standen? Die Untersuchung der Berkeley-Gruppe lief immer deutlicher auf eine gemäßigte – man könnte auch sagen: bescheidenere – Variante zu jener Problemstellung hinaus, auf die Frage nämlich: Wie solide sind die demokratischen Anschauungen der US-Bevölkerung in der Persönlichkeitsstruktur der Individuen verankert und wieweit ist in Krisensituationen damit zu rechnen, daß sie zu ihren demokratischen Anschauungen stehen?

Wie verführerisch der Rückgriff auf gesellschaftliche Vorurteile sein konnte, wenn es um Propaganda-Effekte ging, zeigte Adornos begeisterte und von Horkheimer ebenfalls mit Begeisterung aufgenommene Mitteilung: »Was die Gruppen anlangt, so sind eine große Anzahl, viel mehr als ursprünglich geplant, in Aussicht genommen. Sanford meint, daß das ohne weiteres im Rahmen des Budgets möglich ist. Der Plan bezieht sich unter anderem auf . . . business-Organisationen und die technisch-bürokratische Schicht, die ja die eigentliche Schlüsselgruppe des Faschismus darstellt. Sanford schlug außerdem eine Studie unter Verbrechern und unter Gefängniswärtern vor, und ich halte das für eine ausgezeichnete Idee. Hier könnte die Forschung *unmittelbar* in Propaganda übergehen, d. h. wenn man zuverlässig nachweisen könnte, daß ein besonders hoher Prozentsatz von Verbrechern extreme Antisemiten sind, so wäre das Resultat als solches bereits Propaganda. Ich möchte versuchen auch Psychopathen in Anstalten zu untersuchen.« (Adorno-Horkheimer, 26.10.44) Das waren kurzsichtige Hoffnungen, zumal wenn man an Horkheimers Aphorismus *Aus einer Theorie des Verbrechers* in der *DdA* denkt, wo vom »schwächeren, labileren Selbst« des Verbrechers die Rede war, und wenn man an die ambivalente Rolle denkt, die in der *DdA* das Selbst als Erscheinungsform der Emanzipation von Natur wie der entsagungsvollen Verhärtung gegenüber Natur spielte. Zudem konnte, wenn der erhoffte Nachweis gelang, der Antisemitismus leicht als eine Sache abgetan werden, die nicht ein Problem des Durchschnittsbürgers, des »konformierenden Asozialen« war, sondern eines der sowieso Verpönten, der abweichenden Asozialen. (Spezielle Gruppen wurden später nur zwei untersucht: Gefangene und Psychiatriepatienten. In der Tat zeigte sich, daß in einem sample von 110 Gefangenen des Gefängnisses von San Quentin in Kalifornien zwar nicht speziell der Antisemitismus, wohl aber Ethnozentrismus und politisch-ökonomischer Konservatismus deutlich ausgeprägter waren als bei anderen Gruppen und Vorurteilsfreie seltener waren als bei anderen Gruppen – ohne daß dieses Ergebnis aber besonders hervorgehoben oder propagandistisch ausgenutzt worden wäre.)

Auf der anderen Seite betonte Adorno in einem kritischen Kommentar zu einem Artikel Frenkel-Brunswiks über *The Anti-Semitic Personality*, der auf einen Vortrag auf dem Psychiatric Symposium in San Francisco (s. o. S. 399) zurückging: »It is an illusion to which we easily fall that society people because of their good manners are free of Antisemitism. This did not even hold good in Europe. It is even less true here. We have the strongest reason to believe that the upper class is violently antisemitic. I happened to find this corroboration during my last trip to the East Coast.« (*Notes by Dr. Ardorno on Mrs. Frenkel-Brunswik's article on the antisemitic personality*, 3) Nimmt man die Bemerkungen über die obere Oberschicht, über die technisch-bürokratische Schicht und über Verbrecher und Psychopathen zusammen, zeugten sie von einem komplexen Erwartungsgeflecht, an dem auffiel, in welch geringem Maße die Vermutungen und Hypothesen aus einer Theorie abgeleitet wurden und wieviel von den eigenen empirischen Untersuchungen erhofft wurde.

Daß – selbstverständlich – die Problemsensibilität intern viel größer war, als in den späteren Veröffentlichungen zutage trat, daß grundsätzliche Schwierigkeiten klar gesehen wurden, ohne daß man ihnen konsequent hätte Rechnung tragen können, wenn man nicht auf greifbare Ergebnisse verzichten wollte – auch das zeigten besonders deutlich einige Bedenken, die Adorno in seinen kritischen Bemerkungen zu Frenkel-Brunswiks Artikel über die antisemitische Persönlichkeit vortrug. Er bekundete Skepsis sowohl bei Frenkel-Brunswiks Indizierung der antisemitischen wie bei der der nicht-antisemitischen Persönlichkeit. Die Psychoanalyse verführe dazu, den Gegenstand der Untersuchung so oder so zu verurteilen. »Not only aggressiveness is bad but also kindness, as a symptom of compensated aggressiveness, etc. I should advise great attention to this danger since it might affect any publication in a way which might be politically contrary to our aims.« (a.a.O., 1) Die gleiche Skepsis bewies er auch hinsichtlich der Einschätzung von Nicht-Antisemiten. »The description of the antisemitic and non-antisemitic girls appears to me somewhat stereotyped itself . . . Since the thinking in stereotypes is, according to our theory, one of the main characteristics of the fascist mentality, we should avoid everything that reminds of that way of thinking, even if the accents are the opposite of the antisemitic ones. Incidentally, the ideal of ›achievement‹ which plays so vaste a role in the psychological household of the non-antisemitic girls seems to me as indicative of dangerous conformism as any of the traits you pointed out with regard to the high Antisemites. In other words, I doubt whether the difference of opinion can be translated into ultimate differences of personality structures. This, however, is a heratic statement meant only for ourselves and decidedly off the record.« (a.a.O., 7).

Das Berkeley-Projekt bildete das einzige ununterbrochene Verbindungsglied zwischen der ersten und der zweiten Phase des Antisemitismus-Projekts, die einzige kontinuierlich betriebene langfristige Studie. »Was das Institut betrifft«, schrieb Horkheimer im Dezember 1944, als das Rumpf-Institut noch mit der Auswertung der Arbeiter-

Studie beschäftigt war und die Konturen der Fortsetzung des Antisemitismus-Projekts noch ganz unbestimmt waren, an Adorno, »so möchte ich am liebsten vom Committee den Auftrag erhalten, das große Manuskript des ersten Projekts [d. h. den vierbändigen Report *Studies in Antisemitism* über das erste Projektjahr, R. W.] in ein Textbuch des Antisemitismus vom Umfang des Myrdalschen Werks über Neger auszuarbeiten. Damit würden sehr viele materielle und taktische Probleme gelöst.« (Horkheimer-Adorno, 19.12.44) Darin zeigte sich das Bedürfnis nach einer präsentationsfähigen Verständigung über den Gesamtzusammenhang der diversen Teilprojekte und Gedankengänge, das Bedürfnis nach einem Text, der Adornos und Horkheimers Vorstellung vom theoretisch akzentuierten Image des Instituts einigermaßen gerecht wurde und zugleich durch den pädagogisch-aufklärerischen Charakter die Verbundenheit des Instituts mit den Kriegsanstrengungen bzw. der Bewältigung der Nachkriegs-Aufgaben eines den Faschismus bekämpfenden Landes bezeugte. Die wirklich theoretische Arbeit aber würde erst danach wieder weitergehen. »Da wir nur sehr wenig Personal haben, wird es sich nicht ganz vermeiden lassen, daß manches nicht ganz nach Ihrem und meinem Geschmack ausfallen wird. Schließlich ist das Ganze ja aber nicht unser Hauptberuf und spätestens nächsten Sommer soll doch wo möglich die ganze Projekt-Periode abgeschlossen sein. Da muß man sich schon beeilen, wenn noch etwas Greifbares (in jedem Sinn) herauskommen soll.« (a.a.O.)

Erst im Frühjahr 1945, als die Arbeiter-Studie nahezu fertig war, wurde das endgültige Programm für die Fortsetzung des Antisemitismus-Projekts festgelegt. Anregungen dazu waren unter anderem von Adorno und Mitgliedern des advisory board gekommen, dem z. B. Margaret Mead, Paul F. Lazarsfeld, Robert K. Merton und Rudolph M. Loewenstein angehörten. Adorno kam für kurze Zeit nach New York und half Horkheimer bei dieser wichtigen Angelegenheit.

Das Programm sah 9 Teilprojekte sowie laufende Befragungen und Tests aus aktuellen Anlässen vor:

The Berkeley Project on the Nature and Extent of Antisemitism –
mit der Aufgabe: (a) die Charakterstruktur von Personen aufzudecken, die anfällig für Antisemitismus sind; (b) ein Instrument zu entwickeln, mit dem die Anfälligkeit für Antisemitismus festgestellt werden kann.

A Study of Antisemitism among Children –
mit der Aufgabe: spezifische Kindheitserfahrungen und Entwicklungsperioden ausfindig zu machen, die von Bedeutung für das spätere Auftreten von Antisemitismus sind.

A Survey of Psychiatric Cases involving Race Hatred –

mit der Aufgabe: die bei antisemitischen Gefühlen von Juden und Nicht-Juden eine Rolle spielenden psychodynamischen Mechanismen aufzudecken (sowie entsprechende bei neger- und weißenfeindlichen Gefühlen auftretende psychodynamische Mechanismen).

A Study of Anxiety and Social Aggression among War Veterans –

mit der Aufgabe: Angst und soziale Aggression bei unterschiedlichen Gruppen von Kriegsveteranen zu untersuchen und ferner festzustellen, welche Wirkung das Aufklärungsmaterial des American Jewish Committee bei Kriegsveteranen hat.

An Analysis of Antisemitic Caricature –

mit der Aufgabe: festzustellen, welche Triebe und Emotionen antisemitische Karikaturen zu befriedigen suchen.

An Art Project to develop a Sketch of a Fascist Agitator –

mit der Aufgabe: ein charakteristisches Bild des faschistischen Agitators zu entwerfen, das für Zeitungen, Posters, Filme usw. verwendet werden kann.

The Preparation of a Pamphlet on Antisemitic Propaganda –

mit der Aufgabe: eine Broschüre herzustellen, die die Methoden antisemitischer Propaganda wirkungsvoll entlarvt.

A Definitive Treatise on Antisemitism –

mit der Aufgabe: ein wissenschaftliches Standardwerk über Antisemitismus zu verfassen.

An Experimental Motion Picture for Measurement of Race Prejudice –

mit der Aufgabe: (a) ein neues Instrument zu schaffen, mit dem die Empfänglichkeit für rassistische Propaganda festgestellt werden kann; (b) bestehende Vorurteile zu messen; (c) Einsicht in Projektionsmechanismen zu erlangen.

Experiments in Surveys and Testing –

mit der Aufgabe: mittels etablierter Methoden die Einstellung gegenüber Juden und gegenüber dem vom American Jewish Committee hergestellten Aufklärungsmaterial zu testen.

(American Jewish Committee, *Progress Report of the Scientific Department, 22. 6. 45. List of Scientific Projects*. Die Angaben über die Aufgabenstellung sind von mir ins Deutsche übersetzt)

Das Personal bestand aus Horkheimer (Director), Marie Jahoda (Associate für die Ostküste), T. W. Adorno (Associate für die Westküste), Genevieve Knupfer und Samuel H. Flowerman als Mitgliedern des professional staff des Scientific Department des AJC, ferner aus einem guten Dutzend zusätzlicher Mitarbeiter. Nur einer von ihnen war ein enger Mitarbeiter des Instituts: Leo Löwenthal, ein weiterer war lockerer Mitarbeiter: Paul Massing. Der als Berater für den Experimentalfilm vorgesehene Siegfried Kracauer war zwar ein alter Bekannter des Instituts, aber ein mit Verachtung betrachteter, nicht als Verbündeter geschätzter.

Der wichtigste unter den zusätzlichen Mitarbeitern war Bruno Bettelheim, damals Direktor der Sonia Shankman Orthogenetic School für die Erziehung und Behandlung von Kindern mit schweren emotionalen Störungen und Assistant Professor of Education an der Universität von Chicago. Er war vorgesehen als Leiter der Studie über antisemitische Karikaturen und – zusammen mit Edward Shils, der in den folgenden Jahren zum Partner Talcott Parsons beim Aufbau der strukturell-funktionalen Theorie wurde – als Leiter der Studie über Kriegsveteranen. Bettelheim – gleichaltrig mit Adorno, aus Wien stammend, Psychologe – war im Frühjahr 1938, unmittelbar nach dem Einmarsch der Deutschen in Österreich, verhaftet worden und dann in die Konzentrationslager Dachau und Buchenwald, die damals größten Konzentrationslager für politische Gefangene, gekommen. 1939 überraschend entlassen, war er in die USA emigriert. Er brachte sofort seine Erinnerungen zu Papier, machte sich dann – nach wochenlangem Zögern, weil er fürchtete, vor Empörung nicht objektiv genug zu sein – an die Analyse seiner Erfahrungen und entschloß sich schließlich, als sich die Niederlage des Nationalsozialismus abzeichnete und ein Mißbrauch seiner Erkenntnisse durch die Gestapo kaum noch zu befürchten war, seine Studie über *Individual and Mass Behavior in Extreme Situations* zu veröffentlichen. Die Brisanz des Artikels lag darin, daß er die von der SS durch Folter und Erniedrigung erzielte Persönlichkeitsveränderung des Gefangenen bis hin zur endgültigen Anpassung an das Lagerleben und zur Identifizierung mit der SS zeigte – und das eben bei politischen Gefangenen.

»Leider«, so heißt es rückblickend in Bettelheims Buch *Erziehung zum Überleben*, »wurde diese Abhandlung ein gutes Jahr lang von allen psychiatrischen und psychoanalytischen Zeitschriften abgelehnt, obwohl ich davon ausgegangen war, daß gerade sie bereit sein müßten, meine Arbeit abzudrucken. Die Gründe für die Ablehnung waren unterschiedlich. Manche Herausgeber kamen mit dem Einwand, daß ich in den Lagern keine schriftlichen Aufzeichnungen gemacht hätte, womit sie implizierten, daß sie selbst kein Wort von dem glaubten, was ich über die Lebensbedingungen in den Lagern geschrieben hatte. Andere lehnten meine Arbeit ab, weil die in ihr enthaltenen Angaben nicht verifizierbar waren oder weil meine Befunde nicht repliziert werden konnten. Wieder andere erklärten mir unumwunden, daß sie die von mir angeführten Tatsachen und meine Schlußfolgerungen daraus für die reinste Übertreibung hielten. Und manche fügten hinzu, daß dieser Artikel für ihre Leserschaft unzumutbar sei, womit sie – das belegen meine eigenen persönlichen Gespräche mit Fachleuten – wahrscheinlich recht hatten.« Erst Gordon W. Allport veröffentlichte die Abhandlung im Oktober 1943 als Leitartikel in dem von ihm herausgegebenen *Journal of Abnormal and Social Psychology*. Sie wurde in der Zeitschrift *Politics* nachgedruckt, erschien außerdem als Broschüre und erregte internationales Aufsehen. Nach dem Krieg machte General Eisenhower sie für alle Offiziere der US-Militärregierung in Deutschland zur Pflichtlektüre.

Es war auch Bettelheim, der sich einige Jahre später, gestützt auf seine Erfahrungen mit jüdischen Gefangenen im Konzentrationslager, in einem Artikel über *The Victim's Image of the Anti-Semite* auf das brisante Problem einließ, daß die Juden auf die in den Antisemiten wirksamen psychologischen Mechanismen ihrerseits mit realitätsverzerrenden psychologischen Mechanismen reagierten und sich durch die Stereotypisierung des Gegners als zugleich übermächtig und verächtlich in gefährliche Situationen brachten, weil sie nicht erkannten, wo ihre wirklichen Chancen lagen.

Horkheimer und Adorno hätten Bettelheim gerne zu intensiver Zusammenarbeit nach New York geholt, nicht bloß, weil in der Anlaufzeit des erweiterten Projekts infolge des Krieges zur Mitarbeit bereite gute Soziologen und Psychologen rar waren, sondern weil sie ihn besonders schätzten. Es kam aber nur zur Zusammenarbeit bei der Chicagoer Kriegsveteranen-Studie.

Die beiden Institutsleute unter den zusätzlichen Mitarbeitern, Löwenthal und Massing, waren vorgesehen als Mitarbeiter beim *Treatise on Antisemitism*, als dessen Hauptherausgeber Horkheimer fungieren sollte, assistiert von MacIver und Gordon Allport als Mitherausgebern. Dieser *Treatise* und das Pamphlet über antisemitische Propaganda waren die beiden einzigen dem ISR übertragenen Teilprojekte.

Das Rumpf-Institut schien also gut mit einer ihm gemäßen Arbeit versorgt; für die meisten anderen wichtigen Teilprojekte standen die Mitarbeiter fest – so für die Studie über Fälle von psychisch Kranken, bei denen Antisemitismus eine Rolle spielte, außer Marie Jahoda Nathan Ackerman, ein dem AJC nahestehender Psychotherapeut. Es sah so aus, als würden Horkheimer und Adorno das ganze Projekt vor allem leitend und Anregungen gebend in Gang halten und sich bald schon wieder vor allem der Weiterarbeit am gemeinsamen theoretischen Hauptwerk widmen können.

5. Kapitel
Langsame Rückkehr

Ehrgeiz beim Antisemitismus-Projekt – Sehnsucht nach
philosophischer Arbeit – Ohne Lust zur
Theoretiker-Gemeinschaft – Besuche in der Kolonie

Als im April 1945 die Truppen der westlichen Alliierten in Deutschland einmarschierten und im Mai die deutsche Kapitulation erfolgte,
waren Horkheimer und Adorno, inzwischen beide längst US-ameri-
kanische Staatsbürger, voll engagiert beim großen Antisemitismus-
Projekt. Und dieses Projekt war gänzlich auf die USA hin orientiert:
Finanziert von einer Organisation, der es um die Verbesserung der
Situation der in den USA lebenden Juden ging, bot es dem Horkhei-
mer-Kreis die Chance, sich durch die Kombination »europäischer
Ideen« und US-amerikanischer Forschungsmethoden innerhalb der
US-amerikanischen Sozialwissenschaften zu profilieren.

Erschrocken stellte Adorno fest, daß der so lange vergeblich er-
sehnte Sturz der Nationalsozialisten ihn kaum noch erfreuen konnte.
Er gestand Horkheimer, seine Libido sei inzwischen mehr »bei unseren
Dingen als bei der Weltgeschichte, der sie standhalten sollen« (Adorno-
Horkheimer, 2. 5. 45). Immerhin sah er trotz der schwarzen Perspektive, »über die wir uns ja stets einig waren«, doch Grund zur Freude:
»einmal weil in einer Welt, die von einer Katastrophe in die andere zu
stürzen scheint, schon jede Atempause das Glück vorstellt, und dann
weil das äußerste Entsetzen eben doch Hitler und Himmler hieß und
anderswo zwar möglich, aber doch noch nicht wirklich ist. Diesmal ist
es besser gegangen, als Sie dachten, und vielleicht wird es auch besser
gehen, als wir beide denken.« (Adorno-Horkheimer, 9. 5. 45)

Horkheimer seinerseits hatte einige Monate zuvor die Unterscheidung vor allem linker Emigranten zwischen Nazi-Deutschen und
Deutschen als Symptom des offenen Übergangs »aus der Klassen- zur
Racketphase der Gesellschaft« eingestuft. »Der Sinn dieser Parole ist
kein anderer, als daß die Völker einfach Viehherden sind, die selbstverständlich jedem Leithammel nachlaufen oder: moderner ausgedrückt, auf Grund der Erfahrung in psychologischen Methoden der
Verwaltung zu allem gebracht werden können, zu dem man sie haben

will . . . Wer wird denn die Deutschen für die Nazis verantwortlich machen: wir wissen doch ganz genau, daß sie mit der gleichen Begeisterung zu Stalin oder den General Motors übergehen!« (Horkheimer-Adorno, 24. 11. 44) Bedeutete das, daß Horkheimer und der Horkheimer-Kreis an die Möglichkeit eines neuen Deutschland nicht glaubten? Daß sie auf jeden Versuch, Einfluß auf die Entwicklung drüben zu nehmen, verzichten wollten? War dadurch, daß für die diversen Deutschland-Projektentwürfe des Instituts keine Geldgeber hatten gefunden werden können, das Interesse an diesem Thema erlahmt? Machte »die Theorie«, an der Horkheimer und Adorno in Fortsetzung der *DdA* arbeiten wollten und die sie als dialektische Kritik der gesellschaftlichen Gesamttendenz des Zeitalters begriffen, die USA für sie zu einem interessanteren Land als Deutschland? Stellte sich nun, da der Nationalsozialismus besiegt war, bei ihnen das Gefühl ein, sie seien drüben, im von Juden gesäuberten Europa, nicht mehr zu Hause als in den USA?

Das sind schwer zu beantwortende Fragen. Mit dem Ende des Krieges und angesichts der günstigen Entwicklung der Zusammenarbeit des Instituts mit dem AJC schien das Ende eines Interims gekommen und die Frage nach einer Erneuerung der alten Theoretiker-Gemeinschaft wieder aktuell geworden. Sie wurde aber zwischen den Betroffenen nicht offen erörtert.

Neumann, Marcuse und Kirchheimer waren während des Krieges stets gerne als in Regierungsdiensten tätige Mitarbeiter des Instituts aufgeführt worden – als Beweis für die Beteiligung des Instituts an den Kriegsanstrengungen der USA. Der Kontakt war Ende des Krieges noch da. Die Washingtoner »Delegierten« schickten Horkheimer zu dessen 50. Geburtstag im Februar 1945 gemeinsam ein Telegramm, in dem sie bedauerten, nicht nach New York kommen zu können. Sicherlich wären alle drei gerne wieder wie einst Mitarbeiter des Instituts geworden. Die Trennung war für Neumann und Marcuse bitter genug gewesen. Bei Kirchheimer war sie nur deshalb unauffälliger verlaufen, weil er nie den gleichen Mitarbeiterstatus erreicht hatte wie Marcuse und Neumann und ihm übergangsweise reduzierte Formen bezahlter Mitarbeit hatten zugemutet werden können. Der Abschreckungseffekt war aber offenbar nachhaltig. Daß Felix Weil sich im Frühjahr 1945 noch einmal zu einer Stiftung in Höhe von 100 000 $ verpflichtet hatte, konnten die drei ehemaligen Mitarbeiter nicht wissen. Die Institutsleiter ihrerseits hüteten sich, sie von sich aus zur Mitarbeit aufzufordern. Denn das Antisemitismus-Projekt war zeitlich begrenzt; die neue Stiftung war laut Horkheimer im Hinblick darauf getroffen worden, »daß in Zukunft das Institut sich nicht mehr auf einen großen Betrieb einlassen, sondern sich auf die entscheidenden Arbeiten konzentrieren soll«, was, wie auch Felix Weil einsehe, heute nur möglich sei, »wenn die paar Menschen, die das Institut ausmachen, auf eine Reihe von Jahren hinaus relativ gesichert sind« (Horkheimer-Adorno, 6. 4. 45); und das New Yorker Büro des Instituts sollte irgendwann ganz geschlossen und jedes Aufkommen neuerlicher finanzieller Ansprüche gegenüber dem Institut unbedingt vermieden werden.

Horkheimer-Kreis – daß hieß Mitte der 40er Jahre: Vier Personen standen in einer jeweils besonderen Beziehung zu Horkheimer: Pollock als verschworener Partner des »Interieurs« und Mitleiter des Instituts; Adorno als verschworener Partner der Arbeit an der Theorie; Löwenthal als vielseitig verwendbarer mitverschworener Helfer; Weil als treuer Stifter. Trennung oder Entfremdung von den übrigen bildeten unumkehrbare Prozesse.

Fromm blieb ein als Revisionist Abgetaner, dessen Arbeiten aber zuweilen mit solchen Horkheimers oder Adornos in von Dritten herausgegebenen Sammelbänden vereint auftraten. Marcuse blieb in dauerndem Kontakt mit Horkheimer, wurde aber auf Distanz gehalten. Neumann wurde gelegentlich um juristischen Rat gefragt. Kirchheimer blieb ein sporadischer Gesprächspartner. Diese drei blieben nach Kriegsende noch auf Jahre hinaus in Staatsdiensten und kamen dann in den 50er Jahren an US-amerikanischen Universitäten unter. Grossmann erhielt vom Institut eine kleine Rente. Die Beziehung zu Wittfogel wurde in den 40er Jahren immer lockerer. Sie hörte formal auf, als 1947 anstelle des ISR und des Institute of Pacific Relations die Universität von Washington in Seattle und die Columbia Universität zu Trägern von Wittfogels China History Project wurden. Um diese Zeit stand das Institute of Pacific Relations bereits unter heftigem antikommunistischem Beschuß. 1951, als dem Institute of Pacific Relations nachzuweisen versucht wurde, kommunistische Mitarbeiter hätten zum Sturz Tschiang Kai-schecks und zum Sieg der chinesischen Kommunisten beigetragen, mußte auch Wittfogel vor dem McCarran-Ausschuß, einem Subcommittee des Senate Internal Security Subcommitee, aussagen. Der Konvertit des Kommunismus bot das traurige Schauspiel, daß er einen ehemaligen Mitarbeiter des ISR, Moses Finkelstein, belastete, indem er bezeugte, er sei Kommunist gewesen.

Das Interesse des Horkheimer-Kreises an Deutschland war nach wie vor lebendig, doch es war bei dem, der am meisten zu sagen hatte, bei Horkheimer, sehr zurückhaltend. Aber auch weniger Bedächtigen waren die Hände durch die Umstände gebunden. Deutschland war ein zerstörtes Land, in Besatzungszonen aufgeteilt. Politische Betätigung war verboten, Publikationen wurden zensiert. Man konnte nicht frei herumreisen, ohne dienstlichen Auftrag nicht einmal einreisen. Selbst aus den USA auszureisen war nicht ohne weiteres möglich. Für Zivilpersonen gab es zunächst keine Pässe. Man konnte nur im Regierungsauftrag nach Europa. Zudem war nicht abzusehen, wie die Alliierten mit Deutschland verfahren würden. Symptomatisch waren die Entnazifizierungsdirektiven der westlichen Alliierten. Sie waren vor allem von Sicherheitserwägungen bestimmt und enthielten kaum Hinweise darauf, welche Kriterien Neuernannte erfüllen sollten. Oft wählten die Vertreter der Militärregierungen den bequemsten Weg zur Stabilisierung der Situation: Sie ließen funktionierende Organisationen unbehelligt und effektiv arbeitende Beamte in ihren Stellungen. Wo wirklich ein Austausch stattfand, wurden oft nur bekannte Nationalsozialisten durch weniger bekannte oder Mitläufer ersetzt. (cf. Borsdorf/Niethammer, Hg., *Zwischen Befreiung und Besatzung*, 175 ff.) »Diejenigen«, so Marcuse im Rückblick auf seine Zeit beim Office of Strategic Services, »die wir z. B. als ›ökonomische Kriegsverbrecher‹ an der ersten Stelle der Liste hatten, waren sehr bald wieder in den entscheidenden verantwortlichen Positionen der deutschen Wirtschaft wiederzufinden.« (Habermas u. a., *Gespräche mit Marcuse*, 21)

Das Verbot politischer Betätigung wirkte sich fatal aus. Die antifaschistischen Komitees, die sich beim Einmarsch der Alliierten in vielen Städten gebildet hatten, wurden durch die zunehmende Einschränkung ihres Handlungsspielraums gelähmt. Die Kontinuität nationalsozialistischer und konservativer Einflüsse in den nichtpolitischen Bereichen, vor allem in der Wirtschaft und in großen Teilen der Verwaltung, wurde dadurch automatisch begünstigt. Außerdem gab es auf seiten der Alliierten gar nicht die Absicht, nicht einmal die langfristige, die Rückkehr antifaschistischer Emigranten zu fördern. Fast galt das Gegenteil. Symptomatisch dafür war das Verfahren bei der Entlassung von Kriegsgefangenen. Die Briten entließen Antifaschisten als letzte. Nur eine Minderheit unter den einflußreichen Besatzern vertrat eine radikal demokratische Position. Und die Bedeutung dieser Minderheit schrumpfte rasch. Schon nach zwei Jahren konnten sich endgültig jene deutschen Manager bestätigt sehen, die vom Einmarsch der US-Amerikaner an voller Zuversicht waren, das amerikanische Kapital werde sich unverzüglich bei der Aufbauarbeit engagieren. Und es erwies sich, daß Adorno zu wesentlichen Teilen richtig sah, als er am 9. Mai 1945, unmittelbar nach der Nachricht von der deutschen Kapitulation, an Horkheimer schrieb: »Wie meist in unseren sachlichen Kontroversen hat es sich gezeigt, daß wir beide recht behalten haben. Meine bürgerliche These, der Hitler könne sich nicht halten, hat sich, wenn auch mit einer Verspätung, die sie ironisch macht, bewahrheitet, in anderen Worten: die Produktivkräfte der wirtschaftlich fortgeschritteneren Länder haben sich doch als stärker erwiesen denn die technologische und Terrorspitze des latecomer: der Krieg ist, wie es im Sinn der gesamten historischen Tendenz liegt, von der Industrie gegen das Militär gewonnen worden. Umgekehrt ist aber auch Ihre These von der historischen Gewalt des Faschismus die Wahrheit, nur daß diese Gewalt ihren Wohnsitz gewechselt hat so wie die Verbürgerlichung Europas nach dem Sturz Napoleons . . . der junge unternehmungslustige Bankrotteur hat sein Geschäft der starken Firma zediert.« (Adorno-Horkheimer, 9. 5. 45)

Auch unabhängig von den äußeren Umständen, die Privatleuten wie Horkheimer und seinen verbliebenen Mitarbeitern gar keine andere Wahl als Abwarten ließen, sprach angesichts der allgemeinen Diagnose des Horkheimerkreises kaum etwas für eine eilige Rückkehr. Das Institut veranstaltete im März 1945 eine Vorlesungsreihe im soziologischen Department der Columbia University über *The Aftermath of National Socialism. On the Cultural Aspects of the Collapse of National Socialism.* Horkheimer sprach über *Totalitarianism and the Crisis of European Culture*, Adorno über *The Fate of the Arts*, Pollock über *Prejudice and the Social Classes* und Löwenthal über *The Aftermath of Totalitarian Terror.* Die Vorträge zeugten vom Andauern der wissenschaftlichen Beschäftigung des Instituts mit Deutschland und Europa. Sie machten aber auch deutlich, daß die entscheidenden Probleme Deutschlands und Europas sich am besten in den USA studieren ließen. Die zentrale These von Adornos Vortrag z. B. war: Hitler war nur der Exekutor einer längst vor ihm wirksam gewordenen und nach ihm absehbar weiterwirkenden Tendenz, nämlich der Entkultivierung der Mittelschichten, der Neutralisierung der Kultur überhaupt und der Künste im besonderen, ihrer Ablösung durch Kulturindustrie. »It is this lack of experience of the imagery of real art, partly substituted and parodied by the ready-made stereotypes of the amusement industry which is at least one of the formative elements of that cynicism that has finally transformed the Germans, Beethoven's people, into Hitler's own people.« (Adorno, *What National Socialism has done to the Arts*, 10)

Wenn wirklich, wie Adorno auch in dieser Vorlesung betonte, das Beste, was man als Intellektueller tun konnte, darin bestand, das Negative auszusprechen, die Katastrophe beim Namen zu nennen – waren dann die USA nicht das gegebene Untersuchungsfeld für den Kritiker der Kulturindustrie?

›Andererseits aber: es war die europäische Kultur, vor deren Standardisierung wie künstlicher Konservierung Adorno warnte. Jene Denkfigur, wonach der Umschlag der aufs äußerste zugespitzten Entfremdung von der Existenz eines Restes von Unerfaßtem abhing, war auch an dieser Stelle prägend. Im Land des ärgsten Faschismus sah Adorno auch für die Zeit nach Hitler mehr Hoffnung für eine Wende zum Besseren als in den USA. »The same people who always had blamed intellectual cliques for modernism in the arts, remained themselves a clique whose folk ideas proved to be even more distant from the life of the people than the most esoteric products of expressionism and surrealism. Paradoxical as it sounds, the Germans were more willing to fight Hitler's battles than to listen to the plays and operas of his lackeys. When the war catastrophe put an end to the remnants of public German musical life, it merely executed a judgment that was silently spoken since the Hitler gang had established its dictatorship over culture.« (a.a.O., 18) Mußte Adorno demnach nicht bestrebt sein, so bald wie möglich nach Beendigung des Krieges in Deutschland daran mitzuwirken, daß europäische Kultur wenigstens im Bereich der Musik lebendig fortgeführt wurde?

Es war in der Tat Adorno, der als erster aus dem Horkheimer-Kreis für die Neuherausgabe der Zeitschrift plädierte. Im Januar 1945 hatte er einen Verleger namens Guggenheimer kennengelernt, der eine Filiale in Schweden hatte und damit rechnete, daß es unmittelbar nach dem Krieg ein außerordentliches Interesse an deutschsprachigen Publikationen von Gegnern des Nationalsozialismus geben werde. Adorno – begeistert von dieser Vorstellung – schlug ihm die Veröffentlichung seines Wagner-Buches, eine deutsche Ausgabe der in Zusammenarbeit mit Hanns Eisler verfaßten *Komposition für den Film* sowie die Fortführung der Zeitschrift des Instituts vor und bat Horkheimer um die Autorisierung, diesem Verleger auch die *Philosophischen Fragmente* übergeben zu dürfen.

Aus diesen Hoffnungen wurde nichts. Und es erschien wie ein Symbol für die viel stärker zum Abwarten neigende Haltung Horkheimers, daß er Adorno bei dieser Gelegenheit mitteilte, er habe eine US-amerikanische Herausgeberin und einen lockeren Mitarbeiter des Instituts, Norbert Guterman, damit beauftragt, aus seinen Columbia-Vorlesungen vom Februar/März über *Society and Reason* und diversen Vorträgen einen englischen Buchtext herzustellen.

Der andere, der auf eine Neuherausgabe der Zeitschrift drängte, war Marcuse. Am April 1946 erkundigte er sich vorsichtig nach den Plänen Horkheimers. Der antifaschistische Nachrichtendienst OSS (Office of Strategic Services) war im September 1945 aufgelöst und die wichtigsten Abteilungen waren einfach anderen Behörden angegliedert worden – so die Abteilung, in der Marcuse arbeitete, dem State Department. Nun stand die Research and Intelligence Division des State Department wegen angeblicher kommunistischer Tendenzen unter heftigem Beschuß, die Bewilligung neuer Gelder war vorläufig abgelehnt worden. Komme es zur Auflösung, schrieb Marcuse an Horkheimer, werde er nicht traurig sein. »Was ich in den letzten Jahren ›außerdienstlich‹ geschrieben und gesammelt habe, hat sich als die Vorarbeit zu einem neuen Buch herausgestellt . . . Es ist – natürlich – auf das Problem der ›ausgebliebenen Revolution‹ zentriert. Sie werden sich an die Entwürfe über die Verwandlung der Sprache, über die Funktion des Scientific Management, und über die Struktur der regimentierten Erfahrung erinnern, die ich in Santa Monica geschrieben habe. Diese Entwürfe würden zu einem Teil des Buches ausgearbeitet werden.

Wie würde das alles in Ihre Pläne passen? Glauben Sie, daß demnächst – nach oder neben den Antisemitismus Projekten – Zeit für andere Arbeiten sein wird? Denken Sie an eine Fortsetzung der Zeitschrift? (Ich wäre begeistert dafür.)« (Marcuse-Horkheimer, Washington D.C., 6. 4. 46)

Auf die indirekte Frage Marcuses, ob er nach Beendigung seiner Geheimdienst-Arbeit wieder theoretischer Mitarbeiter des Instituts bzw. Horkheimers werden könne, ob man nicht mit dem Arbeits-Arrangement fortfahren könne, das 1942 unter verqueren Bedingungen abgebrochen worden war – auf diese indirekte Frage gab Horkheimer die indirekt ablehnende Antwort: an der Westküste gehe alles seinen regelmäßigen Gang, widmeten sich Adorno und er ungefähr den ganzen Tag dem Antisemitismus-Projekt und seien selbst Pollock und Felix Weil teilweise davon in Anspruch genommen. Das hieß: für theoretische Arbeit, erst recht gemeinsame theoretische Arbeit in größerem Rahmen sei vorläufig kein Raum. Was die Zeitschrift betraf, so gab Horkheimer eine Auskunft, die ebenfalls wenig Begeisterung verriet. Löwenthal führe Verhandlungen wegen der Neuherausgabe. Seien die Kosten erträglich, werde die Zeitschrift wahrscheinlich bald in Holland herauskommen. Allerdings bestehe die Schwierigkeit, daß es verboten sei, Drucksachen nach Deutschland auszuführen. Das hieß: Wir tun, was wir können – und war die höfliche Außenseite einer dilatorischen Handhabung der Angelegenheit.

Horkheimer seinerseits zeigte dagegen Interesse daran, etwas über die Lage in Frankfurt zu erfahren. Als er hörte, daß Marcuse, da ein Termin für eine dienstliche Reise nach Europa nicht abzusehen war, privat nach London reisen werde, um seine Mutter zu besuchen, trug er – erstaunt über Marcuses kühnen Plan, so rasch einen Abstecher nach Europa zu machen – ihm auf herauszufinden, ob es sich lohne, eine Erkundungsfahrt nach Frankfurt zu machen und dort in absehbarer Zeit wenigstens einen Horchposten aufzumachen (Horkheimer-Marcuse, 30. 8. 46).

Diesen Wunsch konnte wiederum Marcuse nicht erfüllen. Dagegen

plädierte er, als er von seiner Reise nach London und Paris zurückkam, eindringlicher noch als zuvor für die Fortführung der Zeitschrift. Er habe in London unter anderem mit Karl Mannheim und
Richard Löwenthal, in Paris unter anderem mit Raymond Aron und
Jean Wahl und Vertretern der jungen Existenzialisten und Surrealisten
gesprochen. »All of them asked me why in heaven's name the Zeitschrift does not come out again. It was – so they said – the only and the
last publication which discussed the real problems on a really ›avant-
gardistic‹ level. The general disorientation and isolation now is so
great that the need for the reissue of the Zeitschrift is greater than ever
before. Even if the Zeitschrift could not be officially introduced into
Germany, the public outside Germany is large enough and important
enough to justify its appearance.« (Marcuse-Horkheimer, 18. 10. 46)
Am besten würde sie, wie einst in den 30er Jahren, englische, französische und deutsche Artikel enthalten. Er schlug ein Sonderheft über
Deutschland vor, ansetzend bei Analysen der in Deutschland zirkulie-
renden diversen politischen, ökonomischen und kulturellen Programme und Richtlinien der wichtigsten deutschen Parteien. Das
Material werde er zur Verfügung stellen.

Aber einzig Marcuse verfaßte – nach einem Treffen mit Horkheimer, bei dem verabredet worden war, jeder solle einen Entwurf über
die theoretische Orientierung der Zeitschrift schreiben – wirklich
Anfang 1947 einen Text, der auf knapp zwei Dutzend Schreibmaschinenseiten seine von der Nachkriegssituation ausgehenden Vorstellungen zu einer Theorie der gegenwärtigen Lage skizzierte.

Fast zwei Jahre später schrieb Horkheimer an Marcuse, er habe sich
vorgenommen, zusammen mit Adorno endlich einen Entwurf in der
Art von Marcuses »Thesen« zu schreiben. Es liege schon erhebliches
Material dazu vor. »Die Schwierigkeit besteht darin, daß wir uns nicht
aufs Politische beschränken wollen. Es soll zugleich eine Art philosophisches Programm werden.« (Horkheimer-Marcuse, 29. 12. 48)
Weder dieses philosophische Programm noch die Neuherausgabe der
Zeitschrift, von der inzwischen kaum noch die Rede war, kamen
zustande.

Bei der dilatorischen Handhabung der Zeitschriften-Frage waren
zwei Gründe entscheidend: die Angst, sich zu exponieren, und die
Angst, eine eigene Zeitschrift nicht in ausreichendem Maße mit Beiträgen füllen zu können, die den Ansichten des engsten Horkheimer-
Kreises entsprachen. Als seinerzeit die Zeitschrift des Instituts eingestellt worden war, geschah es ja weniger aus finanziellen Gründen als
vielmehr, weil Horkheimer und Adorno mit den Beiträgen unzufrieden waren. Marcuses Entwurf vom Februar 1947 mußte vor allem
Horkheimer, aber auch Adorno eher abschrecken. Zwar war es ein

internes Papier, zur Selbstverständigung gedacht. Aber es sprach so direkt von politischen Dingen, daß Lesern wie Horkheimer und Adorno die Umsetzbarkeit in veröffentlichungsfähige Gedanken nahezu unmöglich scheinen mußte.

Die These, mit der Marcuse seinen Entwurf eröffnete, hieß: »Nach der militärischen Niederlage des Hitler-Faschismus (der eine verfrühte und isolierte Form der kapitalistischen Reorganisation war) teilt sich die Welt in ein neo-faschistisches und sowjetisches Lager auf . . . Die Staaten, in denen die alte herrschende Klasse den Krieg ökonomisch und politisch überlebt hat, werden in absehbarer Zeit faschisiert werden, die anderen in das Sowjet-Lager eingehen.

Die neo-faschistische und die sowjetische Gesellschaft sind ökonomisch und klassenmäßig Gegner und ein Krieg zwischen ihnen ist wahrscheinlich. Beide sind aber in ihren wesentlichen Herrschaftsformen anti-revolutionär und einer sozialistischen Entwicklung feindlich . . . Unter diesen Umständen gibt es für die revolutionäre Theorie nur einen Weg: rücksichtslos und ohne jede Maskierung gegen beide Systeme Stellung zu nehmen, die orthodoxe Marxistische Lehre beiden gegenüber ohne Kompromiß zu vertreten . . .« (Marcuse, Paper vom Febr. 1947, 1 f.)

Die globale politische Diagnose entsprach der Auffassung Horkheimers und Adornos. Das Plädoyer für die Verteidigung der »orthodoxen Marxistischen Lehre« und die unbefangene Verwendung der Begriffe Sozialismus, Kommunismus, Kapitalismus allerdings mußten den Autoren der *Philosophischen Fragmente* doppelt mißfallen. Zum einen, weil in ihren Augen ein kompromißloses Bekenntnis zum orthodoxen Marxismus Masochismus bedeutete. Zum anderen, weil nach ihrer Überzeugung die Schwerpunkte der Gesellschaftskritik inzwischen andere waren als in der Marxschen Lehre.

Selbst den Ausdruck »kritische Theorie der Gesellschaft« scheute Horkheimer längst. Wer Schwierigkeiten vermeiden wollte, hatte einigen Grund dazu in einem Land, in dem die Diskriminierung »unamerikanischen« Denkens seit Kriegsende zunehmend zu einer wichtigen Waffe im Wettkampf US-amerikanischer Politiker um die Macht geworden war. 1945 hatte das House Committee on Un-American Activities (HCUA) – in den 30er Jahren vom Repräsentantenhaus als vorläufiger Ausschuß eingerichtet, um faschistische und andere subversive Aktivitäten aufzudecken, von seinem ersten Vorsitzenden, dem Republikaner Martin Dies, aber von Anfang an als Instrument gegen die Regierung Roosevelt und die New Deal-Demokraten eingesetzt – den Status eines ständigen Ausschusses erhalten. Truman, der durch Roosevelts Tod am 12. April 1945 Präsident geworden war, suchte den Republikanern den Wind aus den Segeln zu nehmen, indem er seinerseits eine Temporary Commission on Employee Loyalty einsetzte und diverse weitere Maßnahmen ergriff. Im März 1947 entwickelte er zum ersten Mal die später so genannte Truman-Doktrin, als er die Wirtschafts- und Militärhilfe der USA für Griechenland und die Türkei als Maßnahmen zur Eindämmung des nach Weltherrschaft strebenden Kommunismus hinstellte. Im griechischen Bürgerkrieg hatten dank englischer und US-amerikanischer Hilfe die Monarchisten über die Kommunisten gesiegt. Was Truman zur Doktrin erhob, war die Fortsetzung der Politik der westlichen Demokratien vor dem Zweiten Weltkrieg: Duldung, ja Unterstützung autoritärer Regime als Bollwerk gegen den Kommunismus. Diese Duldung und Unterstützung hatten die Salazar-Diktatur in Portugal und die Franco-Diktatur in Spanien ununterbrochen genossen.

Die Konservativen beider Parteien haßten die New Deal-Anhänger und Radikalen innerhalb der USA, die sich als fünfte Kolonne der Sowjetunion wirkungsvoll diffamieren ließen und denen man noch rückwirkend für die Roosevelt-Ära mangelndes Mißtrauen gegenüber Kommunisten nachzuweisen suchte. Die Fair Deal-Anhänger (Fair Deal war das Schlagwort für das Programm Trumans, das den Ausbau besonders der sozialpolitischen Errungenschaften des New Deal vorsah) haßten die Sowjetunion, die die weltweite Durchsetzung der Prinzipien von »the world's greatest democracy« (so der Liberale Robert E. Cushman 1948) in Frage stellte, und demonstrierten ihre Bereitschaft zum Kampf gegen diesen Feind, indem sie stellvertretend für ihn die als Kommunisten hingestellten Kritiker des American way of life im eigenen Land diskriminierten. Der Haß der einen und der Haß der anderen verbanden sich zu einer immer weiter ausufernden Hexenjagd. Sie führte nicht zu Haft, Folter und Mord, wohl aber zu Rufmord, Arbeitslosigkeit und Existenzkrisen und einer vergifteten politischen und gesellschaftlichen Atmosphäre.

1947 traf es zwei Personen aus Horkheimers und Adornos Bekanntenkreis: Hanns Eisler und Bertolt Brecht. Beide waren Opfer eines typischen Prinzips von Hexenjagden: der Berührungsschuld. Hanns Eisler wurde vor das HCUA zitiert, weil er der Bruder Gerhart Eislers war, der von zwei Konvertiten des Kommunismus – von Louis Budenz, einst Herausgeber der Arbeiterzeitung *The Daily Worker* und eigentlicher Führer der US-amerikanischen KP, und seiner eigenen Schwester Ruth Fischer – denunziert worden war. Hanns Eisler sagte im öffentlichen Hauptverhör, das vom 24.-26. September in Washington stattfand, er sei nie Mitglied der Kommunistischen Partei gewesen und verstehe sich als Komponist und Musiker, stand aber zu seinem Bruder. Erst aufgrund der Solidaritätsbekundungen berühmter Künstler und Intellektueller durfte er die USA im März 1948 verlassen, allerdings mit der Auflage, sie nie wieder zu betreten. Brecht, eng mit Hanns Eisler befreundet, seit der Denunziation durch einen deutschen Emigranten unter Beobachtung des FBI stehend, war einer der 19 Schriftsteller, Regisseure und Schauspieler, die zu den sogenannten »Hearings Regarding the Communist Infiltration of the Motion Picture Industry« des HCUA nach Washington vorgeladen wurden. Bei seinem Verhör am 30. Oktober 1947 erwiderte er auf die berüchtigte Frage »Sind oder waren Sie Mitglied der Kommunistischen Partei?« – wie Eisler und im Unterschied zu vielen US-amerikanischen Verhörten, die sich auf den ersten oder den fünften Zusatzartikel zur Verfassung der Vereinigten Staaten beriefen, d. h. auf das Recht auf Rede- und Meinungsfreiheit, was regelmäßig zur Anklage wegen Verachtung des Kongresses führte, bzw. auf das Recht auf Verweigerung der Aussage bei Gefahr der Selbstbelastung –, er habe nie der Kommunistischen Partei angehört und verstehe sich als Dichter. (Und so verstanden sich eben Horkheimer und Adorno, über die Brecht sich immer wieder mokierte, als Philosophen.) Brechts Verhör endete ohne Anklage. Am Abend konnte er sich Teile davon im Radio anhören. Es ging ja bei den Verhören von »unfriendly witnesses« um die Diffamierung als Kommunist oder Kommunistensympathisant und um die Auslieferung an die öffentliche Meinung – eine Strategie, die McCarthy, dessen Name zum Symbol jener Epoche wurde, nur besonders skrupellos und effektiv betrieb und für seine politische Karriere zu nutzen verstand. Am Tag nach dem Verhör flog Brecht in die Schweiz. Ein Visum für die US-Zone in Deutschland wurde ihm verweigert.

Horkheimer und Adorno brauchten sich als naturalisierte US-Amerikaner im Unterschied zu Eisler und Brecht zwar nicht von Deportation oder Internierung bedroht zu fühlen. Ihre Vorsicht wurde aber durch solche Ereignisse noch gesteigert. Thomas Mann gründete ein Hilfskomitee für Hanns Eisler. Adorno dagegen trat von seiner Mitautorschaft an der zuerst 1947 auf englisch in den USA erschienenen *Komposition für den Film* zurück, weil er – wie er 1969 im Nachwort zu seiner eigenen deutschsprachigen Ausgabe des Bandes meinte – keinen Anlaß gehabt habe, Märtyrer einer Sache zu werden, die nicht die seine war, und weil er und Eisler als Musiker miteinander befreundet gewesen seien, die es vermieden hätten, Politisches zu diskutieren.

Eine Linie, wie Marcuse sie für eine Neuherausgabe der Zeitschrift entwarf, erschien Horkheimer und Adorno nicht bloß als kühn, sondern auch als zu traditionell. Bei allem unorthodoxen Inhalt waren Marcuses Ausführungen in ihren Konsequenzen tatsächlich schlicht orthodox. Er sprach davon, daß das Phänomen der kulturellen Identifizierung eine Diskussion des Kitt-Problems – insbesondere bei der

Arbeiterklasse – auf erweiterter Stufenleiter erfordere (10); betonte, daß die volle Last der Ausbeutung immer mehr auf die Rand- und Fremdgruppen falle, auf die »Outsiders« des eingegliederten Teils der Arbeiterklasse, auf die »›Unorganisierten‹, ›unskilled workers‹, Landarbeiter, Wanderarbeiter; Minoritäten, Koloniale und Halbkoloniale; Gefangene usw.« (8); traf ganz im Sinne Horkheimers und Adornos indirekte Aussagen wie die, daß sich die Theorie mit keiner antikommunistischen Gruppe verbünde – um dann doch festzustellen: »Die kommunistischen Parteien sind und bleiben die einzige anti-faschistische Macht. Ihre Denunziation muß eine rein theoretische sein. Sie weiß, daß die Verwirklichung der Theorie nur durch die kommunistischen Parteien möglich ist und der Hilfe der Sowjetunion bedarf. Dies Bewußtsein muß in jedem ihrer Begriffe enthalten sein. Mehr: in jedem ihrer Begriffe muß die Denunziation des Neo-Faschismus und der Sozialdemokratie die der kommunistischen Politik überwiegen. Die bürgerliche Freiheit der Demokratie ist besser als totalitäre Regimentierung, aber sie ist buchstäblich erkauft mit Jahrzehnten verlängerter Ausbeutung und verhinderter sozialistischer Freiheit.« (14 f.)

Solche Vorstellungen vertraten Horkheimer und Adorno auf keinen Fall mehr. Eine Atempause in der geschichtlichen Entwicklung bedeutete in ihren Augen nicht in erster Linie Verlängerung der Ausbeutung und Hinauszögern des Sozialismus, sondern vor allem die Möglichkeit zur Besinnung und zur Arbeit an der Theorie, die sie sich auf unabsehbare Zeit nicht mehr als vorwärts-, sondern höchstens als zur Besinnung treibende Kraft vorstellen konnten.

Marcuse kritisierte die Zwei-Phasen-Theorie, die den Sozialismus als erste Stufe vom Kommunismus als Endstufe unterschied und gab zu bedenken, daß die Orientierung an der Notwendigkeit des technologischen Fortschritts übersehe, daß der Kapitalismus doch allemal die bessere Technologie habe und die einzige Chance sozialistischer Länder im Experiment der Abschaffung der Herrschaft und im Sprung in den Sozialismus liege – um dann für die Räterepublik zu plädieren und Anarchie, Desintegration, Katastrophe als den einzigen Weg zu begrüßen, in einem Akt revolutionärer Freiheit die Veränderung des herrschaftsmäßig strukturierten Produktionsapparates und der Bedürfnisse zu erreichen. Gerade diese Verschmelzung einer ihren eigenen Vorstellungen entsprechenden Denkfigur eines anthropologischen Umschlags zum Besseren mit den politischen Konzeptionen der Räterepublik und der Anarchie mußte Horkheimer und Adorno erschrecken, wurde dadurch doch ausdrücklich ein Zusammenhang hergestellt, den sie lediglich nicht ausschließen wollten. Gegenüber denen, die aus den schlechten Verhältnissen unter ausdrücklicher oder stillschweigender Zugrundelegung einer pessimistischen Anthropologie auf die Unmöglichkeit besserer Verhältnisse schlossen, bestanden Horkheimer und Adorno auf der Möglichkeit besserer Zustände. Sie waren aber nicht bereit, irgendeine politische oder gesellschaftliche Organisation oder Gruppierung als Verkörperung der Möglichkeit des Besseren zu benennen oder anzuerkennen. Sie bauten auf einzelne.

Es war schwierig, dabei auseinanderzuhalten, was sachlicher Einsicht und was dem Bedürfnis nach Verschiebung der Diskussion auf nicht unmittelbar brisante Dimensionen entsprang. Denn der Anspruch auf Erweiterung und Aktualisierung des Gesichtskreises war geeignet, über die Aussparung eines nach wie vor zentralen, aber besonders anstößigen und konfliktgeladenen Themas hinwegzutäuschen. Auf diese Schwierigkeit gingen nicht einmal die *Minima Moralia* ein, die ansonsten eine Fülle von Reflexionen über eigene Schwächen und ausweglos scheinende Dilemmata enthielten. Im Oktober 1947 war Marcuse in Los Angeles. Aber bei der Diskussion über seinen Entwurf blieb offenbar vieles unerörtert. Den »orthodox marxistischen« Theoretiker der ausgebliebenen Revolution und die Autoren der *Philosophischen Fragmente* verband nicht mehr die gemeinsame Konzeption einer kritischen Theorie. Die *Philosophischen Fragmente* machten Marcuse so ratlos, daß er sich noch nach der Zusendung der Buchausgabe im Sommer 1948 nicht in der Lage sah, einen Kommentar dazu abzugeben.

Marcuses unverhohlene Verfechtung der marxistischen Theorie veranlaßte Horkheimer zu schwankender Zurückhaltung. Ähnlich reagierte er auch auf das Vorgehen eines Vorkämpfers der kritischen Theorie in Deutschland. Vom 19.-21. September 1946 fanden in Frankfurt die Verhandlungen des 8. Deutschen Soziologentages statt – die ersten seit der Weimarer Zeit. Als »Gespenstersonate« hatte – unter Anspielung auf das Strindberg-Drama – Marcuse in einem Brief an Horkheimer bezeichnet, was seit Kriegsende in Deutschland geschah. Eine Gespenstersonate führten auch die Soziologen auf. Bei einem Treffen, das Leopold v. Wiese, der Doyen der deutschen Soziologie in Weimarer Zeiten, im April 1946 bei sich in Bad Godesberg arrangiert hatte, wurde die Gesellschaft für Soziologie neu konstituiert mit Wiese als Präsident. Als Hauptthema für den Soziologentag wurde *Gegenwartsaufgaben der Soziologie* vereinbart. In seinem Einleitungsvortrag in Frankfurt prangerte Wiese als die große Torheit des Zeitalters den Kollektivegoismus und das Machtgelüste an. Die ideale Zukunft der Soziologie sah er in einem »weltlichen Vatikan«: in einer Zentrale, in der sich Praxis und Theorie der allgemeinen Administration sichtbar miteinander verbanden, sollten »inmitten eines Saales . . . auf einer hohen Bühne die granitnen Tafeln der Gesamtsysteme der sozialen Prozesse, die in gewissen Zeitabständen in Einzelheiten ... korrigiert werden«, stehen (*Verhandlungen des 8. Deutschen Soziologentages*, 35). Diese Vision sollte in seinen Augen an die Stelle überholter Ismen treten, zu denen er insbesondere den Marxismus rechnete. Wieses heute nur noch absonderlich wirkendes Programm bildete das sozialtechnokratische Gegenstück zu einer der meistdiskutierten Programmschriften, die 1945/46 in Deutschland kursierten: Friedrich Meineckes *Die deutsche Katastrophe*, worin vor allem vorgeschlagen wurde, überall Ortsgruppen einer Goethe-Kulturgemeinde zu gründen.

Nur einer übte scharfe Kritik an Wieses Vortrag, und zwar jemand, der eigentlich vorhatte, sich bei Wiese mit einer Arbeit über das Thema *Marxismus und Soziologie* zu habilitieren: Heinz Maus, ein Nicht-Emigrant, der 1932 bei Horkheimer und Mannheim studiert hatte, zu einem begeisterten Anhänger Horkheimers geworden war, diesem 1939 eine Vorstudie zu einer Dissertation über Schopenhauer schickte, die 1939 unter dem Titel *Die Traumhölle des Justemilieu* in einem Gedenkbuch zu Schopenhauers 150. Geburtstag erschienen war, und der seitdem mit Horkheimer im Briefwechsel stand. Er verteidigte in Frankfurt ausdrücklich die Theorie von Marx, die sich bemühe, den Prozeß, »den wir uns gewöhnt haben, fälschlich als Industrialisierung zu bezeichnen« – das taten inzwischen auch Horkheimer und seine Mitarbeiter – zu durchleuchten. Man lebe mehr im Klassenkampf denn je. Er berief sich dann auf Horkheimer, der ihm geschrieben habe, eine der vordringlichsten Aufgaben der deutschen Soziologie sei eine » ›Soziologie des Terrors‹, angefangen vom Übergang der Erziehung des Kindes ... bis zur Verwandlung des Erwachsenen in ein bloßes Mitglied vorgegebener Verbände, ohne deren Schutz er arbeits- und rechtlos ist« (*Verhandlungen*, 44).

Horkheimer erfuhr nicht, in welch einen engen Zusammenhang er durch Maus mit Marx und Klassenkampf gerückt worden war. Maus berichtete ihm nur, als wie berechtigt seine, Horkheimers, Befürchtungen hinsichtlich des Soziologentags sich erwiesen hätten. Maus' unablässiges Bemühen um Publikation der Arbeiten des Horkheimer-Kreises, von denen er eine ganze Reihe – darunter z. B. die *Eclipse of Reason* – selber übersetzte, hatte nur geringen Erfolg. Es gelang ihm lediglich, in der *Umschau. Internationale Revue*, die von 1946-48 existierte und bei der er als Redakteur mitarbeitete, zwei kleine Auszüge aus der *DdA*, Pollocks Staatskapitalismus-Aufsatz und Horkheimers *Kunst und Massenkultur* zu publizieren. Das lag offenbar weniger an einer Abneigung der Verlage gegen kritische Texte, als an der merkwürdigen Arbeitsteilung zwischen einem als begeisterter Literaturagent auftretenden Maus und einem zögernden Horkheimer. Der Verleger C. B. Mohr, bei dem 1933 Adornos *Kierkegaard* erschienen war, nahm 1949 die *Philosophie der neuen Musik* an, ohne das Manuskript zu kennen. Adorno freute sich. Horkheimer dagegen meinte Anfang 1950 in einem Brief an Adorno: »Rütten & Loening schreiben fortwährend Briefe mit dem Angebot, die Instituts-Schriften neu herauszubringen. Ich habe bis jetzt noch nicht geantwortet, da ich mich auf nichts einlassen will.« (Horkheimer-Adorno, 3. 1. 50)

Mit der eigenen theoretischen Arbeit ging es bei Horkheimer kaum noch voran. Wie er einst ständig von seinem Dialektik-Buch gesprochen hatte, so sprach er nun, nach der Fertigstellung der *Philosophischen Fragmente*, ständig von der Fortsetzung der philosophischen Arbeit. Diese Fortsetzung kam aber bei ihm über das Stadium von Notizen nicht mehr hinaus. Im übrigen entstanden in den 40er Jahren nach der *DdA* Gelegenheitsarbeiten, die kaum geeignet gewesen wären, den eigenen Ansprüchen an tragende Aufsätze für eine eigene Zeitschrift gerecht zu werden. Solche Gelegenheitsarbeiten waren ein Vortrag zum *Sociological Background of the Psychoanalytic Approach* für das Psychiatric Symposium on Anti-Semitism 1944 in San Francisco; ein Nachruf auf Ernst Simmel: *Ernst Simmel and Freudian Philosophy*; ein in dem 1949 von Ruth Nanda Anshen publizierten Sammelband *The Family: Its Function and Destiny* erschienener Aufsatz über *Authoritarianism and the Family Today*, eine Art rackettheoretischer Epilog zu den *Studien über Autorität und Familie*, der zu dem Schluß kam: der Zerfall der Familie führt zur Ablösung des Vaters durchs Kollektiv und zur Erzeugung totalitärer Dispositionen; die Ausarbeitung eines Vortrags über *The Lessons of Fascism*, den Horkheimer auf einer von der UNESCO 1948 in Paris veranstalteten Wissenschaftler-Konferenz über *Tensions that cause Wars* hielt.

An den meisten dieser Arbeiten hatte Adorno mitgewirkt. Adorno war es auch, der die philosophische Arbeit auf eigene Faust fortsetzte: in den *Minima Moralia*. »Die Ausführung«, hieß es in der Zueignung, die er den erstmals 1951 in Deutschland veröffentlichten *Minima Moralia* voranschickte, »fiel in eine Phase, in der wir, äußeren Umständen Rechnung tragend, die gemeinsame Arbeit unterbrechen mußten. Dank und Treue will das Buch bekunden, indem es die Unterbrechung nicht anerkennt. Es ist Zeugnis eines dialogue intérieur: kein Motiv findet sich darin, das nicht Horkheimer ebenso zugehörte wie dem, der die Zeit zur Formulierung fand.«

Die *Minima Moralia* stellten so etwas wie die aphoristische Fortsetzung der *DdA* bzw. die Fortsetzung des Aphorismen-Teils der *DdA* dar. Von einer Änderung der Sichtweise, gegründet auf die Erwartung eines neuen Deutschland und das Wiederaufleben alter Hoffnungen, konnte keine Rede sein. An Adornos *Minima Moralia* – entstanden wie Marcuses Paper vom Februar 1947 als ein für Horkheimer gedachter Beitrag zur Selbstverständigung über die damalige Situation – wurde noch einmal deutlich, warum Horkheimer und Adorno außer aus finanziellen Gründen auch aus sachlich theoretischen Gründen Distanz zu Marcuse halten wollten. Marcuse sprach von der Befreiung von Ausbeutung und Unterdrückung und meinte damit die Befreiung der Ausgebeuteten und Unterdrückten. Adorno, wenn er von Emanzipation sprach, dachte eher an eine durch seine Sicht der eigenen Situation nahegelegte, an die Emanzipation nämlich von Angst, von Gewalt, von der Schmach der Anpassung. Den »besseren Zustand« charakterisierte er als den, »in dem man ohne Angst verschieden sein kann« (*Minima Moralia*, 131). Marcuse versuchte, mit utopischen Mitteln den orthodoxen Marxismus zu retten. Adorno versuchte, den distanzierten und einsamen Gesellschaftskritiker zu rechtfertigen. Der »Existenzialist« Marcuse machte sich zum Fürsprecher der Empörung über gesellschaftliches Unrecht. Adorno machte sich zum »lebens-philosophischen« Anwalt des nonkonformistischen Intellektuellen.

Die Aphorismen, die in ihrer Themenvielfalt den Anspruch bezeugten, nichts sei zu klein oder extravagant und nichts zu groß oder schwer begreiflich, als daß nicht ein Intellektueller sich darüber seine Gedanken machen sollte und könnte, mündeten immer wieder ein in Reflexionen über den – wie man in Analogie zu Adornos Reflexionen über die »radikale moderne Musik« formulieren könnte – radikalen modernen Intellektuellen. Vom avancierten Komponisten hatte Adorno in der *Philosophie der neuen Musik* gesagt, er müsse sich seine Sprache jeweils selbst schaffen und dabei zugleich unermüdlich Akrobatenkünste vollführen, nämlich die Unverbindlichkeit und Brüchigkeit dieser Sprache im Akt des Komponierens bekennen, um die Prätention der selbstgemachten Sprache ins Erträgliche zu mildern. Analog sah er die paradoxe Situation des avancierten Denkers. »Umgänglichkeit selber«, hieß es im 5. Aphorismus der *Minima Moralia*, »ist Teilhabe am Unrecht, indem sie die erkaltete Welt als eine vorspiegelt, in der man noch miteinander reden kann, und das lose, gesellige Wort trägt bei, das Schweigen zu perpetuieren, indem durch die Konzessionen an den Angeredeten dieser im Redenden nochmals erniedrigt wird . . . Für den Intellektuellen ist unverbrüchliche Einsamkeit die einzige Gestalt, in der er Solidarität etwa noch zu bewähren vermag. Alles Mitmachen, alle Menschlichkeit von Umgang und Teilhabe ist bloße Maske fürs stillschweigende Akzeptieren des Unmenschlichen.« Indes: »Für den, der nicht mitmacht«, so die Antithese im 6. Aphorismus, »besteht die Gefahr, daß er sich für besser hält als die andern und seine Kritik der Gesellschaft mißbraucht als Ideologie für sein privates Interesse . . . Die eigene Distanz vom Betrieb ist ein

Luxus, den einzig der Betrieb abwirft. Darum trägt gerade jede Regung des sich Entziehens Züge des Negierten. Die Kälte, die sie entwickeln muß, ist von der bürgerlichen nicht zu unterscheiden . . . Die private Existenz, die sich sehnt, der menschenwürdigen ähnlich zu werden, verrät diese zugleich, indem die Ähnlichkeit der allgemeinen Verwirklichung entzogen wird, die doch mehr als je zuvor der unabhängigen Besinnung bedarf.« Das in dieser Situation einzig zu verantwortende Verhalten sah Adorno darin, »dem ideologischen Mißbrauch der eigenen Existenz sich zu versagen und im übrigen privat so bescheiden, unscheinbar und unprätentiös sich zu benehmen, wie es längst nicht mehr die gute Erziehung, wohl aber die Scham darüber gebietet, daß einem in der Hölle noch die Luft zum Atmen bleibt«, und sich um eine Darstellungsweise zu bemühen, die die Einsicht in die eigene Verstricktheit »durch Tempo, Gedrängtheit, Dichte und doch wiederum Unverbindlichkeit« zum Ausdruck brachte.

Die *Minima Moralia*, Adornos Pendant zu Horkheimers *Dämmerung*, bedeuteten die Festschreibung des Selbstverständnisses des verbliebenen Horkheimer-Kreises als nonkonformistische Intellektuelle, als »soziale Nonkonformisten« (121), die den »konformierenden Asozialen« gegenüberstanden und sich – um einen von Horkheimer und Adorno in nicht-theoretischen Zusammenhang gerne verwendeten Ausdruck zu benutzen – an »anständige« einzelne wandten. Ein prinzipieller Verzicht auf eine interdisziplinäre gesamtgesellschaftliche Analyse folgte daraus nicht, denn der Sinn eines solchen Unternehmens war unabhängig davon, ob man sich an der Seite einer revolutionären Klasse fühlte oder nicht.

Das Antisemitismus-Projekt, einst zur Rettung des Instituts gedacht, dann zur alles andere in den Hintergrund drängenden und vom Rumpf-Institut allein bei weitem nicht zu bewältigenden Hauptsache selbst für Horkheimer und Adorno geworden, geriet zu einer von diesen beiden mit ständig wechselnden Gefühlen betrachteten Mischung von Scheitern und Glücken. Mitte 1945 hatte Horkheimer die diversen Teilprojekte so weit auf den Weg gebracht, daß er es sich leisten zu können glaubte, nach Los Angeles zurückzureisen, um dann nur noch zu gelegentlichen kürzeren Aufenthalten nach New York zu fahren. Im übrigen aber hoffte er, in Los Angeles neben der Arbeit am Antisemitismus-Projekt zusammen mit Adorno die philosophische Arbeit fortsetzen zu können.

Horkheimers wissenschaftsorganisatorische Tätigkeit war indes von zunehmenden Schwierigkeiten begleitet. Seit dem Herbst 1945 gehörte Samuel Flowerman – zuvor Psychologe und College-Lehrer, dann Executive Director des Jewish Community Relations Committee von Newark – dem Department of Scientific Research des AJC an.

Es gab Kompetenzkonflikte, nachdem Horkheimer die Leitung des Departments Flowerman überlassen hatte.

In Marie Jahoda, die in New York mit Flowerman zusammenarbeitete, sah Horkheimer eine Verbündete, die – wie er sich in einem Brief an sie ausdrückte – »in der Funktion des Liaison-Offiziers« mit sorgenden Händen das zusammenhalten werde, was er ins Leben zu rufen versucht hatte. Jahoda sah sich jedoch bald in Loyalitätskonflikte gestürzt. In einem persönlichen Brief teilte sie Horkheimer mit, sie schätze ihn überaus als Philosophen, kenne keinen, dessen Gedanken zum Antisemitismus-Problem so neu und scharfsinnig seien wie seine. Wenn sie aber demnächst z. B. von John Slawson, dem Vizepräsidenten des AJC, nach ihrer Meinung über Horkheimers Film-Projekt gefragt würde, müßte sie ehrlicherweise bekennen: »the setting up of an actual large scale experiment is not his sphere« (Jahoda-Horkheimer, New York, 21. 11. 45).

Damit war Horkheimer an zwei empfindlichen Stellen getroffen: in seinem Anspruch, als Theoretiker auch in der empirischen Forschung auf unkonventionelle Weise Meister zu sein; aber auch in seinem Anspruch, ungeachtet der Übergabe der Leitung des Departments an Flowerman bei den Projekten, an denen ihm lag, nicht zu einem Chief Research Consultant degradiert zu werden, der bloß unverbindliche Ideen und Anregungen lieferte. Er reagierte scharf:

»Unsere Differenz in wissenschaftlichen Fragen ist so selbstverständlich wie der Unterschied zwischen der Hegelschen Logik und einem von philosophischer Schlamperei gesäuberten orderly working outfit. In der Sphäre des sogenannten Research vermöchte ein solcher Widerspruch sogar fruchtbar zu werden, insofern als Sie den Research-Standpunkt mit Intelligenz und Integrität vertreten, und ich, vielleicht nicht mit weniger Intelligenz und Integrität, ihm Sinn zu verleihen trachte. Ganz und gar unmöglich aber ist es, wenn Sie mich schulmeistern und dabei die von Weitsichtigeren längst beklagte Situation des modernen Soziologie-Angestellten, der sich auf seine pseudo-exakten Paraphernalien zu beschränken hat, wenn er nicht vom Kunden hinausgeworfen werden will, nicht bloß sich eifrig zu eigen machen, sondern auch noch vor sich und mir als intellektuelle Redlichkeit, Verantwortlichkeit und Unbestechlichkeit hinaufstilisieren.« (Horkheimer-Jahoda 28. 11. 45)

Eine wirkliche Lösung des Konflikts wurde nicht erreicht – des Konflikts zwischen Los Angeles und New York, zwischen dem Interesse an großangelegten, langfristigen und theorie-orientierten Untersuchungen und dem Interesse an schnellen Resultaten und methodisch gut abgesicherten Untersuchungen. Auf Lazarsfelds Vermittlung hin erhielt später Flowerman die Zuständigkeit für den short-term research, Horkheimer die für den lang-term research. Aber da die Koordination auch der langfristigen Projekte hauptsächlich in New York erfolgte, wo Horkheimer nur selten anwesend war, und auch der Verlag, in dem später die Resultate der zu Ende geführten Teilprojekte veröffentlicht wurden, in New York lag, dauerte das gespannte Verhältnis zwischen Horkheimer und Flowerman, zwischen Los Angeles und New York bis zuletzt an.

Das Antisemitismus-Projekt zerfiel in weitgehend unabhängig voneinander durchgeführte, monographisch behandelte Teil-Projekte. Der Plan einer umfassenden Abhandlung über Antisemitismus, von der Horkheimer sich soviel für das Institut erhoffte und die die erste und die zweite Projektphase und die diversen Teilprojekte miteinander in Zusammenhang hätte bringen können, wurde aufgegeben. An seine Stelle trat die Idee einer Reihe von Einzeldarstellungen. Horkheimers Rolle als Chief Research Consultant des AJC endete 1947. Fortan ging es vor allem darum, für die Veröffentlichung der Ergebnisse zu sorgen und dafür, daß dabei die Rolle des Instituts und seiner Mitarbeiter angemessen zur Geltung kam.

Im April 1948 bestieg Horkheimer in New York die »Queen Mary«, um für einige Monate nach Europa zu reisen. Er hatte von der Rockefeller Foundation – also jener Institution, die nach seinen eigenen Maßstäben einen Bruchteil des Überschusses des ältesten und größten kapitalistischen Konzerns der USA für die Korrumpierung von Geist und Kultur anlegte – einen grant für eine Gastprofessur an der Frankfurter Universität erhalten. Offiziell reiste er als US-amerikanischer Staatsbürger hinüber, dessen Absicht es war, einen Beitrag zur demokratischen Aufklärung der deutschen Bevölkerung zu leisten – zur reeducation der deutschen Jugend und ihrer Lehrer, zu einer reeducation, die nicht mehr mit Mitteln der Zensur und der Verwaltung betrieben wurde, jedoch nach wie vor den Aktivitäten US-amerikanischer Bürger in Deutschland eine höhere Weihe gab. Wie Horkheimer 1934 die Situation in den USA erkundet hatte, so wollte er nun die Situation in Europa und insbesondere in Frankfurt erkunden. Er wollte Eigentumsrechte des Instituts geltend machen; private Eigentumsrechte in Deutschland und in der Schweiz vertreten (wohin seine Eltern sich vor dem Nationalsozialismus zurückgezogen hatten und wo sie inzwischen gestorben waren); sehen, ob es – wie er Marcuse schrieb, der sich zusammen mit Neumann lange bemüht hatte, Horkheimer zu einer mit offizieller Begründung erfolgenden Deutschland-Reise zu verhelfen – »drüben ein paar Studenten und sonstige Intellektuelle gibt, auf die man nachhaltigen Einfluß in unserem Sinn üben kann« (Horkheimer-Marcuse, 28 2. 48); schließlich nach einem Ort suchen, »an dem man, bei äußerst bescheidenem

Einkommen, ein erträgliches Leben führen kann« (ebd.), etwa in Norditalien oder in Südfrankreich, um dort konzentriert die philosophische Arbeit fortzuführen.

Flowerman werde alles tun, schrieb Horkheimer am Abfahrtstag an Adorno in Los Angeles, um das Institut um die Früchte seiner Arbeit zu bringen. Adorno solle versuchen, das zu verhindern und das Projekt voranzutreiben. »If you will not succeed«, beschloß er diesen Punkt seines Briefes mit einer für ihn und Adorno charakteristischen Wendung, »I will know that there was no chance and we will do more important things.« (Horkheimer-Adorno, 25. 4. 48) Er seinerseits reiste ebenfalls in dem Bewußtsein nach Deutschland, daß es vor allem darum ging, nichts unversucht gelassen zu haben, um ideale Bedingungen für die philosophische Arbeit zu schaffen, und sich freizuhalten von dem Gefühl, etwas versäumt zu haben. Es war das alte Spiel: mit der Vorstellung vor Augen, notfalls auch ohne Institut, ohne Kontakt zu Studenten, zum Publikum, zum Betrieb in der Abgeschiedenheit einer bescheidenen Gelehrtenexistenz arbeiten zu können – mit dieser Vorstellung vor Augen soviel institutionelle Etabliertheit, Sekurität, Einfluß und Anerkennung zu erreichen wie möglich.

Aus Zürich schrieb Horkheimer im Mai an die Adornos: er habe bis jetzt zwei Länder erlebt, Frankreich und die Schweiz. »Man kann sich immer noch denken, daß man in Armut hier leben kann, ohne zu verkommen. Wenn auch nichts von dem, was sich hier ereignet hat, spurlos vorüber gegangen ist, wenn auch die Drohung neuen Schreckens stets gegenwärtig bleibt, unsere Vorstellungen von der ins Objektive eingesenkten Humanität werden durch die unmittelbare Erfahrung noch übertroffen.« (Horkheimer-Adorno, 21. 5. 48)

Einige Tage später machte er seinen ersten Besuch in der Frankfurter Universität. »Mich haben der Rektor, die beiden Dekane und andere süß, aalglatt und verlegen, ehrenvoll begrüßt«, berichtete er seiner Frau. »Sie wissen noch nicht genau, sollen sie in mir einen relativ einflußreichen Amerikareisenden oder den Bruder ihrer Opfer sehen, deren Gedanke die Erinnerung ist. Sie müssen sich fürs letztere entscheiden.« (Horkheimer-Maidon Horkheimer, 26. 5. 48)

Sein Eindruck traf wohl ins Schwarze. Im Oktober 1946 hatte der Geschäftsführende Vorsitzende des Kuratoriums der Frankfurter Universität, Ministerialrat Klingelhöfer, im Namen der Universität das Institut für Sozialforschung offiziell eingeladen, nach Frankfurt zurückzukehren. Dem Schreiben hatte noch eine weitere Einladung beigelegen: die des Frankfurter Oberbürgermeisters, des Sozialdemokraten Walter Kolb. In seinem Antwortschreiben hatte Felix Weil sich erkundigt, ob die Gesellschaft für Sozialforschung automatisch wieder ins Vereinsregister eingetragen worden sei; ob ihr das Grundstück des alten Instituts automatisch rückübertragen worden sei; ob die noch vorhandenen Reste der Instituts-Bibliothek zurückgegeben würden. Das waren selbstverständliche Erwartungen, und Weil hätte ihnen mit gutem Recht noch weitere hinzufügen können. Schließlich waren all jene Vorgänge, von der Löschung einer Gesellschaft aus dem Vereinsregister bis hin zur Ausbürgerung, illegal gewesen, und das Normale hätte eine automatische Wiederherstellung der alten Zustände sein müssen, soweit es in der Macht der deutschen Verwaltungen und sonstigen Institutionen lag. Aber auch in der Zwischenzeit war nichts dergleichen geschehen. Die Einladung der Universität jedenfalls konnte auch kaum aufrichtig gemeint gewesen sein. Klingelhöfer, der sie unterzeichnet hatte, hatte im März 1938 den Erlaß unterschrieben, in dem das Kultusministerium die Verteilung der Bücher des Instituts für Sozialforschung anordnete. Die Empfehlung, das Institut zur Rückkehr aufzufordern, war von Professor Wilhelm Gerloff gekommen. Er hatte dabei die »sehr großen Mittel« erwähnt, über die die Gesellschaft für Sozialforschung verfüge. 1933 hatte Gerloff als Rektor die Erklärung mit der Lossage der Universität vom IfS unterzeichnet.

Erst Horkheimer selber drängte bei seinem ersten Frankfurt-Aufenthalt ernstlich auf die Neugründung der Gesellschaft für Sozialforschung und die Erneuerung der Rechte des Instituts. Er regte die Gründung eines Komitees für die Wiedererrichtung des Frankfurter Instituts an. Das zeugte nicht gerade von Stolz, war aber nichtsdestoweniger beschämend – oder hätte es jedenfalls sein müssen – für die, die nach außen bedauerten, daß nicht mehr Emigranten in die offenen Arme zurückkehrten, die sich ihnen in Deutschland angeblich entgegenstreckten, die aber gestoßen werden mußten, um Ernst zu machen mit akzeptablen Rückkehrangeboten.

»Sie müssen sich fürs letztere entscheiden«, nämlich dafür, daß er als Bruder ihrer Opfer komme, dessen Gedanke Erinnerung sei – hatte Horkheimer im Mai 1948 an seine Frau geschrieben. Weniger als einen Monat später schrieb er ihr: »Gegen den Herrn Rektor Platzhoff findet jetzt die Entnazifizierungsverhandlung statt. Der Vorsitzende des Gerichts hat an mich geschrieben, er habe von meinem Hiersein gehört und bäte mich, doch vorbei zu kommen und ihm in der Sache zu helfen. Ich werde es mir aber noch schwer überlegen, ob ich als einziger echter Belastungszeuge mich mit der Universität verfeinden soll. Von solchen Dingen hat man Ehre aber keinen Nutzen. Es gibt sicher viele, die genau solche Schweine waren wie Herr Platzhoff und längst wieder die deutsche Jugend erziehen.« (Horkheimer-Maidon Horkheimer, Frankfurt, Carlton Hotel, 20. 6. 48)

Horkheimer hielt Vorlesungen und Seminare in Frankfurt, München, Stuttgart, Marburg, Darmstadt; schlug keine Bitte um Vorträge oder Teilnahme an Versammlungen ab. »Wenn man mit letzter Hingabe arbeitet«, war sein vorläufiges Resümee, »und sich auch durch schwere Enttäuschungen nicht irre machen läßt, wird man wohl im heutigen Deutschland einigen Menschen mitteilen können, was durch die geschichtliche Nacht hindurch bewahrt werden soll. Die Gefahren sind größer als an anderen Stellen der Erde. Dafür gibt es kaum einen Platz, auf den es im Augenblick mehr ankäme, als auf Deutschland. Wenn die letzten Reste geistiger Existenz vollends dort ausgelöscht werden, geht etwas verloren, das auf der Welt bleiben muß. Auch was das Praktische angeht, halte ich Deutschland für ein Feld, auf dem wichtigste Entscheidungen fallen werden. Wenn es nicht gelingt, die furchtbare Reaktion, die sich dort bereits konsolidiert hat, mit Hilfe der bewußten oder wenigstens noch unentschlossenen Elemente zu brechen, wird die anti-russische Politik der Westmächte in Europa mit einem gewaltigen völkischen und antisemitischen Elan durchgeführt werden.« (Horkheimer-Jahoda, Paris, 5. 7. 48)

In Paris nahm Horkheimer an einer von der UNESCO veranstalteten zweiwöchigen Konferenz von acht Sozialwissenschaftlern (darunter Gordon W. Allport, Georges Gurvitch und Harry Stack Sullivan) über »Tensions Affecting International Understanding« teil. Sein Beitrag *The Lessons of Fascism* enthielt Passagen von der lapidaren Bitterkeit seiner deutschen Texte aus den 20er und 30er Jahren. »Auch wenn den obersten Verbrechern der Prozeß gemacht wurde, wenn sie verurteilt und in einigen Fällen hingerichtet wurden, ist die Mehrheit der Deutschen, die mit dem Nationalsozialismus sympathisierte, heute besser daran als jene, die sich vom Faschismus fernhielten. Das trifft in dem Maße zu, daß man mit Recht sagen kann, die Institutionalisierung der Entnazifizierung hat das Gegenteil dessen erreicht, was sie erreichen sollte (ganz ähnlich wie das Weimarer ›Gesetz zum Schutz der Republik‹). Wer Kontakte zu Nazis hatte, konnte seine Entnazifizierungsverfahren beschleunigen, eine Strafe von einigen tausend wertlosen Mark bezahlen und prompt seine alte Stellung wieder einnehmen. Nur wenige von denen, die genug moralische Kraft besaßen, ihr Leben aufs Spiel zu setzen, indem sie der Partei widerstanden, haben jetzt Regierungsposten oder akademische Positionen inne.

Was hat der durchschnittliche Europäer für die Zukunft aus den Nachkriegsverhältnissen im besetzten Deutschland gelernt? Er mußte zu der Überzeugung kommen, daß es in Perioden des Totalitarismus nicht klug sein mag, an der Spitze zu stehen, aber ratsam, sogar vorteilhaft, zu den Sympathisanten zu zählen; daß es riskant sein mag, aktiv an den ärgsten Greueltaten beteiligt zu sein, aber völlig gefahrlos, kleinere Verbrechen zu begehen.« (zitiert nach der deutschen Übersetzung *Lehren aus dem Faschismus*, in: *Gesellschaft im Übergang*, 56.)

Weitaus vorsichtiger und Begriffe wie Kapitalismus und Kommunismus vermeidend, beklagte Horkheimer als aktuelle Gefahr, was Thomas Mann zu Kriegszeiten immer wieder als Grundtorheit der Epoche kritisiert hatte: die Verführbarkeit der bürgerlichen Welt durch die Angst vor dem Kommunismus. »Der Antagonismus zwischen Ost und West, der es dem Angreifer von gestern gestattete, groß zu werden und zuzuschlagen, ist heute wieder eine starke Verleitung für die Staatsmänner, die Dinge allein aus dieser Perspektive zu sehen und sich gegen andere Bedrohungen des Friedens in der Welt blind zu machen.« (a.a.O. 57)

Horkheimers Schilderung dieser anderen Gefahr versammelte die Topoi der neuen kritischen Theorie, deren Kerngedanke der unmittelbare Griff der Kollektive nach den Individuen war, die zu Individuen gar nicht mehr wurden. Die Verteidigung des Individuums gegen das Kollektiv, so sehr sie, besonders in der Kritik der Kulturindustrie, auf die kapitalistischen Länder zielte, paßte aber ausgezeichnet in das Selbstbild der USA. Danach bedeutete US-amerikanische Demokratie aktive Entfaltung des Individuums im Gegensatz zum Kollektivismus, der im Faschismus und im Kommunismus herrschte.

Wer vom Kapitalismus nicht reden wolle, solle auch vom Faschismus schweigen, hatte Horkheimer 1939 in *Die Juden und Europa* geschrieben. Vom Kapitalismus redete er nun selber nicht mehr. Das ging in erster Linie auf taktische Überlegungen zurück. Kritisierte man den Kapitalismus, hatte man keine Chance, das Wohlwollen und die Förderung US-amerikanischer Stellen zu erlangen, die nötig waren, um als US-Bürger in Deutschland wirken und eventuell ein Institut gründen zu können. (Das Schicksal der von Hans Werner Richter und Alfred Andersch begründeten Zeitschrift *Der Ruf*, die wegen ihrer »nihilistischen« Demokratie-Vorstellungen von der US-amerikanischen Militärregierung 1947 verboten wurde, war nur ein Beispiel unter vielen, die zeigten, wie eng die Grenzen dessen gesteckt waren, was US-Behörden erlaubten oder gar förderten. William Faulkners Romane, die den Niedergang der alten Aristokratenfamilien in den Südstaaten und den Aufstieg skrupelloser Emporkömmlinge schilderten, wurden 1947 schon bei der Vorauswahl in Washington für Deutschland verboten, weil sie, wie es hieß, ein völlig negatives Bild der US-amerikanischen Gesellschaft zeichneten.) Die Buchausgabe der *Philosophischen Fragmente*, die, vom Emigranten-Verlag Querido in Amsterdam herausgebracht, 1948 unter dem Titel *Dialektik der Aufklärung* auf den Markt kam, enthielt gegenüber der mimeographierten Ausgabe von 1944 zahlreiche kleine Änderungen. Aus »Kapitalismus«

war »das Bestehende« geworden (Mimeographierte Ausgabe 209/ Querido-Ausgabe 200), aus »Kapital« »Wirtschaftssystem« (214/205), aus »kapitalistischen Aussaugern« »Industrieritter« (216/207), aus »Klassengesellschaft« »Herrschaft« bzw. »Ordnung« (209/201; 213/ 205); aus »herrschenden Klassen« »Herrschende« (213/205). Ein Satz wie »Das wäre eine klassenlose Gesellschaft« (208/200) war weggelassen. Diese Art der Selbstzensur war nicht neu. Sie gehörte zur Tradition des Instituts. Sie war aber fortschreitend. Und die Frage war, ob nicht irgendwann das Denken entweder in die falsche Richtung gedrängt oder doch von der eindringenden Analyse ursprünglich für zentral gehaltener und in der Wirklichkeit nach wie vor zentraler Momente und Perspektiven abgelenkt wurde. Der dauernde Verzicht auf politologische und ökonomische Mitarbeiter vergrößerte diese Gefahr noch. Daß in der *Umschau* 1947 und 1948 Partien aus dem Kulturindustrie-Kapitel der *DdA* veröffentlicht wurden, war offenbar der Anlaß dafür, daß Adorno dem in Europa weilenden Horkheimer schrieb: »Ich glaube zu beobachten, daß unsere Dinge über Kulturindustrie eine besonders nachdrückliche Wirkung ausüben und habe viel nachgedacht über Ihr Desiderat, daß wir eine wirklich bündige und verpflichtende gesellschaftliche Theorie des ganzen Komplexes geben sollen. Mein Gefühl ist, daß wir heute so weit sind.« (Adorno-Horkheimer 1. 7. 48)

Wieder zurück in den USA, überlegte Horkheimer, wie man die »deutsche Position« ausbauen könne, ohne die »amerikanische Position« aufzugeben. Eine Konstruktion, die es ermöglichte, ein Ordinariat in Deutschland mit der Beibehaltung der US-amerikanischen Staatsbürgerschaft auf Dauer zu vereinigen, sah Marcuse darin, in Frankfurt die Zweigstelle einer US-amerikanischen Organisation zu betreiben. Das schien dadurch erschwert, daß das Reeducation- und Reorientation-Programm der Militärregierung inzwischen weitgehend aufgegeben worden war. Im Juni 1948 war durch die Währungsreform ein wichtiger Schritt in der Stabilisierung des westdeutschen Kapitalismus erfolgt. Im Herbst trafen die ersten Marshallplan-Lieferungen in Deutschland ein, die zwar ökonomisch ohne entscheidende Bedeutung waren, aber ein weiteres Symbol für die Ablösung des Antifaschismus durch den Antikommunismus und die Einbindung Westdeutschlands ins westliche Lager darstellten. Doch Export US-amerikanischen Denkens war – unter dem Vorzeichen wirtschaftlicher und militärischer Partnerschaft – weiterhin ein förderungswürdiges nationales Anliegen. Fortan verfolgte Horkheimer die Strategie, die deutsche Position als Vorposten eines US-amerikanischen Instituts aufzubauen, der eine Brücke zwischen den USA und dem auf allen Gebieten auf US-amerikanische Nachhilfe angewiesenen Deutschland bildete.

Im Frühjahr und Sommer 1949 reiste Horkheimer aufs neue nach Frankfurt, diesmal zusammen mit Pollock. Mit dem sozialdemokratischen Oberbürgermeister von Frankfurt, Walter Kolb, fuhr er zu Besprechungen ins Wiesbadener Ministerium, deren Ergebnis schließlich war, daß er aufs neue auf den Lehrstuhl für Sozialphilosophie berufen wurde. Beim Abendessen im Klub für Handel, Industrie und Wissenschaft sprachen Horkheimer und Pollock mit Kolb über ihre Pläne zur Errichtung einer Zweigstelle des New Yorker Instituts in Frankfurt. Eine solche Zweigstelle eines US-amerikanischen Instituts werde Frankfurt zu einem Zentrum moderner Gesellschaftsforschung machen und die Verbindung der deutschen Sozialwissenschaften mit den fortgeschrittensten Forschungen und Techniken auf diesem Gebiet herstellen.

1946 hatte das Institut die Beziehung zur Columbia University in dem Augenblick, da diese sie nach Beendigung des Krieges endlich intensivieren wollte, unter Hinweis auf gesundheitliche Probleme Horkheimers gelöst. Schon 1944 hatte das Rumpf-Institut das Gebäude in der 117. Straße, das ihm 1934 zur Verfügung gestellt worden war, der US-Navy überlassen und einige Büroräume in einem Haus im Morningside Drive bezogen. Die Lösung von der Columbia University sollte es ermöglichen, in New York schließlich nur noch ein möglichst wenig Kosten verursachendes Büro zu unterhalten (das dann je nach Bedarf doch immer noch als Hauptsitz des Instituts mit Verbindung zur Columbia fungierte) und in Los Angeles Anschluß an eine der kalifornischen Universitäten zu finden. Mehr als lockere Beziehungen zu dem einen oder anderen Department kamen aber nie zustande. Statt dessen gelang es den Institutsleitern 1949, namhafte Akademiker, vor allem Sozialwissenschaftler, dafür zu gewinnen, einen Aufruf zur Wiedererrichtung des Instituts für Sozialforschung an der Universität Frankfurt – als Tochterinstitut des New Yorker Hauptinstituts – zu unterzeichnen. Im Oktober 1949 erschien dieser Aufruf in der *American Sociological Review*, dem offiziellen Organ der US-amerikanischen soziologischen Gesellschaft. Es zeichnete sich die Möglichkeit ab, in Frankfurt den alten Zustand wiederherzustellen – die Kombination von Ordinariat und der Universität angeschlossenem Institut –, ohne die US-amerikanische Position aufzugeben.

Die endlich unmittelbar bevorstehende Publikation der zu Ende geführten Teilprojekte des Antisemitismus-Projekts unter dem Generaltitel *Studies in Prejudice* erhielt nun aktuelle strategische Bedeutung. Sie war geeignet, in Deutschland als Beweis für die Leistungen des Instituts und dessen starke Position in den USA zu dienen. Adorno und Horkheimer hätten es gerne gesehen, wenn durch die Nennung des Instituts auf der Titelseite der Berkeley-Untersuchung diese Arbeit als eine (in Kooperation mit der Berkeley Public Opinion Study Group entstandene) Kollektivarbeit des Instituts präsentiert worden wäre. Sie mußten sich aber damit zufrieden geben, daß Adornos Name bei der Nennung der Autoren an erster Stelle stand und Horkheimer als Leiter des Instituts das Vorwort zum Hauptband der *Studies in Prejudice* beisteuerte. Außerdem gewann neben der Frage einer vereinfachten und kondensierten Darstellung der gesamten Serie oder wenigstens der Berkeley-Untersuchung der Gedanke einer deutschen Ausgabe der Serie besondere Aktualität.

Als das Wintersemester kam, schickte Horkheimer, weil er sich nicht reisefähig fühlte, Adorno als seinen Stellvertreter nach Frankfurt. Die erste Berührung mit Europa beeindruckte Adorno mehr noch als Horkheimer. »Die Rückkunft nach Europa«, schrieb er aus Paris, »hat mit einer Gewalt mich ergriffen, die zu beschreiben mir die Worte fehlen. Und die Schönheit von Paris leuchtet durch die Fetzen der Armut rührender noch als je zuvor . . . Was hier noch ist, mag historisch verurteilt sein und trägt die Spur davon deutlich genug, aber *daß* es noch ist, das Ungleichzeitige selber, gehört auch zum geschichtlichen Bild und birgt die schwache Hoffnung, daß etwas vom Menschlichen, trotz allem, überlebt.« (Adorno-Horkheimer, 28. 10. 49)

Als Adorno Anfang November 1949 in Frankfurt eintraf, war er 46 Jahre alt. Von seinen Eltern, die Anfang der 40er Jahre mit dem Schiff über Kuba in die USA geflohen waren, lebte nur noch die Mutter allein in New York. Adorno kam als Stellvertreter Horkheimers – als jemand, der in der Emigration keine Professur erlangt, sich nicht auf eigene Beine gestellt, sondern sich und seine Talente ganz in den Dienst Horkheimers und des Instituts gestellt hatte.

Als Hans-Georg Gadamer, der einen Ruf nach Heidelberg angenommen hatte, ihm Hoffnungen machte, sein Nachfolger auf dem einzigen Lehrstuhl für Philosophie zu werden, den es außer Horkheimers reaktiviertem Ordinariat in Frankfurt gab, war Adorno gerührt über die Aussicht, an der Seite Horkheimers in Frankfurt die philosophische Erziehung zu leiten. »Ich gratuliere Ihnen und uns zu dem Erfolg, den Sie schon beim ersten Auftreten zu verzeichnen hatten«, schrieb Horkheimer ihm auf diese Nachricht hin. »Ich glaube fest, daß es auch weiter gutgehen wird. Wenn wir diese Professur erringen können, bedeutet es die Erfüllung eines Traumes, den wir noch vor einigen Jahren für reine Gaukelei gehalten hätten. Es würde damit die einzigartige Situation geschaffen, daß zwei Menschen, die so quer zur Wirklichkeit sich verhalten wie wir, und eben deshalb zur Machtlosigkeit als vorherbestimmt erscheinen, eine Wirkungsmöglichkeit von kaum berechenbarer Tragweite geboten wäre. Wenn wir nämlich zwei Professuren statt bloß einer innehaben, schlägt wirklich Quantität in

Qualität um; wir erhalten tatsächlich eine Machtposition. Nicht daß ich meinte, wie einem die Dummköpfe immer vorhalten, wir könnten die ganze Bewegungstendenz ändern; wenn es einen Neo-Faschismus geben soll, wird es einen geben, und wenn die große Flut kommt, bilden auch wir keinen Damm. Aber die Sichtbarkeit, die in solcher Konstellation unsere Verbindung gewinnt, wird auf die Einzelnen nicht ohne Bedeutung bleiben. Das ist das Stückchen Ausdruck, das zu unserer theoretischen Arbeit auf diese Weise hinzukäme, und mehr als je bin ich davon überzeugt, daß wir, wenn die Bedingungen einigermaßen günstig sind, drüben zu dieser Arbeit kommen werden. Schließlich ist ja auch Frankreich nicht weit und notfalls können wir dort einmal eine längere Zeit verbringen.« (Horkheimer-Adorno, 9. 11. 49)

Es dauerte noch 7 Jahre, bis Adorno – über die Stufen des außerordentlichen (1949), des außerplanmäßigen (1950) und des planmäßigen außerordentlichen Professors (1953) schließlich 1956 ordentlicher Professor wurde. Das lag an der Universität und am Kultusministerium, die in ihm nicht wie in dem Institut und seinem Leiter eine Zierde der Universität sahen, mit der man sich schmücken konnte. Das lag aber auch an Horkheimer, für den Adorno der Stellvertreter war, für dessen Karriere, mochte sie auch letztlich im Interesse der eigenen Sache sein, er nicht allzu viel riskieren wollte. Es lag schließlich an Adorno selber. Er nahm es lieber auf sich, in Horkheimers Schatten zu bleiben und die eigene Karriere dadurch zu erschweren, daß er manchen Fakultätsvertretern das Argument an die Hand gab, zwei gleichartige Professuren seien nicht wünschenswert (schon die Vorstellung, beide Lehrstühle mit Emigranten besetzt zu sehen, war vielen Kollegen ein Graus) und Nachfolger Gadamers sollte ein Vertreter einer anderen Richtung werden, als daß er darauf verzichtet hätte, seine Gemeinsamkeit mit Horkheimer zu demonstrieren.

Zum Besten der Sache des Instituts und der Symbiose Horkheimer-Adorno unternahm er – in der Regel unterstützt, aber im letzten Augenblick oft gebremst vom zögernden Horkheimer – auch fragwürdige Schritte (wie einst für die Neue Musik im nationalsozialistischen Deutschland). So unternahm er z. B. den Versuch, das Erscheinen eines Artikels von Max Bense über *Hegel und die kalifornische Linke* im *Merkur* zu verhindern. »Wir stehen«, schrieb er an Hans Paeschke, den Redakteur des *Merkur*, »in Verhandlungen wegen der Errichtung einer Zweigstelle unseres Instituts in Frankfurt und so wenig die Bensesche Kritik wohl den Ausgang dieser Verhandlungen beeinflussen könnte, so würde sie doch ein gewisses Maß an äußeren Schwierigkeiten schaffen ... Ich glaube aber um so mehr an Ihr Verständnis appellieren zu dürfen, als der Aufsatz uns mit einigen Theoretikern zusammen wirft, zu denen wir im schärfsten Gegensatz stehen: wir arbeiten für den zweiten Band der ›Dialektik‹ an einer kritischen Auseinandersetzung mit Lukács, und mit meinem früheren Freund Ernst Bloch bin ich seit vielen Jahren, aus sachlichen Motiven, völlig entzweit. Der Abdruck des Homer [des ersten Exkurses aus der *DdA*,R. W.] in Sinn und Form [einer ostdeutschen Literaturzeitschrift, R. W.] erfolgte ohne unser Wissen und unsere Zustimmung. – Unter diesen Umständen, und nachdem unsere Bücher – was Bense übersah – sich aufs eindeutigste von den Russen distanzieren, ist es wohl verständlich, wenn ich meine Bitte wiederhole.« (Adorno-Paeschke, 12. 12. 49) Er entwarf eine Erklärung über ihre, Horkheimers und seine, gemeinsame Verantwortung für alle philosophischen, soziologischen und sozialpsychologischen Publikationen, auch für individuell gezeichnete, ferner eine Erklärung über ihre Stellung zu Rußland. (»Publizistische Erfahrungen veranlassen uns zu der Erklärung, daß unsere Philosophie, als dialektische Kritik der gesellschaftlichen Gesamttendenz des Zeitalters, im schärfsten Gegensatz zu der Politik und Doktrin steht, welche von der Sowjetunion ausgeht ... Die Furcht davor, es könne die unzweideutige Absage an die vom russischen Regime und seinen Satelliten betriebene Politik der internationalen Reaktion zugute kommen, hat den letzten Schein des Rechtes verloren in einer Situation, in der es den Männern, die den Staat vergötzen und denen ›Kosmopolitismus‹ das ärgste Schimpfwort ist, gelang, der Spießbürgerweisheit zur schmählichen Wahrheit zu verhelfen, Faschismus und Kommunismus seien das gleiche. Jede Interpretation unserer Arbeit im Sinne einer Apologie Rußlands lehnen wir aufs schärfste ab und glauben, daß das Potential einer besseren Gesellschaft dort treuer bewahrt wird, wo die bestehende analysiert werden darf, als dort, wo die Idee einer besseren Gesellschaft verderbt ward, um die schlechte bestehende zu verteidigen. Nachdrucke unserer Arbeiten in der Ostzone erfolgen ohne unsere Autorisierung.«)

Der Bensesche Artikel erschien – und erwies sich als harmlos. Horkheimer zögerte, die von Adorno entworfenen Erklärungen zu veröffentlichen. Die Zeitschrift *Der Monat*, die Adorno dafür ins Auge gefaßt hatte, war ihm genausowenig geheuer wie der *Merkur*, »der zugleich den logischen Empirismus wie den Heidegger hochleben läßt« (Horkheimer-Adorno, 6. 12. 49). Er bewies damit das richtige Gespür. Der *Monat* war – aber selbst Insider der Zeitschriftenbranche wußten das nicht genau – 1948 vom US-amerikanischen »Kongreß für die Freiheit der Kultur« gegründet worden, einem Partner der CIA, also der antikommunistischen Nachfolgeorganisation des antifaschistischen OSS. Von der CIA finanziert war auch der »Kongreß für die kulturelle Freiheit«, der vom 26.-30. Juni 1950 in

Berlin stattfand. »Ein Kongreß freier Menschen in einer freien Stadt«, hieß es in der Eröffnungsrede von Melvin Lasky, dem Chefredakteur des *Monat*, der die nächsten beiden Nummern seiner Zeitschrift ausschließlich dem Kongreß widmete. Sowenig allergisch war Adorno gegen den antikommunistischen Jargon der Freiheit, daß er im *Monat* ebenso publizierte wie an anderen Stellen.

Über mangelndes Interesse der Medien konnten Horkheimer und Adorno sich von Anfang an nicht beklagen. Der Hessische Rundfunk wünschte ein Gespräch der beiden über die *Authoritarian Personality*. Der Verlag der *Frankfurter Hefte*, einer von Eugen Kogon und Walter Dirks herausgegebenen dezidiert linkskatholischen Zeitschrift, fragte wegen der Übersetzungsrechte an. *Merkur, Monat, Frankfurter Hefte, Neue Rundschau* und *Archiv für Philosophie* publizierten bereitwillig Aufsätze der beiden. Die Aussicht auf die philosophische Machtposition an der Universität schien allerdings zu schwinden. Die Angelegenheit des Instituts machte keine deutlichen Fortschritte. Vor allem Horkheimer und teilweise auch Adorno waren weiterhin hin und her gerissen zwischen der Option für die USA und der für Frankfurt.

Adorno sah nun klar einiges Negative, das er in seinem Enthusiasmus zunächst übersehen bzw. verdrängt hatte. Er erkannte vor allem das Scheinhafte, das nicht nur der deutschen Demokratie, nicht nur der deutschen Politik, sondern allem in Deutschland, und das nicht nur Deutschland, sondern ganz Europa anhaftete, weil es kein politisches Subjekt mehr war. Er spürte in Deutschland, was Horkheimer und er seit Kriegsende diagnostiziert hatten: den »Konflikt der beiden totalen tickets, aus dem es kein Entrinnen mehr gibt« (Adorno-Horkheimer, 9. 5. 45). Sich drastischer ausdrückend als in seinem Artikel *Auferstehung der Kultur in Deutschland?*, der im Mai 1950 in den *Frankfurter Heften* erschien, meinte Adorno gegenüber Horkheimer: die so anziehende geistige Leidenschaft der Studenten habe auch etwas von Ersatzbefriedigung, von Talmudschule. Das verführerische geistige Klima täusche darüber hinweg, daß die Menschen mehr auf die von ihnen, Horkheimer und Adorno, gebotenen neuen Aspekte als auf ihre eigentliche Intention ansprächen. Außer der »für unsere Produktion freilich ungeheuer wichtigen Erlangung von Sekurität« sei in Deutschland nicht viel zu erwarten. »Das Denken ist hier einfach weit hinter dem unseren zurückgeblieben, diesseits der Kritik der Ontologie. Und es gilt durchaus was Sie einmal anmeldeten – daß für die Analyse der Gesellschaft drüben [in den USA, R. W.] der bessere Standort ist als hier in der Kolonie.« (Adorno-Horkheimer, 27. 12. 49)

Wegen der Aussicht auf größere Sekurität und um den Bau des Instituts voranzutreiben, der in jedem Fall wichtig schien, gleichgültig, ob die Entscheidung letztlich für Europa oder Amerika als

Aufenthaltsort fiel, reiste Horkheimer schießlich im Februar 1950 ebenfalls nach Frankfurt. Es blieb eine zögernde, eine reservierte Rückkehr, obwohl beide später nur zwecks Aufrechterhaltung der US-amerikanischen Staatsbürgerschaft noch einige Male in die USA reisten. Strategisch zu handeln und innerlich unentschieden zu bleiben – das war charakteristisch für Horkheimer, das war seine Art, auf die jüdische Situation (ein in Analogie zu dem von Simone Weil verwendeten Begriff der »condition ouvrière« zu verstehender Ausdruck) zu reagieren, eine Situation, in der die Erreichung eines Gefühls der Sicherheit, das stets brüchig blieb, machiavellistisches Geschick erforderte. An der Frankfurter Universität standen Dagebliebene, die im Dritten Reich teils Karriere gemacht hatten, teils Erschwerungen ihrer Karriere erlebt hatten, ohne dafür später Ansprüche auf Wiedergutmachung erheben zu können, und Emigranten, die alte Rechte in Frankfurt geltend machten, einander gegenüber. Sie hatten nichts oder wenig füreinander übrig. Die die Universität vertraten, handelten berechnend. Die sich in Frankfurt neu etablieren wollten, handelten auch berechnend. Es war nur realistisch, wenn Horkheimer meinte: wir müssen eine Politik der Sprödigkeit verfolgen, den Anschein erwecken, als ob wir eine starke Position in den USA hätten und wegen unserer zahlreichen Verpflichtungen dort unsere Frankfurter Tätigkeit ein großes Zugeständnis sei. Wir müssen alles vermeiden, was den Eindruck hervorrufen könnte, wir suchten hier die Professuren, die wir in den USA nicht bekommen.

Adorno sah, daß Deutschland eine Kolonie, daß Geist hier etwas Unwirkliches, Ersatz war. Aber immerhin war er als Ersatz geschätzt und nicht als etwas Unnützes verachtet wie in den USA. Horkheimer sah die Situation ähnlich. Er teilte Adornos Einschätzung der deutschen Lage. Aber wenn man in der Kolonie Erfolg hatte, zählte man etwas, konnte man vielleicht in kleinem Rahmen Einfluß ausüben. In den USA ging man auch im günstigsten Fall als Intellektueller, als Denker nahezu unter. (»Ich habe unbeschreibliche Sehnsucht nach Hause«, schrieb Horkheimer 1957 während eines seiner USA-Aufenthalte an Adorno. »So deutlich wie jetzt habe ich unsere Einsamkeit selten erfahren ... Das A. J. C.! Übrigens machen die ein großes Forschungsinstitut, und wenn wir ehrgeizig sind, schaffen wir vielleicht, daß wir als Unterassistenten hineinkommen. Auch den Lazarsfeld habe ich gesehen. Mon Dieu! Sie haben recht auf der ganzen Linie.« [Horkheimer-Adorno, 28. 1. 57]) Aber in die Hoffnungen, die sie so, auch unabhängig vom Gesichtspunkt der Sekurität, in die deutsche Position setzten, mischte sich eine Befürchtung, die sich als prophetisch erwies. Adorno sah die Gefahr, daß Horkheimer zu einem geschätzten und gefragten Mann würde, der zur gemeinsamen philosophischen Arbeit nie mehr kommen werde. »Zeit hätten wir an sich genug, trotz der Lehrverpflichtung. Aber es sind innere Probleme für uns beide. Für Sie: daß es Ihnen schwerfallen wird, den andrängenden Menschenschwarm fernzuhalten und eisern unsere Zeit zu retten – und man wird mit Notwendigkeit in die Situation eines intellektuellen Seelsorgers gedrängt, mit der Anforderung, den Enttäuschten einen ›Halt‹ zu geben . . . Was mich anbelangt, so empfinde ich als die Hauptschwierigkeit die unablässige Kommunikation; ich komme mir manchmal wie eine überspielte Grammophonplatte vor, als ob ich mich falsch verausgabte; mehr als je habe ich das Gefühl, daß man das Anliegen der Menschen nur fern von ihnen vertreten kann – Sils Maria ist halt wirklich ein topos noetikos. Und damit hängt zusammen, daß ich auch hier das Gefühl behalte, daß, was wir schreiben, unendlich viel wichtiger ist als die unmittelbare Wirklichkeit, und zwar zunächst aus dem ganz handgreiflichen Grund, daß diese doch wirklich zur Propädeutik verurteilt ist und bis an das, worum es uns eigentlich geht, kaum heranführt . . . Sie wissen, daß ich glaube, daß es der Wahrheit nicht zuträglich ist, wenn man vom Kapital lebt.« (Adorno-Horkheimer, 27. 12. 49)

Studies in Prejudice

Als Horkheimer im Februar 1950 in Frankfurt ankam, waren die den Beitrag des Instituts repräsentierenden Bände der *Studies in Prejudice* endlich erschienen. Die weiteren kamen bald darauf heraus.

Die *Studies in Prejudice* – herausgegeben von Max Horkheimer und Samuel H. Flowerman, gesponsert vom American Jewish Committee – wurden nicht als Bestandteil eines vom ISR entworfenen Gesamtprojekts präsentiert, sondern als die ersten Ergebnisse der Arbeit des nacheinander von Horkheimer und Flowerman geleiteten Department of Scientific Research des AJC. *Studies in Prejudice* – das waren vier Studien über vier Teilprojekte der zweiten Projektphase und eine Studie über einen Teil eines Teilprojektes der ersten Projektphase, verfaßt von verschiedenen Autoren:

The Authoritarian Personality – von T. W. Adorno, Else Frenkel-Brunswik, Daniel J. Levinson und R. Nevitt Sanford;

Dynamics of Prejudice. A Psychological and Sociological Study of Veterans – von Bruno Bettelheim und Morris Janowitz;

Anti-Semitism and Emotional Disorder. A Psychoanalytic Interpretation
– von Nathan W. Ackerman und Marie Jahoda;

Prophets of Deceit. A Study of the Techniques of the American Agitator
– von Leo Löwenthal und Norbert Guterman;

Rehearsal for Destruction. A Study of Political Anti-Semitism in Imperial Germany – von Paul W. Massing.

Weitere Bände sollten folgen. Damit waren weniger die Ergebnisse weiterer Teilprojekte des von Horkheimer im Frühjahr 1945 vorgelegten Maximalprogramms gemeint. Von ihnen befand sich vor allem die Studie *Antisemitism among Children*, an der, anfangs unterstützt von Adorno, Else Frenkel-Brunswik arbeitete, in einem fortgeschrittenen Stadium. Gemeint waren vor allem von Flowerman favorisierte und einem breiten Trend in der US-amerikanischen Soziologie entsprechende Gruppen- und Gemeindestudien.

Daß als Gesamttitel *Studies in Prejudice* gewählt wurde und nicht *Studies in Antisemitism*, entsprang der Vorsicht einer auf Assimilation bedachten jüdischen Organisation und nicht etwa der Annahme, nach dem industrialisierten und bürokratisierten Mord an Millionen von Juden und anderen Minderheiten sei der an sich harmlos klingende Begriff des Vorurteils derart mit Grauen beladen, daß man ihn ohne Gefahr des Euphemismus verwenden könne. Er war ein Euphemismus, und er wurde verwendet aus Vorsicht und in der Hoffnung, daß Demokraten sich eher zur Bekämpfung von Vorurteilen und sozialer Diskriminierung überhaupt als zur Bekämpfung des Antisemitismus aufgerufen fühlen würden.

In ihrem Vorwort, das den fünf Bänden jeweils vorangestellt war, suchten Horkheimer und Flowerman mit dem für langfristige sozialwissenschaftliche Untersuchungen charakteristischen Dilemma fertigzuwerden, daß ein wegen seiner Aktualität in Angriff genommenes Thema zum Zeitpunkt des Erscheinens der Forschungsergebnisse nicht mehr aktuell schien. Eine Atempause in der weltgeschichtlichen Verfolgung der Juden sollte genutzt werden, um gestützt auf wissenschaftliche Analysen Wege zur Verhinderung oder Abschwächung eines neuen Ausbruchs zu finden, mit dem aufgrund verhängnisvoller Züge der westlichen Zivilisation überall gerechnet werden mußte, auch in den USA, wo die Juden weniger denn je bedroht schienen. Daß der Schwerpunkt auf dem subjektiven, psychologischen Aspekt lag, erklärten sie durch das Interesse an praktischer Abhilfe. Bekämpfung des Vorurteils bedeute »re-education«, und die setze bei den Individuen und ihrer Psychologie an. Das war eine Verbeugung vor einem typisch US-amerikanischen Credo.

Der Anspruch auf integrierte Einheit der Bände lud vor allem den beiden Büchern, die der Untersuchung der objektiven Stimuli gelten

sollten, eine Last auf, der sie nicht gewachsen waren. Denn gerade das Naheliegendste und Wichtigste – Analysen der ökonomischen, politischen und sozialen Strukturen der Vereinigten Staaten oder der westlichen Industrieländer – enthielten sie nicht.

Bei Massings Buch handelte es sich um eine im Stil konventioneller Historiographie verfaßte Geschichte des politischen Antisemitismus im Deutschen Kaiserreich. Die Kluft zwischen den ersten drei Untersuchungen, die sich auf empirische Forschungen über die Mentalität von US-Amerikanern stützten, und der Darstellung einer Epoche deutscher Geschichte, in der das Unvermögen und der Unwille des deutschen Bürgertums, einen Staat nach westlich-liberalem Muster durchzusetzen, zu Zuständen führten, in denen der Antisemitismus zu einem politischen Werkzeug der Steuerung sozialen Protestes wurde – diese Kluft war zu groß.

Löwenthals und Gutermans Buch bot eine psychoanalytisch orientierte Inhaltsanalyse der Radio-Reden und Broschüren antisemitischer, profaschistischer US-amerikanischer Agitatoren, die seit den späten 30er Jahren vor allem an der Westküste der USA aufgetreten waren, ohne allerdings je besonders erfolgreich zu sein. Löwenthals und Gutermans Band näherte sich in seinem Charakter dem geplanten Handbuch zur Entzauberung des faschistischen Agitators. Allerdings stützte er sich lediglich auf Textanalysen, nicht aber auf Untersuchungen über die tatsächlichen Publikumsreaktionen. Nicht einmal die von Adorno vorgeschlagene Teilnahme an Veranstaltungen von Agitatoren hatte stattgefunden.

Der Verzicht der Herausgeber, ein systematisch orientiertes Maximalprogramm zu skizzieren und die erschienenen Bände vor einem solchen Hintergrund als Fragmente zu präsentieren, erschwerte das angemessene Verständnis eher, als daß er erfolgreich aus der Not eine Tugend gemacht hätte. Um so mehr wurde der erste Band über das aufwendigste Teilprojekt, der mit Abstand der umfangreichste der Reihe war, der thematisch ausgreifende Einleitungs- und Schlußpassagen enthielt und dem ein hohe Ansprüche anmeldendes Vorwort von Horkheimer voranging, zum Vertreter des Ganzen.

Horkheimer und seine Mitarbeiter brauchten darüber nicht unglücklich zu sein. Die Berkeley-Studie war das einzige sich durch beide Projekt-Phasen kontinuierlich erstreckende Teilprojekt und verkörperte die tragende Rolle des Instituts. Es war die Berkeley-Studie, an die Horkheimer 1943 die Hoffnung geknüpft hatte, damit werde der Traum des Instituts in Erfüllung gehen: die Kombination von europäischen Ideen und US-amerikanischen Methoden. Es war die Berkeley-Studie, der Lazarsfeld im Juli 1947 nach der Lektüre der Kapitel über die Antisemitismus- und über die Faschismus-Skala

bescheinigte: »It is, I think, the first time that a solution has been found for combining the ideas of your group with the tradition of empirical research ... the main concepts are very clearly presented and in such a form that they can be subjected to empirical tests. The tests, themselves, showed that your assumptions were correct. As a result, you win two important points at the same time: the study contributes real factual discoveries and at the same time shows the value of theoretical thinking for empirical research.« (Lazarsfeld-Horkheimer, New York, 19. 7. 47) Es war die Berkeley-Studie, in die am meisten von Adornos und Horkheimers Theorie einging – teils durch die von Adorno geschriebenen Kapitel zur qualitativen Auswertung der Interviews; teils dadurch, daß Adorno dafür sorgte, daß Sanford und Levinson bei den Korrekturen »noch nachträglich soviel von unseren Ideen in ihre quantitativen Kapitel gepackt haben, wie sie nur konnen« (Adorno-Horkheimer, 10. 6. 49); teils durch umfangreiche Korrekturen, durch die Adorno zuletzt noch die Integration des Buches durchzusetzen versuchte, dessen Idee erst im Laufe der Arbeit die Vorstellung einer Reihe von Einzeluntersuchungen abgelöst hatte und das aus Kapiteln zusammengesetzt war, deren Niederschrift auf die einzelnen Mitarbeiter verteilt worden war. (Auch das Kapitel über die Faschismus-Skala war nicht, wie die Angaben im Inhaltsverzeichnis vermuten ließen, von den vier Autoren gemeinsam verfaßt worden, sondern von Sanford. Else Frenkel-Brunswik, darauf bedacht, ihre Einzelleistung beim Interview-Teil der Studie zur Geltung zu bringen, war mit der paritätischen Nennung der vier Autoren auf dem Titelblatt nicht zufrieden gewesen und hatte darauf bestanden, daß außerdem jeder für »seine« Kapitel zeichne. Adorno wäre dann um seinen Kredit für die F-Skala gebracht worden, deren Darstellung Sanford übernommen hatte. In der F-Skala aber sah Adorno – wie er im Juli 1947 in Memoranden für Horkheimer klarmachte – seinen Hauptbeitrag und das »Kernstück des Ganzen« und das neben dem von Frenkel-Brunswik entworfenen Auswertungsschema für die Interviews »den Amerikanern gegenüber wirksamste Instrument«. Man einigte sich auf den Kompromiß, daß jeder »seine« Kapitel zeichnete, bei dem Kapitel über die F-Skala aber alle vier Autoren genannt wurden.)

The Authoritarian Personality (*AP*) war das Ergebnis eines Projekts, das begonnen worden war in einer Zeit, als die USA im Kampf gegen den Faschismus standen und mit der Sowjetunion verbündet waren. Als die *AP* geschrieben wurde und erst recht, als sie erschien, galt der Faschismus als besiegt, war die kurze Nachkriegsphase selbstbewußter US-amerikanischer Hoffnung auf einen weltweiten New Deal vorbei und das demokratische Sendungsbewußtsein zu dem antikommunistischen Sendungsbewußtsein einer eifersüchtigen Weltmacht verhärtet. Nicht das Buch, wohl aber sein Titel trug dem Rechnung. Es hatte ursprünglich heißen sollen *The Fascist Character*. 1947 hatte Adorno Horkheimer gegenüber die Befürchtung geäußert, die Berkeley-Mitarbeiter würden versuchen, diesen Titel durch einen »lammfrommen« wie z. B. *Character and Prejudice* zu ersetzen (Adorno, Memorandum zur Berkeley-Situation, 21. 7. 47). Im Jahr darauf war als Titel vorgesehen *The Potential Fascist*. Der Titel, unter dem das Buch dann im Januar 1950 herauskam, stellte unverkennbar einen späten Kompromiß dar. Denn nur in Horkheimers Vorwort wurde dieser Begriff verwendet. Im Buch selbst war von der faschistischen, potentiell faschistischen oder vorurteilsvollen Persönlichkeit und von der F(aschismus)-Skala die Rede. Eine auf die Zeitumstände Rücksicht nehmende Tarnungsmaßnahme bewirkte so die Anknüpfung an eine Terminologie, die Fromm entwickelt hatte und die das erste Kollektivwerk des Instituts, die *Studien über Autorität und Familie* geprägt hatte, als noch nicht ausdrücklich Faschismus und Antisemitismus auf dem Forschungsprogramm standen.

Worum es in dem Buch ging, war treffend bezeichnet durch die beiden Aufgaben, die dem Berkeley-Projekt gestellt worden waren: a) die Charakterstruktur von Personen aufzudecken, die anfällig für Antisemitismus waren, und b) ein Instrument zu entwickeln, mit dem die Anfälligkeit für Antisemitismus festgestellt werden konnte. Der Titel hätte eigentlich heißen müssen: Der faschistische Charakter und die Messung faschistischer Trends. Beides ging Hand in Hand: die Feststellung und Einkreisung des faschistischen Charakters durch Fragebögen, mehrstündige Interviews und projektive Tests und die Gewinnung eines in großem Maßstab anwendbaren zuverlässigen Instruments zu seiner Feststellung und Messung. »Wenn man das Buch gelesen hat«, stellte Adorno nach Beendigung der Korrekturen befriedigt fest, »weiß man, was ein Antisemit ist.« (Adorno-Horkheimer, 2. 7. 49) Die Ergebnisse der Befragungen, Interviews und projektiven Tests hatten für ein begrenztes sample gezeigt, daß der antisemitische bzw. faschistische Typ existierte und nicht eben selten war. Und in der Faschismus-Skala hatte man ein Instrument, mit dem sich notfalls auch ohne Erwähnung ideologischer Vorurteile Verbreitung und Grad faschistischer Trends feststellen ließen. So jedenfalls sahen es Adorno und die anderen Beteiligten.

Was die Messung faschistischer Trends betraf, so ließ sich allerdings kritisch einwenden, daß die erarbeiteten Skalen die entscheidende kritische Bewährungsprobe noch nicht bestanden hatten, nämlich die Probe auf ihre Anwendbarkeit bei unterschiedlichen sozialen Gruppen, unter unterschiedlichen politisch-ökonomischen Bedingungen und bei fehlender fortlaufender Kontrolle durch Interviews und projektive Tests.

Zwischen Januar 1945 und Juni 1946 waren von diversen Personengruppen – zum überwiegenden Teil Studierende und Vertreter der Mittelschicht – 2099 Fragebögen beantwortet worden. Nacheinander wurden dabei bei jedesmal anderen Gruppen drei Fragebogen-Formen ausprobiert, die nach der Gesamtzahl der Items, die sie enthielten, Form 78, Form 60 und Form 45 bzw. Form 40 hießen. Bei jeder neuen Fragebogen-Form suchte man mit weniger Items immer bessere Ergebnisse zu erzielen. Jeder der drei Fragebögen bestand aus drei Skalen, deren Items im Fragebogen vermischt waren, damit der Eindruck einer allgemeinen Meinungsumfrage gewahrt blieb: einer Ethnozentrismus-Skala (E-Skala), die außer antisemitischen Items auch gegen andere Minoritäten gerichtete und patriotische Items enthielt; einer Skala für die Messung von politisch-ökonomischem Konservatismus (PEC-Skala); und einer Faschismus-Skala (F-Skala), die rein »psychologische« Items enthielt.

Die F-Skala wurde keinmal gesondert angewendet, sondern immer nur im Rahmen der Gesamtfragebögen. (Der letzte Fragebogen enthielt z. B. in der Form 45 10 Ethnozentrismus-Items und 30 Faschismus-Items; in der Form 40 waren von den 10 Ethnozentrismus-Items noch die 5 Antisemitismus-Items weggelassen.) Sie wurde also niemals im Ernstfall erprobt. Aber wie hätte der aussehen sollen? Daß man bei Massenbefragungen nur die F-Skala anwandte und allein auf deren Auswertung hin das faschistische Potential diverser Bevölkerungsgruppen einschätzte? Doch hätte der Verzicht auf die E-Skala nicht den Verzicht auf die sehr wichtige Information darüber bedeutet, welchen Grad der Manifestheit antidemokratische Potentiale erreicht hatten, welche Formen solche Manifestationen annahmen und gegen welche Gruppen sie sich vor allem richteten? »Die Unterscheidung zwischen potentiell und manifest sollte jedoch nicht übertrieben werden«, meinten die Autoren selber. »Wenn emotionell bedingte antidemokratische Trends im Individuum gegeben waren, mußten *im allgemeinen* sowohl die für eben diesen Zweck entworfenen A-S- und E-Sätze wie auch die F-Skala und andere indirekte Methoden sie provozieren. Die Versuchsperson, die hohe Zahlen auf F, nicht aber auf A-S oder E hatte, würde die Ausnahme bilden, deren Hemmungen, Vorurteile gegenüber Minderheiten zu äußern, besonderer Erklärung bedurfte.« (*AP*, 224, zitiert nach der deutschen Übersetzung in: Adorno, *Studien zum autoritären Charakter*, 40) Die Bedeutung der F-Skala mußte man also vor allem darin sehen, daß sie im Rahmen massenhaft anwendbarer Befragungsmethoden wichtige Aufschlüsse darüber gab, wie stark ethnozentrische Einstellungen in der Persönlichkeitsstruktur verwurzelt waren und welcher Stellenwert politisch-ökonomischen Auffassungen beizulegen war.

Die F-Skala mit ihren nicht-ideologischen, rein »psychologischen« Items eröffnete in den Augen der Berkeley-Gruppe einen fast unmittelbaren Zugang zur Persönlichkeitsstruktur. Gerade deshalb gewannen bei ihr problematische Züge der Skalen besonderes Gewicht. Bei der zweimaligen Veränderung und Verkürzung der F-Skala sonderten die Berkeley-Leute zwar einige Items aus, die soviel Wahrheit oder rationale Plausibilität enthielten, daß sowohl stark Vorurteilsvolle wie weitgehend Vorurteilsfreie ihnen zustimmten, oder so drastisch oder aggressiv formuliert waren, daß sowohl weitgehend Vorurteilslose wie stark Vorurteilsvolle sie ablehnten. Aber es blieben z. B. viele Items – so bei der letzten Fassung der F-Skala Statements wie »A person who has bad manners, habits, and breeding can hardly expect to get along with decent people«, »The business man and the manufacturer are much more important to society than the artist and the professor«, »Science has its place, but there are many important things that can never possibly be understood by the human mind« –, deren starke Ablehnung automatisch positiv registriert wurde, obwohl ihr großer Wahrheitsgehalt höchstens schwache Ablehnung oder eher noch zumindest schwache Zustimmung nahelegte.

Andererseits ließ die Stereotypie der meisten Statements keinen Spielraum für die Artikulierung vielschichtiger oder ambivalenter Sachverhalte. Wer zwei Statements zustimmte, die zusammen der Konstatierung eines komplexen Sachverhalts zu dienen vermochten, stand punktemäßig schlechter da als jemand, der sie, weil sie isoliert nicht ganz stimmten, einfach ablehnte. Außerdem wurde ihm das als irrationale Widersprüchlichkeit ausgelegt, die seine Neigung zu pauschalen Urteilen bezeugte. Dagegen wurde gewissermaßen belohnt, wer aus Angst, mißverstanden zu werden oder provokativ zu wirken, lieber ablehnte.

Solche kritischen Einwände änderten indes nichts an der grundsätzlichen Plausibilität der Überlegungen, die der Ausarbeitung insbesondere der F-Skala zugrunde lagen. »Die Feststellung zum Beispiel, daß der Antisemit die Juden ablehnt, weil sie die herkömmlichen Moralgesetze mißachteten, versuchten wir damit zu interpretieren, daß er konventionellen Werten besonders nachdrücklich und starr verhaftet war, daß sein Antisemitismus auf dieser allgemeinen Charakterdisposition basierte, die sich zugleich auch auf anderem Wege, in der allgemeinen Tendenz offenbarte, auf die angeblichen Übertreter der traditionellen Norm herabzusehen und sie zu bestrafen. Bekräftigt wurde diese Interpretation durch Resultate aus den E- und PEC-Skalen, wo sich eine Verbindung gezeigt hatte zwischen Skalensätzen, die Konventionalismus ausdrückten, und den manifesten Formen des Vorurteils, so daß *Unterordnung unter konventionelle Werte* als eine der Variablen im Individuum betrachtet wurde, die mit Sätzen wie denen der F-Skala erfaßt werden konnten und deren funktioneller Zusammenhang mit verschiedenen Manifestationen des Vorurteils nachweisbar war.« (*AP*, 225 f./Adorno, *Studien zum autoritären Charakter*, 44 f.) Statistische Berechnungen zeigten eine hohe Korrelation zwischen den Resultaten bei der Messung ethnozentrischer Vorurteile und denen bei der Messsung faschistischer psychologischer Trends. Die Interviews und die projektiven Tests, für die insgesamt 80 Personen ausgewählt worden waren, die auf den Skalen sehr hoch oder sehr tief rangierten, zeigten, daß diese Korrelationen in der Tat auf psychologischen Prozessen von der Art beruhten, wie sie – im Wechselspiel von Fragebogenausarbeitung und Interviews – die Aufstellung der Skalen geleitet hatten.

Die Variablen, die der Ausarbeitung der Skalen zugrunde lagen, lieferten so zugleich die Zusammenfassung der Resultate der Interviews und der projektiven Tests. Wesentliche Merkmale des faschistischen Charakters waren danach: eine starre Bindung an herrschende Werte, in erster Linie konventionelle Mittelschichten-Werte wie äußerlich korrektes und unauffälliges Benehmen und Aussehen, Tüchtigkeit, Sauberkeit, Erfolg bei gleichzeitiger menschenverachtender pessimistischer Anthropologie, der Bereitschaft, an wüste und gefährliche Vorgänge in der Welt zu glauben und überall sexuelle Ausschweifungen zu wittern; ein ausgeprägt hierarchisches Denken und Empfinden mit Unterwerfung unter idealisierte Autoritäten der Eigengruppe und Verachtung für Außengruppen und alles Abweichende, Diskriminierte, Schwache; Anti-Intrazeption, d. h. Abwehr von Selbstreflexion, Sensibilität und Phantasie, bei gleichzeitiger Neigung zu Aberglauben und stereotyper Fehl-Wahrnehmung der Realität.

Die – man könnte sagen – psychoanalytische Formel, die teils durch die vorangegangenen Befunde nahegelegt worden war, teils deren Deutung und Strukturierung leitete, sah so aus: Der faschistische Charakter war gekennzeichnet durch ein schwaches Ich, ein externalisiertes Über-Ich und ein ich-fremdes Es. Sein Ich ging an den Krücken der Stereotypie, der Personalisierung, des diskriminierenden Vorurteils; er identifizierte sich mit der Macht und berief sich auf Demokratie, Moral, Rationalität nur im Dienste ihrer Zerstörung; er befriedigte seine Triebe im Namen ihrer moralischen Verwerfung und ihrer Unterdrückung bei Außengruppen und Außenseitern.

Die klinischen Teile der Interviews, in denen nach Familienhintergrund, Kindheit, Sexualität, sozialen Beziehungen und Schule gefragt wurde, ergänzten das Bild durch Einsichten in Sozialisationsprozesse, die die Herausbildung psychischer Strukturen und sozialer und politischer Anschauungen beeinflußten. Eltern z. B., die in einem Verhältnis von Herrschaft und Unterwerfung zueinander standen, festgelegte Rollen mit Rechten und Pflichten hatten, vom Kind unkritischen Gehorsam verlangten, von angepaßtem Verhalten gesellschaftlichen Aufstieg erhofften, machten bei ihren Kindern die Entwicklung von Selbstachtung, die Entwicklung der Fähigkeit, Aggressionen an denen abzuarbeiten, die sie verursachten, und die Entwicklung des Vermögens zu engen persönlichen Beziehungen mehr oder weniger unmöglich. (Die nicht zu Ende geführte Studie über Antisemitismus unter Kindern hätte weitere, die Erinnerungen der Befragten korrigierende und ergänzende Aufschlüsse über die Bedeutung derartiger Sozialisationsprozesse für die Entstehung faschistischer psychischer Strukturen wie faschistischer Ideologien gegeben.)

Durch ein detailliertes psychoanalytisch orientiertes Interview-Schema und einen ebenfalls psychoanalytisch orientierten Katalog von 56 nach Hoch- und Tief-Varianten aufgespaltenen Kategorien zur Interpretation des Interviewmaterials wurden auch die Befunde der qualitativen Analyse, soweit sie klinische Themen betrafen, in eine quantitative Form gegossen. Über diesem Bemühen um Quantifizierung wurde die naheliegende Pointe intensiver und durch projektive Tests ergänzter Interviews, nämlich die Präsentation einer Reihe von Fallstudien, an denen sich der Zusammenhang von Persönlichkeitsstruktur und ideologischen Anschauungen exemplarisch hätte vorführen lassen, versäumt. Else Frenkel-Brunswik bot keine Fallanalysen, sondern »patterns, abstracted from the study of groups« (*AP*, 473), die am Ende zu einem »composite picture« zusammengefügt wurden, das idealtypisch den high scorer, den mit einer hohen Punktzahl auf den Skalen, und den low scorer, den mit einer niedrigen Punktzahl auf den Skalen, einander gegenüberstellte. Adorno aber hatte gerade von der Auswertung der Interviews als Gegengewicht gegen die Quantifizierung in den der Messung von ideologischen und psychologischen Trends gewidmeten Teilen der Untersuchung eine »*größere Anzahl* von Profilstudien« erwartet, d. h. »eingehende Analysen einzelner Versuchspersonen auf Grund des gesamten über sie vorliegenden Materials, also Fragebogen, Interviews, Murray tests und Rorschach« (Adorno-Horkheimer, 23. 5. 45). Eine überzeugendere Abrundung dessen, worum es ging, wäre kaum denkbar gewesen – des Nachweises eben: Antisemitismus trat nicht bei Personen mit ansonsten beliebigen Ansichten und beliebigen psychischen Strukturen auf, auch nicht bei allen möglichen Personen, die der gleichen objektiven Situation, den gleichen äußeren Einflüssen ausgesetzt waren. Der Antisemitismus war vielmehr Teil einer Gesamteinstellung, die nicht nur die Juden, auch nicht nur Minoritäten überhaupt, sondern die Menschen allgemein, die Geschichte, die Gesellschaft und die Natur betraf. Diese Gesamteinstellung wurzelte in einer bestimmten psychischen Struktur. Es war letztlich diese psychische Struktur – die sich allerdings immer in bestimmten Meinungen und Verhaltensweisen äußern mußte, und seien es solche, die ganz persönliche oder neutrale Dinge zu betreffen schienen –, die darüber entschied und die erkennen ließ, ob jemand einen faschistischen Charakter hatte und damit potentiell antisemitisch war oder nicht.

Adorno selbst bot allerdings in seinen strikt qualitativen Untersuchungen ebenfalls keine eingehenden Analysen einer größeren Anzahl von Einzelfälllen. Es ging ihm zwar darum, endlich die Beziehung zwischen Ideologie und Persönlichkeitsstruktur in den Mittelpunkt der Untersuchung zu stellen. »What is the meaning of the subject's overt opinions and attitudes in the areas covered by the A-S, E, and PEC scales, when they are considered in the light of our psychological findings, particularly those deriving from the F scale and the clinical sections of the interviews?« hieß seine Fragestellung. In den ideologischen Teilen der Interviews sah er den gegebenen Ausgangspunkt für die Beantwortung jener Frage. Die Methode, derer er sich bediente, war aber »a phenomenology based on theoretical formulations and illustrated by quotations from the interviews« (*AP*, 603). Sie erlaube es, »to exploit the richness and concreteness of ›live‹ interviews to a degree otherwise hardly attainable. What is lost for want of strict discipline in interpretation may be gained by flexibility and closeness to the phenomena. Rare or even unique statements may be elucidated by the discussion. Such statements, often of an extreme nature, may throw considerable light on potentialities which lie within supposedly ›normal‹ areas, just as illness helps us to understand health. At the same time, attention to the consistency of the interpretation of these statements with the over-all picture provides a safeguard against arbitrariness. A subjective or what might be called speculative element has a place in this method, just as it does in psychoanalysis, from which many of our categories have been drawn. If, in places, the analysis seems to jump to conclusions, the interpretations should be regarded as hypotheses for further research, and the continuous interaction of the various methods of the study should be recalled: some of the measured variables discussed in earlier chapters were based on speculations put forward in this part.« (603 f.)

Adorno, der durch sein phänomenologisches Verfahren den Reichtum und die Konkretheit der »›live‹ interviews« zu nutzen suchte, war selber an den Interviews nicht beteiligt gewesen. Die Personen, an denen er den Zusammenhang von Ideologie und Persönlichkeitsstruktur gewissermaßen unter dem Mikroskop aufzuhellen beabsichtigte, waren ihm samt der Umwelt, in der sie lebten, völlig fremd. Wie bei der Studie über den faschistischen Agitator und wie bei den früheren empirischen Untersuchungen des Instituts wurde auch hier eine Distanz zum »Gegenstand« der Untersuchung gehalten und wurden rigide Formen der Arbeitsteilung praktiziert, wie es sie z. B. bei Myrdal nicht gegeben hatte, der für seine Untersuchung über das »Neger-Problem« in den USA immer wieder lange Reisen durch die USA gemacht hatte, um »vor Ort« Eindrücke von den Personen und Verhältnissen zu gewinnen, über die er berichten wollte. In dieser Hinsicht sehr konventionell, verzichtete Adorno, der den Verlust »lebendiger Erfahrung« beklagte, freiwillig auf mehr Erfahrung als nötig.

Was Adornos qualitative Analysen boten, war eine Fülle von Überlegungen, die sich weder aus dem Interviewmaterial ergaben noch von einer Theorie abgeleitet wurden. Für den mit den Arbeiten Adornos und des Instituts Vertrauten war klar: Zentrale Topoi der aufklärungskritischen Gesellschaftstheorie lagen ihr zugrunde: die Ohnmachtserfahrung der Individuen angesichts der modernen kollektivistischen Gesellschaft und das Unbehagen in der Kultur. Der Umgang mit dem Interviewmaterial gab Adornos Überlegungen keine solidere Basis als es die war, die den Überlegungen Sartres zugrunde lag, der, wie er in seinen *Reflexions sur la question juive* nebenbei erwähnte, hundert Antisemiten nach den Gründen ihres Antisemitismus befragt hatte, im übrigen aber ohne irgendwelche methodologischen Absicherungen und aufwendigen empirischen Forschungen verfuhr und in seinen Einsichten zuweilen die Berkeley-Studie übertraf. Adorno mußte die irritierende Erfahrung machen, daß ein Europäer mit »europäischen« Methoden nicht weniger erreicht hatte als er in langjähriger Kooperation mit einer Gruppe, die sich »US-amerikanischer« Methoden bediente. »There is marked similarity between the syndrome which we have labeled the authoritarian personality and ›the portrait of the anti-Semite‹ by Jean-Paul Sartre [so der Titel des 1946 auf englisch in der *Partisan Review* erschienenen ersten Teils der *Reflexions sur la question juive*, R. W.]«, hieß es in einer Fußnote zum Schlußkapitel der *AP*. »Sartre's brilliant paper became available to us after all our data had been collected and analyzed. That his phenomenological ›portrait‹ should resemble so closely, both in general structure and in numerous details, the syndrome which slowly emerged from our empirical observations and quantitative analysis, seems to us remarkable.« (*AP*, 971) Indes brauchte sich Adorno mit seinen qualitativen Analysen nicht zu schämen – zumal, wenn man sie im Zusammenhang sah mit seinen (und Horkheimers) sonstigen »europäischen Ideen« zum Thema, z. B. in den *Elementen des Antisemitismus* oder den als Bestandteil der *AP* gedachten, aber dann von Adorno doch nicht durchgesetzten *Remarks on »The Authoritarian Personality«*, in denen es um die Stellung des Berkeley-Projekts im Verhältnis zu anderen Theorien und Forschungen ging.

Adorno sah sich vor folgendem Problem: Er und Horkheimer begriffen den Antisemitismus als eine Manifestation der blinden, deformierten, rebellischen Natur, die die nicht gelungene, die nicht richtig vollendete Zivilisation wie ein Schatten begleitete, ja sogar in Dienst genommen wurde für die Aufrechterhaltung und zuweilen für die Wiederherstellung eines Zustandes rationalisierter Herrschaftsausübung, der durch die antagonistische Kombination von Demokratie und Kapitalismus gekennzeichnet war. Durch das Antisemitismus-Projekt, soweit sie es als ihre eigene Angelegenheit betrachteten, wollten sie erreichen: diejenigen, die Nutznießer der unvollendeten Demokratie waren, und diejenigen, die wirkliche Demokratie wollten, sie sich aber auch im Zeitalter des big business nur in Verbindung mit einem kapitalistischen Wirtschaftssystem vorstellen konnten, sollten das, was in Adornos und Horkheimers Augen die Vollendung der Demokratie verhinderte und zur verlustreichen Aufrechterhaltung der unvollendeten Demokratie beitrug, als Gefahr für die eigenen Positionen und Bestrebungen erkennen. Das war der Sinn von Horkheimers Hoffnung, den »experimentellen Beweis der Bedrohlichkeit des Antisemitismus für die demokratische Zivilisation« (vgl. S. 416) führen zu können.

Es war eine verzweifelte Hoffnung. Von der Demokratie galt, was Sartre von den Juden gesagt hatte: sie hatte »fanatische Feinde und laue Verteidiger«. »Im gleichen Augenblick, da der Jude den Gipfel der legalen Gesellschaft erklommen hat«, hieß es im dritten, der Psychologie des Juden gewidmeten Teil von Sartres *Reflexions sur la question juive*, »enthüllt sich ihm blitzartig eine andere, amorphe, diffuse und allgegenwärtige Gesellschaft, die ihn zurückstößt.« (*Betrachtungen zur Judenfrage*, in: *Drei Essays*, 149) Und diese andere Gesellschaft war in der Tat nahezu allgegenwärtig. Sie gehörte zu dem, was Adorno das »kulturelle Klima« nannte. Der Antisemit war nur der Exponent der Doppelbödigkeit einer Gesellschaft, deren offizielle rationale Normen im Klima der von ihr gebilligten Vorurteile und Stereotypen dem Mißbrauch als Rationalisierung feilgeboten wurden. »Im Konflikt des Antisemiten liegen, ideologisch gesehen, die gängigen, kulturell ›approbierten‹ Klischees des Vorurteils im Streit mit den offiziell vorherrschenden Maßstäben der Demokratie und dem Grundsatz von der

Gleichheit der Menschen; psychologisch gesehen sind es gewisse vorbewußte oder unterdrückte Es-Triebe auf der einen Seite, und das Über-Ich beziehungsweise sein mehr oder weniger veräußerlichtes konventionelles Surrogat auf der anderen.« (Adorno, *Studien*, 139) Der zum kulturellen Klima gehörende Antisemitismus bot denen, die, da sie während ihrer Sozialisation nicht die Gelegenheit zur Entwicklung eines starken Ichs hatten, an jenen Konflikten irre zu werden drohten, »eine Art anerkannter Freizone psychotischer Verzerrungen« (122). Das war ein interessanter Versuch, die »Normalität« bestimmter kollektiver Wahnvorstellungen dadurch zu erklären, daß sie für die bestehende Kultur funktional waren. Sie blieben normal, weil sie lediglich die gängigen, kulturell approbierten Klischees des Vorurteils gegenüber den offiziell vorherrschenden Maßstäben der Demokratie deutlicher in den Vordergrund rückten, ohne aber auf die letzteren als Rationalisierungen zu verzichten.

Den Mißbrauch des Rationalen als Rationalisierung destruktiver Bestrebungen schilderte Adorno im Rahmen seiner qualitativen Analysen am Beispiel eines »Pseudo-Gerichtsverfahrens der Rationalisierungen«. »Eine andere Art der Schein-Verteidigung, der wir in den Interviews begegneten, ist die Versicherung, daß die Juden so klug, daß sie ›schlauer‹ seien als die Nicht-Juden, weswegen man sie bewundern müsse. Der hier vorliegende Mechanismus involviert zwei Wertsysteme, die sich in der heutigen Kultur nebeneinander behaupten. Auf der einen Seite stehen die ›Ideale‹ der Großherzigkeit, der Selbstlosigkeit, Gerechtigkeit und Liebe, denen Lippendienst zu zollen ist; auf der anderen die Maßstäbe Erfolg, Leistung und soziales Ansehen, denen man im wirklichen Leben gehorchen muß. Diese beiden Wertsysteme werden auf die Juden sozusagen umgekehrt angewendet: Sie werden gelobt, weil sie angeblich oder tatsächlich nach den Maßstäben leben, nach denen der Antisemit sich in Wirklichkeit richtet, und sie werden zur selben Zeit verdammt, weil sie den moralischen Kodex verletzen, dessen er sich mit Erfolg entledigt hat. Die Phraseologie des Gewissens wird dazu benutzt, den moralischen Kredit zurückzufordern, der dem ›auserwählten Feind‹ gewährt wurde, um das eigene Gewissen zu beschwichtigen. Noch das Lob, das den Juden erteilt wird, dient dazu, den Beweis ihrer prästabilierten Schuld zu erhärten.« (145)

Ein pointiertes Beispiel für den richtigen Instinkt, mit dem der faschistische Charakter sich in die Gemeinschaft der gegen die demokratische Zivilisation Rebellierenden einreihte und die Identifikation mit dem Stärkeren vollzog, gab Adorno unter dem Stichwort »Usurpatorkomplex«. Daß diejenigen, deren Denken um Macht und Gewalt kreiste und die Roosevelts Politik als ausgeprägte Diktatur betrachteten, ihn nicht mit Freuden unterstützten, suchte Adorno dadurch zu erklären, daß die Roosevelt-Regierung in ihren Augen nie wirklich stark genug war. »Die Pseudokonservativen haben einen bestimmten Sinn für ›Legitimität‹; zum Herrschen ist berechtigt, wer wirklich über die Produktionsmaschinerie verfügt, nicht aber, wer seine ephemere Macht formalen politischen Prozessen verdankt. Dieses letzte Motiv, das auch in der Vorgeschichte des deutschen Faschismus eine große Rolle spielte, muß um so ernster genommen werden, als es der gesellschaftlichen Realität nicht einmal ganz widerspricht. Solange Demokratie tatsächlich ein formales politisches System darstellt, das unter Roosevelt zwar einige Eingriffe in die wirtschaftliche Sphäre unternahm, das aber niemals die wirtschaftlichen Fundamente antastete, hängt das Leben des Volkes von der Wirtschaftsordnung des Landes ab, also letzten Endes eher von denen, die die amerikanische Industrie kontrollieren, als von den gewählten Vertretern des Volkes. Die Pseudokonservativen spüren das Unwahre an der Idee der demokratischen Regierung ›durch das Volk‹, und sie erkennen, daß sie ihr Schicksal als soziale Individuen nicht wirklich durch den Gang an die Wahlurne bestimmen. Ihre Erbitterung darüber richtet sich jedoch nicht gegen den gefährlichen Widerspruch zwischen wirtschaftlicher Ungleichheit und formaler politischer Gleichheit, sondern gegen die demokratische Staatsform selbst. Anstatt zu versuchen, dieser Form den ihr angemessenen Inhalt zu geben, möchten sie sie zerstören und die direkte Herrschaft derjenigen herbeiführen, die sie ohnehin für die Mächtigen halten.« (220 f.)

Was Adorno hier von den Pseudokonservativen sagte, galt von den Pseudodemokraten überhaupt. Sie beriefen sich auf die traditionellen US-amerikanischen Werte und Institutionen, trachteten aber bewußt oder unbewußt danach, sie konsequent den Vorstellungen der schweigenden Mehrheit, der »moral majority« anzugleichen.

Die »Pseudos« unter den Demokraten gab es allerdings in den USA, wo »konservativ« anders als im einstmals von Aristokraten beherrschten Europa eine Position bezeichnete, die stets zum Spektrum des bürgerlich-kapitalistisch-demokratischen Lagers gehört hatte, eher unter konservativer als unter liberaler oder gar sozialistischer ideologischer Oberfläche. Obwohl Adorno die Begriffe pseudokonservativ, pseudoliberal, pseudodemokratisch und sogar pseudosozialistisch meist wie Synonyme verwendete, hatte er doch speziell den Begriff des »Pseudokonservatismus« eingeführt, um die Bedeutung der politisch-ökonomischen Auffassungen der Interviewten angemessen interpretieren zu können. Bei den »Pseudokonservativen« lag eine mißglückte Identifikation mit den konventionellen Werten und Institutionen vor und bildeten Konservatismus und Konventionalismus bloß die rationalisierende Oberfläche über destruktiven rebellischen Regungen. Bei den »genuinen Konservativen« war jene Identifikation geglückt und ging die Anhänglichkeit an die liberalen, individualistischen Formen des Kapitalismus mit ernsthaft demokratischen Einstellungen und Verhaltensweisen einher.

Genuine Konservative gab es aber, so vermutete Adorno, in den USA kaum noch. Sie wurden, so meinte er, angesichts der sich wandelnden Verhältnisse, unter denen konservativ sein immer mehr hieß, gegen die Arbeiter und gegen Minderheiten zu hetzen, ins liberale Lager getrieben, d. h. für die USA ins Lager derer, die auf der Linie der sozialreformerischen Vorstellungen des New Deal lagen und Eingriffe des Staates zugunsten der Schwächeren befürworteten. Demnach waren also die meisten der Befragten mit konservativen politisch-ökonomischen Auffassungen pseudokonservativ. Das hatte Konsequenzen für die Interpretation eines Sachverhalts, der im Widerspruch zu den Erwartungen der Berkeley-Gruppe stand. Sie hatte damit gerechnet, daß Ethnozentrismus und politisch-ökonomischer Konservatismus hoch miteinander korrelieren würden. Waren doch z. B. sowohl Schwarze und Juden als auch Arbeiter Opfer von Diskriminierung und hierarchischen Denkweisen und Verhältnissen. Die Korrelation zwischen E- und PEC-Skala, also zwischen Ethnozentrismus und politisch-ökonomischem Konservatismus, war aber deutlich niedriger als die zwischen E- und F-Skala, also zwischen Ethnozentrismus und faschistischen psychologischen Trends. Konservative politisch-ökonomische Ansichten waren sehr verbreitet. Unter denen, die sie vertraten, waren indes viele, die auf der E-Skala keine hohen Werte hatten.

Das schien kein besonders überraschendes Ergebnis. Der Sozialismus hatte in dem Land, das als das der unbegrenzten Möglichkeiten galt, nie auch nur annähernd die Bedeutung erlangt wie in europäischen Ländern. Der Kapitalismus erfreute sich hier einer weitgehend ungebrochenen Attraktivität. Um so weniger schien es des Ethnozentrismus als Ventil für Frustrationen und Ressentiments zu bedürfen. Wurden also nicht bloß die Vorurteile linker Wissenschaftler widerlegt, die politisch-ökonomischen Konservatismus durch die Korrelation mit Ethnozentrismus und faschistischen Charakterstrukturen diskreditiert sehen wollten?

Adorno sah das anders. Die allgemeine Unwissenheit und Konfusion auf politisch-ökonomischem Gebiet, die allgemeine Tendenz zu Stereotypisierung und Personalisierung, die bei den insgesamt Vorurteilsvollen nur ausgeprägter waren als bei den insgesamt Vorurteilsfreien, aber auch bei den letzteren nicht fehlten, veranlaßten ihn zu der Feststellung: »Wenn ein Merkmal, das statistisch zwischen Personen mit hohen und solchen mit niedrigen Punktwerten auf der E-Skala unterscheidet – und zwar so, daß die ›Hohen‹ höher rangieren –, allgemein in den Interviews aller Versuchspersonen anzutreffen ist, müssen wir schließen, daß es sich um ein Merkmal unserer Kultur selbst handelt ... Daß es sich um potentiell faschistische Züge handelt, wird durch die Tatsache belegt, daß sie statistisch, psychologisch und in jeder anderen Hinsicht mit hohen Skalenwerten ›zusammengehen‹; treten sie dann noch ziemlich häufig in den Interviews von N [Niedrigen, R.W.] auf, müssen wir folgern, daß wir in potentiell faschistischen Zeiten leben.« (a.a.O., 178) In Adornos Augen stellte also der politisch-ökonomische Konservatismus einen gewichtigeren Indikator für faschistische psychologische Tendenzen dar als die E-und die F-Werte. Indem er einen genuinen Konservatismus rettete, den man eher in Europa als in den USA finden konnte, stufte Adorno den Konservatismus der Befragten praktisch durchweg als pseudo-konservativ ein. Da in den USA Konservative nicht weniger denn Liberale und nach 1945 mehr denn Liberale als Demokraten und gute »Amerikaner« galten, steckte in Adornos Begriffsunterscheidung eine sehr europäische linke Kritik am American way of life, an der US-amerikanischen Zivilisation – von der er als Kritiker des Monopolka-pitalismus und der Kulturindustrie ja in der Tat die neueste Form der Rebellion gegen die mißlungene Zivilisation, also die neueste Form des Faschismus erwarten mußte.

Ähnliche Konsequenzen ergaben sich auch aus der von Adorno aufgestellten Typologie, die den Haupttext der Berkeley-Studie beschloß. Sie sollte gezielte Abwehrmaßnahmen ermöglichen. Um solche ging es ja letztlich bei dem Antisemitismus-Projekt. Dem Variablen-Bündel »faschistischer Charakter« sollten Konturen verliehen werden durch die Herausarbeitung unterschiedlicher Ausprägungen, die sich durch größere Nähe zur Alltagserfahrung und durch die Berücksichtigung psychodynamischer Konstellationen auszeichneten. Diese Typologie wurde ergänzt durch eine Typologie der Spielarten des vorurteilsfreien Charakters. Adornos Haupteinteilungsprinzip war, wieweit die Personen selbst genormt waren und in Stereotypen dachten oder aber »echte« Individuen waren, die zu lebendiger Erfahrung fähig waren und sich der Standardisierung im Bereich der menschlichen Erfahrung widersetzten.

Als den potentiell gefährlichsten Typus – gefährlicher als »Oberflächenressentiment«, »Konventionalismus«, »Autoritarismus«, »Psychopathen« und »Spinner« – betrachtete Adorno den »Manipulativen«. Damit suchte er den Erfahrungen der jüngsten Vergangenheit gerecht zu werden und zentrale Auffassungen der *DdA* und der *Eclipse of Reason* zur Geltung zu bringen, in denen die Positivismus-

Kritik des Horkheimer-Kreises ihren Höhepunkt erreicht hatte. »Alles Technische, alle Dinge, die als ›Werkzeuge‹ benutzt werden können, sind mit Libido beladen. Die Hauptsache ist, daß ›etwas getan‹ wird. Zahllose Beispiele für diese Struktur gibt es unter Geschäftsleuten und in zunehmendem Maße auch in der Schicht der aufstrebenden Manager und Technologen, die im Produktionsprozeß eine Mittelstellung zwischen dem alten Typus des Unternehmers und dem des Arbeiteraristokraten einnehmen. Symbolhaft für die vielen Vertreter dieses Syndroms unter den antisemitisch-faschistischen Politikern in Deutschland ist Himmler. Ihre nüchterne Intelligenz und die fast komplette Absenz von Affekten macht sie wohl zu denen, die keine Gnade kennen. Da sie alles mit den Augen des Organisators sehen, sind sie prädisponiert für totalitäre Lösungen. Ihr Ziel ist eher die Konstruktion von Gaskammern als das Pogrom. Sie brauchen die Juden nicht einmal zu hassen, sie ›erledigen‹ ihre Opfer auf administrativem Wege, ohne mit ihnen persönlich in Berührung zu kommen.« (335)

Nicht antisemitische Einstellungen waren letztlich das Entscheidende, sondern Einstellungen und Verhaltensweisen, denen jegliche Ehrfurcht für lebendige Wesen, für Menschen, für die Opfer von Diskriminierungen fehlte. Nicht der Antisemitismus war das Entscheidende, sondern das Fehlen eines echten Anti-Antisemitismus. Dessen Fehlen machte noch die, die selbst in vertraulicher oder kumpaneihafter Atmosphäre keinerlei Antisemitismus erkennen ließen, zu »Antisemitoiden« (Horkheimer).

Der Rückgang des Antisemitismus in den USA hatte deshalb für die Berkeleyleute und für Adorno nichts Beruhigendes – um so weniger, als sich längst ein Äquivalent gefunden hatte: der Antikommunismus. Auf der einen Seite war Adorno überaus ängstlich. Bei seinen Korrekturen des Textes der Berkeley-Studie ging er so weit, von William R. Morris, der das Kapitel über die Gefangenen von San Quentin geschrieben hatte, zu verlangen, er solle anstößige Ausdrücke in den zitierten Äußerungen von Gefangenen beseitigen. Auf der anderen Seite aber meinte er in seiner Interpretation des Interviewmaterials, ohne ein Blatt vor den Mund zu nehmen: »In den vergangenen Jahren war die gesamte hiesige Propagandamaschinerie zur Intensivierung antikommunistischer Emotionen mit dem Ziel irrationaler ›Panik‹ eingesetzt, und es gibt wahrscheinlich nicht viele Menschen, mit Ausnahme der ›Linientreuen‹, die dem unaufhörlichen ideologischen Druck auf die Dauer zu widerstehen vermochten. Gleichzeitig gehört es seit den letzten zwei oder drei Jahren wohl immer mehr ›zum guten Ton‹, dem Antisemitismus offen entgegenzutreten, wenn die große Anzahl von Zeitschriftenartikeln, Büchern und Filmen mit hoher

Auflage als Symptom für einen solchen Trend gelten darf. Auf eine Veränderung der Charakterstruktur lassen sich solche Fluktuationen kaum zurückführen. Könnten sie sicher bestimmt werden, würden sie die extreme Bedeutung politischer Propaganda demonstrieren. Propaganda, wenn sie auf das antidemokratische Potential im Volk gerichtet ist, bestimmt weitgehend die Wahl der sozialen Objekte psychologischer Aggressivität.« (Adorno, *Studien*, 278)

Da die Charakterstruktur, die dem Antisemitismus zugrunde lag, fortbestand – eine Charakterstruktur, über deren Verbreitung und Zukunftsaussichten die Autoren der *AP* nichts Ausdrückliches sagten, von der aber Horkheimer in seinem Vorwort meinte, sie drohe, an die Stelle des individualistischen und demokratischen Typus zu treten –, kam die Berkeley-Gruppe in ihrem Beschluß zu dem Resümee: aus dem Nachweis, daß die verschiedenen Aspekte einer Person eine Gesamtstruktur bildeten, ergebe sich die Konsequenz, daß Abwehrmaßnahmen der Gesamtstruktur der vorurteilsvollen Persönlichkeit gelten müßten. »The major emphasis should be placed, it seems, not upon discrimination against particular minority groups, but upon such phenomena as stereotypy, emotional coldness, identification with power, and general destructiveness.« (*AP*, 973)

Was also tun? Die Gesellschaft ändern – meinte die Berkeley-Gruppe (diese Aufgabe der Anstrengung aller Sozialwissenschaftler überantwortend, unter denen der Psychologe eine Stimme haben sollte, um dafür zu sorgen, daß auch wirklich solche Sozialreformen ins Auge gefaßt würden, die die Struktur der vorurteilsvollen Persönlichkeit änderten). Aber war das nicht eine unverbindliche Auskunft, wenn man, wie Adorno es auch in seinem für die *AP* gedachten Kapitel über die Stellung der Berkeley-Studie wieder tat, den modernen Menschen auf ein von einer immer lückenloser integrierten Gesellschaft unmittelbar gesteuertes Reaktionsbündel zusammenschrumpfen sah, das nicht einmal mehr zu einem – wie er es ausdrückte – »spontanen« Antisemitismus (*Remarks on ›The Authoritarian Personality‹*, 28) fähig war und das gar keinen geeigneten Gegenstand mehr für eine wirkliche Psychologie abgab, so daß der Psychologe, der sich mit ihm befaßte, unweigerlich zum Soziologen wurde, weil er im vermeintlichen Individuum auf unvermittelte Gesellschaft stieß?

Das letzte Wort der Studie war deshalb – unverkennbar von Adorno stammend – eine triebutopische, Fromm und dem späteren Marcuse sehr nahestehende Variante der Hoffnung auf den Umschlag durch Umpolung der Energien. »It is the fact that the potentially fascist pattern is to so large an extent imposed upon people that carries with it some hope for the future. People are continuously molded from above because they must be molded if the over-all economic pattern is to be maintained, and the amount of energy that goes into this process bears a direct relation to the amount of potential, residing within the people, for moving in a different direction. It would be foolish to underestimate the fascist potential with which this volume has been mainly concerned, but it would be equally unwise to overlook the fact that the majority of our subjects do not exhibit the extreme ethnocentric pattern and the fact that there are various ways in which it may be avoided altogether. Although there is reason to believe that the prejudiced are the better rewarded in our society as far as external values are concerned (it is when they take shortcuts to these rewards that they land in prison), we need not suppose that the tolerant have to wait and receive their rewards in heaven, as it were. Actually there is good reason to believe that the tolerant receive more gratification of basic needs. They are likely to pay for this satisfaction in conscious guilt feelings, since they frequently have to go against prevailing social standards, but the evidence is that they are, basically, happier than the prejudiced. Thus, we need not suppose that appeal to emotion belongs to those who strive in the direction of fascism, while democratic propaganda must limit itself to reason and restraint. If fear and destructiveness are the major emotional sources of fascism, eros belongs mainly to democracy.« (976) Diese Identifizierung der Autoren mit der Sache der Demokratie ließ an der US-amerikanischen Demokratie kein gutes Haar, traute nicht ihr, sondern ihren Opfern die Kraft zur Veränderung zu.

Eine Diagnose antidemokratischer Potentiale, die Indikatoren dafür mehr noch als im Antisemitismus oder überhaupt in Vorurteilen gegenüber Minderheiten in der allgemeinen Verbreitung stereotyper konservativer politisch-ökonomischer Ansichten sah und die die US-amerikanische Demokratie nicht als eine im Grunde heile Gesellschaftsordnung betrachtete, die sich durch geeignete Propaganda-, Aufklärungs- und Erziehungsaktionen von beschämenden Defekten befreien ließ, konnte schwerlich im Sinne des auf Assimilation bedachten AJC sein. Genau das kam in einer ausführlichen, kompetenten und insgesamt sehr lobenden Rezension der *Studies in Prejudice* und vor allem der *AP* in der vom AJC herausgegebenen Zeitschrift *Commentary* zum Ausdruck. Die Rezension stammte von Nathan Glazer. Glazer war Mitherausgeber des *Commentary* und Mitautor des im gleichen Jahr wie die *AP* erschienenen Bandes *The Lonely Crowd*. Diese *Study of the Changing American Character*, die sich ausdrücklich des Frommschen Konzepts des Sozialcharakters bediente, zeigte mit ihrer Unterscheidung zwischen traditions-geleiteten, innen-geleiteten und außen-geleiteten Charaktertypen manche Verwandtschaft mit den Vorstellungen der *AP*. (Über den erst durch *The Lonely Crowd* bekannt gewordenen Hauptautor David Riesman hatte Horkheimer einmal an Marcuse geschrieben, als er zufällig in einem der Bücher, die Marcuse nach Washington nachgeschickt haben wollte, einen Artikel von Riesman entdeckte: »When I picked up the books which you wanted me to keep for you, I found a manuscript by Mr. Riesman on Anti-Semitism which I would like to keep if you permit it. Who is this Mr. Riesman? His ideas coincide strangely with our own on the subject. He seems either to be a very intelligent man or to have studied successfully our publications.« [Horkheimer-Marcuse, 3. 4. 43])

Glazer lobte unter anderem die Brillanz der Adornoschen qualitativen Analysen, nahm sie aber auch zum Anlaß, entschiedene Kritik daran zu üben, daß die Autoren eine bestimmte Gesellschaftstheorie als die erwiesenermaßen richtige unterstellten und die verbreiteten Abweichungen davon als Anzeichen für potentiell faschistische Zeiten betrachteten. »Can it be demonstrated that ›resentment of unions‹ or of ›income limitations‹ are ›potentially fascist persuasions‹? Here one would not be convinced by the argument that they are correlated with other points of view that are undeniably fascist. For why may not these attitudes conceivably be the ones in a generally authoritarian personality that offer hope for action in behalf of democracy? If a person is resentful of unions he may be resentful of what he conceives of as an illegitimate infringement of his liberties; perhaps he is protecting his individuality, his sense of his own capacity to make his own way, perhaps he thinks he is resisting becoming part of a mass. Similarly, even in this book one can find evidence indicating that resentment of the limitation of one's income may not be a pre-fascist trait; for example, the non-authoritarians are more interested in sensual and material pleasures, less interested in status and power, than the authoritarians. And in fact, is not income sought for pleasure as well as status and power?« (Glazer, *The Authoritarian Personality in Profile*, in: *Commentary*, June 1950, 580) Das war deutlich. Das Vorurteil sollte bekämpft werden, aber nicht so, daß grundsätzliche Kritik am American way geübt wurde.

Einen Schritt weiter ging Edward A. Shils in seinem Aufsatz *Authoritarianism: »Right« and »Left«*, der 1954 in den von Richard Christie und Marie Jahoda herausgegebenen *Studies in the Scope and Methods of »The Authoritarian Personality«* erschien. Shils, der eine Zeitlang selbst Mitarbeiter Bettelheims beim Chicagoer Veteranen-Projekt gewesen war, gehörte zu jenen damals nicht seltenen Intellektuellen, die, einst liberal, im Klima des Kalten Krieges und des McCarthyismus zu antikommunistischen Konservativen geworden waren. Er warf den Verfassern der *AP* Blauäugigkeit gegenüber dem Kommunismus als einer wichtigen Spielart des Vorurteils vor. Das war nicht grundsätzlich falsch. Adorno hatte zwar bei den Syndromen der Vorurteilsfreien zwischen »starren«, »protestierenden«, »impulsiven« und »ungezwungenen Vorurteilsfreien« sowie »genuinen Liberalen« unterschieden und nur den letzteren ein ideales Gleichgewicht zwischen Über-Ich, Ich und Es zugestanden. Aber es gab bei ihm nicht ausdrücklich eine das Gegenstück zur Kategorie des »Pseudokonservativen« bildenden Kategorie des Pseudolinken. Sie schien sich leicht unterbringen zu lassen bei den Syndromen des »starren« und des »protestierenden« Vorurteilsfreien. Aber was sollte dann der Begriff des Vorurteilsfreien? Das wäre mehr als beschönigend gewesen für wirkliche Pseudolinke. Oder man konnte darauf hinweisen, daß die faschistische Charakterstruktur eben auch bei Pseudolinken zugrunde lag, sie also bei den Syndromen der Vorurteilsvollen untergebracht werden konnten. Das ließ sich in der Tat machen – war doch der Ausdruck »faschistisch« in dem Begriff »faschistische Persönlichkeit« nicht im politischen Sinne gemeint. Nur hatten es Adorno und die anderen Berkeleyleute nicht getan – teils vielleicht aus Scheu, von einem linken Faschismus zu reden, also einem in einer faschistischen Charakterstruktur verankerten Pseudokommunismus oder Pseudosozialismus, teils aber wohl einfach aufgrund der Tatsache, daß dieser Typus in ihrem sample überaus selten und zudem in den USA, wo die stets schwache Kommunistische Partei, die CPUSA, sogleich nach dem Ende des Krieges verboten worden war, ohne gesellschaftliche Bedeutung war. Shils Kritik traf also wissenschaftlich ein Randproblem. Daß er ihm so große Bedeutung beimaß, hatte allein politische Gründe und war aufschlußreich für das Klima, in dem die Rezeption der *AP* erfolgte – die sich im übrigen weitgehend auf die methodologischen und technischen Aspekte konzentrierte.

Von den im Schatten der *AP* stehenden übrigen Bänden der *Studies in Prejudice* war am ideenreichsten und der *AP* thematisch am nächsten stehend *Dynamics in Prejudice*. Anstoß zu der Untersuchung von Kriegsveteranen war die Überlegung, daß sie eine gesellschaftlich wichtige Gruppe mit besonderen Schwierigkeiten bei der Anpassung an eine Friedenswirtschaft bildeten, bei ihnen also gut zu beobachten sein müßte, unter welchen Voraussetzungen es zur Entladung feindseliger Gefühle in Gestalt ethnischer Intoleranz, insbesondere gegenüber Juden und Schwarzen kam. Die empirische Basis bildeten Interviews mit 150 Chicagoer Veteranen ohne Offiziersrang, die der Unterschicht und der unteren Mittelschicht zuzurechnen waren. Die Interviews waren länger als in Berkeley: vier bis sieben Stunden. Sie wurden durchgeführt – möglichst in der Wohnung der Interviewten – von sechs psychiatrisch geschulten jungen Sozialarbeiterinnen. So sollte die Atmosphäre eines »pleasant though intensive interview« (10)

geschaffen werden, die es den Interviewten leicht machte, offen über Erfahrungen der Kriegszeit und aktuelle Anpassungsschwierigkeiten zu reden und, wenn dann in einem späten Stadium des Interviews erst indirekt und schließlich direkt die Sprache auf ethnische Themen kam, tiefsitzenden Einstellungen Ausdruck zu verleihen.

Ebenfalls psychoanalytisch orientiert, unterschied die Untersuchung über Kriegsveteranen sich vor allem in zwei Punkten von der *AP*: Die positive Bedeutung des Vorurteils für die Vorurteilsvollen wurde stärker herausgehoben und mit mehr Verständnis betrachtet; und die etablierten Institutionen der Gesellschaft einschließlich der Armee wurden als etwas Positives gesehen, das von denen mit Selbstverständlichkeit akzeptiert wurde, die ohne Ressentiments waren, und von denen abgelehnt wurde, die weder sich selber kontrollieren konnten noch sich kontrollieren ließen und die auf ethnische Intoleranz zur Entladung ihrer Spannungen angewiesen waren. Bettelheim und Janowitz sahen ein Kontinuum »from internalized to external control; from ego control, to superego control, to willingly accepted external control, to external control under grudging submission, and finally to controls which were so inadequate that they could only assert themselves occasionally and ineffectually. The last group in the continuum of tolerance to intolerance, that is, the intense anti-Semite, fell beyond this continuum of controls.« (138) Und ohne sich auf eine allgemeine Einschätzung des US-amerikanischen Gesellschaftssystems einzulassen, konstatierten sie nur: »The data at hand indicate that while slow upward mobility is closely associated with tolerance, rapid mobility either upward or downward, is positively related to interethnic hostility.« (61) Die Autoren der *AP* hatten fast das genaue Gegenteil festgestellt: »We are led to suspect, on the basis of results in numerous areas, that upward class mobility and identification with the status quo correlate positively with ethnocentrism, and that downward class mobility and identification go with anti-ethnocentrism.« (*AP*, 204)

Angesichts der Unverbundenheit der Studien war es schwer zu sagen, wieweit solche Unterschiede auf Unterschiede der Schichtenzugehörigkeit der samples zurückgingen oder wie weit Bettelheim aufgrund intensiverer Interviews in direkterem Zugriff als die Berkeley-Gruppe anhand des Verhältnisses zu etablierten Institutionen der Gesellschaft tiefsitzende Destruktionstendenzen aufdeckte. Es war aber unverkennbar, daß die Autoren der Chicagoer Studie die gesellschaftskritischen Ansichten der Berkeley-Gruppe nicht teilten und in der Fähigkeit, am American way of life teilzunehmen, ein Zeichen einer gut entwickelten Persönlichkeit sahen, während es für die Autoren der Berkeley-Studie ein Zeichen von Anpassung an eine Gesellschaft voller Versagungen und Ungerechtigkeiten und damit an eine Brutstätte von Vorurteilen war.

Die Autoren von *Anti-Semitism and Emotional Disorder*, denen u. a. Alvin Gouldner assistierte, hatten, anders als es von Horkheimer geplant war, nicht eine großangelegte Expertenbefragung durchgeführt, bei der zahlreiche Psychoanalytiker zu Fällen von Patienten, bei denen Antisemitismus eine Rolle spielte, interviewt werden sollten. Sie hatten sich vielmehr auf 27 von Psychoanalytikern mitgeteilte und in Interviews mit diesen Analytikern näher erläuterte Fälle beschränkt, die durch 13 Berichte über von Sozialeinrichtungen betreute Fälle teilweise ergänzt wurden. Gewichtige Bestätigungen, Präzisierungen, Ergänzungen oder Korrekturen zur *AP*, die ein Kapitel über *Psychological Ill Health in Relation to Potential Fascism: A Study of Psychiatric Clinic Patients* enthielt, das kaum weniger lang war als das Buch von Ackerman und Jahoda, konnten sich bei einer derart begrenzten und distanzierten Materialbasis nicht ergeben. Ackerman und Jahoda waren so zurückhaltend bei der Auswertung ihres Materials, daß man daraus lediglich mit gewissen Vorbehalten den Schluß ziehen konnte: Was in der *AP* aufgrund der Untersuchung von 121 Patienten einer Psychiatrischen Klinik gesagt worden war, war offenbar im Prinzip richtig: Auffällige Zusammenhänge zwischen Vorurteil und psychischer Krankheit gab es nicht. Das Auftreten von Gruppenvorurteilen stand in erster Linie in Zusammenhang mit bestimmten allgemeinen Zügen der Persönlichkeit, die quer zu den psychiatrischen Klassifikationen standen, die aber bei psychisch Kranken oft ausgeprägter waren (*AP*, 964 f.). Die größere Häufigkeit von Depressionen und Minderwertigkeits- und Schuldgefühlen nahm bei psychisch kranken Niedrigeingestuften nur drastischere Formen an als bei »normalen«; die größere Häufigkeit von Angstzuständen, vor allem Angst um das physische Wohlbefinden, nahm bei psychisch kranken Hocheingestuften nur drastischere Formen an als bei »normalen«.

Welche Erwartungen bzw. Hypothesen dadurch widerlegt wurden, war im Psychiatrie-Patienten-Kapitel der *AP* pointiert dargelegt. Die eine Hypothese hatte gelautet: Der Ethnozentrismus der Vorurteilsvollen beruht auf irrationalen Einstellungen, die das Ergebnis neurotischer Konflikte sind. Die Vorurteilsvollen werden deshalb häufig unter den psychisch Kranken zu finden sein. Die Auffassungen der Vorurteilsfreien dagegen sind auf rationale und realitätsgerechte Weise zustande gekommen. Sie sind die »Normalen«. Die andere, die Gegen-Hypothese hieß: Die vorurteilsvollen Individuen sind die »normalen«, denn sie sind gut an ihre Kultur angepaßt, zu deren Bestandteilen die Vorurteile gehören, die sie sich zu eigen gemacht haben. Die

Vorurteilsfreien, die sich gegen ihre Eltern und gegen viele der herrschenden Konventionen auflehnen, werden dagegen häufig unter den psychisch Kranken zu finden sein. Die Untersuchungsergebnisse zeigten, daß Anpassung wie Nichtanpassung an schlechte Verhältnisse ihren Preis verlangten. Im übrigen entdeckten Ackerman und Jahoda gewisse Indizien für die in der *AP* vorsichtig formulierte Annahme, daß Niedrigeingestufte, aufgrund eines stärker entwickelten Ichs, im Krankheitsfalle eher zu Neurosen neigten, Hocheingestufte mit einem durch rigide Erziehung unterentwickelt gebliebenen Ich eher zu Psychosen.

Einzig in der *AP*, an der Adorno direkt beteiligt war, war Gesellschaftstheorie indirekt und Gesellschaftskritik direkt enthalten. Einzig sie rief deshalb neben professionellen Diskussionen über Forschungsmethoden auch politisch gefärbte Kritik hervor. Wie stand es aber nun um das Verhältnis von subjektiven und objektiven Faktoren in der Theorie des Antisemitismus bzw. des Vorurteils?

Die Analyse der subjektiven Aspekte war in der Tat durch die *AP* und zwei weitere Bände der *Studies in Prejudice* zu einem wesentlichen Teil geleistet. Zudem hatte sich die sozialpsychologisch orientierte Vorurteilsforschung in den 40er Jahren in den USA zu einem expansiven Forschungszweig entwickelt, und während der Arbeit am Antisemitismus-Projekt waren u. a. zwei von Adorno hoch geschätzte Analysen zum Problem des Antisemitismus bzw. des Vorurteils erschienen: Sartres *Reflexions sur la question juive* (1946) und Eugene Hartleys *Problems in Prejudice* (1946). Wie aber stand es um die Analyse der objektiven Faktoren, auf die bereits einige von Adornos Vorschlägen von 1944 für das Maximalprogramm des Antisemitismus-Projekts gezielt hatten?

Schlecht. Denn Adorno neigte dazu – in Analogie zu seiner seit seinen frühen Analysen zur Neuen Musik für ihn charakteristischen Auffassung vom Zusammenfall dessen, was der als Monade arbeitende große Künstler tat, mit dem objektiven Zug der Zeit –, in der von ihm praktizierten Art der psychologischen Analyse zugleich die fällige soziologische Analyse bzw. einen entscheidenden Teil derselben zu sehen. Die psychoanalytische Individualpsychologie, die sich an die orthodoxe Theorie vom Unbewußten und von der Verdrängung, von Es, Ich und Über-Ich hielt und sich weder auf die fragwürdigen Übertragungen individualpsychologischer Sachverhalte auf Gesellschaften noch auf die revisionistische Soziologisierung der Psychologie einließ, erfaßte nämlich in seinen Augen im Individuum jene objektiven Kräfte, die es mehr denn je prägten und ihm zugleich gar nicht bewußt waren. »To find out«, hieß es in Adornos unveröffentlicht gebliebenem Kapitel über die Stellung der *AP*, »how objective

economic laws operate, not so much through the individual's econo-mic ›motivations‹ than through his unconscious make-up, would require extensive and carefully planned specific research. We venture to suggest, however, that the solution to the problem would provide us with the true scientific explanation of the nature of contemporary prejudice. Our study has at least provided considerable raw material and a number of hypotheses for such an undertaking.« (*Remarks on* »*The Authoritarian Personality*«, 15) In der Psyche des Antisemiten, so meinte Adorno, zeigte sich der ökonomisch-gesellschaftliche Grund des Antisemitismus; die konsequent durchgeführte Psychologie des Antisemiten führte auf die »Kulturanthropologie« (a.a.O., 26) des Antisemitismus.

Dabei ergab sich aber das gleiche Problem wie bei der von Adorno zeitlebens vertretenen Konzeption der immanenten Kritik, die nicht auskam ohne einen Schuß Transzendenz. So konnte auch die Analyse der objektiven Faktoren durch die Tiefen-Analyse der subjektiven Faktoren nicht ohne wesentliche Kenntnisse der objektiven Faktoren auskommen. Waren die Kenntnisse der objektiven Faktoren, über die Horkheimer und Adorno verfügten bzw. die überhaupt zur Verfü-gung standen, aber aktuell und konkret genug, um die richtige »im-manente Kritik« zu ermöglichen? Hatten Horkheimer und auch Adorno nicht die aktuelle und konkrete Analyse der objektiven Fak-toren noch bis in die Zeit des Antisemitismus-Projekts hinein als ein entscheidendes Desiderat betrachtet? Angesichts der Aussichtslosig-keit, diese Aufgabe mit dem von ihnen akzeptierten Mitarbeiter-Kreis erfüllen zu können, hatten sie sie offensichtlich im Laufe der Jahre immer mehr verdrängt bzw. gelernt, die Mahnung daran mit Stilisie-rungen der geleisteten Arbeit zu übergehen. Als sie nach Frankfurt zurückkamen, kamen sie als die Autoren bzw. Initiatoren der *Dialek-tik der Aufklärung* und der *Studies in Prejudice*, als Geschichtsphilo-sophen und Kulturkritiker, als Sozialpsychologen und mit den moder-nen sozialwissenschaftlichen Forschungstechniken Vertraute – als gestandene Wissenschaftler, die Fertiges weitergeben zu wollen schienen, als ein Gespann, von dem nur der eine, Adorno, ernstlich vorhatte, nicht vom Kapital zu leben.

6. Kapitel
Kritische Zierde einer
restaurativen Gesellschaft

Mitmachen beim Wiederaufbau – Untersuchung des politischen Bewußtseins der Westdeutschen

Als Horkheimer, Adorno und Pollock sich mit ihren Frauen in Frankfurt niederließen und ihre deutsche Position auszubauen begannen, sahen sie sich als Juden, als linke Intellektuelle und als kritische Sozialwissenschaftler in einer von ihresgleichen mehr oder weniger gründlich gesäuberten Umwelt, in der die Zeichen längst eindeutig auf Restauration standen. Die einmalige Symbiose deutsch-jüdischer Kultur war endgültig zerstört. Außer Horkheimer und Adorno kam keiner der profilierten Dozenten aus der Blütezeit der Frankfurter Universität in den letzten Jahren der Weimarer Republik zurück. Gerade weil Horkheimer, Adorno und Pollock Ausnahmen waren und blieben, konnten sie mit wohlwollender Duldung rechnen.

Anders als Wolfgang Abendroth, einer der wenigen sich offen zum Sozialismus bekennenden Professoren, suchten Horkheimer und Adorno Rückhalt nicht bei Organisationen der Arbeiterbewegung oder oppositionellen Gruppen, sondern bei der herrschenden Macht selbst. Sie suchten, wie es Horkheimer einmal in einem Dankschreiben an den hessischen Ministerpräsidenten Georg August Zinn ausdrückte, »Freunde an hoher Stelle, die sich der Gelehrte, der auch die praktischen Ziele wirklicher Aufklärung verfolgt, allzu oft vergeblich wünschen kann« (Horkheimer-Zinn, 18. 3. 55).

Nicht lange nach seiner Übernahme des alten Lehrstuhls wurde Horkheimer zum Dekan der Philosophischen Fakultät gewählt. In dieser Funktion, die er vom Herbst 1950 bis zum Herbst 1951 innehatte, leistete er einen Beitrag zum Wiederaufbau der Frankfurter Universität, der die Akzentverschiebung in seinem Verhältnis zur Theologie deutlich machte: Er sorgte für die Wiedererrichtung von Lehrstühlen für evangelische und für katholische Theologie und später auch für das Judentum.

Wieder bewährte sich Horkheimers diplomatisches und organisatorisches Geschick. Wieder absorbierte das Institut, das als Ablenkung von der eigentlichen Arbeit längst aufgegeben werden sollte, das aber als Faustpfand öffentlich anerkannter Seriosität immer wieder am Leben gehalten wurde, einen großen Teil der Kräfte Horkheimers und Adornos.

Um an Geld zu kommen und offizielle Förderung zu erlangen, war Horkheimer bereit, auch die Mitwirkung des Instituts beim Wiederaufbau zu unterstreichen. In einem Memorandum für potentielle Sponsoren wurde das Institut nicht nur als Stätte eines fortschrittlichen Soziologie-Studiums und der Verbindung der »weitergebildeten deutschen sozialphilosophischen und geisteswissenschaftlichen Tradition« mit den »fortgeschrittensten empirischen Forschungsmethoden der modernen amerikanischen Sozialwissenschaft« angepriesen, sondern auch als wissenschaftliche Beratungsstelle für die drängenden Aufgaben des Landes (*Memorandum über das Institut für Sozialforschung an der Universität Frankfurt/Main,* 1950).

In Ausführungen über die jüngste Geschichte und das Arbeitsprogramm des Instituts, die als Information für Spender gedacht waren, hieß es u. a.: »Die Sozialforschung hat in allen ihren Teilen, besonders auf den Gebieten der Strukturforschung der Gesellschaft, der menschlichen Beziehungen und Verhaltensweisen im Arbeitsprozess, der Meinungsforschung sowie der Anwendung soziologischer und psychologischer Erkenntnisse auf die Praxis in den letzten Jahrzehnten einen großen Aufschwung genommen, an dem Deutschland infolge der politischen Ereignisse nicht in wünschenswertem Maße hat teilhaben können. Die Rolle, die diese Wissenschaften heute im öffentlichen Leben Deutschlands ebenso wie in der Rationalisierung seiner Wirtschaft spielen können, ist, wenn man von den Erfahrungen anderer Industrieländer ausgehen darf, kaum zu überschätzen.

Soziale Analysen vermögen in viele entscheidende politische und gesellschaftliche Probleme der Nachkriegsperiode, wie etwa das Flüchtlingsproblem, Licht zu bringen. Sie können beim Wiederaufbau der Städte und Industriebezirke eine wichtige erkenntnismäßige Grundlage liefern. Die Ausbildung in den Methoden der Sozialforschung kann der Jugend helfen, die Spannungen innerhalb der eigenen Bevölkerung wie unter den Nationen besser zu begreifen, und daher an ihrer Überwindung selbständig mitzuarbeiten . . .

Nicht zuletzt vermag die Sozialforschung eine Reihe neuer beruflicher Möglichkeiten zu erschließen. Die Nachfrage nach in den neuen Methoden ausgebildeten Wissenschaftlern ist in den Vereinigten Staaten nicht kleiner, und sie werden nicht geringer bewertet als etwa die Ingenieure, Chemiker oder Ärzte. Nicht nur die staatliche Verwaltung und alle Zweige der Meinungsgestaltung wie Presse, Film und Radio, sondern vor allem auch die Wirtschaft unterhält zahlreiche sozialwissenschaftliche Forschungsstellen. Sie will die besten sozialen Bedingungen in ihren Werken herstellen, die Bedürfnisse des Publikums in ihrem Geschäftszweig kennen und vorausberechnen, die Wirkung ihrer Werbetätigkeit im einzelnen verfolgen und steigern. Eine ähnliche Entwicklung darf auch in Deutschland erwartet werden.« (Muster [für Schreiben an Spender], Juni 1951; fast identische Ausführungen des Institutsleiters sind zitiert im Antrag des Magistrats der Stadt Frankfurt/M. vom 8. 1. 51 an die Stadtverordneten-Versammlung wegen Gewährung eines Zuschusses an das IfS)

In der *Frankfurter Neuen Zeitung* erschien im Sommer 1950 ein unter Mitwirkung Horkheimers zustande gekommener Artikel *Soziologie im Kampf gegen das Vorurteil. HICOG* [Office of the U. S. High Commissioner for Germany, R. W.] *fördert Institut für Sozialforschung an Frankfurter Universität.* Darin hieß es, die Aufgaben der Sozialforschung erschöpften sich nicht in der aufklärenden Funktion, wie sie die Studien des Instituts über das Vorurteil bezeugten, sie ermögliche vielmehr z. B. auch die Entscheidung darüber, »wo und wie eine Fabrik richtig angelegt werden muß, damit die Arbeiter ihre volle Arbeitskraft leisten können«.

War das eine besonders kühne List? Ging der Institutsleiter in der Anpreisung der Nützlichkeit des Instituts für die rationelle Erneuerung der kapitalistischen Verhältnisse auf modernisierter Grundlage besonders weit, weil er besonders gefährliche Konterbande zu liefern gedachte? Verstand er es in der Folge wirklich, das Institut zu einem von Staat und Wirtschaft finanzierten Korrektiv der Restauration zu machen? Ging es um das, was später zu Zeiten der Studentenbewegung »der lange Marsch durch die Institutionen« hieß? Oder machten sich die Institutsleiter selber etwas vor? Machten sie das Institut zu einem Instrument des restaurativen Wiederaufbaus, das sich mit dem Anspruch auf das Transzendieren des Selbstbehauptungsprinzips und des individuellen und kollektiven Egoismus und mit der Forderung nach einer humaneren Gestaltung der gesellschaftlichen Verhältnisse lediglich besser, lediglich in weniger hohlklingenden Worten zu schmücken verstand als andere mit ihren gestanzten Festtagsreden? Wurde das Institut, statt den kritischen Theoretikern den Rücken zu stärken, zum Vorwand, im Interesse der Existenz des nunmehr von Geldgebern abhängigen Instituts auch in der Professoren- und Intellektuellen-Rolle vorsichtiger zu verfahren als nötig?

Eine ehrliche und offene Diskussion dieser Fragen gab es offenbar nicht. Mit wem auch? Nach Frankfurt kam ja noch weniger als ein Rumpf-Institut, es kamen nur Horkheimer, Adorno und Pollock. Damit war ein altes Ziel verwirklicht, nämlich Ballast abzuwerfen. Zwischen Horkheimer und Adorno und Horkheimer und Pollock bestanden aber dermaßen eingespielte symbiotische Beziehungen, daß Erörterungen, die die gewohnten Strategien und die zu Formeln geronnenen Vorstellungen von Bedeutung und Ziel des eigenen Tuns in Frage gestellt hätten, nicht zustande kamen.

Die Neugründung des Frankfurter Instituts erfolgte, ohne daß Horkheimer sich vorher klargemacht hätte, daß ein finanziell nicht mehr unabhängiges Institut früher oder später Auftragsforschung würde betreiben müssen und daß es in Restaurationszeiten für kritische Theoretiker schwierig sein würde, dabei nicht in Gewissenskonflikte zu geraten. Von Felix Weil war kein Geld mehr zu erwarten. Die Hochzeiten seines Unternehmens waren längst vorbei. Außerdem war er in Amerika geblieben. Welche Alternative gab es zur Strategie des von den kritischen Theoretikern verachteten Lazarsfeld, durch Auftragsarbeiten auch ungeliebter Art dem Institut die Möglichkeit zur Durchführung eigenständiger Projekte zu verschaffen, die dann allerdings auch nicht wirklich anecken durften, da sonst ein Ausbleiben der Auftragsarbeiten befürchtet werden mußte?

In der Anfangsphase des neugegründeten Instituts spielte sich ein symptomatischer Vorgang ab. Peter v. Haselberg, ein Student Adornos aus der Zeit vor 1933 und nach 1950 lockerer Mitarbeiter des Instituts, vermittelte ein Treffen zwischen Adorno und dem Arbeitsdirektor der Farbwerke Hoechst, bei dem er Interesse für die Arbeit des Instituts geweckt hatte. Adorno hielt dem Mann einen Vortrag über die Arbeitsweise und die Ziele des Instituts, der jenen davon überzeugte, daß dieses Institut für Hoechst keinen Nutzen haben könne. So demonstrierte Adorno, wie seinerzeit beim Princeton Radio Research Project, seine gewissermaßen konstitutionelle Unfähigkeit zum administrative social research. Haselberg gab nicht auf. Er ging zu Horkheimer. Der aber meinte: Ich halte nichts von Industriesoziologie. Sollen wir das etwa noch unterstützen? In dieser Zeit, da er einerseits als kritischer Theoretiker auftrat, andererseits die Arbeit des Instituts Wirtschaft und Verwaltung schmackhaft zu machen suchte, dachte Horkheimer vielleicht noch, das sei in der Aufbauphase des Instituts eine gute Mimikry, jedoch nichts, womit man eines Tages Ernst machen müsse.

Horkheimers Strategie hatte, was die Etablierung des Instituts betraf, großen Erfolg. Das Memorandum über das IfS vom Frühjahr 1950 enthielt ein Fünf-Jahres-Budget, in dem 50 000 Dollar für die Bau- und Einrichtungskosten des neuen Instituts und 109 800 Dollar jährlich für die laufenden Ausgaben veranschlagt wurden. (Die Skala der Jahresgehälter reichte von je 1000 Dollar für den Pförtner und die einzelnen Sekretärinnen bis zu 7000 Dollar für den 1. Direktor, also Horkheimer selbst.) Der US-amerikanische Hohe Kommissar, John

McCloy, stellte 1950 für die Arbeit des provisorisch teils in den Ruinen des ausgebombten alten Instituts, teils in Räumen des Kuratoriums der Universität untergebrachten Frankfurter Zweigs des New Yorker Institute of Social Research 200 000 DM zur Verfügung und weitere 235 000 DM für den Instituts-Neubau. Diese tatkräftige Förderung entsprang der Überzeugung der für die US-amerikanische Deutschlandpolitik Verantwortlichen, daß die Sozialwissenschaft, zumal wenn sie von US-amerikanischen Bürgern und mit dem Schwerpunkt auf empirischer Forschung vertreten wurde, ein Faktor der Demokratie sei. (Mit HICOG-Geldern wurde auch das 1949 gegründete »Institut für sozialwissenschaftliche Forschung« in Darmstadt finanziert, das allerdings nur einige Jahre existierte. Mit Unterstützung der Rockefeller Foundation erfolgte 1946 die Gründung der »Sozialforschungsstelle Dortmund« an der Universtität Münster. Mehr noch als die Soziologie wurde von den US-Amerikanern aber die Politische Wissenschaft gefördert.)

Die Stadt Frankfurt, die das alte Institutsgrundstück für den Ausbau der Universität verwenden wollte und im Austausch dafür ein anderes direkt bei der Universität gelegenes Grundstück anbot, zahlte der Gesellschaft für Sozialforschung als Wertausgleich 100 000 DM und ließ das neue Grundsrück enttrümmern. Am Neubau beteiligte sie sich auf Horkheimers Bitte um Zahlung des noch fehlenden Restes mit 55 000 DM. Ende Oktober 1950 waren die Mittel zusammen. Sie kamen außer von HICOG und der Stadt Frankfurt von der Gesellschaft für Sozialforschung und privaten Sponsoren. Bereits im November wurde mit den Bauarbeiten begonnen.

Fast wäre es Horkheimer auch gelungen, die Wiedererrichtung des IfS durch die räumliche Angliederung eines UNESCO-Instituts für Soziologie im wahrsten Sinne des Wortes zu krönen. Die noch unsichere Aussicht darauf veranlaßte ihn, bei der Stadt um die Erlaubnis für ein viertes Stockwerk zu bitten. Sie wurde in der Hoffnung, sich auch noch mit einem UNESCO-Institut schmücken zu können, bereitwillig gegeben. Das zusätzliche Stockwerk wurde gebaut, das UNESCO-Institut wurde aber dann doch in Köln eingerichtet, wo es von 1951-1958 existierte.

Dank der HICOG-Gelder für die Arbeit des IfS konnte das Institut bereits im Sommer 1950 mit seiner ersten großen empirischen Untersuchung beginnen: einer Studie über das politische Bewußtsein der Deutschen, deren Ergebnisse später in dem Band *Gruppenexperiment* veröffentlicht wurden. Ziel dieses Meinungsforschungs-Projekts war, die Einstellung der deutschen Bevölkerung zum Ausland und zu den Besatzungsmächten, zum Dritten Reich und zur Frage der Mitverantwortung für dessen Untaten, zur Demokratie und zur Stellung

Deutschlands in der Welt zu erkunden. Das Projekt war naheliegend angesichts des Umstandes, daß Meinungsforschung zu den in Westdeutschland auf reges Interesse stoßenden Importen aus den USA gehörte, Erziehung zur Demokratie nach wie vor ein zentrales Element der Ideologie der US-amerikanischen Deutschland-Politik war, das Institut die 1949/50 erschienenen *Studies in Prejudice* als repräsentativ für seine Arbeit hinstellte und das Geld für diese erste Studie des sich als halbamerikanisch begreifenden Instituts hauptsächlich von HICOG kam.

Getreu der Tradition der bisherigen Untersuchungen des Instituts ging es Horkheimer und Adorno nicht darum, oberflächliche Meinungsforschung zu betreiben. Wie in der *Authoritarian Personality* sollte die Oberfläche der Meinungen durchdrungen werden. Wie in der *AP* ging es letztlich darum, das faschistische, das antidemokratische Potential festzustellen. Aber was konnte das in diesem Fall bedeuten; wie war diesmal zu verfahren? Bei dem Berkeley-Teil des Antisemitismus-Projekts hatte sich der Umweg über die Charakterstruktur ergeben. Charakterstrukturen konnte man durch indirekte und projektive Verfahren aufdecken. Ging es um die Aufdeckung der Einstellung zu bestimmten politischen Themen, war das kein gangbarer Weg. Man konnte nicht die Meinung zu bestimmten Themen offenlegen, ohne daß von diesen Themen die Rede war. Es galt also zu erreichen, daß die untersuchten Personen offen über ihre Ansichten zu solchen konkreten Themen sprachen.

Den Anstoß zu der bei dem Projekt verwendeten Erhebungsmethode bildete ein typisch Horkheimerscher Einfall. Schon beim Antisemitismus-Projekt hatte ihm besonders das Film-Projekt am Herzen gelegen als Beispiel für Forschungsinstrumente, die weitgehend den Bedingungen des Alltagslebens angenähert waren und dadurch realistische Einblicke in die bei den Versuchsteilnehmern ablaufenden Mechanismen gestatten sollten. Als Modell dafür, wie man nun die Erforschung der Meinungen der Deutschen zu politischen Themen anders und realistischer als mit den üblichen Befragungsmethoden betreiben könnte, schlug Horkheimer die Situation in einem Eisenbahnabteil vor. Dabei kam es oft zu Diskussionen, in denen einander fremde Menschen sich mit erstaunlicher Offenheit auch über die heikelsten Fragen unterhielten – ein Modell, das damals nahelag, als gemeinsame Nöte bzw. die gemeinsame Erinnerung an Nöte Leute schneller miteinander in Kontakt kommen ließen als in normalen Zeiten.

Vielleicht hatte Horkheimer auch – was ja selbstverständlich war – eine Liste der für ein Projekt zur Erforschung der öffentlichen Meinung wichtigen Arbeiten zusammenstellen lassen, und dabei mußte ein 1949 im *Public Opinion Quarterly* erschienener Artikel von Mark

Abrams über die Vor- und Nachteile des Gruppeninterviews ins Auge stechen. Als Vorteile des Gruppeninterviews führte Abrams, Leiter eines sich über den Markt finanzierenden Londoner Meinungsforschungs-Instituts, der dieses damals noch unübliche Verfahren beim Testen von Werbemaßnahmen verwendet hatte, unter anderem an: daß in den etwa zweistündigen Gruppendiskussionen vorbewußte und durch die üblichen Befragungsmethoden nicht erreichbare Ansichten der Informanten zutage kamen; daß das Gruppenklima die Informanten zur Äußerung von Ansichten und Gefühlen veranlaßte, die in einem normalen Interview als intolerant empfunden und unterdrückt worden wären; daß in Gruppendiskussionen Äußerungen in einem erkennbaren Kontext auftraten; daß das für den Alltag charakteristische Nebeneinander widersprüchlicher Meinungen reproduziert wurde; daß manche Personen in der Gruppe von den im persönlichen Interview geäußerten »privaten« Meinungen abweichende »öffentliche« Meinungen äußerten, die unter Umständen eher Aufschlüsse über das wirkliche Verhalten gaben; daß Informanten sich in der Gesellschaft von Gleichgesinnten oder gar von Mitgliedern ihres Vereins oder ihrer Clique weniger vorsichtig und defensiv äußerten als in der üblichen Interview-Situation. Probleme sah Abrams vor allem bei der Auswertung. Das Problem, daß sich die Gruppen schwerlich nach dem Prinzip von Zufallsstichproben oder Quoten-Samples zusammenstellen ließen, hielt er dort nicht für gravierend, wo es nicht um die Summierung diverser Meinungen wie bei der üblichen public opinion-Forschung, sondern um die Struktur und Dynamik von Einstellungen gehe. Auch Freud und seine Schüler hätten es bei ihren Patienten nicht mit einer Zufallsstichprobe der Gesamtbevölkerung zu tun gehabt und dennoch eine allgemeine Theorie der menschlichen Psyche entwickelt.

Gleichgültig, ob der Artikel von Abrams für Horkheimers und Adornos Projekt-Konzeption eine Rolle spielte oder nicht – er zeigte, daß es sich hier um eine originelle und für Forscher, die an qualitativen Analysen interessiert waren, vielversprechende Neuheit handelte. Für solche Neuheiten war Horkheimer nach wie vor aufgeschlossen. Mit dem seit den 40er Jahren an Bedeutung gewinnenden Thema der Gruppendynamik war er zumindest durch die Untersuchungen des von ihm in New York bei den Antisemitismus-Untersuchungen als Konkurrent empfundenen Mit-Emigranten Kurt Lewin bekannt. Die vom Institut 1944 bei der Labor Study verwendete Methode der participant interviews war ein Beispiel dafür, wie man unauffällig Diskussionen in Alltagssituationen auf bestimmte Themen lenken konnte. Aus solchen Eindrücken, Erfahrungen, Einfällen ergab sich bei Horkheimer und Adorno als neue für die Zwecke des eigenen

Projekts modifizierte und weiterentwickelte Methode »realistischer Meinungsforschung« das Gruppendiskussionsverfahren, eine – wie es in der ersten 1952 erschienenen Selbstdarstellung des neugegründeten Instituts hieß – »aus Fragebogenverfahren, projektiven Techniken und Gruppeninterviews entwickelte Methode«. (Den Ausdruck »Gruppendiskussion« zogen die Mitarbeiter des IfS dem im angelsächsischen Bereich gebräuchlicheren Begriff des Gruppeninterviews vor, um deutlich zu machen, daß es nicht um die gleichzeitige Befragung einer Gruppe von Individuen ging, sondern um die Erkundung der im Rahmen von Gruppendiskussionen zutage tretenden Meinungen.)

Das Verfahren, wie es die Frankfurter in Deutschland als erste verwendeten, in den 50er Jahren weiterentwickelten und zu einer anerkannten Technik der empirischen Sozialforschung machten, sah im Prinzip so aus: Eine Gruppe von Personen – etwa 10 Teilnehmer – wird an einem Ort, an dem auch im Alltag Leute zusammenzukommen pflegen, versammelt, um etwa zwei Stunden lang über bestimmte Themen zu diskutieren. Zur Wahrung der Anonymität erhalten die Teilnehmer unter Umständen Karten mit Decknamen. Den Anstoß zur Diskussion kann die Präsentation eines »Grundreizes« bieten. (Bei der Gruppenstudie des IfS wurde den Anwesenden der auf Band gesprochene – fiktive – offene Brief vorgespielt, den ein alliierter Sergeant nach fünfjähriger Dienstzeit in der Besatzungsarmee an seine Zeitung geschrieben hatte. Wie die Konstruktion der Fragebögen der *Authoritarian Personality* orientierte sich die Konstruktion des Grundreizes einerseits an der unmittelbaren Erfahrung dessen, was so gesagt wurde, dessen, was die Spatzen von den Dächern pfiffen, andererseits an analytischen Kategorien wie Ethnozentrismus, Schuldkomplex, Autoritätskomplex.) Der Feldarbeiter, ausgestattet mit einem Tonbandgerät und begleitet von einem Assistenten, der Notizen über nicht auf dem Band registrierbare Reaktionen und Vorgänge macht, fungiert als neutraler Diskussionsleiter, dessen wichtigste Aufgabe darin besteht, für eine möglichst freie, zu spontanen Äußerungen anregende Diskussion zu sorgen, in die er unter Umständen im zweiten Teil standardisierte Argumente und Gegenargumente zu einzelnen Teilfragen der Diskussionsthemen einbringt. Die Ausfüllung eines kurzen Fragebogens liefert Grundinformationen statistischer Art.

In einer Erprobungsphase wurde der Grundreiz mehrfach verändert – er sollte psychologisch reizen, aber nicht überreizen –, wurden Erfahrungen darüber gesammelt, welche Fehler bei der Zusammensetzung von Gruppen zu vermeiden waren, wie die »Diskussionsleiter« am besten zu verfahren hatten. Die Mitarbeiter Horkheimers und Adornos, muß man sich dabei vor Augen halten, waren ohne Erfahrung. Diedrich Osmer z. B., der aufopferungsbereiteste unter ihnen und Abteilungsleiter am Institut, hatte eine juristische Ausbildung, die bis zum ersten Staatsexamen reichte, und war außer am Institut in einem Klaviergeschäft tätig. Ludwig v. Friedeburg war Psychologie-Student in Freiburg, stattete eines Tages auf der Durchreise dem Institut für Sozialforschung einen Besuch ab und machte dort 1951 eines seiner Praktika fürs Psychologen-Diplom. Das Projekt bedeutete also zugleich eine Einübung des soziologischen Nachwuchses in die empirische Sozialforschung am Ernstfall. Das war typisch für die Anfänge der Sozialforschung im ersten Nachkriegsjahrzehnt.

Die Erhebungen des IfS für eine »pilot study« zur Ermittlung wichtiger Aspekte des politischen Bewußtseins der Deutschen wurden im Winter 1950/51 in den Stadt- und Landbezirken von Hamburg, Frankfurt, München und Augsburg durchgeführt. In Nebenzimmern kleiner Gaststätten, in Wohnheimen, Barackenlagern, in den Kantinen großer Betriebe, in Bunkern, in Vereinslokalen, überall dort, wo auch sonst Gruppen von Menschen zusammenkamen und miteinander redeten, trafen sich insgesamt ca. 1800 Personen aus allen Bevölkerungsschichten, um in Gruppen von zumeist 8-16 Teilnehmern über die in dem »offenen Brief« des alliierten Sergeanten angesprochenen politischen Themen zu diskutieren. Mehr als 20 Mitarbeiter waren während der Erhebungsphase an dem Projekt beteiligt, außerdem Pressestenographen, die die Protokolle der Bandaufnahmen schrieben. Für die Auswertung standen schließlich 121 Diskussionen mit insgesamt 1635 Personen zur Verfügung bzw. genauer: die Transskriptionen der Diskussionen, nämlich 121 Protokolle auf insgesamt 6392 Schreibmaschinenseiten, in denen festgehalten war, was während der Gruppensitzungen gesprochen und was von den Diskussionsleitern und Assistenten beobachtet worden war.

In der Erhebungspraxis hatte sich rasch herausgestellt, daß das so bestechend klingende Eisenbahnabteil-Modell Horkheimers irreführend war. Bei willkürlich zusammengestellten Gruppen, deren Teilnehmer sich weder kannten noch wesentliche Gemeinsamkeiten in Beruf, Interessen, Schicksal usw. aufwiesen, kam eine freie Gesprächsatmosphäre oft nicht auf. Für den weitaus überwiegenden Teil der 121 Diskussionsgruppen nahmen die Frankfurter – ähnlich wie es Abrams in seinem Artikel vorgeschlagen hatte – vorstrukturierte und soziologisch oder ideologisch mehr oder weniger homogene Gruppen. Sie vereinigten z. B. Bauern aus dem gleichen Dorf oder Mitglieder eines Vereins, die sich schon kannten, oder einander fremde Personen, die aber den gleichen Beruf, die gleiche politische Gesinnung oder das gleiche Schicksal hatten – z. B. Junglehrer, Jungsozialisten oder Flüchtlinge – und zwischen denen dadurch rasch eine Diskussionsatmosphäre wie zwischen längst miteinander bekannten Leuten zustande kam.

Horkheimers Eisenbahnabteil-Modell, das noch in der 5 Jahre später erfolgenden Veröffentlichung der Untersuchungsergebnisse als das die Forschungsmethode inspirierende Konzept angeführt wurde, war symptomatisch für ein Problem, das auch die Auswertung des Materials prägte. Horkheimers Modell unterstellte, daß in einer leicht durchschaubaren Gruppenatmosphäre zutage trat, was sich in den Individuen an herrschenden Gedanken, an öffentlicher Meinung niedergeschlagen hatte und wie diese Individuen dazu standen. Ein zentraler Gedanke dabei war, mit anderen Mitteln, als es bei der Berkeley-Studie geschehen war, Zensurmechanismen außer Kraft zu setzen. Es zeigte sich aber bei den Diskussionen der vorstrukturierten Gruppen, zu denen man bei der Erhebung überging: Je besser es gelang, durch Gruppendiskussionen die herrschende Meinung hervorzulocken, als desto notwendiger erwies es sich, die keineswegs leicht durchschaubare Gruppendynamik und die individuellen Charakterstrukturen zu analysieren, um Verbindliches darüber sagen zu können, welche Rolle die herrschende Meinung im psychischen Haushalt der einzelnen Teilnehmer spielte und für welche realen Kommunikationssituationen die geäußerten Meinungen Geltung hatten.

Mit einem Viertel der Diskussionsteilnehmer wurden vier bis fünf Wochen nach den Gruppensitzungen Einzelinterviews durchgeführt. Sie waren aber unzulänglich angelegt und blieben bei der Auswertung unberücksichtigt. Ein Vergleich zwischen den Ergebnissen der Einzelinterviews und den in den Gruppendiskussionen geäußerten Meinungen war zudem dadurch erschwert oder oft unmöglich, daß bei den Diskussionen die Zahl der Schweiger sehr groß war und auch unter den Sprechern viele sich bei weitem nicht zu allen Themen geäußert hatten. Im Durchschnitt bildeten die Total-Schweiger mit 61% deutlich die Mehrheit gegenüber den Sprechern. Im übrigen waren die Gruppenqualitäten nicht systematisch erfaßt worden, so daß eine Analyse der jeweiligen Gruppendynamik nicht möglich war.

Mit dem zur Verfügung stehenden Material war also kaum Entscheidendes über die Dynamik der individuellen Meinungen unter Gruppenbedingungen auszumachen. Warum begnügten sich Horkheimer und Adorno dann nicht damit, die Untersuchung als eine Studie über die »öffentliche Meinung« der Westdeutschen zu bestimmten politischen Themen zu begreifen? Konnte man nicht mit guten Gründen das Gruppendiskussionsverfahren als experimentelle Herstellung eines Kollektiv-Klimas im kleinen begreifen, als Simulation der Bedingungen, unter denen sich öffentliche Meinung artikulierte? War es nicht am plausibelsten, das Ziel des Projekts in der Aufdeckung dessen zu sehen, was in der *Authoritarian Personality* als »kulturelles Klima« bezeichnet worden war, für das die Individuen mehr oder weniger anfällig bzw. gegen das sie mehr oder weniger immun waren; dessen, was Sartre in seinen *Reflexions sur la question juive* die »andere, amorphe, diffuse und allgegenwärtige Gesellschaft« genannt hatte; was Adorno mit einem Hegelschen Begriff »objektiven Geist« nannte? »Unsere Studie«, hieß es in einem fortgeschrittenen Stadium der Auswertung in einem Entwurf Adornos für einen der Mitarbeiter, »ist stärker am geistigen Angebot interessiert als an der geistigen Nachfrage, aber nicht an dessen institutioneller Gestalt, den ›mass communications‹, sondern an der vageren aber omnipräsenten Form, in der es die Menschen in ihrer gesellschaftlichen Existenz lebendig erreicht: am geistigen Klima, das sie einatmen ... Das zentrale Interesse der Studie richtet sich also gar nicht auf die subjektive Meinung, sondern auf die objektiv vorgegebenen, gesellschaftlich vorgezeichneten und verbreiteten Bewußtseinsinhalte; eben auf den ›objektiven Geist‹, die ›deutsche Ideologie‹.« (Adorno, Entwurf für Osmer, ohne Datum)

Mit einem solchen Ziel konnten sich Horkheimer und Adorno aber nicht zufrieden geben. Wenn der durch die Inszenierung der Gruppendiskussionen beschworene objektive Geist von ihnen schon nicht in den Zusammenhang einer materialen Theorie der Gesellschaft, einer Analyse der objektiven Faktoren gerückt wurde, dann sollte er zumindest eine sozialpsychologische Basis in den »leibhaftigen« Individuen erhalten. Einen »objektiven Geist« zu präsentieren, der von beidem losgelöst war, hätte in ihren Augen die Aufgabe des materialistischen Anspruchs, die Abstraktion von den gesellschaftlichen Strukturen wie von den von ihnen gezeichneten Individuen bedeutet.

Erhebung wie Auswertung waren so von einer durchgängigen Unklarheit beeinträchtigt. Obwohl es in erster Linie um die Beschwörung des objektiven Geistes durch Gruppendiskussionen ging, bildeten die Basis für die quantitative wie die qualitative Analyse die Einstellungen der einzelnen Sprecher, aber eben nicht als Momente der jeweiligen Gruppe, sondern als Elemente der Gesamtheit der Versuchsteilnehmer. Soweit außerdem auch die Funktion des objektiven Geistes für den psychischen Haushalt der einzelnen erkundet werden sollte, blieben die Versuche zur Klärung des dafür geeigneten Verfahrens in den Anfängen stecken. Da das Endziel des Unternehmens in der Ermöglichung einer theoretisch sinnvollen Repräsentativerhebung gesehen wurde (in eine solche hatte dem Programm nach auch die Berkeley-Studie einmünden sollen), erhielt die Gruppen-Studie zusätzlich den Charakter des Vorläufigen und Experimentellen.

Bei aller Skepsis unter den Mitarbeitern selber stand eines von Anfang an fest: Das gewonnene Material war hochinteressant. Es ging um Dinge, an die andere Sozialwissenschaftler lieber nicht rührten. Die Protokolle wurden mittels deskriptiver und interpretativer Kategorien aufbereitet – wie das Material der Arbeiter- und Angestellten-Untersuchung in der zweiten Hälfte der 30er Jahre, ohne daß aber daran angeknüpft worden wäre. In 10 Wochen intensiver Kollektivarbeit wurde ein scoring manual, ein Verzeichnis zum Verschlüsseln der Diskussionsprotokolle hergestellt. Die Ergebnisse der quantitativen Analyse (bei der nicht die Diskussionsgruppen, sondern die Individuen als statistische Einheiten behandelt wurden und in unabhängig von den Diskussionsgruppen gebildeten statistischen Gruppen wie z. B. 20-35jährige, Volksschüler, Bauern usw. zusammengefaßt wurden) waren deprimierend.

Die quantitative Analyse der Einstellungen zur Demokratie orientierte sich an sieben »Testthemen«: Einstellung zur Demokratie (Bonn und Staatsform), zur Schuld (Mitverantwortung an Kriegsgreueln und am Nationalsozialismus), zu den Juden, zum westlichen Ausland (USA, Besatzung, England, Frankreich), zum Osten, zur Remilitarisierung, zu den Deutschen selber.

Überwiegend negativ war nicht nur die Einstellung der Diskussionsteilnehmer (genauer: der Sprecher unter ihnen) zur Sowjetunion, sondern auch zu den Westmächten. Ungefähr zwei Drittel aller Sprecher bekundeten eine ambivalente Haltung zur Demokratie. Im übrigen war die Zahl der ausgesprochenen Feinde der demokratischen Ordnung doppelt so hoch wie die ihrer vorbehaltlosen Freunde. Gleichzeitig lehnte die Hälfte der Sprecher jede Mitschuld an den Untaten des Dritten Reiches ab. Zwei der statistischen Gruppen stachen in besonderer Weise negativ hervor: die Bauern und die Akademiker. Die Bauern verneinten eine Mitschuld ausnahmslos, die Akademiker nahezu ausnahmslos. Von den Bauern, die sich zum Thema Juden äußerten, erwiesen sich mehr als drei Viertel als radikal oder bedingt antisemitisch. Die Akademiker, die bei allen anderen Themen eine weit über dem Durchschnitt liegende Diskussionsbeteiligung aufwiesen, hielten sich beim Thema Juden auffallend zurück. Von denen, die sich dazu äußerten, waren mehr als 90% radikal oder bedingt antisemitisch.

Als quantitatives Gesamtergebnis, das keinen Anspruch auf allgemeine Repräsentativität für die westdeutsche Bevölkerung erhob und zudem auf die Sprecher beschränkt war, ergab sich – unter Absehung vom Thema Osten, bei dem die als positiv gewertete Ablehnung überwältigend war – für die übrigen sechs Themen: 16% positiv Eingestellte, 40% Ambivalente, 44% negativ Eingestellte. Ungeachtet des merkwürdigen Versuchs, den Sinn dieser Einstellungswertung möglichst unverbindlich zu halten und in der Schwebe zu lassen, ob die derart gewerteten Einstellungen als solche zur Demokratie oder bloß als solche zu den Diskussionsthemen zu gelten hatten, setzte sich auch im Text selber immer wieder als Sinn durch: Einstellung zu den demokratischen Werten. Für Anhänger einer demokratischen Ordnung war es also ein Ergebnis, das wenig Grund zur Zuversicht gab.

An der qualitativen Analyse beteiligten sich 18 der Mitarbeiter des Instituts mit 11 monographischen Einzeldarstellungen. Darunter waren eine Studie von Adorno über Schuld und Abwehr; eine Studie über das Mißtrauen gegenüber der Demokratie, die Motive und Gründe der verbreiteten »Apolitisierung« zu klären suchte; eine Studie über eine gesellschaftstheoretische Konstruktion der komplexen Stellung zur Wiederaufrüstung (ein Punkt, der bei der quantitativen Auswertung eine besonders eigentümliche Behandlung erfahren hatte: Ohne Rücksicht auf die höchst unterschiedlichen Gründe und Motive vor allem bei den Gegnern der Remilitarisierung – zu denen z. B. Gustav Heinemann gehörte, der aus Protest gegen Adenauers Wiederbewaffnungspläne am 11. Oktober 1950 von seinem Posten als Bundesminister des Inneren zurücktrat und im November 1951 die neutralistische »Notgemeinschaft für den Frieden Europas« gründete – wurde die Bejahung durchweg als positive, die Ablehnung durchweg als negative Einstellung gewertet, weil Adorno und seinen Mitarbeitern die damals noch populäre Ohne-uns-Parole und die Ablehnung des nachhitlerschen Staatswesens miteinander verknüpft zu sein schienen).

So also sah es Anfang der 50er Jahre um das erste Projekt des neugegründeten Instituts für Sozialforschung aus – ein relativ großes empirisches Kollektiv-Projekt, das auf der Linie der früheren Untersuchungen des Instituts über Autorität und Vorurteil lag. Daneben traten andere Projekte der ersten Stunde in den Hintergrund. Das eine war die Erarbeitung einer der deutschen Situation Rechnung tragenden deutschen Version der *Studies in Prejudice*. Dieses Projekt wurde sehr bald auf das einer deutschen Variante der *Authoritarian Personality* reduziert. Aber auch dieses reduzierte Projekt gelangte trotz mehrjähriger Bemühungen nicht über eine gekürzte Übersetzung der *AP* hinaus, die Horkheimer so wenig zufriedenstellte, daß sie unveröffentlicht blieb und lediglich in einer geringen Zahl mimeographiert wurde (*Autorität und Vorurteil*, 2 Bde.). Ein weiteres Projekt war von Leo Löwenthal vermittelt worden, der in den USA geblieben war und seit 1949 die Forschungsabteilung der Voice of America leitete. In Zusammenarbeit mit Lazarsfelds Bureau of Applied Social Research der Columbia University untersuchte das Institut den Unterschied in den Wirkungen der deutschsprachigen Sendungen der Voice of America, der BBC und der Ostsender (Radio Moskau bzw. ostdeutsche Sender). Die Radio-Untersuchung – die erste reine Auftragsforschung in der Geschichte des Instituts für Sozialforschung – wurde als eine Hörerbefragung unter Experten durchgeführt. Die Ergebnisse waren dürftig. Sie konnten die Voice of America nicht schlauer machen. Insofern brauchten sie das Gewissen eines kritischen Theoretikers auch nicht zu belasten.

Insgesamt war, was am Institut in den ersten anderthalb Jahren nach seiner Neugründung unter in jeder Hinsicht provisorischen Bedingungen geschehen war, bemerkenswert. Als am Nachmittag des 14. November 1951 das neue Institutsgebäude in der Senckenberg-Anlage mit einem Festakt eröffnet wurde, konnte Horkheimer stolz auf das bis dahin Erreichte sein.

Horkheimer – im Nu etabliert

An der Festversammlung im Hörsaal des Instituts nahmen Vertreter der staatlichen und städtischen Behörden, des US-amerikanischen Hochkommissariats, der Universität und auswärtiger Hochschulen sowie Persönlichkeiten des wirtschaftlichen und literarischen Lebens und eine Delegation der Studentenschaft teil. Unter den Rednern waren der hessische Minister für Erziehung und Volksbildung, Ludwig Metzger; der Oberbürgermeister von Frankfurt, Walter Kolb; ein Vertreter von HICOG; Leopold v. Wiese, der Vorsitzende der Deutschen Gesellschaft für Soziologie; und René König, Leiter des soziologischen Seminars der Universität Köln. Für das Institut sprach – abgesehen von drei jungen Mitarbeitern, die die Redebeiträge mit drei begeisterten Statements abschlossen – dessen Leiter: Horkheimer. Er war kurz zuvor zum Rektor der Frankfurter Universität gewählt worden. Er hielt nun eine Rede, die frei war von allem, was Anstoß hätte erregen können, frei von allem, was die Vertreter von staatlichen, städtischen und akademischen Institutionen hätte irritieren können.

Die Zeiten waren von politischer Brisanz, nicht sehr viel anders als 1931, als Horkheimer seine Antrittsrede als Professor für Sozialphilosophie und Leiter des IfS gehalten hatte. Seit 1950 war der Korea-Krieg in Gang. In den USA erreichte der McCarthyismus seine Hochzeit. Im März 1951 verkündete General Dwight D. Eisenhower, der im Jahr darauf zum Präsidenten der Vereinigten Staaten gewählt wurde, die Verwendung der Atombombe sei moralisch gerechtfertigt, da die Vereinigten Staaten von sich aus keinen Krieg beginnen würden. In Westdeutschland hatte Bundeskanzler Konrad Adenauer 1950, angesichts des Korea-Krieges die Chance zu einer Aufwertung der Bundesrepublik witternd, die Aufstellung westeuropäischer Streitkräfte mit deutschen Kontingenten gefordert und damit den ersten Schritt zur Wiederaufrüstung getan. Auch in der »Kolonie« nahm der Antikommunismus zu. Am 19. September 1950 hatte die Bundesregierung einen Beschluß über die »Politische Betätigung von Angehörigen des öffentlichen Dienstes gegen die demokratische Grundordnung« gefaßt. Zu den Organisationen, »deren Unterstützung mit den Dienstpflichten unvereinbar sind«, gehörten danach insbesondere 13 Organisationen, darunter der »Kulturbund zur demokratischen Erneuerung Deutschlands«, der das Verbot durch die Gründung einer Nachfolgeorganisation mit dem Verleger Ernst Rowohlt an der Spitze umgehen konnte, und die »Vereinigung der Verfolgten des Nazi-Regimes«, deren hessischer Landesvorstand 1948 den Frankfurter Oberbürgermeister Kolb in seinem Vorhaben bestärkt hatte, Horkheimer zu den Feierlichkeiten anläßlich des 100. Jahrestages der Eröffnung der deutschen Nationalversammlung in der Paulskirche am 18. Mai einzuladen. Schon wer sich offen zum Nicht-Antikommunismus bekannte, hatte mit Diffamierung und Diskriminierung zu rechnen. Der katholische Schriftsteller Reinhold Schneider, der sich für eine öffentliche Erörterung der Wiederaufrüstung und für ernsthafte Versuche zur Verständigung mit dem Osten einsetzte, veröffentlichte mangels westlicher Publikationsmöglichkeiten für solche Gedanken zwei Aufsätze im Osten. Viele Zeitschriften, Zeitungen und Rundfunkanstalten lehnten daraufhin Beiträge von ihm ab.

Politische Kontakte zwischen West- und Ostdeutschen suchten Regierungen und Behörden mit Hilfe der Polizei zu unterbinden. Bei der Rückkehr vom Pfingsttreffen in Ostberlin waren 1950 10 000 westdeutsche Jugendliche an der Zonengrenze von der westdeutschen Polizei über einen Tag lang festgehalten worden, bis sie sich registrieren und »gesundheitsamtlich« untersuchen ließen. Im Mai 1951 wurden an der Grenze zwischen BRD und DDR bei Herrenburg ca. 10 000 westdeutsche Jugendliche, die von einem »Deutschlandtreffen« in Ostberlin zurückkehrten, von der Polizei zwei Tage lang festgehalten, weil sie sich weigerten, ihre Namen registrieren zu lassen. Um den Besuch der »III. Weltfestspiele der Jugend und Studenten für den Frieden« vom 5.-19. August 1951 in Ostberlin zu verhindern, wurde die damals noch offene Zonengrenze von westlicher Seite mit großen Polizeiaufgeboten gesperrt. Im Mai 1952 wurde bei einer verbotenen Demonstration in Essen der 21jährige Philip Müller, Mitglied der »Freien Deutschen Jugend«, von der Polizei erschossen. Auf der anderen Seite hatte Adenauer – der nur mit einer Stimme

Mehrheit, nämlich seiner eigenen, zum Kanzler gewählt worden war – schon in seiner ersten Regierungserklärung gefordert, die Unterscheidung zwischen »zwei Klassen von Menschen in Deutschland«, nämlich zwischen politisch Einwandfreien und Nicht-Einwandfreien, müsse so bald wie möglich verschwinden. Das im Mai 1951 verabschiedete und auch von der SPD gebilligte Gesetz zu Artikel 131 Grundgesetz sorgte für die Wiederanerkennung der Versorgungsansprüche bisher »belasteter« Personen, die am Ende des Dritten Reiches im öffentlichen Dienst standen. Es eröffnete den bis dahin noch Belasteten die Möglichkeit, erneut ins Beamtenverhältnis oder in den öffentlichen Dienst übernommen zu werden. Der »belastete« Personenkreis wurde sogar bevorzugt. Anhand einer vom Bundesinnenministerium zusammengestellten Liste mußte bei jeder Berufung geprüft werden, ob nicht jemand aus dem Kreis der 131er-Hochschullehrer fachlich geeignet sei. Das 1952 verabschiedete »Treuepflichtgesetz« sorgte ergänzend dafür, daß z. B. die Mitglieder der »Vereinigung der Verfolgten des Nazi-Regimes« mit Berufsverbot belegt wurden.

Das waren nur einige Belege für das damals herrschende politische und kulturelle Klima. »Hier wird es immer finsterer«, hatte einen Monat vor der Instituts-Eröffnung Marcuse, der im Sommer auf einer Europa-Reise auch einige Tage in Frankfurt verbracht und dort mit Horkheimer gesprochen hatte, aus den USA an Horkheimer geschrieben. »Aber ich glaube, daß zwischen der hiesigen Finsternis und der in Deutschland nur ein relativ kurzer ›time lag‹ bestehen wird. Augenblicklich ist die Luft dort zweifellos freier (obwohl nicht frischer).« (Marcuse-Horkheimer, New York, 18. 10. 51)

Vor einem solchen Hintergrund also hielt Horkheimer seine Rede. Er ließ die Gelegenheit ungenutzt, von einer etablierten Position aus auch nur ein wenig den akademischen Rahmen zu übertreten. Die Gesellschaftswissenschaft, so meinte er, könne dazu beitragen, dunkle Vorurteile und a priori gesetzte Grenzen abzuschaffen und die Verfassung der Welt den wahren Bedürfnissen ihrer Bewohner angemessener zu machen. Ohne den nicht auf Beherrschung zielenden, freien Gedanken, um den es der Philosophie und Soziologie zu tun sei, werde sich das Tor zur freieren und menschenwürdigeren Gesellschaft nicht öffnen und die Welt trotz aller Aufbauperioden von einer Katastrophe in die andere fallen. Von der Bedeutung freier Gedanken für eine freiere Welt zu reden – das war nicht zu unterscheiden von dem damals herrschenden Jargon der Entgegensetzung von Freiheit = Westen und Diktatur = Osten. Die Zukunft der Menschheit, meinte er, ein anderes Fest- und Politikerreden-Wort aufgreifend, hänge an der Entfaltung des aktuellen Humanismus. Selbst vom Nationalsozialismus sprach Horkheimer in konventionellen mythisierenden Metaphern: »teuflische Mächte« hätten ihn und seine Mitarbeiter aus Frankfurt vertrieben, das »Furchtbare« sei leider gekommen.

Zu den Zielen und Aufgaben des Instituts sagte er, vieles, was er 1931 in seiner Antrittsrede ausgeführt habe, sei nach wie vor gültig, so die Forderung nach der Zusammenarbeit von Philosophen, Soziologen, Nationalökonomen usw. »Die Scheuklappen, so könnten wir heute fortfahren, die Scheuklappen sollen fallen, sowohl die des Faches wie die einer bestimmten nationalen oder Schultradition.« Die mehr theoretisch gerichtete frühere deutsche Soziologie und die in den USA entwickelten neuesten, geschliffensten empirischen Methoden der Sozialwissenschaften sollten gleicherweise am Institut vermittelt werden. Das war die Fortschreibung der längst zur Formel, zur Formel auch für die Rolle des Instituts und seines Leiters als Brücke zwischen den USA und Deutschland, geronnenen Charakterisierung der eigenen Arbeit als Kombination von europäischen Ideen und US-amerikanischen Methoden. Wie bei der Ersetzung von Grünbergs *Archiv für die Geschichte des Sozialismus und der Arbeiterbewegung* durch die *Zeitschrift für Sozialforschung;* wie bei der Ersetzung von Grünbergs Berufung auf die marxistische Theorie durch die scheinbar eigenständige materialistische Transformation der deutschen idealistischen Philosophie in seiner Antrittsvorlesung; wie bei der Ersetzung der Lukácsschen Forderung nach einer an Karl Marx und Rosa Luxemburg anknüpfenden Überwindung der Arbeitsteilung bürgerlicher Wissenschaften durch die Forderung nach Interdisziplinarität und Kombination von Philosophie und Einzelwissenschaften – genauso verfuhr Horkheimer auch nun wieder: Er bediente sich einer allgemeinen Umschreibung, die gegenüber dogmatischen Verkrustungen linker theoretischer Positionen einen entschränkten Horizont eröffnete und zugleich in den Ohren etablierter Personen von unverbindlichem Wohlklang war.

Am Ende seiner Rede gab Horkheimer der Intention der kritischen Theorie auf eine Weise Ausdruck, bei der das Thema der Veränderung der Gesellschaft zu einer ethischen Anforderung an den Soziologen nach Art des Hippokratischen Eides der Ärzte sublimiert wurde. »Wenn ich von den großen Gesichtspunkten gesprochen habe, die mit der Einzelarbeit sich verbinden müssen, so meine ich, daß in allen Fragestellungen, ja in der soziologischen Haltung überhaupt, immer eine Intention steckt, die die Gesellschaft, wie sie ist, transzendiert. Ohne diese Intention, so wenig man sie im einzelnen darlegen kann, gibt es weder die richtige Fragestellung noch soziologisches Denken überhaupt. Man verfällt der Überfülle von Material oder bloßer Konstruktion. Eine gewisse kritische Haltung zu dem, was ist, gehört sozusagen zum Beruf des Theoretikers der Gesellschaft, und eben dieses Kritische, das aus dem Positivsten, was es gibt, der Hoffnung, fließt, macht den Soziologen unpopulär. Die Studenten dazu zu erziehen, diese Spannung zum Bestehenden, die zum Wesen unserer Wissenschaft gehört, zu ertragen, ihn im echten Sinn sozial zu machen – was einschließt, daß er auch ertragen können muß, allein zu stehen – ist vielleicht das wichtigste und letzte Ziel der Bildung, wie wir sie auffassen.« (IfS, *Ein Bericht über die Feier seiner Wiedereröffnung, seine Geschichte und seine Arbeiten*, Frankfurt/M. 1952, 12)

1931 hatte Horkheimer von in Gang befindlichen und künftigen großen Untersuchungen geredet. Dergleichen kam nun bei der Wiedereröffnung nicht vor. Nicht einmal andeutungsweise ging Horkheimer auf die ersten Ergebnisse der Studie über das politische Bewußtsein der Westdeutschen ein. Dabei hätte er damit keineswegs isoliert dagestanden. Der US-amerikanische Hochkommissar für Deutschland (HICOG) hatte z. B. 1951 die Ergebnisse einer Meinungsumfrage deutscher Institute veröffentlicht, bei der u. a. danach gefragt worden war, welche Gruppen das größte Anrecht auf Hilfe hätten. Die »öffentliche Meinung« zeigte eine bezeichnende Reihenfolge: an erster Stelle standen die Kriegerwitwen und Kriegswaisen, an zweiter die Bombengeschädigten, an dritter die Vertriebenen, an vierter die Widerstandskämpfer des 20. Juli. Dann erst kamen die Juden.

1931 hatte Horkheimer von der neuartigen, schwierigen und bedeutsamen Aufgabe gesprochen, einen großen empirischen Forschungsapparat in den Dienst sozialphilosophischer Probleme zu stellen. Nun dagegen hatte er lobend die Namen einiger der jungen Mitarbeiter genannt, um dann fortzufahren: »Wir können nur hoffen, daß ein solcher Nachwuchs uns Ältere recht bald hier überflüssig macht und der Philosophie zurückgibt.«

Die Formel von der Kombination europäischer Ideen und US-amerikanischer Methoden blieb leer. Anders als zu Zeiten noch des Antisemitismus-Projekts konnte Horkheimer sich offenbar keine Instituts-Untersuchung mehr vorstellen, die die Theorie voranzubringen und in ihm den Ehrgeiz zur Realisierung einer aufsehenerregenden Studie zu erwecken vermochte.

Aber welche Perspektiven sah er für die philosophische Arbeit? Vermochte er dafür ein inspirierendes Projekt zu entwerfen? Die Antwort darauf ließ sich an der Rede ablesen, die Horkheimer – eine Woche nach der Feier zur Wiedereröffnung des Instituts – am 20. November 1951 bei seinem Amtsantritt als Rektor der Frankfurter Universität hielt. Unter den Ehrengästen waren Vertreter des diplomatischen Korps und der Bischof von Limburg. »Auf dem Podium, auf dem der Lehrkörper versammelt war«, so die *Frankfurter Allgemeine* am nächsten Tag in ihrem Bericht, »prangten farbig die Aufschläge auf den Talaren der Dekane. Vor allem aber leuchtete das Dunkelrot mit der Goldstickerei auf dem Talar des neuen Rektors, Professor Max Horkheimer.« Die Atmosphäre war bei der Feier des Rektorats-Wechsels noch um einiges steifer als bei der Instituts-Feier. Talare und Amtsinsignien unterstrichen die Ferne der deutschen Universität zu demokratischen Umgangsformen. Die Reden waren reicher an Peinlichkeiten. »Sie sind«, hieß es in der Ansprache, die Bürgermeister Leiske in Stellvertretung des Oberbürgermeisters an »Eure Magnifizenz«, d. h. Horkheimer, richtete, »in beispielhafter Versöhnung in das Vaterland zurückgekehrt und Sie haben Ihr Lehramt an dieser Universität wieder angetreten. So viel Treue verpflichtet um Treue. Deshalb empfinden wir alle Ihre Wahl zu dem höchsten akademischen Amt unserer Johann Wolfgang Goethe-Universität als die Krönung unserer eigenen Wiedergutmachungs-Pflicht.«

In dieser Umgebung hielt Horkheimer, die Amtskette des Rektors auf der Brust, seine Rede *Zum Begriff der Vernunft*. War die *Eclipse of Reason* die von ihm popularisierte und von Adorno wiederum angereicherte Version der *Dialektik der Aufklärung*, so war nun die Rektorats-Rede ein Extrakt der *Eclipse of Reason* (die zwar von Heinz Maus übersetzt, aber damals nicht auf deutsch veröffentlicht worden war). Sowenig man geneigt sein mag, eine Rede zum Rektoratsantritt als Maßstab dafür zu betrachten, was von jemandem in seiner Arbeit noch zu erwarten war – was in späteren Jahren folgte, waren nur noch Vorträge, Reden und andere Gelegenheitsarbeiten eines Vielgefragten, deren Grundlage häufig von Adorno verfertigte Entwürfe bildeten.

Auffallend war, daß Horkheimers Rede nicht nur an keiner Stelle über das in der *Eclipse of Reason* Gesagte hinausging, sondern auch ganz darauf verzichtete, den Bezug zur deutschen Situation herzustellen. Die Rede hätte genauso auch in New York oder Los Angeles gehalten werden können. Die ratlos getreue Widergabe des von Horkheimer Gesagten im Bericht der *FAZ* war ein Hinweis darauf, wie akademisch letztlich die Rede gewirkt hatte. Mußte in dem Land, dessen »neue Zeitrechnung nicht ›vor der Befreiung – nach der Befreiung‹, sondern ›vor der Währung – nach der Währung‹ hieß« (Peter Rühmkorf), in dem Land der Westintegration und des Wiederaufbaus – eines verdrängungsfreudigen und nur widerwillig und lückenhaft der von den westlichen Siegermächten auferlegten Wiedergutmachungs-Pflicht nachkommenden Wiederaufbaus, an dem mitzuwirken Horkheimer soviel Wertschätzung eintrug –, mußte in diesem Land das Reden von einer Krise des Vernunftbegriffs und das Plädoyer für die Selbstbesinnung der Vernunft auf die Totalität nicht ganz abstrakt, ganz abgehoben klingen? Ersparte es den Angepaßten und »Belasteten« nicht noch das Weghören-Müssen? Und konnte es Studenten in anderem bestärken als in jener angestrengten Vergeistigung, von der Adorno in seinem 1950 in den *Frankfurter Heften* erschienenen Artikel *Auferstehung der Kultur in Deutschland?* gesprochen hatte?

Aber Horkheimer und Adorno an ihrer eigenen Tradition, ihren eigenen Ansprüchen, an dem Niveau und der Entschiedenheit kritischen theoretischen Denkens zu Zeiten der Weimarer Republik zu messen war das eine – sie im Rahmen der damaligen bundesrepublikanischen und insbesondere der akademischen Szenerie zu sehen das andere. So abgehoben und unverbindlich, so wenig anstößig klingen mochte, was Horkheimer und Adorno in den 50er Jahren sagten und publizierten – darin überwinterte nach wie vor kritische Theorie, darin war noch etwas vom einstmals frischen Wind linker Gesellschaftskritik spürbar.

Für Philosophiestudenten war es schon ein ungewöhnliches Ereignis, wenn überhaupt von Gesellschaft und sozial relevanten Dingen die Rede war. Auf dem ersten deutschen Philosophen-Krongreß nach dem Krieg 1947 in Garmisch-Partenkirchen z. B. waren die beherrschenden Figuren der nicht anwesende Heidegger, der als Belasteter von den französischen Besatzungsbehörden mit einem bis 1951 geltenden Lehrverbot belegt worden war, und der den Einleitungsvortrag haltende Nicolai Hartmann gewesen, der jede Hoffnung auf ein »aktuelles Philosophieren« ignorierte und von seiner seit Jahrzehnten betriebenen und auch vom Dritten Reich nicht gestörten zeitlosen »Kategorienforschung« sprach. Aber auch die Soziologen boten wenig Befreiendes – also die Vertreter jenes Faches, das von den »Säuberungsmaßnahmen« der Nationalsozialisten besonders betroffen gewesen war und bei dem man am ehesten mit einer Neubesetzung der alten bzw. Besetzung neuer Lehrstühle mit überzeugten Demokraten hätte rechnen können. Als das neuerrichtete IfS eingeweiht wurde, gab es in Westdeutschland (im folgenden stütze ich mich vor allem auf den Bericht von M. Rainer Lepsius über *Die Entwicklung der Soziologie nach dem Zweiten Weltkrieg* im Sonderheft der *Kölner Zeitschrift für Soziologie und Sozialpsychologie* über *Deutsche Soziologie nach 1945*) acht Lehrstühle für Soziologie, die teilweise mit anderen Lehrstühlen kombiniert waren. Nur drei von ihnen waren mit Emigranten bzw. Antifaschisten besetzt. Der eine der beiden Emigranten war Horkheimer. Der andere war René König. Er war 1949 in Köln Nachfolger Leopold v. Wieses geworden. König, der während des Dritten Reiches als Emigrant in der Schweiz gelebt und gelehrt hatte, war politisch ein konservativer Demokrat, als Wissenschaftler war er der entschiedenste deutsche Vorkämpfer einer von aller Philosophie gereinigten und konsequent als empirische Einzelwissenschaft aufgefaßten Soziologie. In Berlin hatte 1951 Otto Stammer eine Professur für Soziologie in der Wirtschafts- und Sozialwissenschaftlichen Fakultät der Freien Universität erhalten. Als engagierter sozialdemokratischer Publizist, Pädagoge und Wahlkämpfer war er nach der nationalsozialistischen Machtübernahme mit Berufs- und Publikationsverbot belegt worden. Erst nach dem Ende des Dritten Reiches hatte seine wissenschaftliche Laufbahn begonnen. Ein Schüler Hermann Hellers, stand er in der Tradition jener der Arbeiterbewegung verbundenen Sozialwissenschaftler, zu denen auch Franz Neumann und Otto Kirchheimer gehörten. Die übrigen fünf Lehrstuhlinhaber hatten alle unterm Nationalsozialismus eine mehr oder weniger normale akademische Karriere gemacht: Arnold Gehlen, Helmut Schelsky, Gerhard Mackenroth, Max Graf Solms und Werner Ziegenfuß.

Was sich an der Besetzung der Soziologie-Lehrstühle zeigte, war charakteristisch für die Situation an den wissenschaftlichen Hochschulen: Sie gehörten wie zu Zeiten der Weimarer Republik zu den besonders konservativen Bereichen der Gesellschaft. Und wenn jemand, der sich unterm Nationalsozialismus so exponiert hatte wie Heidegger, keinen Lehrstuhl mehr bekam (nach dem Ablauf des Lehrverbots war Heidegger allerdings über seine Emeritierung im Jahre 1952 hinaus noch bis 1958 als akademischer Lehrer tätig, und aufsehenerregende Vorträge hatte er auch schon vor 1951 gehalten), so schmälerte das nicht, sondern steigerte es vielleicht noch seine Reputation in akademischen wie außerakademischen Kreisen und änderte nichts daran, daß sein Denken auch auf Lehrstühlen entsprechend repräsentiert wurde. Mochten sich Horkheimer und Adorno auch noch so tarnen, sie stellten für viele Studenten einen Lichtblick dar, und sei es auch nur deswegen, weil sie etwas anderes machten als das Übliche, weil für sie das gleiche galt, was Horkheimer bei der Wiedereröffnung in seinem Dank an die Architekten von dem funktionalen Neubau gesagt hatte: man sehe es ihm schon von außen an, daß es nicht muffig in ihm aussehe.

Aber was da spürbar war, blieb namenlos. Es gab keine kritische Theorie, keine Frankfurter Schule. Was Heinz Maus, inzwischen Assistent Horkheimers, in einem Bericht über dessen Rektoratsantritt in der *Frankfurter Rundschau* erhoffte – »In der ›Zeitschrift für Sozialforschung‹ . . . sind Horkheimers Arbeiten vornehmlich erschienen. Es wäre zu wünschen, daß davon endlich wenigstens die Aufsätze ›Egoismus und Freiheitsbewegung‹, ›Zum neuesten Angriff auf die Metaphysik und ›Traditionelle und kritische Theorie‹ neu herausgegeben werden könnten« –, blieb unerfüllt. Auch Horkheimers und Adornos akademische Lehrtätigkeit bot da keinen Ersatz. Horkheimer hielt nach einer Vorlesung über *Theorie und Kritik der Gesellschaft seit Saint-Simon* im Sommer 1950 lauter philosophische Vorlesungen: über *Pro-*

bleme der neueren Philosophie, Philosophie im 17. Jahrhundert usw. und führte seit dem Sommer 1951 Übungen über sozialwissenschaftliche Forschungsmethoden durch, denen bald Übungen über soziologische Grundbegriffe und sozialwissenschaftliche Praktika zur Seite traten. Adorno, der für lange Zeit unter den Studenten bei weitem nicht so großen Anklang fand wie Horkheimer, machte seit seiner Wiederaufnahme der eigenständigen Lehrtätigkeit im Sommer 1950 jahrelang nur philosophische Veranstaltungen: zunächst eine zweisemestrige Vorlesung über Ästhetik, dann Vorlesungen über Husserl und Probleme der zeitgenössischen Erkenntnistheorie, über Bergson, Geschichte der politischen Philosophie, Probleme des Idealismus. Auch die gemeinsamen Seminare, die Horkheimer und Adorno von Anfang an durchführten – ein Abglanz der eindrucksvollen Gemeinschaftsveranstaltungen in der Blütezeit der Frankfurter Universität am Ende der Weimarer Republik –, waren philosophischer Art, drehten sich vor allem um Kant und Hegel. Die auf deutsch verfügbaren Bücher der beiden – die *DdA*, die *Philosophie der neuen Musik* und die *Minima Moralia* – konnten, in der bundesrepublikanischen Situation abgelöst von der Tradition, in der sie standen, und ohne produktive Einbettung in die laufende Tätigkeit der beiden Autoren, schwerlich als Beiträge zum Um- und Ausbau einer kritischen Theorie der Gesellschaft begriffen werden. In Zeitungs- und Zeitschriften-Artikeln präsentierte Adorno sich als Musik- und Kulturkritiker mit soziologischem Hintergrund.

Blieb also nicht ungeachtet aller Erfolge das Beste auf der Strecke? Hatte sich nicht in weniger als zwei Jahren Adornos Befürchtung bewahrheitet, außer Sekurität hätten sie, Horkheimer und er, in Deutschland nicht viel zu erwarten, da das Denken noch diesseits der Kritik der Ontologie stehe, der koloniale Status für die Analyse der Gesellschaft ungünstig und die Verführung zur Rolle des intellektuellen Seelsorgers groß sei? Zehrten die beiden, teils gezwungen, teils verführt durch den in Deutschland herrschenden großen Nachholbedarf gerade auf sozialwissenschaftlichem und sozialpsychologischem Gebiet, nicht einzig von ihrer früheren Arbeit? Und wurde das nicht zusätzlich erleichtert durch die traurige Tatsache, daß sie praktisch als einzige linke Theoretiker aus der Weimarer Zeit sich wieder erfolgreich hatten etablieren können? War das Institut in seiner neuerstandenen Form nicht von vornherein ungeeignet dazu, endlich das durchzuführen, was Horkheimer und Adorno in den USA bis zuletzt für das entscheidende Desideratum gehalten hatten: die aktuelle und konkrete Analyse der objektiven Faktoren? War es, wenn Horkheimer bei der Wiedereröffnung des IfS die Hoffnung äußerte, sich bald wieder ganz der Philosophie widmen zu können, nicht bloß das alte Lied dessen, der über die selbst verursachte Ablenkung von der ersehnten philosophischen Arbeit klagte und durch die auffällige Vermeidung der Zusammenstellung eines Mitarbeiterstabes aus Ebenbürtigen – einer Theoretiker-Gemeinschaft eben – das Institut auf die Durchführung unverbundener empirischer Projekte festlegte? Aber wie sah die Praxis aus? Was tat Adorno, der noch in seinem letzten Lebensjahr betonte, die Vertreter einer kritischen Soziologie wollten sich keineswegs, wie ihnen gern unterstellt werde, bei der Schreibtischarbeit bescheiden, sondern bedürften der sogenannten Feldforschung? Gab er, der immerhin acht Jahre Jüngere und Produktivere, dem Ganzen eine mit den eigenen Ansprüchen Ernst machende Richtung? Versuchte er es zumindest?

Adornos Vision einer kritischen empirischen Sozialforschung – Krise des Instituts – Marcuses Traum

Am 14. November 1951 hatte Horkheimer seine Rede zur Wiedereröffnung des IfS, am 20. November seine Antrittsrede als Rektor der Frankfurter Universität gehalten. Am 14. Dezember hielt in Weinheim an der Bergstraße auf dem vom Frankfurter Institut zur Förderung öffentlicher Angelegenheiten organisierten Ersten Kongreß für deutsche Meinungsforschung Adorno den Einleitungsvortrag *Zur gegenwärtigen Stellung der empirischen Sozialforschung in Deutschland*. Diese Arbeitsteilung erwies sich als symptomatisch für die künftige Verteilung der Rollen zwischen den beiden Autoren der *DdA*. Horkheimer wurde neben seiner nach wie vor pädagogisch überaus erfolgreichen Lehrtätigkeit endgültig zum Repräsentanten. Adorno wurde neben seiner in den 50er Jahren zunächst noch unauffälligen Lehrtätigkeit und seiner außerakademischen Wiederprofilierung als Musikkritiker und -ästhetiker und Neuprofilierung als Kulturkritiker und Literaturtheoretiker zum Soziologen.

Das galt in einem doppelten Sinn. Zum einen wirkte er – wie schon beim Antisemitismus-Projekt – als Praktiker der Sozialforschung. Er beteiligte sich in den 50er Jahren zum Teil intensiv an den empirischen Projekten des Instituts, half außerdem von Ende 1950 bis Anfang 1952 dem in Schwierigkeiten geratenen Darmstädter Institut für sozialwissenschaftliche Forschung – das 1949 von einem HICOG-Mitarbeiter gegründet worden war, um jungen deutschen Sozialwissenschaftlern die Möglichkeit zur Ausbildung in den Methoden sozialwissenschaftlicher Untersuchungen zu bieten –, die Ergebnisse einer breit angelegten Gemeindestudie in Form von neun Monographien der Öffentlichkeit zu präsentieren.

Zum anderen betätigte er sich als Theoretiker der sozialwissenschaftlichen Forschung. Der Schwerpunkt lag dabei auf der Frage des Verhältnisses von empirischer Sozialforschung und soziologischer Theorienbildung, letztlich auf dem Entwurf einer kritischen empirischen Sozialforschung. Über Adornos zwei Lebensjahrzehnte in der Bundesrepublik hinweg gab es eine Kette solcher Arbeiten – von dem im Februar 1951 bei einem Werkstattgespräch über politische Soziologie in Marburg gehaltenen Vortrag über *Die gegenwärtige Situation der Soziologie* über einen zusammen mit Mitarbeitern des Instituts verfaßten Artikel *Empirische Sozialforschung* für das 1954 erschiene *Handwörterbuch der Sozialwissenschaften* bis hin zu der aus einem Rundfunkvortrag hervorgegangenen Abhandlung *Gesellschaftstheorie und empirische Forschung*, die in seinem letzten Lebensjahr entstand.

Auf dem Weinheimer Kongreß ging es, ungeachtet des Obertitels *Empirische Sozialforschung*, der wahrscheinlich von Adorno durchgesetzt wurde, der an der Vorbereitung beteiligt war, vorwiegend um Methoden und Probleme der Meinungs- und Marktforschung. Es nahmen weit über 100 Personen teil. Sie kamen von kommerziellen Meinungsforschungsinstituten, von Universitäten und Universitätsinstituten, von statistischen Ämtern, Rundfunkanstalten, HICOG usw. Der Kongreß war zustande gekommen auf Anregung des HICOG-Reactions Analysis Staff, also der Meinungsforschungs-Abteilung des US-Hochkommissars für Deutschland. George Gallup – der zu den Pionieren der modernen Meinungsforschung gehörte und 1936 bei der Präsidentenwahl in den USA mittels einer kleinen, aber repräsentativen Stichprobe von 6000 Wählern den Ausgang der Wahl korrekt vorausgesagt und dadurch das Stichprobenverfahren fast schlagartig bekannt gemacht hatte – schickte ein Grußtelegramm an die nachhinkenden deutschen Pioniere.

Als Präsidenten der Arbeitstagung hatte man den 75jährigen Nestor der deutschen Soziologie, Leopold v. Wiese, gewonnen. Dessen Eröffnungsrede gab noch einmal einen Geschmack von der abstrakten, weltfremden Reserviertheit der deutschen Vorkriegssoziologie gegenüber der empirischen Sozialforschung. Bevor es dann in den zwei Dutzend Vorträgen um spezielle sozialwissenschaftliche Methoden, Probleme und Organisationsprobleme ging; bevor Professor Leo P. Crespi von der Meinungsforschungsabteilung des US-Hochkommissars, deren Umfrageergebnisse in der Regel »top secret« waren, die Bedeutung der Meinungsforschung für das wirklich demokratische

Funktionieren sozialer Institutionen hervorhob; bevor Professor P. L. Fegiz vom Mailänder DOXA-Institut die Vision einer Europäischen Union entwarf, in der Umfragen über die Gewohnheiten und den Geschmack der europäischen Konsumenten die preisgünstige Massenproduktion der meistbegehrten Erzeugnisse ermöglichen würden – bevor all das ablief, unternahm Adorno in seinem Einleitungsvortrag den Versuch, die empirische Sozialforschung dem »research-Betrieb« zu entreißen und für eine Theorie der Gesellschaft zu retten, die der geisteswissenschaftlichen Tradition der deutschen Soziologie entschieden kritisch gegenüberstand.

In der idealistischen Periode, so Adorno, habe philosophisches Denken über das gesamte damals bekannte Tatsachenmaterial verfügt. Nach dem Zerfall der idealistischen Systeme seien zentrale, aus ihrem theoretischen Zusammenhang und ihrer Beziehung zum Material gerissene Begriffe in den Händen einer geisteswissenschaftlichen Gesellschaftslehre zu Werkzeugen des Obskurantismus geworden. »Es ist dieser Zustand der Überreste der deutschen geisteswissenschaftlichen Soziologie, der als seines Korrektivs dringend der empirischen Methoden bedarf. Deren echter Sinn ist der kritische Impuls. Ihn darf die empirische Sozialforschung sich nicht verkümmern und in der Erkenntnis der gesellschaftlichen Zusammenhänge sich nichts vormachen lassen. Anstatt sich erst mit Hilfe ideologischer Begriffe ein versöhnliches Bild der sozialen Wirklichkeit zurechtzustilisieren und sich dann mit den Verhältnissen, wie sie sind, getröstet abzufinden, muß Wissenschaft die Härte dessen, was ist, zum Bewußtsein erheben . . . Soziologie ist keine Geisteswissenschaft. Die Fragen, mit denen sie sich zu beschäftigen hat, sind nicht wesentlich und primär solche des Bewußtseins oder auch selbst Unbewußtseins der Menschen, aus denen die Gesellschaft sich zusammensetzt. Sie beziehen sich vorab auf die Auseinandersetzung zwischen Menschen und Natur und auf objektive Formen der Vergesellschaftung, die sich auf den Geist im Sinne einer inwendigen Verfassung der Menschen keineswegs zurückführen lassen. Die empirische Sozialforschung in Deutschland hat die dem Einzelmenschen und selbst dem kollektiven Bewußtsein weithin entzogene Objektivität dessen, was gesellschaftlich der Fall ist, streng und ohne Verklärung herauszustellen.« (*Ges. Schr. 8*, 481 ff.)

Das war ein Ausspielen empirischer Sozialforschung im weiten Sinne gegen von Ideologien geleitete Spekulationen. Es war aber auch bereits eine Kritik an der Meinungsforschung, insofern sie in der Regel nicht ausreichte, die Objektivität dessen, was gesellschaftlich der Fall war, aufzudecken. Adorno führte ein Beispiel für das an, was er meinte. »Begegnet uns etwa, unter Berufung auf irgendwelche vorgeblichen Autoritäten geisteswissenschaftlicher Soziologie, die Aussage, daß der sogenannte bäuerliche Mensch sich auf Grund seines wesenhaft konservativen Geistes oder seiner ›Haltung‹ gegen Neuerungen technischer und gesellschaftlicher Art sträube, so werden wir bei solchen Erklärungen uns nicht beruhigen . . . Wir werden . . . etwa mit den Bauern vertraute Interviewer aufs Land schicken und dazu anhalten, weiter zu fragen, wenn die Bauern ihnen erklären, sie blieben auf ihrem Hof aus Liebe zur Heimat und Treue zu den Sitten der Väter. Wir werden den Konservativismus mit wirtschaftlichen Fakten konfrontieren und dem nachgehen, ob etwa technische Neuerungen in Betriebseinheiten unter einer gewissen Größe unrentabel sind und so hohe Investitionskosten verursachen, daß die technische Rationalisierung in einem solchen Betrieb unrationell würde.« (482)

Bei diesem Beispiel stützte Adorno sich auf die Darmstädter Gemeindestudie. Im Rahmen seiner Mitwirkung daran hatte er u. a. auch das Material der Untersuchungen über einige Landgemeinden in der Umgebung Darmstadts kennengelernt und eine Monographie über den *Nebenerwerbslandwirt und seine Familie im Schnittpunkt ländlicher und städtischer Lebensform* mit einer Einleitung versehen. Charakteristisch für die Darmstädter Untersuchungen war die Sammlung einer Fülle sowohl struktureller, objektiv-institutioneller Daten wie subjektiv-sozialpsychologischer Daten. Das von Adorno angeführte Beispiel schien zu besagen: Ein womöglich ideologisches Theorem war zu überprüfen anhand sowohl subjektiv wie objektiv gerichteter Untersuchungen. Das Weiterfragen bei subjektiv gerichteten Untersuchungen, die sich nicht mit der Oberfläche begnügten, die das ideologische Theorem bestätigen mochte, und die bei den objektiv gerichteten Untersuchungen gefundenen Fakten konnten sich ergänzen zum Bild eines gesellschaftlichen Seins, dem das Bewußtsein – im Einklang mit dem herrschenden Bewußtsein – nicht entsprach. Worum es Adorno ging, war offenbar jene von Fromm und Horkheimer in den ersten Jahren der Horkheimer-Ära des IfS entworfene und das orthodox marxistische Unterbau-Überbau-Schema unter dem Eindruck der Freudschen Psychoanalyse verfeinernde Konzeption einer Untersuchung der Beziehungen zwischen Wirtschaftsprozeß, Psyche und Kultur. Nur in diesem Kontext – so schien es – konnte für Adorno Meinungsforschung einen Sinn haben.

Doch was bedeutete es dann, wenn er im Anschluß an das von ihm angeführte Beispiel meinte, selbstverständlich erfüllten nicht alle empirisch-soziologischen Erhebungen kritische Funktionen, aber: »ich glaube freilich, daß selbst Marktanalysen mit genau umgrenzter Thematik etwas von diesem aufklärerischen, unideologischen Geist in sich tragen müssen, wenn sie wirklich leisten wollen, was sie versprechen.

Diese objektive, in der Sache gelegene Beziehung zur Aufklärung, zur Auflösung blinder, dogmatischer und willkürlicher Thesen ist es, die mich als Philosophen der empirischen Sozialforschung verbindet.« (482) Was versprach denn eine Marktanalyse anderes als Daten, die die Basis für effektivere Werbung, erfolgreichere Aufmachung und bessere Absatzplanung bildeten? Wer wurde denn bei einer Marktanalyse aufgeklärt außer dem Auftraggeber? Es war eben nicht damit getan, daß – wie Adorno später im Verlauf einer Diskussion u. a. über Normen der Meinungsforschung erklärte – »es möglich sei, daß Untersuchungen von privatwirtschaftlicher Seite aus finanziert würden und trotzdem den allerstrengsten wissenschaftlichen Kriterien genügten« (Wissenschaftliche Schriftenreihe des Instituts zur Förderung öffentlicher Angelegenheiten, Bd. 13: *Empirische Sozialforschung*, 227). Von einigen Teilnehmern wurden denn auch in der allgemeinen Diskussion nach den Vorträgen über Anwendungsbereiche der empirischen Sozialforschung – politische und soziale Meinungsforschung, Marktforschung, Betriebsumfragen, Hörerforschung – ketzerische Bemerkungen gemacht. »Wenn ein Unternehmer«, meinte Dietrich Goldschmidt vom Soziologischen Seminar der Universität Göttingen, »in seinem Betrieb eine Umfrage durchführen läßt, so kann man natürlich unterstellen: Er will ein Instrument in die Hand bekommen, um die Belegschaft zu manipulieren. Wenn man aber den eigentlichen Zweck im Auge hat, zu dem man eine solche Meinungsforschung gebrauchen sollte, nämlich Mißstände abzustellen, menschliche Beziehungen zu verbessern, dann liegt es auf der Hand, daß man den Generaldirektor genau so einer solchen Befragung unterwerfen muß wie den Arbeiter.« (a.a.O., 83) E. P. Neumann vom Institut für Demoskopie in Allensbach dachte dergleichen konsequent weiter, wenn er begeistert davon sprach, daß in den USA die Ergebnisse des Gallup-Instituts wöchentlich zweimal in über 100 Zeitungen stünden und daß die Nutzanwendung aus der Meinungsforschung letztlich bei den Bundestagsabgeordneten, bei der Volksvertretung, gezogen werden sollte.

Was bedeutete es, wenn Adorno mit Pathos betonte, wer die Menschen behandeln wollte, als wären sie rational und menschlich, trüge dazu bei zu glorifizieren, was ihnen angetan werde; wer einwende, die empirische Sozialforschung sei zu mechanisch, zu grob und ungeistig, verschiebe die Verantwortung vom Gegenstand der Soziologie auf die Soziologie selbst; die viel gescholtene Inhumanität der empirischen Methoden sei immer noch humaner als die Humanisierung des Unmenschlichen? Entweder blieben die erforschten Personen Objekte, die von dem Aufklärungseffekt und der Nutzanwendung der Untersuchung auch später nur als Objekte betroffen waren. Dann waren die

Methoden »inhuman«, wurde Unmündigkeit perpetuiert. Oder die erforschten Personen erhielten zumindest zu irgendeinem späteren Zeitpunkt die Chance, sich die Untersuchungsergebnisse als Teil einer Aktion zur Aufklärung ihnen selbst bis dahin undurchsichtiger Zusammenhänge zu begreifen. Nur dann war mehr als leere Worte, was Adorno am Anfang seines Vortrages gesagt hatte: »Wir wissen, daß die Menschen, mit denen wir uns befassen, auch dann Menschen mit der Möglichkeit freier Selbstbestimmung und Spontaneität bleiben, wenn sie in ihnen selber undurchsichtige Zusammenhänge eingespannt sind, und daß an diesem Element des Spontanen und Bewußten das Gesetz der großen Zahl seine Grenze hat.« (a.a.O., 479)

Adorno – die empirische Sozialforschung gegen die geisteswissenschaftliche Soziologie ausspielend und sie gegen die sie karikierenden Vorurteile in Schutz nehmend – meinte, er brauche nicht eigens hervorzuheben, daß er nicht etwa der Verwandlung der Sozialwissenschaft in eine bloße Hilfsdisziplin von Wirtschaft und Verwaltung mit Ideologien zu Hilfe komme. Aber unterlief ihm nicht genau das in seinem Versuch, noch die Marktforschung für die kritische Soziologie zu retten? War er nicht blind für den auf der Ebene des Empirie-Konzepts wichtigsten Punkt, in dem critical social research sich vom administrative social research – Adorno bediente sich mit Vorsicht dieser von Lazarsfeld im ersten Heft der *SPSS* eingeführten Ausdrücke – unterschied, wenn die Frage nach Perpetuierung oder Durchbrechen der Objekt-Rolle der Befragten für ihn gar nicht zum methodologischen Thema wurde?

Er war es offenbar. Sein Bemühen, die Verteidigung der empirischen Sozialforschung als Verpflichtung auf das seriöse Programm des critical social research durchzuführen, konzentrierte sich ausschließlich auf zwei Punkte. Er unterstrich, daß empirische Sozialforschung mehr als raffinierte Umfragetechniken bedeute, daß sie »längst selbst, gerade auch unter der Einwirkung der Tiefenpsychologie, Methoden entwickelt« habe, »durch die sie der Oberflächlichkeit entgegenwirken« könne: indirekte Befragung, Tests, detaillierte Tiefeninterviews, Gruppendiskussionsverfahren – also lauter Methoden, die das IfS selbst voller Stolz verwendet hatte bzw. verwendete.

Und er hob z. B. die von Lazarsfeld betonte Rolle der opinion leaders und die in den USA sich ausbreitende Einsicht in die Notwendigkeit qualitativer Analysen hervor, um die Theorie der Gesellschaft als ein für die empirische Sozialforschung konstitutives Element hinstellen zu können. »Gerade eine Theorie der Gesellschaft, der die Veränderung keine Sonntagsphrase bedeutet, muß die ganze Gewalt der widerstrebenden Faktizität in sich aufnehmen, wenn sie nicht ohnmächtiger Traum bleiben will, dessen Ohnmacht wiederum bloß der Macht des Bestehenden zugute kommt.« (*Ges. Schr. 8*, 492 f.)

Damit war Adorno am Ende seines Vortrages bei einer Art Adornoscher Variante des alten Horkheimerschen Programms angekommen. In der Tat hielt Adorno in Weinheim einen Vortrag ungefähr von der Art, wie man ihn von Horkheimer bei der Wiedereröffnung des IfS erwartet hätte. Bedeutete das nun, daß Adorno gewillt war, den zum Repräsentanten gewordenen Horkheimer abzulösen und dafür zu sorgen, daß das Institut fortan zumindest unter anderem Projekte durchführte, die die materiale Theorie der Gesellschaft vorantreiben halfen? Und mußte dann nicht auch das Bewußtsein dafür geschärft werden, daß critical social research über die Verwendung in die Tiefe dringender Methoden und über die Kombination von Theorie und Empirie hinaus auch eine Art zumindest langfristiger Rückkopplung der empirischen Forschung an die Aufklärung der Befragten und Erforschten einschließen mußte? Sofern das nicht möglich schien, war vorstellbar, daß kritische Theoretiker sich damit begnügten, critical social research auch langfristig über die Köpfe der Befragten und Erforschten hinweg zu betreiben. Wenn aber gleichzeitig die Untersuchungsergebnisse statt allein den kritischen Theoretikern auch den Auftraggebern oder Sponsoren aus Wirtschaft, Verwaltung und Institutionen des Wissenschaftsbetriebs zur Verfügung standen – wurde dann das Wissen der kritischen Theoretiker statt zu einem Ferment allgemeiner Aufklärung nicht doch letztlich zu einem Herrschaftsmittel? Wie konnte man dem entgegensteuern?

Und wie stand es um die Theorie der Gesellschaft, wenn sie es Adorno erlaubte, ohne kritische Einschränkungen von den Triumphen der empirisch kontrollierten Naturwissenschaften zu sprechen und die universale Durchsetzung neuer medizinischer Heilmittel als eine gesellschaftliche Selbstverständlichkeit hinzustellen? War die Theorie wirklich geeignet, die wesentlichen Forschungsfragestellungen einzugeben? War sie entwickelt und konkret genug, um die diversen Daten zum Sprechen zu bringen? Waren die Projekte wenigstens des IfS tatsächlich zumindest teilweise von der Theorie der Gesellschaft geleitet?

Die Antwort auf diese Fragen blieb zunächst offen. Denn kaum hatte die Arbeit des neugegründeten IfS richtig begonnen, kam ihm sein eigentlicher Stab abhanden. Horkheimers Wahl zum Rektor der Universität und seine Wiederwahl ein Jahr später bedeuteten, daß er neben seiner Lehrtätigkeit und den Rektoratsgeschäften für das Institut kaum noch Zeit hatte. Adorno, selber durch die Mitwirkung bei der Darmstädter Gemeindestudie zusätzlich in Anspruch genommen, aber weniger durch Lehrverpflichtungen belastet als Horkheimer, nahm diesem viel Arbeit ab und widmete sich intensiv dem Institut. Aber im Herbst 1952 gingen die drei Jahre zu Ende, die man als naturalisierter US-Amerikaner ohne längere Unterbrechung im Ursprungsland verbringen durfte. Wer dann nicht entweder in dritte Länder weiterreiste oder in die USA zurückkam und erst einmal wieder dort lebte, verlor seine US-amerikanische Staatszugehörigkeit. Horkheimer, als Rektor der Frankfurter Universität, war es gelungen, die Verabschiedung eines »individual law« zu erreichen, das es ihm erlaubte, fünf Jahre ununterbrochen im Ursprungsland zu bleiben. Für den Normalbürger Adorno wurde eine solche Ausnahme nicht gemacht.

Zu einer Zeit, da es noch so aussah, als ob alle drei – Horkheimer, Pollock und Adorno – ungefähr zur gleichen Zeit wieder in die USA würden zurückkehren müssen, hatten die Institutsleiter, um sich für die Zeit nach der Rückkehr in die USA erst einmal eine Einnahmequelle zu sichern, mit Friedrich Hacker vertraglich die Durchführung eines oder mehrerer Projekte vereinbart. Hacker – ein aus Wien stammender und in die USA emigrierter Psychiater, der in den 70er Jahren in der Bundesrepublik Deutschland durch ein Standardwerk über Aggression bekannt wurde – hatte in Beverly Hills bei Los Angeles eine psychiatrische Klinik gegründet und erhoffte sich von der Zusammenarbeit mit den führenden Mitarbeitern des Institute of Social Research wissenschaftliche Reputation und Reklame für seine Klinik.

»Ich fahre mit unendlich schwerem Herzen«, schrieb Adorno im Oktober 1952 von seiner ersten Reisestation, Paris, aus an Horkheimer. »Ceterum censeo daß wir auf diese Seite des Teiches gehören.« Und er schloß: »Max: das Unbedingte. Es gibt nichts anderes!« (Adorno-Horkheimer, Paris, 20. 10. 52) Am nächsten Tag bestiegen er und seine Frau in Le Havre das Schiff nach New York. Dort traf er mit Löwenthal und Marcuse zusammen. Dann ging es weiter nach Los Angeles.

Es kam nun für ihn in den USA darauf an, Hacker, der mit dem Kommen Horkheimers und Adornos rechnete (und von den wahren Motiven des Vertrags und dessen eigenwilliger Erfüllung seitens des Instituts keine Ahnung hatte), zufriedenzustellen und zur Zahlung des vollen Honorars zu veranlassen und notfalls auch ohne daß Horkheimer je nachkam die Position bei Hacker zu halten, bis er, Adorno, ohne den Verlust seiner US-amerikanischen Staatsbürgerschaft fürchten zu müssen, wieder nach Deutschland zurückkehren konnte. »Das Teuflische an der Sache ist«, schrieb er nach seiner Ankunft in Los Angeles, »daß ich nicht weiß, wann ich wieder einen Paß bekomme – sicherlich nicht vor einem halben, meinem Gefühl nach frühestens in einem Jahr.« (Adorno-Horkheimer, Los Angeles, 12. 11. 52) Und da seine Reise in die USA der für ihn peinigende Beweis war – er empfand die Arbeit für die Hacker Foundation als Opfer und Hacker als einen Quälgeist –, daß die Rückkehr nach Deutschland immer noch nicht endgültig vollzogen war, wiederholte er, am Ziel seiner Reise angekommen, sogleich sein Ceterum censeo: »Grundsätzlich meine ich, wir sollten unsere Bemühungen auf drüben konzentrieren – die Gefahr, daß man hier kaputt geht, in jeder Beziehung, ist sehr ernst, und man wird den Gedanken daran keinen Augenblick los ... Und wenn man zu wählen hat zwischen der paranoiden Phantasie über eine paranoide Wirklichkeit, und der Dummheit des gesunden Menschenverstandes, so kommt man mit der Paranoia immer noch weiter.« Vier Monate später schrieb er noch eindringlicher: »Angesichts dessen ..., daß wir kaum mehr darauf hoffen können, selber die Subjekte jener Praxis zu sein, die das Unheil wenden könnte, kommt alles darauf an, daß wir in einer Kontinuität stehen, die uns die Hoffnung gibt, daß nicht alles, was in uns sich angesammelt hat, verloren geht. Das ist aber, und zwar in jedem Betracht, nur dort, wo wir im buchstäblichen und übertragenen Sinn reden können, möglich ... So groß das Glück war, überleben zu dürfen, so wenig dürfen die vergangenen Bedingungen dieses Glücks zum Fetisch werden, und die alte Regel, daß der Vertriebene zurückkehrt und sieht, was er ausrichten kann, scheint mir mehr Weisheit zu enthalten als die heute institutionalisierte Forderung des Gegenteils, die von den Spießbürgern vertreten wird, welche ihre gekränkte Menschenwürde als Vorwand des erbärmlichsten Konformismus mißbrauchen.« »Noch jeder Kirsch im Schlagbaum [eine Kneipe in unmittelbarer Nähe der Frankfurter Universität, R. W.]«, fuhr Adorno mit dem ihm eigenen witzigen Pathos fort, »hat mehr mit unserer Philosophie zu tun als Riesmans gesammelte Werke.« Und dann mit überbelichtetem Pathos: »Ich weiß nicht, wieweit ich in einer Sache, in der es buchstäblich um Leben oder Tod geht, für Sie und mich reden darf, obwohl ich es glaube, aber ich möchte lieber die Gefahr laufen, drüben totgeschlagen zu werden, als sonstwo etwas ›aufzubauen‹ oder selbst ins Privatleben mich zurückzuziehen, wobei die Entwicklung ... einen zu diesem Privatleben kaum kommen ließe.« Und dann mit schlichtem Ernst: »Folgen wir aber unserem Impuls, so werden wir es uns, wenn die Rektorei hinter Ihnen liegt, schon so einteilen können, daß uns die Zeit zum Denken und zum Leben, und beides ist dasselbe, übrigbleibt. Im Grunde bin ich überzeugt, daß wir, so paradox es klingt, in Frankfurt mit all den Pflichten und all dem Verflochtensein ins Leben, mehr Ruhe finden werden als in einer Existenzform, die von der Einsamkeit nur das negative Moment, die Isoliertheit hat.« (Adorno-Horkheimer, 12. 3. 53)

Mit Hacker verabredete Adorno, daß er ein Projekt über die sozial-psychologische Funktion der Astrologie durchführen werde. Für Adorno bedeutete es eine Ergänzung zu den *Studies in Prejudice* – einzuordnen zwischen Löwenthals und Gutermans Analyse der Reden und Artikel präfaschistischer Demagogen und der Berkeley-Studie über die *Authoritarian Personality*. Anhand eines Komplexes, zu dem er sich bereits in den *Minima Moralia* in den *Thesen gegen den Okkultismus* geäußert hatte, wurde so Adornos alter Vorschlag, stereotypes und indirekt antidemokratisches Denken in Produkten der Kulturindustrie bzw. in den Massenmedien aufzudecken, das geeignet war, die faschistische Disposition zu verstärken, wenigstens teilweise in Angriff genommen. Das Projekt war zudem von Adorno, der sich nicht sicher war, ob Horkheimer überhaupt in absehbarer Zeit zu ihm in die USA kommen würde, so angelegt, daß er es notfalls auch allein durchführen konnte.

Unter Bedingungen, die offenbar für beide Seiten, Adorno wie Hacker, unerquicklich waren und sich soweit zuspitzten, daß Adorno im Mai 1953 einen vom gesamten executive committee der Hacker-Klinik unterzeichneten Brief bekam mit der Aufforderung, auf die Hälfte des Gehalts zu verzichten bei halber Arbeitszeit, um von den ihm offensichtlich lästigen administrativen Aufgaben und community relations befreit zu sein, woraufhin Adorno kündigte – unter solchen Bedingungen zog Adorno ein Ein-Mann-Projekt durch: eine rein qualitative Inhaltsanalyse des über drei Monate hinweg der astrologi-schen Spalte der Los Angeles Times, einer rechtsrepublikanischen großen Tageszeitung, entnommenen Materials. Die Ergebnisse dieses Projekts, an dem Adorno während seines fast ein Jahr dauernden USA-Aufenthaltes arbeitete, erschienen 1957 unter dem Titel *The Stars Down to Earth: The Los Angeles Times Astrology Column. A Study in Secondary Superstition* in der Bundesrepublik im *Jahrbuch für Amerikastudien*. (Unter dem Titel *Aberglaube aus zweiter Hand* erschien 1959 in der Zeitschrift *Psyche* eine vorläufige, 1962 in dem Band *Sociologica II* eine endgültige gekürzte deutsche Fassung.)

Adorno sprach weder mit Lesern der Astrologie-Spalte noch mit denen, die sie schrieben. Er ging auf keinerlei Daten objektiver Art ein. Die »reine« Interpretation der Astrologie-Spalte geriet zu einem reinen Anwendungsfall des Inventars Adornoscher und Horkheimer-scher Gedanken. »Das Horoskop meint Leser, die abhängig sind oder abhängig sich fühlen. Es setzt Ichschwäche voraus und reale gesell-schaftliche Ohnmacht.« (Horkheimer/Adorno, *Sociologica II*, 150) »Das Horoskop . . . vertuscht, nährt und exploitiert . . . die universale und entfremdete Abhängigkeit.« (163)

Adorno selber begriff seine Arbeit als ein Modell für das Verfahren der qualitativen Analyse. Die isolierte qualitative Analyse allein der Texte erwies sich aber als verhängnisvoll. Nicht erst, wenn der Umgang mit den Sternen als das fast unkenntliche und deshalb geduldete Deckbild für die tabuisierte Beziehung zur omnipotenten Vaterfigur gedeutet wurde, erinnerte einen das Adornosche Verfahren an die Eintönigkeit und Vorentschiedenheit tiefenpsychologischer Analysen. Das mikrologische Verfahren und der Anspruch, sich ungedeckt in die Sache zu verlieren, liefen leer. Die ausgreifenden Interpretationen erschlugen die schmale Materialbasis, die gewissermaßen zu wenig Widerstand bot. Es fehlte die Einbettung von Adornos Talent zur qualitativen Analyse in einen Arbeitszusammenhang, wie er für die Berkeley-Studie charakteristisch gewesen war.

Während Adorno in den USA mit dem Astrologie-Projekt seine Existenz bestritt, geriet Horkheimer in Frankfurt mit dem Institut in immer größere Schwierigkeiten. Als teilweiser Ersatz für Adorno kam an 2-3 Tagen in der Woche Helmuth Plessner von Göttingen nach Frankfurt. Plessner, drei Jahre älter als Horkheimer, hatte als Jude 1933 sein philosophisches Lehramt in Köln verloren, war 1934 in die Niederlande emigriert, wo er 1939 an der Universität Groningen auf einem Stiftungs-Lehrstuhl der erste Soziologie-Professor an einer holländischen Staatsuniversität wurde, hatte die deutsche Invasion im Untergrund überlebt und schließlich – 60jährig – einen Ruf auf den neuen Lehrstuhl für Soziologie und Philosophie in Göttingen angenommen. Mit dem Band *Die Stufen des Organischen und der Mensch* war Plessner 1928 neben Scheler zum Begründer der modernen philosophischen Anthropologie geworden, der anders als Scheler seine Analysen in gesellschaftlich-historischer Perspektive vornahm. Unter Plessners Leitung hatte das Soziologische Seminar der Universität Göttingen 1952 mit einer empirisch-statistischen Untersuchung über die Lage der deutschen Hochschullehrer begonnen, deren Ergebnisse 1957-58 in drei Bänden erschienen. Er selber begriff sich aber vor allem als Sozialphilosoph und Kultursoziologe und betonte die Bedeutung der Philosophie für die Soziologie. Schelsky titulierte ihn später als »Deutschenhasser«. So gab es manches, was er mit Horkheimer und Adorno teilte. Aber die Reserven der beiden ihm gegenüber waren und blieben groß – wie gegenüber allen ihnen eigentlich nahestehenden Dritten.

Da nicht nur Adorno fehlte, sondern auch Horkheimer neben seinem Rektoratsjob und den fortlaufenden Lehrveranstaltungen kaum noch Zeit für das Institut hatte, reichte Plessners Teilzeit-Mitarbeit nicht einmal für das Nötigste. Nötig waren nach Horkheimers Ansicht vor allem Publikationen des IfS, die allerdings einigermaßen das Niveau der glanzvollen Vergangenheit des Instituts einhalten sollten.

Die beiden wichtigsten für eine Publikation in Frage kommenden Projekte – die deutsche Version der *Studies in Prejudice* und die Gruppenstudie über das politische Bewußtsein der Westdeutschen – waren aber weit entfernt von einem druckfertigen Zustand, und keiner kümmerte sich konsequent darum.

Angesichts all dieser Probleme war Horkheimer wieder einmal hin und her gerissen zwischen Plänen für einen raschen Rückzug ohne Gesichtsverlust und einem langfristigen Rückzug unter glanzvollen Bedingungen. Um die Gruppenstudie über das politische Bewußtsein der Deutschen endlich zu einem Abschluß zu bringen, setzte er für Ende April 1953 eine Tagung an, auf der vor Vertretern vor allem hessischer und Frankfurter Behörden in Form von Referaten über die Ergebnisse des Projekts berichtet werden sollte. Die Referate könnte man dann, dachte sich Horkheimer dabei, ohne allzu große wissenschaftliche Verantwortung in Buchform publizieren und die vollständigen Texte in mimeographierter Form an eine begrenzte Anzahl von Personen und Instituten geben. Die Referate befriedigten ihn aber so wenig, daß er den Buch-Plan verwarf und den alten Plan einer Neuherausgabe der Zeitschrift wieder aufnahm, in deren Rahmen die Unzulänglichkeit der Forschungsberichte durch die überragende Qualität anderer Beiträge wieder wettgemacht werden könnte.

Es sollten wie einst nicht mehr als drei Nummern pro Jahr erscheinen. Das Heft sollte aus vier Teilen bestehen: »(1) Aufsätze, entweder von uns (gegebenenfalls Bearbeitungen aus der früheren Zeitschrift), oder repräsentative Artikel der Feunde des Instituts, an die ich zu diesem Zweck Briefe senden würde, zum Beispiel Allport, Cantril, Klineberg, Georges Friedmann (oder solche, die von Ihnen gewonnen würden) – (2) Texte. Dabei denke ich vor allem an Stellen aus der Literatur des achtzehnten und neunzehnten Jahrhunderts, die entweder unzugänglich oder nie ins Deutsche übersetzt worden sind. Man hätte nicht bloß an die entschiedene Aufklärung zu denken, sondern auch ans Gegenteil . . . – (3) Ausschnitte aus den empirischen Institutsarbeiten. Da wäre dann an die Arbeiten im Praktikum, die Radiostudie, den Expert-Survey, das Studentenprojekt und schließlich an Teile der Gruppenstudie zu denken, falls man diese nicht am Ende doch noch in ein kleines Buch bringen kann. – (4) Besprechungen.« (Horkheimer-Adorno, 17. 4. 53) »Wenn wir die Zeitschrift nicht machen«, fügte er hinzu, »fürchte ich, daß wir am Publikations-Problem versagen, während andererseits die Zeitschrift eine in unserem Sinn recht wünschenswerte Umorganisierung der Institutsarbeit ermöglichen könnte. Hätten Sie diese Sache nur schon in der Hand!« Adorno reagierte begeistert. Er garantierte dafür, »daß es an Material nicht fehlen wird, selbst ohne den Abdruck älterer Texte, obwohl auch das sehr schön sein könnte« (Adorno-Horkheimer, 25. 4. 53). Auf jeden Fall sollte das erste Heft »wirklich uns repräsentieren«. (Adorno-Horkheimer, 3. 6. 53)

Auch bei der Lösung des personellen Problems gelangte Horkheimer schließlich zu einem verheißungsvoll klingenden Entschluß. Im Januar 1953 hatte er Adorno zunächst einen kurzfristigen Rückzugsplan mitgeteilt. Plessner und zwei der jungen Institutsmitarbeiter, Diederich Osmer und Egon Becker, sollten ein Triumvirat bilden, das dem Institut vorstehen könne, wenn sie beide – Horkheimer und Adorno – sich zurückzögen. Mit dem Rückzugsplan flammte eine alte Debatte erneut auf. Nur spielte sie sich jetzt statt zwischen Horkheimer und Löwenthal und Pollock zwischen Horkheimer und Adorno ab. Adornos Bedenken, mit dem Institut gäben sie ein wichtiges Faustpfand aus der Hand und außerdem habe ihm ein Brief Plessners über die Gruppenstudie gezeigt, daß er das Ganze als eine Last auffasse, veranlaßten Horkheimer zu einem vorsichtigeren Plan. »Ich habe jetzt die Idee, das Institut der Soziologischen Gesellschaft als solcher, das heißt sozusagen dem Ehrenpräsidium von Wieses anzuvertrauen, der bis zu Ihrer Rückkehr gegen ein entsprechendes Honorar die Hand über unsere Leute halten soll. Wenn das ginge, könnte ich dann eine Art von Chief Consultant sein und später ausgemacht werden, ob Sie dasselbe tun oder die aktive Leitung übernehmen wollen.« (Horkheimer-Adorno, 19. 1. 53) Auch gegen diesen Vorschlag und gegen von Wiese hatte Adorno Bedenken. »Aber: einen besseren Vorschlag habe ich nicht, einfach wegen Mangels an verfügbaren Personen. Mein Rat ist also: durchwursteln und keine organisatorischen Neuerungen treffen, bis ich zurück bin. Wie wir es dann machen, müssen wir sehen; wenn Sie dann chief consultant werden, wäre es wohl geschickt, wenn ich wenigstens für eine Zeitlang die offizielle Leitung übernähme. Das Institut ist, wie mir immer klarer wird, in unserem stets schwieriger werdenden Kampf mit der Realität in der Kombination mit der Universität unser Haupt-asset und im Augenblick, wo wir nicht mehr die Exekutivgewalt in der Hand haben, wird sich sofort alles gegen uns verschwören. Nachteile und selbst Verzögerungen in der Arbeit des Instituts während der nächsten paar Monate muß man in den Kauf nehmen; ich glaube, Ihnen versprechen zu können, daß ich das schnell in Ordnung bringe, ohne Sie zu belasten.« (Adorno-Horkheimer, 24. 1. 53)

Bevor dieser Brief Horkheimer erreichte, hatte er sich nach Vorlage eines Kardiogramms, das seine Überlastung demonstrieren sollte, vom Kuratorium ermächtigen lassen, Verhandlungen mit v. Wiese aufzunehmen. Zuvor sprach er aber noch einmal mit Plessner. Mit ihm einigte er sich schließlich darauf, daß er, Plessner, im folgenden

Semester in Vertretung Adornos als stellvertretender Direktor die kommissarische Leitung des Instituts übernehmen werde. Einmal wieder in Fahrt gekommen, machte Horkheimer Wiese das Angebot, im Sommersemester für 1000 DM alle 14 Tage eine Übung über allgemeine Soziologie im Institut abzuhalten und außerdem einen Vortrag zu halten. »Durch all dies wird bekundet, daß das Institut das Zentrum soziologischer Ausbildung in Deutschland ist.« (Horkheimer-Adorno, 13. 3. 53)

In solchen Augenblicken gewannen das Streben nach gesellschaftlicher Anerkennung um den Preis des Verzichts auf nonkonformistisches Forschen und Lehren und Handeln und die Zuversicht, an erster Stelle stehen und Außerordentliches erreichen zu können, wieder die Oberhand. Zu den symptomatischen Folgen einer solchen Haltung gehörte der folgende Vorgang. Alexander Mitscherlich, der zu den wenigen entschiedenen Freud-Anhängern in der frühen nach-nationalsozialistischen Zeit gehörte, hatte sich durch seine Tätigkeit als Beobachter und Sachverständiger bei den Nürnberger Prozessen und als Mitherausgeber der Dokumentensammlung *Wissenschaft ohne Menschlichkeit* bei seinen Kollegen verhaßt gemacht und den Vorwurf der Tatsachenverfälschung und des Vaterlandsverrats eingehandelt. Laut Horkheimer behandelte man ihn »überall sowohl in den Fakultäten wie selbst in der Forschungsgemeinschaft als den neuen Gumbel« (Horkheimer-Adorno, 16. 2. 53). (Der Statistiker und Mathematiker Emil Julius Gumbel hatte sich in den 20er Jahren durch seine die Rechten und die Begünstigung der Rechten bloßstellenden Dokumentationen über politische Morde und die Strafverfolgung politisch motivierter Delikte den Haß von Kollegen, Studenten und breiten Kreisen der Öffentlichkeit zugezogen.) Als Mitscherlich Anfang 1953 offiziell um Aufnahme ins Institut bat, wollten Horkheimer und Adorno ihn jedoch nicht. Die Mitarbeit eines Psychoanalytikers hätte der Tradition und dem bei der Wiedereröffnung erneuerten programmatischen Anspruch des Instituts auf Interdisziplinarität und auf besondere Zuständigkeit bei sozialpsychologischen Problemen entsprochen. Aber außer der alten Unlust, mehr oder weniger ausgewiesene und im Prinzip als Gleichrangige zu behandelnde Wissenschaftler fest anzustellen, ließ Horkheimer auch die Furcht zurückschrecken, daß Mitscherlichs Aufnahme ins Institut »wahrscheinlich die offenen Attacken auslösen wird, denen wir bis jetzt entgangen sind. Die Rachsucht der Völkischen ist wahrhaft alttestamentarisch, bis ins dritte und vierte Glied« (Horkheimer-Adorno, 16. 2. 53). Doch wenn die Institutsleiter nicht bereit waren, sich in einem solchen Fall schützend vor jemanden zu stellen, war dann die schützende Institution nicht reiner Selbstzweck? Das weitere Argument Horkheimers, daß

Mitscherlich vor einiger Zeit einen Vortrag im Institut gehalten habe, der »eine recht gelehrige analytische Explikation unserer fünften Antisemitismusthese war«, er aber Eigenes von Mitscherlich noch nicht gehört habe, erschien danach nur noch als Rationalisierung. Dank des verunglückten Versuchs der beiden Institutsleiter, Mitscherlich als Ablösung für Adorno zu Hacker nach Los Angeles zu komplimentieren, erledigte sich das Problem für das Institut durch dilatorische Handhabung.

Mit dem Plessner-Abkommen waren indes die Probleme des Instituts kaum gemildert. Zur gleichen Zeit, da er den alten Plan der Neuherausgabe der Zeitschrift wieder aufgenommen hatte, unternahm Horkheimer einen weiteren Schritt, durch den ein Wunder wahr zu werden schien: er fragte Herbert Marcuse, ob er bereit sei, zu kommen.

Der Kontakt zwischen Horkheimer und Marcuse war nie abgerissen. Die Anhänglichkeit Marcuses gegenüber Horkheimer, der in seinen Augen nach wie vor die Chance zur theoretischen Arbeit verkörperte, war ungebrochen. Das hatte es Horkheimer leicht gemacht, mit Marcuse einen Umgang zu pflegen, der die Hoffnung des ehemaligen Mitarbeiters wachhielt und ihn zu einem dem Institut wohlgesonnenen Außenposten machte.

Im Frühjahr 1950, als immer noch nicht feststand, wer Nachfolger Gadamers auf dem neben Horkheimers sozialphilosophischem Lehrstuhl einzigen philosophischen Lehrstuhl der Frankfurter Universität werden sollte, und der gewichtigste Kandidat, Karl Löwith, sich für Heidelberg entschieden hatte, hatte Horkheimer, wie er Marcuse schrieb, »natürlich . . . entschieden darauf gedrungen, daß man nun Sie hierher auf den Gadamerschen Lehrstuhl beruft«. Für Adorno seien die Schwierigkeiten größer, da er wegen der gemeinsamen Autorschaft bei der *Dialektik der Aufklärung* zu sehr mit ihm, Horkheimer, identifiziert werde. »Wahrscheinlich«, fuhr er aber fort, »geht beides nicht und wir bekommen einen zweit- oder drittklassigen Existenziellen« – damit meinte er Heidegger-Anhänger. »Wie würden Sie sich zu einer Berufung eigentlich stellen?« (Horkheimer-Marcuse, 17. 5. 50) Marcuse hatte sich positiv dazu gestellt – »schon allein wegen der Aussicht, zusammen wieder arbeiten zu können. Ich müßte mich aber in der Beurteilung des Weltgeistes sehr irren, wenn ich glaubte, daß er Horkheimer, Adorno und Marcuse an einer und derselben Universität zuließe« (Marcuse-Horkheimer, Washington, D. C., 4. 6. 50). Von Horkheimer hatte er dann allerdings zu hören bekommen: »Inzwischen ist es mir gelungen (Fakultätsgeheimnis!), Teddie auf die Liste zu bringen« (Horkheimer-Marcuse, 3. 7. 50). Wenn aber Adorno den Lehrstuhl erhalte und »das große Projekt« –

die Studie über das politische Bewußtsein der Westdeutschen – finanziert werde, bestünden große Aussichten, einen zweiten Lehrstuhl für Sozialphilosophie durchzudrücken – und das natürlich, Horkheimer sprach es gar nicht erst aus, für Marcuse. Nachfolger Gadamers wurde dann 1953 nicht Adorno, sondern der mit Adorno gleichaltrige, seit 1946 als Professor in Tübingen lehrende Gerhard Krüger, dessen Interessen vor allem Platon und Kant galten und der außer Büchern zu diesen beiden Klassikern auch eine Auswahl der Leibnizschen Schriften im Kröner-Verlag veröffentlicht hatte.

Als Marcuse nach dem Tod seiner Frau im Frühjahr 1951 nach Horkheimers Plänen gefragt hatte, hatte er eine ausweichende und irritierende Antwort erhalten. Die Pläne liefen darauf hinaus, »daß wir wieder zum vernünftigen Arbeiten kommen wollen«. »Ob das hier oder drüben sein kann, muß sich in diesen Monaten herausstellen. Gut wäre es aber auch, wenn Sie selbst etwas über Ihre Pläne schrieben. Würden Sie zum Beispiel eine Professur in Deutschland dem Columbia Institut vorziehen, oder ließe sich am Ende beides vereinen? Wie beurteilen Sie die allgemeine Entwicklung hier und drüben? Glauben Sie, daß drüben die ökonomischen und politischen Bedingungen für ein zurückgezogenes bescheidenes Leben vorhanden sind, für den Fall, daß wir uns entschließen sollten, hier abzubrechen?« (Horkheimer-Marcuse, 26. 3. 51) Marcuses eigene Äußerungen hatten dazu beigetragen, die ganze Angelegenheit in der Schwebe und in der Sphäre resigniert überschwenglicher Wünsche zu lassen. Er hatte gemeint, es komme ihm weniger auf eine Professur als auf vernünftige philosophische Arbeit an. Ein Besuch bei Horkheimer in Frankfurt im August 1951 hatte diese Haltung noch verstärkt. Die wenigen Tage in Frankfurt hätten ihm wieder einmal gezeigt, »daß in einem halbstündigen Gespräch zwischen uns mehr herauskommt als in wochenlanger isolierter oder berufsmäßiger Bemühung«. »Ich möchte die restlichen Jahre meines Lebens so verbringen, daß ich sie unseren eigentlichen Arbeiten widmen kann, ohne wirkliche materielle Sorgen zu haben. Das kann am besten dort geschehen, wo Sie sind – vorausgesetzt, daß Sie selbst für diese Arbeiten Zeit haben. Die Frage des Ortes hängt von uns und vom Weltgeist ab . . . Wenn Sie bereit sind, dem Weltgeist in die Nüstern zu spucken, mache ich gerne mit – aber das Spucken muß sich lohnen. Inzwischen will ich in jedem Fall dahin arbeiten, daß ich nächsten Sommer für längere Zeit herüberkommen kann. Ich hoffe, dann im Manuskript das Buch über Freud [gemeint ist der 1955 erschienene Band *Eros and Civilization*, R. W.] fertig zu haben und mit Ihnen durchgehen zu können. Ich arbeite heftig daran: der scheinbar unpolitische Rahmen soll dazu dienen, möglichst viel möglichst deutlich sagen zu können.« (Marcuse-Horkheimer, New York, 18. 10. 51)

Ein halbes Jahr später hatten sich die beiden in New York gesehen, und Marcuse hatte danach die gegenseitige Anrede mit dem Vornamen – »Lieber Max (wenn es Ihnen recht ist)« – eingeführt (unter Beibehaltung des Sie, wie es auch zwischen Horkheimer und Adorno noch immer üblich war). Im Sommer 1952 war Marcuse dann wirklich für längere Zeit in Europa gewesen. Ende Juli hatte er von Sils Maria aus Horkheimer dafür gedankt, daß er sich mit dem Freud-Manuskript befaßt habe.

Und nun, im Frühjahr 1953, hatte Horkheimer sich nach seiner Bereitschaft zu kommen erkundigt, als ob es wirklich ernst sei. Marcuse – mehr denn je entschlossen, seinen Job im State Department ganz aufzugeben, und ohne große Lust, nach dem inzwischen von ihm wahrgenommenen einjährigen Fellowship am Russian Institute der Columbia University ein ähnliches Angebot des Russian Research Center der Harvard University in Cambridge anzunehmen, bedeutete es doch, »noch ein Jahr über Russisches zu arbeiten und das hängt mir zum Hals heraus« (Marcuse-Horkheimer, 9. 2. 53) – Marcuse sagte grundsätzlich zu. »Für Ihre grundsätzliche Bereitwilligkeit zu kommen«, schrieb ihm Horkheimer daraufhin, »bin ich Ihnen dankbarer, als ich sagen kann. Der Hauptgrund ist der, daß es im Institut ohne Hilfe einfach nicht weitergeht. Pollock wird im Sommer weggehen und Teddie, um dessen Rückkehr ich kämpfe, wird wenigstens noch einige Monate drüben bleiben müssen. Aber auch wenn er da ist, brauchen wir noch einen von uns.

Das Wichtigste ist, daß wir wieder eine Zeitschrift machen wollen, die den Kern der Institutsaktivität bilden soll. Wenn sie einmal da ist, wird eine gewisse Linie vorgezeichnet sein, die dann auch die hiesigen Mitarbeiter befolgen können, wenn wir alle weg sind. An diesen Mitarbeitern werden Sie viel Freude haben, nur sind sie noch weitaus zu jung, um selbständig etwas machen zu können.« (Horkheimer-Marcuse, 28. 4. 53)

Marcuses Traum der ersten Nachkriegsjahre – Wiederaufnahme der Zusammenarbeit mit Horkheimer und Neuherausgabe der Zeitschrift – schien auf einmal kurz vor der Verwirklichung zu stehen. Es war der Traum vom freien und vernehmlichen Denken unter der schützenden Hand des managerial scholar Horkheimer – ein Traum, der auch Benjamin, Fromm, Neumann, Kirchheimer, Löwenthal und Adorno an Horkheimer gebunden hatte und der für einige von ihnen wenigstens eine Zeitlang Wirklichkeit geworden war.

Das fortsetzen zu können blieb auch diesmal wieder ein Traum. Ihn auch nur einigermaßen zu realisieren scheiterte nicht am Weltgeist, sondern daran, daß in dem Augenblick, als Horkheimer und Marcuse bereit schienen, Ernst zu machen, sich die alte Konstellation aus der

Zeit der Trennung Marcuses von Horkheimer wieder herstellte: Horkheimer und das Institut wollten Marcuse gegenüber – dem allerdings während der langen Krankheit seiner Frau durch Kredite geholfen worden war – keine finanziellen Verpflichtungen eingehen; Marcuse – inzwischen ein 55jähriger Mann – wollte nicht auf gut Glück nach Deutschland gehen; Adorno bekundete unverhohlene Eifersucht. Der Versuch, Marcuses Reise und Zusammenarbeit mit dem IfS durch ein Projekt zu finanzieren, mißlang. Marcuses Entwurf für ein interdisziplinäres, in Deutschland wie in den USA durchzuführendes Projekt *Studies in Philosophical and Cultural Anthropology* mit dem IfS als institutioneller Basis hatte bei der Rockefeller Foundation keinen Erfolg.

Die Sache verzögerte sich und verlor dann für Horkheimer ihre Dringlichkeit dadurch, daß Adornos Rückkehr absehbar wurde. Nach dem Brief des Exekutive Committee der Hacker-Klinik hatte Adorno zum 31. Juli gekündigt. Mitte Juli bekamen er und seine Frau Pässe für zwei Jahre. Am 6. August hatte er die Astrologiestudie fertig. Am 19. schifften er und seine Frau sich in New York nach Cherbourg ein. Adorno war dreifach erleichtert: darüber, das Hacker-Projekt hinter sich gebracht zu haben; darüber, zu Horkheimer und nach Frankfurt zurück zu können; darüber, die USA hinter sich zu lassen, wo ihm der Boden zu heiß geworden war. Denn: der McCarthyismus blühte noch, wenn auch nicht mehr so spektakulär wie in den Jahren zuvor. Im Frühjahr hatte eine Untersuchung der Bibliotheken der Amerikahäuser begonnen. Und in denen standen auch die *Studies in Prejudice*. »Und wenn man das mit einem bösen Blick liest, kann man alles Mögliche aufbringen, obwohl jedem Unbefangenen der liberale, nach jeder Hinsicht antitotalitäre Geist der Serie klar sein muß.« (Adorno-Horkheimer, 10. 5. 53) Im Monat darauf hatte Adorno sich die Beiträge zu dem von Marie Jahoda und Richard Christie zusammengestellten Band *Studies in the Scope and Methods of »The Authoritarian Personality«* angesehen, der im September erscheinen sollte, und die Freude über diesen Erfolg schlug sogleich in Schrecken um. »Der Beitrag des Herrn Shils [s. S. 473 f., R. W.] ist wohl das Krasseste, das uns bis jetzt widerfuhr«, hatte er an Horkheimer geschrieben. Und einige Tage später: er habe »das bestimmte Gefühl, daß ich draußen sein muß, ehe das von der reizenden Mitzi herausgegebene Buch erschienen ist« (Adorno-Horkheimer, 24. 6. 53).

Danach reiste Adorno nie mehr in die USA. Als 1955 die Pässe für ihn und seine Frau abliefen, wurden beide deutsche Staatsbürger.

Marcuse kam also nicht nach Frankfurt. Was immer er denken mochte – es blieb bei seiner Anhänglichkeit an Horkheimer und den Traum der Zusammenarbeit mit ihm und der Mitarbeit an der Zeit-

schrift. »Sie werden inzwischen schon . . . gehört haben«, hieß es gut
ein Jahr später in einem seiner Briefe an Horkheimer, »daß ich ein
Angebot von Brandeis University angenommen habe: full professor-
ship in the Department of Political Science. Das gibt mir nun wenigstens die finanzielle Grundlage, auf der man die endgültige Entscheidung machen kann – denn ich denke selbstverständlich nicht daran,
dort die Jahre meines noch verbleibenden Berufslebens zu verbringen.
Aber ich kann nun abwarten, wie sich die Dinge bei Ihnen entwickeln.
Wie Sie schreiben: raus kann ich dort jeder Zeit.

Bitte schreiben Sie mir bald, wann wir uns im Sommer treffen
können. Ich möchte, wie Sie wissen, auch noch andere Angelegenheiten mit Ihnen besprechen . . .

Teddy hat mir über die Zeitschrift geschrieben. Das Freud-Buch ist
jetzt im Manuskript fertig – nun kommt das Durcharbeiten. Ist es Zeit
genug, wenn wir gemeinsam dort entscheiden, welche Teile in die
Zeitschrift kommen sollen? Das wäre mir am liebsten.« (Marcuse-
Horkheimer, 3. 6. 54)

Stabilisierung des Instituts und erste Publikationen seit der Rückkehr: *Sociologica*, *Gruppenexperiment*

In dem Monat nach Adornos Rückkehr in die Bundesrepublik
Deutschland – im September 1953 – fanden die Wahlen zum Zweiten
Bundestag statt. Die Währungsreform und die danach folgende Politik der »Sozialen Marktwirtschaft« – von den Neoliberalen der »Freiburger Schule« um Walter Eucken, Wilhelm Röpke, Alexander Rü-
stow und Alfred Müller-Armack bereits in den frühen 30er Jahren
entworfen, von Konrad Adenauers Wirtschaftsminister Ludwig Erhard seit 1948 unbeirrbar praktiziert – hatten einseitig die Kapitaleigner bevorzugt. Aber die Stabilisierung der Preise, der Rückgang der
Arbeitslosigkeit, die ständige Zunahme der Massenkaufkraft machten
die renovierte kapitalistische Ordnung auch für andere attraktiv.
Auch die, die noch nichts vom Segen der »Sozialen Marktwirtschaft«
abbekommen hatten, hofften, eines Tages ebenfalls davon zu profitie-
ren. Während 1953 der Stimmenanteil aller übrigen Parteien zurückging, stieg der der CDU/CSU sprunghaft an. Mit 45,2% der Stimmen
erhielt sie die relative Mehrheit vor der SPD mit 28,8%. Dieser Trend
hielt an. Vier Jahre später – es war zugleich das Erscheinungsjahr von

Ludwig Erhards Buch »Wohlstand für alle« – erhielt die CDU/CSU bei den Wahlen zum Dritten Bundestag mit 50,2% der Stimmen die absolute Mehrheit.

Während Adorno noch in den USA war, erreichte den hessischen Kultusminister ein Schreiben des Dekans der Philosophischen Fakultät, in dem für Adorno die Errichtung des Lehrstuhls eines beamteten außerordentlichen Professors beantragt wurde. »Die Fakultät stellt diesen Antrag in Rücksicht darauf, daß ein solcher Lehrstuhl allein aus Wiedergutmachungsgründen errichtet werden kann und bei einem etwaigen Ausscheiden Professor Adornos aus der hiesigen Universität in Wegfall kommen würde, so daß die Wünsche . . . nach Einrichtung anderer Lehrstühle dadurch nicht berührt werden.« (Dekan Patzer - Hessischer Minister, Frankfurt, 1. 8. 53) Ende September berief der Minister Adorno auf den »außerordentlichen Lehrstuhl für Philosophie und Soziologie« in der philosophischen Fakultät der Frankfurter Universität. »Wiedergutmachungslehrstuhl« hieß das, auch im offiziellen Sprachgebrauch – ein Begriff, der handlich bereitlag zur Diffamierung.

Die Wiedergutmachung war der Bundesrepublik von den westlichen Siegermächten aufgezwungen worden, die die Aufhebung des Besatzungsstatuts und die Souveränität des neuen Staates an die Wiedergutmachungs-Zusicherung der Bundesregierung gebunden hatten. Einzelne Personen des öffentlichen Lebens wie Kurt Schumacher, Carlo Schmid, Theodor Heuss setzten sich für die Wiedergutmachung ein. Populär war sie nie. Das zeigten Umfragen, aber auch das Verhalten vieler Politiker. Nur 106 der 208 Abgeordneten der Regierungskoalition stimmten 1953 im Bundestag dem Wiedergutmachungs-Abkommen zwischen Israel und der Bundesrepublik Deutschland zu. Gegen das 1947 von der US-amerikanischen Militärregierung erlassene Rückerstattungsgesetz, wonach feststellbares Vermögen, das unter dem Druck der Verfolgung den Eigentümer gewechselt hatte, gegen Rückerstattung des Kaufpreises an den alten Eigentümer zurückzugeben war, liefen die sich als entrechtet gebärdenden »Ariseure« und die Abgeordneten der Regierungskoalition in Bund und Ländern bis in die Mitte der 50er Jahre Sturm. (Ariseure, die zu Rückverkäufen gezwungen worden waren, aber hartnäckig blieben, wurden nach 1969 als »Opfer der Wiedergutmachung« auf Kosten der Allgemeinheit ihrerseits wieder entschädigt. Cf. Dörte von Westernhagen, *Wiedergutgemacht?* in: *Die Zeit*, 5. 10. 84, 34)

Adornos Hoffnung, ganz unabhängig von jeder Wiedergutmachungsbestimmung aufgrund eines von der philosophischen Fakultät ausgehenden und allein seiner sachlichen Qualifikation Rechnung tragenden Antrags ordentlicher Professor zu werden, blieb unerfüllt.

Im Februar 1956 sah er sich gezwungen, den Dekan der philosophischen Fakultät auf seinen Rechtsanspruch auf eine ordentliche Professur hinzuweisen. In einer Kommissionssitzung im Mai 1956, als es um den »Wiedergutmachungsfall« Adorno und dessen Ernennung zum Ordinarius aufgrund der dritten Novelle des Gesetzes zur Wiedergutmachung nationalsozialistischen Unrechts ging, äußerten einige der Teilnehmer Bedenken. Der Orientalistik-Professor Hellmut Ritter sprach von Schiebung. Es brauche einer in Frankfurt nur die Protektion von Herrn Horkheimer zu haben und Jude zu sein, um Karriere zu machen. Später entschuldigte er sich schriftlich bei Horkheimer und auf Drängen des empörten Dekans auch bei Adorno. Aber weder waren es die ersten Bemerkungen Ritters von dieser Art noch die letzten, und er war auch nicht der einzige unter den Kollegen, der solche Bemerkungen machte.

So war es keine ungetrübte Freude, als Adorno mit Wirkung vom 1. 7. 1957 auf einen Lehrstuhl für Philosophie und Soziologie berufen wurde. Es hatte ihn auch nie der Ruf auf eine andere Universität erreicht, durch den seine Position in Frankfurt gestärkt worden wäre. Auch später erfolgte ein solcher Ruf nie. Wiederum machte Adorno die alte jüdische Erfahrung, privilegiert zu sein (gegenüber zahllosen anderen Emigranten und Opfern der nationalsozialistischen Verfolgung, die länger auf ihre Wiedergutmachung warten mußten oder entwürdigendere Prozeduren durchmachen mußten oder am Ende kränkend wenig oder gar nichts bekamen) und doch stigmatisiert und leicht verwundbar zu sein. »Als Minister wird er jüdischer Minister sein, Exzellenz und Paria zugleich«, hatte Sartre in seinen *Reflexions sur la question juive* diese Erfahrung auf den Begriff gebracht. Nach wie vor fühlte Adorno sich deshalb auf den Schutz und den Rat Horkheimers angewiesen.

Der ersuchte im Mai 1956 wegen der wiederholten Bekundungen von »Judenhaß« seitens eines Kollegen um vorzeitige Emeritierung. Der Dekan bat ihn dringlich, »nicht in diesem Augenblick zu scheiden«. Den Kultusminister ersuchte er, Horkheimer eine Sonderstellung zu gewähren, wonach er bis zur Vollendung seines 65. Lebensjahres für die Hälfte der Zeit von Lehrverpflichtungen unter Beibehaltung voller Bezüge beurlaubt sei. Horkheimer sei für ein Jahr Dekan, zwei Jahre lang Rektor gewesen, habe drei Jahre neben dem eigenen den Krügerschen Lehrstuhl verwaltet, außerdem das Philosophische Seminar geleitet, 1954 einen Ruf an die Universität Chicago erhalten, habe infolge der Vertreibung durch den Nationalsozialismus zehn Jahre für seine eigenen Studien und Forschungen verloren. Tatsächlich wurde Horkheimer durch einen Erlaß des Ministeriums vom 6. 12. 1956 für die restlichen Jahre bis zu seiner Emeritierung die Erleichterung gewährt, eine Reihe von Urlaubssemestern nehmen zu können – eine Vergünstigung, die er nur einmal wahrnahm, weil er nicht auf die Kolleggeldgarantie verzichten mochte, die in den Urlaubssemestern wegfiel.

»Natürlich denke ich intensiv über das Arbeitsprogramm des Instituts nach und hoffe, Ihnen vernünftige Vorschläge machen zu können, wenn wir endlich wieder zusammen sind«, hatte Adorno im Juni 1953 aus Los Angeles an Horkheimer geschrieben. Aber auch nach seiner Rückkehr war von einer langfristigen und im Zeichen einer Theorie der Gesellschaft stehenden Konzeption der Projekte nichts zu merken. Der Anspruch darauf wurde aber auch nicht als in restaurativen Zeiten und nach dem Verlust der finanziellen Unabhängigkeit unrealisierbar aufgegeben oder vertagt. Statt dessen ergab sich eine bessere Variante des Durchwurschtelns, wie Adorno es für die Zeit von Horkheimers Rektorat und seines eigenen USA-Aufenthalts empfohlen hatte.

Wie eine symbolische Konstellation dessen, was aus der kritischen Theorie, aus dem Horkheimer-Kreis, aus dem Institut für Sozialforschung der 30er Jahre in den 50er Jahren wurde, erscheinen die Publikationen des Jahres 1955. In diesem Jahr kamen die ersten drei Bände der *Frankfurter Beiträge zur Soziologie* heraus: *Sociologica*, eine Max Horkheimer zum 60. Geburtstag gewidmete Aufsatzsammlung; *Gruppenexperiment*, der Bericht über die Untersuchung des politischen Bewußtseins der Westdeutschen; und *Betriebsklima*, ein Bericht über eine Betriebsumfrage bei Arbeitern und Angestellten des Mannesmann-Konzerns. Außerdem erschienen von Adorno eine Sammlung kulturkritisch-soziologischer Aufsätze: *Prismen*; Herbert Marcuses *Eros and Civilization*; und zwei Bände *Schriften* von Walter Benjamin, herausgegeben von Theodor und Gretel Adorno und Friedrich Podszus.

Horkheimer tauchte in keiner dieser Publikationen als Autor auf. Um so deutlicher trat er als Geehrter hervor. Die erste Publikation des wiedererrichteten IfS war – wie es in der Zueignung hieß – dem gewidmet, »dem das Institut das Entscheidende zu verdanken hat: geistige Leitung, unermüdliche Initiative und die Meisterung der realen Bedingungen, die allein es dem Institut ermöglicht haben zu überleben«. Die Zueignung – unverkennbar von Adornos Hand – schloß mit dem Wunsch, Horkheimer möge die Muße gewinnen, »all das Philosophisch-Theoretische heimzubringen, das in seinem Bewußtsein zur Formulierung drängt. Die Forschungen, die er selbst ins Leben rief, haben dafür in weitem Maße die materialen Voraussetzungen geschaffen. Wir wissen, daß er die Kraft besitzt, unbeirrt die ganze Konsequenz aus dem Erarbeiteten zu ziehen, deren es heute wahrhaft bedarf.« So groß war noch immer in Adorno die Hoffnung, einst zusammen mit Horkheimer die *Dialektik der Aufklärung* fortsetzen und die materiale Theorie der Gesellschaft vorantreiben zu können, daß er sie öffentlich bekundete.

Der Band enthielt fast lauter Arbeiten, die ursprünglich für das erste Doppelheft bzw. den ersten Jahrgang der neuen Zeitschrift gedacht waren. So wie Horkheimer stets aufs neue bemüht war, den Freund Friedrich Pollock in die theoretische Arbeit einzubeziehen (was in den 50er Jahren noch einmal mit der Nennung Pollocks als Bearbeiter der Gruppenstudie und der Veröffentlichung eines Buches von Pollock über *Automation* mit *Materialien zur Beurteilung der ökonomischen und sozialen Folgen* als Band 5 der *Frankfurter Beiträge zur Soziologie* geschah), so suchte Adorno Horkheimer einzubeziehen. Adornos Aufsatz *Zum Verhältnis von Soziologie und Psychologie*, der die Horkheimer gewidmeten *Sociologica* eröffnete, war ursprünglich gedacht als gemeinsamer Beitrag Adornos und Horkheimers für die erste Nummer der Zeitschrift. Horkheimers Mitwirkung gedieh aber über eine Reihe von Anmerkungen und Veränderungsvorschlägen nicht hinaus. Außerdem hatte Adorno für das Doppelheft eine – wie er es ausdrückte – »Zensurfassung von Vernunft und Selbsterhaltung« hergestellt, jener deutschen Variante von *The End of Reason* also, die Horkheimer schon in den späten 40er Jahren nicht unverändert in Deutschland veröffentlicht sehen wollte. Mit Walter Dirks, den er seit den 20er Jahren kannte, der Mitherausgeber der linkskatholischen *Frankfurter Hefte* war und eine Zeitlang als Mitherausgeber der *Frankfurter Beiträge zur Soziologie* fungierte, hatte Adorno eine Übersicht über die neuere Literatur über den Arbeiter verabredet. Als eine nahezu ungebrochene Fortsetzung der alten Zeitschrift war also die neue gedacht.

Erst Ende 1954 verzichteten Horkheimer und Adorno auf den Zeitschriftenplan. Daß, wie es im Vorwort der *Sociologica* hieß, das im Institut angefallene Forschungsmaterial sich nicht in kurzen Zeitschriftenaufsätzen bewältigen lassen würde, konnte kaum der entscheidende Grund sein. Denn schon während der Zusammenstellung der Beiträge für das erste Doppelheft stand fest, daß die Gruppenstudie über das politische Bewußtsein der Westdeutschen und die Studie über das Betriebsklima bei Mannesmann als selbständige Bände erscheinen sollten. Auch Mangel an Qualität bei den eingegangenen Beiträgen konnte nicht ausschlaggebend sein. Marcuses Freud-Buch, dem der Beitrag *Trieblehre und Freiheit*, eine gekürzte Übersetzung der Schlußkapitel, entnommen war, gefiel Horkheimer ausnehmend gut, und er wollte die vollständige deutsche Übersetzung unbedingt als eine Veröffentlichung des Instituts herausbringen. Adorno hatte eine hohe Meinung von Walter Dirks' Bericht über eine Untersuchung der *Folgen der Entnazifizierung*. Autoren wie Georges Friedmann oder

Hadley Cantril hatte Horkheimer selber in seiner ersten Konzeption für eine neue Zeitschrift für »repräsentative Artikel der Freunde des Instituts« vorgeschlagen. Bruno Bettelheim wurde von beiden Institutsleitern geschätzt.

Aber: Vertreter der eigenen Theorie fehlten. Der den Erwartungen wohl am meisten entsprochen hätte unter den Autoren der *Sociologica*, Walter Benjamin, war tot. Tot war auch Franz Neumann. Nach seinem Ausscheiden aus dem State Department war er 1948 Visiting Professor, 1950 Full Professor of Public Law and Government an der Columbia University geworden. Er hatte als Berater und Vortragender in der jungen Bundesrepublik gewirkt und sich am Aufbau der Freien Universität in Berlin beteiligt. Am 2. September 1954 war er bei einem Autounfall in der Schweiz ums Leben gekommen. Die geplante Veröffentlichung einer Aufsatzsammlung von ihm in der Reihe der *Frankfurter Beiträge zur Soziologie* unterblieb »nur« deshalb, weil es zwischen Adorno und Marcuse zu Mißhelligkeiten wegen des Vorworts kam und Adorno bei einem Neumann-Band, dem ein Vorwort von Marcuse statt von ihm selber vorangestellt war, die Beziehung zum Institut nicht mehr gegeben sah. So blieb als nahestehender Theoretiker außer Marcuse nur noch Otto Kirchheimer, der einen Aufsatz über *Politische Justiz* beigesteuert hatte, das Thema seines späteren Hauptwerks gleichen Titels. Das sowieso nicht besonders enge Verhältnis zu Kirchheimer war jedoch vermutlich noch reservierter geworden, nachdem Adorno kurz nach seiner Ankunft 1949 in Frankfurt mit ihm zusammengetroffen war und von ihm erfahren hatte, er habe seinem alten Lehrer Carl Schmitt einen Besuch abgestattet – jenem Juristen also, der für den Zugang zur Macht, die ihn dann doch kaltstellte, zu allem bereit gewesen war und 1936 eine wissenschaftliche Tagung mit dem Satz eröffnet hatte: »Wir müssen den deutschen Geist von allen jüdischen Fälschungen befreien, Fälschungen des Begriffes Geist, die es ermöglicht haben, daß jüdische Emigranten den großartigen Kampf des Gauleiters Julius Streicher als etwas Ungeistiges bezeichnen konnten« (zitiert bei Habermas, *Philosophisch-politische Profile*, 63).

Diesem Besuch waren – anders als dem Marcuses bei Heidegger im Jahre 1947 (vgl. *Flaschenpost? Horkheimer, Adorno, Marcuse und Nachkriegsdeutschland*, in: *Pflasterstrand*, 17. 5. 85) – weitere gefolgt. Wenn aber Marcuse gegenüber stets gewisse Reserven wegen seiner Heidegger-Vergangenheit existierten, mußten erst recht Kirchheimer gegenüber Reserven wegen seiner nach wie vor bestehenden bzw. erneuten Wertschätzung Schmitts existieren, der sowenig wie Heidegger je ein gewandeltes Verhältnis zum Nationalsozialismus bekundete.

Ausschlaggebend für die Aufgabe des Zeitschriftenplans, von dem

Horkheimer die »Anfänge vernünftiger Arbeit« erhofft hatte, war also wohl die Befürchtung vor allem von Horkheimer selber, auf die Dauer nicht genügend Beiträge zusammenzubekommen, die die eigene Position zur Geltung bringen würden. »Der Vergleich mit der früheren Zeitschrift«, hatte er im August 1954 aus den USA an Adorno geschrieben, »sollte nicht zu sehr zu Ungunsten der neuen ausfallen. Ich denke dabei nicht bloß an die Artikel, sondern auch an den Besprechungsteil. Die Schwierigkeit besteht darin, daß wir früher im Grunde alle in einem Geiste unsere ganze Kraft auf die Zeitschrift konzentriert haben. Jetzt haben wir außer uns überhaupt nur den Dirks und den Dahrendorf. Es versteht sich, daß wir schließlich selbst gemeinsam dort publizieren müßten, aber erstens werde ich nach der Rückkunft eine ausgedehnte Erholung brauchen, und zweitens hatten wir ja nicht Aufsätze, sondern eine größere Publikation im Sinne. Jedenfalls darf es nicht so kommen, daß die Zeitschrift die Strahlkraft schwächt, die das Institut gegenwärtig noch ausübt.« (Horkheimer-Adorno, 14. 8. 54) Der eine der beiden IfS-Mitarbeiter, auf die Horkheimer setzte, Walter Dirks, ging 1956 als Hauptabteilungsleiter Kultur zum Westdeutschen Rundfunk nach Köln. Der andere, der 25jährige Ralf Dahrendorf, hatte, als Horkheimers Brief in Frankfurt ankam, gerade gekündigt – zu Adornos großer Überraschung. Dahrendorf habe, so berichtete Adorno Horkheimer, ein glänzendes Stellenangebot der Universität Saarbrücken angenommen und die Unwiderruflichkeit seines Entschlusses durch die Bemerkung unterstrichen, er fühle sich theoretisch nicht zu Horkheimer und Adorno gehörig. Sie dächten ihm zu »historisch«, er aber wolle im Sinne der formalen und der Wissens-Soziologie arbeiten. »Er ist wohl der stärkste Beweis für unsere These, daß in einem strengen Sinn nichts nach uns kommt.« (Adorno-Horkheimer, 17. 8. 54)

Noch etwas anderes mochte Horkheimer vor der Realisierung des Zeitschriftenplans zurückschrecken lassen: die Angst, selber nicht mehr genügend produktiv zu sein, auch nicht mehr in Zusammenarbeit mit Adorno, und das Gefühl, er werde auf dem Gebiet, das ihm immer am meisten am Herzen gelegen hatte, dem sozialphilosophischen, der Entlarvung sozialer Konflikte und der Anklage intellektueller Mithilfe bei ihrer Verharmlosung, nicht mehr genügend Schärfe entwickeln können. Es war, als praktiziere er an sich selbst, was er auf Adornos Vorschlag erwiderte, in einer Schriftenreihe des Instituts zunächst Condorcets *Esquisse d'un tableau historique des progrès de l'esprit humain*, dann Texte des Abbé Mesliers in deutscher Übersetzung zu bringen: »Der Abbé Meslier wird sich schwerlich eignen. Es hätte nur Sinn, ihn ganz oder wenigstens mit den entscheidenden Stellen zu bringen; die sind aber im Gesellschaftlichen und Politischen noch rücksichtsloser als bei Sade.« (Horkheimer-Adorno, 22. 1. 57) Es

war schwer zu sagen, was bei Horkheimer größer war: das Zurückschrecken vor der aktualisierten Diagnose einer Selbstzerstörung der
Aufklärung, der er keinen positiven Begriff von Aufklärung folgen zu
lassen vermochte, oder das Zurückschrecken vor den anstößigen
Konsequenzen einer gesellschaftskritischen Analyse, die nicht melan-
cholisch abgeklärt, sondern rücksichtslos war. Die Folge jedenfalls
war eine in immer mehr Dingen reaktionäre Haltung – in den 50er
Jahren z. B. Ablehnung des algerischen Befreiungskampfes, in den
60er Jahren Ablehnung der Kritik am US-amerikanischen Krieg in
Vietnam.

Erst als zweiter Band der *Frankfurter Beiträge zur Soziologie* erschien
endlich die Gruppenstudie über das politische Bewußtsein der Westdeutschen unter dem vorsichtigen und angesichts des gewichtigen
Themas irreführenden Titel *Gruppenexperiment*. »Zur Gruppenstudie«, so hatte Adorno im August 1954 an den im Zusammenhang mit
seinem Chicagoer Lehrstuhl in den USA weilenden Horkheimer geschrieben, »habe ich übrigens unterdessen nach Korrespondenzen mit
Fred die Einleitung ganz neu geschrieben und glaube, daß sie recht
ordentlich geworden ist. Der einzige kontroverse Punkt in der Sache
der Gruppenstudie ist, ob wir Protokolle einschließen wollen, was
ich sehr advoziere, während Fred dagegen ist, aber darüber können
wir die Entscheidung immer noch fällen.« (Adorno-Horkheimer,
17. 8. 54)

Die Aufnahme einer Reihe vollständiger Protokolle in den Band
konnte Adorno nicht durchsetzen. Das Buch geriet auch so schon 550
Seiten stark. »Eigentlich«, schrieb Adorno in den Vorbemerkungen
zum qualitativen Teil, »war es unsere Absicht, als Anhang die wörtli-
che Übertragung einiger typischer Protokolle der Publikation beizu-
fügen. Nur Raumbeschränkung hat uns daran gehindert. Die eigentliche Überzeugungskraft der qualitativen Befunde, ihr Zwingendes,
teilt sich, solange nicht die Auswertungsmethoden weit über den
gegenwärtigen Stand hinaus entwickelt sind, nur durch die Kenntnis
des primären Materials mit: erst der lebendigen Erfahrung ganzer
zusammenhängender Diskussionen zergeht der Schein von Willkür,
der an der Auslegung von Einzelbelegen haftet, solange sie nicht im
Strukturzusammenhang gesehen werden.« (*Gruppenexperiment*, 275)
Das entsprach den Vorstellungen, die Adorno bereits beim Berkeley-
Projekt vertreten hatte, als er eine Reihe von Profilstudien verlangte,
d. h. eingehende Analysen einzelner Versuchspersonen aufgrund des
gesamten über sie vorliegenden Materials.

Obwohl Adorno im *Gruppenexperiment* seine Vorstellungen sowenig erfüllt sah wie in der *Authoritarian Personality* und obwohl der Titel
des Bandes und wiederholte Hinweise auf den Pionier-Charakter der

Arbeit und die damit verbundenen Unzulänglichkeiten Einsicht in die eigenen Mängel und Bescheidenheit signalisierten, wurde doch ein stolzer Anspruch erhoben: »Die empirische Sozialforschung steht einer Art Antinomie gegenüber. Je exakter ihre Methoden sind, umso mehr sind diese Methoden in Gefahr, anstelle des eigentlich erfragten Gegenstandes einen in ›operational terms‹ definierten zu setzen, mit anderen Worten, die Problemstellung selber bereits auf das mit dem Umfrageverfahren Ermittelbare einzuengen und das gesellschaftlich Relevante zu vernachlässigen . . . Andererseits hat die Geschichte der Soziologie zur Genüge die entgegengesetzte Gefahr, die der Willkür und der ungeprüften dogmatischen Behauptung, erwiesen. Es liegt uns fern zu fordern, die Wissenschaft solle darauf verzichten, die neuen Methoden des ›fact finding‹ in ihre Forschung einzubeziehen. Gleichwohl darf über der Entdeckerfreude am neuen Verfahren nicht verkannt werden, daß es bei der Frage nach Gegenständen, die für die Erkenntnis der Gesellschaft besonders wichtig sind, an genau der Stelle angreifbar ist, auf die es sich am meisten zugute tut, der der Objektivität, der Erkenntnis des wahren Objekts . . . Die empirische Sozialforschung steht vor der Aufgabe, durch Mittel, die aus ihr gewonnen sind, die tiefer liegenden Ursachen ihrer eigenen Unzulänglichkeit zu überwinden, und die Sozialforschung zu einem Instrument der eigentlich gesellschaftlichen Erkenntnis zu schärfen . . . Es geht um die Vereinigung wissenschaftlicher Objektivität mit sinnvoller Einsicht in das Wesentliche, das sich immer wieder den exakten Methoden zu entziehen trachtet.

Der Versuch des Instituts für Sozialforschung, über den im folgenden berichtet wird, stellt einen experimentellen Beitrag zu dieser Aufgabe dar . . . Längst hat man zur korrektiven Ergänzung der üblichen Erhebungsmethoden tiefenpsychologische Interviews, projektive Tests, detaillierte case-studies und andere Techniken angewandt. Von all diesen Versuchen unterscheidet sich die hier zu erörternde Gruppentechnik unseres Instituts vor allem dadurch, daß sie sich nicht mit nachträglichen Modifikationen begnügt, sondern bereits an einer früheren Stelle, bei der Ermittlung von Meinungen in statu nascendi, einsetzt.« (a.a.O., 30 f.)

Auf die Probleme, die sich bei dieser Art von Meinungsermittlung ergaben, wurde oben (s. S. 488 f.) bereits eingegangen. In der Buchveröffentlichung waren nun der quantitativen Auswertung zwei der elf Monographien hinzugefügt: eine Studie von Volker v. Hagen über *Integrationsphänomene in Diskussionsgruppen* und eine von Adorno über *Schuld und Abwehr*. Die Studie Adornos stand ganz in der Tradition seiner qualitativen Analyse des Interviewmaterials in der *Authoritarian Personality*: Eine durch engen Bezug auf ausgiebige Zitate dem Vorwurf der Willkür begegnende, sich im übrigen selbstbewußt zum Unterscheid von der orthodoxen Sozialforschung bekennende, schließlich in eine Typologie einmündende Interpretation des Materials sollte mit Hilfe Freudscher Kategorien soziale Phänomene erhellen.

Adornos Analyse stützte sich hauptsächlich auf 25 Protokolle, darunter jene 20, die die meisten Äußerungen zu den Komplexen Mitverantwortung am Nationalsozialismus und am Krieg, Mitverantwortung an den Konzentratioslagern und an den Kriegsgreueln, Einstellung zu den Juden und den DPs – displaced persons – enthielten. Die Beschränkung auf 25 Protokolle erschien als sinnvolle Arbeitsersparnis, da die quantitative Analyse und Stichproben gezeigt hatten, daß die an Hand der 25 Protokolle herausgearbeiteten Reaktionstypen, und nur diese, in einer für das ganze Gebiet der politischen Ideologie charakteristischen Starrheit und Monotonie in dem gesamten Diskussionsmaterial immer wieder auftraten.

In den einleitenden Bemerkungen zu seiner Studie über *Schuld und Abwehr* hatte Adorno u. a. geschrieben: »Der Gedanke von der verdrängten Schuld darf nicht zu eng im psychoanalytischen Sinn genommen werden: nur soweit das Bewußtsein des begangenen Unrechts als eines Unrechts wach ist, werden die Abwehrmechanismen ins Spiel gebracht. Von all den Versuchsteilnehmern, die sich in Abwehr befinden, ist kaum einer so geartet, daß er etwa vertreten würde: es ist in Ordnung, daß sie umgebracht worden sind. Sondern es handelt sich meist um den Versuch, die eigene überwertige Identifikation mit dem Kollektiv, zu dem man gehört, in Übereinstimmung zu bringen mit dem Wissen vom Frevel: man leugnet oder verkleinert ihn, um nicht der Möglichkeit jener Identifikation verlustig zu gehen, welche es Unzähligen psychologisch allein erlaubt, über das unerträgliche Gefühl der eigenen Ohnmacht hinwegzukommen. Man darf daraus folgern, daß die in Abwehr Befindlichen, auch wo sie Rudimente der Naziideologie vertreten, nicht etwa mit einer Wiederholung dessen sympathisieren, was geschah. Die Abwehr selbst ist ein Zeichen des Schocks, den sie erfuhren, und damit eröffnet sich ein Aspekt der Hoffnung.« (*Gruppenexperiment*, 281)

Diesem Aspekt der Hoffnung wurde allerdings im weiteren Verlauf der Studie das Fundament entzogen durch Adornos These vom Fortdauern der »anthropologischen Bedingungen« für eine manipulative Massenpsychologie, der durch gesamtgesellschaftliche, technologische und ökonomische Entwicklungstendenzen verursachten Empfänglichkeit für totalitäre Systeme, und durch die Darlegung der »Virtuosität, welche die moralische Abwehr enwickelt und welche vielleicht äquivalent ist dem Maß an unbewußter Schuld, das man zu verdrängen hat« (310).

Auf den Begriff des »kollektiven Narzismus« brachte Adorno jene auch nach dem Ende des Krieges fortwirkende »anthropologische« Reaktion auf die Verhältnisse der nachliberalistischen Gesellschaft, die Horkheimer, Fromm und Adorno in den 30er und 40er Jahren unter den Stichworten der sadomasochistischen bzw. autoritären Charakterstruktur, der Liquidation bzw. der Ohnmacht des Individuums, der Furcht vor der Freiheit, der Racketphase der Gesellschaft usw. zu erfassen suchten. Weite Verbreitung fand dieser Gedanke später in Form des vielzitierten Satzes aus Adornos 1959 gehaltenem Vortrag *Was bedeutet: Aufarbeitung der Vergangenheit?:* »Ich betrachte das Nachleben des Nationalsozialismus *in* der Demokratie als potentiell bedrohlicher denn das Nachleben faschistischer Tendenzen *gegen* die Demokratie.« (*Eingriffe*, 126)

Im Mittelpunkt der Adornoschen Studie standen die diversen Abwehrmechanismen. Dazu gehörten: die Aufrechnung der Schuldkonten; die Behauptung, in einer in Nationen und Machtblöcke, in Sieger und Besiegte gespaltenen Welt sei ein neutrales Urteil über Schuld und Unschuld nicht möglich; die Forderung mildernder Umstände für die Angehörigen eines autoritätshörigen Volkes, eines Volkes, das zur Demokratie noch nie geeignet gewesen sei, eines Volkes, das an der »deutschen Neurose« leide, wie die Diskussionsteilnehmer es selbst gerne nannten.

Zu den aufreizendsten Abwehrmechanismen gehörte die – wie Adorno es prägnant nannte – »Verwendung der Wahrheit als Ideologie« (339). »Man weiß, welche Rolle im totalitären Denken allgemein das Klischee, die erstarrte und darum falsche Verallgemeinerung spielt. Immer wieder ist die Analyse darauf gestoßen. Der Antisemitismus, der eine Reihe negativ besetzter Stereotype ohne Ansehen der Person auf eine gesamte Gruppe überträgt, ist ohne das Verfahren der falschen Verallgemeinerung nicht zu denken; noch heute legt dafür der kollektive Singular für fremde Völker, der Russe, der Amerikaner, der Franzose Zeugnis ab, der aus dem Kommiß in die alltägliche Rede eindrang. Der Zusammenbruch des Faschismus als eines Systems falscher Verallgemeinerungen hat viele gegen diesen usus hellhörig gemacht – sobald es um sie selber geht. Es scheint ein Gesetz der gegenwärtigen Sozialpsychologie zu sein, daß überall das am meisten erbittert, was man selber praktiziert hat. Die unbewußten Motive, nächstverwandt dem Projektionsmechanismus, mögen hier unerörtert bleiben; es genügt der Hinweis, daß man, sobald man gegen falsche Verallgemeinerungen sich ausspricht, es leicht hat, vom Nationalsozialismus sich zu distanzieren, dann aber auch, nachdem einem das ohne große Unkosten gelungen ist, sich selber ins Recht, den Verfolger von gestern in die Lage des Opfers von heute zu bringen . . .« (339 f.) Wie die Wahrheit, so wurde auch die Moral als Ideologie verwendet. Ein Argument gegen die Wiedergutmachung hieß: dergleichen sei angesichts der Schwere der Verbrechen gar nicht möglich. Zugunsten der rassistischen Maßnahmen wurde angeführt, sie seien wenigstens ehrlich gewesen und hätten außerdem den Juden geholfen, sich Israel zu schaffen.

Es war nicht so sehr der Verzicht auf den Abdruck einer Reihe vollständiger Protokolle, der die Überzeugungskraft von Adornos Studie und den exemplarischen methodologischen Stellenwert der Gesamtanalyse beeinträchtigte. Fehlten im quantitativen Teil Korrelationsanalysen über den Zusammenhang spezifischer Einstellungen, so in der Studie über *Schuld und Sühne* die Zuordnung von Zitaten und Interpretationen zu den einzelnen Individuen. Zwar ging es Adorno um den objektiven Geist. Aber wenn man sich schon so weit, wie er es tat, auf die Äußerungen einzelner Individuen einließ und diese Individuen später einem der ideologischen Syndrome zuordnete, dann konnte man nicht einfach die Frage überspringen, in welchen Kombinationen denn das, was für den Interpreten die einzelnen Bestandteile des objektiven Geistes waren, in den einzelnen Individuen auftrat und in welcher Häufung es bei ihnen anzutreffen war. Unbefriedigend war auch, daß die Verzahnung zwischen quantitativer und qualitativer Analyse nicht einmal soweit gelungen war, daß die Typlogien (»negativ«, »ambivalent« und »positiv Eingestellte« im quantitativen Teil, »Vorurteilsvolle«, »Ambivalente« und »Verständigungswillige« im qualitativen Teil) übereinstimmten. Auf den Vorwurf, die Gruppenstudie übertreibe das Gewicht der antidemokratischen Disposition, ließ sich manches erwidern. Z. B.: Zustimmende oder bedingt zustimmende Äußerungen etwa zu den Themen Demokratie, Schuld, Juden, Verhältnis zu den Westmächten gab es vor allem zu Beginn der Diskussionen, wenn die Ungewißheit über die Reaktionen des zunächst noch als eine Art offizielle Instanz betrachteten Diskussionsleiters und über die Ansichten der anderen Diskussionsteilnehmer Rücksicht aufs demokratische Credo nehmen ließ. Durch das Mitzählen und Mitinterpretieren solcher Äußerungen ergab sich also eine Verzerrung zum Positiven hin. Das verwies aber letztlich wieder auf das ungelöst gebliebene zentrale Problem: die Gewichtung der Meinungen im Hinblick auf ihre Funktion für den Sprechenden, auf ihre Funktion für die Schicht oder Gruppe, der der jeweilige Sprecher zugehörte, auf ihre Funktion in realen Kommunikationssituationen.

Die Ersetzung eigener lebendiger Erfahrung durch die methodische und arbeitsteilige Erhebung und Zubereitung des Materials hatte nicht nur die Durchsichtigkeit, sondern auch die Undurchsichtigkeit der reichhaltigen Interpretation eines reichhaltigen Materials gesteigert. Der enorme wissenschaftliche Apparat – wie immer pionierhaft gemeint und dadurch gerechtfertigt – schob sich wie eine abschreckende Barriere zwischen das potentielle Publikum und eine Studie, von der man sagen konnte: sie stellte die erste und in den 50er Jahren eindringlichste Analyse der nachhitlerschen deutschen Unfähigkeit zu trauern dar.

Die Gruppenstudie über das politische Bewußtsein der Westdeutschen trug dem Institut prompt Kritik von rechts ein. Sie erschien an prominenter Stelle, nämlich in der *Kölner Zeitschrift für Soziologie und Sozialpsychologie*. Der Autor war der renommierte und auch im *Gruppenexperiment* erwähnte Psychologe Peter R. Hofstätter. Hofstätter – 1913 in Wien geboren, beeinflußt von den Psychologen Karl und Charlotte Bühler und den Philosophen Robert Reininger und Moritz Schlick, von 1937-1943 Heerespsychologe zunächst im Österreichischen Bundesheer, später in der deutschen Wehrmacht, in dieser Zeit habilitiert und zum Regierungsrat aufgestiegen, nach dem Krieg Psychologie-Dozent an der Grazer Universität, später in den USA – war seit 1956 Inhaber des Lehrstuhls für Psychologie an der Hochschule für Sozialwissenschaften in Wilhelmshaven.

Es war eine Kritik sehr von oben herab, die sich zum launigen Leitmotiv die Behauptung gewählt hatte, das Gruppenexperiment stelle eine Variation zum Thema »in vino veritas« dar, und diese Variation, nämlich »in ira veritas« (eine Anspielung auf die vermeintliche Überreizung der Diskussionsteilnehmer durch den »Grundreiz«), sei nicht weniger fragwürdig als die Weisheit des Sprichworts, das seinerzeit der Heerespsychologe Hofstätter wiederholt als Alternative zu seiner eigenen als lebensfremd verspotteten Methode zu hören bekommen hatte. Hofstätters Kritik, in wichtigen Punkten durchaus treffend, ignorierte die methodologische Intention des ganzen Unternehmens. Er spießte aus den Passagen über die Grenzen und über die bereits in Gang gekommene Selbstkritik der orthodoxen Untersuchungsmethoden den Ausdruck »positivistisch-atomistisch« auf (durch den das übliche Verfahren gekennzeichnet worden war, die öffentliche Meinung als die Summe von Einzelmeinungen zu betrachten), um daran den ironischen Hinweis zu knüpfen, daß die Verwendung des negativen Wertprädikats »positivistisch-atomistisch« nach den Maßstäben der Autoren der Studie wohl als ein Indikator faschistischen Denkens interpretiert werden müßte.

Die Zahlen des *Gruppenexperiments* benutzend, dabei aber die Schweiger einfach als nicht negativ Eingestellte einstufend und den hohen Anteil der Ambivalenten beiseite lassend, kam Hofstätter zu dem Resultat, daß im Durchschnitt nur 15% der Diskussionsteilnehmer nach den Maßstäben der Gruppenstudie als autoritär-antidemokratisch gelten könnten. »Ich weiß nicht«, fuhr er dann fort, »ob wir auf Grund dieses Ergebnisses in Deutschland mehr Veranlassung haben, von einer ›Erbschaft der faschistischen Ideologie‹ oder dem Ausdruck einer ›fortdauernden anthropologischen Bereitschaft‹ zu sprechen als in irgendeinem anderen Lande der westlichen Welt.« (*Kölner Zeitschrift*, 1, 1957, 10.) Als bestünde kein Unterschied zwischen einem Land, in dem ein auch woanders vorhandenes Potential sich 12 Jahre lang terrorisierend und mordend austobte, und einem, wo es weitgehend Potential blieb. Nachdem er auf diese Weise die Gefahr von rechts heruntergespielt und den Normalzustand deklariert hatte, drehte er endgültig den Spieß um, meldete »am Rande« die Befürchtung an, »daß ein dem objektiven Geist verschriebenes Denken selbst der Gefahr totalitärer Willkürlichkeit erliegen könne« (102), qualifizierte »die sich über 150 Seiten erstreckende qualitative Analyse« als »eine einzige Anklage, bzw. eine Aufforderung zur echten Seelenzerknirschung«, um dem entgegenzuhalten, es gebe »einfach kein individuelles Gefühl, das dem dauernden Blick auf die Vernichtung einer Million Menschenleben adäquat wäre«, weswegen »die Entrüstung des soziologischen Analytikers fehl am Platz, bzw. zwecklos« zu sein scheine. Die Lösung des Schuldproblems und das richtige Gespür für die Grenzen des Gruppenexperiments sah Hofstätter im Verhalten des Mitglieds einer bayrischen Honoratiorengruppe, das die moralische Seite der Angelegenheit als Sache für den Beichstuhl abtat. Das lief auf den gleichen Entlastungseffekt hinaus wie die Kollektivschuld-These. Entweder sollten alle schuld sein – dann war es keiner gewesen und alles nur Schicksal und Geschick des Seins –, oder jeder hatte es mit sich auszumachen – dann hatte keiner ein Recht, den anderen zu verurteilen, und man mußte alles den Selbstheilungskräften des Privatlebens überlassen.

Was Hofstätter praktizierte, war ein altbewährtes und bis heute beliebtes Verfahren: die Gefahren von rechts verharmlosen, den »Entlarver« selber als totalitären Moralisten und Idealisten hinstellen und wahre Besinnung zur Privatangelegenheit erklären.

Des nur notdürftig verhüllten polemischen Charakters der Hofstätterschen Kritik wegen – so muß man vermuten –, war Adorno im gleichen Heft die Gelegenheit zur Replik gegeben worden. Klar formulierte er an deren Schluß, worum es ging: »Die Methode soll nichts taugen, weil die Sache verleugnet werden soll, die hervortritt.« (*Ges. Schr. 9.2*, 393) Hofstätters Reden von Entlarvung und Anklage entlarvte er als Appell an den kollektiven Narzißmus: Die Anklage von Mechanismen und eingebleuter Ideologie werde als Anklage der Individuen hingestellt, um diese gegen die Anklage aufzuhetzen. Und: »Hofstätter sieht ›kaum eine Möglichkeit, wie ein einziges Individuum das Grauen von Auschwitz auf sich zu nehmen imstande wäre‹. Das Grauen von Auschwitz haben die Opfer auf sich nehmen müssen, nicht die, welche, zum eigenen Schaden und dem ihres Landes, es nicht wahr haben wollen. Für die Opfer und nicht für die Nachlebenden war die ›Frage der Schuld verzweiflungsträchtig‹, und es gehört schon einiges dazu, diesen Unterschied in dem nicht umsonst so beliebten Existential der Verzweiflung verschwimmen zu lassen. Aber im Hause des Henkers soll man nicht vom Strick reden; sonst gerät man in den Verdacht, man habe Ressentiment.« (392 f.)

In der Hofstätter-Adorno-Kontroverse kristallisierte sich zum ersten Mal in der Bundesrepublik öffentlich das heraus, was später als Positivismus-Streit in die Soziologie-Geschichte einging: der Streit um methodologische und wissenschaftstheoretische Differenzen als Schauplatz gesellschaftstheoretischer und gesellschaftspolitischer Auseinandersetzungen.

Zu den interessanten, der Tradition des Instituts unter Bedingungen der Restauration einigermaßen treu bleibenden Projekten, die in den 50er Jahren ins Auge gefaßt wurden und dann doch unrealisiert blieben, gehörte auch der Plan der Publikation einer Reihe deutscher Übersetzungen US-amerikanischer soziologischer Werke. »The post-war period«, hieß es in einem Memorandum Adornos vom August 1954, »has brought with it, in Germany, a remarkable revival of interest in the social sciences . . . The impact on German sociology of the techniques of social research, developed and refined in the U.S. to so large an extent, has already been considerable. . . . Most people, however, students and laymen alike, are not aware of the contributions of American sociologists to social thought and social theory, nor do they realize that, in the U.S. as everywhere, social theory and social research are closely interdependent and influence each other in their progress. The present plan is designed to close this gap . . . By presenting to a German public the works of independent thinkers who, while being inspired by the spirit of empiricism and pragmatism, tried to embrace with a bold sweep the totality of the society in which they live.« Eine vorläufige Liste sah sechs Bände vor: W. G. Sumner, *Folkways*; Thorstein Veblen, *The Theory of the Leisure Class*; eine gekürzte Version von R. und H. Lynds *Middletown* und *Middletown in Transition*; eine Auswahl bisher nicht ins Deutsche übersetzter Werke von John Dewey; Adorno u. a., *Studies in Prejudice*; R. Merton, *Social Theory and Social Structure*.

Das war ein Projekt, das einer gesamtgesellschaftlich orientierten theoretisch-materialen Sozialforschung Stärkung durch die US-amerikanische Soziologie hätte verschaffen können. Zugleich wäre damit ein Anfang gemacht worden in der Behebung eines empfindlichen Mangels der westdeutschen Nachkriegssoziologie: Es fehlte nämlich eine systematische Rezeption der neueren Ansätze in der Gesellschaftswissenschaft. Aber die Widerstände gegen die Realisierung scheinen groß, das Interesse gering gewesen und geblieben zu sein. Bis heute ist von den im Memorandum aufgezählten Texten nur der Veblensche auf deutsch veröffentlicht.

Abschied von der einstigen Unabhängigkeit: die Betriebsklima-Untersuchung in Werken der Mannesmann A. G. – Rückzug auch Adornos aus der empirischen Forschung

Zu der Zeit, als der Zeitschriften-Plan noch aktuell war und letzte Hand an die Bearbeitung der Gruppenstudie über das politische Bewußtsein der Westdeutschen für die Buchveröffentlichung gelegt wurde, geschah etwas, was wie der erste ernstliche Sündenfall des IfS erschien: die Übernahme eines Auftrags des Mannesmann-Konzerns. Als in den frühen 40er Jahren die Institutsleiter, die bei den anderen Emigranten mehr oder weniger unverblümt Korrumpiertheit infolge des Fehlens materieller und psychologischer Unabhängigkeit diagnostiziert und den Foundations ein hochentwickeltes Unterscheidungsvermögen für konformistische und nonkonformistische Wissenschaftler attestiert hatten, sich selber um Zuschüsse für das Institut bemühten, hatten sie Glück. Ihr Geldgeber wurde das American Jewish Committee. So konservativ es war – die Auffassungen des Instituts ließen sich mit den seinerzeitigen Interessen jener Organisation ohne Selbstaufgabe auf einen Nenner bringen. Als 1950 ein wohlmeinender Freund des Instituts einen Auftrag des Chemie-Konzerns Hoechst vermitteln wollte, lehnte Horkheimer empört ab. 1954 – Pollock, bis Mitte der 50er Jahre noch als Verwalter des Instituts tätig, hatte wieder einmal dessen Ende an die Wand gemalt – griff Horkheimer bei einer ähnlichen Gelegenheit zu. Sie hatte sich durch seine Bekanntschaft mit Helmutt Becker ergeben, dem späteren Leiter des Max-Planck-Instituts für Bildungsforschung in Berlin, der damals Rechtsanwalt und Berater diverser Organisationen und Institutionen war.

Der Mannesmann-Konzern war nicht irgendein Unternehmen. Er hatte zu den Gründern der antibolschewistischen Liga gehört und sich an der Finanzierung der NSDAP beteiligt. Er hatte im Zweiten

Weltkrieg Werke in besetzten Ländern übernommen. Nach 1945 hatte er zu jenen Großunternehmen gehört, die entflochten wurden. Die Entflechtung der deutschen Schwerindustrie, deren Konzentration auch in den Augen der Alliierten eine entscheidende Voraussetzung für die enorme deutsche Kriegsführungs-Potenz war, hatte zu den wichtigsten Grundsätzen des Potsdamer Abkommens gehört. Die US-amerikanische Militärregierung hatte allerdings von Anfang an dafür gesorgt, daß die Entflechtungsmaßnahmen zu einem Ersatz für Sozialisierungsmaßnahmen wurden. Auf den Druck der USA hin hatte die britische Labour-Regierung, die im eigenen Land die Montanindustrie nationalisiert hatte, dem nordrhein-westfälischen Landtag die Sozialisierungsmaßnahmen verboten, die außer von SPD und KPD auch vom Arbeitnehmerflügel der CDU gefordert worden waren. Überall dort, wo die Betriebsrätegesetze der Länder die Mitbestimmung des Betriebsrates in wirtschaftlichen Fragen vorsahen, waren diese Gesetze von den Militärregierungen ganz oder in den entscheidenden Teilen suspendiert worden. Ferner waren 1950 offiziell die Vertreter der alten Konzerne mit der Durchführung der Entflechtung betraut worden, weil dadurch der normale Geschäftsablauf am wenigsten behindert werde.

So auch im Fall des Mannesmann-Konzerns. Wilhelm Zangen, im Dritten Reich »Wehrwirtschaftsführer«, nach dem Krieg als Belasteter eingestuft und zu einer Haftstrafe verurteilt, hatte Anfang 1949 gegen den Protest der Betriebsräte den Aufsichtsratvorsitz in einem seiner alten Mannesmann-Betriebe übernommen und war von der Treuhandverwaltung als Liquidator von Alt-Mannesmann eingesetzt worden. Er hatte sofort begonnen, den alten Konzern neu zusammenzufügen. 1960 war der »Wiederaufbau« der Mannesmann AG abgeschlossen (cf. E. Schmidt: *Die verhinderte Neuordnung*, 160 u. pass.). Als Horkheimer den Mannesmann-Auftrag übernahm, war gerade eine juristische Auseinandersetzung zwischen den Mannesmann-Betriebsräten und dem Vorstand der Mannesmann-Obergesellschaft darüber im Gang, ob die Obergesellschaft, in der bereits wieder eine Reihe der von den Alliierten getrennten Unternehmen zusammengefaßt worden war, unter das Mitbestimmungsgesetz fiel – was paritätische Zusammensetzung des Aufsichtsrats aus Vertretern der Arbeiter/Angestellten und Vertretern der Kapitaleigner und Einsetzung eines Arbeitsdirektors im Vorstand bedeutete – oder nicht.

Obwohl die Institutsmitarbeiter keinerlei Erfahrungen auf betriebssoziologischem Gebiet hatten, übernahm Horkheimer den Auftrag zu Bedingungen, die die Untersuchung unter großen Zeitdruck setzten. Er selbst kümmerte sich kaum darum. Daß die Sache gutging, war einem glücklichen Zufall zu verdanken. Als der aufopferungsvollste

Mitarbeiter der ersten Jahre, Diederich Osmer, erschlagen von dem Material, das die Befragungen und Gruppendiskussionen erbracht hatten, wegen Überlastung zusammengebrochen war, tauchte Ludwig v. Friedeburg auf. Er hatte Anfang der 50er Jahre am Institut ein Praktikum gemacht, war dann Mitarbeiter von Elisabeth Noelle-Neumanns Institut für Demoskopie in Allensbach geworden und kam nun noch einmal zum IfS, um dann als Mitarbeiter eines wissenschaftlichen Instituts ein ihm angebotenes Rockefeller-Stipendium wahrnehmen zu können. Als Horkheimer dem 31jährigen, der Erfahrungen mit Umfragen, auch betriebssoziologischen, gesammelt hatte, die Stelle des Leiters der empirischen Abteilung des Instituts offerierte, griff Friedeburg zu. Seine erste Aufgabe war, die Mannesmann-Untersuchung zu einem guten Ende zu bringen.

Der Vorstand des Mannesmann-Konzerns wollte die Frage beantwortet haben: »Was denkt und was will die Belegschaft unseres Unternehmens, und warum denkt und will sie es?« Er wollte informiert werden über das soziale Klima in den Mannesmann-Betrieben und die Faktoren, die für das Zustandekommen dieses Klimas entscheidend waren. Es kam dem Management – so Hermann Winkhaus, Mitglied des Vorstandes der Mannesmann AG Anfang 1955 in einem Vortrag auf einer Tagung des Konzerns – gerade auf die Kenntnis der tieferen Ursachen, der gedanklichen Gründe und der gefühlsmäßigen Wurzeln der Meinungsbildung an, weil nur von ihnen her die Untersuchungsergebnisse für die Lösung betrieblicher Probleme effektiv genutzt werden könnten. Genau in dieser Hinsicht erschien das IfS mit seinen Erfahrungen, dem von ihm entwickelten Instrument der Gruppendiskussion und seinem programmatischen Anspruch auf das Durchdringen der Oberfläche der Meinungen vielversprechend. (cf. H. Winkhaus, *Betriebsklima und Mitbestimmung*, in: *Arbeit und Sozialpolitik*, April 1955)

Das Institut entwarf eine Untersuchung, die den sogenannten Arbeitnehmern und nicht auch dem Management, den subjektiven Meinungen und Verhaltensweisen der Arbeitnehmer und nicht auch den objektiven Gegebenheiten, den spezifischen Werksverhältnissen und nicht auch den außerbetrieblichen Verhältnissen galten. Wie schon in früheren Studien wurden auch diesmal die Verfahren des Interviews und der Gruppendiskussion kombiniert.

Im Juli 1954 wurde in zwei Mannesmann-Werken eine Voruntersuchung durchgeführt. Dabei wurde die erste Fassung des Fragebogens erprobt, der aufgrund ausführlicher Gespräche mit der Unternehmensleitung wie der Betriebsvertretung entstanden war, ferner der Grundreiz für die Gruppendiskussionen. Die ursprüngliche Fassung des Grundreizes war von Adorno auf Horkheimers Einwände hin bereits geändert worden. »Diskussionen dieser Art zwischen Jupp und Karl«, suchte Adorno bei der Übersendung der von ihm hergestellten Alternativfassung Horkheimers Befürchtungen zu beschwichtigen, »sind gang und gäbe und eingespielt, auch die Positionen; die Gefahr, daß man etwa *uns* zu scharfe Äußerungen gegen die Unternehmer in die Schuhe schiebt, besteht überhaupt nicht. Überdies wird dafür Sorge getragen, daß in dem Bericht ausdrücklich gesagt wird, daß es sich bei diesen Positionen und Äußerungen um ein unmittelbares Anknüpfen an das handelt, was in den Jupp und Karl-Artikeln in der Werkszeitung steht.« (Adorno-Horkheimer, 30. 6. 54)

Im Juli/August fand in den fünf Hauptwerken der Mannesmann AG, von denen vier dem Mitbestimmungsgesetz unterlagen, die Hauptuntersuchung statt. In durchschnittlich 50minütigen mündlichen Einzelinterviews, die anhand eines Fragebogens erfolgten, wurden von 15 erfahrenen Interviewern des Frankfurter Deutschen Instituts für Volksumfragen (DIVO) 1176 Arbeiter und Angestellte interviewt. Die nach dem Zufallsprinzip aus knapp 35 000 Arbeitnehmern ausgewählten Werkangehörigen wurden jeweils kurz vor dem Interview über die Meister, die Vorarbeiter oder die Betriebsvertretung benachrichtigt und an den jeweiligen Interviewort – irgendeinen abgeschlossenen Raum im Werk – gebeten. Ferner wurden – in der Regel ebenfalls innerhalb der Werke – von Assistenten des IfS 55 Gruppendiskussionen mit insgesamt 539 Teilnehmern durchgeführt. Bei der für die Hauptuntersuchung neuerlich veränderten Fassung des Grundreizes tauchten nun alle die Punkte auf, die sich in der Voruntersuchung als bedeutsam für die Zufriedenheit bzw. Unzufriedenheit mit einem Werk erwiesen hatten. Fortgefallen war dafür u. a. eine wichtige Passage, die geeignet gewesen wäre, einen gezielten historischen Rückblick zu provozieren. »Denken wir doch bloß«, hatte es da geheißen, »an 1945, wie war es denn da? Da sind wir Arbeiter es doch gewesen, die alles wieder aufgebaut haben. Den Unternehmern waren doch damals die Hände gebunden. Viele waren in den Lagern oder waren sonstwie nicht zugelassen. Nur wir Arbeiter haben es geschafft. Damit aber haben wir bewiesen, daß wir zur Mitbestimmung fähig sind, und daß es auch für unsere Wirtschaft gut ist, wenn der Arbeitnehmer was zu sagen und zu raten hat. Deshalb wollen wir jetzt eben mitbestimmen.«

»Das Fieldwork der Mannesmann-Studie ist abgeschlossen«, schrieb Adorno Mitte August an Horkheimer in Chicago, »ausgezeichnet gegangen, schon ein großer Teil der Diskussionen transskribiert, hoch interessantes Material. Ich denke, mit dieser Studie werden wir wirklich Ehre einlegen können.« (Adorno-Horkheimer, Frankfurt, 17. 8. 54)

Im Januar 1955 übergab das IfS dem Vorstand der Mannesmann-Obergesellschaft in Düsseldorf den Rohbericht, im Juni den 410 Seiten starken Hauptbericht. Einige Monate später erschien als Band 3 der *Frankfurter Beiträge zur Soziologie* eine gedrängte Darstellung der Ergebnisse. Sie war aus Teilen des Hauptberichts zusammengesetzt: den beiden einleitenden Abschnitten über *Problemstellung* und *Faktoren des Betriebsklimas* und der *Zusammenfassung.*

Die Antworten auf die direkte Frage, welche von 8 aufgezählten Faktoren sie als die für den Arbeitnehmer allgemein wichtigsten ansähen, ergaben eine Rangfolge, bei der gute Bezahlung, fester Arbeitsplatz und Anerkennung der Arbeit deutlich an der Spitze standen, gefolgt in größerem Abstand von gutem Kontakt mit den Vorgesetzten und Sicherung gegen Unfälle.

Welche Bedeutung einzelne Faktoren für die Einstellung zum Werk und das damit zu erfassen gesuchte Betriebsklima hatten, wurde dagegen indirekt festgestellt, da man den Befragten nicht zutraute, die entscheidenden Faktoren ihres Verhältnisses zum Werk aufgrund eigener Einsicht direkt anzugeben. Die positiven oder negativen Antworten auf spezifische Detailfragen, deren jede für einen bestimmten Sektor der Verhältnisse im Betrieb stand – z. B. die Frage »Gibt es eine Arbeit, die Sie lieber tun möchten?« für den Sektor Einstellung zur Beschaffenheit des Arbeitsplatzes –, wurden als Maßstab für die Zufriedenheit oder Unzufriedenheit im jeweiligen Sektor verwendet. Durch fünf Detailfragen sollten fünf Sektoren erfaßt werden, die »nach den bisherigen Erfahrungen zu den wichtigsten« gehörten. Vermittels dieses Vorgehens wurde festgestellt: Die größte Korrelation bestand zwischen Glaube oder Nichtglaube, einen festen Arbeitsplatz zu haben, und positiver oder negativer Einstellung zum Werk. Der Schluß daraus war: Zufriedenheit mit der Sicherheit des Arbeitsplatzes bildete den wichtigsten Einzelfaktor für die Einstellung zum Werk. Dicht darauf folgten Zufriedenheit oder Unzufriedenheit mit der Behandlung durch die Vorgesetzten und mit den Arbeitsbedingungen. Den Urteilen über Bezahlung und Aufstiegsmöglichkeiten kam dagegen entschieden weniger Bedeutung zu.

Akzeptierte man dieses Verfahren und die dadurch zustande gekommenen Ergebnisse, die sich im wesentlichen mit denen anderer Betriebsumfragen deckten, dann ergab sich die paradoxe Situation: in den Antworten auf die direkten Fragen nach den allgemein wichtigsten Dingen für den Arbeitnehmer und nach den wichtigsten Beschwerden an die Werksleitung stand die Entlohnung an erster Stelle. In der indirekt festgestellten Rangfolge der für das Betriebsklima wichtigsten Faktoren stand die Lohnfrage jedoch erst an vierter Stelle. Für diesen auch noch durch weitere Befunde unterstrichenen Widerspruch zwischen Bewußtsein und Verhalten der Arbeitenden lieferte die Untersuchung weder eine Erklärung noch einen Erklärungs-Vorschlag.

Zu den weiteren Informationen der Studie über einzelne Sektoren des Verhältnisses zum Betrieb gehörte z. B.: Gut drei Viertel der Befragten hielten sich für ausreichend unterrichtet über die Betriebsvorgänge. Ebenfalls drei Viertel fanden das Verhalten der Vorgesetzten – Vorgesetzte, das hieß fast immer: die unmittelbaren Vorgesetzten, während die Vorgesetzten der oberen Regionen für die meisten Befragten einer fremden Welt angehörten – richtig. Den Gruppendiskussionen entnahmen die IfS-Mitarbeiter: die Arbeiter »lehnen nicht den Vorgesetzten schlechthin, sondern den schlechten Vorgesetzten ab. Daher entwirft die Kritik zugleich auch die Umrisse eines Bildes vom guten Vorgesetzten: er soll vor allem unparteiisch sein, gute Leistungen würdigen, die Formen des Anstandes wahren und ein gewisses Maß von menschlichem Kontakt aufrechtzuerhalten suchen.« (*Betriebsklima*, 48) Auch die in den Gruppendiskussionen immer wieder geäußerten Klagen über Hetze, Überstunden und Sonntagsarbeit, über die Vorherrschaft der Produktionserfordernisse, des Solls, der Maschine mündeten in den Wunsch, als Mensch und nicht nur als Arbeitskraft behandelt zu werden.

Trotz oder wegen dieser so bescheidenen wie unrealistischen Wünsche spielten der Betriebsrat und die Mitbestimmung, diese kümmerlichen Überbleibsel der Hoffnungen der frühen Nachkriegszeit, im Bewußtsein der Befragten keine überragende Rolle. Die Unzulänglichkeit des Betriebsrates in wirtschaftlichen Dingen, überhaupt sein überaus begrenzter Einfluß einerseits, seine Abgehobenheit von der täglichen Arbeitsumgebung andererseits bewirkten, daß er zwar von einer relativen Mehrheit der Befragten als bester Vertreter ihrer Interessen bezeichnet wurde, aber doch eben nur von einem Drittel, dicht gefolgt von Vertrauensmann und Meister oder Steiger.

Was die Mitbestimmung betraf, so zeigte die Untersuchung, daß die Mehrzahl der Befragten weder von den gesetzlichen Bestimmungen noch von ihrer Durchführung richtige Vorstellungen hatte. Die Antworten drückten eher die Erwartungen und Hoffnungen aus, die die Arbeiter mit der Mitbestimmung verbanden, und die bezogen sich auf Angelegenheiten des eigenen Arbeitsplatzes, des Betriebs oder höchstens noch des Werkes und nur bei etwa einem Zehntel auf den gesamtwirtschaftlichen Bereich oder die Aufsichtsratsebene. Direkt befragt, worin die Arbeitnehmer hauptsächlich mitreden sollten, nannten 59% die Entlohnung, 36% soziale Fragen und 26% Fragen der Arbeit. Gewinnverteilung, Geschäftsgang und Investitionen wurden dagegen nur von 9 bzw. 5 bzw. 4% genannt. »Dies Ergebnis«, hieß es im Bericht vorsichtig, aber ohne systematische Konsequenzen für die Auswertung und die Einschätzung des Einflusses der Erhebungsmethoden auf die Ergebnisse, »darf nicht zum Schluß verleiten, die Arbeitnehmer seien bereit, auf die Mitbestimmung im ›ferneren‹ Bereich etwa zu verzichten, weil der ›nähere‹ ihnen wichtiger dünkt. Die Diskussionen zeigen vielmehr, daß die Forderung nach gleichberechtigter Mitbestimmung auch in diesem Bereich von den Arbeitnehmern unterstützt wird, sobald geschulte Arbeitnehmervertreter ihnen erklären, daß es diese Organe sind, welche die wichtigsten Weisungsbefugnisse ausüben, und daß die vordringlichsten Wünsche nur durch eine gleichberechtigte Mitentscheidung in den oberen Organen erfüllt werden könnten.« (69)

Die ausführlicheren Teile des Hauptberichts und der separate Tabellenband ergaben in mancher Hinsicht ein etwas anderes Bild als die im Buch veröffentlichte Zusammenfassung. So waren unter den 1176 Befragten 59 Angestellte und 110 Vorgesetzte, die im allgemeinen deutlich positiver zum Werk eingestellt waren als die Arbeiter und so die »positiven« Resultate – ca. drei Viertel der Befragten hatten danach eine positive oder sehr positive Einstellung zum Werk – nicht unwesentlich in die Höhe trieben. So meinten 70% der Angestellten und 60% der Vorgesetzten, aber nur 45% der Arbeiter, man werde »hier« seiner Leistung entsprechend bezahlt.

Dem Hauptbericht ließen sich auch Angaben wie die entnehmen, daß in den untersuchten eisenschaffenden und weiterverarbeitenden Werken Arbeiter, die weniger als drei Jahre im Werk waren, Heimatvertriebene und Flüchtlinge sowie Arbeiter zwischen 20 und 40 Jahren ihrem Werk besonders reserviert gegenüberstanden. Solche Ergebnisse waren für das Management nützlich, hätten es für die Arbeiter, selbst wenn sie davon erfahren hätten, nie sein können.

Im Hauptbericht kamen auch weitaus mehr als in der Zusammenfassung Analysen der Gruppendiskussionen zur Geltung, die – obwohl der Bericht weder eine quantitative noch eine besonders intensive qualitative Analyse enthielt – dem Bild von den Einstellungen der Befragten größere Tiefenschärfe gaben.

Die detaillierten Angaben über die Einstellungen der Arbeitnehmer; die immer wieder betonte Beschränkung auf die subjektiven Reaktionen unter Absehung von den objektiven Gegebenheiten; ein Gesamtergebnis, dessen auffälligste Merkmale waren: überwiegend Zufriedenheit mit dem Gegebenen, kein besonderes Engagement für den von vielen als zu fern empfundenen Betriebrat und fast gar keins für die dem Blick der Arbeiter weit entrückten Arbeitnehmervertreter in den Aufsichtsräten und Vorständen, und Wünsche, die sich gegenüber dem Unternehmen vor allem auf das Naheliegende und Menschliche richteten – das mußte die Auftraggeber zu der Überzeugung bringen oder in der Überzeugung bestärken, daß bessere Vorgesetztenschulung und dgl. ausreichten, das sowieso schon recht gute Betriebsklima weiter zu verbessern und dadurch den Betriebsfrieden und die Produktivität zu steigern, was wiederum bei den Arbeitern das Gefühl der Sicherheit der Arbeitsplätze erhöhen würde.

Daß die Studie von den Auftraggebern ganz in diesem Sinne gesehen wurde – daran ließ sich nicht lange zweifeln. »Der Auftrag, den wir erteilten«, hieß es im erwähnten Vortrag des Vorstandsmitgliedes Hermann Winkhaus, »hat innerhalb und außerhalb von Mannesmann manches Rätselraten über seine Beweggründe hervorgerufen. Ganz zu Unrecht! Von jeher hat die Unternehmensleitung neben der Bewältigung technischer und wirtschaftlicher Probleme die Sorge für den Menschen, der im Unternehmen beschäftigt ist, als einen Teil ihrer Aufgabe verstanden. Es ging und geht ihr dabei nicht um romantische Sozialideen, sondern um die bestmögliche Erfüllung aller Funktionen, die das Unternehmen als wirtschaftliches und gesellschaftliches Gebilde innerhalb des Gemeinwesens zu versehen hat. Dies schließt die Verantwortung gegenüber dem im Unternehmen tätigen Menschen, die Sorge für seine gedeihliche Einordnung in das Gefüge unserer Arbeitswelt und für die vielfältige Sicherung seiner Arbeitsplätze unmittelbar mit ein.

. . . Der Betrieb steht heute vor jungen Menschen einer Generation, die durch Erlebnisse und Anforderungen in Krieg und Nachkriegszeit in einzigartiger Weise geprägt worden sind. Er steht vor Menschen aus den Ostgebieten, die mit der Heimat und dem Eigentum sehr oft auch ihren angestammten Beruf verloren haben. Durchweg steht er vor Menschen, die sich einer klaren gesellschaftlichen Zuordnung nicht mehr sicher sind und darum vom Betriebe neben Brot und Arbeit auch die Einfügung in die menschliche Gesellschaft erwarten . . .

Zu keiner Zeit hat mehr abgehangen vom sozialen Frieden im Betrieb und von der Arbeitsfreudigkeit und Werksverbundenheit der Menschen, die er beschäftigt. Zu keiner Zeit war das Problem der rechten Menschenführung und der planmäßigen Erforschung ihrer Grundlagen dringender als heute . . . Alle diese Überlegungen veranlaßten uns, in verschiedenen Betrieben unseres Konzerns eine Betriebsklimauntersuchung nach den modernsten wissenschaftlichen Methoden der Meinungsforschung durchzuführen. Unsere Belegschaft sollte uns selbst sagen, was sie denkt und von dem Betrieb, in dem sie tätig ist, erwartet. Das Ergebnis soll uns die Frage beantworten, wie wir den sozialen Frieden fördern, die Zusammenarbeit zwischen Leitung und Belegschaft enger gestalten, befriedigende Leistungen des Unternehmens erzielen und damit seinen vielfältigen Verantwortungen im Gemeinwesen gerecht werden können.«

Das war die unvermeidliche gestanzte weihevolle Ausdrucks- und Denkweise eines hochgestellten Managers und Arbeit»geber«vertreters. Diese Vereinnahmung der Studie war genauso zu erwarten gewesen wie die Proteste der Gewerkschaften gegen eine Untersuchung, die bei den Arbeitern ein geringes Interesse an der Mitbestimmung feststellte. Die Institutsleiter hatten solchen Reaktionen durch eine Pressekampagne im kleinen die Spitze zu nehmen gesucht. Horkheimer – von dem am 19. 2. 55 in der *Deutschen Zeitung und Wirtschaftszeitung* ein Artikel *Menschen im Großbetrieb. Meinungsforschung in der Industrie* erschien – und Walter Dirks – von dem am 5. 3. in der *Neuen Ruhrzeitung* ein Beitrag *Was will der Arbeiter? Lohn, Sicherheit, »Klima«* publiziert wurde – führten die gleichen Argumente an: es gehe um Wissenschaft und Wahrheit; an Wissenschaftlichkeit und Wahrheit orientierte Forschungsergebnisse dienten allen gleichermaßen; größeres Interesse der Arbeiter an der Mitbestimmung ihrer unmittelbaren Umgebung als an der Mitbestimmung auf höchster Unternehmensebene besage nur, daß den Menschen eben das Hemd näher sei als der Rock; eine Vermenschlichung des Betriebs sei für alle Beteiligten gut.

»Auch wenn man«, hieß es in Horkheimers vierseitigem Zeitungsartikel, »in der Beurteilung des theoretischen Wertes solcher Forschungen zurückhaltend ist, wird man die Kenntnis des Betriebes bis zur kleinsten Arbeitergruppe, wie sie in anderen Ländern, vor allem in den Vereinigten Staaten, vorangetrieben wurde, auch in Deutschland zu fördern haben. Was einen Betriebsinhaber veranlaßt, zu einer solchen Untersuchung Gelegenheit zu geben, ist dabei recht gleichgültig: Ob die menschlichen Faktoren nur als Bedingungen oder Grenzen der erstrebten Steigerung der Produktivität und Rentabilität oder ob sie um ihrer selbst willen gewertet werden, ob ihm das Problem mehr als eines der ›Menschenführung‹ oder als eines der ›Partnerschaft‹ gilt. Die Arbeiter selbst haben kein geringeres Interesse an der Entwicklung der wissenschaftlichen Methoden als die Leitung. Sie haben bei allem verständlichen Mißtrauen auch das Bedürfnis, sich über das eigene Arbeitsleben klarzuwerden und seine Faktoren zu verbessern. Der Betrieb ist ihnen nicht gleichgültig. Wo die Dinge einigermaßen in Ordnung sind, stellt sich auch eine Bindung an ihn ein.«

Solche Sätze – symptomatisch für den Tenor des gesamten Artikels – waren verräterisch genug. Die Arbeiter wurden hier als Personen hingestellt, die aufgrund der Studie das eigene Arbeitsleben verbessern könnten. Als hätten sie auch nur einigermaßen ähnliche Nutzungs- und Handlungschancen wie die Unternehmensleitung; als sei es in der Studie nicht ausdrücklich nur um die Feststellung subjektiver Reaktionen, nicht aber um die Aufdeckung objektiver Verhältnisse gegangen; als fehlten in der Studie nicht den Aufschlüssen über die Meinungen und Verhaltensweisen der Arbeiter entsprechende Aufschlüsse über Meinungen und Verhaltensweisen des Managements einschließlich der Arbeitnehmervertreter; als würde der Hauptbericht in geeigneter Form den Arbeitern vermittelt und nicht in der Praxis allein dem Mannesmann-Vorstand und höchstens einigen Experten der Gewerkschaften; als könne eine uninterpretierte Präsentation von Daten, die nach historischer, politischer und sozialpsychologischer Interpretation verlangten, die Mündigkeit der Arbeit»nehmer« steigern; als wäre eine im Interesse der Arbeiter durchgeführte Untersuchung nicht ganz anders entworfen und durchgeführt worden als die auf den Auftrag des Mannesmann-Vorstandes hin zustande gekommene. Wenn Horkheimer in seinem Artikel den Anspruch erhob, mit der Mannesmann-Studie werde einer der weißen Flecken auf der soziologischen Landkarte Deutschlands: die nahezu unbekannte Arbeiterschaft, das seit den Zeiten vor und nach dem Ersten Weltkrieg gewandelte »Bewußtsein der Arbeitermassen« erkundet, dann glaubte man fast einen Unternehmer mit Verständnisbereitschaft für die halbwegs exotische Welt seiner Arbeitnehmer zu hören.

Als Adorno schrieb, mit der Mannesmann-Studie ließe sich bestimmt Ehre einlegen, hatte er vermutlich eine Kombination von quantitativer Analyse der Interviewergebnisse und vor allem qualitativer Analyse der Gruppendiskussionsprotokolle vor Augen, also die Realisierung jener in der *Gruppenstudie* über das politische Bewußtsein der Westdeutschen mißlungenen Verknüpfung von Repräsentativität und tiefenpsychologisch orientierter Analyse, von quantitativer und qualitativer Auswertung, die für die *Authoritarian Personality* charakteristisch war und die bereits die von Fromm geleitete Arbeiter- und Angestellten-Untersuchung gekennzeichnet hatte.

Herausgekommen war etwas anderes: eine quantitative Auswertung der Interviews, die bereichert wurde durch die an der Oberfläche bleibende Verwertung des Materials der Gruppendiskussionen. Als dritter Band der *Frankfurter Beiträge zur Soziologie* erschien so eine Studie, die von allen bisherigen IfS-Publikationen abwich: eine rein quantitative Umfrage-Auswertung von eindrucksvoller Professionalität. Diese Professionalität war dem neuen Mitarbeiter, Ludwig v. Friedeburg, zu verdanken, der Horkheimer offensichtlich gerade deshalb recht war, weil er ihm als reiner Empiriker erschien, der mit kritischer Theorie nichts zu tun hatte.

Von kritischer Theorie wurde nur etwas spürbar in dem einleitenden, *Problemstellung* überschriebenen Abschnitt, der deutlich Adornos

Handschrift verriet. Er zeugte vom klaren Bewußtsein für die schwerwiegenden Beschränkungen der Studie. Es fehle eine Analyse der Schlüsselfiguren bzw. ihrer Meinungen, die für das Klima in besonderem Maße verantwortlich seien – also der Werksleiter und höheren Vorgesetzten –, hieß es darin. Und: die Qualität von Verhaltensweisen wie jenen, aus denen sich das Betriebsklima zusammensetze, könne nur in lebendiger Beziehung zur Qualität dessen begriffen werden, worauf reagiert werde. In einem Nebensatz versteckt tauchte der auf die ausgesparte gesellschaftlich-historische Dimension hinweisende Gedanke auf: Die anläßlich des Themas Mitbestimmung zutage getretenen Vorstellungen der Vertretung durch qualifizierte Leute und das Moment von Apathie entwickelten sich in vieler Hinsicht dort, »wo keine urdemokratischen Zustände herrschen« (a.a.O., 16). In merkwürdiger Apologie des konformistischen Charakters der geleisteten Auftragsarbeit hieß es aber an anderer Stelle: Das Problem des Verhältnisses von steigender Produktivität und Humanisierung der Beziehungen im Betrieb oder das Problem, wieweit die Arbeitenden prinzipiell an der Verbesserung des Betriebsklimas interessiert seien und wieweit sie darin vielmehr die Gefahr bloßer Manipulation zum Zweck der Produktionssteigerung witterten, seien ausgeklammert worden, weil sie durch die Gestalt der Fragestellung den Gesichtspunkt des Interesses am Betriebsklima präjudiziert hätten. Unter dem Deckmantel der Adornoschen Parole »Je härter und illusionsloser, wäre es auch im Gegensatz zu dem, was die Beteiligten selbst hören möchten, die Soziologie das ausspricht, was der Fall ist, um so besser dient sie ihrer menschlichen Bestimmung« (a.a.O., 13 f.) erfolgte eine irritierende Annäherung an Schelsky und dessen Parole von der Soziologie als »Suche nach Wirklichkeit«, als antiideologische Erforschung sozialer Tatbestände – eine Annäherung, die deshalb irritierend und gefährlich war, weil sie nicht das Recht auf zentrale Fragestellungen und die Einsicht in die für die Nicht-Herrschenden, Nicht-Privilegierten weitaus größere Bedeutung von Interpretation und Theorie behauptete.

Es war Ludwig v. Friedeburg selber, der eine Reihe von Jahren später – in seiner 1963 als Band 13 der *Frankfurter Beiträge zur Soziologie* erschienenen Habilitationsarbeit über die *Soziologie des Betriebsklimas* – die Notwendigkeit betonte, das Betriebsklima »von zentralen, objektiven Gegebenheiten der Fabrik, den Arbeitsbedingungen und der Herrschaftsstruktur aus zu bestimmen« (18); es als Produkt der Auseinandersetzung gesellschaftlich geprägter subjektiver Erwartungen der Werksangehörigen mit den subjektiv vermittelten objektiven Verhältnissen des Betriebs zu verstehen; partikulare Momente nicht nur zu registrieren, sondern vom gesamtgesellschaftlichen Prozeß her zu erklären. Mit dieser Perspektive war auch eine Klärung jenes in der Mannesmann-Studie lediglich konstatierten Widerspruchs möglich, daß die Arbeiter allgemein höhere Entlohnung für das Wichtigste hielten, für die Einstellung zum Werk aber die Bedingungen der unmittelbaren Arbeitsumgebung Vorrang hatten. »Beidemal manifestiert sich der Interessenkonflikt zwischen Management und Belegschaft in Symptomen, die ihn zugleich verdecken.« (a.a.O., 51) In beiden Fällen handelte es sich um Verschiebungen des zugrunde liegenden Interessengegensatzes zwischen Management und Belegschaft. Eine sich auf die subjektiven Reaktionen der Arbeitenden beschränkende und sich mit deren Interpretation zurückhaltende Untersuchung des Betriebsklimas – eines durchaus wichtigen Vermittlungsfaktors, aber eben bloß eines Vermittlungsfaktors – mußte, gewollt oder ungewollt, zur Verschleierung des grundlegenden Interessenkonflikts und zur Konzentration auf die Symptome beitragen.

War die Mannesmann-Studie auch schwerlich geeignet, Arbeitern zur Einsicht in ihre Lage zu verhelfen, so vertrat sie doch keineswegs eine Betriebsideologie, also eine auf das Interesse am sozialen Frieden im Betrieb fixierte Perspektive. Wie es aussah, wenn Soziologen Anhänger der Betriebsideologie waren, zeigte sich z. B. bei Otto Neuloh und seinen Mitarbeitern. Neuloh, zur Generation Adornos gehörend, von 1927-45 wissenschaftlicher Referent für Berufsberatung der Arbeitsämter, hatte 1946 die Sozialforschungsstelle Dortmund an der Universität Münster mitbegründet und war seit 1947 deren wissenschaftlicher Geschäftsführer und Abteilungsleiter für Industriesoziologie. In den Bänden *Die deutsche Betriebsverfassung und ihre Sozialformen bis zur Mitbestimmung* (1956) und *Der neue Betriebsstil* (1960) veröffentlichten Neuloh und seine Mitarbeiter die betriebsideologisch gestimmten Ergebnisse einer Untersuchung, die Ralf Dahrendorf in seiner Monographie über Industrie- und Betriebssoziologie zu den »vier großen Untersuchungen zur Mitbestimmung bzw. allgemeiner zur Stellung des Arbeiters in der modernen (Stahl-) Industrie« rechnete. Neuloh und seine Mitarbeiter betrachteten den Betrieb als ein »Konvivium« und trennten die »Lebensvorgänge« im Betrieb von den »Arbeitsvorgängen«. Sie wollten die im Betrieb Arbeitenden von den Soziologen in erster Linie als zusammenwirkende Menschen betrachtet sehen – ungefähr im Sinne der informellen Gruppen, auf deren wichtige Rolle der amerikanische Soziologe Elton Mayo gestoßen war, als er in den Hawthorne-Werken der Western Electric Company nach Wegen zur Steigerung der Produktivität der Arbeiter suchte, und die fortan im Mittelpunkt des betriebssoziologischen Interesses standen.

Zu den vier großen industriesoziologischen Untersuchungen der

50er Jahre gehörte ferner die 1952/53 für das Wirtschaftswissenschaftliche Institut der Gewerkschaften durchgeführte Betriebsumfrage des Forschungsteams Theo Pirker, Siegfried Braun, Burkart Lutz und Fro Hammelrath, deren Ergebnisse 1955 unter dem Titel *Arbeiter, Management, Mitbestimmung* veröffentlicht wurden. Ein in mancher Hinsicht überlegenes Gegenstück zur Mannesmann-Studie bildete einzig die 1953/54 durchgeführte Untersuchung von Heinrich Popitz, Hans Paul Bahrdt, Ernst August Jüres und Hanno Kesting über technische und soziale Einflüsse auf die Industriearbeit in Werken der Hüttenindustrie. Die Ergebnisse dieses Projekts wurden 1957 in den beiden Bänden *Technik und Industriearbeit* und *Das Gesellschaftsbild des Arbeiters* veröffentlicht. Die vier Autoren – Mitarbeiter der von Neuloh geleiteten Sozialforschungsstelle Dortmund – gehörten, wie Friedeburg, der jüngeren Soziologen-Generation an. Die Leitung der Untersuchung lag in den Händen von Popitz, dessen 1949 verfaßte philosophische Dissertation *Der entfremdete Mensch. Zeitkritik und Geschichtsphilosophie des jungen Marx* zur ersten, durch die Neuentdeckung der *Pariser Manuskripte* ausgelösten Welle der deutschen Marx-Interpretation nach dem Krieg gehörte.

In ihrem zweiten, dem Bild der Arbeiter von der eigenen Arbeit, dem technischen Fortschritt, wirtschaftspolitischen Problemen, der Mitbestimmung und schießlich der Gesellschaft insgesamt gewidmeten Teil stützte sich die von der Rockefeller Foundation finanzierte Untersuchung auf die Befragung von 600 Arbeitern eines kombinierten Hüttenwerks im Ruhrgebiet. Was diese Untersuchung zunächst einmal auszeichnete, war eine weitaus größere Nähe der Autoren zum »Objekt« als im Fall der Mannesmann-Studie. Unter den Interviewern waren die vier Autoren selber, die im Rahmen der Untersuchung über *Technik und Industriearbeit* die einzelnen Arbeitsplätze genau kennengelernt und ¾ Jahr im Ledigenheim des Werks gewohnt hatten. Sechs weitere Interviewer hatten sich immerhin mit den Arbeitsplätzen der Arbeiter, die sie interviewen sollten, vertraut gemacht. Die Interviews bestanden in Gesprächen von mindestens zweistündiger, oft erheblich längerer Dauer. Das Frageschema war aufgrund zahlreicher Unterhaltungen an den Arbeitsplätzen, im Ledigenheim, in Privatwohnungen und an der Theke zustande gekommen. Die Befragungen fanden überwiegend im Betrieb, stets in abgeschlossenen Räumen statt.

Eine solche Vorgehensweise hätte gut zu den programmatischen Ansprüchen des IfS gepaßt. In der Mannesmann-Studie hatte es in den *Bemerkungen zur Methode* geheißen, dem Interviewer stünden durch den unmittelbaren Kontakt mit den Befragten über die Antworten hinaus eine Reihe umfassender Eindrücke zur Verfügung, die bei Eliminierung des subjektiven Interviewer-Faktors nur sehr schwer festzuhalten wären. »Gerade die volle subjektive Reaktionsfähigkeit des Interviewers«, hieß es mit einem unverkennbar Adornoschen Gedanken, »wird hier zum ›Forschungsinstrument‹, das dem in seiner Dynamik und Komplexität imponderablen Gegenstand, dem Verhältnis zum Werk, noch am ehesten adäquat ist« (*Betriebsklima*, 103). Dazu paßte es schlecht, daß die Interviews, also die Feldarbeit, fünfzehn erfahrenen Interviewern des Deutschen Instituts für Volksumfragen (DIVO) übertragen worden war, die zudem lediglich am Schluß des Fragebogens ihre allgemeinen Eindrücke von dem Grad der Bereitwilligkeit des Interviewten, der Qualität des Kontakts, der Aufrichtigkeit des Befragten, seiner Verbundenheit mit dem Betrieb, der Intensität der gewerkschaftlichen Aktivität angaben. Wieweit die »volle subjektive Reaktionsfähigkeit« der mit der Durchführung der Gruppendiskussionen beauftragten »Assistenten« des IfS den Ergebnissen zugute kam, ließ sich dem Forschungsbericht nicht entnehmen. Zudem war ja auf eine qualitative Analyse des Gruppendiskussionsmaterials verzichtet worden.

Auch inhaltlich war die Studie über *Das Gesellschaftsbild des Arbeiters* weitaus unbefangener in der Sprache, in der Wiedergabe von Zitaten, im Eingehen auf konfliktträchtige Themen als die Mannesmann-Studie. Die Popitz-Studie ging ausgiebig auf das Thema des Machtkampfes zwischen Kapital und Arbeit ein, dessen ausdrückliche Ausklammerung in der IfS-Studie ohne überzeugende Gründe erfolgte. Mochte es einem noch so sehr auf das jeweils spezifische Betriebsklima ankommen, es stellte immer auch eine spezifische Ausprägung des Interessengegensatzes zwischen Arbeit und Kapital dar, die mit der besonderen Beschaffenheit des jeweiligen Werks zusammenhing. Allerdings entsprang die Unbefangenheit der Popitz-Studie unverkennbar der Gewißheit der Autoren, über jeden Verdacht einer auch nur einigermaßen sozialistischen oder linken Einstellung erhaben zu sein. Im Einleitungskapitel der Mannesmann-Studie und in Horkheimers Zeitungs-Artikel war vorsichtig die Rede davon: nur der sture Dogmatismus könne leugnen, daß »sich seit dem Beginn der katastrophischen Phase, seit 40 Jahren also, vieles in der Beschaffenheit der Arbeiterschaft wie in ihrer gesamtgesellschaftlichen Stellung und Funktion geändert« habe; fraglos seien »viele der alten Begriffe der Arbeiterbewegung dadurch, daß die russische Despotie sie zu Herrschaftsmitteln degradierte, um ihren Sinn gebracht« worden; auszumachen, »ob davon auch ihr eigentlicher Gehalt, die Konzeption selbst, berührt wird«, könne aber »eine empirische Untersuchung wie die unsere unter gar keinen Umständen sich anmaßen« (a.a.O., 15 f.). Popitz und seine Mitarbeiter dagegen nannten in offener Verwerfung der sozialistischen Klassentheorie gerade bei der Darlegung ihrer

Untersuchungsergebnisse die Dinge offen beim Namen. Sie konstatierten unverblümt: »Der Arbeitgeber ist nicht nur in der Frage der Mitbestimmung ein Gegner, sondern überhaupt der Gegenspieler der Arbeiter. Die Mehrheit denkt sich das Verhältnis zwischen Arbeitern und Arbeitgebern polar, nicht als eine übergreifende Ordnung. Mit einem solchen Gegner kann man vielleicht aus beiderseitiger Einsicht einen Kompromiß schließen; wahrscheinlicher ist schon, daß man ihm etwas abtrotzen muß, wenn man überhaupt etwas erreichen will. Aber sehr viele Arbeiter haben auch diese Hoffnung aufgegeben. Sie sind der Meinung, daß die Polarität von einem ›Oben‹ und ›Unten‹ unaufhebbar ist.« (Popitz u. a., *Das Gesellschaftsbild des Arbeiters*, 153) Die Resignation so vieler Arbeiter angesichts einer als übermächtig wahrgenommenen Gegenmacht erschien in der Popitz-Studie wie eine Art Katerstimmung fehlgeleiteter Menschen. »Hinter den vielen volkstümlichen Formulierungen – z. B. ›Geld regiert die Welt‹ – steht in Wahrheit deutlich die ideologische Tradition. Reichtum, Befehlsgewalt und Wissen sind in ihrer wechselseitigen Bedingtheit und Untrennbarkeit immer noch in den Augen vieler Arbeiter das Kennzeichen der Macht des Kapitalismus. Man spürt auch heute noch, daß Generationen von Arbeitern eingehämmert worden ist, daß auf dieser Dreieinigkeit die Stärke des Gegners beruhe und daß es deshalb ungeheurer Anstrengung bedürfe, einen solchen Feind zu besiegen.« (154) Weil der Unternehmer der unmittelbaren Erfahrung des Arbeiters eher noch schwerer zugänglich sei als früher, könne die alte Doktrin weiterleben, werde er immer noch als »Kapitalist« bezeichnet. »Eine gewisse Ironie liegt in der Tatsache, daß das aus pädagogischen Gründen überhöhte, zu einem mahnenden Kontrast umstilisierte Unternehmerbild auf den skeptischen Arbeiter von heute eine einschüchternde Wirkung ausübt.« (156)

Während die Mannesmann-Studie das eigentümliche Bild bot, daß in der Einleitung die Möglichkeit der fortdauernden Gültigkeit der Klassentheorie offengehalten wurde, in der Untersuchung selber aber Formen des Nachlebens der Klassentheorie oder an ihre Stelle getretene Vorstellungen bei den Befragten geradezu ausgespart zu sein schienen, bildete in der Popitz-Untersuchung die umstandslose Verwerfung der Klassentheorie die Basis einer eingehenden Beschäftigung mit den gesellschafts»theoretisch« relevanten Vorstellungen, Argumenten und Stereotypen der Arbeiter. Die Studie, die eröffnet worden war von vier langen Zitaten der Berichte von vier Arbeitern über ihre Arbeit, von vier O-Tönen gewissermaßen, mündete nach ausführlichen qualitativen Analysen mit zahlreichen, höchst prägnanten Zitaten am Ende in eine differenzierte Typologie der Gesellschaftsbilder der befragten Arbeiter bzw. der Arbeiter anhand ihrer

Gesellschaftsbilder – eine beeindruckende und im Westdeutschland der 50er Jahre einmalige empirisch fundierte Phänomenologie der Reaktionsformen von Arbeitern auf ihre Daseinsbedingungen als Arbeiter, auf die »condition ouvrière« (vgl. O. Negt, *Soziologische Phantasie und exemplarisches Lernen*, 45).

Zu den Folgen der Mannesmann-Untersuchung gehörte, daß das Rationalisierungs-Kuratorium der Deutschen Wirtschaft außer dem von René König geleiteten Kölner Forschungsinstitut für Sozial- und Verwaltungswissenschaften und dem von Helmut Schelsky geleiteten Seminar für Soziologie der Universität Hamburg auch dem Insitut für Sozialforschung die Finanzierung von Assistentenstellen für Industrie- und Betriebssoziologie anbot. Das erfüllte Adorno mit Unbehagen. Er sah die Gefahr einer Festlegung »auf Betriebsuntersuchungen einer Art . . ., gegen die wir gewisse Bedenken haben« und die zur einer »Konkurrenz mit Schelsky und König auf deren Ebene« führen würden (Adorno-Horkheimer, 3. 9. 55). Aber im nächsten Prospekt des Instituts, der 1958 erschien, hieß es stolz – und das war unverkennbar die Sprache Horkheimers –: Die im Bereich der Mannesmann AG durchgeführte Studie über Betriebsklima und zwei weitere Forschungsprojekte über die Gründe der Fluktuation im Bergbau und über die Altersvorstellungen der Arbeiter und Angestellten »dienten praktischen Zwecken der deutschen Wirtschaft und Verwaltung«. Und: das Institut für Sozialforschung, an dem die Studenten so gründlich wie wohl an keiner anderen deutschen Hochschule mit den Verfahrensweisen der Sozialforschung vertraut gemacht würden, habe als erstes das Diplomexamen für Soziologen eingeführt. »Die Diplomsoziologen«, hieß es weiter, dem alten Horkheimerschen Programm interdisziplinärer Arbeit und gesamtgesellschaftlichen Denkens eine bereits in der Rede zur Eröffnung des neubegründeten Instituts in den Vordergrund getretene pragmatische Note gebend, »sind keine engen Fachwissenschaftler, sondern Menschen, die solide Kenntnisse auf Spezialgebieten mit Einblick in die sozialen Fragen der Gegenwart und in den Zusammenhang des Ganzen verbinden. Sie entsprechen einem Bedürfnis, das von einer immer wachsenden Zahl von Behörden, wirtschaftlichen Gremien wie Konzernleitungen und Gewerkschaften und fernerhin solchen Institutionen wie Radio und Presse empfunden wird. Die hohen Anforderungen bei diesem Examen sollen eine Auswahl der wirklich Befähigten gewährleisten.«

Man konnte zwar unterscheiden zwischen Projekten des Instituts, die bloße Auftragsarbeiten waren und sein finanzielles Überleben sichern sollten – z. B. die Radio-Untersuchung, die Betriebsklima-Untersuchung und weitere Auftragsarbeiten für den Mannesmann-Konzern wie die Untersuchung über die Ursachen der Fluktuation im

Steinkohlenbergbau –, und solchen Projekten, die eigenen thematischen Interessen des Instituts entsprachen – in den 50er Jahren z. B. die Untersuchung über das politische Bewußtsein der Westdeutschen, Untersuchungen über Universität und Gesellschaft, in gewisser Weise auch die weitere Ausarbeitung des Gruppendiskussionsverfahrens, in den 60er Jahren die Erarbeitung einer der F(aschismus)-Skala entsprechenden A(utoritarismus)-Skala, Untersuchungen zum politischen Bewußtsein und zur politischen Bildung in der Bundesrepublik. Und für diese zweite Gruppe von Untersuchungen, die ja zum Teil auch fremdfinanziert waren – z. B. durch die Deutsche Forschungsgemeinschaft –, schwebte Adorno sogar die Konzeption einer langfristig angelegten Reihe von Untersuchungen zur »deutschen Ideologie« vor (so hieß dann 1964 der Untertitel seines *Jargons der Eigentlichkeit*, einer Art qualitativer Inhaltsanalyse gehobenen deutschen Redens). Aber für Horkheimer war eine solche Unterscheidung mindestens seit der Mannesmann-Untersuchung offenbar immer weniger relevant. Sein Ziel war vielmehr: ein wohlangesehenes Institut mit dem vagen Image einer glanzvollen Vergangenheit, das gesellschaftlich nützliche Soziologen mit humanistischer Gesinnung heranzog, die gute Aussichten auf Jobs in Industrie und Verwaltung hatten.

Eine solche Entwicklung mußte eine Entlastung für Horkheimer bedeuten, der einen großen Bedarf an Wohlwollen seitens einflußreicher Persönlichkeiten hatte. Um den Lehrstuhl in Chicago hatte er sich bemüht, weil er darin ein Mittel sah, seine US-amerikanische Staatszugehörigkeit zu behalten. Mitte der 50er Jahre setzte er Himmel und Hölle in Bewegung, um mittels eines weiteren »individual law« die ihm doch noch entzogene US-amerikanische Staatsbürgerschaft wiederzuerlangen und schließlich das Privileg genießen zu dürfen, lebenslang sowohl über die US-amerikanische wie über die deutsche Staatszugehörigkeit zu verfügen. In Deutschland spannte er dafür Leute wie den hessischen Ministerpräsidenten Georg-August Zinn und den Bundespräsidenten Theodor Heuss ein. Solche Ansprüche mußten den Drang nach dem Vorantreiben materialer kritischer Gesellschaftstheorie weiter dämpfen. Was Horkheimer – nach wie vor doppelbödig lebend und nach wie vor die Gesellschaft seiner Zeit verachtend, aber insgeheimer als in früheren Jahren – vor allem tat, war: als Lehrer und Redner, als Anreger und Koordinator für die liberalbürgerlichen kulturellen Traditionen zu werben, die es, in wie geringen und schwächer werdenden Spuren auch immer, so lange wie möglich in die verwaltete Welt hinüberzuretten galt (siehe hierzu und überhaupt zum Horkheimer der Nachkriegszeit: Schmid Noerr, *Kritische Theorie in der Nachkriegsgesellschaft*, in: Horkheimer, *Ges. Schr. 8*, 457 ff.).

Aber auch Adorno machte mit dem, was ihm als kritische Empirie vorschwebte, nicht ernst. Nach der Gruppenstudie über das politische Bewußtsein der Westdeutschen war er, der sich mit soviel Schwung und mit der Idee einer kritischen empirischen Sozialforschung vor Augen an die Arbeit gemacht hatte, an keinem IfS-Projekt mehr entscheidend beteiligt. Er bearbeitete fast nur noch die Forschungsberichte, schrieb Einleitungen oder Vorworte dazu – all das ohne Öffentlichkeit, denn für ein Jahrzehnt blieben *Gruppenexperiment* und *Betriebsklima* die einzigen Veröffentlichungen über Forschungsprojekte des IfS innerhalb der Reihe der *Frankfurter Beiträge zur Soziologie*. Ein postum veröffentlichtes Manuskript von 1957 über *Teamwork in der Sozialforschung* läßt Schlüsse darauf zu, was – außer der lähmenden Haltung Horkheimers, der bis in die 60er Jahre hinein das letzte Wort in Instituts-Angelegenheiten sprach und von dem Adorno sich nicht zu emanzipieren vermochte, und außer Adornos anderen, hinter den soziologischen ja keineswegs zurückstehenden Interessen – der Grund für seine geringe Beteiligung an der Arbeit des Instituts war.

Teamwork in der Sozialforschung war die Radikalisierung der Selbstkritik der empirischen Sozialforschung, von der Adorno im *Gruppenexperiment* noch gemeint hatte, er könne sie produktiv weitertreiben. Nun sah er Kritik und Empirie zerfallen in zwei in der Praxis unvereinbare Komponenten. »Wer immer die Praxis der empirischen Sozialforschung aus eigener Arbeit kennt, dem wird die Beobachtung aufgezwungen, daß im Bereich der in Rede stehenden Untersuchungen das teamwork sich durch die Arbeit des Einzelgelehrten alten Stils nicht ersetzen läßt. One man studies sind stets dubios und meist dilettantisch.« (Adorno, *Ges. Schr. 8*, 494 f.) Die Durchführung der Interviews für eine repräsentative Stichprobe z. B. war von einem einzelnen nicht zu bewältigen. Und wer von seinen Fachgenossen ernst genommen werden wollte, wer Forschungsaufträge bekommen wollte, kam nicht umhin, jene nur beim teamwork möglichen Kontrollen walten zu lassen, die z. B. beim scoring oder Subsumieren der Daten unter bestimmte Kategorien nach allgemeiner Ansicht für den Ausgleich subjektiver Verzerrungen sorgten.

»Der Preis aber, der für solches streamlining der Sozialwissenschaften bezahlt werden muß, ist sehr hoch . . . Was dem Eliminierungsprozeß zum Opfer fällt, ist nicht bloß die individuelle Zufälligkeit, sondern auch alles, was an objektiver Einsicht dem reflektierenden Individuum zuteil wird und sich in dem Abstraktionsprozeß verflüchtigt, der mehrere Individuen auf die Formel eines gemeinsamen Bewußtseins bringt, von dem die spezifischen Differenzen weggeschnitten sind. Unter den Erfahrungen des empirischen Sozialforschers, welche schließlich zu der selbstkritischen Explosion der letzten Jahre geführt haben, ist vielleicht die beunruhigendste, daß eine Studie, die mit viel

Perspektive, mit Gedanken über wesentliche Zusammenhänge und tiefzielenden Fragen begonnen wird, auf dem Weg vom Entwurf zur Realisierung, insbesondere im Engpaß des Pretests, ihr Bestes verliert, so daß hier wirklich Unternehmungen voll Mark und Nachdruck den Namen Tat verlieren, und zwar nicht durch Schuld, bösen Willen und Borniertheit irgendwelcher einzelner Beteiligter, sondern durch einen objektiven Zwang, der in der Maschinerie selbst waltet.« (496 f.) Beim teamwork mußte jeder dort weiterarbeiten können, wo der andere aufhörte. Es mußte objektive Ordnung herrschen, damit jeder Mitarbeiter sich zurechtfinden konnte. Suche der Leiter – so Adorno offensichtlich im Hinblick auf seine Erfahrungen als Präsentator von Untersuchungsergebnissen und Verfasser programmatisch anspruchsvoller Einleitungen – am Ende das wiederherzustellen, was er zu Beginn der Studie an Eigenem hinzugab, was aber im Verlauf der Untersuchung der institutionalisierten Form des Forschungsprozesses zum Opfer fiel, dann sei die Beziehung zu den Daten meist unwiederbringlich verloren, blieben die Überlegungen unverbindlich und könnten höchstens noch auf Duldung als Hypothesen hoffen, die in künftigen Untersuchungen zu testen wären, zu denen es in der Regel nicht komme. »Der immer wieder bemerkte Mangel an solchen, die fähig sind, das write up von Studien zu bewältigen, erklärt sich nicht mit dem Mangel an schriftstellerischer Begabung, denn ein solcher Bericht ist keine Sache bloßer literarischer Routine, sondern verlangt das volle Verständnis der Forschung – es ist vielmehr die Aporie, daß ein solcher Endbericht etwas wie einen Sinnzusammenhang vorstellen muß, während der immanente Sinn der Methode, auf der das Ganze beruht, gerade die Negation eines solchen Sinnzusammenhangs, die Auflösung in bloße Faktizität ist. Der Theorie wird darum bloßer Lippendienst geleistet, weil der immanenten Tendenz des research nach gar nicht die Gewinnung von Theorie durch Fakten das Ziel ist« – sondern die Tabelle (409 f.).

Als unausgesprochene Konsequenz von Adornos Abrechung mit seinen Erfahrungen in der empirischen Sozialforschung blieb einzig: in Zukunft das zu tun, was man allein tun konnte, ohne sich sogleich dem Vorwurf des Dilettantismus und der Handwerkelei auszusetzen: an der Theorie arbeiten. Aber an was für einer Theorie? Und wie sollte sie sich dagegen schützen, in bloße Spekulation zu verfallen? Zwei Jahre später begann Adorno mit der Arbeit an der *Negativen Dialektik*, von der man sagen kann: Sie trat an die Stelle des Projekts einer zusammen mit Horkheimer zu realisierenden Fortsetzung der *Dialektik der Aufklärung*. Nach fast zwei Jahrzehnten, in denen er ungewollt in empirische Sozialforschungsprojekte eingespannt worden war und sich mit wachsender, wenn auch nie ungebrochener Begeisterung daran beteiligt hatte, war Adorno wieder auf den Standpunkt zurückgekehrt, den er während seiner Mitarbeit am Princeton Radio Research Project vertreten hatte: Die wichtigen Dinge ließen sich nicht empirisch angehen.

Aber hatte es nicht das Berkeley-Projekt gegeben? War Adorno nicht nach wie vor stolz auf die dabei geleistete Kombination von psychoanalytischen Theorien und social research-Verfahren, von Freud und Quantifizierung? War die Zusammenarbeit mit der Berkeley Public Opinion Study Group nicht mehr als streamlining teamwork gewesen? Hatte nicht gerade die Angst vor zu weit gehender Abweichung von dem eingespielten Forschungsbetrieb und die Unfähigkeit zur Bildung einer »geistigen Gemeinschaft zwischen Menschen«, die sich im Namen »einer objektiv sie bewegenden Sache miteinander verbinden« (Adorno), entschiedene Versuche der Entwicklung einer kritischen Empirie verhindert? Adornos Kritik traf den etablierten Forschungsbetrieb, aber nicht das Projekt einer kritischen empirischen Sozialforschung. Sie erleichterte ihm die Konzentration auf die philosophische Theorie, aber sie ließ es zu, daß er noch zuletzt auf der Forderung nach einer Feldforschung der kritischen Soziologie bestand – ohne daß er sie genauer zu bestimmen vermocht hätte.

Marcuses »Dialektik der Aufklärung«: *Eros and Civilization*

Wenn Verlage oder potentielle Geldgeber nicht genügend Interesse an den Publikationsprojekten des Instituts zeigten oder es an geeigneten Übersetzern mangelte; wenn die Institutsleiter sich mit dem institutionalisierten Forschungsbetrieb abfanden; wenn der laufende Betrieb, in den sie integriert waren, einen großen Teil ihrer Energien absorbierte – wurde dann wenigstens nach Kräften lebendig gehalten, was es an Rudimenten jener geistigen Gemeinschaft zwischen Menschen, die durch eine objektiv sie bewegende Sache miteinander verbunden waren, gab, in der Adorno die einzige Alternative zum teamwork und zur one man study sah? Existierte – wenn auch die Übersiedlung Marcuses nach Frankfurt an Adornos Eifersucht, Horkheimers Abneigung gegen die Übernahme langfristiger finanzieller Verpflichtungen durch das Institut und Marcuses verständlichem Bedürfnis nach finanzieller Abgesichertheit gescheitert war – wenigstens eine Art

Gemeinschaft auf Distanz zwischen Horkheimer, Adorno und Marcuse als Trägern der kritischen Theorie? Die Geschichte der deutschen Publikation von Marcuses *Eros and Civilization. A Philosophical Inquiry into Freud* (*Beyond the Reality Principle: A Philosophy of Psychoanalysis* bzw. *Philosophy of Psychoanalysis: Toward Civilization without Repression* hatten die Arbeitstitel gelautet) zeigte etwas anderes.

Das Freud-Buch war hervorgegangen aus einer Reihe von Vorlesungen, die Marcuse 1950/51 an der Washington School of Psychiatry gehalten hatte. »Sie fragen mich nach dem Plan des Freud Buches«, hatte Marcuse im November 1951 an Horkheimer geschrieben, den er kurz zuvor, im August, in Frankfurt besucht hatte. »Da ich mich hier auf ein privat und objektiv sehr gewagtes Gebiet begebe, habe ich mich entschlossen, erst einmal alles hinzuschreiben, was mir einfällt, und dann das ganze neu zu schreiben. Ich habe also keinen Plan – außer den Ideen, die ich Ihnen in Frankfurt mitgeteilt habe.« (Marcuse-Horkheimer, New York, 26. 11. 51) Horkheimer lernte das Manuskript bereits in einem frühen Stadium kennen und wurde von Marcuse über den Stand der Arbeit auf dem laufenden gehalten. Im Spätsommer 1954, als Horkheimer im Zusammenhang mit seinem Chicagoer Lehrstuhl in den USA war, traf er auch mit Marcuse zusammen. »Übrigens scheint mir die Arbeit von Herbert recht anständig zu sein«, schrieb er an Adorno. »Wenn auch der psychologische Ansatz uns nicht sehr liegt, so stehen doch so viel schöne Dinge darin, daß wir uns der Sache voll annehmen sollten. Abgesehen von einer Reihe von Teilpublikationen in der Zeitschrift, gehörte eine volle Übersetzung sicher zu dem Wichtigsten, was die beabsichtigte ›Series of German Translations‹ bringen könnte.« (Horkheimer-Adorno, 1. 9. 54) Und einige Tage später, angesichts voraussehbarer Schwierigkeiten, für jenes Serien-Projekt Geld zu bekommen: »Meine Ansicht ist, wir sollten das Buch von Herbert, sei es auf englisch, sei es auf deutsch, als Institutspublikation veröffentlichen. Das wird dem Vorabdruck einiger Teile in der Zeitschrift nichts schaden.« (Horkheimer-Adorno, 10. 9. 54) Und Marcuse an den wieder nach Frankfurt zurückgekehrten Horkheimer: »Es wäre herrlich, wenn die deutsche Ausgabe als Institutsschrift erscheinen würde – sie gehört dem Institut und seinem Direktor.« (Marcuse-Horkheimer, 11. 12. 54)

In den Horkheimer zum 60. Geburtstag gewidmeten *Sociologica* erschien Marcuses gekürzte Übersetzung der Schlußkapitel seines Buches gleich an zweiter Stelle hinter Adornos Beitrag. Aber noch vor dem Erscheinen des englischen Bandes zogen sich dunkle Gewitterwolken über dem Plan der Veröffentlichung der deutschen Ausgabe des Buches zusammen. »Im ›Dissent‹«, schrieb Adorno im August 1955 an Horkheimer, »steht ein großer Aufsatz von Herbert gegen die psychoanalytischen Revisionisten, der im wesentlichen die von uns in dieser Angelegenheit vertretenen Gedanken enthält, ohne daß wir auch nur mit einem Wort genannt wären, was ich denn doch als sehr merkwürdig empfinde. Ich bin décisivement gegen einseitige Solidarität und möchte in der Angelegenheit seines Buches, aus dem diese Arbeit ein Kapitel darstellt, sehr advozieren, daß wir *gar nichts* tun.« (Adorno-Horkheimer, Frankfurt, 30. 8. 55) Ein Jahr später war der Plan der Publikation der deutschen Ausgabe von Marcuses Freud-Buch als Institutsveröffentlichung endgültig gescheitert. »Richtig ist«, hieß es in einem Brief Adornos an Marcuse im Sommer 1957, »daß eine gewisse Direktheit und ›Unvermitteltheit‹ (in dem belasteten Sinn, den wir nun einmal dem Begriff der Vermittlung geben) an Deinem englischen Freudtext mir nicht recht behagt hat, ohne daß das im übrigen die Grundpositionen berührt hätte. Genau damit hing mein Wunsch zusammen, Du mögest selbst die deutsche Fassung herstellen. Es handelt sich einfach um die Differenz der Sprachschichten, und Du brauchst nur deutsch zu formulieren, um derselben Dinge inne zu werden, die mich etwas gestört haben, und wirst sie dann auch so ändern, daß wir alle den Text voll vertreten können . . . Von irgendeiner Aversion von meiner Seite gegen die Publikation kann gar keine Rede sein. Im Gegenteil, ich bin vom ersten Tag an der Ansicht gewesen, daß es selbstverständlich wäre, daß Dein Buch in unserer Reihe erscheint, und daran hat sich nicht das mindeste geändert.« (Adorno-Marcuse, 16. 7. 57) Aber Marcuse war nicht Benjamin bzw. nicht in Benjamins Situation. Es mochte sein, daß eine in Adornos Sinn geänderte Fassung in mancher Hinsicht besser ausgefallen wäre – so wie Benjamins Baudelaire-Aufsatz für die *ZfS*. Aber wäre es besser gewesen in dem Sinn, auf den es Marcuse ankam? Die deutsche Ausgabe von Marcuses Freud-Buch erschien noch im selben Jahr im Ernst Klett Verlag unter dem Titel *Eros und Kultur*. (In späteren Ausgaben wurde der Titel abgewandelt zu *Triebstruktur und Gesellschaft*.) Die Beziehung zwischen Marcuse und den Institutsleitern war wieder um einiges brüchiger geworden.

Das Freud-Buch, so kann man im nachhinein sagen, war Marcuses theoretisches Hauptwerk. Es war außerdem von den zu Beginn dieses Abschnitts aufgezählten Veröffentlichungen des Jahres 1955 und auch von den Veröffentlichungen der umliegenden Jahre diejenige, die am ehesten als Weiterarbeit an der kritischen Theorie erschien. So wie Marcuse in *Reason and Revolution* (1941) den systematischen Versuch unternommen hatte, Hegel der Reaktion und dem Faschismus zu entreißen und die Marxsche Gesellschaftstheorie als Erbin der kritischen Tendenzen in der Hegelschen Philosophie zu erweisen; wie er 1946 ein Sonderheft der neu zu begründenden Zeitschrift mit einer systematischen Bestandsaufnahme der politischen, ökonomischen und kulturellen Vorstellungen und Programme der wichtigen Parteien im Nachkriegsdeutschland vorgeschlagen und 1947 als einziger programmatische Thesen für die Orientierung der neu zu gründenden Zeitschrift entworfen hatte; wie er später als Ergebnis seiner Fellowships am Russian Institute der Columbia University und am Russian Research Center der Harvard University mit *Soviet Marxism* (1958) eine die Marxsche Theorie zum Maßstab nehmende systematische Kritik der sowjetmarxistischen Ideologie vorlegte; wie er dann mit *One Dimensional Man* (1964) den Versuch einer systematischen Kritik der Ideologie der fortgeschrittenen Industriegesellschaft unternahm – so lieferte er mit *Eros and Civilization* eine Art triebdynamische Fundierung der kritischen Theorie.

Eros and Civilization – das war Marcuses »Dialektik der Aufklärung«. Während Horkheimers und Adornos Band ein Fragment blieb, das Anspruch lediglich auf die Vorbereitung eines positiven Begriffs von Aufklärung erheben konnte, folgte in Marcuses Buch auf den ersten Teil *Unter der Herrschaft des Realitätsprinzips* ein zweiter Teil *Jenseits des Realitätsprinzips*. Marcuse unternahm den Versuch, Freuds weithin anerkannte These, daß ohne Triebverzicht und Triebunterdrückung, ohne Anerkennung des Realitätsprinzips eine Zivilisation nicht denkbar sei, zu widerlegen. Gestützt auf den metapsychologischen Teil von Freuds eigener Theorie suchte er zu zeigen: Eine Kultur ohne Unterdrückung ist sehr wohl vorstellbar, und sie kann sich die von der bisherigen unterdrückenden Kultur geschaffenen objektiven Bedingungen zunutze machen. Den Neofreudianern, darunter insbesondere Fromm, warf er vor, mit ihrer Verlagerung der Aufmerksamkeit vom Unbewußten auf das Bewußte, von den biologischen auf die kulturellen Faktoren hätten sie die triebdynamischen Wurzeln der Gesellschaft durchschnitten. Sie behandelten die Gesellschaft als jenes institutionell etablierte kulturelle Milieu, als das sie dem Individuum entgegentrete, und verfügten über keine begriffliche Grundlage außerhalb des herrschenden Systems. Für sich selbst dagegen nahm er in Anspruch, dank der Freudschen Metapsychologie in der Triebschicht einen unabhängigen kritischen Maßstab gefunden zu haben, an dem sich die Gesellschaft und ihre Zurichtung des Individuums messen ließen.

Marcuses Diagnose der »Dialektik der Zivilisation« sah so aus. Der gesamte Verlauf der bisherigen Kultur war dadurch gekennzeichnet, daß die Beschaffung der lebensnotwendigen Mittel nicht mit dem Ziel organisiert wurde, die sich entwickelnden Bedürfnisse der Individuen auf die bestmögliche Weise zu befriedigen, sondern so, daß »der allmähliche Sieg über die Lebensnot unlösbar mit den Interessen der

Beherrschung verquickt und von ihnen geformt« war (*Triebstruktur und Gesellschaft*, 41). Stets gab es außer der Grund-Unterdrückung, der für das zivilisierte Fortbestehen der menschlichen Gattung notwendigen Modifikation der Triebe, eine herrschaftsbedingte »zusätzliche Unterdrückung«, eine, wie es in der englischsprachigen Originalausgabe prägnant hieß, »Surplus-repression«. Der von zusätzlicher Unterdrückung, ja angesichts zunehmender Naturbeherrschung sogar von einer relativ anwachsenden zusätzlichen Unterdrückung gekennzeichnete Fortschritt der Kultur schwächte die erotische und stärkte die destruktive Komponente der Triebenergie. »Eine verstärkte Abwehr gegen die Aggression ist notwendig; aber um wirksam zu sein, müßte die Abwehr gegen die erhöhte Aggression den Sexualtrieb stärken, denn nur ein starker Eros kann die Destruktionstriebe mit Erfolg ›binden‹. Und genau dies ist es, was *die entwickelte Kultur zu leisten außerstande ist*, denn sie hängt, um existieren zu können, von einer gesteigerten und umfassenden Reglementierung und Kontrolle ab.« (*Triebstruktur und Gesellschaft*, 82) Mit dieser Diagnose trat in Marcuses Augen an die Stelle der Vorstellung vom unvermeidlichen ›biologischen‹ Konflikt zwischen Lustprinzip und Realitätsprinzip, zwischen Sexualität und Kultur die Idee »von der einenden und befriedigenden Macht des Eros . . ., der in einer kranken Kultur gefesselt und erschöpft ist«. »Diese Idee würde bedeuten, daß der *freie* Eros dauerhafte kulturelle gesellschaftsbildende Beziehungen nicht ausschließt – daß er nur die über-verdrängende Organisation der gesellschaftbildenden Beziehungen unter einem Prinzip, das die Verneinung des Lustprinzips ist, abweist.« (47)

Im zweiten Teil seines Buches entwickelte Marcuse in Abschnitten über *Phantasie und Utopie*, über Orpheus und Narziß als Urbilder, die die Alternative zu Prometheus verkörperten, über die ästhetische Dimension, über die *Verwandlung der Sexualität in Eros* ein kleinformatiges Pendant zu Blochs *Prinzip Hoffnung* (dessen 1. Band mit den Teilen *Kleine Tagträume*, *Das antizipierende Bewußtsein* und *Wunschbilder im Spiegel* 1954 erschienen war, dessen 2. Band – *Grundrisse einer besseren Welt* – 1955 und dessen 3. und letzter Band – *Wunschbilder des erfüllten Augenblicks* – schließlich 1959 erschien). Der letzte Abschnitt: *Eros und Thanatos* versuchte dem Gegner das Todes-Thema zu entreißen und selbst den Tod – der die Menschen lehrte, daß alle Lust kurz ist, und sie zur Resignation brachte, ehe die Gesellschaft sie dazu zwang – als etwas Veränderbares zu erweisen. Auch auf den Tod sollte die Philosophie mit der »Großen Weigerung« reagieren – so der plakative Ausdruck, den Marcuse von A. N. Whitehead übernommen hatte, der damit das Hauptcharakteristikum der Kunst zu kennzeichnen gesucht hatte –, mit dem Bestehen auf den »Ansprüchen des Menschen und der

Natur auf vollständige Erfüllung« (159). »Unter wirklich menschlichen Daseinsbedingungen könnte der Unterschied zwischen einem Tod durch Krankheit mit zehn, dreißig, fünfzig oder siebzig Jahren oder einem ›natürlichen‹ Ende nach einem erfüllten Leben wirklich ein Unterschied sein, der einen Kampf mit aller Triebenergie lohnte. Nicht die, die sterben, stellen die große Anklage gegen unsere Kultur dar, aber die, die sterben, ehe sie müssen und wollen, die, die in Todesqual und Schmerzen starben ... Es bedarf aller Einrichtungen und Werke einer repressiven Ordnung, um das schlechte Gewissen über diese Schuld zur Ruhe zu bringen.« (232) (Hier schloß sich der Bogen zur Ausgangskonstellation der Arbeit am Freud-Buch, dessen englischer Ausgabe die Worte vorangestellt waren: »Written in Memory of Sophie Marcuse 1901-1951«. Marcuse hatte das Buch 1951 begonnen, in dem Jahr, in dem seine erste Frau nach fast eineinhalb Jahren eines Lebens mit dem Tod vor Augen an Krebs gestorben war.)

Marcuse, der in seinen frühen Aufsätzen einen marxistischen Gebrauch von Heideggers Existentialontologie gemacht und von der »totalen Revolution« und der »Realisierung des ganzen Menschen« gesprochen hatte, entwarf in *Eros and Civilization* eine kulturrevolutionäre Engführung Freudscher und Marxscher Gedanken. *Eros and Civilization* – dieser Titel stand (besser als der trockene deutsche Titel *Triebstruktur und Gesellschaft*) für die Beschwörung des Eros als des großen Gegenspielers einer unnötig repressiven Zivilisation und als des sein Ziel niemals aus den Augen verlierenden Garanten einer Zivilisation ohne Unterdrückung (von der Marcuse in der Regel sprach, ohne sich auf eine Diskussion darüber einzulassen, ob er damit meinte, daß sich mit der Abschaffung der zusätzlichen Unterdrückung und aufgrund der Errungenschaften der bisherigen Zivilisation auch der Charakter der Grund-Unterdrückung so ändern werde, daß von Unterdrückung gleichwelcher Art überhaupt keine Rede mehr sein könne). »Daß das Realitätsprinzip in der menschlichen Entwicklung stets von neuem befestigt werden muß, deutet darauf hin, daß sein Sieg über das Lustprinzip niemals vollständig und niemals sicher ist ... Was die Kultur bändigt und unterdrückt – die Ansprüche des Lustprinzips –, das lebt weiterhin in der Kultur selbst fort. Das Unbewußte behält die Ziele des überwundenen Lustprinzips bei ... Es ist die *Wiederkehr des Verdrängten*, die die unterirdische, tabuierte Geschichte der Kultur speist ... Und die Vergangenheit fährt fort, einen Anspruch auf die Zukunft zu ergeben: sie erzeugt den Wunsch, daß auf der Grundlage zivilisatorischer Errungenschaften das Paradies wiederhergestellt werde.« (21, 24) Das Kontinuum einer wie immer unterirdischen Geschichte der Lust, die Erinnerung an das einstige Glück in der Kindheit des einzelnen Individuums wie in der Kindheit der menschlichen Gattung bürgten in Marcuses Gedankengang sowohl dafür, daß das Verlangen nach Glück unzerstörbar war, wie auch dafür, daß es ein Verlangen nach dem vollen Glück war.

Wodurch der Prozeß der Verdrängung in Gang gekommen war; ob die Unterscheidung zwischen Grund-Unterdrückung und zusätzlicher Unterdrückung besagen sollte, daß ein von zusätzlicher Unterdrückung freier zivilisatorischer Prozeß möglich gewesen wäre; ob denn die Errungenschaften einer von Herrschaft und zusätzlicher Unterdrückung geprägten Zivilisation nicht kritisch zu sichten und in wesentlichen Zügen zu revidieren waren; ob das zu einer unterirdischen, tabuierten Geschichte Verdammte nicht Entstellungen erlitten hatte, die nicht einfach eines Tages wie lästige Fesseln abgeworfen werden konnten – solche sich aufdrängenden Fragen wurden von Marcuse entweder gar nicht erst gestellt oder einfach mit von Freud übernommenen phylogenetischen Spekulationen beantwortet oder schlagwortartig z. B. mit dem Hinweis auf die Notwendigkeit einer »rationellen Neuorganisation eines riesigen Industrieapparates« (213) und die dann mögliches Umwandlung der Sexualität in Eros und Ersetzung »entfremdeter Arbeit« durch »›libidinöse‹ Arbeit«. (217)

Rückte Marcuse mit seinem Buch nicht endlich ins volle Licht, woraus sich Horkheimers und Adornos Arbeiten speisten? Die Geste des Zurückkehrenden, in der Adorno in seiner *Philosophie der neuen Musik* den Ausdrucksgehalt aller Musik, auch der in der todeswürdigen Welt sah; die Selbsterkenntnis des Geistes als unversöhnte Natur, in der Horkheimer und Adorno in ihrem gemeinsamen Buch den Ausweg aus der Dialektik der Aufklärung sahen; die alten, unter der Oberfläche der modernen Zivilisation schwelenden Lebensformen, in denen Horkheimer in der *Eclipse of Reason* den Quell der Liebe zu einem Ding um seiner selbst willen sah; die Verteidigung von Freuds »biologischem Materialismus« in Horkheimers und Adornos Nachruf auf Ernst Simmel oder in Adornos Aufsatz über *Die revidierte Psychoanalyse* – wurde nicht all das auf den Begriff gebracht durch Marcuses Annahme einer in der Triebstruktur, genauer: in der »guten« Triebstruktur, im Eros steckenden Vernunft? War damit nicht endlich unverblümt zur Diskussion gestellt, worauf sich auch Horkheimer und Adorno – nur indirekt, verschämt, aphoristisch – stützten: daß es von der Natur über den Mythos bis hin zur Aufklärung und zur Vernunft eine positive Spielart gebe, die letztlich in einem spontanen und insofern natürlichen Gefühl für das Richtige, Gute, Wahre gründete? Wenn Horkheimer und Adorno immer wieder betonten, zur Stimme der unterdrückten Natur könne nur das selbstreflektierte Denken werden; der Natur beizustehen sei nur möglich durch die

Entfesselung ihres scheinbaren Gegenteils, des unabhängigen Denkens – konnte man sich dann unter dem Beitrag des Denkens etwas anderes vorstellen als die Aktualisierung oder Artikulierung von etwas, was die »gute« Natur eingab? Entzogen sich Horkheimer und Adorno durch ihre Zurückhaltung nicht lediglich der offenen Konfrontation mit dem Dilemma, daß man für die Unterscheidung zwischen »guter« und »schlechter« Natur eines Maßstabs bedurfte, der unabhängig war von dem unter Umständen trügerischen Gefühl für das Richtige und Vernünftige, daß aber das Urteil der Vernunft für den, der sich über die Dialektik der Aufklärung, über die Verschmelzung von Grund-Unterdrückung und Surplus-Unterdrückung in der Zivilisation klar war, nicht weniger eines Maßstabs bedurfte, der unabhängig war von der unter Umständen trügerischen Rationalität?

Horkheimer und Adorno hatten durch ihre Zurückhaltung in Fragen der Fundierung der kritischen Theorie und durch die Betonung der Rolle der bestimmten Negation und des Aussprechens dessen, was der Fall sei, dafür plädiert, das Hauptgewicht auf eine materiale Theorie der Gesellschaft zu legen. Wenn aber die Arbeit an der materialen Theorie der Gesellschaft nicht vorankam, mußte dann nicht unvermeidlich das Problem der Fundierung der Kritischen Theorie in den Vordergrund rücken und verdiente Marcuses Buch nicht, daraufhin diskutiert zu werden?

So hätte es eigentlich sein müssen. Aber so wie Horkheimer seit der zweiten Hälfte der 30er Jahre und insbesondere im Hinblick auf das Dialektik-Projekt das Fehlen theoretisch-ökonomischer Analysen beklagt hatte; wie Adorno z. B. noch 1954, als er seinen alten Plan, einen Sammelband mit Studien des Instituts zur Massenkultur zu publizieren, aufs neue aufgriff, in einem Brief an Löwenthal geklagt hatte, »Es fehlt natürlich etwas Entscheidendes, nämlich eine theoretisch-ökonomische Analyse der Basis der Kulturindustrie«, um sogleich hinzuzufügen, »Wer aber kann so etwas machen?« (Adorno-Löwenthal, 8. 12. 54, in: Löwenthal, *Schriften 4*, 178) – so wie dieses Desiderat immer wieder hervorgehoben und in der praktischen Arbeit immer wieder verdrängt worden war, so war auch die Diskussion über die Grundlagen der kritischen Theorie einmal sehr aktuell geworden und dann nachdrücklicher noch als das Desiderat einer theoretisch-ökonomischen Analyse verdrängt worden.

In einem der letzten Monate vor der Übersiedlung Adornos an die Westküste der USA hatten er und Horkheimer in ihren Briefen einige Gedanken ausgetauscht, die so offen wie wohl an keiner Stelle sonst im Briefwechsel oder in Manuskripten auf das Fundierungsproblem eingingen. Die damalige Situation legte dergleichen besonders nahe: In allernächster Zukunft sollte die gemeinsame Realisierung des großen Werks beginnen, und kein Problem erschien in dieser Stimmung als zu schwierig, um nicht im Verlauf der gemeinsamen Arbeit endlich gelöst zu werden, soweit von der Sache her eine Lösung möglich war.

Adorno hatte sich dem skeptischen Horkheimer gegenüber ein weiteres Mal zur fundamentalen Bedeutung theologischer Motive bekannt, wobei es allerdings gelte, »noch das Geheimnis zu denken«. »Ich habe«, hieß es dann, »ein schwaches, unendlich schwaches Gefühl, daß das möglich sei und auf welche Art, bin aber ehrlich außerstande, das heute schon zu formulieren. Die Annahme vom Kleiner- und Unsichtbarwerden der Theologie ist ein Motiv dazu, ein anderes die Überzeugung, daß von einem zentralsten Standpunkt aus der Unterschied des Negativen und des Positiven zur Theologie nichts besagt. (Marcuses Buch, das von dem Unterschied lebt, hat mich darin nur bestärkt.) Vor allem aber glaube ich, daß all das, was wir als wahr erfahren, und zwar nicht blind, sondern in der Bewegung des Begriffs, und was sich uns wirklich als Index sui et falsi zu lesen gibt, dies Licht nur als Widerschein jenes anderen trägt.« (Adorno-Horkheimer, 4. 9. 41)

Marcuses Buch – das war *Reason and Revolution*. Darin hieß es z. B.: »Seine [Marx', R. W.] Kategorien sind negativ und zur gleichen Zeit positiv: sie schildern einen negativen Zustand im Licht seiner positiven Aufhebung, wobei sie die wahre Situation der gegenwärtigen Gesellschaft als ein Vorspiel ihres Übergangs in eine neue Form enthüllen.« (Marcuse, *Vernunft und Revolution*, 260) Im letzten Aphorismus von Adornos *Minima Moralia* hieß es: »Philosophie, wie sie im Angesicht der Verzweiflung einzig noch zu verantworten ist, wäre der Versuch, alle Dinge so zu betrachten, wie sie vom Standpunkt der Erlösung aus sich darstellten. Erkenntnis hat kein Licht, als das von der Erlösung her auf die Welt scheint . . . Die vollendete Negativität, einmal ganz ins Auge gefaßt, (schießt zusammen) zur Spiegelschrift ihres Gegenteils . . .« War das nicht das gleiche, was auch Marcuse schrieb? Der Unterschied ergab sich jeweils aus den folgenden Sätzen. In Marcuses Augen wohnten die Elemente der neuen Form der bestehenden Gesellschaft inne und bereiteten deren Transformation in eine freie Gesellschaft vor. Für Adorno dagegen war eine Erkenntnis, die die Welt vom Standpunkt der Erlösung aus in ihrer Versetztheit und Verfremdetheit wahrnahm, war eine das »Messianische Licht« antizipierende Erkenntnis einerseits das Allereinfachste und Nächstliegende, andererseits aber auch das ganz Unmögliche. Denn es setzte, so Adorno, einen Standort voraus, der dem Bannkreis des Daseins entrückt war, während doch jede mögliche Erkenntnis mit eben der Entstelltheit geschlagen war, der sie zu entrinnen trachtete. Marcuse sah das positive Wesen der negativen Erscheinung innewohnen und in der untergründigen Geschichte des Positiven die eigentliche und sich letztlich durchsetzende Geschichte. Adorno dagegen verzichtete auf die Garantie einer solchen untergründigen Geschichte. Erst im Augenblick vollendeter Negativität könnten sich gleichzeitig das Negative und das Positive und das siegende Licht einer die Unterscheidung zwischen Negativem und Positivem sogleich kassierenden Erlösung zeigen. Erst von der geschehenden Erlösung her und damit im nachhinein – vergleichbar am ehesten dem blitzartigen Abrollen eines Lebens in der Sekunde des Todes – könnte richtig zwischen Negativem und Positivem unterschieden werden. Gerade Adornos Bestehen auf der Aporie einer immanenten Kritik eines falschen Zustandes veranlaßte ihn zu einer Art Theologie in Klammern. Sie war wie ein Wechsel, auf dessen Wechsel-Charakter man hinwies, auf dessen Einlösbarkeit man aber setzte.

Was er zu diesem Problem sagen könne, klinge komisch und naiv und er könne nur stammeln, hatte Adorno in jenem Brief an Horkheimer geschrieben. Kein Wunder, daß er sich auf diese Fragen in seinen Arbeiten systematisch nicht einließ und Hinweise auf die letzten Rechtfertigungsgründe der kritischen Theorie lieber in metaphorisch und damit nicht ganz verbindlich und vorläufig klingende Wendungen kleidete.

Horkheimer – einen marxistischen Gebrauch von Schopenhauer machend – hatte sich damals noch auf die Annahme gestützt, es gebe ein natürliches Glücksverlangen der Menschen, ein natürliches Mitleid und eine natürliche Solidarität endlicher Wesen, die sich durchsetzen würden, sobald die Menschen frei von Manipulation und dem Kampf ums Überleben wären. Darin steckte die Annahme einer Vernunft, die aus der Kreatürlichkeit der Menschen hervorging.

In jenem September 1941 tauchte im Briefwechsel zwischen Horkheimer und Adorno aber auch ein Motiv auf, das, so kurz die beiden darauf eingingen, eine Behandlung erfuhr, die zu der Feststellung berechtigt: die von Jürgen Habermas später systematisch entwickelte Vorstellung, daß die Vernunft in der Sprache sitze und die kritische Theorie sich von daher fundieren lasse, stand für einen Augenblick im Raum, ohne aber aufgegriffen zu werden.

Im Verlauf der Arbeit an seinem Vernunft-Aufsatz (vgl. S. 332) hatte Horkheimer Adorno nach seiner Meinung zu der These der »Carnap-Leute« von der Identität von Vernunft und Sprache gefragt. Sie durchziehe die ganze Geschichte der bürgerlichen Philosophie. Bei den Franzosen des 17. Jahrhunderts habe Vernunft gar nicht »raison«, sondern »discours« geheißen. Aber so wie die These gemeint gewesen sei, habe sie im Grunde eine Leugnung der objektiven Wahrheit bedeutet. »Ich frage mich nun, inwiefern wir die

These nicht den Philosophen aus der Hand zu nehmen haben. Die Sprache intendiert, völlig unabhängig von der psychologischen Absicht des Sprechenden, auf jene Allgemeinheit, die man der Vernunft allein zugesprochen hat. Die Interpretation dieser Allgemeinheit führt notwendig auf die Idee der richtigen Gesellschaft. Im Dienst des Bestehenden muß die Sprache sich daher in konsistentem Widerspruch zu sich selbst befinden und dies zeigt sich in den einzelnen sprachlichen Strukturen selbst. Ich möchte nun gern Ihre Reaktion zu dieser Ansicht, so formal und vage, wie ich sie jetzt angedeutet habe. So wie sie da ist, traue ich ihr nämlich selbst nicht. Der Widerspruch wäre stets der zwischen dem Dienst an der herrschenden Praxis und der notwendigen Intention auf die richtige Allgemeinheit. Glauben Sie nicht, daß ich nicht schon viel Konkreteres zu sagen wüßte, aber die formale These selbst hat bei all ihrer Positivität etwas höchst Verlockendes. ›Kritik der Sprache‹ wäre so ein Genetivus subjektivus. Aber mir ist auf diesem Weg nicht wohl, auch wenn er von Mauthner zu Karl Kraus führt.« (Horkheimer-Adorno, 14. 9. 41)

Indem die Sprache dem bestehenden Unrecht diene, gerate sie in einen doppelten Widerspruch zu sich selbst. Durch den Prozeß ihrer Funktionalisierung und Schematisierung gerate sie in Widerspruch zu ihrer Fähigkeit, einen Reichtum von Bedeutungen auszudrücken. Karl Kraus »hat die Schematisierung zu harmlos hingestellt, indem er sie jeweils als einen Fehler zurücknehmen wollte. Aber wir sind schon in ein Stadium eingetreten, in dem die Konfrontation mit dem bürgerlichen Ideal nicht mehr genügt. Selbst die Kritik der politischen Ökonomie, die anders als die der Sprache sich mit der Konfrontation nicht begnügte, sondern den Gegensatz entwickelte, ist aus demselben Grund fragwürdig. Auch sie ist insgeheim noch an den Ideen von Macht, Ordnung, Plan, Verwaltung orientiert, die bei Kraus offen hervortreten.«

Aber noch in einem zweiten Sinne gerate die Sprache in der bestehenden Gesellschaft in einen Widerspruch mit sich selbst. »Die Rede an einen richten, heißt im Grunde, ihn als mögliches Mitglied des zukünftigen Vereins freier Menschen anerkennen. Rede setzt eine gemeinsame Beziehung zur Wahrheit, daher die innerste Bejahung der fremden Existenz, die angeredet wird, ja eigentlich aller Existenzen ihren Möglichkeiten nach. Soweit die Rede die Möglichkeiten verneint, befindet sie sich notwendig im Widerstreit mit sich selbst. Die Rede der Aufseher im Konzentrationslager ist an sich ein furchtbarer Widersinn, ganz gleichgültig, was sie zum Inhalt hat; es sei denn, daß sie die Funktion des Sprechers selbst verurteile.«

Horkheimer gab selbst sogleich zu bedenken, daß man von dem im zweiten Fall herangezogenen Begriff der Allgemeinheit ebenfalls sagen könnte, er sei genauso bürgerlich wie die anderen Ideale, könne seine Abkunft von Kant nicht verleugnen und sei zur Orientierung unbrauchbar. Und dann recht ratlos: »Dies ist vielleicht richtig, aber dann gibt es überhaupt nur noch die Erfahrung und nicht mehr ihren Ausdruck.« Dann wäre die Logistik wirklich die Vernunft in ihrer reinen Gestalt. Zu diesem zweiten Punkt erbat er Adornos Meinung.

Von seiten Adornos war emphatische Zustimmung gekommen. »Völlig überein stimme ich mit der These vom antagonistischen Charakter jeder bisherigen Sprache ... Wenn die Menschheit bis heute nicht mündig ist, so bedeutet das im buchstäblichsten Sinn, daß sie bis heute noch nicht hat sprechen können, während Kraus die Illusion hatte, sie könne es nicht mehr. Ihre neue Wendung in der Sprachphilosophie hängt zugleich mit unserer Kritik an der Psychologie aufs engste zusammen, in der ja die von der Logik wie sehr auch unzulänglich vertretene Utopie des guten Allgemeinen ganz unter den Tisch fällt, während das schlechte Allgemeine, nämlich einfach die Gemeinheit, in ihr um so entschiedener hervortritt. Ich möchte mich mit aller Leidenschaft für die neue sprachtheoretische Tendenz einsetzen, im Zusammenhang natürlich mit der dialektischen Gegenthese. Ja, ich bin davon so sehr überzeugt, daß ich kaum Ihr Zögern begreife. Es müßte ja nicht Kritik der Sprache heißen, sondern etwa ›Sprache und Wahrheit‹ oder ›Vernunft und Sprache‹.« (Adorno-Horkheimer, 23. 9. 41) Und diesem Ratschlag für Horkheimers Auseinandersetzung mit dem Positivisten noch zusätzliche Dringlichkeit durch den Hinweis auf die eigene Erfahrung verleihend, fügte er hinzu: »nichts habe ich so stark erfahren, wie die Beziehung zur Wahrheit, die in der Anrede liegt, und zwar in einer ganz spezifischen Weise. Es ist mir nämlich immer schwer gefallen und fällt mir im Grunde auch heute noch schwer zu verstehen, daß ein Mensch, der spricht, ein Schurke sein oder lügen soll. Mein Gefühl von Wahrheitsanspruch der Sprache ist so stark, daß es sich über alle Psychologie durchsetzt und daß ich dem Sprechenden gegenüber zu einer Leichtgläubigkeit neige, die in schreiendem Widerspruch zu meiner Erfahrung steht und die im allgemeinen erst überwunden wird, wenn ich von dem Betreffenden etwas Geschriebenes oder Gedrucktes lese, woran ich dann eben erkenne, daß er doch *nicht* sprechen kann. Meine fast unüberwindliche Abneigung dagegen, Lügen auszusprechen, hängt nur mit diesem Bewußtsein und gar nicht mit moralischen Tabus zusammen ... Wenn Sie mich zu dieser Frage nach meiner Meinung fragen, so vermag ich nichts als Ihnen zu sagen, daß vielleicht die innersten Motive, die mich überhaupt bewegen, so sehr, daß ich Ihnen fast ohnmächtig ausgeliefert bin, in eben jener Schicht gründen, von der Sie sprechen.«

So enthusiastisch diese Bekräftigung des von Horkheimer geäußerten Gedankens ausfiel – sie fand in den Arbeiten der beiden keinen entsprechenden Niederschlag (vgl. zu diesem Thema Schmid Noerr, *Wahrheit, Macht und Sprache*, in: A. Schmidt/N. Altwicker, Hg., *Horkheimer heute*). In der *Dialektik der Aufklärung* und in anderen Arbeiten spielte einzig der Gedanke eine Rolle, daß die Sprache um ihre Bedeutung gebracht sei und die Menschen heute nicht wirklich sprächen, daß alle Kommunikation falsch sei und nur von den Dingen und Menschen entferne. Aber so zentral dieser Gedanke in der *DdA* und in Adornos Arbeiten war – als strenges Negativ eines in der Sprache wurzelnden Wahrheits- und Vernunftanspruchs war er nicht gemeint. Der Wahrheits- und Vernunftanspruch der Sprache bildete nicht das Zentrum, aus dem sich die kritische Theorie speiste. Ob Horkheimer und Adorno während der gemeinsamen Arbeit am Dialektik-Buch den Gedanken einer »Kritik der Sprache« (im Sinne eines Genetivus subjectivus) bewußt verwarfen und wenn, warum sie ihn verwarfen – ob deswegen, weil Horkheimer das Argumentieren mit einem in der Sprache steckenden Anspruch auf Wahrheit und auf einen Verein freier Menschen zu idealistisch vorkam – läßt sich dem Briefwechsel nicht entnehmen. Die *DdA* zeigt nur, daß sich Adornos Strategie der verborgenen Theologie durchsetzte, daß es zu einer formelhaften Verfestigung seiner Art des Umgangs mit dem Problem der Rechtfertigungsgründe der kritischen Theorie kam, wobei Hegels Begriff der bestimmten Negation und Horkheimers am Ende von *Die Juden und Europa* an herausragender Stelle präsentierte Formulierung für den Gehalt des jüdischen Monotheismus miteinander verschmolzen. Wenn Horkheimer dann in der *Eclipse of Reason* und seiner Rektorats-Antrittsrede der herrschenden »subjektiven Vernunft« die »objektive Vernunft« entgegenhielt, ohne sie aber eindeutig für sich selbst in Anspruch zu nehmen, dann umging er wiederum das Problem und verschaffte sich doch die Möglichkeit, die herrschende »subjektive Vernunft« entschieden zu kritisieren.

Marcuse hatte mit *Eros and Civilization* eine Lücke zu füllen gesucht. Was Adorno, ohne sich auf eine Diskussion der von Marcuse vertretenen Position einzulassen, an Kritik vorbrachte, lief letztlich auf den Rat hinaus, wie Adorno und Horkheimer zu verfahren: sich bedeckt zu halten und das Zentrum, aus dem er philosophierte, nicht als ein greifbares und sicheres Fundament hinzustellen.

Für Marcuse war Adornos Kritik nicht einsichtig. Er hatte stets, was bei Horkheimer und Adorno in der einen oder anderen Form verhalten und möglichst indirekt ausgedrückt wurde, in aristotelischer Drastik vertreten und dem Wahren und Richtigen fundamentalen Wesenscharakter zugesprochen. Dabei blieb es. Selbst für eine Theoretiker-Gemeinschaft auf Distanz schienen die gegenseitigen Vorbehalte zu groß, die Diskussionsbereitschaft zu gering.

7. Kapitel
Kritische Theorie im Handgemenge

Adorno als interdisziplinärer Einzelarbeiter – Für eine musique
informelle und ihre Entsprechungen in anderen Bereichen

Adorno begründete mit seiner *Philosophie der neuen Musik* die moderne
geschichtsphilosophisch orientierte Musikästhetik. Die meisten seiner
im ersten bundesrepublikanischen Jahrzehnt veröffentlichten Bücher
betrafen die Musik: *Philosophie der neuen Musik* (1949), *Versuch über
Wagner* (1952), *Dissonanzen* (1956), *Klangfiguren* (1959); die *Philosophie
der neuen Musik* und die *Dissonanzen* erschienen 1958 in der zweiten
Auflage. Mit seinen 1952 in Darmstadt vorgetragenen *Thesen zur
Musikpädagogik* brachte er Unruhe in die Reihen der Vertreter der
»Jungen Musik«, die in den 50er Jahren bereits wieder eine »neue
Volksgemeinschaft« beschworen. Als alter Verfechter und ausgezeich-
neter Kenner der Schönberg-Schule wurde er zu einem wichtigen
Diskussionspartner der sich bei den Darmstädter Internationalen Ferienkursen für Neue Musik treffenden musikalischen Avantgarde. Er
rettete die Darmstädter Gemeinde-Studie, beteiligte sich bis in die
späten 50er Jahre an den empirischen Arbeiten des IfS und hielt in
zahlreichen Vorträgen und Aufsätzen den Gedanken eines critical
social research wach. Er eröffnete mit seiner *Rede über Lyrik und
Gesellschaft*, 1951 vom RIAS Berlin gesendet, eine in der bundesrepublikanischen Szenerie werkimmanenter oder ontologisch verankerter
Interpretation neuartig wirkende gesellschaftstheoretisch orientierte
Interpretation literarischer Kunstwerke. Er gab mit den *Minima Moralia* ein für die 50er Jahre einzigartiges Beispiel aphoristischer und
»unreiner« Philosophie. Er publizierte 1956 mit seiner in England
begonnenen Husserl-Untersuchung – *Zur Metakritik der Erkenntnistheorie. Studien über Husserl und die phänomenologischen Antinomien* – eine
auch strengen fachphilosophischen Maßstäben genügende Arbeit. Er
präsentierte mit dem 1955 erschienenen Band *Prismen. Kulturkritik und
Gesellschaft* das augenfälligste Zeugnis der Vielfalt und Eigenart seines
Denkens – damit wie seinerzeit Georg Simmel das Risiko eingehend,
seinen Ruf bei philosophischen und soziologischen Fachkollegen zu
gefährden. Seine sämtlich vor 1945 entstandenen Kompositionen, vor

allem Klavierliederzyklen, wurden seit den 50er Jahren häufiger gespielt. An literarischen Produkten veröffentlichte er nur weniges an versteckter Stelle oder unter Pseudonym. Weitaus mehr Aufsätze und Vorträge von ihm erschienen in allgemeinen Publikumszeitschriften – vor allem in den *Frankfurter Heften,* der *Neuen Rundschau,* dem *Merkur* – und in an ein allgemeines Publikum gerichteten Bänden als in Fachzeitschriften und Fachbüchern. Viele Beiträge waren ursprünglich Rundfunkarbeiten.

Das ungefähr war das Bild, das Adorno dem geboten hätte, der in den 50er Jahren das ganze Spektrum seiner Aktivitäten mitbekommen hätte. Dieses Bild nahm aber keiner wahr. Gesehen wurden nur Aspekte, aber auch die wirkten auf viele als nachhaltiger Lichtblick im Muff der Adenauer-Zeit. »Gegen Ende meines Studiums«, erinnerte sich der 1922 geborene Peter Brückner – einer der später für die Studentenbewegung wichtigen linken Intellektuellen – an die mittleren 50er Jahre, »hatte ich Arbeiten von Adorno und Horkheimer entdeckt, ich weiß nicht mehr, wo und wie; auch der Name ›Mitscherlich‹ blieb mir im Ohr. Mitte der 50er Jahre lege ich die ›Minima Moralia‹ von Adorno nur selten für längere Zeit aus der Hand, die musiksoziologischen Schriften folgen, die ›Frankfurter Schule‹ wird *das* Bildungserlebnis. Aber das bleibt, wie die Befassung mit Psychoanalyse, weitgehend privat.« (Peter Brückner, *Die 50er Jahre – lebensgeschichtlich: ein Zwischenland,* in: Eisenberg/Linke, *Fuffziger Jahre,* 30) Der 1934 geborene Oskar Negt – er promovierte später bei Adorno und wurde dann einer der Fortsetzer der Frankfurter Schule – kam, vom Jura-Studium enttäuscht, im Winter 1955/56 von Göttingen nach Frankfurt, um dort Philosophie zu studieren. Neugierig suchte er die Vorlesungen Adornos auf. »Er sprach über Ästhetik in dem alten, fast baufälligen Biologiehörsaal. Alles klang fremdartig, hermetisch abgeriegelt und erregte Widerstand in mir, weil es nicht gerade mein Wunsch gewesen war, eine Eiswüste der Abstraktion mit einer anderen auszutauschen.« Daß er nicht gleich wieder seine Sachen packte und nach München weiterging, wo ihm die Philosophieangebote reichhaltiger und offener zu sein schienen, lag an Horkheimer. »Er verhielt sich werbend gegenüber seinen Zuhörern, erweckte sofort Vertrauen, den geringsten Anflug auch eines Gedankens aufgreifend, um ihn zu drehen und zu wenden, bis er eine durchsichtige Form angenommen hatte. Auch in der philosophischen Lehre erwies sich Horkheimer als der umsichtig organisierende Unternehmer, der genau wußte, wie durch Einfühlung und Faszination das Interesse der Menschen zu fassen ist. Solche Fähigkeiten haben ihre großen Vorzüge. Adorno dagegen schreckte ab; er weigerte sich, die Zuhörer zum Mittel zu machen und, obgleich Beharrlichkeit und Vermittlung in der Sache zentrales Thema seiner dialektischen Denkweise war, didaktische Brücken zu bauen, ein Philosoph des Marktes zu sein ... Horkheimer war Unternehmer, Bloch der politische Prophet und Erzähler; Adorno war ein solider Uhrmacher.« (Negt, *Heute wäre er 75 geworden: Adorno als Lehrer*, in *Frankfurter Rundschau*, 11. 9. 78) Und der 1929 geborene Jürgen Habermas – als promovierter Philosoph von Bonn nach Frankfurt kommend und vertraut mit der seinerzeitigen philosophischen Szenerie – meinte im Rückblick, den Eindruck einer zusammenhängenden Lehre, einer »Kritischen Theorie«, habe man damals nicht haben können. »Adorno schrieb kulturkritische Essays und machte im übrigen Hegel-Seminare. Er vergegenwärtigte einen bestimmten marxistischen Hintergrund – das war es.« (*Gespräch mit Jürgen Habermas*, in: *Ästhetik und Kommunikation*, Oktober 1981, 128) Aber eben: »Als ich dann Adorno kennenlernte und sah, wie atemberaubend er plötzlich über den Warenfetisch sprach ..., diesen Begriff auf kulturelle und auf alltägliche Phänomene anwandte, war das zunächst ein Schock. Aber dann dachte ich: Versuch mal so zu tun, als *seien* Marx und Freud – über den Adorno genauso orthodox sprach – *Zeitgenossen*.« Der Feuilleton-Redakteur der Wochenzeitung *Die Zeit* wiederum, die damals politisch rechts stand und u. a. Carl Schmitt publiziert hatte, redigierte der Rezensentin von Adornos *Prismen* ohne deren Wissen in den veröffentlichten Text, der Frankfurter Soziologe »Wiesengrund-Adorno« sei ein »Propagandist der ›klassenlosen Gesellschaft‹« (Marianne Regensburger-Adorno, Berlin 11. 5. 55). So gereizt reagierten Antikommunisten selbst auf jemanden, der in Aufsätzen wie dem 1953 im antikommunistischen *Monat* veröffentlichten über *Die gegängelte Musik* seine Kritik an den »östlichen Kulturvögten« und den »jenseits der Zonengrenze« herrschenden »Diktaturen« unmißverständlich zum Ausdruck gebracht hatte.

Was war es, was den einen ein Buch von Adorno als etwas Klärendes, Erhellendes kaum aus der Hand legen ließ, den anderen durch den Eindruck hermetischer Abgeriegeltheit abschreckte, einem dritten das spannende Bild der Behandlung von Marx und Freud als Zeitgenossen bot, wieder andere Salon-Kommunismus und Klassenkampf wittern ließ? Es war das, was alle Arbeiten Adornos seit den späten 20er Jahren charakterisierte: die Kombination von Bitterkeit und Romantik, die Kombination der gesellschaftlichen Deutung der Kunstwerke und der das Glücksversprechen von Kunstwerken zum Maßstab nehmenden Deutung der Gesellschaft, die Kombination von Glück am Aussprechen des Leids und Leiden am sado-masochistischen Verleugnen des Glücksverlangens, die Kombination von Katastrophentheorie und Freiheitswittern, von Esoterik und Drastik. »Dies ist nur Musik; wie muß vollends eine Welt beschaffen sein, in der schon

Fragen des Kontrapunkts von unversöhnlichen Konflikten zeugen. Wie von Grund auf verstört ist Leben heute, wenn sein Erzittern und seine Starre dort noch reflektiert wird, wo keine empirische Not mehr hineinreicht, in einem Bereich, von dem die Menschen meinen, es gewähre ihnen Asyl vor dem Druck der grauenvollen Norm . . .« Mit dieser Überlegung hatte Adorno in der im Sommer 1948 in Los Angeles verfaßten Vorrede zur *Philosophie der neuen Musik* vorweg Vorwürfe zu entkräften gesucht, die ihm als die nächstliegenden und gewichtigsten gegen sein Buch erschienen: nach dem, was in Europa geschah und was weiter drohe, sei es zynisch, Zeit und geistige Energie an die Enträtselung esoterischer Fragen der modernen Kompositionstechnik zu verwenden; es sei eine Provokation, daß die hartnäckigen artistischen Auseinandersetzungen des Buches häufig aufträten, als sprächen sie unmittelbar von jener Realität, die an ihnen gar nicht interessiert sei. Nichts könnte klarer bezeichnen, was an Adorno die einen anzog, die anderen abstieß: ein Denken, für das es nichts gab, an dem sich nicht das Schicksal der Menschheit ablesen ließ und entschied. So hieß es in dem 1944 entstandenen Aphorismus *Nicht anklopfen* in den *Minima Moralia* (von denen jener durch antisemitische Äußerungen hervorgetretene Kollege Adornos in seinem Entschuldigungsbrief gemeint hatte, daß er sie, wie überhaupt manche von Adornos Veröffentlichungen, »nicht liebe und nicht eigentlich für eine streng wissenschaftliche Leistung halte«): »Die Technisierung macht einstweilen die Gesten präzis und roh und damit die Menschen. Sie treibt aus den Gebärden alles Zögern aus, allen Bedacht, alle Gesittung . . . So wird etwa verlernt, leise, behutsam und doch fest eine Tür zu schließen. Die von Autos und Frigidaires muß man zuwerfen, andere haben die Tendenz, von selber einzuschnappen und so die Eintretenden zu der Unmanier anzuhalten, nicht hinter sich zu blicken, nicht das Hausinnere zu wahren, das sie aufnimmt . . . Was bedeutet es fürs Subjekt, daß es keine Fensterflügel mehr gibt, die sich öffnen ließen, sondern nur noch grob aufzuschiebende Scheiben, keine sachten Türklinken, sondern drehbare Knöpfe, keinen Vorplatz, keine Schwelle gegen die Straße, keine Mauer um den Garten? Und welchen Chauffeur hätten nicht schon die Kräfte seines Motors in Versuchung geführt, das Ungeziefer der Straße, Passanten, Kinder und Radfahrer, zuschanden zu fahren? In den Bewegungen, welche die Maschinen von den sie Bedienenden verlangen, liegt schon das Gewaltsame, Zuschlagende, stoßweis Unaufhörliche der faschistischen Mißhandlungen.« In allem, wovon er sprach, sah Adorno die ganze Katastrophe und die ganze Hoffnung geballt. So konnte sein Philosophieren den einen wichtigtuerisch und destruktiv und keinen Freiraum für Harmlosigkeit lassend erscheinen, den anderen als ein Denken, das die Erwartung des Ungeheuren nicht enttäuschte, das das Staunen, dem Philosophie entsprang, nicht beschwichtigte, sondern schärfte, das sich dem Kühnsten der gleichzeitigen Kunst gesellte, um es durch denkende Reflexion noch weiter zu treiben.

»Ich aber war, nach Herkunft und früher Entwicklung, Künstler, Musiker, doch beseelt von einem Drang zur Rechenschaft über die Kunst und ihre Möglichkeit heute, in dem auch Objektives sich anmelden wollte, die Ahnung von der Unzulänglichkeit naiv ästhetischen Verhaltens angesichts der gesellschaftlichen Tendenz« – so Adorno in seinem *Offenen Brief an Max Horkheimer* zu dessen 70. Geburtstag in der *Zeit*. Die Verhältnisse, die Adorno nach seiner Rückkehr in Deutschland vorfand, waren seiner Betätigung als Musiktheoretiker überaus günstig. In den späten 40er Jahren hatte die Entwicklung Westdeutschlands zum Zentrum der internationalen Musikavantgarde begonnen. Mit Einrichtungen wie den 1946 gegründeten Darmstädter Internationalen Ferienkursen für Neue Musik, den Nachtstudios eines föderalistischen öffentlich-rechtlichen Rundfunksystems, den Donaueschinger Musiktagen, den Münchener Musica Viva-Konzerten usw. wurde die Bundesrepublik zum Mekka der neuen Musik. Die Anfänge dieser Entwicklung waren mit einem steilen Aufstieg der Wiener Schule verbunden. 1948 hatte sich zum erstenmal René Leibowitz an den Darmstädter Kursen beteiligt – ein Schüler Anton Weberns, der in Paris sogar während der deutschen Okkupation illegal die Wiener Schule durch Aufführungen, Verbreitung der Partituren und eigene Kompositionen eingebürgert hatte. Seine Aufführungen Schönbergscher und Webernscher Werke und seine Kurse über Zwölftontechnik fanden begeisterte Aufnahme. Als 1949 Adornos *Philosophie der neuen Musik* herauskam, lieferte sie einer in Gang gekommenen Bewegung die eindrucksvolle Philosophie. Seit seiner Rückkehr nahm Adorno an den jeden Sommer stattfindenden Darmstädter Kursen als Kursleiter oder Diskussionspartner teil.

Doch ergab sich nun nicht etwa die Situation, daß er zum Vordenker einer Musik-Bewegung geworden wäre, die sich außer der Zwölftontechnik auch die in der *Philosophie der neuen Musik* daran geübte Kritik zu eigen gemacht hätte – die nach der harten Schule der Dodekaphonie das Reich der Freiheit betreten hätte. Das Gegenteil fand statt. Nach Schönberg wurde Webern zum Idol. Nach der Zwölftonmusik wurde die serielle Musik zum Schibboleth der musikalischen Avantgarde. Nicht mehr nur die Tonhöhe, sondern auch Dauer, Stärke, Klang, Rhythmus, sämtliche Elemente der Komposition, für die sich der der Physik entlehnte Begriff »Parameter« einbürgerte, wurden nun dem Reihenprinzip unterworfen. Was laut Adornos *Phi-*

losophie der neuen Musik den »revolutionären« Schönberg vom »reaktionären« Strawinsky geschieden hatte – die »Idee der rationalen Durchorganisation des Werkes« (*Philosophie der neuen Musik*, 56) – wurde konsequent radikalisiert und dabei die andere Seite von Adornos paradox klingender Bestimmung ignoriert: daß nämlich diese allein noch mögliche rationale Objektivität moderner Kunstwerke nur als Produkt der Subjektivität möglich sei, sinnvoll möglich sei.

Die 1956 erschienene Aufsatzsammlung *Dissonanzen. Musik in der verwalteten Welt*, das eingreifendste Buch Adornos in den 50er Jahren, enthielt außer zwei älteren Aufsätzen zwei aus den 50er Jahren: *Kritik des Musikanten* und *Das Altern der Neuen Musik*. Diese beiden Beiträge kritisierten Komplementäres: die Austreibung des Subjekts und jeglichen Ausdrucks durch die das Gemeinschaftserlebnis verherrlichenden Anhänger der »Jungen Musik« einerseits, durch die »Reihen-Ingenieure« andererseits. Damit hatte Adorno im musikalischen Bereich das Pendant zum philosophischen und soziologischen ausgemacht, wo sich in seinen Augen Ontologie und Positivismus bzw. ideologische Spekulation und positivistischer Empirismus ergänzten als Spielarten eines Objektivismus, der stieß, was sowieso fiel: das Subjekt, das Individuum.

Aber wenn die serielle Musik, die nicht nur in Westdeutschland, sondern auch international als das Avancierteste galt, eine »Flucht ins System« war, mußte sie dann nicht beim Publikum früher oder später gut ankommen? Die Wirklichkeit sah anders aus und stellte ihn vor die gleiche Schwierigkeit, wie sie sich für ihn angesichts seiner ideologiekritischen Einschätzung von Strawinskys Musik ergeben hatte. Die Nachfrage der Rundfunkanstalten nach neuer Musik war in den 50er Jahren groß. Aber die Präsentation spielte sich in den Nachtstudios ab, deren Publikum aus einer kleinen Zahl von Fachleuten und Fans bestand. »Eine Flaschenpost, die an niemanden gerichtet ist«, wurde damals – durchaus selbstzufrieden und stolz – solche Musik genannt (Vogt, *Neue Musik seit 1945*, 23). Der *Philosophie der neuen Musik* schienen die seriellen Komponisten die Bestätigung dafür entnehmen zu können, daß sie eine Kunst praktizierten, »die ihrem eigenen Anspruch wahrhaft die Treue hält, ohne auf die Wirkung zu blicken«. Die *Philosophie der neuen Musik* also umfunktioniert zur Rechtfertigung des Elfenbeinturms als positives Gegenbild zur Funktionalisierung der Kunst unterm Nationalsozialismus?

Hier ergab sich für den, der Kunst zur Ideologie mißraten sah, »solange sie noch bebt wie die Stimme von Humanität« (Adorno, *Strawinsky*, in: *Ges. Schr. 16*, 386), abermals das Problem, wie denn zu unterscheiden war zwischen einer die Unmenschlichkeit hinnehmenden und einer ihr unversöhnlich gegenüberstehenden unmenschlichen

Kunst. Adornos Antwort bestand in dem für sein Denken zentralen Topos: Alles Heil sollte von der Zuspitzung der Verhärtung kommen, aber alles Heil hing auch davon ab, daß noch ein Rest von Subjektivität und Spontaneität vorhanden war (vgl. S. 344). Aber woran war dieser Rest, dieses Minimum an Subjektivität im Kunstwerk erkennbar? Daran, daß es ein Moment des Nichtmechanischen, des Lebendigen enthielt – hieß Adornos tautologische Antwort.

Keine Antwort auf die Frage nach den Kriterien für die Unterscheidung zwischen einem hinnehmenden und einem unversöhnlichen »So ist es« war auch Adornos Versuch, die Forderung nach einem Moment des Lebendigen als eine Art Bedingung der Möglichkeit von Musik gewissermaßen transzendental zu rechtfertigen. »Musik ist, als Zeitkunst«, suchte er seine Kritik an Strawinsky zu untermauern, »durch ihr pures Medium an die Form der Sukzession gebunden und damit irreversibel wie die Zeit. Indem sie anhebt, verpflichtet sie sich bereits weiterzugehen, ein Neues zu werden, sich zu entwickeln. Was an Musik ihre Transzendenz heißen kann: daß sie in jedem Augenblick geworden ist und ein Anderes, als sie ist: daß sie über sich hinausweist, ist kein ihr zudiktiertes metapysisches Gebot, sondern liegt in ihrer eigenen Beschaffenheit, gegen die sie nicht ankann ... Ihres antimythologischen Wesens entäußert sie sich auch dann nicht, wenn sie im Stand objektiver Verzweiflung diese zu ihrer eigenen Sache macht. So wenig Musik verbürgt, daß das Andere sei, so wenig kann der Ton davon sich dispensieren, daß er es verheißt. Freiheit selbst ist ihr immanent notwendig. Das ist ihr dialektisches Wesen. Strawinsky hat die musikalische Pflicht der Freiheit verleugnet, vielleicht unter der Übermacht objektiver Verzweiflung, aus dem größten Motiv also, einem, das Musik zwänge zu verstummen. Die er schreibt, wäre eigentlich erstickte. Die Konzeption eines Ausweglosen aber kann sie nicht ertragen und um so weniger, je dichter sie sich fügt.« (a.a.O., 386 ff.)

1957 markierten in Darmstadt zwei der entschiedensten Vertreter der seriellen Musik, Karlheinz Stockhausen und Pierre Boulez, der eine mit einem neuen *Klavierstück XI*, der andere mit einem *Alea* (Würfel) betitelten Vortrag, den Beginn einer neuen Phase der jüngsten Musik: der aleatorischen Musik. Aleatorik – das bedeutete die Hereinnahme des Zufalls bei der Komposition und bei der Interpretation: z. B. Austauschbarkeit gewisser Teile einer Komposition oder freie Realisation von Partien, die der Komponist nur in andeutender Graphik fixiert hatte. Aleatorik – das bedeutete Elemente von Dada und Zen-Buddhismus, hereingebracht vor allem von John Cage und Mauricio Kagel. 1958 versetze Cage der seriellen Orthodoxie den entscheidenden Schlag mit der Aufführung der 1951 entstandenen

Imagery Landscape No. 4 für zwölf Radios, die, im Vierterteltakt dirigiert, wie normale Musikinstrumente gespielt wurden und ein »ordentliches Chaos« (H.-K. Jungheinrich) erzeugten.

Adorno deutete diese Entwicklung als eine Selbstkritik der antisubjektivistischen seriellen Musik. Das so zu sehen war er um so bereiter, als *Das Altern der neuen Musik* mißverstanden worden war als Kritik an der musikalischen Konstruktion, der musikalischen Rationalität. So begrüßte er den neuen Trend als ein Weitertreiben der musikalischen Konstruktion zur Reflexion ihrer selbst und machte sich zu ihrem Vordenker. »Unnachgiebige Insistenz auf der objektiv durchgestalteten Form reißt das Subjekt in diese hinein, während die unverbindliche Form der Neoklassiker Gültigkeit usurpierte, indem sie gewalttätig das Subjekt aus sich verscheuchte«, meinte er 1960 in einem *Wien* betitelten Rundfunkvortrag und begrüßte die jüngste Musik als Befreiung der zweiten Wiener Schule von Resten kleinbürgerlichen Muffs, als Befreiung auf fortgeschrittener Stufe. Er bekundete in bereitwilliger Dialektik Verständnis für den organisatorisch gewandten Willen zur Selbstbehauptung: »In der verwalteten Welt kann, was anders ist, nicht anders überwintern, ja nicht einmal zur Stimme finden, als durch Verwaltung hindurch. Die Empörung über sogenannte Cliquen hat in einer Kultur, deren universales Gesetz das des Partikularismus ist, etwas Verlogenes.« (*Ges. Schr. 16*, 451) Er begrüßte, daß endlich auch die fortgeschrittenste Musik sich vom Tabu gegen die Mode emanzipiert habe. »Zum ersten Mal bezieht die Musik von sich aus etwas in sich ein, was sonst nur objektiv, über die Köpfe der Werke hinweg sich realisierte: den geschichtlichen Stellenwert der ästhetischen Wahrheit, die nicht, wie der Historismus es möchte, in die Zeit eingebettet ist, sondern der selbst Zeit innewohnt . . . Töricht ist es darum, über das Tempo der Entwicklung, demgegenüber das der ersten Jahrhunderthälfte postkutschenhaft dünkt, und über den hektischen Wechsel der Parolen sich zu mokieren, in dem begierig die jüngsten Tendenzen sich selbst verbrennen. Kunst hohen Ranges scheint etwas vom fetischistischen Anspruch der eigenen Dauer loszuwerden. Mit ihrem Tempo übt sie zugleich Kritik an sich selber. Der Bodensatz des Willkürlichen, nicht rein dem Gesetz der Sache Gehorchenden, sondern dieser von außen Aufgezwungenen, der mit dem Übergang der neuen Musik zum System, der Einführung der Zwölftontechnik hochgekommen war, wird entgiftet, indem das System nicht länger mit tierischem Ernst seine Gültigkeit verkündet; indem es zerfällt und sich einverstanden weiß mit seinem Zerfall. Es wird virtuell zu dem, was auch das andere große System der neuen Kunst, der Kubismus, war: kein Ansichseiendes, sondern ein Engpaß der Disziplin fürs entfesselte Bewußtsein. Die Komponisten, die den

Zufall ins Gesetz hineinnehmen, gelüstet es, abermals den Bann des Gesetzes zu brechen.« (453)

Im Sommer 1961 suchte Adorno in seiner Kranichsteiner Vorlesung der jüngsten Musik die Richtung zu zeigen: *Vers une musique informelle*, hin zum »Musikstil der Freiheit«, zur Wiederaufnahme des Projekts einer frei atonalen Musik im postseriellen Stadium. Eduard Steuermann, Adornos Wiener Klavierlehrer und einer der großen Interpreten der Schönbergschule, und Ernst Krenek, Adornos Diskussionspartner seit den 20er Jahren und einer der bedeutenden nicht-schulbildenden modernen Komponisten, waren verblüfft. »Nun sind Sie wieder der Junge, der sich mit den neuesten Strömungen identifiziert, ich der Alte – jetzt Konservative«, schrieb Steuermann Adorno zu dessen 60. Geburtstag (*Zeugnisse*, 360). Und Krenek bissiger: »Dem Musikphilosophen ... wird mit angehaltenem Atem gelauscht, und wenn seine Sprünge ihn im avantgardistischen Territorium landen lassen, wird er als willkommener Verbündeter begrüßt, im Gegensatz zum Komponisten, der, falls er auch dorthin gesprungen sein sollte, sich dem Verdacht aussetzt, er hänge ›mehr oder minder forciert sich ans jeweils Jüngste, um nicht zum alten Eisen geworfen zu werden‹ ...« (a.a.O., 361)

Die beiden Gratulanten unterschätzten Adornos unveränderte Anhänglichkeit und Orientierung an Schönberg, Berg und Webern, auf die er sich immer wieder konkret bezog. Dennoch blieb Adornos Verhältnis zur jüngsten Entwicklung der avantgardistischen Musik eine erstaunliche Sache. Er plädierte dafür, den »Prozeß wieder aufzunehmen, den Schönberg bremste, als er ihn scheinbar durch seine geniale Neuerung [die Zwölftontechnik, R. W.] weitertrieb«, und sich aufs neue »der Idee unrevidierter, konzessionsloser Freiheit ... zu stellen« (*Ges. Schr. 16*, 498). Das sei allerdings nicht möglich als Reprise des Stils von 1910. »Man kann nicht unverdrossen so weiter komponieren wie die kühnsten Werke jener Epoche, Schönbergs produktivster.« Warum, wenn es freie Musik war, und wenn, was danach kam, nur die Freiheit wieder beseitigt hatte? »Rückstände des Gewesenen wie die chromatischen in der freien Atonalität sind nicht mehr erträglich wie damals, als die immanenten Forderungen der Mittel noch gar nicht ganz gefühlt wurden ... Von Stockhausen stammt die Einsicht, es sei die gesamte rhythmisch-metrische Struktur auch der atonalen und der Schönbergischen Zwölftonmusik in gewissem Sinn tonal geblieben. Das ist nicht mehr zu vergessen; die Unstimmigkeit nicht mehr zu dulden.« (499)

Hatte Adorno in der Reihentechnik noch in den 50er Jahren ein System gesehen, das mit der Austreibung des musikalischen Sinns, des »Komponierten« einherging, so betrachtete er sie in den 60er Jahren

als einen Fortschritt in der Entwicklung der musikalischen Produktivkräfte, der Materialbeherrschung, der Fähigkeit zur Kontrolle von
Richtig und Falsch, kurz: als einen begrüßenswerten Aufklärungspro-
zeß. »In Kranichstein habe ich einmal eine mir vorliegende, der
Absicht nach alle Parameter vereinheitlichende Komposition des
Mangels an musiksprachlicher Bestimmtheit geziehen mit der Frage:
›Wo ist hier Vorder- und Nachsatz?‹ Das wäre zu berichtigen. Die
gegenwärtige Musik ist selbst auf scheinbar so generelle Kategorien
wie Vorder- und Nachsatz nicht festzulegen, als wären sie unabänder-
lich. Nirgends steht geschrieben, daß sie derlei Überkommenes, auch
Spannungs- und Auflösungsfeld, Fortsetzung, Entwicklung, Kontrast, Bestätigung a priori enthalten müsse; um so weniger, als im
neuen Material Reminiszenzen an all das oft grobe Unstimmigkeiten
bewirken, die zu korrigieren selbst ein Motor der Entwicklung ist.«
(504)

Aber blieb dann nicht nur ein Tonhaufen übrig, den man beliebig,
u. a. eben auch mittels überkommener Formen, manipulieren konnte
oder dessen von aller menschlichen Zutat gereinigten Klänge man
metaphysische Kräfte zutrauen konnte, wie es z. B. zen-buddhistisch
inspirierte Komponisten wirklich taten? Und entsprach das nicht
genau der von Adorno seit langem diagnostizierten gesellschaftlichen
Schwächung der Individuen, von der auch die Komponisten nicht
verschont blieben? »Inmitten der Anthropologie des gegenwärtigen
Zeitalters ist die Forderung nichtrevisionistischer Musik Überforderung«, konstatierte in der Tat Adorno selbst, der auch immer wieder
von den «prohibitiven Schwierigkeiten« neuer Kunst sprach. Aber
gerade in der Musik sah er aktuelle Durchsetzungschancen für eine
dritte Tendenz.

Was ihm vorschwebte, demonstrierte Adorno am unmißverständ-
lichsten an einem Beispiel, wobei er wiederum auf Schönberg zurück-
griff. In der *Erwartung* und ihr nächstverwandten Werken habe Schönberg offenbar die motivisch-thematische Arbeit ähnlich als »ein dem
spontanen Fluß der Musik Äußerliches, als Manipulation« (515) empfunden wie seit der zweiten Hälfte der 50er Jahre der serielle Determinismus als Manipulation empfunden wurde. »Daher die athemati-
sche Fiber des Monodrams. Sie überantwortet sich nicht einfach dem
Zufall, sondern hebt den Geist motivisch-thematischer Arbeit positiv
in sich auf. Diese veränderte sich damit: erweitert sich. Unter ihrem
neuen Begriff ist von nun an . . . eine jede Musik zu verstehen, die
Teilkomplexe von relativer Selbständigkeit in einen Zusammenhang
bringt, der, durch ihre Charaktere und ihr Verhältnis zueinander,
zwingend sich darstellt, ohne daß Motivgleichheiten und -variationen
generell nachweisbar wären; sie sind allerdings auch nicht rigoros

verpönt, werden gelegentlich aufs diskreteste angedeutet. Die Impulse und Relationen solcher Musik setzen nicht ein schon Vorgeordnetes, Übergeordnetes voraus, nicht einmal ein Prinzip wie das thematische, sondern produzieren den Zusammenhang von sich aus. Insofern sind sie Abkömmlinge von Themen, obwohl solche nicht oder nur rudimentär verarbeitet, niemals in Abständen wiederholt werden.« (515 f.)

Das war ein erhellendes Beispiel. Wendungen wie »spontaner Fluß der Musik« oder »die Impulse und Relationen produzieren den Zusammenhang von sich aus« wiesen in unverhohlener Metaphorik und ohne theoretischen Anspruch dem Verständnis die Richtung. Im übrigen war es ein Versuch, sprachlich einzukreisen, was sich an einem solchen Stück für die Lösung aktueller Kompositionsprobleme lernen ließ: Aufgespeicherte Erfahrungen und ein konkretes Problembewußtsein erlaubten praktische Lösungen. Der Weg, der dahin führte, konnte erst im nachhinein und auch dann nur in sehr unspezifischer Weise angegeben werden.

Aber Adorno wollte mehr: formulieren, wie der Weg zum Musikstil der Freiheit aussah. Die Formulierung, zu der er in Reaktion auf das oben zitierte Kranichsteiner Erlebnis gelangte, hieß: Es waren »Äquivalente [zu den alten musiksprachlichen Kategorien, R. W.] nach dem Maß des neuen Materials auszubilden, um durchsichtig dort zu leisten, was jene Kategorien im alten einmal irrational, und darum bald unzulänglich, leisteten« (504). Bei der Bestimmung der Äquivalente gelangte Adorno aber nicht über die Feststellung hinaus, daß sie nur vom »komponierenden Ohr« gefunden werden konnten, das dem Material die ihm innewohnenden Tendenzen abzulauschen verstand. Damit mündeten seine theoretischen Bemühungen wie schon in der *Philosophie der neuen Musik* in die Berufung auf die Existenz eines Stückes kultivierter Natur ein. Mit dieser Berufung auf das »komponierende Ohr« variierte Adorno wiederum nur den altehrwürdigen Topos vom Bildhauer, der aus dem Stein die darin verborgene Figur herausschlug.

In *Vers une musique informelle* – seiner wichtigsten musiktheoretischen Arbeit nach der *Philosophie der neuen Musik* – ließ Adorno das ganze Feuerwerk seiner Motive auf den Leser los. An die Stelle der fatalen Dialektik von verhärtetem Geist und unterdrückter Natur sollte die herrschaftsfreie Dialektik von erhellendem Geist und erfüllender Natur treten. Der verhärtete Geist war abgespaltene Natur, konnte nur existieren, solange er einen Triebsatz Natur enthielt; damit enthielt er aber auch, solange er existierte, ein Potential des Besseren. Die unterdrückte Natur war blind, enthielt ein Sehnen nach Licht und konnte dies Licht nur entzünden durch den Geist. Die ganze romantische Problematik der Adornoschen Motive kam damit in seine musikästhetisch eingebettete Analyse der jüngsten Musik und ihrer Aussichten. Hinein kam auch die geschichtsphilosophische Dialektik von Entmythologisierung und Liquidierung des Subjekts; ebenso die theologische Dialektik von Höllenmusik und Himmelsmusik, von schwarzer Musik und freier Musik; schließlich das Problem, woher man denn wußte, wann das Ohr, das sich schon so oft geirrt hatte, spontan hörte und in solcher Spontaneität wahrzunehmen vermochte, wohin das Material von sich aus wollte – ob also als letzte Grundlage die Bande zwischen unerfaßter Natur im Komponisten und unerfaßter Natur im Material anzunehmen waren oder ob doch eine immer fehlbare Verständigung zwischen den Subjekten über die mildeste Form der Manipulation das letzte Wort zu sein hatte, wobei sich dann wieder die Frage stellte, was denn diese Subjekte dazu treiben mochte, sich zu verständigen und außerdem auf Milde bedacht zu sein.

Ein so belastetes Philosophieren, ein so »verwegenes Denken« war offenbar nötig, um ein theoretisches Plädoyer für das »abenteuerliche Komponieren« (Adorno über Mahler, in: *Ges. Schr. 16*, 329) zu formulieren und alte Weisheiten neu auszusprechen, die sonst so nachdrücklich damals keiner zur Musik vortrug.

Noten zur Literatur

In der westdeutschen Malerei und Literatur gab es nichts der Darmstädter Schule Vergleichbares, keine Gruppierung, die Kristallisationspunkt der internationalen Avantgarde gewesen wäre. Die von Willi Baumeister, Fritz Winter und Rupprecht Geiger gegründete Münchner Gruppe »ZEN 49« z. B. stand für das deutsche Nachholbedürfnis auf dem Gebiet der ungegenständlichen Malerei. Die Verfechter konkreter Poesie, die ihre »Texte« hauptsächlich in der Zeitschrift *material* publizierten, vertraten schon von ihrem Interesse her nur einen äußerst beschränkten Bereich der Literatur. Avancierte literarische Werke waren in der Bundesrepublik selten und blieben die Sache umstrittener einzelner. Wolfgang Koeppen schrieb mit seinen Romanen *Tauben im Gras* (1951), *Das Treibhaus* (1953) und *Der Tod in Rom* (1954) Bücher, die in Technik, Form und Sprache geschult waren an Faulkner, Joyce, Dos Passos und zugleich auf das Trauma des Nationalsozialismus und die von Verdrängung gezeichnete Wiederaufbau-Mentalität und -realität der Bundesrepublik reagierten. Es waren Bücher, in denen »Angst und wenig Hoffnung« (Koeppen) lag. Aber Koeppens Romane wurden unmittelbar politisch aufgefaßt. »Das Buch kann man nur mit der Feuerzange anfassen«, hieß es in der *Welt am Sonntag* zum *Treibhaus*. Koeppen hatte – ähnlich wie jahrelang Adorno – nach 1933 überwintert, indem er vorwiegend im Ausland lebte, ohne aber zu emigrieren. Mitte der 30er Jahre hatte er sogar zwei Romane publiziert, den zweiten – *Die Mauer schwankt* – in dem jüdischen Verlag Bruno Cassirer, der vom Verleger 1935 aufgelöst wurde. Während des Krieges hatte Koeppen dann – weder über Geld verfügend noch von Freunden in die USA gerufen – beim Film überwintert. In der Bundesrepublik stand er allein. Er gehörte zu keinem Kreis. Er wirkte nicht schulbildend.

Ähnlich stand es um Hans Henny Jahnn. In den 20er Jahren hatte er Dramen veröffentlicht, die auf heftige Kritik gestoßen waren (Alfred Kerr am 5. 5. 1926 im *Berliner Tageblatt* über die Tragödie *Medea*: »Dieses Schauerspiel eines jungen Deutschen . . . stößt Hofmannsthals ›Elektra‹-Linie orgiastisch-dunkel in letzte Tierhaftigkeit fort«), und den einzigen und einzigartigen expressionistischen Roman *Perrudja*. 1933 waren seine Bücher sofort verboten worden. Er war ins Exil nach Dänemark gegangen, auf die Insel Bornholm. 1949 und 1950 erschienen *Das Holzschiff* und die zweibändige *Niederschrift des Gustav Anias Horn nachdem er 49 Jahre alt geworden war*, Vorspiel und Hauptteil der schwermütig-ausschweifenden Roman-Trilogie *Fluß ohne Ufer*. 1956 erschien der schmale Roman *Die Nacht aus Blei*. In den 50er Jahren widmete Jahnn, der auch Orgelbauer und Hormonforscher und Herausgeber alter Kompositionen war und die Mißhandlung und Ausrottung der Tiere anklagte, seine Kräfte vor allem dem Kampf gegen die Atombombe. Auch er stand im bundesrepublikanischen »Restauratorium« (Rühmkorf) als einzelner auf verlorenem Posten. Beim Darmstädter Gespräch 1950 über *Das Menschenbild in unserer Zeit* hätten Adorno und Jahnn sich begegnen können, sind sie sich vielleicht begegnet. Aber wenn, dann hätte – bei aller Verwandtschaft in der Radikalität der Zivilisationskritik zugunsten der Wechselbeziehung von Trieb und Geist, der Selbstbesinnung der Menschen auf ihre Zugehörigkeit zur Kreatur – der ganz unvornehme, zur Rücksichtnahme auf die öffentliche Meinung und die gesellschaftliche Etikette unfähige Jahnn Adorno höchstens einen Schrecken eingejagt. Er gehörte zu den Einzelgängern, auf die die *Dialektik der Aufklärung* und die *Minima Moralia* setzten, die Horkheimer und auch Adorno aber in der Wirklichkeit eher nicht ganz geheuer waren. (Für Jahnn, der 1959 starb, setzte sich später, in der zweiten Hälfte der 60er Jahre, mit großer Entschiedenheit und Adornoschen Argumenten

Wilhelm Emrich, ein Adorno-Schüler aus vornationalsozialistischer Zeit, ein.)

So begnügte Adorno sich wohl nicht nur, weil auch seiner Aufmerksamkeit und Arbeitskraft Grenzen gesetzt waren und er sich wenigstens in der Kunst von persönlichen Vorlieben leiten lassen wollte, in den 50er Jahren damit, vorsichtig seine geschichts- und sozialphilosophische Deutung von Kunstwerken gegenüber den anderen in Westdeutschland vorherrschenden literaturtheoretischen und -kritischen Richtungen zur Geltung zu bringen und an Vertretern der klassischen Moderne und Vorläufern der Moderne zu exemplifizieren.

Lyrik und Gesellschaft, zwischen 1951 und 1958 in verschiedenen Fassungen vorgetragen und publiziert, war so etwas wie die abgeklärte und sich eher behutsam ins literarische Handgemenge begebende Variante zu *Die gesellschaftliche Lage der Musik* (dem außer *On Popular Music* einzigen *ZfS*-Beitrag, den Adorno in Westdeutschland nicht neupublizierte). Gesellschaftliche Deutung von Gedichten hieß – so trug Adorno seine alten, von Hegels und Lukács' Historisierung der Ästhetik inspirierten Dinge vor, die für das Westdeutschland der 50er Jahre neu waren –, ein Gedicht als »geschichtsphilosophische Sonnenuhr« lesen; als Erscheinung des »*Ganzen* einer Gesellschaft, als einer in sich widerspruchsvollen Einheit, im Kunstwerk«; als Niederschlag des »geschichtlichen Verhältnisses . . . des Einzelnen zur Gesellschaft im Medium des subjektiven . . . Geistes« (*Ges. Schr. 11*, 60, 51, 55). Auch hier wieder die Adornosch formulierte Wiederholung alter Künstler- und Kunstphilosophen-Weisheiten: Voll von der Erfahrung der gesellschaftlichen Realität mußte man dichten mit dem Traum vor Augen, tastend »nach dem Laut . . ., in dem Leid und Traum sich vermählen«, bezeugend, »daß Frieden nicht gelang, ohne daß doch der Traum zerbräche« (58, 54). Und ganz ins Einzelne sich versenkend mußte man dichten, um die Schranken des Selbst loszuwerden und teilzuhaben an der Sprache als dem Medium des kollektiven Unterstroms, des guten Allgemeinen, des unentstellten Menschlichen (50, 56, 58).

An Eduard Mörikes *Auf einer Wanderung* und Stefan Georges *Im windes-weben*, einem Lied aus dem Gedichtzyklus *Der siebte Ring*, führte Adorno vor, was es hieß, durch gesellschaftliche Deutung den im Gedicht festgehaltenen geschichtlichen Stundenschlag zu bestimmen. In Mörike sah er den Beginn einer Phase, in der Lyrik nur noch als schwebende und zerbrechliche Beschwörung des Traums vom unmittelbaren Leben in einer diesen Traum immer deutlicher richtenden Gesellschaft möglich war. Auf die Erschwerung der Beschwörung des Traums reagierte die Lyrik mit einem Prozeß der Reinigung und Schärfung der Mittel zu seiner Bewahrung. »Die Gedichte des hypochondrischen Cleversulzbacher Pfarrers, den man zu den naiven Künstlern zählt, sind Virtuosenstücke, die kein Meister des l'art pour l'art überbot. Das Hohle und Ideologische des hohen Stils ist ihm so gegenwärtig wie das Mindere, kleinbürgerlich Dumpfe und gegen die Totalität Verblendete des Biedermeiers, in dessen Zeit der größere Teil seiner Lyrik fällt. Es treibt den Geist in ihm, einmal noch Bilder zu bereiten, die weder an den Faltenwurf noch an den Stammtisch sich verraten, weder an die Brusttöne noch ans Schmatzen. Wie auf einem schmalen Grat findet sich in ihm, was eben noch vom hohen Stil, verhallend, als Erinnerung nachlebt, zusammen mit den Zeichen eines unmittelbaren Lebens, die Gewährung verhießen, als sie selber von der historischen Tendenz eigentlich schon gerichtet waren, und beides grüßt den Dichter, auf einer Wanderung, nur noch im Entschwinden. Er hat schon Anteil an der Paradoxie von Lyrik im heraufkommenden Industriezeitalter.« (*Ges. Schr. 11*, 63)

Ungefähr zur gleichen Zeit, da Adorno Mörikes fast freirhythmisches Gedicht *Auf einer Wanderung* interpretiert hatte, hatte Emil Staiger eine Interpretation von Mörikes *Auf eine Lampe* gegeben, einer Art poetischem Stilleben in jambischen Trimetern. Staiger war der beeindruckendste unter jenen Literaturwissenschaftlern, die nach 1945 Arbeiten publizierten, die zu Standardwerken der sogenannten werkimmanenten Interpretation wurden. Was während der Herrschaft des Nationalsozialismus Literaturwissenschaftlern wie Max Kommerell eine Ausweichmöglichkeit vor ideologischen Zumutungen geboten hatte, wurde nach 1945 zu einer sich breiter Beliebtheit erfreuenden Ausweichmöglichkeit vor einer wirklichen Neubesinnung. Wolfgang Kayser hatte dieser Interpretationsrichtung mit der 1948 erschienenen Einführung in die Literaturwissenschaft *Das sprachliche Kunstwerk* das Standard-Lehrbuch geliefert. Staiger hatte – in Anlehnung an Heideggers *Sein und Zeit* – in seinen 1946 zuerst publizierten *Grundbegriffen der Poetik* eine »Fundamentalpoetik«, eine Phänomenologie des rein idealen Wesens des Lyrischen, des Epischen und des Dramatischen entworfen. Darin sah er einerseits literaturwissenschaftliche Namen für allgemeine Möglichkeiten des Menschen, andererseits Spielräume für die mannigfaltigen Möglichkeiten des Dichtens. Interpretation hieß in seinen Augen: an einer Dichtung, die uns mit eigentümlicher Schönheit anspricht, nachzuweisen, daß sie uns zu Recht gefällt, d. h. nachzuweisen, »wie alles im Ganzen und wie das Ganze zum Einzelnen stimmt« (Staiger, *Die Kunst der Interpretation*, 15), und zwar unter Heranziehung der Philologie, der Dichterbiographie, der Geistesgeschichte, der Geschichte, also der diversen Leistungen der sogenannten positivistischen Literaturwissenschaften.

Den von ihm ausgewählten klassizistischen Versen Mörikes entnahm Staiger das Bild eines Dichters, der auf der Schwelle der Zeiten stand, am Ende der Romantik und am Anfang einer Epoche, deren Nüchternheit ihn verletzte. »Nur er, der Dichter, nimmt es [das Kunstgebilde, nämlich die Lampe, R. W.] wahr in seiner unauffälligen Schönheit. Er ist von außen eingetreten. Er selber kommt aus der Werktagswelt, die ihn ernüchtert hat wie alle. Wer könnte dem Zeitgeist widerstehen? Die edleren Organe seines Geistes sind aber noch nicht ganz abgestorben. Nun werden sie von dem Kunstwerk berührt, und während er verweilt, erhebt die vergangene schöne Welt sich wieder und scheint wieder gegenwärtig zu sein – von ›Reiz umfremdet‹, so möchte man sagen, um eine Wendung aus dem Gedicht ›Göttliche Reminiszenz‹ zu gebrauchen. Denn der Dichter selber ist dergleichen ja längst nicht mehr gewohnt. Das Schöne mutet ihn aber noch an, wie seine Verse uns anmuten. Wir glauben, die Anmut – im wörtlichen Sinn – nun besser aus der zeitgeschichtlichen Lage Mörikes zu verstehen. Er schaltet nicht als Herr in diesem Haus, in dem die Lampe hängt. Da scheint überhaupt kein Herr mehr zu sein. Doch zugehörig fühlt er sich noch; er wagt es, wenigstens halb, sich noch als Eingeweihten zu betrachten. Gerade darauf beruht vielleicht der schmerzlichschöne Zauber des Stücks.« (a.a.O., 27)

Zwei ungefähr gleich talentierte Interpreten – der eine den Vorwurf gewärtigend, er habe aus Angst vorm plumpen Soziologismus das Verhältnis von Lyrik und Gesellschaft so sublimiert, daß eigentlich nichts davon übrigbleibe, der andere ausdrücklich nicht bereit, sein unmittelbares Gefühl für die individuell-historische Qualität von Dichtungen durch eine Fundamentalpoetik einengen zu lassen; der eine vor Literatur-Soziologie zurückschreckend, der andere den Bezug auf Zeitgeschichte nicht scheuend – sahen Mörikes Dichtungen in wesentlichen konkreten Punkten gleich. Worin lag nun der Unterschied?

Staigers Interpretation ruhte in sich. In ihr herrschte die Stimmung des Aufsuchens der Größe in der Hinnahme des Gegebenen durch große Geister, die Bewunderung dafür, »daß Menschliches selbst über Klüfte der Räume und Zeiten hinweg für Menschliches offen ist« (a.a.O., 30), das Nietzscheanische Pathos der Kommunikation von Gipfel zu Gipfel. Durch Adornos Interpretation ging die Rastlosigkeit der Suche nach den Mitteln des künstlerischen Ausbruchs. Für Adorno war Mörike ein Zeitgenosse in dem, was er wollte; ein Vorläufer darin, wie er es wollte; ein Beispiel dafür, wie es nicht mehr ging. An Mörike als Beispiel suchte ein Künstler und Kunsttheoretiker sein Bewußtsein dafür zu schärfen, mit welchen gewandelten Mitteln unter gewandelten gesellschaftlichen Bedingungen der künstlerische Ausbruch besser gelingen könne als bei Mörike. Nicht eigentlich gesellschaftlicher war Adornos Deutung, sondern beherrscht vom Gedanken an die durch einen zwiespältigen Fortschritt der Gesellschaft erzwungene und ermöglichte Schärfung der Mittel des künstlerischen Ausbruchs aus der Dialektik der Aufklärung. Dadurch kam aber ein gesellschaftlicher Bezug, ein Interesse an Aktualität, ein auf das Projekt der künstlerischen Moderne als Antizipation einer freien Gesellschaft verpflichtender Schwung auch in Adornos literaturtheoretische Arbeiten, der in den 50er Jahren den meisten anderen literaturtheoretischen Publikationen fehlte.

Er fehlte z. B. auch in Hugo Friedrichs 1956 erschienenem und allein in den 50er Jahren 60 000mal verkauften Band über *Die Struktur der modernen Lyrik*. Friedrich, dem mit Adorno gleichaltrigen Professor für Romanische Philologie in Freiburg im Breisgau, ging es darum, anhand einschlägiger Beispiele von Baudelaire bis zu T. S. Eliot und Saint-John Perse die Struktureinheit der modernen europäischen Lyrik aufzuzeigen. »Ich selbst«, bekannte er im Vorwort, »bin auch kein Avantgardist. Mir ist bei Goethe wohler als bei T. S. Eliot. Aber darauf kommt es nicht an. Mich interessiert es, die Symptome der wagemutigen, harten Modernität zu erkennen . . .« (Friedrich, *Die Struktur der modernen Lyrik*, 8) Seine Maßstäbe dem älteren Dichten entnehmend – genauer: den nach dem vorherrschenden Geschmack als vorbildlich geltenden Formen älteren Dichtens –, wollte er die Elemente der Abnormität moderner Lyrik benennen. Er faßte sie auf als Ausdruck des Widerwillens gegen eine auf den materiellen Fortschritt fixierte Gesellschaft und gegen die wissenschaftliche Entzauberung der Welt. Die einzige Erklärung, die er dafür sah, daß dieser Widerwille sich in der von ihm beschriebenen »abnormen« Weise manifestierte, war: bei den hervorragenden Vertretern der Moderne, wie Mallarmé, war es »die lediglich in der Gespanntheit moderne Form eines Ungenügens an der Welt, das sich schon immer bei überlegenen Geistern einzustellen pflegte« (86). Im übrigen sah er einen »epochalen Stil- und Strukturzwang« (107) am Werk. Das war die um Neutralität bemühte Betrachtungsweise von jemandem, der in der modernen Lyrik keinen Ausdruck ihn bedrängender Erfahrungen, keine geschichtsphilosophische Sonnenuhr zu sehen vermochte, sondern nur – oder immerhin – ein exotisches Phänomen, neben dem die verbürgte Tradition ungeschmälert in Geltung blieb.

Das war anders bei einem, der selber Dichter war: Gottfried Benn. Er war ein leidenschaftlicher Verfechter der modernen Lyrik: der Artistik und der Autonomie des Gedichts, und ein unverhohlener Verächter der Mitte, deren Verlust von konservativen Kunsttheoretikern wie Hans Sedlmayr wirkungsvoll beklagt wurde. »Das Wort des Lyrikers vertritt keine Idee, vertritt keinen Gedanken und kein Ideal, es ist Existenz an sich, Ausdruck, Miene, Hauch«, hieß das Credo Benns, von dem Adorno 1964 in einem Brief an Peter Rühmkorf (auf dessen Beitrag zur Adorno-Festschrift hin) meinte: »Benn hat politische Greuel angerichtet, aber in einem höheren politischen Sinn hat er immer noch mehr mit uns zu tun als sehr viele andere« (in: Peter Rühmkorf, *Die Jahre, die ihr kennt*, 153). In einem höheren politischen Sinn, das hieß wohl: im kunstpolitischen Sinn.

1933 hatte Benn den totalen Staat als die Staatsform begrüßt, die im Einklang mit dem autonomen Gedicht stand, und in einer am 24. April 1933 gehaltenen Rundfunkrede u. a. gemeint: »alles, was das Abendland berühmt gemacht hat, seine Entwicklung bestimmte, bis heute in ihm wirkt, entstand, um es einmal ganz klar auszudrücken, in Sklavenstaaten . . . die Geschichte ist reich an Kombinationen von pharaonischer Machtausübung und Kultur; das Lied darüber ist drehend wie das Sternengewölbe . . .« (Benn, *Der neue Staat und die Intellektuellen*, in: *Ges. Werke I*, 447) 1948/49 hatte Benn mit den beiden Bänden *Statische Gedichte* und *Trunkene Flut* ein Comeback erlebt. Seine blendenden Vorträge und Aufsätze zur Dichtungstheorie, vor allem sein 1951 in der Universität Marburg gehaltener Vortrag über *Probleme der Lyrik*, wurden gerade von vielen Jugendlichen als anregende Neuigkeit bereitwillig aufgenommen. Im Oktober 1951 konnte Benn in Darmstadt den Georg-Büchner-Preis entgegennehmen, nachdem er ein Jahr zuvor bei der Publikation seiner *Frühen Prosa und Reden* unmißverständlich deutlich gemacht hatte, daß er den angemessenen Boden für seine Lyrik nach wie vor in einem Sklavenstaat sah.

»Der abendländische Mensch unseres Zeitalters besiegt das Dämonische durch die Form«, hieß es in der in jenem Band abgedruckten *Rede auf Stefan George*. »Sagen Sie für Form immer Zucht oder Ordnung oder Disziplin oder Norm oder Anordnungsnotwendigkeit, alle diese Worte, die uns so geläufig wurden, weil in ihrem Namen auch die geschichtliche Bewegung sich zu prägen versucht, das ist Georgesches Gebiet.« (*Ges. Werke I*, 473) 1934 in der Erstveröffentlichung hatte es statt »zu prägen versucht« geheißen »geprägt hat«. So wenig an Änderung hielt Benn für nötig, um die Arbeit nicht als Dokument, sondern als eine nach wie vor gültige frühere Arbeit neu zu publizieren. So unverändert erhoffte er aufs neue, was er 1933 sogleich begeistert begrüßt hatte. Den Geist der neuen Zeit, den er 1934 »in der Kunst Georges wie im Kolonnenschritt der braunen Bataillone als *ein* Kommando« hatte leben sehen, sah er 1950 immer noch »in der Kunst Georges als *ein* Kommando« leben. Nur das »wie im Kolonnenschritt der braunen Bataillone« ließ er weg, denn tatsächlich marschierten sie ja zur Zeit der Neuveröffentlichung nicht.

So groß war Adornos Engagement für die künstlerische Moderne, daß er weniger in Benn als in jenen, die die moderne Kunst ablehnten und in den etablierten Formen konservative oder reaktionäre Aussagen transportierten, Gegner sah. Das Problem, das Benjamin einst bewegt hatte und das angesichts der Faszination, die bereits in den ersten Jahren der Bundesrepublik wieder von Benn und Ernst Jünger ausging, auch in den 50er Jahren aktuell war, das Problem nämlich, daß es eine Spielart der künstlerischen Moderne gab, die Affinitäten zum Faschismus hatte, erschien Adorno offenbar nicht als besonders dringlich. Vorrang hatte für ihn, daß es die Arbeiten und Ansichten der Avantgardisten waren, die Unruhe hervorzurufen vermochten und die Kunst unabhängig von Tendenzen oder Zwecken zu einer Provokation machten. Es war ihm wohl nicht die avantgardistische Kunst wichtiger als eine freie Gesellschaft. Aber seine Leidenschaft für die neue Musik wie der kritische Blick auf die gesellschaftliche Realität ließen in seinen Augen den Fortschritt der Kunst als das Näherliegende erscheinen. Verlieh erst einmal die Kunst – so mochte seine letzte Überzeugung aussehen – der neuesten verzweifelten Wirklichkeit authentischen Ausdruck, dann konnte die Wirklichkeit nicht mehr lange standhalten.

Eine der *Philosophie der neuen Musik* entsprechende immanente Kritik der progressiven Moderne und eine Scheidung zwischen Fortschritt und Reaktion unternahm Adorno für das Gebiet der Literatur und der Literaturtheorie nicht. Es war ein Schüler Emil Staigers, Peter Szondi, der unter dem Einfluß von Hegels *Ästhetik*, Lukács' Aufsatz *Zur Soziologie des modernen Dramas* und Adornos *Philosophie der neuen Musik* in seiner 1956 erschienenen *Theorie des modernen Dramas* vorführte, wie auch ohne theologisch-messianische Perspektive die Untersuchung der Dialektik von Form und Inhalt der einzelnen Werke zu zeigen vermochte, daß die Bearbeitung technischer Probleme im Inneren der Werke zugleich eine Reaktion auf gesellschaftliche Probleme darstellte. In exemplarischen Analysen von Dramen von Henrik Ibsen bis Arthur Miller zeigte der damals 25jährige Szondi, wie der Widerspruch zwischen dramatischer Form und epischer Thematik, zwischen einem auf dialogische Kommunikation angelegten Rahmen und der sich als Problem aufdrängenden Vereinzelung der Menschen schließlich zu einem neuen Formprinzip des Dramas führte. Die veränderte Thematik der Gegenwart – so die Pointe von Szondis dialektisch-phänomenologischer Untersuchung – führte die Dramatiker zu einer neuen Formenwelt – unabhängig davon, wie sie die Gegenwart bewerteten, sofern sie sich ihr nur stellten.

Anfang der 60er Jahre wurde Adorno wie in der Musik so in der Literatur zum Verfechter zeitgenössischer Positionen der Moderne. »Der bedeutendste künstlerische Eindruck«, hatte er im Frühjahr 1958 nach der Rückkehr von einer Reise nach Wien an Horkheimer geschrieben, »war eine buchstäblich großartige Aufführung des ›Endspiels‹ von Beckett. Das ist wirklich eine bedeutende Sache, die Sie *unbedingt* lesen müssen – allein schon deshalb, weil gewisse Intentionen mit den unseren sehr zusammenhängen. Es ist denn auch entsprechend ungemütlich, und so, daß es immerhin Pfui-Rufe gab.« (Adorno-Horkheimer, Frankfurt, 17. 4. 57) Becketts *Endspiel* und Hans G. Helms *FA: M'AHNIESGWOW* wurden für Adorno zum Anstoß dafür, in der Literatur einen Fortschritt über Proust, Kafka und Joyce hinaus anzuerkennen. Becketts *Endspiel* verhielt sich in seinen Augen zu Kafkas Romanen, Helms' *FA: M'AHNIESG-WOW* zu Joyces *Finnegans Wake* wie die serielle Musik zu Schönberg, zu freier Atonalität und Zwölftontechnik (*Versuch, das Endspiel zu verstehen*, in: *Ges. Schr. 11*, 303; *Voraussetzungen. Aus Anlaß einer Lesung von Hans G. Helms*, in: *Ges. Schr. 11, 440*).

Wie die seriellen Komponisten das Reihenprinzip totalisiert hatten, so hatten Beckett und Helms das Prinzip ihrer Vorgänger totalisiert, suchten sie eine vom Subjekt losgelöste, alle Seiten des Werks erfassende Notwendigkeit zu realisieren. Beckett – zu Adornos Generation gehörend, 1928 in Paris als 22jähriger in den Freundeskreis von James Joyce aufgenommen, 1942 als Mitglied einer Résistance-Gruppe knapp der Verhaftung durch die Gestapo entgangen und bis zur Befreiung Frankreichs als Landarbeiter in einem abgelegenen Gebirgsdorf in Südfrankreich lebend – war 1953, nach fast 25jähriger literarischer Tätigkeit, mit *En attendant Godot* der Durchbruch gelungen, mit einem Theaterstück, das für ihn ein Nebenprodukt seiner eigentlichen Arbeit war, der Roman-Arbeit, seinerzeit an einer Roman-Trilogie, deren erste Bände, *Molloy* und *Malone meurt*, 1948 entstanden, deren letzter, *L'innommable*, 1949 geschrieben wurde. *Der Namenlose* hatte mit den Worten aufgehört: »im Schweigen weiß man nicht, man muß weitermachen, ich werde weitermachen«. Beckett machte weiter – mit Stücken und Texten, in denen, ohne daß je die diskursive Bedeutung der Wörter ganz zerstört wurde, der Zusammenhang zwischen den immer kahleren Wortgruppen immer mehr durch die klangliche Organisation, durch Leitmotive, Wiederholungen, Analogien, Echobildungen, und in den Stücken durch Gestisches und Pantomimisches hergestellt wurde.

Endspiel, Mitte der 50er Jahre entstanden, war wie die bitterere Variante zu *Warten auf Godot*: ein Kreisen nach dem Untergang, aber gleichwohl Spiel. Die in parodistischer Form gehandhabten Kategorien des Dramas und musikalische Formprinzipien strukturierten ein Minimum an Inhalt. Es gab z. B. im *Endspiel* noch den großen Monolog. Aber er war nur noch eine Folge stockender, hohl klingender

Andeutungen. Es öffnete sich kein Vorhang, sondern Hamm nahm ein Taschentuch vom Gesicht. Was so zustande kam, war ein Stück, unerbittlich gegenüber all dem, was nach dem Untergang nicht mehr ging, und es als das nicht mehr Mögliche doch vorführend. Inszenierungen des Stückes, an denen Beckett sich beteiligte, wurden zur Weiterarbeit Becketts am eigenen Stück und gingen mit zahlreichen kleinen Veränderungen einher, die alle in die gleiche Richtung zielten. »Etwas Merkwürdiges ist geschehen«, hieß es in Michael Haerdters Bericht über die Proben der Berliner Inszenierung des *Endspiels* von 1967. »In den drei vergangenen Wochen hat Beckett dem *Endspiel* ein straffes Bühnenkleid angepaßt aus Vereinfachung, leitmotivischer Wiederholung, Rhythmisierung. Es wird kein absurdes Spektakel sein, die Leute das Gruseln zu lehren. Vielmehr ein Ding, etwas außerhalb des Bühnenkonsensus, das in seiner kristallinischen Geschlossenheit unter die Haut gehen wird.« (in: *Materialien zu Becketts »Endspiel«*, 85) Schlagender hätte nicht bestätigt werden können, was Adorno 1961 in seiner Analyse des Stückes geschrieben hatte: »Der Verlauf der Dialoge . . . klingt, als wäre das Gesetz seines Fortgangs nicht die Vernunft von Rede und Gegenrede, nicht einmal deren psychologisches Ineinandergehaktsein, sondern ein Aushören, verwandt dem von Musik, die von den vorgegebenen Typen sich emanzipiert. Das Drama lauscht, was nach einem Satz wohl für ein anderer kommt.« (*Ges. Schr. 11*, 308)

Die musikalisch arrangierten Wiederholungen und Analogien ließ Beckett in einigen Szenen auffangen durch eine vorgebliche Spontaneität. Ähnlich wie bei Alban Berg, der nach dem Prinzip der Zwölftontechnik komponiert hatte, aber so, daß in großem Maße tonale Elemente dabei Platz fanden, waren auch in Becketts Stücken im kristallinischen Gefüge zahlreiche Fügungen untergebracht mit einem zutage liegenden bitteren, wenn auch an der jeweiligen Stelle im Stück durch Zynismus, Überdruß, phrasenhaftes Sprechen verfremdeten Sinn. Im *Endspiel* waren es z. B. Stellen wie diese:

»HAMM *seine Kappe loslassend*: Was macht er?
Clov hebt den Deckel von Naggs Mülleimer an und bückt sich.
Pause
CLOV: Er weint.
Clov klappt den Deckel zu und richtet sich auf.
HAMM: Also lebt er. *Pause*«
(*Endspiel – Fin de partie*, 101)

Helms' Text war in Adornos Augen noch fortgeschrittener als Becketts Texte. Joyce hatte wesentlich auf einen psychologisch bzw. tiefenpsychologisch gelenkten Assoziationszusammenhang gesetzt.

Helms setzte auf einen philologisch gelenkten. Das hieß aber: auf Gelehrtheit. Merkwürdigerweise setzte Adorno das, was er selbst als eine Art Parodie des poeta doctus bezeichnete, damit gleich, daß tendenziell ein aus dem Material der Sprache geschöpfter Assoziationszusammenhang vorherrschend werde. Anders als Beckett – und d. h. radikaler, avantgardistischer als jener – suche Helms auf diese Weise aus dem mololoque intérieur auszubrechen, der damit nicht länger das Gesetz des literarischen Werks abgebe, sondern selber zum Material werde. Indem der Zufall selber zu einem Parameter gemacht wurde, wurde offen die Fehlbarkeit des Subjekts eingestanden. »Notwendigkeit inmitten des subjektiv konstituierten Bereichs wird tendenziell vom Subjekt losgesprengt, ihm entgegengesetzt. Die Konstruktion versteht sich nicht mehr als Leistung der spontanen Subjektivität, ohne die sie freilich gar nicht zu denken wäre, sondern will aus dem durchs Subjekt je schon vermittelten Material herausgelesen werden.« (440 f.)

Wie es vorzustellen war, daß die Kraft des Dichters da am größten sei, wo er sich dem Sprachgefälle überließ, zeigte Adorno am detailliertesten nicht an Helms, nicht an Beckett, sondern an Hölderlin. (Zwei von ihm für einen vierten Band der *Noten zur Literatur* geplante Arbeiten – eine über Becketts *L'innommable* und eine über Paul Celans *Sprachgitter* –, die das vielleicht anhand eines zeitgenössischen Textes geleistet hätten, kamen nicht mehr zustande.) Der späte Hölderlin erwies sich für Adornos Dichtungsphilosophie als der Schönberg der Literatur. »Anders als in Musik, kehrt in der Dichtung die begriffslose Synthesis sich wider das Medium: sie wird zur konstitutiven Dissoziation. Die traditionelle Logik der Synthesis wird darum von Hölderlin zart nur suspendiert. Benjamin hat deskriptiv mit dem Begriff der Reihe diesen Sachverhalt erreicht . . . Während, wie Staiger mit Recht hervorhob, die Hölderlinsche, an der griechischen gestählte (Verfahrungsweise) kühn durchgebildeter hypotaktischer Konstruktionen nicht enträt, fallen als kunstvolle Störungen Parataxen auf, welche der logischen Hierarchie subordinierender Syntax ausweichen. Unwiderstehlich zieht es Hölderlin zu solchen Bildungen. Musikhaft ist die Verwandlung der Sprache in eine Reihung, deren Elemente anders sich verknüpfen als im Urteil.« (471) Die auf dem Weg über strenge äußere Formen erreichte und an Pindar und anderen griechischen Dichtern geschulte Technik des Reihens war ein überzeugendes Beispiel dafür, wie äußerste sprachliche Disziplin zur Freisetzung dessen führte, dem man sich offenbar nur zu fügen brauchte. Die Sprache zerrütten und der Sprache sich fügen erschien dann als eins. Aber Sprache bedeutete dabei jeweils etwas anderes. Zerrüttet werden sollte die gängige, die kommunikative, die verdinglichte Sprache. Die Sprache, der man sich fügen sollte, war eine andere. »Hölderlins intentionslose Sprache, deren ›nackter Fels . . . schon überall an Tag tritt‹ (Walter Benjamin, Deutsche Menschen), ist ein Ideal, das der geoffenbarten . . . Die Distanz von ihr ist das eminent Moderne an ihm. Der idealische Hölderlin inauguriert jenen Prozeß, der in die sinnleeren Protokollsätze Becketts mündet.« (478 f.)

Von sinnlosen Protokollsätzen Becketts zu reden war irreführend. Wenn Adorno Helms und Beckett gleichermaßen den seriellen Komponisten gleichsetzte, rächte sich, daß er nicht präzisierte, was es hieß, zum Kanon zu machen, was alles nicht mehr ging. »Das geht nicht mehr« war bei Adorno eine zweideutige Formel. Sie bedeutete in der Regel, daß eine überkommene Möglichkeit verbaut war: Man konnte nicht mehr konsonant komponieren, Kadenzen verwenden, den Septimakkord als außerordentliche Steigerung einsetzen; konnte nicht mehr ernsthaft große Monologe auf der Bühne vortragen lassen; konnte nicht mehr einen allwissenden Erzähler unterstellen. Aber »Das geht nicht mehr« sollte ja andererseits bedeuten: den Fortfall von Konventionen, Vorurteilen, Hemmnissen: Freiheit zur Dissonanz, zu multiperspektivischem Erzählen, zu unzensierter Bitterkeit, Unversöhntheit. Kam dies letztere aber z. B. bei Helms und Beckett gleichermaßen zum Zug? Hier wurde deutlich, daß mehr Sinnlosigkeit nicht gleichzusetzen war mit mehr Unversöhntheit, daß der Sinn der Sätze oder Wortgruppen nach wie vor eine entscheidende Rolle spielte. Zu rasch zog Adorno sich auf die Feststellung zurück, für den Fortschritt in der Materialbeherrschung müsse zu Zeiten ein Verlust an Qualität und Gehalt in Kauf genommen werden. Hier wurde auch deutlich, ein wie fragwürdiger Maßstab es war, wenn man vom »die Sprache zum Sprechen bringen« sprach. Denn was war die Sprache? Zweifellos bedeutete sie für Adorno etwas anderes als für Heidegger. Sie war für ihn nicht etwas, was die Subjekte überfuhr, sondern etwas, das nur soweit existierte, wie die Subjekte frei waren. Aber dann mußte man unterscheiden zwischen kristallinischen Formen, die die Bitterkeit schärften, und Formen, die bloße Verarmungen waren.

Wie in Übereilung zeichnete sich bei Adorno auch für die Dichtung die Vorstellung einer Kunst ab, die das unerfüllbar Scheinende zu leisten versprach: die Objektivation des fessellos Subjektiven (*Mahler*, in: *Ges. Schr. 16*, 329), die Antizipation einer zwanglosen Vergesellschaftung des Individuums. Von Pessimismus konnte bei Adornos Deutungen keine Rede sein. An Hölderlin verteidigte er gegen Heidegger die Utopie. Aus der schwarzen Dichtung Becketts las er die Konstruktion eines Indifferenzpunktes heraus, an dem der Unterschied zwischen der Hölle, in der sich nichts mehr ändert, und dem messianischen Zustand, in dem alles an seiner rechten Stelle wäre, verschwand. In der von Rimbaud, von den Surrealisten und am radikalsten schließlich von Beckett literarisch gestalteten Auflösung des inneren Monologs, der objektlosen Innerlichkeit, in einen hin und her stoßenden Sprachfluß sah er die Annäherung an die endliche Versöhnung des Individuums mit dem guten Allgemeinen, einer freien Gesellschaft. Was Adorno zum Ärgernis machte, war die Emphase, mit der er die avancierte Literatur als pointierten Ausdruck einer unerträglichen und unnötigen Realität begrüßte – statt sie entweder zu verwerfen oder mit der Kohlenzange anzufassen oder sie als Variante der Schilderung ewiger menschlicher Grenzsituationen einzustufen. Seine Parteinahme für die moderne Kunst und seine Verteidigung der Utopie in ihr machten ihn gleichermaßen zu einem Außenseiter unter den Akademikern. Die sich sonst ernstlich mit moderner Kunst befaßten, waren in der Regel selber Künstler oder im außeruniversitären Bereich tätige Zeitschriften- und Zeitungsmitarbeiter. Selbst neben diesen wirkte Adorno meist noch ein ganzes Stück aggressiver, verbindlicher und beunruhigender. Sieht man von der großen Ausnahme Günther Anders ab, dessen in *Die Antiquiertheit des Menschen* aufgenommene Interpretation von Becketts *Warten auf Godot* zuerst 1954 in der *Neuen Schweizer Rundschau* erschienen war, so klang eine deutschsprachige Analyse von Becketts Texten im günstigsten Fall so wie in dem ein Jahr vor Adornos Endspiel-Analyse erschienenen Band *Das Wagnis des französischen Gegenwartsromans* von Gerda Zeltner-Neukomm: »Wenn wir eingangs den von keinem Gegenüber mehr eingeschränkten inneren Monolog Becketts als rein lyrisch und subjektiv bezeichneten, so verlangt das nun eine Ergänzung. Diese subjektive Stimme mit ihrem Suchen und Bohren nach einem fernen und vielleicht inexistenten Ziel ist so elementar, daß sie vollständig allgemein wird: die Stimme der menschlichen Verlassenheit an sich. Der innere Monolog des heutigen französischen Romans kehrt nicht in den Individualismus zurück, sondern vertieft sich ins allgemein Gültige und Beispielhafte.« Was sie bei Beckett am Werk sah, war eine bestimmte Variante des modernen Versuchs, das Werk von innen her aufzusprengen, nämlich die »Selbstaufhebung des Wortes . . . um der Stille willen, in welcher das wirkliche und daher unnennbare Sein anheben würde« (*Das Wagnis des französischen Gegenwartsromans*, 150, 152). Bis hin zu Adornos messianischem Interpretationsabschluß war die Ähnlichkeit sehr groß – und doch der Ton der Analyse insgesamt so verschieden, wie als höchste Begriffe der des Seins und der der freien Gesellschaft verschieden waren.

Für eine Philosophie ohne Angst vor Bodenlosigkeit

Am längsten im Hintergrund blieb der (Fach-)Philosoph Adorno. Das lag teils daran, daß bei diesem Tätigkeitsfeld kein Institut das Renommee erhöhte, teils am begrenzteren Publikumskreis, vor allem aber daran, daß das Hauptgewicht von Adornos spezifisch philosophischer Tätigkeit lange Zeit auf Vorlesungen und Seminaren lag. Im übrigen wollte Adorno Fach-Philosoph noch weniger sein als Fach-Soziologe. Sieht man ab von der Neuausgabe des Kierkegaard-Buches (1962) und der Aufsatzsammlung *Drei Studien zu Hegel* (1963), dann erschien von ihm vor der 1966 publizierten *Negativen Dialektik* nur ein im engeren Sinn philosophisches Buch: *Zur Metakritik der Erkenntnistheorie. Studien über Husserl und die phänomenologischen Antinomien* (1956). Dabei handelte es sich um einige aus dem umfangreichen Manuskript der Oxforder Husserl-Arbeit ausgewählte und noch einmal durchgearbeitete Komplexe, ergänzt durch eine lange Einleitung von ähnlich grundsätzlichem Charakter wie die zur *Philosophie der neuen Musik*.

Wie in der Soziologie, der Musik und der Literatur ging es Adorno auch in der Philosophie um eine, die die Rationalität des erkennenden Subjekts steigerte zur Empfindlichkeit für die Strukturen der Dinge; eine Philosophie, für die Steigerung der Rationalität Empfänglichkeit für die Rationalität der Dinge bedeutete. Aber waren schon der Literatur im Unterschied zur Musik besondere Grenzen dadurch gesetzt, daß sie das diskursive Element der Sprache nicht so weit zerstören durfte, daß sie aufhörte, Sprache zu sein, und zum Laut wurde, so waren der Philosophie noch engere Grenzen dadurch gesetzt, daß sie nicht aufhören durfte, begriffliche Erkenntnis zu sein. Adornos Vorwurf gegenüber Bloch und lange Zeit auch gegenüber Benjamin war, daß bei ihnen eine gewisse Unverantwortlichkeit der philosophischen bzw. metaphysischen Improvisation vorliege. Den Höhepunkt der bisherigen Philosophie sah Adorno deshalb in Hegel – dessen Freund Hölderlin für ihn den Höhepunkt der Poesie verkörperte. In der Philosophie war auf Hegel nichts gefolgt, was Adorno als philosophisches Pendant zu Schönberg oder Kafka oder Beckett hätte ansehen können.

Einer hatte allerdings in Adornos Augen für die Philosophie halbwegs den Stellenwert, den in der Musik Schönberg hatte, nämlich Edmund Husserl. Schon in seiner Antrittsvorlesung von 1931 hatte Adorno in Husserl den gesehen, der unter den neueren Philosophen den ernsthaftesten Ausbruchsversuch unternommen hatte und dabei gescheitert war. An dieser Einschätzung hielt er fest, auch nachdem Horkheimer, Löwenthal und Marcuse die Veröffentlichung eines von

Adorno aus seinem umfangreichen Manuskript hergestellten Husserl-Aufsatzes in der *ZfS* abgelehnt hatten und Horkheimer der Arbeit nicht nur vorgeworfen hatte, es fehle ihr die erkennbare Relevanz für die Theorie der Gesellschaft und für die materialistische Philosophie, sondern auch, Husserl könne nicht als Idealist eingestuft werden und Adorno habe keineswegs eine überzeugende immanente Kritik des Idealismus geleistet. »It appears to me«, hieß es dagegen in Adornos 1940 im *Journal of Philosophy* erschienenem Aufsatz *Husserl and the Problem of Idealism*, »that Husserl's philosophy was precisely an attempt to destroy idealism from within, an attempt with the means of consciousness to break through the wall of transcendental analysis, while at the same time trying to carry such an analysis as far as possible ... he rebels against idealist thinking while attempting to break through the walls of idealism with purely idealist instruments, namely, by an exclusive analysis of the structure of thought and of consciousness.« Noch in den 60er Jahren sprach Adorno Husserl eine herausragende Rolle unter den neueren Philosophen zu. »Denken«, hieß es 1962 in dem Aufsatz *Wozu noch Philosophie?*, »das offen, konsequent und auf dem Stand vorwärtsgetriebener Erkenntnis den Objekten sich zuwendet, ist diesen gegenüber frei auch derart, daß es sich nicht vom organisierten Wissen Regeln vorschreiben läßt. Es kehrt den Inbegriff der in ihm akkumulierten Erfahrung den Gegenständen zu, zerreißt das gesellschaftliche Gespinst, das sie verbirgt, und gewahrt sie neu. Entschlüge Philosophie sich der Angst, die der Terror der herrschenden Richtungen verbreitet – der ontologischen, nichts zu denken, was nicht rein; der szientifischen, nichts zu denken, was nicht ›verbunden‹ mit dem Corpus der als gültig anerkannten wissenschaftlichen Befunde sei –, so vermöchte sie gar zu erkennen, was jene Angst ihr verbot, das, worauf unverschandeltes Bewußtsein eigentlich es abgesehen hätte. Wovon die philosophische Phänomenologie träumte, wie einer, der zu erwachen träumt, das ›Zu den Sachen‹, könnte einer Philosophie zufallen, die jene Sachen nicht mit dem Zauberschlag der Wesensschau zu gewinnen hofft, sondern die subjektiven und objektiven Vermittlungen mitdenkt, dafür aber nicht nach dem latenten Primat der veranstalteten Methode sich richtet, welche den phänomenologischen Richtungen, anstelle der ersehnten Sachen, immer wieder bloß Fetische präsentiert, selbstgemachte Begriffe.« (*Eingriffe*, 22 f.)

Als Adorno in den 30er Jahren seine Husserl-Studien geschrieben hatte, hatte er es getan getreu seiner Überzeugung, daß »nur in strengster dialektischer Kommunikation mit den jünsten Lösungsversuchen der Philosophie und der philosophischen Terminologie ... eine wirkliche Veränderung des philosophischen Bewußtseins« (*Ges.*

Schr. 1, 340) durchzusetzen sei. Daß er an Husserl und nicht an Scheler oder Heidegger anknüpfte, die in den 20er Jahren Husserl beim akademischen Publikum immer mehr in den Schatten gestellt hatten, hatte er damit gerechtfertigt, daß die ontologischen Entwürfe von Husserls Nachfolgern auf der Phänomenologie aufbauten – sie nicht etwa weiterentwickelten, sondern sie als Grundlage benutzten, ohne sich um deren Brüchigkeit zu kümmern.

Husserl hatte in Adornos Augen den Ausbruch aus dem Idealismus, aus der Bewußtseinsphilosophie, die dem Bewußtsein die Erfassung der Totalität der Welt zutraute, nicht geschafft, aber er hatte den Idealismus gewissermaßen sturmreif gemacht, ihn selbstzerstörerisch auf die Spitze getrieben. Wie Lukács in seinem Aufsatz über *Die Verdinglichung und das Bewußtsein des Proletariats* die Antinomien des bürgerlichen Denkens aufgezeigt hatte, um als deren Auflösung die in der Marxschen Theorie verkörperte Selbsterkenntnis des Proletariats zu präsentieren, so wollte Adorno die bei Husserl in der Fülle paradoxer Konstruktionen und Begriffskombinationen nackt zutage tretenden phänomenologischen Antinomien vorführen, um als deren Auflösung die materialistische Dialektik – wie er sie verstand – zu präsentieren.

Von Husserl waren zwei Dinge überaus wichtig genommen worden, die auch Adorno am Herzen lagen: die Idee der Objektivität der Wahrheit, logischer Urteile usw. und die Idee des denkenden Vollzugs wahrer Erkenntnis, logischer Urteile usw. durch das Subjekt. Husserl stand für die Rettung des Objektiven vor seiner psychologistischen Auflösung, aber auch für die Hinwendung zu den subjektiven Vollzügen, in denen das Objektive sich zeigte. Für die Erzielung solcher subjektiven Vollzüge entwarf Husserl eine systematische Veranstaltung: die »phänomenologische Reduktion«. Sie bedeutete Enthaltung von all dem, was in der vorphilosophischen, »natürlichen Einstellung« zur Welt dem originär Gegebenen hinzugefügt wurde: vor allem der Glaube an das Ansichsein der Gegenstände. Was nach der phänomenologischen Reduktion übrigblieb, war das authentisch Erfahrene, das wirklich Objektive, die »Phänomene«, die »Sachen selbst«. Sie sollten einem Zwischenreich des Bewußtseins-von-den-Sachen angehören, weder einer Immanzsphäre des Bewußtseins noch einer transzendenten Außenwelt zuzuordnen.

Das Zwischenreich des Bewußtseins-von-den-Sachen mit seiner »immanenten Transzendenz« wurde von Adorno kritisiert als das Kombinieren zweier Abstraktionen: der Abstraktion von allem Faktischen im Begriff des originär gegebenen Phänomens und der Abstraktion von der Tätigkeit denkender leibhaftiger Individuen im Begriff des Bewußtseins. Solche Abstraktionen wurden von Husserl abgelöst von dem, wovon abstrahiert worden war. Die Folge war eine Verdinglichung der Abstraktionen. Das Bewußtsein nahm etwas als Gegebenes hin, weil es den eigenen Anteil an dessen Zustandekommen vergessen hatte. Der Raum, in dem Bewußtsein und Sache scheinbar zusammentrafen, war der des reduzierenden Bewußtseins selber.

Für die Kritik am logischen Positivismus waren in Adornos Augen die gleichen Angriffspunkte entscheidend: die Ablösung der Logik vom Seienden – »Spielmarkenlogik« war sein Stichwort dafür – und die Ablösung der Erkenntnis von den denkenden Individuen – subjekt-, d. h. menschenlose Erfahrung hieß hier Adornos Stichwort. Daß er sich an Husserl hielt, lag teils daran, daß er die Kritik am logischen Positivismus bei Horkheimer gut aufgehoben sah, teils daran, daß bei Husserl die betreffenden Themen breiten Raum einnahmen und er insofern einen ergiebigeren Anknüpfungspunkt für eine Änderung des philosophischen Bewußtseins abzugeben schien. Der große, gerade auch im Hervortreiben der Widersprüche große Vorgänger Husserls war für Adorno Kant, der – so Adorno z. B. im Wintersemester 1957/58 in seiner Vorlesung zur *Einleitung in die Erkenntnistheorie* – Objektivität durch die Subjektivität hindurch zu retten gesucht, die Transzendenz zum Transzendentalen verinnerlicht, das Erfahrungsjenseitige mit den konstitutiven Bedingungen unserer Erkenntnis gleichgesetzt hatte.

War Hegel mit seiner welthaltigen und dialektischen Philosophie der Höhepunkt des Idealismus gewesen, so stellte Husserls Phänomenologie dessen konsequenteste, reduzierteste Form dar, gewissermaßen die absurde Parodie darauf. »Husserl«, hatte es pointiert schon in Adornos Antrittsvorlesung von 1931 geheißen, »hat den Idealismus von jedem spekulativen Zuviel gereinigt und ihn auf das Maß der höchsten ihm erreichbaren Realität gebracht.« (*Ges. Schr. 1*, 328) Er hatte die Philosophie jeglichen »philosophischen Ornaments« beraubt. In Husserls »spätbürgerlich-resignativer« (*Metakritik*, 288) Variante des Idealismus schien Adorno der Ausbruch zum Greifen nah. Das Anliegen seiner Husserl-Kritik, hatte Adorno 1937 an Horkheimer geschrieben, sei nicht etwa die These vom Primat des Bewußtseins durch die vom Primat des Seins zu ersetzen, sondern »zu zeigen, daß einerseits die Frage nach einem absolut ersten Begriff, wäre es auch der des Seins, notwendig selbst idealistische Konsequenzen impliziert, d. h. in letzter Instanz auf Bewußtsein zurückführt, und daß andererseits eine Philosophie, die diese idealistische Konsequenz tatsächlich zieht, sich notwendig in solche Widersprüche verwickelt, daß darüber die Fragestellung selber als im prägnanten Sinne falsch sich herausstellt. Das ist der Inhalt der Behauptung, daß das ›Problem‹

von Sein und Bewußtsein zwar nicht gelöst, aber erledigt sei.«
(Adorno-Horkheimer, 23. 10. 37) Das pointierte Aufzeigen der Aporetik von Husserls Phänomenologie bildete gleichsam den Hohlraum für die dann einzig noch denkbare Lösung: die Dialektik von Subjekt und Objekt, bei der Dialektik nicht mehr, wie bei Hegel, als die absolute des Geistes hypostasiert wurde. Von materialistischer Dialektik zu reden war insofern sinnvoll, als dadurch das gegenüber der idealistischen Dialektik korrektive Moment hervorgehoben wurde. Streng genommen aber ging es nicht um eine materialistische Dialektik, sondern – so könnte man sagen, um die Analogie zu Adornos musikalischen Intentionen deutlich zu machen – um eine Dialektik des zum Objekt hin offenen Subjekts, eine in diesem Sinne freie Dialektik, eine dialectique informelle. Allein sie – so meinte Adorno – sei noch möglich, da Husserls Philosophie den Beweis dafür abgab, daß ohne die Anerkennung der Vermitteltheit von Subjekt und Objekt statt der Sachen selbst und des lebendigen Vollzugs der Subjekte nur die Projektionen des sich selbst verabsolutierenden Bewußtseins in den Blick kamen. Deshalb waren auch die ontologischen Entwürfe unhaltbare Projektionen des sich selbst verabsolutierenden und damit sich selbst und der Welt entfremdeten Subjekts.

Als Adorno seine Husserl-Studien zwei Jahrzehnte nach ihrer Entstehung endlich veröffentlichen konnte, hatte sich die philosophische Szene in (West-)Deutschland gegenüber den 20er und frühen 30er Jahren nicht wesentlich verändert. Nach dem Krieg dominierten in Westdeutschland Heidegger und eine neue Variante der »materialen Phänomenologie«: der französische Existentialismus mit Sartre als berühmtestem Vertreter. Jaspers vertrat eine weitere Variante der Existenzphilosophie. In Plessner, Gehlen und Schelsky hatte die zugleich in der Soziologie einflußreiche philosophische Anthropologie starke Vertreter. Neopositivismus und kritische Philosophie, die am ärgsten von der Vertreibung durch den Faschismus betroffen worden waren, mußten sich dagegen erst Terrain zurückerobern. Die kritische Philosophie vermochte es in Gestalt der zurückgekehrten Emigranten Horkheimer und Adorno. Von den geflohenen Neopositivisten kehrte keiner nach Deutschland zurück. Bis in die 60er Jahre hinein wirkte der Neopositivismus, der in den USA, den skandinavischen Ländern und Holland eine Monopolstellung erlangte, nur indirekt auf die philosophische Szene im deutschsprachigen Raum ein. Es war also nicht abwegig, wenn Adorno seine Studien über die phänomenologischen Antinomien und seinen daran anknüpfenden Entwurf einer dialectique informelle für nach wie vor aktuell hielt und in seiner Einleitung nur noch einmal das Gemeinsame der in dem Buch vereinigten vier Studien hervorhob und auf eine einprägsame Formel brachte: Kritik der Ursprungsphilosophie, der prima philosophia. Eben das letztere sei alle bisherige Philosophie gewesen, auch die Erkenntnistheorie.

»Als Begriff ist das Erste und Unmittelbare allemal vermittelt und darum nicht das Erste. Keine Unmittelbarkeit, auch kein Faktisches, in dem der philosophische Gedanke der Vermittlung durch sich selbst zu entrinnen hofft, wird der denkenden Reflexion anders zuteil denn durch den Gedanken. Das hat die vorsokratische Seinsmetaphysik registriert zugleich und verklärt im Parmenideischen Vers, Denken und Sein seien das Gleiche, und damit freilich auch bereits die eigene eleatische Doktrin vom Sein als Absolutum dementiert . . . Seitdem war alle Ontologie idealistisch: erst ohne es zu wissen, dann auch für sich selber, schließlich gegen den verzweifelten Willen der theoretischen Reflexion, die aus dem selbstgesteckten Bezirk des Geistes als eines An sich ins An sich ausbrechen möchte.« (*Metakritik*, 16) Husserl wollte »die prima philosophia wiederherstellen kraft der Reflexion auf den von jeglicher Spur des bloß Seienden gereinigten Geist. Die metaphysische Konzeption, welche den Anfang des Zeitalters markierte, tritt an dessen Ende, aufs äußerste sublimiert und gewitzigt, dadurch jedoch nur desto unausweichlicher und konsequenter, kahl, nackt, hervor: eine Doktrin des Seins zu entwickeln unter den Bedingungen des Nominalismus, der Zurückführung der Begriffe aufs denkende Subjekt.« (13) Die ontologischen Richtungen setzten sich einfach über diesen Widerspruch hinweg und taten so, als ließe sich traditionelle Philosophie, prima philosophia, fortsetzen, als sei sie nach Husserl neu möglich. Die Neopositivisten verzichteten auf den Anspruch, noch Philosophie zu betreiben, und verstanden sich als Wissenschaftsanalytiker. Beide Strömungen konnten nicht zu dem beitragen, was in Adornos Augen eine nicht-freie Philosophie allenfalls noch hätte leisten können: die Entmythologisierung ein weiteres Stück voranzutreiben, etwa noch übersehene Konventionen und Restriktionen genuiner philosophischer Erfahrung aufzudecken.

Die *Studien zu Hegel* waren wie ein Nachholen dessen, was Adorno in den Husserl-Studien über den Höhepunkt des Idealismus gesagt hatte: die Darlegung, daß damals ungeachtet aller konservativen Züge Hegels die Mittel bereitgestellt worden waren, mit denen man sich im Freien bewegen konnte, mit denen eine Philosophie möglich war, die nicht länger, geplagt von der Angst vor Bodenlosigkeit und dem Bedürfnis nach einem sicheren Standpunkt, Anspruch auf Autonomie erhob. Wie schon in seiner Antrittsvorlesung hielt Adorno nicht die Marxsche Vorstellung von der Aufhebung der Philosophie in Praxis für aktuell, sondern eine neue Philosophie. Die Marxsche Ideologiekritik wurde in seinen Händen zu einem Instrument, um die Erhebung von Abstraktionen zu autonomen Wesenheiten zu kritisieren und das Einmünden aller nicht-freien, aller nicht für die Erfahrung der »Wirklichkeit« offenen Philosophie in das Bett des philosophischen Idealismus, der prima philosophia, zu demonstrieren.

Was aber war das für eine »vorwärtsgetriebene Erkenntnis«, auf deren Stand sich das Denken offen den Objekten zuwenden sollte? Die Philosophie nach Husserl hatte ja in Adornos Augen keinerlei Fortschritte gebracht. Außerdem betonte er – in Übereinstimmung mit der Vorrede der *Dialektik der Aufklärung* –, daß das freie Denken sich vom organisierten Wissen nicht die Regeln vorschreiben lassen dürfe. Das Verhältnis zu den Einzelwissenschaften war nach wie vor schillernd. Adorno betonte ihre Bedeutung für die Philosophie, verwarf aber ihre Erkenntnisweise so entschieden, daß die Anerkennung und Weiterverarbeitung der Resultate derart restringierter Erfahrungsformen unmöglich schien.

Betrachtete man Adornos eigene Arbeiten daraufhin, wieviel daraus über ein Denken zu lernen war, das sich offen, konsequent und auf dem Stand vorwärtsgetriebener Erkenntnis den Objekten zuwandte und sie neu gewahrte – und stellte man einmal die Frage zurück, wie offen denn das Denken in einer nicht-offenen Gesellschaft sein könne –, so stieß man auf Modelle wie eine Neubewertung Bachs (*Bach gegen seine Liebhaber verteidigt*, nämlich als früher Moderner mit Freiheit zum Altertümlichen) oder Heines (*Die Wunde Heine*, nämlich die, die seine Lyrik darstellte, deren Leichtigkeit die Erfahrung der Entfremdung transportierte) oder der Gefährdung der Demokratie durch faschistische Tendenzen (»Ich betrachte«, hieß es in *Was bedeutet: Aufarbeitung der Vergangenheit?*, »das Nachleben des Nationalsozialismus *in* der Demokratie als potentiell bedrohlicher denn das Nachleben faschistischer Tendenzen *gegen* die Demokratie«). Das waren Beispiele eines essayistischen Neusehens von Dingen, das sich nicht auf systematische Kenntnisnahme und Verarbeitung der laufenden wissenschaftlichen Forschungen, sondern auf intuitive zufällige Lektüre und eigene Erfahrungen und Assoziationen stützte. Die Eröffnung des ersten Bandes der *Noten zur Literatur* mit einem Essay über den *Essay als Form* war ein Bekenntnis zur eigenen Erkenntnishaltung überhaupt und hätte genausogut einen Band mit musikästhetischen oder philosophischen oder soziologischen oder zeitkritischen Aufsätzen Adornos eröffnen können. Der Essay war für ihn die Form freien Denkens. »Er trägt dem Bewußtsein der Nichtidentität Rechnung, ohne es auch nur auszusprechen; radikal im Nichtradikalismus, in der Enthaltung von aller Reduktion auf ein Prinzip, im Akzentuieren des Partiellen gegenüber der Totale, im Stückhaften ... Die leise Nachgiebigkeit der Gedankenführung des Essayisten zwingt ihn zu größerer Intensität als der des diskursiven Gedankens, weil der Essay nicht gleich diesem blind, automatisiert verfährt, sondern in jedem Augenblick auf sich selber reflektieren muß . . . Er konstruiert das Zusammengewachsensein der Begriffe derart, wie sie als im Gegenstand selbst zusammengewachsen vorgestellt werden . . . An der Sache wird durch Verstoß gegen die Orthodoxie des Gedankens sichtbar, was unsichtbar zu halten insgeheim deren objektiven Zweck ausmacht.« (*Ges. Schr. 11,* 17, 32 f.)

Wie aber vertrug sich das damit, daß der philosophische Kritiker der herrschenden Zustände das unwahre Ganze, die schlechte Totalität, das von Adorno immer wieder als System denunzierte Bestehende begreifen mußte, daß zur kritischen Alternative zum arbeitsteiligen Wissenschaftsbetrieb nach wie vor die Theorie der Gesellschaft gehören sollte? War nicht Adornos Vision eines freien Denkens in essayistischer Form – Analogie zum Sichüberlassen des artistischen Künstlers ans musikalische Material oder an die Sprache – eine Utopie, die sich z. B. in Adornos Arbeiten in erstaunlichem Maße, aber mit deutlichen Grenzen bewährte, die es im übrigen jedoch umzusetzen galt in eine Form der Erfahrung, die die Erkenntniserfolge der organisierten Wissenschaft in ihrer ganzen Breite zu nutzen und ihr zugleich Perspektiven für gezieltere und zugleich behutsamere Erkenntnisse und Eingriffe zu zeigen verstand? Diesem Problem schien Adorno mit seiner Verteidigung und Praktizierung der essayistischen Form auszuweichen. Von der erfolgreichen Bearbeitung dieses Problems hing aber immer mehr ab, ob die kritische Theorie es an Inhaltlichkeit z. B. mit der philosophischen Anthropologie noch aufnehmen konnte und durch historisch wie gesamtgesellschaftlich orientierte Untersuchungen der Gefahr der Erstarrung zu einem wohltönenden Gegenprogramm gegen alles übrige zu entgehen vermochte.

Jürgen Habermas – endlich ein Gesellschaftstheoretiker am Institut, von Adorno hochgeschätzt, von Horkheimer für zu links befunden

1954 hatte Ralf Dahrendorf, in den Adorno große Hoffnungen setzte, das Institut verlassen. Im Jahr darauf war mit Ludwig v. Friedeburg ein junger, professioneller und für Gesellschaftskritik offener Empiriker ans Institut gekommen. »Für die empirischen Sachen in Soziologie habilitieren wir Friedeburg«, meinte Adorno gegenüber Horkheimer, »wenn noch ein Soziologe habilitiert wird, so sollte er unbedingt theoretische Soziologie lehren können ... « (Adorno-Horkheimer, 4. 4. 55) Ein Jahr später war mit Jürgen Habermas ein Sozialphilosoph Assistent Adornos und Mitarbeiter des IfS geworden, dessen Interesse genau dem galt, was in die essayistischen Arbeiten Adornos und die Vorträge und Reden Horkheimers eher stichwortartig einging: einer Theorie des gegenwärtigen Zeitalters, der Pathologie der Moderne.

Eine erstaunliche Konstellation kam zustande, die an das erinnerte, was 1932/33 geschehen war, als Marcuse sich dem Institut anschloß. Bei Habermas war ein an Heidegger und anderen konservativen Kulturkritikern geschulter Blick auf die krisenhafte Situation der Gegenwart durch das Kennenlernen der Schriften der Junghegelianer und besonders des jungen Marx, schließlich durch Lukács' *Geschichte und Klassenbewußtsein* und die *Dialektik der Aufklärung* geschärft worden. Aber noch ein Jahr, bevor er ans Institut kam, hatte er dem von Gehlen und Schelsky herausgegebenen Lehr- und Handbuch der modernen Gesellschaftskunde (*Soziologie*, 1955) in einer Rezension in der *Frankfurter Allgemeinen Zeitung* Vorbildlichkeit bescheinigt – einem Band also, der gerade von jenen beiden herausgegeben war, in denen Adorno Hauptgegner der kritischen Theorie sah: Gehlen, der mit seinem zuerst 1940 erschienenen Hauptwerk *Der Mensch* Weltruhm erlangte, der darin aber auch die anthropologische Rechtfertigung für eine Verherrlichung von Zucht und Ordnung lieferte, die seine Zusammenarbeit mit dem Nationalsozialismus genausowenig als Zufall erscheinen ließ, wie es die Heideggers gewesen war, und Schelsky, den Adorno deshalb für besonders gefährlich hielt, weil er seine faschistischen Tendenzen weniger offen verrate als manche anderen, der sich aber immerhin in seinem Vorwort zur *Soziologie der Sexualität* zum Programm der Gegenaufklärung bekannte.

Jürgen Habermas, 1929 in Düsseldorf geboren, aufgewachsen in Gummersbach, wo sein Vater Leiter der Industrie- und Handelskammer war, hatte die deutsche Kapitulation im Mai 1945 als Befreiung empfunden. Er verschlang sowohl die im Rowohlt Verlag erscheinende lange verbotene westliche und deutsche Literatur als auch die von der kommunistischen Buchhandlung seines Heimatortes verteilten Ostberliner Broschüren von Marx und Engels. Er hoffte auf eine geistig-moralische Erneuerung und war enttäuscht, wie wenig bei den Wahlen zum Ersten Bundestag von Erneuerung zu spüren war und wie rasch die Wiederaufrüstung aktuell wurde.

Einerseits aus einer politisch angepaßten bürgerlichen Familie stammend und von daher skeptisch gegenüber der SPD – von den Kommunisten ganz zu schweigen –, andererseits ein Produkt der reeducation, deren Ideale er so ernst nahm, daß er den bürgerlichen Parteien, bei denen er keinen radikalen Bruch mit der verhängnisvollen Vergangenheit bemerkte, nicht weniger skeptisch gegenüberstand als der SPD – sah Habermas zunächst nichts, womit er sich politisch hätte identifizieren können. Von 1949–54 studierte er in Göttingen, Zürich und Bonn Philosophie, Geschichte, Psychologie, Deutsche Literatur und Ökonomie. Seine wichtigsten philosophischen Lehrer waren Erich Rothacker, ein an Dilthey geschulter Theoretiker der Geisteswissenschaften, und Oskar Becker, ein zur Generation Heideggers gehörender Schüler Husserls, der sich auf den Gebieten der Mathematik und der Logik profilierte. Bis auf einen, nämlich Theodor Litt, waren alle Professoren, die während des Studiums von Bedeutung für ihn waren, überzeugte Nationalsozialisten gewesen oder zumindest angepaßte Akademiker, die während der Herrschaft des Nationalsozialismus normal weitergearbeitet hatten.

Bereits in den frühen 50er Jahren begann Habermas' publizistische Tätigkeit. Seine Beiträge, die vor allem in der *Frankfurter Allgemeinen Zeitung* und dem Düsseldorfer *Handelsblatt*, dem Zentralorgan der Deutschen Wirtschaft, in den *Frankfurter Heften* und im *Merkur* erschienen, also in Publikationsorganen, die sich an ein mehr oder weniger breites Publikum richteten, galten philosophischen und soziologischen Büchern und Themen. Unter den frühen Artikeln war einer, der besondere Aufmerksamkeit erregte und linke Intellektuelle aufhorchen ließ: ein 1953 in der *FAZ* erschienener kritischer Kommentar zu Heideggers im selben Jahr erstmals veröffentlichter *Einführung in die Metaphysik.* »Bis zum Erscheinen der Heideggerschen Einführung in die Metaphysik«, so Habermas später in einem Interview mit Detlef Horster und Willem van Reijen, »waren meine politischen und meine philosophischen Konfessionen – wenn Sie so wollen – zwei völlig verschiedene Dinge. Es waren zwei Universen, die sich kaum berührten. Dann habe ich gesehen, daß Heidegger, in dessen Philosophie ich gelebt habe, 1935 diese Vorlesung gehalten hat und sie ohne ein Wort der Erklärung – das war das, was mich eigentlich erschüttert hat – veröffentlichte. Darüber habe ich dann in der FAZ einen meiner ersten Artikel geschrieben. Ich war naiv und dachte, wie kann einer unserer größten Philosophen so was machen.« (*Kleine politische Schriften*, 515) Der kritische Beitrag war geschrieben mit der Bitterkeit dessen, der die Dankesschuld gegenüber dem nun von ihm Verurteilten nicht leugnete. »Es ist nicht unsere Aufgabe, die Stabilität der fundamentalen Kategorien von ›Sein und Zeit‹ bis zum Humanismusbrief zu erweisen. Dagegen drängt sich die Variabilität der Appellqualität von selbst auf. So ist heute von Hut, von Andenken, von Wächterschaft, von Huld, von Liebe, von Vernehmen, von Ergeben die Rede immer dort, wo 1935 die Gewalttat gefordert wurde, während Heidegger noch acht Jahre vorher die quasi-religiöse Entscheidung der privaten, auf sich vereinzelten Existenz pries als die endliche Autonomie inmitten des Nichts der entgötterten Welt. Der Appell hat sich mindestens zweimal, entsprechend der politischen Situation, verfärbt, während die Denkfigur des Aufrufs zur Eigentlichkeit und der Polemik gegen die Verfallenheit stabil blieb.« (*Philosophisch-politische Profile*. 1971, 72 f.) Ohne Kommentar hatte Heidegger in seinem Buch von der »inneren Wahrheit und Größe dieser Bewegung«, der nationalsozialistischen eben, als »Begegnung der planetarisch bestimmten Technik und des neuzeitlichen Menschen« gesprochen. Das hatte Habermas hellsichtig gemacht dafür, daß anstößig an Heidegger nicht nur die Rektoratsrede war, sondern die Heideggersche Philosophie, aus deren sachlichem Zusammenhang sich die Verherrlichung des Nationalsozialismus ergab. Was Habermas Heidegger zum Vorwurf machte, war die seinsgeschichtlich sanktionierte Ausschaltung der Idee der Gleichheit aller vor Gott und der Freiheit eines jeden und des praktisch-rationalistischen Korrektivs des technischen Fortschritts.

In anderen frühen Arbeiten erwies sich Habermas als eine Art demokratisch orientierter Kulturkritiker. Hans Freyers und Arnold Gehlens konservative Kulturkritik waren ihm bekannt. Vertraut war er, der 1954 mit einer Dissertation über *Das Absolute und die Geschichte. Von der Zwiespältigkeit in Schellings Denken* promovierte, auch mit der Entfremdungs-Kritik konservativ-romantischer Denker in den Jahrzehnten um 1800. Aber durch Karl Löwiths im japanischen Exil entstandene Untersuchung *Von Hegel zu Nietzsche* war er auch auf die Junghegelianer und den jungen Marx aufmerksam geworden. 1953 hatte er in der Bibliothek des Bonner Philosophischen Seminars Lukács' *Geschichte und Klassenbewußtsein* entdeckt und fasziniert gelesen, schließlich auch Horkheimers und Adornos *Dialektik der Aufklärung*, an der für ihn zum Schlüsselerlebnis wurde, wie die beiden Autoren Marxsches Denken für die Analyse der Gegenwart benutzten. Marxsches Denken wurde dabei für ihn allerdings nicht als Kritik des Kapitalismus, sondern als eine von ihm aus anthropologischer Perspektive gesehene Theorie der Verdinglichung aktuell.

In Habermas' erstem großen Aufsatz – *Die Dialektik der Rationalisierung. Vom Pauperismus in Produktion und Konsum*, 1954 im *Merkur* erschienen – waren bereits zwei für ihn charakteristisch bleibende Motive zentral. Zum einen: das bereits in der Heidegger-Kritik angeschnittene Thema der Eigenart einer sozialen Rationalisierung, eines praktisch-rationalistischen Korrektivs des technischen Fortschritts. »Haben nicht die Wissenschaften vom Menschen gerade erwiesen, daß im industriellen Großbetrieb die technische und ökonomische Organisation begrenzt werden muß, um den natürlichen und gesellschaftlichen Kräften Raum zur Entfaltung zu geben? Die Anweisung zur sozialen Rationalisierung ist doch zunächst einmal restriktiv: nämlich einen Bereich aus der fortschreitenden Organisation auszuklammern, um für das, was sich autochthon und nicht automatisch entwickelt, Spielraum zu gewinnen. Die Anweisung ist keineswegs darauf abgestellt, auch diese Kräfte noch zu organisieren.« Zum anderen dachte Habermas entfremdete Produktion und entfremdeten Konsum in der Kategorie der Entschädigung zusammen. Der französische Soziologe Georges Friedmann hatte anerkennend gemeint, die Teilnahme am »Überfluß« und an der »Vollkommenheit« der Erzeugnisse einer technisch fortgeschrittenen Produktion biete dem Arbeiter in der Konsumsphäre Ersatz für das, was ihm durch den technischen Fortschritt an Befriedigung in der Produktionssphäre verlorengehe. Habermas wandte die Befunde Friedmanns und anderer Soziologen kritisch und nahm sie als Beleg für eine Kompensation entfremdeter Arbeit durch entfremdeten Konsum.

Er stellte als erstaunlich hin, was die Soziologen in der Regel als selbstverständlich hinnahmen: die Umformung traditioneller, kulturell gebundener

Bedürfnisse in ein durch Konsumanreize beliebig stimulierbares Bedarfsreservoir. In der Reklamemaschine sah er nur die halbe Erklärung für diesen erstaunlichen Sachverhalt. Die andere Hälfte der Erklärung sah er in einem Pauperismus des Konsums, der die Folge des Pauperismus in der industriellen Arbeit war. »Wie die industrielle Arbeit«, so schrieb er in der Sprache konservativer Kulturkritik, »immer weiter von den Dingen entfernt, die Geschicklichkeit, die ›Intelligenz der Hand‹ abtötet, die Materialkenntnis statistisch nachweisbar auf ein Minimum zuammenschrumpfen läßt, so entfernt auch der Massenkonsum zunehmend von den Gütern, deren Güte um so weniger erfahren wird, je schwächer und kürzer die verweilende Berührung mit den Dingen selbst, je ungenauer die Wahrnehmung ihres Wesens, je unwirksamer ihre Nähe wird . . . Wer die Dinge nicht mehr kennt, wer sie nicht erfährt, weil er nicht mehr selbständig mit ihnen umgehen und nicht mehr bei ihnen verweilen kann, der weiß auch nicht, wohin sie gehören.« Die entfremdete Arbeit ließ, so formulierte er im Geiste der *Dialektik der Aufklärung*, vom Arbeitenden für die Freizeit nur noch etwas übrig, was »gekitzelt, aber nicht fruchtbar gemacht« werden konnte. Der kompensatorische Charakter des Konsums erzeugte das unersättliche Bedürfnis nach immer neuen Kompensationen.

In der Kritik am kompensatorischen Konsum, in der Erklärung der verhängnisvollen Entwicklung zu einem Zustand umfassender Entfremdung durch das Außerkraftsetzen all jener Instanzen, die dem Verfügbarmachen durch Verehrung Schranken gesetzt hatten, stimmte Habermas sowohl mit konservativen wie mit den Frankfurter Kulturkritikern überein. Ganz dem konservativen Denken verhaftet war er, wenn er die Lösung des diagnostizierten Problems in einem neuen Stil, einem neuen Kulturwillen, der »Kristallisation einer neuen Haltung« sah. Was er sich aber bei solchen Begriffen dachte, war verschieden von dem, worum es konservativen Theoretikern ging. Was er wollte, war: der Arbeit soweit wie möglich ihren entfremdeten Charakter zu nehmen, damit aus Konsumenten Kulturteilhaber würden. Was Gehlen, Freyer und Schelsky wollten, war: eine Stabilisierung der Verhaltensweisen der Masse in der Industriegesellschaft – wenn es eben ging, ohne kompensatorische Zugeständnisse und durch die anspruchslose Gewöhnung nachrückender Generationen an die versachlichte und entpersönlichte Arbeits- und Produktionsform.

Allerdings: das Ziel, das der junge Habermas für den Produktionsbereich den Entwicklungen steckte, die er mit einem von Schelsky geprägten Begriff »gegenläufige Prozesse« nannte, war bescheiden. Eine »sinnvolle, initiativgesättigte Aufgabe von begrenzter Verantwortung« (*Dialektik der Rationalisierung*, in: *Arbeit, Erkenntnis, Fortschritt*, 27 f.) war es, was er für den Arbeiter forderte. Sein Ziel war nicht orientiert an der Kritik einer Gesellschaft, in der praktisch alle Produkte die Form von mittels der Ware Arbeitskraft produzierten Waren hatten, einer kapitalistischen Gesellschaft also. Aber das war schließlich ein Gesichspunkt, der jemandem, der vor allem am konservativen Denken geschult war, selbst bei der Lektüre der *Dialektik der Aufklärung* fremd bleiben konnte. Deren Autoren waren ja bei der Herrichtung des mimeographierten Textes für die Buchpublikation im Querido-Verlag darauf bedacht gewesen, alle Wendungen zu beseitigen, die den Kapitalismus, den Monopolismus, die Klassengesellschaft offen beim Namen nannten. Erst recht hatten die beiden – u. a. dem Augenschein des westdeutschen Wirtschaftswunders Rechnung tragend – in den später in der Bundesrepublik aufs neue veröffentlichten Arbeiten alle Stellen zu beseitigen gesucht, an denen von der Hinfälligkeit des Kapitalismus die Rede war, aber auch solche, an denen die radikale Ablehnung der herrschenden Gesellschaftsform offen ausgesprochen wurde. Ein Satz wie »Die antagonistische Gesellschaft, die verneint und bis in die innersten Zellen ihrer Glücksfeindschaft freigelegt werden muß, ist darstellbar allein in kompositorischer Askese« (*ZfS* 1938: 325) wurde von Adorno bei der Neuveröffentlichung des Aufsatzes *Über den Fetischcharakter in der Musik und die Regression des Hörens* in der Aufsatzsammlung *Dissonanzen* fortgelassen.

Wer jedoch die in den 50er Jahren in der Bundesrepublik zur Verfügung stehenden Arbeiten von Adorno und Horkheimer außer mit dem Interesse an einer systematischen Theorie der Gesellschaft noch mit einem bösen oder einem eingeweihten Blick gesehen hätte, hätte entdeckt, daß es um mehr als Kulturkritik ging, daß die Arbeiten durchsetzt waren von Elementen einer Theorie der Gesellschaft, an die man hätte anknüpfen können. Hätte jemand diese Elemente zusammengestellt, so hätte sich etwa das folgende Bild ergeben:

Die Gesellschaft der Gegenwart war »verwaltete Gesellschaft« und »Tauschgesellschaft«. In der Wirtschaft wie in den übrigen Bereichen der Gesellschaft wurde die individuelle Autonomie immer weiter zurückgedrängt. Die freie Konkurrenz wurde durch Mammutkonzerne immer weiter gemindert. Die organische Zusammensetzung des Kapitals nahm weiter zu, d. h. der Anteil vergegenständlichter Arbeit wuchs gegenüber dem der lebendigen Arbeit. Gleichzeitig gab es eine Zunahme der organischen Zusammensetzung in den Individuen selbst, d. h. der Prozeß, der mit der Verwandlung von Arbeitskraft in Ware eingesetzt hatte, setzte sich fort als zunehmende Verminderung des lebendigen Anteils in den Subjekten im Umgang mit Dingen und Menschen in der Produktion wie außerhalb der Produktion. Die Individuen wurden ihrer Autonomie in wachsendem Maße beraubt durch zunehmende wirtschaftliche Unselbständigkeit; durch zunehmende Abhängigkeit von wirtschaftlichen, gesellschaftlichen, staatlichen Organisationen; durch Kulturindustrie und Kulturverwaltung, die die Kultur neutralisierten und zu einem Instrument der Enteignung selbständiger Erfahrung machten. Ungelenk im Umgang mit dem eigenen Unbehagen wie im Umgang mit dem, was noch nicht zur Ware geworden und verwaltet war, identifizierten sich die Individuen mit dem, was sie am Leben hielt und wozu es keine Alternative zu geben schien: einem verwalteten Kapitalismus.

Der Verzicht auf eine auch nur skizzenhafte zusammenhängende Darstellung der Gesellschaftstheorie bei Adorno und Horkheimer, die hin- und herschwankten zwischen der Ansicht, daß die Theorie der Gesellschaft noch ausstehe, und der Überzeugung, daß alles Wesentliche dazu bei Marx und ihnen gesagt sei, erleichterte das Beibehalten von Unklarheiten, die beim Leser in den 50er Jahren den Eindruck einer nur provisorisch in einer Theorie der Gesellschaft fundierten Kulturkritik verstärken konnten. Wenn das Tauschprinzip der entscheidende verhängnisvolle Faktor war, wieso stand es dann in der UdSSR und den anderen osteuropäischen Ländern nicht besser um die Selbständigkeit der Individuen und das Verhältnis zur Natur? Wenn die Herrschaft über Natur der entscheidende verhängnisvolle Faktor war und deswegen die Wurzeln des Übels in westlichen wie östlichen Industriegesellschaften die gleichen waren, wieso konnte dann Adorno die Entfaltung der Produktivkräfte begrüßen und das Deformierende erst im Tauschprinzip sehen? Wenn in den westlichen wie in den östlichen Industriegesellschaften gleichermaßen die Gesellschaftsform schuld daran war, daß Naturbeherrschung in verhängnisvoller und die Herrschaft von Menschen über Menschen aufrechterhaltender Form praktiziert wurde, was war dann das östliche Pendant zum westlichen Tauschprinzip und in welchem Zusammenhang standen Naturbeherrschung, Tauschprinzip und östliches Pendant zum Tauschprinzip zueinander? Wenn Adorno in allen möglichen Zusammenhängen von der Herrschaft des Allgemeinen über das Besondere, des Vergegenständlichten über das Lebendige, der Abstraktion über das Qualitative sprach, kam dann darin nicht die Annahme eines rätselhaften Strukturprinzips zum Ausdruck, das alle möglichen Dimensionen hochentwickelter Industriegesellschaften prägte, ohne daß klar wurde, von wo aus und wie jenes Strukturprinzip wirkte?

Was Adorno an Habermas gefallen mußte, war, daß er schreiben konnte (über Mangel an Institutsmitarbeitern, die das konnten, hatte Adorno wiederholt geklagt); daß er durch eine entschiedene Kritik an Heidegger hervorgetreten war (an dem Adorno erst in den 60er Jahren scharfe Kritik übte); daß er vielem mit der gleichen kritischen Einstellung gegenüberstand wie Adorno selbst (kein Wunder, waren doch Heideggers und Adornos Denken eine ganze Reihe zentraler Motive gemeinsam, so z. B. die Kritik an Positivismus und Idealismus, am gesamten Trend des abendländischen Denkens überhaupt, an der Vorstellung einer autonomen Philosophie, an der Verabsolutierung der Selbsterhaltung und der Vormacht des Subjekts). Darüber aber, daß ein junger Intellektueller wie Habermas Wissenschaftlern wie Gehlen und Schelsky – bei allem, was sich von ihnen wie von Freyer lernen ließ – nicht kritischer gegenüberstand, durften Adorno und Horkheimer sich nicht wundern. Über die faschistische Vergangenheit vieler ihrer Kollegen bzw. die große Nähe zwischen deren Denken und dem Faschismus wurde von denen, die Bescheid wußten oder den Zusammenhang ideologiekritisch durchschauten, geschwiegen. Auch Horkheimer und Adorno schwiegen in der Öffentlichkeit und suchten lediglich den Einfluß solcher Personen im akademischen Bereich einzudämmen – z. B. durch Gutachten, um die sie 1958 ein Heidelberger Professor bat, der die Berufung Gehlens an diese renommierte Universität verhindern wollte, oder durch Mitmischen bei

Vorstandswahlen für die Deutsche Gesellschaft für Soziologie, in der Schelsky eine zunehmend wichtigere Rolle spielte, der – so René König in seiner Autobiographie *Leben im Widerspruch* – im Bereich der Soziologie die treibende Kraft hinter der Rückkehr erwiesener Nationalsozialisten in akademische Lehrstellen war und zugleich als Fürsprecher der jungen empirisch und »anti-ideologisch« eingestellten Soziologen auftrat. Adornos Anspielung auf Hofstätters profaschistische Vergangenheit in seiner Replik auf dessen verdrängungsfreudige Kritik am *Gruppenexperiment* blieb in den 50er Jahren – neben Wolfgang Abendroths Marburger Lehrveranstaltungen über Publikationen der wichtigsten Geisteswissenschaftler und Juristen des Dritten Reiches (*Ein Leben in der Arbeiterbewegung*, 236) – ein seltenes Beispiel für das öffentliche Rühren an allseits Verdrängtes.

Als Habermas in Frankfurt war, änderte sich an seinem Bild der Frankfurter Theoretiker nicht viel. Den Eindruck einer kritischen Theorie mit systematischem Anspruch erhielt er auch als IfS-Mitarbeiter nicht. Gerade Horkheimer, der diesen Anspruch einst vertreten hatte, wollte ja in der Bundesrepublik die Aura einer großen Vergangenheit des Instituts wachhalten, die Arbeiten, auf die sich diese Aura gründete, aber im dunkeln lassen, da sie in seinen Augen in der Welt des Kalten Krieges und der Blockbildung einen verantwortungslos aufrührerischen Eindruck machen mußten. »Horkheimer hatte eine große Angst, daß wir an die Kiste gehen, in der ein komplettes Exemplar der Zeitschrift im Keller des Instituts lag« – so Habermas im Rückblick (*Ästhetik und Kommunikation*, 45/46, 128). »Für mich gab es keine Kritische Theorie, keine irgendwie zusammenhängende Lehre. Adorno schrieb kulturkritische Essays und machte im übrigen Hegel-Seminare. Er vergegenwärtigte einen bestimmten marxistischen Hintergrund – das war es.«

Die von Horkheimer und Mitscherlich initiierten Veranstaltungen zu Freuds 100. Geburtstag im Sommer 1956 führten Habermas vor Augen, daß Freud, von dem er während seines Psychologie-Studiums so gut wie nichts erfahren hatte, nicht nur ein bedeutender Theoretiker und Begründer der überaus folgenreichen Psychoanalyse war, sondern daß er auch, wie Marx, für die Analyse gegenwärtiger Verhältnisse benutzt werden konnte. Was die wesentliche Antriebskraft der kritischen Theorie ausmachte: die utopische Perspektive der radikalen Kritik an den herrschenden Verhältnissen – rief bei ihm unverhohlenes Erstaunen, fast ratlose Sympathie hervor. Diese Perspektive trat ihm zum erstenmal offen in Marcuses Vortrag über *Die Idee des Fortschritts im Lichte der Psychoanalyse* entgegen, der die Reihe der Freud-Vorlesungen abschloß. Was für ein enger Mitarbeiter des Horkheimer-Kreises Marcuse in den 30er und frühen 40er Jahren gewesen war und wie verwandt Marcuses Perspektive der Adornoschen auf Erlösung und Ausbruch war, war Habermas dabei noch nicht klar. »Wir haben«, hieß es am Ende seines Berichts über den Abschluß der Freud-Vorlesungen, »die Zeitdiagnose Marcuses isoliert [in der vorangegangenen Wiedergabe des Vortrags, R. W.] – er selbst bietet sie in einem quasi heilsgeschichtlichen Rahmen. Dieser wird am schlagendsten mit der Hypothese des Urvaters bezeichnet, der die Lebensnot der Urhorde nicht gleichmäßig, sondern hierarchisch organisiert und verteilt. Er ist ein Symbol des willkürlichen Abfalls von der libidinösen, oder doch von der Möglichkeit der libidinösen zur herrschaftsmäßigen Kultur, die mit ihrem geschichtlichen Anfang, so schließt Marcuse, auch ein geschichtliches Ende hat oder doch haben kann. Die Dialektik des Fortschritts hat heute eine nicht repressive Kultur objektiv möglich gemacht, ›die morgen oder übermorgen realisiert werden kann, wenn die Menschen nur endlich wollen‹. Dieses fast chiliastische Zeugnis mag besser als langatmige Erörterungen die Erregung, aber auch den Zweifel anzeigen, die jene wundersame Verwandlung früh-marxistischer Geschichtsphilosophie in terminis der Freudschen Lehre bei den Hörern geweckt hat. Die Konstruktion steht und fällt, soweit wir sehen, mit dem Begriff einer nicht repressiven Sublimierung. Die Einwände häufen sich, Marcuse selbst kennt sie am besten. Gleichwohl geht eine eigentümliche Wirkung aus von dem Mut, utopische Energien mit der Unbefangenheit des achtzehnten Jahrhunderts wieder freizusetzen in einer Zeit wie der unseren. Er hat, wenn überhaupt, wenigstens die eine Besinnung auch bei dem Hartgesottensten ausgelöst: die Besinnung, wie sehr wir alle die konventionelle Resignation bewußtlos teilen, das Bestehende in Gedanken zu bekräftigen, ohne es auf seinen ›Begriff‹, auf die objektive Möglichkeit seiner geschichtlichen Entfaltung hin zu prüfen.« (*Triebschicksal als politisches Schicksal*, in *Frankfurter Allgemeine Zeitung*, 14.7.56) Ein deutlicherer Beleg war kaum denkbar dafür, wie fremd die utopisch-gesellschaftskritische Tradition deutschen Denkens nicht nur durch die Herrschaft des Nationalsozialismus geworden, sondern durch Restauration und Kalten Krieg für die nach 1933 Herangewachsenen auch geblieben war.

Nicht lange, nachdem er Mitarbeiter des Instituts geworden war, schrieb Habermas in enger Zusammenarbeit mit Adorno eine lange Einleitung zum Forschungsbericht über den I. Teil des 1952 begonnenen IfS-Projekts über *Universität und Gesellschaft*. Unter dem Titel *Das chronische Leiden der Hochschulreform* erschien 1957 eine gekürzte Fassung im *Merkur*. Die Chance zeichnete sich ab, daß ein Vertreter der jungen Generation Adornosche Motive einerseits weiterführte, andererseits in einen neuen Gedankenzusammenhang einfügte. Vom

Einfluß Adornos zeugten vor allem die Synchronisierung von wissenschaftlich-akademischer und gesellschaftlicher Entwicklung, das Auftauchen von kapitalismustheoretischen statt bloß entfremdungstheoretischen Kategorien, die Konfrontation von in historischen Zusammenhängen entstandener utopischer Idee und ihr widersprechender Wirklichkeit. »Denn wie war es mit den Universitäten um die Wende des alten und zu Beginn des neuen Jahrhunderts, wie war es mit dem Schicksal selbst ihrer philosophischen Wortführer in Wirklichkeit bestellt? Kant erhielt am Ende des aufgeklärten Jahrhunderts eine Rüge und ein Schreibverbot wegen Verletzung der religiösen Dogmatik; Fichte verlor über den Atheismusstreit seine Professur; Hegel hat seine kühnsten Schriften in einer Zeit verfaßt, als er noch nicht an der Universität war oder nachdem er sie in den napoleonischen Wirren verlassen hatte ... Gleichwohl war es dieser Phase der bürgerlichen Entwicklung vorbehalten, der Universität ihren Begriff zu geben und wenigstens den Abglanz dessen, was sie sein kann und soll, in der Selbstverwaltung der akademischen Körperschaft, in der Freizügigkeit ihrer Mitglieder und der Koalitionsfreiheit der Studierenden teils zu verwirklichen, teils in den Prinzipien der Lehrfreiheit und der Freiheit des Lernens sowie der Selbsterziehung als unveräußerlichen Anspruch festzuhalten.« (IfS: *Universität und Gesellschaft, Teil I, Studentenbefragung*, XXXIV f.)

Als typisch Habermassches Motiv zog sich durch die Einleitung das der Kritik der Wissenschaften. Mochte die Anregung dazu von Lukács' *Geschichte und Klassenbewußtsein*, Horkheimers und Adornos *Dialektik der Aufklärung* – Horkheimers Aufsätze über *Traditionelle und kritische Theorie* und über den *Neuesten Angriff auf die Metaphysik* waren Habermas damals noch unbekannt – oder Heidegger gekommen sein, so war doch der Tenor seiner Kritik der Wissenschaften ein ganz anderer. Er setzte nämlich nicht auf »die Theorie« oder »das Denken«, die in mehr oder weniger entschiedenem Gegensatz zur »bürgerlichen« oder »seinsvergessenen« Wissenschaft zu wahrer Erkenntnis gelangten. Er setzte vielmehr auf die Rückgewinnung des Bezugs zur lebendigen, zwecksetzenden Praxis in den Wissenschaften selbst. Den Anstoß dazu bildete der »konservative« Blick auf das, was Wissenschaft einmal war: etwas, dem bis zum Mittelalter in allen Mitteilungen die »Anweisung zum rechten Leben« inhärent gewesen war. »Wenn nicht alle Zeichen trügen, datiert die Problematik der Universität in der gegenwärtigen Gesellschaft daher, daß diese den Geist nur noch als disponiblen anerkennt und in dieser Gestalt allerdings, gleichsam als wolle sie damit seine Domestizierung wiedergutmachen, mit Prämien in Fülle versieht ... Die von der lebendigen Praxis um einer neutralen Praktikabilität willen zur reinen Theorie entfremdete und fortgesetzt sich entfremdende Wissenschaft verdreht ihre kritischen Anfänge, indem sie ihre Resultate der beliebigen Verwendung wissenschaftsfremder Instanzen anheimstellt ... Nach alledem ist festzuhalten: die Schäden, an denen die Hochschulreform von Anbeginn laboriert, ohne ihnen grundsätzlich beikommen zu können, beziehen ihre Hartnäckigkeit aus einer Gesellschaft, die zwar ihre entlegensten Felder noch verwissenschaftlicht, aber gleichzeitig Wissenschaft so entschärft, daß diese aufhört, ein Ferment des Lebens zu sein.« (a.a.O., S. LVI, LVIII) Auf die Frage, wie denn die Rückgewinnung des lebendigen, zwecksetzenden Praxisbezugs in den Wissenschaften selbst zu erreichen sei, wußte Habermas in dieser Arbeit nur mit einer Adornoschen Denkfigur zu antworten: durch Radikalisierung der Spezialisierung bis zur Selbstreflexion. Jede Spezialwissenschaft habe auf ihre Grundlagen zu reflektieren und zugleich auf ihr Verhältnis zur gesellschaftlichen Realität. Die Selbstreflexion müsse »die geheimen praktischen Wurzeln der reinen Theorie« freilegen und begreifen, »daß eine mit der Praxis versöhnte Theorie bei der Praktikabilität sich nicht bescheiden darf« (S. LXIV f.).

Wie sehr dieser erste von Habermas als IfS-Mitarbeiter verfertigte Text vom roten Faden her seine eigene Arbeit war, mit welcher Zielstrebigkeit Habermas, der von einem starken systematischen und akademischen Interesse geleitet war und für den eine Kategorie wie »bürgerliche Wissenschaft« nie existierte und es in den etablierten Wissenschaften nur brauchbare und weniger brauchbare Dinge gab, seinen eigenen Weg ging, zeigte eben die zentrale Rolle der Kritik an der gesellschaftlichen und Selbst-Neutralisierung der Wissenschaft – ein Problem, das Adorno weitgehend fremd war, dem vielmehr die Neutralisierung der Kultur im Sinne von Kunst und Spekulation als das entscheidende Verhängnis erschien.

Die Ergiebigkeit dieser Konstellation erwies sich in den nächsten beiden großen Untersuchungen, die Habermas verfaßte bzw. mitverfaßte: *Student und Politik* und *Strukturwandel der Öffentlichkeit*. Sie schienen, gerade dank eines unbefangenen, wenn auch nicht naiven Umgangs mit den Wissenschaften Ernst zu machen mit dem Programm einer materialen Theorie der Gesellschaft – ihrerseits vom utopisch-messianischen Denken der kritischen Theorie inspiriert zu einem radikaldemokratischen Denken.

Student und Politik, eine »soziologische Untersuchung zum politischen Bewußtsein Frankfurter Studenten«, gehörte zum Komplex der Untersuchungen des Instituts über Universität und Gesellschaft und geriet zu einer Studie, die in die Tradition der großen empirischen Projekte des IfS einrückte. Die Erarbeitung einer Typologie tiefsitzender politischer Einstellungen mit dem Ziel der Erfassung des demokratischen Potentials lag in der Verlängerung von *Gruppenexperiment*, *Authoritarian Personality*, *Studien über Autorität und Familie* und Arbeiter- und Angestellten-Untersuchung. Zugleich lag *Student und Politik* in der Verlängerung des von der reeducation, der demokratischen Umerziehung geprägten Interesses von Habermas an Demokratie – Demokratie allerdings in einem durch die Nähe zu Adorno und durch das Marcuse-Erlebnis ausdrücklich zur »Idee der Demokratie« radikalisierten Sinn.

Student und Politik war das Resultat eines empirischen Forschungsprojekts, dessen Hauptbeteiligte Jürgen Habermas, Christoph Oehler und Friedrich Weltz waren. Zuerst war der Interviewleitfaden da. Er stammte von Weltz, der auch den größten Teil der Interviews durchführte. Das weitere – die Strukturierung des Materials mit Hilfe der Kategorien »politischer Habitus«, »politische Tendenz«, »Gesellschaftsbild« und schließlich die Aufstellung einer Typologie – ergab sich im Verlauf der Verarbeitung des Interviewmaterials. Als letztes folgte die Einleitung – und eine von Horkheimer geforderte und von Friedeburg durchgeführte Ergänzungsstudie.

Die Zufalls-Stichprobe für die Erhebung umfaßte 171 von über 7000 im Sommersemester 1957 an der Frankfurter Universität immatrikulierten Studentinnen und Studenten. Die Interviews fielen in die Zeit vor den Wahlen zum Dritten Bundestag im September 1957, bei denen die CDU/CSU die absolute Mehrheit gewann. Sie fanden im IfS statt, dauerten im Durchschnitt 2½ Stunden und stützten sich auf einen Interview-Leitfaden mit zumeist offenen Fragen – hatten also teilweise Gesprächscharakter. Probleme des Studiums – so lautete den Befragten gegenüber die Auskunft darüber, worum es bei der Untersuchung gehe. Die möglichst unauffällige Placierung der Fragen nach der Beschäftigung mit Politik sollte der Versuchung auf seiten der Befragten vorbeugen, politisches Interesse aus Prestigegründen bloß vorzutäuschen. Das Material der Auswertung bildeten die Befragungsprotokolle, in denen die Ausführungen der Befragten möglichst wörtlich festgehalten worden waren. Bis auf einen kurzen Abschnitt des Hauptteils und den Anhang stammte der Text des Buches von Habermas.

Der weitausholende und prinzipielle Charakter der Einleitung, die Kombination von quantitativer und qualitativer Analyse bei Überwiegen der letzteren und die selbstbewußte Verfechtung einer phänomenologischen Methode erinnerten an Adorno. Die systematische Verarbeitung politologischer und staatsrechtlicher Arbeiten »bürgerlicher« Wissenschaftler und die Ersetzung tiefenpsychologisch-sozialpsychologischer Interpretation der Antworten durch das Herausarbeiten von »Gesellschaftsbildern« – nach dem Vorbild der Arbeiter-Untersuchung von Popitz u. a. – waren ein neuer Zug. Neu war schließlich, daß der Begriff der Demokratie, der in der *Authoritarian Personality* und mehr noch im *Gruppenexperiment* ein Zugeständnis an die Auftraggeber und die herrschende Situation dargestellt hatte, hinter dem ein radikal antikapitalistischer, ein chiliastisch-revolutionärer Maßstab überwinterte – daß dieser Begriff von Habermas mit radikalem Gehalt geladen und offen zum emphatischen Maßstab gemacht wurde.

Die Einleitung *Über den Begriff der politischen Beteiligung* gab als Hintergrund für die Frage nach der Anteilnahme der Studierenden an der Politik eine Skizze der Entwicklung der Demokratie bis zur Situation, die zum Zeitpunkt der Befragung herrschte. Gestützt vor allem auf die Arbeiten einiger mit einem bösen Blick ausgestatteter konservativ-autoritärer Kritiker der modernen Massendemokratie – Ernst Forsthoff, Carl Schmitt, Werner Weber, Rüdiger Altmann – zeichnete Habermas ein stilisiertes Bild der »Entwicklung des liberalen Rechtsstaats zum Träger kollektiver ›Daseinsvorsorge‹«. Einst war für eine Minorität Demokratie mehr oder weniger Realität, insofern sie die Verfügungsmacht über materielle Existenzmittel hatte, die nur durch allgemeine Gesetze eingeschränkt werden konnte, die von Repräsentanten dieser Minorität verabschiedet wurden. Das war allerdings eher ein Negativ von Demokratie: Gemeinsamkeit im Freihalten der als privat geltenden ökonomischen Belange von Politik. Das war negativ gegenüber dem antiken Begriff von Demokratie: Für die Athener waren die gemeinsamen öffentlichen Belange die gewichtigeren gegenüber der Regelung der Lebensnotwendigkeiten. Es war auch negativ gegenüber dem radikalen Sinn von Demokratie: daß das Volk Souverän sein sollte, auch über die Grundlagen seiner materiellen Existenz. Für die Situation im 20. Jahrhundert war charakteristisch, daß der Staat, gezwungen durch Kapitalkonzentration auf der einen, die Organisierung abhängig Arbeitender auf der anderen Seite, in wachsendem Maße im gesellschaftlich-privaten Bereich intervenierte. Das führte aber nicht dazu, daß der Einfluß des Kapitals und der Arbeit einmündete in die gemeinsame öffentliche Regelung der Produktion und der Verteilung und Nutzung der Produkte. Vielmehr entwickelte sich ein Verwaltungsstaat, auf den Verbände und Parteien ohne öffentliche Kontrolle, ohne Vermittlung durch das Parlament als Repräsentanten des Volkes Einfluß nahmen. Das fatale Ergebnis war – so Habermas in an Marx geschulter Pointierung – die Hervorbringung »unpolitischer Bürger in an sich politischer Gesellschaft« (*Student und Politik*, 24). »Mit dem Zurücktreten des offenen Klassenantagonismus hat der Widerspruch seine Gestalt verändert: Er erscheint jetzt als Entpolitisierung der Massen bei fortschreitender Politisierung der Gesellschaft selbst. In dem Maße, in dem die Trennung von Staat und Gesellschaft schwindet und gesellschaftliche Macht unmittelbar politische wird, wächst objektiv das alte Mißverhältnis zwischen der rechtlich verbürgten Gleichheit und der tatsächlichen Ungleichheit in der Verteilung der Chancen, politisch mitzubestimmen. Allerdings bewirkt der gleiche Vorgang zugleich auch, daß er selber in den Köpfen der Menschen seine Aufdringlichkeit und Schärfe verliert. Die Gesellschaft, die, obgleich ihrem Inhalt nach politisch, nicht länger mehr vom Staat getrennt, immer noch wie eine vom Staat getrennte in den Formen des liberalen Rechtsstaates verfaßt ist – diese Gesellschaft funktionalisiert ihre Bürger zunehmend für wechselnde öffentliche Zwecke, privatisiert sie aber dafür in ihrem Bewußtsein.« (34)

Die Gegenwart stand nach dieser Analyse am Scheideweg von manipulativer und wirklicher Politisierung, von autoritärem Wohlfahrtsstaat und materialer Demokratie. Gemäß der verbreiteten Auslegung des Grundgesetzes der Bundesrepublik wurden den Bürgern in einem aufwendigen Katalog liberaler Grundrechte persönlicher Schutz und persönliche Freiheit zugesichert – aber es gab für das Volk rechtlich keine Möglichkeit, seinen Willen unmittelbar im Hinblick auf eine bestimmte Sache verbindlich auszudrücken. Einzige Möglichkeit politischer Beteiligung auf Bundesebene blieb die Wahl zum Bundestag, deren Folgenlosigkeit angesichts der Entmachtung des Parlaments durch Exekutive, Bürokratie und die von Verbänden und Interessengruppen beeinflußten Parteien in die Augen sprang und die durch die Techniken der Wahlvorbereitung zum Kundenfang degradiert war.

Habermas zitierte Stimmen – Joseph A. Schumpeter, Morris Janowitz, Harold D. Lasswell, David Riesman, Helmut Schelsky –, die Demokratie gleichsetzten mit den Zuständen, die in den als demokratisch geltenden Ländern herrschten, und die ein gewisses Maß an politischer Apathie für gesund hielten (so Janowitz), vom Verhaltenstyp des unpolitisch Zustimmenden meinten, man werde ihn wohl auf die Dauer als tragende Schicht des Systems bejahend zur Kenntnis nehmen müssen (so Schelsky in seinem Buch *Die skeptische Generation*). Habermas dagegen berief sich auf die »Idee der Demokratie« – mit einer ausdrücklichen Hommage an die »kritische Theorie«, deren Freiheit darin bestehe, so zitierte er aus einem Aphorismus der *Dialektik der Aufklärung*, »daß sie die bürgerlichen Ideale ... akzeptiert, seien es die, welche seine [des Bürgertums] Vertreter wenn auch entstellt noch verkündigen, oder die, welche als objektiver Sinn der Institutionen, technischer wie kultureller, trotz aller Manipulierung noch erkennbar sind« (49). Die Idee der Demokratie – daß legitime Staatsgewalt durch den freien und ausdrücklichen Consensus aller Bürger vermittelt sei – habe zur Ausgangslage des bürgerlichen Rechtsstaates gehört; sie mache nach wie vor den objektiven Sinn der in Deutschland bestehenden Institutionen aus; das Gefühl ihrer Gültigkeit zu vermitteln sei selbst dort das Ziel, wo bloß versucht werde, es mit manipulativen Mitteln herzustellen.

So gelangte Habermas zu einem anspruchsvollen Begriff von politischer Beteiligung. Sie sei nur da mehr als ein Wert an sich, wo Demokratie als geschichtlicher Prozeß der Verwirklichung einer Gesellschaft mündiger Menschen, der Verwandlung von gesellschaftlicher Macht in rationale Autorität verstanden werde. Politische Beteiligung fiel so zusammen mit der Mitwirkung am Herstellen von Verhältnissen, in denen tatsächlich alle politisch beteiligt waren und die allgemeine Regelung der Reproduktion des gesellschaftlichen Lebens ökonomische Ungleichheit als Quelle ungleicher Chancen zu politischer Beteiligung ausschloß.

Das war der Maßstab, an dem das politische Bewußtsein der Studenten gemessen werden sollte. Er war sehr streng, war doch in der Einleitung konstatiert worden, eine aktuelle Chance zu politischer Beteiligung scheine nur in »außerparlamentarischen Aktionen« zu liegen – solchen von Mitgliedern von Massenorganisationen, die die Staatsorgane unter den Druck der Straße setzen konnten, und solchen von funktionellen Eliten in den Verwaltungsapparaten von Industrie, Staat und Verbänden. Studenten aber gehörten in der Regel keiner Massenorganisation an und hatten die Zugehörigkeit zu den funktionellen Eliten höchstens als Zukunft vor sich.

Wie frustrierend es selbst um außerparlamentarische Aktionen bestellt war, die von Massenorganisationen unterstützt wurden, wurde gerade in den Jahren der Arbeit an *Student und Politik* wieder deutlich. Nachdem die Bundesregierung ihren Willen zur atomaren Ausrüstung der Bundeswehr öffentlich bekundet hatte und 18 der namhaftesten westdeutschen Atomwissenschaftler im April 1957 in der *Göttinger Erklärung* in Reaktion auf eine Erklärung des Bundeskanzlers, wonach taktische Atomwaffen »nichts weiter als die Weiterentwicklung der Artillerie« seien, öffentlich vor den Gefahren von Atomwaffen gewarnt hatten, war es zu einer ersten großen Protestwelle gekommen. Nach dem Beschluß der Pariser NATO-Konferenz im Dezember 1957, die europäischen Mitgliedsstaaten mit Atomwaffen-Depots auszustatten, protestierten Stadträte und Professoren, verlangten Belegschaftsversammlungen, Betriebsräte und Gewerkschaftsorganisationen in Resolutionen Streiks oder gar den Generalstreik. Am 25. März 1958, als der Bundestag nach einer viertägigen Debatte mehrheitlich der atomaren Ausrüstung der Bundeswehr im Rahmen der NATO zustimmte und damit eine Politik der vollendeten Tatsachen nachträglich guthieß, streikten mehrere tausend Arbeiter der Henschel-Werke in Kassel. 52% der erwachsenen Bevölkerung Westdeutschlands und Westberlins befürworteten damals einen Streik zur Verhinderung der Atomausrüstung der Bundeswehr. 150 000 Menschen waren es, die Mitte April in Hamburg an einer Protestkundgebung teilnahmen. Am 20. Mai protestierten 20 000 Dozenten und Studenten öffentlich gegen die atomare Ausrüstung der Bundeswehr – unter anderem auch in Frankfurt. In der Frankfurter Studentenzeitung *diskus* erschien im Monat darauf ein Artikel von Habermas, der als Gegenstimme zum gleichzeitig veröffentlichten Artikel des Frankfurter Professors und CDU-Bundestagsabgeordneten Franz Böhm präsentiert wurde, jenes Neoliberalen, der das Geleitwort zum *Gruppenexperiment* geschrieben hatte und der Vorsitzender des IfS-Stiftungsvorstandes war. Böhm hatte die Proteste als Panikmache, als einseitig gegen den Westen gerichtete Zusammenarbeit mit Diktatoren und Unterdrückern, als »Klassenhetze« gegen die CDU, als »Verrohung der politischen Diskussion plus Grundgesetzaushöhlung«, die einem neuen Nationalsozialismus den Weg bereite, hingestellt – lauter Topoi aus dem Arsenal autoritären Denkens, das, wie es später ein Leserbriefschreiber ausdrückte, verlangte, »wir sollten uns in einer Demokratie so verhalten, als lebten wir in einer Diktatur«. Der Protest, hieß es denn auch in Habermas' Gegen-Artikel, richte sich eben »an die Staatsmänner, die mit in unserem Auftrag regieren«. Er verteidigte die plebiszitären Elemente als Reaktion auf die Tatsache, daß es in der Bundesrepublik eben keine »repräsentative Demokratie im klassischen Sinne« gebe.

Die vor allem von SPD und Gewerkschaften getragene Kampagne kanalisierte alles auf die Forderung nach einer Volksbefragung hin, die dann am 30. Juli 1958 durch das Bundesverfassungsgericht verboten wurde – zur Erleichterung insbesondere einer Reformer-Gruppe um Herbert Wehner, Carlo Schmid, Fritz Erler und Willy Brandt, die in Reaktion auf die Ergebnisse der Bundestagswahl von 1957 aus der SPD eine Volkspartei machen wollten, zu der in ihren Augen auch das Image demonstrativer Wehrbereitschaft gehörte. Nachdem der überwältigende Sieg der CDU im Juli 1958 bei den Landtagswahlen in Nordrhein-Westfalen gezeigt hatte, daß die Unterstützung der Kampagne gegen die atomare Aufrüstung keine Wählerstimmen brachte, setzten sich in SPD und DGB jene Kräfte durch, die entschlossen waren, die Kampagne auslaufen zu lassen. Damit war deren Ende tatsächlich besiegelt. Die Proteste gingen noch weiter. So fand z. B. im Januar 1959 in Westberlin ein »Studentenkongreß gegen Atomrüstung« statt, dessen Präsidium Professoren und Schriftsteller wie Günther Anders und Hans Henny Jahnn angehörten. Aber eine Bewegung war es nicht mehr. Da erschien selbst noch Habermas' Hoffnung auf außerparlamentarische Aktionen von Massenorganisationen als überschwenglich, als Verkennung der hemmenden Kräfte in derartigen Apparaten, und seine Hoffnung auf einsichtige CDU-Professoren im Parlament als die ironische Anklage einer Demokratie, die politische Beteiligung mit allen Mitteln entmutigte.

Die Strenge des in der Studenten-Untersuchung verwandten Maßstabes war nichtsdestoweniger sinnvoll, denn dadurch wurde im Unterschied zu den üblichen Meinungsumfragen versucht festzustellen, wie groß das krisenfeste demokratische Potential bei jenen war, die ein wichtiges Rekrutierungsfeld der funktionellen Eliten bildeten. Die Interpretation des Erhebungsmaterials wurde in drei Schritte unterteilt: die Feststellung der Bereitschaft zu politischem Engagement überhaupt (politischer Habitus); die Feststellung der Einstellung zum demokratischen System (politische Tendenz); die Feststellung von Vorhandensein und Art weltanschaulicher Motive (Gesellschaftsbild). Die dabei angewandte Methode war die einer »beschreibenden Typologie« – wie es in den Bemerkungen zur Forschungstechnik hieß –, deren Grundlage die Klassifizierung der Antworten zu einzelnen Fragen oder zu jeweils als eine Einheit betrachteten Fragenkomplexen nach einzelnen Dimensionen bildete, die wiederum »aus dem Vorverständnis der objektiven Situation und der auf Grund sozialpsychologischer Mechanismen angenommenen subjektiven Reaktionen hypothetisch abgeleitet« waren. Größere Exaktheit im üblichen Sinne würde den Phänomenen inadäquat sein, meinten die Autoren, und auf vergröbernde Ungenauigkeit hinauslaufen.

Beim politischen Habitus ergaben sich als hauptsächliche Typen: Unpolitische, irrational Distanzierte, rational Distanzierte, naive Staatsbürger, reflektierte Staatsbürger, Engagierte; bei der politischen Tendenz: genuine Demokraten, formale Demokraten, Autoritäre und Indifferente; bei den Gesellschaftsbildern: das vom absteigenden akademischen Mittelstand, das der inneren Werte, das der geistigen Elite, das der sozialen Gleichheit und das des nivellierten Mittelstandes. Die Pointe war nun: soweit politischer Habitus und politische Tendenz durch ein entsprechendes Gesellschaftsbild ideologisch stabilisiert waren, sollte daraus auf das über den status quo hinausreichende politische Potential geschlossen werden können. Ging man davon aus, daß eine tiefsitzende demokratische Einstellung dort vorlag, wo der politische Habitus eines Engagierten oder eines reflektierten Staatsbürgers mit genuin demokratischer Tendenz und dem Gesellschaftsbild der sozialen Gleichheit einherging, dann waren nur weniger als 4% aller Befragten beständige Demokraten. Von den 52 Befragten, die der politischen Tendenz nach als »genuine Demokraten« eingestuft worden waren, waren damit nur noch 6 übriggeblieben. Ihnen standen

6% hartnäckige Autoritäre gegenüber, bei denen sich ein engagierter oder reflektiert staatsbürgerlicher Habitus mit autoritärer politischer Tendenz und einem elitären Gesellschaftsbild verband. Das waren 11 von 37, die der politischen Tendenz nach als »Autoritäre« eingestuft worden waren. Lockerte man die Maßstäbe, wurde das Verhältnis nicht günstiger. Einem »definitiv demokratischen Potential« von 9% stand dann ein »definitiv autoritäres Potential« von 16% gegenüber. Vom Mittelfeld neigte ein genauso großer Teil zur autoritären wie zur demokratischen Seite. Da die Befragten mit autoritärem Potential eher aus Elternhäusern mit akademischer Tradition, Befragte mit demokratischem Potential eher aus solchen ohne akademische Tradition kamen und sowohl die objektiven Karriereaussichten wie die subjektiven Ambitionen im ersten Fall auf Spitzenpositionen, im zweiten auf bescheidenere Positionen zielten, ergab sich als Bilanz: »Diesem Befund zufolge dürfte die ohnehin schwächere Gruppe, die grundsätzlich und verbindlich bereit ist, Demokratie im Krisenfall mit angemessenen Mitteln zu verteidigen, zusätzlich dadurch behindert sein, daß sie in größerem Maße als die Gruppe mit autoritärem Potential auch später auf den bescheidenen Handlungsspielraum beschränkt bleibt, der ihr mit der bloßen Staatsbürgerrolle eingeräumt ist.« (*Student und Politik*, 234)

Da sich infolge der kleinen Stichprobe von 171 Personen bei der Kreuztabellierung von Untergruppen hinter den Prozentzahlen zuweilen lächerlich kleine absolute Zahlen verbargen und den quantitativen Angaben doch unvermeidlich ein Anspruch auf Repräsentativität anhaftete, wurde im Frühjahr 1959 von Friedeburg eine Ergänzungsstudie durchgeführt. Die Erhebung erfolgte durch 59 Soziologiestudenten, die bei 550 Studierenden eine normierte Umfrage durchführten. Diese Ergänzungsstudie bestätigte am Beispiel der politischen Tendenz die Repräsentanz der Hauptstudie. Über die Repräsentativität der Resultate der Hauptstudie hinsichtlich der Verteilung des tiefsitzenden politischen Potentials war damit noch nichts Bestätigendes gesagt. Aber wenn man bedachte, daß das Gesellschaftsbild der sozialen Gleichheit bei den als entschiedene Demokraten Eingestuften nichts mit sozialistischen Überzeugungen und einem nüchternen Blick für Herrschaftsverhältnisse zu tun hatte, sondern bedeutete, daß gesellschaftliche Unterschiede als etwas Äußerliches, auf Standesdünkel einerseits, Minderwertigkeitsgefühle andererseits Zurückzuführendes betrachtet wurden und den Akademikern das Recht auf Privilegien abgesprochen wurde – dann schien klar, daß die Bilanz jedenfalls nicht zu negativ ausgefallen sein konnte.

Es blieb allerdings u. a. die Frage: Mußte nicht in Zeiten, in denen nach der rabiaten Liquidierung abweichenden und kritischen Denkens und Handelns die liquidierten Traditionen noch nicht einmal wieder »angeboten« worden waren, mit Potentialen des Unbehagens und des Protestes gerechnet werden, die sich auf dem Weg der Erkundung des politischen Bewußtseins und Engagements nicht feststellen ließen? Waren die 50er Jahre nicht auch die Jahre des Rock'n'Roll und der Halbstarken, die zeigten, daß nach den Erhebungen zum *Gruppenexperiment* Neues aufgetaucht war, das sich nicht in Kategorien von politischer Beteiligung und politischer Informiertheit fassen ließ, aber vielleicht mehr Demokratie freudig begrüßt und als Befreiung empfunden hätte?

Horkheimers Einwände verzögerten die Veröffentlichung der Studie. Er übte heftige Kritik an der Einleitung. »In ihr werden dem Sinne nach ganz ähnliche Thesen vorgetragen wie im Artikel aus der Philosophischen Rundschau«, meinte er im Spätsommer 1958 gegenüber Adorno. Mit dem Artikel aus der *Philosophischen Rundschau* meinte er Habermas' 1957 erschienenen Aufsatz *Zur philosophischen Diskussion um Marx und den Marxismus*, den er zum Anlaß genommen hatte, dringend Habermas' Entfernung aus dem Institut zu empfehlen. Dessen Plädoyer für die Ablösung der autonomen Philosophie durch eine Geschichtsphilosophie in praktischer Absicht, die auf ihre Aufhebung in kritisch-praktische Tätigkeit bedacht war, arbeite der Diktatur und dem Untergang der letzten Reste bürgerlicher Zivilisation in die Hände. »Das Wort Revolution ist, vermutlich unter Ihrem Einfluß, durch ›Entwicklung der formellen zur materialen, der liberalen zur sozialen Demokratie‹ ersetzt; aber das ›Potential‹, das dabei politisch wirksam werden soll, dürfte für die Phantasie des durchschnittlichen Lesers, wohl kaum durch demokratische Methoden sich aktualisieren lassen. Wie soll denn das Volk, das ›in den Fesseln einer . . . bürgerlichen Gesellschaft in liberal-rechtsstaatlicher Verfassung gehalten wird‹, in die sogenannte politische Gesellschaft übergehen, für die es nach H. ›längst reif‹ ist, wenn nicht durch Gewalt. Solche Bekenntnisse im Forschungsbericht eines Instituts, das aus öffentlichen Mitteln dieser fesselnden Gesellschaft lebt, sind unmöglich.« (Horkheimer-Adorno, Montagnola, 27. 9. 58) Heftige Kritik übte er auch an der »dilettantischen, nicht selten unverantwortlichen Handhabung des empirischen Materials« und dessen »parteiischer Auswertung«. Unrecht widerfuhr in seinen Augen durch die Gesamtperspektive der Studie z. B. jenen, »die den Wunsch nach erträglichen Verhältnissen und die Abneigung gegen das Aufgehen im Fach ausdrücken« und damit wirklich Beispiele boten »für den Horizont der Einzelnen in Ländern, die von politischen Veränderungen nicht viel Positives zu erwarten haben« (Horkheimer-Adorno, Montagnola, Ende August 59, zum Druckexemplar von *Student und Politik*). Keine Ehre könne das

Institut mit einer solchen Veröffentlichung einlegen, meinte Horkheimer, der im Laufe der 50er Jahre zu einem überzeugten Verfechter der CDU-Parole »Keine Experimente« geworden war. Was Adorno auch zugunsten der Studie vorbrachte – daß er selber viel Arbeit darein investiert habe; daß das Vorwort genügend deutlich mache, »daß wir uns mit der Einleitung nicht identifizieren«; daß die Habermassche Einleitung ein »relatives Glanzstück« sei; daß ungeachtet aller Bedenken, »die wir wegen des Konformismus sozialer Demokratie hegen«, die Einleitung immer noch näher an die wahre Problematik der politischen Sphäre heute heranführe als alles, was er sonst kenne; daß die Grenzen der Repräsentativität drastisch klargemacht seien und eine in Frankfurt durchgeführte Untersuchung eher die Gewähr für zu freundliche als für zu negative Ergebnisse biete; daß die Mitarbeiter Einwendungen und Anregungen, so gut sie konnten, Rechnung getragen hätten; daß sie mit der Studie zu leisten versucht hätten, »was wir immer von ihnen verlangten: theoretische Motive, die sie von uns empfingen, wie immer auch vorläufig und insuffizient, mit dem empirischen Zeug zusammenzubringen« (Adorno-Horkheimer, 15. 3. 60) – Horkheimer blieb hart.

Student und Politik erschien nicht in der Reihe der *Frankfurter Beiträge zur Soziologie*, nicht einmal im gleichen Verlag, der Europäischen Verlagsanstalt. Habermas' Einleitung widerfuhr damit Ähnliches wie einst Benjamins einleitendem Abschnitt zum *Kunstwerk im Zeitalter seiner technischen Reproduzierbarkeit*. Tragende Beiträge blieben den »Verantwortlichen« vorbehalten. Wenn diese nicht dazu kamen – um so besser. Dann konnte auch nichts falsch gemacht werden. »Wenn«, meinte Horkheimer in seinem Brief von Ende August 1959 an Adorno, »ein Buch von uns herauskommt, in dem über solche Fragen«, nämlich das Ziel der politischen Mündigkeit des Staatsvolkes und der sozialen im Gegensatz zur autoritären Demokratie, »ernsthaft reflektiert wird, ist das sehr verpflichtend. Es geht im Ernst um Theorie. Ich kann nicht einsehen, warum anläßlich der Publikation eines Forschungsberichts der Stab des Instituts mit einem politischen Diskurs in die Arena treten will.« 1961 erschien *Student und Politik* in der von Heinz Maus mitbegründeten Reihe *Soziologische Texte* des Luchterhand Verlages – ohne jeden Hinweis auf das IfS, abgesehen von dessen Erwähnung in den Bemerkungen zur Forschungstechnik im Anhang. Das IfS, dessen Identität Horkheimer durch Habermas gefährdet sah, blieb gewissermaßen anonym und verleugnete sich gerade bei der Publikation, die zur erfolgreichsten empirischen Studie des neugegründeten Instituts wurde.

Währenddessen arbeitete Habermas an einer Untersuchung über den Struktur- und Funktionswandel bürgerlicher Öffentlichkeit, mit der er sich gerne in Frankfurt habilitiert hätte. Und Adorno, der stolz auf ihn war, hätte ihn auch gerne habilitiert. Aber Horkheimer machte – wie ein König im Märchen, der seine Tochter nicht herausrücken will – zur Bedingung, Habermas müsse erst eine Studie über Richter machen. Die hätte ihn drei Jahre gekostet. Er kündigte – und Horkheimer hatte sein Ziel erreicht: den loszuwerden, der seiner Ansicht nach die Mitarbeiter des Instituts zum Klassenkampf im Wasserglas aufgewiegelt hatte und von dem er gemeint hatte: »Wahrscheinlich hat er als Schriftsteller eine gute, ja glänzende Karriere vor sich, dem Institut würde er großen Schaden bringen.« (Horkheimer-Adorno, 27. 9. 58) Aber Wolfgang Abendroth – Professor für politische Wissenschaft in Marburg, ein »Partisanenprofessor im Land der Mitläufer« (Habermas), der von der Arbeiterbewegung herkam, einst in Frankfurt bei Hugo Sinzheimer studiert hatte, im Dritten Reich wegen seiner Widerstandstätigkeit ins Zuchthaus und dann ins Strafbataillon 999 kam, zu den griechischen Partisanen überlief und in der Nachkriegszeit wohl der einzige offen und entschieden sozialistische Professor an einer bundesrepublikanischen Hochschule war – war sogleich bereit, Habermas zu habilitieren, der ihm 1953 durch seine ungewöhnliche politische Kritik an Heidegger aufgefallen war.

Dank eines Stipendiums der Deutschen Forschungsgemeinschaft finanziell unabhängig vom Institut, schrieb Habermas sein Buch über den *Strukturwandel der Öffentlichkeit*. Was im theoretischen Einleitungs-Kapitel zu *Student und Politik* skizzenhaft geblieben war, wurde nun ausführlich dargelegt und unter Einbeziehung der in der Hochzeit des Bürgertums entwickelten Philosophien der Öffentlichkeit. Gleichzeitig unternahm damit zum erstenmal ein Mitarbeiter des Instituts den Versuch, jene im Einleitungs-Kapitel zum *Gruppenexperiment* erwähnte »theoretische Konzeption der Gesamtgesellschaft« darzulegen, »in welcher der Begriff der öffentlichen Meinung seine Stelle fände«, und den von Adorno und Horkheimer verwendeten Formeln von der »verwalteten Welt« und der Auslieferung immer weiter geschwächter Individuen an die Organisationen einen materialen theoretischen Inhalt zu geben. Unübersehbar war dabei das praktische Interesse, das die Perspektive der Untersuchung bestimmte. Ist eine Demokratisierung sozialstaatlich verfaßter Industriegesellschaften möglich? – so könnte man die Frage formulieren, die den *Untersuchungen zu einer Kategorie der bürgerlichen Gesellschaft*, wie der Untertitel hieß, zugrunde lag.

Pointiert war schon der Aufbau des historisch-systematisch und interdisziplinär angelegten Buches. Dem Mittel-Kapitel über *Bürgerliche Öffentlichkeit – Idee und Ideologie* gingen voraus zwei Kapitel über *Soziale Strukturen der Öffentlichkeit* und *Politische Funktionen der Öffent-*

lichkeit und folgten zwei Kapitel über den *Sozialen Strukturwandel der Öffentlichkeit* und den *Politischen Funktionswandel der Öffentlichkeit*. Der Grundgedanke der Darstellung der neueren Universitätsgeschichte in der Einleitung zu *Universität und Gesellschaft* tauchte hier als strukturierendes Prinzip wieder auf: Eine bestimmte Phase der bürgerlichen Entwicklung gab der neueren Zeit die Idee des öffentlichen Räsonnements über Angelegenheiten von allgemeinem Interesse – eine Idee, für deren Realisierung die gesellschaftlichen Voraussetzungen dann fortlaufend ungünstiger wurden.

Die Phase bürgerlicher Entwicklung, in der das geistesgeschichtlich überlieferte Modell hellenischer Öffentlichkeit aufs neue zur herrschenden Idee wurde, war die eines Bürgertums, das, gestützt auf die eigene ökonomische Bedeutung und geschult durch die Vorform einer literarischen Öffentlichkeit bzw. den Umgang mit dem Adel in den Institutionen geselligen Verkehrs, dem Staat mit dem Anspruch entgegentrat, nichts dürfe auf die bürgerliche Gesellschaft einwirken, was nicht durch das öffentliche politische Räsonnement der bürgerlichen Privatleute vermittelt sei. Um die vollständige Emanzipation des Privateigentums vom Staat zu erreichen, der in seiner Funktionsfähigkeit immer stärker abhängig geworden war von den Leistungen der Privateigentümer, setzten diese durch, daß der Bereich der von Privateigentümern beherrschten Reproduktion des Lebens als eine Angelegenheit betrachtet wurde, in die einzugreifen nur aufgrund der öffentlich zustande gekommenen Beschlüsse der Betroffenen möglich sein sollte.

Was der Absicherung der privaten Verfügungsgewalt über kapitalistisches Eigentum diente, erwies sich zugleich als eine Institution, der die Tendenz auf Ablösung der Herrschaft durch die gewaltlose Ermittlung des im allgemeinen Interesse praktisch Notwendigen innewohnte. »Auf der Basis der fortwährenden Herrschaft einer Klasse über die andere hat diese gleichwohl politische Institutionen entwickelt, die als ihren objektiven Sinn die Idee ihrer eigenen Aufhebung glaubhaft in sich aufnehmen: veritas non auctoritas facit legem, die Idee der Auflösung der Herrschaft in jenen leichtfüßigen Zwang, der nurmehr in der zwingenden Einsicht einer öffentlichen Meinung sich durchsetzt.

Wenn Ideologien nicht nur das gesellschaftlich notwendige Bewußtsein in seiner Falschheit schlechthin anzeigen, wenn sie über ein Moment verfügen, das, indem es utopisch das Bestehende über sich selbst, sei es auch zur Rechtfertigung bloß, hinaushebt, Wahrheit ist, dann gibt es Ideologie überhaupt erst seit dieser Zeit.« (*Strukturwandel der Öffentlichkeit*, 101)

Marx hielt »der festgehaltenen Idee der bürgerlichen Öffentlichkeit wie im Spiegel die gesellschaftlichen Bedingungen der Möglichkeit ihrer ganz unbürgerlichen Realisierung« (138) vor. Die Richtung wurde gewiesen von der tatsächlichen Entwicklung. Sie war dadurch gekennzeichnet, daß in wachsendem Maße nichtbürgerliche, d. h. nicht über Besitz und Bildung verfügende Schichten in die politische Öffentlichkeit eindrangen und Einfluß auf deren Institutionen, auf Presse, Parteien und Parlament gewannen und die vom Bürgertum geschmiedete Waffe der Publizität gegen jenes selber wandten. Für die Zukunft zeichnete sich die Existenz einer demokratisierten Öffentlichkeit ab, die die Leitung und Verwaltung der Reproduktion der Gesellschaft zu einer öffentlichen Angelegenheit aller machte. Eine »politische Gesellschaft« hätte dann die Produktionsmittel vergesellschaftet. »Marx gewinnt aus der immanenten Dialektik der bürgerlichen Öffentlichkeit die sozialistischen Konsequenzen eines Gegenmodells, in dem sich das klassische Verhältnis von Öffentlichkeit und Privatsphäre eigentümlich verkehrt. Kritik und Kontrolle der Öffentlichkeit werden darin auf jenen Teil der bürgerlichen Privatsphäre ausgedehnt, der mit der Verfügung über die Produktionsmittel den Privatleuten eingeräumt war – auf den Bereich gesellschaftlich notwendiger Arbeit. Autonomie basiert, diesem neuen Modell zufolge, nicht länger auf privatem Eigentum; sie kann überhaupt nicht mehr in der Privatsphäre, sie muß in der Öffentlichkeit selbst begründet werden. Privatautonomie ist Derivat der originären Autonomie, die das Publikum der Gesellschaftsbürger in Ausübung der sozialistisch erweiterten Funktionen der Öffentlichkeit erst konstituiert . . . An Stelle der Identität von bourgeois und homme, der Privateigentümer mit den Menschen, tritt die von citoyen und homme; die Freiheit des Privatmannes bestimmt sich nach der Rolle der Menschen als Gesellschaftsbürger; nicht mehr bestimmt sich die Rolle des Staatsbürgers nach der Freiheit der Menschen als Privateigentümer. Denn die Öffentlichkeit vermittelt nicht mehr eine Gesellschaft von Privateigentümern zum Staat, vielmehr sichert das autonome Publikum durch die planmäßige Gestaltung eines in der Gesellschaft aufgehenden Staates sich als Privatleuten eine Sphäre persönlicher Freiheit, Freizeit und Freizügigkeit. Darin wird sich der informelle und intime Umgang der Menschen untereinander zum ersten Male als ein wirklich ›privater‹ vom Zwang der gesellschaftlichen Arbeit, nach wie vor ein ›Reich der Notwendigkeit‹, emanzipiert haben.« (143)

Die »Dialektik der Öffentlichkeit« sah dann aber in der Realität anders aus als die, von der Marx meinte, daß damit der Welt nur gezeigt werde, worum sie eigentlich kämpfe. Die Öffentlichkeit weitete sich aus, aber sie wurde damit auch zum Feld einer Interessenkonkurrenz, die sich vom Ideal der durchs Räsonnement als gewaltlose

Ermittlung des im allgemeinen Interesse praktisch Notwendigen nur weiter entfernte. In dem Maße, in dem sich die Öffentlichkeit ausweitete und auch nichtbürgerliche Schichten umfaßte, wurde von den Theoretikern des Bürgertums entweder das erweiterte Publikum abgewertet – als eine von momentanen Leidenschaften bestimmte Masse, die nicht geeignet sei, das Vernünftige und Wahre ausfindig zu machen – oder eine erfahrene und verantwortungsbewußte Elite mit der eigentlichen Öffentlichkeit gleichgesetzt. Vor allem aber wurde die erweiterte Öffentlichkeit so weit wie möglich entmachtet und umfunktioniert und erst recht zu dem gemacht bzw. als das festgeschrieben, was ihr vorgeworfen wurde: unmündig, wankelmütig und unduldsam zu sein. Die nichtbürgerlichen Schichten, die in die Öffentlichkeit vordrangen und ihre Gruppeninteressen als Ansprüche an den Staat vortrugen, erschienen als Usurpatoren, die eine Fortsetzung des öffentlichen Räsonnements zur Auffindung des Vernünftigen und Wahren unmöglich machten.

Bei der Darstellung dieses Problems geriet Habermas in Schwierigkeiten. Wie nahe waren die Bürger denn im Rahmen der liberalen bürgerlichen Öffentlichkeit der Ermittlung des im allgemeinen Interesse praktisch Notwendigen gekommen? War es nicht nur ihr allgemeines Interesse, das sie aufgrund »einer gewissen Rationalität und auch Effektivität öffentlicher Diskussion« (197) ermittelt hatten? Mußte an solchen Stellen nicht das liberale Modell bürgerlicher Öffentlichkeit relativiert werden im Hinblick auf die im Vorwort des Buches erwähnte und aus der Untersuchung ausdrücklich ausgeklammerte »gleichsam unterdrückte Variante einer plebejischen Öffentlichkeit«? Geriet hier das Festhalten an der Idee der bürgerlichen Öffentlichkeit und die Konzentration des Gedankengangs auf die Konfrontation von Idee und Wirklichkeit der bürgerlichen Öffentlichkeit nicht zu einer Fehleinschätzung dessen, was sich da störend einmischte und die Aushöhlung der bürgerlichen Öffentlichkeit zu provozieren schien? Es war, als ob Habermas davor zurückschreckte, sich auf das einzulassen, was in den letzten Jahren vor der Machtübernahme der Nationalsozialisten am pointiertesten Kirchheimer in seinen Arbeiten getan hatte: eine Analyse von Verfassung und Verfassungswirklichkeit durchzuführen, aus der hervorging, daß Formen funktionsfähiger Demokratie bisher immer nur auf der Basis der ungefährdeten Überlegenheit einer gesellschaftlichen Klasse möglich waren. Das Zurückschrecken vor der unverhüllten Thematisierung der Abhängigkeit des demokratischen Systems von Konstellationen gesellschaftlicher Machtverteilung ging dabei Hand in Hand mit dem Fehlen geistesgeschichtlicher Anstöße zur Auseinandersetzung mit diesem Thema. Nicht nur die pointierten Arbeiten Kirchheimers aus den späten 20er und frühen 30er Jahren, sondern die ganzen Diskussionen der sozial-demokratisch und gewerkschaftlich orientierten Rechts- und Staats-theoretiker untereinander und mit ihren autoritären Gegenspielern gehörten bis weit in die 60er Jahre hinein zu den verdrängten Kom-plexen einer durch den Nationalsozialismus zerstörten bzw. nachhal-tig unterbrochenen Tradition eines sozialistisch-demokratischen Den-kens. Sie wurde in der Bundesrepublik lediglich von Wolfgang Abendroth hochgehalten, einem Außenseiter unter den Universitäts-dozenten. Habermas – und erst recht andere seiner Altersgenossen – kannten nur neuere Arbeiten von Kirchheimer, Neumann, Fraenkel. An demokratiekritischen Arbeiten aus den letzten Jahren der Weima-rer Republik aber führte Habermas nur Carl Schmitts *Die Diktatur* an. Dessen antidemokratische Kritik der Demokratie aber mochte nach allem, was geschehen war und wobei Schmitt mitgewirkt hatte, eher dazu beitragen, dem Problem der Unmöglichkeit einer nichtentstell-ten Demokratie in einer antagonistischen Gesellschaft auszuweichen.

Gewissermaßen als Ersatz für die Einlassung auf das Thema kon-kreter Verfassungsentwicklung als Produkt von Klassenkämpfen brachte Habermas die Überlegung ins Spiel, daß sowohl das klassische liberale Modell der bürgerlichen Öffentlichkeit wie das sozialistische Gegenmodell eine problematische Voraussetzung machten: daß es eine »natürliche Ordnung« der gesellschaftlichen Reproduktion gebe und daß durch die allgemeine Einsicht in diese »natürliche Ordnung« eine streng am Allgemeininteresse orientierte Organisation der Ge-sellschaft möglich sei, in der Interessenkonflikte und bürokratische Dezisionen auf ein Minimum herabgesetzt und ohne große Kontro-versen geregelt werden könnten. Die Theorien einer demokratischen Eliteherrschaft verdrängten dann das Bewußtsein des Klassenkon-flikts durch ein Modell der relativierten Gestalt bürgerlicher Öffent-lichkeit. Danach suchten von der Masse gewählte Repräsentanten für in nicht-öffentlichen Verhandlungen erreichte Kompromisse die Zu-stimmung der Masse zu erlangen, um aufs neue als Repräsentanten gewählt zu werden.

Noch eine andere problematische Voraussetzung war dem liberalen Modell bürgerlicher Öffentlichkeit und dem sozialistischen Gegen-modell gemeinsam: die Annahme eines leicht von der Öffentlichkeit zu kontrollierenden Staatsapparates. Diese Voraussetzung hing eng zusammen mit der ersten. Denn wenn es eine »natürliche Ordnung« der Reproduktion des Lebens gab, war auch kein großer Apparat nötig, um diese Reproduktion zu gewährleisten. In Wirklichkeit ent-wickelte sich ein immer mächtigerer Verwaltungsstaat, an dem jede Kontrolle durch ein räsonnierendes Publikum abprallen zu müssen schien.

Was sich abspielte, war nicht die Erweiterung des Personenkreises und der Kompetenzen bürgerlicher Öffentlichkeit zu denen einer sozialistischen Öffentlichkeit, sondern eine wechselseitige Verschränkung von Staat und Gesellschaft, die der kritischen Öffentlichkeit ihre alte Basis entzog, ohne ihr eine neue zu geben. Es kam zu einer Entfaltung von Publizität seitens der staatlichen, wirtschaftlichen und politischen Organisationen und Institutionen, die um öffentliche Zustimmung warben und sie von einem des öffentlichen Räsonnements entwöhnten und die eigenen Meinungen als Privatmeinungen einschätzenden Publikums wirtschaftlich unselbständiger Konsumenten in der Regel auch erhielten.

Die ausführliche Darlegung des Zerfalls bürgerlicher Öffentlichkeit mündete am Ende in eine kleine Hoffnung. Ein enorm erhöhter Stand der Produktivkräfte stellte einerseits ein solches Maß an gesellschaftlichem Reichtum, andererseits ein solches Zerstörungspotential bereit, daß strukturelle Interessenkonflikte darüber eigentlich ihre Schärfe verlieren müßten, meinte Habermas. Vor diesem Hintergrund galt es zu ermitteln, ob es Organisationen mit funktionierender interner kritischer Öffentlichkeit gab, die in der Lage waren, Organisationen, in denen eine solche Öffentlichkeit fehlte, zu kontrollieren. Von der Zu- oder Abnahme dieser Art von Kontrolle bürokratischer Entscheidungen durch in organisationsinternen Öffentlichkeiten entfachte kritische Publizität hing laut Habermas ab, »ob der Vollzug von Herrschaft und Gewalt als eine gleichsam negative Konstante der Geschichte beharrt – oder aber, selber eine historische Kategorie, der substantiellen Veränderung zugänglich ist« (271). (Die Variation dieser Hoffnung für die 80er Jahre hieß – cf. Habermas, *Die Neue Unübersichtlichkeit*, 159 f. –: Von der Fähigkeit wachstumskritischer Subkulturen, durch basisnahe Organisationen autonome Öffentlichkeiten zu bilden und eine reflektierte Kombination von Macht und Selbstbeschränkung zu praktizieren, hing ab, ob Staat und Wirtschaft mit ihren Steuerungsmedien Macht und Geld zu größerer Empfindlichkeit für die zweckorientierten und lebensweltbezogenen Ergebnisse radikaldemokratischer Willensbildung veranlaßt werden konnten und sich die Gewichte zugunsten solidarischer Steuerungsleistungen verschoben.)

Strukturwandel der Öffentlichkeit war ein für Demokratiegläubige desillusionierendes Buch und wurde von herausragenden Angehörigen von Habermas' Generation auch so gesehen und zugleich in den höchsten Tönen gelobt – so von Renate Mayntz im *American Journal of Sociology*, von Ralf Dahrendorf in den *Frankfurter Heften*, von Kurt Sontheimer in der *FAZ*. Die Rezensenten konnten sich und das Publikum lediglich mit der Feststellung trösten, daß der Autor eben einen sehr hohen Maßstab angelegt habe – einen zu utopischen, wie Dahrendorf meinte. Aber wie immer man zu jenem Maßstab stehen mochte – an der entscheidenden Diagnose änderte das nichts. Man mochte, wie Dahrendorf, betonen, daß Herrschaft nie unbeschränkt und daß ausschlaggebend die Existenz von »countervailing powers« sei. Aber eine andere Diagnose als die, daß die in den europäischen Nachkriegsdemokratien herrschenden Verhältnisse weit von dem abwichen, was sie zu sein beanspruchten und was wünschenswert war, kam dabei nicht heraus.

Was die konkrete Perspektive betraf, die Habermas aufgezeigt hatte, so waren seine eigenen Erfahrungen bei dem Versuch, innerorganisatorische kritische Publizität herzustellen, nicht gerade ermutigend. Das von Adorno und Horkheimer vermittelte kritische Denken und Mitarbeiter des Instituts wie Oskar Negt und Jürgen Habermas hatten wesentlich dazu beigetragen, daß sich außer in einigen wenigen anderen Städten wie Marburg, Berlin, Göttingen und Münster auch in Frankfurt innerhalb des Sozialistischen Deutschen Studentenbundes (SDS) – der sozialdemokratischen Studentenorganisation – eine intellektuelle Linke entwickelte. Gerade die Frankfurter Linken gehörten zu denen, die die Mitarbeit im SDS nicht als Sprungbrett für eine Parteikarriere in der SPD, sondern als Kristallisationskern für eine sozialistisch engagierte theoretische Arbeit und eine darauf aufbauende politische Praxis betrachteten. In dem Maße, in dem diese Linksintellektuellen im SDS an Einfluß gewannen, wuchs die Unzufriedenheit des SPD-Parteivorstandes mit der Hochschulorganisation der Partei. Auf dem Godesberger außerordentlichen Parteitag der SPD 1959 war mit nur 16 Gegenstimmen ein von allen marxistischen Anklängen gereinigtes und auf jegliche kritische Bilanz des seit 1933 und in der Nachkriegszeit Geschehenen verzichtendes Grundsatzprogramm verabschiedet worden. Im Februar 1960 beschloß der Parteivorstand, »daß die SPD neben dem SDS auch andere studentische Vereinigungen unterstützen wird, wenn sie das Godesberger Programm der SPD anerkennen« (zitiert bei Fichter/Lönnendonker, *Kleine Geschichte des SDS*, 65, der die hier benutzten Daten entnommen sind). Drei Monate später erfolgte die Gründung des »Sozialdemokratischen Hochschulbundes« (SHB) in Bonn durch eine Reihe sozialdemokratischer Studentengruppen. Im Oktober 1961 gründeten Abendroth und u. a. auch Habermas in Frankfurt den Verein »Sozialistische Förderer-Gesellschaft der Freunde, Förderer und ehemaligen Mitglieder des SDS«. Im Monat darauf verkündete der Parteivorstand der SPD: »Die Mitgliedschaft in dem Verein ›Sozialistische Förderergemeinschaft der Freunde, Förderer und ehemaligen Mitglieder des Sozialistischen Deutschen Studentenbundes e. V.‹ ist unvereinbar mit der Mitgliedschaft in der Sozialdemokratischen Partei Deutschlands wie es ebenso unvereinbar ist, Mitglied des SDS und der Sozialdemokratischen Partei Deutschlands zu sein« – eine merkwürdige Erklärung, die den SDS offiziell ausschloß, indem sie so tat, als hätten bereits andere den Unvereinbarkeitsbeschluß bezüglich SPD und SDS in Kraft gesetzt und als sei der Unvereinbarkeitsbeschluß bezüglich SPD und Förderergesellschaft nur die Konsequenz daraus. Für seinen Beschluß gab der Parteivorstand keine Begründung. Da die im SDS dominierend gewordenen intellektuellen Linken durchaus auf Verständigung mit dem Parteivorstand bedacht gewesen waren und sich z. B. gegen einen blinden Antikommunismus, aber auch für kritische Distanz zum Kommunismus in Deutschland ausgesprochen hatten, blieb als Erklärung für das Verhalten des SPD-Parteivorstandes nur Ärger über Dinge wie: Beharren auf kompromißloser Fortsetzung der außerparlamentarischen Aktionen gegen die atomare Aufrüstung der Bundeswehr bei jeder sich bietenden Gelegenheit; Aktionen wie z. B. eine Ausstellung mit Dokumenten über nationalsozialistische Juristen, die in der Bundesrepublik aufs neue Ämter bekleideten – eine Aktion, die von der *FAZ* nach stereotypem Muster als eine kommunistisch gesteuerte Aktion angeprangert wurde und von der der SPD-Parteivorstand sich in einer Presseerklärung distanzierte; oder der Abdruck einer Kritik des Entwurfs des in Godesberg verabschiedeten Grundsatzprogramms von Abendroth im SDS-Organ *Standpunkt*. Was der Parteivorstand ausschloß, war also gerade eine von linken Intellektuellen initiierte organisationsinterne kritische Öffentlichkeit. Die Parteibasis duldete diese Eigenmächtigkeit des Vorstandes. Es blieb bei dem Ausschluß. Kritik daran übten nur Intellektuelle. Soweit sie in der SPD waren und ihre Kritik sich in der Mitgliedschaft in der Förderergesellschaft für den SDS manifestierte, wurden sie ebenfalls ausgeschlossen – so Abendroth und Ossip K. Flechtheim. Der SDS bestand weiter – als ein Stück außerparlamentarische kritische Öffentlichkeit ohne massenorganisatorische Verankerung, also gemäß dem *Strukturwandel der Öffentlichkeit* zur Ohnmacht verurteilt. Man hörte dann in der Tat lange nichts von ihm. Die SPD ihrerseits, vertreten durch Wehner, führte, als 1962 nach der Spiegel-Affäre die FDP die Fortsetzung der Regierungskoalition mit der CDU/CSU davon abhängig machte, daß Strauß als Minister zurücktrete, erstmals geheime Gespräche mit CDU/CSU-Vertretern über eine Große Koalition. Sie wäre bereit gewesen, Strauß zu akzeptieren, weigerte sich aber, Adenauer als Kanzler für die volle Legislaturperiode hinzunehmen und einem Mehrheitswahlrecht nach englischem Muster zwecks Ausschaltung der FDP zuzustimmen. Waren kritische Intellektuelle für die SPD unerträglich, so noch mehr für die

Gewerkschaften – von Parteien wie CDU und CSU nicht zu reden, bei denen für innerparteiliche Diskussionen nicht einmal ein Bedürfnis zu bestehen schien und die Jugendorganisationen niemals etwas anderes als Ausgangspunkte für Parteikarrieren bedeuteten.

Horkheimer also, der seit 1958 Haus an Haus mit Pollock in Montagnola oberhalb des Luganer Sees in der Schweiz wohnte und seit 1960 Ehrenbürger von Frankfurt war, verhinderte, daß Habermas sich in Frankfurt habilitierte. Auch die Untersuchung über den *Strukturwandel der Öffentlichkeit* erschien statt in Frankfurt im Luchterhand Verlag. Auch sie enthielt keinen Hinweis auf das IfS. Ihr Erfolg übertraf noch den von *Student und Politik*.

1961 wurde Habermas Privatdozent in Marburg. Seine Antrittsvorlesung hatte zum Thema *Die klassische Lehre von der Politik in ihrem Verhältnis zur Sozialphilosophie*. Sie eröffnete später nicht zufällig die Aufsatzsammlung *Theorie und Praxis*. Angeregt von Hannah Arendts 1958 erschienener Untersuchung *The Human Condition* (1960 unter dem Titel *Vita Activa oder Vom tätigen Leben* auf deutsch publiziert) machte Habermas in seiner Marburger Antrittsvorlesung die aristotelische Unterscheidung zwischen Technik und Praxis zum Kristallisationspunkt einer fortschreitenden Präzisierung seiner Gesellschaftsanalyse wie seiner Klärung des Status der kritischen Theorie.

Auf Vorschlag der Heidegger-Schüler Hans-Georg Gadamer und Karl Löwith wurde er – ein damals ungewöhnlicher Vorgang – noch vor seiner Habilitation als außerordentlicher Professor für Philosophie nach Heidelberg berufen. Dort hielt er 1962 eine Antrittsvorlesung über *Hegels Kritik der französischen Revolution*, worin er die These verfocht, Hegel habe die Revolution im Herzen des Weltgeistes festgemacht, um dadurch den Errungenschaften der Revolution Anerkennung zu zollen, sie den Revolutionären und einem Bündnis zwischen Philosophen und Revolutionären aber verweigern zu können.

1962 verließ auch Friedeburg das Institut, der mehr oder weniger selbständig für das Funktionieren des Forschungsbetriebs gesorgt hatte, während Adorno selbst bei Kleinigkeiten den Rat und die Zustimmung Horkheimers einzuholen pflegte. Friedeburg hatte sich 1960 mit seiner Arbeit *Zur Soziologie des Betriebsklimas* als erster Horkheimer- und Adorno-Schüler in Frankfurt habilitiert. Er hätte gerne die Weiterarbeit am Institut mit einer Professur in Gießen verbunden. Aber der Ruf aus Gießen war mit einem ungünstigen, der gleichzeitige Ruf aus Berlin mit einem sehr günstigen Angebot verbunden. Also ging er nach Berlin. So hatte das Institut sowohl den vielversprechenden Gesellschaftstheoretiker als auch den professionellen Empiriker verloren.

Um diese Zeit setzten Horkheimer und Adorno ihrer eigenen

Resignation in Sachen Theorie der Gesellschaft ein Denkmal. Im selben Jahr wie Habermas' *Strukturwandel der Öffentlichkeit* erschien in der Reihe der *Frankfurter Beiträge zur Soziologie* der Band *Sociologica II* mit Reden und Vorträgen von Horkheimer und Adorno. Es war die einzige gemeinsame Publikation von nach der Rückkehr entstandenen Arbeiten der beiden. Die karge Vorbemerkung suchte Enttäuschungen vorzubeugen. Die Texte »entfalten weder einen geschlossenen theoretischen Gedanken, noch berichten sie über zusammenhängende Forschungen«. Das war in den ungedruckt gebliebenen weiteren Partien von Horkheimers Entwurf für die Vorrede näher erklärt worden. Daß die Autoren »einzelne Betrachtungen anstatt einer Theorie der Gesellschaft vorlegen, wie es im Sinne der ›Dialektik der Aufklärung‹ gelegen wäre«, sei vielleicht nicht nur auf biographische Umstände oder die Schwäche der Autoren zurückzuführen, sondern auch auf die Sache selbst, auf den Zustand der Gesellschaft. »Einstimmige Theorie setzt mit der Einstimmigkeit und Geschlossenheit des Gegenstandes das Potential der Verwirklichung jener Impulse voraus, die, indem sie über das Bestehende hinausgreifen, theoretische Konzeptionen als ein vom bloß Tatsächlichen Unterschiedenes beseelen.« Daß ein »rationales gesellschaftliches Ganzes« sich nicht ankündige, mindere die Möglichkeit abschließender Theorie. »Die objektive Situation, die der geschlossenen Theorie zuwider ist«, beschloß Horkheimer in resignierter Stilisierung seinen Entwurf zur Vorrede, »war auch das Motiv, daß die Autoren ihrer akademischen Wirksamkeit größeren Anspruch auf ihre Kraft gewährten als sie je für möglich hielten. Sie ist in Vorlesungen, Reden, Vorträge und Seminare geflossen«. (Adorno-Horkheimer, 31. 1. 62, Anlage) Die vorangegangene Aufforderung, sich nicht resigniert auf einen begriffslosen Positivismus zurückzuziehen, nicht den Gedanken preiszugeben, der »eins (ist) mit dem Interesse an den vernünftigen menschlichen Verhältnissen«, gerann in diesem Kontext zu einem matten Trotzalledem. Überraschend war an diesem Entwurf, daß Horkheimer sich nicht über die Möglichkeit oder Unmöglichkeit einer dialektischen, sondern einer einstimmigen und geschlossenen Theorie der Gesellschaft äußerte.

Diese Überraschung stellte sich auch bei Adornos Version der Vorrede ein. Wenige Monate vorher hatte er auf der Tübinger Arbeitstagung der Deutschen Gesellschaft für Soziologie in der Auseinandersetzung mit dem Positivismus festgestellt: »Der Verzicht der Soziologie auf eine kritische Theorie der Gesellschaft ist resignativ: man wagt das Ganze nicht mehr zu denken, weil man daran verzweifeln muß, es zu verändern.« (s. S. 633) Ein schillernder Satz, den man aber, von einem Repräsentanten der kritischen Theorie ausgesprochen, auf die Verfechter einer sich positivistisch bescheidenden Soziologie beziehen mußte. Las man nun Adornos Entwurf zur Vorrede für die *Sociologica II*, schien auch der kritische Theoretiker selbst auf eine kritische Theorie der Gesellschaft zu verzichten. Die Pointe des Adornoschen gesellschaftstheoretischen Programms schien immer gewesen zu sein: das schlechte Ganze zu denken um des unterdrückten Verschiedenen, das antagonistische System zu begreifen um des vom System deformierten Mannigfaltigen willen. Nun aber meinte er: »Die Konzentrationstendenz, die den Marktmechanismus von Angebot und Nachfrage zum Schein herabgesetzt hat; die imperialistische Expansion, die das Leben der Marktökonomie dadurch prolongierte, daß sie sie über ihren eigenen Geltungsbereich hinaustrieb; der Interventionismus und die planwirtschaftlichen Sektoren, die den Geltungsbereich der Marktgesetze durchwuchsen – all das hat, trotz der totalen Vergesellschaftung der Gesellschaft, den Versuch, sie als einstimmiges System zu konstruieren, überaus fragwürdig gemacht. Die anwachsende Irrationalität der Gesellschaft selbst, wie sie in den Katastrophendrohungen heute, dem offenbaren Potential der Selbstausrottung der Gesellschaft sich manifestiert, wird unvereinbar mit rationaler Theorie. Diese kann kaum länger mehr die Gesellschaft bei einem Wort nehmen, das sie selber nicht mehr spricht.« (a.a.O.)

Das Horkheimersche Trotzalledem erhielt bei Adorno die Form: »Den Autoren schwebt ein gesellschaftliches Denken und eine gesellschaftliche Erfahrung vor, die so wenig abschlußhafte Theorie verkündigt oder dogmatisierte wiederholt, wie bloß feststellt, was angeblich der Fall sein soll, und damit ungewollt bereits sich identifiziert. Ihr Standpunkt gegenüber der Theorie wäre vergleichbar dem des Essers zum Brot: die Theorie wird vom Gedanken aufgezehrt, er lebt von ihr und sie verschwindet in ihm zugleich.« Für kritische Theorie war hier neben der »abschlußhaften Theorie« kein Platz mehr. Die eigene Position wurde von Adorno charakterisiert als ein kritisches Denken, in das Theoretisches einging. Im Eifer des Bemühens, zu rechtfertigen, wieso Horkheimer und er, ihrer lange gehegten Absicht zur Formulierung einer Theorie der Gesellschaft entgegen, bloß eine »Sammlung von Marginalien zu einer nicht vorhandenen, zumindest nicht ausdrücklichen Theorie der Gesellschaft« vorlegten, war Adorno unversehens bei einer Idealisierung der vorliegenden »Marginalien« als dem eigentlichen Ziel der gemeinsamen Arbeit angekommen. Konnte aber eine Absage an kritische Theorie, gerechtfertigt durch die Irrationalität des gesellschaftlichen Systems, die angemessene Artikulation dessen sein, was ihnen beiden vorschwebte? An Horkheimers Entwurf hatte Adorno die Annahme gestört, das Fehlen des Interesses an vernünftigen menschlichen Verhältnissen beeinträchtige die Möglichkeit einer Theorie der Gesellschaft. »Man könnte doch einfach entgegnen, in einem gesellschaftlichen Zustand, der so verhext ist, daß er, ohne das sichtbare Potential eines Anderen, aufs Unheil zutreibt, wäre das allerhöchste Interesse, und buchstäblich unmittelbar das aller, in der Theorie die zureichende Erklärung dafür zu finden. So konkretistisch die Menschheit geworden ist, so sehr wartet sie doch auf das lösende Wort.« Und außerdem: »Es ist nur eine andere Seite desselben Sachverhalts, daß bei dem gegenwärtigen Weltlauf morgen, heute Situationen sich herstellen mögen, die, während sie höchstwahrscheinlich katastrophischen Charakter haben, zugleich auch jene Möglichkeit von Praxis wiederherstellen, die heute abgeschnitten ist. Solange die Welt antagonistisch ist und die Widersprüche selbst perpetuiert, erbt sich auch die Möglichkeit ihrer Veränderung fort.« (Adorno-Horkheimer, 31. 1. 62) Ganz ähnlich ließ sich aber gegen Adornos eigene Version einwenden: aus der Unmöglichkeit, die irrationalere Gesellschaft »als ein einstimmiges System zu konstruieren« und sie »bei einem Wort zu nehmen, das sie selber nicht mehr spricht«, konnte doch nicht ohne weiteres auf die Unmöglichkeit auch einer dialektischen Theorie der Gesellschaft geschlossen werden. Es war offenbar die Unsicherheit über die eigene Position dort, wo es um die vielbeschworene Theorie der Gesellschaft ging, die Horkheimer und Adorno auf alles verzichten ließ, was über die trockenen Anfangssätze der Vorbemerkung hinausging.

Positivismusstreit

Trotz Horkheimers Feindseligkeit und Adornos Schwäche war es nicht zum Bruch gekommen, und bis der rasch zu Ruhm gelangte Habermas – von Adorno unterstützt – 1964 nach Frankfurt zurückkehrte und Horkheimers Lehrstuhl für Philosophie und Soziologie übernahm, ging so etwas wie eine Fern-Zusammenarbeit mit Adorno weiter.

Während von anderen IfS-Mitarbeitern wie Alfred Schmidt und Oskar Negt in der Reihe der *Frankfurter Beiträge zur Soziologie* wichtige Arbeiten mehr oder weniger geistesgeschichtlicher Art erschienen – von Alfred Schmidt 1962 *Der Begriff der Natur in der Lehre von Marx*, von Oskar Negt 1964 *Strukturbeziehungen zwischen den Gesellschaftslehren Comtes und Hegels* –, griff Habermas mit einer sich früh abzeichnenden eigenen Variante kritischer Theorie in den »Positivismusstreit« ein. Was später unter diesem Titel in die Geschichte der Sozialwissenschaften einging, reichte bis in die 50er Jahre zurück und bedeutete für Adorno nur die Fortsetzung dessen, was in den 30er Jahren als Auseinandersetzung zwischen Wiener Kreis und Horkheimerkreis begonnen und zu Diskussionstreffen zwischen Frankfurtern und Wienern in Frankfurt, Paris und New York geführt hatte und was von Horkheimer im bekanntesten seiner Aufsätze als Gegensatz zwischen »traditioneller und kritischer Theorie« begriffen worden war. Als Habermas im Januar 1962 auf den Berliner Universitätstagen einen Vortrag über *Kritische und konservative Aufgaben der Soziologie* hielt, benannte er offener als Adorno, worum es ging.

Ein Jahr später veröffentlichte er eine Reihe früher Arbeiten unter dem Titel *Theorie und Praxis,* die er verstanden wissen wollte als historische Vorstudien zu einer systematischen Untersuchung des Verhältnisses von Theorie und Praxis in den Sozialwissenschaften. Im selben Jahr erschien von ihm in den *Zeugnissen,* einem in gleicher Aufmachung wie die *Frankfurter Beiträge zur Soziologie* publizierten Band zu Adornos 60. Geburtstag, *Analytische Wissenschaftstheorie und Dialektik. Ein Nachtrag zur Kontroverse zwischen Popper und Adorno.* Damit stand er gewissermaßen offiziell an der Seite Adornos.

»Es ist kein Geheimnis«, meinte Ralf Dahrendorf 1961 in seinen Anmerkungen zur Diskussion der Referate über die Logik der Sozialwissenschaften, die Karl R. Popper und Theodor W. Adorno auf einer internen Arbeitstagung der Deutschen Gesellschaft für Soziologie in Tübingen gehalten hatten, »daß vielfältige Unterschiede der Forschungsrichtung, aber auch der theoretischen Position und darüber hinaus der moralischen und politischen Grundhaltung die gegenwärtige Generation der Hochschullehrer der Soziologie in Deutschland trennen. Nach einigen Diskussionen der letzten Jahre schien es nun, als könnte die Erörterung der wissenschaftslogischen Grundlagen der Soziologie ein geeigneter Weg sein, um die vorhandenen Differenzen sichtbar hervortreten zu lassen und damit für die Forschung fruchtbar zu machen. Die Tübinger Arbeitstagung hat diese Vermutung jedoch nicht bestätigt. Obwohl Referent und Koreferent in ihren Ausführungen nicht gezögert hatten, eindeutig Stellung zu nehmen, fehlte der Diskussion durchgängig jene Intensität, die den tatsächlich vorhandenen Auffassungsunterschieden angemessen gewesen wäre. Auch hielten sich die meisten Diskussionsbeiträge so stark im engeren Bereich des Themas, daß die zugrunde liegenden moralischen und politischen Positionen nicht sehr deutlich zum Ausdruck kamen.« (Adorno u. a., *Der Positivismusstreit in der deutschen Soziologie,* 145)

Die Differenzen liefen auf nicht weniger hinaus als den gegenseitigen Vorwurf totalitärer Tendenzen. Das war vor der Tübinger Arbeitstagung noch einmal auf dem 14. Deutschen Soziologentag 1959 in Berlin deutlich geworden. In zwei aufeinanderfolgenden Hauptreferaten hatte Horkheimer über *Soziologie und Philosophie*, König über *Wandlungen in der Stellung der sozialwissenschaftlichen Intelligenz* gesprochen. Horkheimer hatte betont: Ohne Bekümmerung ums Schicksal des Ganzen, ohne die Erfüllung der Aufgabe der »Reflexion der Gesellschaft auf sich selbst« im Lichte des Zwecks des »richtigen Zusammenlebens der Menschen« versage Soziologie im »Kampf gegen die totalitäre Welt, die der europäischen Welt nicht bloß von außen droht« (Horkheimer/Adorno, *Sociologica II*, 12, 13). Das mußte König, der ja genau das von Horkheimer Geforderte verwarf, weil es einer »reinen«, einer fachwissenschaftlichen Soziologie nicht mehr angemessen sei, auf sich beziehen. Er revanchierte sich in seinem Vortrag damit, daß er die Behauptung, gerade die in Betrieb und Amt heimisch gewordenen sozialwissenschaftlichen Experten, die »für das faktische Funktionieren der Maschinerie« sorgten, könnten Kritik üben »an dem einzigen Ort, wo es wirklich zu treffen lohnt, nämlich nicht in der unverbindlichen Dimension der literarischen Diskussion, sondern in jener Wirklichkeit, in der alle zukunftsträchtigen Entscheidungen gefällt werden« – durch die Bemerkung ergänzte: »Allerdings muß dabei auch der Begriff der Kritik unter die Lupe genommen werden. Es kann sich dabei nicht nur um die ›Brandmarkung‹ irgendwelcher Aspekte etwa des kapitalistischen Wirtschaftssystems oder die Messung einer gegebenen Wirklichkeit an einem unverbindlichen Begriff handeln. Schon Sorel hat ja gezeigt, daß dies Verfahren des utopischen Angriffs letzten Endes selber in absoluter Gewaltsamkeit und im Terror auslaufen muß, sowie es sich praktisch verwirklicht; denn – um noch einmal mit Geiger zu sprechen – ›der Empörer von heute ist der mögliche Machthaber von morgen‹. Es gibt auch eine kryptototalitäre Kritik des Totalitarismus, die vor allem in der von Marx bestimmten Kulturkritik hervortritt. Dagegen entwickelt sich die Kritik an der Macht, wie Geiger sie im Auge hat, auf einer ganz anderen Linie, nämlich der der empirischen Gesellschaftswissenschaften, welche die Ideologien und Prätentionen der Machthaber an den Wirklichkeiten messen und insofern im Sinne einer echten ›Aufklärung‹ wirken.« (König, *Studien zur Soziologie*, 89, 101, 90)

Im Ausspielen der Wirklichkeit nicht nur gegenüber den Ideologien der Machthaber, sondern auch und weitaus heftiger gegenüber den »Ideologien« der Utopisten und Empörer trafen sich der »reine« Soziologe König, der technokratische Zeitdiagnostiker Schelsky und der neoliberale Wissenschaftstheoretiker Popper. Selbst Schelsky, der mit »realsoziologischem Blick« den Rückzug aus der öffentlich-politischen Sphäre auf die eigene Familie und die eigene berufliche Tätigkeit als »durchaus erfreuliche Zurückführung des Abstrakten und Programmatischen im sozialen Denken auf die Erfahrung und Sachlichkeit der jeweils eigenen Existenz« begrüßt hatte (Schelsky, *Vom sozialen Defaitismus der sozialen Verantwortung*, in: *Gewerkschaftliche Monatshefte*, 2/1951, S. 334), hatte es fertiggebracht, zumindest an einer Stelle den Frankfurter Theoretikern nahezu totalitäre Tendenzen vorzuwerfen. »Diese dogmatisch antiautoritäre Familienideologie«, hieß es in dem 1953 erschienenen Band *Wandlungen der Deutschen Familie in der Gegenwart*, »wird damit bewußt oder unbewußt zum Parteigänger der bürokratischen Herrschaftsgewalten und ihrer abstrakten Autorität gegen die Intimität der Familie und die natürliche Autorität der Person in ihr.« (327)

Popper und Adorno hatten auf der Tübinger Arbeitstagung höflich aneinander vorbeigeredet und sich mit stichwortartigen Rekapitulationen ihrer wissenschaftstheoretischen Positionen begnügt. Popper, der von Neukantianismus und Gestaltpsychologie beeinflußt war und 1934 in Wien als 32jähriger sein grundlegendes Hauptwerk, die *Logik der Forschung* veröffentlicht hatte, hatte sich von Anfang an als Kritiker des logischen Positivismus verstanden. Dessen Kombination von Empirizismus und neuer Logik hatte er die Methode des kritischen Ausprobierens von theoretischen Lösungsversuchen für Probleme gegenübergestellt und damit einen offeneren Blick für den wirklichen Forschungsprozeß bewiesen. Kritizismus und Fallibilismus, d. h. durch kritische Diskussion zu bewährten, aber nie als endgültig zu betrachtenden Problemlösungen gelangen – das war das Charakteristikum der kritizistischen Methode, die nach Poppers Ansicht von der modernen Naturwissenschaft seit Galilei praktiziert wurde und auch auf Geschichte und Politik übertragen werden konnte.

Auch in seinem Tübinger Referat warnte Popper die Soziologen vor dem »Szientismus«, das hieß aber: vor der Übertragung eines »Mißverständnisses der naturwissenschaftlichen Methode«, des »Mythus vom induktiven Charakter der naturwissenschaftlichen Methode und vom Charakter der naturwissenschaftlichen Objektivität« auf Sozialwissenschaften. Übertragen werden sollte dagegen seine kritizistische Wissenschaftstheorie. Das lief konkret darauf hinaus, daß er als spezifisches Vorbild die Nationalökonomie anführte, also jene Disziplin, die seit langem einen höheren Grad formaler Vollkommenheit besaß als alle anderen Sozialwissenschaften und in besonders starkem Maße von der sozialen Realität abstrahierte. In der Nationalökonomie sah er eine »*objektiv*-verstehende Methode oder Situationslogik« praktiziert. Dabei wurde mit theoretischen Rekonstruktionen »objektiv situationsgerechter« Handlungen gearbeitet. Diese theoretischen Rekonstruktionen seien rational und empirisch kritisierbar und verbesserungsfähig. Aber für die Zwecke der Situationsanalyse sollten Wünsche, Motive, Erinnerungen usw. eines Individuums in objektive Ziele und in die objektive Ausstattung mit diesen oder jenen Theorien und dieser oder jener Information verwandelt werden. Verstehen lief darauf hinaus, zu einer Handlung eine Situationslogik zu finden, die den Forscher sagen ließ: Hätte ich die gleichen Ziele, Theorien und Informationen gehabt, hätte ich genauso gehandelt. Es ging also nicht darum, zu untersuchen, wie subjektive Wünsche und objektive Zwänge, subjektive Vorstellungen und objektive Verhältnisse beim sozialen Handeln ineinanderspielten, sondern darum, durch einen Übersetzungsprozeß, dessen Möglichkeit im Rahmen der Popperschen kritizistischen Wissenschaftstheorie unverständlich blieb, subjektive Faktoren in solche zu verwandeln, die auf die gleiche Weise zugänglich waren wie die von den Naturwissenschaften untersuchten Vorgänge.

Mit seiner Betonung des Vorrangs der Theorie und der bloß korrektiven Funktion der Empirie schien Popper der kritischen Theorie näher zu stehen als den eigentlichen Positivisten. Aber auch für ihn bildete das historische Faktum des naturwissenschaftlichen Erkenntnisfortschritts von Galilei bis Einstein den Ausgangspunkt und die kritische Norm aller philosophischen Reflexionen. Auch er setzte das empirisch-analytische – sich auf Experimente bzw. Tests und Theorien bzw. deduktive Aussagensysteme als Säulen stützende – Verfahren der Naturwissenschaften gleich mit wissenschaftlicher Rationalität überhaupt. Nur wurde er, indem er Hypothesen, denen momentan nichts experimentell Prüfbares zugrunde lag, nicht ausschloß, der Realität des naturwissenschaftlichen Erkenntnisfortschritts gerechter.

Ohne den Versuch zu unternehmen, die Positionen systematisch einander gegenüberzustellen oder die eigene Position in immanenter Kritik aus der Popperschen zu entwickeln, benannte Adorno die Punkte, an denen deutlich wurde: auch die Poppersche Wissenschaftstheorie hatte zur Konsequenz, daß die kritische Theorie als unwissenschaftlich verworfen wurde. Denn die Poppersche Wissenschaftstheorie schloß aus, daß gehaltvolle Einzelbeobachtungen nur in ständiger Beziehung auf eine wie immer vorläufige Vorstellung von der gesellschaftlichen Totalität möglich waren. Sie schloß aus, daß nicht-deduktive Theorien die angemessene Form der Erkenntnis widerspruchsvoller antagonistischer Gesellschaften sein konnten. Sie schloß aus, daß die Erfahrungen einzelner richtiger sein konnten als die im offiziellen und organisierten Wissenschaftsbetrieb sich durchsetzenden Resultate. Sie schloß die Einsicht aus, daß Wertung in der Soziologie nicht etwas durch Selbsterkenntnis Neutralisierbares sei, sondern etwas die Erkenntnis so oder so Konstituierendes. »Die Erfahrung vom widerspruchsvollen Charakter der gesellschaftlichen Realität ist kein beliebiger Ausgangspunkt, sondern das Motiv, das die Möglichkeit von Soziologie überhaupt erst konstituiert«, argumentierte Adorno im Schlußteil seines Korreferats. Und: »Der Verzicht der Soziologie auf eine kritische Theorie der Gesellschaft ist resignativ: man wagt das Ganze nicht mehr zu denken, weil man daran verzweifeln muß, es zu verändern. Wollte aber darum die Soziologie auf die Erkenntnis von facts und figures im Dienst des Bestehenden sich vereidigen lassen, so müßte solcher Fortschritt in der Unfreiheit zunehmend auch jene Detaileinsichten beeinträchtigen und vollends zur Irrelevanz verdammen, mit denen sie über Theorie zu triumphieren wähnt.« (Adorno u. a., *Der Positivismusstreit in der deutschen Soziologie*, 142 f.)

Den widerspruchsvollen Charakter der Gesellschaft mochten sowohl Popper als auch Adorno erfahren. Aber sie erfuhren ihn unterschiedlich und sie reagierten unterschiedlich. In der Diskussion gestand Adorno, daß er sich angesichts der gesellschaftlichen Realität auf den Standpunkt des Linkshegelianismus (vgl. S. 665 f.) zurückgedrängt sehe. Die Verfassung der Menschen und die Gestalt der Wirklichkeit mache den, der auftrete, »als ob man morgen die Welt verändern kann«, zum Lügner. Popper warf ihm daraufhin einen Pessimismus vor, der die notwendige Folge der Enttäuschung über das Scheitern allzu hochgespannter utopischer oder revolutionärer Hoffnungen sei. Wer, wie er – Popper – selbst, nichts zu wissen glaube und weniger wolle, könne Optimist sein. An diesem späten Punkt der Diskussion war die klassische Konfrontation erreicht. Der Vertreter des Machbaren, der mit Adorno das Ideal einer vernünftigeren Gesellschaft zu teilen behauptete, aber im Sinne des Unmöglichen, das man wollen müsse, um das Mögliche zu erreichen, erhob gegen seinen Kontrahenten den Vorwurf, Unmögliches als im Prinzip möglich hinzustellen und wenn schon nicht als optimistischer Revolutionär Aufruhr, so doch als verzweifelter Anti-Reformist Unzufriedenheit mit dem Bestehenden und dem Machbaren und eine Resignation mit unberechenbaren Folgen hervorzurufen.

Ganz anders als Adorno verfuhr Habermas. Ganz anders als Adorno konnte er verfahren, weil, wie spätestens bei dieser Gelegenheit unübersehbar wurde, seine Konzeption in wesentlichen Punkten von der Adornos und auch der der übrigen wichtigen Theoretiker des Horkheimer-Kreises abwich. Habermas konnte mit dem bei Adorno weniger als halbherzig gebliebenen Versuch einer immanent-kritischen Anknüpfung an Popper einigermaßen Ernst machen. Im Prinzip konnte er, der Theoretiker der kritischen Öffentlichkeit und der Praxis im emphatischen Sinn des politisch-ethischen Handelns, sich nämlich gegenüber Popper und dessen Kritik am Positivismus ähnlich verhalten wie Marx gegenüber dem Liberalismus, als er der festgehaltenen Idee der bürgerlichen Öffentlichkeit wie im Spiegel die gesellschaftlichen Bedingungen der Möglichkeit ihrer ganz unbürgerlichen Realisierung vorhielt. Habermas hielt der Popperschen Idee der Fundierung wissenschaftlicher Objektivität in kritischer rationaler Diskussion die Notwendigkeit der Inanspruchnahme der »umfassenden Rationalität des zwanglosen Dialogs kommunizierender Menschen« (*Dogmatismus, Vernunft und Entscheidung – Zu Theorie und Praxis in der verwissenschaftlichten Zivilisation*, in: *Theorie und Praxis*, 254) als Bedingung der Möglichkeit ihrer nicht länger am Modell des naturwissenschaftlichen Erkenntnisfortschritts festzumachenden Realisierung vor Augen.

Der logische Empirismus oder Neopositivismus hatte ein Wissenschaftsideal auf die Wissenschaftspraxis projiziert, ohne sich um die wirkliche Produktion wissenschaftlicher Erkenntnis zu kümmern. Er betrachtete – in Übereinstimmung mit einer bis in die 60er Jahre hinein vorherrschenden Ansicht von der wesentlich wissenschaftsintern bestimmten Entwicklung der Wissenschaft – Wissenschaft als eine im Prinzip ahistorische und asoziale »Dritte Welt« (Popper) des objektiven Wissens, deren innere Struktur und Entwicklung allein der Logik unterliege. Popper weitete den Blick und rückte das Problem des Wissenschaftsfortschritts in den Vordergrund, allerdings unter Einschränkung auf den »context of refutation« – also die erkenntnistheoretische und logische Überprüfung theoretischer Entwürfe und ihre am Prinzip der Falsifikation orientierte experimentelle Überprüfung mit dem Ziel der fortgesetzten Annäherung an die Wahrheit. Den »context of discovery«, die für die Logik der Forschung vermeintlich irrelevanten externen Einflüsse psychologischer und sozioökonomischer Art, schloß er aus. Der Schachzug von Habermas – der in seinen Heidelberger Jahren, angeregt durch seinen Freund Karl-Otto Apel, die amerikanischen Pragmatisten studierte und sie als eine US-amerikanische und demokratietheoretische Variante der Praxisphilosophie schätzen lernte – bestand darin, daß er Poppers Wissenschaftstheorie als die erste Stufe einer Selbstkritik des Positivismus auffaßte, diese erste Stufe durch eine pragmatistische Perspektive radikalisierte, die das Modell naturwissenschaftlicher Erkenntnis in einen noch umfassenderen Kontext rückte als Popper, und daß er eine pragmatistische Perspektive noch für Poppers Idee der kritischen rationalen Diskussion selbst entwarf. Er lieferte Poppers Forschungslogik eine pragmatistische Rechtfertigung, um Platz zu schaffen für die Logik und die pragmatistische Fundierung des dialektischen Forschungstyps und letztlich für die kulturelle Einbindung der vom logischen Empirismus wie von Poppers kritischem Rationalismus verabsolutierten technischen Rationalität.

Für das sogenannte Basisproblem, das sich bei der wissenschaftstheoretischen Analyse der möglichen empirischen Überprüfung von Theorien ergab – das Problem, daß elementare Sinnesdaten nicht, wie vom logischen Empirismus unterstellt, als etwas intuitiv und unvermittelt evident Gegebenes angesehen werden konnten –, hatte Popper als Lösung vorgeschlagen, sein Kriterium der Prüfbarkeit von Theorien auch auf Basissätze zu übertragen. Darüber, ob ein Basissatz durch Erfahrung hinreichend motiviert sei, entschied ein vorläufiger und jederzeit widerrufbarer Konsensus aller Beobachter, die an Versuchen der Falsifikation bestimmter Theorien beteiligt waren. Die Notwendigkeit eines Konsensus aber verwies auf die Orientierung an einer sozial normierten Verhaltenserwartung. Die Art der Prüfungsbedingungen und die Art der Gesetzeshypothesen (bedingte Prognosen über beobachtbares Verhalten) legten, so Habermas, eine bestimmte pragmatistische Deutung des von Popper analysierten Forschungsprozesses nahe, nämlich die als Bestandteil des Handlungskreises gesellschaftlicher Arbeit. »Das sogenannte Basisproblem stellt sich gar nicht erst, wenn wir den Forschungsprozeß als Teil eines umfassenden Prozesses gesellschaftlich institutionalisierter Handlungen auffassen, durch den soziale Gruppen ihr von Natur aus prekäres Leben erhalten. Denn empirische Geltung zieht nun der Basissatz nicht mehr allein aus Motiven einer Einzelbeobachtung, sondern aus der vorgängigen Integration einzelner Wahrnehmungen in den Hof unproblematischer und auf breiter Basis bewährter Überzeugungen; das geschieht unter experimentellen Bedingungen, die als solche eine im System gesellschaftlicher Arbeit naturwüchsig eingebaute Kontrolle von Handlungserfolgen imitieren. Wenn aber derart die empirische Geltung von experimentell überprüften Gesetzeshypothesen aus Zusammenhängen des Arbeitsprozesses hervorgeht, muß es sich die strikt erfahrungswissenschaftliche Erkenntnis gefallen lassen, aus demselben Lebensbezug zum Handlungstyp der Arbeit, der konkreten Verfügung über Natur, interpretiert zu werden.« (Habermas, *Analytische Wissenschaftstheorie und Dialektik*, 1963, in: Adorno u. a., *Der Positivismusstreit*, 181)

Dem Handlungstyp der Arbeit aber lag laut Habermas das Interesse an der Verfügbarmachung gegenständlicher Prozesse zugrunde. An diesem Interesse war demnach auch der empirisch-analytische Forschungstyp orientiert. Dies technische Interesse machte in Habermas' Augen die normative Bindung des vom Neopositivismus wie vom kritischen Rationalismus mit wissenschaftlicher Rationalität gleichgesetzten und als im Prinzip wertfrei hingestellten Wissenschaftstypus aus. Der Streit um die Wertfreiheit der Wissenschaft wurde damit von Habermas mit anthropologischen Argumenten so entschieden: Die empirisch-analytischen Wissenschaften waren Teil der gesellschaftlichen Reproduktion und hatten geradezu die Bedingung ihrer Möglichkeit in ihrer bestimmten Funktion für die gesellschaftliche Reproduktion. Was Habermas lieferte, war also eine Art transzendental-pragmatische Fundierung des positivistischen Wissenschaftstypus oder, genauer, jener Wissenschaften, denen eine positivistische Wissenschaftstheorie weitgehend gerecht wurde.

Aber welche Vorteile ergaben sich daraus für Habermas' Verteidigung der Möglichkeit wissenschaftlicher Orientierung im praktischen Handeln, der Relevanz des Erkennens für eine vernünftige Praxis, der rationalen Verständigung über Ziele und Zwecke, der praktischen Beherrschung geschichtlicher Prozesse?

Zunächst einmal war dem Monopolanspruch der empirisch-analytischen Wissenschaften auf wissenschaftliche Rationalität und Objektivität das Argument der Wertfreiheit aus der Hand geschlagen. Auch sie standen objektiv in einem Lebensbezug, der bloß als das Allerselbstverständlichste aus dem Bewußtsein der Wissenschaftler und der Wissenschaftstheoretiker herausgefallen war. Daß dies Vergessen gerade im Fall des technischen Erkenntnisinteresses so ausgeprägt war, ließ sich durch die Folgen der kapitalistischen Modernisierung erklären. »In dem Maße, in dem die Tauschbeziehungen auch den Arbeitsprozeß ergreifen und die Produktionsweise vom Markt abhängig machen, werden die in der Welt einer sozialen Gruppe konstitutiven Lebensbezüge, die konkreten Beziehungen der Menschen zu den Dingen und der Menschen untereinander, auseinandergerissen ... Wie einerseits in den Tauschwerten die wirklich investierte Arbeitskraft und der mögliche Genuß des Konsumenten verschwindet, so wird andererseits an den Gegenständen, die übrigbleiben, wenn ihnen die Haut subjektivierter Wertqualitäten abgestreift ist, die Mannigfaltigkeit der sozialen Lebensbezüge und der erkenntnisleitenden Interessen abgeblendet. Um so leichter kann sich die ausschließende Herrschaft *des* Interesses unbewußt durchsetzen, das komplementär zum Verwertungsprozeß die Welt der Natur und der Gesellschaft in den Arbeitsprozeß einbezieht und in Produktivkräfte verwandelt.« (185) Erst im Frühkapitalismus verbanden sich Theorie und Technik zur Naturwissenschaft.

Konnten die empirisch-analytischen Wissenschaften nicht mehr, gestützt auf den Monopolanspruch auf Wertfreiheit und wissenschaftliche Objektivität, Schwierigkeiten bei ihrer Anwendung auf den Bereich der Gesellschaft damit abtun, daß es keine wissenschaftliche Alternative zu ihnen gebe und die Lösung auftretender Probleme bloß eine Frage der Zeit sei, dann war damit zunächst Luft gewonnen für einen anderen Typus von Sozialwissenschaft. Wenn diesem anderen Typus zentrale Schwierigkeiten einer empirisch-analytischen Sozialwissenschaft erspart blieben – er z. B. nicht ratlos war, sobald sich nicht, wie in der technischen Verfügung über Natur, Zweck-Mittel-Relationen absondern und als Erklärungsmuster für menschliches Verhalten verwenden ließen, sondern z. B. Mittel sich als wertbesetzt erwiesen oder Zwecke als vieldeutig und nur in einem größeren sozialen Zusammenhang verstehbar –, dann konnte er nicht mehr dessen ungeachtet mit dem Vorwurf abgetan werden, er sei nicht wertfrei. Statt dessen konnte der Versuch unternommen werden, den dialektischen Typus der Sozialwissenschaft in einem alternativen »transzendental gesetzten Bezugsrahmen« zu fundieren.

Die Charakterisierung dieses Bezugsrahmens war längst nicht so scharf geschnitten wie die des Bereichs technischer Verfügung über vergegenständlichte Prozesse. Bei seiner Bestimmung diente Habermas als Zielpunkt die Konzeption eines Bildungsprozesses der menschlichen Gattung, in den sich die transzendentalpragmatische oder erkenntnisanthropologische Fundierung der Wissenschaften einklinken ließ. In der Replik auf einen Aufsatz des Popper-Schülers Hans Albert war, was Habermas z. B. von Rothacker über den »Lebensstil«, von Gehlen über den »Handlungskreis«, von Gadamer über das »Gespräch« als Fundament des kommunikativ angelegten menschlichen Daseins, von Husserl über das Verhältnis von Lebenswelt und Wissenschaft, von Adorno und Horkheimer über die kritische Theorie, von Schelsky, Ritter u. a. über die Rolle der Wissenschaften in der verwissenschaftlichten Zivilisation, von Hannah Arendt über das Verhältnis von Theorie, Technik und Praxis, von Freud über Psychoanalyse als eine Therapie durch Selbstreflexion gelernt hatte, gebündelt zu einer eigenwilligen und umfassenden vorläufigen Umschreibung des gesamtgesellschaftlichen Prozesses mit aktuellem Bezug. »Innerhalb einer Soziologie als strenger Verhaltenswissenschaft«, hieß es im letzten Abschnitt von Habermas' Replik auf Albert, »lassen sich Fragen, die sich auf das Selbstverständnis sozialer Gruppen beziehen, nicht formulieren; deshalb sind diese aber nicht sinnlos, noch entziehen sie sich der verbindlichen Diskussion. Sie ergeben sich objektiv daraus, daß die Reproduktion des gesellschaftlichen Lebens nicht nur technisch lösbare Fragen stellt, sondern mehr einschließt als Anpassungsprozesse nach dem Muster zweckrationaler Mittelverwendung. Die vergesellschafteten Individuen erhalten ihr Leben nur durch eine Gruppenidentität, die, im Unterschied zu tierischen Sozietäten, immer wieder aufgebaut, zerstört und neu gebildet werden muß. Sie können ihre Existenz durch Anpassungsprozesse an die natürliche Umgebung und durch Rückanpassung an das System der gesellschaftlichen Arbeit nur in dem Maße sichern, in dem sie den Stoffwechsel mit der Natur durch ein äußerst prekäres Gleichgewicht der Individuen untereinander vermitteln ... Erfahrungen des drohenden Identitätsverlustes und des Versandens sprachlicher Kommunikation wiederholt jeder in den Krisen seiner Lebensgeschichte; aber sie sind nicht wirklicher als die kollektiven Erfahrungen der Gattungsgeschichte, die die gesamtgesellschaftlichen Subjekte in der Auseinandersetzung mit der Natur zugleich an sich selber machen. Fragen dieses Erfahrungsbereichs können, weil sie durch technisch verwertbare Informationen nicht zu beantworten sind, durch empirisch-analytische Forschung nicht geklärt werden. Gleichwohl versucht die Soziologie, seit ihren Anfängen im 18. Jahrhundert, auch und vor allem diese Fragen zu diskutieren. Dabei kann sie auf historisch gerichtete Interpretationen nicht verzichten; und offensichtlich kann sie sich ebensowenig einer Form der Kommunikation entziehen, in deren Bannkreis sich diese Probleme erst stellen: Ich meine das dialektische Netz eines Kommunikationszusammenhangs, in dem die Individuen zwischen Gefahren der Verdinglichung und der Gestaltlosigkeit hindurchsteuernd ihre zerbrechliche Identität ausbilden ... In der Evolution des Bewußtseins stellt sich das Identitätsproblem zugleich als Problem des Überlebens und der Reflexion. Von ihm hat einst die dialektische Philosophie ihren Ausgang genommen.« (*Gegen einen positivistisch halbierten Rationalismus*, 1964, in: a.a.O., 263 f.)

Über all dem stand als eine Art anthropologische Variante der Habermasschen Konzeption des Abbaus und der Rationalisierung von Herrschaft durch politische Öffentlichkeit die eigentümliche Utopie der wissenschaftlich vermittelten Wiederherstellung der »umfassenden Rationalität, die in der natürlichen Hermeneutik der Umgangssprache noch sozusagen von Haus aus am Werk ist« (260). Mit der natürlichen Hermeneutik der Umgangssprache war gemeint, daß die Umgangssprache ein Selbstreflexion ermöglichendes Medium war: umgangssprachliche Äußerungen konnten nach Bedarf mit umgangssprachlichen Mitteln geklärt werden. Als sprechende Subjekte fanden sich die Menschen, so meinte Habermas, »immer schon in einer Kommunikation« vor, »die zur Verständigung führen soll« (254) und damit zur »umfassenden Rationalität«.

Im Sommer 1965 hielt Habermas als Lehrstuhl-Nachfolger Horkheimers seine Frankfurter Antrittsvorlesung über *Erkenntnis und Interesse*. Mit ihr war endgültig ein offensives Stadium erreicht in der Auseinandersetzung mit dem Positivismus (ein von Habermas wie von Adorno nach wie vor verwendeter Begriff, der nicht Ignoranz gegenüber Wandlungen bzw. Fortschritten im szientistischen, die dominierende Form der wissenschaftlichen Forschung verabsolutierenden Lager signalisierte, sondern das Festhalten an einem Oberbegriff, der langfristigen zentralen Gemeinsamkeiten zwischen diversen Positionen Rechnung trug). Nach einem Menschenalter, stellte Habermas – selbstbewußt und sich in die Tradition der Frankfurter Schule rückend – fest, nehme er das Thema der Scheidung zwischen Theorie im Sinne der Tradition und Theorie im Sinne der Kritik wieder auf, dem Horkheimer eine seiner bedeutendsten Untersuchungen gewidmet habe. Die Antrittsrede enthielt den Grundriß einer »kritischen Wissenschaftstheorie«, die den Griff der positivistischen Wissenschaftstheorie nach den diversen Wissenschaftskategorien aufzeigte und diesen Griff mit einer Kette von Thesen nicht nur zu stoppen, sondern in eigene Regie zu nehmen suchte.

Bei der in den USA seit langem üblichen Aufteilung der Wissenschaften wird unterschieden zwischen natural sciences, social sciences und humanities. In seiner 1963 erschienenen Untersuchung über Idee und Gestalt der deutschen Universität und ihrer Reformen – *Einsamkeit und Freiheit* – hatte Schelsky die Entstehung einer entsprechenden Dreiteilung für die deutsche und überhaupt die neuere europäische Entwicklung der Wissenschaft und ihrer akademischen Ordnung skizziert. In der nach-Humboldtschen Zeit erfolgte die Herauslösung einer naturwissenschaftlichen Fakultät aus der Philosophischen Fakultät, die damit zu einer »geisteswissenschaftlichen« wurde, die die nicht-naturwissenschaftlichen Disziplinen umfaßte (abgesehen von Medizin, Jurisprudenz und Theologie, die als nicht-bildende Formen der Wissenschaft sowieso eigene Fakultäten bildeten). Aus der geisteswissenschaftlichen Fakultät lösten sich bzw. ihr gegenüber kristallisierten sich Ökonomie, Soziologie, Politikwissenschaft, Rechtswissenschaft usw. zum Komplex der Sozialwissenschaften. So ergab sich ähnlich wie in der US-amerikanischen Aufteilung der Wissenschaften die Trias von Natur-, Geistes- und Sozialwissenschaften. Anders als in den USA verbarg sich dahinter die Verfallsgeschichte des Gedankens der Bildung durch Wissenschaft, der für den deutschen Idealismus und die Humboldtsche Universitätsreform charakteristisch war. Zu den bildenden Wissenschaften zählten ursprünglich auch Mathematik und Naturwissenschaften, die es z. B. in Alexander von Humboldts Augen noch mit einem von inneren Kräften bewegten und belebten Naturganzen zu tun hatten (s. Alexander von Humboldt, *Kosmos – Entwurf einer physischen Weltbeschreibung*, 5 Bde., 1845–1862). Dilthey hatte den Bildungsgedanken für die Geisteswissenschaften noch einmal eindrucksvoll vertreten, aber bereits angekränkelt vom Historismus und dessen Musealisierung der Geschichte und der Tradition. Als sich die Sozialwissenschaften als neuer Komplex herauskristallisierten, erhoben sie gar nicht erst den Anspruch, bildend zu wirken. Soweit sie Anspruch auf praktische Relevanz erhoben, war sie administrativer Art.

Nur Hans Freyer hatte in seiner 1930 erschienenen *Soziologie als Wirklichkeitswissenschaft*, dem Versuch einer philosophischen Grundlegung des Systems der Soziologie, dieser eine besondere Rolle zugesprochen, in der die Bildungsidee aufgehoben schien: die Rolle nämlich der »wissenschaftlichen Selbsterkenntnis der gesellschaftlichen Wirklichkeit«, der »Selbsterkenntnis eines Geschehens im Bewußtsein des Menschen, der diesem Geschehen existenziell angehört« (*Soziologie als Wirklichkeitswissenschaft*, 205). Gerade die philosophische Grundlegung und logische Analyse sollte der Soziologie helfen, ihrer eigentlichen Aufgabe nachzukommen: »begreifen, deuten, lebenswirksam werden«. (7) Die Voraussetzung dafür sah Freyer im Stellen der Kantischen Frage, wie Naturwissenschaft, Geschichte, Soziologie möglich seien, wobei indes die Antwort nicht unbedingt kantisch ausfallen müsse.

Sie fiel bei Freyer so aus, daß er in einem »bewußten Erkenntniswillen«, einer »markanten Erkenntnishaltung« die Voraussetzung der Wissenschaftlichkeit von Wissensformen sah. Er unterschied zwischen dreierlei Erkenntnishaltungen, die dreierlei unterschiedlich strukturierten Gegenstandsbereichen und dreierlei Lebensbezügen zu den Gegenstandsbereichen entsprachen. »Auf der Erde will er [der Mensch, R. W.] leben, er will sie kultivieren, das heißt in menschliche Gestaltungen einbeziehen. Diese ganz primäre Willenstatsache, also der – in weitestem Sinne verstanden – technische Wille ist aus der Erkenntnishaltung der Naturwissenschaften nicht wegdenkbar. Aus welchen Elementen die komplexen Vorgänge der Natur zusammengesetzt sind, nach welchen Gesetzen sie ablaufen und welche Formen materieller Systeme es gibt, deren Einschaltung in den Naturprozeß aus einer bestimmten Lage A eine bestimmte Lage B hervorruft, diese Frage bilden das geheime Steuer der naturwissenschaftlichen Erkenntnis und rufen alle ihre Begiffsbildungen hervor. Diese Erkenntnishaltung bedeutet nicht die Einmischung heterogener Nützlichkeitsmotive, sondern ist im Erkenntnisobjekt selbst und im Lebensbezug des Menschen zu ihm angelegt. Die neuere abendländische Naturwissenschaft hat dieses Ethos einer gewaltsamen oder hinterlistigen Befragung der Natur mit dem Zweck ihrer schrittweisen Beherrschung sicherlich besonders rücksichtslos und radikal durchgeführt. Aber wiederum liegt dieser historischen Gestalt des naturwissenschaftlichen Denkens, die uns am nächsten steht und von der wir selbstverständlich ausgehen, eine allgemeingültige, von der Sache selbst geforderte Erkenntnishaltung zugrunde.« (203 f.) Den sinnvollen Gebilden des Geistes entsprach eine Erkenntnishaltung des Verstehens, des inneren Empfangens. Der geschehenden Geschichte, d. h. einem sinnvollen Geschehen, dem der Mensch selbst existenziell angehört, entsprach als Erkenntnishaltung das Selbstbewußtsein einer existenziellen Wirklichkeit, Selbsterkenntnis in einer auf Gesellschaftsgestaltung gerichteten Absicht.

(Daß Freyers Grundlegung der Soziologie nach 1945 vergessen blieb – erst 1964 erschien ein Nachdruck in der Wissenschaftlichen Buchgesellschaft –, ließ sich vor allem dadurch erklären, daß er in der nationalsozialistischen Bewegung zunächst, wie Heidegger, ein Potential existenzieller Erneuerung gesehen und daß er bei aller Reserve auch später nie entschiedene Distanz zum Faschismus bewiesen hatte, auch nach 1945 nicht. Da der gleiche Umstand im Falle Heideggers aber nicht dazu geführt hatte, daß *Sein und Zeit* in Vergessenheit geriet, war vielleicht – außer dem größeren Ruhm des stärker verstrickten Heidegger – ein weiterer Umstand zu berücksichtigen. Freyer hatte in seinem Buch überaus selbstbewußt – und nicht ohne gute Gründe – der »amerikanischen Soziologie« eine »deutsche« bzw. »europäische« gegenübergestellt und über eine Soziologie gespottet, die die Parole zu befolgen schien: Lasset uns werden wie die Amerikaner. Das paßte nicht in die bundesrepublikanische Nachkriegszeit.)

Auch beim Problem der Fundierung einer kritischen Soziologie trafen bei Habermas, der Freyers Buch kannte, Anregungen von kritischer wie konservativer Seite auf ergiebige Weise zusammen. Bei seiner Wiederaufnahme der Konzeption einer kritischen Wissenschaftstheorie bewegte er sich zugleich auf dem neuesten Stand, geriet sein Entwurf – den er in den folgenden Jahren durch die Bände *Zur Logik der Sozialwissenschaften* und *Erkenntnis und Interesse* weiter ausbaute – realitätshaltiger und bestechender als der seiner Vorgänger.

Für drei Kategorien von Forschungsprozessen, so meinte er, lasse sich ein spezifischer Zusammenhang von logisch-methodischen Regeln und erkenntnisleitenden Interessen nachweisen. Für die empirisch-analytischen Wissenschaften legen der logische Aufbau der zulässigen Aussagensysteme und der Typus der Prüfungsbedingungen die Deutung nahe, daß die Wirklichkeit unter dem leitenden Interesse an der technischen Verfügung über vergegenständlichte Prozesse erschlossen wird. Für die historisch-hermeneutischen Wissenschaften legt der methodologische Rahmen aus Sinnverstehen, Auslegung von Texten und der damit untrennbar verbundenen Anwendung der Tradition auf die eigene Situation die Deutung nahe, daß die Wirklichkeit unter dem leitenden Interesse an der Erhaltung und Erweiterung der Intersubjektivität möglicher handlungsorientierender Verständigung erschlossen wird. Für die kritisch orientierten Wissenschaften legt der methodologische Rahmen aus vergegenständlichenden Prozeduren bzw. nomologischem Wissen und verstehender Methode die Deutung nahe, daß die Wirklichkeit unter dem leitenden Interesse an der Auflösung objektiv wirkender, im Prinzip aber veränderbarer Abhängigkeitsverhältnisse erschlossen wird. Im ersten Fall war der transzendentale Rahmen, waren die Bedingungen möglicher Objektivität durch ein technisches, im zweiten durch ein praktisches, im dritten durch ein emanzipatorisches Erkenntnisinteresse festgelegt. Das positivistische Wissenschaftsverständnis verstellt den Blick auf diese transzendentalen Erkenntnisinteressen. Die Naturwissenschaften konnten dann als reine Theorie mißverstanden werden, die nicht auf Naturbeherrschung, sondern auf objektive Erkenntnis angelegt war. Die Geisteswissenschaften konnten zum Positivismus des Historismus gerinnen. Die Sozialwissenschaften konnten sich zu einem sozialtechnologischen Wissen verhärten.

Diese transzendentalen Bedingungen wissenschaftlichen Weltbezugs, so Habermas, sich von Kant absetzend, waren entstanden unter empirischen Bedingungen. Sie hatten ihre Basis in der Naturgeschichte der Menschengattung, die arbeitend, sprechend und von Herrschaftsverhältnissen geprägt ihre Existenz bestritt. Als sprechende Wesen, so Habermas, waren die Menschen aus der Natur herausgehoben. Mit der Struktur der Sprache sei Mündigkeit antizipiert. Als sprechende Wesen könnten wir das Interesse an Mündigkeit a priori einsehen. »Mit dem ersten Satz ist die Intention eines allgemeinen und ungezwungenen Konsensus unmißverständlich ausgesprochen.« (*Erkenntnis und Interesse*, in: *Technik und Wissenschaft als Ideologie*, 163) Sprache verkörperte eine »Vernunft«, die »zugleich den Willen zur Vernunft« meinte. In einer emanzipierten Gesellschaft wäre Herrschaft abgebaut, bestünden die gesellschaftlichen Beziehungen zwischen den Individuen in einem »herrschaftsfreien Dialog aller mit allen« (164), während die Natur der technischen Verfügung der Menschheit unterläge.

Mit Habermas' wie immer programmatischem Entwurf schien sich die Möglichkeit abzuzeichnen, dem Positivismus die Wissenschaften zu entreißen. Hinsichtlich der Naturwissenschaften konnte Habermas dabei an Peirce und Popper anknüpfen, hinsichtlich der Geisteswissenschaften an Dilthey und Gadamer, hinsichtlich der Sozialwissenschaften an die kritische Theorie bzw. den westlichen Marxismus. Gerade diese Formen der Wissenschaftsinterpretation schienen sich durch eine Art transzendental-pragmatischer Deduktion vertiefen zu lassen. Das Reden von empirisch-analytischen, historisch-hermeneutischen und kritischen Wissenschaften – statt einfach von Natur-, Geistes- und Sozialwissenschaften – und die Unterscheidung zwi-

schen nomologischem Wissen und durch nomologisches Wissen aus-
zulösenden Reflexionsvorgängen im Bereich der Sozialwissenschaften
schienen die Habermassche Wissenschaftstheorie vor einer oberfläch-
lichen Zuordnung von Methoden und Gegenstandsbereichen und der
Fixierung auf zufällige Formen der Wissenschaftsorganisation zu bewahren. Mit den historisch-hermeneutischen und den kritischen Wissenschaften schien genau das vorhanden, was nötig war, um sich eine
Rationalisierung in der Dimension der Zwecke und des praktisch-
politischen Handelns vorstellen zu können. Gegen einen »positivistisch halbierten Rationalismus« schien der Entwurf einer kritischen
Wissenschaftstheorie einen vollständigen Rationalismus gerechtfertigt zu haben, der eine spezifische Rationalisierung des gesellschaft-
lich-kulturellen Rahmens einschloß. Mit der Annahme einer in der
Sprache als einer Existenzbedingung der menschlichen Gattung angelegten Idee der Vernunft schien ein von historischen Traditionen
unabhängiger Maßstab der Gesellschaftskritik gewonnen. In diese
Pointe ließ Habermas den von Heidegger und Gadamer vertretenen
Gedanken des menschlichen Daseins als Gespräch und der alle Sprecher einer Sprache einenden Solidarität einmünden.

Wie überzeugend war aber der Habermassche Entwurf? Bei einigen Annahmen drängten sich sogleich Zweifel auf (zur Interpretation
und Kritik der Frankfurter Antrittsvorlesung s. a. Honneth, *Kritik
der Macht*). War es wirklich möglich, vermittels der wissenschaftstheoretischen Reflexion auf die modernen Typen der Wissenschaft (in
ihren nicht durch positivistische Mißverständnisse verzerrten Gestalten) transzendentale Rahmen der Reproduktion der menschlichen
Gattung aufzufinden, die zeitlos gültige Kriterien für den richtigen
Umgang mit der äußeren Natur, der inneren Natur und der gesellschaftlichen Umwelt abgaben? Hatte es nicht im Bereich von Naturwissenschaft, Technik und Arbeit seit dem 16. Jahrhundert einen
derart einschneidenden Wandel gegeben, daß die Annahme, ein und
dasselbe technische Erkenntnisinteresse bilde den durchgängigen
transzendentalen Rahmen des Verhältnisses zur äußeren Natur, un-
plausibel war? Hatte nicht im 17. Jahrhundert der Siegeszug einer
Technik und eines Verhältnisses zur äußeren Natur begonnen, neben
denen es auch eine qualitativ andere Variante gab, die nicht anders
war, weil sie kulturell eingebunden gewesen wäre, sondern die anders
war, weil dabei Natur als ein technisch nutzbarer Kausalzusammen-
hang und zugleich als ein verstehensbedürftiger Prozeß gesehen
wurde, der Teil eines komplexen Zusammenhangs war, in den die
Eingreifenden mit einbezogen waren? Konnte man im Arbeitsprozeß,
wie er sich unter den Bedingungen des Kapitalismus herausgebildet
hatte, das paradigmatische Modell für die materielle Reproduktion der

Gesellschaft sehen? Trat darin wirklich die von allen kulturellen Einbindungen entblößte Arbeit sans phrase zutage – oder handelte es sich dabei um eine verstümmelte Form der Arbeit?

Warum wies Habermas den Gedanken von sich, er wolle »neben den handfest eingeführten Methoden der sozialwissenschaftlichen Forschung so etwas wie eine neue ›Methode‹ einführen« (*Gegen einen positivistisch halbierten Rationalismus*, in: *Positivismusstreit*, 236)? Wenn es der kritischen Sozialwissenschaft darum ging, daß Informationen über gesetzmäßig wirkende Zusammenhänge im Bewußtsein der Betroffenen einen Prozeß der Reflexion auslösten, mußten die handfest eingeführten Methoden sozialwissenschaftlicher Forschung teils geändert, teils ergänzt werden. Wenn die Fundierung sozialwissenschaftlicher Erkenntnis in einem emanzipatorischen Erkenntnisinteresse die für diesen Wissenschaftstypus spezifische Form der Objektivität gewährleisten sollte, mußten schon die Methoden der Datenerhebung möglichst darauf abzielen, Prozesse der Selbstreflexion in Gang zu setzen, wie Horkheimer und Adorno es sich in der Anfangsphase des Antisemitismus-Projekts vorgestellt hatten, ohne daraus aber ein ausdrückliches methodisches Prinzip zu machen und ohne konsequent an jenem Gedanken festzuhalten (siehe dazu Bonß, *Die Einübung des Tatsachenblicks*). Zumindest in einer späteren Phase eines Forschungsprojekts mußte der kritische Sozialwissenschaftler seinen »Versuchspersonen« – jedenfalls wenn sie zu denen gehörten, die seinen Maßstäben zufolge unter naturwüchsigen gesellschaftlichen Zwängen zu leiden hatten – gegenübertreten als dem, was sie sein könnten, als dem, als was er sie antizipierte. Sich auf die Forderung nach einer Änderung im Selbstverständnis der Sozialwissenschaftler zu beschränken und im übrigen darauf zu hoffen, daß eines Tages eine wiederhergestellte kritische Öffentlichkeit die Ergebnisse wissenschaftlicher Forschung in den Horizont der sozialen Lebenswelt zurückholte, reichte nicht.

Auf ein weiteres Problem fiel Licht durch Differenzen zwischen Horkheimer und Adorno einerseits, Habermas andererseits hinsichtlich ihrer grundlegenden Motive, ihrer Vorstellungen von vernünftiger Gesellschaft und gutem Leben. Vieles bei Habermas bedeutete eine Präzisierung und Systematisierung Adornoscher und Horkheimerscher Gedanken. Selbst in solchen Fällen ergab sich eine unterschiedliche Färbung, die nicht allein die Folge unterschiedlicher Einstellungen zum Wissenschaftssystem und zu den Demokratien des Westens war. Auf den Unterschied im Grundmotiv hatte Horkheimer bereits in seinem Brief vom Sommer 1958 über Habermas' Aufsatz *Zur Diskussion um Marx und den Marxismus* den Finger gelegt: »Es gibt so etwas wie Natur, und das dem ›jungen Marx‹ zugeschriebene Prinzip, jeder Gegenstand müsse ›kritisch im Rahmen der Revolutionstheorie des Historischen Materialismus ... begegnen können, Natur nicht ausgenommen‹, ist entweder nichtssagend oder einfach die andere Seite des überspannten Freiheitsbegriffs, der die Natur schließlich doch als bloßes Herrschaftsobjekt, als Element des Stoffwechsels oder, wie es bei H. von der produktiven ... Arbeit heißt: ›des Austauschs der Menschen mit der Natur‹ aus der Versöhnung ausschließt. Nach H. soll nur die Herrschaft unter Menschen und nicht die Raubrassengewalt über alle Kreatur, die in den Individuen sich reproduziert, als ›Unwahrheit‹ gelten.« (Horkheimer-Adorno, Montagnola, 27. 9. 58)

In der Tat blieb für Habermas charakteristisch, daß er die Forderung nach einer ihrer selbst mächtigen Aufklärung dadurch erfüllt sah, daß blinder Naturzwang sich nicht länger in der Herrschaft von Menschen über Menschen fortsetzte, sondern die Menschen als sprechende Wesen herrschaftsfrei miteinander verkehrten, während sie gleichzeitig erfolgreicher denn je über die Natur verfügten. In einem *FAZ*-Artikel zu Adornos 60. Geburtstag – *Ein philosophierender Intellektueller* – hatte Habermas kritisiert, daß an ihren schwärzesten Stellen die *Dialektik der Aufklärung* vor der These der Gegenaufklärung resigniere, daß Zivilisation ohne Repression nicht möglich sei. Dann schlage bei Horkheimer und Adorno der Topos der Preisgabe des Selbst an eine amorphe Natur durch – bei Horkheimer in einer Schopenhauerianischen Variante, bei Adorno in einer mehr sexualutopischen und anarchistischen. In teilweiser Übereinstimmung mit Popper diagnostizierte er bei den beiden einen durch die überschwengliche Idee der Versöhnung mit Natur verursachten Pessimismus. Indem er die Sprache zum Fundament eines utopischen Potentials machte, erklärte Habermas das Reden von der »Unterdrückung« äußerer Natur, mit der wir doch nicht sprächen, zur unpassenden Umschreibung für einen normalen und unvermeidlichen Sachverhalt und die Idee der Mündigkeit, der Ablösung von gesellschaftlichen Herrschaftsverhältnissen durch zwanglose Kommunikation, zu einem in der Struktur der Sprache verankerten normativen Potential. Das Problem der Dialektik der Schicksale von innerer und äußerer Natur, die die Autoren der *Dialektik der Aufklärung* immer wieder zu Zweideutigkeiten und Widersprüchen veranlaßt hatte, blieb bei Habermas' Vorschlag der Ersetzung der Idee der Versöhnung mit Natur durch die Idee der Mündigkeit auf der Strecke.

In seiner Frankfurter Antrittsvorlesung hatte Habermas von der lockenden Natur gesprochen, die als Libido im einzelnen präsent sei und nach utopischer Erfüllung dränge. Solche individuellen Ansprüche würden vom gesellschaftlichen System aufgenommen und gingen in die gesellschaftliche Definition des guten Lebens ein. Aber waren innere und äußere Natur nicht zwei Momente ein und derselben Natur? Konnte der Geist zu ihnen auf Dauer ein gespaltenes Verhältnis haben? Konnte die Libido in die Definition des guten Lebens eingehen, ohne daß auch eine libidinöse Beziehung zur äußeren Natur in diese Definition mit einging? Konnte ein rein instrumentelles Verhältnis zur äußeren Natur aufrechterhalten werden, ohne daß es zurückschlug auf das Verhalten zu allem Naturdurchdrungenem überhaupt, also auch den Menschen? Geriet die Sprachfähigkeit als Scheidelinie zwischen instrumentellem und kommunikativem Verhalten nicht bereits angesichts der Tierwelt ins Wanken? Erwiesen sich da nicht sofort weitere Differenzierungen als notwendig? Nur die Alternative zwischen Kommunikation mit der Natur und Verfügung über Natur im Sinne der modernen Naturwissenschaft und Technik zuzulassen und dann die zweite Variante für die einzig mögliche zu erklären und gleichzeitig doch an der Idee der Mündigkeit festzuhalten könnte zur Folge haben, daß dann auch diese Idee als überschwenglich verworfen werden mußte.

Jemand anders schien da Adorno und Horkheimer in zentralen Motiven weitaus näher zu stehen als Habermas, nämlich Ernst Bloch, der in den 60er Jahren in Westdeutschland zu wachsendem Ruhm gelangte und der, als er z. B. im Januar 1965 in der Frankfurter Universität einen Vortrag über *Positivismus, Idealismus, Materialismus* hielt, spektakulären Zulauf hatte. Aber Adorno und Bloch waren eher gegenseitige Verächter als Verbündete. Bloch sah in Adorno einen abtrünnigen Schüler. Adorno lehnte Bloch ab wegen dessen, wie er meinte, undisziplinierter und »schwadronierender« Art des Philosophierens. Unakzeptabel waren für ihn auch die Erhebung der Hoffnung zum Prinzip und eine Konzeption der Versöhnung mit Natur, die die Vorstellung einer natura naturans, einer reflexionslosen Natur als Subjekt einschloß. Trennend mochte auch wirken, daß Bloch zeit seines Lebens dem Wissenschaftsbetrieb und den aktuellen wissenschaftstheoretischen und philosophischen Auseinandersetzungen fernstand und, unbekümmert um Dinge wie Positivismusstreit oder Heideggerkritik, als ein monolithischer Block, als ein »marxistischer Schelling«, wie Habermas ihn einmal nannte, in der akademischen und intellektuellen Landschaft der Bundesrepublik stand. Außerdem klangen bei Adorno sicherlich noch Berührungsängste gegenüber dem »Kommunisten« Bloch nach. Immerhin war Bloch ein Stalinist gewesen, der die Moskauer Schauprozesse als Notwehrmaßnahmen des bedrohten einzigen sozialistischen Landes gutgeheißen hatte.

So war denn letztlich in der theoretisch-politischen Auseinandersetzung doch niemand Adorno so nahe wie Habermas.

In der Zeit, da Adorno seine Kräfte auf Heidegger konzentrierte – 1964 erschien *Jargon der Eigentlichkeit*, ein Band, der zu den erfolgreichsten Büchern Adornos in den 60er Jahren gehörte und dessen Titel rasch zum Schlagwort wurde; 1966 erschien die *Negative Dialektik*, deren erster Teil der mehr philosophischen Auseinandersetzung mit Heidegger und der Ontologie gewidmet war –, setzte Habermas die Auseinandersetzung mit der positivistischen Wissenschaftstheorie um so intensiver fort. Und intensiver als Adorno setzte er sich auch mit den herausragenden Vertretern einer bewußt antidemokratischen, sich nicht in der Tradition der Aufklärung, sondern der Gegen-Aufklärung sehenden Spielart des Positivismus auseinander: mit Schelsky und Gehlen.

Schelsky, Gehlen und Freyer waren konservative Kulturkritiker. Soweit und solange sie Positivisten waren, waren sie es in einer instrumentellen und verächtlichen Einstellung gegenüber der Spätkultur bzw. Industriekultur überhaupt. »In Deutschland legt er [der Positivismus, der sein Pionierhaftes eingebüßt hatte und konservativ geworden war; R. W.] geradezu einen Generationsschnitt zwischen ›alte‹ und ›junge‹ Konservative, je nachdem, ob sie kritisch, wenn auch im Rückblick auf längst Vergangenes oder in die Vergangenheit Projiziertes, dem Gegenwärtigen begegnen, oder ob sie sich bewußt auf die Seite des Bestehenden schlagen, einzig mit Instrumenten des Messens und Zählens arbeiten und als die skeptisch Nüchternen sich geben. Diese konservativen Positivisten lassen sich leiten von jenem ›Realismus‹, auf den konservatives Denken sich stets etwas zugute hielt. In einer Zeit, die wie die unsere Macht allgegenwärtig macht, entbehrt es nicht einer gewissen Plausibilität, wenn der, zumal in der deutschen Historischen Schule geschärfte, ›Sinn für Macht‹ am Bestehenden sich entzündet und dafür gerne die normativen Vorstellungen ebenso vergangener wie verklärter Formen der Macht preisgibt.« (IfS, *Universität und Gesellschaft*, *Teil I*, *Studentenbefragung*, LVI f.) So hatte Habermas schon in der Einleitung zum ersten Teil des IfS-Projekts über *Universität und Gesellschaft* unter Hinweis auf Schelskys offene Parteinahme für die Gegenaufklärung in dem Band *Soziologie der Sexualität* die Position der Jungkonservativen umrissen.

Seit den 50er Jahren waren Jungkonservative neben dem »reinen Soziologen« René König (das von König zuerst 1958 herausgegebene Fischer-Lexikon *Soziologie* erreichte bereits 1960 das 100. Tausend) überaus erfolgreiche Konkurrenten für das Frankfurter IfS – nicht nur in wissenschaftspolitischer Hinsicht und auf fachpublizistischem Gebiet, sondern auch in der außerakademischen Wirkung. Schelskys *Soziologie der Sexualität*, 1955 als Band 2 der Taschenbuchreihe *rowohlts deutsche enzyklopädie* erschienen, hatte bereits 1957 das 100. Tausend erreicht. (Zum internationalen Wissenschaftlichen Beirat der zugleich anspruchsvollen und an ein breites Publikum gerichteten Reihe gehörte auch Schelsky selbst. Von Adorno erschienen in ihr erst 1968 und 1969 zwei Bände: die *Einleitung in die Musiksoziologie* und *Nervenpunkte der Neuen Musik*.) Der in der gleichen Reihe 1957 erschienene Band *Die Seele im technischen Zeitalter* von Schelskys Freund und ehemaligem Lehrer Arnold Gehlen erreichte 1960 das 40. Tausend. Damit konnten die in kleinen Auflagen in der Europäischen Verlagsanstalt erschienenen soziologischen Arbeiten des IfS nicht entfernt Schritt halten. Von den *Soziologischen Exkursen* – 1956 als Band 4 der *Frankfurter Beiträge zur Soziologie* erschienen und präsentiert als neuartige Einleitung in die Soziologie anhand einer Reihe von »Denkmodellen« zu einzelnen Begriffen und Sachgebieten – war die erste Auflage von 3000 Exemplaren erst nach über einem halben Jahrzehnt verkauft. Auch Adorno-Bücher blieben bis in die 60er Jahre hinein ohne nennenswerten Verkaufserfolg. Erst Ende 1963 – eben waren die *Prismen* als erstes seiner Bücher in einer Massenauflage von 25 000 Stück als Taschenbuch erschienen – konnte Adorno in einem Brief an Kracauer frohlocken: nachdem die *Eingriffe* – eine 1963 in einer Erstauflage von 10 000 als 10. Band der *edition suhrkamp* erschienene Sammlung mit *Neun kritischen Modellen* – beim 18. Tausend stünden, halte er alles für möglich.

Insbesondere die Texte Schelskys, des jüngsten und unbelastetsten der genannten drei, richteten sich an ein breiteres Publikum. Frei von methodologischen und erkenntnistheoretischen Erwägungen, fachdisziplinärer Beschränktheit und mathematisch-statistischer Trockenheit, praktizierten sie eine Art volkstümlichen Positivismus. Schelsky präsentierte sich als ein Vertreter konkreter Humanität, als ein Anwalt des anti-ideologischen Realitäts- und Orientierungsbedürfnisses der deutschen Nachkriegsgesellschaft, als ein Verbündeter gegen jegliche Überforderung der Zeitgenossen durch hochgespannte Ideale und die aufklärerische Forderung nach Bewußtheit und Selbstreflektiertheit.

Wie Freyer und Gehlen machte auch ihn die gegenaufklärerische Position hellsichtig für die Dialektik der Aufklärung. Was Marcuse später als repressive Entsublimierung anklagte, entlarvte nicht weniger scharf schon Schelsky in seiner *Soziologie der Sexualität*. »Man hat sich oft gestritten, ob unsere Zeit eigentlich einen hohen Grad an Erotisierung zeige oder nicht; die Bejaher dieser Ansicht konnten für ihre Behauptung auf die Allgegenwärtigkeit erotischer Bilder in der modernen Publizität und Propaganda, auf die offenherzigste Ausbreitung sexueller Anreize in Illustrierten, Kinos, Schlagermusik, Reklamebildern, Fernsehschirmen und sonstwo hinweisen. Die Frage, ob das eine Erotisierung schlechthin bedeutet, erscheint mir belanglos gegenüber der Einsicht, daß durch diese im Dauerdruck moderner Massenkommunikationsmittel aufgedrängten erotischen Bilder und Klischees die im Individuum entspringende Triebphantasie bis zur Untätigkeit entlastet und also in Wirklichkeit gehemmt wird.« (*Soziologie der Sexualität*, 126) Scharfsichtiger noch war die Kritik an dem, was man Stereotypisierung durch Aufklärung oder Enteignung des Bewußtseins durch Bewußtmachung nennen könnte. »Psychotherapie und psychologische Seelsorge, bewußte Sexualerziehung und organisierte Eheberatung, birth-control- und child-guidance clinics, Gruppenpädagogik und human relations, die ganze Apparatur der modernen Seelentechnik oder des ›social engineering‹ tritt an die Stelle der schwindenden Institutions- und Konventionsleistungen in der Formierung der menschlichen Triebwelt ... Wir möchten diesen Vorgang die Konventionalisierung der Seele durch Popularisierung der Psychologie nennen. In einem viel breiteren Umfange und mit intensiverer Tiefenwirkung, als es je einer bewußten und organisierten psychologischen Beeinflussung gelänge, hat die psychologische Selbst- und Fremddeutung des modernen Menschen eben die Rolle der ritualisierenden, Symbole bietenden, distanzierenden und typisierenden, Norm und Gleichförmigkeit prägenden Kraft im sozialen Leben übernommen, deren Rückzug aus den alten Institutionen sie ihre und ihres Gegenstandes Entstehung verdankt. So muß man aber auch feststellen, daß der wissenschaftliche Erkenntniswert der Psychologie heute fast belanglos geworden ist gegenüber ihrer Bedeutung als gesellschaftliche Funktion selbst und daß die Psychologen in einem sehr tiefgründigen Sinne damit zu Funktionären und Agenturen der Gesellschaft geworden sind.« (110 f.)

Diese hellsichtige Kritik war vieldeutig. Zuerst einmal war das ganze Buch ein Vorwurf an die Aufklärer und Intellektuellen, die die Menschen in Unruhe stürzten, indem sie die Selbstverständlichkeit traditioneller Verhaltensmuster erschütterten, und den Wissenschaftlern Sorge bereiteten, die die Folgen der Popularisierung wissenschaftlicher Einsichten auszubügeln hatten. Paradoxerweise wandte sich der Gegenaufklärer und Feind der Popularisierung »an sich höchst wissenschaftlich spezialisierter Einsichten« (8) an ein breites Publikum mit einem Taschenbuch, das als Beleg für den wiederum paradoxen Sachverhalt dienen sollte: »Wir sind auf vielen wissenschaftlichen Gebieten gerade dabei, uns die funktionale Bedeutung der Tradition durch Einsicht wieder zu erobern.« (ebd.) Also: Leser, die von all dem, wovon Schelskys Buch handelte, eigentlich gar nichts hätten mitbekommen sollen, sollten sich von dem wissenschaftlichen Versuch, naturwüchsig geltende Traditionen bewußt und künstlich wiederherzustellen, dazu animieren lassen, wieder zur unreflektierten Anerkennung von Traditionen zurückzukehren.

Andererseits kam in Schelskys Analysen eine gewisse Befriedigung zum Ausdruck. Es war noch einmal gut gegangen. Letztlich hatte der Abbau von Traditionen doch nur gezeigt, daß die Ideen der Aufklärung und Aufklärung überhaupt den großen Haufen überforderten und bloß einer neuen Ordnung den Weg gebahnt hatten. »Nichts hat die Menschen im Verhältnis zu ihren Trieben mehr überfordert als das Ansinnen, unmittelbar Person und Individualität sein zu sollen. So verbinden wir mit der Schilderung der heute wiederum sehr weitgehenden Konventionalisierung und gesellschaftlichen Normierung der Sexualität durchaus die Überzeugung, daß erst auf diesen Tatbestand hin sich wieder die Chance einer neuen Verbindlichkeit von Geist, Kultur und Sittlichkeit gegenüber der Geschlechtlichkeit des Menschen eröffnet.« (127)

Die Befriedigung darüber, daß die sexuelle Emanzipation doch nur eine repressive Entsublimierung gewesen war, hielt sich aber in Grenzen. »Die breite gesellschaftliche Abhängigkeit und Durchformung der Sexualität, die soziale Standardisierung und Konventionalisierung der sexuellen Verhaltensweisen stellen zweifellos nicht die Höhen der Personalität dar, die als Ansinnen und innerer Auftrag im Verhältnis jedes Menschen zu seinen Trieben liegen; daher der kritische Ton jeder Tatbestandsfeststellung in dieser soziologischen Schicht des Verhaltens.« (ebd.) Wo die Höhen der Personalität seiner Ansicht nach lagen, hatte Schelsky im Verlauf seiner Analysen deutlich genug gemacht: dort, wo jemand mit Lust seine Lustsuche unterdrückte und damit ein Vorbild an Normalität abgab. »Die gesellschaftlichen Institutionen, Rituale und Normsysteme, diese hilfreichen Entlastungen des Menschen in seiner Lebensführung, schließen den Anomalen aus; fügt er sich ihnen, so nur auf Kosten seiner sexuellen Lustsuche, so daß er als vital hohler Mensch in ihnen steht. Der nicht gelungene Schritt zur Norm ... isoliert ihn sozial ... In dieser Lage gewinnt der Mensch nicht die Positionen, von denen er seine Triebe und damit sein Leben führen kann, er verliert sie und sich aus der Hand, und der Mechanismus der Triebe autonomisiert sich in ihm. Dieser Mensch ist dann das Modell der Trieb-Psychologie, die alles Normative gegenüber dem Triebhaften nur als Hemmung, Zensur, Disziplinierung usw., d. h. als ›Denaturierungsphänomen‹ begreifen kann und damit die soziologische Ebene des Verhaltens, die gesteigerte Lebensform der ›zweiten Natur‹, in ihren Grundkategorien verfehlen muß.« (74) Zwar waren die Höhen der Personalität nur für eine Elite erreichbar, die – so zitierte Schelsky aus Gehlens 1952 erschienenem Aufsatz *Über die Geburt der Freiheit aus der Entfremdung* – sich sehenden Auges in die Institutionen als »die großen bewahrenden und verzehrenden, uns weit überdauernden Ordnungen und Verhängnisse« (63) hineinbegaben und sich wenigstens von ihren eigenen Schöpfungen verbrennen und konsumieren ließen statt, wie die Tiere, von der rohen Natur. Aber ein Abglanz solcher Größe ließ sich auch dem großen Haufen vermitteln, mit dessen wie immer manipulierter und durchgenormter Sexualisierung, Konsumorientiertheit usw. sich Schelsky nicht abfinden mochte, da sie auf die Dauer doch als zu brisant und kostspielig und nicht normal genug erschien. Die Institutionen sollten den Menschen von der unmittelbaren und bewußten Konfrontierung mit seinen Trieben entlasten, nicht aber vom Überlebenskampf. Gerade für die, die nicht groß genug waren, sich sehenden Auges freiwillig, ja lustvoll von den Institutionen konsumieren zu lassen, um vielleicht eine höhere Art von Freiheit zu gewinnen – gerade für sie war es besonders wichtig, daß sie die Härte des Lebens wieder mehr zu spüren bekamen. Genau in dem Maße, in dem sie wie immer kompensatorische Befriedigungen im Überfluß bot, die die Härte des Lebens vergessen ließen, entfremdete in Schelskys und Gehlens und Freyers Augen die moderne Entfremdung die Menschen letztlich doch nicht genug ihrer Lustsuche und ihrem Bedürfnis nach unmittelbarer Freiheit.

Wie Linke begierig nach Tendenzen Ausschau halten, die ihre Hoffnungen als in Übereinstimmung mit dem Zug der Zeit bzw. einem Zug der Zeit befindlich erweisen, so auch Rechte. Die Jungkonservativen sahen die Chance, daß die »technischen Organisationsaufgaben der Aufrechterhaltung des Systems der Daseinssicherung, -fürsorge und -bequemlichkeit« (Schelsky, *Über das Restaurative in unserer Zeit*, in: *Auf der Suche nach Wirklichkeit*, 417) nicht nur das Weltverbesserungspathos der Aufklärer in sich erlöschen lassen würden, sondern auch die zu weit getriebenen »Züge egoistischen und materialistischen Lebensgenusses«. In der bereits fortgeschrittenen Phase einer Zeit des Übergangs, des krisenhaften Überschreitens der Kulturschwelle zum Industrialismus, schien sich ein Zustand anzukündigen, der gerade dem deutschen Konservatismus, der durch das Scheitern der »konservativen Revolution« und die teilweise Kollaboration mit dem Nationalsozialismus diskreditiert war, einen zeitgemäßen Ausweg wies: die »Stabilisierung der industriellen Gesellschaft« (Schelsky, *Zur Standortbestimmung der Gegenwart*, 1960, in: *Auf der Suche nach Wirklichkeit*, 435), eine »kulturelle Kristallisation« (Gehlen, *Über kulturelle Kristallisation*, 1961, in: *Studien zur Anthropologie und Soziologie*, 321), die Vollendung einer – wie Ernst Jünger, der erste Theoretiker des technokratischen Konservatismus, es schon vor 1933 genannt hatte – »organischen Konstruktion«.

»Der Mensch löst sich vom Naturzwang ab, um sich seinem eigenen Produktionszwang wiederum zu unterwerfen«, hieß es in Schelskys Vortrag *Der Mensch in der wissenschaftlichen Zivilisation* (1961), der damals viel diskutierten programmatischen Verkündung der Ablösung der Politik durch technische Sachzwänge. Die Rekonstruktion der Welt und des Menschen durch seine eigene wissenschaftlich-technische Produktion führe zu der paradox wirkenden Lage, daß die Mittel die Ziele dieses Prozesses bestimmten, da der wissenschaftlich-technischen Selbstschöpfung des Menschen ja kein menschliches Denken mehr vorauslaufen könne. Daß sich aus den Wissenschaften heraus ein zusammenhängendes Weltbild nicht mehr erstellen lasse, sei nicht bedenklich, meinte gleichzeitig Gehlen in seinem Vortrag *Über kulturelle Kristallisation,* »weil alle diese Wissenschaften eben doch zusammenhängen, zwar nicht in den Köpfen, dort ist die Synthese gerade nicht zu erreichen, wohl aber in der Wirklichkeit der Gesamtgesellschaft«. Die weder geistig noch moralisch noch affektiv integrierbare, nur noch in der »Superstruktur des gesellschaftlichen Zusammenhangs« integrierte Wirklichkeit und wissenschaftliche Bearbeitung der Wirklichkeit wurde also von Schelsky und Gehlen begrüßt als eine Art Mega-Institution des industriell-technisch-szientifischen Zeitalters. Wenn der wissenschaftlich-technische Fortschritt und die Zunahme des Effizienzdenkens die Demokratie immer mehr aus den Angeln hoben, würde sich vielleicht eines Tages auch die Kompensation demokratischer Teilnahme durch umfassende Wohlfahrtsleistungen erübrigen, und an die Stelle des »Zuckerbrots der Entlastung und des Komforts« könnte wieder die Herausforderung durch die »Peitsche der Entfremdung« treten (cf. Freyer, *Schwelle der Zeiten*, 331). Im Dienst für eine unerbittliche Gesellschaftsstruktur wären dann wohl wieder stilisierte Gesinnungen und Verhaltensformen möglich und notwendig, die von ihren Trägern und Ideologen »Selbststeigerung« verlangten, während die »Millionenmassen Konsumierender«, die, »sich gegenseitig in ihrer bloßen Menschlichkeit anerkennend«, es sich »in der mechanisch gewordenen Natur gemütlich« gemacht hatten (Gehlen, *Urmensch und Spätkultur*, 258), immerhin aus ihrer Gemütlichkeit und bloßen Menschlichkeit aufgeschreckt wurden.

(Als in den späten 60er Jahren die Protestbewegung der Studenten, Schüler und Lehrlinge einerseits, Subkultur-Bewegungen andererseits die herrschende Orientierung an den Werten Arbeit, Ordnung, Konsum in Richtung auf postmaterielle Werte zu verschieben begannen und dann auch noch der Kanzler der sozial-liberalen Koalition,

Willy Brandt, die Parole »Mehr Demokratie wagen« ausgab, schienen die Hoffnungen zusammenzubrechen, die vor allem Schelsky in die Industriegesellschaft und ihre Sachzwänge gesetzt hatte – schien Gehlens altkonservative Ansicht recht zu behalten, daß das Industriezeitalter bloß einen beschleunigten weiteren Zerfall der echten Institutionen mit sich brachte und nichts zu tun blieb als zu konservieren, was an Resten echter Führungssysteme noch da war. Ein Jahrzehnt später sah dann die Situation schon wieder ganz anders aus, und ein Jüngerer, der mit modernen Mitteln Schelskys Arbeit fortsetzte, gelangte zu Ruhm: Niklas Luhmann. Luhmann gehörte zu Habermas' Generation, war zunächst Verwaltungsbeamter gewesen, lernte Anfang der 60er Jahre während eines Bildungsurlaubs an der Harvard University Talcott Parsons, den Begründer des Struktur-Funktionalismus, kennen, wurde Mitte der 60er Jahre von Schelsky zum Abteilungsleiter der von ihm geleiteten Sozialforschungsstelle Dortmund an der Universität Münster gemacht und erhielt 1968 einen Soziologie-Lehrstuhl an der wesentlich von Schelsky konzipierten neuen Universität in Bielefeld. Was bei Gehlen und Schelsky Programm geblieben war, wurde von Luhmann ausgebaut in Form einer Systemtheorie der Gesellschaft, die in einer weder geistig noch moralisch noch affektiv ingtrierten, außerhalb der Köpfe geleisteten Steuerung komplexer gesellschaftlicher Systeme kein Verhängnis, keine veränderungsbedürftige Misere, sondern eine angemessene Form der Bewältigung der Probleme hochentwickelter Industriegesellschaften sah. Geradezu vorbildlich verkörperte er die zeitgemäße Gestalt eines konservativen Positivismus bzw. positivistischen Konservatismus, und die Auseinandersetzung zwischen ihm und Habermas war die nahtlose Fortsetzung der Debatten der 60er Jahre.)

Die theoretische Auseinandersetzung mit einer solchen Position war schwieriger als die mit Positivisten, die sich in der Tradition der Aufklärung sahen. Ein Streitgespräch, das Gehlen und Adorno 1965 im Rundfunk führten, mündete gegen Ende in eine Konfrontation zweier klassischer Standpunkte ein. An dieser Stelle klang der Dialog, als spräche der Großinquisitor aus Iwan Karamázovs Erzählung in Dostojewskis *Die Brüder Karamázov* mit einem nicht länger schweigenden Jesus.

»Gehlen: . . . Herr Adorno, Sie sehen hier natürlich wieder das Problem der Mündigkeit. Glauben Sie wirklich, daß man die Belastung mit Grundsatzproblematik, mit Reflexionsaufwand, mit tief nachwirkenden Lebensirrtümern, die wir durchgemacht haben, weil wir versucht haben uns freizuschwimmen, daß man die allen Menschen zumuten sollte? Das würde ich ganz gern wissen.

Adorno: Darauf kann ich nur ganz einfach sagen: Ja! Ich habe eine

Vorstellung von objektivem Glück und objektiver Verzweiflung, und ich würde sagen, daß die Menschen so lange, wie man sie entlastet und ihnen nicht die ganze Verantwortung und Selbstbestimmung zumutet, daß so lange auch ihr Wohlbefinden und ihr Glück in dieser Welt ein Schein ist. Und ein Schein, der eines Tages platzen wird. Und wenn er platzt, wird das entsetzliche Folgen haben.

Gehlen: Da sind wir nun genau an dem Punkt, wo Sie ›ja‹ und ich ›nein‹ sage, oder umgekehrt, wo ich sagen würde, alles, was man vom Menschen von je bis heute weiß und formulieren kann, würde dahin weisen, daß Ihr Standpunkt ein anthropologisch-utopischer, wenn auch großzügiger, ja großartiger Standpunkt ist . . .

Adorno: So fürchterlich utopisch ist das gar nicht, sondern ich würde zunächst einmal ganz einfach dazu das sagen: . . . die Schwierigkeiten, wegen der die Menschen nach Ihrer Theorie zu Entlastungen drängen . . . die Not, die die Menschen zu diesen Entlastungen treibt, ist gerade die Belastung, die von den Institutionen, also von der ihnen fremden und über sie übermächtigen Einrichtung der Welt ihnen angetan wird . . . Und das scheint mir geradezu ein Urphänomen der Anthropologie heute zu sein, daß die Menschen sich flüchten zu genau der Macht, die ihnen das Unheil, unter dem sie leiden, antut. Die Tiefenpsychologie hat ja dafür auch einen Ausdruck; sie nennt das nämlich ›Identifikation mit dem Angreifer‹ . . .

Gehlen: Herr Adorno, wir sind jetzt so weit, daß wir eigentlich am Schluß des Gesprächs sind. Wir können das nicht noch weiter ausführen . . . Ich möchte aber noch einen Gegenvorwurf anbringen. Obzwar ich das Gefühl habe, daß wir uns in tiefen Prämissen einig sind, habe ich den Eindruck, daß es gefährlich ist und daß Sie die Neigung haben, den Menschen mit dem bißchen unzufrieden zu machen, was ihm aus dem ganzen katastrophalen Zustand noch in den Händen geblieben ist.«

(Adorno/Gehlen: *Ist die Soziologie eine Wissenschaft vom Menschen? Ein Streitgespräch*, in: Grenz, *Adornos Philosophie in Grundbegriffen*, 249 ff.)

So schien am Ende des Streitgesprächs eine Patt-Situation hergestellt. Oder täuschte dieser Eindruck? War nicht Gehlen der Unterlegene? Gerade der Verfechter des »Hinaus ins feindliche Leben« spielte sich ja hier als Beschützer auf. Gerade er, der »empirische Philosoph« – wie er sich selbst nannte –, war ja nicht bereit, es auf ein Experiment ankommen zu lassen. Allerdings: Seiner Meinung nach hatte es immer wieder Revolutionen gegeben und waren die Institutionen in der »Spätkultur« sehr heruntergekommen – ohne daß »die vielen Menschen« bei solchen Gelegenheiten ihre Fähigkeit zur Selbstbestimmung unter Beweis gestellt hätten.

War also nicht doch Adorno der Unterlegene? Gerade der, der an die Fähigkeit der Menschen zur Selbstbestimmung glaubte, glaubte doch nicht, daß sie sich die Freiheit dazu einfach nähmen, sondern meinte, daß man sie ihnen geben müsse. Allerdings: Für den Fall, daß man sie ihnen nicht gab, sah er entsetzliche Folgen voraus. Doch diese Bemerkung blieb dunkel – deutete eher auf Chaos und Untergang als auf Revolution und Befreiung hin. So war es also doch eine Patt-Situation, in der das Gespräch endete.

Wiederum war es Habermas, der sich ausführlicher mit diesem Gegner, von dem er viel gelernt hatte, beschäftigte und der in der Auseinandersetzung mit ihm die eigene Position auszubauen und plausibel zu machen suchte.

Habermas schätzte, wie Gehlen in *Der Mensch* eine Fülle von Forschungsergebnissen mit Motiven Schelers, Plessners und des US-amerikanischen Pragmatisten und Sozialtheoretikers George Herbert Mead zu einer systematischen Anthropologie verbunden hatte, die zeigte, wie der Mensch die Mängelbedingungen seiner Existenz eigentätig in Chancen seiner Lebensfristung umarbeitete; wie er ein von Instinkten weitgehend befreites und sich aus einem Antriebsüberschuß speisendes System von Verhaltensweisen aufbaute, die es ihm erlaubten, statt bloß zu leben sein Leben zu führen. Habermas schätzte ebenfalls, wie Gehlen in *Urmensch und Spätkultur* die Entstehung von Institutionen rekonstruierte: Zur Befriedigung primärer Bedürfnisse erzeugte Mittel wurden in dem Maße, in dem sie sich bewährten und die Erfüllung der primären Bedürfnisse zu einer Selbstverständlichkeit wurde, ihrerseits zu Gegenständen sekundärer Bedürfnisse, und indem sie ebenfalls selbstverständlich wurden und aus einem Mittelhandeln ein Selbstzweckhandeln wurde, konnte eine Hemmung und Modifikation der Primärbedürfnisse bis hin zu deren Aufgabe eintreten. Damit war dann die Höchstform der Institution erreicht: daseiende und doch transzendente Wesenheiten, Kristallisationspunkte einer »Transzendenz ins Diesseits«, von denen her gehandelt wurde.

Unterschlagen wurde dabei jener Aspekt, den der junge Marx als Entfremdung der menschlichen Wesenskräfte gekennzeichnet hatte, als Konsolidation unsres eigenen Produkts zu einer sachlichen Gewalt über uns, die unsrer Kontrolle entwächst. Ausgeschlossen wurde die Frage, welche Alternativen der Lebensführung für den Menschen aufgrund seiner Ausstattung denkbar waren; welche sich anhand der Geschichte erkennen ließen. Daß der Mensch durch Instinktreduktion, Antriebsüberschuß und Weltoffenheit gekennzeichnet war, war für Gehlen gleichbedeutend damit, daß er für das Chaos prädestiniert war und nur ein Instinktersatz ihn davor hatte retten können. Diese Quasi-Instinkte waren die Institutionen, und deshalb mußten echte

Institutionen gemäß Gehlens Konzeption von einer Härte und fraglosen Selbstverständlichkeit sein, die sie zu funktionalen Äquivalenten tierischer Instinkte machte. Aber – so könnte man Habermas' Kritik resümieren – aus der systematischen Zusammenstellung der anthropologischen Funde und Überlegungen folgte weder, daß der Mensch von seiner Beschaffenheit her eine ungezügelte Bestie war, noch, daß echte Institutionen die Unerbittlichkeit von Ersatz-Instinkten haben mußten. Deswegen und weil durchaus plausible Erklärungen für die Krisenerscheinungen der Gegenwart zur Verfügung standen, war es auch nicht einleuchtend, wenn Gehlen diese Krisenerscheinungen aus dem Zerfall der Institutionen herleitete. Weder war ausgemacht, daß, soweit es spezifisch moderne Krisenerscheinungen gab, sie mit einstmals vielleicht angemessenen harten archaischen Institutionen überhaupt gemeistert werden konnten. Noch war ausgemacht, daß nicht auch in früheren Zeiten andere Formen der Lebensführung effektiv und zugleich befriedigender gewesen wären. Noch war schließlich ausgemacht, daß es nicht einen Lernprozeß in der Dimension menschlicher Lebensführung geben konnte, dem man Krisen zugestehen mußte, ja der gerade durch Krisen vorangetrieben werden mochte.

Mit solchen Erwägungen wurde Gehlen im Grunde nur beim Wort genommen. Daß der Mensch gekennzeichnet sein sollte durch Instinktreduktion, Antriebsüberschuß und Weltoffenheit wurde sogleich ad absurdum geführt, wenn als Konsequenz daraus lediglich die Notwendigkeit von Ersatz-Instinkten abgeleitet wurde. Die kritische Position gegenüber einer pessimistischen Anthropologie, betonte Habermas in seiner Auseinandersetzung mit Schelsky in *Pädagogischer Optimismus vor Gericht einer pessimistischen Anthropologie* (1961), ist nicht durch eine optimistische Gegenanthropologie charakterisiert, sondern durch den geschichtsphilosophischen Verzicht auf anthropologische Invariantenlehren überhaupt. Erst die Geschichte war das Feld, auf dem man sehen konnte, was die Menschen aus sich machten. Auf diesem Feld zeigte sich, daß zumindest zeit- und stellenweise Institutionen nach einem Aufbegehren gegen sie ihrer sachlichen Gewalt um einiges entkleidet werden konnten und Effizienz bei der Bewältigung der Lebensnotwendigkeiten mit einer Zunahme an Selbstbetätigung und Solidarität im Umgang miteinander kombiniert werden konnte. Was die Geschichte außerdem zeigte, war, daß solche »Oasen« einer Annäherung an eine offene Lebensform dem Angriff von sozialen Gruppen mit quasi-instinktiven Führungssystemen nicht lange standhalten konnten. Chancen, sich zu bewähren, gab es dann – und nicht nur dann, sondern innerhalb jeder Gesellschaft jederzeit im Alltag – jede Menge, Chancen nämlich, die Schwächeren gegen die Stärkeren zu verteidigen. Aber das hätte wirklich Mut und Selbst-Disziplin erfordert. Die »heroischen Existenzen« fühlten sich jedoch immer nur stark auf der Seite der quasi-instinktiv Handelnden. Die Geschichte und der Alltag belegten eher die Gefährlichkeit hart institutionalisierter Gesellschaften für solche mit gelockerten Institutionen als die Gefährlichkeit des Zerfalls der Institutionen für die menschliche Gattung.

Vor diesem Hintergrund wirkte es dann allerdings nur noch wie eine Beschwörung des Stärkeren, wenn Habermas Gehlens Empfehlung des Paradoxons eines absichtsvollen Rückschritts in der Humanität entgegenhielt: »Humanität ist die Kühnheit, die uns am Ende übrigbleibt, nachdem wir eingesehen haben, daß den Gefährdungen einer universalen Zerbrechlichkeit allein das gefahrvolle Mittel zerbrechlicher Kommunikation selber widerstehen kann.« (*Nachgeahmte Substantialität. Eine Auseinandersetzung mit Arnold Gehlens Ethik*, in: *Philosophisch-politische Profile*, 214)

Kritik an Heidegger

Der am wenigsten ergiebige Gegenspieler auf der bundesrepublikanischen Bühne war Heidegger, zu dessen 70. Geburtstag im Jahre 1959 in der *FAZ* von Habermas ein Artikel mit dem Titel *Die große Wirkung. Eine chronistische Anmerkung zu Martin Heideggers 70. Geburtstag* erschien. Noch in seinem ersten kritischen Heidegger-Artikel von 1953 hatte Habermas *Sein und Zeit* als das bedeutendste philosophische Ereignis seit Hegels *Phänomenologie des Geistes* bezeichnet. 1959 schrieb er nüchterner, Heidegger habe – jedenfalls im Rahmen der Universität – die größte Wirkungsgeschichte eines Philosophen seit Hegel gehabt. War *Sein und Zeit* erst einmal als ein vergeblicher neuer Versuch zur Selbstbegründung der Philosophie, der Gehalt jener Abhandlung als ontologische Habilitierung der gängigen Begriffe der Kulturkritik von Spengler bis Alfred Weber erkannt, dann blieb, nachdem Heidegger sich – enttäuscht über die Vermassung des Elite-Gedankens im Dritten Reich – von gesellschaftlicher Praxis, von Wissenschaft und gar noch von Philosophie losgesagt und sich in die Rolle des mythischen Denkers zurückgezogen hatte, nichts mehr übrig, woran sich ein Denken hätte entzünden können, dem es um die Vervollständigung der positivistisch halbierten Rationalität gerade in Auseinandersetzung mit Wissenschaft und Technik und einer von Wissenschaft und Technik als erster Produktivkraft geprägten Gesellschaft ging. »Vielleicht läßt sich Heideggers Denken indirekt charakterisieren durch das, was es nicht leistet: sowenig, wie es sich in Verhältnis setzt zur gesellschaftlichen Praxis, sowenig versteht es sich zur Interpretation der Ergebnisse der Wissenschaften. Diesen vielmehr weist es die metaphysische Beschränktheit ihrer Grundlagen nach – und überläßt sie, zusammen mit der ›Technik‹ überhaupt, der ›Irre‹. Denn die Hirten wohnen außerhalb des Ödlands der verwüsteten Erde . . .« (*Die große Wirkung*, in: *Philosophisch-politische Profile*, 85) Das war für lange Zeit Habermas' letztes Wort zu Heidegger. Neben dem sich in der Tradition der Aufklärung sehenden Positivismus und dem konservativen Positivismus bot die von Heidegger am wirkungsvollsten verkörperte neuere Ontologie das Bild eines konservativen A-Positivismus.

Statt mit Heidegger setzte Habermas sich später dann um so intensiver mit Gadamer auseinander, der sich selber als Heideggerschüler und ausgebildeten klassischen Philologen sah und dem es in seinem 1960 erschienenen Hauptwerk *Wahrheit und Methode* um die Relativierung der Wissenschaften am Erfahrungsbereich von Philosophie und Kunst ging – und in dem Habermas den philosophischen Hermeneutiker schätzte, der die Heideggersche Provinz urbanisiert hatte, den Philosophen der Geisteswissenschaften, der unbeabsichtigt zu einem gewandelten, liberaleren Selbstverständnis moderner Wissenschaft beigetragen hatte.

Für Adorno, der anders als Habermas ein ambivalentes Verhältnis zur Wissenschaft hatte, blieb Heidegger dagegen eine Herausforderung. Als Marcuse nach dem Ende des Krieges zum erstenmal nach Europa fuhr, hatte Horkheimer ihn um die Beschaffung zweier Bücher gebeten: Kogons *SS-Staat* und Heideggers *Vom Wesen der Wahrheit*. Beide Wünsche hatte ihm Marcuse erfüllt, und von Heidegger, mit dem er ausführlich sprach, sogar noch mehr als das Gewünschte mitgebracht. Als Adorno 1949 wieder in Frankfurt war, hatte er Horkheimer dazu zu animieren versucht, für den *Monat* eine Besprechung von Heideggers eben erschienenen *Holzwegen* zu machen. Heidegger sei – hatte er an Horkheimer geschrieben, dem er zugleich Notizen zu Heidegger mitschickte, über den er viel nachgedacht habe – »*für* Holzwege, in einer uns gar nicht so fernen Art« (Adorno-Horkheimer, Frankfurt, 26. 11. 49). Er hatte die Besprechung – die dann doch nicht zustande kam – Horkheimer überlassen wollen, weil der sowieso mit einer Arbeit über Heidegger und Lukács beschäftigt war.

Es war die Sympathie für »Holzwege«, die Adorno bis zuletzt Heidegger ernst nehmen ließ. Adorno kritisierte – wie Habermas –

Heideggers vornehme Abwendung von der Wissenschaft, die bloß deren Allherrschaft bestätige. Er kritisierte Heideggers Abwendung von der Welt der Autobahnen und der modernen Technik, kritisierte, daß Heidegger »Herzenswärmer« anbot, die der Kritik der Realität enthoben. Adorno betonte auch – wie Habermas – die Fortsetzung der fatalen Konstellation, die für die Zeit der nationalsozialistischen Herrschaft charakteristisch gewesen war, nämlich die Kombination von Lobpreis des einfachen, ursprünglichen Lebens und rücksichtsloser Beschleunigung des wirtschaftlichen Konzentrationsprozesses und der technischen Entwicklung.

Aber anders als Habermas verspürte Adorno Sympathie für ein Denken, das unabhängig vom Wissenschaftsbetrieb, ohne Rücksicht auf die Fesseln wissenschaftlicher Methodik zum Wichtigsten vorstoßen wollte. Diesen Impuls sah er bei den Ontologen, wie immer deformiert, noch lebendig – ganz so, wie Horkheimer es in den Aufsätzen der 30er Jahre getan hatte. »Etwas vom Eingedenken an dies Beste [die Vermessenheit, das Innere der Dinge erkennen zu wollen, R. W.], das die kritische Philosophie nicht sowohl vergaß, als zu Ehren der Wissenschaft, die sie begründen wollte, eifernd ausschaltete, überlebt in dem ontologischen Bedürfnis; der Wille, den Gedanken nicht um das bringen zu lassen, weswegen er gedacht wird.« (*Negative Dialektik*, 80 f.) Wie eh war Adornos Verhältnis zur Wissenschaft ambivalent. Wenn er Kritik an der Wissenschaft übte, blieb oft unklar, ob er das positivistische Wissenschaftsverständnis, die Wissenschaften in ihrer bestehenden Gestalt – mochte sie nun von der positivistischen Wissenschaftstheorie angemessen erfaßt worden sein oder nicht – oder die arbeitsteilig verfahrenden Einzelwissenschaften überhaupt meinte. Dem entsprach auf der anderen Seite eine Verteidigung der Spekulation, des essayistischen autonomen Denkens, die bei aller Betonung der Notwendigkeit begrifflicher Disziplin dem Heideggerschen »Andenken« ans Sein zumindest nicht ferner stand als den Methoden einzelwissenschaftlichen Forschens. Anders als bei Habermas waren bei Adorno viele der philosophischen Arbeiten frei von der Verwertung der Ergebnisse einzelwissenschaftlichen Forschens wie von der Verarbeitung wissenschaftstheoretischer Reflexionen, wurde philosophisches Denken zum eigenständigen Organ der Erkenntnis.

Anders als Habermas war Adorno um eine immanente Kritik an Heideggers Seinslehre bemüht. In immanenter Kritik an der erschlichenen Konkretion der in Deutschland dominierenden Ontologie wollte er zur Rechtfertigung einer bündigen konkreten Philosophie gelangen. Sein philosophischer Schüler und Mitarbeiter Karl Heinz Haag hatte in seinen Arbeiten pointiert aufgezeigt, wie Heidegger aus der Not, das Sein nach der nominalistischen Kritik daran nicht mehr in seiner traditionellen Bedeutung konzipieren zu können, die Tugend machte, es als »Nichts« von Seiendem zu definieren – als das, was reine Vermittlung war, transitives Sein, einzig im Umschlag ins Seiende »seiendes« Sein. Auch das Denken des Seins war ein Denken des Seins im Sinne des Genetivus objectivus nur soweit, wie es ein Denken des Seins im Sinne des Genetivus subjectivus war. Das Denken war das Denken dessen, was es dachte. Das Seiende wie das Denken wurden als Geschick des Seins, eines unbestimmten, transitiven, reinen Seins hingestellt. Sein, das gerade in seiner Reinheit das genaue Gegenteil von reiner Unmittelbarkeit, nämlich ein durch und durch Vermitteltes, nur in Vermittlungen sinnvoll ist, wurde als das schlechthin Unmittelbare unterschoben (Haag, *Kritik der neueren Ontologie*, 73).

In Heideggers Konzeption des Seins, in der die Vermittlung gleichsam zu einer ungegenständlichen Objektivität, zu einem transitiven Transzendenten überspannt war, sah Adorno die ontologische Deformation des dialektischen Sachverhalts, daß das Dasein bzw. das Subjekt als Konstituens das Konstitutum Faktizität voraussetze. In undialektischer Form, so meinte er, habe Heidegger dialektische Strukturen auszudrücken versucht, habe er versucht, dem Schwebenden der Philosophie gerecht zu werden, die weder in vérités de raison noch in vérités de fait bestehe. »Heidegger hat . . . jenes Spezifische der Philosophie, vielleicht weil es sich anschickt zu verlöschen, buchstäblich in eine Sparte, eine Gegenständlichkeit quasi höherer Ordnung transformiert: Philosophie, die erkennt, daß sie weder über Faktizität noch über Begriffe urteilt, wie sonst geurteilt wird, und die nicht einmal ihres Gegenstandes sicher sich weiß, möchte ihren gleichwohl positiven Gehalt jenseits von Faktum, Begriff und Urteil haben. Dadurch ist das Schwebende des Denkens überhöht zu dem Unausdrückbaren selbst, das es ausdrücken will; das Ungegenständliche zum umrissenen Gegenstand eigenen Wesens; und eben dadurch verletzt. Unter der Last der Tradition, die Heidegger abschütteln will, wird das Unausdrückbare ausdrücklich und kompakt im Wort Sein; der Einspruch gegen Verdinglichung verdinglicht, dem Denken entäußert und irrational. Indem er das Unausdrückbare der Philosophie unmittelbar thematisch behandelt, staut Heidegger jene zurück bis zum Widerruf des Bewußtseins. Zur Strafe versiegt die nach seiner Konzeption verschüttete Quelle, die er ausgraben möchte, dürftiger als je die Einsicht der vorgeblich destruierten Philosophie, die dem Unausdrückbaren durch ihre Vermittlungen sich zuneigt.« (*Negative Dialektik*, 116)

Mittels immanenter Kritik an der in Deutschland dominierenden Ontologie – Fortsetzung seiner in den 50er Jahren veröffentlichten

Husserl-Kritik – suchte also Adorno der Philosophie jenseits der Selbstreflexion der Wissenschaften den Weg zu authentischer Konkretion zu weisen: zum Ausdruck des Unausdrückbaren, der den Gedanken nicht preisgab. Hinter Heideggers Ontologie – so könnte man Adornos Auseinandersetzung mit ihm resümieren – stand objektiv das Interesse an einem Denken, das sich qualitativ von Wissenschaft, Wissenschaftstheorie und Logik unterschied und das aufs Wesentliche ging; das aus der Bewußtseinsimmanenz ausbrach. Das Ignorieren nicht nur der Wissenschaften, sondern der ganzen abendländischen Tradition seit Platon bewirkte, daß Heidegger der traditionellen Metaphysik noch zu sehr verhaftet blieb, von der nur Selbstreflexion befreien konnte. Konkrete Philosophie – so Adorno – wäre »volle, unreduzierte Erfahrung im Medium begrifflicher Reflexion«. Wieweit er in dieser Hinsicht wirklich über Heidegger hinausgelangte – das mußte sich an jenem Werk ablesen lassen, das er mit einer sich als immanent verstehenden Kritik an Heidegger eröffnete: der 1966 erschienenen *Negativen Dialektik.*

Das Bemühen um immanente Kritik minderte nicht das Bewußtsein für die Gefährlichkeit der gegnerischen Positionen. Dem positivistisch halbierten Rationalismus der sich in der Tradition der Aufklärung sehenden Positivisten hatte Habermas die Förderung einer technischen Zivilisation vorgeworfen, in der die Spaltung des Bewußtseins und die Aufspaltung der Menschen in zwei Klassen – Sozialingenieure und Insassen geschlossener Anstalten – drohte (*Dogmatismus, Vernunft und Entscheidung,* in: *Theorie und Praxis,* 257). Bei den technokratischen Konservativen war das mehr oder weniger offenes Programm. Bei ihnen – im Unterschied zu dem vom technokratischen Konservativen Armin Mohler so genannten Gärtner-Konservatismus oder dem später von Erhard Eppler so genannten Konservatismus der Werte – ließ sich nicht mit immanenter Kritik ansetzen. Ihre Vorzüge bestanden darin, daß sie – aus Haß und Verachtung gegenüber Demokratie und Sozialismus überhaupt – deren Deformationen zuweilen schärfer und pointierter als Linke benannten. Heideggers unverändert fatale Rolle schließlich hatte Adorno im *Jargon der Eigentlichkeit* auf die Formel gebracht: »Irrationalität inmitten des Rationalen ist das Betriebsklima der Eigentlichkeit« (*Jargon der Eigentlichkeit,* 43). Das aber fiel zusammen mit der Position der technokratischen Konservativen: Der technischen Zivilisation wurde als Steuerungsinstrument nachgeahmte Ursprünglichkeit eingebaut.

Bedachte man, wie respektiert und wirkungsvoll selbst so belastete Personen wie Heidegger und Gehlen in der Bundesrepublik waren, bedachte man ferner, wie effektiv das westdeutsche Restauratorium der Adenauer-Ära funktioniert hatte, wie fugenlos sich die Erhard-

Ära mit ihrer Parole von der »formierten Gesellschaft« anschloß, wie fugenlos sich daran wiederum die Ära der Großen Koalition anfügte – dann konnte man sich nur wundern, wieso Heidegger und Gehlen so unzufrieden waren. Konnten sie sich doch nicht mit der Öde industriegesellschaftlicher Sachgesetzlichkeit abfinden? Teilweise vielleicht. Die Erklärung lag aber vor allem darin, daß ihnen – um es mit Kirchheimers Worten auszudrücken – »das Gefühl der letzten Sicherheit und der Verläßlichkeit für den letzten, den entscheidenden Augenblick« fehlte. Schon 1952, im Endstadium des zwangswirtschaftlichen Dirigismus, hatte der neoliberale Wirtschaftsminister Ludwig Erhard, der »Vater des Wirtschaftswunders«, betont, »daß der unter sozialen Vorzeichen eingeleitete Wohlfahrtsstaat aus sozialen Gründen schnellstens wieder abgebaut werden muß« (zitiert bei Negt, *Gesellschaftsbild und Geschichtsbewußtsein der wirtschaftlichen und militärischen Führungsschichten*, in: Schäfer/Nedelmann, *Der CDU-Staat*, 367). Das blieb dauerndes Programm. In den 60er Jahren hörte es sich bei Erhards Berater Rüdiger Altmann, von dem die Parole der »formierten Gesellschaft« stammte, z. B. in einem Artikel im *Handelsblatt* so an: es handle sich darum, »daß diese Gesellschaft lernen muß, die Härte ihres ökonomisch-technischen Leistungskampfes zu akzeptieren, daß es kein soziales Paradies geben wird . . ., daß alle Programme, die die Wirtschaft der Sozialordnung unterwerfen . . . wollen, Illusionen sind« (zitiert bei Schäfer, *Leitlinien stabilitätskonformen Verhaltens*, a.a.O., 444). Im Wahljahr 1965 gab Hans Werner Richter den Band *Plädoyer für eine neue Regierung oder keine Alternative* heraus. Rolf Hochhuths Beitrag *Klassenkampf* wurde im *Spiegel* in großer Aufmachung vorabgedruckt. Erhard wurde darin als Protagonist eines Klassenkampfs von oben hingestellt. Die Reaktion des Bundeskanzlers darauf war: »Es gibt einen gewissen Intellektualismus, der in Idiotie umschlägt. Da hört bei mir der Dichter auf, und es fängt der ganz kleine Pinscher an, der in dümmster Weise kläfft.« (*Der Spiegel*, 21. 7. 65, 18)

8. Kapitel
Kritische Theorie in einer Zeit des Aufbruchs

Adornos Fortsetzung der *Dialektik der Aufklärung:*
Negative Dialektik

»Die ›Negative Dialektik‹, das dicke Kind, wirst Du unterdessen
erhalten haben«, schrieb Adorno im Dezember 1966 an Horkheimer in
Montagnola, »und ich bin natürlich aufs höchste darauf gespannt, wie
Du reagieren wirst, ohne im übrigen Dich drängen zu wollen, es
rascher zu lesen, als Du und ich halt so etwas zu lesen vermögen.
Hoffentlich empfindest Du es nicht als einen Rückfall in die Philosophie. Gemeint ist es vielmehr als der Versuch, aus der philosophischen
Problematik selbst heraus deren traditionellen Begriff, gelinde gesagt,
zu erweitern . . . Kontrovers sein könnte nur, ob man deshalb so sehr
mit der sogenannten fachphilosophischen Sphäre sich einlassen soll;
aber das entspricht nun einmal meiner Passion für immanente Kritik,
die keine bloße Passion ist, und vielleicht auch in dem Buch einigermaßen gerechtfertigt.« (Adorno-Horkheimer, 15. 12. 66)

Eindringlicher als diese Briefpassage konnte kaum etwas deutlich
machen, wie gerne Adorno die eigene Gegenwart unmittelbar eingreifend auf den Begriff gebracht hätte – und wie unausweichlich er
diesem Impuls nur auf indirekte Weise Ausdruck zu geben vermochte.
Der Brief mit der zitierten Passage war in einer kritischen Phase der
Geschichte der Bundesrepublik geschrieben. Angesichts der ersten
Rezession, die das westdeutsche Wirtschaftswunder störte, war im
Herbst 1966 die Regierungskoalition aus CDU/CSU und FDP zerfallen. Bundeskanzler Ludwig Erhard war wie gelähmt. Die zwei Jahre
zuvor gegründete rechtsextreme NPD hatte mit 7,9 bzw. 7,4% der
Stimmen in Hessen und Bayern in die Landtage einziehen können. In
dieser Situation hatte die SPD mit der CDU/CSU Ende November
1966 eine Große Koalition vereinbart. Die SPD akzeptierte, im Unterschied zur FDP, Franz Josef Strauß als Minister – Strauß, belastet mit
der Spiegel-Affäre und anderen Skandalen. Sie akzeptierte Kurt
Georg Kiesinger als Kanzler – Kiesinger, der Mitglied der NSDAP
und Verbindungsmann zwischen dem Ministerium Ribbentrop und
den für nationalsozialistische Propaganda benutzten Rundfunkanstal-

ten besetzter Länder gewesen war. Willy Brandt, einer der Initiatoren der Godesberger Wende der SPD, wurde Außenminister und Vizekanzler. »Wir haben Grund«, hatte Habermas in der Frankfurter Studentenzeitung *diskus* geschrieben, »die neue Regierung zu fürchten ... Der bisher bekannte Fahrplan spricht weniger für die Sicherung der Demokratie im Notstand als für eine Vorverlegung des Notstands in die Demokratie.« (*diskus* 8/1966, 2)

Marx hatte 1875 eine Kritik des Gothaer Programms der SPD verfaßt. Adorno hatte seit längerer Zeit den Plan, eine Kritik des Godesberger Programms der SPD zu schreiben und als Publikationsort bereits mit dem von der Idee begeisterten Hans Magnus Enzensberger dessen *Kursbuch* ins Auge gefaßt. Die Angst, Wasser auf die Mühlen derer zu liefern, »die an der schwer erschütterten Demokratie rütteln«, ließ ihn vor der Realisierung seines Plans zurückschrecken. Horkheimer bestärkte ihn darin. So konnte Adorno sich guten Gewissens der Integration seiner ästhetischen Gedanken widmen – auf diese Weise weiterhin in einem Zustand politischer Verunsicherung seinen politischen Impulsen indirekt Ausdruck verleihend.

An der *Negativen Dialektik* (*ND*) hatte er seit 1959 gearbeitet. »Im Augenblick stecke ich bis über die Ohren in einem sehr ambitiösen philosophischen Entwurf, dem belastetsten seit der ›Metakritik‹«, hieß es im Oktober 1963 in einem Brief an den Komponisten Ernst Krenek. Die Arbeit am Buch war eingebettet in einen Alltag, der so aussah: Am frühen Morgen Klavierspielen. Vormittags und nachmittags im IfS – in dem weder ruhig noch romantisch gelegenen DirektoratsEckzimmer an der Senckenberg-Anlage, einer der Hauptverkehrsadern Frankfurts. Jahraus, jahrein hielt Adorno an den Dienstagen und Donnerstagen seine philosophischen und soziologischen Vorlesungen und Seminare ab – darunter so originelle soziologische Veranstaltungen wie ein Lach-Seminar und ein Streit-Seminar, in denen an Alltagserfahrungen der Studenten angeknüpft wurde; darunter auch regelmäßig ein zusammen mit Horkheimer veranstaltetes »Philosophisches Hauptseminar«. Die Abende zu Hause – eine fünf Minuten vom Institut gelegene Mietwohnung, deren einziges auffälliges Merkmal ein Flügel war – waren dem Lesen und dergleichen gewidmet. Für seine Arbeiten machte Adorno sich laufend Notizen in ein kleines Buch, das er stets bei sich hatte. Darauf gestützt diktierte er. Die Seiten wurden im 2-Zeilen-Abstand und mit breiten Rändern auf allen Seiten betippt – oft mit ganz unvollständigen Sätzen. Diese Seiten überarbeitete Adorno, bis manchmal vom Getippten nichts mehr übrig und alles durch Handgeschriebenes ersetzt war. Dieser Prozeß wiederholte sich zuweilen bis zu vier Malen. (So erzählte es mir Rolf Tiedemann, einst Schüler und Mitarbeiter Adornos, später Herausgeber der Schriften Adornos und Verwalter seines Nachlasses, außerdem Benjamin-Experte und Autor der 1965 in der Reihe der *Frankfurter Beiträge zur Soziologie* erschienenen *Studien zur Philosophie Walter Benjamins*.)

Ende 1965 hatte Adorno – seit 1953 zum erstenmal – um einen einjährigen Forschungsurlaub gebeten, um von seinen Entwürfen die, »die mir am meisten bedeuten: ein großes, grundsätzliches Buch über Dialektik und eines über Ästhetik, unter Dach und Fach bringen« zu können, »solange ich mich noch im ganzen Besitz meiner Kraft weiß« (Adorno-Dekan, 23. 11. 65). Der Besuch einer Neuinszenierung von Brechts *Dreigroschenoper*, die Adorno nun unvorstellbar verstaubt fand (Adorno-Kracauer, 27. 4. 65), hatten in ihm den Zweifel bestärkt, ob wirklich jene Werke die bleibenden waren, die für den Augenblick geschaffen wurden. Die großen grundsätzlichen Bücher über Dialektik und über Ästhetik entsprangen auch dem Bestreben, das u. a. in der *Philosophie der neuen Musik* konstatierte Paradox, daß die einzigen Werke, die heute zählten, die seien, die keine Werke mehr sind, im Geiste seines musikalischen Lehrers Alban Berg aufzulösen und große Formen, eben Werke zu schaffen, deren Inneres aber gegen das Werk rebellierte.

Das erste Ergebnis – die *Negative Dialektik*, bestehend aus einer langen Einleitung und den drei Teilen *Verhältnis zur Ontologie, Negative Dialektik. Begriff und Kategorien, Modelle*, von denen die beiden ersten auf Vorlesungen am Pariser Collège de France aufbauten, der letzte an Entwürfe und Texte der 30er Jahre anknüpfte – war, ähnlich wie die *Philosophie der neuen Musik* und die *Metakritik der Erkenntnistheorie*, eine Zusammenstellung von essayistischen Studien mit einer langen Einleitung.

Und warum Philosophie und nicht Theorie der Gesellschaft? Mochte Adorno auch den »Primat inhaltlichen Denkens« (*ND*, 9) betonen und das Versprechen einer mehr als nur erschlichenen Konkretion der Philosophie geben – warum inhaltliche Philosophie und nicht materiale Theorie der Gesellschaft? »Philosophie, die einmal überholt schien«, begann die Einleitung, »erhält sich am Leben, weil der Augenblick ihrer Verwirklichung versäumt ward. Das summarische Urteil, sie habe die Welt bloß interpretiert, sei durch Resignation vor der Realität verkrüppelt auch in sich, wird zum Defaitismus der Vernunft, nachdem die Veränderung der Welt mißlang ... Vielleicht langte die Interpretation nicht zu, die den praktischen Übergang verhieß.« (15) Und noch einmal auf den ersten Seiten des zweiten Teils, in einer Passage über das *Verhältnis zum Linkshegelianismus*, also der Philosophie jener Hegelschüler, die von Marx und Engels als deutsche Ideologen verspottet wurden, die die falschen Vorstellungen der Menschen auf dem Boden der Philosophie bekämpften und bloß Einbildungen durch kritische Gedanken ersetzen wollten: »Die Liquidation der Theorie durch Dogmatisierung und Denkverbot trug zur schlechten Praxis bei; daß Theorie ihre Selbständigkeit zurückgewinnt, ist das Interesse von Praxis selber. Das Verhältnis beider Momente zueinander ist nicht ein für allemal entschieden, sondern wechselt geschichtlich . . . Was in Hegel und Marx theoretisch unzulänglich blieb, teilte der geschichtlichen Praxis sich mit; darum ist es theoretisch erneut zu reflektieren, anstatt daß der Gedanke dem Primat von Praxis irrational sich beugte . . .« (146 f.)

Aber wie schon in seiner Antrittsrede von 1931 über *Die Aktualität der Philosophie* betonte Adorno auch in der *ND*, Philosophie dürfe auf ein Ergreifen der Totalität nicht mehr hoffen. Wenn jedoch die Philosophie in ihrer Unfähigkeit zum Ergreifen der Totalität der Gesellschaftstheorie nichts voraus hatte – warum dann linkshegelianische Philosophie betreiben und nicht unsystematische Gesellschaftstheorie? Warum dann ein philosophisches Werk, dem als weiteres großes Werk die zu Lebzeiten Adornos nicht mehr fertig gewordene und postum erschienene *Ästhetische Theorie* (*ÄT*) folgte, auf die dann noch ein moralphilosophisches Buch hätte folgen sollen – insgesamt eine Trias, die nach Adornos Auffassung das darstellen sollte, »was ich in die Waagschale zu werfen habe« (*ÄT*, 537)? War da nicht eine unsystematische Gesellschaftstheorie allemal wichtiger und ergiebiger?

Die Antwort auf die Frage: Warum inhaltliche Philosophie und nicht materiale Theorie der Gesellschaft? muß wohl heißen: Bei Adorno lag so etwas wie eine Analogie zu dem vor, was Kracauer einst bei Bloch als Amoklauf zu Gott bezeichnet hatte. Ungeduld veranlaßte Adorno, statt an einer zulänglicheren Interpretation der Welt auf gesellschaftstheoretischer Ebene zu arbeiten, vielmehr die Idee des Zugangs zu dem, was außerhalb des Banns des unwahren Ganzen wäre, zu umkreisen. »Mit konsequenzlogischen Mitteln trachtet« negative Dialektik, hieß es in der Vorrede, »anstelle des Einheitsprinzips und der Allherrschaft des übergeordneten Begriffs die Idee dessen zu rücken, was außerhalb des Banns solcher Einheit wäre. Seitdem der Autor den eigenen geistigen Impulsen vertraute, empfand er es als seine Aufgabe, mit der Kraft des Subjekts den Trug konstitutiver Subjektivität zu durchbrechen; nicht länger mochte er diese Aufgabe vor sich herschieben.« (*ND*, 10) Was auf der Ebene der Gesellschaftstheorie bedeutet hätte, Ansätze zur Veränderung des schlechten Ganzen zu zeigen oder zu entwerfen, das ließ sich auf der Ebene »philosophischer Theorie« (39) gewissermaßen freihändig bitter beschwören. Ferner: was auf der Ebene interdisziplinärer Zusammenarbeit nicht realisierbar schien, schien sich auf der Ebene philosophischer Theorie in einer Art interdisziplinär eingeweihter Einzelarbeit auf grundsätzliche Art durchführen zu lassen.

Negative Dialektik – das war ein neuer Ausdruck für Adornos altes Programm des philosophischen Ausbruchs, für die bereits im Kierkegaard-Buch hervorgehobene Konzeption einer »intermittierenden Dialektik«, in der der Einspruch transsubjektiver Wahrheit sich der mythischen All-Herrschaft des spontanen Subjekts entgegensetzt (*Kierkegaard*, 180). Negative Dialektik – das war die Logik des Zerfalls des selbstherrlichen Geistes und das Organon der bereits im Kierkegaard-Buch so genannten »Transzendenz der Sehnsucht« (*Kierkegaard*, 251). Sie arbeitete für das Ende des Einheitsdenkens und der eigenen korrektiven Funktion.

Aber: wie war es möglich, schon in der von Adorno diagnostizierten verwalteten Welt, unterm Bann des Einheitsdenkens das Besondere, Einzelne, Nichtidentische »aufzutun«? Und: wenn ein »richtiger Zustand« von Dialektik befreit war (*ND*, 22) – was bewirkte, daß das freigegebene Nichtidentische, über das Einheitsdenken und Dialektik keine Macht mehr hatten, nichts in Amorphe, Isolierte, blind Naturhafte zurückfiel? Was war es, das das Verschiedene »versöhnte«, also einen zwanglosen Zusammenhang, eine zwanglose Allgemeinheit ermöglichte? Wenn Dialektik eine Erkenntnis war, die das Begriffslose mit Begriffen auftat, ohne es ihnen gleichzumachen (21) – wie war dann noch eine Steigerung hin zu zwangloser Allgemeinheit, zum Hölderlinschen »Unterschiedenes aber ist gut« vorstellbar?

Dialektik – bei Hegel im Rahmen des idealistischen Systems entfaltet und als Prinzip inhaltlichen Philosophierens genutzt – barg die Erfahrung des Widerstandes des Objekts gegen das Subjekt, des Nichtidentischen gegen die Identität. Das erlaubte nicht nur, sondern verlangte geradezu in Adornos Augen eine nicht-identitätsphilosophische, anti-systematische Dialektik. »Dialektik ist das konsequente Bewußtsein von Nichtidentität.« (17) »Der Widerspruch ist das Nichtidentische unter dem Aspekt der Identität; der Primat des Widerspruchsprinzips in der Dialektik mißt das Heterogene am Einheitsdenken.« (ebd.)

Zur Dialektik trieb aber nicht nur, was gewissermaßen von unten Widerstand leistete. Zur Dialektik trieben auch die angeblich ersten philosophischen Begriffe, die höchsten Prinzipien. Gerade in ihrem Anspruch auf Totalität scheiterten sie. Waren sie aber nicht absolut Erstes, so waren sie überhaupt nicht Erstes. Statt dessen waren sie – als das »Höhere«, Aktivere, Dynamischere – das um so Abhängigere. »Durchgeführte Kritik an der Identität«, so Adornos alles übrige tragender Gedankengang, »tastet nach der Präponderanz des Objekts. Identitätsdenken ist, auch wenn es das bestreitet, subjektivistisch. Es revidieren, Identität der Unwahrheit zurechnen, stiftet kein Gleichgewicht von Subjekt und Objekt, keine Allherrschaft des Funktionsbegriffs in der Erkenntnis: auch nur eingeschränkt, ist das Subjekt bereits entmächtigt. Es weiß, warum es im kleinsten Überschuß des Nichtidentischen sich absolut bedroht fühlt, nach dem Maß seiner eigenen Absolutheit. An einem Minimalen wird es als Ganzes zuschanden, weil seine Prätention das Ganze ist. Subjektivität wechselt ihre Qualität in einem Zusammenhang, den sie nicht aus sich heraus zu entwickeln vermag. Vermöge der Ungleichheit im Begriff der Vermittlung fällt das Subjekt ganz anders ins Objekt als dieses in jenes. Objekt kann nur durch Subjekt gedacht werden, erhält sich aber diesem gegenüber immer als Anderes; Subjekt jedoch ist der eigenen Beschaffenheit nach vorweg auch Objekt. Vom Subjekt ist Objekt nicht einmal als Idee wegzudenken; aber vom Objekt Subjekt. Zum Sinn von Subjektivität rechnet es, auch Objekt zu sein, nicht ebenso zum Sinn von Objektivität, Subjekt zu sein. Das seiende Ich ist Sinnesimplikat noch des logischen ›Ich denke, das alle meine Vorstellungen soll begleiten können‹, weil es Zeitfolge zur Bedingung seiner Möglichkeit hat und Zeitfolge nur ist als eine von Zeitlichem. Das ›meine‹ verweist auf ein Subjekt als Objekt unter Objekten, und ohne dies ›meine‹ wiederum wäre kein ›Ich denke‹.« (184 f.) Dahinter stand die einfache Einsicht: die Welt könnte auch ohne Menschen existieren, die Menschen aber nicht ohne Welt. Negative Dialektik war ein: Gedenke des Anderen. Sie rundete sich nicht zum System, war kein Fortgang von einer Kategorie zur anderen wie bei Hegel. Sie mahnte vielmehr von Fall zu Fall stets aufs neue daran, das Nichtidentische freizugeben (18), von dem das identifizierende Denken, der selbstherrliche Geist sich nie unabhängig machen, das er nur deformieren konnte mit unberechenbaren Folgen. Hypostasierungen können auf Dauer nicht erfolgreich sein, deshalb ist der einzige vernünftige Ausweg Versöhnung, die Anerkennung des Objekts, des Anderen, des Fremden – hieß die Konsequenz der *ND*.

»Wer alles, was ist, zur reinen Aktualität dynamisieren möchte, tendiert zur Feindschaft gegen das Andere, Fremde, dessen Name nicht umsonst in Entfremdung anklingt; jener Nichtidentität, zu der nicht allein das Bewußtsein sondern eine versöhnte Menschheit zu befreien wäre ... Aus der Dialektik des Bestehenden ist nicht auszuscheiden, was das Bewußtsein als dinghaft fremd erfährt; negativ Zwang und Heteronomie, doch auch die verunstaltete Figur dessen, was zu lieben wäre und was zu lieben der Bann, die Endogamie des Bewußtseins nicht gestattet. Über die Romantik hinaus, die sich als Weltschmerz, Leiden an der Entfremdung fühlte, erhebt sich Eichendorffs Wort ›Schöne Fremde‹. Der versöhnte Zustand annektierte nicht mit philosophischem Imperialismus das Fremde, sondern hätte sein Glück daran, daß es in der gewährten Nähe das Ferne und Verschiedene bleibt, jenseits des Heterogenen wie des Eigenen.« (191 f.)

Solange es soweit nicht war, war mit einem Vorrang des Objekts im negativen Sinn zu rechnen. Wie auch sonst bei Adorno waren die zentralen Begriffe zweipolig. Vorrang des Objekts im positiven Sinn bedeutete: Offenheit des differenzierten Subjekts für das in qualitativer Differenziertheit wahrgenommene Objekt (vgl. S. 381 f.). Vorrang des Objekts im negativen Sinn bedeutete: Herrschaft der verselbständigten sozialen Kräfte über die ohnmächtigen einzelnen, der Zustand der Gesellschaft bei Fehlen eines gesellschaftlichen Gesamtsubjekts.

Wo der Vorrang des Objekts im positiven Sinne bestünde, bestünde auch »ein Mehr an Subjekt« (50). Vom Objekt war Subjekt wegzudenken. Aber vom Vorrang des Objekts im emphatischen Sinn konnte nur die Rede sein, wo es die Freiheit eines differenziert wahrnehmenden Subjekts zum Objekt gab, wo ein differenziert wahrnehmendes Subjekt sich weder gnädigerweise noch genötigt, weder unterwürfig noch listig mit dem Objekt abgab, sondern sich dem Objekt überließ (53) und sich zum Organ der Verschmelzung von mimetischem Reaktionsvermögen und begrifflicher Disziplin (55) machte. Unvergleichliche Fähigkeit zur »Objektivation des fessellos Subjektiven« hatte Adorno Mahler bescheinigt (*Ges. Schr. 16*, 329). Objektivation des fessellos Subjektiven war die Aufgabe, die er seit seinen Musikkritiken der 20er Jahre der Kunst gestellt sah und gleichermaßen der Gesellschaft. Objektivation des Objekts im differenziert wahrnehmenden Subjekt – das war die umfassende Gestalt, die jene Aufgabe im Laufe der Zeit angenommen hatte und für die nun die *ND* die am weitesten vorangetriebene Lösung vorführen sollte.

Die allgemeinen Teile des Buches boten ein »Exerzitium des Ausharrens« (Habermas) in einer Vernunftkritik, die die Mittel des identifizierenden Denkens gegen dieses selbst richtete, ohne den Ausbruch zu wagen. Die Einleitung, die den Begriff der philosophischen Erfahrung exponierte, und der zweite Teil, der die Idee einer negativen Dialektik und ihre Stellung zu einigen Kategorien behandelte, kreisten unablässig um die Denkfigur einer reflektierten Aufklärung, eines positiven Begriffs von Aufklärung, wie ihn die *Dialektik der Aufklärung* hatte vorbereiten wollen. Sie setzten diese Vorbereitung fort.

Ob die Forderung nach reflektierter Aufklärung, danach, über den Begriff durch den Begriff hinauszugelangen (27), durch den Begriff ans Begriffslose heranzureichen (21), nach »voller, unreduzierter Erfahrung im Medium begrifflicher Reflexion« (25) wirklich eingelöst war und ob es dabei gelang, plausibel zu unterscheiden zwischen der verunstalteten Figur dessen, was zu lieben wäre – dem also, was den Vorrang des Objekts im positiven Sinne verdiente –, und der Heteronomie, der Herrschaft der den Menschen unkenntlich gewordenen sozialen Funktionszusammenhänge – dem also, was den Vorrang des Objekts im negativen Sinn verkörperte –, das mußte sich anhand der Modelle im dritten Teil des Buches erweisen.

Die Konzeption des Modells, des exemplarischen Denkens (90), stand für das Bestreben, in antisystematischer Form das System des unwahren Ganzen zu erfassen, diesem so von Fall zu Fall seine Grenzen zu zeigen, die gekennzeichnet waren von der Verunstaltung und dem Widerstand des »Anderen«, und zugleich im Anderen die »Kohärenz des Nichtidentischen« (36) zu entbinden. Das erste Modell enthielt moralphilosophische Spekulationen zum Begriff der Freiheit – in Form einer Metakritik der praktischen Vernunft –, das zweite geschichtsphilosophische Spekulationen zu den Begriffen Weltgeist und Naturgeschichte – in Form eines Exkurses zu Hegel –, das dritte »metaphysische Meditationen« zu Begriffen wie Tod, Leben, Glück, Unsterblichkeit, Auferstehung, Transzendenz, Hoffnung – zu den letzten Dingen also. Warum er gerade diese Begriffe gewählt hatte, erklärte Adorno nicht – obwohl es doch erstaunlich war, daß er nicht, wie es die Ausführungen zur Idee einer negativen Dialektik hätten erwarten lassen, beim Ephemeren, Schäbigen, Kleinen ansetzte. Erstaunlich war auch, daß keines der Modelle dem gewidmet war, woran man beim Begriff des Nichtidentischen oder des Vorrangs des Objekts immer wieder als erstes dachte: der von den Menschen beherrschten äußeren Natur. Daß Adorno sich auf dieses Thema nicht einließ, war einerseits verständlich. Er hatte wiederholt selbstkritisch gestanden, daß er von Naturwissenschaften nichts verstehe und deshalb leider nicht in der Lage sei, der bedauerlichen Entfremdung gerade zwischen Philosophie und Naturwissenschaften entgegenzuarbeiten. Andererseits konnte man über das Verhältnis zur äußeren Natur auch unter anderen Gesichtspunkten als naturwissenschaftlich-naturphilosophischen spekulieren, wäre das sogar – wie Adorno selbst bei anderen Themen bewies – ohne groß angelegte Einbeziehung einzelwissenschaftlicher Forschungen aus den Bereichen der Wirtschafts-, Technik- und Kulturgeschichte möglich gewesen. Die Lücke brauchte einen angesichts von Adornos Interessen nicht zu wundern, sie bildete aber eine empfindliche Schwäche einer Theorie, die in der Herrschaft des selbstherrlichen Geistes über äußere wie innere Natur das entscheidende Verhängnis der Weltgeschichte sah und deren Konzeption von wahrer Erkenntnis und richtigem Zustand der Welt der romantischen Naturphilosophie so verwandt war.

Besonders Eindrucksvolles enthielt das erste Modell, die Erörterung der Frage, ob der Wille, ob die Subjekte frei seien oder nicht. Die Einzelwissenschaften, in ihrer Suche nach Gesetzmäßigkeiten zur Partei des Determinismus gedrängt, überließen der Philosophie die Frage, die sie gemäß vorwissenschaftlichen, apologetischen Anschauungen von der Freiheit beantwortete. Die Konsequenz war: die von der Philosophie bestätigte Strafwürdigkeit der von den Wissenschaften als determiniert hingestellten Subjekte. »Belastet die These von der Willensfreiheit die abhängigen Individuen mit dem gesellschaftlichen Unrecht, über das sie nichts vermögen, und demütigt sie unablässig mit Desideraten, vor denen sie versagen müssen, so verlängert demgegenüber die These von der Unfreiheit die Vormacht des Gegebenen metaphysisch, erklärt sie als unveränderlich und animiert den Einzelnen, wofern er nicht ohnehin dazu bereit ist, zu kuschen, da ihm ja doch nichts anderes übrigbleibe ... Wird Willensfreiheit schlechterdings geleugnet, so werden die Menschen ohne Vorbehalt auf die Normalform des Warencharakters ihrer Arbeit im entfalteten Kapitalismus gebracht. Nicht minder verkehrt ist der aprioristische Determinismus als die Lehre von der Willensfreiheit, die inmitten der Warengesellschaft von dieser abstrahiert. Das Individuum selber bildet ein Moment von ihr; ihm wird die reine Spontaneität zugesprochen, welche die Gesellschaft enteignet. Das Subjekt braucht nur die ihm unausweichliche Alternative von Freiheit oder Unfreiheit des Willens zu stellen und ist schon verloren.« (260 f.)

Dem stellte Adorno als kritischen Maßstab für die Beurteilung von Freiheit und Unfreiheit vergesellschafteter Individuen die Formulierung einer Dialektik von Freiheit und Unfreiheit gegenüber. »Frei sind die Subjekte, nach Kantischem Modell, soweit, wie sie ihrer selbst bewußt, mit sich identisch sind; und in solcher Identität auch wieder unfrei, soweit sie deren Zwang unterstehen und ihn perpetuieren. Unfrei sind sie als nichtidentische, als diffuse Natur, und doch als solche frei, weil sie in den Regungen, die sie überwältigen – nichts anderes ist die Nichtidentität des Subjekts mit sich –, auch des Zwangscharakters der Identität ledig werden.« (294) In der antagonistischen Welt überwog das Zwanghafte der Identität und das Zerstörende der Regungen, beides Gestalten der Unfreiheit. Wirkliche Freiheit würde bedeuten: Regungen zu folgen und dabei mehr als mit sich identisch, nämlich mit anderen versöhnt zu sein. Als Gegenbild zu einer gesellschaftlichen Verfassung, in der die These von der Willensfreiheit die Strafwürdigkeit ohnmächtiger Mitglieder der Gesellschaft legitimierte, zu einer philosophischen Tradition, die im Geist von Unterdrückung Freiheit und Verantwortung aneinander band, ergab sich für Adorno die dünne Utopie einer »angstlosen, aktiven Partizipation jedes Einzelnen«, eines »Ganzen, welches die Teilnahme nicht mehr institutionell verhärtet, worin sie aber reale Folgen hätte« (261).

Am Leitfaden der Kritik an Schwächen des großen Freiheitsphilosophen Kant; die auf isoliert gesehene Individuen fixierten Begriffe von Freiheit und Unfreiheit zurückversetzend in den gesellschaftlich-historischen Kontext; die Erfahrungen der eigenen Zeit unverdrängt haltend, allem voran den Eindruck der bisher tiefsten Erniedrigung, der bisher vernichtendsten Ohnmachtserfahrung des Individuums in den nationalsozialistischen Konzentrationslagern, gelangte Adorno zu Konsequenzen, die sich nicht nur im Bereich der bundesrepublikanischen Philosophie, sondern des in der Bundesrepublik laut werdenden Denkens überhaupt eigenwillig ausnahmen und von einer Art humanem Realismus zeugten. »Moralische Fragen stellen sich bündig, nicht in ihrer widerlichen Parodie, der sexuellen Unterdrückung, sondern in Sätzen wie: Es soll nicht gefoltert werden; es sollen keine Konzentrationslager sein, während all das in Afrika und Asien fortwährt und nur verdrängt wird, weil die zivilisatorische Humanität wie stets inhuman ist gegen die von ihr schamlos als unzivilisiert Gebrandmarkten. Bemächtigte aber ein Moralphilosoph sich jener Sätze und jubelte, nun hätte er die Kritiker der Moral erwischt: auch sie zitierten die von Moralphilosophen mit Behagen verkündeten Werte, so wäre der bündige Schluß falsch. Wahr sind die Sätze als Impulse, wenn gemeldet wird, irgendwo sei gefoltert worden. Sie dürfen sich nicht rationalisieren; als abstraktes Prinzip gerieten sie sogleich in die schlechte Unendlichkeit ihrer Ableitung und Gültigkeit ... Der Impuls, die nackte physische Angst und das Gefühl der Solidarität mit den, nach Brechts Wort, gequälten Körpern, der dem moralischen Verhalten immanent ist, würde durchs Bestreben rücksichtsloser Rationalisierung verleugnet; das Dringlichste würde abermals kontemplativ, Spott auf die eigene Dringlichkeit ... Das Ungetrennte [von Theorie und Praxis, R. W.] lebt einzig in den Extremen, in der spontanen Regung, die, ungeduldig mit dem Argument, nicht dulden will, daß das Grauen weitergehe, und in dem von keinem Anbefohlenen terrorisierten theoretischen Bewußtsein, das durchschaut, warum es gleichwohl unabsehbar weitergeht. Dieser Widerspruch allein ist, angesichts der realen Ohnmacht aller Einzelnen, der Schauplatz von Moral heute.« (282 f.)

Die Konsequenz daraus war eine Rechtfertigung spontaner Widerstands- und Revolutionshandlungen. Moralischer als der Nürnberger Prozeß – so Adornos Beispiel – wäre es gewesen, wenn die Chargen der Folter samt ihren Auftraggebern und deren großindustriellen Gönnern sogleich erschossen worden wären, erschossen bei einer Revolution gegen die Faschisten. Dahinter stand die Überzeugung, daß in einer Epoche, da sich als am gefährlichsten der manipulative Typ erwiesen hatte, der die Opfer auf administrativem Wege erledigte und dessen nüchterne Intelligenz und fast komplette Absenz von Affekten ihn gnadenlos machte (vgl. S. 469 f.), die Wahrheit eher dort lag, wo kritische Situationen starke Impulse auslösten. Die Mißverständlichkeit solcher Ansichten, die Nähe zur Existenzphilosophie, der Mißbrauch rebellischer Natur gerade unterm Faschismus waren Adorno bewußt. An solchen Stellen wurde er zum verwegenen Philosophen, der im geeigneten Kontext seine grundlegenden Intuitionen vortrug. »Wollte man es wagen, dem Kantischen X des intelligiblen Charakters seinen wahren Inhalt zu verleihen, der sich gegen die totale Unbestimmtheit des aporetischen Begriffs behauptet, so wäre er wohl das geschichtlich fortgeschrittenste, punktuell aufleuchtende, rasch verlöschende Bewußtsein, dem der Impuls innewohnt, das Richtige zu tun. Er ist die konkrete, intermittierende Vorwegnahme der Möglichkeit, weder fremd den Menschen noch mit ihnen identisch.« (292) Das war die großartigste Formulierung, die Adorno für das fand, was man humanen Realismus nennen könnte.

Adornos moralphilosophische Spekulationen zum Begriff der Freiheit, bei denen es um das Verhältnis des einzelnen zu innerer Natur, Leib und Mitmenschen in jeweils spezifischen gesellschaftlich-historischen Situationen ging, erwiesen sich in der Tat als ein Unternehmen, bei dem versucht wurde, mit Begriffen an das Nichtbegriffliche heranzureichen, ohne es in Begriffe aufzulösen, genauer: das von der Abstraktion Vernichtete, den »vor-ichlichen Impuls« (221), den »somatischen Impuls« (193 f.), das »Hinzutretende« (226) anzuerkennen, ohne Identität, identifizierendes Denken und vom gesellschaftlichen Zusammenleben verkörperte Allgemeinheit über Bord zu werfen. Wie Adornos Philosophie der neuen Musik darauf gesetzt hatte, daß das Barbarische den Geist seiner selbst mächtig machen könne gegen die ihm entfremdeten Objektivationen seines eigenen Tuns, wie die *DdA* auf das Eingedenken der Natur im Subjekt, wie Horkheimers Kritik der subjektiven, instrumentellen Vernunft auf das Bündnis von Kontemplation und Trieben gesetzt hatte, so setzte auch die *ND* darauf, daß »das dämmernde Freiheitsbewußtsein« sich »von der Erinnerung an den archaischen noch von keinem festen Ich gesteuerten Impuls« (221) nähre. »Zwischen den Polen eines längst Gewesenen, fast unkenntlich Gewordenen und dessen, was einmal sein könnte, blitzt es auf.« (228) Die Verbindungslinie aber zwischen dem vor-ichlichen Impuls und den Antizipationen dessen, was jenseits des Ichs und gerade wahrhafte Individualität wäre, blieb dunkel, so dunkel wie das Vertrauen darauf, daß im somatischen Impuls, im Trieb, im Wilden die sanfte Stärke Vorrang vor der ungezügelten Selbsterhaltung habe.

Auch die beiden anderen Modelle enthielten variierende Entwicklungen alter Adornoscher Gedanken. Sie reichten in den *Meditationen zur Metaphysik* von dem Diktum, daß alle Kultur nach Auschwitz Müll sei, bis zur materialistischen Rettung theologischer Motive in Gedanken wie dem der materialistischen Sehnsucht nach Auferstehung des Fleisches oder der Utopie einer Welt, in der nicht nur bestehendes Leid abgeschafft, sondern noch das unwiderruflich vergangene widerrufen wäre. Dies letzte Motiv, über das in den 30er Jahren auch Benjamin und Horkheimer brieflich diskutiert hatten, war die Folie eines human-realistischen Gedankens, den Adorno in Strindbergs Satz »Nur wer das Böse haßt, kann das Gute lieben« gut getroffen fand. Benjamin und Marcuse hatten ihm ebenfalls eindringlichen Ausdruck verliehen – jener in den Thesen *Über den Begriff der Geschichte*: »Haß wie Opferfähigkeit . . . nähren sich mehr am wahren Bild der geknechteten Vorfahren als am Idealbild der befreiten Nachkommen«, dieser in *Triebstruktur und Gesellschaft*: »Vergessen heißt auch, all das vergeben, was nicht vergeben werden dürfte, wenn Gerechtigkeit und Freiheit gelten sollen.«

Die *Meditationen zur Metaphysik* waren ohne alle Abgeklärtheit. Sie wurden eingeleitet mit dem Aphorismus *Nach Auschwitz*. Ihr Tenor war kein Trotzalledem, sondern: »Der Prozeß, durch den Metaphysik unaufhaltsam dorthin sich verzog, wogegen sie einmal konzipiert war, hat seinen Fluchtpunkt erreicht. Wie sehr sie in die Fragen des materiellen Daseins schlüpfte, hat Philosophie seit dem jungen Hegel nicht verdrängen können, wofern sie sich nicht an die approbierte Denkerei verkaufte. Kindheit ahnt etwas davon in der Faszination, die von der Zone des Abdeckers, dem Aas, dem widerlich süßen Geruch der Verwesung, den anrüchigen Ausdrücken für jene Zone ausgeht. Die Macht jenes Bereichs im Unbewußten mag nicht geringer sein als die des infantil sexuellen . . . Unbewußtes Wissen flüstert den Kindern zu, was da von der zivilisatorischen Erziehung verdrängt wird, darum ginge es: die armselige physische Existenz zündet ins oberste Interesse, das kaum weniger verdrängt wird, ins Was ist das und Wohin geht es. Wem gelänge, auf das sich zu besinnen, was ihn einmal aus den Worten Luderbach und Schweinstiege ansprang, wäre wohl näher am absoluten Wissen als das Hegelsche Kapitel, das es dem Leser verspricht, um es ihm überlegen zu versagen.« (359) Ein gewisses Trotzalledem lag allerdings darin, wenn auch an das andere Extrem metaphysischer Erfahrung erinnert wurde: »Was metaphysische Erfahrung sei, wird, wer es verschmäht, diese auf angebliche religiöse Urerlebnisse abzuziehen, am ehesten wie Proust sich vergegenwärtigen, an dem Glück etwa, das Namen von Dörfern verheißen wie Otterbach, Watterbach, Reuenthal, Monbrunn. Man glaubt, wenn man hingeht, so wäre man in dem Erfüllten, als ob es wäre. Ist man wirklich dort, so weicht das Versprochene zurück wie der Regenbogen. Dennoch ist man nicht enttäuscht; eher fühlt man, nun wäre man zu nah, und darum sähe man es nicht ... Dem Kind ist selbstverständlich, daß, was es an seinem Lieblingsstädtchen entzückt, nur dort, ganz allein und nirgends sonst zu finden sei; es irrt, aber sein Irrtum stiftet das Modell der Erfahrung, eines Begriffs, welcher endlich der der Sache selbst wäre, nicht das Armselige von den Sachen Abgezogene.« (366) Beiderlei Erfahrungen gemeinsam war eine von Sinnlichem, Materiellem schwere Überschreitung des Sinnlichen und Materiellen. In Passagen dieser Art wurde ein Bild von dem, was an dem ins falsche Leben verstrickten Leben richtig sein könnte, umkreist, wie es einer Theorie der Gesellschaft kaum möglich war. Leben nach Auschwitz – dieses Thema wurde bei Adorno zum Argument dafür, daß sich noch Wesentliches philosophieren ließ über eigene Erfahrungen.

Die *ND* bot das merkwürdige Bild, daß jemand, dem es um konkretes Philosophieren ging, als philosophisches Hauptwerk ein Buch vorlegte, in dem konkrete Philosophie ein Anhängsel zur Darlegung und Rechtfertigung der eigenen Verfahrensweise bildete. Als Ganzes genommen war die *ND* – darauf deutete schon der Titel hin, der sich ja nicht auf etwas Inhaltliches bezog – eine Art philosophietheoretisches Gegenstück zur Wissenschaftstheorie und auch zur älteren Erkenntnistheorie. Mit diesem Kompromiß ging sie zugleich auf Distanz zur wissenschafts- und theoriefeindlichen Ontologie. Davon aber, daß die Einbeziehung einzelwissenschaftlicher Forschungen die spekulativ gewonnenen Einsichten gefährden oder gar verhindern würde, konnte das Buch nicht überzeugen. Die Konzeption negativer Dialektik hielt ja nur gegenüber den diversen Spielarten der Wissenschaftstheorie das Drängen nach unfixierter Erfahrung wach und wies diesem Drängen die Richtung durch einen Negativbegriff: »das Nichtidentische«, der in seiner Bedeutung schillerte zwischen den Polen »Geheimnis« und »Es soll Individualität sein«. Im Geiste negativer Dialektik interdisziplinär an der Theorie der Gesellschaft zu arbeiten, konnte nur fruchtbar sein. Lediglich Ungeduld und persönliche Neigungen konnten den Ausschluß einzelwissenschaftlicher Forschungen und das geschichtsphilosophische Umgehen der Gesellschaftstheorie, das bei Adorno ja nur teilweise vorlag, erklären.

Im gleichen Jahr wie Adornos *Negative Dialektik* erschien Marcuses Aufsatz *Repressive Toleranz* (mit den Aufsätzen zweier Freunde Marcuses, der amerikanischen Linken Robert Paul Wolff und Barrington Moore, vereinigt zu dem Band *Kritik der reinen Toleranz,* der ein Jahr zuvor, 1965, in den USA auf englisch erschienen war). Es war ein »sehr exponierter« Aufsatz, wie Marcuse selber während der Arbeit daran Anfang 1965 an Horkheimer geschrieben hatte.

In seinem Buch *One-Dimensional Man: Studies in the Ideology of Advanced Industrial Society* (1964, dt. 1967) hatte Marcuse das versucht, was man bei den anderen älteren kritischen Theoretikern vermißte: die Analysen der spätkapitalistischen Gesellschaft in einen systematischen Zusammenhang zu bringen. Er hatte es auf zupackende und griffige Weise getan – in der für ihn charakteristischen und ihn im Tenor von den anderen Frankfurter Theoretikern unterscheidenden Art. »Der Verweigerung der Freiheit«, so artikulierte er in schlichter Romantik die Alltagserfahrung eines sensiblen Theoretikers, »und selbst ihrer Möglichkeit entspricht, daß Ungebundenheit dort gewährt wird, wo sie die Unterdrückung stärkt. Der Grad, in dem es der Bevölkerung gestattet ist, den Frieden zu stören, wo immer es noch Friede und Stille gibt, unangenehm aufzufallen und die Dinge zu verhäßlichen, vor Vertraulichkeit überzufließen und gegen die guten Formen zu verstoßen, ist beängstigend. Beängstigend, weil er die gesetzliche, ja organisierte Anstrengung ausdrückt, das ureigene Recht des Nächsten nicht anzuerkennen, Autonomie selbst in einer kleinen, reservierten Daseinssphäre zu verhindern. In den überentwickelten Ländern wird ein immer größer werdender Bevölkerungsanteil zu einem einzigen, ungeheuer großen, gefangenen Publikum – gefangen nicht von einem totalitären Regime, sondern von den Zügellosigkeiten der Bürger, deren Vergnügungs- und Erbauungsmedien einen zwingen, ihre Töne, ihren Anblick und ihre Gerüche über sich ergehen zu lassen . . . Die massive Vergesellschaftung beginnt zu Hause und hemmt die Entwicklung des Bewußtseins und Gewissens.« (*Der eindimensionale Mensch,* 255 f.)

Vom Inhalt her war, was Marcuse in seinem Buch sagte, Frankfurter Gesellschaftstheorie und wirkte, als bestünde die alte Zusammenarbeit und Rollenverteilung ungebrochen weiter. Der im Buchtitel zusammengefaßten Diagnose stand – analog den Beschlüssen Adornoscher Arbeiten – der Hinweis auf die gerade im fatalen Zustand steckende Chance zu einer qualitativen Änderung gegenüber, die von Marcuse – in Übereinstimmung mit den in *Triebstruktur und Gesellschaft* entwickelten Gedanken – als »Neubestimmung der Bedürfnisse« gesehen wurde. Bereits auf den letzten Seiten des *Eindimensionalen Menschen* hatte er, mit der Konzeption einer Erziehungsdiktatur liebäugelnd, ausgesprochen, eine Befreiung der Phantasie setze die Unterdrückung von vielem voraus, was jetzt frei sei und eine repressive Gesellschaft verewige. Und bevor er mit dem Benjamin-Zitat »Nur um der Hoffnungslosen willen ist uns die Hoffnung gegeben« geschlossen hatte, hatte er – Bürger der USA, die in Vietnam den Kampf einer Diktatur gegen den Freiheitskampf eines Volkes unterstützten; die im eigenen Land die Schwarzen weiterhin unterdrückt hielten; die eine sozialstaatliche Zähmung des Kapitalismus nur ansatzweise vorgenommen hatten – einen weiteren Schritt (vgl. S. 435) in Richtung Randgruppentheorie unternommen. »Unter der konservativen Volksbasis befindet sich jedoch das Substrat der Geächteten und Außenseiter: die Ausgebeuteten und Verfolgten anderer Rassen und anderer Farben, die Arbeitslosen und die Arbeitsunfähigen. Sie existieren außerhalb des demokratischen Prozesses; ihr Leben bedarf am unmittelbarsten und realsten der Abschaffung unerträglicher Verhältnisse und Institutionen. Damit ist ihre Opposition revolutionär, wenn auch nicht ihr Bewußtsein. Ihre Opposition trifft das System von außen und wird deshalb nicht durch das System abgelenkt: sie ist eine elementare Kraft, die die Regeln des Spiels verletzt und es damit als ein aufgetakeltes Spiel enthüllt. Wenn sie sich zusammenrotten und auf die Straße gehen, ohne Waffen, ohne Schutz, um die primitivsten Bürgerrechte zu fordern, wissen sie, daß sie Hunden, Steinen und Bomben, dem Gefängnis, Konzentrationslagern, selbst dem Tod gegenüberstehen. Ihre Kraft steht hinter jeder politischen Demonstration für die Opfer von Gesetz und Ordnung. Die Tatsache, daß sie anfangen, sich zu weigern, das Spiel mitzuspielen, kann die Tatsache sein, die den Beginn des Endes einer Periode markiert.«

Was im *Eindimensionalen Menschen* erst zaghaft hervorgetreten war, die Hinwendung der Theorie zum praktischen Engagement, fand im Toleranz-Aufsatz leidenschaftlichen Ausdruck. Mit diesem Text trat Marcuse, der 1948 Sartres *Das Sein und das Nichts* heftig und im Sinne der Frankfurter Theorie kritisiert und hinter der »nihilistischen Sprache des Existentialismus« »die Ideologie der freien Konkurrenz, der freien Initiative und der für jeden gleichen Chance« am Werk gesehen hatte, an die Seite des engagierten Existentialisten, der 1961 ein vorbehaltlos solidarisches Vorwort zu Frantz Fanons *Die Verdammten dieser Erde* – dem »Kommunistischen Manifest der antikolonialen Revolution« – geschrieben hatte. Fanons Buch erschien, wie Marcuses *Repressive Toleranz*, 1966 auf deutsch – literarisches Symbol für das, was in dieser Zeit auch in Westdeutschland in Gang gekommen war bei Intellektuellen und Studenten.

Marcuse hatte den exponierten Aufsatz über *Repressive Toleranz* seinen Studenten an der Brandeis University gewidmet. Das war mehr als eine Geste der Dankbarkeit gegenüber aufgeweckten Seminarteilnehmern. Es war ein Ausdruck der Solidarität mit politisch aktiv gewordenen Studenten. Bei den Bürgerrechtskämpfen im Süden der USA, bei denen seit Anfang der 60er Jahre versucht wurde, durch sit-ins und go-ins die Aufhebung der Rassentrennung in Restaurants, Geschäften und öffentlichen Verkehrsmitteln zu erzwingen, wurden auch Studenten – und nicht nur schwarze – Opfer weißer Gewalt. In Berkeley war es zum Free Speech Movement gekommen, hatten Studenten für das Recht gekämpft, auf dem Universitätscampus Geld u. a. für die Organisationen der Bürgerrechtsbewegung zu sammeln, waren im Dezember 1964 bei einem sit-in-Streik 800 Studenten verhaftet worden – die größte Massenverhaftung in der Geschichte der USA. Studenten waren es auch, die gegen den Krieg in Vietnam protestierten und sich gegen ihre Einberufung durch Verbrennen der Einberufungsbefehle wehrten.

»Keine Sanftmut kann die Auswirkungen der Gewalt auslöschen, nur die Gewalt selbst kann sie tilgen. Und der Kolonisierte heilt sich von der kolonialen Neurose, indem er den Kolonialherren mit Waffengewalt davonjagt«, hatte Sartre im Vorwort zu Fanons *Die Verdammten dieser Erde* den Linken des Mutterlandes entgegengehalten, die von den Guerillakämpfern erwarteten, daß sie sich ritterlich verhielten und damit ihre Menschlichkeit bewiesen. Mit den gleichen Konsequenzen, aber unabhängig von Fanons Einsicht, daß der Unterdrückte die Füße des Unterdrückers sehen müsse, um Mensch werden zu können, meinte Marcuse: »Hinsichtlich der geschichtlichen Funktion gab es einen Unterschied zwischen revolutionärer und reaktionärer Gewalt, zwischen der von den Unterdrückten und der von den Unterdrückern geübten Gewalt. Ethisch gesehen: beide Formen der Gewalt sind unmenschlich und von Übel – aber seit wann wird Geschichte nach ethischen Maßstäben gemacht? Zu dem Zeitpunkt mit ihrer Anwendung beginnen, wo die Unterdrückten gegen die Unterdrücker aufbegehren, die Armen gegen die Verfügenden, heißt dem Interesse der tatsächlichen Gewalt dadurch dienen, daß man den Protest gegen sie schwächt.« (*Repressive Toleranz*, in: Wolff u. a., *Kritik der reinen Toleranz*, 114) Marcuse verband die Radikalität der Kritik am Imperialismus mit der Radikalität der Kritik an der fortgeschrittenen Industriegesellschaft. Auch in deren Zentren herrsche faktisch Gewalt, und die Gesamtgesellschaft sei in äußerster Gefahr. Seine Konsequenzen schienen zu gelten sowohl für die von der Weltmacht USA

Unterdrückten wie für die von der fortgeschrittensten Industriegesellschaft USA Entmündigten, sowohl für die, die den Kampf gegen das repressive System aus Solidarität mit entrechteten und unterdrückten Minderheiten oder Völkern aufnahmen, wie für die, die es einfach aus Gegnerschaft gegen jenes System taten. »Ich glaube«, schloß Marcuses Toleranz-Aufsatz, »daß es für unterdrückte und überwältigte Minderheiten ein ›Naturrecht‹ [die Anführungsstriche, erklärte Marcuse bei späterer Gelegenheit, sollten nur bedeuten, daß es sich um einen alten terminus technicus der politischen Theorie handle, R. W.] auf Widerstand gibt, außergesetzliche Mittel anzuwenden, sobald die gesetzlichen sich als unzulänglich herausgestellt haben. Gesetz und Ordnung sind überall und immer Gesetz und Ordnung derjenigen, welche die etablierte Hierarchie schützen; es ist unsinnig, an die absolute Autorität dieses Gesetzes und dieser Ordnung denen gegenüber zu appellieren, die unter ihr leiden und gegen sie kämpfen – nicht für persönlichen Vorteil und aus persönlicher Rache, sondern weil sie Menschen sein wollen. Es gibt keinen Richter über ihnen außer den eingesetzten Behörden, der Polizei und ihrem eigenen Gewissen. Wenn sie Gewalt anwenden, beginnen sie keine neue Kette von Gewalttaten, sondern zerbrechen die etablierte. Da man sie schlagen wird, kennen sie das Risiko, und wenn sie gewillt sind, es auf sich zu nehmen, hat kein Dritter, und am allerwenigsten der Erzieher und Intellektuelle, das Recht, ihnen Enthaltung zu predigen.« (127 f.)

Wirkten solche Sätze interpretationsbedürftig, vor allem, wenn sie im westdeutschen Kontext gelesen wurden, so wirkten andere Sätze, in denen die den ganzen Aufsatz durchziehende Forderung nach einer Art linker Erziehungsdiktatur für fortgeschrittene Industriegesellschaften formuliert wurde, abenteuerlich und in sich widersprüchlich. »Den kleinen und ohnmächtigen Gruppen, die gegen das falsche Bewußtsein kämpfen, muß geholfen werden: ihr Fortbestehen ist wichtiger als die Erhaltung mißbrauchter Rechte und Freiheiten, die jenen verfassungsmäßige Gewalt zukommen lassen, die diese Minderheiten unterdrücken. Es sollte mittlerweile klar sein, daß die Ausübung bürgerlicher Rechte durch die, die sie nicht haben, voraussetzt, daß die bürgerlichen Rechte jenen entzogen werden, die ihre Ausübung verhindern . . .« (121) Wer außer den herrschenden Autoritäten und Institutionen konnte aber bürgerliche Rechte entziehen oder durchsetzen? In einer Gesellschaft, in der, wie Marcuse annahm, im Hintergrund immer schon einseitige Beschränkungen der Toleranz wirksam waren, konnte jede Aufforderung zu parteiischer Toleranz die nur scheinbar unparteiisch Herrschenden bloß in ihrer Haltung bestärken. In solchen Situationen schien sinnvoll nur eine Forderung: die nach der Gewährleistung der Ausübung bürgerlicher Rechte für alle. Wenn es dabei z. B. zum Konflikt zwischen dem Recht auf Meinungs- und Informationsfreiheit und der kapitalistischen Struktur der Massenmedien kam, dann konnte man die Demokratisierung der Massenmedien fordern und für diese Forderung kämpfen, aber nicht die Ablösung der die Massenmedien durchdringenden »verkappten Zensur« durch eine offene »Vorzensur« verlangen. Hinter solchen Gedanken Marcuses schien die falsche Übertragung des Naturrechts auf Widerstand auf die Dimension von Bewußtsein, Erziehung, Aufklärung zu stehen. Nur Gewalt mochte den Kolonisierten von der kolonialen Neurose heilen, nur Gewalt konnte in vielen Situationen vor Gewalt schützen, aber man konnte nicht rechte Manipulation durch linke Manipulation bekämpfen. Vielleicht meinte aber Marcuse nur das Selbstverständliche: daß Freiheit verteidigt werden mußte gegen die, die sie auf Kosten anderer beanspruchten, und daß die Erkämpfung vorenthaltener Freiheiten Beeinträchtigung von Freiheiten, die auf Kosten anderer gingen, bedeutete. Aber warum verwendete er fatale Begriffe wie Vorzensur oder Gegenzensur, wenn es um etwas gar nicht Fatales, nämlich um mehr Demokratie und mehr Freiheit ging? Warum sprach er in allgemeiner Form von Gewalt, wenn darunter auch gewaltlose Formen des bürgerlichen Ungehorsams, Formen passiven Widerstandes, das Besetzen von Plätzen oder Gebäuden oder andere nicht verletzende Aktionen verstanden wurden – was alles Gewalt zu nennen bei Juristen, Politikern und weiten Teilen der Bevölkerung, sofern die dabei verfolgten Ziele ihnen nicht genehm waren, verbreitet sein mochte, aber bei einem Philosophen der Opposition in den hochindustrialisierten Industriegesellschaften des Westens Mißverständnisse heraufbeschwören mußte? War es da ein Wunder, wenn Adorno – der nicht die *Repressive Toleranz* gelesen, sondern aus dritter oder vierter Hand etwas über Äußerungen Marcuses im engeren Kreis gehört hatte – gegenüber Horkheimer meinte, sie müßten unbedingt bei nächster Gelegenheit ernsthaft mit Marcuse reden, der eine ziemlich rabiate Haltung einzunehmen scheine, den Gedanken nicht scheue, man müsse alles Dissentierende verbieten, also Dinge verkünde, die für sie, Horkheimer und Adorno, das Grauen seien (Adorno-Horkheimer, 8. 12. 66)? Mußte Horkheimer sich nicht darin bestätigt fühlen, daß er Marcuse – der immer wieder den Wunsch geäußert hatte, in Frankfurt lehren zu können, und noch 1965 anläßlich des Angebots der Philosophischen Fakultät der Berliner Freien Universität es Horkheimer gegenüber als widersinnig bezeichnet hatte, wenn er nach Deutschland zurückginge und dann nicht nach Frankfurt käme – immer nur hingehalten hatte?

Im gleichen Jahr, in dem die deutsche Übersetzung seines »exponierten« Toleranz-Aufsatzes erschien, nahm Marcuse auch in exponierter Form an einer Veranstaltung westdeutscher oppositioneller Studenten teil. Am 22. Mai 1966 hielt er auf dem vom SDS veranstalteten Kongreß *Vietnam – Analyse eines Exempels* in der Frankfurter Universität das Hauptreferat. Mehr als 2000 Studenten und eine Reihe von Professoren und Gewerkschaftern nahmen an dem Kongreß teil. Zu den Referenten und Diskussionsleitern in den Arbeitskreisen gehörten u. a. Jürgen Habermas und Oskar Negt. Den Abschluß bildete die bis dahin größte Demonstration in der Bundesrepublik gegen den Krieg der USA in Vietnam. In seinem Vortrag gab Marcuse – über die Aufklärung durch Informationen hinaus – eine Quintessenz seiner Interpretation der Gegenwart.

»Kann es«, so fragte er, an die Überlegung im *Eindimensionalen Menschen* anknüpfend, ob die Dritte Welt zur Hoffnung auf eine Alternative zur repressiven technologischen Rationalität des westlichen wie des sowjetischen Industrialisierungsprozesses berechtige, »kann es so etwas wie eine nicht-kapitalistische Industrialisierung in diesen Ländern geben, eine Industrialisierung, die die repressive, ausbeutende Industrialisierung des frühen Kapitalismus vermeidet, die den technischen Apparat aufbaut ›à la mesure de l'homme‹ und nicht so, daß er von Anfang an über den Menschen Gewalt hat und der Mensch sich ihm unterwirft? Kann man hier wieder von einem geschichtlichen Vorteil des ›Spätkommenden‹ sprechen?« (*Die Analyse eines Exempels*, in: *neue kritik*, juni-august 1966, 37) Und seine pessimistische Antwort im *Eindimensionalen Menschen* nur leicht abmildernd, gab er die Antwort: »Gegen diese große Chance einer nicht-kapitalistischen Industrialisierung steht leider die Tatsache, daß die meisten dieser Entwicklungsländer für die ursprüngliche Akkumulation auf die entwickelten Industrieländer auf Gedeih und Verderb angewiesen sind, auf die entwickelten Industrieländer entweder des Westens oder des Ostens. Immerhin glaube ich, daß objektiv die militante Befreiungsbewegung in den Entwicklungsländern heute die stärkste potentielle Kraft radikaler Umwälzung darstellt.« (ebd.)

Aber mochte auch für die Realisierung einer Alternative zu der von Marcuse für die Industriegesellschaften westlicher wie östlicher Prägung festgestellten Technologie als Herrschaftsform in der Dritten Welt keine Aussicht bestehen, so sah Marcuse doch um so schlagender seine Überzeugung von der Kraft der Negation, der großen Weigerung, des Bedürfnisses nach einem Leben in Freiheit bestätigt. »Was meint Vietnam? . . . Vietnam meint alle nationalen Befreiungsbewegungen im Bereich der überentwickelten Industriegesellschaft; Befreiungsbewegungen, die die Vernunft, die Institutionen und die Moralität dieser überentwickelten Industriegesellschaft in Frage stellen und bedrohen. Vietnam ist zum Symbol geworden für die Zukunft der ökonomischen und politischen Repression, zum Symbol geworden für die Zukunft der Herrschaft des Menschen über den Menschen. Was würde der Sieg der nationalen Befreiungsbewegung in Vietnam bedeuten? Ein solcher Sieg würde bedeuten, und hier ist meiner Meinung nach der entscheidende Aspekt, daß eine elementare Rebellion von Menschen gegen den mächtigsten technischen Repressionsapparat aller Zeiten erfolgreich sein kann.« (33)

Den Studenten bescheinigte er instinktive und intellektuelle Solidarität. In den westlichen Gesellschaften an der Befreiung des Bewußtseins arbeiten sei keine revolutionäre Aktion, aber eine Bewegung, angesichts derer die Machthaber heute schon nervös würden. Moral und Ethik seien nicht bloßer Überbau und nicht bloße Ideologie. Gegen das, was in Vietnam geschehe, »müssen wir protestieren, selbst wenn wir glauben, daß es hoffnungslos ist, einfach um als Menschen überleben zu können und vielleicht für andere doch noch ein menschenwürdiges Dasein möglich zu machen . . .« (38) Damit hatte er gleich bei seinem ersten Auftritt vor westdeutschen Studenten ausgesprochen, was ihn bei seiner Beurteilung der Opposition der Studenten und der Einschätzung ihrer Aktionen leitete: nämlich nicht Gesichtspunkte der theoretischen Rechtfertigung, der strategischen Klugheit und der Vermeidung von Risiken, sondern der Respekt vor einem existentiellen Bedürfnis nach menschenwürdigem Verhalten. »Wir wissen (und sie wissen)«, machte er drei Jahre später Adorno nach der polizeilichen Räumung des Instituts für Sozialforschung (vgl. S. 702) noch einmal seine grundsätzliche Einstellung zur Opposition der Studenten klar, »daß die Situation keine revolutionäre ist, nicht einmal eine vor-revolutionäre. Aber dieselbe Situation ist so grauenhaft, so erstickend und erniedrigend, daß die Rebellion gegen sie zu einer biologischen, physiologischen Reaktion zwingt: man kann es nicht mehr ertragen, man erstickt und muß sich Luft schaffen . . . es ist die Luft, die wir (wenigstens ich) auch einmal atmen möchten . . .« (Marcuse-Adorno, La Jolla, Cal., 5. 4. 69)

Ein Jahr nach dem Frankfurter Vietnam-Kongreß, im Juli 1967, betrat Marcuse die Berliner Szene als gefeierter Lehrer der Neuen Linken – vom *Spiegel* angekündigt in einem Artikel, dem die Schlußsätze des Toleranz-Aufsatzes vorangestellt waren und in dem Knut Nevermann, ehemaliger Vorsitzender des ASTA der Freien Universität Berlin, mit den Sätzen zitiert wurde: »Marcuse bedeutet sehr viel für uns. Er ist ein Hintergrund für das, was wir tun.« Kurz zuvor, am 2. Juni, war der Student Benno Ohnesorg erschossen worden. Er hatte an einer Demonstration gegen den Schah von Persien vor der Berliner Oper teilgenommen. Nachdem der Schah in der Oper verschwunden war, trieb die Polizei die Demonstranten auseinander. Bei der Aktion »Füchse-jagen« wurde Ohnesorg von einem Polizisten in Zivil in einem Hinterhof erschossen. Der Oberbürgermeister dankte der Polizei. Weitere Demonstrationen wurden verboten. Die den Berliner Zeitungsmarkt fast ausschließlich beherrschende Springer-Presse verhöhnte die Studenten. Polizisten notierten die Nummern von Autos mit Trauerflor. Reifen von Autos mit Trauerfloren wurden durchstochen.

Der 2. Juni 1967 war der Höhepunkt einer Entwicklung, die sich seit 1965 abgezeichnet hatte und die die Freie Universität zum Berkeley der Bundesrepublik machte. Zum 7. Mai 1965, dem 20. Jahrestag der deutschen Kapitulation und damit der Befreiung von der nationalsozialistischen Herrschaft, hatte der ASTA der Freien Universität unter anderem den Journalisten Erich Kuby zu einer Podiumsdiskussion eingeladen, die von Ludwig v. Friedeburg, seit 1962 Soziologie-Professor an der FU, geleitet werden sollte. Der Rektor, der einige Wochen später zusammen mit dem Präsidenten der Westdeutschen Rektorenkonferenz an der 150-Jahr-Feier der deutschen Burschenschaften in der Berliner Deutschlandhalle höchstpersönlich teilnahm, verbot die ASTA-Veranstaltung mit dem Argument, Kuby habe in früheren Jahren einmal die Freie Universität diffamiert. Politische Studentenorganisationen und ASTA sahen durch das von ihnen nicht als juristische Maßnahme, sondern als politische Entscheidung betrachtete Redeverbot für Kuby ihre demokratischen Rechte eingeschränkt und machten die Auseinandersetzung publik. So wurde das Verbot der 7. Mai-Veranstaltung – die in der vorgesehenen Form in der Technischen Universität durchgeführt wurde – zum Auftakt einerseits einer Reihe von Affären, bei denen die akademischen Behörden den politischen Bewegungsspielraum der Studentenschaft immer weiter einschränkten, andererseits der politischen Mobilisierung der Studentenschaft.

Im Jahr darauf hatten an der Freien Universität zwei Fakultäten die Empfehlungen des Wissenschaftsrates zur Neuordnung des Studiums zum Anlaß genommen, die befristete Immatrikulation einzuführen, also die obligatorische Begrenzung der Studienzeit bzw., wie die Studenten sagten, die Zwangsexmatrikulation. Das war eine Provokation angesichts der Tatsache, daß zunächst einmal katastrophale Studienbedingungen und die mangelhafte Organisation des Lehrbetriebs für hohe Abbrecherquoten und lange Studienzeiten verantwortlich zu machen waren. Auf die Anfänge einer repressiven Hochschulreform hatten die Studenten am 22. Juni 1966 mit dem ersten großen sit-in an einer deutschen Universität reagiert, an dem sich etwa 3000 Personen beteiligten. Eine Provokation stellten die restriktiven Anfänge einer Hochschulreform um so mehr dar, als die einzigen umfassenden Konzeptionen für Hochschulen in einer demokratisch verfaßten Industriegesellschaft von Studenten ausgearbeitet worden waren, aber keine Beachtung gefunden hatten. Die Gefahr, gegen die sich Berliner Studenten als erste offen zur Wehr setzten, bestand darin, daß die Ordinarien sich auf Kosten der Studenten mit den auf effizienzsteigernde Rationalisierungsmaßnahmen drängenden »Abnehmern« der von den Universitäten Ausgebildeten einigten und es zu einer Kombination von Ordinarienuniversität und bürokratischem Großbetrieb kam. Das sollte u. a. durch Mitbestimmungskompetenzen der Studenten und des akademischen Mittelbaus verhindert werden.

Als sich durch die Ereignisse am 2. Juni 1967 die Situation aufs äußerste zugespitzt hatte, erfuhren die Berliner Studenten Solidarität außer von einer kleinen Zahl ihrer Professoren nur von außerhalb. Die Empörung über die Erschießung Benno Ohnesorgs ergriff sämtliche Hochschulen der Bundesrepublik. Als in allen Universitätsstädten die studentischen Proteste gleichzeitig aufflammten, wurde die Studentenschaft zu einem Faktor der westdeutschen Innenpolitik. Hochschulreform und Gesellschaftsreform wurden endgültig zu zwei von einer starken und tonangebenden Minderheit unter den Studenten gleichermaßen vertretenen Forderungen. Die Empörung über die Erschießung Ohnesorgs war der Anstoß, bei dem hervorbrach, was sich lange bei Jugendlichen angestaut hatte: ein komplexes Unbehagen über das schon zwanzig Jahre dauernde Zurückstellen gesellschaftlicher Reformen zugunsten wirtschaftlichen Wohlstandes, das mit der Installation der Großen Koalition Ende 1966 auf unabsehbare Zeit festgeschrieben zu sein schien.

In den Wochen nach dem 2. Juni zeigte sich exemplarisch das Verhältnis der kritischen Theoretiker zur Protestbewegung der Studenten. Am Tag der Beerdigung von Benno Ohnesorg, am 9. Juni, veranstaltete der ASTA der Freien Universität in Hannover – gewissermaßen im Exil – einen Kongreß *Hochschule und Demokratie. Bedingungen und Organisation des Widerstandes.* Eingeladen hatte der ASTA zu dieser ersten überregionalen Massenversammlung der universitären Linken »Professoren, die in der letzten Zeit zu uns gehalten haben«. Zu ihnen gehörte Habermas.

In seiner Rede versuchte Habermas, die politische Rolle der Studentenschaft zu bestimmen und Klarheit zu schaffen über die Schwierigkeiten bei dem Versuch, die Welt nicht nur zu interpretieren, sondern auch zu ändern. Als Hauptautor von *Student und Politik*, als Verfasser von *Strukturwandel der Öffentlichkeit*, als kritischer Wissenschaftstheoretiker und als langjähriger Diskussionspartner des SDS insbesondere im Hinblick auf Konzeptionen für eine demokratische Hochschulreform war er unter den Nicht-Studenten für solche Selbstverständi-

684

gungs- und Klärungsversuche prädestiniert wie wohl keiner sonst. Die Basis seiner Analyse und der daraus gezogenen Konsequenzen bildeten die zentralen Elemente seiner theoretischen Überlegungen. In der studentischen Opposition sah er beides gebündelt: das Verlangen, das Bildungspotential der Wissenschaften, und das Verlangen, das praktische Emanzipationspotential der Gesellschaft einzuklagen; die Forderung nach dem Offenhalten bzw. der Restituierung der Dimension der Selbstreflexion in der Hochschule und die Forderung nach Restituierung der Dimension der Praxis in der Gesellschaft. Wo Marcuse und Negt, dem der Protestbewegung so häufig gemachten Vorwurf der Flucht in illusionäre Betätigung entgegentretend, die Solidarität mit den Befreiungsbewegungen der Dritten Welt als den einzigen Weg rechtfertigten, auf dem in die ausgedörrte politische Landschaft der hochentwickelten Industriegesellschaften von außen her ein Bewußtsein für verschüttete historische Kräfte und revolutionäre Perspektiven dringen konnte – dort sah Habermas, vorsichtiger, ein Stück Wiederherstellung politischer Öffentlichkeit. »Die Studentenproteste, das ist meine These, haben eine kompensatorische Funktion, weil die in einer Demokratie eingebauten Kontrollmechanismen bei uns nicht oder unzureichend funktionieren.« (*Bedingungen und Organisation des Widerstandes*, 44) Als Beispiele nannte er u. a. Vietnam. »Ich erinnere mich genau, erst der Vorstoß von Studenten, in diesem Falle aus Berlin, gegen die falschen Definitionen eines Krieges, der ein sozialer Befreiungskampf ist, hat in das offizielle Weltbild unseres Landes die Bresche geschlagen, in die dann auch von anderer Seite aufklärende Informationen nach und nach eindringen konnten.« (44 f.) Die Forderung nach offizieller Förderung der kritischen Erörterung politischer Fragen in der Universität bekräftigte er mit dem Hinweis auf seine Überzeugung, »daß die Selbstreflexion der Wissenschaft, die das Medium des wissenschaftlichen Fortschritts ist, mit der rationalen Erörterung praktischer Fragen und politischer Entscheidungen durch die gemeinsame Form der Kritik verbunden ist« (46).

Dann kam Habermas auf die subjektiven Gefahren zu sprechen, die der Studentenbewegung drohten bzw. derer sie sich bewußt sein müsse angesichts einer ungewöhnlich lang gewordenen Durststrecke zwischen Theorie und Praxis und angesichts der für die Studenten-Rolle charakteristischen Spannungen zwischen Berufsvorbereitung und politischem Engagement sowie zwischen einem positivistischen Wissenschaftsbetrieb, der Handlungsorientierungen nicht mehr hergeben konnte, und dem Bedürfnis nach einer praktischen Gesamtorientierung. Den schwierigen richtigen Weg charakterisierte er als eine Gratwanderung zwischen Indifferentismus, Überanpassung und politischer Apathie oder irrationalen Handlungsorientierungen auf der einen Seite, der Seite der Masse der Studenten, und Aktionismus, verselbständigter revolutionärer Dauerbereitschaft und theoretischer Übervereinfachung auf der anderen Seite, der einer kaum erwähnenswerten kleinen Gruppe von Studenten. Den Studentenführern auf dem Podium eine exemplarische rationale Verarbeitung der von ihm bezeichneten Konflikte und Gefahren bescheinigend, warnte er zum Schluß noch einmal vor dem Masochismus, durch Herausforderung die sublime Gewalt der Institutionen in manifeste Gewalt umzuwandeln. Die studentische Opposition sei eingeschränkt auf »demonstrative Gewalt«, die dazu diene, »Aufmerksamkeit für unsere Argumente zu erzwingen, die wir für die besseren halten« (48).

Der heftigste und grundsätzliche Widerspruch gegen Habermas kam von Rudi Dutschke. Dutschke, Soziologie-Student an der Freien Universität, hatte als aktiver Protestant in der DDR den Wehrdienst verweigert, deshalb dort nicht studieren können und war unmittelbar vor dem Bau der Mauer nach Westberlin geflüchtet. 1964 hatte er in der »Subversiven Aktion« mitgewirkt, in der sich von der kritischen Theorie beeinflußte Literaten und an historisch-ökonomischen Analysen interessierte Studenten verbunden hatten, um in bundesrepublikanischen Städten Zellen zu gründen und in direkten Aktionen politisch aktiv zu werden. Anfang 1965 war er zusammen mit anderen Berliner Mitgliedern der »Subversiven Aktion« zum SDS übergewechselt, um dort eine aktionistische Fraktion zu etablieren und dem SDS insgesamt einen neuen antiautoritären und aktivistischen Charakter zu geben. Von den Medien war der hinreißende Rhetor mit seinen radikal-demokratischen Vorstellungen zum »roten Rudi« und zum Inbegriff des oppositionellen Studentenführers stilisiert worden. In Hannover erklärte Dutschke, Habermas' orthodox Marxsche Auffassung, es genüge nicht, daß der Gedanke zur Wirklichkeit dränge, die Wirklichkeit müsse auch zum Gedanken drängen, sei längst überholt. Marcuses Ansicht, der technologische Fortschritt zeuge neue Bedürfnisse nach einer Überschreitung des Versagung auferlegenden Realitätsprinzips, wurde von Dutschke zu einem – wie er es selber nannte – neuen Voluntarismus radikalisiert. Er setzte auf den Willen statt auf eine in der sozioökonomischen Entwicklung steckende emanzipierende Tendenz. Habermas warf er einen begriffslosen Objektivismus vor, der das zu emanzipierende Subjekt erschlage. Als antiautoritäre Kur noch gegen Bürokratisierungstendenzen bei ASTA, SDS und anderen festen studentischen Organisationen forderte er die bundesweite Bildung von Aktionszentren – Aktionszentren »für die Expandierung der Politisierung in Universität und Stadt durch Aufklärung und direkte Aktion, sei es gegen Notstand, NPD, Vietnam oder hoffentlich bald auch Lateinamerika«.

In einer angespannten politischen Situation, in der es eben den ersten Toten gegeben hatte, sah Habermas nun die Gefahr akut werden, daß gerade der einflußreichste und rhetorisch begabteste unter den Studentenführern von dem schmalen Grat rationaler Konfliktbewältigung abkam. Das veranlaßte den beunruhigten Habermas, der sich bereits zur Abreise zu seinem Auto begeben hatte, noch einmal umzukehren, um seine bereits zweimal geäußerte, aber zurückhaltend formulierte Warnung vor einer masochistischen Herausforderung institutionalisierter Gewalt noch einmal schärfer zu formulieren und die von Dutschke vorgetragene voluntaristische Ideologie als »linken Faschismus« zu bezeichnen. Das war eine fragend in die Runde – Dutschke war bereits abgereist – gerichtete Interpretation, die nicht weiter erörtert wurde, da der Kongreß bereits in Auflösung begriffen war. So blieb eine scharf formulierte Behauptung im Raum stehen, deren Schärfe in den Augen der aktivsten Studenten Habermas selbst verurteilte. In einer Situation, in der die Diffamierer der studentischen Opposition gerne den Ausdruck »faschistisch« gebrauchten, geriet der wohl engagierteste und reflektierteste Verbündete der Studenten unter den Ordinarien in den Geruch, den Gegnern wichtige Munition geliefert zu haben. »Daß die Führung des SDS mit mir vorbehaltlos geredet hätte«, sagte Habermas später in einem Interview, »das war Mitte 67 vorbei.« (*Kleine politische Schriften*, 519 f.)

Einen Monat nach dem Kongreß in Hannover, am 7. Juli, kam Adorno nach Berlin, um im Auditorium Maximum der Freien Universität auf Einladung des Germanischen Seminars und des Seminars für Allgemeine und Vergleichende Literaturwissenschaft einen bereits vor dem 2. Juni vereinbarten Vortrag *Zum Klassizismus von Goethes »Iphigenie«* zu halten. Nach der Erschießung Benno Ohnesorgs hatte er seiner Ästhetik-Vorlesung am 6. Juni eine Erklärung zu den Berliner Vorgängen vorangestellt, in der er seine Sympathie für den Studenten aussprach, »dessen Schicksal, gleichgültig was man berichtet, in gar keinem Verhältnis zu seiner Teilnahme an einer politischen Demonstration steht«, und gefordert, »es möchten die Untersuchung in Berlin Instanzen führen, die mit denen, die da geschossen und den Gummiknüppel geschwungen haben, organisatorisch nicht verbunden sind und bei denen keinerlei Interesse daran, in welcher Richtung die Untersuchung läuft, zu beargwöhnen ist.« Das war nahezu seine einzige »Einmischung« dieser Art während seiner Professorenlaufbahn. Ein Gutachten über Flugblätter der Kommune I zu verfassen, war er nicht bereit gewesen. Die Kommune I – von den Medien als »Horror-Kommune« bezeichnet – war vom SDS im Mai 1967 wegen verbandsschädigenden Verhaltens ausgeschlossen worden. Die Flugblätter, um die es ging, forderten nach Ansicht des Berliner Generalstaatsanwalts zur Brandstiftung auf. In Wirklichkeit hatten sie den Brand eines Brüsseler Warenhauses, bei dem 300 Menschen ums Leben gekommen waren, zum Anlaß für eine auf geschmacklose Weise satirische Kritik an der Gleichgültigkeit einer Konsumentengesellschaft gegenüber dem Krieg in Vietnam genommen. In Berlin war Adorno dann auch nicht bereit, der Aufforderung des SDS zu folgen, auf den Iphigenie-Vortrag zu verzichten und eine politische Diskussion zu veranstalten. »Der Brandstiftungsprozeß gegen Fritz Teufel«, hieß es in einem vor dem Autitorium Maximum verteilten Flugblatt des SDS, das sowohl den Ton eines später in den Terrorismus abgeglittenen Ablegers der Protestbewegung wie einen später von den unterschiedlichsten Seiten gegen die kritischen Theoretiker erhobenen Vorwurf vorwegnahm, »Dokument des Irrationalismus der losgelassenen Justiz, kann nur mit einem Sieg der Studenten enden, wenn durch ein Netz sich ergänzender Gutachten dem Gericht jede auch nur scheinbar vernünftige Argumentation unmöglich gemacht wird. Herr Prof. Adorno war für ein solches Gutachten prädestiniert, hausierte er doch mit Begriffen wie ›Warenstruktur der Gesellschaft‹, ›Verdinglichung‹, ›Kulturindustrie‹, seinem Repertoire, mit dem er seinem Auditorium gehobene Verzweiflung suggeriert. Aber die Bitten von Kollegen und Schülern blieben fruchtlos, der Prof. Adorno ließ sich nicht herbei, das Flugblatt der Kommune als satirischen Ausdruck der Verzweiflung zu deuten. Er lehnte ab. Diese Haltung ist wahrhaft klassizistisch in ihrer Bescheidenheit, denn Späße wie die von der Kommune angeregten haben die Adornoschen Unveränderbarkeits-Theoreme zur Voraussetzung.«

Adorno wurde von Peter Szondi vorgestellt, einem der auf seiten der opponierenden Studenten stehenden Professoren. Szondi, der seit langem mit Adorno bekannt war und sich emphatisch einen Schüler Adornos nannte, obwohl er nie bei ihm habe studieren können, der andererseits darauf verwies, daß er am Tage vorher im Brandstiftungsprozeß gegen die Studenten Rainer Langhans und Fritz Teufel ein 14seitiges Gutachten vorgetragen habe, gelang es, Adorno zu einem weitgehend ungestörten Vortrag zu verhelfen. Nach dem Vortrag wollte eine Studentin Adorno einen aufgeblasenen roten Gummi-Teddy überreichen (»Teddy« hieß Adorno im Freundeskreis). Ein Student schlug ihn ihr aus der Hand. Adorno verurteilte das als einen »Akt der Barbarei«.

Zwei Tage später traf er dann doch noch zu einer internen Diskussion mit SDS-Mitgliedern zusammen. Er hatte zur Bedingung gemacht, daß das Gespräch nicht auf Tonband aufgenommen würde. Was er bei dieser Gelegenheit sagte, hätte ihn, öffentlich geäußert, zu einem gefeierten Lehrer der Protestbewegung gemacht. Ein ungefeierter war er ja. Lehrer der oppositionellen Studenten zu sein – das brauchte weder einzuschließen: volle Identifikation mit dem, was die übrigens keineswegs einheitliche studentische Opposition äußerte, forderte und tat, noch: aktives Engagement zugunsten der studentischen Protestbewegung, noch: begeisterte Anerkennung seitens der Studenten.

Weil Adorno, anders als Habermas, an konkreten Konzeptionen für die Hochschulreform und für eine Neubelebung politischer Teilnahme kein Interesse hatte und weil seine Hoffnungen eher der Aufrechterhaltung und Nutzung verbliebener Freiräume für eine spekulative Philosophie und für avantgardistische Künste galten, schwankte er zwischen Sympathie und Abneigung gegenüber der studentischen Protestbewegung hin und her. Sein Wunsch war, wie er noch im Februar, nach der Beendigung der *Negativen Dialektik* mit der Weiterarbeit am Ästhetik-Buch beschäftigt, an Horkheimer geschrieben hatte: »Wenn wir doch nur noch die Ruhe haben werden, unsere Dinge unter Dach und Fach zu bringen und unser Leben ohne Angst und Druck zu beschließen.« (Adorno-Horkheimer, 13. 2. 67) Damit ließ sich eine exponierte Rolle im Zusammenhang mit der Protestbewegung nicht vereinbaren. Für sie wäre er auch seiner ganzen Verhaltens- und Denkweise nach kaum geeignet gewesen. In einem *Spiegel*-Interview sagte er zwei Jahre später unverhohlen, worin er seine Möglichkeiten und seine Stärke sah: »Ich versuche das, was ich erkenne und was ich denke, auszusprechen. Aber ich kann es nicht danach einrichten, was man damit anfangen kann und was daraus wird.« (*Spiegel* 19/1969) Das entsprach nicht gerade den von Habermas und einst von Horkheimer entwickelten Vorstellungen von einer auf ihre gesellschaftliche Funktion reflektierenden kritischen Theorie. Es mußte in manchen Ohren verantwortungslos anarchistisch, in manchen nach Elfenbeinturm klingen. Es zeugte von Adornos Nähe zur Position eines trotz aller Unmöglichkeit von Autonomie auf Autonomie bedachten Künstlers. Und es lag nur ein wenig Arroganz darin, und es handelte sich überwiegend um eine entwaffnend offene Form der Selbstrechtfertigung, wenn Adorno im gleichen Interview meinte: »Wenn ich praktische Ratschläge gäbe, wie es bis zu einem gewissen Grad Herbert Marcuse getan hat, ginge das an meiner Produktivität ab. Man kann gegen die Arbeitsteilung sehr viel sagen, aber bereits Marx, der sie in seiner Jugend aufs heftigste angegriffen hat, erklärte bekanntlich später, daß es ohne Arbeitsteilung auch nicht ginge.«

Marcuse, wie gesagt, betrat im Juli 1967 die Berliner Szene als gefeierter Lehrer der Neuen Linken. Als er ankam, war Adorno – mit dem er gerne über schwerwiegende Differenzen gesprochen hätte, die zwischen ihm einerseits, Horkheimer und Adorno andererseits im

Hinblick auf die Einschätzung der USA, des Krieges in Vietnam und der Studentenbewegung zutage getreten waren und die sich brieflich zwischen ihm, der in Kalifornien, Horkheimer, der in der Schweiz, und Adorno, der in Frankfurt wohnte, nicht hatten klären lassen – gerade abgeflogen. Am 12. Juli begann die viertägige vom SDS organisierte Veranstaltung, in deren Mittelpunkt Marcuse stand. Er hielt im überfüllten Audimax Vorträge über *Das Ende der Utopie* und *Das Problem der Gewalt in der Opposition* und nahm an Podiumsdiskussionen über *Moral und Politik in der Übergangsgesellschaft* und *Vietnam – Die Dritte Welt und die Opposition in den Metropolen* teil.

Daß ein großer alter Mann der kritischen Theorie, ein inzwischen berühmt gewordener Emigrant mit revolutionärem und humanistischem Pathos ganz auf ihrer Seite stand, tat den oppositionellen Studenten, wenige Wochen nach dem im Raum stehengebliebenen Linksfaschismus-Verdacht, gut. Die Erwartungen waren um so größer, als außer den Theoretikern des SDS die meisten Marcuses Arbeiten höchstens oberflächlich kannten. Gerade die aktivsten unter den Studenten aber hofften, Marcuse werde auf drängende Fragen Antworten geben, die sie selbst den von ihnen mobilisierten Studenten nicht zu geben vermochten. Eine konkrete Utopie auszumalen sei die wichtigste Aufgabe der kritischen Theorie, gerade jetzt in der Zeit der sehr, sehr langen und komplizierten Übergangsperiode, hatte Dutschke in einem unmittelbar vor den Marcuse-Veranstaltungen erschienenen *Spiegel*-Gespräch gemeint.

Aber auch Marcuse enttäuschte die Studenten. Er sagte ihnen unmißverständlich, daß sie nicht das Subjekt der historischen Umwälzung seien. Er sprach ihnen ab, eine unterdrückte Minderheit zu sein, und er sprach ihnen ab, eine unmittelbar revolutionäre Kraft zu sein. Er machte deutlich, daß es nur viele zersplitterte Kräfte gebe, auf die man Hoffnungen setzen könne. Den für das Selbstverständnis der Studenten so wichtigen Zusammenhang zwischen ihrer Opposition in den Metropolen und den Befreiungskämpfen in der Dritten Welt sah er zwar, anders als Habermas, nicht bloß in einem Durchbrechen von falschen Definitionen und einer Korrektur eingeschränkter Berichterstattung, sondern weitaus fundamentaler. Aber wie er ihn sah, das mußte die Studenten, die die eigene Opposition gegen sich verfestigende autoritäre Machtpositionen im eigenen Land vor dem Hintergrund einer weltpolitischen Erschütterung der hochindustrialisierten Länder durch den Befreiungskampf der Dritten Welt sahen, enttäuschen. »Ich sehe«, meinte Marcuse, der in seinem ersten Vortrag wiederum seine Idee einer »neuen Anthropologie« entwickelt und als das charakteristische Merkmal einer freien, sozialistischen Gesellschaft deren »ästhetisch-erotische Dimension« bezeichnet hatte, »die Tendenz zu diesen neuen Bedürfnissen an den beiden Polen der bestehenden Gesellschaft, nämlich in den höchstentwickelten und ein andermal in den im Befreiungskampf stehenden Teilen der Dritten Welt . . . Den im Befreiungskampf stehenden Vietnamesen zum Beispiel braucht man das Bedürfnis nach Frieden nicht erst einzuoktroyieren, die haben das . . . Und auf der anderen Seite, in der höchstentwickelten Gesellschaft, stehen diejenigen Gruppen, Minoritätsgruppen, die sich die neuen Bedürfnisse leisten können oder die sie, selbst wenn sie sie sich nicht leisten können, einfach, weil sie sonst physiologisch erstickten, eben haben. Da komme ich wieder zurück auf die Beatnik- und Hippie-Bewegung. Was wir hier haben, ist doch immerhin ein interessantes Phänomen, nämlich einfach die Weigerung, an den Segnungen der ›Gesellschaft im Überfluß‹ teilzunehmen. Das ist auch schon eine der qualitativen Veränderungen des Bedürfnisses.« (*Das Ende der Utopie*, 27 f.)

Kein Wunder, daß eine der ersten Diskussionsbemerkungen war: »Die Frage, die uns doch eigentlich interessieren sollte und auf die wir bisher von Ihnen keine Antwort gekriegt haben, ist die nach den materiellen und intellektuellen Kräften für die Umwandlung.« (20) Statt dessen gestand Marcuse seine Ratlosigkeit angesichts des Zirkels ein, daß, um die neuen Bedürfnisse zu entwickeln, erst einmal die Mechanismen abgeschafft werden müßten, die die alten Bedürfnisse reproduzierten, daß aber wiederum, damit diese Mechanismen abgeschafft werden könnten, erst einmal das Bedürfnis nach deren Abschaffung erzeugt werden müsse. Als einzigen ihm vorschwebenden Ausweg führte er – wie schon im Toleranz-Aufsatz und dann wieder geradezu exzessiv in einem einige Wochen nach der Berliner Veranstaltung erschienenen *Spiegel*-Gespräch *Professoren als Staats-Regenten?* – eine Erziehungsdiktatur an. Das konnte schwerlich nach dem Geschmack der überwiegend antiautoritär eingestellten studentischen Opposition sein. Wenn er dann in seinem zweiten Vortrag über *Das Problem der Gewalt in der Opposition* die Suche nach Konfrontation um der Konfrontation willen als verantwortungslos bezeichnete, die Notwendigkeit der Ausarbeitung eine kritischen Theorie betonte und die Befreiung des Bewußtseins – eine Befreiung, die Diskussion, aber auch Demonstration, das »Mitgehen des ganzen Menschen« erfordere – als vorrangige Aufgabe der Opposition nannte, dann blieb in den für die Erwartungen seiner Zuhörer wichtigen Punkten praktisch kein Unterschied mehr zu dem, was Habermas in Hannover vertreten hatte. Das Pathos, mit dem Marcuse sich zum Befreiungskampf in der Dritten Welt äußerte, erwies sich als ein Ausweichen vor der Frage nach dem, was in der westlichen Welt zu tun sei. Zu einer wirklichen Diskussion der Punkte aber, angesichts derer Marcuse offen seine

Ratlosigkeit bekannte, kam es nicht, konnte es auch im Rahmen solcher Großveranstaltungen nicht kommen.

Nach Marcuses Auftritt in Berlin meinte Knut Nevermann: »Marcuse müßte uns eine positive Utopie aufzeigen.« In der Tat, was die Erwartungen der oppositionellen Studenten und gerade auch ihrer führenden Köpfe betraf, so waren Marcuses Ausführungen im Grad der Konkretheit und Verbindlichkeit noch hinter dem zurückgeblieben, was Dutschke in seinem unmittelbar vor Marcuses Berliner Auftritt veröffentlichten *Spiegel*-Gespräch über Rätedemokratie und Aktionszentren, über passive Formen des Widerstandes gegen die Springer-Presse und das Vorhaben einer Gegen-Universität als Beispiele für direkte Aktionen und für die auch von ihm beschworene »große Weigerung« gesagt hatte.

Ein unglückliches Verhältnis zwischen oppositionellen Studenten und kritischen Theoretikern schien unvermeidlich, wie unterschiedlich die Positionen und die Verhaltensweisen der letzteren auch immer sein mochten – ob einer nun, wie Adorno, als ein politischen Dingen eher fernstehender akademischer Lehrer und Publizist für die Weitergabe kritischen Denkens an eine im Schoß des Restauratoriums Bundesrepublik allmählich zum Leben erwachende außerparlamentarische Opposition gesorgt hatte und sich in der Öffentlichkeit mit seinem Urteil über das, was mit den Ergebnissen seiner Denkarbeit geschah, zurückhielt, sich weder offen damit identifizierte noch offen davon distanzierte; oder ob einer nun, wie Habermas, als akademischer Lehrer und Publizist mit ausgeprägtem politisch-philosophischen Interesse die Zusammenhänge zwischen Wissenschaft, Hochschule und Gesellschaft reflektierte und sich mit der Protestbewegung identifizierte, dabei aber die Klärung der Ziele und Methoden, der Chancen und Gefahren ein- oder zweimal mit einer Schärfe betrieb, die objektiv als Distanzierung wirkte; oder ob einer nun, wie Marcuse, eine Reihe einprägsamer und verlockender Begriffe zu bieten hatte (»große Weigerung«, »Naturrecht auf Widerstand«, »neue Sensibilität«), die weniger in einer Theorie, als vielmehr in der Vision einer Triebbasis des Sozialismus und in einem revolutionär-humanistischen Pathos verankert waren, das zusammenfiel mit einem offen bekundeten positiven Vorurteil zugunsten aller möglichen oppositionellen Gruppen, solange sie, wo ihnen Gewalt nötig schien, nicht mehr Gewalt anwandten als nötig.

Ironischerweise gelangte Horkheimer, der, zur Identifikation von Anti-Amerikanismus und Pro-Totalitarismus neigend, der Studentenbewegung wie dem vietnamesischen Befreiungskampf ablehnend gegenüberstand, mit zunehmender Radikalisierung der Studentenbewegung zu immer größeren Ehren, indem manche seiner früheren

Arbeiten sich als Fundgrube für Zitate erwiesen, die der aktuellen Stimmung entsprachen. Das war für Horkheimer natürlich keine Genugtuung. Anfang der 60er Jahre war er lediglich zu einer italienischen Ausgabe der *Dialektik der Aufklärung* zu bewegen gewesen, die unauffällige Änderungen möglich machte. Der deutschen Neupublikation, die der Fischer Verlag in großer Auflage bereits für 1961 vorhatte, hatte er die Zustimmung verweigert. »Die Situation ist einfach die«, hatte Adorno Marcuse gegenüber das Zögern zu erklären versucht, »daß wir auf der einen Seite wegen gewisser exponierter Formulierungen, besonders solcher, welche die institutionelle Religion betreffen, Angst haben, wofern die Sache so sehr unter die Leute kommt, wie es nun zu erwarten stünde; daß wir aber andererseits den Text intakt erhalten und durch keine Hinsichten und Rücksichten verwässern möchten.« (Entwurf des Briefes an Marcuse, Beilage zu Adorno-Horkheimer, 7. 9. 62) Wie Ärger über die Raubdrucke Lukács zur Neuveröffentlichung von *Geschichte und Klassenbewußtsein* veranlaßt hatte, so veranlaßte er Horkheimer, nach der 1967 veröffentlichten deutschen Übersetzung der *Eclipse of Reason* 1968 auch seine *ZfS*-Beiträge neu zu publizieren. Er tat es im Sinne einer Dokumentation und unter Voranstellung eines Vorworts, in dem er an die »Jugend der Gegenwart« die Mahnung richtete: »Die begrenzte, ephemere Freiheit des einzelnen im Bewußtsein ihrer zunehmenden Bedrohung zu schützen, zu bewahren, womöglich auszudehnen, ist weit dringlicher, als sie abstrakt zu negieren oder gar durch aussichtslose Aktionen zu gefährden.« Die Texte allerdings, denen einige der studentischen Parolen entnommen waren, ließ er von seiner Seite weiterhin unveröffentlicht: den *ZfS*-Beitrag *Die Juden und Europa*, in dem der Satz stand: »Wer aber vom Kapitalismus nicht reden will, soll auch vom Faschismus schweigen«, und die seinerzeit unter dem Pseudonym Heinrich Regius publizierte Aphorismensammlung *Dämmerung*, in der es u. a. hieß: »Die revolutionäre Karriere führt nicht über Bankette und Ehrentitel, über interessante Forschungen und Professorengehälter, sondern über Elend, Schande, Undankbarkeit, Zuchthaus ins Ungewisse, das nur ein fast übermenschlicher Glaube erhellt. Von bloß begabten Leuten wird sie daher selten eingeschlagen.«

Die Radikalisierung der studentischen Protestbewegung und ihre Entwicklung zur treibenden Kraft der außerparlamentarischen Opposition setzte sich fort, da die Ursachen weiterbestanden: das Ausbleiben einer demokratischen Hochschulreform; der weitere Verfall des Parlamentarismus unter den Bedingungen einer Großen Koalition, die sich u. a. die Verabschiedung der Notstandsgesetze zum Ziel gesetzt hatte und mit der Einführung des Mehrheitswahlrechts bzw. einer 10%-Sperrklausel liebäugelte; die moralische und finanzielle

Unterstützung des Vietnamkrieges durch die Bundesrepublik; die im Springer-Konzern und der Berliner Pressesituation sinnfällig vor Augen geführte Manipulation der öffentlichen Meinung; die allgemeine Orientierung am Leitbild einer formierten Gesellschaft. Nach der Ausbreitung des Protestes auf die Hochschulen der Bundesrepublik gewannen im Winter 1967/68 und im Frühjahr 1968 allgemein politische Aktionen Vorrang gegenüber den hochschulpolitischen. Den aktiven Studenten erschienen die Hochschulen immer mehr als Basis und Schauplatz für allgemein politische Auseinandersetzungen.

Im Februar führte der Berliner SDS in der Technischen Universität einen *Internationalen Vietnam-Kongreß* mit anschließender Demonstration durch, der gezielt an die an Solidaritätsgefühle appellierende Kongreßpolitik von Willi Münzenberg anknüpfte und sich von früheren Studentenkongressen mit theoretischen Analysen und Diskussionen – wie z. B. 1966 mit Marcuse in Frankfurt – unterscheiden sollte. Er tagte unter einer riesigen Fahne der vietnamesischen Befreiungsfront, auf der die Worte des wenige Monate zuvor im Guerillakampf in Bolivien getöteten Che Guevara standen: »Die Pflicht jedes Revolutionärs ist es, die Revolution zu machen.« Im April wurde das Attentat auf Rudi Dutschke – er wurde von dem 23jährigen Hilfsarbeiter Josef Bachmann durch drei Schüsse aus einem Trommelrevolver lebensgefährlich verletzt – von den Studenten sogleich als Folge einer vor allem von der Springerpresse geschürten Pogromstimmung gegen Studenten begriffen und zum Anstoß für Springer-Blockaden. Ca. 60 000 Jugendliche in der gesamten Bundesrepublik versuchten an den Ostertagen die Auslieferung von Springer-Zeitungen zu verhindern. Es kam zu Straßenschlachten, wie es sie seit den späten Weimarer Jahren im Westen Deutschlands nicht mehr gegeben hatte. In München wurden ein Fotoreporter und ein Student tödlich verletzt.

Dann der Mai 68. In Paris war es der Monat der Barrikadennächte im Universitätsviertel Quartier Latin, der Monat des von Gewerkschaften und Linksparteien für den 13. Mai ausgerufenen Generalstreiks. In einem Gespräch mit dem schlagartig berühmt gewordenen, zu den Rebellen gehörenden Soziologie-Studenten Daniel Cohn-Bendit appellierte Sartre an die Studenten, nicht zurückzuweichen bei ihrem Versuch, die Phantasie an die Macht zu bringen und das Feld der Möglichkeiten auszuweiten. In Westdeutschland stand der Mai im Zeichen des Kampfes gegen die Verabschiedung der Notstandsgesetze. Nahezu 100 000 demonstrierten am 11. Mai in Bonn. Am 20. Mai begann von Westberlin aus eine Welle von Instituts- und Universitätsbesetzungen. Für den 27. Mai rief der SDS zusammen mit dem von der IG Metall unterstützten Kuratorium »Notstand der Demokratie« und der aus der Ostermarschbewegung hervorgegangenen

»Kampagne für Demokratie und Abrüstung« zum politischen Generalstreik in Betrieben und Hochschulen auf. In Frankfurt wurde am 27. Mai, nachdem der Rektor der Universität einen Streikaufruf der Studenten mit der Schließung der Hochschule beantwortet hatte, von 2000 Studenten unter Führung Hans Jürgen Krahls – Frankfurter Pendant zu Dutschke und theoretisch versierter Doktorand von Adorno – das Hauptgebäude der Universität besetzt. Die Johann Wolfgang Goethe-Universität wurde in »Karl Marx-Universität« umbenannt. In der besetzten Hochschule wurde begonnen, das Programm der kurz zuvor gegründeten »Politischen Universität« in die Wirklichkeit umzusetzen und modellhaft eine kritische Universität vorzuführen. Habermas' Assistenten z. B. – Negt, Offe, Oevermann, Wellmer – beteiligten sich daran mit Seminaren über *Geschichte und Gewalt, Zur politischen Theorie der APO, Unpolitische Universität und Politisierung der Wissenschaft.* Nach drei Tagen – inzwischen hatte eine Gruppe von Studenten im Rektorat Aktenschränke geöffnet – wurde das Gebäude durch die Polizei geräumt und nunmehr von ihr besetzt gehalten. Während eines Studenten- und Schülerkongresses an den Pfingsttagen in Frankfurt über Bedingungen und Organisation des Widerstands ein Jahr nach der Erschießung Benno Ohnesorgs und dem Hannoveraner Kongreß kam es zu einem Protestmarsch auf die von der Polizei besetzte Universität, der ohne besondere Vorfälle verlief.

In diesen Wochen, da für die rebellierenden Studenten politische Auseinandersetzungen die hochschulpolitischen in den Hintergrund gedrängt hatten und sie in allen Fällen ihre Ohnmacht und Erfolglosigkeit erleben mußten – Springer-Zeitungen wurden nach Ostern wie eh und je ausgeliefert, verkauft und gelesen, die Notstandsgesetze wurden vom Bundestag am 30. Mai verabschiedet, die Empörung über den Vietnamkrieg blieb weiterhin Sache der oppositionellen Minderheit –, äußerten sich in Frankfurt zweimal kritische Theoretiker zur Studentenbewegung, das eine Mal Adorno, das andere Mal Habermas.

Am 8. April 1968 eröffnete Adorno als scheidender Vorsitzender der Deutschen Gesellschaft für Soziologie mit einem Einleitungsvortrag den in Frankfurt tagenden 16. Deutschen Soziologentag. Dessen Hauptthema, dem auch Adornos Vortrag gewidmet war, hieß *Spätkapitalismus oder Industriegesellschaft?.* Es war im Hinblick auf den 150. Geburtstag von Karl Marx gewählt worden. Aber man konnte dahinter auch eine Art Reverenz gegenüber der Studentenbewegung vermuten, von der die Soziologen überrascht worden waren und zu der die deutschen Soziologen bis dahin – sah man von Habermas ab – nicht viel zu sagen gewußt hatten. Nun tagten die Soziologen immerhin in dem nach der Berliner Freien Universität wichtigsten Zentrum der studentischen Opposition, die u. a. dafür gesorgt hatte, daß Strukturfragen einer industriell hochentwickelten kapitalistischen Gesellschaft wieder in das Spektrum öffentlicher Auseinandersetzung einbezogen wurden.

In seiner jüngsten, zusammen mit Ursula Jaerisch, einer seiner Studentinnen, verfaßten soziologischen Arbeit *Anmerkungen zum sozialen Konflikt heute*, die 1968 in der Festschrift zu Wolfgang Abendroths 60. Geburtstag erschien, hatte Adorno den Gedanken von der Latenz des Klassenkonflikts und der Verschiebung des Konflikts in gesellschaftliche Randzonen entwickelt – ein Gedanke, der ein fruchtbarer Ansatzpunkt für theoretische Analysen der Neuen Linken hätte werden können. In seinem Einleitungsvortrag über *Spätkapitalismus oder Industriegesellschaft?* nahm Adorno jenen für eine Analyse der aktuellen Situation so vielversprechenden Gedanken nicht auf. Er sprach vielmehr die seinerzeit im Vorwort zu den *Sociologica II* fortgelassene resignative Vermutung aus, daß sich die gegenwärtige Gesellschaft möglicherweise einer in sich kohärenten Theorie entwinde. Das von ihm auch diesmal wieder gezeichnete Bild einer Gesellschaft des universalen Banns, in das offener als früher orthodox marxistische Elemente eingestreut waren und in dem der auf der Gesellschaft lastende Bann u. a. auf einen Interventionismus des Staates zurückgeführt wurde, der indirekt die Zusammenbruchstheorie bestätige, wurde nur an einer Stelle durchbrochen. »Erst in jüngster Zeit«, fuhr Adorno fort, nachdem er wiederum den Untergang des Individuums konstatiert hatte, »werden Spuren einer Gegentendenz gerade in verschiedensten Gruppen der Jugend sichtbar: Widerstand gegen blinde Anpassung, Freiheit zu rational gewählten Zielen, Ekel vor der Welt als Schwindel und Vorstellung, Eingedenken der Möglichkeit von Veränderung. Ob demgegenüber der gesellschaftlich sich steigernde Destruktionstrieb doch triumphiert, wird sich weisen.« (*Ges. Schr. 8*, 368) Dann setzte er den durch die zitierte Stelle bloß unterbrochenen Gedankengang fort, als hätte er jene Bemerkung gar nicht gemacht. So bekundete er seine grundsätzliche Sympathie für die Protestbewegung, die zugleich ohne Konsequenz für sein Denken blieb. Der Soziologentag endete, ohne daß zur Interpretation der Protestbewegung und der Lage der westlichen Gesellschaften viel Wesentliches gesagt worden wäre, am selben Tag, an dem das Attentat auf Dutschke den Auftakt zu den Springer-Blockaden gab.

Am 1. Juni, Pfingstsamstag, dem ersten Tag des Frankfurter Studenten- und Schülerkongresses, sprach abends Habermas in der Mensa außerhalb der von Polizei besetzten Universität abermals in einer angespannten politischen Situation zu oppositionellen Studenten. Sein Thema war laut Programm: der Aktionsspielraum für Protest und Widerstand. Wieder war, was er vortrug, eine Kombination von eindringlicher Analyse und Kritik der Protestbewegung. Wieder fiel hier, wo es ihm um interne Kritik ging, die Kritik überaus scharf aus. Nach den Erfahrungen mit einem Jahr bundesweiter Protestbewegung und einem Gastsemester in den USA im Winter 1967/68 bescheinigte Habermas den oppositionellen Studenten, sie hätten eine neue und ernsthafte Perspektive für die Umwälzung tiefsitzender Gesellschaftsstrukturen eröffnet. Wie schon in Hannover sah er das unmittelbare Ziel der Protestbewegung in der Politisierung der Öffentlichkeit: in der Rückholung praktisch folgenreicher Fragen in die öffentliche Diskussion und der Rückgängigmachung der den technokratischen Schein ermöglichenden Entpolitisierung. Neu war, daß er nun auch die provokationistischen Techniken der begrenzten Regelverletzung noch als ein legitimes und notwendiges Mittel anerkannte, Diskussionen dort zu erzwingen, wo sie verweigert wurden. Neu war vor allem, daß er nun eine Vorstellung davon hatte, wie die Protestbewegung der Studenten und Schüler sich erklären ließe, und daß er neoanarchistische Anschauungen und direkte Aktionen nicht mehr sogleich als eine Spielart des Faschismus einstufte und verwarf.

Seine Erklärung ergab sich aus einer Kombination der Theorie der Konfliktverschiebung in der spätkapitalistischen Gesellschaft mit Marcuses teils als Diagnose, teils als Utopie gemeintem Theorem von der neuen Sensibilität und mit den Ergebnissen US-amerikanischer empirischer Untersuchungen über den Einfluß von Schichtzugehörigkeit und Sozialisationsformen auf Einstellung und Verhalten der Jugendlichen. Am ausführlichsten hatte er seine Interpretation bereits in einem Vortrag Ende 1967 im New Yorker Goethe-Institut dargelegt. »Diese Generation ist wahrscheinlich mit mehr psychologischem Verständnis, mit einer liberaleren Erziehung und unter einer permissiveren Einstellung groß geworden als alle vorangegangenen ... Nehmen wir den Umstand hinzu, daß diese Generation als erste unter entlasteten ökonomischen Bedingungen aufgewachsen ist und daher psychologisch weniger stark unter dem disziplinierenden Zwang des Arbeitsmarktes steht; dann ergibt sich hypothetisch ein Zusammenhang, aus dem wir die eigentümliche Sensibilität der jungen Aktivisten erklären können. Sie sind sensibel geworden für die lebensgeschichtlichen Kosten einer von Statuskonkurrenz, Leistungswettbewerb und Bürokratisierung aller Lebensbereiche bestimmten Gesellschaft; diese Kosten erscheinen ihnen im Verhältnis zu dem technologischen Potential unverhältnismäßig hoch ... Es könnte sehr wohl sein, daß der Abbau der elterlichen Autorität und die Verbreitung von permissiven Erziehungstechniken bei den heranwachsenden Kindern Erfahrungen ermöglicht und Orientierungen fördert, die einerseits mit den

Standards einer aufrechterhaltenen Leistungsideologie zusammenprallen müssen, die aber andererseits mit dem technologisch verfügbaren, obgleich von der Gesellschaft nicht entbundenen Potential an Freizeit und Freiheit, Befriedigung und Befriedung konvergieren.« (*Studentenprotest in der Bundesrepublik*, in: *Protestbewegung und Hochschulreform*, 175 f.)

Andererseits übte Habermas wieder scharfe Kritik. Was ihn dazu veranlaßte, waren Befürchtungen wegen des für den nächsten Tag geplanten Protestmarsches auf die von Polizei besetzte Universität, darüber hinaus aber die Sorge um einen Partner, der ihm so nahe stand in der Kritik an der Ausschaltung praktischer Fragen aus einer entpolitisierten Öffentlichkeit und der zugleich so gefährdet und gefährdend war bei der prekären Gratwanderung der Revolte in nicht-revolutionären Zeiten. Scharf war die Kritik in der Charakterisierung der neuen Demonstrationstechniken als ritualisierter Formen der Erpressung und des Trotzes von Heranwachsenden gegenüber unaufmerksamen, aber relativ nachsichtigen Eltern. Scharf war sie ferner darin, daß Habermas den Vorwurf, einige der führenden Akteure verwechselten eine Universitätsbesetzung mit einer faktischen Machtübernahme, durch die Bemerkung zuspitzte, dergleichen erfüllte im klinischen Bereich den Tatbestand der Wahnvorstellung. Scharf war sie schließlich darin, daß sie den Studenten vorwarf, sich an »Binsenwahrheiten« zu orientieren, mit denen sehr schwierige und unabgeschlossene Diskussionen aus dem Bereich der Marxschen Gesellschaftstheorie zugunsten simplifizierter Gewißheiten abgebrochen würden – abgebrochen zugunsten der Überzeugung von unlösbaren Problemen der Kapitalverwertung auch im staatlich geregelten Kapitalismus, der Überzeugung von der Aussicht auf die nach wie vor bestehende Entfachbarkeit des sozioökonomischen Klassenkonflikts zu einem politischen, der Überzeugung schließlich von einem kausalen Zusammenhang zwischen der wirtschaftlichen Stabilität der entwickelten kapitalistischen Länder und der katastrophalen wirtschaftlichen Situation in den Ländern der Dritten Welt. Diese Überzeugungen, meinte Habermas, führten zu den von ihm kritisierten verhängnisvollen Strategien.

Das waren verblüffende Vorwürfe. Verblüffend einmal, weil die von Habermas aufgezählten Überzeugungen eher für die »Traditionalisten« unter den SDS-Mitgliedern galten, während gerade die – wie Dutschke mehr an Marcuse orientierten oder wie Krahl von der kritischen Theorie Adornos und Habermas' herkommenden – »Antiautoritären« die Verfechter der neuen Protesttechniken waren. Verblüffend war zum anderen: Habermas selbst bediente sich orthodox marxistischer Auffassungen von den Bedingungen einer Revolution, spitzte diese Bedingungen zu auf die offene Empörung ausgebeuteter

Massen, auf deren Kooperation das gesellschaftliche System angewiesen war, um dann aus der Nichterfülltheit dieser Bedingungen auf das Nichtvorliegen einer revolutionären Situation zu schließen und damit auf die Unzulässigkeit aller Aktionen, die nicht durch symbolische Erpressung Aufmerksamkeit für Argumente erzwangen, sondern als gewaltsame Mittel zur Eroberung von Machtpositionen gemeint waren. Allerdings: Wie sehr man sich auch darüber streiten konnte, ob Habermas die das Handeln der aktivsten Teile der Studentenschaft bestimmenden Überzeugungen richtig getroffen hatte, ob die verwendeten Strategien wirklich aus solchen Überzeugungen folgten, ob die von Habermas genannten Bedingungen für eine revolutionäre Situation nicht zu eng gefaßt waren – er hatte recht mit seiner Behauptung, daß der SDS den Aktionsspielraum durch eine in Revolutionierung zu überführende Situation bestimmt sah. Die Analysen des SDS wiesen immer mehr in die Richtung eines Selbstverständnisses und einer Lageeinschätzung, wonach, wie langfristig auch immer, die Protestbewegung in Gang zu halten war, bis sie endlich in eine von den Arbeitern mitgetragene Revolution einmündete.

Das führt auf den letztlich entscheidenden Unterschied zwischen Habermas und den aktivsten Teilen der Studentenschaft. Für diese war der gewaltsame Umsturz einer Überflußgesellschaft nichts Undenkbares, stand die Politisierung der Öffentlichkeit im Dienst einer antiautoritären und antikapitalistischen Umwälzung. Für Habermas war eine Revolutionierung hochentwickelter Industriegesellschaften nur so denkbar: Der Überdruß am erreichbaren Wohlstand machte eines Tages bis in die integrierte Arbeiterschaft hinein empfindlich gegen die bürokratisierten Arbeits- und Lebensformen, und die Herrschenden mußten dann, um von einer nicht länger zu überflüssigen Entsagungen bereiten Bevölkerung überhaupt noch die nötigen Leistungen gewährt zu bekommen, die Repolitisierung der ausgetrockneten Öffentlichkeit dulden. Ein aufs neue politisches Publikum würde sich dann über die Ziele des gesellschaftlichen Handelns verständigen. Die Funktion der Protestbewegung konnte in Habermas Augen nur darin bestehen: durch Druck von unten bzw. außen die innerorganisatorische Demokratie bei Parteien, Gewerkschaften, Verbänden und die kritische Funktion der Massenmedien zu stärken bzw. wiederzubeleben und auf diese Weise höchst vermittelt zur Demokratisierung komplexer Gesellschaften, zur Entbürokratisierung von Herrschaft beizutragen. Der Einbruch von Diffusion und direkter Aktion, den in der Berliner Szene Dutschke und andere Angehörige der Gruppe »Subversive Aktion« 1964/65 sinnfällig vorgeführt hatten und der fortan in der westdeutschen Studentenbewegung vor allem von Dutschke verkörpert und als ein entscheidendes Element der

Dynamik der Bewegung lebendig gehalten wurde, konnte von Marcuse, dem Theoretiker der neuen Sensibilität und der Triebbasis des Sozialismus begrüßt werden, mußte bei Adorno, dem Theoretiker des Nichtidentischen und des somatischen Impulses, auf ein gewisses Maß an Sympathie und Verständnis stoßen – erregte aber bei Habermas, dem Theoretiker einer umfassenden Rationalisierung und der kommunikativen Verflüssigung innerer Natur die Furcht vorm Irrationalen, vor Expression und Aktion, die notfalls auch ohne Begrifflichkeit und Diskussion auf ihrem Recht bestanden.

Weder auf theoretischer noch auf universitätsorganisatorischer Ebene gelang die Verständigung zwischen kritischen Theoretikern und kritischen Studenten, die erwarteten, daß die linken Professoren nun ihre ganze Existenz auf die Karte der nahe geglaubten Revolution setzten. Der noch im selben Jahr veröffentlichte Band *Die Linke antwortet Jürgen Habermas* – nämlich auf die beim Frankfurter Pfingstkongreß vorgetragenen und dem Band vorangestellten Thesen – mit Beiträgen diverser SDS-Mitglieder und linker Hochschulassistenten setzte keine theoretische Diskussion in Gang, obwohl Oskar Negt – Assistent von Habermas und zugleich ein eng mit dem SDS liierter Repräsentant der Neuen Linken – in seiner Einleitung mit guten Gründen und ohne vor entschiedener Kritik an Habermas zurückzuscheuen den Sinn des Buches in einer »öffentlich ausgetragenen Kontroverse innerhalb der Neuen Linken« sah. Die Einrichtung eines drittelparitätischen Seminarrates im Soziologischen Seminar der Philosophischen Fakultät kam in Frankfurt aufgrund des gegenseitigen Mißtrauens zwischen Professoren und Studenten und der weitergehenden und auf direkte Politisierung der Wissenschaft zielenden Forderungen einer tonangebenden Gruppe des SDS nicht zustande.

Im Wintersemester 1968/69 spitzte sich die Situation weiter zu. Zuerst traten die Studenten der Abteilung für Erziehungswissenschaften aus Protest gegen erste sie treffende Vorwegnahmen einer technokratischen Hochschulreform in den Streik und organisierten Gegenseminare. Ihnen schlossen sich sogleich die Soziologen, Slawisten, Romanisten, Germanisten an. »Wir nehmen die Auseinandersetzung mit den Professoren um die sofortige Umorganisation des Soziologiestudiums am Freitag, den 5. 12. um 19 Uhr [im Hörsaal, R. W.] H VI in einer Vollversammlung der Soziologen noch einmal auf«, hieß es in einem Flugblatt der Basisgruppe Soziologie. »Wir werden dort diskutieren: 1) die Möglichkeit einer Satzung, die den Studenten eine Mitkontrolle über die inhaltlichen Forschungs- und Lehrstrategien sichert; 2) die Möglichkeit einer vorläufigen Aussetzung des soziologischen Lehrbetriebs, wie er bislang ablief, und die gemeinsame Organisierung von Forschungs- und Lehrkollektiven, welche die autoritäre Lehrsituation abbauen und eine neue Lehr- und Forschungsstrategie entwerfen. Diese gemeinsamen Arbeitsgruppen müssen als ordentliches Studium anerkannt werden.« »Wir haben«, hieß es weiter, »keine Lust, die linken Idioten des autoritären Staates zu spielen, die kritisch in der Theorie sind, angepaßt in der Praxis. Wir nehmen den Ausspruch Horkheimers ernst« – und dann schloß das Flugblatt mit der oben S. 693 zitierten Stelle aus der *Dämmerung*. Mit der Bemerkung »So weit haben wir's gebracht« gab Adorno das Flugblatt an Horkheimer weiter.

Drei Tage nach der ergebnislos verlaufenden Diskussion mit den Soziologieprofessoren besetzten Studenten das Soziologische Seminar in der Myliusstraße, das den Namen »Spartakus-Seminar« erhielt. Jeden Abend wurde für den folgenden Tag ein Streikkomitee bestimmt, das für die Verteilung der Räume an die diversen Arbeitsgruppen, für die Koordinierung der interfakultativen Arbeitskreise und für die Flugblatt- und Wandzeitungsproduktion verantwortlich war. In einem guten Dutzend Arbeitsgruppen debattierten Soziologie-, Philosophie-, Jura-, Mathematik-, Pädagogikstudenten über »Marxistische Rechtstheorie«, »Erkenntnistheorie, Wissenschaftstheorie, Positivismus«, »Organisation und Emanzipation« usw. Das war »Aktiver Streik« – eine Weiterführung dessen, was wiederum zuerst in Berkeley unter dem Titel »Gegenuniversität« begonnen hatte, in Berlin im Winter 1967/68 unter dem Stichwort »Kritische Universität« aufgenommen worden war und in Frankfurt im Frühjahr 1968 kurz als »Politische Universität« in Erscheinung getreten war. Die Besetzungswelle im Rahmen der Aktionen gegen die Notstandsgesetze erwies sich so als Schwelle, jenseits derer nun ein für deutsche Verhältnisse ans Wunderbare grenzendes Nebeneinander von mehr oder weniger regulärem Lehr- und Forschungsbetrieb in den einen und selbstorganisiertem Studium in den anderen Bereichen der Universität bestand.

Das hätte eine neue Strategie bei der Durchsetzung einer demokratischen Hochschulreform sein können: die vorgezogene Selbstorganisation des Studiums und Erweiterung der Studieninhalte und -formen als Druckmittel für die endliche Durchführung einer auf den aktuellen Stand gebrachten Reformkonzeption. Aber bei dem Experiment »Aktiver Streik« dominierten zwei Interessenrichtungen, die beide nicht zu einer eine pragmatische Reformstrategie einschließenden Doppelstrategie bereit oder in der Lage waren: die jener Studenten, die in Anlehnung an die Guerillastrategie der »befreiten Gebiete« an den Universitäten Basen einrichten wollten, die die »kollektive Erkenntnischance zur Entwicklung langfristiger sozialrevolutionärer Strategien für die Metropolen« (Krahl, *Zur Ideologiekritik des antiautoritären Bewußtseins*, in: *Konstitution und Klassenkampf*, 279) boten; und die jener Studenten, denen es – bescheidener und diffuser – um eine stärkere Integration des Studiums mit den eigenen, im Rahmen der Protestbewegung politisierten Erfahrungen und Interessen, um stärker selbstbestimmte neue Inhalte und neue Formen des Studiums ging.

Anfangs verkehrten Habermas und Friedeburg (der 1966 von Berlin nach Frankfurt zurückgekommen war und dort sowohl einer der Leiter des Soziologischen Seminars wie einer der Leiter des Instituts für Sozialforschung war) fast normal im »Spartakus-Seminar«. Dann benutzten sie immer mehr das Philosophische Seminar. Eines Tages rief der Rektor der Universität, Walter Rüegg, Habermas an: die Ärztekammer als Eigentümerin des Seminargebäudes habe mit der Kündigung des Mietverhältnisses gedroht, und er habe veranlaßt, daß das Seminar in den frühen Morgenstunden durch die Polizei geräumt werde. Auf die Frage, ob das eine widerspruchslos hinzunehmende Anordnung sei, antwortete er mit Ja. Als um vier, fünf Uhr am nächsten Morgen auf die Anzeige wegen Hausfriedensbruchs hin die Polizei das Seminar räumen wollte, war es leer.

Im Monat darauf folgte die Farce. Als am 31. Januar mittags Adorno vom Fenster seines Eckzimmers im IfS aus mehrere Dutzend Studenten im Geschwindschritt um die Ecke biegen und im Institut verschwinden sah, schloß er sogleich auf Besetzungsabsichten. Nachdem Friedeburg die 76 Studenten – die, da sie das »modifiziert wiederbesetzte« Soziologische Seminar verschlossen vorgefunden hatten, im IfS nach einem Raum zum Diskutieren suchten, ohne irgendwelche weiteren Absichten dabei zu haben – vergeblich zum Verlassen des Gebäudes aufgefordert hatte, ließen er und Adorno (die zusammen mit dem Statistiker Rudolf Gunzert die Institutsleitung bildeten) gleich die Polizei kommen. Die nahm die 76 fest und transportierte sie ab, ließ sie dann noch am selben Tag wieder frei – bis auf Krahl, gegen den die Anzeige wegen Hausfriedensbruchs aufrechterhalten wurde. Einige Monate später kam es zu einem unerquicklichen Prozeß.

Auf diese Räumung des IfS bezog sich Marcuse, als er im April 1969 an Adorno schrieb: »Kurz: ich glaube, daß, wenn ich die Instituts-Einladung annehme ohne auch mit den Studenten zu sprechen, ich mich mit einer Position identifiziere (oder mit ihr identifiziert werde), die ich politisch nicht teile . . . Wir können die Tatsache nicht aus der Welt schaffen, daß diese Studenten von uns (und sicher nicht am wenigsten von Dir) beeinflußt sind . . . Wir wissen (und sie wissen), daß die Situation keine revolutionäre ist, nicht einmal eine vor-revolutionäre. Aber dieselbe Situation ist so grauenhaft, so erstickend und erniedrigend, daß die Rebellion gegen sie zu einer biologischen physiologischen Reaktion zwingt: man kann es nicht mehr ertragen, man erstickt und muß sich Luft schaffen. Und diese frische Luft ist nicht die eines ›linken Faschismus‹ (contradictio in adjecto!), es ist die Luft, die wir (wenigstens ich) auch einmal atmen möchten, und die sicher nicht die Luft des Establishments ist. . . . Die Alternative ist für mich, nach Frankfurt zu kommen und auch mit den Studenten zu diskutieren, oder nicht zu kommen. Wenn Du das Letztere für besser hältst – es ist perfectly alright with me, vielleicht können wir uns irgendwo in der Schweiz im Sommer treffen und diese Dinge klären. Besser noch, wenn Max und Habermas dann mit uns sein könnten. Aber eine Klärung zwischen uns ist notwendig.« (Marcuse-Adorno, La Jolla, 5. 4. 69)

Und zwei Monate später: »Du schreibst von den ›Interessen des Instituts‹ und das mit der emphatischen Mahnung: ›unseres alten Instituts, Herbert‹. Nein, Teddy. Es ist nicht unser altes Institut, in das die Studenten eingedrungen sind. Du weißt so gut wie ich, wie wesentlich der Unterschied ist zwischen der Arbeit des Instituts in den dreißiger Jahren und seiner Arbeit im gegenwärtigen Deutschland. Die qualitative Differenz ist nicht eine aus der Entwicklung der Theorie selbst stammende: die von dir sehr beiläufig erwähnten ›Zuschüsse‹ – sind sie wirklich so beiläufig? Du weißt, daß wir einig sind in der Ablehnung jeder unvermittelten Politisierung der Theorie. Aber unsere (alte) Theorie hat einen inneren politischen Gehalt, eine innere politische Dynamik, die heute mehr als zuvor zu einer konkreten politischen Position drängt. Das heißt nicht: ›praktische Ratschläge‹ geben, wie du es mir in deinem *Spiegel*-Interview zuschiebst. Ich habe das nie getan. Wie du finde ich es unverantwortlich, vom Schreibtisch aus denen zu Aktionen zu raten, die mit vollem Bewußtsein bereit sind, sich für die Sache die Köpfe einschlagen zu lassen. Aber das heißt, meiner Ansicht nach: um noch unser ›altes Institut‹ zu sein, müssen wir heute anders schreiben und handeln als in den dreißiger Jahren . . .

Du schreibst, zur Einführung deines Begriffs der ›Kälte‹, daß wir seinerzeit ja auch die Ermordung der Juden ertragen hätten, ohne zur Praxis überzugehen, ›einfach deshalb, weil sie uns versperrt war‹. Ja, und genau heute ist sie uns nicht versperrt. Der Unterschied in der Situation ist der zwischen Faschismus und bürgerlicher Demokratie. Diese gibt auch uns Freiheiten und Rechte. Aber in dem Grade, in dem die bürgerliche Demokratie (auf Grund ihrer immanenten Antinomik) sich gegen die qualitative Veränderung absperrt, und dies durch den parlamentarisch-demokratischen Prozeß selbst, wird die außerparlamentarische Opposition zur einzigen Form der ›contestation‹: ›civil disobedience‹, direkte Aktion. Und auch die Formen dieser Aktion folgen nicht mehr dem traditionellen Schema. Vieles an ihnen verurteile ich genau wie du, aber ich finde mich damit ab und verteidige sie den Gegnern gegenüber, weil eben die Verteidigung und Aufrechterhaltung des status quo und seine Kosten an Menschenleben viel fürchterlicher sind. Hier ist wohl die tiefste Divergenz zwischen uns. Von den ›Chinesen am Rhein‹ zu sprechen, solange die Amerikaner am Rhein stehen, ist mir einfach unmöglich.« (Marcuse-Adorno, London, 4. 6. 69)

So recht Marcuse im Hinblick auf die Räumung des IfS und in seinen grundsätzlichen Ansichten hatte – die Situation in Westdeutschland und eben auch in Frankfurt ließ sich mit solchen Mitteln nicht angemessen begreifen. Die Forderung nach Instrumentalisierung oder gar Zerschlagung der Wissenschaft war im SDS bestimmend geworden, die Verlagerung des Protestpotentials in die halbpolitische Subkultur und pseudopolitische K-Gruppen war in vollem Gange – bedingt durch die weitgehende Erfolglosigkeit der politischen Aktionen der Protestbewegung und durch die Mühen und Frustrationen bei dem Versuch, an den Hochschulen etwas auf direktem Wege zu ändern. Als im April 1969 Adornos Philosophie-Vorlesung *Einleitung in dialektisches Denken* gesprengt wurde, geschah es bereits durch rebellisch gewordene SDS-Frauen, die sich 1968 im »Weiberrat« zusammengeschlossen hatten und zu den Vorboten der Frauenbewegung gehörten. »Das hätte ich sehen mögen, wie der ›tapfere‹ Professor die Flucht ergriff! Die ›Studenten‹ haben Ihnen die Quittung ausgestellt, die Sie und die Links-Professoren verdienen!« machte ein Dr. Hans Meis in einem Brief an Adorno sich und dem gesunden Volksempfinden Luft, nachdem er in der *Welt* von dem Vorfall gelesen hatte. »Machen Sie doch so weiter, damit der dialektische Umschlag eher und gründlicher erfolgt! Prof. Horkheimer sitzt schon in Lugano. . . . Sie werden da auch noch unterkommen können, um dem Umschwung zu entgehen; denn der beginnt in einiger Zeit. Auch die Schlafmützen der bisherigen Regierung werden einmal wach werden. Ich lehne das Wort eines frechen Zynikers ab, der einen neuen Hitler wünschte, um den Links-Professoren und Links-Studenten ein ›Freibillet für den Kamin‹ zu verschaffen. Aber Hunderttausende wünschen Schluß mit dem Unfug einer Jugendvergiftung, wie Sie und Ihre Kollegen sie betreiben.«

Aber die Reaktion erfolgte erst später. Zunächst folgte etwas Überraschendes: eine Reformperiode, die teils als Wirkung der Protestbewegung anzusehen war, teils den Abbau der Protestbewegung beschleunigte und zur Umleitung jugendlichen Engagements einerseits in traditionelle Kanäle, andererseits in subkulturelle Widerstände führte. Im März 1969 wurde Gustav Heinemann zum Bundespräsidenten gewählt, der einst aus Protest gegen die Wiederbewaffnungspläne Adenauers vom Amt des Bundesinnenministers zurückgetreten war und die Gesamtdeutsche Volkspartei mitgegründet hatte, die seinerzeit als einzige für die Neutralität Deutschlands eingetreten war. Bei seinem Amtsantritt im Juli forderte er mehr Demokratie. Nach den Wahlen zum sechsten Bundestag im September – bei denen allerdings die CDU stärkste Partei blieb und die NPD immerhin 4,3% der Stimmen erhielt – kam eine sozialliberale Koalition zustande, deren Regierungschef, Willy Brandt, wie Gustav Heinemann, mehr Demokratie versprach und als Leitsatz verkündete: »Keine Angst vor Experimenten«. Als – fast so überraschend wie wenige Jahre zuvor die Protestbewegung – eine Zeit der Reformen begann, war Adorno tot. Am 6. August erlag er während des Urlaubs in der Schweiz einem Herzinfarkt. (Wenige Monate später, im Februar 1970, kam bei einem Autounfall der wichtigste Theoretiker des praktisch schon nicht mehr existenten, bald darauf auch formell aufgelösten SDS, Hans Jürgen Krahl, ums Leben.) Eigentümlich fiel so mit dem Ende der Protestbewegung das Ende dessen zusammen, der wie kaum ein anderer die langfristig wirkenden geistigen Grundlagen für das schließlich unbezähmbar gewordene Bedürfnis nach dem Ausbruch aus dem »Restauratorium« geschaffen hatte.

Habermas auf dem Weg zu einer Kommunikationstheorie der Gesellschaft – Adornos Vermächtnis:
Ästhetische Theorie als Basis einer Philosophie im Zeichen des Glücksversprechens

»Ich geniere mich gar nicht, in aller Öffentlichkeit zu sagen, daß ich an einem großen ästhetischen Buch arbeite«, hatte Adorno kurz nach der Sprengung seiner Philosophie-Vorlesung im Gespräch mit dem *Spiegel* gesagt. Die unvollendet gebliebene *Ästhetische Theorie*, das zweite der Werke, die das darstellen sollten, was er seiner Ansicht nach in die Waagschale zu werfen hatte, wurde sein Vermächtnis, das zunächst, in einer Zeit der Nachwirkungen der vorangegangenen Kunststürmerei, weitgehend unbeachtet blieb. Weitaus erfolgreicher und wirkungsvoller waren zwei 1968 erschienene Arbeiten von Habermas: *Erkenntnis und Interesse* und *Technik und Wissenschaft als Ideologie*. *Erkenntnis und Interesse*, zwischen 1964 und 1968 entstanden, war gedacht als Prolegomenon, dem eine zweibändige Analyse der Entwicklung der analytischen Philosophie folgen sollte, durch die Habermas Zugang zu einer neu und nicht-idealistisch fundierten Theorie der Gesellschaft gewinnen wollte. *Erkenntnis und Interesse* rekonstruierte die geistige Vorgeschichte des neueren Positivismus und suchte auf erkenntnisanthropologischem Weg zu einer Rechtfertigung kritischer Gesellschaftstheorie zu gelangen. An diesem Weg wurde, als das Buch im Wintersemester 1968/69 Gegenstand eines philosophischen Seminars von Habermas über *Probleme materialistischer Erkenntnistheorie* wurde, in dem Studenten Mitbestimmung bei der Gestaltung von Themen und Fragestellungen zu praktizieren suchten, Kritik geübt: er sei befangen in wissenschaftsimmanenten Fragestellungen. *Technik und Wissenschaft* machte einen Vorschlag für die Analyse des gesellschaftlichen Zusammenhangs, in dem der Positivismus entstanden war und eine ideologische Funktion übernommen hatte, und zog daraus Konsequenzen für eine Klärung der Bedingungen für eine Revolutionierung spätkapitalistischer Gesellschaften. Aus dieser Arbeit wurde von den Studenten sogleich das Schlagwort von Technik und Wissenschaft als erster Produktivkraft bezogen.

Erkenntnis und Interesse (*EuI*) lag in der Verlängerung jener Aufsätze in *Theorie und Praxis*, die um eine Bestimmung des Status der Kritik bzw. der Marxschen Theorie als einer zwischen Philosophie und Wissenschaft angesiedelten Erkenntnisform kreisten, in Verlängerung ferner der Habermasschen Beiträge zum Positivismusstreit und schließlich der Antrittsvorlesung über *Erkenntnis und Interesse*. Das Buch stellte die problemgeschichtliche Hinführung auf eine kritische Wissenschaftstheorie dar, der es im Unterschied zur szientistischen Wissenschaftstheorie um eine umfassende Theorie der in der gesamten Palette der Wissenschaften vorliegenden ausdifferenzierten Erkenntnisformen industrieller Gesellschaften ging. Neu gegenüber den früheren Arbeiten war vor allem die anschaulichere und ausführlichere Darlegung der Vorgänge in jenem Gegenstandsbereich, mit dem es die kritisch orientierten Wissenschaften zu tun hatten. Auf sie ging Habermas am Beispiel der Psychoanalyse genauer ein.

»Auf der Stufe ihrer Selbstreflexion kann die Methodologie der Naturwissenschaften einen spezifischen Zusammenhang von Sprache und instrumentalem Handeln, die Methodologie der Geisteswissenschaften einen solchen zwischen Sprache und Interaktion aufdecken, als objektiven Zusammenhang erkennen und in seiner transzendentalen Rolle bestimmen. Die Metapsychologie behandelt einen ebenso fundamentalen Zusammenhang: den nämlich zwischen Sprachdeformation und Verhaltenspathologie. Sie setzt dabei eine Theorie der Umgangssprache voraus, deren Aufgabe es ist, die intersubjektive Geltung von Symbolen und die sprachliche Vermittlung von Interaktionen auf der Grundlage reziproker Anerkennung ebenso zu klären wie die sozialisierende Eingewöhnung in die Grammatik von Sprachspielen als Individuierungsvorgang begreiflich zu machen. Da die Struktur der Sprache, dieser Theorie zufolge, Sprache und Lebenspraxis gleichermaßen bestimmt, sind auch die Handlungsmotive als sprachlich interpretierte Bedürfnisse begriffen, so daß Motivationen nicht hinterrücks drängende Antriebe, sondern subjektiv leitende, symbolisch vermittelte und zugleich reziprok verschränkte Intentionen darstellen.

Aufgabe der Metapsychologie ist es nun, diesen Normalfall als Grenzfall einer Motivationsstruktur zu erweisen, die gleichzeitig von öffentlich kommunizierten wie von unterdrückten und privatisierten Bedürfnisinterpretationen abhängt. Die abgespaltenen Symbole und die abgewehrten Motive entfalten ihre Gewalt über die Köpfe der Subjekte hinweg und erzwingen Substitutbefriedigungen und Ersatzsymbolisierungen ... Das abgespaltene Symbol ist aus dem Zusammenhang mit der öffentlichen Sprache nicht etwa ganz herausgefallen; dieser grammatische Zusammenhang ist aber gleichsam unterirdisch geworden. Er gewinnt seine Gewalt dadurch, daß er die Logik des öffentlichen Sprachgebrauchs verwirrt. Das unterdrückte Symbol ist mit der Ebene des öffentlichen Textes zwar nach objektiv verstehbaren, aus den kontingenten Umständen der Lebensgeschichte resultierenden Regeln, aber eben nicht nach den intersubjektiv anerkannten Regeln verknüpft. Deshalb ist die symptomatische Sinnverschleierung und die entsprechende Interaktionsstörung zunächst weder für andere noch für das Subjekt selbst verständlich. Verständlich wird sie auf einer Ebene der Intersubjektivität, die zwischen dem Subjekt als Ich und dem Subjekt als Es erst hergestellt werden muß, indem Arzt und Patient gemeinsam die Kommunikationssperre reflexiv durchbrechen ... womit die privatsprachliche Deformation ebenso wie die symptomatische Ersatzbefriedigung der verdrängten und nun der bewußten Kontrolle zugänglich gemachten Handlungsmotive verschwindet.« (*EuI*, 311, 312 f.)

In Anlehnung an diese von Alfred Lorenzer, einem Frankfurter Kollegen von Habermas, inspirierte sprachspieltheoretische Interpretation der psychoanalytischen Theorie der Entstehung und Behebung von Symptomen als der eines Prozesses der Desymbolisierung und Resymbolisierung suchte Habermas Freud ebenfalls eine Theorie der Entstehung und Auflösung von Institutionen und Ideologien zu entnehmen. »Freud begreift Institutionen als eine Macht, die akute äußere Gewalt gegen den auf Dauer gestellten internen Zwang einer verkehrten und sich selbst beschränkenden Kommunikation eingetauscht hat. Die kulturelle Überlieferung versteht er entsprechend als das wie immer zensierte, nach außen gestülpte kollektive Unbewußte, wo die ausgesperrten Symbole die von Kommunikation abgespaltenen, aber ruhelos umgetriebenen Motive auf Bahnen virtueller Befriedigung lenken. Sie sind die Mächte, die anstelle externer Gefahr und unmittelbarer Sanktion das Bewußtsein in Bann schlagen, indem sie Herrschaft legitimieren. Es sind zugleich die Mächte, von denen das ideologisch befangene Bewußtsein, wenn ein neues Potential an Naturbeherrschung alte Legitimationen unglaubwürdig macht, durch Selbstreflexion befreit werden kann.« (341 f.) Als Ziel ergab sich daraus für Freud »die rationelle Begründung der Kulturvorschriften«, eine Vorstellung, die Habermas neuformulierte als »eine Organisation der gesellschaftlichen Beziehungen nach dem Prinzip, daß die Geltung jeder politisch folgenreichen Norm von einem in herrschaftsfreier Kommunikation erzielten Konsensus abhängig gemacht wird« (344).

Damit war der Punkt der Anknüpfung an Habermas' Diagnose erreicht, daß das gegenwärtige Herrschaftssystem auf die Ausschaltung praktischer Fragen aus einer entpolitisierten Öffentlichkeit angewiesen sei und die Protestbewegung mit ihrem Beharren auf Teilnahme an einer öffentlich zu führenden Diskussion darüber, wie denn ein wünschenswertes Leben zu führen sei, die schwache Stelle dieses Herrschaftssystems getroffen habe. »Die neue Ideologie [nämlich das technokratische Bewußtsein, R. W.] verletzt . . . ein Interesse, das an einer der beiden fundamentalen Bedingungen unserer kulturellen Existenz haftet: an Sprache, genauer an der durch umgangssprachliche Kommunikation betimmten Form der Vergesellschaftung und Individuierung. Dieses Interesse erstreckt sich auf die Erhaltung einer Intersubjektivität der Verständigung ebenso wie auf die Herstellung einer von Herrschaft freien Kommunikation. Das technokratische Bewußtsein läßt dieses praktische Interesse hinter dem an der Erweiterung unserer technischen Verfügungsgewalt verschwinden.« (*Technik und Wissenschaft als ›Ideologie‹*, 91)

Die erkenntnisanthropologische Begründung der kritischen Gesellschaftstheorie brachte allerdings eine Reihe von Problemen mit sich. Dazu gehörte die Spannung zwischen der Annahme eines einheitlichen Gattungssubjekts und der Fundierung des praktischen und des emanzipatorischen Erkenntnisinteresses in Strukturen der Intersubjektivität. Dazu gehörte ferner die Ungleichartigkeit von technischem und praktischem Erkenntnisinteresse einerseits, deren fundamentaler Stellenwert für die Reproduktion der menschlichen Gattung augenscheinlich war, und einem emanzipatorischen Erkenntnisinteresse, bei dem es anscheinend um mehr als Reproduktion und Selbsterhaltung, nämlich um ein menschliches Leben in Freiheit und Würde ging. Wenn ein »Interesse der Vernunft an Mündigkeit, an Autonomie des Handelns und Befreiung von Dogmatismus« (*Dogmatismus, Vernunft und Entscheidung*, in: *Theorie und Praxis*, 233) zu den Grundlagen der Reproduktion einer *menschlichen* Gattung gehören sollte, mußte es dann nicht bereits in das technische und das praktische Erkenntnisinteresse eingehen?

Habermas' Reaktion auf diese und weitere Probleme war die Ablösung des Versuchs einer erkenntnisanthropologischen Begründung und eines erkenntnisanthropologischen Ansatzes der kritischen Gesellschaftstheorie durch das Projekt einer kommunikationstheoretisch ansetzenden kritischen Gesellschaftstheorie. Das miteinander Sprechen und Handeln von Menschen zur Ausgangstatsache machend, suchte er die Antizipation unverzerrter Kommunikation als eine Bedingung der Möglichkeit kommunikativen, d. h. auf Verständigung zielenden Handelns zu erweisen. Wesentliche Anregungen empfing er dabei von dem Freund und Philosophen Karl-Otto Apel. Die im Rahmen einer Universalpragmatik als Bedingungen der Möglichkeit sprachlicher Kommunikation aufgezeigten Idealisierungen sollten Normen darstellen, die eine nicht länger an geschichtlichen Traditionen festgemachte Rechtfertigung der Kritik erlaubten. Die kritische Theorie würde dann lebensnotwendige Idealisierungen dem realen Lebensprozeß der Gesellschaft konfrontieren können. »Wie hätten«, hieß einige Jahre später in dem Band *Legitimationsprobleme im Spätkapitalismus* die anschauliche Formulierung des universalpragmatisch gerechtfertigten Gesichtspunkts einer kritischen Gesellschafts- und Geschichtstheorie, »die Mitglieder eines Gesellschaftssystems bei einem gegebenen Entwicklungsstand der Produktivkräfte ihre Bedürfnisse kollektiv verbindlich interpretiert und welche Normen hätten sie als gerechtfertigt akzeptiert, wenn sie mit hinreichender Kenntnis der Randbedingungen und der funktionalen Imperative ihrer Gesellschaft in diskursiver Willensbildung über die Organisation des gesellschaftlichen Verkehrs hätten befinden können und wollen?« (*Legitimationsprobleme im Spätkapitalismus*, 156)

Technik und Wissenschaft als ›Ideologie‹ (*TuW*) stellte in der Verlängerung der bereits in den frühen Aufsätzen des Rothacker- und in gewisser Weise auch Heidegger-Schülers Habermas begonnenen Erörterung des Abbaus der Einbindung der Technik in die soziale Lebenswelt Habermas' erste komplexe, vielfältige Motive bündelnde Analyse der Pathologie der Moderne, der deformierenden Aufklärung dar. Das Phänomen, daß sich die rationale Form von Wissenschaft und Technik, also die in Systemen zweckrationalen Handelns verkörperte Rationalität, zur geschichtlichen Totalität einer Lebensform erweiterte, suchte Habermas auf eine genauere Weise zu bestimmen als vor ihm Max Weber und Herbert Marcuse. Weber hatte den Vorgang als einen mit einem Prozeß der »Entzauberung« von Traditionen einhergehenden Prozeß der »Rationalisierung« interpretiert, Marcuse hatte ihn als eine Verschmelzung von Technik und Herrschaft auf den Begriff zu bringen gesucht.

Technik als Herrschaft – das hatte vor allem den Aspekt, daß Herrschaft, indem sie die Gestalt wissenschaftlicher Rationalität und technischer Sachzwänge angenommen zu haben schien, unangreifbar wirkte. Hatte die marxistische Theorie einst in den Produktivkräften das die Fesseln veralteter Produktionsverhältnisse Sprengende gesehen, so erschienen Wissenschaft und Technik, zur ersten Produktivkraft geworden, inzwischen als Stützen der herrschenden Produktionsverhältnisse. Die alte Beobachtung der kritischen Theorie, daß die kapitalistische Gesellschaftsform unter wie großen Opfern auch immer funktionierte und deshalb die meisten Mitglieder der Gesellschaft sich eher ans bestehende System als an die Möglichkeit einer besseren Gesellschaft gebunden fühlten, nahm bei Marcuse die Form der entmutigenden Diagnose an, daß der wissenschaftlich-technische Fortschritt nicht bloß die herrschenden Produktionsverhältnisse als funktionsgerecht rechtfertige, sondern selber auf Herrschaft angelegt sei.

Im Unterschied zu Weber und Marcuse begriff Habermas das zur geschichtlichen Totalität Werden der Rationalität von Wissenschaft und Technik nicht als einen unaufhaltsamen und um Rechtfertigung nicht verlegenen Prozeß, sondern als einen auch problemverschärfenden. Als Folie wählte er einen Abriß der sozialen Evolution am Leitfaden des Problems ungleicher und doch legitimer Verteilung von Reichtum und Macht. In traditionalen Gesellschaften wurde es dadurch gelöst, daß politische Herrschaft mit Weltbildern einherging, die auch denen, die mehr Bedürfnisse als nötig unterdrücken mußten, das Gefühl der Teilnahme an einer Lebensform gab, die am größtmöglichen Maß von befriedigendem und gutem Zusammenleben orientiert war. Im Kapitalismus lösten sich Wirtschaft, Technik und Wissenschaft weitgehend aus der Einbindung in einen von tradierten Weltbildern getragenen Rahmen politischer Herrschaft, wurde die entzauberte, aber immer noch an Vorstellungen von einem guten Zusammenleben orientierte Ideologie des freien und gerechten Tauschs zur entscheidenden Legitimation des Gesellschaftssystems. Für den fortgeschrittenen Kapitalismus waren in Habermas' Augen zwei Tendenzen bestimmend: das Anwachsen der interventionistischen Staatstätigkeit zwecks Absicherung eines der Ideologie des freien und gerechten Tauschs immer weniger entsprechenden und von Krisen geplagten Gesellschaftssystems und die Entwicklung von Wissenschaft und Technik zur ersten Produktivkraft. Nach den traditionalen Formen der Legitimation war auch den bürgerlichen Ideologien der Boden entzogen, während Ausdehnung und Komplexität der »Subsysteme zweckrationalen Handelns« zunahmen. Seinen Legitimationsbedarf suchte der interventionistische Staat nun durch eine »Ersatzprogrammatik« zu befriedigen: durch die Aufrechterhaltung eines Systems, das soziale Sicherheit und der Leistung entsprechende Aufstiegschancen bot. Um das einigermaßen gewährleisten und damit für die Loyalität der Massen gegenüber der kapitalistischen Gesellschaftsform sorgen zu können, war ein erheblicher Manipulationsspielraum für staatliche Interventionen erforderlich, die tief in das gesellschaftliche und private Leben eingriffen. Das steigerte wiederum den Legitimationsbedarf noch weiter.

Als Problem ergab sich: die Vermeidung der öffentlichen Diskussion praktischer Ziele und die Orientierung des Handelns der Herrschenden allein an der Lösung technischer und administrativer Fragen den Mitgliedern einer Demokratie plausibel zu machen. Hier kam den Herrschenden zustatten, daß die enorm angewachsene Ausdehnung und Komplexität von Wirtschaft, Technik und Wissenschaft das Entstehen des Eindrucks erleichterte, die immanente Gesetzlichkeit dieser Bereiche produziere Sachzwänge, denen die Politik gehorchen müsse, um die Ersatzprogrammatik erfüllen zu können. Wie für die szientistische Wissenschaftstheorie die Ausschaltung der Dimension der Handlungsorientierung und der Bildungsrelevanz aus den Wissenschaften kein Problem war, so wurde für die entpolitisierte Masse der Bevölkerung der technokratische Schein zur Rechtfertigung ihrer Entpolitisierung und ihres Ausschlusses von für die Gesamtgesellschaft folgenreichen Entscheidungsprozessen.

Technik und Wissenschaft als ›Ideologie‹ – das sollte besagen: das technokratische Bewußtsein war weniger ideologisch als die bisherigen Ideologien und darin zugleich verhängnisvoller. Es ließ sich nicht mehr auf eine Grundfigur gerechter und herrschaftsfreier Interaktion zurückführen. »Im technokratischen Bewußtsein spiegelt sich nicht die Diremption eines sittlichen Zuammenhangs, sondern die Verdrängung der ›Sittlichkeit‹ als einer Kategorie für Lebensverhältnisse überhaupt. Das positivistische Gemeinbewußtsein setzt das Bezugssystem der umgangssprachlichen Interaktion, in dem Herrschaft und Ideologie unter Bedingungen entstellter Kommunikation entstehen und reflexiv auch durchschaut werden können, außer Kraft. Die Entpolitisierung der Masse der Bevölkerung, die durch ein technokratisches Bewußtsein legitimiert wird, ist zugleich eine Selbstobjektivation der Menschen in Kategorien gleichermaßen des zweckrationalen Handelns wie des adaptiven Verhaltens: die verdinglichten Modelle der Wissenschaften wandern in die soziokulturelle Lebenswelt ein und gewinnen über das Selbstverständnis objektive Gewalt. Der ideologische Kern dieses Bewußtseins ist die Eliminierung des Unterschieds von Praxis und Technik – eine Spiegelung, aber nicht der Begriff, der neuen Konstellation zwischen dem entmachteten institutionellen Rahmen und den verselbständigten System zweckrationalen Handelns.« (*TuW*, 90 f.)

In *Technik und Wissenschaft als ›Ideologie‹* stellte Habermas dieser Analyse, die den schwarzen Diagnosen der *Dialektik der Aufklärung* und des *Eindimensionalen Menschen* und dem Topos von der »verwalteten Welt« in nichts nachstand, abrupt die Alternative gegenüber: »Rationalisierung auf der Ebene des institutionellen Rahmens kann sich nur im Medium der sprachlich vermittelten Interaktion selber, nämlich durch eine Entschränkung der Kommunikation vollziehen. Die öffentliche, uneingeschränkte und herrschaftsfreie Diskussion über die Angemessenheit und Wünschbarkeit von handlungsorientierenden Grundsätzen und Normen im Lichte der soziokulturellen Rückwirkungen von fortschreitenden Sub-Systemen zweckrationalen Handelns – eine Kommunikation dieser Art auf allen Ebenen der politischen und der wieder politisch gemachten Willensbildungsprozesse ist das einzige Medium, in dem so etwas wie ›Rationalisierung‹ möglich ist.« (*TuW*, 98) Die Studentenbewegung als ein auf Politisierung der ausgetrockneten Öffentlichkeit drängendes Protestpotential erschien noch keineswegs als Indikator eines Prozesses, bei dem der staatlich geregelte Kapitalismus die Verschärfung für ihn unlösbarer Probleme bewirkte.

Auch in der Auseinandersetzung mit Niklas Luhmann behauptete Habermas lediglich, der neue Legitimationsmodus speise sich aus der Abwehr einer in komplexen Gesellschaften sich aufdrängenden Alternative zu den unglaubwürdig gewordenen Ideologien, sei es bürgerlicher oder gar vorbürgerlicher Herkunft. »Die Alternative, die sich abzeichnet, ist die Demokratisierung aller für die Gesamtgesellschaft folgenreichen Entscheidungsprozesse, die zum erstenmal in der Weltgeschichte an die Stelle von Legitimation im Sinne scheinhafter Rechtfertigung treten und erlauben würde, die legitime Geltung beanspruchenden Handlungsnormen beim Wort zu nehmen, um sie diskursiv einzulösen oder abzuweisen.« (Habermas/Luhmann, *Theorie der Gesellschaft oder Sozialtechnologie*, 265 f.) Erst in *Legitimationsprobleme im Spätkapitalismus* (1973) glaubte Habermas mehr als nur eine schwache Stelle des staatlich organisierten Kapitalismus entdeckt zu haben. »Eine systematische Grenze für Versuche, Legitimationsdefizite durch gezielte Manipulationen auszugleichen, besteht also in der strukturellen Unähnlichkeit zwischen Bereichen administrativen Handelns und kultureller Überlieferung. Ein Krisenargument läßt sich daraus freilich nur in Verbindung mit dem weiteren Gesichtspunkt konstruieren, daß die Expansion der Staatstätigkeit die Nebenfolge einer überproportionalen Steigerung des Legitimationsbedarfs hat. Eine überproportionale Steigerung halte ich für wahrscheinlich, weil die Erweiterung der administrativ bearbeiteten Materien nicht nur Massenloyalität für neue Funktionen staatlicher Tätigkeit erforderlich macht, sondern weil sich im Zuge dieser Erweiterung auch die Grenze des politischen Systems gegenüber dem kulturellen verschiebt. Dabei geraten kulturelle Selbstverständlichkeiten, die bis dahin Randbedingungen des politischen Systems waren, in den Planungsbereich der Administration. So werden Überlieferungen thematisiert, die der öffentlichen Programmatik und erst recht praktischen Diskursen entzogen waren.« (*Legitimationsprobleme im Spätkapitalismus*, 100 f.) Sobald kulturelle Überlieferungen aber strategisch eingesetzt wurden, verloren sie ihre Kraft, die nur bei kritischer Aneignung der Tradition gewahrt blieb, soweit sich ihre Geltungsansprüche als diskursiv einlösbar erwiesen.

»Auf allen Ebenen hat die administrative Planung nicht-intendierte Beunruhigungs- und Veröffentlichungseffekte, die das Rechtfertigungspotential der aus ihrer Naturwüchsigkeit aufgescheuchten Traditionen schwächen. Wenn deren Fraglosigkeit erst einmal zerstört ist, kann die Stabilisierung von Geltungsansprüchen nur noch über Diskurse gelingen. Die Aufstörung kultureller Selbstverständlichkeiten fördert deshalb die Politisierung von Lebensbereichen, die bis dahin der Privatsphäre zugeschlagen werden konnten. Das bedeutet aber eine Gefahr für den über die Strukturen der Öffentlichkeit informell gesicherten staatsbürgerlichen Privatismus. Die Partizipationsbestrebungen und Alternativmodelle, insbesondere in kulturellen Bereichen wie Schule und Hochschule, Presse, Kirche, Theater, Verlage usw., sind dafür ebenso ein Indikator wie die zunehmende Zahl von Bürgerinitiativen.« (102) Eine auf Latenthaltung der Klassenstruktur angelegte Politik schien, da offenbar die durch zunehmende Eingriffe des Staates in den soziokulturellen Bereich bewirkte Zerstörung kultureller Überlieferungen und Verknappung von Sinn nicht unbegrenzt durch soziale Entschädigungen, durch konsumierbare Werte ersetzt werden konnte, die eigene Basis zu untergraben. So mündete Habermas' Analyse des Spätkapitalismus in eine Präzisierung des alten Topos der kritischen Theorie, daß die totale Vergesellschaftung ihre eigene Basis ersticke. Gestützt auf seine Unterscheidung von Technik und Praxis, aus der später die zwischen System und Lebenswelt wurde, unternahm Habermas den Versuch, die zugespitzte Gesellschaftskritik der älteren kritischen Theorie mit einer Krisentheorie zu verbinden, die der kritischen Theorie einiges von ihrem Entmutigungseffekt nahm.

713

Die Protestbewegung war von Habermas scharf kritisiert worden, aber um des seiner Interpretation nach ihr zukommenden Sinns willen. Die Richtung wiederum, in der er seine Unterscheidung zwischen Technik und Praxis präzisierte und mit aktuellen gesellschaftlichen Tendenzen in Zusammenhang brachte, hatte er sich von der Protestbewegung weisen lassen. Ihr und ihren variierenden Fortsetzungen – Stadtteil-Basisgruppen, Hausbesetzungen, Alternativbewegung, Frauenbewegung, Bürgerinitiativen der unterschiedlichsten Spielart – entnahm er, daß es gute Gründe für die Annahme einer eigensinnigen Rationalisierung in der Dimension der Praxis gebe und daß es darauf ankomme, diese eigensinnige Rationalisierung durch die Zusammenarbeit von kritischer Gesellschaftstheorie und Protest gegen technokratische Reformen zu stärken.

War nicht anzunehmen, daß bei allem Trotz, der in Adornos Äußerungen im *Spiegel*-Gespräch vom Mai 1969 spürbar war, wenn er sich zum Elfenbeinturm und zur Arbeit an einer Ästhetik bekannte, als sei sie tatsächlich etwas von den Geschehnissen der letzten Jahre gänzlich Unbeeindruckbares, auch bei ihm angesichts der Protestbewegung die Konzeption einer musique, littérature, sociologie, philosophie informelle eine Abwandlung oder Präzisierung erfahren hatte? Gab es bei Adorno Elemente, die unsystematischer, aber vielleicht auch unreglementierter, als es bei Habermas geschah, aktuelle Erfahrungen verarbeiteten – »beseelt vom Drang zur Rechenschaft über die Kunst und ihre Möglichkeit heute« (Adorno, *Offener Brief an Max Horkheimer, Zeit*, 12. 2. 65), in einer Zeit, da bis in den Kulturbetrieb hinein Kulturrevolution und Aufhebung der Kunst auf dem Programm standen?

»Philosophie, die einmal überholt schien, erhält sich am Leben, weil der Augenblick ihrer Verwirklichung versäumt ward«, hatte die *Negative Dialektik* begonnen. In gewisser Analogie dazu hieß es in der *Ästhetischen Theorie*: »In dem Augenblick, da zum Verbot geschritten wird und dekretiert, es dürfe nicht mehr sein, gewinnt die Kunst inmitten der verwalteten Welt jenes Daseinsrecht zurück, das ihr abzusprechen selber einem Verwaltungsakt ähnelt.« (*ÄT*, 373) Die Kunststürmerei zur Zeit der Studentenbewegung, die sich auf westliche Assoziationen zur chinesischen »Kulturrevolution« und dadaistische und surrealistische Traditionen, auf Marcuses Kritik am »affirmativen Charakter der Kultur« in seinem *ZfS*-Aufsatz von 1937 und auf Benjamins Kunstwerk-Aufsatz aus dem Jahr davor und weitere seiner Arbeiten aus den 30er Jahren berief, schreckte Adorno als eine Parodie der Aufhebung von Kunst, als eine in der Illusion unmittelbar möglicher entscheidender Veränderungen befangene Abschaffung der Kunst, die Chancen zur radikalisierenden Transformation der Kunst zerstörte. Daß seit 1967 Kritik an Adornos in den 50er Jahren zustande gekommener Ausgabe von Benjamins Schriften geübt wurde und ihm die Unterschlagung des materialistischen und die eingreifende Rolle der Kunst im Klassenkampf verfechtenden Benjamin vorgeworfen wurde, blieb ihm unverständlich. Der »marxistische« Benjamin war ihm stets als etwas nur durch den Einfluß Brechts zu erklärendes Unbenjaminsches an Benjamin erschienen, als etwas Kunstfeindliches, das nicht zu Benjamin paßte.

Nach dem Pathos ungebrochener Aufklärung im frühen *ZfS*-Beitrag – aufgeklärte, in ihrem Bereich zu vollendeter Naturbeherrschung gelangte Musik als Provokation für die unaufgeklärte Gesellschaft –; nach dem Setzen auf das belebende Moment des Barbarischen beim zur Ordnung zrückgekehrten dodekaphonischen Schönberg in der *Philosophie der neuen Musik*; nach der Skepsis gegenüber der seriellen Nachkriegsentwicklung in *Das Altern der Neuen Musik*; nach dem Plädoyer für den nach-seriellen musikalischen Ausbruch in *Vers une musique informelle* war die *Ästhetische Theorie* eine Summe, die – wie keine Kunsttheorie sonst nach dem Krieg – in einer Zeit, da die moderne Kunst ihre heroische Periode unwiderruflich hinter sich zu haben schien, das Projekt der modernen Kunst verfocht. Aber was hieß das? Sah Adorno am Ausgang der 60er Jahre einen Fortschritt über die Schönberg-Schule, über Joyce, über Picasso hinaus, eine durch eine noch radikalere Befreiung von Überkommenem möglich gewordene Realisierung wirklich freier Kunst? Welche Aussichten wurden einem zeitgenössischen Künstler durch Adorno eröffnet? Wie wurde Adorno mit dem Gewirr der von ihm bis dahin ins Spiel gebrachten möglichen Maßstäbe für die Einschätzung von Kunstwerken fertig: Qualität, technische Fortgeschrittenheit, Idiosynkrasie gegenüber allem Überkommenen, Fülle an Sinn – d. h. an Gedichtetem, Komponiertem, Gemaltem –, geschichtsphilosophischer Gehalt, Wahrheitsgehalt, formgewordene Opposition, Freiheitsgrad? Veranlaßte die Protestbewegung Adorno – wie uneingestanden auch immer – zu einer modifizierten Auffassung vom Aggregatzustand der spätkapitalistischen Gesellschaft und entsprechend auch zu einer modifizierten Sicht der Chancen und Gefahren, die für die auf schwer durchschaubare Weise mit dem gesellschaftlichen Aggregatzustand korrespondierende Kunst bestanden? Hätte die *ÄT* ein Korrektiv gegen die kurzschlüssigen kulturrevolutionären Bestrebungen der Protestbewegung und eine Stärkung der in ihr gelegenen Kritik an der Neutralisierung der Kultur sein können?

Auf solche Fragen gab Adorno Antworten, die von seiner Begeisterung für die moderne Kunst insgesamt und seiner Ratlosigkeit angesichts der jüngsten modernen Kunst, von seinem Verständnis für frustrierende Phasen der Kunstentwicklung und seiner Fixierung gerade auf eine zu frustrierenden Ergebnissen führende Bahn des Fortschritts in der Kunst zeugten. In Analogie zu einem Leitmotiv seiner im engeren Sinne philosophischen Arbeiten – daß nämlich ein Abstraktum sich nie ganz lösen dürfe von dem, wovon es abstrahiert sei – erklärte er das Geheimnis überzeugender moderner Kunstwerke dadurch, daß sie sich nicht ganz von dem emanzipierten, was sie außer Kurs setzten. »Die vorkünstlerische Schicht der Kunst«, hieß es in einer Schlüssel-Passage des Abschnitts über *Kunst und Kunstfremdes*, »ist zugleich das Memento ihres antikulturellen Zuges, ihres Argwohns gegen ihre Antithese zur empirischen Welt, welche die empirische Welt unbehelligt läßt. Bedeutende Kunstwerke trachten danach, jene kunstfeindliche Schicht dennoch sich einzuverleiben. Wo sie, der Infantilität verdächtig, fehlt; dem spirituellen Kammermusiker die letzte Spur des Stehgeigers, dem illusionslosen Drama die letzte des Kulissenzaubers, hat Kunst kapituliert. Auch über Becketts Endspiel hebt verheißungsvoll sich der Vorhang; Theaterstücke und Regiepraktiken, die ihn weglassen, springen mit einem hilflosen Trick über ihren Schatten. Der Augenblick, da der Vorhang sich hebt, ist aber die Erwartung der apparition. Wollen Becketts Stücke, grau wie nach Sonnen- und Weltuntergang, die Buntheit des Zirkus exorzieren, so sind sie ihm treu dadurch, daß sie auf der Bühne sich abspielen, und man weiß, wie sehr ihre Antihelden von den Clowns und der Filmgroteske inspiriert wurden. Sie verzichten denn auch, bei aller austerity, keineswegs ganz auf Kostüm und Kulisse ... überhaupt bliebe zu fragen, ob nicht noch die abstraktesten Gebilde der Malerei, durch ihr Material und dessen visuelle Organisation, Reste der Gegenständlichkeit mit sich führen, die sie außer Kurs setzen.« (*ÄT*, 126 f.)

Worin Adorno die Erklärung für Becketts Größe sah, das war in seinen Augen zugleich das Merkmal auch vergangener Höhepunkte der Kunst, nämlich der Spätwerke vormoderner Künstler. »Ohne das Memento von Widerspruch und Nichtidentität wäre Harmonie ästhetisch irrelevant ... Kaum generalisiert man unziemlich geschichtsphilosophisch allzu Divergentes, wenn man die antiharmonischen Gesten Michelangelos, des späten Rembrandt, des letzten Beethoven, anstatt aus subjektiv leidvoller Entwicklung, aus der Dynamik des Harmoniebegriffs selber, schließlich seiner Insuffizienz ableitet. Dissonanz ist die Wahrheit über Harmonie. Wird diese streng genommen, so erweist sie nach dem Kriterium ihrer selbst sich als unerreichbar. Ihren Desideraten wird erst dann genügt, wenn solche Unerreichbarkeit als ein Stück Wesen erscheint; wie im sogenannten Spätstil bedeutender Künstler.« (168) Zwei eng miteinander zusammenhängende Momente waren es also, die in Adornos Augen große moderne Kunst charakterisierten: ein Brüchigwerden des beibehaltenen schönen Scheins und dessen dadurch erreichte Öffnung für einstmals Ausgeschlossenes. Wo diese Momente wirklich zusammenkamen, war moderne Kunst von bitterer Schönheit und kämpferischem Schwermut. »Was am Postulat des Verdunkelten, wie es die Surrealisten als schwarzen Humor zum Programm erhoben, vom ästhetischen Hedonismus, der die Katastrophen überdauert hat, als Perversion diffamiert wird: daß die finstersten Momente der Kunst etwas wie Lust bereiten sollten, ist nichts anderes, als daß Kunst und ein richtiges Bewußtsein von ihr Glück einzig noch in der Fähigkeit des Standhaltens finden. Dies Glück strahlt von innen her in die sinnliche Erscheinung. Wie in stimmigen Kunstwerken ihr Geist noch dem sprödesten Phänomen sich mitteilt, es gleichsam sinnlich errettet, so lockt seit Baudelaire das Finstere als Antithesis zum Betrug der sinnlichen Fassade von Kultur auch sinnlich. Mehr Lust ist bei der Dissonanz als bei der Konsonanz: das läßt dem Hedonismus Maß für Maß widerfahren. Das Schneidende wird dynamisch geschärft, in sich und vom Einerlei des Affirmativen unterschieden, zum Reiz; und dieser Reiz kaum weniger als der Ekel vorm positiven Schwachsinn geleitet die neue Kunst in ein Niemandsland, stellvertretend für die bewohnbare Erde. In Schönbergs Pierrot lunaire, wo kristallinisch imaginäres Wesen und Totalität der Dissonanz sich vereinen, hat dieser Aspekt von Moderne erstmals sich realisiert. Negation vermag in Lust umzuschlagen, nicht ins Positive.« (66 f.)

Allerdings: Beckett und Celan, die einzigen unter den Künstlern seiner Zeit, die Adorno vorbehaltlos anerkannte, waren mit ihren schwelgerischen Rudimenten des negierten Alten und der durch die Hereinnahme von Verdrängtem gesteigerten Dichte ihrer Texte – gemessen an Adornos eigenem geschichtsphilosophischem Maßstab – als Künstler gerade keine Zeitgenossen Adornos, sondern Zeitgenossen von Schönberg, Picasso, Joyce, Zeitgenossen der heroischen Moderne. Die wirklichen Zeitgenossen Adornos aber standen als die Fortgeschritteneren und Ärmeren da, denen er nicht mehr zu sagen hatte, als daß bei ihnen die Fülle des Beckettschen Atoms fehle, daß bei ihnen die Kunst in der Tat an ein Ende gelangt scheine, daß sie aber konsequent weitermachen müßten. »Die jüngste Entwicklung der Kunst dürfte ihr qualitativ Neues daran haben, daß sie aus Allergie gegen Harmonisierungen diese sogar als negierte beseitigen möchte, wahrhaft eine Negation der Negation mit deren Fatalität, dem selbstzufriedenen Übergang zu neuer Positivität, der Spannungslosigkeit so vieler Bilder und Musiken der Dezennien nach dem Krieg. Falsche Positivität ist der technologische Ort des Sinnverlustes. Was in den heroischen Zeiten der neuen Kunst als deren Sinn wahrgenommen wurde, hielt die Ordnungsmomente als bestimmt negierte fest; ihre Liquidation läuft im Effekt auf reibungslose und leere Identität hinaus.« (238) Und: »Die Entwicklung dürfte zur Verschärfung des sensuellen Tabus fortschreiten, obwohl es manchmal schwerfällt zu unterscheiden, wie weit dies Tabu im Formgesetz gründet und wie weit bloß in Mängeln des Metiers ... Das sensuelle Tabu greift am Ende noch auf das Gegenteil des Wohlgefälligen über, weil es, sei es auch aus äußerster Ferne, in seiner spezifischen Negation mitgefühlt wird. Für eine solche Reaktionsform drängt die Dissonanz allzunahe an ihr Widerspiel, Versöhnung, sich heran; sie macht sich spröd gegen einen Schein des Menschlichen, der Ideologie der Unmenschlichkeit ist, und schlägt sich lieber auf die Seite verdinglichten Bewußtseins. Dissonanz erkaltet zum indifferenten Material; zwar einer neuen Gestalt von Unmittelbarkeit, ohne Erinnerungsspur dessen, woraus sie wurde, dafür aber taub und qualitätslos.« (30)

Wenn aber die von Adorno in *Vers une musique informelle* begrüßte weitergehende Reinigung des künstlerischen Materials von Rückständen des Gewesenen nicht die Freiheit der Kunst zum Objekt, die Kraft zum Durchbrechen des »mimetischen Tabus«, das Vermögen zur Zueignung des Verfemten und Verbotenen gesteigert hatte, warum hielt er dann gleichwohl daran fest, daß nur auf dieser Linie die Befolgung des Gebots möglich sei, man müsse absolut modern sein, müsse das Neue suchen? Woher nahm er z. B. die Gewißheit, daß nur noch gegenstandslose Malerei möglich sei? »Daß (die Kunstwerke) gleichgültiger zu werden scheinen, ist nicht bloß aus sinkender gesellschaftlicher Wirkung zu erklären. Einiges spricht dafür, daß die Werke durch die Wendung zu ihrer reinen Immanenz ihren Reibungskoeffizienten einbüßen, ein Moment ihres Wesens; daß sie gleichgültiger werden auch an sich selbst. Daß jedoch radikal abstrakte Bilder ohne Ärgernis in Repräsentationsräumen aufgehängt werden können, rechtfertigt keine Restauration von Gegenständlichkeit, die a priori behagt, auch wenn man für Zwecke der Versöhnung mit dem Objekt Ché Guevara erwählt.« (315 f.) Aber war denn Gegenständlichkeit wirklich a priori behaglich? War sie nicht oft genug unbehaglich gewesen? War nicht gegenstandslose Malerei in Westdeutschland gerade auch aus politischen Gründen zur vorherrschenden unter den modernen Richtungen in der Malerei geworden, weil moderne Gegenständlichkeit leicht hätte unbehaglich werden können? Kamen denn Unterschiede in der gegenständlichen Malerei nur durch unterschiedliche Gegenstände zustande? Die Leichtfertigkeit, mit der Adorno jegliche gegenständliche Malerei als konformistische Restauration abtat, ließ sich nur erklären durch den Sog des Umschlag-Denkens: die Hoffnung auf den Umschlag durch Mimesis an

Schwärze in einem allzu wörtlich genommenen Sinn. Dabei meinte Adorno selber: »Nicht ist generell zu unterscheiden, ob einer, der mit allem Ausdruck tabula rasa macht, Lautsprecher verdinglichten Bewußtseins ist oder der sprachlose, ausdruckslose Ausdruck, der jenes denunziert.« (179) Aber was war es, das die Unterscheidung im Einzelfall möglich machte? Doch genau jene Differenz zur vollendeten Mimesis an die Verdinglichung, deretwegen Adorno Beckett und Celan schätzte. Seine Wertschätzung dieser beiden hätte ihn darüber belehren können, daß sich der Fortschritt der Kunst nicht gemäß der Formel abspielte: Das geht nicht mehr, sondern gemäß der Formel: Das geht so nicht mehr. Wollte sich das Reden von Fortschritt in der Kunst nicht von vornherein auf die Forderung nach einem Stumm- und Kalt- und Gleichgültigwerden und schließlich einem Sich-selbst-Durchstreichen der Kunst festlegen, dann mußte die Möglichkeit des Fortschritts breiter gesehen werden, abwartender, offener für die Beschaffenheit alles dessen, was in der Kunst angesichts gegenwärtiger Verhältnisse standhielt.

Die Unbeirrtheit, mit der Adorno eine Konzeption des Fortschritts in der modernen Kunst verfocht, die sich an der Reinigung von Überkommenem und von Kunstfremdem ohne Rücksicht auf Qualität und Gehalt orientierte, wurde außer durch den Sog des Umschlag-Denkens auch durch Adornos eigentümliche Vorstellungen von Natur und Versöhnung mit Natur festgeschrieben. »Tatsächlich hat Kunst durch die Spiritualisierung, die ihr während der letzten zweihundert Jahre widerfuhr und durch die sie mündig ward, nicht, wie das verdinglichte Bewußtsein es möchte, der Natur sich entfremdet, sondern der eigenen Gestalt nach dem Naturschönen sich angenähert . . . Kunst möchte mit menschlichen Mitteln das Sprechen des nicht Menschlichen realisieren. Der reine Ausdruck der Kunstwerke, befreit vom dinghaft Störenden, auch dem sogenannten Naturstoff, konvergiert mit Natur, so wie in den authentischsten Gebilden Anton Weberns der reine Ton, auf den sie sich kraft subjektiver Sensibilität reduzieren, umschlägt in den Naturlaut; den einer beredten Natur freilich, ihre Sprache, nicht ins Abbild eines Stücks von ihr. Die subjektive Durchbildung der Kunst als einer nichtbegrifflichen Sprache ist im Stande von Rationalität die einzige Figur, in der etwas wie die Sprache der Schöpfung widerscheint, mit der Paradoxie der Verstelltheit des Widerscheinenden. Kunst versucht, einen Ausdruck nachzuahmen, der nicht eingelegte menschliche Intention wäre. Diese ist lediglich ihr Vehikel. Je vollkommener das Kunstwerk, desto mehr fallen die Intentionen von ihr ab. Natur mittelbar, der Wahrheitsgehalt von Kunst, bildet unmittelbar ihr Gegenteil. Ist die Sprache der Natur stumm, so trachtet Kunst, das Stumme zum Sprechen zu bringen, dem

Mißlingen exponiert durch den unaufhebbaren Widerspruch zwischen dieser Idee, die verzweifelte Anstrengung gebietet, und der, welcher die Anstrengung gilt, der eines schlechthin Unwillentlichen.« (121) Ausführlicher als in früheren Arbeiten wurden in der *ÄT* die Kritik an Naturbeherrschung und die Kritik an der verwalteten Gesellschaft miteinander verknüpft zur Kritik an einer Gesellschaft, die durch ihre verdinglichten Strukturen der Natur die gesellschaftlich vermittelte Sänftigung, nach der sie sich sehnte, verwehrte. Aus der Verknüpfung dieser beiden Motive bezog – wie Adornos Philosophie von Gesellschaft, Geschichte und Erkenntnis – auch seine Philosophie des Ästhetischen ihr Pathos. Aus ihr speiste sich der Anspruch, aufgeklärte Aufklärung zu betreiben bzw. zu stärken. Kunstwerke – das war die Pointe von Adornos Philosophie der Kunst und seiner Fortsetzung der *Dialektik der Aufklärung* auch in der *ÄT* – waren lauter Urgeschichten der Subjektivität, die Aufklärung aufgeklärt durchzuführen trachteten. »Ihre [der Kunstwerke, R. W.] Sprache ist im Verhältnis zur signifikativen ein Älteres aber Uneingelöstes: so wie wenn die Kunstwerke, indem sie durch ihr Gefügtsein dem Subjekt sich anbilden, wiederholten, wie es entspringt, sich entringt. Ausdruck haben sie, nicht wo sie das Subjekt mitteilen, sondern wo sie von der Urgeschichte der Subjektivität, der von Beseelung erzittern ... Das umschreibt Affinität des Kunstwerks zum Subjekt. Sie überdauert, weil im Subjekt jene Urgeschichte überlebt. Es fängt in aller Geschichte immer wieder von vorn an. Nur das Subjekt taugt als Instrument des Ausdrucks, wie sehr es auch, das sich unmittelbar wähnt, selber ein Vermitteltes ist. Noch wo das Ausgedrückte dem Subjekt ähnelt; wo die Regungen die subjektiven sind, sind sie zugleich apersonal, eingehend in die Integration des Ichs, nicht aufgehend in ihr. Der Ausdruck der Kunstwerke ist das nicht Subjektive am Subjekt, dessen eigener Ausdruck weniger als sein Abdruck; nichts so ausdrucksvoll wie die Augen von Tieren – Menschenaffen –, die objektiv darüber zu trauern scheinen, daß sie keine Menschen sind. Indem die Regungen in die Werke transponiert werden, die sie vermöge ihrer Integration zu ihren eigenen machen, bleiben sie im ästhetischen Kontinuum Statthalter außerästhetischer Natur, sind aber als deren Nachbilder nicht länger leibhaftig. Diese Ambivalenz wird von jeder genuin ästhetischen Erfahrung registriert, unvergleichlich in der Kantischen Beschreibung des Gefühls des Erhabenen als einem zwischen Natur und Freiheit in sich Erzitternden.« (172)

Aber diese Vorstellung von Kunst konnte nur deren Tiefenstruktur einkreisen. Machte man sie unmittelbar zum Maßstab des Fortschritts von Kunst, dann wurde das Potential für neue Formen künstlerischer

Reaktion auf einen dialektischen und in seinen Erscheinungsformen unvorhersehbaren »Fortschritt« der Gesellschaft einseitig eingeschränkt.

Bei Adorno selber stieß immer wieder beides hart aufeinander: einerseits die Überzeugung, es gebe eine in Kategorien wie Vergeistigung, Durchartikulation usw. formulierbare Logik der Entwicklung moderner Kunst, andererseits allgemeine Betrachtungen über Kunst überhaupt, die diese wie das nicht unbedingt fortschreitende, sondern auf untergründige geschichtliche Anstöße reagierende Umkreisen eines der Kunst unerreichbaren Zieles erscheinen ließen. »In oberster Instanz sind die Kunstwerke rätselhaft nicht ihrer Komposition sondern ihrem Wahrheitsgehalt nach. Die Frage, mit der ein jegliches den aus sich entläßt, der es durchschritt – die: Was soll das alles?, rastlos wiederkehrend, geht über in die: Ist es denn wahr?, die nach dem Absoluten, auf die jedes Kunstwerk dadurch reagiert, daß es der Form der diskursiven Antwort sich entschlägt. Die letzte Auskunft diskursiven Denkens bleibt das Tabu über der Antwort. Als mimetisches sich Sträuben gegen das Tabu sucht Kunst die Antwort zu erteilen, und erteilt sie, als urteilslose, doch nicht; dadurch wird sie rätselhaft wie das Grauen der Vorwelt, das sich verwandelt, nicht verschwindet; alle Kunst bleibt dessen Seismogramm . . . Die äußerste Gestalt, in welcher der Rätselcharakter gedacht werden kann, ist, ob Sinn selbst sei oder nicht. Denn kein Kunstwerk ist ohne seinen wie immer auch ins Gegenteil variierten Zusammenhang. Der aber setzt, durch die Objektivität des Gebildes, auch den Anspruch der Objektivität von Sinn an sich. Dieser Anspruch ist nicht nur uneinlösbar, sondern Erfahrung widerspricht ihm. Der Rätselcharakter blickt aus jedem Kunstwerk verschieden, doch so als wäre die Antwort, wie die der Sphinx, immer dieselbe, wenngleich einzig durchs Verschiedene, nicht in der Einheit, die das Rätsel, täuschend vielleicht, verheißt. Ob die Verheißung Täuschung ist, das ist das Rätsel.« (192 f.)

Im Unterschied zur Philosophie barg die Kunst ein Glücksversprechen. Sie vollbrachte, wonach die negativ-dialektische Philosophie strebte: »daß durch subjektive Leistung ein Objektives sich enthüllt« (173). Aber sie vollbrachte es nur um den Preis der Scheinhaftigkeit. Deshalb mußte jegliche Philosophie der Kunst zugleich Kritik an ihr sein. Das galt auch im Hinblick auf radikale moderne Kunstwerke, die durch ihre konstitutive Zerrüttetheit gewollt oder ungewollt doch den Schein retteten. Aber stellten die Kunstwerke auch nicht die begriffslose Erfüllung dessen dar, was die negativ-dialektische Philosophie mit Begriffen zu erreichen suchte, so stärkten sie doch deren Motivation, indem sie zur Reflexion nötigten, »woher sie, Figuren des Seienden und unfähig, Nichtseiendes ins Dasein zu zitieren, dessen überwältigendes Bild werden könnten, wäre nicht doch das Nichtseiende an sich selber«. (129)

Von einem Ästhetischwerden der Theorie bei Adorno konnte keine Rede sein. War die Kunst Zuflucht des Mimetischen, so »die Theorie« der Bürge begrifflicher Erkenntnis. Der Kopf der Emanzipation des Menschen ist die Philosophie, ihr Herz das Proletariat – hatte es bei Marx geheißen. Und: die Verwirklichung der Philosophie und die Aufhebung des Proletariats seien nur ineins möglich. Auch Philosophie und Kunst konnten – wenn überhaupt – nur gemeinsam überflüssig werden: in einer befreiten Gesellschaft. Im übrigen waren sie Verbündete, Rücken an Rücken stehende Platzhalter einer Vereinigung von Mimesis und Vernunft, einer aufgeklärten Aufklärung, beide auf gefährdeten Posten, beide auf die Erschütterung verfestigter Wahrnehmungs- und Verhaltensweisen bedacht, beide darauf zielend, Staunen lebendig zu halten bzw. zu erwecken.

»Die Verstelltheit wahrer Politik hier und heute, die Erstarrung der Verhältnisse, die nirgendwo zu tauen sich anschicken«, hatte Adorno 1962 in seinem *Engagement*-Aufsatz gemeint, »nötigt den Geist dorthin, wo er sich nicht zu encanaillieren braucht«, nämlich zu den Kunstwerken, denen aufgebürdet sei, »wortlos festzuhalten, was der Politik versperrt ist«. Darin hatte er die gesellschaftlich-politische Rechtfertigung des Akzents auf dem autonomen Kunstwerk gesehen. So sah er es Ende der 60er Jahre noch immer. Kulturrevolutionären Absichten, die die autonome Kunst aufheben wollten, ohne sie zu kennen, traute er nicht. Deshalb sah er kein Ziel der Protestbewegung, das es ihm erlaubt hätte, die Rolle dessen zu spielen, der darauf bedacht war, Abweichungen von jenem Ziel zu korrigieren. Wo Habermas Licht sah für eine am Modell der herrschaftsfreien Kommunikation von Wissenschaftlern orientierte Demokratisierung, sah Adorno keins für den Ausdruck des Nichtidentischen. Wo der kritische Wissenschaftstheoretiker Habermas sich Hoffnungen auf eine demokratische Hochschulreform machte, sah Adorno keine Hoffnung dafür, daß die moderne Kunst zum Anstoß für eine aufgeklärte Aufklärung würde. In einer Zeit, in der Wissenschaft und Technik zur ersten Produktivkraft geworden waren, schien Habermas mit seinem Interesse für Wissenschaft und Hochschulreform der Realistischere zu sein. Allerdings: eben wegen jener Bedeutung von Wissenschaft und Technik waren auch die Chancen für eine Änderung auf diesem Gebiet um so geringer.

In Adornos Setzen auf die erschütternde Kraft einer Kunst, die durch ihre aporetische Situation stets weiter vorangetrieben und weiter geschwächt wurde und die gesellschaftlich immer weniger ernst genommen wurde, lag eine verzweifelte Hoffnung. Aber als nicht viel weniger verzweifelt erschien Habermas' Hoffnung auf ein Bündnis neuer Formen politischer Öffentlichkeit insbesondere mit der orientierenden und selbstreflexiven Kraft einer Wissenschaft, die von der Gesellschaft immer selektiver und immer penetranter als Produktivkraft und Ideologie genutzt wurde und deren bildende und reflexive Disziplinen bzw. Varianten in eine ähnlich »autonome« und irrelevante Rolle abgedrängt wurden wie längst schon die Kunst. Der Paradigmenwechsel von der Subjektphilosophie und einer Utopie der Versöhnung des Geistes mit Natur zur Theorie des kommunikativen Handelns und einer Utopie der Ausschöpfung des normativen Gehalts verständigungsorientierten Handelns versprach einen neuen Blick auf Gesellschaft und Geschichte, der Fortschritte in der Annäherung an eine frei von Herrschaft über ihre wesentlichen Ziele sich verständigende Menschheit, falls es sie denn gab, überhaupt erst systematisch wahrzunehmen erlaubte. Adornos Ansatz war in dem neuen Paradigma nicht aufgehoben – sollte es ja auch nicht sein, da Habermas ihn in wesentlicher Hinsicht für verfehlt hielt. Etwas von der Bedeutung, die Adorno der Kunst zusprach, ging später ein in Habermas' Annahme einer Rationalisierung der Lebenswelt durch das Welt- und Selbstdeutungspotential von Wissenschaft und Philosophie, durch das Aufklärungspotential streng universalistischer Rechts- und Moralvorstellungen und durch die radikalen Erfahrungsgehalte der ästhetischen Moderne. Daß nicht nur die Kunst, sondern alle drei Dimensionen ein Versprechen verkörperten, war eine plausible Vorstellung. Nicht plausibel war, daß eine andere Dimension ausgeschlossen blieb, die bei Adorno eine wichtige Rolle spielte: das Naturschöne. Und unberücksichtigt blieb auch jene Fragestellung, die noch nicht dadurch bedeutungslos geworden war, daß sie durch ein restringiertes Paradigma eröffnet und hervorgehoben worden war: die Frage nämlich nach dem Verhältnis zwischen der Herrschaft über äußere und über innere und leibliche Natur und nach dem Zusammenhang zwischen Naturbeherrschung und gesellschaftlichen Verhältnissen. Das war eine Fragestellung, die erst noch mit einer Konkretion und Materialgesättigtheit erprobt werden mußte, wie Adorno und Horkheimer es nie versucht hatten.

Adornos Tod hatte eine Zäsur bedeutet. Fromm lebte noch – aber die Entfremdung zwischen ihm und den anderen zum Horkheimer-Kreis Gehörenden hatte nie mehr aufgehört. In den 50er Jahren hatten er und Marcuse einander noch einmal scharf kritisiert. Marcuse hatte Fromm eine guruhafte Position attestiert. Löwenthal lebte noch – aber in den 50er Jahren hatten Horkheimer und Adorno wegen der von ihm gegenüber dem Institut erhobenen Pensionsansprüche auch mit ihm gebrochen. Bis 1956 hatte Löwenthal im alten New Yorker Büro des Instituts gewohnt, das von Horkheimers einstiger New Yorker Sekretärin, Alice Maier, bis Ende der 60er Jahre in Gang gehalten wurde, weil Horkheimer eine Basis in den USA haben wollte. 1956 war Löwenthal Professor an der renommierten Universität von Berkeley geworden. Horkheimer lebte noch – aber als ein seiner Vergangenheit distanziert Gegenüberstehender, bei dem sich das für Theologen faszinierende Reden von der Sehnsucht nach dem ganz Anderen mit der Verneinung jeglicher Chance zu einer Verwirklichung von gesellschaftlichen Verhältnissen verband, in denen die Menschen zugleich frei, gleichgestellt und solidarisch lebten. Marcuse lebte noch, und Horkheimers Ausspruch, Marcuses Ruhm beruhe auf Gedanken, »die gröber und simpler als Adornos und meine Gedanken sind« (*Spiegel*, 30. 6. 69, S. 109), enthielt außer einer bösen Spitze gegen den einstigen Getreuen, der sich nun nicht länger mit Klagen über die verwaltete Welt begnügte, auch die Anerkennung der weitgehenden gedanklichen Gemeinsamkeit. Aber Marcuse verkörperte nicht den Kristallisationspunkt einer institutionell abgestützten Denk-Schule. Adornos Tod bedeutete so das Ende einer wie immer uneinheitlichen Gestalt der kritischen Theorie, die in einmaliger Form um die Pole des Instituts für Sozialforschung als Exterieur und eines sich aus antibürgerlichem Pathos und gesellschaftskritischem Sendungsbewußtsein speisenden Erkenntniswillens zentriert war. Daß die Jüngeren innerhalb von zwei, drei Jahren die Frankfurter Szene verließen, unterstrich nur den Zäsurcharakter von Adornos Tod. Friedeburg wurde 1969 hessischer Kultusminister und nahm auf administrativer Ebene den Kampf für die Bildungsreform auf. Negt wurde 1970 Soziologie-Professor in Hannover. Habermas nahm 1971 einen Ruf als Direktor am Max-Planck-Institut zur Erforschung der Lebensbedingungen der wissenschaftlich-technischen Welt in Starnberg bei München an und hoffte, dort seine Konzeption interdisziplinärer Theorie-Arbeit realisieren zu können, für die er im IfS, dessen Mitdirektion ihm angeboten worden war, keine Chance sah. »Ich brauche Ihnen«, schrieb er im April 1971 an Horkheimer, »nicht darzustellen, wie sehr sich die Szene hier nach Adornos Tod verändert hat. Ich habe zwei Motive, nach Starnberg zu gehen. Auf der einen Seite habe ich dort großzügige Möglichkeiten, zu forschen. Ich kann 15 wissenschaftliche Stellen besetzen, und kann in einem verhältnismäßig weiten finanziellen Spielraum frei über die Wahl der Projekte entscheiden. Hier in Frankfurt hingegen hat niemals die realistische Möglichkeit bestanden, mit den Mitarbeitern in das Institut für Sozialforschung einzutreten, mit denen ich zuammenarbeiten möchte. Der andere Grund ergibt sich aus dem Umstand, daß der künftige sozialwissenschaftliche Fachbereich mit der Aufgabe belastet sein wird, die Grundausbildung der Lehrer, der Juristen und der Ökonomen zu übernehmen. Würde ich hierbleiben, müßte ich meine volle Arbeitskraft diesen ja durchaus dringlichen Aufgaben widmen.« (Habermas-Horkheimer, 22. 4. 71) Zurück blieb allein Alfred Schmidt, gewissermaßen der materialistische Fachphilosoph unter den Jüngeren (und später zusammen mit Joseph Maier, einem Schüler und Mitarbeiter Horkheimers aus New Yorker Zeiten, Verwalter des Horkheimer-Nachlasses).

Und das Institut für Sozialforschung? Noch zu Lebzeiten Adornos war dort als Schwerpunkt für die weitere Arbeit Gewerkschaftsforschung beschlossen worden. Dadurch war der weitere Kurs festgelegt, der vollzogen wurde von einem seit 1969 fast vollständig ausgewechselten Personal. 1971 erschien als Nachzügler in der Reihe der von Adorno und Friedeburg herausgegebenen *Frankfurter Beiträge zur Soziologie* noch Band 22: Michaela von Freyholds *Autoritarismus und politische Apathie. Analyse einer Skala zur Ermittlung autoritätsgebundener Verhaltensweisen.* Damit wurde die Reihe eingestellt. Seit 1974 wurden dann Ergebnisse der Gewerkschaftsforschung und der Untersuchungen des Instituts zur Industriearbeit publiziert. Es gab einerseits keinen Theoretiker, andererseits keine Auftragsarbeiten mehr. Außer durch regelmäßige Zuschüsse der Stadt und des Landes finanziert sich das Institut durch projektbezogene Mittel staatlicher Forschungsförderung (s. *Leviathan*, 4/1981, Sonderheft, *Institut für Sozialforschung: Gesellschaftliche Arbeit und Rationalisierung. Neuere Studien aus dem Institut für Sozialforschung in Frankfurt/M.*).

Nachwort

Ende der 60er, Anfang der 70er Jahre hörte die Orientierungsfunktion der kritischen Theorie für die Protestbewegungen mehr oder weniger auf. Die einen Gruppen wandten sich orthodoxen Spielarten des Marxismus-Leninismus-Trotzkismus-Stalinismus-Maoismus zu, andere wandten sich von der Theorie überhaupt ab. Im übrigen schien eine reformfreudige Zeit angebrochen. Die jüngeren Vertreter kritischer Theorie zerstreuten sich in alle Richtungen und wirkten von etablierteren Positionen aus weiter. Aber schon 1972 begann das Ende des bundesrepublikanischen Frühlings. Anfang 1972 verabschiedeten der sozialdemokratische Bundeskanzler Brandt und die Ministerpräsidenten der Länder den »Radikalenerlaß«, der den »Extremisten« unter den Vertretern einer kritischen Studentengeneration den Marsch durch die Institutionen verwehren sollte, aber zu einer rasch unkontrollierbar werdenden Überprüfungs- und Berufsverbotspraxis führte. »Frankfurter Schule«, seit den Jahren der Studentenrevolte ein griffiges Etikett für die, die Unzufriedenheit, Proteste, radikale Reformbestrebungen wie terroristische Aktionen gleichermaßen auf die Aufwiegelung durch intellektuelle Verführer zurückführen wollten, blieb ein gängiger Begriff. Im Oktober 1977 – nach den Morden an Generalbundesanwalt Siegfried Buback und seinem Fahrer, an Jürgen Ponto, dem Vorstandsvorsitzenden der Dresdner Bank, an den Begleitern des entführten und am 16. Oktober ebenfalls ermordet aufgefundenen BDA- und BDI-Präsidenten Hanns Martin Schleyer – erklärten der baden-württembergische CDU-Ministerpräsident Filbinger und der hessische CDU-Vorsitzende Dregger, der eine in einer Rede anläßlich des Festaktes zum 500jährigen Bestehen der Universität Tübingen, der andere in einer von der ARD ausgestrahlten Sendung des Bayrischen Rundfunks, die Frankfurter Schule sei eine Ursache des Terrors. Der Terrorismus und die Forderung nach der geistig-politischen Auseinandersetzung mit dessen Wurzeln wurden zum Vorwand der Diffamierung der sogenannten Sympathisanten und derer, die die Gesellschaft kritisierten und von Sozialismus redeten. Konservative und konservativ gewordene Wissenschaftler sahen die Stunde der Abrechnung gekommen – mit den linken Intellektuellen im allgemeinen, mit der Frankfurter Schule im besonderen.

Günther Rohrmoser, ein von Filbinger berufener Sozialphilosoph – von Filbinger, der als Marinerichter in den letzten Tagen des Zweiten Weltkrieges ein skandalöses Todesurteil gefällt hatte, das er in den 70er Jahren mit der Bemerkung verteidigte: was damals Recht war, kann heute nicht Unrecht sein – Rohrmoser hatte seit der Publikation seines Bandes *Das Elend der kritischen Theorie* im Jahre 1970 in immer neuen Varianten verkündet, Marcuse, Adorno und Horkheimer seien die geistigen Ziehväter der Terroristen, die durch eine Kulturrevolution die Tradition des christlichen Abendlandes zerstörten. In seine Fußtapfen traten sich als Aufklärer und liberale Demokraten verstehende Wissenschaftler wie Ernst Topitsch und Kurt Sontheimer. Unter den Schlagworten von »rationaler Diskussion« und »herrschaftsfreiem Dialog«, so hatte 1972 Ernst Topitsch, Philosophie-Professor in Graz und kritischer Rationalist, gemeint, etabliere sich an den Hochschulen »ein ausgesprochener Gesinnungsterror, wie er in dieser direkten Form nicht einmal unter der nationalsozialistischen Gewaltherrschaft existiert hat« (Topitsch, *Die Neue Linke – Anspruch und Realität*, in: Hochkeppel, Hg., *Die Rolle der Neuen Linken in der Kulturindustrie*, 34). Sontheimer, in den 60er Jahren durch seine Untersuchung über *Antidemokratisches Denken in der Weimarer Republik* bekannt geworden, erklärte in den 70er Jahren linke, revolutionäre Theorien zum Nährboden des Terrorismus (*Das Elend unserer Intellektuellen*, 1976) und sah die Bundesrepublik durch linkes Denken in eben der Weise gefährdet, wie einst rechtes antidemokratisches Denken die Weimarer Republik gefährdet hatte. Wenn der Rohrmoser-Schüler und Kölner Pädagogik-Professor Henning Günther u. a. 1978 ein als wissenschaftliche Auseinandersetzung präsentiertes plumpes Pamphlet mit dem Titel *Die Gewalt der Verneinung. Die Kritische Theorie und ihre Folgen* publizierten, konnten sie sich als Sprachrohr einer unter Professoren und Politikern weit verbreiteten Auffassung fühlen. Wie in der ersten Restaurationsphase der Bundesrepublik gingen auch in dieser zweiten die Bekämpfung verfassungswidriger und die Bekämpfung legaler Opposition ineinander über, diffamierten konservative Antidemokraten jegliche Reformbestrebungen als Abweichung von der »freiheitlich demokratischen Grundordnung« und sahen sich dabei oft unterstützt von »Liberalen«, die für eine »streitbare Demokratie« und einen starken Staat eintraten, wie der damalige Bundesinnenminister Werner Maihofer.

In diesem Klima, in dem die Verleihung des Theodor W. Adorno-Preises an Habermas durch den christdemokratischen Frankfurter Oberbürgermeister Walter Wallmann im Jahre 1980 bereits wie ein Korrektiv der »innerstaatlichen Feinderklärung« wirkte, hielten Claus Offe und Albrecht Wellmer, hielten vor allem Jürgen Habermas und Oskar Negt, die Exponiertesten unter den jüngeren kritischen Theoretikern, standhaft an kritischer Theorie fest. Da dem Begriff Frankfurter Schule oder »Kritische Theorie« nie etwas Einheitliches entsprochen hatte, konnte auch nicht von einem Zerfall die Rede sein, solange wesentliche Elemente dessen, was alles Kritischer Theorie zuzurechnen war, in aktualitätsbezogener Form weiterentwickelt wurden. Das Ineinanderübergehen von Begriffen wie Frankfurter Schule, Kritische Theorie, Neomarxismus verweist ja darauf, daß seit den 30er Jahren theoretisch produktives linkes Denken im deutschsprachigen Bereich seinen Fokus in Horkheimer, Adorno und dem Institut für Sozialforschung hatte und noch einzelne wie Ernst Bloch, Günther Anders oder Ulrich Sonnemann sich in Relation zu diesem Fokus sehen ließen. Am sinnvollsten ist es wohl, von Frankfurter Schule vor allem in Hinblick auf die Zeit der älteren Kritischen Theorie zu sprechen, für die das von Horkheimer bzw. Adorno geleitete Institut für Sozialforschung so etwas wie ein institutionalisiertes Symbol war, den Begriff Kritische Theorie dagegen in einem weiteren Sinne zu nehmen, der abgelöst ist vom Fokus Horkheimer, Adorno und Institut für Sozialforschung und ein Denken meint, das der Abschaffung von Herrschaft verpflichtet ist und in einer für vielfältige Verbindungen offenen marxistischen Tradition steht und dessen Ausprägungen vom antisystematischen und essayistischen Denkstil Adornos bis zum Horkheimerschen Projekt einer interdisziplinären Gesellschaftstheorie reichen.

Eben diese beiden Pole werden seit den 70er Jahren von Habermas und Negt in beeindruckender und eigenwilliger Form repräsentiert. Habermas suchte in Starnberg – in der Nähe Münchens gelegen, wo ihm die Universität eine Honorar-Professur verweigerte – als Direktor am Max-Planck-Institut zur Erforschung der Lebensbedingungen der wissenschaftlich-technischen Welt mit dem Programm einer interdisziplinären Gesellschaftstheorie aufs neue Ernst zu machen. Als er nach einem Jahrzehnt nach Frankfurt zurückkehrte und dort eine Philosophieprofessur übernahm, betrachtete er das Projekt zwar als gescheitert, aber es lag die *Theorie des kommunikativen Handelns* (1981) vor, die die normative Grundlage und den grundbegrifflichen Rahmen für das am Ende des zweibändigen Werks skizzierte Programm einer aktualisierten kritischen Gesellschaftstheorie, nämlich das Programm der interdisziplinär angelegten Erforschung des selektiven Musters der kapitalistischen Modernisierung bieten sollte, das zum Zusammenprall der Imperative des wirtschaftlichen und des politischen Systems mit eigensinnigen kommunikativen Strukturen der Lebenswelt führte. Negt unternahm in Zusammenarbeit mit dem Schriftsteller und Filmregisseur Alexander Kluge den Versuch, Adornos mikrologische Analyse und wissenschaftsskeptische Erkenntnistheorie des Nichtidentischen – des Unterdrückten und Unerfaßten –

fruchtbar zu machen für eine Organisationstheorie und Geschichtsphilosophie des »proletarischen« Widerstandes gegen die kapitalistische Industrialisierung. Der Adorno gewidmete Band *Öffentlichkeit und Erfahrung* (1972) war ausgespannt zwischen der Analyse bürgerlicher Öffentlichkeit als einer deformierenden und enteignenden Form der Organisation gesellschaftlicher Erfahrung und der Konzeption proletarischer Öffentlichkeit als einem »kollektiven Produktionsprozeß, dessen Gegenstand zusammenhängende menschliche Sinnlichkeit ist« (*Öffentlichkeit und Erfahrung*, 486). In *Geschichte und Eigensinn* (1981) ging es um die Analyse des Gegenpols des Kapitals, um die Geschichte der lebendigen Arbeitskraft. Die Analyse der Geschichte einzelner Arbeitsvermögen war zugleich ein Versuch, der von Foucault aufgedeckten »Mikrophysik der Macht eine der Gegenmacht entgegenzusetzen« (Kluge in: *Die Geschichte der lebendigen Arbeitskraft. Diskussion mit Oskar Negt und Alexander Kluge*, in: *Ästhetik und Kommunikation*, Juni 1982, 102).

Ein Buch über die Geschichte der Frankfurter Schule und der Kritischen Theorie zu beenden ist also nur möglich durch Abbrechen. Mehr zur zweiten Generation der kritischen Theoretiker findet man in Willem van Reijens Buch *Philosophie als Kritik*. Eine umfassende Skizze zur Wirkungsgeschichte der Frankfurter Schule bieten Jürgen Habermas' auf einem Symposium der Alexander von Humboldt-Stiftung im Dezember 1984 über die Frankfurter Schule und die Folgen vorgetragene »Drei Thesen zur Wirkungsgeschichte der Frankfurter Schule«. So groß die Rezeptionsbereitschaft und die Integrationsfähigkeit der Kritischen Theorie und so vielfältig die dank ihrer Vielgestaltigkeit und Vielphasigkeit von ihr ausgehenden Anstöße waren und sind und so unscharf inzwischen manche Grenzen zu der ihrerseits vielfältig gewordenen sozialwissenschaftlichen und philosophischen Szene geworden sind – es bleibt ein erkennbares Gesicht der Kritischen Theorie, für das in ihrer undogmatischen und doch entschiedenen Art »Philosophen« wie Habermas und Negt unterschiedlich und exemplarisch einstehen.

Dank

Zu danken habe ich vielen. Michael Krüger und der Carl Hanser Verlag waren 1979 rasch bereit, durch einen Vertrag und einen Vorschuß das Projekt einer umfassenden Darstellung der Geschichte der Frankfurter Schule zu unterstützen. Herbert Schnädelbach hat durch seine beflügelnde Bereitschaft, das Projekt der Deutschen Forschungsgemeinschaft für ein Forschungsstipendium zu empfehlen, eine aussichtsreiche Durchführung des Unternehmens ermöglicht. Die Deutsche Forschungsgemeinschaft hat durch ein zweieinviertel-jähriges Forschungsstipendium und die Bestreitung der Kosten einer USA-Reise das Unternehmen zur Hälfte finanziert. Die andere Hälfte hat meine Frau beigetragen.

Für wichtige und anregende Gespräche, zum Teil mehrfache und überaus informative, danke ich: Wolfgang Abendroth, Frankfurt a. M.; Wilhelm Baldamus, Leeds, Großbritannien; Walter Dirks, Wittnau bei Freiburg i. B.; Ludwig v. Friedeburg, Frankfurt a. M.; Ulrich Gembardt, Köln; Jürgen Habermas, Frankfurt a. M.; Willy Hartner, Bad Homburg v. d. H.; Peter v. Haselberg, Frankfurt a. M.; Marie Jahoda, Keymer, Hassocks, Großbritannien; René König, Köln; Ferdinand Kramer, Frankfurt a. M.; Leo Löwenthal, Berkeley, USA; Alice und Joseph Maier, New York; Kurt Mautz, Wiesbaden; Erica Shareover-Marcuse, San Diego, USA; Willy Strzelewicz, Hannover; Rolf Tiedemann, Frankfurt a. M.; Karl August Wittfogel, New York. Für die briefliche Beantwortung einiger Fragen danke ich Moses I. Finley, Cambridge, Großbritannien.

Die wichtigste Informationsquelle für meine Arbeit war das Horkheimer-Archiv in Frankfurt a. M., das Horkheimers und Pollocks außerordentlich umfangreichen Nachlaß enthält: neben großen Buchbeständen mehr als 200 000 Blatt an Briefen, Manuskripten und Materialien. Alfred Schmidt war so freundlich, mir bereits vor dem Abschluß der Archivierung Zugang zum Nachlaß zu gewähren. Und Gunzelin Schmid Noerr war so freundlich, darin keine Störung seiner Archivierungsarbeit zu sehen. Mit ihm konnte ich über manches Detail und schwierige grundsätzliche Einschätzungen diskutieren. Mein Dank gilt ferner: der Society for the Protection of Science and Learning in London und der Bodleian Library in Oxford; dem Lukács-Archiv in Budapest; Karsten Witte und der Handschriften-Abteilung des Deutschen Literaturarchivs in Marbach a. N.; dem

Stadtarchiv Frankfurt a. M.; der Bibliothekarin des Instituts für Sozialforschung, Liselotte Mohl; dem die Akten der philosophischen Fakultät verwaltenden Vorsitzenden der philosophischen Promotionskommission, Professor Böhme; Rolf Tiedemann, dem Leiter des Theodor W. Adorno-Archivs, und seinem Mitarbeiter Henri Lonitz; Barbara Brick, der Bearbeiterin des Marcuse-Archivs.

Keinen Zugang erhielt ich zum Archiv der Universität Frankfurt a. M. Mit der Begründung, daß die Akten nicht unter Datenschutzgesichtspunkten einwandfrei gegliedert seien und eine personelle Kapazität für entsprechende Sortierarbeiten nicht zur Verfügung stehe, verwehrte der seinerzeitige Präsident der Universität, Professor Hartwig Kelm, den Zugang zu den das Institut für Sozialforschung betreffenden Akten. Auch die Unterstützung durch den hessischen Datenschutzbeauftragten, Professor Spiros Simitis, der bestätigte, daß die Unterlagen des Universitätsarchivs, in die ich Einsicht nehmen wollte, nicht in den Geltungsbereich des Datenschutzes fielen, nützte nichts. Es ging mir also wie Gerda Stuchlik, die bei ihren Recherchen zu einer Untersuchung über die Universität Frankfurt in der Zeit des Nationalsozialismus (*Goethe im Braunhemd – Universität Frankfurt 1933-1945*, Frankfurt a. M. 1984) überall großzügige Unterstützung fand, außer im Fall des Archivs der Frankfurter Universität. Einen gewissen Ersatz boten mir Ulrike Migdals in den 70er Jahren entstandene Darstellung der *Frühgeschichte des Frankfurter Instituts für Sozialforschung*, in der ausführlich auf die das Institut für Sozialforschung betreffenden Akten des Universitätsarchivs eingegangen wird, und das Kapitel über das Institut für Sozialforschung in Paul Klukes Buch über *Die Stiftungsuniversität Frankfurt am Main*.

Mit Friedrich W. Schmidt habe ich manchen Abend zusammengesessen und über Adorno und Horkheimer, Mimesis und Naturbeherrschung, Geschichte und Metaphysik nach Auschwitz diskutiert. In Eginhard Hora hatte ich einen hilfreichen und sensiblen Lektor. Und dann gibt es da noch die erste Leserin. Ohne sie wäre nichts gelaufen.

Anhang

Abkürzungen

Archivalien- und Literaturverzeichnis

I. Archivalien

Selbstdarstellungen des Instituts für Sozialforschung in Broschüren, Memoranden, Berichten, Briefen (eine Auswahl vor allem längerer bzw. wichtiger Texte)

Denkschrift über die Begründung eines Instituts für Sozialforschung. 5 S. Anlage zu: Felix Weil-Kuratorium der Universität Frankfurt a. M., 22. 9. 22 (MHA: IX 50a. 2; Teilabdruck in der folgenden Broschüre)

Gesellschaft für Sozialforschung (Hg.): Institut für Sozialforschung an der Universität Frankfurt a. M., 1925. 29 S. (Universitätsbibliothek Frankfurt/M.)

Felix Weil/Gesellschaft für Sozialforschung-Ministerium für Wissenschaft, Kunst und Volksbildung, 1. 11. 29. 31 S. (MHA: IX 51a. 1b)

Friedrich Pollock: Das Institut für Sozialforschung an der Universität Frankfurt a. M., in: Brauer, Ludolph, u. a. (Hg.): Forschungsinstitute, Bd. 2, 347-354 (1930)

Institut für Sozialforschung a. d. Universität Frankfurt a. M., 5 S. (vermutlich 1931) (MHA: IX 51)

International Institute of Social Research, American Branch: International Institute of Social Research. A Short Description of Its History and Aims. New York 1934. 15 S. (MHA: IX 51a. 2)

Dr. Horkheimer's Paper Delivered on the Occasion of an Institute Luncheon given to the Faculty of Social Sciences of Columbia University on Jan. 12th, 1937. 12 S. (MHA: IX 53. 3)

International Institute of Social Research: International Institute of Social Research. A Report on Its History, Aims and Activities 1933-1938. New York 1938. 36 S. (MHA IX 51a. 4)

Institutsvortrag 1938. Unter dem Titel »Idee, Aktivität und Programm des Instituts für Sozialforschung« abgedruckt in: Horkheimer, Ges. Schr. 12, 135-164

Institute of Social Research (Columbia University): Supplementary Memorandum on the Activities of the Institute from 1939 to 1941, supplemented to December, 1942. 5 S. (MHA IX 60b)

Statement of Prof. Dr. Max Horkheimer, Research Director of the Institute of Social Research, on June 9, 1943. Re.: Certain charges made against the Institute of Social Research (Columbia University). 6 S. (MHA: IX 63)

Institute of Social Research: Ten Years on Morningside Heights. A Report on the Institute's History 1934 to 1944. 36 S. (MHA: IX 65. 1)

Memorandum über das Institut für Sozialforschung an der Universität Frankfurt/M., November 1950 (MHA: IX 70)

Institut für Sozialforschung an der J. W. Goethe-Universität Frankfurt a. M.: Ein Bericht über die Feier seiner Wiedereröffnung, seine Geschichte und seine Arbeiten, Frankfurt/M. 1952. (MHA)

Memorandum über Arbeiten und die Organisation des Instituts für Sozialforschung, Mai 1953 (MHA: IX 77)
Institut für Sozialforschung, Frankfurt/M. 1958 (Bibliothek des IfS)
Institut für Sozialforschung, Frankfurt/M. 1978 (Bibliothek des IfS)

(Weitere Informationen über Aktivitäten, Pläne und Mitarbeiter des Instituts in weiteren Papers und Statements, ferner in den jährlichen Berichten des Vorstandes über die Tätigkeit der Société Internationale de Recherches Sociales bzw. der Social Studies Association; in Horkheimers Berichten an den Präsidenten der Columbia University, Nicholas Murray Butler; in Horkheimers Berichten an die Trustees der Kurt Gerlach Memorial Foundation; usw.)

Akten zum Institut für Sozialforschung im Archiv des
Kanzleramtes der Universität Frankfurt/M.
(siehe meine Bemerkung dazu in der Danksagung)

Kuratoriumsakten 3/30-17: Institut für Sozialforschung (siehe die Auflistung der einzelnen Dokumente bei: Migdal, Die Frühgeschichte des Instituts für Sozialforschung, 130-133)

Akten zum Institut für Sozialforschung im Stadtarchiv Frankfurt/M.

In den Magistratsakten 1. Ablieferung:
S 1694 Gründung des Vereins/Instituts 1922-1926
U 1178 Erwerb eines Grundstücks 1922-1926
In den Magistratsakten 2. Ablieferung:
6603/10 Institut für Sozialforschung 1933 ff.
6610 Bd. 1 Lehrkräfte der Universität/Rektoratsübergabe (Horkheimer) 1951/52
In den Akten der Abt. 3 des Stadtarchivs:
Kulturamt 498 Bl 75: Daten des Instituts für Sozialforschung (1922 ff.)
Stadtkämmerei 251 Wiederaufbaudarlehen (1949-61)
Stiftungsabteilung 73 McCloy-Spende 1950 f.

Akten im Archiv der ehemaligen Philosophischen Fakultät
der Universität Frankfurt/M.

Akte Theodor Adorno, 1924-1968
Habilitationakte Walter Benjamin (Publikation in: Lindner, Habilitationsakte Benjamin, in: Lili, Zeitschrift für Literaturwissenschaft und Linguistik, H. 53/54, 1984)
Akte Max Horkheimer, 1922-1965

Wichtige Briefwechsel und einzelne wichtige Briefe

Max Horkheimer-Theodor W. Adorno, 1927-1969 (MHA: VI 1 – VI 5)

Max Horkheimer-Walter Benjamin, 1934-1940 (MHA: VI 5.152-366, VI 5 A)

Max Horkheimer-Juliette Favez, 1934-1940 (MHA: VI 7 – VI 8)

Max Horkheimer-Erich Fromm, 1934-1946 (MHA: VI 8 – VI 9)

Max Horkheimer-Henryk Grossmann, 1934-1943 (MHA: VI 9. 220-409)

Max Horkheimer-Rose Riekher bzw. Maidon Horkheimer, 1915-1967 (MHA: XVIII 1 – XVIII 3)

Max Horkheimer-Marie Jahoda, 1935-1949 (MHA: VI 11.216-286)

Max Horkheimer-Otto Kirchheimer, 1937-1947 (MHA: VI 11)

Max Horkheimer-Paul F. Lazarsfeld, 1935-1971 (MHA: I 16, II 10, V 111)

Max Horkheimer-Leo Löwenthal, 1933-1955 (MHA: VI 11 – VI 25)

Max Horkheimer-Herbert Marcuse, 1935-1973 (MHA: VI 27.377-402, VI 27 A. 1-293, VI 118)

Max Horkheimer-Franz Neumann, 1934-1954 (MHA: VI 30; V 128.230-268)

Max Horkheimer-Friedrich Pollock, 1911-1957 (MHA: VI 30 – VI 38 A)

Max Horkheimer-Felix Weil, 1934-1949 (MHA: I 26.148-313, II 15.1-200)

Max Horkheimer-Ministerium für Wissenschaft, Kunst und Volksbildung, Genf, 21. 4. 33 (MHA: I 6.41-42)

Max Horkheimer-Paul Tillich, Pacific Palisades, 12. 8. 42 (MHA: IX 15.3)

Theodor W. Adorno-Siegfried Kracauer, 1925-1965 (Deutsches Literaturarchiv in Marbach a. N.)

Theodor W. Adorno-Academic Assistance Council, 1933-1938 (aufbewahrt unter: Philosophy *Wiesengrund* als Bestandteil der Papers des Academic Assistance Council – jetzt Society for the Protection of Science and Learning, London – in der Bodleian Library, Oxford)

Theodor W. Adorno-Paul F. Lazarsfeld (die zitierten Briefe sind Bestandteil des Briefwechsels Horkheimer-Adorno)

Theodor W. Adorno-Mr. David, New York, 3. 7. 41 (MHA: VI 1 B. 81 ff.)

Forschungsberichte des Instituts für Sozialforschung

Studies in Anti-Semitism. A Report on the Cooperative Project for the Study of Anti-Semitism for the Year ending March 15, 1944. Hektographierter Forschungsbericht August 1944 (MHA: 121a)

Anti-Semitism among Labor. Report on a Research Project conducted by the Institute of Social Research (Columbia University) in 1944-1945. Hektographierter Forschungsbericht, 4 Bde. (MHA)

Die Wirksamkeit ausländischer Rundfunksendungen in Westdeutschland. Hektographierter Forschungsbericht 1952 (Dieser und die weiteren Forschungsberichte des neugegründeten Instituts in der Bibliothek des IfS)

Umfrage unter Frankfurter Studenten im WS 1951/52. Hektographierter Forschungsbericht 1952

Gruppenexperimente über Integrationsphänomene in Zwangssituationen. Hektographierter Forschungsbericht 1953

Universität und Gesellschaft I – Studentenbefragung. Hektographierter Forschungsbericht 1953

Universität und Gesellschaft II – Professorenbefragung. Publiziert in: Hans Anger: Probleme der deutschen Universität. Verlag Mohr, Tübingen 1960

Universität und Gesellschaft III – Expertenbefragung. Hektographierter Forschungsbericht 1953. Zusammenfassung publiziert in: Ulrich Gembardt: Akademische Ausbildung und Beruf, Kölner Zeitschrift für Soziologie und Sozialpsychologie, 11. Jg., 1959, Heft 2

Image de la France. Un sondage de l'opinion publique allemande. Hektographierter Forschungsbericht 1954, 3 Bde.

Die subjektiven und objektiven Abkehrgründe bei sieben Zechen des westdeutschen Steinkohlenbergbaus. Hektographierter Forschungsbericht 1955.

Zum politischen Bewußtsein ehemaliger Kriegsgefangener. Hektographierter Forschungsbericht 1957

Aufnahme der ersten Belegschaftsaktien der Mannesmann AG. Hektographierter Forschungsbericht 1957

Mechanisierungsgrad und Entlohnungsform. Hektographierter Forschungsbericht 1958

Entwicklung eines Interessenverbandes. Forschungsbericht 1959 (Schreibmaschinen-Manuskript). Publiziert als Frankfurter philosophische Dissertation von Manfred Teschner 1961

Grenzen des Lohnanreizes. Hektographierte Forschungsberichte 1962, 2 Bde.

Zum Verhältnis von Aufstiegshoffnung und Bildungsinteresse. Hektographierter Forschungsbericht 1962. Publiziert als Band 4 der Schriftenreihe des Landesverbandes der Volkshochschulen von Nordrhein-Westfalen 1965

Totalitäre Tendenzen in der deutschen Presse. Hektographierter Forschungsbericht 1966

Nichtwähler in Frankfurt am Main. Publiziert in: E. Mayer, Die Wahl zur Stadtverordnetenversammlung am 25. Oktober 1964 in Frankfurt am Main. Wähler und Nichtwähler. Sonderheft 19 der »Statistischen Monatsberichte«, 28. Jg., Frankfurt am Main 1966

Angestellte und Streik. Eine soziologische Untersuchung der Einstellungen organisierter Angestellter zum Dunlop-Streik. Hektographierter Forschungsbericht 1968

Kritische Analyse von Schulbüchern. Zur Darstellung der Probleme der Entwicklungsländer und ihrer Positionen in internationalen Beziehungen. Hektographierter Forschungsbericht 1970

Weitere im Buch erwähnte oder wichtige benutzte Archivalien

T. W. Adorno: Gutachten über die Arbeit »Die totalitäre Propaganda Deutschlands und Italiens«, S. 1 bis 106 von Siegfried Kracauer. (MHA: VI 1.317-320)

T. W. Adorno: Zur Philosophie der neuen Musik. New York 1941. 93 S. (Theodor W. Adorno-Archiv: Ts 1301 ff.)

T. W. Adorno: Notes by Dr. Adorno on Mrs. Frenkel-Brunswik's article on the antisemitic personality. August 1944. Anlage zu Adorno-Horkheimer, 25. 8. 44 (MHA: VI 1B. 213 ff.)

T. W. Adorno: What National Socialism has done to the Arts. 1945. 22 S. (Bestandteil der Vortragsreihe der Vorlesungsreihe des Instituts über The Aftermath of National Socialism) (MHA: XIII 33)

T. W. Adorno: Remarks on »The Authoritarian Personality« by Adorno, Frenkel-Brunswik, Levinson, Sanford. 1948. 30 S. (MHA: VI 1D. 71-100)

American Jewish Committee: Progress Report of the Scientific Department. June 22, 1945. 27 S. (MHA: IX 66)

Approach and Techniques of the Berkeley Group. 1943 (MHA: VI 34. 37-43)

Draft letter to President Hutchins. Vermutlich Oktober oder November 1940 (MHA: VI 1A.2)

M. Horkheimer, bzw. F. Pollock: Materialien zur Neuformulierung von Grundsätzen. August 1935. New York, 6 S. (MHA: XXIV 97)

M. Horkheimer/Th. W. Adorno (?): Memorandum über Teile des Los Angeles Arbeitsprogramms, die von den Philosophen nicht durchgeführt werden können. 1942 (MHA: VI 32.1 ff.)

P. F. Lazarsfeld: Princeton Radio Research Project Draft of Program, offenbar 1938 (MHA: I 16.153-166)

H. Marcuse: Paper vom Februar 1947. (MHA: VI 27 A.245-267)

Muster (für Schreiben an Spender), Juni 1951 (MHA: IX 75)

F. Pollock: Rapport Annual sur le Bilan et le Compte de Recettes et Dépenses de 1937, présenté à la 6ème. Assemblée Générale Ordinaire du 9 avril 1938. 32 S. (MHA: IX 277.7)

F. Pollock: Memorandum for P. T. on certain questions regarding the Institute of Social Research (1943) (MHA: IX 258)

F. Pollock: Prejudice and the Social Classes. 1945. 33 S. (MHA: IX 36a.1)

Protokoll des Adorno-Seminars über Walter Benjamins »Ursprung des deutschen Trauerspiels«, Sommer-Semester 1932 (zur Verfügung gestellt von Kurt Mautz)

F. Weil: Zur Entstehung des Instituts für Sozialforschung (Nach einem Vortrag Felix Weils vom 14. Mai 1973 in Frankfurt/M.; bei einem Seminar der Katholischen Studentengemeinde Frankfurt/M. zur Verfügung gestellt von Wolfgang Kraushaar)

Studentenakte Felix José Weil (Archiv der Tübinger Universität: 258/20281 a; die Information über diese Akte verdanke ich Helmuth R. Eisenbach)

II. Publikationen des Instituts und seiner wichtigsten
Mitarbeiter bzw. der wichtigsten Vertreter der Frankfurter Schule

Publikationen des Instituts für Sozialforschung

Schriften des Instituts für Sozialforschung

1 Henryk Grossmann: Das Akkumulations- und Zusammenbruchsgesetz des kapitalistischen Systems. Leipzig 1929
2 Friedrich Pollock: Die planwirtschaftlichen Versuche in der Sowjetunion 1917-1927. Leipzig 1929
3 Karl August Wittfogel: Wirtschaft und Gesellschaft Chinas. Versuch der wissenschaftlichen Analyse einer großen asiatischen Agrargesellschaft. Bd. 1: Produktivkräfte, Produktions- und Zirkulationsprozeß. Leipzig 1931
4 Franz Borkenau: Der Übergang vom feudalen zum bürgerlichen Weltbild. Studien zur Geschichte der Philosophie der Manufakturperiode. Paris 1934
5 Studien über Autorität und Familie. Forschungsberichte aus dem Institut für Sozialforschung. Paris 1936

Zeitschrift für Sozialforschung. Leipzig, dann Paris, dann New York, 1932-1939

Studies in Philosophy and Social Science. New York 1940-1941

Publications of the International Institute of Social Research, Morningside Heights, New York City

Georg Rusche/Otto Kirchheimer: Punishment and Social Structure. New York 1939 (dt.: Sozialstruktur und Strafvollzug, übersetzt von Helmut und Susan Kapczynski. Frankfurt/M. 1974)
Mira Komarovsky: The Unemployed Man and his Family. The Effort of Unemployment upon the Status of the Man within the Family. Introduction by Paul F. Lazarsfeld. New York 1940

Vom Institute of Social Research herausgegebene mimeographierte Bände

Max Horkheimer/Theodor W. Adorno: Walter Benjamin zum Gedächtnis. New York 1942
Max Horkheimer/Theodor W. Adorno: Philosophische Fragmente. New York 1944

Vom Institute of Social Research mitgetragene Publikationen

Felix José Weil: Argentine Riddle. New York 1944
Olga Lang: Chinese Family and Society. New Haven 1946

Frankfurter Beiträge zur Soziologie

1 Sociologica I. Aufsätze, Max Horkheimer zum sechzigsten Geburtstag gewidmet. Frankfurt 1955. 2. Aufl. 1974, Basis Studienausgabe
2 Gruppenexperiment. Ein Studienbericht. Bearbeitet von Friedrich Pollock. Mit einem Geleitwort von Franz Böhm. Frankfurt 1955. 2. Aufl. 1963
3 Betriebsklima. Eine industriesoziologische Untersuchung aus dem Ruhrgebiet. Frankfurt 1955
4 Soziologische Exkurse. Nach Vorträgen und Diskussionen. Frankfurt 1956. 5. Aufl. 1972, Basis Studienausgabe
5 Friedrich Pollock: Automation. Materialien zur Beurteilung der ökonomischen und sozialen Folgen. Frankfurt 1956. 7. Aufl. 1966
6 Freud in der Gegenwart. Ein Vortragszyklus der Universitäten Frankfurt und Heidelberg zum hundertsten Geburtstag. Frankfurt 1957
7 Georges Friedmann: Grenzen der Arbeitsteilung. Frankfurt 1959
8 Paul W. Massing: Vorgeschichte des politischen Antisemitismus. Aus dem Amerikanischen übersetzt und für die deutsche Ausgabe bearbeitet von Felix J. Weil. Frankfurt 1959. 2. Aufl. 1961
9 Werner Mangold: Gegenstand und Methode des Gruppendiskussionsverfahrens. Frankfurt 1960
10 Max Horkheimer und Theodor W. Adorno: Sociologica II. Reden und Vorträge. Frankfurt 1962. 3. Aufl. 1973, Basis Studienausgabe
11 Alfred Schmidt: Der Begriff der Natur in der Lehre von Marx, Frankfurt 1962. 3. überarbeitete und ergänzte Neuausgabe 1971, Basis Studienausgabe
12 Peter von Haselberg: Funktionalismus und Irrationalität. Studien über Thorstein Veblens »Theory of the Leisure Class«. Frankfurt 1962
13 Ludwig von Friedeburg: Soziologie des Betriebsklimas. Studien zur Deutung empirischer Untersuchungen in industriellen Großbetrieben. Frankfurt 1963. 2. Aufl. 1966
14 Oskar Negt: Strukturbeziehungen zwischen den Gesellschaftslehren Comtes und Hegels. Frankfurt 1964. 2. Aufl. 1974
15 Helge Pross: Manager und Aktionäre in Deutschland. Untersuchungen zum Verhältnis von Eigentum und Verfügungsmacht. Frankfurt 1965
16 Rolf Tiedemann: Studien zur Philosophie Walter Benjamins. Frankfurt 1965. Neue Ausgabe Frankfurt 1973
17 Heribert Adam: Studentenschaft und Hochschule. Möglichkeiten und Grenzen studentischer Politik. Frankfurt 1965
18 Adalbert Rang: Der politische Pestalozzi. Frankfurt 1967
19 Regina Schmidt, Egon Becker: Reaktionen auf politische Vorgänge. Drei Meinungsstudien aus der Bundesrepublik. Frankfurt 1967

20 Joachim E. Bergmann: Die Theorie des sozialen Systems von Talcott Parsons. Eine kritische Analyse. Frankfurt 1967

21 Manfred Teschner: Politik und Gesellschaft im Unterricht. Eine soziologische Analyse der politischen Bildung an hessischen Gymnasien. Frankfurt 1968

22 Michaela von Freyhold: Autoritarismus und politische Apathie. Analyse einer Skala zur Ermittlung autoritätsgebundener Verhaltensweisen. Frankfurt 1971

Sonderhefte der Frankfurter Beiträge zur Soziologie

1 Ludwig von Friedeburg und Friedrich Weltz: Altersbild und Altersvorsorge der Arbeiter und Angestellten. Frankfurt 1958

2 Manfred Teschner: Zum Verhältnis von Betriebsklima und Arbeitsorganisation. Eine betriebssoziologische Studie. Frankfurt 1961

3 Peter Schönbach: Reaktionen auf die antisemitische Welle im Winter 1959/60. Frankfurt 1961

Weitere Publikationen des Instituts

Zeugnisse. Theodor W. Adorno zum 60. Geburtstag. Im Auftrag des Instituts für Sozialforschung herausgegeben von Max Horkheimer. Frankfurt/M. 1963

Weitere Publikationen vom Institut initiierter oder durchgeführter Untersuchungen

Max Horkheimer/Samuel H. Flowerman (Hg.): Studies in Prejudice. New York 1949 f.:

T. W. Adorno, Else Frenkel-Brunswik, Daniel J. Levinson, R. Nevitt Sanford: The Authoritarian Personality. New York 1950

Bruno Bettelheim/Morris Janowitz: Dynamics of Prejudice. A Psychological and Sociological Study of Veterans. New York 1950

Nathan W. Ackerman/Marie Jahoda: Anti-Semitism and Emotional Disorder. A Psychological Interpretation. New York 1950

Paul Massing: Rehearsal for Destruction. A Study of Political Anti-Semitism in Imperial Germany. New York 1949 (dt.: Vorgeschichte des politischen Antisemitismus. Frankfurter Beiträge zur Soziologie Bd. 8)

Leo Löwenthal/Norbert Guterman: Prophets of Deceit. A Study of the Techniques of the American Agitator. New York 1949. (dt.: Falsche Propheten. Studien zur faschistischen Agitation, übersetzt von Susanne Hoppmann-Löwenthal, in: Leo Löwenthal, Schriften 3, Frankfurt/M. 1982)

Jürgen Habermas, Ludwig v. Friedeburg, Christoph Oehler, Friedrich Weltz: Student und Politik. Eine soziologische Untersuchung zum politischen Bewußtsein Frankfurter Studenten. Neuwied 1961

Theodor W. Adorno

Bibliographien

Schultz, Klaus: Vorläufige Bibliographie der Schriften Th. W. Adornos. In: Schweppenhäuser, H. (Hg.): Th. W. Adorno zum Gedächtnis. Eine Sammlung. Frankfurt 1971, S. 177-239

Pettazzi, Carlo: Kommentierte Bibliographie zu Th. W. Adorno. In: Arnold, H. L. (Hg.): Theodor W. Adorno, Text + Kritik, Sonderband, München 1977, S. 176-191

Lang, Peter Christian: Kommentierte Auswahlbibliographie 1969-1979. In: Lindner, B./Lüdke, W. M. (Hg.): Materialien zur ästhetischen Theorie Th. W. Adornos. Konstruktion der Moderne. Frankfurt/M. 1980, S. 509-556

Görtzen, René: Theodor W. Adorno. Vorläufige Bibliographie seiner Schriften und der Sekundärliteratur. In: Friedeburg, L. v./Habermas, J. (Hg.): Adorno-Konferenz 1983. Frankfurt/M. 1983, S. 402-471

Einzelpublikationen (Bücher)

1933 Kierkegaard. Konstruktion des Ästhetischen. Tübingen (Zitate nach der 1974 in Frankfurt/M. erschienenen Ausgabe)

1947 zusammen mit Max Horkheimer: Dialektik der Aufklärung. Philosophische Fragmente. Amsterdam

1949 Philosophie der neuen Musik. Tübingen (Zitate nach der 1958 in der Europäischen Verlagsanstalt erschienenen Ausgabe)

1950 Mitautor von: T. W. Adorno, Else Frenkel-Brunswik, Daniel J. Levinson, R. Nevitt Sanford, The Authoritarian Personality. New York

1951 Minima Moralia. Reflexionen aus dem beschädigten Leben. Berlin/Frankfurt/M.

1952 Versuch über Wagner. Berlin/Frankfurt/M. (Zitate nach der bei Droemer/Knaur erschienenen Taschenbuchausgabe von 1964)

1955 Prismen. Kulturkritik und Gesellschaft. Berlin/Frankfurt/M.

1956 Dissonanzen. Musik in der verwalteten Welt. Göttingen
Zur Metakritik der Erkenntnistheorie. Studien über Husserl und die phänomenologischen Antinomien. Stuttgart

1957 Noten zur Literatur I. Berlin/Frankfurt/M.

1959 Klangfiguren. Musikalische Schriften I. Berlin/Frankfurt/M.

1960 Mahler. Eine musikalische Physiognomik. Frankfurt/M.

1961 Noten zur Literatur II. Frankfurt/M.

1962 Einleitung in die Musiksoziologie. Zwölf theoretische Vorlesungen. Frankfurt/M.
Sociologica II. Reden und Vorträge von Max Horkheimer und Theodor W. Adorno. Frankfurt/M.
1963 Drei Studien zu Hegel. Frankfurt/M.
Eingriffe. Neun kritische Modelle. Frankfurt/M.
Der getreue Korrepetitor. Lehrschriften zur musikalischen Praxis. Frankfurt/M.
Quasi una fantasia. Musikalische Schriften II. Frankfurt/M.
1964 Jargon der Eigentlichkeit. Zur deutschen Ideologie. Frankfurt/M.
1965 Noten zur Literatur III. Frankfurt/M.
1966 Negative Dialektik. Frankfurt/M.
1967 Ohne Leitbild. Parva Aesthetica. Frankfurt/M.
1968 Impromptus. Zweite Folge neu gedruckter musikalischer Aufsätze. Frankfurt/M.
Berg. Der Meister des kleinsten Übergangs. Wien
1969 Stichworte. Kritische Modelle 2. Frankfurt/M.
Mitautor von: Th. W. Adorno u. a., Der Positivismusstreit in der deutschen Soziologie, Neuwied/Berlin
1970 Ästhetische Theorie. Hg. von Gretel Adorno und Rolf Tiedemann, Frankfurt/M.
Aufsätze zur Gesellschaftstheorie und Methodologie. Frankfurt/M.
Erziehung zur Mündigkeit. Vorträge und Gespräche mit Hellmut Becker 1959-1969.
Vorlesungen zur Ästhetik. Gehalten in Frankfurt. Oktober-Dezember 1967. Hg. und mit Nachweis versehen von V. C. Subik, Wien (Gruppe Hundsblume)
Über Walter Benjamin. Hg. und mit Anmerkungen versehen von R. Tiedemann, Frankfurt/M.
1971 Kritik. Kleine Schriften zur Gesellschaft. Hg. von R. Tiedemann, Frankfurt/M.
1972 Vorlesung zur Einleitung in die Erkenntnistheorie. Frankfurt/M. (Junius Drucke) (Nachschrift von Tonbandaufzeichnungen der im Wintersemester 1957/58 an der Universität Frankfurt gehaltenen Vorlesung)
1973 Vorlesung zur Einleitung in die Soziologie, Frankfurt/M. (Junius-Drucke) (Nachschrift von Tonbandaufzeichnungen der im Sommersemester 1968 an der Universität Frankfurt gehaltenen Vorlesung)
Philosophische Terminologie Bd. 1. Frankfurt/M. (Nachschrift von Tonbandaufzeichnungen der im Sommersemester 1962 in Frankfurt gehaltenen Vorlesung)
Studien zum autoritären Charakter. Aus dem Amerikanischen von Milli Weinbrenner. Frankfurt/M. (Enthält die Übersetzung des Einleitungskapitels und – fast vollständig – der von Adorno verfaßten bzw. mitverfaßten Kapitel der als Ganzes bis heute noch nicht ins Deutsche übersetzten Authoritarian Personality, ferner: Die psychologische Technik in Martin Luther Thomas' Rundfunkreden)
1974 Philosophische Terminologie Bd. II. Frankfurt/M. (Nachschrift von

Tonbandaufzeichnungen der im Wintersemester 1962/63 in Frankfurt
gehaltenen Vorlesung)
Noten zur Literatur IV. Frankfurt/M.

Aufsätze in ZfS und SPSS

Zur gesellschaftlichen Lage der Musik. In: ZfS 1932, H. 1/2 und H. 3
Über Jazz. In: ZfS 1936, H. 2
Über den Fetischcharakter in der Musik und die Regression des Hörens. In:
   ZfS 1938, H. 3
Fragmente über Wagner. In: ZfS 1939, H. 1/2
On Kierkegaard's Doctrine of Love. In: SPSS 1939/40
On Popular Music (with the assistance of George Simpson). In: SPSS 1941,
   No. 1
Spengler Today. In: SPSS 1941, No. 2
Veblen's Attack on Culture. In: SPSS 1941, No. 3

Gesammelte Schriften und Editionen aus dem Nachlaß

a) Gesammelte Schriften. 20 Bände. Hg. von Rolf Tiedemann. Frankfurt
   1970-86
   (Sie enthalten alles von Adorno selbst Publizierte und die im Nachlaß
   vorhandenen abgeschlossenen Arbeiten)

   1 Philosophische Frühschriften. 1973
   2 Kierkegaard. 1979
   3 Dialektik der Aufklärung. 1981
   4 Minima Moralia. 1980
   5 Zur Metakritik der Erkenntnistheorie – Drei Studien zu Hegel. 1970
   6 Negative Dialektik – Jargon der Eigentlichkeit. 1973
   7 Ästhetische Theorie. 1970
   8 Soziologische Schriften I. 1972
   9.1 Soziologische Schriften II. Erste Hälfte 1975
   9.2 Soziologische Schriften II. Zweite Hälfte. 1975
   10.1 Kulturkritik und Gesellschaft I. Prismen – Ohne Leitbild. 1977
   10.2 Kulturkritik und Gesellschaft II. Eingriffe. Neun kritische Modelle
      – Stichworte. Kritische Modelle 2 – Kritische Modelle 3. 1977
   11 Noten zur Literatur. 1974
   12 Philosophie der neuen Musik. 1975
   13 Die musikalischen Monographien. Versuch über Wagner – Mahler –
      Berg. 1971
   14 Dissonanzen – Einleitung in die Musiksoziologie. 1973
   15 Komposition für den Film – Der getreue Korrepetitor. 1976
   16 Musikalische Schriften I-III. Klangfiguren. Musikalische Schriften I –
      Quasi una fantasia. Musikalische Schriften II – Musikalische Schriften
      III. 1978

17 Musikalische Schriften IV. Moments musicaux – Impromptus. 1982
18 Musikalische Schriften V. 1984
19 Musikalische Schriften VI. 1984
20 Vermischte Schriften. 1986

b) Editionen des Theodor W. Adorno Archivs
(In ihnen werden aus dem Nachlaß in mehr als 30 Bänden Fragment
gebliebene Schriften, philosophische Tagebücher, poetische Versuche,
Vorlesungen, improvisierte Vorträge, Gespräche, Diskussionen und Interviews sowie wichtigere Briefwechsel und eine Auswahl der theoretisch
relevanten Briefe Adornos publiziert werden.)

Diskussionsprotokolle

Max Horkheimer, Gesammelte Schriften, Bd. 12: Nachgelassene Schriften
1931-1949, hg. von Gunzelin Schmid Noerr. Frankfurt/M. 1985. S. 349-605
Protokolle von Diskussionen, größtenteils zwischen Horkheimer und
Adorno
Theodor W. Adorno und Arnold Gehlen: Ist die Soziologie eine Wissenschaft
vom Menschen? Ein Streitgespräch (1965). In: Friedemann Grenz: Adornos Philosophie in Grundbegriffen. Frankfurt/M. 1974

Briefe

Offener Brief an Max Horkheimer. In: *Die Zeit*, 12. 2. 1965, S. 32
Theodor W. Adorno und Ernst Krenek, Briefwechsel. Hg. von Wolfgang
Rogge. Frankfurt 1974
Walter Benjamin, Briefe. 2 Bde. Hg. und mit Anmerkungen versehen von
Gershom Scholem und Theodor W. Adorno. Frankfurt/M. 1966
Theodor W. Adorno, Über Walter Benjamin. Hg. von Rolf Tiedemann.
Frankfurt/M. 1970. S. 103-160: Aus Briefen Adornos an Benjamin
Leo Löwenthal, Mitmachen wollte ich nie. Ein autobiographisches Gespräch
mit Helmut Dubiel. Frankfurt 1980. Im Anhang drei Briefe von Adorno
Leo Löwenthal, Schriften 4. Hg. von Helmut Dubiel, Frankfurt/M. 1984.
S. 153-181: Briefwechsel Leo Löwenthal-Theodor W. Adorno
Ernst Bloch, Briefe 1903-1975. 2 Bde. Hg. von Karola Bloch u. a. Frank-
furt/M. 1985. S. 407-456: Briefe Blochs an Adorno 1928-1968

Kompositionen

Der Schatz des Indianer-Joe. Singspiel nach Mark Twain. Hg. und mit einem
  Nachwort versehen von R. Tiedemann. Frankfurt/M. 1979
Kompositionen, hg. von Heinz-Klaus Metzger und Rainer Riehn
1 Lieder für Singstimme und Klavier. München 1980
2 Kammermusik, Chöre, Orchestrales. München 1980

Walter Benjamin

Bibliographien

Tiedemann, Rolf: Bibliographie der Erstdrucke von Benjamins Schriften. In:
  Siegried Unseld (Hg.): Zur Aktualität Walter Benjamins. Frankfurt/M.
  1972. S. 227-297
Lindner, Burkhardt: Kommentierte Bibliographie (1950-1970) und Benjamin
  Bibliographie 1971-1978. In: Text + Kritik 31/32, Walter Benjamin. Mün-
  chen 1979, S. 107-120
Brodersen, Momme: Walter Benjamin. Bibliografia critica generale (1913-
  1983). Aesthetica/pre-print No 6. Palermo 1984
Witte, Bernd: Walter Benjamin. Reinbek bei Hamburg 1985. S. 147-154

*Einzelpublikationen (die zu Lebzeiten Benjamins erschienenen Bücher und eine
Auswahl postum erschienener Bände)*

1920 Der Begriff der Kunstkritik in der deutschen Romantik. Bern (im Buch
  zitiert nach der Taschenbuch-Ausgabe von 1973)
1923 Charles Baudelaire, Tableaux parisiens. Deutsche Übertragung mit einem Vorwort über die Aufgabe des Übersetzers von Walter Benjamin.
  Heidelberg
1925 Goethes Wahlverwandtschaften. München o. J. Sonderabdruck aus
  Heft 1 (April 1924) und Heft 2 (Januar 1925) der I. Folge der Neuen
  Deutschen Beiträge
1928 Ursprung des deutschen Trauerspiels. Berlin (zitiert nach der 1963 in
  Frankfurt/M. erschienenen Ausgabe).
  Einbahnstraße. Berlin.
1936 Deutsche Menschen. Eine Folge von Briefen. Auswahl und Einleitungen von Detlef Holz [Pseudonym]. Luzern
1965 Zur Kritik der Gewalt und andere Aufsätze. Mit einem Nachwort von
  Herbert Marcuse. Frankfurt/M.
1966 Versuche über Brecht. Hg. und mit einem Nachwort versehen von Rolf
  Tiedemann. Frankfurt/M. (im Buch zitiert nach der 5., erweiterten
  Ausgabe von 1978)
1970 Berliner Chronik. Hg. von Gershom Scholem. Frankfurt/M.

1972 Über Haschisch. Novellistisches, Berichte, Materialien. Hg. von Till-
man Rexroth. Frankfurt/M.
1974 Charles Baudelaire. Ein Lyriker im Zeitalter des Hochkapitalismus.
Hg. und mit einem Nachwort versehen von Rolf Tiedemann. Frank-
furt/M.
1980 Moskauer Tagebuch. Hg. von Gary Smith, Frankfurt/M.

Aufsätze in der ZfS

Zum gegenwärtigen gesellschaftlichen Standort des französischen Schriftstel-
lers. In: ZfS 1934, H. 1
Probleme der Sprachsoziologie. In: ZfS 1935, H. 3
L'œvre d'art à l'epoque de sa réproduction mécanisée. In: ZfS 1936, H. 1
Eduard Fuchs, der Sammler und der Historiker. In: ZfS 1937, H. 2
Über einige Motive bei Baudelaire. In: ZfS 1939, H. 1/2

Sammelausgaben

Schriften. Hg. von Theodor W. Adorno und Gretel Adorno. 2 Bde. Frank-
furt/M. 1955
Illuminationen. Ausgewählte Schriften. Frankfurt/M. 1961
Angelus Novus. Ausgewählte Schriften 2. Frankfurt/M. 1966

*Gesammelte Schriften. Herausgegeben von Rolf Tiedemann und
Hermann Schweppenhäuser*

1 Abhandlungen. 3 Bände. 1974
2 Aufsätze, Essays, Vorträge. 3 Bände. 1977
3 Kritiken und Rezensionen. 1972
4 Kleine Prosa, Baudelaire-Übertragungen. 2 Bände. 1972
5 Das Passagen-Werk. 2 Bde. 1982
6 Fragmente vermischten Inhalts, Autobiographische Schriften. 1985
7 Nachträge. 2 Bände. 1989

Briefe

Briefe. Hg. und eingel. von Theodor W. Adorno und Gershom Scholem. 2
Bde. Frankfurt/M. 1966
Walter Benjamin – Gershom Scholem, Briefwechsel 1933-1940. Hg. von
Gershom Scholem. Frankfurt/M. 1980
Ernst Bloch, Briefe 1903-1975. 2 Bde. Hg. von Karola Bloch u. a. Frank-
furt/M. 1985. S. 649-668: Briefe Blochs an Benjamin 1934-1937
Auszugsweise Briefwechsel zwischen Benjamin und diversen Institutsmit-
arbeitern in dem von Rolf Tiedemann hg. »Passagen-Werk«, S. 1081–1205,
und im Apparat zu den ZfS-Beiträgen Benjamins in Bd. I der Ges. Schr.
Briefe an Siegfried Kracauer. Marbacher Schriften 27. Marbach/N. 1987

Erich Fromm

Bibliographie

Erich Fromm: Gesamtausgabe Bd. 10. Stuttgart 1981. Enthält ein Schriften-
verzeichnis von Rainer Funk

Einzelpublikationen

1930 Die Entwicklung des Christusdogmas. Eine psychoanalytische Studie
zur sozialpsychologischen Funktion der Religion. Wien. In: Imago, H.
3/4 (zitiert nach dem Wiederabdruck in: Das Christusdogma und andere
Essays, München 1965)

1941 Escape from Freedom. New York (dt.: Die Furcht vor der Freiheit,
Zürich 1945; Frankfurt/M., Köln 1966)

1947 Man for Himself. An Inquiry into the Psychology of Ethics. New York
(dt.: Psychoanalyse und Ethik, Zürich 1954)

1950 Psychoanalysis and Religion. New Haven. (dt.: Psychoanalyse und
Religion, Zürich 1954)

1951 The Forgotten Language. An Introduction to the Understanding of
Dreams, Fairy Tales, and Myths. New York (dt.: Märchen, Mythen und
Träume, Zürich 1956)

1955 The Sane Society. New York (dt.: Der moderne Mensch und seine
Zukunft, Frankfurt/M. 1960)

1956 The Art of Loving. New York (dt.: Die Kunst des Liebens, Frank-
furt/M. 1971)

1959 Sigmund Freud's Mission. New York (dt.: Sigmund Freuds Sendung,
Berlin 1961)

1960 zusammen mit D. T. Suzuki und R. de Martino: Zen Buddhism and
Psychoanalysis. New York (dt.: Zen-Buddhismus und Psychoanalyse,
Frankfurt/M. 1972)

1961 Marx' Concept of Man. New York (dt.: Das Menschenbild bei Marx,
Frankfurt/M. 1963)

1963 The Dogma of Christ and other Essays on Religion, Psychology, and
Culture. London (dt.: Das Christusdogma und andere Essays, München
1965)

1964 The Heart of Man. New York (dt.: Das Menschliche in uns, Zürich
1967)

1966 You Shall Be as Gods. New York (dt.: Die Herausforderung Gottes und
des Menschen, Zürich 1970)

1968 The Revolution of Hope. New York (dt.: Die Revolution der Hoffnung, Stuttgart 1971)

1970 The Crisis of Psychoanalysis. Essays on Freud, Marx, and Social Psychology. New York (dt.: Analytische Sozialpsychologie und Gesellschaftstheorie, Frankfurt/M. 1970)

zusammen mit M. Maccoby: Social Character in a Mexican Village. Englewood Cliffs, N. J. (dt.: Psychoanalytische Charakterologie in Theorie und Praxis. Der Gesellschafts-Charakter eines mexikanischen Dorfes, in: Gesamtausgabe Bd. 3)

1973 The Anatomy of Human Destructiveness. New York (dt.: Anatomie der menschlichen Destruktivität, Stuttgart 1974)

1976 To Have or to Be? New York (dt.: Haben oder Sein, Stuttgart 1976)

1980 Arbeiter und Angestellte am Vorabend des Dritten Reiches. Eine sozial-psychologische Untersuchung. Bearbeitet und hg. von Wolfgang Bonß. Stuttgart

Aufsätze in der ZfS und den »Studien über Autorität und Familie«

Über Methode und Aufgabe einer analytischen Sozialpsychologie. In: ZfS 1932, H. 1/2

Die psychoanalytische Charakterologie und ihre Bedeutung für die Sozialpsychologie. In: ZfS 1932, H. 3

Die sozialpsychologische Bedeutung der Mutterrechtstheorie. In: ZfS 1934, H. 2

Die gesellschaftliche Bedingtheit der psychoanalytischen Therapie. In: ZfS 1935, H. 3

Sozialpsychologischer Teil. In: Studien über Autorität und Familie, 1936

Zum Gefühl der Ohnmacht. In: ZfS 1937, H. 1

Sammelausgaben

Gesamtausgabe. 10 Bde. Hg. von Rainer Funk. Stuttgart 1980/81

1 Analytische Sozialpsychologie
2 Analytische Charakterologie
3 Empirische Untersuchungen zum Gesellschafts-Charakter
4 Gesellschaftstheorie
5 Politik und sozialistische Gesellschaftskritik
6 Religion
7 Aggressionstheorie
8 Psychoanalyse
9 Sozialistischer Humanismus und humanistische Ethik
10 Register

Schriften aus dem Nachlaß. 8 Bände. Weinheim/Basel 1992

Kurt Albert Gerlach

Publikationen

1911 Dänemarks Stellung in der Weltwirtschaft. Unter besonderer Berücksichtigung der Handelsbeziehungen zu Deutschland, England und
Skandinavien. Bd. III der Schriften des Instituts für Seeverkehr und
Weltwirtschaft an der Universität Kiel, hg. von Bernhard Harms. Jena
1913 Die Bedeutung des Arbeiterinnenschutzes. Habilitationsschrift.Leipzig
Theorie und Praxis des Syndikalismus. München/Leipzig
Der Syndikalismus in England. In: Der Staatsbürger, Jg. 4, H. 1
1918 Die Frau und das Genossenschaftswesen. Jena
1920 Allgemeine Gutachten IV. In: Die Reform der staatswissenschaftlichen
Studien. Fünfzig Gutachten. Hg. von Ignaz Jastrow im Auftrag des
Vereins für Sozialpolitik. München/Leipzig. S. 75-95

Henryk Grossmann

Bibliographie

Rosenbaum, Wolf: Bibliographie. In: Henryk Grossmann: Das Akkumula-
tions- und Zusammenbruchsgesetz des kapitalistischen Systems. Frank-
furt/M. 1967. S. 18-23

Einzelpublikationen

1914 Österreichs Handelspolitik mit Bezug auf Galizien in der Reformperiode 1772-1790. In: Studien zur Sozial-, Wirtschafts- und Verwaltungs-
geschichte. Hg. von Carl Grünberg. 10. Heft. Wien 1914
1929 Das Akkumulations- und Zusammenbruchsgesetz des kapitalistischen
Systems (Bd. I der Schriftenreihe des Instituts). Leipzig
1969 Marx, die klassische Nationalökonomie und das Problem der Dynamik.
Mit einem Nachwort von Paul Mattick. Frankfurt/M.

Aufsätze in der ZfS

Die Wert-Preis-Transformation bei Marx und das Krisenproblem. In: ZfS
1932, H. 1/2
Die gesellschaftlichen Grundlagen der mechanistischen Philosophie und die
Manufaktur. In: ZfS 1935, H. 2

Einige Briefe in: Marx, die klassische Nationalökonomie und das Problem der Dynamik. Frankfurt/M. 1969

Carl Grünberg

Bibliographien

Nenning, Günther: Anhang 3 (Schriften Carl Grünbergs) und Anhang 4 (Herausgebertätigkeit Carl Grünbergs) zur Biographie. In: Indexband zum Archiv für die Geschichte des Sozialismus und der Arbeiterbewegung (Grünbergs Archiv). Nachdruck Graz 1973

Migdal, Ulrike: Die Frühgeschichte des Frankfurter Instituts für Sozialforschung. Frankfurt/M. 1981. S. 137-142: Bibliographie Carl Grünberg

Einige ausgewählte Publikationen

1888 Jean Meslier und sein Testament. Ein Beitrag zur Entwicklungsgeschichte des modernen Sozialismus. In: Neue Zeit, VI. Jg., Stuttgart, S. 337-350

1891 Einige Beiträge zur Entwicklungsgeschichte des modernen Sozialismus: I. Francois Boissel. In: Zeitschrift für die gesamten Staatswissenschaften. Tübingen, H. 2, S. 7-252

1894 Die Bauernbefreiung und die Auflösung des gutsherrlich-bäuerlichen Verhältnisses in Böhmen, Mähren und Schlesien. Leipzig

1897 Socialismus, Kommunismus, Anarchismus. In: Wörterbuch der Volkswirtschaft. Hg. von Ludwig Elster. Bd. II. Jena

1900 Der Socialpolitische Gehalt der österreichischen Civilproceßgesetzgebung. Wien

1911 Die Agrarverfassung und das Grundentlastungsproblem in Bosnien und der Herzegowina. Leipzig

1916 Die Internationale und der Weltkrieg. Leipzig

1922 Agrarverfassung, Begriffliches und Zuständliches. In: Grundriss der Sozialökonomie, VIII. Abt. Tübingen

1924 Festrede, gehalten zur Einweihung des Instituts für Sozialforschung an der Universität Frankfurt am Main am 22. Juni 1924. Frankfurter Universitätsreden XX. Frankfurt/M.

1971 Carl Grünberg/Henryk Grossmann: Anarchismus, Bolschewismus, Sozialismus. Aufsätze aus dem »Wörterbuch der Volkswirtschaft«. Hg. von Claudio Pozzoli. Frankfurt/M.

Archiv für die Geschichte des Sozialismus und der Arbeiterbewegung. In Verbindung mit einer Reihe namhafter Fachmänner aller Länder hg. von Carl Grünberg. Leipzig 1910-1930

Jürgen Habermas

Bibliographien

Goertzen, René: Bibliographie der Schriften von Jürgen Habermas 1952-1979. In: Thomas McCarthy: Kritik der Verständigungsverhältnisse. Zur Theorie von Jürgen Habermas. Frankfurt/M. 1980. S. 523-551

Goertzen, René: Jürgen Habermas: Eine Bibliographie seiner Schriften und der Sekundärliteratur 1952-1981. Frankfurt/M. 1982

Publikationen (Auswahl)

1953 Mit Heidegger gegen Heidegger denken. Zur Veröffentlichung von Vorlesungen aus dem Jahre 1935. In: Frankfurter Allgemeine Zeitung, 25. 7. 53

1954 Das Absolute und die Geschichte. Von der Zwiespältigkeit in Schellings Denken. Bonn (Phil. Diss.)
Die Dialektik der Rationalisierung. Vom Pauperismus in Produktion und Konsum. In: Merkur. S. 701-724

1955 Come back der deutschen Soziologie (Rezension von A. Gehlen/H. Schelsky (Hg.): Soziologie, und W. Bernsdorf/F. Bülow (Hg.): Wörterbuch der Soziologie.) In: Frankfurter Allgemeine Zeitung, 23. 7. 55

1956 Notizen zum Mißverhältnis von Kultur und Konsum. In: Merkur. S. 212-228
Triebschicksal als politisches Schicksal. Zum Abschluß der Vorlesungen über Sigmund Freud an den Universitäten Frankfurt und Heidelberg. In: Frankfurter Allgemeine Zeitung, 14. 7. 56

1957 Das chronische Leiden der Hochschulreform. In: Merkur, S. 265-284
Literaturbericht zur philosophischen Diskussion um Marx und den Marxismus. In: Philosophische Rundschau, S. 165-235

1958 Philosophische Anthropologie. In: A. Diemer/I. Frenzel (Hg.): Fischer-Lexikon Philosophie. Frankfurt/M.
Soziologische Notizen zum Verhältnis von Arbeit und Freizeit. In: G. Funke (Hg.): Konkrete Vernunft. Festschrift für E. Rothacker. Bonn

1959 Die große Wirkung. Eine chronistische Anmerkung zu Martin Heideggers 70. Geburtstag. In: Frankfurter Allgemeine Zeitung, 26. 9. 59

1961 zusammen mit L. v. Friedeburg, C. Oehler, F. Weltz: Student und

Politik. Eine soziologische Untersuchung zum politischen Bewußtsein Frankfurter Studenten. Neuwied/Berlin

Pädagogischer ›Optimismus‹ vor Gericht einer pessimistischen Anthropologie. Schelskys Bedenken zur Schulreform. In: Neue Sammlung. S. 251-278

1962 Strukturwandel der Öffentlichkeit. Untersuchungen zu einer Kategorie der bürgerlichen Gesellschaft. Neuwied/Berlin

1963 Theorie und Praxis. Sozialphilosophische Studien. Neuwied/Berlin (darin u. a.: Die klassische Lehre von der Politik in ihrem Verhältnis zur Sozialphilosophie (Ausarbeitung der Marburger Antrittsvorlesung); Hegels Kritik der französischen Revolution (Ausarbeitung der Heidelberger Antrittsvorlesung); Zwischen Philosophie und Wissenschaft. Marxismus als Kritik)

Analytische Wissenschaftstheorie und Dialektik. Ein Nachtrag zur Kontroverse zwischen Popper und Adorno. In: M. Horkheimer (Hg.) Zeugnisse. Theodor W. Adorno zum sechzigsten Geburtstag. Frankfurt/M.

Ein philosophierender Intellektueller. Zum 60. Geburtstag von Theodor W. Adorno. In: Frankfurter Allgemeine Zeitung, 11. 9. 63

1964 Gegen einen positivistisch halbierten Rationalismus. Erwiderung eines Pamphlets. In: Kölner Zeitschrift für Soziologie und Sozialpsychologie. S. 336-359

1965 Erkenntnis und Interesse (Frankfurter Antrittsvorlesung). In: Merkur. S. 1139-1153

1967 Zur Logik der Sozialwissenschaften. Philosophische Rundschau, Sonderheft, Beiheft 5

1968 Technik und Wissenschaft als ›Ideologie‹. Frankfurt/M.

Erkenntnis und Interesse. Frankfurt/M.

Die Scheinrevolution und ihre Kinder. Sechs Thesen über Taktik, Ziele und Situationsanalysen der oppositionellen Jugend. In: Frankfurter Rundschau, 5. 6. 68

1969 Protestbewegung und Hochschulreform. Frankfurt/M.

Odyssee der Vernunft in die Natur. Theodor W. Adorno wäre am 11. September 66 Jahre alt geworden. In: Die Zeit, 12. 9. 69

1970 Arbeit, Erkenntnis, Fortschritt. Aufsätze 1954-1970. Amsterdam 1970 (Raubdruck)

1971 Philosophisch-politische Profile. Frankfurt/M.

Zusammen mit Niklas Luhmann: Theorie der Gesellschaft oder Sozialtechnologie – Was leistet die Systemforschung? Frankfurt/M.

1973 Kultur und Kritik. Verstreute Aufsätze. Frankfurt/M.

Legitimationsprobleme im Spätkapitalismus. Frankfurt/M.

1976 Zur Rekonstruktion des Historischen Materialismus. Frankfurt/M.

Was heißt Universalpragmatik? In: K. O. Apel (Hg.): Sprachpragmatik und Philosophie. Frankfurt/M.

1977 Linke, Terroristen, Sympathisanten. Ein Briefwechsel mit Kurt Sontheimer. In: Süddeutsche Zeitung, 26./27. 11. 77

1981 Theorie des kommunikativen Handelns. 2 Bde. Frankfurt/M.

Kleine politische Schriften (I-IV). Frankfurt/M.

Philosophisch-politische Profile. Erweiterte Ausgabe. Frankfurt/M. (darin u. a.: die beiden Beiträge über Adorno; Beiträge zu Marcuse: Einleitung zu dem Band Antworten auf Herbert Marcuse, 1968, die Rezension Herbert Marcuse über Kunst und Revolution, 1973, ein Gespräch mit Herbert Marcuse, 1978, und Psychischer Thermidor und die Wiedergeburt der Rebellischen Subjektivität, 1980; zu Walter Benjamin: Bewußtmachende oder rettende Kritik, 1972; Die Frankfurter Schule in New York. Max Horkheimer und die Zeitschrift für Sozialforschung, 1980; Ein Glückwunsch. Rede aus Anlaß des 80. Geburtstags von Leo Löwenthal, 1980)

1983 Moralbewußtsein und kommunikatives Handeln. Frankfurt/M.
1984 Vorstudien und Ergänzungen zur Theorie des kommunikativen Handelns
1985 Der philosophische Diskurs der Moderne. Zwölf Vorlesungen. Frankfurt/M. (darin Wiederabdruck von: Die Verschlingung von Mythos und Aufklärung. Bemerkungen zur Dialektik der Aufklärung – nach einer erneuten Lektüre, 1983)
     Die Neue Unübersichtlichkeit. Kleine politische Schriften V. Frankfurt/M.
1987 Eine Art Schadensabwicklung. Kleine pol. Schr. V. Frankfurt/M.
1988 Nachmetaphysisches Denken. Philosophische Aufsätze. Frankfurt/M.
1990 Die nachholende Revolution. Kleine pol. Schr. VI. Frankfurt/M.

Gespräche

Diverse Interviews in: Kleine Politische Schriften (I-IV). Frankfurt/M.1981
Dialektik der Rationalisierung. Jürgen Habermas im Gespräch mit Axel Honneth, Eberhardt Knödler-Bunte und Arno Widmann. In: Ästhetik und Kommunikation 45/46, Oktober 1981

Max Horkheimer

Bibliographie

Schmid Noerr, Gunzelin: Bibliographie der Erstveröffentlichungen Max Horkheimers. In: A. Schmidt/N. Altwicker (Hg.): Horkheimer heute. Frankfurt 1986, S. 372-383
Goertzen, René: Auswahlbibliographie der Horkheimer-Rezeption. In: a. a. O., S. 384-399

Einzelpublikationen (Bücher)

1925 Kants Kritik der Urteilskraft als Bindeglied zwischen theoretischer und praktischer Philosophie. Stuttgart (Habilitationsschrift)
1930 Anfänge der bürgerlichen Geschichtsphilosophie. Stuttgart

1931 Die gegenwärtige Lage der Sozialphilosophie und die Aufgaben eines Instituts für Sozialforschung. In: Frankfurter Universitätsreden, Heft XXXVII. Frankfurt/M.

1934 Dämmerung. Notizen in Deutschland (unter dem Pseudonym Heinrich Regius). Zürich

1947 zusammen mit Adorno: Dialektik der Aufklärung. Philosophische Fragmente. Amsterdam
Eclipse of Reason. New York (dt.: Zur Kritik der instrumentellen Vernunft. Übersetzt von Alfred Schmidt. Frankfurt/M. 1967)

1952 Survey of the Social Sciences in Western Germany. Washington, D. C.

1953 Zum Begriff der Vernunft. Festrede bei der Rektoratsübergabe der Johann Wolfgang Goethe-Universität am 20. November 1951. Frankfurter Universitätsreden, Heft 7. Frankfurt/M.
Gegenwärtige Probleme der Universität (drei Universitätsreden). Frankfurt/M.

1962 Um die Freiheit. Frankfurt/M.
zusammen mit Adorno: Sociologica II. Reden und Vorträge. Frankfurt/M.

1967 Zur Kritik der instrumentellen Vernunft. Hg. von Alfred Schmidt. Frankfurt/M. (enthält die Übersetzung der Eclipse of Reason, ferner: Aus den Vorträgen und Aufzeichnungen in Deutschland)

1968 Kritische Theorie. Eine Dokumentation. 2 Bde. Hg. von Alfred Schmidt. Frankfurt/M.

1972 Sozialphilosophische Studien. Aufsätze, Reden und Vorträge 1930-1972. Hg. von Werner Brede. Frankfurt/M.
Gesellschaft im Übergang. Aufsätze, Reden und Vorträge 1942-1970. Hg. von Werner Brede. Frankfurt/M.

1974 Aus der Pubertät. Novellen und Tagebuchblätter. München
Notizen 1950 bis 1969 – Dämmerung. Notizen in Deutschland. Frankfurt/M.

Aufsätze von 1930-1942 in ZfS, SPSS und anderen Publikationen des Instituts

Ein neuer Ideologiebegriff? In: Grünbergs Archiv 1930
Hegel und das Problem der Metaphysik. In: Festschrift für Carl Grünberg zum 70. Geburtstag. Leipzig 1932
Bemerkungen über Wissenschaft und Krise. In: ZfS 1932, H. 1
Geschichte und Psychologie. In: ZfS 1932, H. 1
Materialismus und Metaphysik. In: ZfS 1933, H. 1
Materialismus und Moral. In: ZfS 1933, H. 2
Zum Problem der Voraussage in den Sozialwissenschaften. In: ZfS 1933, H. 3
Zum Rationalismusstreit in der gegenwärtigen Philosophie. In: ZfS 1934, H. 1
Zu Bergsons Metaphysik der Zeit. In: ZfS 1934, H. 3
Bemerkungen zur philosophischen Anthropologie. In: ZfS 1935, H. 1
Zum Problem der Wahrheit. In: ZfS 1935, H. 3
Allgemeiner Teil. In: Studien über Autorität und Familie. Paris 1936

Egoismus und Freiheitsbewegung. In: ZfS 1936, H. 2

Zu Theodor Haecker: Der Christ und die Geschichte. In: ZfS 1936, H. 3

Der neueste Angriff auf die Metaphysik. In: ZfS 1937, H. 1

Traditionelle und kritische Theorie. In: ZfS 1937, H. 2

M. Horkheimer und H. Marcuse: Philosophie und kritische Theorie. In: ZfS 1937, H. 3

Montaigne und die Funktion der Skepsis. In: ZfS 1938, H. 1

Die Philosophie der absoluten Konzentration. In: ZfS 1938, H. 3

Die Juden und Europa. In: ZfS 1939, H. 1

The Social Function of Philosophy. In: SPSS 1939/40

The Relation between Psychology and Sociology in the Work of Wilhelm Dilthey. In: SPSS 1939/40

Art and Mass Culture. In: SPSS 1941, No. 2

The End of Reason. In: SPSS 1941, No. 3

Autoritärer Staat. In: Horkheimer/Adorno: Walter Benjamin zum Gedächtnis. New York 1942

Theismus – Atheismus. In: Zeugnisse, Theodor W. Adorno zum sechzigsten Geburtstag. Frankfurt/M. 1963

Gesammelte Schriften

Gesammelte Schriften in achtzehn Bänden. Hg. von Alfred Schmidt und Gunzelin Schmid Noerr. Frankfurt/M. 1985 ff.

Bisher erschienen:
1 Aus der Pubertät. Novellen und Tagebuchblätter 1914–1918. 1988
2 Philosophische Frühschriften 1922-1932. 1986
3 u. 4 Schriften 1931-1936 und 1936-1941. 1988
5 Dialektik der Aufklärung. Schriften 1940-1950. 1986
6 Zur Kritik der instrumentellen Vernunft. Notizen 1950-1969. 1991
7 u. 8 Vorträge und Aufzeichnungen 1949-1973. 1985
9-14 Nachgelassene Schriften 1914-31, 1931-49, 1949-72. 1985 ff.

Briefe

Walter Benjamin: Briefe. 2 Bde. Hg. und mit Anmerkungen versehen von Gershom Scholem und Theodor W. Adorno, Frankfurt/M. 1966

Leo Löwenthal: Schriften 4. Frankfurt/M. 1984. S. 182-267: Briefwechsel Leo Löwenthal-Max Horkheimer

Ernst Bloch: Briefe 1903 bis 1975. 2 Bde. Frankfurt/M. 1985. S. 669-687: Von und an Max Horkheimer und Herbert Marcuse

Gespräche

Diverse Gespräche in: Ges. Schr., Bd. 7
Diskussionsprotokolle in: Ges. Schr., Bd. 12

Otto Kirchheimer

Bibliographie

Luthardt, Wolfgang: Auswahlbibliographie der Schriften Otto Kirchheimers. In: Otto Kirchheimer: Funktionen des Staats und der Verfassung. 10 Analysen. Frankfurt/M. 1972 (Die Auswahlbibliographie ist übernommen aus dem von F. S. Burin und K. L. Shell hg. Band: Politics, Law, and Social Change. Selected Essays of Otto Kirchheimer. New York/London 1969)

Einzelpublikationen (Bücher)

1930 Weimar – und was dann? Entstehung und Gegenwart der Weimarer Verfassung. Berlin
Die Grenzen der Enteignung. Ein Beitrag zur Entwicklungsgeschichte des Enteignungsinstituts und zur Auslegung des Art. 153 der Weimarer Verfassung. Berlin
1935 Staatsgefüge und Recht des Dritten Reiches (unter dem Pseudonym Dr. Hermann Seitz und im Gewand der Reihe Der deutsche Staat der Gegenwart). Paris
1939 zusammen mit Georg Rusche: Punishment and Social Structure. New York (dt.: Sozialstruktur und Strafvollzug. Frankfurt/M., Köln 1974)
1943 zusammen mit A. R. L. Gurland und F. Neumann: The Fate of Small Business in Nazi Germany. Washington, D. C.
1947 A Constitution for the Fourth Republic (anonym). Washington, D. C.
1961 Political Justice. The Use of Legal Procedure for Political Ends. Princeton (dt.: Politische Justiz. Verwendung juristischer Verfahrensmöglichkeiten zu politischen Zwecken. Neuwied/Berlin. Bearbeitet und übersetzt von A. R. L. Gurland. Neuwied/Berlin 1965)
1964 Politik und Verfassung, Frankfurt/M.
1967 Politische Herrschaft, Frankfurt/M.
1969 Politics, Law, and Social Change. Selected Essays of Otto Kirchheimer. Hg. von Frederic S. Burin/Kurt L. Shell. Mit einer Einleitung zu Leben und Werk von J. H. Herz und E. Hula. New York/London
1972 Funktionen des Staats und der Verfassung, Frankfurt/M.
1976 Von der Weimarer Republik zum Faschismus, Frankfurt/M.

Aufsätze in SPSS und Sociologica

Criminal Law in National-Socialist Germany. In: SPSS 1939/40
Changes in the Structure of Political Compromise. In: SPSS 1941, No. 2
The Legal Order of National Socialism. In: SPSS 1941, No. 3
Politische Justiz. In: Sociologica. Aufsätze Max Horkheimer zum Sechzigsten Geburtstag. Frankfurt/M. 1955

Leo Löwenthal

Bibliographie

Dubiel, Helmut: Bibliographie. In: Leo Löwenthal: Mitmachen wollte ich nie. Ein autobiographisches Gespräch mit Helmut Dubiel. Frankfurt/M. 1980

Einzelpublikationen (Bücher)

1949 zusammen mit Norbert Gutermann: Prophets of Deceit. New York (dt.: Teilübersetzung: Agitation und Ohnmacht. Neuwied 1966; vollständig in: Schriften 3)
1957 Literature and the Image of Man. Boston (dt.: Das Bild des Menschen in der Literatur. Neuwied/Berlin 1966)
1961 Literature, Popular Culture, and Society. Englewood Cliffs (dt.: Literatur und Gesellschaft. Neuwied/Berlin 1964)
1971 Erzählkunst und Gesellschaft. Die Gesellschaftsproblematik in der deutschen Literatur des 19. Jahrhunderts. Neuwied/Berlin

Aufsätze in ZfS und Sociologica

Zur gesellschaftlichen Lage der Literatur. In: ZfS 1932, H. 1/2
Conrad Ferdinand Meyers heroische Geschichtsauffassung. In: ZfS 1933, H. 1
Die Auffassung Dostojewskis in Vorkriegsdeutschland. In: ZfS 1934, H. 3
Das Individuum in der individualistischen Gesellschaft. Bemerkungen über Ibsen. In: ZfS 1936, H. 3
Knut Hamsun. Zur Vorgeschichte der autoritären Ideologie. In: ZfS 1937, H. 2
Die biographische Mode. In: Sociologica. Max Horkheimer zum Sechzigsten Geburtstag. Frankfurt/M. 1955

Sammelausgaben

Schriften. Herausgegeben von Helmut Dubiel. Frankfurt/M. 1980 ff.

1 Literatur und Massenkultur. 1980
2 Das bürgerliche Bewußtsein in der Literatur. 1981
3 Zur politischen Psychologie des Autoritarismus (Falsche Propheten. Studien zum Autoritarismus). 1982
4 Judaica, Vorträge, Briefe. 1984
5 Philosophische Frühschriften. 1987

Wir haben nie im Leben diesen Ruhm erwartet. In: Matthias Greffrath: Die Zerstörung einer Zukunft. Gespräche mit emigrierten Sozialwissenschaftlern. Reinbek bei Hamburg 1979
Mitmachen wollte ich nie. Ein autobiographisches Gespräch mit Helmut Dubiel. Frankfurt/M. 1980

Herbert Marcuse

Bibliographien

Goertzen, René: Auswahlbibliographie zu Herbert Marcuse. In: Text + Kritik 98: Herbert Marcuse. München 1988
Sahmel, Karl-Heinz: Ausgewählte Bibliographie der Schriften von und über Herbert Marcuse. In: Jahrbuch Arbeiterbewegung, Bd. 6. Hg. von Claudio Pozzoli. Frankfurt/M. 1979. S. 271-301
Kellner, Douglas: Herbert Marcuse and the Crisis of Marxism. London usw. 1984. S. 480-497: Bibliography

Frühe Aufsätze, Einzelpublikationen (Bücher)

1928 Beiträge zu einer Phänomenologie des Historischen Materialismus. In: Philosophische Hefte (Sonderheft über Heideggers Sein und Zeit). S. 45-68
1929 Über konkrete Philosophie. In: Archiv für Sozialwissenschaft und Sozialpolitik. S. 111-128
Zur Wahrheitsproblematik der soziologischen Methode. Karl Mannheim: Ideologie und Utopie. In: Die Gesellschaft. S. 356-369
1930 Zum Problem der Dialektik (Über S. Marck: Die Dialektik in der Philosophie der Gegenwart, Teil I). In: Die Gesellschaft. S. 15-30
Transzendentaler Marxismus. In: Die Gesellschaft. S. 304-326
1931 Zur Auseinandersetzung mit Hans Freyers ›Soziologie als Wirklichkeitswissenschaft‹. In: Philosophische Hefte. S. 83-91
Zur Kritik der Soziologie (Über S. Landshut: Kritik der Soziologie). In: Die Gesellschaft. S. 270-280
Das Problem der geschichtlichen Wirklichkeit. In: Die Gesellschaft. S. 350-367
Zum Problem der Dialektik. Zugleich ein Beitrag zur Frage nach den Quellen der Marxschen Dialektik bei Hegel (Über S. Marck: Die Dialektik in der Philosophie der Gegenwart, Teil II). In: Die Gesellschaft. S. 541-557
1932 Hegels Ontologie und die Theorie der Geschichtlichkeit. Frankfurt/M.
Neue Quellen zur Grundlegung des Historischen Materialismus (Zur Veröffentlichung von Marx' Ökonomisch-philosophischen Manuskripten). In: Die Gesellschaft. S. 136-174

1933 Über die philosophischen Grundlagen des wirtschaftswissenschaftlichen Arbeitsbegriffs. In: Archiv für Sozialwissenschaft und Sozialpolitik. S. 257-292
Philosophie des Scheiterns. Karl Jaspers' Werk. In: Unterhaltungsblatt der Vossischen Zeitung, 14. 12. 1933
1941 Reason and Revolution: Hegel and the Rise of Social Theory. New York (dt.: Vernunft und Revolution. Hegel und die Entstehung der Gesellschaftstheorie. Übersetzt von Alfred Schmidt. Neuwied/Berlin 1962)
1955 Eros and Civilization. A philosophical Inquiry into Freud. Boston (dt.: Eros und Kultur. Stuttgart 1957; Triebstruktur und Gesellschaft. Frankfurt/M. 1965. Zitiert nach der Ausgabe von 1965)
1958 Soviet Marxism: A Critical Analysis. New York (dt.: Die Gesellschaftslehre des Sowjetischen Marxismus. Neuwied/Berlin 1964)
1964 One Dimensional Man. Studies in the Ideology of Advanced Industrial Society. Boston (dt. Der eindimensionale Mensch. Neuwied/Berlin 1967)
1965 Kultur und Gesellschaft. 2 Bde., Frankfurt/M.
Robert P. Wolff/Barrington Moore/Herbert Marcuse: Critique of Pure Tolerance. Boston (dt.: Kritik der reinen Toleranz. Frankfurt/M. 1966)
1968 Psychoanalyse und Politik. Frankfurt/M.
1969 An Essay on Liberation. Boston (dt.: Versuch über die Befreiung. Frankfurt/M. 1969)
1972 Counterrevolution and Revolt. Boston (dt.: Konterrevolution und Revolte. Frankfurt/M. 1973)
1975 Zeitmessungen. Frankfurt/M.
1977 Die Permanenz der Kunst. München
1980 Das Ende der Utopie. Vorträge und Diskussionen in Berlin 1967. Frankfurt/M.

Aufsätze in ZfS, SPSS und anderen Publikationen des Instituts

Der Kampf gegen den Liberalismus in der totalitären Staatsauffassung. In: ZfS 1934, H. 2
Zum Begriff des Wesens. In: ZfS 1936, H. 1
Ideengeschichtlicher Teil. In: Studien über Autorität und Familie. Paris 1936
Autorität und Familie in der deutschen Soziologie bis 1933. In: Studien über Autorität und Familie. Paris 1936
Über den affirmativen Charakter der Kultur. In: ZfS 1937, H. 1
Horkheimer/Marcuse: Philosophie und kritische Theorie. In: ZfS 1937, H. 3
Zur Kritik des Hedonismus. In: ZfS 1938, H. 1
An Introduction to Hegel's Philosophy. In: SPSS 1939/40
Some Social Implications of Modern Technology. In: SPSS 1941, No. 3
Trieblehre und Freiheit. In: Sociologica. Aufsätze Max Horkheimer zum Sechzigsten Geburtstag. Frankfurt/M. 1955
Trieblehre und Freiheit; Die Idee des Fortschritts im Lichte der Psycho-

analyse. In: Freud in der Gegenwart. Bd. 6 der Frankfurter Beiträge zur
Soziologie. Frankfurt/M. 1957

Zur Stellung des Denkens heute. In: Zeugnisse. Hg. von Max Horkheimer.
Frankfurt/M. 1963

Sammelausgaben
Schriften. Frankfurt/M. 1978 ff.

1 Der deutsche Künstlerroman. Frühe Aufsätze. 1978
2 Hegels Ontologie und die Theorie der Geschichtlichkeit. 1989
3 Aufsätze aus der Zeitschrift für Sozialforschung. 1979
4 Vernunft und Revolution. Hegel und die Entstehung der Gesellschaftstheorie. 1989
5 Triebstruktur und Gesellschaft. 1979
6 Die Gesellschaftslehre des sowjetischen Marxismus. 1989
7 Der eindimensionale Mensch. Studien zur Ideologie der fortgeschrittenen
Industriegesellschaft. 1989
8 Aufsätze und Vorlesungen 1941-1969. Versuch über die Befreiung. 1984
9 Konterrevolution und Revolte. Zeit-Messungen. Die Permanenz der
Kunst. 1987

Gespräche (soweit im Buch erwähnt)

Professoren als Staatsregenten? In: Der Spiegel. 1967, Nr. 35, S. 112-118
Jürgen Habermas, Silvia Bovenschen u. a.: Gespräche mit Herbert Marcuse.
Frankfurt/M. 1978

Briefe
Herbert Marcuse/Martin Heidegger: Briefwechsel (3 Briefe von 1947/48). In:
Peter-Erwin Jansen (Hg.): Befreiung denken – Ein politischer Imperativ.
Ein Materialienband zu Herbert Marcuse. Offenbach/M. 1989, S. 111-115

Franz Neumann

Bibliographien

Luthardt, Wolfgang: Ausgewählte Bibliographie der Arbeiten von Franz
Leopold Neumann. In: Franz Neumann: Behemoth. Struktur und Praxis
des Nationalsozialismus 1933-1944. Frankfurt/M. 1977. S. 777-784. Dieselbe Bibliographie auch in: Franz L. Neumann: Wirtschaft, Staat, Demokratie. Aufsätze 1930-1954. Hg. von Alfons Söllner. Frankfurt/M. 1978

Buchpublikationen (Auswahl)

1929 Die politische und soziale Bedeutung der arbeitsgerichtlichen Rechts-
sprechung. Berlin
1931 Tarifrecht auf der Grundlage der Rechtsprechung des Reichsarbeitsge-
richts. Berlin

1932 Koalitionsfreiheit und Reichsverfassung. Die Stellung der Gewerkschaften im Verfassungssystem. Berlin

1934 Trade Unionism, Democracy, Dictatorship. With a Preface by Harold J. Laski. London

1935 Die Gewerkschaften in der Demokratie und in der Diktatur (unter dem Pseudonym Leopold Franz). Karlsbad

1942 Behemoth: The Structure and Practice of National Socialism. New York

1944 Behemoth: The Structure and Practice of National Socialism 1933-1944. Second, revised Edition, with new Appendix. Toronto/New York/London (dt.: Behemoth. Struktur und Praxis des Nationalsozialismus 1933-1944. Übersetzt von Hedda Wagner und Gert Schäfer. Hg. und mit einem Nachwort »Franz Neumanns Behemoth und die heutige Faschismusdiskussion« von Gert Schäfer. Frankfurt/M. 1977)

1957 The Democratic and the Authoritarian State. Essays in Political and Legal Theory. Edited and with a Preface by Herbert Marcuse. Glencoe (dt.: Demokratischer und autoritärer Staat. Studien zur politischen Theorie. Hg. und mit einem Vorwort von Herbert Marcuse, eingeleitet von Helge Pross. Frankfurt/M. 1967)

1978 Wirtschaft, Staat, Demokratie. Aufsätze 1930-1954. Hg. von Alfons Söllner. Frankfurt/M.

1980 Die Herrschaft des Gesetzes. Eine Untersuchung zum Verhältnis von politischer Theorie und Rechtssystem in der Konkurrenzgesellschaft. Übersetzt und mit einem Nachwort von Alfons Söllner. Frankfurt/M. (Übersetzung der bis dahin unveröffentlicht gebliebenen Dissertation von 1936: The Governance of the Rule of Law)

Aufsätze in ZfS, SPSS und anderen Publikationen des Instituts

Der Funktionswandel des Gesetzes im Recht der bürgerlichen Gesellschaft. In: ZfS 1937, H. 3

Types of Natural Law. In: SPSS 1939/40

Intellektuelle und politische Freiheit. In: Sociologica. Aufsätze Max Horkheimer zum Sechzigsten Geburtstag. Frankfurt/M. 1955

Briefe

Einige Briefe in: Rainer Erd (Hg.): Reform und Resignation. Gespräche über Franz L. Neumann. Frankfurt/M. 1985

Friedrich Pollock

Buchpublikationen

1926 Sombarts »Widerlegung« des Marxismus. Beihefte zum Archiv für die Geschichte des Sozialismus und der Arbeiterbewegung. Hg. von Carl Grünberg. H. 3. Leipzig

1929 Die planwirtschaftlichen Versuche in der Sowjetunion 1917-1927. Leipzig

1964 Automation. Materialien zur Beurteilung der ökonomischen und sozialen Folgen. Frankfurt/M. (Bd. 5 der Frankfurter Beiträge zur Soziologie)

1975 Stadien des Kapitalismus. Hg. und eingeleitet von Helmut Dubiel. München (enthält Pollocks Aufsätze in ZfS und SPSS)

Aufsätze in ZfS, SPSS und anderen Publikationen des Instituts

Zur Marxschen Geldtheorie. In: Grünbergs Archiv, XIII, S. 193-209 Sozialismus und Landwirtschaft. In: Festschrift für Carl Grünberg zum 70. Geburtstag. Leipzig 1932

Die gegenwärtige Lage des Kapitalismus und die Aussichten einer planwirtschaftlichen Neuordnung. In: ZfS 1932, H. 1

Bemerkungen zur Wirtschaftskrise. In: ZfS 1933, H. 3

State Capitalism. In: SPSS 1941, No. 2

Is National Socialism a New Order? In: SPSS 1941, No. 3

Automation in USA. Betrachtungen zur »zweiten industriellen Revolution«. In: Sociologica. Aufsätze Marx Horkheimer zum Sechzigsten Geburtstag gewidmet. Frankfurt/M. 1955

Die sozialen und ökonomischen Auswirkungen der Anwendung des Elektronenrechners in der hochindustrialisierten Gesellschaft. In: Zeugnisse. Theodor W. Adorno zum 60. Geburtstag. Frankfurt/M. 1963

Felix Weil

Buchpublikationen

1922 Sozialisierung. Versuch einer begrifflichen Grundlegung nebst einer Kritik der Sozialisierungspläne. Nr. 7 der Schriftenreihe »Praktischer Sozialismus«. Hg. von Karl Korsch. Jena 1922.

1944 Argentine Riddle. New York

1967 How to Conduct your Case before a California Assessment Appeals Board. Santa Monica, Cal.

Größere Beiträge in Grünbergs Archiv und ZfS

Die Arbeiterbewegung in Argentinien: Ein Beitrag zu ihrer Geschichte. In: Archiv für die Geschichte des Sozialismus und der Arbeiterbewegung, Bd. XI. Leipzig 1925

Rosa Luxemburg über die russische Revolution. Einige unveröffentlichte Manuskripte. Mitgeteilt und eingeleitet von Felix Weil. In: Archiv für die Geschichte des Sozialismus und der Arbeiterbewegung, Bd. XIII. Leipzig 1928.

Neuere Literatur zum ›New Deal‹. In: ZfS 1936, H. 3

Neuere Literatur zur deutschen Wehrwirtschaft. In: ZfS 1938, H. 1/2

Karl August Wittfogel

Bibliographie

Ulmen, Gary L.: The Science of Society. Toward an Understanding of the Life and Work of Karl August Wittfogel. The Hague/Paris/New York 1978 (enthält eine Bibliographie der veröffentlichten Schriften)

Buchpublikationen

1924 Geschichte der bürgerlichen Gesellschaft: Von ihren Anfängen bis zur Schwelle der großen Revolution. Wien 1924
1926 Das erwachende China. Wien
1931 Wirtschaft und Gesellschaft Chinas. Leipzig (Bd. III der Schriftenreihe des Instituts)
1936 Staatliches Konzentrationslager VII (Roman, unter dem Pseudonym Klaus Hinrichs). London
1957 Oriental Despotism. New Haven/London/New York (dt.: Die Orientalische Despotie. Eine vergleichende Untersuchung totaler Macht. Übersetzt von Fritz Kool. Köln 1962)
1977 Beiträge zur marxistischen Ästhetik. Berlin

Aufsätze in ZfS, SPSS und den »Studien über Autorität und Familie«

The Foundations and Stages of Chinese Economic History. In: ZfS 1935, H. 1
Wirtschaftsgeschichtliche Grundlagen der Entwicklung der Familienautorität. In: Studien über Autorität und Familie. Paris 1936
Die Theorie der orientalischen Gesellschaft. In: ZfS 1938, H. 1
Bericht über eine größere Untersuchung der sozialökonomischen Struktur Chinas. In: ZfS 1938, H. 1
The Society of Prehistoric China. In: ZfS 1939, H. 1/2

Gespräche

Die hydraulische Gesellschaft und das Gespenst der asiatischen Restauration. Gespräch mit Karl August Wittfogel. In: Mathias Greffrath (Hg.): Die Zerstörung einer Zukunft. Gespräche mit emigrierten Sozialwissenschaftlern. Reinbek bei Hamburg 1979

Weitere im Text erwähnte
oder im behandelten Zeitraum erschienene Buchpublikationen
aus dem Kreis der Frankfurter Schule

(im übrigen siehe die bibliographischen Angaben zur zweiten Generation Kritischer Theoretiker in: Willem van Reijen: Philosophie als Kritik. Einführung in die kritische Theorie. Königstein/Ts. 1984)

Karl Heinz Haag: Kritik der neueren Ontologie. Stuttgart 1960

–: Philosophischer Idealismus. Untersuchungen zur Hegelschen Dialektik mit Beispielen aus der Wissenschaft der Logik. Frankfurt/M. 1967

Oskar Negt: Soziologische Phantasie und exemplarisches Lernen. Frankfurt/M. 1968 (zitiert nach der erweiterten Neuausgabe von 1971)

–: Zusammen mit Alexander Kluge: Öffentlichkeit und Erfahrung. Zur Organisationsanalyse von bürgerlicher und proletarischer Öffentlichkeit. Frankfurt/M. 1972

–: Zusammen mit Alexander Kluge: Geschichte und Eigensinn. Frankfurt/M. 1981

Albrecht Wellmer: Methodologie als Erkenntnistheorie. Zur Wissenschaftslehre Karl R. Poppers. Frankfurt/M. 1967

–: Kritische Gesellschaftstheorie und Positivismus. Frankfurt/M. 1969

III. Sekundärliteratur
(eine kleine Auswahl, vorwiegend von Buchpublikationen)

Adorno, Theodor W.: Wissenschaftliche Erfahrungen in Amerika. In: Stichworte. Frankfurt/M. 1969

Arendt, Hannah: Walter Benjamin-Bertolt Brecht. Zwei Essays. München 1971

Arnold, Heinz Ludwig (Hg.): Theodor W. Adorno. Text + Kritik, Sonderband. München 1977

Beier, Christel: Zum Verhältnis von Gesellschaftstheorie und Erkenntnistheorie. Untersuchungen zum Totalitätsbegriff in der kritischen Theorie Adornos. Frankfurt/M. 1977

Benjamin, Walter; ›Kierkegaard‹. Das Ende des philosophischen Idealismus. In: Benjamin, Ges. Schr., III, Frankfurt/M. 1972, S. 380-383

Benjamin, Walter: Ein deutsches Institut freier Forschung, in: Ges. Schriften, Bd. III, S. 518-526. Frankfurt/M. 1972

Bernstein, Richard J. (Hg.): Habermas and Modernity. Cambridge/Oxford 1985

Bolz, Norbert/Witte, Bernd (Hg.): Passagen. Walter Benjamins Urgeschichte des XIX. Jahrhunderts. München 1984

Bonß, Wolfgang: Kritische Theorie und empirische Sozialforschung. Anmerkungen zu einem Fallbeispiel. In: Erich Fromm: Arbeiter und Angestellte am Vorabend des Dritten Reiches. Bearbeitet und hg. von Wolfgang Bonß, Stuttgart 1980

Bonß, Wolfgang/Honneth, Axel (Hg.): Sozialforschung als Kritik. Zum sozialwissenschaftlichen Potential der Kritischen Theorie, Frankfurt/M. 1982

Bonß, Wolfgang: Die Einübung des Tatsachenblicks. Zur Struktur und Veränderung empirischer Sozialforschung, Frankfurt/M. 1982

Brandt, Gerhard: Ansichten kritischer Sozialforschung 1930-1980. In: Leviathan, Sonderheft, 4/1981

Breuer, Stefan: Die Krise der Revolutionstheorie. Negative Vergesellschaftung und Arbeitsmetaphysik bei Herbert Marcuse, Frankfurt/M. 1977

Breuer, Stefan/König, Helmut: Realismus und Revolte. Zur Ambivalenz von Herbert Marcuses Version der Kritischen Theorie. In: Text + Kritik 98: Herbert Marcuse. München 1988

Brunkhorst, Hauke: Paradigmakern und Theoriendynamik der Kritischen Theorie der Gesellschaft. In: Soziale Welt 3/1983

Brunkhorst, Hauke: Theodor W. Adorno. Dialektik der Moderne. München 1990

Brunkhorst, Hauke/Koch, Gertrud: Marcuse zur Einführung. Hamburg 1987

Buckmiller, Michael: Die »Marxistische Arbeitswoche« und die Gründung des »Instituts für Sozialforschung«. In: W. van Reijen/G. Schmid Noerr (Hg.): Grand Hotel Abgrund. Hamburg 1988

Buck-Morss, Susan: The Origin of Negative Dialectics. Theodor W. Adorno, Walter Benjamin and the Frankfurt Institute. Hassocks, Sussex 1977, New York 1979

Bulthaup, Peter (Hg.): Materialien zu Benjamins Thesen »Über den Begriff der Geschichte«. Beiträge und Interpretationen. Frankfurt/M. 1975

Christie, Richard und Marie Jahoda: Studies in the Scope and Method of »The Authoritarian Personality«. Glencoe, III. 1954

Dahmer, Helmut: Libido und Gesellschaft. Studien über Freud und die Freudsche Linke, Frankfurt/M. 1973

Dallmayr, Winfried: Materialien zu Jürgen Habermas ›Erkenntnis und Interesse‹. Frankfurt/M. 1974

Dubiel, Helmut: Identität und Institution. Studien über moderne Sozialphilosophien. Düsseldorf 1973

Dubiel, Helmut: Wissenschaftsorganisation und politische Erfahrung. Studien zur frühen Kritischen Theorie. Frankfurt/M. 1978

Düver, Lothar: Theodor W. Adorno. Der Wissenschaftsbegriff der Kritischen Theorie in seinem Werk. Bonn 1978

Eisenbach, Robert Helmuth: Millionär, Agitator und Doktorand. Die Tübinger Studentenzeit des Felix Weil (1919). In: Bausteine zur Tübinger Universitätsgeschichte, Folge 3, Tübingen 1987

Erd, Rainer (Hg.): Reform und Resignation. Gespräche über Franz L. Neumann. Frankfurt/M. 1985

Erd, Rainer u. a. (Hg.): Kritische Theorie und Kultur. Frankfurt/M. 1989

Feuer, Lewis S.: The Frankfurt Marxists and the Columbia Liberals. In: Survey. Summer 1980

Friedeburg, Ludwig v./Habermas, Jürgen (Hg.): Adorno-Konferenz 1983, Frankfurt/M. 1983

Früchtl, Josef/Calloni, Marina (Hg.): Geist gegen den Zeitgeist. Erinnern an Adorno. Frankfurt/M. 1991

Früchtl, Josef: Mimesis. Würzburg 1986

Fuld, Werner: Walter Benjamin. Zwischen den Stühlen. Eine Biographie. München-Wien 1979

Funk, Rainer: Erich Fromm. Reinbek bei Hamburg 1983

Glazer, Nathan: The Study of Man – The Authoritarian Personality in Profile. In: Commentary. Juni 1950

Geyer, Carl-Friedrich: Kritische Theorie. Max Horkheimer und Theodor W. Adorno. Freiburg, München 1982

Görlich, Bernard: Die Kulturismus-Revisionismus-Debatte. Anmerkungen zur Problemgeschichte der Kontroverse um Freud. In: Bernhard Görlich/Alfred Lorenzer/Alfred Schmidt: Der Stachel Freud. Frankfurt/M. 1980

Grenz, Friedemann: Adornos Philosophie in Grundbegriffen. Auflösung einiger Deutungsprobleme. Frankfurt/M. 1974

Gumnior, Helmut und Rudolf Ringguth: Horkheimer. Reinbeck bei Hamburg 1973

Günther, H./Willeke, C./Willeke, R.: Die Gewalt der Verneinung. Die Kritische Theorie und ihre Folgen. Stuttgart 1978

Habermas, Jürgen (Hg.): Antworten auf Herbert Marcuse. Frankfurt/M. 1968

Habermas, Jürgen: Philosophisch-politische Profile. Erweiterte Ausgabe. Frankfurt/M. 1981

Habermas, Jürgen: Theorie des kommunikativen Handelns, Frankfurt/M. 1981

Habermas, Jürgen: Der philosophische Diskurs der Moderne. Zwölf Vorlesungen. Frankfurt/M. 1985

Habermas, Jürgen: Drei Thesen zur Wirkungsgeschichte der Frankfurter Schule. In: Honneth/Wellmer (Hg.), Die Frankfurter Schule und die Folgen, Berlin/New York 1986

Hansen, Klaus (Hg.): Frankfurter Schule und Liberalismus. Baden-Baden 1981

Heimann, Bodo: Thomas Manns ›Doktor Faustus‹ und die Musikphilosophie Adornos. In: Deutsche Vierteljahresschrift für Literaturwissenschaft und Geistesgeschichte 38, 1964

Heintz, Peter: Zur Problematik der »autoritären Persönlichkeit«. In: Kölner Zeitschrift für Soziologie und Sozialpsychologie, 1957, S. 28-49

Heiseler, Johannes Henrich v., Robert Steigerwald und Josef Schleifstein (Hg.): Die »Frankfurter Schule« im Lichte des Marxismus. Zur Kritik der Philosophie und Soziologie von Horkheimer, Adorno, Marcuse, Habermas. Frankfurt/M. 1970

Held, David: Introduction to Critical Theory. From Horkheimer to Habermas. London usw. 1980

Herz, John H./Hula, Erich: Otto Kirchheimer – An Introduction to his Life and Work. In: Frederic S. Burin/Kurt L. Shell (Hg.): Politics, Law, and Social Change. Selected Essays of Otto Kirchheimer. New York/London 1969

Hesse, Heidrun: Vernunft und Selbstbehauptung. Kritische Theorie als Kritik der neuzeitlichen Rationalität. Frankfurt/M. 1984

Honneth, Axel: Kritik der Macht. Reflexionsstufen einer kritischen Gesellschaftstheorie, Frankfurt/M. 1985

Honneth, Axel/Wellmer, Albrecht (Hg.): Die Frankfurter Schule und die Folgen. Referate eines Symposiums der Alexander von Humboldt-Stiftung vom 10.-15. Dezember 1984 in Ludwigsburg. Berlin/New York 1986

Jacoby, Russell: Soziale Amnesie. Eine Kritik der konformistischen Psychologie von Adler bis Laing. Frankfurt/M. 1978

Jaerisch, Ursula: Sind Arbeiter autoritär? Zur Methodenkritik politischer Psychologie. Frankfurt/M. 1975

Jay, Martin: The Dialectical Imagination. A History of the Frankfurt School and the Institute of Social Research, 1923-1950. Boston, Toronto 1973 (dt.: Dialektische Phantasie. Die Geschichte der Frankfurter Schule und des Instituts für Sozialforschung, 1923-1950. Vorw. von Max Horkheimer. Frankfurt/M. 1976)

Jay, Martin: Adorno. London 1984

Kaiser, Gerhard: Benjamin. Adorno. Zwei Studien. Frankfurt/M. 1974

Kaltenbrunner, Gerd-Klaus/Riedel, Manfred: Der Denker Herbert Marcuse. In: Merkur. 1967, H. 236

Katz, Barry: Herbert Marcuse and the Art of Liberation. An Intellectual Biography. London 1982

Kausch, Michael: Kulturindustrie und Populärkultur. Kritische Theorie der Massenmedien. Frankfurt/M. 1988

Kecskemeti, Paul: Prejudice in the Catastrophic Perspective. Liberalism, Conservatism, and Anti-Semitism. In: Commentary, März 1951

Kellner, Douglas: Herbert Marcuse and the crisis of Marxism. London usw. 1984

Kluke, Paul: Die Stiftungsuniversität Frankfurt am Main. Frankfurt/M. 1973

Knapp, Gerhard P.: Theodor W. Adorno. Berlin 1980

Köhn, Eckhardt: Straßenrausch. Flanerie und kleine Form. Versuch zur Literaturgeschichte des Flaneurs von 1830-1922. Berlin 1989

Kolleritsch, Otto (Hg.): Adorno und die Musik. Graz 1979

König, René: Max Horkheimer, Theodor W. Adorno. Die Kritische Theorie. In: Die Großen der Weltgeschichte. Hg. von Kurt Fassmann. Bd. XI. Zürich 1978

Korthals, Michiel: Die kritische Gesellschaftstheorie des frühen Horkheimer. Mißverständnisse über das Verhältnis von Horkheimer, Lukács und dem Positivismus. In: Zeitschrift für Soziologie. Juni 1985

Kracauer, Siegfried: Vom Institut für Sozialforschung. In: Frankfurter Zeitung, 24. 11. 1923 (Stadtblatt)

Kracauer, Siegfried: Marx-Engels-Archiv. In: Frankfurter Zeitung, 20. 6. 1926 (LB Nr. 25)

Kracauer, Siegfried: Schriften 5 (Aufsätze 1932-1965; in 5.3, S. 263 ff. die Rezension von Adornos »Kierkegaard«) Hg. von Inka Mülder-Bach. Frankfurt/M. 1990

Küsters, G.-W.: Der Kritikbegriff der Kritischen Theorie Max Horkheimers. Historisch-systematische Untersuchung zur Theoriegeschichte, Frankfurt/M. – New York 1980

Lacis, Asja: Revolutionär im Beruf. Berichte über proletarisches Theater, über Brecht, Meyerhold, Benjamin und Piscator. München 1976

Lazarsfeld, Paul: Eine Episode in der Geschichte der empirischen Sozialforschung. In: Talcott Parsons/Edward Shils/Paul Lazarsfeld: Soziologie – autobiographisch. Stuttgart 1975

Lindner, Burkhardt (Hg.): »Links hatte noch alles sich zu enträtseln . . .« Walter Benjamin im Kontext. Frankfurt/M. 1978

Lindner, Burkhardt und W. Martin Lüdke (Hg.): Materialien zur ästhetischen Theorie Theodor W. Adornos. Konstruktion der Moderne. Frankfurt/M. 1980

Lindner, Burkhardt: Habilitationsakte Benjamin. In: Lili. Zeitschrift für Literaturwissenschaft und Linguistik. H. 53/54, Göttingen 1984

Löbig, Michael/Schweppenhäuser, Gerhard (Hg.): Hamburger Adorno-Symposion. Lüneburg 1984

Löwenthal, Leo: Mitmachen wollte ich nie. Ein autobiographisches Gespräch mit Helmut Dubiel. Frankfurt/M. 1980

Löwith, Karl: Rezension von F. C. Fischer, Die Nullpunktexistenz, und Theodor Wiesengrund-Adorno, Kierkegaard. In: Deutsche Literaturzeitung. 28. 1. 1934

Lunn, Eugene: Marxism and Modernism. An Historical Study of Lukács, Brecht, Benjamin, and Adorno. Berkely usw. 1982

Luthardt, Wolfgang: Bemerkungen zu Otto Kirchheimers Arbeiten bis 1933. In: Otto Kirchheimer: Von der Weimarer Republik zum Faschismus: Die Auflösung der demokratischen Rechtsordnung. Frankfurt/M. 1976

Luthardt, Wolfgang/Söllner, Alfred (Hg.): Verfassungsstaat, Souveränität, Pluralismus. Otto Kirchheimer zum Gedächtnis. Opladen 1989

Lyotard, Jean-François: Adorno come diavolo. In: Intensitäten. Berlin 1977

Maier, Joseph: Contributions to a Critique of Critical Theory. In: Verma, B. N. (Hg.): The New Social Sciences. Westport, Conn. 1976

Makropoulos, Michael: Modernität als ontologischer Ausnahmezustand. Walter Benjamins Theorie der Moderne. München 1989

Maòr, Maimon: Max Horkheimer. Berlin 1981

Marcus, Judith/Tar, Zoltán (Hg.): Foundations of the Frankfurt School of Social Research. New Brunswick/London 1984

Martin, Kurt (alias Kurt Mandelbaum): Staatskapitalismus? Probleme der Planbarkeit der Kapitalistischen Gesellschaft – Ein Rückblick auf die Diskussionen im alten Frankfurter Institut für Sozialforschung. In: Werner Schulte (Hg.): Soziologie in der Gesellschaft. Tagungsberichte Nr. 3 (Referate vom 20. Deutschen Soziologentag, Bremen 1980). Bremen 1981. S. 903-907

Mattick, Paul: Kritik an Herbert Marcuse. Frankfurt/M. 1969

Mayer, Hans: Der Repräsentant und der Märtyrer: Konstellationen der Literatur. Frankfurt/M. 1971

Mayer, Hans: Die im Dunkel und die im Licht. Die Geburt der ›Kritischen Theorie‹ und die ›Zeitschrift für Sozialforschung‹. In: Die Zeit, 31. 10. 1980, S. 42 f.

McCarthy, Thomas: Kritik der Verständigungsverhältnisse. Zur Theorie von Jürgen Habermas. Frankfurt/M. 1980

Migdal, Ulrike: Die Frühgeschichte des Frankfurter Instituts für Sozialforschung. Frankfurt/New York 1981

Mörchen, Hermann: Adorno und Heidegger. Untersuchung einer philosophischen Kommunikationsverweigerung. Stuttgart 1981

Morrison, David E.: Kultur and Culture: The Case of Theodor W. Adorno and Paul F. Lazarsfeld. In: Social Research. Summer 1978

Negt, Oskar: 50 Jahre Institut für Sozialforschung. In: Der neue Egoist 2, Hannover 1976

Nenning, Günther: Biographie C. Grünberg. In: Indexband zum »Archiv für die Gesch. des Sozialismus und der Arbeiterbewegung«. Zürich 1973

Perels, Joachim (Hg.): Recht, Demokratie und Kapitalismus. Aktualität und Probleme der Theorie Franz L. Neumanns. Baden-Baden 1984

Pflasterstrand, Nr. 209, 1985. S. 37 ff.: Flaschenpost? Horkheimer, Adorno, Marcuse und Nachkriegsdeutschland

Post, W.: Kritische Theorie und metaphysischer Pessimismus. Zum Spätwerk Max Horkheimers, München 1971

Puder, M.: Zur ›Ästhetischen Theorie‹ Adornos, in: Neue Rundschau 82 (1971) 465-477

Reif, Adelbert: Erich Fromm. Materialien zu seinem Werk. Wien 1978

Reijen, Willem van: Philosophie als Kritik. Einführung in die kritische Theorie. Königstein/Ts. 1984

Reijen, Willem van/Schmid Noerr, Gunzelin (Hg.): Vierzig Jahre Flaschenpost: ›Dialektik der Aufklärung‹ 1947 bis 1987. Frankfurt/M. 1987

Reijen, Willem van/Schmid Noerr, G. (Hg.): Grand Hotel Abgrund. Eine Photobiographie der Frankfurter Schule. Hamburg 1988

Ritsert, Jürgen/Rolshausen, Claus: Der Konservativismus der Kritischen Theorie, Frankfurt/M. 1971

Roghmann, Klaus: Dogmatismus und Autoritarismus. Kritik der theoretischen Ansätze und Ergebnisse dreier westdeutscher Untersuchungen. Meisenheim 1966

Rohrmoser, Günther: Das Elend der Kritischen Theorie. Freiburg/Br. 1970

Rose, Gillian: The Melancholy Science. An Introduction to the Thought of Theodor W. Adorno. London etc. 1978

Russo, Valeria E.: Profilo di Franz Borkenau. In: Rivista di filosofia. Giugno 1981. Torino (enthält eine Bibliographie der Schriften Borkenaus)

Scheible, Hartmut: Theodor W. Adorno. Reinbek 1989

Schiller-Lerg, Sabine: Walter Bejamin und der Rundfunk. Programmarbeit zwischen Theorie und Praxis. München usw. 1984

Schivelbusch, Wolfgang: Intellektuellendämmerung. Zur Lage der Frankfurter Intelligenz in den zwanziger Jahren. Frankfurt/M. 1982

Schmid Noerr, Gunzelin: Kritische Theorie in der Nachkriegsgesellschaft. In: Max Horkheimer: Ges. Schr. 8. Frankfurt/M. 1985

Schmidt, Alfred: Zur Idee der kritischen Theorie. München 1974

Schmidt, Alfred: Die geistige Physiognomie Max Horkheimers. Einleitung zu: M. Horkheimer: Notizen 1950-1969 und Dämmerung. Frankfurt/M. 1974

Schmidt, Alfred/Altwicker, Norbert (Hg.): Max Horkheimer heute: Werk und Wirkung. Frankfurt/M. 1986

Schmidt, Friedrich W.: Hegel in der Kritischen Theorie der ›Frankfurter Schule‹. In: Negt, Oskar (Hg.): Aktualität und Folgen der Philosophie Hegels, Frankfurt/M. 1971

Schmucker, Joseph F.: Adorno – Logik des Zerfalls. Stuttgart 1977

Schoeller, Wilfried F. (HG.): Die neue Linke nach Adorno. München 1969

Scholem, Gershom: Walter Benjamin. Die Geschichte einer Freundschaft. Frankfurt/M. 1975

Schwarz, Ullrich: Rettende Kritik und antizipierte Utopie. Zum geschichtlichen Gehalt ästhetischer Erfahrung in den Theorien von Jan Mukařovský, Walter Benjamin und Theodor W. Adorno. München 1981

Schweppenhäuser, Hermann (Hg.): Theodor W. Adorno zum Gedächtnis. Eine Sammlung. Frankfurt/M. 1971

Shils, Edward: Geschichte der Soziologie: Tradition, Ökologie und Institutionalisierung. In: Talcott Parsons/Edward Shils/Paul Lazarsfeld: Soziologie – autobiographisch. Stuttgart 1975

Skuhra, Anselm: Max Horkheimer. Stuttgart 1974

Slater, Phil: Origin and Significance of the Frankfurt School. A Marxist Perspective. London, Boston 1977

Söllner, Alfons: Franz L. Neumann – Skizzen zu einer intellektuellen und politischen Biographie. In: F. Neumann: Wirtschaft, Staat, Demokratie. Frankfurt/M. 1978

Söllner, Alfons: Geschichte und Herrschaft. Studien zur materialistischen Sozialwissenschaft 1929-1942. Frankfurt/M. 1979

Söllner, Alfons: Neumann zur Einführung. Hannover 1982

Stoessel, Marleen: Aura. Das vergessene Menschliche. Zu Sprache und Erfahrung bei Walter Benjamin. München-Wien 1983

Szondi, Peter: Über eine »Freie (d. h. freie) Universität«. Stellungnahmen eines Philologen. Frankfurt/M. 1973 (darin: S. 55 ff. über Adornos Vortrag »Zum Klassizismus von Goethes ›Iphigenie‹«)

Tar, Zoltán: The Frankfurt School: The Critical Theories of Max Horkheimer and Theodor W. Adorno. New York usw. 1977

Text und Kritik H. 31/32: Walter Benjamin. 2. Aufl. 1979

Theunissen, M.: Gesellschaft und Geschichte. Zur Kritik der kritischen Theorie, Berlin 1969

Thyen, Anke: Negative Dialektik und Erfahrung. Zur Rationalität des Nichtidentischen bei Adorno. Frankfurt/M. 1989

Tiedemann, Rolf/Gödde, Christoph/Lonitz, Henri (Bearbeiter): Walter Benjamin 1892-1940. Marbacher Magazin 55/1990

Tiedemann, Rolf: Studien zur Philosophie Walter Benjamins. Frankfurt/M. 1973

Tiedemann, Rolf: Dialektik im Stillstand. Versuche zum Spätwerk Walter Benjamins. Frankfurt/M. 1983

Ulmen, Gary L.: The Science of Society. Toward an Understanding of the Life and Work of Karl August Wittfogel. The Hague/Paris/New York 1978

Vogler, Jan u. a.: Die Sozialphilosophie der Frankfurter Schule. Moskau/Prag 1975 (russisch)

Wellmer, Albrecht: Kritische Gesellschaftstheorie und Positivismus. Frankfurt/M. 1969

Wellmer, Albrecht: Kommunikation und Emanzipation. Überlegungen zur »sprachanalytischen Wende« der kritischen Theorie. In: Urs Jaeggi/Axel Honneth (Hg.): Theorien des Historischen Materialismus. Frankfurt/M. 1977

Wellmer, Albrecht: Zur Dialektik von Moderne und Postmoderne. Vernunftkritik nach Adorno. Frankfurt/M. 1985

Wiggershaus, Rolf: Theodor W. Adorno. München 1987

Wilson, Michael: Das Institut für Sozialforschung und seine Faschismusanalysen. Frankfurt/M. 1982

Witte, Bernd: Walter Benjamin. Reinbek bei Hamburg 1985

Wohlfarth, Irving: Zu Walter Benjamins Briefwechsel mit Gershom Scholem. In: Merkur. Februar 1981

Wolin, Richard: Walter Benjamin. An Aesthetic of Redemption. New York 1982

Zeitschrift für Musiktheorie, Heft 1, 1973. Sonderheft Adorno

IV. Literatur zum Kontext und zum Kontext gehörende Literatur

Abelshauser, Werner: Wirtschaftsgeschichte der Bundesrepublik Deutschland 1945-1980. Frankfurt/M. 1983

Abendroth, Wolfgang: Ein Leben in der Arbeiterbewegung. Gespräche, aufgezeichnet und hg. von B. Dietrich und J. Perels. Frankfurt/M. 1976

Abendroth, Wolfgang, u. a.: Die Linke antwortet Jürgen Habermas. Frankfurt/M. 1968

Achinger, Hans: Wilhelm Merton in seiner Zeit. Frankfurt/M. 1965

Adorno, Theodor W. (Hg.): Spätkapitalismus oder Industriegesellschaft? Verhandlungen des 16. Deutschen Soziologentages in Frankfurt am Main 1968. Stuttgart 1969

Agnoli, Johannes/Brückner, Peter: Die Transformation der Demokratie. Frankfurt/M. 1968

Aktiver Streik. Dokumentation zu einem Jahr Hochschulpolitik. Am Beispiel der Universität Frankfurt. Darmstadt 1969

Alemann, Heine v.: Leopold von Wiese und das Forschungsinstitut für Sozialwissenschaften in Köln 1919 bis 1934. In: Lepenies, Wolf Lepenies (Hg.): Geschichte der Soziologie, Bd. 1. Frankfurt/M. 1981

Appenzeller, Hans: Ortschronik Steinsfurt. Die jüdische Gemeinde. Geschichte der Familie Weil. Sinsheim-Steinsfurt 1989

Aragon, Louis: Pariser Landleben. Le Paysan de Paris (übersetzt von Rudolf Wittkopf). München 1969

Arato, Andrew/Breines, Paul: The Young Lukács and the Origins of Western Marxism. New York 1979

Baumgartner, Hans Michael/Sass, Hans-Martin: Philosophie in Deutschland 1945-75. Meisenheim am Glan 1978

Becker, Carl Heinrich: Gedanken zur Hochschulreform. Leipzig 1919

Bedingungen und Organisation des Widerstandes. Der Kongreß in Hannover. Voltaire Flugschrift 12. Berlin 1967

Belke, Ingrid/Renz, Irina (Hg.): Siegfried Kracauer. Marbacher Magazin 47/ 1988

Bettelheim, Bruno: The Victim's Image of the Anti-Semite. The Danger of Stereotyping the Adversary. In: Commentary, Februar 1948

Bettelheim, Bruno: Erziehung zum Überleben. Zur Psychologie der Extremsituation. München 1982

Bloch, Ernst: Geist der Utopie. München/Leipzig 1918 (Gesamtausgabe 16. Geist der Utopie. Erste Fassung. Frankfurt/M. 1977)

Bloch, Ernst: Erbschaft dieser Zeit. Zürich 1935. Erweiterte Ausgabe: Frankfurt/M. 1962

Böhm, Franz/Dirks, Walter (Hg.): Judentum. Schicksal, Wesen und Gegenwart. 2 Bde. Wiesbaden 1965

Borsdorf, Ulrich/Niethammer, Lutz (Hg.): Zwischen Befreiung und Besatzung. Analysen des US-Geheimdienstes über Positionen und Strukturen deutscher Politik 1945. Wuppertal 1976

Boveri, Margret: Der Verrat im XX. Jahrhundert. Bde. III u. IV. Reinbek bei Hamburg 1957 u. 1960

Boveri, Margret: Im Dienst der Macht: Kurt Riezler. In: Merkur, Dezember 1974

Bracher, Karl Dietrich: Die Auflösung der Weimarer Republik. Königstein/Düsseldorf 1978

Brecht, Bertolt: Arbeitsjournal. 2 Bde. Frankfurt/M. 1974

Broszat, Martin: Der Staat Hitlers. München 1969

Buckmiller, Michael: Karl Korsch und das Problem der materialistischen Dialektik. Hannover 1976

Buckmiller, Michael: Karl Korsch und das »Institut für Sozialforschung«. In: links, Sept. 1986, S. 30 f.

Burian, Wilhelm: Psychoanalyse und Marxismus. Eine intellektuelle Biographie Wilhelm Reichs. Frankfurt/M. 1972

Cahn, Peter: Zum Frankfurter Musikleben in den zwanziger Jahren. In: Gerhard König/Adam Seide (Hg.): Ein halbes Jahrhundert Kunst und Literatur. Was da ist in Frankfurt. Frankfurt/M. 1983

Cantril, Hadley (Hg.): Tensions that cause Wars. Common Statements and Individual Papers by a Group of Social Scientists brought together by UNESCO. Urbana, III. 1950

Caute, David: The Great Fear. The Anti-Communist Purge under Truman and Eisenhower. New York 1979

Coon, Horace: Columbia. Colossus on the Hudson. New York 1947

Cornelius, Hans: Transzendentale Systematik. München 1916

Cornelius, Hans: Das philosophische System von Hans Cornelius. Eigene Gesamtdarstellung. Berlin 1934

Dahrendorf, Ralf: Die angewandte Aufklärung. Gesellschaft und Soziologie in Amerika. Frankfurt/M. 1968

Deak, Istvan: Weimar Germany's Left-Wing Intellectuals: A Political History of the Weltbühne and Its Circle. Berkeley/Los Angeles 1968

Deakin, F. W. und G. R. Storry: Richard Sorge. Die Geschichte eines großen Doppelspiels. München 1968

Deutscher, Isaac: Die ungelöste Judenfrage. Zur Dialektik von Antisemitismus und Zionismus. Berlin 1977

Dirks, Walter: War ich ein linker Spinner? Republikanische Texte – von Weimar bis Bonn. München 1983

Dirks, Walter: Der singende Stotterer. Autobiographische Texte. München 1983

Drüner, Hans: Im Schatten des Weltkrieges. Zehn Jahre Frankfurter Geschichte von 1914-1924. Frankfurt/M. 1934

Dünner, Joseph: Zu Protokoll gegeben. Mein Leben als Deutscher und Jude. München 1971

Eckert, Christian: Aufriß und Aufgaben des Forschungsinstituts für Sozialwissenschaften. In: Kölner Vierteljahreshefte für Sozialwissenschaften. 1. Jg., H. 1. Köln 1921

Eckert, Christian: Das Forschungsinstitut für Sozialwissenschaften in Köln. In: Ludolph Brauer u. a. (Hg.): Forschungsinstitute. 2. Bd., Hamburg 1930

Eisenberg, Götz/Linke, Hans-Jürgen (Hg.): Fuffziger Jahre. Gießen 1980

Erdmann, Karl Dietrich: Die Weimarer Republik. München 1980

Evers, Hans Gerhard (Hg.): Darmstädter Gespräch (1950): Das Menschenbild in unserer Zeit. Darmstadt 1950

Fekete, Éva/Karádi, Éva (Hg.): Georg Lukács. Sein Leben in Bildern, Selbstzeugnissen und Dokumenten. Stuttgart 1981

Feuersenger, Marianne (Hg.): Gibt es noch ein Proletariat? Frankfurt/M. 1962

Fichter, Tilman/Lönnendonker, Siegward: Kleine Geschichte des SDS. Der Sozialistische Deutsche Studentenbund von 1946 bis zur Selbstauflösung. Berlin 1977

Flechtheim, Ossip K.: Die KPD in der Weimarer Republik. Frankfurt/M. 1969

Fleming, Donald, und Bernhard Bailyn (Hg.): The Intellectual Migration: Europe and America, 1930-1960. Cambridge, Mass. 1969

Flowerman, Samuel H./Jahoda, Marie: Polls on Anti-Semitism. How Much Do They Tell Us? In: Commentary, April 1946

Fraenkel, Ernst: Reformismus und Pluralismus. Materialien zu einer ungeschriebenen politischen Autobiographie. Zusammengestellt und hg. von Falk Esche und Frank Grube. Hamburg 1973

Franzen, Winfried: Martin Heidegger. Stuttgart 1976

Freud, Sigmund: Gesammelte Werke XIV. Frankfurt/M., 3. Auflage 1963

Freyer, Hans: Soziologie als Wirklichkeitswissenschaft, Leipzig 1930 (Nachdruck: Darmstadt 1964)

Freyer, Hans: Schwelle der Zeiten. Beiträge zur Soziologie der Kultur. Stuttgart 1965

Friedeburg, Ludwig v., u. a.: Freie Universität und politisches Potential der Studenten. Über die Entwicklung des Berliner Modells und den Anfang der Studentenbewegung in Deutschland. Neuwied/Berlin 1968

Gabe. Herrn Rabbiner Dr. Nobel zum 50. Geburtstag. Dargebracht von Martin Buber u. a. Frankfurt/M. 1921

Gadamer, Hans-Georg: Philosophische Lehrjahre. Eine Rückschau. Frankfurt/M. 1977

Gay, Peter: Die Republik der Außenseiter. Frankfurt/M. 1970

Gehlen, Arnold: Sozialpsychologische Probleme in der industriellen Gesellschaft. Tübingen 1949

Gehlen, Arnold/Schelsky, Helmut (Hg.): Soziologie. Ein Lehr- und Handbuch zur modernen Gesellschaftskunde. Düsseldorf/Köln 1955

Gehlen, Arnold: Die Seele im technischen Zeitalter. Sozialpsychologische Probleme in der industriellen Gesellschaft. Reinbek bei Hamburg 1957

Gehlen, Arnold: Studien zur Anthropologie und Soziologie. Neuwied/Berlin 1963

Gehring, Hansjörg: Amerikanische Literaturpolitik in Deutschland 1945-1953. Ein Aspekt des Re-Education-Programms. Stuttgart 1976

Geiger, Theodor: Zur Kritik der arbeiter-psychologischen Forschung. In: Arbeiten zur Soziologie. Neuwied/Berlin 1962

Giedion, Sigfried: Bauen in Frankreich, Bauen in Eisen, Bauen in Eisenbeton. Leipzig/Berlin o. J. (1928)

Glaser, Hermann/Stahl, Karl Heinz (Hg.): Das Nürnberger Gespräch 1968 – Opposition in der Bundesrepublik. Freiburg 1968

Glaser, Hermann (Hg.): Bundesrepublikanisches Lesebuch. Drei Jahrzehnte geistiger Auseinandersetzung. München/Wien 1978

Glatzer, Nahum N.: The Frankfort Lehrhaus. In: Leo Baeck Institute of Jews from Germany, Year Book 1965

Gleichmann, Peter R. u. a. (Hg.): Human Figurations. Essays for / Aufsätze für Norbert Elias. Amsterdam 1977

Graeber, Isacque/Britt, Stuart Henderson (Hg.): Jews in a Gentile World. The Problem of Anti-Semitism. New York 1942

Grebing, Helga: Konservative gegen die Demokratie. Konservative Kritik an der Demokratie in der Bundesrepublik nach 1945. Frankfurt/M. 1971

Greffrath, Mathias (Hg.): Die Zerstörung einer Zukunft. Gespräche mit emigrierten Sozialwissenschaftlern. Reinbek bei Hamburg 1979

Greiffenhagen, Martin: Das Dilemma des Konservatismus in Deutschland. München 1977

Grosz, George: Ein kleines Ja und ein großes Nein. Sein Leben von ihm selbst erzählt. Reinbek bei Hamburg 1974

Grosz, George: Briefe 1913-1959. Hg. von Herbert Knust. Reinbek bei Hamburg 1979

Grube, Frank/Richter, Gerhard: Das Wirtschaftswunder. Unser Weg in den Wohlstand. Hamburg 1983

Grunenberg, Antonia: Bürger und Revolutionär. Georg Lukács 1918-1928. Köln/Frankfurt/M. 1976

Haas, Willy: Die Literarische Welt. Erinnerungen. München 1958

Hanak, Tibor: Lukács war anders. Meisenheim am Glan 1973

Harms, Bernhard: Das königliche Institut für Seeverkehr und Weltwirtschaft an der Christian-Albrechts-Universität zu Kiel. 1916

Harms, Bernhard: Das königliche Institut für Seeverkehr und Weltwirtschaft an der Christian-Albrechts-Universität zu Kiel. Vierte, anläßlich der Feier der Grundsteinlegung für das neue Haus des Instituts veranstaltete Ausgabe. Kiel, 9. 2. 1918

Harms, Bernhard: Das Institut für Weltwirtschaft und Seeverkehr in Kiel. In: Ludolph Brauer u. a. (Hg.): Forschungsinstitute. 2. Bd., Hamburg 1930

Hartley, Eugene: Problems in Prejudice. New York 1946

Heiber, Helmut: Die Republik von Weimar. München 1978

Heidegger, Martin: Sein und Zeit. Tübingen, 14. Auflage 1977

Heidegger, Martin: Was ist Metaphysik? Frankfurt/M. 1969

Heidegger, Martin: Kant und das Problem der Metaphysik. 4. (um die Davoser Disputation) erweiterte Auflage, Frankfurt/M. 1973

Heidegger, Martin: Die Selbstbehauptung der deutschen Universität. Rede, gehalten bei der feierlichen Übernahme des Rektorats der Universität Freiburg i. Br. am 27. 5. 1933. Breslau 1933

Heidegger, Martin: Zur Sache des Denkens. Tübingen 1969

Heister, Hanns-Werner/Stern, Dietrich (Hg.): Musik der 50er Jahre. Argument-Sonderband AS 42. Berlin 1980

Heller, Agnes, u. a.: Die Seele und das Leben. Studien zum frühen Lukács. Frankfurt/M. 1977

Heller, Hermann: Europa und der Fascismus. Berlin/Leipzig 1929

Heller, Hermann: Rechtsstaat oder Diktatur? Tübingen 1930

Hellige, Hans Dieter: Generationskonflikt, Selbsthaß und die Entstehung antikapitalistischer Positionen im Judentum. Der Einfluß des Antisemitismus auf das Sozialverhalten jüdischer Kaufmanns- und Unternehmersöhne im Deutschen Kaiserreich und in der K. u. K.-Monarchie. In: Geschichte und Gesellschaft. Zeitschrift für Historische Sozialwissenschaft. H. 4, 1979

Hempel, Henri Jacob (Hg.): Wenn ich schon ein Fremder sein muß. Deutsch-jüdische Emigranten in New York. Frankfurt/M. u. a. 1984

Herhaus, Ernst: Notizen während der Abschaffung des Denkens. Frankfurt/M. 1970

Hilferding, Rudolf: Organisierter Kapitalismus. Referat und Diskussion. Sozialökonomische Studientexte 10. Rotdruck 1973 (Nachdruck aus: Protokoll der Verhandlungen des sozialdemokratischen Parteitags 1927 in Kiel, Berlin 1927, S. 165-224)

Hochkeppel, Willy (Hg.): Die Rolle der Neuen Linken in der Kulturindustrie. München 1972

Hofstadter, Richard: Anti-Intellectualism in American Life. New York, 6. Auflage 1970

Hughes, H. Stuart: The Sea Change. The Migration of Social Thought, 1930-1965. New York 1975

Hühnerfeld, Paul: In Sachen Heidegger. Versuch über ein deutsches Genie. Hamburg 1959

Institut für Weltwirtschaft (Hg.): Die Feier der Einweihung des wiederaufgebauten Institutsgebäudes, verbunden mit einer Gedenkfeier für den Begründer des Instituts, Bernhard Harms, am 22. Juni 1951. Kiel 1951

Jacoby, Henry: Von des Kaisers Schule zu Hitlers Zuchthaus. Erlebnisse und Begegnungen. Geschichte einer Jugend links-außen in der Weimarer Republik. Frankfurt/M. 1980

Jahoda, Marie/Lazarsfeld, Paul F./Zeisel, Hans: Die Arbeitslosen von Marienthal. Ein soziographischer Versuch über die Wirkungen langandauernder Arbeitslosigkeit. Mit einem Anhang zur Geschichte der Soziographie. Frankfurt/M. 1975 (zuerst: Leipzig 1933)

Jahrbuch für Amerikastudien, Bd. 10, 1965

Janowsky, Oscar I. (Hg.): The American Jew. A Reappraisal. Philadelphia 1964

Kasdorff, Hans: Klages im Widerstreit der Meinungen. Eine Wirkungsgeschichte von 1895-1975. Bonn 1978

Keil, Hartmut (Hg.): Sind oder waren Sie Mitglied? Verhörprotokolle über unamerikanische Aktivitäten 1947-1956. Reinbek bei Hamburg 1979

Kent, Donald Petersen: The Refugee Intellectual: The Americanization of the Immigrants of 1933-1941. New York 1953

Kesten, Hermann (Hg.): Ich lebe nicht in der Bundesrepublik. München 1964

Kettler, David: Culture and Revolution: Lukács in the Hungarian Revolution of 1918/19. In: Telos, Winter 1971

Klages, Ludwig: Mensch und Erde. Zehn Abhandlungen. Stuttgart 1956

Klages, Ludwig: Vom Traumbewußtsein. In: Sämtliche Werke, Bd. 3, Bonn 1974

Klages, Ludwig: Vom kosmogonischen Eros. 2. erweiterte Auflage, Jena 1926

Klages, Ludwig: Der Geist als Widersacher der Seele. Bonn, 5. Auflage 1972

Knütter, Hans-Helmuth: Die Juden und die deutsche Linke in der Weimarer Republik 1918-1933. Düsseldorf 1971

Koch, Thilo (Hg.): Porträts deutsch-jüdischer Geistesgeschichte. Köln 1961

Kommerell, Max: Briefe und Aufzeichnungen 1919-1944. Aus dem Nachlaß hg. von Inge Jens. Olten/Freiburg i. B. 1967

König, René: Studien zur Soziologie, Frankfurt/M. 1971

König, René: Leben im Widerspruch. Versuch einer intellektuellen Autobiographie. München/Wien 1980

Korn, Karl: Lange Lehrzeit. Ein deutsches Leben. München 1979

Korsch, Karl: Marxismus und Philosophie. Frankfurt/M. 1966

Korsch, Karl: Briefe an Paul Partos, Paul Mattick und Bert Brecht. 1934-1939. Ausgewählt und hg. von Michael Buckmiller und Götz Langkau. In: Jahrbuch Arbeiterbewegung Bd. 2. Hg. von Claudio Pozzoli. Frankfurt/M. 1974

Korsch, Karl: Gesamtausgabe Bde. 1 und 2. Hg. von Michael Buckmiller. Frankfurt/M. 1980

Kracauer, Siegfried: Schriften 1 (Soziologie als Wissenschaft. Der Detektiv-Roman. Die Angestellten). Hg. von Karsten Witte. Frankfurt/M. 1978

Kracauer, Siegfried: Schriften 7 (Ginster. Roman 1928; Georg. Roman 1934). Hg. von Karsten Witte. Frankfurt/M. 1973

Kracauer, Siegfried: Das Ornament der Masse. Essays. Frankfurt/M. 1977

Kracauer, Siegfried: The Challenge of Qualitative Content Analysis. In: Public Opinion Quarterly, Winter 1952-53 (dt. in: Ästhetik und Kommunikation, März 1972)

Krahl, Hans-Jürgen: Konstitution und Klassenkampf. Zur historischen Dialektik von bürgerlicher Emanzipation und proletarischer Revolution. Frankfurt/M. 1971

Kreis, Gabriele: Frauen im Exil. Dichtung und Wirklichkeit. Düsseldorf 1984

Krockow, Christian v.: Die Entscheidung. Eine Untersuchung über Ernst Jünger, Carl Schmitt, Martin Heidegger. Stuttgart 1958

Krohn, Claus-Dieter: Wissenschaft im Exil. Deutsche Sozial- und Wirtschaftswissenschaftler in den USA und die New School for Social Research. Frankfurt/M. 1987

Küster, Otto: Erfahrungen in der deutschen Wiedergutmachung. Tübingen 1967

Laqueur, Walter/Mosse, G. L. (Hg.): Die europäischen Linksintellektuellen zwischen den beiden Weltkriegen. München 1967

Laqueur, Walter: Weimar. Die Kultur der Republik. Berlin/Frankfurt/M. 1976

Lazarsfeld, Paul: Jugend und Beruf. Jena 1931

Lazarsfeld, Paul: Wissenschaft und Sozialforschung. Ein Gespräch mit Paul F. Lazarsfeld. In: Kölner Zeitschrift für Soziologie und Sozialpsychologie, Dezember 1976. S. 794 ff.

Lederer, Emil: Planwirtschaft. Tübingen 1932

Lederer, Emil: State of the Masses. The Threat of the Classless Society. New York 1940

Lederer, Emil: Kapitalismus, Klassenstruktur und Probleme der Demokratie in Deutschland 1910-1940. Ausgewählte Aufsätze mit einem Beitrag von Hans Speier und einer Bibliographie von Bernd Uhlmannsiek hg. von Jürgen Kocka. Göttingen 1979

Leichter, Käthe: Leben und Werk. Hg. von Herbert Steiner. Wien 1973

Lepenies, Wolf (Hg.): Geschichte der Soziologie. Studien zur kognitiven, sozialen und historischen Identität einer Disziplin. 4 Bde. Frankfurt/M. 1981

Lepsius, M. Rainer (Hg.): Soziologie in Deutschland und Österreich 1918-1945. Kölner Zeitschrift für Soziologie und Sozialpsychologie, Sonderheft 23/1981

Leschnitzer, Adolf: Saul und David. Die Problematik der deutsch-jüdischen Lebensgemeinschaft. Heidelberg 1954

Levenstein, Adolf: Die Arbeiterfrage. Mit besonderer Berücksichtigung der sozialpsychologischen Seite des modernen Großbetriebes und der psycho-physischen Einwirkungen auf die Arbeiter. München 1912

Levin, Murray B.: Political Hysteria in America. The Democratic Capacity for Repression. New York/London 1971

Leser, Norbert: Zwischen Reformismus und Bolschewismus. Der Austromar-xismus als Theorie und Praxis. Wien/Frankfurt/Zürich 1968

Lessing, Theodor: Der jüdische Selbsthaß. Berlin 1930

Lewin, Kurt: Die Lösung sozialer Konflikte. Ausgewählte Abhandlungen über Gruppendynamik. Bad Nauheim, 4. Auflage 1975

Loewenstein, Rudolph M.: Psychoanalyse des Antisemitismus. Frankfurt/M. 1967

Löwith, Karl: Curriculum vitae, 1959, in: Sämtliche Schriften, Bd. 1, Stuttgart 1981

Löwith, Karl: Mein Leben in Deutschland vor und nach 1933. Ein Bericht. Stuttgart 1986

Lukács, Georg: Entwicklungsgeschichte des modernen Dramas. Hg. von Frank Benseler. Darmstadt/Neuwied 1981

Lukács, Georg: Der Bolschewismus als moralisches Problem. Einleitung von Judith Marcus Tar. In: Brecht-Jahrbuch 1979. Hg. von John Fuegi u. a., Frankfurt/M. 1979

Lukács, Georg: Werke Bd. 2. Frühschriften II. Neuwied/Berlin 1968

Lukács, Georg: Briefwechsel 1902-1917. Hg. von Éva Karádi und Éva Fekete. Stuttgart 1982

Lüschen, Günther (Hg.): Deutsche Soziologie seit 1945. Kölner Zeitschrift für Soziologie und Sozialpsychologie, Sonderheft 21/1979

Lynd, Robert S.: Knowledge for what? The Place of Social Science in American Culture. Princeton 1939

Lyon, James K.: Bertolt Brecht in America. Princeton, N. J. 1980

magnum. Sonderheft 1961: Woher – Wohin. Bilanz der Bundesrepublik

Mann, Katia: Meine ungeschriebenen Memoiren. Hg. von Elisabeth Plessen und Michael Mann. Frankfurt/M. 1976

Mann, Thomas: Die Entstehung des Doktor Faustus. Frankfurt/M. 1949

Mann, Thomas: Schriften und Reden zur Literatur, Kunst und Philosophie. 2. Bd. Frankfurt/M. 1968

Mann, Thomas: Politische Schriften und Reden. 3. Bd. Frankfurt/M. 1968

Mann, Thomas: Tagebücher 1944 - 1. 4. 1946. Hg. von Inge Jens. Frankfurt/M. 1986

Mann, Thomas: Tagebücher 1946 - 1948. Hg. v. Inge Jens. Frankfurt/M. 1989

Mannheim, Karl: Die Gegenwartsaufgaben der Soziologie. Ihre Lehrgestalt. Tübingen 1932

Marcuse, Ludwig: Mein zwanzigstes Jahrhundert. Zürich 1975

Marx-Engels-Archiv. Zeitschrift des Marx-Engels-Instituts in Moskau. Hg. von D. Rjazanov. I. Band, Frankfurt/M. (1926). II. Band, Frankfurt/M. 1928

Massing, Hede: Die große Täuschung. Geschichte einer Sowjetagentin. Freiburg/Basel/Wien 1967

Maus, Heinz: Geschichte der Soziologie. In: Handbuch der Soziologie. Hg. von Werner Ziegenfuß. Stuttgart 1956

Maus, Heinz: Die Traumhölle des Justemilieu. Erinnerung an die Aufgabe der Kritischen Theorie. Hg. von Michael T. Greven/Gerd van de Moetter. Frankfurt/M. 1981

Mayer, Gustav: Erinnerungen. Vom Journalisten zum Historiker der deutschen Arbeiterbewegung. München/Zürich/Wien 1949

Mayer, Hans: Ein Deutscher auf Widerruf. Erinnerungen I. Frankfurt/M. 1982

Meng, Heinrich: Leben als Begegnung. Stuttgart 1971

Meyer-Leviné, Rosa: Im inneren Kreis. Erinnerungen einer Kommunistin in Deutschland 1920–1933. Hg. u. eingel. von Hermann Weber. London 1977

Michel, Ernst (Hg.): Die Akademie der Arbeit in der Universität Frankfurt am Main 1921-1931. Frankfurt/M. 1931

Mitscherlich, Margarete: Freuds erste Rebellin: Karen Horney. In: Emma 12/1978, S. 34 ff.

Morse, Arthur D.: While Six Millions Died. London 1968

Mosse, George L.: Germans and Jews. The Right, the Left, and the Search for a »Third Force« in Pre-Nazi Germany. New York 1970

Mülder, Inka: Siegfried Kracauer – Grenzgänger zwischen Theorie und Literatur. Stuttgart 1985

Myrdal, Gunnar: An American Dilemma. The Negro Problem and Modern Democracy. New York/London 1944

Neue Blätter für den Sozialismus. Zeitschrift für geistige und politische Gestaltung. Hg. von Eduard Heimann, Fritz Klatt, Paul Tillich. Frankfurt/M., Potsdam 1930-1933

Neuloh, Otto: Die deutsche Betriebsverfassung und ihre Sozialformen bis zur Mitbestimmung. Tübingen 1956

Neuloh, Otto: Der neue Betriebsstil. Untersuchungen über Wirklichkeit und Wirkungen der Mitbestimmung. Tübingen 1960

Neumann, Franz, u. a.: The Cultural Migration. The European Scholar in America. Philadelphia 1953

Neumark, Fritz (Hg.): Darmstädter Gespräch (1953): Individuum und Organisation. Darmstadt 1954

Neurath, Otto: Empiricism and Sociology. Hg. von Marie Neurath und Robert S. Cohen. Dordrecht-Holland/Boston-USA, 1973

Noth, Ernst Erich: Erinnerungen eines Deutschen. Hamburg/Düsseldorf 1971

Oppenheimer, Franz: Erlebtes, Erstrebtes, Erreichtes. Lebenserinnerungen. Düsseldorf 1964

Otto, Karl A.: Vom Ostermarsch zur APO. Geschichte der außerparlamentarischen Opposition in der Bundesrepublik 1960-70. Frankfurt/M., New York 1977

Parker, James: Antisemitismus. München 1964

Pfeiffer, Arnold (Hg.): Dokumente der Weltrevolution Bd. 6: Religiöse Sozialisten. Olten/Freiburg i. B. 1976

Pirker, Theo u. a.: Arbeiter, Management, Mitbestimmung. Eine industriesoziologische Untersuchung der Struktur, der Organisation und des Verhaltens der Arbeiterbelegschaften in Werken der deutschen Eisen- und Stahlindustrie, für die das Mitbestimmungsgesetz gilt. Stuttgart/Düsseldorf 1955

Plessner, Monika: Die deutsche »University in Exile« in New York und ihr amerikanischer Gründer. In: Frankfurter Hefte, März 1964

Popitz, Heinrich, u. a.: Das Gesellschaftsbild des Arbeiters. Soziologische Untersuchungen in der Hüttenindustrie. 4. Auflage, Tübingen 1972

Preller, Ludwig: Sozialpolitik in der Weimarer Republik. Stuttgart 1949

Pross, Helge: Die deutsche akademische Emigration nach den Vereinigten Staaten 1933-41. Berlin 1955

Radkau, Joachim: Die deutsche Emigration in den USA. Ihr Einfluß auf die amerikanische Europapolitik 1933-1945. Düsseldorf 1971

Radnitzky, Gerard: Contemporary Schools of Metascience. Chicago, Ill. 1973

Regler, Gustav: Das Ohr des Malchus. Eine Lebensgeschichte. Köln/Berlin 1958

Reich, Willi: Arnold Schönberg oder Der konservative Revolutionär. München 1974

Reinhardt, Stephan (Hg.): Weimarer Republik. Deutsche Schriftsteller und ihr Staat von 1918 bis 1933. Berlin 1982

Riezler, Kurt: Tagebücher, Aufsätze, Dokumente. Eingeleitet und hg. von Karl Dietrich Erdmann. Göttingen 1972

Ringer, Fritz K.: The Decline of the German Mandarins. Cambridge, Mass. 1969 (dt.: Die Gelehrten. Der Niedergang der deutschen Mandarine 1890-1933. Stuttgart 1983)

Rogin, Michael Paul: The Intellectuals and McCarthy: The Radical Specter. Cambridge, Mass. 1967

Rosenberg, Arthur: Die Entstehung der Weimarer Republik. Frankfurt/M. 1961

Rosenberg, Arthur: Geschichte der Weimarer Republik. Frankfurt/M. 1969

Rosenberg, Arthur: Demokratie und Klassenkampf. Ausgewählte Studien. Frankfurt/M., Berlin, Wien 1974

Rühmkorf, Peter: Die Jahre die Ihr kennt. Anfälle und Erinnerungen. Reinbek bei Hamburg 1972

Ruppin, Arthur: Soziologie der Juden. 2 Bde. Berlin 1930

Salmagundi, 10/11, special number: The Legacy of the German Refugee Intellectuals. Fall 1969- Winter 1970

Sartre, Jean Paul: Betrachtungen zur Judenfrage. In: Drei Essays. Zürich 1965

Schäfer, Gert/Nedelmann, Carl (Hg.): Der CDU-Staat. Analysen zur Verfassungswirklichkeit der Bundesrepublik. 2 Bde. Frankfurt/M. 1969

Schäfers, Bernhard (Hg.): Soziologie und Sozialismus. Organisation und Propaganda. Abhandlungen zum Lebenswerk von Johann Plenge. Stuttgart 1967

Schelsky, Helmut: Wandlungen der deutschen Familie in der Gegenwart. Darstellung und Deutung einer empirisch-soziologischen Tatbestandsaufnahme. Stuttgart, 5. Auflage 1967

Schelsky, Helmut: Soziologie der Sexualität. 151.-155. Tsd. Reinbek bei Hamburg 1964

Schelsky, Helmut: Ortsbestimmung der deutschen Soziologie. Düsseldorf/Köln 1959

Schelsky, Helmut: Auf der Suche nach Wirklichkeit. Gesammelte Aufsätze. Düsseldorf/Köln 1965

Schmidt, Eberhard: Die verhinderte Neuordnung 1945-1952. Frankfurt/M., 8. Auflage 1981

Schnädelbach, Herbert: Philosophie in Deutschland 1831-1933. Frankfurt/M. 1983

Schneeberger, Guido: Nachlese zu Heidegger. Dokumente zu seinem Leben und Denken. Bern 1962

Scholem, Gershom: Über einige Grundbegriffe des Judentums. Frankfurt/M. 1970

Scholem, Gershom: Von Berlin nach Jerusalem. Frankfurt/M. 1977

Scholem, Gershom: Zur Sozialpsychologie der Juden in Deutschland 1900-1930. In: Rudolf von Thadden (Hg.): Die Krise des Liberalismus zwischen den Weltkriegen. Göttingen 1978

Schönberg, Arnold: Harmonielehre. Wien, 7. Auflage 1966

Schönberg, Arnold: Stil und Gedanke. Aufsätze zur Musik. Hg. von Ivan Vojtěch. Frankfurt/M. 1976

Schraepler, E. (Hg.): Ursachen und Folgen. Vom Zusammenbruch 1918 und 1945 bis zur staatlichen Neuordnung. Bd. III. Berlin 1958

Schulz, Walter: Über den philosophiegeschichtlichen Ort Martin Heideggers. In: Otto Pöggeler (Hg.): Heidegger. Perspektiven zur Deutung seines Werks. Köln/Berlin 1969

Silone, Ignazio: Der Faszismus. Zürich 1934

Simmel, Ernst (Hg.): Anti-Semitism. A Social Desease. New York 1946

Smith, R. Harris: OSS. The Secret History of America's First Central Intelligence Agency. Berkeley u. a. 1948

Söllner, Alfons (Hg.): Zur Archäologie der Demokratie in Deutschland. Analysen politischer Emigranten im amerikanischen Geheimdienst. Band 1: 1943-1945. Frankfurt/M. 1982; Band 2: 1946-1949. Frankfurt/M. 1986

Sontheimer, Kurt: Antidemokratisches Denken in der Weimarer Republik. München 1978

Staiger, Emil: Die Kunst der Interpretation. Studien zur deutschen Literaturgeschichte. Zürich, 3. Auflage 1961

Stollberg, Gunnar: Die Rationalisierungsdebatte 1908-1933. Freie Gewerkschaften zwischen Mitwirkung und Gegenwehr. Frankfurt/M., New York 1981

Stolper, Toni: Ein Leben in Brennpunkten unserer Zeit – Wien, Berlin, New York – Gustav Stolper 1888-1947. Stuttgart 1979

Stuchlik, Gerda: Goethe im Braunhemd. Universität Frankfurt 1933-1945. Frankfurt/M. 1984

Szondi, Peter: Über eine »Freie (d. h. freie) Universität«. Stellungnahmen eines Philologen. Frankfurt/M. 1973

Text + Kritik 68: Siegfried Kracauer. München 1980

Tillich, Hannah: From Time to Time. New York 1973

Tillich, Paul: Die sozialistische Entscheidung. Potsdam 1933

Tillich, Paul: Gesammelte Werke Bd. IV. Philosophie und Schicksal. Schriften zur Erkenntnislehre und Existenzphilosophie. Stuttgart 1961

Tillich, Paul: Gesammelte Werke Bd. XII. Begegnungen. Paul Tillich über sich selbst und andere. Stuttgart 1971

Werk und Wirken Paul Tillichs. Ein Gedenkbuch. Stuttgart 1967

Töpner, Kurt: Gelehrte Politiker und politisierende Gelehrte. Die Revolution von 1918 im Urteil deutscher Hochschullehrer. Göttingen 1970

Vagts, Alfred: Deutsch-Amerikanische Rückwanderung. Problem – Phänomen – Statistik – Politik – Soziologie – Biographie. Beihefte zum Jahrbuch für Amerikastudien, 6. Heft. Heidelberg 1960

Vogt, Hans: Neue Musik seit 1945. Stuttgart, 2. Auflage 1972

Wagenbach, Klaus, u. a. (Hg.): Vaterland, Muttersprache. Deutsche Schriftsteller und ihr Staat seit 1945. Berlin 1979

Walter, Hans-Albert: Bedrohung und Verfolgung bis 1933. Deutsche Exilliteratur 1933-1950 Bd. 1. Darmstadt/Neuwied 1972

Walter, Hans-Albert: Asylpraxis und Lebensbedingungen in Europa. Deutsche Exilliteratur 1933-1950 Bd. 2: Darmstadt/Neuwied 1972

Walter, Hans-Albert: Deutsche Exilliteratur 1933-1950. Bd. 4: Exilpresse. Stuttgart 1978

Weber, Hermann: die Wandlung des deutschen Kommunismus. Die Stalinisierung der KPD in der Weimarer Republik. 2 Bde. Frankfurt/M. 1969

Wehr, Gerhard: Paul Tillich. Reinbek bei Hamburg 1979

Wende, Erich: C. H. Becker. Mensch und Politiker. Ein biographischer Beitrag zur Kulturgeschichte der Weimarer Republik. Stuttgart 1959

Westernhagen, Dörte v.: Wiedergutgemacht? In: Die Zeit, 5. 10. 1984, S. 34 f.

Wiese, Leopold v.: Zur Einführung: Die gegenwärtigen Aufgaben einer deutschen Zeitschrift für Soziologie. In: Kölner Vierteljahreshefte für Sozialwissenschaften. 1. Jg., H. 1. Köln 1921

Wilbrandt, Robert: Sind die Sozialisten sozialistisch genug? Sozialismus und Kultur, Heft 3. Berlin 1919

Wilbrandt, Robert: Sozialismus. Jena 1919

Wilbrandt, Robert: Ihr glücklichen Augen. Lebenserinnerungen. Stuttgart 1947

Wissenschaftliche Schriftenreihe des Instituts zur Förderung öffentlicher Angelegenheiten. Bd. 13: Empirische Sozialforschung. Meinungs- und Marktforschung. Methoden und Probleme. Frankfurt/M. 1952

Wolff, Frank/Windaus, Eberhard (Hg.): Studentenbewegung 1967-69. Protokolle und Materialien. Frankfurt/M. 1977

Wolff, Kurt (Hg.): Gespräche mit Sozialisten. München 1971

Wyss, Dieter: Die tiefenpsychologischen Schulen von den Anfängen bis zur Gegenwart. Entwicklung, Probleme, Krisen. Göttingen, 5. erweiterte Auflage 1977

Young-Bruehl, Elisabeth: Hannah Arendt. For Love of the World. New Haven/London 1982

Ziegler, Heinz O.: Autoritärer oder totaler Staat. Tübingen 1932

Zudeick, Peter: Der Hintern des Teufels. Ernst Bloch – Leben und Werk. Moos/Baden-Baden 1985

Personenregister

Die im Buch passim erscheinenden Namen von Theodor W. Adorno und Max Horkheimer sind nicht in das Personenregister aufgenommen worden. Das Register wurde von Dorothee Mosch erstellt.